献给
为祖国化工事业奋斗工作过的同志

精装

民国时期工商业团体工作者的回忆

化工国支柱
傅弈数十秋
当得伟业在
念君心血呕

中国化工博物馆题

邱义泽 书

中国化工通史
行业卷

ZHONGGUO HUAGONG TONGSHI HANGYEJUAN

（上册）

中国化工博物馆　编著

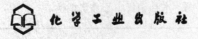

·北京·

《中国化工通史》是一部记录中国化学工业发展历程的大型史书。《行业卷》分册记述了近代中国化学工业各行业初创时期的曲折发展状况，重点记述当代中国化学工业奋发图强不断进步，追赶世界先进水平的历程。全书分两编27章分述了全国各大化学工业的国际发展背景、国内发展历程及大事记，内容涵盖了合成氨工业、化肥工业、硫酸工业、无机盐工业、石油化工、煤化工等18个主要化工产品行业，以及化工矿产开发、煤炭开发、橡胶加工等9个相关化工行业。

图书在版编目（CIP）数据

中国化工通史——行业卷/中国化工博物馆编著.
北京：化学工业出版社，2014.3
ISBN 978-7-122-19525-8

Ⅰ.①中⋯　Ⅱ.①中⋯　Ⅲ.①化学工业-工业史-中国　Ⅳ.①F426.7

中国版本图书馆CIP数据核字（2014）第009232号

责任编辑：李晓红　　　　　　　　　　　文字编辑：孙凤英
责任校对：徐贞珍　　　　　　　　　　　装帧设计：王晓宇

出版发行：化学工业出版社（北京市东城区青年湖南街13号　邮政编码100011）
印　　装：北京捷迅佳彩印刷有限公司
710mm×1000mm　1/16　印张57¾　字数1112千字　2014年12月北京第1版第1次印刷

购书咨询：010-64518888　　　　　　　　售后服务：010-64518899
网　　址：http://www.cip.com.cn
凡购买本书，如有缺损质量问题，本社销售中心负责调换。

定　　价：268.00元（上、下册）　　　　　　　　　　　　版权所有　违者必究

目 录
CONTENTS

上 册

绪 论 ··1
第一节 晚清和民国时期的化学工业（1861—1949年）························1
一、洋务运动开创中国近代化学工业··1
二、民国时期各种化工生产作坊和小型工厂·····································2
三、民族资本创建大型化学工厂···4
四、东北的伪满化学工业··5
五、根据地和解放区化工··6
第二节 开启新中国化学工业（1949—1956年）·································8
一、组建国营化工企业，全面恢复生产··8
二、苏联援建156个项目中的化工重点工程····································10
三、工业化道路上第一个五年计划··12
第三节 化学工业社会主义建设全面展开（1956—1978年）················13
一、化学工业部成立与沿革···13
二、"大跃进"中的化学工业及教训··16
三、大力生产化肥成为化学工业的首要任务····································18
四、石油化学工业的弯路··21
五、"文革"中化工生产遭到严重破坏···23
六、搭建现代化石化工业的框架···24
第四节 伟大的历史转折——化学工业开创新局面（1978年—新世纪）···26
一、拨乱反正中的调整···26
二、在改革开放的大环境中化学工业高速发展································27
三、20世纪末中国成为世界化工生产大国······································35
第五节 科学发展铸造化工强国···38
一、中央国有企业变革管理体制打造"国家队"·································38

二、打破部门分割，生产与流通融合、能源与化工结合 …… 39
　　三、走出国门，实施国际化经营 …… 40
　　四、科技创新引导企业做大做强 …… 41
　　五、开发中西部地区建设一批新的化工基地 …… 45
　　六、化学工业与社会和谐发展 …… 48
　参考文献 …… 49

第一编　主要化工产品行业 …… 51

第一章　合成氨工业 …… 52

第一节　发展历程 …… 52
　　一、早期 …… 52
　　二、中华人民共和国成立后恢复时期 …… 54
　　三、自力更生发展中型氮肥厂 …… 55
　　四、我国独创的小氮肥企业 …… 59
　　五、大型氮肥厂引进和发展 …… 68
　　六、大型氮肥装置的国产化 …… 72

第二节　产业现状 …… 75
　附1　大事记 …… 78
　附2　国际背景 …… 79
　参考文献 …… 84

第二章　化肥工业 …… 86

第一节　概述 …… 86
　　一、化肥重要作用 …… 86
　　二、化肥简介 …… 87

第二节　氮肥 …… 88
　　一、民国时期 …… 88
　　二、品种变化 …… 89
　　三、碳酸氢铵的开发及其作用 …… 94
　　四、氮肥主力军——尿素 …… 98

第三节　磷肥 …… 103
　　一、早期情况 …… 103
　　二、技术发展 …… 103
　　三、磷肥工业技术突破和重大发明 …… 112

四、"十一五"期间磷酸技术发展 116
　　五、"十一五"期间磷复肥技术发展 118
　　六、磷肥技术发展中的重要事件 120
　　七、我国近年来磷肥产量和前10名企业 121
　第四节　钾肥 125
　　一、中国钾肥工业发展的历史回顾 125
　　二、钾肥技术发展中的重要事件 129
　　三、科学技术创新成果 131
　　四、我国钾肥的产量和进口量 132
　第五节　复混肥料和其他肥料 134
　　一、复混肥料的发展情况 134
　　二、农化服务的发展 134
　　三、其他肥料 135
　附1　大事记 136
　附2　国际背景 138
　参考文献 140

第三章　硫酸工业 141
　第一节　早期的硫酸生产厂 141
　　一、中国最早的铅室法硫酸厂——江南制造局 141
　　二、天津机器局第三厂 141
　　三、江苏药水厂 142
　第二节　民国时期的硫酸工业 142
　　一、民用硫酸生产兴起 142
　　二、抗日战争至中华人民共和国成立前的硫酸工业 144
　第三节　中华人民共和国成立三十年的硫酸工业 147
　　一、硫酸工业新起点 147
　　二、硫铁矿制酸 148
　　三、其他制酸和余热回收 151
　　四、20世纪80年代我国硫酸工业的状况 152
　第四节　改革开放后硫酸工业的蓬勃发展 152
　　一、硫铁矿制酸技术和装备水平继续提升 153
　　二、冶炼烟气制酸脱颖而出 156
　　三、硫黄制酸重整旗鼓复出 159
　　四、节能减排和资源综合利用 161

  五、硫酸生产格局发生显著变化 164
 附1 大事记 165
 附2 国际背景 170
 参考文献 176

第四章 纯碱工业

 第一节 天然碱工业 177
  一、1949年之前 177
  二、中华人民共和国成立之后 178
 第二节 合成纯碱工业 179
  一、1949年之前 179
  二、中华人民共和国成立之后 182
 第三节 世界纯碱生产大国 190
 第四节 我国纯碱工业技术进步 191
  一、纯碱工业技术入选中国20世纪重大工程技术成就 191
  二、当代纯碱工业技术水平 193
 附1 大事记 195
 附2 国际背景 203
 参考文献 206

第五章 氯碱工业

 第一节 国内发展历程 207
  一、概述 207
  二、产业从无到有 208
  三、金属阳极的兴起迎来产业壮大新契机 211
  四、离子膜法电解带动产业迅速崛起 214
 第二节 氯产品 219
  一、氯乙烯/聚氯乙烯 219
  二、盐酸 222
  三、其他氯产品 222
 附1 大事记 227
 附2 国际背景 229
 参考文献 233

第六章 无机盐工业

 第一节 概述 234
  一、无机盐的范畴 234

二、无机盐的早期生产 235
第二节　中国无机盐工业发展历程 237
　　一、初创时期（1949年以前） 237
　　二、初步发展（1950—1960年） 238
　　三、体系建立（1961—1980年） 239
　　四、走向世界（1981—2010年） 242
第三节　中国无机盐工业的成果 245
　　一、产业布局更趋合理 245
　　二、科技进步推动无机盐行业发展 245
　　三、装备水平与单元设备强度提高 247
　　四、生产规模大型化、现代化 248
　　五、产品结构向专业化、精细化、功能化发展 249
　　六、行业资源综合利用率提高，污染情况有很大好转 249
　　七、行业节能减排取得进展 250
参考文献 251

第七章　农药工业

第一节　1949年前零星作坊，生产少量农药 252
第二节　有机氯农药揭开了化学农药工业的序幕 253
第三节　高效农药的开发，农药向多品种发展 254
第四节　发展农药加工，提高农药药效 256
第五节　结构调整，步入新阶段（1981—2000年） 258
第六节　长足发展，实现腾飞 259
第七节　我国农药工业取得的成就 260
　　一、持续稳定增长 260
　　二、农药进口大国变为出口大国 260
　　三、产品质量显著提高 261
　　四、新农药创制取得显著成果 261
　　五、产品结构不断优化 262
　　六、企业结构改造取得重大进展 262
　　七、健全法律法规，加强行业管理 263
附1　大事记 263
附2　国际背景 269
参考文献 272

第八章　涂料工业 273

第一节　发展历程 ... 273
一、中国大漆与桐油谱写了悠久灿烂的古代涂料文明 ... 273
二、黎明曙光乍现即隐，萌芽的近代涂料工业惨淡经营 ... 275
三、醇酸树脂涂料研制成功，开创国内现代涂料工业新纪元 ... 277
四、开发中高档涂料用合成树脂 ... 279

第二节　主要涂料品种技术进步 ... 283
一、为房地产发展积极配套的建筑涂料 ... 283
二、紧追世界水平的工业涂料 ... 284
三、国防现代化和高科技产业发展需要的特种涂料 ... 289
四、节能环保，发展低污染型品种 ... 293

附1　大事记 ... 295
附2　国际背景 ... 301
参考文献 ... 304

第九章　染料工业 ... 306
第一节　我国染料工业的初创 ... 306
第二节　1949年后染料工业的恢复 ... 309
第三节　染料生产建设蓬勃发展 ... 310
第四节　科研机构的建立与人才培养 ... 312
第五节　染料工业取得的初步技术成果 ... 313
第六节　改革开放以来的染料工业 ... 316

附1　大事记 ... 324
附2　国际背景 ... 330
参考文献 ... 342

第十章　颜料工业 ... 343
一、白色颜料 ... 343
二、氧化铁系颜料 ... 349
三、防锈颜料 ... 352
四、高装饰性珠光颜料和金属颜料 ... 356
五、色彩鲜艳、着色强的有机颜料 ... 357
六、其他颜料 ... 360

附1　大事记 ... 361
附2　国际背景 ... 364
参考文献 ... 366

第十一章　有机硅工业 ... 368

第一节 发展历程 ……368
一、起步期（20世纪50—70年代）……368
二、成长期（20世纪80—90年代）……373
三、快速发展期（2000年以来）……377
四、2010年状况……381

第二节 主要产品 ……382
一、有机硅单体……382
二、硅油及二次加工品……383
三、硅橡胶……384
四、硅树脂……386
五、硅烷偶联剂和交联剂……387
六、气相法白炭黑……388

附1 大事记……389
附2 国际背景……395
参考文献……397

第十二章 有机氟工业 ……398

第一节 有机氟工业发展历程 ……398
一、初创阶段（1950—1979年）……398
二、自主开发和成长阶段（1980—1989年）……402
三、全面发展阶段（1990—2000年）……405
四、迈向世界氟化工大国（2001—2009年）……408
五、2010年状况……412

第二节 主要产品 ……413
一、无机氟化盐……413
二、CFCs、哈龙及其替代品……415
三、含氟高分子材料……416
四、含氟表面活性剂……418
五、氟碳树脂涂料……419
六、含氟制品……420
七、含氟特种气体及电子化学品……423

附1 大事记……424
附2 国际背景……430
参考文献……433

下　册

第十三章　石油化学工业 ... 435

第一节　生产技术探索阶段 ... 435
一、中国第一个烃裂解制乙烯装置 ... 435
二、高桥自行设计建设乙烯装置 ... 436
三、兰州引进砂子炉裂解重油制烯烃技术和成套设备 ... 437
四、小石油化工兴起与衰落 ... 438
五、国内技术建设的中型石油化工装置与石化联合企业 ... 439

第二节　建设现代化石化工业阶段 ... 441
一、北京年产 30 万吨乙烯大型工程 ... 443
二、四个石油化纤工程 ... 445
三、13 套大型合成氨装置的建设和投产 ... 445
四、20 世纪 70 年代后期的石化引进工程 ... 445

第三节　转型做大做强阶段 ... 447
一、地方"中型乙烯热"的发烧与退烧 ... 447
二、20 世纪 90 年代两大乙烯工程暴露出的问题 ... 447
三、中国石化总公司组织大规模乙烯改造 ... 448
四、重组石化企业 ... 452
五、跨国石油化工公司进入中国 ... 452
六、石油化学工业继续突飞猛进 ... 456

附 1　大事记 ... 459
附 2　国际背景 ... 465
参考文献 ... 469

第十四章　合成树脂工业 ... 470

第一节　早期发展的合成树脂——热固性树脂 ... 470
一、酚醛树脂 ... 470
二、氨基树脂 ... 472
三、环氧树脂 ... 474
四、20 世纪 50 年代我国合成树脂研发全面铺开 ... 475

第二节　20 世纪 60 年代重点发展的聚氯乙烯树脂 ... 475
一、PVC 工业发展历史过程 ... 475
二、原料路线和技术的"三级跳" ... 477

三、电石PVC项目建设气势如虹的原因 479
第三节　20世纪70年代一跃而起的聚烯烃树脂 481
　　一、聚乙烯树脂的发展 481
　　二、聚丙烯合成树脂 488
　　三、聚苯乙烯合成树脂 491
第四节　20世纪90年代开始走红的ABS树脂和工程树脂 493
　　一、ABS树脂 494
　　二、聚甲醛 496
　　三、聚碳酸酯 498
　　四、聚对苯二甲酸丁二醇酯 499
　　五、聚酰胺和聚酯 499
　　六、聚苯醚 501
第五节　特种工程合成树脂研究开发 502
　　一、聚酰亚胺 503
　　二、聚苯硫醚 504
　　三、聚醚醚酮 506
　　四、聚醚砜 507
　　五、聚砜 508
第六节　步入新世纪聚氨酯树脂异军突起 509
　　一、发展概况 509
　　二、原料生产情况 510
　　三、制品的生产与消费 512
　附　国际背景 514
　参考文献 519

第十五章　合成纤维工业 521
第一节　我国发展化学纤维生产的客观要求 521
第二节　发展人造纤维 522
第三节　国内探索合成纤维生产技术 524
　　一、己内酰胺的开发和生产 524
　　二、仿棉纤维维尼纶早期开发 525
　　三、丙烯腈的早期开发工作 526
　　四、聚酯纤维单体的早期开发工作 526
　　五、小型合成纤维纺纶行业 527
第四节　走煤化工技术路线发展维纶纤维 528

第五节	发展转向石油合成纤维	529
第六节	合成纤维单体原料生产与乙烯工程结合	531
第七节	聚酯纤维工业崛起	532
	一、打破上游约束下游，纺纶崛起	532
	二、聚酯纤维聚合与纺丝装置设备国产化	533
	三、聚酯纤维技术和装备达到世界一流水平	534
第八节	合成纤维原料工业发展滞后	535
第九节	PX 事件	536
第十节	21 世纪合纤工业继续阔步前进	538
	一、化纤纺织品产品竞争力明显增强	538
	二、合成纤维进口量迅速下降，出口量逐步增长	538
	三、国产化生产技术和装备的开发应用能力显著提升	538
	四、合成纤维产品功能、差别化水平提高，产品结构明显改善	539
	五、高新技术纤维材料产业化取得突破	540
	六、创新能力提高，创新体系逐步形成	540
附	国际背景	540
参考文献		548

第十六章 合成橡胶工业 550

第一节	自主开发和全面科技攻关阶段	550
	一、氯丁橡胶	551
	二、丁苯橡胶	552
	三、顺丁橡胶	552
	四、乙丙橡胶	553
	五、丁基橡胶	554
	六、异戊橡胶	555
	七、丁腈橡胶	555
第二节	引进技术与国内开发相结合，合成橡胶工业生产快速增长阶段（20 世纪 80 年代初—2000 年）	555
第三节	台资、外资及民营企业进入产业，合成橡胶高速发展阶段	557
第四节	产业现状	558
附	国际背景	559
参考文献		562

第十七章 煤化学工业 563

| 第一节 | 概述 | 563 |
| 第二节 | 发展历程 | 564 |

一、传统煤化工行业 ………………………………………………………… 564
　　二、新煤气化技术的发展 ……………………………………………………… 577
　　三、煤制液体燃料 ………………………………………………………… 584
　　四、煤基甲醇产业链——煤制化学品 ……………………………………… 590
附1　大事记 ……………………………………………………………………… 594
附2　国际背景 …………………………………………………………………… 595

第十八章　生物化学工业 ………………………………………………… 604
第一节　概述 …………………………………………………………………… 604
　　一、发展阶段 ……………………………………………………………… 604
　　二、发展概况 ……………………………………………………………… 606
第二节　工业乙醇 ……………………………………………………………… 607
　　一、工业乙醇的应用 ……………………………………………………… 607
　　二、生产原料 ……………………………………………………………… 609
　　三、我国工业乙醇发展历程 ……………………………………………… 610
　　四、我国工业乙醇发展水平 ……………………………………………… 613
第三节　酶制剂 ………………………………………………………………… 615
　　一、产品概况 ……………………………………………………………… 615
　　二、我国酶制剂工业发展历程 …………………………………………… 616
　　三、我国酶制剂技术发展状况 …………………………………………… 617
　　四、我国酶制剂工业水平 ………………………………………………… 619
第四节　柠檬酸 ………………………………………………………………… 621
　　一、产品概况 ……………………………………………………………… 621
　　二、我国柠檬酸工业发展历程 …………………………………………… 622
　　三、我国柠檬酸技术状况 ………………………………………………… 623
　　四、我国柠檬酸工业水平 ………………………………………………… 623
第五节　发酵法总溶剂 ………………………………………………………… 625
　　一、概况 …………………………………………………………………… 625
　　二、我国总溶剂发展历程 ………………………………………………… 626
　　三、我国总溶剂工业水平 ………………………………………………… 628
第六节　微生物法丙烯酰胺 …………………………………………………… 629
　　一、产品概况 ……………………………………………………………… 629
　　二、国内发展历史 ………………………………………………………… 630
　　三、我国生物化工的成功典范 …………………………………………… 632
第七节　丁二酸与聚丁二酸丁二醇酯 ………………………………………… 633

一、产品概况 ·· 633

　　二、国内发展历程 ·· 634

第八节　聚乳酸 ·· 635

　　一、产品概况 ·· 635

　　二、国内发展历程 ·· 635

第九节　发酵长链二元酸与尼龙工程塑料 ···························· 636

　　一、产品概况 ·· 636

　　二、国内发展历程 ·· 637

第十节　生物塑料材料 ·· 637

　　一、产品概况 ·· 637

　　二、我国生物塑料材料发展历程 ·································· 638

第十一节　沼气能源 ·· 640

　　一、沼气行业概况 ·· 640

　　二、沼气的生产方法 ·· 640

　　三、厌氧发酵技术产沼气的发展过程 ······························ 641

　　四、中国沼气利用发展现状 ······································ 643

第十二节　生物柴油 ·· 645

　　一、生物柴油简介 ·· 645

　　二、国内生物柴油的发展状况 ···································· 645

附1　大事记 ··· 647

附2　国际背景 ··· 649

参考文献 ·· 662

第二编　化工相关行业 ··667

第十九章　化工矿产资源及开发利用 ································· 668

　　一、硫矿与硫资源 ·· 668

　　二、磷矿 ·· 669

　　三、硼矿 ·· 670

　　四、钾盐矿 ·· 671

　　五、金红石矿 ·· 675

　　六、盐矿 ·· 676

　　七、砷矿 ·· 676

　　八、明矾石矿与明矾 ·· 678

　　九、芒硝矿 ·· 679

十、天然碱矿 680
   十一、天青石矿 681
   十二、重晶石矿 683
   十三、萤石矿 685
   十四、化工灰岩矿 686
   十五、蛇纹岩矿 687
   十六、硅藻土矿 689
   十七、膨润土矿 691
   十八、伊利石黏土矿 693
  参考文献 695

第二十章 煤炭开发简史 697
  第一节 古代煤炭开发 698
  第二节 近代煤炭开发 699
    一、1949年前煤田地质调研简况 699
    二、1949年后煤炭开发 701
  第三节 我国煤炭在聚煤时代和地理上的分布 707
  参考文献 708

第二十一章 石油、天然气开发简史 709
  第一节 古代 709
    一、发现石油的最早记载及"石油"命名 709
    二、发现油气苗 710
    三、石油利用 710
    四、最早油井 711
    五、开发最早气田 712
    六、最早钻探技术 713
  第二节 近代 714
    一、我国最早开发的油田及石油工业 714
    二、大陆最早开发的油田——延长油田 716
    三、《中美合办油矿条约》签订前后 717
    四、不迷信洋权威，陕北打出了自喷井 718
    五、中苏合办独山子油矿 718
    六、玉门油矿最早的3口井喷油简况 719
    七、翁文波是我国石油物探事业的奠基人 720

八、玉门油矿早期的石油地质调查 721
　　九、黄汲清、杨钟健等调查新疆石油地质 721
　　十、玉门油田的开拓者孙健初 722
　　十一、在四川盆地找油找气的先行者 723
　　十二、坚信陆相地层也能生油的地质学家——潘钟祥 724
　　十三、孙越崎对甘肃油矿局的贡献 725
　　十四、谢家荣坚信中国必有石油 725
　　十五、中国石油公司的创建人——翁文灏 726
　　十六、开发东北的人造石油 727
　　十七、旧中国最大的石油勘查机构 728
　　十八、金开英与中国早期炼油工业 729
　第三节　当代 730
　　一、中国石油工业的黎明 730
　　二、中央领导与李四光关于我国石油资源的对话 731
　　三、解放军是石油队伍的重要组成部分 732
　　四、石油工业部成立 732
　　五、地质部普委的石油普查 733
　　六、大庆油田的发现 734
　　七、海底石油勘查与开发 735
　　八、中华人民共和国成立60年来石油工业发展进程与成就 736
　附　大事记 738

第二十二章　石油炼制工业 741
　第一节　早期炼油工业 741
　第二节　天然石油与人造油并举时期 742
　第三节　大发展时期 744
　第四节　经济全球化带动了炼油工业新发展 748
　第五节　现状与发展趋势 750
　　一、炼油能力继续快速增长，向大型化、炼化一体化推进，炼油布局有所调整、优化 750
　　二、大型化、基地化、炼化一体化建设不断推进，集约化程度提高 753
　　三、炼油装置结构不断调整，深加工、精加工、适应能力不断提高 753
　　四、在前一时期触底反弹的基础上中国炼油业全年呈现出高开高走的趋势 754
　　五、油品质量升级换代 755

  六、替代燃料的发展正在稳步推进 ………………………………………… 756

  七、全国炼油投资大幅增长，大型炼油装置建设继续推进 ……………… 756

 附1 大事记 …………………………………………………………………… 757

 附2 国际背景 ………………………………………………………………… 761

 参考文献 ……………………………………………………………………………… 767

第二十三章 橡胶加工工业 …………………………………………………………… 769

 第一节 1949年之前 …………………………………………………………… 769

 第二节 工业体系的建立和成长 ………………………………………………… 771

 第三节 生产的扩大与发展 ……………………………………………………… 774

 第四节 进入新的发展时期 ……………………………………………………… 776

 第五节 新世纪橡胶工业 ………………………………………………………… 780

 第六节 到2010年现况 …………………………………………………………… 783

 附1 大事记 …………………………………………………………………… 789

 附2 国际背景 ………………………………………………………………… 792

 参考文献 ……………………………………………………………………………… 797

第二十四章 塑料加工工业 …………………………………………………………… 798

 第一节 塑料制品工业的发展 …………………………………………………… 799

 第二节 基本建设和技术改造 …………………………………………………… 801

  一、基本建设和技术改造的成就 …………………………………………… 801

  二、先进技术和设备的引进 ………………………………………………… 803

  三、烟台合成革厂的建设 …………………………………………………… 804

  四、科学研究和技术交流 …………………………………………………… 804

  五、品种的开发与应用范围的扩大 ………………………………………… 809

第二十五章 军事化工工业 …………………………………………………………… 813

 第一节 近代军事化工（1861—1949年） ……………………………………… 814

  一、晚清时期 ………………………………………………………………… 814

  二、民国时期 ………………………………………………………………… 815

 第二节 中华人民共和国国防化工（1949—2010年） ………………………… 823

  一、全面恢复化工生产，为国防化工奠定基础 …………………………… 823

  二、自力更生，艰苦创建国防化工 ………………………………………… 824

  三、军民结合，继续前进 …………………………………………………… 828

 第三节 重水 ……………………………………………………………………… 829

  一、核反应中重要一员 ……………………………………………………… 829

  二、研发过程 ………………………………………………………………… 830

第四节　推进剂 833
　　　一、国际背景 834
　　　二、发展历程 836
　　第五节　放射化学和核化学 839
　　第六节　专用化工新材料 841
　附　国际背景 844
　参考文献 846

第二十六章　特种合成纤维 847
　第一节　特种合成纤维的总体发展历程 848
　第二节　聚丙烯腈基碳纤维 849
　第三节　聚对苯二甲酰对苯二胺纤维 851
　第四节　超高分子量聚乙烯纤维 853
　参考文献 855

第二十七章　其他化工相关行业 856
　第一节　硅酸盐行业 856
　　一、先进陶瓷的发展 857
　　二、玻璃 859
　第二节　冶金行业 860
　　一、钢铁产业 860
　　二、有色金属工业 864
　第三节　造纸业 865
　第四节　日用化工 868
　　一、香料 868
　　二、化妆品 869
　　三、洗涤用品 871
　第五节　食用化工 872
　　一、机械化制盐 872
　　二、制糖业的新面貌 874
　　三、内涵深邃的发酵产业 876

后　记 878

绪 论
——中国现代化学工业概述

现代化学工业以煤炭、石油、天然气、天然矿物、生物质等为原料制造各类化工产品，如农用化学品、有机和无机化工原料、合成材料、精细与专用化学品等。它是一个重要的工业部门，它为第一产业的农业和畜牧业提供化肥、农药、兽药、饲料添加剂等；为第二产业的其他工业部门提供酸、碱等化工原料；为加工工业提供塑料、化学纤维等合成材料；部分化工产品直接进入最终消费领域。

伴随着共和国的成长，我国化工行业取得了突飞猛进的发展和举世瞩目的成就：1949年全国化学工业总产值为1.68亿元，占全国工业总产值的1.2%，只能生产数量有限的普通化工产品；2010年，全国化学工业总产值为5.2万亿元，占全国工业总产值的7.35%，制造的化工产品多达六万多种，其中二十多种大宗商品产量位居世界第一；2010年，中国的化学工业总产值登上全球榜首。

目前，我国已经形成了比较完整的现代化学工业体系，包含有机和无机化学原料、精细化学品、化学肥料、化学纤维、合成树脂、合成橡胶、功能性专用化学品等五十多个子行业，以及相应的支撑行业——科研、设计、工程建设、化工物流、化工环保等。经过半个多世纪的奋斗，我国化学工业已经建设成为国民经济中一个重要的产业部门，它的门类比较齐全，品种较为配套，基本可以满足经济发展和人民生活的需要。

第一节　晚清和民国时期的化学工业（1861—1949年）

一、洋务运动开创中国近代化学工业

古代中国就有手工业方式的化工生产，其中硅酸盐陶瓷、酿造业、金属冶炼、黑火药制造都有相当的规模，但都不是在化学原理指导下的生产。直到清末官办的军火工厂中，开始用西方工业革命后诞生的化工技术生产硫酸和硝酸，这可以看作是中国现代化学工业的萌芽。

19世纪60年代，我国"洋务运动"兴起，清政府洋务派官僚开办近代军事工业，清同治四年（1865年）成立江南制造总局（图0-1）、天津机器制造局和南京机器制造局，目的是生产枪炮、火药、军用船只，自制无烟火药的基本原料硫酸、

硝酸以及硝化棉、雷汞等化学品。中国近代化学的启蒙者徐寿，其子徐建寅、徐华封等人，于清同治六年（1867年）调到江南制造总局，与英国传教士傅兰雅、金楷理合作翻译大量的近代西方科技、军事方面的著作，最早翻译化学元素符号和西欧化学名著《化学分鉴原》、《化学考质》、《化学求数》等书籍，利用学习的西方化学知识，研制无烟火药和制造无烟火药的基本原料硫酸、硝酸等。清同治十三年（1874年），在龙华火药局，借鉴西方的生产技术，用铅室法制造硫酸取得成功，成为中国近代化学工业最早的开端。

图0-1　江南制造局火药工场

　　1874年徐建寅奉调天津机器制造局专事锱水制造，建成淋硝厂，生产硫酸、硝酸和硝酸钾。1900年庚子事变时天津机器制造局被八国联军毁坏。光绪二十七年（1901年）天津机器制造局剩余设备移至山东，在德州设立分厂，名叫"北洋机器制造局"，内设火药制造场，制造无烟火药，附设两个制酸设备——硫酸和硝酸设备各一套，硫酸日产量为2700磅（约1225千克），硝酸日产量为1600磅（约726千克）。清朝末期，中国建起为军火生产配套技术较先进的化学工场。

　　上海开埠以后，帝国主义列强在上海设立贸易洋行，上海成为外国资本主义在中国倾销商品、搜刮原料的主要口岸。为利用当地廉价资源和市场获利，1874年英国商人美查兄弟在上海开办了一家精炼金银用酸的工厂，后为江苏药水厂。清同治十四年改为股份有限公司，向德国公司购买全套铅室设备，从英国订购焚矿炉，生产硫酸和硝酸。该厂坐落在苏州河的大石桥附近，占地33亩（2.2公顷），雇佣工人250人，日产硫酸2吨。以后还生产过硫酸铁、硫酸铜、蒸馏水以及蓄电池专用硫酸。它是中国化学工业中第一家外商企业。

二、民国时期各种化工生产作坊和小型工厂

　　清末，一般化工品的生产技术，仍是传承古代生产方法的手工业化工，部分吸纳西方简单的化学加工方法。多以手工作坊为主，有染坊、陶瓷、玻璃、酿制、火

柴、水泥、皮革、医药等行业。

推翻封建的清政府，建立民国后，打破长期的闭关锁国状态，在思想文化领域新文化运动兴起，经济领域学习西方技术风起浪涌，刺激了民间资本化工企业的产生。由于民间资本的资金、技术力量薄弱，最初开办大多是作坊或小型化工厂，生产一些与日常生活密切相关的化学品如肥皂、火柴、染料等。

在经济发展的带动下，上海出现了一批民办化学工厂。1915年，阮霭南和周元泰合伙建立的开林造漆颜料厂，是中国第一个工业化生产的涂料工厂。1916年，邵晋卿开办振华实业公司，生产飞虎牌油漆和颜料。飞虎牌油漆在上海市场上击败日货鸡牌油漆，还享誉东南亚。1919年，旅日华侨容子光、容祝三创办中华制造橡皮有限公司，开始生产橡胶制品。同年，林涤庵集资开办大丰工业原料股份有限公司，生产锡酸、铬酸等十余种无机化工产品。1921年，胜德织造厂内设立了赛珍部，试制浇铸型酚醛树脂，成为国内塑料生产的起源。同年，吴蕴初开办炽昌新牛皮胶厂。1922年，张礼林开办亚洲橡皮厂。1923年，华侨陈嘉庚创办橡皮公司上海分行。1927年、1928年，正泰、大中华橡胶厂先后创立建成，生产套鞋、跑鞋、力车胎等。1934年，大中华添置设备开始生产汽车轮胎，成为中国第一个生产轮胎的工厂。1928年，吴蕴初创办天原电化厂股份有限公司，生产盐酸、烧碱和漂白粉。1935年，吴氏又建立上海天利氮气厂，生产合成氨和硝酸等产品，是中国最早生产合成氨的工厂。1933年，中孚、大中染料厂兴建，是上海最早的染料工业企业。同年，李允成、郭永恩等人集资开办中国工业炼气股份有限公司，生产氧气及乙炔气，1936年起生产电石。1933年，美商建立远东酒精厂，1935年酒精厂建成。由此上海成为中国最早的化工生产基地。

山东省是开启近代化学工业生产较早的省份。1919年9月，青岛市福顺泰商号开始创办染料厂，取名为维新化学工艺社（青岛染料厂前身），该社为我国最早的染料生产厂之一。初期产品为煮青，即膏状硫化青染料，后增制碱性紫、硫化蓝、色基大红等，但膏、粉状硫化青一直为该厂主产品。1922年10月，济南裕兴颜料工厂（裕兴化工厂前身，中华人民共和国成立前往往将染料误称为颜料，因系厂名未予更正。下同）开始创办，1924年潍坊裕鲁颜料股份有限公司（潍坊工厂前身）成立。继之，青岛中国颜料公司、大华颜料公司、济南天丰颜料厂、华丰颜料厂先后崛起。以上各厂开办初期主要产品均为煮青。1931年年产量达3400箱（每箱50千克）。除广销本省各地外，省外销售以河南、江苏、河北、山西、陕西、甘肃六省为主，浙江、安徽等省亦有少量。济南染料业最多时达五十多家，其中较大者有18家，其余为家庭副业。青岛染料业最多时亦达几十家。潍坊、德州、烟台、济宁等地亦有生产。与染料业同时发展的是其主要原料硫化碱的制造，济南、青岛有数家工厂生产。

为了生产肥皂，化工原料烧碱的需求增加，生产发展较快。济南、青岛均有十多家烧碱制造厂采用苛化法生产。为满足纺织、印染工业的需要，中国纺织公司青岛分公司于 1947 年建立中纺公司化工厂（青岛化工厂前身）电解烧碱装置，有 23 个电解槽，新中国成立前最高年产烧碱 460 吨、盐酸 140 吨、氯化锌 210 吨、漂白粉 25 吨。在当时，即为山东省技术较先进的化工企业。烟台、济南、青岛等地有一些将纯碱精制成面碱（食用碱粉）的加工业，原料多来自天津。

橡胶加工行业山东省最早的厂家是威海的中威橡胶厂（威海橡胶厂前身），1929 年创办，产品主要是胶鞋，最初年产 4 万双。1930 年青岛福字胶皮厂兴办，产品是胶鞋和鞋底。此后青岛有隆裕胶皮工厂、同泰胶皮工厂、山东胶皮工厂等相继兴起，其产品除同泰为自行车胎外其余均为胶鞋。

山东省民族化学工业虽然开始兴起，但基础薄弱，技术和设备条件较差，多数原料依赖进口，经不起外资的侵袭。山东省地处沿海，青岛等地先后受德、日等控制。特别是 1937 年日本大举侵略华北后，山东大部分地区沦为日伪统治区，为了侵略战争的需要，日本在青岛、济南、淄博等地，利用当地资源和廉价劳动力兴办了一批化工企业，规模不大，但因战事频繁而无法正常生产。刚刚兴起的民族化学工业，被日伪当局随意停水、停电，业界无法正常生产，再加上原料被日本侵略者统一控制等原因，致使沦陷区民族化学工业濒于绝境。

1945 年日本投降后，日本兴办和控制的企业多数由国民党政府接管。化学工业主要由经济部鲁豫晋区特派员办公处化工组接收。接收后，因战争破坏，原料无着，继之内战起，故大部分工厂未能复工，只有齐鲁企业公司橡胶厂等少数生产军用品的工厂维持半开工状态。

据原山东省工业厅资料，1949 年全省（按当时行政区划）私营工业工厂化学加工部门为 216 家，1950 年发展到 502 家，1951 年为 566 家。据山东省统计局资料，1954 年全省化学加工工业共有个体手工业 1466 户，从业人员 3496 人。其中土碱、硫黄、土硝生产 1071 户，从业人员 2305 人；油漆、油墨、染料生产 216 户，从业人员 592 人；其他 179 户，从业人员 601 人。全省橡胶工业个体手工业 27 户，从业人员 105 人。

三、民族资本创建大型化学工厂

纯碱用途广泛，在工业革命时代是最重要的化工原料。法国科学院曾悬赏征集制造纯碱的生产方法，可见其重要性。民国初期经济的发展促使纯碱需求量大增。但是纯碱的生产与技术被西方大化工公司所垄断。1914 年，爱国实业家范旭东集资在塘沽开办久大精盐公司，利用沿海滩涂制盐。原盐除食用外，一个重要用途是制造纯碱。当时，"洋碱"充斥市场，且价格昂贵，使我国不少以碱为原料的工厂受制于洋人。第一次世界大战爆发后，帝国主义列强忙于打仗，洋碱进口锐减，碱价骤增。1914 年每吨碱价为白银 51 两，致使依赖洋碱为原料的工厂停工停产。见此，爱国实业家范旭东在创办久大精盐公司的基础上，于 1917 年与陈调甫等人决定成立永利久大化学工业公司,兴办碱厂以发展民族化学工业。这是我国最早的具有一定规模、采用先进化工生产工艺和手段的化工厂,座落在渤海湾边塘沽,始建于1917年,1919年动工兴建。经范旭东先生和留美化工专家侯德榜博士同心戮力(图0-2),苦心创业,于1924年生产出碱。开工之初没有大化工厂的生产经验,碱质低劣,销售困难,公司负债累累。在极其困难时期,范旭东、侯德榜等人采取措施,一面筹集资金,一面攻克技术难关,同时又与英国卜内门化工公司周旋,直至挫败英人想吞食挤垮永利的阴谋,使碱厂转危为安。1926年6月29日生产出合格的"红三角"牌纯碱。次年8月获得了美国费城万国博览会金奖。从1927年起,产量逐年增长,1936年达55410吨,永利公司碱厂(天津碱厂前身)终于站稳脚跟。

电解食盐可生产纯度较高的烧碱和盐酸,在20世纪初是非常先进的化工生产技术。上海爱国民族资本家吴蕴初,为了谋求中国工业的独立,购进国外的设备,聘请外籍技师,引进西方电解食盐的生产技术,在民族资本主义化学工业技术进步方面是重要一举。1929年,吴蕴初花资8万银元,购进法国远东化学设在

图0-2 范旭东先生亲订,侯德榜先生手书的永利碱厂《四大信条》

越南海防的生产盐酸的二手设备——120个爱伦摩尔式电解槽,为保证工厂的正常生产,还以1万银元的高酬金聘请该公司法籍工程师班纳负责拆卸、安装、试车工作。天原电化厂生产的"太极牌"盐酸、烧碱在上海市场异军突起,打破了英商卜内门公司垄断中国碱业市场的局面。

范旭东先生、侯德榜博士创建的永利化学工业公司和吴蕴初先生创建的天原化工厂,在所处的时代,不仅有"国货"抵制"洋货"的爱国主义意义,更重要的是他们高屋建瓴地开发和引进先进化工生产技术,建设了高水准的大型化工厂,培养了一批化工生产技术人员和管理人员。从民国到新中国,他们引领建设的天津碱厂、南京化学工业公司(前身为永利公司工厂)和上海天原化工厂,作为中国化学工业的骨干企业长达半个世纪以上。他们的奋斗为我国现代化学工业打下部分基础。

四、东北的伪满化学工业

东北民间早期曾用古老工艺土法生产火药、硫黄、靛蓝、土硝、土碱等化学品。1919年以后,张作霖政权官僚资本建立的奉天兵工厂火药厂,生产部分硫酸、

氯碱产品。弱小而又停滞的民族工业，多为十余人左右的家庭手工业及作坊，在辽南、辽东地区还有零星的硫铁矿开采。当时辽宁的近代化工企业有资料记载的为23个。

东北资源丰富，清朝末年帝国主义列强纷纷觊觎侵占东北地区。日俄战争后（1905年），日本帝国主义取代了沙俄的势力，在东北建设了一批工厂，目的是一方面加强日本在东北的控制力，另一方面利用东北的丰富资源为侵略战争提供物资供应。在日本关东州都督府的庇护下，煤炭、炼铁工业开始建立，随之产生了南满洲铁道株式会社（简称"满铁"）所属的化学工业，有鞍山制铁所附产物工场、抚顺炼油工厂、大连油脂工厂、南满瓦斯（株）、满铁本溪湖工厂、大和染料工厂，主要回收硫铵、焦化副产及生产低档染料、涂料。这些企业标志着辽宁近代化学工业的开端。

"九一八"事变后，东北地区作为日本侵略战争物质供应基地的地位日益重要。在日伪政权控制下，加速化学工厂的建设。主要以沈阳、大连、抚顺、本溪、鞍山为重点，逐步扩展到锦州、锦西、辽阳、营口、丹东、开原等11个铁路沿线城市，共计有72个主要企业。其中化肥回收5个、农药3个、纯碱1个、氯碱2个、染料1个、涂料10个、火工1个、硫酸3个、助剂1个、无机盐6个、矿山1个、橡胶加工30个、酒精5个、甘油3个，形成了辽宁化学工业的雏形。解放后辽宁的大、中型企业如大连化学工业公司、锦西化工总厂、沈阳化工厂、抚顺化工厂、鞍钢化工总厂、沈阳橡胶三厂和四厂、辽宁轮胎总厂、沈阳和大连油漆厂、大连染料厂、大连油脂化学厂、辽阳庆阳化工厂、沈阳农药厂、开原化工厂等化工企业的前身，都诞生于20世纪三四十年代。1943年、1944年化工产品最高年产量：烧碱达5327吨，浓硫酸3122吨，硫铵50800吨，纯苯1580吨。"九三"胜利后，由于长期战乱的破坏，苏军拆走工厂设备，辽宁的化工生产能力损失了60%～70%。鞍钢、本钢、抚顺炼油厂和葫芦岛锌厂的化工回收厂等则遭到100%的损失。1949年全省化工企业只剩下26个，主要化工产品的产量大多仅相当于最高年产量的一半。

为了利用小丰满水电资源，日本帝国主义筹划在吉林建设一个规模较大的有机合成工业基地。1942年开始建设，建成了两座小电石炉、一座炼焦炉，大部分工程未建成。解放后，重新规划建设，建成全新的吉林化工区。

五、根据地和解放区化工

抗日战争和解放战争时期，在中国共产党的领导下，各个革命根据地为适应战争需要，在极端困难的条件下，创办了一些化工企业，对中国人民的解放事业做出了重大贡献，并且积累了经验，培养了大批干部。比较巩固的陕甘宁、晋察冀、晋冀鲁豫、晋绥和胶东等革命根据地都有化工企业，生产硫酸、硝酸、盐酸、纯碱、烧碱、酒精、乙醚、甘油等化工原料，以及雷汞、雷银、硝化甘油、硝化棉、无烟火药、二硝基萘、炸药等军用产品。

党中央所在地的陕甘宁边区，地瘠民贫，军事上和经济上都受到国民党政府及其军队的严密封锁，工业品和日用品供应都很困难。边区军民贯彻"自力更生、发展生产"的方针，组织了医药、军用炸药、弹药和一些日用化工品的生产。1939年，军区卫生部创办了卫生材料厂，也称延安八路军制药厂。到1944年，建立了一批小规模的化工厂，如制药厂、肥皂厂、皮革厂、火柴厂、玻璃仪器厂、造纸厂等，同时还建立了硫酸厂，以后又生产了硝酸、盐酸，试制成功了酒精、乙醚、硝化棉、无烟火药，并有小量生产。

在晋察冀边区，1938年军区卫生部办起了卫生材料厂，也称伯华制药厂。1939年成立了统一的军事工业领导机构——晋察冀军事工业部，还设立了化学科。1940年，用陶瓷大缸土法试制硫酸成功，在唐县大安沟建了一个硫酸厂。1941年，先后试制成功浓硝酸、乙醚、二硝基萘、硝化棉、无烟火药等，为制造各种枪弹开辟了原料来源。1943年，试制成功甘油和硝化甘油，进一步提高了手榴弹、地雷、炮弹所用炸药的爆破效能。雷银的大批量生产，解决了缺乏水银的难题。到了解放战争时期，军事化学工业的生产条件有了改善，建立了半机械化的生产设备，各种产品的产量也都成倍或数十倍地增长。1945年在张家口建起了新华制药厂。

在晋冀鲁豫边区，1938年建立了军区制药厂，也称光华制药厂。1941年建立了硫酸厂，以后又生产了硝酸、盐酸、雷汞、酒精、乙醚、硝化棉、无烟火药等产品。硫酸厂分成太岳、太南和百步交三个化工厂，又增加了脱脂棉、硝基萘和硝铵的生产。1944年，在黎城源泉建立化工厂，生产硫酸、硝酸、双基无烟药、硝基萘、雷汞等。1947年，在山西长治建立炸药总厂，主要生产硝铵甘油混合炸药；还建立了隘峪山化工厂、晋城化工厂和内旺化工厂，主要生产火工产品。

在晋绥地区，1942年初，晋绥军区后勤部将当地肥皂厂改建为化工厂，工厂迁建在陕西省吴堡县万户峪，生产肥皂和皮革两种产品。1945年后勤部组建军工部，化工厂迁陕西省佳县境内，扩建为军工部第四厂，生产有较大发展，除继续生产肥皂和皮革外，还生产硫酸、硝酸、盐酸、甘油、硝化甘油、硝化棉、硝基萘、炸药、发射药以及雷管、雷汞、电池、黄磷、玻璃、陶瓷等产品，并总装各种弹药。1947年，该厂搬到黄河以东山西省离石县境内，设总厂和几个分厂，总装十多万发各种炮弹、几十万发枪弹和手榴弹，对抗日战争和解放战争做出了重大贡献。

在胶东地区，抗战初期就有了军工厂生产手榴弹，以后逐渐发展到能生产硫酸、硝酸、盐酸、甘油、硝化甘油、硝化棉等18种产品，用以制造手榴弹、枪榴弹、迫击炮弹以及炸药等。并以路布兰法生产纯碱，苛化法生产烧碱，还生产木焦油、硫黄，以及钙皂裂解制汽油等。1943年成立了军区制药组，并逐步发展成为山东新华制药厂，生产黄碘、酒精、葡萄糖等。随着解放战争的进展，从1946年至1949年，胶东与鲁中、鲁南连成一片，集中一批技术人员和老工人，研究试制成功了一些急需的军事化工产品。他们所生产的弹药，在孟良崮战役和解放兖州、济南等地的战役中，都起了很大的作用。

1947年，解放战争急需大量军火。当时大连已经解放，由苏军驻守。大连的工业基础较好，有进行军工生产的条件。在中共旅大市委的领导下，各解放区派到旅大市的人员组成建新工业公司，建立军火生产基地。大连化学厂是建新公司的一个工厂，其前身是日本的满洲化学工业株式会社。为了支援解放战争，在极端困难的条件下，建新公司在大连化学厂组织了硝酸、硫酸、乙醚、二苯胺和硝化棉、硝化甘油及无烟火药的生产，不仅为本公司生产山炮弹提供了发射药，还供应了各解放区生产追击炮弹和子弹所需的发射药，有力地支援了解放战争。

在中华人民共和国建立以前，我国化学工业虽然有一定的发展，但是基础十分薄弱。化工厂的生产规模大都很小，工厂装备很差，劳动条件恶劣。化工技术水平远远落后国际水平，能够生产的品种有限，产量很低。最高年产量，硫酸不过18万吨，硫酸铵22.6万吨，纯碱10.3万吨，烧碱1.2万吨，轮胎4万条。

第二节　开启新中国化学工业（1949—1956年）

1949年，中华人民共和国成立，国民经济开始恢复、调整、发展时期，中国化学工业进入崭新的时代。作为实现工业化的基础产业，化学工业得到中央政府的重视，为化学工业的发展创造了一系列条件，中国化学工业得以高速蓬勃发展。新中国的化学工业是在贫困落后，民生凋敝，满目疮痍的基础上起步的。

一、组建国营化工企业　全面恢复生产

解放战争中，各省或大区解放后，当地政府接收国民党官僚资本遗留下的化工企业，着手恢复和重建化学工业，一方面发展经济，另一方面生产军需产品支持解放战争。1949年，东北人民政府接收沈阳、辽西地区各化学工厂，合并哈尔滨油脂厂、酒精厂和吉林化工厂、四平化工厂，组成东北人民政府工业部化学公司。1949年8月，华北人民政府公营企业部将接收的国民党政府资源委员会的天津化学公司，以及中国盐业公司汉沽工厂、大沽工厂等组成华北化学公司。上海解放后，上海市接管善后事业保管委员会制药公司筹备处及所属企业和官僚资本办的企业，成立华东人民制药公司。西南军政委员会派军代表进驻重庆天原化工厂，没收了前资源委员会的官僚资本，改建为公私合营企业。

解放区的化工厂先后从根据地搬迁进城，山东新华制药厂于1948年10月从胶

东解放区迁到张店。在原日军兵营建厂，仅用两个月时间就恢复了生产。东北军区制药厂 1948 年 11 月从佳木斯迁到沈阳，利用国民党政府遗留的 9 个制药厂旧址建厂，定名东北化学制药厂（后东北制药总厂）。晋冀鲁豫军区卫生材料厂迁入北京，定名新建化学制药厂（后北京制药厂）。原解放区为军工服务，生产配套化工原料的小型工厂，因全国基本解放，军工生产转业，进行了改组，大部分停产或转产，各解放区的硫酸厂、硝酸厂均停产。

国营化工企业组建后，立即着手恢复和重建化工生产，并对部分企业进行重点恢复和改建。1949 年 3 月起大连化学厂根据贺龙同志视察时的指示，用 3 个月时间，生产各种火药 80 吨，支援人民解放战争。该厂从 1948 年起至 1950 年 5 月，共生产各种火药 452.6 吨。1950 年大连化学厂全面修复，当年生产合成氨 13093 吨、硫酸 44798 吨、硫铵 36755 吨、硝酸 3772 吨、硝铵 4437 吨。1949 年 2 月天津化学工业公司汉沽工厂（后天津化工厂）恢复生产，当年生产烧碱 515 吨、漂白粉 1021 吨。1949 年 4 月沈阳化工厂基本恢复生产。主要产品有烧碱、汽缸油、漂白粉、盐酸以及肥皂、甘油等。1949 年 3 月沈阳橡胶一厂正式恢复生产，当年生产轮胎 6157 条、胶管 4 万米、帆布 48 万米。1950 年上海橡胶企业生产胶鞋 850 万双、力士鞋 20 万双、止血带十万余支、输血胶管十五万余米，支援抗美援朝战争。到 1952 年底，全国已有全民制药厂 38 家，职工 9000 人，已能生产各类化学药 90 个品种；抗生素、磺胺药、地方病药等六大类化学药产量 88 吨。医药工业总产值 2.78 亿元（1952 年不变价）。私营企业 278 家，职工 1.1 万人，产值占全国医药工业总产值 50.4%，有 6 户私营企业实现公私合营。

同时，鼓励和帮助民族资本化工企业恢复生产。1949 年 7 月侯德榜博士克服重重困难回到祖国，毛泽东主席接见侯德榜博士，详细倾听了侯德榜讲述复兴中国工业的意见及范旭东生前建设十大化工企业的设想，表示赞赏。毛主席说："革命是我们的事业，工业建设要看你们的了！希望共同努力建设一个繁荣富强的新中国。"周恩来看望侯德榜博士时，侯德榜提出永利沽厂、宁厂生产原料不足，产品销路不广，资金周转迟滞，周副主席当即表示，政府可以收购产品，提供周转资金，原料供应待交通畅通后一定尽力帮助。并嘱咐侯德榜只要对发展生产有利，不管什么困难，希望随时相告，政府一定全力相助。刘少奇副主席视察天津永利化学工业公司沽厂表达党和政府对沽厂生产情况的亲切关怀。同年 10 月，周恩来总理在北京接见了著名化工实业家吴蕴初先生，希望吴先生能为化工事业继续努力。1949 年 1 月 15 日天津市解放，永利化学工业公司碱厂（后天津碱厂）在军代表主持下，经工人、工程技术人员一个月的大检修，恢复了纯碱、烧碱的生产，当年生产纯碱 4 万吨。1949 年 6 月永利化学工业公司永利宁厂（后南化公司氮肥厂）在中央人民政府扶持下，解决了原料和资金问题，恢复生产。当年生产硫酸铵 17977 吨、合成氨 4952 吨、硫酸 14242 吨。1951 年 9 月 19 日重工业部化工局与永利化学工业公司签订公私合营协议。1949年6月上海天原化工厂恢复生产，当年生产烧碱714吨、盐酸608吨、漂白粉1327吨。

通过医治战争创伤、恢复和改扩建工作，1952年度，化学工业的主要产品产量都已经恢复到或者超过了解放前最高的年产水平。其中：硫铁矿21万吨、硫酸19万吨、浓硝酸1.06万吨、盐酸1.4万吨、纯碱19.2万吨、烧碱7.9万吨、化肥3.9万吨、合成氨3.8万吨、电石1.1万吨、农药0.2万吨、塑料0.2万吨、染料1.64万吨、涂料2.7万吨、轮胎外胎42万条。

二、苏联援建156个项目中的化工重点工程

中华人民共和国成立以后，立即着手考虑经济建设。1952年8月周恩来总理率领中国政府代表团访问苏联，与苏联领导人会谈，讨论了中国和苏联两国关系的重要政治与经济问题。中苏两国政府就苏联帮助中国今后五年的经济建设（即第一个五年计划苏联援建141项问题）广泛交换了意见。1952年9月16日发表了会谈公报。事实上，早在1951年，以贸易部副部长姚依林为团长的中国贸易代表团赴莫斯科，对苏联进行访问。代表团成员林华以化工总厂订货代表身份与苏方进行谈判，签订了吉林肥料厂、染料及中间体厂、电石厂、热电厂、太原化肥厂、化工厂和热电厂等7个厂的建厂方案。1952年10月4日苏联化工部邀请正在莫斯科访问的我国政府代表团成员李强、柴树藩、李苏、徐今强等6人，就建设吉林、太原、兰州三个化工区举行第一次会谈。双方就建厂条件、厂址选择、产品方案、原料路线等交换意见。通过谈判，双方就建厂规模、产品方案取得一致意见。

1953年5月15日中华人民共和国政府和苏维埃社会主义共和国联盟政府在莫斯科签订《关于苏维埃社会主义共和国联盟政府援助中华人民共和国中央人民政府发展国民经济的协定》。协定规定，在1953年至1959年期间，苏联援助中国新建改建141个项目。1954年10月12日，苏联政府又增加15个项目。至此，中苏签订了156个苏联援助中国的建设项目。在这些援建项目中，有化工项目14项，即吉林氮肥厂一期、二期工程，太原氮肥厂一期、二期工程，兰州氮肥厂一期工程，吉林染料厂、吉林电石厂、太原化工厂、兰州合成橡胶厂、华北制药厂抗生素分厂、淀粉分厂、太原制药厂、保定电影胶片厂。新中国成立后第一次大规模地引进化工技术和成套工厂装备的建设，拉开了序幕。

1952年1月，政务院批准吉林肥料厂、吉林染料厂和吉林电石厂的设计任务书。吉林化工区由吉林肥料厂、吉林染料厂、吉林电石厂、吉林热电厂组成，是一个以煤、焦和焦化副产品为原料的化工基地。吉林肥料厂的设计能力为年产合成氨5万吨、稀硝酸7.7万吨、浓硝酸1.5万吨、硝酸铵9万吨、甲醇0.4万吨。吉林染料厂的设计能力为年产7种还原、冰染染料0.29万吨，苯酐、二萘酚、H

酸等14种中间体0.8万吨，硫酸等6种无机化工产品5万吨。吉林电石厂的设计能力为年产电石6万吨、碳氮化钙1万吨。吉林化工区的建设规模是空前的，此前国内从来没有干过如此大的化工工程。化工区的建设得到了全国的支援，国家采取"集中优势兵力打歼灭战"的方法，从各地调集了3万名职工，组成了一支浩浩荡荡的建设大军。这支队伍在艰苦的条件下，顶着凛冽的寒风，夜以继日地战斗在松花江畔，出现了许多动人心弦的事迹，涌现出了大量的英雄模范人物。化工区从1955年4月开始施工，经过两年半的时间基本建成，于1957年10月25日举行了开工典礼。

兰州化工区由兰州肥料厂、兰州合成橡胶厂、兰州热电厂组成。这是为改变我国化学工业布局在西北建设的化工基地。兰州肥料厂设计能力为年产合成氨5万吨、硝酸铵8.2万吨、浓硝酸12万吨、甲醇0.87万吨、乌洛托品0.3万吨。兰州合成橡胶厂设计能力为年产丁苯橡胶1.35万吨，丁腈橡胶0.15万吨，聚苯乙烯0.1万吨。1956年，肥料厂和合成橡胶厂同时开始建设，从全国各地调集的1万多名施工人员，战斗在黄河之滨，历尽艰辛。1958年11月，肥料厂建成投产。1960年5月，合成橡胶厂丁苯橡胶装置建成投产，因为原料粮食、酒精供应困难，不久就停产了。1961年底，建成我国第一套以炼厂气为原料的乙烯装置。

太原化工区由太原肥料厂、太原化工厂、太原制药厂、太原热电厂组成。太原化工厂的设计能力为年产六六六农药0.2万吨、滴滴涕农药0.15万吨、烧碱1.36万吨、液氯0.5万吨以及军工原料等。太原肥料厂设计能力为年产合成氨5.2万吨、硝酸铵9.8万吨、浓硝酸3万吨、甲醇1.55万吨、甲醛1万吨。太原制药厂原设计能力为年产磺胺噻唑750吨、磺胺脒160吨、氨苯磺胺310吨，后改变设计方案，建成磺胺、维生素、解热药等品种的综合性药厂。太原化工厂1956年开始建设，1958年7月投产。太原肥料厂1957年建设，1961年投产。太原制药厂1958年建设，1960年1月投产。1958年6月又建成山西磷肥厂（即以后的太原化学工业公司磷肥厂）。

此外，还有苏联援建的华北制药厂，这是我国最大的医药联合企业，由制药厂、淀粉分厂、玻璃分厂组成。设计能力为年产青霉素32.5吨、链霉素53吨、淀粉14916吨、葡萄糖3362吨及玉米浆、玉米油、糖蜜等。1954年开始建设淀粉厂，1956年建成；1958年一季度建成药厂。

这批项目在当时技术和规模都是比较先进的，为新中国化学工业培养了第一代生产、科研、设计、施工、制造技术队伍，积累了建设大型化工厂的经验，缩小了我国与世界化学工业的差距。但是另一方面也暴露出苏联援建项目的问题，工程投资大、建设周期长，化工厂的大量技术装备在当时的条件下国内无法制造，依靠国内力量无法进一步推广建设。

三、工业化道路上第一个五年计划

1953年,中共中央在庆祝新中国成立四周年的口号中,向全党和全国人民提出向社会主义过渡时期总路线,明确指出社会主义工业化是总路线的主体。新中国的工业化必须从重工业开始,只有发展重工业才能为全部工业、运输业以及农业的改造和发展提供必需的物资和装备,才能保障国家经济的独立和国防的巩固。在过渡时期总路线的思想指导下,编制与实施第一个五年计划即1953年至1957年国民经济发展计划,是新中国制定的第一个全面的中长期国民经济计划,它对新中国工业化的道路和经济建设的模式,具有重要意义和深远影响。

1949年10月中央人民政府政务院设立重工业部,何长工任部长。重工业部中设有化工局重工业部沈阳化工综合研究所原貌见图0-3,归口管理全国化学工业。

图0-3 重工业部沈阳化工综合研究所（1950年）

第一个五年计划建设重点是重工业。重工业部化工局提出第一个五年计划化学工业的主要任务是:"首先发展氮素工业,以奠定配合国防工业和发展农业的基础。适当发展酸、碱、染料工业,加强化学工业与炼焦、石油、有色金属工业的配合。要特别注意国防工业所需化工原料、特种油漆、特种染料的发展。"在此期间,除重点建设苏联帮助我国设计和建设的156个项目中的化工项目外,对上海、天津、大连、南京、沈阳、锦西、青岛等地的老厂进行了改造和扩建,发展了基本化工原料的生产。

经过化工战线广大职工的努力,1957年胜利完成了第一个五年计划。1957年与1952年相比,主要化工产品有了成倍增长,硫酸达到63.2万吨,增长2.3倍;纯碱达到50.6万吨,增长1.6倍;烧碱达到19.8万吨,增长1.5倍;合成氨达到15.3万吨,化肥（按标准化肥）达到73.63万吨,都增长了3倍;轮胎达到88万条,增长1.1倍;抗生素（即抗生素）达到34.62吨,增长11.5倍。农药和其他一批化工产品,从无到有,农药达6.5万吨,硫铁矿（按含硫35%计）149万吨,磷矿（按含 P_2O_5 30%计）31 万吨。化学工业总产值达到 26.53 亿元，增长 2.4 倍。工业布局除沿海仍占主要比重外，内地的比重开始上升。1956 年 2 月重工业部化工局调查统计，全国（未统计台湾省，余同）无机酸、碱、盐生产企业（不包括西北地区），无机酸生产单位 45 个、碱生产单位 144 个、盐生产单位 105 个，以及农药、化肥等生产单位总计 495 个，从业人员 41349 人，其中技术人员 1100 人。化学工业在无机化工方面有了发展，但是在新兴高分子化工方面还没有起步。1954 年全世界生产塑料 400 万吨，中国 0.7 万吨（日本 10.1 万吨），世界生产合成纤维 26.8 万吨，中国还没有生产。1952—1956 年的 5 年里，我国进口各种化工原料和制品，累计总值 23.8 亿元人民币，占全国外贸进口 10.2%。

在当时的社会主义理论中，认为民族资本工商业是资本主义的一部分，根据中国的情况，采取了利用、限制和改造的政策。人民政府对私营化工企业实行加工订货和收购产品，组织产销衔接，促进了生产的恢复和发展。1951 年在抗美援朝中，又对私营化工企业进行军事订货，使生产出现"淡季不淡，旺季更旺"的景象。1953 年，实行收购或包销，采取"统筹兼顾、全面安排"，将私营化工企业的生产纳入国家计划。1954 年到 1955 年，对规模较大、产品重要的私营化工厂，分批分期实行公私合营。对合营的 779 家企业进行调整改组，分别成立了化学原料公司、染料工业公司、涂料工业公司、橡胶工业公司。1956 年，私营化工企业全部实现了公私合营。对私人资本付给定息；对资本家的工作，按照"量材录用、适当照顾"的原则，作了妥善安排。

完成了对私营化工企业的社会主义改造后，全国的化工企业分为国营和集体两个所有制，国营企业分别由中央和地方管理。化学工业需要大量的煤炭和矿物资源作为原料，工厂的原料和产成品运输量大，又是用电大户，在各种物资供应紧张的年代，是计划经济体制下重点管理的工业部门。

第三节　化学工业社会主义建设全面展开（1956—1978 年）

一、化学工业部成立与沿革

为了加强社会主义计划经济体制对工业的领导，1956 年 5 月 12 日，第一届全国人民代表大会常务委员会第 4 次会议通过撤销重工业部，设立化学工业部（图 0-4）、冶金工业部、建筑材料工业部的决议；任命彭涛为化学工业部部长。化学工业部由原重工业部化学工业管理局和轻工业部橡胶工业管理局、医药工业管理局组成，于同年 6 月 1 日开始正式办公（图 0-5）。下设办公厅、计划司、技术司、基本建设司、设计司、动力司、安全技术司、财务司、劳动工资司、教育司、干部司、供应局、销售局、监察局 14 个职能司局，及基本化学工业管理局、有机化学工业管理局、化学肥料工业管理局、医药工业管理局、橡胶工业管理局、化工地质矿山局、建筑局 7 个专业管理局。机关编制 700 人，专业管理局 1000 人。

图 0-4　关于设立化学工业部的通知　　图 0-5　化工部和平里办公大楼（1956—1971 年）

1961 年 11 月彭涛因病去世，1962 年 6 月 26 日，任命高扬为化学工业部部长。

图 0-6　化工部六铺炕办公大楼（1972—1990 年）

"文化大革命"期间，化工部的组织机构发生较大的变动。1969 年 7 月，化学工业部机关及其专业公司工作人员，除留下 177 人抓业务工作外，其余全部下放"五七"干部学校劳动。

1970 年 4 月 1 日，中央决定缩减国务院行政部门，合并化学工业部、煤炭工业部、石油工业部成立燃料化学工业部，在德胜门外大街六铺炕石油工业部办公楼合署办公（图 0-6）。6 月 22 日，中共中央批准国务院关于国务院各部建立党的核心小组和革命委员会的报告。批准燃料化学工业部党的核心小组和革命委员会的组成，机关暂定编制 837 人（原三个部机关 4056 人）。燃料化学工业部于同年 7 月 1 日开始办公。燃料化学工业部革命委员会和党的核心小组的组成，是按军代表、领导干部、群众代表"三结合"的方式安排的，其办事机构大体上也有军代表参加领导工作。

1975年2月1日，第四届全国人民代表大会第一次会议决定撤销燃料化学工业部，分别设立石油化学工业部、煤炭工业部。康世恩任石油化学工业部部长。机关设办事机构17个，机关职工1208人（包括病休、待分配、附属单位干部154人）。

1978年3月5日，第五届全国人民代表大会第一次会议决定撤销石油化学工业部，设立化学工业部、石油工业部，任命孙敬文为化学工业部部长。

1978年6月7日，国务院批准成立国家医药管理总局。化学工业部医药局的机构、人员、业务，从1979年1月1日起正式移交国家医药管理总局。

1982年3月8日，第七届全国人民代表大会第22次会议决定任命秦仲达为化学工业部部长。1989年第五届全国人民代表大会第8次会议决定任命顾秀莲为化学工业部部长。图0-7为化工部安慧里办公大楼。

图0-7 化工部安慧里办公大楼（1991—1998年）

1998年4月，根据九届全国人大一次会议通过的国务院机构改革方案，改革的重点是调整和撤销那些直接管理经济的专业部门，加强宏观调控和执法监管部门。在这次改革中，化学工业部等11个工业部被撤销。

原化工部有下属单位102个，其中直属企业分期分批剥离、脱钩、改制。部直属科研院所的改制方向是企业化，部分并入其他企业或者进企业集团。勘察设计单位均转成工程公司建制。其他事业单位根据不同情况，决定自己的发展方向。如原化工所属的9所高校剥离后，进入教育系统，经过院校合并调整，开始新的发展阶段。化学工业部作为一个庞大的工业管理部门完成了历史使命。

从20世纪50年代到80年代，化学工业部主要是按照计划经济的要求，对国营企业的生产、物资调配，以及基本建设项目等方面的计划管理与调度。主要工作方面有：

① 建立和管理社会主义生产体系，制定化工企业生产计划，调度化工企业的生产运行；

② 统一编制化工厂的基本建设、扩建、技术改造等项目的建设计划；

③ 集中调配重要的生产物资；

④ 组建发展化工科学技术的各种平台。

在化工部的领导下，化学工业取得了长足发展：

① 重要化工产品的生产能力快速增加，填补了众多空白，基本满足了国内的需求；

② 经过四十多年的全面建设，建立了比较完整的化学工业体系；

③ 扭转化工厂积聚在沿海少数城市的状况，化学工业布局得到改善；

④ 为造就大型企业集团打下物质和经营基础，使得改革开放后化学工业有能力参与国际竞争。

进入20世纪90年代，经济体制改革进入深化阶段，原来政府部门管理经济工作过多过细的体制，不能适应新的形势发展需要。中央开始逐步弱化原工业部门的管理职能，从对生产建设的具体管理改为宏观管理。化学工业部在此期间为化学工业的经济管理转型做了大量工作。化学工业在改革开放的大好形势下，持续在快车道上高速发展，步入世界化工生产大国前列。

在新中国刚刚成立"一穷二白"的历史条件下，为了开展大规模经济建设，实现工业化，必须把有限的人力、物力、财力集中起来，建设一些国民经济急需的重大项目。长期处于半殖民地的中国，经济技术与西方工业化国家落后上百年，即使按照西方国家所谓先进的发展模式，也不可能在这样短的时间内取得这样的成就。纵观世界，任何一个国家发展较快的时期，都是在一个阶段的经济政策上实行了政府干预较强的经济模式，尽管名称不一定是"计划经济"，但是机制基本相同。新中国实行计划经济体制是当时环境下的历史必然选择。化学工业部在中国工业化的道路上，发挥了应有的历史作用。

二、"大跃进"中的化学工业及教训

国民经济的迅速恢复和第一个五年计划的顺利实现，鼓舞人们去夺取新的胜利，但是也滋长了盲目乐观、急于求成的情绪，以及夸大了主观意志的作用。1958年党的社会主义建设总路线提出后，发动了"大跃进"运动，全国性的以高指标、瞎指挥、浮夸风和共产风为主要标志的"左"倾错误开始泛滥。

20世纪50年代后期"大跃进"年代，希望利用群众运动的方式建设社会主义，欲摆脱工业化国家的建设模式。在没有经济基础和技术支持的"一穷二白"情况下，想用"小、土、群"的办法把经济搞上去。化学工业也不可避免地卷入这个运动之中。1959年，化工部在北京召开全国化工工作会议，会议提出为了高速发展我国化学工业，根据大搞小土群、小洋群，贯彻大中小相结合，以土、小为主的方针，化工部党组织发出《为在1960年建立三万到五万个化工小洋（土）群企业而奋斗》。在许多地方开始建设"小、土"类型的化工厂。为了加快建设速度，化工部组织编制了一批化肥、硫酸、烧碱、聚氯乙烯等中小企业的定型设计（即通用设计），提供地方因地制宜进行建设。化工战线也提出了一些不切实际的口号，制订了过高的指标，脱离了现实可能性，导致企业盲目追求高产，拼坏了设备，生产普遍下降，挫伤了群众的积极性。1958—1960年，全国化学工业基本建设投资为第一个五年计划的三倍多，战线越拉越长，分散了人力、物力、财力，使工程项目长期不能建成。化工企业不适当地层层下放。在企业管理上，盲目破除了必要的规章制度，产生了无人负责的现象，破坏了正常的生产秩序，加上新职工的大量涌入，劳动生产率普遍下降。化学工业的总产值连续下降，1961年比1960年下降38.2%，1962年又比1961年下降16.6%，1963年才开始回升。在建设中强调"土法上马"，也造成不少损失。四年的生产是下降或者停滞不前的。

进入20世纪60年代，"大跃进"的"左"倾错误带来的经济困难全面显现。中央决定对国民经济实行"调整、巩固、充实、提高"的方针。根据这个方针，化学工业部采取了一系列措施。1962年上半年，制定了全国化工企业的调整方案，关、停、并、转了一批企业。1962年5月国家计委批转化工部提出的第一批停关化工企业（车间）名单。这批停关化工企业（车间）共216个，其中中央直属20个，地方196个。对重点企业内部急需的水、电、气等公用工程以及交通运输、仓库、储罐、宿舍等辅助、福利设施，进行了平衡安排、填平补齐。对严重损坏的主体设备，进行了改造和更新。同时，还调整了化学矿山的采掘比例。1962年，全国化工企业由1960年的6688个调整到2843个。随着企业的调整，化学工业的职工人数也大大精减。1960年全国化工系统全民所有制企业职工总数为117.1万人，到1962年底减少到67.4万人，两年精减了近50万人。缩小了行政管理人员的比例，提高了企业管理水平，提高了劳动生产率。与此同时，接受统一分配的高校毕业生、工程技术人员1961年底为21828人，1962年底为27926人，增加了6000多人。经过调整企业减少了一大半，而主要产品产量反而有所增加。

许多"小、土"化工厂在调整中消失，但是也有部分开创工作得以保留（图0-8），对许多省市的化学工业起到"桥头堡"的作用。

为了适应"大跃进"的形势，化工设计、工程、科研、教育掀起"群众运动"，对一些旧的规章制度进行"批判、革命"。在运动中一些不适应形势的工作得到改进，但是也制造了不少混乱，在以后的工作中不得不加以纠正。其中有意义的是，根据《关于自然科学研究机构当前工作的十四条意见》，化学工业部把比较分散的研究、设计力量进行了调整和分工。到1963年，化学工业部共设置24个设计、研究院所，1个技术情报研究所，6个大专院校，10个施工公司和安装队。

图 0-8　常州化工厂建设工地（20 世纪 60 年代）

1958 年，在发挥中央和地方办化学工业的积极性号召下，化学工业部从机关和在京事业单位以及部分企业，抽调了上千名干部和工程技术人员，下放到化学工业比较薄弱的地区，协助地方建立和健全化工厅局，并向地方科研、设计单位和生产企业输送了大批技术人员，充实了地方化学工业的骨干力量。

三、大力生产化肥成为化学工业的首要任务

由于"左"倾错误造成了粮食大幅减产，全国粮食供应极为困难。1961 年，国家决定把加速发展氮肥列为工业支援农业的一项重要任务，成立中央化肥小组主抓这项工作。国务院副总理陈云作了调查研究，1961 年 4 月 4 日至 10 日在杭州召开座谈会，对氮肥厂的建设规模、建设部署、材料供应、设备定点制造和成套供应等重要问题进行了详细研究，提出了解决的办法，并经中央化肥小组报告中央批准。座谈会认为，氮肥厂的建设规模以年产合成氨 2.5 万吨和 5 万吨为宜，应集中力量在今后 3 年内，每年建设 4 个至 5 个年产 5 万吨合成氨氮肥厂；同时，加紧小氮肥厂的试验攻关工作。对此，国家每年拨外汇 1600 万美元进口特殊材料，由化学工业部设立化肥专库，专材专用。第一机械工业部组织 120 多个机械厂定点制造设备，并根据氮肥厂设计文件中的设备清单，包括辅助车间和公用工程，组织成套供应，成立了专门的氮肥设备成套供应机构，负责氮肥设备的成套、配套和补套工作。

这些决定以及所采取的措施，对加快发展氮肥工业起了决定性的作用。自行设计国内设备制造年产 5 万吨合成氨规模系列的氮肥厂、衢州化工厂、吴泾化工厂、广州氮肥厂，于 1963 年初相继投产。到 1965 年，全国 5 万吨/年类型氮肥厂，加上原有老厂，投产的共 15 个，使当年合成氨产量达到 130 万吨以上，这表明中央抓的氮肥增产措施取得了可喜成果。其后，技术不断提高改进，先后攻克了合成氨氧化锌脱硫、低温变换、甲烷化净化合成气新流程等的技术难关，又分期分批地建

设了 21 个同类型氮肥厂。这批氮肥厂形成我国自有技术和成套国产装备的氮肥厂系列，为区别其他氮肥技术，行内称为"中型氮肥厂"或"中氮"。基于这套技术和装备的平台，又拓展使用油气原料，建成了 11 个采用重油气化制合成氨和天然气制合成氨技术的中型氮肥厂。到 1983 年全国共建 56 个中型氮肥厂，其中包括江西氨厂、宝鸡氮肥厂、兴平化肥厂、三明化工厂、柳州化肥厂、湘江氮肥厂、安阳化肥厂、宣化化肥厂、迁安化肥厂、原平化肥厂、云南氮肥厂、鲁南化肥厂等。1983 年中型氮肥厂年生产合成氨 368 万吨，占全国氮肥总产量的 22%。以煤焦为主要原料的中型氮肥厂工艺技术成熟，适合国情，工厂装备国内基本配套，建设和生产管理规范，是我国合成氨生产的最重要的技术平台。

20 世纪 50 年代，因受财力、物力条件的限制，以及"大跃进"等政治因素的要求，化工部在探讨开发适合中国具体情况的化工生产方法上做了大量工作，这些工作大多没有实际成果。其中，取得成效并对农业发展起到重要作用的是小化肥，特别是小氮肥技术开发和所形成的生产能力。1958 年 1 月化学工业部部长彭涛提出要兴办小型氮肥厂，召开技术讨论会。与会人员认为，按各国通用的生产化肥方法，主要是制造硫酸铵和硝酸铵，为此必须建设相应的硫酸和硝酸生产装置，该装置需要大量的铅和不锈钢材料，投资多，即使把大装置缩小建厂，也难以办到推广。有人提出，大连化工厂利用石灰窑气与氨反应，生产出碳酸氢铵，农业部门的试验表明碳酸氢铵也有较好的肥效。1958 年 3 月，著名化学家、化工部副部长侯德榜率领化工部氮肥设计院二十多人组成年产 2000 吨合成氨配 8000 吨碳酸氢铵县级氮肥厂设计组，赴上海化工研究院搞现场设计，参加设计的还有其他单位专业人员约八十余人。1958 年 6～7 月设计完成，化工部安排建设第一批 23 个县级氮肥厂试点。在新工艺还很不成熟的情况下，1959—1960 年，全国先后建设近 200 个 800 吨/年型和 2000 吨/年型小合成氨厂。这种类型的小型氮肥厂生产规模小，被称作"小氮"。更重要的区别是，生产工艺技术上有独到之处——合成气净化联产碳酸氢铵。新工艺在工业化过程中，工艺流程、设备、生产管理和经济上遭遇过各种各样的挫折与失败。首先是理论上可以平衡的氨和二氧化碳，实际生产过程中不能平衡，需要外部补充液氨。碳化后的原料气有碳酸氢铵晶体生成，堵塞管道阀门，不能连续生产。另外，即使生产出碳酸氢铵，因生产不稳定、"跑冒滴漏"消耗高等原因，工厂过不了经济关。绝大多数工厂不得不停产下马。在化工部的组织下，经过坚持试验的几个试点厂的厂领导、技术人员和职工不懈努力，以及科研、设计、生产、设备制造单位互相交流攻关经验，从而不断推进新工艺的开发。1963 年江苏丹阳化肥厂率先闯过了技术关和经济关（图 0-9）。丹阳化肥厂的经验得到化工部肯定和推广，其他几个小型氮肥厂也逐步实现了正常稳定生产。

小氮肥闯过技术关和经济关后，开始迅速发展。1970 年，国务院决定由上海市每年组织生产 100 套小氮肥厂成套设备，支援全国各地小型氮肥厂的建设。江苏、浙江、山东、河北、广东等地，也都先后自己制造小氮肥厂的成套设备，加快了发展步伐。从1966年的150个厂发展到1979年的1533个。在此期间，小氮肥厂的合成氨年产规模分别从原来的800吨和2000吨扩大为3000吨和5000吨，以后大部分厂又分别发展到5000吨和1万吨以上。但是，由于发展过急、过多，有些不具备条件的地方也建了厂。不少厂管理混乱、消耗高、亏损大，平均吨氨两煤耗4181千克、电耗2239千瓦时，造成了很大浪费。同期，以煤焦为原料的中型厂平均吨氨两煤耗只有1400千克左右。1976年全国小氮肥行业净亏损企业达三分之二以上，亏损9.7亿元。

"文革"后，化学工业部抓住小型氮肥厂"吃饱、管好"两个关键问题。1978—1980年，化工部对小氮肥行业进行以节能为中心的技术改造，推广余热回收等10项节能技术和措施，不断总结交流经验，推动技术改造。化工部于1980年规定，凡吨氨两煤耗超过2500千克、电耗超过1500千瓦时的小氮肥厂要调整或停产整顿。经几年调整，关停小氮肥厂317个。1983年开工生产的小氮肥厂

图0-9　江苏丹阳小化肥厂投产后送化肥下乡

共1216个，生产合成氨945.7万吨，碳酸氢铵3026万吨（实物量），占全国氮肥总产量的57%。平均吨氨两煤耗1940千克、电耗1350千瓦时，分别比1976年下降53.6%和39.7%。全行业净盈利5.16亿元。小氮肥在我国化肥工业中的含义，不仅是生产装置相对小，更重要是在我国20世纪六七十年代的特定历史条件下，开发出合成氨装置中联产碳酸氢铵肥料新工艺技术，摆脱了建设氮肥厂需要大量不锈钢和投资高的瓶颈，大幅度提高化肥产量。短期内建设了大量小氮肥厂，农业重点县都有自己的小化肥厂，保证了当地化肥不误农时供给。农民开始普遍认识化肥和欢迎化肥，实现了粮食稳产、高产，化解了20世纪六七十年代快速增长的人口可能产生的粮食危机。这是小氮肥不可磨灭的历史功绩。

20世纪60年代，国外合成氨技术出现突破性发展，以离心压缩机为核心，年产30万吨以上合成氨的大型化新技术，使合成氨装置的热能得到合理综合利用，大大降低了能耗。世界范围大型装置迅速取代老旧装置。国内化工部门认识到建设大型化装置的优越性，开始探讨和开发大型合成氨装置工艺技术。但是在当时条件下，国内外技术和装备制造水平差距太大，没有取得有效成果。1973年开始，我国从美国、荷兰、日本引进了13套年产30万吨合成氨和联产54万吨尿素的氮肥生产装置。以后又陆续引进，到20世纪80年代末，建成29套大型氮肥生产装置。

这批大型氮肥厂生产总规模约占全国氮肥生产能力 20%，并对提高氮肥工业的生产技术和管理水平，起了较大推动作用。

我国磷肥和钾肥的生产，受原料资源的限制，发展相对较慢。到 20 世纪 80 年代，在磷矿产地搞"矿肥结合"的项目带动下，磷肥有了较快的发展。

在粮食生产不能满足需要不得不实行定量配给的情况下，国内化肥生产工程技术和装备有所突破后，无论是中央还是地方政府，对用化肥来提高农业生产都寄予很大的期望，积极要求增加化肥供给和兴建化肥厂。我国化肥年产量从 1949 年的 0.6 万吨，到 2000 年达到 3001 万吨。这种发展速度和延续时间之长，在经济生活中十分罕见。化肥工业的长足发展对我国粮食生产发挥了巨大作用，长期被"饥饿"困扰的中国，能够在有限的可耕土地上，经过多年的努力，使十多亿人口吃饱穿暖，是举世瞩目的成就。化肥在农业粮食生产中的贡献在 20%以上，不仅保证了农业稳产高产，同时彻底改变了我国已沿袭几千年依靠农家肥的农业种植技术，减轻了农民劳动量，有效释放出农业劳动力。

为贯彻为农业服务方针，化工部门从 20 世纪 60 年代开始把发展化肥工业放在首位。长达 30 年的时间化肥的投资占化工总投资的 40%以上。进入 20 世纪 90 年代，我国氮肥的生产能力开始显现过剩，造成许多化肥生产厂逐步陷入困难境地。

四、石油化学工业的弯路

乙烯是最重要的有机合成基础原料。苏联援建的兰州合成橡胶厂需要的乙烯来自粮食酒精。1960 年国内粮食生产遇到极大困难，无法保证兰州合成橡胶厂的供应。兰化公司提出自行建设以炼厂气为原料的乙烯装置。经过化工部和兰化公司职工的努力，我国第一套石油乙烯装置终于在 1962 年元旦试车投产。该装置建在兰州化工公司，以炼厂气为原料，采用油吸收分离裂解气中乙烯，年产乙烯 5000 吨，用于苯乙烯生产。1964 年，我国自行设计、自制设备，在上海高桥化工厂建成一套以炼厂气为原料的小型乙烯生产装置。20 世纪 60 年代后期和 70 年代，我国一些省市建设了若干套蓄热炉裂解渣油生产乙烯的小型装置。这些小型乙烯生产装置技术落后，根本不能满足需要。

20 世纪 60 年代，西方国家石油化工高速发展，利用石油为原料，生产合成树脂、合成纤维等化工产品，价廉物美。合成材料开始在工业和生活中广泛应用，推动了纺织、家电、电子、机器制造技术进步，提高了生活质量，促进了经济增长。在其影响下，我国石油化工和合成材料工业开始起步。除了国内自行探索外，还从日本和西方国家引进了聚乙烯醇和维尼纶、砂子炉石油裂解和高压聚乙烯、聚丙烯以及丁辛醇等技术和装备。

1964 年在中央高度重视下，决定从西欧引进 5 套石油化工装置，分别是：砂子炉裂解闪蒸原油制3.6万吨乙烯装置，年产3.45万吨低密度聚乙烯装置，年产5千吨聚丙烯装置，年产1万吨丙烯腈装置和年产8千吨腈纶装置，建设在兰州化学工业公司。但是采用裂解原油技术思路的缺陷，以及引进的乙烯和聚丙烯生产装置技术不成熟，给试车和实现正常运转带来许多困难，经兰化职工的努力，到1970年砂子炉乙烯装置才投入生产。由于砂子炉技术自身的缺点，无法与管式炉裂解轻油技术相比，乙烯生产的规模和经济指标难以提高，最终这个乙烯生产方法被淘汰。这次技术引进，选择技术路线和装备不合理，一方面没有能够引领我国乙烯工业在引进的技术上发展，另一方面管式炉技术推开后，砂子炉的劣势使生产装置在使用寿命期内就不得不停产被淘汰，本身也是经济损失。除此之外，当时引进的维尼纶技术、乙炔路线丁辛醇等都有类似情况。20世纪60年代的石化发展走了弯路，迫使20世纪70年代我国化工界必须探索发展石油化学工业的新途径。

引进砂子炉失利，不仅仅是技术原因，还有更深层次的思想认识问题。合成材料在经济中特别是对轻纺、家电、电子有重大支撑作用是显而易见的。几十年来，合成材料因国内供给不能满足需要，成为长期依靠进口的三大商品（钢材、化肥和合成材料）之一。尽管从20世纪50年代末，我国化工界就认识到合成材料和石油化工在国民经济中的重要性，并开始步入石油化工，但从几十年的乙烯工业发展历程，可以看到不时有摇摆和错过最好发展机遇的问题。其中有新事物认识水平不足的原因，但是思想的偏差是我国乙烯工业走弯路的根本原因。20世纪50年代，中东和北非油田大规模开发，国际石油价格每桶只有3美元。世界化学工业迅速转变原料结构，从传统煤化工转变到石油化工。没有石油资源的前联邦德国、法国等西欧国家和日本大量进口石油，用石脑油（汽油馏分）作为乙烯工业的原料。1959年兰州建设我国第一个石油乙烯生产装置，那时日本的乙烯工业刚进入快速成长期，亚洲其他国家还没有乙烯工业。可以说我国乙烯工业起步不算晚。国内蕴藏和开采的石油只能满足燃料的需要，不可能大量提供给化学工业是客观现实。一定程度上受"备战"思想的影响，害怕进口石油受国外的牵制，使得我国化学工业的原料路线没有追随世界的步伐进行调整。20世纪60年代我国乙烯工业的原料路线在炼油厂尾气和渣油之间徘徊，技术无法突破，无法建设大型现代化乙烯生产装置。1972年，世界乙烯产量已经达到2181万吨，我国石油乙烯工业虽然已搞了十多个年头，但年产量仅4.4万吨。20世纪70年代国内原油开采量增长较快，乙烯工业利用汽柴油馏分作原料得到认可，乙烯工业上了一个大台阶。进入20世纪80年代，国内原油产量增长开始停滞，尽管对外开放大门已经打开，但仍没有大胆设想进口石油资源来发展我国乙烯工业，这使得我国刚刚进入快车道的大乙烯项目建设犹豫不前。东亚韩国乙烯工业应运而生长足发展，到20世纪90年代我国开始大量进口韩国生产的石化产品，从而出现后来者居上的形势。2001年11月中国加入WTO后，我国在世界经济中充分发挥了轻纺制造业的优势，中国被当作"世界工厂"的服装、塑料等轻纺加工产品大量出口。在这样新的经济背景下，制造这些商品的主要初始原料石油是否过于依赖进口的疑虑依然挥之不去。在经济全球化的时代，进口国外的自然资源石油等工业原料以满足国内发展需要，只要把握好外汇平衡和特殊情况下的安全性问题，不失为经济发展的上策。

五、"文革"中化工生产遭到严重破坏

"十年动乱"，国民经济遭到了严重的破坏，1967年化工总产值下降到108.31亿元，1968年进一步下降到102.37亿元。经过广大职工的艰苦努力，1973年上升到260.08亿元，1974年下降到247.59亿元，1975年又回升到293.77亿元。1976年"反击右倾翻案风"，化工生产又遭到挫折，到粉碎"四人帮"前夕，已面临十分困难的境地。全国48个大中型合成氨厂中，停产、半停产的企业达19个，占40%；1300多个小型合成氨厂有三分之一停产，三分之一半停产。在这期间，削弱了行业管理，许多企业产品质量下降，原料、燃料、动力消耗定额增高，生产事故增多，无政府主义泛滥，重复生产和盲目建设的现象严重。全国化工企业总数增加了1倍，亏损企业占了一半，经济效益很低。

这段时间，化学工业虽然受到严重的破坏，但是，化工战线的工人、领导干部和技术人员忍辱负重，坚持生产，与"四人帮"的干扰和破坏进行了斗争，化学工业建设仍有所前进，特别是氮肥和石油化工有较大的发展。1968—1978年，全国各地建设化肥厂共计一千多个。在此期间，各省市根据各自原材料供应条件和对化工产品的需求，建设了一批各种类型的化工厂，使得化工产品的生产品种和数量都有所提高。

早在1964年中共中央会议上，毛泽东主席从存在着新的世界战争的严重危险的估计出发，把全国划分为一、二、三线战略布局，要下决心搞三线建设。文革中在"备战"的方针要求下，内地建设得到了加强。不仅从沿海搬迁了一部分企业到内地，同时又建设了一批新厂，这对改变化学工业的布局，满足国防工业发展的需要，起了一定的作用。但是，在内地建设中，受到"靠山、分散、隐蔽"方针的影响，不少工厂厂址选择不当，投资过高，又不配套，造成了浪费，有些厂建成后生产能力不能充分发挥。

在20世纪50年代后期的国内外政治环境下，不得不突出的自力更生原则，对中国工业化道路的推进发挥了重要的作用。但是片面强调自力更生，衍生出"小、土、群"和"夜郎自大"的发展现象，也产生了许多负面影响。化工厂建设中，万事不求人的小而全、各省市都要求自我配套，低水平的重复建设现象极为严重。"小、土、群"起家的小化肥工业，在一个历史阶段取得很大的成绩，但是"小、土、群"的发展模式也带来许多问题，改革开放后，按市场需求进行配置等新的判断和决策标准出现，这种片面的发展模式才得以纠正。

六、搭建现代化石化工业的框架

20世纪60年代,我国化学工业科技水平虽有所提高,但是受当时"闭关锁国"的思想影响,以及"文革"的破坏,我国化学工业的生产技术和生产装备与世界水平距离拉大。1972年2月,在中央主管经济工作领导周恩来、李先念、余秋里等同志推动下,经过毛泽东主席的圈阅同意,决定从美国和西欧国家引进一批先进的大型化肥和石化生产装置。这个决策,勾画出中国化学工业发展历史中最重要的一笔,为中国化学工业跨入世界先进水平的现代化搭起最初的框架。

1972年2月5日根据我国石油产量迅速增长的情况,为把我国化纤、化肥工业发展上去,适应人民生活、工农业生产和出口援外的需要,中共中央、国务院批转国家计委《关于进口成套化纤、化肥技术设备的报告》。同意上半年引进化纤新技术成套设备4套,化肥设备2套以及部分关键设备和材料,争取五六年内建成投产。1972年,实际共批准进口14套化纤、化肥成套设备。燃化部和轻工部组织人员到国外相关国家考察化肥和石油化工技术,同时组织大量技术力量与国外公司谈判。进口成套设备工作进展比较顺利,1973年1月2日,国务院又批准国家计委《关于增加进口设备、扩大技术交流的请示报告》(以下简称《报告》)。《报告》又进一步扩大引进规模,提出引进43亿美元的设备,其中包括13套大化肥,大化纤、石油化工等项目。因此20世纪70年代前半期,燃料化学工业部先后从国外引进了13套化肥和1套乙烯联合装置。轻工业部引进了四套石油化纤装置和烷基苯工厂。

粉碎"四人帮"后,人心振奋,看到1973年开始建设的引进化肥和石油化工项目进展顺利,1977年7月中共中央原则批准国家计委《关于引进新技术和进口成套设备规划的请示报告》,规划提出,再进口一批成套设备、单机和先进技术。其中有3套大型石油化工成套设备、粉煤和重油为原料的化肥关键设备等。根据这个规划,1978年引进了大庆、齐鲁和南京大型乙烯石油化工成套装置以及三套以渣油为原料的年产30万吨合成氨大化肥装置。

20世纪70年代先后两批技术引进,形成了化学工业大型化工厂的建设高潮。

1972年5月,燃化部决定在北京石化总厂建设中国第一套30万吨/年乙烯工程,内含年产30万吨乙烯、年产18万吨高压聚乙烯、年产8万吨聚丙烯和年产4.5万吨丁二烯及其配套工程。12月,石化总厂上报了《北京石油化工总厂扩建工程计划任务书》。1973年6月24日,国务院正式批准建设。1973年8月29日,乙烯项目破土动工。这一工程是当时中国石化工业建设史上规模最大、技术最复杂的项目。在建设过程中,石化建设者们解决了现代化大型化工生产装置建设的全新理念,国内标准与国际标准接轨、超大型设备的制作与吊装等一系列技术难题。1975年12月,一期工程的乙烯、高压聚乙烯、聚丙烯、丁二烯抽提等引进装置全部按合同期完成施工建设。1976年5月8日，乙烯装置正式投料，只用9天15小时就生产出合格的乙烯、丙烯和碳四。30万吨/年乙烯工程开车取得一次成功，比原计划的投料试车时间缩短了一半以上。该项目从装置开槽打基础到试车出产品，仅27个月。乙烯装置的投产，使北京石化总厂成为中国当时最大的石油化工联合企业。北京燕山大型石化装置的规划和建设，不仅使我国石化工业向国际先进水平迈进了一大步，也为后来建设一批大型乙烯装置和大型石化联合企业积累了丰富经验。

轻工部负责建设上海石油化工总厂、辽阳石油化纤总厂、四川维尼纶厂三个以生产化纤为主的石化项目。上海石油化工总厂建设项目包括9套引进生产装置，以及国内配套项目9套，建设规模为年产乙烯11.5万吨，合成纤维10.2万吨（其中：腈纶4.7万吨、维纶3.3万吨、涤纶2.2万吨），聚乙烯塑料6万吨以及部分油品、化工原料等。全年耗用大庆原油180万吨。全场建筑面积159.7万米^2，其中生产系统94.7万米^2，计划投资21.94亿元，是上海解放后最大的一个建设项目。从1972年6月开始筹建，1977年7月打通3条生产线的全流程，拿到合格产品，前后总共5年完成建设任务。辽阳石油化纤总厂是生产化纤原料和化纤产品数量最多的一个项目。引进生产装置25套，国内配套19套，建设规模为年产乙烯7.3万吨，聚酯切片8.6万吨，尼龙-66盐4.5万吨，聚丙烯、聚乙烯各3.5万吨，涤纶短纤维3.2万吨，锦纶长丝0.8万吨。1981年8月最后打通了尼龙生产线，转入全面试生产阶段。四川维尼纶厂引进生产装置7套，国内配套2套，建设规模为年产聚乙烯醇4.5万吨，甲醇9.5万。1980年6月考核结束，生产出了合格的聚乙烯醇。化纤项目所需投资相当于建设1000万棉纺锭的投资总和，或相当于新中国成立到1971的22年间，国家给纺织工业的投资总和。

20世纪70年代后期引进的工厂，"文革"后的经济调整中，曾一度被停缓建。20世纪80年代恢复建设后，都顺利投入了生产。

这批引进技术的意义和规模，在我国化学工业和纺织工业都是重要的里程碑。20世纪70年代初，以轻油为原料30万吨/年乙烯大型装置在美国和日本刚出现不久，我国及时抓住发展潮流，使我国石化工业现代化站到较高的起点。这批以引进技术布局和建设的大型石油化工联合企业，主要有北京石油化工总厂、上海石油化工总厂、大庆、齐鲁、南京扬子石油化工厂以及13套大化肥厂等，大部分成为我国石油化学工业的骨干企业。在以后的几十年化学工业的现代化过程中，它们发挥了巨大作用。

这批引进技术，对解决全国人民的"吃、穿、用"，特别是穿衣问题起了重要作用。到20世纪80年代初，涤棉布、涤纶长丝织物和中长纤维布等已完全摆脱了供不应求的局面。1983年12月，中国停止实行了29年之久的棉布凭布票限量供应的办法。引进化肥装置的建成，使我国合成氨生产能力在几年内提高了30%，对于支援农业生产起了相当大的作用。1955年开始定量供应粮食的粮票，到1993年也退出了流通领域。老百姓结束了被迫"节衣缩食"的窘况。

这批引进技术，使得一大批在"文化大革命"中无法正常工作的技术人员和领导干部能够参加技术引进、工程建设和消化吸收工作，对我国化学工业技术水平的提高、人才培养和化学工业现代化的建设队伍组建，发挥了决定性的作用。

这批引进技术对禁锢的思想认识产生了巨大冲击。在当时宣传"一边倒"的年代，不要说普通群众就是高级干部，对西方国家的科学技术和经济发展状况了解甚少。这次同西方发达国家进行大规模的交流与合作，不仅带来了西方发达国家的先进技术、先进工艺和先进设备，同时也使中国化工界，真切了解到西方发达国家化学工业发展现状和发展趋势，看到了究竟什么是先进技术，什么是高度发达的工业，什么是高效率的劳动生产率，为我国化工科学技术和工程建设找准了发展方向。

纵观几十年的技术引进，可以清楚地看到，技术引进是使我国化工产业在技术水平、工程建设和生产能力各方面都得到很大提高的重要手段。没有技术引进，化学工业不可能在短时间内取得如此巨大的进步。与世界先进国家差距较大时，采取"拿来主义"，较快地追赶上世界水平，绝对是明智之举。技术引进没有抑制我国科学技术的发展，反而是带动和推高了科学技术发展的水平。

第四节　伟大的历史转折——化学工业开创新局面（1978年—新世纪）

一、拨乱反正中的调整

粉碎"四人帮"以后，人们精神振奋，决心把被"四人帮"耽误的时间抢回来。由于急于求成，基本建设的摊子大面积铺开，许多项目提前或超计划上马。例如，为了加快石油化工发展的步伐，1978年签订了引进4套30万吨/年合成氨和4套30万吨/年乙烯联合装置的合同。当时，"文革"破坏所造成创伤还没有恢复，1979年9月18日陈云副总理在中央财政经济委员会的汇报会上指出，1978年和1979年的投资超过了国家财力物力的可能，所以调整是必要的。1980年11月27日国家计委、国家建委、国务院清理在建项目办公室、财政部、中国人民银行发出《关于停缓建南京乙烯等四个项目的通知》，经国务院决定，北京东方化工厂工程停建，南京、大庆乙烯工程及江苏仪征化纤厂缓建。化学工业为了保证重点建设，调整基建规模，把1978年在建的114个大型项目逐步减少，到1982年减到56个。保证重点建设，初步调整了化学工业的投资方向，保证了为农业和轻纺工业服务的大型建设项目以及投资少、见效快的投产项目和收尾项目，增加了科研、教育事业在化学工业中的投资比重，并注意安排了职工住宅和集体福利设施的建设。

随着国家经济状况的好转，国务院决定陆续恢复引进项目的建设。4套30万吨/年合成氨装置分别建在浙江镇海、新疆乌鲁木齐、宁夏银川和山西潞城。4套30万吨/年乙烯联合装置分别建在黑龙江大庆、江苏南京、山东齐鲁石油化工公司和上海。浙江化肥厂、新疆化肥厂、东方化工厂、山西化肥厂、广东云浮硫铁矿列为国家的重点建设项目，集中力量，保证建设。

1982年1月，国务院颁发《关于对现有企业有重点、有步骤地进行技术改造的决定》。改变过去以新建企业作为扩大再生产主要手段的做法，实行以技术改造作为扩大再生产主要手段的方针，技术改造不仅要考虑本企业、本行业、本部门的利益，而且主要应当考虑国民经济全局的利益。化学工业新建和改建、扩建了12个大型化工联合企业，即吉林化学工业公司、兰州化学工业公司、太原化学工业公司、南京化学工业公司、大连化学工业公司、燕山石油化学总公司、齐鲁石油化学总公司、岳阳石油化工总厂、衢州化工总厂、锦西化工总厂、安庆石油化工总厂、广州石油化工总厂。这些联合企业的总产值虽然只占全国化工总产值的17%，但利税却占30%以上，主要产品的产量占全国总产量的比重为：合成橡胶87.6%，塑料31.5%，纯碱40%，硫酸13.3%，烧碱和合成氨10%左右。

在重点建设和改扩建大型化工企业的同时，围绕城市的中小化工出现快速发展的势头。除上海、北京、天津、南京、青岛、大连、沈阳、重庆市化工基础比较好外，广州、常州、武汉、西安、哈尔滨、长春、太原、厦门、杭州、沙市、昆明、长沙、南宁、无锡、合肥等城市看到化学工业对经济的拉动作用，在地区发展规划中将化学工业被摆到重要的位置。

对企业组织机构也进行了调整。对于不具备生产条件、能源消耗高、产品不对路、重复生产和长期亏损的企业，区别不同情况实行关、停、并、转。1983年比1978年，化工系统全民所有制企业减少1600个。

20世纪80年代，化学工业的生产建设依然是计划经济的管理体制为主，一些做法已经开始显现不适应改革开放后的新形势。

二、在改革开放的大环境中化学工业高速发展

1982年，中共十二大提出建设有中国特色的社会主义。针对原有体制下国家对企业管得过多过死，企业缺乏活力等弊病，决定扩大企业经营自主权，全面推行经济责任制、改革外贸体制、开放沿海城市等改革开放的政策陆续出台。1992年初，邓小平南方讲话以后，思想认识观念新的突破，经济体制改革全面提速。中国化学工业在改革开放的大环境下，发生巨大变化。

（一）优秀化工企业脱颖而出

改革开放以后，长期在计划经济体制下运行的国有企业，不适应市场经济的挑战，许多企业都遭受巨大困难，国有中小企业最先感受到压力。1990 年先后，当时国有中小企业，特别是市县以下的小企业普遍亏损，亏损面 80%左右。在市场的巨大压力下，不少企业被兼并、破产或转制。一部分国有企业在富有改革创新精神的企业领导人的带动下，在原有基础上，一面积极利用政策改革不适应市场经济的陈规陋矩，一面不断技术改造，扩大生产规模。这些企业不仅顶住经济改革的压力，同时由小变大，由弱变强发展成改革开放后崛起的优秀新型化工企业。

20 世纪 90 年代末，宜昌化肥厂和全国的许多小氮肥企业一样，陷入破产的边沿。那是一段痛苦的记忆：银行账面资金仅有 1 万元，亏损额高达 3800 万元，年销售收入仅 5.8 亿元；数千职工靠每月 350 元的生活费艰难度日。

临危受命的蒋远华，承载起宜化的千钧重担。他用全新的概念来指挥企业与市场对接，在对接的阵痛中创造了"宜化文化"和"比较管理"的管理模式。为提高工作绩效和激发员工斗志，推行与绩效挂钩的高于当时数倍的年薪工资制；为获得企业信誉，用打歼灭战的战术，打造宜化信誉，用典型效应来重获银行的支持；为获得高效益、低投入的领先市场的发展先机，创造出"比较管理"的企管模式。宜化改革最大的特色，就是建立在比较管理模式基础上的体制和风气上的竞争文化。宜化人竞争意识只要放松一点，马上就有危机，轻则月收入大大降低，重则被淘汰。每个人的价值与荣辱同团体的业绩血肉相连，彻底改变了"大锅饭"平均分配的老体系，打造了一个适应市场经济的新型管理体系。

在蒋远华带领下，宜化从一个年产 30 万吨尿素、5000 吨季戊四醇的中小化工企业，经 10 年时间发展成了一个年产 11 万吨季戊四醇的全球最大多元醇生产基地；一个年产 1100 万吨化学肥料、300 万吨真空制盐的世界最大化肥制造商和井矿盐生产企业；一个年产 250 万吨纯碱，年产 100 万吨 PVC、80 万吨烧碱、100 万吨电石的中国最大联碱及氯碱化工生产企业。并一举成为一个年创利税 15 亿元、年销售收入过 300 亿元，中国石化行业最有影响力的代表企业之一。类似小化肥厂发展成大型化工企业集团的，还有山东省鲁西化工集团股份有限公司等。

一批 20 世纪 70 年代建设生产的单一产品的大型化工厂，在新的环境中也不景气。几个引进的大磷肥项目由于产品不适市场需求，处于勉强生产或停工状态。企业领导人在经济体制改革的道路上摸索前进，充分利用当地资源优势扬长避短，经过二十余年的调整生产结构和扩建发展，演变成为综合生产的大化工集团。贵州瓮福（集团）有限责任公司原是生产单一磷肥的化工厂，现已成为集磷矿采选、磷复肥、磷硫煤化工、氟碘化工生产、科研、国际国内贸易、行业技术与营运服务、国际工程总承包于一体的国有大型企业。原潍坊纯碱厂是三个 60 万吨/年纯碱项目之一,受原料盐供应和产品单一的限制,企业很难发展。于 1995 年 8 月,潍坊纯碱厂和山东羊口盐场两个国有大型企业为龙头组建山东海化集团有限公司(简称海化集团)。海化集团生产的主要产品迅速扩张到 40 多种。其中,合成纯碱、两钠、原盐、溴素等 7 种产品产量居全国第一,是以海洋化工生产为主导,集科、工、贸等为一体的现代化特大型企业。云天化集团有限责任公司(以下简称云天化)的前身是云南天然气化工厂,始建于 1974 年,1977 年建成投产,是我国 20 世纪 70 年代初首批引进国外成套设备建成的 13 家大型氮肥企业之一。1997 年 3 月经云南省人民政府批准,整体改制为省政府授权经营的国有独资有限责任公司。云天化逐步形成化肥、有机化工、玻璃纤维新材料、盐和盐化工、磷矿采选和磷化工等六大主要产业,初步形成了化肥、有机化工、玻纤新材料、盐及盐化工和精细磷化工五个产品系列。截至 2008 年年底,云天化总资产 551.7 亿元,净资产 153.6 亿元,年销售收入突破百亿元,已形成了跨地区、跨行业、跨所有制经营的大型综合性企业集团。

老国有企业在改革开放的浪潮中,经历沙里淘金的过程,要么闪耀出真金的光辉,要么被无情的淘汰。

(二)老化工城市的化学工业面临严重挑战被迫应对转型

上海、天津等老工业城市的化学工业,在历史上曾经有大批企业是国内行业的排头兵,享有不怕风吹浪打的优势。然而,随着经济发展,科技进步带来的产业升级和同业竞争的加剧,维持、转型和发展成为重要挑战。老化工城市必须打破传统发展模式,结合自身特点,走出新的发展道路。

1. 上海华谊(集团)公司

是原上海市化工局所属的单位改制组建的公司,企业化管理上海市原地方管理的化工企业。地处上海国际大都市的华谊集团(图 0-10),面临城市定位调整、远离资源产地、安全环保压力大、搬迁整合任务重等一系列挑战。

● "三联供"一景　　　　● 精甲醇装置

图 0-10　上海华谊集团

为了实现上海化学工业的科学发展和与城市的和谐发展,华谊集团着力推行业结构、企业结构、产品结构、组织结构、人员结构等一系列的调整，担当起"让国资保值增值、让企业持续发展、让社会和谐稳定"的"责任国企"义务。

① 减少企业数量强化核心产业。华谊集团下属企业过去遍布上海市各区县，到2005年底仍有企业786户。集团对产业布局进行调整，主动从塑料、染料、化肥、试剂等行业退出。集团行业大类从31个收缩到22个。结合吴泾调整、吴淞整治、外环线内企业搬迁等不同措施，企业撤销掉487户，企业数降到299家。

② 减少员工数量提高劳动生产率。华谊集团通过各种途径，妥善分流安置员工2万多名，使集团从业人员数由2005年的57233名下降到24993人，劳动生产率从人均61万元上升到123万元。

③ 减少装置数量提高竞争力。华谊集团在产业结构调整中，先后关闭、淘汰了高物耗、高能耗的炼焦、焦化、合成氨、氯碱等46套关键生产装置，主动从高污染、低附加价值领域退出，实现了产业链收缩、产品面收缩。与此同时，集团做大做强煤基多联产、绿色轮胎、化工新材料、精细化工及生产性服务业等核心业务，提升了集团的综合竞争能力。

2011年华谊集团实现工业总产值436.8亿元，比2005年增长53.8%；主营业务收入提高5478%；资产总额和净资产分别增长45.49%和96.63%；实现利润19.2亿元，较2005年增长167.3%，实现了调整求生存、改革促发展、创新促提升的目标。

2. 天津渤海化工集团公司

天津化工历史悠久、源远流长。历史既造就了具有中国近代化学工业摇篮美誉的天津碱厂等一批大型骨干企业，也形成了星罗棋布，分散在城市众多区域的一批中小化工企业。20世纪90年代，渤化集团所属的262家生产企业分布在天津18个行政化区县中的12个区县，其中以天津碱厂为代表的一批企业位于城市的中心区域。企业发展受到严重限制，与城市建设规划的矛盾越发突出。

经济体制改革中，天津市在原天津市化工局的架构上组建了天津渤海化工集团公司（图0-11）。面对城市建设和企业生存发展的矛盾，化工企业远离城市集中发展已成必然。然而，渤化集团所面临的不是一家一户企业的搬迁，只有从战略上进行布局调整，才能从根本上解决成批分散企业的聚集发展，真正实现与城市建设的和谐发展。"十五"期间，渤化集团以渤化园和精细化工基地建设为载体，实施了外环线以内企业和天津碱厂的搬迁改造。目前，渤化集团所属的生产企业，从遍布津城的12个区县，约90%转移到滨海新区，基本形成了布局基地化的集中生产格局，企业通过搬迁实现了改造升级。

渤化集团所属的海晶公司（塘沽盐场）和汉沽盐场分别有800年和1000多年的历史，优质的原盐资源为盐化工的发展提供了良好条件。渤化集团依托丰富的原盐资源，必然要保持盐化工的优势。为实现年产120万吨烧碱、115万吨PVC、80万吨纯碱等盐化工为主的格局，在原料配置和产品结构方面做了调整。

图 0-11　天津渤海化工集团公司

国内各地纯碱、氯碱的产能快速扩张，形成了产能过剩的局面。由于没有煤炭、乙烯等资源优势，再加上老企业的人员负担和能源价格的不断上涨，渤化集团盐化工的优势地位受到越来越大的挑战。面对严峻的形势，渤化集团紧紧抓住天津碱厂搬迁改造和中石化天津百万吨大乙烯装置提供 41 万吨石化产品这难得的历史机遇，实施了以海洋化工、石油化工、碳一化工为产业核心，专用精细化学品为产品特色的产品结构调整。通过"十一五"的调整，新增重点新产品 19 种，盐化工产品所占比重大幅下降，石化产品和碳一化工比重达到 18.9%，精细化工和化工新材料产品所占比重增加到 21%，初步形成了多点支撑、相互拉动的产品格局。

天津渤海化工集团紧紧抓住滨海新区开发开放战略机遇，把"调结构、转方式"与滨海新区建设发展相结合，把集团发展纳入到天津大发展中来规划，融入到滨海新区开发开放中来布局。集团通过建设占地 5 千米^2 的渤海化工园和占地近 1 千米^2 的精细化工基地，使企业布局调整取得明显成效，产品产业结构得到明显优化。

（三）乡镇企业和民营企业蓬勃发展

1978 年化学工业只有单一的公有制经济，国有企业占 64.17%，集体企业占 35.83%。改革开放为多种经济成分的共同发展开辟了广阔空间，外商和港澳台商投资工业、个体、私营工业等其他经济成分如雨后春笋般迅猛发展。

农民依靠有限的土地，根本无法实现致富的梦想，特别是经济发达的地区，只有乡镇办工业才能很快致富。改革开放初期，乡镇企业比起国有企业有许多优越性，它自负盈亏，"不吃大锅饭"因而竞争力强。它投资少，费用低，自主权比较多。再加上各级政府一直对发展工业的偏好，乡镇办化工厂得到鼓励。各地新开办的化工厂如雨后春笋般急剧增加。1992年邓小平同志"南巡讲话"以后，各种非公有控股企业为主体的中小企业迅速崛起，彻底打破了国企一统天下的局面。据国家统计局的资料分析，到1995年年末，全国化工乡及乡以上独立核算企业，资产总额4069亿元，销售收入2595亿元。化学工业国有资产比重降至66.1%，工业总产值比重降至56.8%。

进入20世纪90年代后，民营化工企业异军突起。绝大部分民营化工企业来自发展较好的原乡镇企业或中小型国营化工企业的转制，新兴的民营化工很少是民间资本投资创建的。由于乡镇化工企业起点水平低，技术和装备落后，缺乏企业管理人才，乡镇化工企业开始萎缩，部分变成民营企业。在国有企业所有制的改革中，经历承包制、租赁和股份制改造，许多中小型国营化工企业转变所有制形式变成民营企业（图0-12）。

上海化学工业区

图0-12 省市整治分散的化工厂建设化工园区

改革开放的三十年中，造就了不少的知名民营化工企业。创建于1986年的浙江传化集团(以下简称传化集团),是知名的多元化现代民营企业集团,致力于化工、物流、农业、科技城、投资五大领域事业。传化事业起步于化工,发展于化工,化工事业包括硅基新材料、纺织化学品、皮革化学品、农用化学品、造纸化学品、塑料化学品、日用化学品。传化集团纺织化学品产销量世界第二、亚洲第一,DTY油剂产销量全球第一,活性染料产销量全国前三。浙江桐昆集团股份有限公司(简称桐昆集团),地处杭嘉湖平原腹地桐乡市,是一家以聚酯和涤纶长丝制造为主业的大型股份制上市企业。企业前身是成立于1982年的桐乡县化学纤维厂,经过三十年的发展,集团现有直属厂区5个,控股企业13家,总资产九十多亿元,员工1.3万余名。桐昆集团作为国内涤纶纤维制造业中的龙头企业,已具备150万吨聚合和180万吨涤纶长丝的年生产加工能力。1987年7月1日,济南化工厂桓台分厂正式成立。1993年12月,经市工商局批准,济南化工厂桓台分厂更名为"淄博东岳氟化学有限公司"。二十多年时间,公司沿着科技、环保、国际化的发展方向,成长为规模最大的氟硅材料生产基地之一、中国氟硅行业的龙头企业。山东西水橡胶集团有限公司(以下简称西水集团)是一家拥有资产36亿元,年实现销售收入53亿元,利税5亿元,占地面积3千米^2、村企合并的一个大型民营企业。自1987年第一家橡胶联合体诞生以来,西水集团的发展经历了"户户联合办厂,厂厂联合办公司、公司与公司联合组建集团"三个阶段。西水集团已形成以全钢载重子午线轮胎、轻卡汽车轮胎、农用车为主,热电、帘子布、胎圈钢丝、化工配套生产的产业链,实现了上下游产业的衔接。集团站在跨越发展的高度,完成240万套子午线轮胎、钢丝帘线和橡胶助剂生产线。

(四)化工对外开放与外资化工的进入

化工国际合作虽然从20世纪50年代就开始了,但是当时合作对象主要限于原苏联、东欧及亚非拉为数不多的国家。与西方国家仅有一些化工产品、设备等商业贸易往来,规模不大。1951年化工品进出口总额2.7亿美元,到"文革"前夕,1965年仅增加到3.7亿美元。中国进入全球经济的大门是改革开放以后打开的。提出对外开放政策的早期阶段,主要采取了四种对外开放的途径:一是改革外贸体制,发展对外贸易;二是引进技术;三是利用外资;四是创办经济特区。

1. 化工产品进出口贸易高速增长技术引进形式多样化

石油和化工行业积极发展对外贸易,利用"大进大出"促进国内的生产建设发展,使中国化工业快速与国际经济接轨,能够参与国际竞争。1980年化工进出口总额33.1亿美元,1990年为105.2亿美元。进入20世纪90年代,化工进出口高速增长,2000年上升到2012.4亿美元,占全国进出口总额的10.40%。2010年,石油和化工行业进出口总额2600亿美元。其中,出口1343亿美元,占全国进出口总额的8.75%。贸易活动遍及世界二百多个国家和地区。

过去化工对外贸认识,限于国内生产能力不能满足需求,外贸起到拾遗补缺的作用。中国对外开放后进入国际经济圈，重新审视外贸不仅是拾遗补缺，同时要利用国际市场与资源，发挥自己的比较优势，参与国际竞争。如今国内许多化工产品的产量已完全满足国内的需要，而且还出口到国际市场，如烧碱、纯碱、醋酸、化肥（包括氮肥、尿素、磷肥）、农药（包括杀虫剂、杀菌剂和除草剂）、轮胎等。与此同时，海外工程承包建设取得良好成绩，部分企业在全球工程建设领域排名显著提升。随着科学技术的发展，国内化工科技专利技术对外转让也有所突破。

2. 利用外国政府和国际金融组织提供的资金和贷款

中共十一届三中全会以后，摒弃"既无内债又无外债"的传统观念，积极稳妥地吸收和利用外资，为中国经济发展争取了时间和速度。化学工业是利用外国政府和国际金融组织提供的贷款的重点行业。

利用联合国为发展中国家提供的援助，化工行业重点放在科研院所的研究条件改善。①帮助部分科研院所建设实验室和试验基地，其中有沈阳化工研究院的"农药安全评价中心"；江苏南通"农药加工剂型试验中心"；连云港化工矿山设计研究院的"选矿试验基地"。②聘请外国专家培训科研人员，提高科研开发能力。出国进修使科研人员学习了国外先进科研技术和方法，开阔眼界解放思想，提高了科研水平。③购买了部分先进仪器设备，改善了科研条件。化工部时期（1979—1998年）获准联合国援助共有一百二十多个，无偿援款 2500 万美元。聘请外国专家来华讲学和现场指导 201 人次；派出培训人员 137 人次；参加国际会议 57 人次；派出专业考察组 40 个约 161 人次；购买科研设备仪器 201 台件。这批项目申请、执行、管理规范有序取得较好的效果，多次受到国内归口单位经贸部和联合国有关机构的表彰。

利用世界银行和亚洲银行长期低息贷款建设和改造了一批化工项目。主要有利用世界银行贷款用于 13 套大中型化肥企业的建设，如辽河化肥厂、沧州化肥厂、泸州天然气化肥厂、云南天然气化肥厂、南京化肥厂 5 个大化肥厂及淮南化肥厂、宣化化肥厂、洛阳化肥厂、原平化肥厂、云南宣威化肥厂等中型化肥厂和瓮福磷矿重钙项目的建设。亚洲开发银行贷款用于化肥化工共 16 个项目的建设。外国政府贷款主要来自法国、加拿大、意大利、德国、科威特、比利时和瑞典等国家。其中贷款比较多的日本海外协力基金 OECF，主要用于内蒙古化肥厂、云南黄磷等 6 个大化肥项目的建设。

改革开放初期我国工业无论从技术水平还是规模都相当落后，外国政府和国际金融组织提供的资金可以用在工业部门，是化工利用外资的主要方式。这种利用外资的方式政府直接决策和操作的色彩很浓，企业一般是被动的执行者。引进的技术和装备是先进的，但是企业的经济效益不一定理想。在我国工业发展壮大到一定程度后，外国政府和国际金融组织提供的资金不愿再继续支持中国工业的发展，化学工业利用外资重点转向外商直接投资。

3. 合资化工与外资化工

化学工业的许多行业是对外开放招商引资的热门行业，化工各行业，几乎都有外资进入。他们用技术、设备、资金投入等形式组建合资企业或独资企业进入中国。

1978年以前中国没有外资企业，改革开放初期，虽然国门打开，但是外资如何进入国内都有一个摸索过程。到1985年化工三资企业只有37户。其中大多为港澳台资中小企业，规模和技术水平不高。随着对外开放政策的推进，各地积极招商引资，到1995年化工三资企业增加到2497户，客商协议投资额126亿元。其中有1988年7月北京东方化工厂与美国罗姆哈斯公司合作生产丙烯酸树脂乳液项目，1990年9月广州农药厂、日本帕卡濑精株式会社、日本蝶理株式会社合资成立的广州帕卡濑有限公司。以后又先后成立了中美合资的苏州梅思化工有限公司，以及中美合资的天津诺曼地橡胶有限公司、中美合资的郑州郑康涂料有限公司等。1995年三资企业资产总计659亿元，销售收入438亿元，利润8.89亿元，分别占化学工业的11.7%、11.2%、8.4%。

20世纪90年代后期，不断强调提高外资利用的水平和质量，优化引进外资结构，特别是大型石油化工跨国公司进入，一批具备国际水平的大型外资或合资企业浮出水面。其中有广东惠州中海壳牌石化项目、江苏扬子巴斯夫石化一体化工程、上海赛科90万吨/年乙烯工程等。世界五百强中的石油和化工公司许多都在华投资建厂，不少公司还将地区总部和研发中心迁到我国。到2007年年底全行业累计利用外资1657亿美元。2007年年底外资企业已达2055家，形成以油气开发、油品营销、石油化工、精细化工、专用化学品、化工新材料、仓储物流、高附加值终端产品为重点的产业集群，很多新产品、新技术、新工艺填补了国内空白，也带来新的管理模式和发展理念。

从外资来源地看，石化工业外资主要来源于亚洲、欧洲和北美洲。以实际利用外资金额计算，中国香港、荷兰、英国、德国、美国和英属维尔京群岛分别位居外资来源地的前6位，来源于上述国家和地区的外资金额分别约占到全部石化工业实际利用外资金额的26%、23%、19%、12%、7%和4%。

从外资投向区域看，东部地区是石化工业利用外资的主要区域，占全部石化工业实际利用外资金额的83.28%，中部地区实际利用外资占16.72%。从单个省市看，广东、江苏、上海、湖北、山西、浙江和山东分别占据石化工业实际利用外资金额的前7位，其实际利用外资金额分别约占总计的29%、28%、17%、9%、7%、4%和4%。

三、20世纪末中国成为世界化工生产大国

我国石油和化学工业经过"六五"到"九五"四个五年计划建设，有了巨大的发展，石油和化学工业的布局全面展开。我国已经形成了门类比较齐全的化学工业

体系，拥有化学肥料、化学农药、煤化工、石油化工和有机原料、化学矿、酸碱、无机盐、合成树脂和塑料、合成橡胶、合成纤维单体、感光材料和磁性记录材料、染料和中间体、涂料和颜料、国防化工、医药、橡胶制品、化学试剂、精细化学品、化工机械等行业。1998年政府机构改革后，部门分割被打破，石油和化学工业首先有机结合形成完整产业链，建成大庆、胜利、辽河、新疆、四川、长庆、渤海和南海等25个油气生产基地及石油化工基地。继而出现更多与化工生产上下游结合的新的行业结合体。

2000年，化学工业总产值达4661.2亿元，全部独立核算化工企业共有13444家（其中前3名的省份有江苏省1991家，山东省1110家，广东省1032家），化工全部职工人数402万人，全行业总资产达到9416.22亿元，利润总额达140.24亿元。主要化工产品产量：纯碱834.32万吨，烧碱667.88万吨，硫酸2427万吨，电石340.41万吨，合成氨3363.7万吨，甲醇198.69万吨，醋酸86.51万吨，纯苯184.67万吨，乙烯470.01万吨，农用化学肥料3185.73万吨（其中氮肥2398.11万吨、磷肥663.03万吨、钾肥72.02万吨），化学农药原药64.77万吨，塑料树脂及共聚物1079.45万吨（其中聚乙烯300万吨、聚丙烯323.95万吨、聚氯乙烯239.72万吨、聚苯乙烯75.06万吨、ABS树脂13.26万吨），合成橡胶85.57万吨，合成纤维聚合物349.34万吨，油漆127.62万吨，染料51.38万吨，橡胶轮胎12157.87万条（其中子午线轮胎3188.06万条）。我国成为世界化工生产大国，化肥产量、农药产量、染料产量和合成纤维产量均占世界第一位，代表石油化工发展水平的乙烯产量、合成树脂、合成橡胶产量均居世界第四位，其他如纯碱、烧碱、甲醇、轮胎等大宗化工产品的生产能力和产量也均居世界前列。

化工科技取得长足发展，步入世界先进行列。旧中国的化工科技工作十分落后，科研机构寥寥无几。新中国成立后，重视科学研究工作成立了各种科研机构。其中依靠上级政府拨款运行的化工科研院所发展很快。独立的科研事业单位主要有两大块，一部分是化工部直属科研院所，担负着全国性的化工科研开发任务；另一部分是各地的化工科研单位，主要担负较小科研课题或地区性化工科研开发任务。1983年化工科研队伍就发展到职工7.6万人，其中科技人员2.77万人。在科技工作十分落后和国外对我实行技术封锁的年代，这种体制发挥了巨大作用。化工科研单位在研究开发化工新产品、新工艺、新技术中做出了很大贡献。同时围绕生产建设中的课题，开展科技攻关和群众性技术革新活动，取得了一批具有先进水平的科技成果，培养了大批科技人才。2000年化工系统共有县以上独立科研院所245家，职工25万人，其中原化工部直属科研院所31家，职工2.4万人。这种科研体制不能适应社会主义市场经济新形势的要求，1999年全国科研院所转制，原来事业单位科研机构转变机制企业化，科研重点转向为企业技术开发服务。化工科学研究进入新时期。

化学工业工程建设队伍是化工科技队伍中具有战斗力，并取得丰硕成果的一支力量。工程技术人员通过大规模的基本建设的实践，以及在参与引进国外先进技术中得到培养锻炼，形成一支具有当代科学技术水平的化工工程设计、建筑安装、地质勘探队伍。20世纪末，全国已经有专业化工勘察设计单位约五十余个，职工两万多人。这支队伍承担了五千多个大中型新建、扩建化工工程项目勘察设计任务以及部分国外项目。由于有这样一支队伍，能够充分根据我国的国情和技术发展的要求，设计建设各种类型的化工厂。国际上化工技术发展很快，不断出现新的前沿化工技术，国内科学研究工作往往不能及时赶上先进步伐，这支队伍完全胜任引进我国迫切需要的先进技术，使我国的化工技术发展更好地步入世界科技发展的快车道。这支队伍消化吸收国外先进技术，使我国大型化工和石化装置的装备国产化水平大幅度提高。

到世纪之交，在全行业大中型工业企业中，有80万的技术人员队伍，其中12万为专职研发人员；全国石油类、化工类专业普通本、专科在校生达35万人，博士、硕士生在校规模超过2万人，职业技术类在校生规模超过15万人，每年可向行业输送的高级专门人才和职业技术人才高达15万人之多。

化学工业发展与科学技术进步相辅相成。自1985年国家设立科技奖励以来，全行业获得国家科技进步奖540项。其中，MDI制造技术与装备的开发、巨型工程子午线轮胎成套生产技术与设备、石脑油催化重整成套技术、海洋油气勘探开发科技创新体系荣获国家科技进步一等奖；大庆油田高含水后期4000万吨以上持续稳产高效勘探开发技术荣获国家科技进步特等奖。获得国家发明奖76项，拥有20个国家级工程技术研究中心、16个国家级工程实验室及企业技术中心，国内外批准的专利数量已连续多年在各行业中名列前茅。

改革开放后，伴随化学工业的高速发展也产生了一些问题。为了发展化学工业，中央部门鼓励各地办化工，热衷于产能增加，地方部门支持化工厂建设，追求地方GDP的增长。其结果各地不断出现"复制古董"的重复建设，造成低水平的产能过剩。同时，高速发展带来的过度竞争，使得整个行业经济效益下滑，一方面出现相当多的亏损企业，另一方面企业无力自我更新，又不断出现新的困难企业。行业管理部门不得不花费大量精力帮助企业"扭亏"或"脱困"。工业管理部门没有根据新情况及时制定准入门槛，科学控制化学工业的发展，一些地区的环境遭到较严重的破坏，不得不关停大量违规中小化工厂，造成一些经济损失和社会问题。

经济改革和企业转型的初期，比较突出的问题是，国有大中型企业生产的重要生产资料的价格实行"双轨制"，造成市场价格体系混乱。少部分人利用计划内价格与市场价格差"发财致富"，而生产企业没有从市场放开得到好处，长期以来为国家做出贡献的国有企业"失血过多"的元气未能修补。"拨改贷"投资体制的改变，使得国有企业在计划经济下安排的项目，在市场经济下偿还贷款。例如利用世界银行和亚洲银行贷款建设的化肥项目，原来目的是支持化肥企业，但是在还款问题上没有相应的国家政策支持，反而使利用该贷款的化肥企业背上沉重包袱，后来在市场竞争中破产被残酷淘汰，这也是原因之一。地方中小国有化工厂和企业，在承包、租赁和转制的过程中，时有国有资产流失问题发生。

第五节　科学发展铸造化工强国

一、中央国有企业变革管理体制打造"国家队"

在经济全球化的时代，只有大型经济实体才具有国际竞争能力。自20世纪50年代开始，我国的工业建设和企业管理，是政府行政部门的条条块块搞起来的。在工业发展程度低，生产规模小的阶段，它的优点能够很好地体现。当工业发展程度到较高的阶段时候，这种体制的不足之处凸显。为了迎接开放带来经济全球化的挑战，工业管理体制发生了重大变革。中共中央、国务院决定政企分开、转变职能、改革和精简政府机构。原来的行政部门或所属企业通过变革管理体制，分步组建符合现代企业制度的公司。中央管理的石油和化工企业，先后组建了中国海洋石油总公司、中国石油化工总公司、中国石油天然气总公司、中国中化集团公司和中国化工集团公司。

海洋石油开采具有高投入、高科技、高风险，我国在这个领域相对落后。要利用国外的先进技术和资金使海洋石油开采获得较快的发展，必须接受国际石油采掘业的惯例，实行全方位对外合作。1982年，国务院决定把石油部管理的海洋石油业务独立出来，成立中国海洋石油总公司，授予中国海洋石油总公司在中国对外合作海区内进行石油勘探、开发、生产和销售的专营权，全面负责对外合作开采海洋石油资源业务。中国海洋石油总公司成为中国工业的第一个全方位对外开放的中央管理企业，充分发挥了"海上特区"的技术窗口、管理窗口和对外合作窗口的作用，担负起对外合作发展中国海洋石油工业的重任。

石化企业原分属不同的部门和地方，要想集中起来，综合利用资源，从国家角度通盘合理解决问题，经常遇到困难和阻力。为了集中大中型企业的财源，确保中央财政收入，解决国家收益分散的问题，更好地积聚资金，集中力量办大事。1983年2月19日中共中央、国务院决定，成立中国石油化工总公司，将原由石油部、化工部、纺织部管理的39个石化企业划归总公司领导，组成一个集炼油和石油化工为一体的特大型化工公司。

根据能源工业的特点，1988年国务院决定撤销石油工业部，以原石油工业部企事业单位为基础成立中国石油天然气总公司。至此，成立于1982年的中国海洋石油总公司，1983年成立的中国石油化工总公司，与中国石油天然气总公司一起，直接隶属国务院领导。1998年，针对石油行业上下游、内外贸、产销分割体制日渐显现的弊端，国务院决定将石油、石化两大总公司的油田、炼油厂和石油化工厂拆分重组，同时并入原商业部的石油销售系统，组建中国石油天然气集团公司和中国石油化工集团公司，期望两大公司成为与国际接轨，按照国际石油公司通行模式运营的石油公司，探索具有中国特色的社会主义工业管理的新路子。

新中国的外贸实行国家统一经营管理，1950年3月1日成立中国进出口公司，是新中国第一家专业从事对外贸易的国有进出口企业，专营对西方国家的贸易，进口国内生产、生活急需的重要物资，支援了新中国的经济建设。1961年1月1日，中国进出口公司正式更名为中国化工进出口总公司，主营化肥、化纤和塑料原料等化学品的进口，以及原油进出口业务。中国化工进出口总公司曾是国内最大的外贸企业。改革开放以后，外贸垄断被打破，中国化工进出口总公司及时调整经营业务，进入化工生产领域。收购一些省市大型化工生产企业，其中有生产氮肥的中化平原化工有限公司、海南富岛化肥公司等。2003年中国化工进出口总公司更名为中国中化集团公司（简称中化集团）。中化集团发展成为跨行业、多功能、综合化的流通公司。

1998年，国务院机构改革，决定撤销七个行政工业部，这是中国政府改革发展历程中一个具有划时代意义的战略决策。原工业部门所属的单位改组，分别成立独立的经济实体公司。化学工业部是被撤销的工业部之一，化工部大部分企事业单位进入中国昊华化工（集团）公司。2003年中国昊华化工（集团）公司和中国蓝星化工公司合并，共同组建中国化工集团公司。中国化工集团公司是在传统化工基础上，重点发展新型化工材料的国家化工公司。

按照社会主义市场经济原则新组建的石油和化学工业公司，着眼于增强企业活力和竞争力，针对重组改制后出现的新情况、新问题，以结构调整为主线，积极稳妥地推进各项改革，持续优化整合企业资源，有力地推进了体制、机制创新进程，取得了解亏脱困的重大胜利。企业经营机制发生了深刻的变化，企业发展呈现新的活力。在改革中，对内部业务、资产进行重组整合，建立专业公司，实行专业化管理。以市场为导向，确立主业和核心业务，并逐步建立起符合自身特点、能够参与国内外市场竞争的企业。到2010年五大石油化工集团公司都进入了世界500强公司队伍。石化行业的"国家队"今天所做的努力，正在为未来建成石化强国打下坚实的基础。

二、打破部门分割，生产与流通融合、能源与化工结合

化学工业生产需要消耗大量的煤炭、石油和电力能源，必须有可靠的供给保证。通过炼油得到的油品和化工生产过程得到化工产品，又大大地提升了煤炭和石油的附加价值。因此，利润分割和经营需要上下游渗透与结合，是一种趋势。

中国石油天然气集团公司、中国海洋石油总公司和中国石油化工集团公司，从原来单一的能源或石油化工企业转变成既经营石油、天然气的勘探、开发业务，又同时经营石油化工业务的能源化工公司。

原兵器工业部企业在"军转民"拓宽经营时，开始进入民用化工产品生产领域，早期有甘肃银光TDI项目等。1998年中国兵器北方公司成立，通过并购锦西、阿克苏、辽河化肥厂进入化肥生产，并购锦西华锦乙烯进入石化生产，组建的中国兵器北方华锦化工集团成为国内化工行业中重要一员。

许多煤炭企业从单纯的挖煤延伸到煤化工，提高经济效益和市场应变能力。山东兖州煤炭矿物局比较早涉入煤化工领域。兖矿集团有限公司煤化分公司成立于2002年6月，下有鲁南化肥厂、国泰化工有限公司、山东兖矿国际焦化有限公司、国宏化工有限公司、峄山化工有限公司等11个生产企业，职工1.12万人，资产总额182亿元。主导产品尿素、甲醇、醋酸、焦炭年产能分别达到126万吨、125万吨、60万吨、200万吨。陕西煤业化工集团有限公司是陕西省人民政府为落实西部大开发战略，充分发挥煤炭资源优势，对省属重点煤炭企业和煤化工企业经过两次重组而成立的特大型能源化工企业集团，建设了一批大型煤化工项目。2010年陕煤化集团的资产总额、销售收入、利税分别达到1346亿元、516亿元、178亿元。河南煤业化工集团等其他有丰富煤炭资源的省份也采取了类似做法。神华集团公司作为中国最大的煤炭企业，积极调整产品结构，转变增长方式。通过发展煤电和煤化工，延伸产业链，优化了产品结构，提高了企业的整体实力和核心竞争力。神华集团在内蒙古、宁夏、新疆分别建设了大型煤化工和大型煤制油生产装置，大举进入世界煤化工前沿领域。

电力企业涉足煤化工，2005年成立了大唐能源化工有限责任公司，先后上马了大唐内蒙古多伦46万吨/年煤制聚丙烯项目、大唐国际克旗40亿米^3/年煤制天然气项目、大唐内蒙古呼伦贝尔30万吨/年尿素项目等几个大型煤化工项目。

除大型企业外，中小企业打破部门分割，化工与建材、能源、轻纺、电子相结合更是风起云涌，成为化工可持续发展趋势。

三、走出国门，实施国际化经营

在加入WTO和经济全球化的背景下，为了提高国际化进程和竞争力，中国的企业打破闭关自守的自然经济束缚，走向海外市场，全面提高我国在世界经济中的地位。

中国化工集团是化工行业国际化经营的重要探索者。化工产业装备投资大，技术复杂，企业经营管理难度大，我国化工行业很少涉足国外化工生产活动，主要是通过化工产品出口打入国际市场。跨国公司在国外设厂，充分利用外国的资源和市场，实施国内外一体化经营，占据了经济全球化的优势。中国化工集团借鉴跨国公司的经验，收购兼并西方发达国家的化工企业方面做了大胆尝试。主要的海外企业有：

中国化工法国安迪苏（Adisseo）公司。安迪苏（Adisseo）公司是全球三大营养添加剂生产厂商之一，以专业生产蛋氨酸、维生素、酶制剂系列产品为主，是世界唯一可生产固体和液体蛋氨酸的企业。

中国化工澳大利亚凯诺斯（Qenos）公司。凯诺斯（Qenos）公司是澳大利亚最大的乙烯生产厂商和唯一的聚乙烯生产商。凯诺斯拥有50万吨/年乙烯和50万吨/年聚合物的生产能力，目前其产品在澳大利亚的市场占有率为70%。

中国化工法国蓝星有机硅国际公司（Bluestar Silicones International）。蓝星有机硅国际在法国拥有22万吨/年有机硅单体的生产能力，作为全球知名的特种化学品公司，有机硅产品主要应用于航空、建筑、电子电气、纺织、医药医疗等诸多领域。

中国化工集团公司通过因地制宜的管理，克服了水土不服、文化差异等困难，国际化经营取得较好的效果。2010年，中国化工集团在海外已拥有6家生产企业，共有15个生产基地，7个研发中心。在法国、英国、美国、加拿大、巴西、印度、新加坡等140个国家和地区有分支机构，以及全球营销网络。2007年9月，中国化工集团与美国最大的私募基金黑石集团达成合作协议，实体经济与国际金融资本的合作，把国际化经营推向更高的层次。

中石油、中石化、中海油等大型石化公司跨出国门，积极寻求海外能源资源，力争石油资源多元化。其中，中石油是最大的海外投资者，至2010年初，在全球27个国家拥有油气资产，并在49个国家提供石油工程技术服务，海外重点市场包括非洲、中亚、拉美和中东。我国在国外的权益油当量突破6000万吨/年。三大石油公司海外并购金额超过300亿美元，创历史新高，占同期全球上游并购总额的20%。

除了央企以外，有实力的民营化工企业走出国门也有所突破。2011年7月，汪和罗石油公司收购了美国页岩气项目，这是中国民企首次进入北美油气领域。2011年，烟台万华聚氨酯股份有限公司斥资12.6亿欧元成功并购匈牙利Borsodchem公司，在海外拥有了年产24万吨MDI、25万吨TDI、40万吨PVC和3000多名外籍员工的生产基地，被《国际金融评论》评为年度最佳重组交易。

我国化工行业"走出去"还仅仅是起步阶段。我国化工企业的国际化与国际跨国公司的经营规模和效果相比还相距甚远。随着我国化工生产企业发展逐步成熟，到国外建厂的积极性将越来越高，从农药、化肥、原料药到精细化学品的生产在国际市场上都有新的发展空间。

四、科技创新引导企业做大做强

进入21世纪，人类社会步入了一个科技创新不断涌现的重要时期，也步入了一个经济结构加快调整的重要时期。爆发于上个世纪中叶的新技术革命及其带来的科技进步，推动世界范围内生产力、经济增长方式和社会发展观发生了前所未有的深刻变革，也引起全球生产要素流动和产业转移加快。

新中国成立六十年以来，经济发展模式主要是不断扩大再生产的规模，依靠加工自然资源获取经济效益。我国人均资源相对不足，进一步发展面临着自然资源供不应求的突出矛盾。从我国发展的战略全局看，走新型工业化道路，调整经济结构，转变经济增长方式，缓解能源资源和环境的瓶颈制约。加快产业优化升级，促进人口健康和保障公共安全，维护国家安全和战略利益，我们比以往任何时候都更加迫切地需要坚实的科学基础和有力的技术支撑。

要把提高自主创新能力摆在全部科技工作的首位，在若干重要领域掌握一批核心技术，拥有一批自主知识产权，造就一批具有国际竞争力的企业，大幅度提高国家竞争力。不少化工企业坚持自主创新，开发出了一批具有自主知识产权的产业核心技术和关键技术，形成了规模优势和技术领先优势，技术创新正成为行业发展的主旋律。一些企业坚持技术创新，克服了不少世界性难题，正由中国制造走向中国创造。

1. 维生素 E、维生素 A 新工艺开发成功

维生素 E、维生素 A 是重要的脂溶性维生素，β-胡萝卜素、虾青素则是高附加值产品，被广泛应用于饲料添加剂和食品添加剂等领域。合成维生素路线长、合成技术要求高，这四个产品单独合成共需很多步反应，所需各种原料种类很多，生产过程难度很大。这种特殊精细化工产品很难从国外买到技术。国外有技术的公司，不是要价过高，就是为了垄断拒绝技术转移。我国要生产，只能依靠国内自己开发。

针对产品的结构特点，经过梳理和整合，浙江大学化学系李浩然与化工系陈志荣研究团队，与浙江新和成股份有限公司通过长达 16 年的产学研合作研究，发明了维生素 E、维生素 A 及其衍生物 β-胡萝卜素、虾青素的一个基于绿色化学理念的合成新工艺。该工艺的特点是设计了一个联产方案，即用顺式烯炔醇合成维生素 A，同时利用副产物反式烯炔醇生产虾青素，β-胡萝卜素合成也利用了这种以副产物为原料的方式，从关键中间体合成维生素 E 主环以及虾青素主环，同样的思路还应用于合成维生素 E 侧链异植物醇以及维生素 A 母核 β-紫罗兰酮。这套新工艺，使 4 个产品从同一个主原料出发，共用中间体，减少反应步骤，还使副产物得到了合理利用。同时，还发明了适应不同反应要求的过程强化技术和装备，解决了 4 个产品不能规模生产、成本高、质量不稳定的问题。

开发这项新工艺不是简单模拟国外技术，而是独辟蹊径独创的新工艺技术。应用于浙江新和成股份有限公司（图 0-13）后，使一个名不见经传的小企业，迅速做大做强。与世界老牌生产维生素 E、维生素 A 的公司竞争中，不仅完全把它们挤出了中国市场，同时打入国际市场进行较量。新和成股份有限公司在与国际老牌公司的竞争中，充分发挥了自主创新技术的威力，产品畅销欧、美、日等五十多个国家和地区，占据世界市场份额的20%～30%，迫使一些国外生产公司退出生产维生素E、维生素A的市场，使我国成为油溶性维生素类产品出口大国。

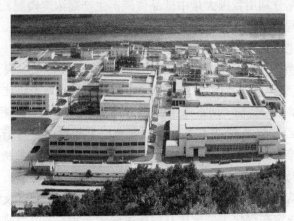

图 0-13　浙江新和成股份有限公司——一个小微民营化工企业发展成为世界领先的维生素生产企业

2. 料浆浓缩法制磷铵新工艺

由四川大学钟本和教授主持开发的"料浆浓缩法制磷铵新工艺"（以下简称"料浆法"）是自主创新的工艺技术。这项工艺利用中品位磷矿直接生产磷酸一铵（磷酸二氢铵），为复合肥工业的快速发展提供了有力的原料支撑。

中和料浆浓缩是该工艺的关键创新点，它不仅解决了传统工艺采用杂质含量较高的中低品位磷矿石无法生产磷铵的难题，还降低了物料浓缩过程的腐蚀性。

在这个核心技术带动下，"料浆法"的配套环节的生产技术在二十多年的时间里不断地发展和完善。其中包括：在浓缩料浆造粒干燥过程中，"喷浆造粒干燥制粒状磷铵"主干流程的工业化；内返料、内筛分、内破碎技术；优化、放大和强化了"压力喷雾-流化床逆流干燥制粉状磷铵"的干燥工艺；磷酸二铵与"料浆法"生产磷酸一铵联产的新工艺等。

通过装备攻关，为装置大型化奠定了基础。从中试装置 5 米^2 过滤机，发展到 120 米^2 大型国产化过滤机；从中试 125 米^3 液下料浆循环泵，发展到目前 3200 米^3 大型卧式高效循环泵；内返料喷浆造粒机更是从无到有，攻关研制出直径 4.75 米的大型设备。本项目在装置大型化的过程中，还带动了我国化工机械工业的现代化。

完成了具有自主知识产权的大型磷铵生产装置的工艺及装备的完整开发和建设，实现大型装置批量化的长周期稳定运行。到 2000 年本项目基本成熟，国产化装置的最大能力达到年产 24 万吨的经济规模。在国内推广建设了 15 套年产 10 万～

24万吨大中型磷铵装置，形成254万吨/年生产能力，加上早期工业化开发中在国内推广建设的小规模装置，总计形成年产四百多万吨的生产能力，占全国磷肥生产能力的20%，磷铵生产能力的60%以上。我国有较丰富的磷矿资源，但是多为中低品位矿藏，给生产高浓度磷肥带来困难。这项成套技术符合国情，开发成功有很大的意义，可以充分利用我国大量中低品位磷矿生产高浓度磷肥，成为我国高浓度磷复肥工业的主导工艺路线之一。

3. 新型煤化工示范工程

我国以及世界煤炭资源比石油资源相对丰富，如何转化煤炭变成清洁能源是21世纪面临的重要课题。我国自20世纪90年代兴起的新型煤化工技术，是以生产洁净能源和化学品为目标（通常指煤制油、煤制天然气、煤制甲醇、煤制二甲醚、煤制烯烃、煤制乙二醇等），在煤炭利用过程中，尽可能减少污染、高效率进行煤炭加工、燃烧、转化等一系列化工新技术。开发新型煤化工技术利用煤炭资源，是我国化学工业可持续发展的重要战略举措。

考虑到我国煤炭资源丰富，石油资源短缺需要大量进口，以及世界石油资源枯竭的前景，国家决定在煤化工领域比其他国家先走一步，采用当前最先进的化工技术，建设一批不同类型的煤化工示范工程，验证其可行性、经济性。经过几年的建设，示范工程陆续建成，进入实际生产考核。示范工程产品进入了市场，并与国内外石油路线的产品使用性能对比，证明可以互相替代，示范工程取得可喜的成果。我国新型煤化工（煤制天然气、煤制油、煤制甲醇和煤制烯烃等）虽然尚处于起步和示范阶段，但是拥有自主知识产权的煤化工技术已成功或正在产业化，并且积累了一定的生产和建设经验。新型煤化工技术开发与应用我国已处于世界前列。

神华集团在鄂尔多斯建设了煤直接液化多联产技术试点项目。2004年8月，神华集团煤炭直接液化项目在内蒙古鄂尔多斯开工建设，投资600亿元，建设规模为年产液化产品500万吨。该项目采用了神华集团自主知识产权的"神华煤直接液化工艺"及"煤直接液化高效催化剂"重要技术成果。项目于2008年建成，经过试生产和技术改进，煤直接液化多联产装置进入稳定生产。

人民生活质量的提高，对合成树脂的需求量不断增长。以合成树脂中最主要的聚烯烃为例，我国人均聚烯烃的生产量长期低于世界人均数量，远低于工业化国家水平。这是我国三十多年一直大量进口聚烯烃，补充国内市场不足的主要原因。要扩大烯烃的生产石油原料是主要瓶颈。"十一五"期间，通过自主技术开发和示范项目建设，我国在大型煤制烯烃技术产业化方面取得了重大进展。其中：神华包头60万吨/年煤制烯烃（DMTO）项目于2010年8月8日建成投产、试运行，在世界上首次实现煤基路线烯烃生产。

化工科技创新除在传统化工生产领域强劲发展，同时在前沿、跨行业等多领域蓬勃展开。努力实施创新驱动发展战略，抢占科技发展战略制高点，推动企业、高校、科研单位之间的深入合作，促进创新资源高效配置和综合集成，在新能源、化工新材料、精细与专用化学品、高端石油和化工装备、现代煤化工、生物化工等战略性新兴产业领域，突破一批关键共性技术；大力实施技术改造，积极开发和推广应用低碳技术、清洁生产技术、节能减排技术、循环经济技术，改造提升传统产业，促进产业优化升级。积极构建以企业为主体、市场为导向、产学研相结合的技术创新体系，提高行业自主创新能力。加强技术交流和推广，提高科技成果转化能力。

一个国家只有拥有强大的自主创新能力，才能在激烈的国际竞争中把握先机、赢得主动。特别是在关系国民经济命脉和国家安全的关键领域，真正的核心技术、关键技术是买不来的，必须依靠自主创新。企业必须走上科技创新之路，有效地提升了企业的竞争力，使企业在行业内保持了领先地位，才能在 21 世纪立于不败之地。

五、开发中西部地区建设一批新的化工基地

党的十六大以来是国家西部大开发战略第一个 10 年实施的重要阶段。内蒙古、陕西、宁夏、新疆作为西部大开发的重点地区，获得了难得的发展机遇。西部石化工业在这一重大机遇期的高速发展，超过了历史上的任何时期。

依托丰富的资源优势和国家实施西部大开发的政策优势，历经十年的快速发展，内蒙古石化产业取得了举世瞩目的成就。往日的大漠戈壁，如今旧貌换新颜，内蒙古已经发展成为我国新型煤化工示范基地和重要的天然气化工、氯碱化工和化工新材料生产基地，石化产业也一跃成为地方新的经济增长点和支柱产业。

刚进入新世纪时，内蒙古石化产业还十分薄弱，短短十年石化产业已经成为地方六大支柱产业之一，成为带动自治区经济发展的主力军。2011 年，内蒙古石油和化工行业实现工业总产值 1828.32 亿元，而 2005 年总产值仅为 193.82 亿元；2011 年，内蒙古石化工业总产值占全区国民生产总值的 12.8%，而 2005 年内蒙古石化工业总产值仅占全区国民生产总值的 4.98%。

10 年间，具有内蒙古特色的石化产业格局初步形成。在内蒙古石化产业构成中，煤化工约占全国总量的 58%、天然气化工约占全国总量的 15%、氯碱化工约占全国总量的 16%。目前，内蒙古已初步形成了沿黄河、沿交通干线、资源富集地区的以煤化工、氯碱化工、天然气化工为主的产业格局，特别是，现代煤化工产业已经跃居世界领先水平。国家现代煤化工五大示范工程全部布局在内蒙古，到 2011 年，除煤制天然气尚未全线投产以外，其余的煤直接液化、煤间接液化、煤制烯烃、煤制乙二醇均已成功投产，并进入商业化运营，同时五大示范工程的工艺技术、生产规模和技术装备都达到世界领先水平。截至 2011 年年底，内蒙古已形成煤制烯烃生产能力 106 万吨/年，煤制油生产能力 142 万吨/年，煤制乙二醇生产能力 20 万吨

/年，煤制二甲醚生产能力20万吨/年的煤化工产业格局。

10年间，内蒙古新型煤化工产业发展世界瞩目，神华鄂尔多斯分公司108万吨/年煤制油项目是全球首套煤直接液化的工业装置，全部采用神华自主开发的工艺技术；内蒙古伊泰集团16万吨/年煤间接液化项目是国内第一套以自主知识产权为主的合成油工业装置；神华包头60万/年煤制烯烃（30万吨/年聚乙烯、30万吨/年聚丙烯）、大唐多伦46万吨/年聚丙烯煤制烯烃项目，核心技术均为国内自主知识产权的甲醇制烯烃技术，由此奠定了我国在煤制油和煤制烯烃工业化生产领域的国际领先地位。另外，通辽煤化工20万吨/年煤制乙二醇装置为世界首套；内蒙古汇能集团和大唐内蒙古赤峰煤制天然气项目其技术及装备水平也位居世界前列；内蒙古天河化工单套20万吨/年二甲醚装置是国内已投产的二甲醚项目中最大的单系列装置；神华乌海焦化公司300万吨/年捣固焦、30万吨/年煤焦油加工、焦炉气制甲醇30万吨/年等项目技术水平均居世界前列；鄂尔多斯联合化工60万吨/年合成氨、104万吨/年尿素的尿素造粒塔为国内最大装备。

新的煤化工、化肥、氯碱、稀土新材料、炼油等多项重点石化工程稳步推进。内蒙古诺门罕洁净煤有限公司年产150万吨褐煤低温热解焦油加氢多联产循环示范项目，中天合创年产300万吨二甲醚项目，内蒙古乌兰集团年产135万吨合成氨、240万吨尿素项目，中国兵器北方华锦化学工业集团公司锡林郭勒盟年产100万吨合成氨、160万吨尿素项目，中煤集团年产40万吨聚氯乙烯项目，包钢稀土年产1.5万吨高性能磁性材料产业化项目都进展顺利。

煤化工产业已成为陕西石化产业发展的主要力量。陕西的煤炭资源不仅储量十分丰富，而且质量优良，为陕西的煤化工发展奠定了良好的资源条件。在"大集团引领，大项目支撑，园区化承载，集群化推进"的发展战略引领下，建设煤化工基地、发展大型煤化工园区成为"十二五"陕西发展煤化工的重要内容。该省"十二五"规划提出，将推进煤电一体化、煤化一体化、油炼化一体化，实现煤油气盐综合循环利用；重点建设陕北大型煤炭示范、现代煤化工综合利用等"十大基地"，榆神煤化工园区、榆横煤化工园区、府谷载能工业园区、绥米佳盐化工区、靖边油气煤盐综合利用园区、延安煤油气综合利用园区、彬长煤化工区、渭南煤化工园区等"十大园区"。重点发展煤制油、煤制烯烃、煤制芳烃等现代煤化工，力争煤炭资源就地转化率50%以上，形成煤化工产业循环链。

这些化工园区目前已经完成了园区规划，落实了配套条件，按照"三个转化"（煤向电力转化、煤电向载能工业品转化、煤油气盐向化工产品转化）的思路，吸引了一大批国内外知名企业落户。尤其是位于鄂尔多斯盆地的国家级榆林能源化工基地，10年间吸引了美国陶氏、英美资源、荷兰壳牌、南非沙索以及中石油、中石化、神华、华能、华电、中煤能源、中盐、中化、鲁能、兖矿等一大批国内外知名企业落户，建成了一批重大能源化工项目，基本形成了两区六园格局。在规划和建设这些项目时，陕西坚持高起点、高门槛、高标准，逐步向现代能源化工产业转型，着力构筑高端化、高质化、高新化产业结构。

一批新的大型现代煤化工项目落户到陕西各煤化工园区：位于榆横煤化工园区的中煤能源集团 360 万吨甲醇/年、120 万吨/年烯烃项目；中国华电集团的世界首套万吨级煤制芳烃项目；在府谷载能工业园区，中国大唐集团府谷能源公司煤制甲醇、甲醇制聚丙烯（MTP）项目；长江三峡集团与陕西煤业化工集团在渭南煤化工园区合作的 180 万吨/年甲醇、70 万吨/年烯烃项目；延长石油在靖边油气煤盐综合利用园区新建的全球首套 45 万吨/年煤油共炼试验示范项目；在延安富县煤油气综合化工区内的煤油气资源综合利用项目，以煤、渣油裂解干气、炼厂轻油等为原料生产甲醇、聚乙烯、聚丙烯、丁辛醇、乙丙橡胶等下游产品，采用新颖的原料路线；陕煤化集团位于府谷载能工业园区的府谷能源开发有限公司也正在建设 240 万吨/年兰炭、100 万吨/年电石、煤矸石等资源综合利用项目。

宁夏有丰富的煤炭资源，主要在宁夏东部地区（宁东）。宁东探明储量 295 亿吨，占全自治区总探明储量的 88%，远景资源量 1394 亿吨。主要煤种为不黏结煤、炼焦煤和无烟煤，是优质化工原料用煤和动力用煤，宁东是我国储量集中的特大型煤田。2003 年 6 月，为更好把握西部大开发的机遇，适应国家能源战略的发展需要和实现全面建设小康社会的目标，宁夏回族自治区党委政府通过了《宁东能源化工基地总体规划与建设纲要》，宁东能源化工基地大规模开发建设的序幕正式拉开。

10 年时间，累计完成固定资产投资 1700 亿元，建成煤炭、电力、化工等重大项目 35 个，煤、电、化三大主导产业已初具规模。

先后建成了羊肠湾、梅花井和清水营等一批现代化大型矿井，麦垛山、石槽村等煤矿正在建设中。宁东基地建成和在建煤炭规模为 9270 万吨，煤炭产量达 5530 万吨。电力建成了灵武、水洞沟和鸳鸯湖等一批高参数、大容量坑口电厂以及太阳山、麻黄山风电等 8 个新能源项目；外送电能力达到了 400 万千瓦；电力装机容量 961 万千瓦。其中火电 813 万千瓦，风电 129 万千瓦，光伏 19 万千瓦，年发电量达到 408 亿千瓦。

宁夏的煤化工产业初具规模。神华宁煤集团建成了 85 万吨/年煤制甲醇、45 万吨/年焦炉尾气制甲醇、330 万吨/年煤焦化、6 万吨聚甲醛等项目。其中，当时世界最大规模的 52 万吨/年煤基烯烃项目，产出品质优良的聚丙烯产品；宁夏捷美丰友 40 万吨/年合成氨、70 万吨/年尿素、20 万吨/年甲醇项目；国电英力特集团 120 万吨/年煤基多联产、宁夏宝丰集团 30 万吨/年焦油加工、10 万吨/年苯加氢、60 万吨/年甲醇制烯烃等项目。

大规模投资新疆使得一批重大项目相继建成：全国最大的炼化一体化工程——新疆独山子 1000 万吨/年炼油、100 万吨/年乙烯项目建成，乌鲁木齐石化公司 100 万吨/年芳烃项目建成投产，使新疆拥有了世界级规模和高技术水平的合成树脂、

合成橡胶和有机原料装置；随着阿克苏华锦化肥公司 30/52 大化肥、塔里木石化 45/80 大化肥等项目的建成投产，到 2011 年年底，新疆尿素生产能力达到 460 万吨/年，成为我国西部最大的氮肥生产基地。

西部大开发以来，地方化工突飞猛进。新疆氯碱产业的高速发展全行业瞩目。新疆中泰化学和新疆天业两家上市公司依托新疆丰富的资源，采用国际国内最先进的工艺技术和装备，高速度、大跨度地发展氯碱工业。两家企业聚氯乙烯树脂、离子膜烧碱总产能已达到 260 万吨/年和 210 万吨/年，生产规模居全国氯碱行业前列。同时，两家企业注重产品链的结合，注重先进技术的引进和优化，建成了与氯碱生产相配套的热电联产装置，以煤、电、化工一体化抢占行业生产成本的领先地位，成为全国氯碱行业能效领跑者标杆企业。

国投罗布泊钾盐有限责任公司通过走自主创新之路，研发出国内外独一无二、拥有完全自主知识产权的"罗布泊硫酸镁亚型卤水制取硫酸钾"工艺技术，于 2008 年年底形成了年产 130 万吨硫酸钾的产能，成为亚洲最大的硫酸钾生产基地。

煤化工迈入新阶段。神华、湖北宜化、兖矿、庆华、新汶等一百多家企业纷纷进入新疆，着手煤炭、煤电、煤化工项目的实施，一批新项目已开工建设。湖北宜化计划投资三百多亿元建设新疆宜化低碳循环经济产业圈，采用具有自主知识产权的富氧煤气化技术，建设 2×20 万吨/年合成氨、60 万吨/年尿素项目，同时配套 2×330 兆瓦自备热电站；兖矿 60 万吨/年醇氨联产项目内蒙古庆华在伊犁的煤制气项目。可以预见，新疆煤化工产业作为资源转化的又一个重点领域，将会迎来一轮新的建设高潮。

六、化学工业与社会和谐发展

我国的化学工业给人民带来了衣食住行生活方面和健康方面的巨大进步，同时由于化学工业的发展，也引发了环境污染、危害健康的负面影响。江河水流受小型造纸、农药厂等的污染，大气受锅炉燃煤、汽车排放物的污染，还有塑料制品的白色污染，氟氯烃对臭氧层的破坏等。工业发展带来的环境问题引起人们的关注。1992 年里约热内卢世界环境与发展大会上，人类的可持续发展问题正式在全球范围共同的课题。有关什么是可持续发展，以及如何评价可持续发展，采用哪些评价指标体系等理论问题引起了学术界广泛深入的讨论。此后，可持续发展的概念从理论进入实际行动。我国政府在世界与环境发展大会之后，编制了《中国 21 世记议程》的政府白皮书，郑重申明走经济与社会持续协调发展道路，近年来大大加强了环保的立法与治理。我国化学工业在国家政策指导下开展了一系列的工作。例如，积极推进化工企业的清洁文明生产；重点整治太湖流域，关停一大批污染严重的化工企业；各地兴办化工园区把分散的化工企业集中起来，便于对污染的管理和控制；鼓励化工企业开发循环经济的生产模式；倡导化工企业承担对社会的责任与关怀的活动等。

在整治污染的同时，化工界也认识到工业化引发的生态环境危机，必然要从工业本身入手，来实现发展的可持续性。化学工业提出"绿色化工"的理念，绿色化工是化学工业今后发展必由之路。从科学观点看，绿色化工是化工科学技术进步的新层次；从环境观点看，它是从源头上消除污染；从经济观点看，它合理利用资源和能源、降低生产成本，符合经济可持续发展的要求。目前，绿色化工作为未来化学工业发展的方向和基础，越来越受到政府、企业和学术界的关注。贯彻落实科学发展观，应该是科学发展、和谐发展、可持续发展。

新世纪走过第一个十年，化学工业又取得一系列新的历史性成就，2010年化学工业工业总产值达到52041亿元，中国的化学工业总量登上全球榜首。主要化工产品产量，化肥5374万吨（折纯）、化学农药348万吨（折100%）、乙烯1421万吨、甲醇1634万吨、涂料927万吨、合成树脂及共聚物4390万吨、化学纤维2953万吨（其中合成纤维2718万吨）。化学工业2010年度完成投资额7496亿元。化工进出口贸易总金额3612亿美元（其中进口金额1984亿美元，出口金额1628亿美元）。化工方面发明专利申请占我国发明专利总申请的25%左右。

21世纪是世界格局变化的时代，2011年我国经济总量上升到世界第二位，社会生产力、经济实力、科技实力迈上一个大台阶，国家面貌发生历史性变化。综合国力、国际竞争力、国际影响力在国际舞台发挥越来越重要的作用。展望充满希望的未来，加快推进社会主义现代化，科学发展铸造化工强国，实现中华民族伟大复兴。

参 考 文 献

[1] 中华人民共和国化学工业部. 化学工业部大事记 [M].
[2] 当代中国的化学工业 [M]. 北京：中国社会科学出版社，1986.
[3] 当代中国的石油化学工业 [M]. 北京：中国社会科学出版社，1987.
[4] 北京化工学院化工史编写组. 化学工业发展简史 [M]. 北京：科学技术文献出版社，1985.
[5] 赵匡华等. 中国化学史近现代卷 [M]. 南宁：广西教育出版社，2003.
[6] 陈韵文. 中国近代化学工业史 [M]. 北京：化学工业出版社，2006.
[7] 上海辽宁等省市化工志.
[8] 化工企业、事业单位和协会出版的志和纪念册.
[9] 中国化工报.

撰稿人：沈渭（原化工部规划院副院长、原化工部国际合作司司长）
蔡强（原化工部计划司综合处处长）

第一编
主要化工产品行业

第一章　合成氨工业

第一节　发展历程

一、早期

（一）满洲化学工业株式会社

中国投产最早的合成氨工厂在东北伪满时期，由满洲化学工业株式会社筹资2600万日元，在大连甘井子地区占地43万米^2，建设一个大化工厂。其中合成氨装置于1933年动工，1935年4月投产。

该厂的合成采用Mont Cenis法，用100万马克从乌德（Uhde）公司购得专利。原料煤来自本溪、抚顺和开原。氢气的制取是由3/4的水煤气经变换后和1/4的焦炉气混合成原料气，再经过精制得到氢气。用林德的深冷法从液化空气分离而取得纯氮气。将体积分数为75%的氢和25%的氮的混合气在压力为90~150千克力/厘米^2（8.82~14.71兆帕）、温度为350~430℃和催化剂的作用下进行合成，可得体积分数为8%~10%的氨。

该工厂合成氨能力为年产5万吨，配套硫酸铵18万吨，还有硫酸、硝酸、硝酸铵等产品。1935—1942年的合成氨产量列于表1-1。

表1-1　满洲化学工业株式会社1935—1942年合成氨产量

年份	1935	1937	1938	1939	1940	1941	1942
产量/吨	33160	42902	52473	36640	45014	42853	35594

（二）天利氮气股份有限公司

1934年1月，上海天厨味精厂、天原化工厂的创办人吴蕴初成立了天利氮气股份有限公司（简称天利氮气厂），于上海沪西白利南路（陈家渡）购地60亩（4公顷）设厂。

该装置由杜邦公司在西雅图的一座合成氨中间试验厂转让而得。其工艺为改良哈伯法（又称美国法），原理与哈伯法大致相同。氢气由电解水制得，电解所得的氢气一部分还用来燃烧空气中的氧气，再除去其中的二氧化碳而得纯净的氮气。氢气和氮气在 330 千克力/厘米^2（32.4 兆帕）压力下合成氨。1935 年 8 月液氨试产成功，并配套年产 1600 吨浓硝酸，500 吨硝酸铵、硝酸钙等产品。

（三）永利化学工业公司南京𨱦厂

永利制碱公司（见图 1-1）创办人范旭东，以借贷抵押方式集资 1200 万元，筹建南京硫酸铵厂，名称为永利化学工业公司南京𨱦厂。

(左起)侯德榜、范旭东、陈光甫、邹秉文、侯敬思在𨱦厂

煤气车间

建设中的高压机厂房

高压车间

压缩机

图 1-1　1936 年建设永利化学工业公司南京𨱦厂（年产合成氨 3.3 万吨）

厂址选定江苏六合卸甲甸，面江背山，水陆交通两宜。1934 年收购土地，并派侯德榜博士率队去美国谈判设计合同，最后决定合成氨工艺采用哈伯-波施法，由美国氮气工程公司（NEC）负责设计，并在美国采购设备。国内由范旭东全面筹划码头、厂内交通、厂房建筑等工程建设，同时开展国内订货、培训人员等工作。1936 年 4 月，侯德榜回国担任指挥安装工程，9 月底焦气厂、压缩部、合成部、精炼部逐步完成；12 月锅炉房、硝酸厂、硫酸铵厂、内外管线、深井工程等一齐告成。1937 年 1 月硫酸厂开工，2 月合成氨、硫酸铵厂全面开工，正式投产。全厂生产规模为氨 3.3 万吨/年，硫酸 4 万吨/年，硫酸铵 5 万吨/年，硝酸 0.33 万吨/年。由于侯德榜和同事选择的工艺技术先进，又适合我国的具体情况，成为当时远东一流

的大型化工厂。其中造气技术和氨合成技术一直沿用到今天，在日新月异的化工技术中极为罕见，可见侯德榜博士等前辈的远见卓识，为我国合成氨工业的发展奠定了良好的基础。

二、中华人民共和国成立后恢复时期

到中华人民共和国成立前，上述三个工厂，以及鞍山和抚顺的两个炼焦副产硫铵的车间，这五个厂点，因遭战争破坏、原材料供应困难，基本处于停产状态。这些生产企业共有职工3400多人，其中技术人员150人左右。

（一）恢复老厂

大连解放以后，满洲化学工业株式会社更名为大连化学厂，是中华人民共和国成立后重点恢复的工业企业之一。人民政府派出领导干部，集中一批技术骨干力量，发动工人群众，克服了重重困难，修复了技术难度较大的空气分离、氢气分离和合成氨等生产装置，仅用约一年半的时间就完成了预计三年才能完成的任务。1951年6月，大连化学厂全面恢复了合成氨、硫酸、硫铵等生产，首战告捷。接着，在改建、扩建中，又进一步发挥技术人员和工人的聪明才智，胜利地完成了任务。厂主任工程师章用中组织设计人员较好地编制了全厂改建、扩建工程设计。工程师翁思麟、郑明涛、钱振亚等负责空气分离和氢气分离装置的设计，克服了技术上和材料上许多困难，提前完成了任务。工程师贺兆祥等负责稀硝酸装置的新建工作，从设计到投产只花了11个月时间，生产出来的硝酸有力地支援了当时的军工生产。工程师翁盛光、魏立藩、郁祖梧等人和老工人密切配合，设计并试制成功2400马力（1.76×10^6瓦）的高压氮气压缩机，解决了扩大生产能力必需的关键设备，并开创了我国自制高压化工机械的先例。工程师范柏林、吴子炉等为工厂的持续、稳定生产作出了一定成绩。老钳工董作财、金光秀等经验丰富、技术精湛，积极修复安装了高压压缩机、高压齿轮泵和高速鼓风机等大型、精密度高的机械，解决了生产的急需。劳动模范王芝牛在生产中作出了重大贡献。

永利化学工业公司铔厂在中华人民共和国成立后也很快恢复了生机。1951年，试制成功合成氨用的催化剂。1952年公私合营后改名永利化学工业公司宁厂（简称永利宁厂，后改名南京化学工业公司氮肥厂），生产进一步发展，并开始扩建。在扩建中，总工程师姜圣阶，工程师赵元凯、黄力行等起了较大作用。1954年，试制出固定层煤气发生炉和高压循环气压缩机。1956年，在总工程师姜圣阶的指导下，铁工车间（后改为南京化学工业公司化工机械厂）试验成功多层包扎式320千克力/厘米^2（31.4兆帕）氨合成塔。20世纪50年代中期，为保证钢铁生产所需的焦炭，原来使用焦炭作原料的合成氨生产不得不寻找新的造气原料。永利宁厂用无烟块煤代替焦炭制取合成氨原料气的试烧获得成功，制定出工艺条件和操作方法，为利用我国比较丰富的无烟煤资源、扩大氮肥原料来源和加快发展氮肥工业创造了条件。

（二）从前苏联引进

在不断扩建大连化学厂和永利宁厂的同时，从前苏联引进了成套氮肥装置，建设吉林、兰州和太原三个化工区的化肥厂，规模为年产5万吨合成氨配9万吨硝铵。1957年，吉林化学工业公司化肥厂首先建成投产，兰州、太原两厂相继于1958年、1961年全面投入生产。

从这三套前苏联引进装置的建设过程中，较为完整地学到了大型化工厂的建设经验，以及较为先进的设计、施工与生产技术。其次是学习了企业的计划管理、技术管理和经济核算等一系列管理制度。同时，也培养了一批技术人员和管理人员。这些都为今后合成氨工业及化学工业的其他行业发展打下了良好的基础。

三、自力更生发展中型氮肥厂

（一）建设四川化工厂

1956年，化工部化工设计院自行设计年产7.5万吨合成氨装置，建设四川化工厂。在设计过程中，对永利宁厂和吉林化肥厂的设计进行了研究、分析，结合我国国情，吸收了两厂的优点，编制出初步设计。在总图布置方面，一方面学习苏联考虑厂区安全和留有扩建余地的设计思想；另一方面，也改变了厂区过大、车间布置松散的缺陷，合理地划分了界区，调整了车间布置，使占地面积比吉林化肥厂减少近50%，少占了农田，节约了投资。在工艺方面，从本地资源特点出发，采用永利宁厂的焦炭固定层煤气发生炉，代替吉林化肥厂的劣质烟煤沸腾层气化炉；采用前苏联立式变换炉和国产的耐硫变换催化剂，强化了变换炉的生产；选用捷克斯洛伐克的2 SLK往复式高压压缩机代替前苏联1Г 166和1Г 266往复式高压压缩机，适应了当时国内制造水平，并有利于维修操作；采用永利宁厂130大气压（131.7兆帕）醋酸铜氨液净化技术代替苏联320大气压（324.24兆帕）碳酸铜氨液净化方法，缩短了工艺流程，提高了净化效率；采用单合成塔系列，取消前苏联氨合成塔系统中的精制塔，减少了高压设备和高压管线，有效地降低了能耗，节省了投资。四川化工厂的建成投产（见图1-2），标志着我国已经基本具备自力更生建设氮肥厂的能力。

为适应各省、市发展氮肥生产的需要，1958年化工部氮肥设计院根据四川化工厂的生产建设经验，以及永利宁厂以无烟煤制取合成氨原料气的工业化数据和生产经验，编制了年产5万吨合成氨的定型设计，建设投资和生产成本都比吉林化肥厂、四川化工厂有所降低。

图1-2 1956年国内设计建设的首个中型化肥厂——四川化工厂

（二）自己设计、自己制造设备、自己施工建设的新阶段

1961年3月，党中央决定把加快氮肥厂的建设列为工业支援农业的重要任务，由中央化肥小组加强对氮肥工业建设的领导。1961年4月，陈云副总理在杭州主持召开了化肥座谈会，对氮肥厂的建设规模和建设部署作了具体安排：由机械制造部门生产氮肥设备，成套供应；由化工部门组织安排建设。化工部协同浙江省、上海市和广东省，集中力量，首先抓好衢州化工厂合成氨分厂（见图1-3，后改名为衢州化学工业公司合成氨厂）、吴泾化工厂和广州氮肥厂的建设。化工部定期派出由领导干部和有设备制造、施工安装经验的技术人员组成的工作组，分赴设备制造厂和施工现场协助解决有关问题，对加快建设速度和保证设备、施工质量起了较好作用。这三个厂大规模施工时，正是我国国民经济比较困难的时期，但广大职工经受了考

图1-3 年产合成氨5万吨浙江衢州化工厂合成氨车间施工工地（1961年）

验，在实际工作中，不仅学到了本领，而且培养了艰苦奋斗、勇挑重担的优良作风。

这三个厂的建成投产，标志着我国氮肥工业进入了自己设计、自己制造设备（见图1-4）、自己施工建设的新阶段。继衢州化工厂合成氨分厂等三个厂投产后，1965年河南开封化肥厂、云南解放军化肥厂、河北石家庄化肥厂、安徽淮南化肥厂和贵州剑江化肥厂陆续投产。

北京化工实验厂（见图1-5）是化学工业部为开发和推广新技术而建立的示范厂。这个厂的第一期工程为年产合成氨1万吨，配碳铵4万吨。采用碳化法合成氨

流程制碳酸氢铵工艺（以下简称碳化法工艺），于1959年建成投产。到1965年年底，全国投产的中型氮肥厂共有15个。各企业根据化学工业部的意见，对合成氨主要设备压缩机、合成塔、铜洗塔等普遍进行了挖潜改造，扩大了生产能力，使合成氨年产量达到130万吨以上，比1957年增加了7.5倍，不少厂的产量都超过了原设计能力。氮肥厂的职工由1957年的1.2万人增加到1965年的9.8万人。

图1-4 合成车间"红旗牌"高压压缩机

图1-5 化学工业部为开发和推广新技术而建立的示范厂——北京化工实验厂厂区

（三）引进西方技术

随着国内和国际形势的变化，以及西方国家的合成氨技术新的发展，国家决定动用当时十分宝贵的外汇，从西方引进化工生产技术。1964—1966年期间，建设了四川泸州天然气化工厂，其合成氨装置从英国引进，采用天然气加压蒸汽转化法制合成氨原料气，年产氨10万吨；其尿素装置从荷兰引进，采用溶液全循环法，年产尿素16万吨。1965年，陕西兴平化肥厂开始建设从意大利引进的年产5万吨合成氨重油加压部分氧化法装置，国内与之配套的一部分合成氨生产装置和硝酸、硝铵生产系统，也于1970年相继建成投产。

图1-6 1965年开发"三触媒"新技术在石家庄化肥厂首先工业化

（四）开发氮肥生产新工艺

1964年年底，化学工业部第一设计院总工程师陈冠荣、副总工程师黄鸿宁等提出以煤为原料，采用三催化剂（氧化锌脱硫剂、低温变换催化剂和甲烷化催化剂）净化流程制合成氨的设计方案（见图1-6），得到化学工业部领导的重视。经研究认为，采用这种流程建厂，与衢州、吴泾、广州三个氮肥厂所采用的流程相比，占地面积可减少一半，生产车间投资可节省300万元人民币，每吨氨的生产成本可降低19元。于是，在国家计委的支持下，化学工业部于1965年春组织有关单位攻关会战。由中国科学院大连化学物理研究所负责两种催化剂和一种脱硫剂的配方及配备方法的试验，由上海化工研究院负责1升原粒度催化剂和脱硫剂的试验，由北京化工实验厂负责200升催化剂的试验，由南京化学工业公司催化剂厂承担催化剂的试制和生产。当年内先后确定了甲烷化催化剂、氧化锌脱硫剂和低温变换催化剂的配方，1965年12月即完成了试制工作。1966年1月，北京化工实验厂和化学工业部第一设计院的有关工程技术人员在实验厂总工程师范柏林的组织下，进行了这一净化流程制合成氨的中间试验，经过三个月的生产考核，证明催化剂性能良好、工艺技术条件符合设计院提出的指标。1966年10月，采用三催化剂净化流程制合成氨试点的石家庄化肥厂三期扩建工程竣工投产。在生产中，黄鸿宁同工厂的技术人员和工人一起还陆续解决了脱硫工艺，塔设备腐蚀，透平式循环压缩机和热水泵的材质、结构等关键技术问题，完善了净化工艺条件，取得了工业化生产成果。1978年，合成氨三催化剂净化流程获全国科学大会奖。

这一新工艺的成功，是先进的大型化学工程技术联合开发成功的范例，增强了广大技术人员自力更生开发和建设氮肥工业的信心。此后，陆续取得了一些新的成果。如含10%烯烃延迟焦化干气蒸汽转化法制合成氨、焦炉气蒸汽转化法制合成气、炼厂气催化部分氧化法制合成氨等。1978年，全国投产的中型厂由1965年的15个增加到50个，当年合成氨产量319万吨，比1965年增长近1.5倍。

1978年以后，中型氮肥厂通过填平补齐，挖潜改造，扩大了生产能力。投资少，见效快。吉林化学工业公司化肥厂经过几次扩建，到1966年，合成氨年生产能力达到了30万吨，为原设计能力的6倍。工厂分两期扩建，第一期扩建吨氨投资为508元、第二期为827元，比当时建设新厂的投资降低1/5至1/2。兰州化学工业公司化肥厂在第三次扩建时，合成氨年生产能力由16万吨扩大到25万吨，吨氨投资500元左右。中型氮肥厂由1978年的50个增加到1983年的56个，企业数量增加不多，但产量增长较快。这主要是通过挖潜改造取得的。

（五）改革开放后遇到的挑战

20世纪80年代，化肥生产原料和销售开始市场化，一些中型氮肥厂背负老国企的沉重包袱，遇到巨大困难。一些企业长期亏损，陷入无力自拔的地步。

在改革的深化过程中，有实力的能源企业参股，民营资本进入，通过改制重组，部分中氮企业的生产经营和技术改造有了长足进步。以重油为原料的兴平化肥厂（现兴化集团有限责任公司）始建于1965年，当时装置的生产能力为合成氨5万吨/年、硝酸铵11万吨/年，后经改造合成氨的年生产能力达10万吨，1991—1995年自筹资金将合成氨的年生产能力从10万吨扩大到15万吨。到2000

年实施"油改气",同时还进行硝酸铵的扩产改造工作,使合成氨的年生产能力达到 18 万吨,硝酸铵的年生产能力达 33 万吨,2004 年工业总产值比 2000 年提高 2.57 倍。黑龙江北大荒农业股份有限公司浩良河分公司将以重油为原料年产 12 万吨合成氨、20 万吨尿素装置改为以煤为原料的德士古水煤浆造气,配套设施也进行了相应的改造,使合成氨年生产能力达到 18 万吨,尿素年生产能力达到 30 万吨。由于重油价格的上涨,企业难以承受,2001 年吉林长山化肥集团采用富氧连续气化技术进行改造,但由于无烟煤价也大幅度提高,2003 年决定采用恩德炉技术,当年施工,当年见效,实现了粉煤气化和原料本地化,使合成氨年生产能力由 12 万吨提高到 18 万吨,尿素年加工能力由 20 万吨提高到 30 万吨,尿素成本相对降低 150 元/吨左右。这一技术改造的成功使企业摆脱了困境。天津碱厂合成氨生产原料原用重油,2003 年该厂启动"油改煤"工程,采用陕西秦晋煤气化工程设备有限公司常压灰熔聚流化床煤气化技术,2005 年下半年试车投产成功,合成氨生产成本大幅度下降。

晋城煤业集团与开封市政府合资合作,于 2004 年 5 月挂牌成立开封晋开化工有限责任公司,对原开封市开化集团合成氨系统有效资产改制重组,晋城煤业集团占 51%的股份。晋开公司在保证目前 13 万吨/年总氨基础上,将现系统填平补齐扩大到 16 万吨/年,并对现有生产工艺全面更新,准备再新建一套年产 18 万～30 万吨总氨的生产系统。石家庄化肥集团有限责任公司于 2004 年 8 月与晋城煤业集团签约,成立石家庄金石化肥有限责任公司,注册资本 1.6 亿元,晋煤集团占 56.25%的股份,为石家庄化肥厂的发展提供了有力的支持。

内蒙古乌拉山化肥有限责任公司始建于 1970 年,2001 年 9 月由国营企业转制重组为民营股份制企业,现已有 6 个控股子公司,合成氨能力由 1977 年的 8 万吨/年,提高到目前的 30 万吨/年,尿素由 6 万吨/年扩大到 26 万吨/年。硝酸铵系列产品由 11 万吨/年扩大到 28 万吨/年。盘锦中润化工有限公司是辽宁盘锦中润实业集团有限公司于 2003 年年末收购盘锦化工有限责任公司以后,组建的大型民营企业。由于现用天然气供应不能保证,该企业正在筹备合成氨原料路线的改造,将以本地煤为原料,取代天然气。迁安化肥厂、湖北金源化工股份有限公司(原鄂西化工厂)等中氮企业也都转制为民营。

根据中国氮肥工业协会统计:2005 年中氮肥企业生产合成氨 732.7 万吨,占合成氨总产量的 15.8%,同比增长 8.16%;尿素产量 742.6 万吨,占尿素总产量的 17.9%。

四、我国独创的小氮肥企业

(一)小型氮肥装置的探索和过关

1958 年,在当时提倡搞工业也要"小土群"的思想指导下,化学工业部(简称化工部）提出了兴办小型氮肥厂的设想。在召开的技术讨论会上，研讨了小型氮肥装置的工艺技术路线和氨加工品种等问题。与会人员认为，如果生产硫铵或硝铵，必须建设相应的硫酸或硝酸生产装置，不仅投资多，建设周期长，而且需要大量的铅或不锈钢材，这是难以办到的。根据农业科研部门的试验结果，碳酸氢铵具有较好的肥效。大连化学厂曾利用石灰窑气与氨反应，生产出碳酸氢铵，取得了有关物理化学性质的数据。因此，生产碳酸氢铵可能是一条可行的路子。

当时，化学工业部氮肥设计院在年产1万吨合成氨、配4万吨碳酸氢铵的方案测算中发现，可以采用含二氧化碳较多的合成氨原料气与氨直接进行碳化制取碳酸氢铵。这样，在净化合成氨原料气的同时，又可使二氧化碳得到充分利用。随后，著名化学家侯德榜直接领导科研人员进行了试验研究工作，提出了完整的碳化法合成氨流程制碳酸氢铵工艺。化学工业部批复了上述设计方案，要求迅速编制出设计，在北京建设化工实验厂。1958年3月，侯德榜和化学工业部生产司总工程师谢为杰等在上海组织编制了年产2000吨合成氨配8000吨碳酸氢铵装置（当时称为县级氮肥厂）的设计，同年在上海化工研究院建成第一套示范性试验装置，生产出了第一批碳酸氢铵产品。

1958年初，上海化工研究院和北京化工实验厂开始分别建设年产2000吨和1万吨的合成氨试验厂。随后，大连化学厂又建起了年产800吨合成氨生产氨水的小型试验装置。这些小型氮肥试验装置建成不久，各地就纷纷推广。1958—1960年先后建设了近200个800吨/年型和2000吨/年型的小型厂。多数800吨/年型厂因设备不配套或设备质量不好，不能投产；少数投了产的，也因产量低，消耗高，亏损大，不能正常生产，难以维持。1960年11月，陈云副总理视察了上海化工研究院年产2000吨合成氨、配8000吨碳铵的生产装置和上海市年产800吨合成氨厂之后指出：对小型合成氨厂的设计要严格认真，按规矩办；设备制造要专业化。设备制造、安装、生产操作的经验教训要进行总结。1961年3月，陈云副总理在听取了化学工业部负责人的汇报后又指出：小型合成氨厂的试验，还是要继续积极干，要把试验研究同推广区别开来；近两年内建的合成氨厂还是要采用大型的方案（当时指年产5万吨合成氨的厂为大型厂）。

1960年10月，丹阳化肥厂建成。在江苏省轻化工业厅的直接领导下，该厂坚持"碳化法合成氨流程制碳酸氢铵"工艺的试验。江苏省轻化工业厅工程师陈东和丹阳化肥厂党委书记林桂荣等组织广大职工针对投产后出现的问题，认真观察试验，不断分析总结，及时消除设备上出现的缺陷，增添了一些设备，补充修改生产工艺指标和操作规程，并加强了企业管理，先后于1962年（见图1-7）、1963年过了"技术关"和"经济关"，达到了设计水平，转亏为盈。1962年11月，2000吨/年型浙江龙山化肥厂和800吨/年型上海嘉定化肥厂过了经济关。它们为小型氮肥厂实现工业化生产和能够立足生存提供了证明和经验。

图 1-7　江苏丹阳化肥厂 1962 年碳酸氢铵生产技术首先在江苏丹阳化肥厂获得成功

1963 年 8 月，中共中央和国务院在批转化工部和中共华东局关于小型合成氨厂问题的报告中指出：发展氮肥主要依靠大中型合成氨厂，适当建设若干小型厂，作为大中型厂的补充；多生产一些氮肥，对恢复和发展农业生产是有利的。华东地区积极贯彻这一指示，认真组织了一批小型氮肥厂过技术、经济关，逐步实现了正常稳定生产。1964 年，上海、江苏等省、市办有小型氮肥厂的一些县，大部分成了粮食亩产千斤县，基本上实现了《农业发展纲要（四十条）》规定的单产指标。

为了确保小型氮肥厂在经济上过关，对不少工厂进行了填平补齐，适当扩大了规模，800 吨/年型厂生产能力普遍提高到 3000 吨/年，2000 吨/年型厂生产能力一般提高到 5000 吨/年。

小型氮肥装置经过近八年的探索、试点、攻关和技术改造，到 1965 年技术已渐趋成熟。正常生产的厂达到 87 个，当年生产合成氨 18.3 万吨，占全国合成氨总产量的 12.3%。

（二）迅猛发展的十年

1966 年"文化大革命"开始以后，国家遭受空前灾难。农业需要大量化肥，中型氮肥厂一时上不去，小型氮肥厂却具有建设周期短、设备容易制造、投资少、便于地方集资兴办等特点。加之小型氮肥厂一般属县管辖，自产自用，因而各县办厂的积极性很高。1968 年以后，小型氮肥厂迅猛发展。以江苏省为例，1965—1973 年 9 年间，就建成了 77 个厂，全省每个市、县都办了小型氮肥厂。为了支援工业基础比较薄弱的省和自治区，国家安排上海市从 1970 年起，连续三年每年制造 100 套小氮肥设备，对加快小型氮肥厂的发展，起了很大的作用。1969—1978 年 10 年间，全国建成了小型氮肥厂 1225 个。与此同时，一些有能力自制成套设备的省、市，对部分建厂早、条件好的小型厂择优进行填平补齐和设备更新，扩大了生产能力。1979 年，全国小型氮肥厂总数达到 1533 个，当年产氨 658.4 万吨，占全国合成氨总产量的 55.6%。但是，在全国各地区、县自发建厂过程中，有不少厂不具备建厂条件，投产以后，原料供应不足，经济效益很差，亏损严重。

（三）在调整、整顿中前进

1976年，全国小型氮肥厂由于煤、电供应不足，时开时停，以及管理不善等原因，平均每吨合成氨消耗两煤（指原料煤和燃料煤）高达4181千克，电耗2239千瓦时，亏损企业数占2/3以上，当年小氮肥亏损达9.7亿元。针对这种情况，化工部门从实际出发，制定了符合国情的技术经济政策，因势利导，及时抓住存在的主要问题，提出解决的措施。十多年里，着重抓了以下六个方面的工作。

1. 狠抓原料改造，解决"吃饱"问题

为了解决原料问题，各地开展利用无烟粉煤成型代替无烟块煤生产合成氨的试验。1969年2月，福建永春化肥厂（图1-8），首先利用本县天湖山的无烟粉煤，制成石灰炭化煤球代替无烟块煤试烧成功，解决了工厂原料不足的难题，当年产量翻了一番，扭亏为盈。1971年，福建长泰合成氨厂投产以后，在石灰炭化煤球的制造工艺和气化技术上，下功夫进行试验，制成的煤球，经过北京煤炭科学研究院等单位的测定，质量优良，发气量能够达到甚至超过同品种块煤。1973年，燃料化学工业部副部长徐今强及时总结推广了粉煤成型制气的经验，提出小型氮肥厂要"吃饱管好"，要求各小型氮肥企业不仅要"吃块煤"，也要能"吃粉煤"。到1984年，全国1200多个小厂中，约有800多个企业采用了石灰炭化煤球或其他粉煤成型工艺。

图1-8 福建永春化肥厂
1969年福建永春化肥厂开发石灰炭化煤球技术为丰富小氮肥厂
原料煤来源提供了经验。1978年该技术获得全国科学大会奖

2. 进行技术改造、降低原材料消耗

1974年，开始组织各企业实行以提高综合生产能力为目标的"挖潜改造、小改小革、填平补齐、成龙配套"的技术措施。

1976年，根据3000吨/年型装置设备型号多、能耗高、效率低的状况，进行了主体设备的更新换代，并为年生产能力3000吨/年型扩大到5000吨/年以上创造了条件。

1983年开始，每年择优安排一批小型厂进行节能技术改造。改造后的企业，吨氨总能耗一般都可以降到6.28×10^{10}焦以下，先进企业可降到5.234×10^{10}焦。

3. 提高企业管理水平和职工队伍的素质

化工部部长孙敬文在 1978 年内连续三次写信给 11 个省、市的化工厅局长，要求他们向浙江、上海的先进小型氮肥厂学习，还亲自带领调查组深入浙江省小型氮肥企业调查研究。与此同时，化工部还采取树立榜样、运用典型引导的方法，宣传了河南辉县化肥厂（图 1-9）以总支书记赵恒富为代表的奋发图强、艰苦创业的经验，推广了浙江桐乡化肥厂副厂长徐良骥等所创出的"三管一算"（图 1-10）、节能降耗的经验，以及不断创新、经济效益显著的江苏太仓化肥厂（图 1-11）等企业的先进经验。太仓化肥厂于 1968 年建成，连续 10 年亏损，还发生过一次恶性爆炸事故。于 1978 年以后整顿了工厂的领导班子，重视培养人才，狠抓技术进步，严格岗位责任制和落实经济责任制，在较短的时间内，企业面貌发生了深刻的变化。1979—1983 年的 5 年中，合成氨产量为前 10 年的 2.7 倍，吨氨总能耗连续 3 年夺得全国小合成氨厂低耗第一名，前 10 年累计亏损 806 万元，后 5 年累计盈利 1448 万元。1983 年，国家经委授予这个厂"全国节能先进企业"金质奖。1984 年又获得中国企业管理协会颁发的"一九八三年企业管理优秀奖"。

图 1-9　河南辉县化肥厂

1978 年化工部作出学习河南辉县化肥厂先进管理经验决定，全面提升小氮肥厂水平。1987 年小氮肥厂碳铵改产尿素在河南辉县化肥厂获得成功

图 1-10　浙江桐乡化肥厂

1976 年石化部推广浙江桐乡化肥厂创造"三管一算"的管理经验提高全国小氮肥厂管理水平

图 1-11　江苏太仓化肥厂
1981年江苏太仓化肥厂节能降耗取得突出成绩，连续七年居全国小氮肥首位

为了提高职工队伍的素质，进行了大规模培训。20世纪80年代以来，为小型氮肥厂举办了厂长轮训班、企业管理学习班，还办了财务、造气技术和安全学习班。各省每年都举办几期小型氮肥厂经济技术训练班。与此同时，化学工业部发出了《小型氮肥企业管理若干办法（试行）》、《国营小型氮肥企业厂内经济核算试行办法》和七项技术规程。这些培训和规章，连同开展"比学赶帮"的竞赛评比，对加强小型氮肥厂的管理、提高经济效益，起了重要作用。

4. 贯彻调整方针，推行正确的经济政策

从1980年开始，在小型氮肥厂中推行了"盈亏包干，利润留成，超额不补，减亏留用"的经济政策，实行了产品优质优价和节煤节电奖励等方法，促进了全行业的节能降耗和扭亏增盈，扭转了部分后进企业靠国家补贴维持生产的不正常现象。1981年在全面贯彻"调整、改革、整顿、提高"方针的过程中，又提出了调整、整顿的标准和要求。凡是吨氨两煤耗超过2500千克、电耗超过1500千瓦时，或长期经营性亏损，经过整顿，仍不能改变面貌的企业，一律关停。与此同时，对企业管理水平较高，产品质量好，煤、电、水供应有保证，能够盈利的企业，择优改造。通过调整、整顿，收到了明显的成效。1982年，小氮肥实现了扭亏为盈，净盈利1.37亿元。

5. 不断提高碳酸氢铵产品质量，加强应用服务

20世纪80年代以来，在降低碳铵含水量、改善产品包装、解决挥发损失和结块方面，做了很多工作。与农业部门配合，在进行碳铵农业化学性质的研究、改进施肥方法和研制深施机具方面，也取得不少进展。各企业为提高碳铵质量，采取了改进操作、添加表面活性剂等措施，一级品含水分普遍降到3.5%以下，并采用编织袋加塑料薄膜双层密封包装，已基本做到不结块。1983年，河北省冀县化肥厂试点，建立了第一个农化服务中心，指导农民采用测土施肥、双层施肥等科学合理施肥方法，收到良好的效果，其他地区对碳铵施肥技术也有很多改进。化学工部化

工技术情报研究所专门拍摄《碳酸氢铵的生产和施用》科教电影，介绍碳酸氢铵的性能、生产知识和施用技术。

一些有条件的工厂还调整产品品种，作了改产尿素等高浓度化肥的尝试，如江苏六合化肥厂1974年建成的日产42吨尿素试验车间，采用"中压变换气汽提联尿"流程，已于1982年12月进行了技术鉴定，并在少数小型厂推广。同时还有一些小氮肥厂结合小型联碱装置生产氯化铵。

6. 不断发挥行业管理的作用

由于小型氮肥行业厂数多，分布广，必须加强行业管理；企业之间共性大，可比性强，为加强行业管理提供了有利条件。化工部对小型氮肥行业的科研、设计、设备制造、生产建设、技术改造、产品销售、应用服务等，进行了规划协调，服务监督，使各个环节有机地联系起来；组织科研单位、大专院校和机械制造部门，对关键技术进行攻关；在行业内部开展劳动竞赛活动。

小氮肥厂生产设备比较简陋，工艺技术指标相对落后，生产成本高，在发展过程中必须采取优胜劣汰的调整。经过几年调整，从1979年1533家的巅峰时期，到1983年小型氮肥厂关停了317个，开工生产的有1215家（其中，有54家厂年产合成氨达到了2.5万吨，最大的江苏武进化肥厂为4.5万吨），共生产合成氨945.7万吨，碳铵3026万吨，分别占全国合成氨总产量的56.4%和氮肥总产量的57.3%。平均吨氨两煤耗1940千克，电耗1350千瓦时，分别比1978年下降了53.6%和39.7%。全行业净盈利5.16亿元。从1996年的854家，再进一步减少到2003年的497家，但小氮肥产量占全国氮肥总产量的份额并没减少，仍为半壁江山。

（四）小氮肥企业的发展特点

① 小氮肥的几十年，清晰描绘出一个化工产品的工业化发展历程，从无到有，高速成长和进入成熟期的发展规律。前进的力量是企业不断开展技术革新和不断进行技术改造。企业不安于现状，要进步，自身要求发展的动力非常强；再有就是外部环境，在化工部领导下，中国氮肥工业协会广泛调研，组织技术交流会，几乎每年都制订出技改具体项目，大力推广先进适用技术，并争取国家的支持。小氮肥企业的技术进步是比较快的。例如"合成氨生产蒸汽自给节能技术"就是山东寿光化肥厂（图1-12）集各家之长，把各方面可以降低能耗的措施全部收集起来，使用系统工程的方法，合理分配，首家实现把燃料煤全部"砍掉"，实现"两煤变一煤"；还有既节水又节排污费的小氮肥企业两水闭路循环技术。这些技术在氮肥工业协会的努力下在全国推广，并得到国家部分资金的支持。正是每年都要进行的大大小小技术改造，使得各项消耗指标不断降低。目前，已有一批小氮肥企业实现了"三个一千"，即吨氨煤耗低于1000千克、电耗低于1000千瓦时、工艺能耗低于1000万千卡（4180万千焦）。

图 1-12 山东寿光化肥厂
1989年山东寿光化肥厂开发的合成氨生产蒸汽自给节能技术为小氮肥厂提供了经验

② 在合成氨生产中联产碳酸氢铵的工艺是适合国情的适用技术。新工艺在合成氨流程中，既净化了原料气中的二氧化碳，又同时生成了碳铵这种化肥产品，大大缩短了工艺流程。与生产硫铵相比，节省了硫酸的生产和硫铵生产的工艺流程以及硫资源。与生产尿素相比，缩短了尿素生产流程和节省了高压设备、不锈钢材等。与生产硝铵相比，节省了硝酸和硝铵的生产所用不锈钢设备。再加上工厂规模小，尽管劳动生产率低，但是小型氮肥装备有容易制造、投资少等优势，这就成为困难时期切实可行发展化肥的一个模式。

③ 在大大小小的化工公有企业中，受行政体制管理的约束，小氮肥厂相对较少，经济体制改革，特别是产权改革容易进行。体制创新促进了小氮肥企业的发展、改革的深入促使小氮肥企业不断进行体制创新。企业的管理体制、组织形式、产权关系及经营机制上都发生了很大变化。例如：江苏灵谷化工股份公司对破产的姜堰化肥厂实施资产重组，取得资产控股权，使尿素年产量达到了13万吨，年利税1000万元。灵谷化工低成本扩张成功之后又进一步实施股份制改造，职工股占到了总股份的55%，公司产权明晰，调动了职工的积极性。2001年3月至2002年4月，仅用13个月的时间就成功完成12万吨/年合成氨、20万吨/年尿素的技术改造。到2002年，尿素生产能力就达到45万吨/年。创建于1998年的山西丰喜肥业集团是以临猗化工总厂为基础，联合山西省内几家小化肥企业，组建起了小化肥行业的"联合舰队"，这是小氮肥企业发展的另一种模式。随着企业实力的增强，继续开拓新的发展空间，2003年7月，丰喜集团又与山西晋城无烟煤矿业集团有限责任公司共同出资组建了山西晋丰煤化工有限责任公司，新公司成立后在山西高平和闻喜两地分别建设年产30万吨合成氨、52万吨尿素联产6万吨甲醇和18万吨合成氨、30万吨尿素联产4万吨甲醇。闻喜项目2005年投产，高平项目于2006年上半年投产。

在大批的小氮肥企业中，除了组合大的企业集团和股份制公司外，不少企业采取了股份合作制形式。在地方政府的支持下，一些企业国有资产依法退出，建成新型的民营制企业。山东省的联盟集团、东平瑞星、平原德齐龙、齐鲁一化、郯城恒通等都建成了民营制企业，为这些企业的发展创造了很好的条件。全国其他各省都有类似的情况。

（五）小氮肥企业快速发展的典型

湖北宜化集团有限公司前身是位于湖北省枝江县猇亭镇，于1977年建成投产的小氮肥企业"宜昌地区化工厂"。合成氨原设计能力为1万吨/年，到20世纪80年代末发展到3.5万吨/年，氨加工产品只有碳酸氢铵，生产合成氨的原料为炭化煤球。该企业的发展很不顺利，曾先后多次被列入关停并转名单。进入20世纪90年代后，企业不断改造扩建，单套合成氨生产能力达到8万吨/年、单套尿素装置产能从4万吨/年扩大到11万吨/年。1996年8月，湖北宜化A股在深交所成功上市，通过兼并托管、中外合作等形式，已成为下辖十多家子公司、一家上市公司、三家中外合资公司，涵盖化肥、化工、热电三大领域的大型企业集团。2003年宜化集团生产合成氨68万吨/年、尿素84万吨/年、季戊四醇2.8万吨/年、磷酸铵28万吨/年，全年实现销售收入20.5亿元，完成利税2亿元，是2000年的2.5倍。2003年又新建20万吨/年NPK复合肥生产装置。2004年年底，湖北宜化通过参与贵州兴义化工总厂的国企改制，收购了该厂，相继成立了贵州兴化有限公司和贵州宜化有限责任公司。投资5亿元的贵州宜化20万吨/年合成氨、30万吨/年尿素工程于2005年2月在兴义开工。经过一年多的施工，2006年6月已建成投产。目前，宜化已形成年产120万吨合成氨、180万吨尿素的生产能力，主导产品"宜化"牌尿素是湖北省氮肥行业的国家免检产品。宜化还是全国大型磷酸一铵生产企业，已形成年产50万吨磷酸一铵、40万吨NPK的高浓度磷复肥生产能力，其中"楚星"牌磷酸一铵是国家免检产品。在未来五年内，宜化集团将进一步把煤化工、磷化工、盐化工做大做强，形成年产200万吨尿素、40万吨甲醇、10万吨多元醇的规模；磷化工将建成年产300万吨磷复肥基地，包括年产100万吨NPK、100万吨磷酸一铵、100万吨磷酸二铵；到2008年形成100亿销售收入。

宜化集团发展如此迅速，与下面一些因素有关。

① 具有活力的民营企业机制加速宜化发展。宜化集团2000年前后销售收入才五六亿元，2005年达到63亿元，其中非常重要的一个原因是采取民营机制，宜化集团除了总部和矿业公司是国有的，其他子公司、新上的项目都采取民营机制。

② 充分发挥人才在企业发展中的重要作用。宜化集团近些年快速发展的根本原因之一是重视人才。正确的人才观是宜化发展的重要动力，各尽所能是宜化尊重人才、使用人才的准则，"有文凭论不唯文凭论"是其人才观的重要特点。

③ 创新管理方式。宜化集团创新了不少独特管理模式，如"五统四管"（即销售、工程投资、财务、人力资源、采购"五统一"和安全、招投标、非生产性开支

和分析化验"四管")、比较法、内部竞标等。"五统四管"模式,很好地解决了公司快速扩张后管理上的很多难题。比较法大大降低了产品单位成本,营造了企业内部良性竞争氛围。内部竞标管理除了降低采购成本、运行成本外,更重要的是消除了企业经营中的"暗箱操作"。

④ 资金有保证。由于宜化集团业绩不断攀升,股份公司连续三年获得国家证监委的配股许可,从股市募集资金比较方便。企业效益好,各大银行都很愿意为宜化提供资金支持,充足的资金来源为宜化超常规发展创造了必要的条件。

五、大型氮肥厂引进和发展

1972年开始,我国从美国、荷兰、日本、法国引进了13套日产1000吨合成氨和1620~1740吨尿素成套生产装置。其中,以天然气为原料的10套,以轻油为原料的3套。分别建在四川成都、四川泸州、山东淄博、云南水富、贵州赤水、湖南岳阳、湖北枝江、河北沧州(图1-13)、辽宁盘山、黑龙江卧里屯、江苏南京、安徽安庆(图1-14)、广东广州。

图1-13　河北沧州化肥厂
1972年河北沧州化肥厂引进用天然气为原料的合成氨装置

图1-14　安庆石化厂
1972年引进用石脑油为原料的安庆石化厂大化肥工程

第一套建成的四川化工厂合成氨装置，1976年5月5日开工投料，6月22日生产出合成氨，7月2日生产出尿素，10月10日通过考核，达到设计能力。湖南洞庭氮肥厂和湖北化肥厂，由于原料由天然气改用轻油，建设进度有所推迟。这13套化肥装置，到1979年9月湖北化肥厂建成投产，总共经历了约6年时间。从1976年到1983年7年内共生产合成氨1947万吨，尿素3089万吨。

1983年各厂的能耗见表1-2。

表1-2 1983年各种不同类型企业吨氨能耗

单位：×10⁹焦

厂 别	设 计 值	各厂平均值	最 低 厂 值	最 高 厂 值
从日本引进的厂	43.33	40.03	39.40	40.65
从美国引进的厂	42.37	42.04	38.48	44.42
从法国引进的厂	39.27	39.23	37.43	40.44

1978年，我国又引进了3套以渣油为原料的年产30万吨合成氨和52万吨尿素装置，合成氨采用德士古渣油气化、低温甲醇洗和氮洗冷法净化新工艺，尿素采用荷兰斯达米卡邦公司二氧化碳汽提工艺，分别建在镇海、宁夏和乌鲁木齐（图1-15）。

20世纪八九十年代，由于农业发展对化肥的强烈需求，各地又陆续引进了以渣油、块煤、水煤浆、天然气为原料的18套大型合成氨和氮肥装置。分别在河南濮阳、山西潞城、辽宁锦西、重庆建峰、四川合江、江西九江、内蒙古呼和浩特、甘肃兰州、辽宁大连、吉林吉林、新疆乌鲁木齐、宁夏银川、陕西渭南、海南东方等地建设大型氨厂。引进的技术更加多样化，如中原、海南年产30万吨合成氨装置，采用了英国 ICI-AMV11.5兆帕（表压）的低压合成技术。呼和浩特、九江、兰州三套30万吨/年合成氨装置，采用壳牌（Shell）气化、低温净化和美国凯洛格公司的 11.5 兆帕（表压）低压氨合成工艺。这些大型氨厂配套的尿素装置，分别采用了荷兰斯达米卡邦公司的 CO_2 汽提工艺和意大利斯纳姆公司的 NH_3 汽提工艺。鲁南、渭河引进了德士古水煤浆气化工艺，山西潞城（图1-16）引进了鲁奇加压煤气化工

图1-15　1978年新疆乌鲁木齐石化总厂引进用重油为原料的化肥生产装置

艺，以及五环科技股份公司引进壳牌（Shell）粉煤加压气化技术。

图 1-16　1980 年引进用煤为原料的山西化肥厂生产硝酸磷肥

这一时期还引进了海德鲁公司和东洋公司的大颗粒尿素工艺，以适应更加广泛的施肥需求。1972 年引进的 13 套和 1978 年引进的 3 套装置情况列于表 1-3。表 1-4 列出了其他单独引进的合成氨/尿素装置的情况。

表 1-3　1972 年引进 13 套和 1978 年引进 3 套合成氨/尿素装置情况

厂名	合成氨			尿素	
	原料	工艺技术	投产日期	工艺技术	投产日期
四川化工厂	天然气	美国凯洛格	1976-06-22	日本东洋工程全循环改良 C 法（1）	1976-07-02
四川泸州天然气化工厂	天然气	美国凯洛格	1976-11-03	荷兰二氧化碳汽提（1）	1976-12-01
辽宁辽河化肥厂	天然气	美国凯洛格	1976-09-29	荷兰二氧化碳汽提（1）	1976-09-30
大庆化肥厂	天然气	美国凯洛格	1976-09-06	荷兰二氧化碳汽提（1）	1976-09-13
河北沧州化肥厂	天然气	美国凯洛格	1977-04	荷兰二氧化碳汽提（1）	1977-04
山东胜利石油化工总厂大化肥工程	油田气	美国凯洛格	1976-10-09	日本东洋工程全循环改良 C 法（1）	1976-10-15
安庆石油化工厂	石脑油	法国赫尔蒂公司	1982-01-01	荷兰二氧化碳汽提（2）	1982-01-01
广州石油化工厂	石脑油	法国赫尔蒂公司	1982-10-21	荷兰二氧化碳汽提（2）	1982-10-21
湖南洞庭化肥厂	天然气（改石脑油）	美国凯洛格	1979-08-08	荷兰二氧化碳汽提（2）	1979-08-08
云南天然气化工厂	天然气	美国凯洛格	1977-10	荷兰二氧化碳汽提（1）	1977-10

续表

厂　名	合成氨			尿素	
	原料	工艺技术	投产日期	工艺技术	投产日期
湖北化肥厂	天然气（改石脑油）	美国凯洛格	1979-08-10	荷兰二氧化碳汽提（1）	1979-08-10
南京栖霞山化肥厂	石脑油	法国赫尔蒂公司	1978-10-09	荷兰二氧化碳汽提（2）	1978-10-09
贵州赤水天然气化肥厂	天然气	美国凯洛格	1979-01-05	荷兰二氧化碳汽提（1）	1979-01-05
浙江镇海石油化工总厂	渣油	德士古	1983-12-08 试车	荷兰二氧化碳汽提（2）	1983-12-08 试车
新疆乌鲁木齐石油化工总厂	渣油	德士古	1985-07-31	荷兰二氧化碳汽提（2）	1985-07-31
宁夏化工厂	渣油	德士古	1988-07-18	荷兰二氧化碳汽提（2）	1988-07-18

注：合成氨规模均为30万吨/年；尿素规模（1）48万吨/年，（2）52万吨/年。

表1-4　其他引进装置情况

厂　名	合成氨			尿素	
	原料	工艺技术	投产日期	工艺技术	投产日期
山西化肥厂	煤	德国鲁奇公司	1987-06	硝酸磷肥等产品	
河南中原化肥厂	天然气	英国ICI-AMV低压合成技术	1990-01-09	氨汽提	
陕西渭南化肥厂	粉煤	德士古水煤浆加压气化	1996-05-24	东洋、阿塞斯	1996-05-24
内蒙古自治区化肥厂	重油	壳牌气化凯洛格低压合成	1996-12-17	意大利斯那姆氨汽提	1996-12-17
锦西化工总厂	天然气	美国布朗净化	1993-08-28	斯那姆氨汽提	1993-08-28
四川涪陵816厂	天然气		1993-10-14		1994-10-14
江西九江大化肥工程	渣油	壳牌气化凯洛格低压合成	1996-09-23	氨汽提	1996-09-23
四川天然气化工厂	天然气	布朗工艺	1995-10-13	斯那姆氨汽提	1995-10-13
海南省天然气化工厂	天然气	ICI-AMV低压合成技术	1996-10-28	斯那姆氨汽提海德鲁大颗粒造粒	1996-10-28
大连化学公司		林德、托普索德士古技术			

续表

厂 名	合 成 氨			尿 素	
	原料	工艺技术	投产日期	工艺技术	投产日期
宁夏化工厂（第二套）	天然气	加拿大二手设备	1999-09	氨汽提	1999-09
乌鲁木齐石化总厂（第二套）	天然气	意大利成套引进美国布朗专利	1997-05-23	国内技术引进关键设备	1997-05-23
南化（集团）公司	硬质沥青和渣油	德士古、林德技术	2002-07-06		2002-07-06
兰化公司化肥厂	渣油	壳牌气化凯洛格低压合成	1997-10-22		1997-10-22
吉化公司	渣油	卡萨里技术			
新疆塔里木大化肥	天然气	丹麦托普索工艺[①]		斯那姆氨汽提[②]	
中海油富岛公司	天然气	凯洛格-布朗工艺[①]	2003-10-01	二氧化碳汽提[②]	2003-10-01

[①] 为 45 万吨/年，其余合成氨规模均为 30 万吨/年。

[②] 为 80 万吨/年，其余尿素规模均为 52 万吨/年。

上述引进装置的建设，虽然花费了数十亿美元，但这些装置共计 33 套，建成后每年节省了数亿美元的化肥进口费用，同时也通过消化吸收引进装置的先进技术和设计理念，对原有的中小氮肥装置进行大规模的技术改造起到了非常重要的指导作用。

六、大型氮肥装置的国产化

（一）进程

20 世纪 80 年代初，针对不少人害怕开发新技术承担风险，设计单位和建设单位都热衷于成套引进装置，时任化工部总工程师的陈冠荣认为应该从现实出发，在引进技术的基础上搞开发，提高起点赶上世界先进水平，并极力倡导对引进技术的进行消化吸收和有所创新，在这个基础上实现国产化，摆脱长期依赖国外、持续引进的被动局面。对此，他提出了"国产化三步曲"的设想：第一步，买国外先进技术的软件包，国内设计，尽可能采用国产设备；第二步，消化吸收引进技术，使全部设备由国内制造，局部改进工艺和流程；第三步，创新，即研究、设计、制造一体化，开发应用自己的新技术。鲁南化肥厂改扩建工程和四川化工厂老系统改造工程就是通过这样的国产化思路建成的。

20 世纪 60 年代初，国外出现了以天然气为原料制取合成氨、采用甲烷化代替铜洗净化合成气的新工艺，首家工厂刚投产，陈冠荣就看准了该工艺对节省投资、降低成本和有利于氨厂实现大型化的重要意义，开始探索适合于中国资源条件的甲烷化工艺流程以及年产 20 万吨合成氨的氮肥厂大型化方案。1984 年，他会同几位专家联名提出《关于大型合成氨装置和设备制造应当立足国内》的报告，得到化工部、国家计委和国务院重大技术装备领导小组办公室的支持，安排了四川化工总厂以天然气为原料的老系统改造工程，作为国产化计划项目的样板工程，并引进软件包，由化工部第八设计院进行工程设计，国内制造设备。1992 年这一工程顺利建成投产。

通过引进大氮肥的经验，1975 年上海化工设计院以轻油为原料，为上海吴泾化工厂设计了 30 万吨/年合成氨装置，化工部第四设计院设计了 24 万吨/年汽提法尿素装置。1979 年 12 月建成投产，其中各类设备 421 套全部国内制造，荣获了国务院重大装置领导小组颁发的一等奖。后因原料轻油价格不断提高以及上海地区生产化肥没有优势等经济效益原因不再生产化肥。

20 世纪 70 年代中期，德士古水煤浆气化工艺在国外获得成功。该技术是将煤磨成细粉，与水混合成悬浮稠浆，以流体的形式和氧一起送入气化炉，在高温高压下制得合成气。陈冠荣对此非常重视，建议引进该技术的软件包，自主开发水煤浆气化成套技术，并于 1978 年联络化工部科技局、化肥司和规划设计院的几位专家组成了水煤浆气化攻关组，1984 年落实了鲁南化肥厂造气系统改造工程项目计划，正式开展工程设计。

在酝酿设计方案的过程中，陈冠荣同有关专家一起反复研究了一套全新的工艺流程，即水煤浆加压气化-耐硫中低变 NHD 脱硫脱碳-甲烷化直径 1200 毫米轴径向气流合成塔制氨-水溶液全循环法生产尿素，并落实了煤磨机、气化炉、洗涤塔等主要设备的设计和制造任务。1993 年 6 月，鲁南化肥厂改扩建工程全部竣工，总投资远低于成套引进的费用。同年 5 月和 9 月相继生产出了合格的氨和尿素。1994 年 4 月，各有关方面对装置进行了生产考核，考核结论指出："水煤浆加压气化工程设计是成功的，在德士古技术的基础上有所创新，运行稳定，表明这种引进方式是值得推广的。净化装置缩短了工艺流程，操作稳定，工艺技术达到国际同类技术的先进水平，是配水煤浆气化工艺的极佳净化方法，可因地制宜推广应用。合成氨尿素装置运行稳定，操作灵活，具有极大的生产潜力。'三废'治理实现了三同时，达到了排放标准，有很好的环境效益，整个工程具有较好的经济效益。"这一套水煤浆气化和净化流程新工艺的成功，对我国在煤炭资源丰富而煤种比较复杂的条件下发展氮肥工业具有十分重要的意义。

（二）大化肥国产化的典型

1. 山东华鲁恒升集团

该企业是国产小氮肥转变成为大氮肥企业的成功典范。其前身为德州化肥厂，始建于 1967 年 4 月，设计能力为合成氨 5000 吨/年，配套生产碳酸氢铵。1990 年 7 月，该厂投资八千多万元成功改产尿素 11 万吨/年，是全国小氮肥企业中的第一家,并同时发展其他多种碳一产品。

2004年12月28日,山东华鲁恒升年产30万吨合成氨国产化大型装置投产(图1-17)。这是我国第一套国产化30万吨/年合成氨装置。从1972年开始,我国从美国、荷兰、日本、法国引进了13套日产1000吨合成氨和日产1620~1740吨尿素的成套装置,随后又相继引进了19套大型氮肥装置,先后共引进了32套装置。在华鲁恒升的这套装置成功投产后,才使大型氮肥装置的国产化成为现实。这套国产化装置中拥有自主知识产权的技术有:四喷嘴对置式水煤浆气化技术、大型洁净煤气化技术、低温甲醇洗和液氮洗技术、11.0兆帕氨合成技术、全循环法尿素改造新工艺、双转鼓流化床大颗粒尿素和40000米^3/时大型空分等。总投资近14亿元,经过26个月建成以煤为原料、单系列年产30万吨大型合成氨装置,于2004年12月打通全线流程并一次开车成功,创造了同类大氮肥装置建设速度快、建设投资省等多项全国第一,实现了我国大化肥装置技术、工艺和原料路线的重大突破。

图1-17　2004年首套国产化年产30万吨合成氨、60万吨尿素装置在山东华锦恒升集团建成

2. 辽宁华锦化工(集团)有限责任公司

该企业以化肥和合成树脂产品为主,是跨地区经营的大型化工企业的典型。公司拥有辽宁盘锦、葫芦岛和新疆库车三个生产基地,下属十余家分公司,总资产近百亿元。该集团公司现有化肥年生产能力为合成氨90万吨/年、尿素160万吨/年、复合肥20万吨/年。辽宁华锦化工集团起源于辽河化肥厂,建厂时有年产30万吨合成氨、48万吨尿素装置,20世纪90年代中期收购了锦西天然气化工有限责任公司,新增年产能30万吨合成氨和52万吨尿素装置。2006年1月,在天然气产地新疆库车地区建成阿克苏华锦化肥有限责任公司,又增30万吨/年合成氨、52万吨/年尿素的生产能力。辽宁华锦化工集团的发展道路是国内以天然气为原料的氮肥企业面对资源紧缺开拓出的新型道路,是氮肥企业整合资源与生产、经营、管理、技术等各方面的优势,形成强大集团的典范,也完全符合目前化肥生产装置向原料产地集中的趋势,值得行业内外学习。

华锦集团公司能够实现资源、技术整合和企业战略性发展与其自身的创新分不开。辽宁华锦化工集团现拥有国家级化学肥料、合成树脂和精细化工三个研究中心，形成了科研、生产、市场服务前后照应，密切配合的运行机制。在辽河油田天然气产量逐步下降，华锦集团气源不足的情况下，选用美国 KBR 公司的换热式转化技术对合成氨装置进行改造，改造后满负荷合成氨综合能耗为 3.792×10^{10} 吉焦/吨，吨氨天然气单耗为 765 米^3，改造后合成氨和尿素的制造成本比改造前每吨降低二百多元，达到国内先进水平。华锦集团近些年累计对引进装置进行技术改造五十余项，使装置产能提高达 10%。华锦集团在节能技改的同时努力提升产品附加值和市场竞争力，与国内科研单位合作先后开发出尿基复合肥、长效复合肥、水稻专用复合肥、缓释尿素等新产品及其他化工新产品。其缓释尿素产销已达十几万吨，在国内氮肥企业中走在了前列。

面对日趋激烈的市场竞争，华锦集团公司将继续创新发展之路，未来几年将进一步扩大规模、提升效益。盘锦基地在完成 46 万吨/年乙烯改扩建工程、5 万吨/年 ABS 改造到 10 万吨/年的基础上继续辽河化肥改造二期工程。二期工程将对辽河化肥进行增产 50%改造，即合成氨增产至 45 万吨/年，尿素增产到 72 万吨/年，同时将 20 万吨/年复合肥装置扩产改造到 100 万吨/年。将投资 14 亿元在新疆基地建设第二套化肥装置，包括 30 万吨/年合成氨、52 万吨/年尿素装置。改造和新建项目完成后，华锦集团将形成合成氨 135 万吨/年、尿素 230 万吨/年的生产规模，成为全国最大的氮肥生产集团之一。

经过几十年的努力奋斗，大中小型企业的协同发展，使我国在 1995 年成为世界上合成氨产量最大的国家。根据氮肥协会的统计，2005 年全国累计生产合成氨 4629.8 万吨，其中大氮肥企业生产合成氨 840.8 万吨，中氮肥企业生产 732.7 万吨，小氮肥企业生产 3056.3 万吨（含磷铵企业），依次分别占全国合成氨总量的 18.2%、15.8%和 66%；全国累计生产氮肥 3200.7 万吨（折含氮 100%），其中大氮肥企业生产 637.7 万吨，中氮肥企业生产 432.6 万吨，小氮肥企业生产 1848.5 万吨。依次分别占全国氮肥总产量的 19.9%、13.5%和 57.7%。全国总尿素产量 4147.1 万吨（实物量），其中大氮肥企业生产 1306.3 万吨，中氮肥企业生产 742.6 万吨，小氮肥企业生产 2098.26 万吨，占全国尿素总产量的份额分别为 31.5%、17.9%和 50.6%。

第二节 产业现状

2010 年全国共有氮肥企业 472 家，其中尿素生产企业 187 家，已形成 20 个具有百万吨级以上规模的生产基地，其产能占行业尿素总产能的 68%，已有 23%的合成氨产能达到或接近世界先进水平，其中 920 万吨/年以天然气为原料，620 万吨/年以煤为原料。合成氨、氮肥（折纯氮）和尿素的（实物量）产能分别达到 6560 万吨/年、4700 万吨/年和 6600 万吨/年，比 2005 年分别净增 42%、35%和 40%。

2010年我国合成氨、氮肥（折纯氮）、尿素（实物量）产量分别为5220.9万吨、3709.9万吨和5200万吨，比2005年分别净增12.8%、15.9%和25.4%。

2010年1~11月份氮肥全行业工业总产值、主营业收入、利润总额分别为2016亿元、2027.4亿元和35.1亿元，比2005年分别净增73.2%、80.1%和-62.2%。氮肥行业利润处于历史低谷。

1. 企业规模

我国氮肥行业大、中、小企业并存。经过几十年的发展，装置规模不断扩大，2010年合成氨规模大于30万吨/年的大型企业有74家，占总产能的49.4%；大于8万吨/年大中型企业223家，占总产能82.4%，初步形成以大中型企业为主的格局。

2. 企业分布

我国氮肥生产企业主要分布在粮棉主产区和原料资源地。以天然气为原料的企业靠近原料产地，其中四川产能最大，其次是新疆、内蒙古和海南；以煤为原料的企业主要集中在无烟煤产地山西和农业主产区，其中山东产能最大，其次是山西和河南。山东、河南、山西、湖北、四川、河北、江苏、安徽等地区的合成氨产量占全国总产量的65%左右。湖南、江西、广东、广西、黑龙江、吉林、浙江等省和自治区为氮肥主要调入省份。

3. 原料结构

我国氮肥生产原料以煤为主。2010年我国以煤、天然气、油和焦炉气为原料的合成氨产量比例分别为76.2%、21.9%、1.3%和0.3%；尿素产量比例分别为69.8%、27.8%、1.4%和1.1%。

"十一五"期间，原料结构调整取得了重大进展，目前已建和在建的水煤浆加压气化装置有66台，合成氨能力已达706万吨/年；干煤粉加压气化装置有36台，合成氨能力已达768万吨，其中42%已建成投产。

4. 氮肥产品结构

经过"十一五"期间的发展，我国氮肥品种结构明显改善，高浓度氮肥、复合肥比重显著提高，大颗粒尿素、缓控释肥、专用肥等肥料新品种开发步伐加快。尿素占氮肥总量的比重达65%，比"十五"末上升了5个百分点，碳酸氢铵则下降了10个百分点。在单质氮肥快速发展的基础上，氮肥的复合率已提高到30%以上。

5. 技术水平

我国现有日产1000吨以上的大型天然气合成氨生产装置共25套，总生产能力920万吨/年，占全国天然气为原料的合成氨总能力的63%。这些装置是20世纪70年代以来先后引进的，其中早期引进的装置也都进行了技术改造。这些装置的技术水平基本上都达到了国际水平。具有我国自主知识产权的20万吨/年天然气制氨装置已有三套投产，其技术水平基本与引进的大型装置相当。

2010年，全国已投产的先进的加压煤气化装置有40台，合成氨生产能力620

万吨/年。其中以多喷嘴对置式水煤浆气化技术、HTL 航天粉煤加压气化技术、经济型气流床分级气化技术为代表的一批拥有自主知识产权的煤气化技术研制成功并投入工业运行,是我国氮肥工业技术进步取得的重大突破,为"十二五"期间氮肥工业实现装置大型化奠定了基础。

近年来,尤其是"十一五"期间,合成氨生产中一些关键部位的技术水平也普遍提高。特别是氨合成原料气精脱硫、醇烃化精制工艺及两段法变压吸附等项技术,具有自主知识产权并达到了国际先进水平。同时,双加压法硝酸工艺技术、耐硫变换催化剂生产技术以及大型高效氨合成装置等项先进技术和装备的开发应用,使氮肥生产技术和装备水平得到进一步提升,单位产品能耗大幅度下降。2010 年合成氨单位产品平均综合能耗 1402 千克标准煤,较 2006 年单耗下降 13.7%,节能 116 万吨标准煤。

随着大型尿素装置的建设,我国尿素工业的技术水平也有了很大提高。2010 年,全国有各类先进的尿素汽提工艺装置 77 套,占尿素生产总产能的 48%;传统的水溶液全循环装置也已经有 JX 节能型技术和 TRIP 改进型技术等,作为改造的技术借鉴。

6. 环境保护

多年来,全行业始终把节能降耗、三废资源化利用、环境保护作为关系自身生存和发展的大事来抓,大力推进清洁生产,发展循环经济,积极推广氮肥生产污水零排放、氮肥生产废水超低排放、废气废固综合利用等多项减排技术,取得了很好的效果,生产过程产生的废气和废渣基本做到了有效回收和利用。2010 年全国氮肥行业在产能、产量都有较大增加的情况下氨氮排放量比 2005 年下降了 29.3%,COD 排放量比 2005 年下降了 27.6%,排水量比 2005 年下降了 25.3%。

7. 2011 年全国合成氨产量前 10 名的企业

2011 年合成氨产量企业排序,见表 1-5。

表 1-5　2011 年合成氨产量排序　　　　　　　　　　　单位:吨/年

排　序	单 位 名 称	产　　量
1	湖北宜化集团有限责任公司	4403904
2	中国石油天然气股份有限公司	3031946
3	晋煤金石化工投资集团有限公司	1572084
4	云天化集团有限责任公司	1272749
5	中国石油化工股份有限公司	1111192
6	中海石油化学股份有限公司	1104192
7	山东聊城鲁西化工集团有限责任公司	985549
8	中化化肥有限公司	943530
9	山西阳煤丰喜肥业(集团)股份有限公司	920785
10	山东联盟化工集团有限公司	915002

附1 大事记

1935年4月,在大连投产的满洲化学工业株式会社工厂,合成氨年产能力为5万吨,以煤为原料。

1935年8月,上海天利氮气股份有限公司液氨试产成功,氢气由电解水制得。

1937年2月,南京永利化学工业公司南京铔厂投产,年产氨3.3万吨,用固体原料制气。

1957年,吉林化学工业公司化肥厂投产,年产5万吨氨,由苏联引进。同时引进的兰州和太原两厂相继于1958年、1961年投产。

1958年,根据化工部部长彭涛的设想和侯德榜副部长领导的试验研究成果,上海化工研究院和北京化工实验厂分别建设年产氨2000吨和1万吨,配套碳酸氢铵的试验厂,是我国独创的小氮肥工艺。上海于当年生产出第一批碳酸氢铵产品,北京的装置于1959年建成投产。

1959年9月,我国自行设计的四川化工厂投产,年产7.5万吨氨。

1960年10月,丹阳化肥厂建立,并先后于1962年、1963年过了"技术关"和"经济关"。

1962年11月,2000吨/年型浙江龙山化肥厂和800吨/年型上海嘉定化肥厂过了经济关。

1964年,在四川泸州天然气工厂,从英国引进了天然气加压蒸汽转化法制合成氨原料气,配套年产氨10万吨。

1965年,陕西兴平化肥厂引进意大利的重油加压部分氧化法制原料气装置,配套年产氨5万吨。

1966年1月,陈冠荣、黄鸿宁提出的三催化剂净化流程在北京化工试验厂中试。10月在石家庄化肥厂三期工程投产。1978年获全国科学大会奖。

1966年,吉林化学工业公司化肥厂扩建达到年产氨30万吨。

1973年,开始引进13套日产1000吨合成氨成套装置,配套为1620~1740吨尿素。第一套四川化工厂的装置于1976年6月投产,最后一套湖北化肥厂的装置于1979年9月投产。其中以天然气为原料的10套,以轻油为原料的3套。

1982年8月11日,《人民日报》报道,全国小氮肥工业上半年盈利3433万元,结束了17年全行业亏损的局面。

20世纪八九十年代,陆续引进以渣油、块煤、水煤浆、天然气为原料的18套大型合成氨装置。

1984年,陈冠荣同几位专家提出《关于大型合成氨装置和设备制造应立足国内》的报告,得到化工部、国家计委等的支持。于1992年在四川化工总厂建成20万吨/年的大型合成氨装置。

1984 年，陈冠荣等专家研究一套从水煤浆加压气化为头的新工艺流程，1993 年在鲁南化肥厂改扩建工程中采用，并于 5 月和 9 月相继生产出合格的氨和尿素。

1989 年 12 月，化工部在山东寿光召开小型合成氨装置生产蒸汽自给专家论证会。国家计委、化工部决定在全国推广这项技术。

1995 年，合成氨产量成为世界第一位。

2004 年 12 月，华鲁恒升集团建议的具有自主知识产权的国产化以煤为原料单系列年产 30 万吨大型合成氨装置投产。

2005 年 9 月，我国首套以天然气为原料年产 20 万吨合成氨、30 万吨尿素国产化装置在四川美丰化工股份有限公司建成投产。

2008 年 4 月 28 日，兖矿国泰水煤浆气化技术荣获国家科技进步二等奖。

附2 国际背景

早在 1784 年，贝索莱特就证明氨是由氮和氢组成的。在 19 世纪，很多科学家尝试利用高温、高压、催化剂、电弧等各种方法，但均未实现这个直接的合成反应。早期工业化制取氨的是氰化法。

1. 氰化法

1898 年，德国 A·弗兰克等人发现空气中的氮能被碳化钙固定而生成氰氨化钙（又称石灰氮），进一步与过热水蒸气反应即可获得氨：

$$CaCN_2 + 3H_2O \longrightarrow 2NH_3 + CaCO_3$$

1905 年，德国氮肥公司建成世界上第一座生产氰氨化钙的工厂。第一次世界大战期间，德国、美国主要采用该方法生产氨，满足了军工生产的需要。氰化法固定每吨氮的总能耗为 1.53×10^{11} 焦，由于成本过高，到 20 世纪 30 年代被淘汰。

2. 氮气合成法

德国物理化学家哈伯(F.Haber)在 1907 年测定了一批合成氨反应的化学平衡实验数据，认识到氨的合成反应转化率不高。在 1908 年他的著名专利"循环(Circulation)"一文中，他提出了高压下循环加工、不断地把反应生成的氨分离出去的设想。同时记述了在高压气体循环中实现热能回收的措施，即用一个换热器使从反应床层出来的热气体与将要进入床层的冷气体进行热交换，并用液氨蒸发的办法作为冷却反应后合成气体的主要手段，以便使气态氨冷却液化，最终达到分离产品（液氨）的结果。

哈伯为了寻求更有效的催化剂，曾经做了大量的试验工作。他发现锇（Os）具有很好的活性，在 17.5～20 兆帕的压力、500～600℃的温度范围内，可获得高于浓度 6%的氨。

1909年7月2日在德国的卡尔斯鲁厄大学哈伯成功地建立了每小时能产生80克氨的实验室装置。

在哈伯申请了"高压（High-Pressure）"专利后，德国巴登苯胺和纯碱制造公司（BASF）决定撤销其原来制定的由电弧法生产氧化氮的计划，转而发展直接合成氨的工业装置。由德国工业化学家波施(C.Bosch)担任领导，立即着手解决下述三个主要问题。

（1）设计出能生产大量廉价原料氮气、氢气的方法

早期进行合成氨试验用的原料气体，氢气是由生产氯碱的电解槽提供的，氮气是由空气对氢气进行部分氧化后取得的。但这种方式只能供给容量极限为每天产氨0.4吨的装置。后来，选用了由水煤气作为氢气来源，由空气深冷专家提供氮气，以适应大装置的需要。

（2）寻求有效而稳定的催化剂

在氨的合成反应中，锇是一种非常好的催化剂，但世界上这种金属非常稀少，又难于加工处理。当它与空气接触时，易转变为挥发性的四氧化物。为了寻求有效稳定的催化剂，当时曾进行了惊人数量的试验工作。直到1911年，大约进行了6500次试验，测试了2500种不同的配方。在这些工作基础上，米塔希(A. Mittash)选择了现今合成氨厂仍在使用的含有铝镁促进剂的铁催化剂。其后还进行了催化剂遭受气体中含有硫、氧等杂质毒物影响的大量试验。一直到1922年，大约进行了20000次试验，终于得到较为理想的催化剂组分。

（3）开发适用的高压设备

氨的合成反应器（合成塔）是个关键设备，在197.38大气压（20兆帕），500～600℃温度的条件下，用普通低碳钢（当时仅有这种材料能经受这么大的压力）制造反应器外壳，里面加上一层软铁的衬里，来阻止氢的脱碳作用（氢脆）。为了使进料气体能被加热到反应温度，同时把反应气体冷却下来，为此而设置的热交换器被巧妙地安置在反应器的下部。为了解决开工加热问题，反应器内部安装了中心管，开工时往中心管里注入空气、点燃氢气以加热反应器。中心管里安装了用于点火的加热电炉丝。

高压压缩机是合成氨生产中的另一个非常重要的设备。和一般的空气压缩机相比，它要求解决好密封问题，以避免氢气的遗漏损失和发生爆炸的危险。

3. 合成氨厂的建立与先期的发展

（1）固体原料制气

1912年在德国奥堡（Oppau）开始建立了世界上第一个日产氨30吨的合成氨厂，并配套建成了把氨加工成硫酸铵的设备。1913年开始运转，1914年达到满负荷生产。这样，从工艺开发到投产历时四年半。波施曾说"今日的技术在某种意义上来说是一项组织的科学。"

高压合成塔起初直径 500 毫米，1915 年增加到 800 毫米，日产达到 120 吨氨，而且进一步改造了净化工艺，用魏德（Wild）在 1912 年提出的一氧化碳变换反应代替了低温林德（Linder）过程。这个变换反应使用铁-铬催化剂，在 400～500℃温度范围，使变换气的一氧化碳只有 2%。气体中的二氧化碳用水在 24.67 大气压（2.5 兆帕）的压力下洗涤除去，再用铜洗代替苛性碱溶液洗涤除去残余的一氧化碳、二氧化碳等微量气体。到 1916 年，日产氨就达到 250 吨。到 1917 年，仅花了 11 个半月时间，就在德国芦纳(Leuna)建成了年产 36000 吨氨的合成氨厂，到第一次世界大战末期，其生产能力扩充到年产 24000 吨氨。

第一次世界大战后，德国合成氨的工艺技术公开。于是，世界各国相继建设合成氨工厂，并有许多改进。出现了由 98.69 大气压（10 兆帕）到 986.9 大气压（100 兆帕）之间各种压力的生产流程，以及许多新型氨合成塔。到 1934 年，直接合成氨法已经成为世界上固定氮生产中的最主要方法。1937 年全世界氨年产量达到 75.5 万吨，其中 72%仍然是集中在德国奥堡和芦纳。

这个流程中的每一个工序都并联着几台设备，其中每台水煤气发生炉中都利用焦炭与水蒸气反应，每小时发生 220 千克的水煤气。流程中需要若干个除去二氧化碳用的水洗涤塔，若干个每小时产生 50～60 吨氨的合成塔。邻近炼焦厂的氨厂，可以采取低温分离甲烷、乙烯等气体后得到组成为 82%氢和 8%氮的混合气体，补充由空气分离装置得到的氮气后供给合成工段。有了这些能够大量生产氢气的来源之后，由电解槽生产氢气的方法就不重要了。

为了避免昂贵的焦炭原料，探索了煤的直接气化工艺。第一个实现沸腾床连续气化粒状褐煤的设备是温克勒（Winkler）沸腾床煤气发生炉，它于 1926 年为芦纳氨厂采用。在欧洲一直到 1950 年煤一直是生产氨的主要原料，某些地区直到 1960 年仍是如此。

（2）气体原料制气

自从北美大量开发天然气（其中约含 90%的甲烷）资源成功之后，用蒸汽转化法由天然气制取合成氨原料气的原料路线，引起了人们极大的兴趣。

在 1913 年至 1927 年间，德国 IG 公司研究并开发了甲烷蒸汽转化用的催化剂，以及加热转化管的辐射炉的炉型。1931 年，英国的帝国化学工业公司（ICI），美国的标准石油公司（Standard Oil）与德国的 IG 公司交流经验，ICI 公司进一步研究工艺、改善催化剂的制备方法，取得基础数据以及蒸汽转化炉的设计专利。除此之外，还采用了氧化锌解决原料气的脱硫问题。在 1936 年建立了每小时能产生 450 千克氢气的装置。1940 年又建立了以炼厂气为原料的第二套装置。同年在美国建立了为合成氨提供原料气的第一套蒸汽转化装置。第二次世界大战期间，美国凯洛格公司(Kellogg Co.)和凯米考公司(Chemico Co.)应用 ICI 的技术，在美国和加拿大相继建立了一些这样的装置。

在 20 世纪五六十年代，烃水蒸气转化法所用的炉型有三种主要的型式。第一

种是英国 ICI 公司、美国凯洛格公司、前联邦德国奥托公司(Otto)采用的顶部烧嘴型炉。第二种是美国沙拉斯公司（Salas）、丹麦托普索公司（Haldor Topsϕe）采用的侧壁烧嘴型炉。第三种是美国怀勒公司(Foster Wheeler)采用的梯台型炉。

（3）液体原料制气

英国 ICI 公司为了扩大制气的原料，研究并解决了石脑油的脱硫问题及石脑油水蒸气转化反应用的催化剂问题，于 1959 年开始建立了石脑油水蒸气转化炉，1962 年建立了可达 40 大气压（4.1 兆帕）的转化炉。从此开始了加压转化方法的应用。

另一种由烃制造氢气的方法是部分氧化法。这个方法是使烃与氧进行不完全氧化反应，在 1200～1400℃的条件生成一氧化碳和氢：

$$-CH_2- + \frac{1}{2}O_2 = CO + H_2$$

部分氧化法有许多优点：

① 它使用的原料范围广，从天然气、炼厂气、液化石油气，到石脑油、汽油等轻质烃，以至原油、渣油、焦油、重油甚至沥青都可以使用。

② 对原料烃中的含硫量没有什么限制，即使含有 2%～3%的硫也可以。

③ 反应器结构简单，操作方便，可以在 30 分钟内不需冷却反应器就可以改换另一种原料投产。

④ 其流程较短，因而停车事故较少，开工率高。

因此，美国德士古公司(Texaco)从 1945 年就开始对这个工艺过程进行研究。美国壳牌公司(Shell)于 1952 年研究用重油作原料的工艺，1954 年荷兰的米考公司(Mekog)建立了第一座装置，操作压力最高可达 60 千克力/厘米^2（5.9 兆帕）。美国德士古公司 1956 年建立用渣油制气的装置，操作压力为 35 大气压（3.5 兆帕），后来建立的装置把压力提高到 82 大气压（8.3 兆帕）。美国还进行了 100～150 大气压（10.1～15.2 兆帕）下操作的大型装置的中间试验。

合成氨生产方法的创立不仅开辟了获取固定氮的途径，更重要的是这一工艺生产的实现对化学工艺生产的发展产生了重大的影响。对合成氨反应的正确认识来自正确的理论指导，而合成氨生产方法的创立又推动了科学理论的发展。正是由于对氮、氢、氨体系化学平衡的研究，把范霍夫的化学热力学理论推进到真实气体高压化学平衡的研究领域。在研究氨合成催化反应速率方面，推动了催化反应动力学的发展。对现代化工业生产有着重要意义的催化作用，其中许多重要的概念，如催化剂的活性中心、催化剂表面的非均一性、毒物作用、活化剂作用等，都是在研究氨合成反应的过程中确定下来的。合成氨生产方法的成功又是开辟化学工艺新途径的范例。例如甲醇的合成就完全是在这个基础上产生的。煤的加氢液化在相当大的程度上也是依据合成氨工艺中的某些原则而确立的。合成氨的高压循环流程以及所用高压设备方面的许多经验都成了以后建立高压加工工艺的依据。

4. 合成氨工业的大发展

第二次世界大战后，氮肥的需要量逐年增加，而合成氨生产的原料也不断得到扩大，工艺过程不断地更趋完善，因而合成氨工业有了迅速的发展。特别在20世纪60年代呈现了大发展，此期间世界各国的合成氨产量有大幅度的增长。

1970年的产量大约比十年前增加了两倍。其中苏联增加了八倍，日本与美国均增加了两倍以上。美国是世界上氨产量最高的国家，约占世界产量的1/3。

20世纪60年代以来，现代合成氨工业的发展趋势体现在下列三个方面：

(1) 原料路线的改变

第二次世界大战以前，生产合成氨的各个国家主要以煤、焦炭为原料（约占90%），自20世纪50年代开始转向用石油或天然气，20世纪60年代以来由于烃类加工蒸汽转化法制氢技术的发展，使它具有工艺流程简单、基建投资省、生产成本低、装置便于大型化等优点，因此一些新建的合成氨厂大多数均采用石油、天然气作为原料。

随着石油化工的迅速发展，烃类成为化学工业的主要原料。有许多国家出现了所谓的"综合石油化工中心"，就是将合成材料、有机原料、硫酸与合成氨工业联系在一起，并与炼油、电力、钢铁等工业建立一定程度的联合，这样既有利于原料的综合利用和减少公害，也给合成氨生产开辟了更多的原料来源。1970年日本就有18个这样的"综合石油化工中心"。因而日本利用石油加工尾气及液化石油气作为原料的合成氨生产占有很大的比重。

1969年世界各国生产合成氨原料中煤、焦炭的比例仅占6%，天然气占55.6%，石油占20%以上。

由于各国资源条件不同，合成氨原料构成亦有差别。在20世纪60年代末总的趋势是优先采用天然气，其次是石脑油。美国有较丰富的天然气资源，因此制氨原料一直是以天然气为主(1970年天然气占90%)。前苏联采用天然气的比例由1960年的16.3%到1970年增至74%。一些缺乏天然气资源的国家，如日本、前联邦德国等国则大量进口石油、天然气作为制氨原料。1971年日本制氨原料中石脑油与液化石油气的比例占60%以上。英国在20世纪60年代后期，制氨原料几乎全部改用石脑油，但由于西欧北海地区发现有天然气，因此又在逐步改用天然气。

一些煤炭资源丰富的国家仍在继续研究改进煤的气化技术，尤其着重于劣质煤和粉煤的利用问题。如南非、印度等在20世纪70年代初仍在建设以煤为原料的合成氨生产装置。20世纪70年代末期，随着石油价格上涨，各国又在重新考虑以煤炭为原料的合成氨生产路线。

(2) 生产规模的大型化

世界上合成氨工业的另一个发展趋势是向单系列大型化方向发展。20世纪50年代初合成氨单系列装置最大规模为日产200吨，60年代初为日产400吨，到60年代中期，由于离心式压缩机的采用和热能综合利用的发展，使大型生产装置具有更突出的优越性，出现了单系列日产1000吨氨的大型氨厂。20世纪70年代初更出现了日产1550吨氨的单系列装置。

1970年美国合成氨厂的平均年生产能力为20.5万吨，规模超过年产20万吨的大厂共41家，占合成氨生产能力的60%，日本合成氨工业经过两次大型化扩建后，大型化率达到83%。西欧达到40%。东欧也出现了许多大型氨厂，如捷克、波兰、罗马尼亚等国都建立了一些年产30万吨的氨厂。

大型化的效果，主要是提高了装置的效率，并降低了基建投资费用和产品成本。此外工厂的热效率、劳动生产率都要比小厂优越得多。蒸汽转化法制氢生产合成氨的技术经济指标如下表。

	生产规模 项 目	天然气				石脑油
		1500米³	1000米³	600米³	300米³	300吨
消耗定额	天然气/百万千卡	7.938	8.064	8.1396	7.56	
	石脑油/千克					795
	电/度	30	30	30	625	700
	水/米³	189.5	189.5	189.5	189.5	260
投资与成本	总投资/万美元	1575	1230	850	550	641
	单位投资/[万美元/（吨氨·天）]	1.05	1.23	1.42	1.83	2.14
	产品成本/（美元/吨氨）	14.53	15.90	17.51	24.79	35.52
劳动生产率	操作工/（人/班）	5		5	5	
	直接劳动生产率/[吨/（人·天）]	100		40	20	

注：生产规模300吨/天的装置采用电动活塞式压缩机。

资料来源：燃化科技资料（无机化工），1973，10。

5. 热能的综合利用

随着生产规模的大型化，在工艺流程中的热能利用方面有了很大的发展，将合成氨生产工艺与热力、动力系统结合了起来。对于以烃类水蒸气转化法制氢的工厂，主要是利用生产工艺中的废热产生高压蒸汽，并用蒸汽透平机带动各种转动设备，取代了原来的电动机，从而大大减少电耗，甚至可以不用厂外供电。

参 考 文 献

[1] 编辑委员会. 中国大百科全书·化工 [M]. 北京：中国大百科全书出版社，1987.

[2] 张福锁,张卫峰,马文奇等.中国化肥产业技术与展望[M].北京:化学工业出版社,2008.
[3] 李光华.工业化学[M].北京:化学工业出版社,1992.
[4] 王箴.化工辞典[M].第4版.北京:化学工业出版社,2000.
[5] 北京化工学院化工史编写组.化学工业发展简史[M].北京:科学技术文献出版社,1985.
[6] 陈歆文.中国近代化学工业史[M].北京:化学工业出版社,2006.
[7] 《当代中国》丛书编辑部.当代中国的化学工业[M].北京:中国社会科学出版社,1986.
[8] 中华人民共和国化学工业部.中国化学工业大事记(1949~1994年)[M].北京:化学工业出版社,1996.
[9] 中国氮肥工业协会.中国小氮肥工业大事记[M].北京:化学工业出版社,2008.

撰稿人:余一(原中昊化肥公司总工程师)
审稿人:王文善(原化工部副总工程师)
　　　　孔祥琳(中国氮肥工业协会名誉理事长)
　　　　刘淑兰(中国氮肥工业协会名誉理事长)

第二章　化肥工业

第一节　概　述

一、化肥重要作用

利用化学反应或精细加工，制造提供植物养分为其主要功效的物料，称作化学肥料，简称化肥。农业增产是多种措施综合作用的结果。肥料的投入是影响产量的决定性因素之一。在越来越依靠单位面积产量的现代农业，没有化肥就不可能实现农业现代化。中国农业生产施用化肥，对我国粮食总产量和单产的提高，发挥了很大的作用（见图 2-1）。

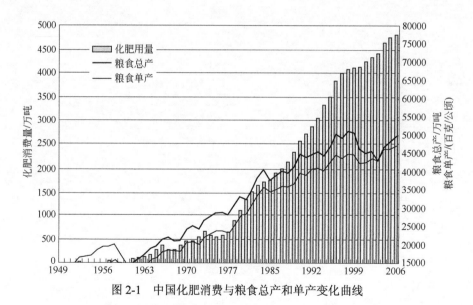

图 2-1　中国化肥消费与粮食总产和单产变化曲线

全国化肥试验网的大量试验结果表明，施用化肥可提高水稻、玉米、棉花单产 40%～50%，提高小麦、油菜等越冬作物单产 50%～60%，提高大豆单产近 20%。根据全国化肥试验网的肥效结果推算，1986—1990 年粮食总产中有 35%左右是施用化肥的贡献。

二、化肥简介

化肥按所含养分分类为：氮肥、磷肥、钾肥、中量元素肥料、微量元素肥料、复混肥料等。化肥大都是无机化合物。

（一）氮肥

常用的氮肥有尿素[$CO(NH_2)_2$]、碳酸氢铵（NH_4HCO_3）、硫酸铵[$(NH_4)_2SO_4$]、硝酸铵（NH_4NO_3）、氯化铵（NH_4Cl）等等，虽然它们的化学成分、形态、酸碱性、施用技术等诸多方面均不相同，但均能为植物提供氮素营养成分。

氮素是蛋白质、核酸、多种酶、叶绿素、某些维生素和植物激素的组成部分。氮能改善农作物的营养价值，特别是能增加种子中蛋白质的含量。总之，施用氮肥有明显的增产效果，可提高生物总量和经济总量。

作物缺氮会造成整个植株生长受抑制，叶片呈灰绿或黄色，茎秆矮短细小，花、果发育迟缓，籽粒不饱满。结果是使作物产量低、品质差。

当然，并不是氮肥越多越好。氮素过多，常使作物生育期延迟、贪青晚熟、植株柔软易倒伏、易引起植株的真菌性病害。其结果造成谷粒不饱满、棉花烂铃增加、水果含糖量降低、薯类的块茎变小、豆科结荚少、芹菜叶柄变细等，也会造成产量和品质的下降，甚至使得土壤理化性状变坏、地下水污染。

（二）磷肥

常用的磷肥有普通过磷酸钙[以$Ca(H_2PO_4)_2·H_2O$和$CaSO_4$为主]、重过磷酸钙[$Ca(H_2PO_4)_2·H_2O$]、钙镁磷肥、磷酸一铵（$NH_4H_2PO_4$）、磷酸二铵[$(NH_4)_2HPO_4$]和硝酸磷肥等。这些磷肥均能为植物提供磷素营养成分。而后三种磷肥还能同时为植物提供氮素营养成分，是典型的复合肥料，但由于其原料、生产、运输、使用方面大多与磷肥企业相互关联，通常将它们放在一起来描述。

磷可促进植物细胞分裂，加速幼芽和根系的生长；可促进碳水化合物、蛋白质、脂肪的代谢、合成和运转，有利于作物提早成熟；可促进作物的抗逆性，提高抗寒、抗旱、抗盐碱和抗病能力，改善产品的品质，如增加果实的糖分，薯块中的淀粉含量，油料作物含油量以及豆科作物蛋白质含量。

作物缺磷会引起叶子变黄、死亡，茎细小，花少，果少，果实迟熟，种子小而不饱满。

过多的磷素会促进作物的呼吸，消耗大量糖分和能量，引起作物缺锌、镁、铁等而以失绿症表现出来，如叶类蔬菜纤维素增多、柑橘等果实着色不良、品质下降、水稻易感染稻瘟病，豆科作物蛋白质含量降低等。

（三）钾肥

常用的钾肥有氯化钾（KCl）、硫酸钾（K_2SO_4）、硝酸钾（KNO_3）、磷酸二氢钾（KH_2PO_4）等。钾肥能为植物提供钾素营养成分，而钾与氮、磷同样成为植物营养的三大要素。

钾能加速作物成熟，促使作物较好地利用氮，增加蛋白质的含量，促进糖分和淀粉的生成，增加产品的营养价值。钾能改善产品外观品质，增强产品抗碰伤和自然腐烂能力，提高产品的加工利用特性。

作物缺钾表现为植株生长缓慢、矮化，叶子失绿变黄，易感染病虫害，茎细小而易倒伏，结穗少，果肉不饱满等。过量的钾素会造成植株对钙、钠等阳离子吸收量的下降，破坏植株的养分平衡而导致品质下降，削弱作物的生产能力，并且浪费资源、造成土壤及水体污染。

（四）复混肥料

复混肥料是指氮、磷、钾三种养分中，至少有两种养分标明量的由化学方法和（或）掺混方法制成的肥料。由化学方法制成的复混肥料，称为复合肥料。由掺混、机械混合制成的复混肥料，称为掺混肥料。含有一定量有机质的复混肥料，称为有机-无机复混肥料。

复混肥料含有两种或两种以上的营养元素，能比较均衡地同时供给作物所需的两种以上养分，并充分发挥营养元素之间的相互促进作用，提高施肥的效果。复混肥料可以根据不同类型土壤的养分状况和作物需肥特征，配制成系列专用肥，即测土配方施肥，使化肥的针对性增强，提高肥料利用率和经济效益，同时也可节约资源和避免污染环境。复混肥还能节省包装、贮存和运输费用，方便农民购买和使用，特别适合机械化施肥。

复混肥料也存在一些缺点，如所有养分同时施用，有的养分可能与作物最大需肥时期不相吻合，易流失。掺混肥料存放时间长易分层，且易吸湿。复混肥料养分比例固定，不能适用于不同土壤和作物的不同需求，因此还要配合其他单质肥料施用。

第二节　氮　肥

20世纪初期，我国农业就已开始使用化肥，当时化肥来自进口，主要是硫酸铵肥料。到20世纪30年代，国内开始建设化学合成的氮肥工厂。

一、民国时期

1932年吴蕴初到美国考察化学工业，1933年就购买美国杜邦公司合成氨中间试验厂达成转让协议，并向法国定购日产稀硝酸12吨的设备。1934年1月天利氮气股份有限公司成立，年底各项设备陆续自美国、法国运到。1935年8月液氨试产成功，9月稀硝酸出货，10月浓硝酸问世。

1935年，广东省营的肥田料（粉）厂创建，有氮肥、磷肥、钾肥三部分，曾生产五羊牌肥田粉应市。

1935年4月，伪满洲化学工业株式会社的工厂（大连）投产，1935年生产了合成氨33166吨，硫酸铵117338吨，硝酸铵852吨，还有硫酸、硝酸、焦炭等产品。主要目的是为其侵略战争服务。同时期在东北各厂的生产情况见表2-1。

表2-1 日伪时期东北各厂硫酸铵生产情况

厂 名	厂址	1944年产能/（吨/年）	历年产量/吨					
			1937年	1940年	1941年	1942年	1943年	1944年
满洲化学工业公司	大连	240000	145444	144567	133328	91080	53912	30036
抚顺煤矿厂	抚顺	42000	32979	18029	34431	33121	23061	11912
满洲制铁鞍山厂	鞍山	41000	11480	15880	19650	22760	13645	12348
满洲制铁本溪厂	本溪	2000	1861	1550	2971	3258	2959	3704
满洲瓦斯厂	沈阳	840	570	140	103	54		
满洲瓦斯厂	大连		192	125	108	27		
总 计		325840	192526	180291	190591	150300	93577	58000

筹备天利氮气厂的同时，永利化学工业公司也准备建合成氨厂。为避免国人竞争内耗，吴蕴初和永利范旭东议定：永利以生产硫酸铵为主，天利则以生产硝酸为主。1937年2月，永利化学工业公司南京铔厂（即硫酸铵厂）投产，当年生产氨3.3万吨，硫酸铵5万吨，还有硫酸、硝酸等产品，1937年底南京被日军占领，将硝酸设备劫去日本。抗日战争胜利后经据理力争要回设备，1948年重新投入生产。

1949年，全国生产合成氨0.51万吨，硫酸铵2.68万吨。

二、品种变化

氮肥各品种在我国不同历史时期所占比重不尽相同，主要与生产技术成熟程度以及合成氨工厂的建设有关。硫酸铵生产技术和设备相对简单，因而早期主要是生产硫酸铵。硝酸铵既是肥料又是炸药原料，伪满建的大连化工厂和20世纪50年代苏联援建的三个化肥厂，用合成氨制造硝酸，再制成硝酸铵。随着碳酸氢铵工艺的开发，以及尿素生产技术和装备的掌握，之后新建的合成氨工厂大多把氨直接加工成碳酸氢铵或尿素。碳酸氢铵和尿素成为我国氮肥的主角。氯化铵作为联合制碱工艺的联产品，随着联碱工厂建设有一定发展。

（一）硫铵

硫铵是一个古老氮肥品种，中华人民共和国成立前在大连、南京都生产硫铵，解放初期恢复生产及新建工厂，都是用稀硫酸吸收氨，制造硫酸铵产品。由于我国硫资源相对较少，因此20世纪60年代以后我国不再专门生产硫铵。硫铵来自其他工业生产中的副产，己内酰胺、丙烯腈、焦炉气回收以及环保项目等。

国内硫铵主要来自焦炉气回收。到1985年，回收焦炉气中的氨成为硫铵的主要来源，当时其产量约占中型厂产量的1%，直到2011年，硫铵产量约300多万吨，其中50%左右是焦化硫铵。

二是制造己内酰胺时副产硫铵。其中有：山东海力化工股份有限公司年产20万吨己内酰胺、36万吨硫铵项目。南京、浙江萧山、阳煤集团、鲁西化工年产20万吨己内酰胺项目等副产硫铵。氰尿酸、丙烯腈等其他副产硫铵也有一定数量。

三是电力和煤制天然气过程中，为了净化气体中的二氧化硫，保护空气不受污染，采用了氨法脱硫的方法，同时副产硫铵。大唐电力环保项目总计年产96万吨硫铵，其中内蒙古赤峰年产48万吨、辽宁阜新年产48万吨，成为我国最大的制造硫铵项目。

我国硫铵产量30%~50%用于出口，国内消费中农业占80%以上。我国南方有30%土壤缺硫，北方有15%~20%，因此硫铵对这些土地除供给氮元素外，还有补充硫元素的作用。国际上硫铵施用比例较大，如西欧占氮肥需求量的6.4%，东盟占22.2%，而我国仅占2%左右。

（二）硝铵

硝铵与硝酸生产关联密切，在行业中总是放在一起。硝酸主要用于制造硝酸铵，占硝酸总产量的50%。硝酸铵（简称硝铵）消费市场主要由三部分构成：一是工业领域，主要用作民爆器材的原料，制造炸药，少量用作氧化氮吸收剂、色层分析试剂、烟火、杀虫剂、冷冻剂、无碱玻璃等的原料。二是改性或加工成复合肥用作农用化肥。三是出口，其中炸药和硝基复合肥占了绝大部分。2010年，我国硝酸铵生产能力为600万吨，产量为420万吨，生产企业约40家。民爆器材领域消耗的硝酸铵约占总消费量的64%，农用化肥领域用量约占30.5%，出口占5.5%。

硝酸其他用途是制造硝酸钾。约有75%硝酸钾用作化肥，25%用在工业领域，主要用于电视机壳及特种玻璃的生产，也用于焰火、黑火药、火柴的生产，在冶金工业和食品工业也有使用。生产己二酸和聚氨酯工业生产甲苯二异氰酸酯（TDI）和二苯基甲烷二异氰酸酯（MDI），需要硝酸作原料。

20世纪30年代国内上海天利、南京永利开始生产硝酸。由于抗日战争爆发工厂停工或生产设备被拆迁。抗日战争胜利后，由于工厂损坏严重，天利没有恢复，永利将日本劫掠的硝酸制造设备据理力争讨回，于1948年恢复生产。

20世纪50年代初，大连化学厂和永利宁厂恢复了常压氧化、常压吸收的硝酸和硝铵生产，后又进行了扩建。第一个五年计划期间，从苏联引进的三套氮肥装置都配套生产硝酸和硝铵。1957年7月31日，吉林化肥厂建成生产，每年生产硝铵9万吨。1958年9月，兰州化肥厂建成投产，年产硝铵9万吨。1961年1月18日，太原化肥厂建成试生产，年产硝铵12万吨、尿素1万吨。除吉林化学工业公司化肥厂外，稀硝酸都采用常压氧化、加压吸收的综合法（单加压法）生产工艺。

20世纪60年代初期，我国自行设计、建设的中型氮肥厂，技术是单加压法，年产8万吨稀硝酸和配套的年产11万吨硝铵装置。随后，建成一批0.35兆帕单加压法稀硝酸装置。

20世纪70年代初，我国开发了4千克力/厘米^2（$39.23×10^4$帕）的全加压法稀硝酸和硝酸镁法间接浓缩硝酸的工艺生产浓硝酸，建设了年产8万吨稀硝酸和11万吨硝铵的生产装置。以后由于建设硝酸、硝铵装置的投资和耗用不锈钢较多，一度中止发展。1983年，硝铵的产量约占中型厂氮肥产量的28.5%，居中型氮肥品种的第二位。

1979年山西化肥厂引进法国GP技术，建设规模为900吨/日的双加压法稀硝酸生产装置。20世纪80年代后，随着法国GP和德国伍德的双加压技术的引进、消化、吸收和改进，国内设计单位和使用单位掌握了双加压生产工艺技术的设计，并且在GP、伍德工艺上做了较大的改进，在装置产能、余热利用、尾气排放等方面都有较大突破，通过各方面的努力解决了工艺、机组、专用设备等国产化关键问题。2000年先后，双加压法成为新建硝酸装置的主流。900吨/日大型硝酸装置已实现国产化并成熟，日产1000吨、1200吨和1500吨低能耗装置也正在设计和建设中。

生产硝铵的工艺选择主要取决于硝酸原料的浓度，工艺主要有常压中和法、加压中和法和管式反应器（K-T工艺）等方法。前期我国常压中和法硝酸铵产能占总生产能力的80.5%。随着我国硝酸生产方法的结构性变化，相应的硝铵生产选用国产化管式反应工艺和加压中和工艺生产技术，加压法硝铵在产能中的比例不断升高。我国已经具备了管式反应器工艺的工程设计和设备制造能力，硝铵溶液的分离、洗涤、结晶以及造粒设备研发了国产化的创新性设备。

为了加强对民爆品的控制，2002年，国务院发布52号文规定不再批准设立新的硝铵化肥企业，但允许业内企业扩建。硝铵属于"危险爆炸物品"，其销售、购买、使用等环节纳入民爆器材管理。对硝铵新建、改建、扩建项目及销售、贮存与流通环节实施了严格的审批与监管，使硝铵行业没有像尿素、磷肥等农用化肥行业那样因持续扩张而产能大量过剩。新建生产线也需经过国家公安和安全部门的批准，因此，硝铵产能扩能相对较低。

到2010年，我国已是硝酸、浓硝酸生产大国。我国现有硝酸生产企业七十余家，生产能力达960万吨/年，2010年硝酸产量为792万吨（实物量）。2010年，全国浓硝酸产量235万吨，浓硝酸的产量已占世界总产量的50%以上。我国的浓硝酸生产装置规模大，行业集中度较高，硝酸和硝铵的生产技术和工程建设进入世界先进水平。

2010年硝铵产量420万吨/年。全国31家硝铵生产企业中，产能在10万吨/年及以上的有23家，占硝铵生产企业数的65.7%，占硝铵总产能（639万吨/年）的92.8%。产量10万吨/年以下的硝铵企业有8家，占企业数的34.3%，总产能的7.2%。具体见表2-2。

表2-2 国内主要硝铵生产厂家产能及2011年产量

产能排序	企业名称	产能/（万吨/年）	2011年产量/万吨
1	广西柳州化学工业集团有限公司	60	45.0
2	云南解化化工有限责任公司	53	38.0
3	陕西兴化学股份有限公司	50	57.7
4	四川金象化工产业集团股份有限公司	50	25.1
5	河北石家庄晋煤金石化肥有限责任公司	50	0.4
6	河南晋开化工投资控股集团有限责任公司	40	36.9
7	内蒙古乌拉山富兴化肥有限责任公司	35	32.2
8	山西阳煤集团太化公司	30	5.6
9	河北正元化工集团有限公司	30	0.042
10	山西天脊煤化工集团有限公司	25	24.1
11	四川川化集团有限责任公司	24	25.7
12	福建邵化化工有限公司	22	20.6
13	山东联合化工股份有限公司	20	21.0
14	内蒙古伊东集团九鼎化工有限责任公司	20	—
15	南京化学工业有限公司	16	13.0
16	重庆富源化工股份有限公司	15	9.8
17	安徽淮化集团有限公司	15	7.8

（三）氯化铵

氯化铵是联合制碱法（即侯氏制碱法）的联产产品，作为氮肥的一种，氯化铵在2011年占到7%的比例，比硫铵、硝铵的比例要高，但低于碳铵和尿素等品种。联合制碱的发展，氯化铵的产量不断增加，必须大力推广氯化铵的肥料用途。为此做了不少工作，经过农业生产具体使用，对氯化铵肥料的优缺点有了较全面的认识。施用氯化铵肥料后，作物吸收了氮养分，土壤里会残留较多的氯离子（Cl^-），造成阴离子过剩，导致土壤酸化、板结，一段时间后需增施石灰。残留的氯离子易与土壤中的钙离子结合，形成难溶的氯化钙（$CaCl_2$），因此施肥后应及时灌水。氯化铵含氯（Cl）达66.3%，不适用于"忌氯作物"，如烟草、茶树、葡萄、马铃薯、甘薯、甘蔗、西瓜、甜菜等，尤其在幼苗时要控制氯化铵的用量。这些原因造成氯化铵肥料使用有一定的局限性。

但是，氯离子对土壤中的亚硝化毛杆菌有特别的抑制作用，从而可以减少铵态氮肥因硝化和反硝化作用而引起的脱氮损失。据实验，氯化铵与尿素配合施用，可以提高尿素氮的利用率，其效果接近于氮肥增效剂。因此，氯化铵在水田中对水稻的肥效更为显著。

在纯碱工业一章中有对氯化铵的介绍，此处不再赘述。

（四）其他

石灰氮于20世纪50年代开始生产，每年产量很小。在我国氮肥中比例很低。

氨水和液氨都是液体氮肥。氨水和碳化氨水在中小型氮肥厂中作为季节性调节产品进行生产，仅占氮肥产量3%左右。我国曾在河北、新疆农田试图推广液氨肥料，由于液氨的贮运和施肥习惯方面的问题，没有推广起来。液氨在我国主要供工业使用。

根据中国氮肥工业协会的统计数据，2011年中国的合成氨和尿素产量分别占全世界的33%和34%。氮肥产品的结构见表2-3。

表2-3 2005年，2008—2012年氮肥产品结构

年份	项目	品种					
		尿素	碳铵	氯化铵	硝铵	其他	总氮合计
2005年	实物量/万吨	4147.1	3975.6	600	361.8		
	折纯氮100%/万吨	1920.1	681.4	144	125	329.9	3200.7
	占全国比重/%	60.0	21.3	4.5	3.9	10.3	100.0
2008年	实物量/万吨	5103.7	3153.2	862.1	369.3		
	折纯氮100%/万吨	2363	545.5	206.9	127.4	395.6	3639
	占全国比重/%	64.9	15.0	5.7	3.5	10.9	100.0
2009年	实物量/万吨	5544.3	2620.8	918.8	340.6		
	折纯氮100%/万吨	2567	453.4	220.5	117.5	502.3	3860
	占全国比重/%	66.6	11.7	5.7	3.0	13.0	100.0
2010年	实物量/万吨	5200.0	2461.0	955.6	415.6		
	折纯氮100%/万吨	2407.6	425.8	229.3	143.4	503.8	3709.9
	占全国比重/%	64.9	11.4	6.2	3.9	13.6	100.0
2011年	实物量/万吨	5346	2026	1154	492		
	折纯氮100%/万吨	2491	346	289	167	567	3860
	占全国比重/%	64.5	9.0	7.5	4.3	14.7	100
2012年	实物量/万吨	6216.6	1971.7	1313.8	480.0		
	折纯氮100%/万吨	2878.3	341.1	315.3	165.6	613.0	4313.3
	占全国比重/%	66.8	7.9	7.3	3.8	14.2	100

三、碳酸氢铵的开发及其作用

碳酸氢铵是我国独有的氮肥品种，它不仅有良好的农化性质，而且与其他氮肥品种比较，它有很好的环保性、节能性与经济性。就其产生与发展的技术创新作用而言，对我国农业发展做出的巨大贡献，可以说，是20世纪我国化学工业最优秀的工程技术成就之一。碳铵占比在1976年达到全国氮肥总量的63.48%，产量为1416.32万吨。产量在1997年达到最高值，为4887.2万吨，占全国氮肥产量的38.7%。

（一）工程技术开发过程

① 1957年，大连化学厂的工程技术人员，曾经利用石灰窑气与氨反应，生产出碳酸氢铵。在此基础上，化工部氮肥设计院提出了采用二氧化碳较多的合成氨原料气与氨直接进行碳化反应，制取碳酸氢铵的设想。著名化学家、化工部副部长侯德榜考察了大连化学厂常压法制碳酸氢铵的生产情况，并与大家一起研究讨论，认为这是一个适合中国国情生产氮肥的新方法，向化工部提出了开发合成氨生产中联合制造碳酸氢铵新工艺的建议。

② 1958年3月，化工部下达了在上海化工研究院筹建碳酸氢铵示范厂的任务。同年5月，采用碳化法合成氨流程，制造年产2000吨合成氨配套8000吨碳酸氢铵的装置试车投产。除上海化工研究院之外，与此同时，还建设了一批年产800吨和2000吨系列的县级小氮肥厂。并在北京化工实验厂建设了年产1万吨合成氨配套4万吨碳酸氢铵工厂。这些厂虽然可以产出碳酸氢铵肥料，但是无法连续、正常生产。为此，所有参加开发碳酸氢铵技术的科研、设计、工厂开始了长达四年的生产技术攻关，重点解决以煤为原料的碳酸氢铵生产过程中氨与二氧化碳的平衡问题及碳化系统腐蚀问题。化工部彭涛部长直接领导了这项工作。

③ 1962年2月，江苏丹阳化肥厂第一个解决了碳化流程中二氧化碳与氨平衡这一最大难题。使小氮肥打通了工业生产流程，初步过了技术关。为此，1965年国家科委向侯德榜、谢为杰、陈东、北京化工实验厂、北京化工设计院、丹阳化肥厂、上海化工研究院颁发了"碳化法合成氨流程制碳酸氢铵"的发明证书和奖金。同年12月16日，国家科委及化工部在上海化工研究院召开了"碳化法合成氨流程制碳酸氢铵"鉴定会，并做出了肯定性的鉴定结论。

（二）工艺技术进步

① 1965年，上海化工研究院开发了0.7兆帕的加压变换串加压炭化（简称双加压）流程。1965年6月，全国第一套2000吨/年型装置双加压系统，在安徽合肥化肥厂（原江淮化肥厂）通过了鉴定。这一工艺简化了流程，大幅度降低了电耗并提高了氨和二氧化碳的利用率。

② 1969 年福建永春化肥厂用无烟粉煤以石灰为黏结剂制造的石灰炭化煤球，作为生产合成氨的原料取得成功。1978 年该厂炭化煤球技术获得全国科学大会奖。

③ 1978 年浙江桐乡化肥厂、1981 年江苏太仓化肥厂先后在消化吸收引进 30 万吨/年合成氨装置技术的基础上，开发了多项余热回收、节能降耗技术，成为全国中、小氮肥企业节能降耗技术改造的典范。对全国小氮肥行业节能降耗、扭亏为盈起了很好的推动作用。1984 年，全国小氮肥企业做到省省不亏，行业 1189 个厂除极少数政策性亏损外，厂厂不亏。桐乡、太仓两厂也于 1998 年被评为全国节能先进单位，获节能金牌奖。

④ 1988 年山东寿光化肥厂"合成氨生产蒸汽自给技术"获得成功，使以煤为原料的合成氨装置的产品能耗，接近于引进大型合成氨装置的水平。该项技术在财政部的支持下，国家投资 6.06 亿元在全国 438 个厂推广，取得年节煤 260 万吨，增加合成氨产量 60 万吨的效益。该项成果及其推广工作先后于 1992 年、1998 年分别获得化工部及国家科技进步二等奖。

⑤ 化工部第八设计院开发的以天然气制合成氨换热式转化技术，于 1991 年在四川什邡氮肥厂投产。该院开发的双一段转化技术，于 1998 年在潼南氮肥厂投产后，又有多套合成氨装置进行了双一段转化改造。这两项技术取得了很好的节约天然气效益，推动了以天然气为原料的小氮肥厂的节能改造。

⑥ 1992 年 1 月，湖南安淳公司开发的甲醇、甲烷化工艺在衡阳氮肥厂投产，1994 年通过化工部科技成果鉴定。1999 年该单位又开发了醇醚、醇烃化工艺，先后在衡阳和湘潭氮肥厂建成投产。这项新工艺为合成氨工业技术发展做出了新贡献。

⑦ 1967 年，江苏丹阳化肥厂建成以煤为原料联醇生产中试车间，并通过了化工部组织的技术鉴定，从此诞生了我国第一套合成氨联产甲醇生产装置。此后，由于脱硫和催化剂的问题，致使小联醇长期处于为长周期运行而努力的状态。这期间联醇催化剂生产技术虽有许多进步，但直至 1991 年，湖北省化学研究所开发的 JTL-1 常温精脱硫新工艺在湖南益阳地区氮肥厂使用，问题才得以解决。该技术 1993 年 4 月通过省部级鉴定，确认联醇催化剂寿命由 50 天延长至 180 天。自此，联醇有了较大发展。2007 年全国联醇产量 463.7 万吨，占全国甲醇产量的 38.1%，在全国甲醇生产中占有重要地位。

⑧ 1969 年，上海浦东化工厂建成变换气制碱生产工艺装置，从此诞生了我国第一套合成氨联产纯碱生产装置。这是对传统的浓气制碱的重大改进。1979 年通过技术鉴定，确认了联碱装置在产量、质量、氨耗、成本等四个方面过了关。2007 年全国联碱厂生产氯化铵 726 万吨，占全国氯化铵产量的 76.2%，取得了很好的经济效益和社会效益。2011 年碳铵企业产量排名见表 2-4。

表 2-4　2011 年碳铵企业产量排名

单位：吨

产量排序	单位名称	碳铵产量
1	晋煤金石化工投资集团有限公司	693582
2	山东晋煤明水化工集团有限公司	685823
3	江苏和友化工集团	524305
4	卫辉市豫北化工有限公司	428815
5	江苏润丰化肥有限公司	407213
6	平邑县丰源有限责任公司	395356
7	安徽昊源化工集团有限公司	386022
8	湖北三宁化工股份有限公司	342428
9	滁州金丰化工有限责任公司	319589
10	山东省舜天化工集团有限公司	245000

（三）特点与趋势

① 采用碳化法合成氨流程生产碳酸氢铵，其工程技术特点有：一是把氨加工成氮肥的过程与合成氨生产中脱除二氧化碳的过程巧妙地结合在一起；二是以无烟煤为原料生产碳酸氢铵的装置，采用这一工艺，其中间产品氨正好等于或稍多于原料气中的二氧化碳量，使碳酸氢铵这一新氮肥生产工艺，在煤炭资源相对丰富的中国得以大量推广；三是利用碳化法合成氨工艺过程中的余热生产的水蒸气，可以满足（或多于）制氢过程的需要，使以煤为原料的合成氨厂在低能耗的前提下，实现了蒸汽自给，从而增强了碳酸氢铵产品在氮肥市场中的竞争力。碳酸氢铵生产工艺流程短、能耗低，生产成本也相对较低，适合于规模小、销售半径小的企业。

② 我国 93% 的碳酸氢铵以煤为原料。生产碳酸氢铵时，1 个体积的 NH_3 与 1 个体积的 CO_2 结合，与尿素相比，结合的 CO_2 要多 1 倍。自然，碳酸氢铵进入土壤的 CO_2 也就更多。以煤为原料生产碳酸氢铵工艺中生产每吨氮肥向大气排放的 CO_2 较尿素少 800 标米^3，每年则可少排放 CO_2 45 亿米^3。因此，碳酸氢铵还是优良的环保型化肥。

③ 碳酸氢铵作为农用化学肥料，它易被土壤和作物吸收，是一种速效性氮肥，长期施用对土壤没有不良影响。

由于碳酸氢铵生产的这些独特的优势及其与中国国情的适应性，在我国氮肥工业的历史上，碳酸氢铵发挥了重要的作用，占据了重要的地位。1958 年至 2007 年，全国小氮肥厂生产碳酸氢铵 12.3 亿吨，占全国氮肥总产量的 37.5%。

④ 碳铵含氮量低（17%），易于分解，易于受潮结块。而随着施肥技术的普及，农民对高浓度化肥的需求量也越来越大，尿素成为其首选品种，因其含氮量为 46%，

性质稳定，颗粒状易于机械化施肥。从节省贮运成本和施用角度考虑，农民更喜欢含氮元素高的尿素肥料。改革开放后我国化肥生产大幅度提高，进口化肥敞开了大门。碳酸氢铵的相对优越性下降，因此在我国氮肥中的比重逐步下降。到2011年，碳铵在氮肥中比重下降到9%，这个下降趋势仍在进行。但是碳酸氢铵在我国一个历史时期所发挥的重大作用是永远不可磨灭的（见表2-5）。

表2-5 1958—2007年全国小氮肥产量

年份	小合成氨产量/万吨	小合成氨产量占全国合成氨产量/%	小氮肥产量（折氮100%）/万吨	小氮肥产量占全国氮肥产量/%	小尿素产量/万吨	小尿素产量占全国尿素产量/%	碳铵产量/万吨	碳铵产量占全国氮肥产量/%
1958	0.11	0.45	0.07	0.46			0.41	0.46
1959	0.13	0.39	0.09	0.55			0.53	0.55
1960	0.27	0.64	0.21	1.06			1.24	1.06
1961	1.55	5.10	1.04	6.01			6.12	6.01
1962	2.81	5.82	1.94	5.74			11.41	5.74
1963	4.67	7.25	3.26	7.11			19.18	7.11
1964	8.72	9.37	6.03	8.89			35.47	8.89
1965	18.35	12.36	12.68	12.23			74.59	12.23
1966	40.58	19.11	28.14	19.26			165.53	19.26
1967	40.31	26.46	27.93	27.52			164.29	27.52
1968	37.04	35.38	34.19	49.98			201.12	49.98
1969	57.83	35.86	36.41	35.6			214.18	35.60
1970	100.04	40.88	76.49	50.22			447.31	50.22
1971	134.93	43.53	96.78	50.83			565.96	50.83
1972	197.14	49.83	137.70	53.89			805.26	53.89
1973	258.93	54.59	179.69	59.98			1050.82	59.98
1974	245.13	54.18	165.68	58.61			968.89	58.61
1975	354.42	58.33	232.13	62.59			1357.49	62.59
1976	368.1	59.51	242.19	63.48			1416.32	63.48
1977	487.99	56.06	321.27	58.32			1878.77	58.32
1978	648.45	54.79	434.89	57.45			2543.22	57.45
1979	725.7	53.83	480.98	54.53			2812.75	54.53
1980	819.35	54.71	552.85	55.32			3233.04	55.32
1981	780.79	52.64	525.86	53.35			3075.20	53.35
1982	837.85	54.18	546.14	53.44			3193.80	53.44
1983	945.72	56.39	640.11	57.7			3743.33	57.70
1984	1052.59	57.29	712.12	58.32			4164.44	58.32

续表

年份	小合成氨产量/万吨	小合成氨产量占全国合成氨产量/%	小氮肥产量（折氮100%）/万吨	小氮肥产量占全国氮肥产量/%	小尿素产量/万吨	小尿素产量占全国尿素产量/%	碳铵产量/万吨	碳铵产量占全国氮肥产量/%
1985	820.25	49.99	606.18	52.99			3544.91	52.99
1986	834.33	50.33	610.35	52.67	19.33	0.77	3456.26	51.90
1987	1063.72	54.85	761.70	56.75	21.15	0.72	4330.70	56.03
1988	1129.20	57.05	789.41	55.60	24.57	0.80	4472.75	54.80
1989	1161.53	56.14	814.34	56.14	32.38	1.03	4572.87	55.11
1990	1195.06	56.13	839.80	56.40	31.20	0.96	4728.65	55.44
1991	1238.96	56.28	843.02	55.82	91.61	2.79	4394.21	53.03
1992	1303.34	56.71	748.48	56.70	123.04	4.29	3657.54	52.41
1993	1230.00	55.74	692.10	54.50	153.77	5.57	3148.13	42.40
1994	1383.65	56.65	710.71	56.00	214.06	7.76	2904.39	48.24
1995	1518.70	54.93	985.05	53.05	356.94	8.84	3673.16	44.21
1996	1825.10	59.57	1196.25	57.63	531.13	11.77	3889.59	45.86
1997	1703.80	56.65	1142.10	53.20	676.70	29.4	4887.2	38.70
1998	1731.10	54.29	1154.10	52.60	754.00	29.4	4748.6	36.80
1999	1873.00	54.26	1264.50	52.60	987.00	33.6	4756.00	34.00
2000	1937.30	57.59	1143.60	51.90	1157.50	37.97	3702.30	26.40
2001	1918.90	56.31	1216.20	56.00	1284.80	40.80	3362.60	23.00
2002	2232.10	60.49	1468.60	59.10	1510.00	44.00	3839.10	25.50
2003	2383.80	62.85	1496.70	61.30	1681.20	47.20	3569.20	23.70
2004	2657.50	62.94	1672.40	61.00	1861.70	47.60	3895.50	22.30
2005	3056.27	66.01	1848.48	63.30	2098.26	50.60	3975.65	21.20
2006	3361.40	68.07	2130.10	66.06	2501.10	54.60	3791.90	19.10
2007	3569.80	69.18	2321.50	67.70	2898.1	58.10	3275.00	14.98

四、氮肥主力军——尿素

尿素作为高浓度氮肥品种，自20世纪50年代就引起我国化肥工业界的重视。尿素生产工艺高温高压，介质腐蚀性大，工程技术比较复杂。我国在科研、设计和化工机械制造方面都做了大量工作。

（一）技术发展

1958年，南京化学工业公司氮肥厂，进行了日产10吨的高效半循环法生产尿素的中间试验。1965年，在衢州化工厂合成氨分厂和吴泾化工厂分别建成了年产4万吨的生产装置。1966年，上海化工研究院等取得了溶液全循环法生产尿素的研究成果。化学工业部第四设计院编制了年产 11 万吨尿素的设计,在当时新建的 6 万吨型合成氨厂和少数老企业扩建中采用。到 1983 年,56 个中型厂中已有 30 个厂建设了尿素生产装置,尿素产量占中型厂氮肥产量的 40%,是中型厂中最主要的氮肥品种。

1963 年,泸天化从荷兰大陆公司引进了年产 16 万吨尿素的斯达米卡邦的水溶液全循环生产工艺。该工艺属于当时国际领先水平,我国尚在试验阶段。化工部第四设计院于 1966 年设计的第一套全循环尿素,于 1966 年年底在石家庄化肥厂投产。

从 1972 年开始,我国引进了 13 套年产 30 万吨合成氨和 48 万~52 万吨尿素的大型氮肥装置。配套的尿素装置,2 套从日本引进采用日本三井东洋改良 C 法工艺,其余 11 套均采用荷兰斯达米卡邦公司的二氧化碳汽提法工艺。1978 年,我国又引进了 3 套以渣油为原料的年产 30 万吨合成氨和 52 万吨尿素装置,合成氨采用德士古渣油气化、低温甲醇洗和氮洗冷法净化新工艺,配套尿素采用荷兰斯达米卡邦公司二氧化碳汽提工艺,分别建在镇海、宁夏和乌鲁木齐。以后呼和浩特、九江、兰州等多套 30 万吨合成氨装置,配套的尿素装置分别采用了荷兰斯达米卡邦公司的 CO_2 汽提工艺和意大利斯纳姆公司的 NH_3 汽提工艺。由于引进了先进的工艺、设备,帮助我国的尿素生产在技术上提高了水平,在管理方面也大有收获。可以从表 2-6 的消耗定额(统计指标)的比较上得出结论。表中传统水溶液全循环法,是指我国中小型氮肥厂(11 万吨/年以下规模)的企业。而改良 C 法、二氧化碳汽提法、氨汽提法均为大型氮肥厂的数据,其生产规模分别为 1598.4 吨/日、1740 吨/日、1760 吨/日,按每年 300 天生产日计,生产规模为 48 万吨/年、52.2 万吨/年、52.8 万吨/年。

从 1972 年开始引进的 13 套和 20 世纪八九十年代引进的 18 套大型氮肥装置来看,除了大化集团合成氨厂生产硝酸铵、氯化铵,山西化肥厂生产硝酸磷肥以外,其余几十套大化肥均为尿素产品。到 2005 年,大型氮肥企业尿素年产量为 1306.3 万吨(实物量),占全国产量的 31.5%。到 2010 年,合成氨规模大于 30 万吨/年的大型企业有 74 家,占总产能的 49.4%。

20 世纪 80 年代以后,世界范围内尿素生产工艺技术没有大的改进,我国工程技术人员完全掌握了尿素生产技术。在碳铵改尿素的工作中,结合小化肥的特点,成批地建设了 119 套尿素装置,总生产能力约 500 万吨/年。2000 年以后,在多个大型氮肥工程中,自行设计、采用氨汽提工艺或二氧化碳汽提工艺,逐步扩大使用国产化设备,成功地建设了多套大型尿素装置。

2010 年全国共有氮肥企业 472 家,其中尿素生产企业 187 家,生产能力 6600 万吨/年,产量 5200 万吨/年,成为世界第一生产大国。已形成 20 个具有百万吨级以上规模的生产基地,其产能占行业尿素总产能的 68%。

表2-6 不同工艺尿素系统物料、单耗定额（每吨尿素）

工艺方法	液氨（折100%）/吨	二氧化碳（折100%）/吨	蒸汽/吨	电/千瓦时	水/米^3	氧（折标准状态）/米^3
传统水溶液全循环法	0.58	0.785	1.9	160	130～140	2.5
改良C法	0.58	0.76	1.2	86	155	2.87（空气）
斯塔米卡邦公司（Stamicarbon.B.V）二氧化碳汽提法	0.58	0.77	1.53	20	88	
斯纳姆普罗盖蒂（Smamprogetti）氨汽提法	0.57	0.74	0.97	26.5	99	

（二）小氮肥厂碳铵改产尿素

1986年以前，全国小氮肥（除四川成都氮肥厂外）都只能生产碳酸氢铵产品。随着化肥供应量的增加，农民有了挑选肥料品种的可能性。农民更喜欢浓度高和方便保存的尿素等高浓度肥料。为满足农业对高浓度氮肥的要求，仅1982年至1987年6年间，我国就进口了2400万吨尿素，致使全国小合成氨出现了历史上最大的一次跌落。仅1985年与1984年相比，小合成氨产量就下降了22.1%。在这内外交困的形势下，全国化肥工业面临着极为严重的局面。1986年4月，化工部秦仲达部长向中央提出了小氮肥碳铵改尿素进行产品结构调整的建议，得到了国务院的同意。从此，拉开了全国性的碳铵改产尿素的序幕，开始了小氮肥历史上重大的变革。1996年3月，国务院副总理朱镕基听取贺国强副部长汇报后，也大力支持小化肥技术改造成功的路子。

1. 过程

① 1986年4月，国务院决定设立小化肥技术改造专项资金，用于产品结构调整。"七五"期间国家安排了"20亿"和"45亿"两个化肥产品结构调整专项。"八五"期间国家又安排了"65亿"和"30亿"用于化肥产品结构调整。到1996年全国碳铵改产尿素119套，共投资68.6亿元，形成年产479万吨尿素生产能力，吨尿素投资1432元，是新建装置投资的1/3左右。1996年全国小尿素实际产量已达531万吨，占全国尿素产量的11.8%。

② 小氮肥厂碳铵改产尿素，根据自己掌握的工艺技术和国内的机械制造能力，针对小氮肥厂的具体情况，自主开发加以推广。1982年山东邹县化肥厂委托化工部第四设计院进行尿素装置设计，该设计选择丙烯碳酸酯脱碳、传统的水溶液全循环法尿素生产工艺，技术改造工作开始。1984年四川成都氮肥厂以天然气为原料的中压联尿装置建成投产，为小化肥厂可以建尿素生产装置提供了依据。1986年

12月河南辉县化肥厂年产4万吨全循环法尿素装置顺利投产，为全国改产工作树立了样板。化工部第四设计院在邹县、平度、辉县化肥厂尿素设计基础上，先后完成了两版水溶液全循环法年产4万吨尿素通用设计，为小尿素大规模推广打下了工程建设基础。在碳铵改产尿素的过程中，还借鉴了已经运行多年的年产11万吨水溶液全循环尿素装置的设计和生产经验。因此碳铵改产尿素的工作进行比较顺利，很快取得效果。

2. 技术与革新

① 回顾碳铵改产尿素历程，值得一提的是小氮肥中压联尿技术的开发历史。1974年上海化工研究院、化工部第四设计院、江苏六合化肥厂共同研究开发的中压联尿生产工艺技术，在六合化肥厂投产试车。由于当时煤制合成气的脱硫等净化技术和设备材料腐蚀及蒸汽消耗等技术问题，使得这套装置一直未能长周期正常运行；而成都氮肥厂的联尿装置自1984年投产以来，一直稳定生产，促使"七五"专项中仍然安排了煤和天然气为原料的小氮肥厂采用中压联尿工艺进行碳铵改尿素试点项目。虽经艰辛努力，该技术却未能在全国范围使用。一是由于煤为原料的中压联尿生产技术问题未能根本解决，致使专项改造中唯一的试点单位（江苏新沂氮肥厂）的试验工作中途夭折，改为全循环工艺；二是由于中压联尿装置的蒸汽消耗过高，产能潜力及负荷弹性不如全循环，致使成都氮肥厂的中压联尿装置也于1994年改为全循环工艺。之后，仅有以天然气为原料、年产尿素6万多吨的四川南充地区的宏泰生化有限公司（原小龙氮肥厂）使用中压联尿工艺。

② 水溶液全循环工艺在全国小尿素中占很大比重。一是因为工艺成熟；二是因为设备材料可以完全立足国内；三是因为年产4万吨装置主机设备有余量，稍加改造和填平补齐，产量即可有所提高。于是在市场需求迫切、国家又成批安排项目的情况下，全循环工艺即被全国小尿素厂广泛采用。在近些年建设"8.13"（18万吨合成氨，13万吨尿素）装置中，全循环工艺仍占主要地位。在新建的"18.30"（18万吨合成氨，30万吨尿素）装置中，也还有少数企业采用全循环尿素工艺。但总体上看，由于全循环工艺存在自身流程长、消耗偏高等缺点，近些年来新建的尿素装置以二氧化碳汽提法为多。因此比重上目前已呈逐年减少的趋势。水溶液全循环工艺小尿素装置诞生不久，有关专家就开始致力于全循环法装置的高压圈改造，为此提出和试验过多个方案，但均未能广泛推广。采用氨汽提工艺的仅有魏县、四方、济宁、峰山等为数不多的几套装置。

③ 在全国小尿素的技术改造中，推广最多的是"四改六"（4万吨尿素改为6万吨尿素）和"六改十"（6万吨尿素改为10万吨尿素）技术。1994年10月，"四改六"通用设计通过了化工部设计审查。该设计充分发挥了原设计的潜力和全循环尿素各生产环节之间负荷可以相互调节的特点，更换瓶颈部位的设备，使装置日生产尿素能力分别由140吨或180吨，增加到200吨或250吨。安徽涡阳化肥厂于1994

年 11 月首先改造成功。从中压联尿工艺改为全循环工艺的新沂化肥厂得到启示，提出的"六改十"技术于 1997 年 5 月通过了通用设计审查。该技术用新型的一分塔替代原来的预蒸馏塔及一分加热器。尿素合成塔由单塔改并联双塔，并改进中压及低压系统的部分设备结构，使尿素生产能力提高到日产 400 吨以上。1999 年 7 月安徽临泉化肥厂首先通过了"六改十"工程总结验收。"八五"期间得到国家资金支持的"四改六"项目有 60 套，投资 15 亿元，增加尿素生产能力 120 万吨；"六改十"项目 17 套投资 8.8 亿元增加尿素生产能力 100.5 万吨。"八五"、"九五"期间，几乎所有的小尿素装置都先后进行了这两项改造，也有的厂是一步到位"四改十"。2000 年全国小尿素产量 1157.5 万吨，在全国已占 38%。除上述这两项改造之外，小尿素装置的工艺、设备、环保的革新改造技术也层出不穷，使在我国已有较长历史的全循环工艺达到了新水平。

1997 年国家根据国内尿素生产已经可以满足需求的情况，决定尿素不再进口。为此我国不仅摘掉了世界尿素进口大国的帽子，而且成为世界第一大尿素生产国和消费国。每年还有一些尿素产品出口。无疑，小氮肥碳铵改产尿素有很大的功劳。2007 年全国有 132 个小氮肥厂生产尿素 2898.1 万吨，占全国氮肥产量的 58.1%。

在碳铵改尿素工作取得可喜成绩的同时，一段历史也不能忘怀。20 世纪八九十年代碳铵改尿素基本是在行政体制下进行的。由于对改革开放后新形势的发展估计不足，和受国际市场的价格波动等因素的影响，项目安排和实施过程中又没有充分做好对策，因此，小尿素历经千辛万苦建成并陆续投产的时候，也就是企业为改造而负债的巅峰时刻。国内化肥市场发生了变化，尿素价格一跌再跌，1999 年尿素价格跌破 850 元/吨左右，远低于成本线，化肥全行业亏损。此时，银行又处于向商业银行转型过程，一些企业因过度负债而停产、破产。

表 2-7 2011 年尿素产量排名

名 次	单 位 名 称	尿素产量/（吨/年）
1	湖北宜化集团有限责任公司	5309521
2	中国石油天然气股份有限公司	4490413
3	中海石油化学股份有限公司	1908084
4	辽宁华锦化工（集团）有限责任公司	1459244
5	山东联盟化工集团有限公司	1435339
6	山西兰花科技创业股份有限公司	1405432
7	山东聊城鲁西化工集团有限责任公司	1396349
8	河南心连心化肥有限公司	1296502
9	中化化肥有限公司	1294462
10	山西天泽煤化工集团股份公司	1279978

在计划经济中建立起来的中国氮肥工业,面对改革开放后市场经济浪潮的冲击,进行大洗牌是不可避免的。首先是在煤电紧张和原料供应困难地区的化肥厂关停或转产。其次是工艺技术落后、管理不善的化肥厂被淘汰。国家为了使一些化肥企业再获生机,在深化经济体制改革中,采取了"债转股"、成立政策性银行、国债贷款、企业改制重组等措施。通过调整产业布局、技术改造、扩产达到经济规模,企业改制和重组,中国氮肥工业大大地向前跨越了一步。2011年尿素生产厂产量排名见表2-7。

第三节 磷 肥

一、早期情况

1942年,云南昆明市裕滇磷肥厂生产过磷酸钙,规模1吨/日,但因销路有限,开工半年,即告停产。台湾基隆和高雄有年产3万吨过磷酸钙的两家企业。

中华人民共和国成立后,开始生产一些磷矿粉,江苏锦屏磷矿1951年生产2万吨,1953年扩大到5万吨。四川乐山磷肥厂1952年开始生产磷矿粉,1958年达到11万吨/年。

二、技术发展

(一)过磷酸钙

1953年以后,国家原重工业部化工局安排化工实验所杭州分所(后并入现上海化工研究院)开展了以江苏连云港锦屏磷矿试制过磷酸钙技术研究。1952—1957年间在黑龙江哈尔滨、辽宁辽阳、山东济南和湖南衡阳建设了2万~6万吨/年的4家小型过磷酸钙厂;1955年以江苏连云港锦屏磷矿精选磷矿粉为原料,在上海制酸厂(现上海化工研究院第一试验厂)建设了1万吨/年过磷酸钙中试厂;1958年利用研究成果在江苏南京(原华东磷肥厂,后改名为南京化学工业公司磷肥厂)和山西太原(山西磷肥厂,后改名为太原化学工业公司磷肥厂)采用立式搅拌、回转化成工艺,分别建成了40万吨/年和20万吨/年的粒状过磷酸钙工业装置,由此奠定了我国最早的磷肥工业基础。

我国过磷酸钙产量和销售量均居世界首位,单系列最大规模达到40万吨/年(实物)。主要企业有江苏南京化学工业公司磷肥厂、广东湛化股份有限公司、四川龙蟒集团、云南红磷化工有限责任公司、安徽铜陵化工集团、云南昆阳磷肥厂、山西太原磷肥厂、湖南株洲化工集团有限责任公司和甘肃金昌化工(集团)有限责任公司等。国内自主开发了"浓酸矿浆法"工艺,郑州大学开展了"缩短和取消过磷酸钙堆置熟化期及改善产品物性的研究",原宁夏磷肥厂杨克敦等发明了过磷酸钙喷射式新型混合器，四川大学开发了含有机质的过磷酸钙。

国外主要采用"稀酸矿粉法"工艺，与我国同类型企业基本类似。世界上过磷酸钙的年产量自1980年以来，一直徘徊在700万～900万吨（折P_2O_5），占世界磷肥总产量的20%。主要生产的国家有澳大利亚、新西兰、埃及、巴西、越南、孟加拉国、哈萨克斯坦和津巴布韦等。目前，过磷酸钙在世界磷肥产量中是仅次于磷铵的第二大品种。

国内无论在"浓酸矿浆法"还是"稀酸矿粉法"工艺生产上均有独特之处，具有一定竞争优势。在技术创新、常规产品生产技术上可以达到或领先国外先进水平。国内在缩短和取消过磷酸钙堆置熟化期、改善产品物性或粒化、利用硫磷混酸生产富过磷酸钙、氟的回收利用和环境保护等方面积累了一定的经验。

（二）钙镁磷肥

鉴于我国磷矿杂质含量较高，含硫资源又不足，1953年我国磷肥加工路线确定为实行酸法、热法并举的方针。从1953年起，四川、云南、浙江、北京等地的工厂、研究和设计单位相继开展了钙镁磷肥（FCMP）的研制工作。第一套平炉法工业生产装置于1956年在四川乐山磷肥厂建成。此时，距世界第一套钙镁磷肥装置投产，即1946年美国用电炉生产熔融钙镁磷肥相距约10年。1958年，1座直径1.2米、高2.8米，水冷夹套炉体高炉在北京化工实验厂建成，产量为30～40吨/日，标志着高炉法钙镁磷肥工艺在我国正式出现。1959年，原化工部在浙江兰溪召开了全国第一次钙镁磷肥生产经验交流会，肯定了熔融钙镁磷肥品种，并推荐采用高炉法钙镁磷肥生产技术。1963—1964年，江西东乡磷肥厂（现江西磷肥厂）成功地将1座直径1.3米、容积13米^{3}和另1座直径2米、容积40米^{3}的闲置炼铁高炉，分别改造成3万吨/年和6万吨/年的熔融钙镁磷肥高炉，降低了能耗、稳定了操作，形成完善的高炉法钙镁磷肥，此后高炉法钙镁磷肥技术在全国迅速普及。1966年，我国熔融钙镁磷肥实物产量达到38.9万吨，已超过日本，居于世界首位。

我国对钙镁磷肥生产技术的贡献主要发明有"高炉法钙镁磷肥生产工艺"；原郑州工学院（现郑州大学）许秀成发明玻璃结构因子配料方法（可以使用16%P_2O_5以上的磷矿为原料）；原郑州工学院（现郑州大学）汤建伟编制钙镁磷肥配料工艺软件（获国家首批软件著作权）；采用"精料、大风、高温、高压"的工艺路线（产量提高1倍，焦耗降低40%）；广西鹿寨化肥有限责任公司、江西东乡磷肥厂、云南沾益磷肥厂等在节能降耗和三废治理等方面均取得成效；湖北武昌电厂旋风炉副产钙镁磷肥实现工业化；采用粉矿造块、白煤（无烟煤）代焦（炭）、制造粒肥，以及用含28%～30%P_2O_5的磷矿石生产特级钙镁磷肥（20%P_2O_5以上）等。

日本曾在1947—1966年间研制开发了电炉法和平炉法钙镁磷肥生产技术，在1960年中期向南非、巴西、韩国输出该技术并出口产品。1986年，日本钙镁磷肥产量约为35万吨，占其磷肥总产量的10%。日本、巴西、南非主要采用电炉法生产，电耗700～2100千瓦时/吨，电炉容量越大，则电耗越低，电炉法熔料中没有燃料灰分带入，产品质量高，操作环境好，易于操作控制。日本、韩国采用平炉法生产，每吨成品消耗180升重油。

中国在高炉法钙镁磷肥的研究、生产方面具有许多成熟经验，高炉法钙镁磷肥的能耗一般低于电炉法和平炉法，具有相对较强的竞争优势。电炉法适于有大量廉价电能或有季节性低峰电存在的地区生产。中国开发的旋风炉副产钙镁磷肥在能耗上优于高炉法、平炉法和电炉法，最具优势，但还存在一些技术和管理问题。

（三）硝酸磷肥

用硝酸分解磷矿制取氮磷复合肥料——硝酸磷肥，不用硫酸，可以解决硫资源不足的矛盾。

1956年，上海化工研究院工程师戴元法等开始试验研究工作。1964年，南京化学工业公司磷肥厂建成了年产3000吨硝酸磷肥的中间试验车间，用碳化法生产出含氮18%、五氧化二磷12%的产品。1965年，成都磷肥厂采用碳化法，建设年产13万吨硝酸磷肥的装置，后因故中断。1968年，南京化学工业公司磷肥厂在中间试验装置上，采用混酸法（硝酸和硫酸），进行了氮、磷、钾三元复合肥料的试验和生产；1978年又采用间接冷冻法，进行生产硝酸磷肥的中间试验，产品含氮27%、含五氧化二磷13.5%、水溶率大于65%。在此期间，上海化工研究院和化肥工业研究所还进行了直接冷冻法生产硝酸磷肥的试验研究工作，取得了一定的技术数据。

我国现有2套硝酸磷肥装置，即1984年我国自行设计的河南省开封化肥厂（开化集团）硝酸磷肥装置。该装置采用硝酸、硫酸混酸法分解磷矿，生产硝酸磷肥13万吨（含氮量24%，P_2O_5 14.5%，K_2O 0%）和NPK复肥（含氮量17%，P_2O_5 13.5%，K_2O 19%）3.5万吨，但由于技术问题，1998产量只能达到生产能力的50%左右；1987年投资16亿元引进挪威Norsk Hydro间接冷冻法技术，在山西（潞城）化肥厂（现天脊集团）建成以煤为原料的30万吨/年合成氨、54万吨/年硝酸和90万吨/年硝酸磷肥装置，日产能力2973吨（N 26.7%，P_2O_5 12.9%），是世界上最大的硝酸磷肥生产装置。但由于部分设备选型不当，酸不溶物分离效果差，磷矿质量不符合技术要求（P_2O_5>31.5%，MgO≤1%），经过10年来的不断改造提高，到1997年产量也只能达到64.55万吨，2005年实物产量62万吨。自山西化肥厂硝酸磷肥装置投产之后，我国未再建设硝酸磷肥装置。

1970年以后，在硫资源缺乏的欧洲，硝酸磷肥发展较为迅速，在罗马尼亚、匈牙利、保加利亚、前苏联等国都有一批大型装置投入使用。冷冻法工艺是世界上应用最广、能力最大且较有发展前途的一种方法。德国、法国、荷兰和瑞士也开发了一些生产方法，并建有试验装置，但其规模都未超过冷冻法规模，挪威的NorskHydro 冷冻法工艺已在挪威、东欧和中国建有 15 套装置。

（四）重钙

我国 20 世纪 60 年代开始研制重钙生产技术，并同时研制湿法磷酸和热法磷酸技术。1976 年建成的热法重钙装置（用热法磷酸）生产成本高；1982 年，依靠国内开发的技术和设备，在云南建成我国第一套湿法重钙装置（日产 110 吨 P_2O_5 磷酸和年产 10 万吨重钙），2005 年生产能力已达 20 万吨。

由于绝大部分地区磷矿难以满足其生产技术的要求，重钙技术在我国未得到大的发展。其中，"八五"期间引进的 3 套大型装置除了云南磷肥工业有限公司（大黄磷）外，有 2 套先后改产磷酸二铵（DAP）或 NPK。湖北荆襄大峪口年产 56 万吨重钙已改产年产 50 万吨 NPK 和年产 15 万吨磷酸一铵，贵州宏福两套年产 80 万吨重钙装置改造为年产 120 万吨磷酸二铵，并新建两套共年产 48 万吨磷酸一铵国产化装置。

由于重过磷酸钙属单一磷元素肥料，在国内市场销售不旺，加之贷款利息过高、工艺上对二次磷矿的反应活性要求较高等技术及经济原因，致使 20 世纪 90 年代国家花巨资建设的三个大重过磷酸钙项目除了云南磷肥工业有限公司（大黄磷）实行"债转股"，并成立云南富瑞化工外，有两套先后改产 DAP 或 NPK。

重过磷酸钙在 1960—1970 年间占到世界磷肥产量的 20%，1966—1967 年在美国一度达到磷肥总产量的 30%，后来发展速度减慢，1992 年以后美国仅剩一两家企业继续生产，年产 131.7 万吨 P_2O_5。近年来重过磷酸钙主要生产国有俄罗斯、法国、巴西、摩洛哥、印度尼西亚、阿尔及利亚、巴基斯坦和墨西哥等。

（五）磷铵

磷酸一铵（MAP）和磷酸二铵（DAP）统称为磷铵（AP），它是通过将磷酸通氨中和获得料浆后，经造粒、干燥得到的产品，具有物理性质和农化性质优良、养分含量较高的特点。

我国磷铵产品的研制和中间试验工作始于 20 世纪 50 年代。1966 年，南京化学工业公司采用国内开发的技术和设备，建成我国第一套 50 吨/日的 P_2O_5 磷酸和 3 万吨/年 DAP 生产装置，揭开了我国磷铵生产的历史。磷铵生产工艺分为"磷酸浓缩法"和"料浆浓缩法"，前者所用磷酸是用二水物湿法磷酸浓缩到 50%～54%（以 P_2O_5 计），再通氨中和；后者是将 20%～25%（以 P_2O_5 计）稀磷酸先与氨中和，再将氨中和料浆进行浓缩。其中"料浆浓缩法"磷铵是针对我国磷矿特点自主开发的磷铵生产新工艺，该工艺可以利用我国杂质质量分数较高的中品位磷矿（料浆法工艺要求 $P_2O_5 \geq 28\%$、$MgO \leq 2\%$；而生产高浓度磷肥，传统法工艺要求磷矿中的 $P_2O_5 \geq 30\%$、$MgO \leq 1.2\%$）。

1. "料浆浓缩法"磷铵工艺的特点及技术进展

我国自 20 世纪 80 年代开始对"料浆浓缩法"磷铵工艺进行研究。1988 年，原成都科技大学（现并入四川大学）、与原四川银山磷肥厂合作，针对四川金河磷矿［27% P_2O_5，3% MgO，5.8% R_2O_3（R_2O_3 指 Fe_2O_3 和 Al_2O_3 的混合物）］杂质含量高的特点，采用氨中和稀磷酸，双效浓缩料浆工艺，成功开发了具有自主知识产权的"料浆浓缩法"工艺，产品规格 11-42-0（即含 N 11%、P_2O_5 42%、K_2O 0%）P_2O_5 水溶率为 70%。

中和料浆浓缩是"料浆浓缩法"磷铵关键的创新技术，也是区别于磷酸浓缩再中和制磷铵的传统法的制备，使氨化反应热得到合理利用，流程简化，设备生产强度提高，实现了节能降耗，生产技术水平提高。"料浆浓缩法"磷铵工艺可以利用我国储量丰富但杂质含量较高的中低品位磷矿生产 MAP，为磷矿资源立足于国内提供了保障。二十多年来，经实验室研究、中间试验、工业示范与大型化等关键性技术的研究开发，"料浆浓缩法"磷铵单系列生产能力由 3 万吨/年扩大到 20 万吨/年，全国已建成近 300 万吨/年生产规模，现已成为我国磷铵生产的主要技术路线之一。该工艺在各个环节主要开发完善了以下技术："综合强化热平衡技术"、"外环流快速氨化反应器"、"中和浓缩一体化"、"稀酸管式氨化反应器"等。还成功开发了节能高效的"强制闭路循环蒸发"流程及相关设备，取代"开路循环"；成功地应用"无泵过料"、"无泵喷浆"技术，简化了流程，提高了开工率，改善了操作环境；成功开发了优质低耗的"料浆法磷酸二铵"工艺，使产品品种覆盖所有磷铵产品。"中和料浆浓缩法磷铵工艺"经过完善提高，其流程简单、运转稳定、腐蚀轻、能耗低、污染小、投资省、产品成本低、生产强度大等优势日益显著。

2001 年，四川大学通过对我国引进的十多套采用传统工艺生产磷酸二铵的大型装置进行分析、评价，发现了这些装置在不同程度上存在投资大、效益差、消耗高等问题，最后结合"中和料浆浓缩法磷铵工艺"的特点和技术可靠性，创新性地提出"传统法磷酸二铵与料浆法磷酸一铵装置联产"，并于 2002 年 7 月在贵州宏福实业开发有限总公司建成第一套年产 MAP 20 万吨的工业化联产装置，使"料浆浓缩法"在工艺技术再优化和装置规模大型化方面取得突破性进展。2003 年 12 月 22 日，由四川大学和贵州宏福实业开发有限总公司共同承担的"DAP 与 MAP 联产成套技术与装备"国家技术创新项目通过教育部组织的鉴定，项目集成了近年来料浆法磷铵工艺和装备取得的多项创新技术成果，采用了"强制循环氨化蒸发反应器"技术、"中和蒸汽二次利用节能"技术、"高效热风炉加热空气"技术、"料浆中和度在线测定控制"技术、DCS 控制系统等多项创新技术。实践表明，料浆法工艺不仅适合国产中品位原矿，同样适用于国内最优质的精选磷矿，可以生产出符合国际通行质量标准的优质磷酸一铵（12-52-0）产品，而且装置运行更加稳定可靠。

2. 引进大中型磷铵装置及技术的消化吸收

"八五"及"九五"期间引进了许多大中型高浓度磷复肥装置，1987 年 12 月安徽铜陵12万吨/年DAP装置（Iprochim技术）、1989年南（京）化磷肥厂和1990年大（连）化磷铵厂各24万吨/年DAP-21.6万吨/年NPK装置（Davy-TVA技术）、1990年12月河北秦皇岛中阿化肥公司48万吨/年DAP-60万吨/年NPK装置建成（AZF技术）、1992年建成的云南云峰24万吨/年DAP-20万吨/年NPK装置（Davy-TVA技术）、1996年湖北黄麦岭磷化工集团公司18万吨/年MAP装置（Jacobs技术）、1997年甘肃金昌12万吨/年DAP装置（AZF技术）、1999年广西鹿寨化肥有限责任公司24万吨/年DAP装置（Espindesa技术）装置。随着高浓度磷复肥装置的引进，同时引进了多项MAP、DAP和NPK技术，如美国Davy-McKEE管式反应-转鼓氨化造粒技术、法国AZF双管反应器制DAP技术、西班牙ERT-ESPIND单管反应一次氨化技术，这些项目和技术使得我国磷复肥生产和技术水平与国外同行基本保持一致。

大型引进装置在运行中，工艺得到不断完善，例如中阿化肥公司在武四海的组织下，在法国AZF工艺基础上，成功地开发了"SACF粒状复合肥生产新技术"，使产能明显提高，成本降低。引进的法国AZF双管式反应器要求必须使用进口高品位磷酸，成本很高。而新技术不仅可使用低品位国产磷酸，而且还可以用磷酸一铵部分替代进口磷酸。新技术生产稳妥可靠，产品的P_2O_5水溶率高、外观好，质量容易控制，尤其是在对原料的适应性、产品转换灵活和操作简单等方面具备非常大的优势，今后一段时间内有可能成为首选流程。

在引进技术的基础上，1991年10月在江西贵溪化肥厂建成第一套大型国产化24万吨/年DAP装置，该装置采用预中和、料浆造粒工艺技术；1993年云南红磷（原红河州磷肥厂）建成国产化12万吨/年DAP装置。

"十五"期间我国又分别在云南三环嘉吉化肥有限公司（60万吨/年DAP装置）、贵州开磷集团（原开阳磷矿）（24万吨/年DAP装置）、重庆涪陵化工（24万吨/年DAP装置）、云南富瑞公司（60万吨/年DAP装置）等建成4套大型磷铵装置。同时许多企业对原有装置进行挖潜改造及重新扩建，使我国DAP装置生产能力在"十五"末期（截至2005年底）达到660万吨/年，MAP装置能力达到约719万吨/年。通过消化吸收引进技术和采用自主开发技术，国内部分经营状态和资源条件较好的磷肥企业正在建设的一批大中型磷铵装置中，关键设备和备品配件的国产化率已达到90%以上。

3. 湿法磷酸技术的发展

磷酸是生产磷酸盐的重要原料，也是磷铵生产的初级产品，其来源有热法（电炉法）磷酸和湿法（酸分解磷矿）磷酸。磷铵装置基本配套建有相应的湿法磷酸装置。

我国20世纪50年代初即对磷酸生产技术进行了系统研究，但工艺技术未取得突破性进展。1986年利用国内技术在云南磷肥厂建成7.5万吨/年（P_2O_5）装置，采用二水法工艺（单槽多桨）。"七五"与"八五"期间（1986—1995年）依靠我国自主研发的料浆法磷铵技术建设了85家年产1万～3万吨磷酸一铵企业，其中磷酸生产总能力约130万吨。

20世纪80年代起，为加速我国磷复肥工业发展步伐，赶上世界磷复肥生产先进水平，我国在引进11套大中型磷复肥装置时，配套引进了世界上几乎所有先进的湿法磷酸生产工艺，磷酸装置能力合计120万吨 P_2O_5，见表2-8。

表2-8　我国20世纪80年代引进的大中型湿法磷酸装置及工艺

装置所在地	装置规模（P_2O_5计）/（万吨/年）	生产工艺	工艺技术来源	投产日期
铜陵磷铵厂（六国化工）	6	传统二水法	罗马尼亚	1987-12
贵溪化肥厂	12	二水法（单槽单桨R-P）	法国Speichim公司的R-P	1991-10
云峰化学有限公司	8	二水法（Prayon Mark4）	比利时Prayon	1992-12
红河州磷肥厂	6	半水-二水法工艺	Hydro，Agri	1993-06
湛江化工厂	3.3	半水法	美国西方石油公司的OXY	1994
云南磷肥工业有限公司（富瑞公司）	6 14（双系列） 1	黄磷 热法 磷泥制酸	列宁格勒基本化学设计院 Hoechst	
黄麦岭磷化工公司	9.3	二水法（Jacobs工艺）	美国Jacobs公司	1996
荆襄磷化工公司（大峪口）	20.7	二水法（Jacobs工艺）	美国Jacobs公司	1997
金昌化工总厂	6	二水法（R-P）	法国Speichim公司的R-P	1997
鹿寨化肥总厂	12	二水法	美国Roytheon公司的Badger工艺	2000-06
瓮福磷肥厂	30	二水法	Prayon	1998

目前我国湿法磷酸年产量约1000万吨。二十多年来，我国在吸收消化国外先进技术的基础上，通过自主研发，湿法磷酸设计、生产水平有了很大提高。20世纪末，我国工程公司开发了具有自主知识产权的磷酸生产工艺技术，且具备自主设计、建设大型装置能力，相继建成十多套大中型磷酸装置。如：五环科技股份有限公司2001年获得二水物湿法磷酸生产工艺国家专利，并在云南建设6套装置、在贵州瓮福公司和云南大黄磷基地各建1套装置，均运行良好。采用国内二水法技术建设的大型湿法磷酸装置见表2-9。

表 2-9 采用国内二水法技术建设的大型湿法磷酸装置

建 设 单 位	设计能力（以 P_2O_5 计）/（吨/日）	装 置 数
陕西复肥厂等	100	8
云南三环化工有限公司①	180（浓缩 75×2）	1
六国化工股份有限公司等	200	2
云南三环化工有限公司等	250	3
云南三环化工有限公司	1000	3
瓮福磷肥厂	1000	1
云南磷肥基地	1000	1
中化开阳磷肥厂	1000	1
云峰化学工业有限公司	500	1
云南天湖	340	1

① 浓缩为日产技术。

目前我国大型磷酸装置生产技术已经达到世界先进水平。其中云天化国际化工股份有限公司已形成 230 万吨/年磷酸生产能力，并采用国内技术建成 30 万吨/年大型磷酸装置；其红磷化工有限责任公司原引进的半水-二水再结晶浓缩工艺生产湿法磷酸装置，通过改进设备管道材质和改进系统堵塞冲洗办法，年生产量也已达 7.8 万吨 P_2O_5（设计能力 6 万吨/年）。

瓮福（集团）公司通过技术改造，两套原设计能力 30 万吨/年和 20 万吨/年装置目前均已达到 80 万吨/年生产能力；对水平衡采取分级综合利用，回收高磷废水中的 P_2O_5，2009 年 6 月成功实现废水零排放；在四川达州新建的循环经济园区集磷、硫、天然气、盐卤为一体，一期 30 万吨/年磷酸中 20 万吨/年用于生产工业级、食品级和电子级磷酸。

安徽六国化工股份有限公司三套磷酸磷铵装置采用稀、浓酸均化工艺，克服磷矿品位波动带来的负面影响，稳定了浓磷酸质量；2010 年 3 月 18 日该公司大合成氨暨精制磷酸项目开工建设，采用的"溶剂萃取法净化技术"磷酸净化技术工艺先进、低碳环保、无污染物排放，项目建成后年销售收入约 20 亿元，利税 4.5 亿元。

广西鹿寨化肥有限公司改进磷酸装置的球磨、反应、过滤、浓缩、澄清、贮存等工艺和淤渣利用后，稀磷酸生产能力可达到 15 万吨/年（折 P_2O_5），总磷回收率由 88% 上升至 93%，经济效益显著。

秦皇岛华瀛磷酸有限公司针对二水法商品磷酸存贮中产生大量沉淀盐和继沉淀盐问题，运用立式板框压滤机处理酸渣，商品磷回收率提高约 7%，相对过去排渣造肥法，每年经济效益提高约三百余万元，并着重解决了生产中腐蚀、结垢、滤布和隔膜使用寿命短等问题。

我国自主建设的小型磷酸装置通过采取磷矿均化、使用配矿、采用 ZL 型真空冷却装置移走反应热提高装置能力等技术改造和生产工艺攻关,生产能力不断扩大。如 1993 年 7 月投产的江苏瑞和化肥有限公司二水湿法磷酸装置,对磷酸供矿、萃取、过滤工序改进,磷酸年产量已由 1.5 万吨 P_2O_5 提高到 7.5 万吨 P_2O_5。

20 世纪 80 年代初,相当一部分企业对磷矿质量的认识比较片面,认为磷矿品位(P_2O_5 含量)是评价磷矿质量的唯一指标,磷矿的价格也依此作价。到 20 世纪 90 年代,一部分企业逐渐认识到 Fe_2O_3、Al_2O_3、MgO 等有害杂质对磷酸生产的影响比磷矿品位的影响更大,于是采取严格控制进厂原料磷矿质量和科学配矿等措施,使矿浆质量保持稳定,从而全面达到标准的要求;采取控制矿浆水分和细度,以利于硫酸钙结晶生长和保证磷矿萃取率。

我国大中型磷酸装置建设之初,是以优质磷矿的性能和成分为依据设计的;装置投产后,一部分企业因得不到这种优质磷矿从而增加了生产难度,技术经济指标长期达不到设计要求。小磷酸厂的供矿情况则更差,不但品位低,有害杂质含量高,而且供矿点多而杂,致使生产更加困难。

热法和湿法两种磷酸生产法相比较,热法磷酸所消耗的热能约为湿法磷酸的 3.4 倍,电能消耗约高 13.4 倍。湿法磷酸通过净化代替热法磷酸,质量上能适应不同要求,成本较低,净化后湿法磷酸制得的磷酸盐成本降低。氟化物是湿法磷酸的主要杂质之一。由于氟化物在工业上有广泛用途,因此,在湿法磷酸净化过程中,可回收其中的氟化物制副产品,既提高了过程效益,又提高了资源利用率。

4. 磷铵大型国产化装置成功建设,投资大幅降低

在原化工部组织下,制造厂和设计单位对设备、仪器进行了系统开发与制造,为实现国产化、大型化打下了坚实的基础,如系列耐酸泵、大型料浆循环泵、大型冷风机、热风机、大型减速机、搅拌机、大型翻盘过滤机、大型转台过滤机、低位真空冷却装置、空气喷洒冷却器、大型内返料喷浆窑、振动筛、流化干燥塔(制粉状磷铵)、湿法磷酸的 SO_3 与中和料浆的 pH 自动在线分析仪等一系列设备和仪器。

"料浆浓缩法"磷铵工艺充分挖掘装置潜力,实现装置能力翻番甚至翻两三番,大幅度降低了消耗和成本。原设计能力年产 3 万吨的生产装置,仅再投入相当于两套装置的投资(即扩能投资与原建装置投资相当),装置能力达到年产 24 万吨,每吨生产能力投资不到 300 元。料浆法磷铵装置在规模上可与进口大型"传统法"磷铵装置媲美。

在工程设计实现国产化及确保大型装置先进可靠的前提下,推动设备国产化取得了突破性进展。我国自行建设了云南三环 30 万吨/年湿法磷酸装置、60 万吨/年磷酸二铵装置、60 万吨/年硫黄制酸装置,云南富瑞 30 万吨/年湿法磷酸装置、60 万吨/年磷酸二铵装置、80 万吨/年硫黄制酸装置。6 套大型装置中,硫黄制酸装置仅引进了当今世界上质量最好的钒催化剂及纤维除雾器的"关键部件";湿法磷酸

装置除低位闪蒸料浆泵及部分萃取搅拌桨外，基本实现了国产化；大型磷酸二铵装置所需设备，需要引进的设备品种相对稍多，主要是返料与干燥斗提机（机壳由国内加工制造）、破碎机、筛分机、造粒和干燥尾气风机等。从这 6 套大型装置的运行状况看，除硫酸低温热能回收利用外，装置的整体技术与管理水平已达到国际水平。

三、磷肥工业技术突破和重大发明

（一）钙镁磷肥生产工艺

1. 高炉法钙镁磷肥生产工艺

1963 年 6 月和 1964 年 2 月，江西（东乡）磷肥厂将闲置的两个炼铁高炉分别改造成 3 万吨/年和 6 万吨/年的熔融钙镁磷肥高炉。高炉采用腰鼓型炉型、水夹套冷却炉腹、双料钟加料、高料柱操作，并且使用 300℃左右的热风，降低高炉的燃料消耗，生产强度由 1.5 吨/（米^3·时）提高到 2.8～3.1 吨/（米^3·时），炉料顺行，操作正常。在使用含镍 0.2%～0.3%的蛇纹石做配料时，每吨钙镁磷肥可副产镍磷铁 15 千克（含镍 4%～6%，磷 8%～15%，硫≤0.5%），高炉法钙镁磷肥巧妙地利用水冷炉壁，使高炉内焙融渣冷凝，凝渣对炉体起了保护作用，从而解决了钙镁磷肥生产高温下炉体腐蚀的世界性难题。该成果于 1964 年获国家科委发明二等奖。

2. 玻璃结构因子配料方法

1958 年，小高炉经改造后可用于生产钙镁磷肥。河南化工学院（原郑州工学院化工系前身，现为郑州大学化工学院）青年教师许秀成在研究中发现日本学者对钙镁磷肥玻璃体的物性、生产工艺条件进行了大量的实验室研究，但未上升到理论高度建立数学模型用于指导生产。许秀成根据日本学者实验室的研究结果，按玻璃体结构"网络-晶子"学说，提出应以"Ca-PO$_4$-F"近程有序的雏晶和[SiO$_4$]$_n$、[AlO$_4$]$_n$ 远程无序的网络来构建成钙镁磷肥玻璃体，并设想：钙镁磷肥生产的核心是构建合适大小的网络，既要足以阻止雏晶长大，又要使雏晶易于被作物根系吸收利用。他建立了表征玻璃网络大小的数学模型及数学表达式，利用当时仅有的齿轮转动手摇计算机，处理日本的实验数据，创立了以理论分析为基础的"钙镁磷肥系用玻璃结构因子配料方法"。1963 年，27 岁的中国青年教师超越了日本学者，使钙镁磷肥生产配料从"经验模数"提升为有理论指导的数学解析。1979 年 5 月，该成果在上海召开的全国化肥学会成立大会及化肥科技发展方向讨论会上介绍后，立即引起时任化工部化肥司总工程师冯元琦的关注，在全国组织试验并推广。20 世纪 80 年代，"玻璃结构因子配料方法"先后在云南光明磷矿厂、江西（东乡）磷肥厂、湖北刘家场磷肥厂及河南信阳磷肥厂进行了工业应用验证。在原化工部化肥司磷肥处的领导下，举办了多次全国培训班，在全行业推广，致使全国钙镁磷肥厂大

多使用含 P_2O_5 16%~24%的低品位磷矿生产含有效 P_2O_5 12%~18%的钙镁磷肥。1993—2002 年 10 年间，我国共生产钙镁磷肥约 5500 万吨实物，平均养分约 15% P_2O_5，直接利用了约 6000 万吨低品位磷矿，产生了巨大的经济效益和社会效益，大大提升了资源可持续利用。该成果于 1983 年获国家发明四等奖。

3. "精料、大风、高温、高压"的工艺路线

浙江绍兴钢铁厂拥有我国最大的一台钙镁磷肥高炉，容积 82 米^3，多年来坚持精料入炉，采用大风量、高风温，强化高炉生产，是国内焦耗最低的先进单位；鹿寨化肥厂自 1980 年以来，对 45 米^3 高炉进行了技术改造，不断完善设备结构，加强煤气净化，提高热风温度和采用精料入炉等，使产量增加了 1 倍左右，焦耗降低 30%，能耗也达到了全国最低水平。

4. "钙镁磷钾肥"产品技术开发

在钙镁磷肥生产过程中，加入其他营养成分，可以配制成含有多种营养成分的混合肥料。例如，江苏、湖南、江西等省的一些钙镁磷肥厂，在生产过程中加入钾长石代替硅石配料，可制成含枸溶性 K_2O 2%~3%的钙镁磷钾肥；四川省峨眉高桥磷肥厂用含 K_2O 3%~6%的磷矿为原料，直接生产出钙镁磷钾肥；四川成都、江西（东乡）等磷肥厂，在肥料或生产原料中加入氮、钾、硼等，生产氮磷钾混肥及钙镁磷硼肥。

（二）国内自主开发的"浓酸矿浆法"过磷酸钙工艺

"浓酸矿浆法"是我国四川、福建、江苏等省磷肥生产企业的技术人员针对当地雨水多、雨季长、建设磷矿原料仓库投资大、磷矿固体粉料输送困难等问题，经过长期探索，在 20 世纪 60 年代自主创新开发的过磷酸钙生产新工艺。它巧妙地将浓硫酸的稀释配酸用水转移到磷矿的湿磨当中，直接以 92.5%~98%的浓硫酸与经过加水湿磨的磷矿进行混合，再经化成、熟化工序制成粉状过磷酸钙。其主要优点是经计量后的浓硫酸加入混合机与湿磨后的磷矿矿浆反应，省去了"稀酸矿粉法"需加水稀释配酸和冷却调温的过程；磷矿加水湿磨，不需要干燥，可以不担心雨雪淋湿而露天堆放，免去了仓库建设投资，同时节约了燃料；磷矿湿磨比干磨电耗低、生产强度高，提高了生产能力，减小了设备体积；磷矿湿磨比干磨粉尘少，改善了操作环境和劳动条件。缺点是磷矿湿磨比干磨对磨机中的钢球损耗要高 4~6 倍；为使矿浆易于流动、便于输送，其最低含水量应因矿种而异。亲水性磷矿的矿浆最低含水量偏高，则使过磷酸钙成品水分超过质量标准要求，导致产品黏湿易结块，影响产品物性。

（三）"料浆浓缩法"磷铵工艺

由于我国磷矿资源 90%以上为难选中低品位胶磷矿，用"传统法"生产磷铵，磷酸浓缩加热器结垢严重，垢层坚硬、致密，无法清洗，长期未能实现工业化，严重制约了我国高浓度磷复肥的发展。

原成都工学院（后改为成都科技大学，现并入四川大学）钟本和、张允湘等从20世纪70年代开始，针对以上难题进行了浓缩磷酸和磷铵料浆两种垢层物相组成与结垢机理的系统研究，磷铵料浆物化性能的研究，以及浓缩料浆流变性能的相关系数研究。结果发现：国产中低品位矿的湿法磷酸氨中和时杂质首先析出，在弱酸性条件下浓缩的垢层物相以疏松多孔并易清洗的化合物及磷铵为主，完全不同于浓缩磷酸生成无法清洗的致密坚硬垢层；氨中和的盐溶液沸点较磷酸溶液明显下降，为工业生产实现多效浓缩降低蒸汽消耗提供了可靠的依据。根据研究提出了以中品位磷矿为原料，用浓缩磷铵料浆代替浓缩磷酸的"料浆法磷铵新工艺"。1984年，在时任化工部化肥司磷肥处副处长林乐等人的积极支持下，钟本和、张允湘与四川银山磷肥厂魏文彦等经过模试、"六五"中试攻关和"七五"的3万吨/年工业试验，实现了核心技术"双效料浆浓缩"的长期稳定运行及料浆法磷铵的工业化，结束了国产中品位矿不能生产磷铵的历史，改变了全国高浓度磷复肥长期依赖进口的被动局面。随后在全国21省市建成3万吨/年装置80多套，后又经改扩建，现料浆法磷铵产量已达600万吨/年，产量已占磷铵总量60%以上，磷肥总量的25%以上，实现了装置的大型化国产化。若以年产600万吨计，年产值可达120亿元，利税近20亿元，以每千克磷铵投入增产粮食3千克计，可增产粮食1800万吨，扣除肥料成本的农业增产效益每年近200亿元，取代进口节汇达13亿多美元，其经济效益和社会效益是显而易见的。

工业化的实践表明，与"传统法"相比，"料浆法"具有对磷矿适应性强，可直接利用传统法不能使用的大量中品位磷矿生产磷铵的优点，使全国磷复肥厂家大多使用 P_2O_5 26%～28%的中品位磷矿生产含有效 P_2O_5 44%～48%的高浓度磷铵。采用料浆法，浓缩料浆具有腐蚀性小、设备材质易解决、运转周期长、料浆浓缩加热器不易结垢和垢层易清洗。该成果被国家计委列为"六五"以来我国科技战线八大成果之一，已成为我国高浓度复肥生产的主要技术路线。

2001年，钟本和、张允湘和应建康等提出"传统法磷酸二铵与料浆法磷酸一铵装置联产，以后者促进、改善前者的生产和经营状态"的全新思路。后来将此思路及其优越性、可行性的详尽论证推荐给拥有我国最大规模磷矿肥基地的贵州宏福实业开发有限总公司，这个科技创意在10个月内便在1套年产20万吨粉状磷酸一铵大型国产化装置上得以实现，有力地促进了引进磷酸装置和DAP装置的扩能降耗，装置自身也达产达标，实现稳定生产，在建设进度和达产速度上创造了我国磷肥工业的一项新纪录。

贵州宏福实业开发有限总公司采用新装置生产的粉状磷酸一铵是目前国内（外）物性、质量最好的粉状产品，具有国内、外两个市场。新建的20万吨/年粉状磷酸一铵装置决算投资1960万元，每吨生产成本不到100元。但其新增销售额年增加27%，产出投入比高达14.5。

"料浆浓缩法"磷铵工艺系列技术 1986 年获化工部科技进步一等奖,1988 年获国家科技进步一等奖,由于"料浆浓缩法"磷铵工艺技术在工程化、工业化和大规模推广中陆续取得了巨大成绩,1995 年又获化工部科技进步一等奖和国家发明专利,1996 年获首届"亿利达"科学技术奖,1999 年获教育部科技进步特等奖。2004 年,"大型料浆浓缩法磷铵国产化装置"项目获国家科技进步二等奖。

(四)"全国磷资源开发系统研究"

"七五"国家科技攻关重点项目——"全国磷资源开发系统研究"成功完成。该项目运用系统工程的方法,从地质、采矿、选矿、化学加工、环境保护、交通运输、原材料及能源供应等方面按照统一的指标体系对全国八个大磷矿区进行了深入的评价,并建立了全国磷资源开发决策支持系统,对我国磷资源开发的方针及规划提出了详细的建议。该项目获得国家科技进步二等奖及化工部科技进步一等奖。时任化工部科技总院副院长的成思危教授担任该项目总负责人,他负责制定项目的总体方案,组织研究队伍,提出磷矿区的评价指标体系,建立磷资源战略规划模型,作出磷资源开发决策支持系统的总体设计等,在该项目中起到了关键的作用。

(五)磷石膏联产水泥生产硫酸

20 世纪 90 年代末,随着高浓度磷复肥工业的快速发展,配套的湿法磷酸产量迅速增大,每年副产磷石膏 300 万吨以上,解决磷石膏的排放和再利用问题日益突出。从 1983 年起,原山东无棣硫酸厂(现鲁北化工总厂)、济南裕兴化工厂、山东省化学研究所共同完成了 7000 吨/年盐石膏制硫酸联产水泥工业性实验。在前期的盐石膏工业性实验工作基础上,1990 年,原化工部在山东鲁北化工总厂投资,与 3 万吨/年磷铵装置配套,建成了利用磷石膏制 4 万吨/年硫酸和 6 万吨/年水泥装置(简称 3-4-6 工程),为磷石膏作为制硫酸和联产水泥原料积累了生产经验。这是国内第一套磷铵-硫酸-水泥联合生产装置。考核结果表明,装置生产能力超过设计能力的 15%。1999 年鲁北化工总厂 15-20-30 工程,即 15 万吨/年磷铵、20 万吨/年硫酸、30 万吨/年水泥项目投入运行。这些装置的建成,实现了经济效益、社会效益和环境效益的三统一,符合生态工艺的循环经济原则,使资源得到充分利用。

(六)PRSF-制粉状磷酸一铵新工艺

四川大学张允湘等开发了"PRSF-制粉状磷酸一铵新工艺(低压管式反应喷雾流化法制粉状 MAP 工艺)",该工艺采用磷酸与氨在管式反应器内中和,磷铵料浆逆流喷雾流化干燥,用一般低压离心泵代替价格高、维修麻烦的高压三缸泵,充分利用中和热与闪蒸技术,节能显著;可使用含磷量高达 20%的磷酸淤渣酸,淤渣酸不再返回磷酸系统,从而大大改善磷酸生产环境,提高磷酸生产能力;沸腾热风炉间接换热使用劣质粉煤技术;粉状 MAP 干燥尾气高效自动除尘技术,显著减轻人工清理的劳动强度，改善环境条件，延长生产周期，大幅度提高生产能力。利用该工艺建设的20万吨/年粉状MAP项目于2006年7月13日在云南云峰公司通过鉴定。

四、"十一五"期间磷酸技术发展

（一）湿法磷酸净化技术取得较大突破

四川大学于2005年9月与重庆涪陵化工有限公司合作，用原矿（未精选的矿）稀磷酸进行1万吨/年磷酸净化小型工业性试验，2006年7月通过鉴定。川大-涪陵公司法磷酸净化技术采用"塔-塔-塔"三塔流程。该工艺流程短、操作稳定、能耗低、投资省、产品质量好、设备材质完全国产化。截至2010年，四川大学开发的溶剂萃取净化湿法磷酸新技术已在3套年产量5万吨级装置上实现工业化应用，目前正在向更大规模推进，新建装置也在积极筹划中。这项自主技术将使磷化工产品向精细化、高档化转变，极大拓宽磷化工发展领域。

湖北三宁化工股份有限公司68万吨/年磷复肥工程的子项目万吨湿法磷酸精制2011年3月正式投料，68万吨/年磷复肥工程所有单体项目全部建成。该湿法磷酸精制技术是与华中师范大学联合开发研制的。该公司正着手10万吨/年湿法磷酸精制项目的立项申报。

川大-宏福公司湿法磷酸净化技术采用"萃取-洗涤-反萃"和"槽-槽-塔"结合工艺获得工业级净化磷酸，生产装置运行良好。

（二）磷酸装置技改取得的成果

1. 湿法磷酸装置中原料的闭路湿磨工艺、湿法磷酸浓缩复合添加剂的开发应用

云南的磷肥企业采用两段一闭路流程（粗磨-分级-细磨-浓密），选用湿式棒磨机、湿式球磨机、斜窄流分级机和高效深锥浓密机，成功地运用于云天化国际、三环、云峰、富瑞化工和弘祥化工，对4家公司以往的工艺进行改进，达到良好的磨矿分级效果。其中云南云天化国际化工股份有限公司天湖分公司通过采用闭路二级脱水新工艺，使磷收率由91.06%提高到94.25%，矿浆浓度提高，节约了洗水用量，可回收污水27万吨/年，使湿法磷酸生产的水平衡问题得到彻底解决；25万吨/年P_2O_5装置技改实施后，可创效益超过1000万元。此外，研究开发的湿法磷酸生产复合添加剂，应用于以上企业后改善了磷酸浓缩设备、管道的结垢状况，提高浓缩蒸发强度，降低蒸汽消耗。其工业试验结果：介质流速快的管道不结垢；介质流速慢的设备、管道虽然结垢，但垢层很疏松，易于流程清洗；使用该添加剂，磷酸浓缩蒸发强度（装置产量）提高17.5%，蒸汽消耗下降9.5%。

2. 二水物湿法磷酸生产工艺、设备的优化改进

云南三环中化化肥有限公司针对国内湿法磷酸生产中冷却水循环工艺和反应槽、消化槽的结构方面存在的问题，提出了优化改进方案，并在30万吨/年P_2O_5

大型湿法磷酸国产化装置上实现了产业化应用。

3. 大型湿法磷酸装置使用低品位磷矿的工艺技术

优质磷矿资源的逐渐枯竭直接影响了传统的磷酸、磷铵生产，大量磷酸淤渣处理困难，装置效率难以提升。针对这些问题，安徽六国公司先后开展了一系列低品位磷矿磷酸生产技术攻关，攻克了低品位磷矿在传统法磷酸生产中使用这一难题。

针对宜昌低品位磷矿，通过 $CaSO_4$-H_3PO_4-H_2SO_4-H_2O 四元相图，研究二水湿法磷酸工艺，得到扩大低品位磷矿生产硫酸钙二水结晶稳定区的条件范围，并在生产中应用，获得湿法磷酸生产优惠的工艺技术指标，过滤速率大幅提高。同时，开发了磷酸浓缩系统阻垢、清洗工艺新技术，并在生产中实施，提高了浓缩效率。

4. 美国 Badger 湿法磷酸工艺技术创新

广西鹿寨化肥有限责任公司在"十一五"期间，逐步开发了 Badger 湿法磷酸工艺快速萃取结晶技术（含反应器内多余热量的快速移除技术、磷矿快速反应技术、石膏结晶改性与石膏料浆助滤技术），浓缩清洗技术（浓缩系统清洗技术、高效氟吸收技术），生产废水"零排放"技术。2010年，装置的等温反应器的萃取结晶时间由原设计 4 小时缩短到 2.6 小时，磷酸装置产能由原设计 12 万吨/年 P_2O_5 提高到 15 万吨/年 P_2O_5，增幅 25%，P_2O_5 萃取率达到 96.4%，磷石膏的水溶性磷质量分数下降到 0.24%，P_2O_5 总回收率达 95.86%。装置的 P_2O_5 萃取率、P_2O_5 总回收率完全达到了原设计在使用云南晋宁优质擦洗磷矿条件下的设计值。

5. 二水法改二水-半水法生产湿法磷酸的技术改造

山东鲁北化工集团将二水法生产磷酸工艺改造为二水-半水法工艺，技改后，磷酸的 P_2O_5 质量分数由 22% 提高到 35%，磷石膏中 P_2O_5 质量分数由 1.5% 下降到 0.2% 以下，磷石膏中的 H_2O 结晶质量分数由 14%～16% 下降到 4%～8%，每年节煤约 1.5 万吨，综合新增效益 1786 万元，磷石膏质量完全满足水泥生产的要求。

6. 二水湿法磷酸装置扩产改造

江苏瑞和化肥有限公司为提高湿法磷酸装置的生产能力，采取优化工艺、设备改造、提高开车率等系列措施。改造后单套磷酸装置产量（以 P_2O_5 计）由 1.5 万吨/年提高到 7.5 万吨/年，经济效益明显提高。

（三）磷酸装备制造能力进一步提高

"十一五"末期，我国大型湿法磷酸生产的主要设备（过滤机、搅拌桨、浓缩循环泵等）继续向大型化、多功能、性能优良化发展。截至 2010 年 12 月国产翻盘式真空过滤机的总面积，最大已可达 160 米^2（"十五"末期为 120 米^2），结构得到进一步优化，产量高、能耗低；转台式真空过滤机已经投入运行的单台面积最大为 260 米^2（比"十五"末期的 140 米^2 增加近 1 倍），已具备 320 米^2 过滤机的能力。

四川大学开发的腰形反应结晶器能将湿法磷酸萃取槽中发生的化学反应过程和磷石膏结晶过程分开，使其在各自的优惠工艺条件下进行，同时又能自动、适量地为反应区回浆返料提供晶种，所得 $CaSO_4 \cdot 2H_2O$ 结晶均匀、粗大。该反应器生产强度高，磷矿分解率、磷石膏洗涤率分别大于 97.5%、99.5%，反应速率常数比多格方槽反应器大 40%，是单槽单浆反应器的 2 倍，且结构较简单，是一种优秀的磷矿酸解反应器。

湖北大峪口化工有限责任公司 20 万吨/年 P_2O_5 磷酸装置湿法排渣输送磷石膏的原主要设备——双级渣浆泵系德国进口，运行中存在问题较多。选用 2 台串联国产泵代替进口泵，并在串联的第 1 级泵加变频调速，控制流量，年节约能耗 60 万元，维修费用也大为减少。

青岛东方化工集团有限公司应用在磷酸浓缩工艺中新型组合列管式石墨换热器，采用石墨块材为结构材料，两端管板均为固定管板，管板与换热管之间采用高弹性耐磨材料，实现弹性密封的连接，单管伸缩，消除了温度不均导致的应力破坏。设备全部采用承插式活连接，换管简单，维修方便，其价格仅为国外进口价的 1/10。

（四）热法磷酸技术进展

热法磷酸反应余热利用取得突破，由云南化工研究院主持，清华大学等多家单位共同参与完成的磷酸余热锅炉工艺，已装备到我国多家黄磷生产企业，年可节约标准煤 34 万吨、冷却水 767 万吨、电 1408 万千瓦时，减排二氧化碳 85 万吨、煤渣 18.5 万吨、二氧化硫 1.6 万吨。

五、"十一五"期间磷复肥技术发展

以瓮福集团为代表的技术先进企业"十一五"期间积极开展境外项目：越南 32 万吨/年 DAP 项目总包（CNCCC 与东华联合）、沙特曼阿顿 12.5 百万吨/年磷矿选厂中标（瓮福）、为澳洲昆士兰磷矿及磷加工提供技术服务（瓮福）等，标志着我国磷肥工业技术装备达到世界先进水平，已由技术引进转向技术输出。磷复肥生产技术取得以下主要成绩。

（一）料浆法磷铵的技术再创新

10 万吨/年料浆法 MAP 装置设计的技术创新。2009 年四川大学在设计安徽新中远化工股份有限公司 10 万吨/年 MAP 装置中，采用了三项创新技术：反应结晶器，用于粉状磷铵干燥塔热风用的蒸汽-空气翅片换热器以及干燥尾气沉降室中的全自动刮料机等。该项目采用特殊设计的翅片换热器，加热蒸汽走管内，通过管外的翅片与管间空气换热，设备体积大大缩小；提高重力沉降效果，清理粉尘十分方便，极大改善了工作环境。

酸性料浆浓缩配转鼓氨化造粒工艺，2006 年对开磷集团股份合作公司的复肥装置进行改造，建成 20 万吨/年 DAP 装置，采用酸性料浆浓缩配转鼓氨化造粒工艺，产品总养分可达 62%以上，粒度均匀，着色容易。

（二）传统 DAP 与料浆法 MAP 联产技术再创新

安徽六国公司与四川大学合作，通过消化吸收再创新，建成一套以原有二套磷酸装置的淤渣酸为原料生产粉状 MAP 的工业化装置。该工艺以部分含淤渣稀磷酸和浓缩过程产生的淤渣淤酸及磷酸二铵尾气的稀磷酸洗涤液为原料，用料浆浓缩法生产粉状磷酸一铵，既改善了磷酸二铵尾气的洗涤状况，保证磷酸二铵正常生产和质量要求，又充分利用了淤渣和淤酸，生产成本大幅下降。2010 年，安徽六国化工股份有限公司与四川大学合作开发的"传统法 DAP 与料浆法 MAP 联产新工艺"项目通过鉴定，获得 2010 年度中国石油和化学工业联合会自然科学类科技进步三等奖。

（三）DAP 装置的工艺优化和节能改造成效

大型 DAP 装置的工艺优化和节能改造，瓮福（集团）有限责任公司对 DAP 装置若干工艺优化和改造措施，达到了节能减排效果，DAP 装置能量单耗（折标准煤）逐年下降，从最高 40.62 千克/吨降至 34.118 千克/吨。

云南云天化国际化工股份有限公司天湖分公司进行了磷酸二铵装置工艺流程的优化：控制生产中 DAP 返料量，拆分造粒尾气及干燥尾气洗涤单元，解决烘干机进口热风管易堵塞的问题。通过局部工艺流程优化和设备改进，产品产量及质量均大幅度提高。

磷铵系统及污水处理系统中的 pH 自动监控装置，磷铵生产的大型化、国产化取得很大发展，但在线自动监控磷铵生产的中和度一直未很好解决。四川大学试验研究的 pH 自动监控系统可应用于磷铵生产系统，测得中和度与 pH 的对应关系。

（四）单管一步中和-转鼓造粒工艺生产粒状 MAP 技术的开发

江西贵溪化肥有限责任公司自主创新开发了单管一步中和-转鼓造粒技术生产粒状磷酸一铵技术。

（五）缓控释肥生产技术

"十一五"期间，我国多种缓释肥、控释肥逐步在大宗农作物上推广应用，并继续有新品种产生，如 2009 年 7 月 29 日由华南农业大学主持，施可丰化工股份有限公司和三原圃乐特控释肥料有限公司联合研发的"控释肥料无溶剂原位表面反应包衣技术及其产业化"项目通过专家鉴定。该项目采用无溶剂原位表面反应成膜控释包膜材料及其控释肥料制造的侧喷旋流流化、转鼓流化包膜工艺，

以植物油和脂类物质为主要包膜材料（包膜在土壤中可降解）；项目研制了全自动化控制的侧喷旋流流化床和转鼓流化床，大幅度提高了包膜效率，其中转鼓流化床实现了控释肥料的连续化生产。项目已在山东临沂建成了年产量达10万吨的控释肥料产业化生产线，产品在9个省进行推广和应用，累计推广面积近200万公顷。

（六）低浓度磷肥、功能性肥料技术进展

熔融磷钾肥实现中低品位磷矿与难溶性钾矿的高效利用，郑州大学于2006年8月18~19日在贵州福泉磷肥厂年产15万吨钙镁磷肥高炉中，用含P_2O_5 20%的低品位磷矿及含K_2O 10%的海绿石型难溶性钾矿试产600吨熔融磷钾肥，产品定名"6818"，分别由国家"十一五"科技支撑计划"复合（混）肥养分高效优化技术研究"课题组多位成员作田间试验。结果表明：该肥料可增强作物细胞壁，可发挥抗倒伏、抗病害作用；增加产量，提高作物品质。

近年郑州大学、合肥工业大学、华南农业大学通过对中、低品位磷矿与难溶性钾矿分别采用"共熔"、"共提"、"共换"的多种联合处理技术，可达到技术上可行、经济上合理、资源利用优化的目的。

郑州大学研制的包裹型药肥颗粒生产技术将肥料和农药（除草剂或杀虫剂）的养分供给和植物保护二种功能合二为一，制成新型复合药肥，利用协同作用，提高肥料和农药的利用效率，达到省工节本的目的。其中除草剂药肥——苯噻酰草胺·苄嘧磺隆和苯噻酰草胺·吡嘧磺隆包裹尿素药肥生产技术，2007年在广西投产；杀虫剂药肥——辛硫磷微胶囊药肥颗粒生产技术，2009年在河南投产。

六、磷肥技术发展中的重要事件

1. 新中国成立后不久召开的一次重要的磷肥工业座谈会

1953年9月，原重工业部化工局在北京召开了对我国磷肥工业的建立和发展具有重要意义的一次磷肥工业座谈会。会上讨论了磷肥生产的发展方针，以及开发磷矿资源的问题，建议先着手进行以江苏锦屏磷矿为原料生产过磷酸钙的科学研究和工厂筹建工作。同时要求地质部门加强磷矿勘探，尽快搞清我国的磷肥资源状况。

2. 第一次全国钙镁磷肥生产经验交流会

1959年11月，原化工部在浙江兰溪召开了第一次全国钙镁磷肥生产经验交流会，肯定了钙镁磷肥这个磷肥品种，推荐了"高炉法"的生产技术条件，并指出了炉龄短、消耗高、成品未磨细等问题。在这次会议之后，全国各地开始陆续建设了一批钙镁磷肥工厂。

3. 第一座沉淀磷酸钙生产车间设计建成

1964年，原浙江化工研究所和广西化工研究所分别进行了以盐酸处理磷矿，

生产沉淀磷酸钙的中间试验，并取得建厂所需数据。随后，四川自贡鸿鹤镇化工厂和广西南宁化工厂根据中间试验数据，分别建成年产肥料3500吨和饲料添加剂1500吨的沉淀磷酸钙生产车间。山东、江苏、湖北、江西等省陆续建成14个年产1000～5000吨的生产厂，总产量两万多吨。

4. 第一家硝酸磷肥的中间试验车间设计建成

1964年，南京化学工业公司磷肥厂建成了年产3000吨硝酸磷肥的中间试验车间，用"碳化法"生产出含N18%、P_2O_5 12%的产品。1968年，南京化学工业公司磷肥厂在中间试验装置上，采用混酸法（硝酸和硫酸），进行了氮、磷、钾三元复合肥料的试验和生产；1978年又采用间接冷冻法，进行生产硝酸磷肥的中间试验，产品含N 27%、含P_2O_5 13.5%，磷的水溶率大于65%。

5. 第一座磷酸二铵装置设计建成

1966年，南京化学工业公司磷肥厂建成了单槽多浆、空气冷却工艺的日产50吨P_2O_5的磷酸装置和多槽中和、喷浆造粒的年产3万吨磷酸二铵装置。

6. 第一家热法磷酸生产重钙和三聚磷酸钠装置设计建成

1976年，广西柳城磷肥厂（后改名广西磷酸盐化工厂）根据南京化学工业公司设计院工程师江善襄等的设计建成了两套热法磷酸生产装置，一套以黄磷为原料，年产1.8万吨，另一套以磷泥为原料，年产0.7万吨，磷酸浓度为60%，供重钙（年产5万吨）和三聚磷酸钠用。由于热法重钙的生产成本高，未能继续生产。

7. 第一家湿法磷酸生产重钙装置设计建成

1982年，在云南磷肥厂建成了日产110吨P_2O_5的磷酸和年产10万吨重钙的装置。

8. "料浆浓缩法"生产固体磷酸一铵的新工艺开发成功

1984年，四川银山磷肥厂与原成都科技大学（现四川大学）合作，用含铁、镁、铝杂质较多、难以富集的金河磷矿为原料，开发了"料浆浓缩法"生产固体磷酸一铵的新工艺。

9. 《磷肥与复肥》杂志在原郑州工学院（现郑州大学）创刊

1985年7月，在原化工部化肥司磷肥处处长余敏的直接领导下，《磷肥与复肥》杂志在原郑州工学院（现郑州大学）创刊，主编为许秀成教授。

10. 中国磷肥工业协会成立

1990年4月，中国磷肥工业协会在云南昆明成立。中国磷肥工业协会自成立以来在行业发展规划、技术发展、政策改革等方面发挥了极大的作用，成为政府管理部门的得力助手、企业和产业发展的引路人。

七、我国近年来磷肥产量和前10名企业

我国近年磷肥各品种产量见表2-10。

表 2-10　我国近年磷肥产量及产品结构　　　　　单位：万吨 P_2O_5

年份	磷肥总产量	其中高浓度磷肥	磷酸二铵	磷酸一铵	NPK	重钙	硝酸磷肥	过磷酸钙、钙镁磷肥	过磷酸钙	钙镁磷肥
2005	1125	678	233	255	135	48	7.1	447		
2004	1017	549	204	192	105	40	8.8	468		
2003	909	449	161	149	101	29	9	460		
2002	805	368	123	125	85	25	10	437		
2001	739	296	97	100	71	18	10	443		
2000	663	235	69	79	59	19	9	428		
1999	655	199	45	87	28	26	9	456		
1998	663	155	42	71	14	19	9	507		
1997	641	132	34	65	11	14	8	509	418.2	91.2
1996	575	109	28	47	15	12	7		384.9	80.5

2005 年磷肥产量（折纯 P_2O_5）前 10 名的企业分别是云天化、贵州宏福、安徽铜化、山东鲁北、湖北楚星、中化涪陵、西洋集团、贵州开磷、四川宏达和湖北洋丰，其产量之和为 395 万吨 P_2O_5，占磷肥总量的 35.1%，比 2004 年同期增长 76.3%（表 2-11）。

表 2-11　2005 年、2004 年我国磷肥（P_2O_5）产量前 10 名企业　　　单位：万吨

序号	2005 年		2004 年	
	企业名称	产量	企业名称	产量
1	云天化	136.2	贵州宏福	58.7
2	贵州宏福	63.7	云南三环	44.6
3	安徽铜化	32.1	山东鲁北	28.5
4	山东鲁北	29.1	安徽铜陵	27.3
5	湖北楚星	23.9	湖北洋丰	24.3
6	中化涪陵	23.8	云南红磷	22.3
7	西洋集团	23.4	湖北楚星	20.1
8	贵州开磷	21.8	中化涪陵	19.7
9	四川宏达	21.0	四川宏达	18.3
10	湖北洋丰	20.5	云南云峰	17.8
	小计	395.5	小计	224.4

注：云天化集团包括云南三环 47.2 万吨 P_2O_5、云南富瑞 31.6 万吨 P_2O_5、云南红磷 22.0 万吨 P_2O_5、云南云峰 17.7 万吨 P_2O_5、江川天湖 17.5 万吨 P_2O_5。

2006年25家磷酸二铵生产企业实物产量599万吨,湖北宜化、广东湛化、湖北大峪口三套大型装置投产,云南富瑞、贵州开磷、云南江川等大型装置满负荷生产,产量增幅较大。销售量568万吨,产销率达94.9%。磷酸二铵表观消费量664万吨,自给率达到90.2%,企业库存量增加,年底库存58万吨,磷酸二铵基本做到了自给有余;磷酸一铵生产企业59家,实物产量达到694万吨,全年产销平衡;59家NPK复肥企业,产量达到2237万吨,其中,磷酸基复合肥968万吨。湖北洋丰、中-阿、辽宁西洋、山东鲁西、山东史丹利、山东金正大、中东和施可丰等8家企业产量接近百万吨(表2-12),占总销售量的40%。

表2-12 2005年磷酸二铵、磷酸一铵、NPK复合(混)肥产量前10名企业

单位:万吨

磷 酸 二 铵		磷 酸 一 铵		NPK复合(混)肥	
企业名称	产量	企业名称	产量	企业名称	产量
云天化	159.9	云天化	50.0	湖北洋丰	129.7
贵州宏福	88.6	四川宏达	45.7	临沂史丹利	120.2
安徽六国	60.6	贵州宏福	43.0	聊城鲁西	116.2
山东鲁北	35.3	湖北楚星	40.6	中-阿化肥	98.3
广西鹿寨	25.6	中化涪陵	28.6	西洋集团	97.5
黄麦岭	25.3	湖北洋丰	24.4	常州中东	93.1
中化涪陵	21.1	湖北祥云	24.2	山东施可丰	82.4
江西贵溪	17.5	贵州开磷	24.2	山东金正大	80.5
陕西华山	12.5	江苏瑞和	20.2	山东鲁北	79.2
贵州开磷	11.1	珙县中正	18.2	一撒得富	64.5
小计	457.5	小计	319.1	小计	961.7

注:云天化集团包括:磷酸二铵,三环嘉吉57.5万吨、云南红磷32.0万吨、云南富瑞31.8万吨、云南云峰27.9万吨、江川天湖10.6万吨;磷酸一铵,江川天湖24.7万吨、云南三环12.7万吨、云南富瑞9.7万吨、云南云峰2.8万吨。

"十一五"期间我国磷肥工业发展迅速,2005年我国磷肥产量首次超过美国居世界第一位,2006年基本实现了自给,2007年实现了自给有余,由世界第一进口大国变为净出口国,当年出口主要磷复肥产品占到世界贸易量的20%以上。见表2-13~表2-16。

表2-13 2000年以来我国磷肥年产量表

年份	2000	2001	2002	2003	2004	2005	2006	2007	2008	2009	2010	2011
磷肥/万吨	663	739.4	805.7	908.5	1017.4	1124.9	1210.5	1351.3	1285.5	1385.7	1582.2	1641.2
高浓度/万吨	235.3	296.5	368	448.8	549.1	667.8	820.3	992.4	948.4	1061.5	1301.8	1412.5
占比/%	35.5	40.1	45.7	49.4	54.0	59.4	67.8	73.4	73.8	76.6	82.3	86.1

表 2-14　高浓度磷复肥历年产量（实物量）

单位：万吨

年份	2000	2001	2002	2003	2004	2005	2006	2007	2008	2009	2010	2011
DAP	151	213.4	267.3	348.9	436.9	502.9	598.6	688.6	815.8	1045.4	1142	1289
MAP	180	219.3	275.3	326.8	415.7	551.5	693.9	909.9	802.1	835.2	1136	1279.5
NPK	359	420.4	517.4	613.5	641.8	795	968	1151	771	790	916.8	857.4
NP	79.9	86.3	84.6	74.9	66	62.1	70.1	68.0	76.6	66.3	47.2	50.3
TSP	42.3	39.6	55.0	62.7	89.2	108.3	108.5	121.0	198.2	131.6	169.6	189.9

注：NPK 指用自产磷酸直接与合成氨等原料生产，在生产过程中发生了化学反应的产品，不含二次加工方法生产的产品。

表 2-15　2010 年我国三种产品及磷肥（折纯 P_2O_5）产量前 10 名企业

单位：万吨

磷 酸 二 铵		磷 酸 一 铵		NPK 复合（混）肥		磷肥（折纯 P_2O_5）	
企业名称	产量	企业名称	产量	企业名称	产量	企业名称	产量
云天化集团	370.5	湖北洋丰	125.1	山东金正大	228.5	云天化国际	210
贵州开磷	165.4	云天化	90.9	湖北洋丰	220.9	贵州开磷	99
贵州瓮福	118.9	中化涪陵	64.4	中东集团	215.7	湖北新洋丰	86
湖北宜化	70.1	江苏绿陵	55.4	临沂史丹利	182.2	贵州瓮福	80
安徽六国	61.8	贵州瓮福	49.5	湖北鄂中	134.4	湖北宜化	59
广东湛化	40.7	湖北宜化	45.5	西洋集团	125.1	铜陵化工	55
湖北大峪口	40.3	湖北祥云	43.7	山东施可丰	124.3	中化涪陵	48
云南祥丰	40.0	湖北鄂中	40.2	中化化肥	112.3	江苏绿陵	31
中化涪陵	36.4	贵州开磷	39.2	宁国司尔特	102.8	山东鲁北	30
重庆双赢	35.8	四川宏达	36.7	聊城鲁西	98.7	广东湛化	30

表 2-16　2011 年我国三种产品及磷肥（折纯 P_2O_5）产量前 10 名企业

单位：万吨

磷 酸 二 铵		磷 酸 一 铵		NPK 复合（混）肥		磷肥（折纯 P_2O_5）	
企业名称	产量	企业名称	产量	企业名称	产量	企业名称	产量
云天化国际	353.3	湖北洋丰	133.0	山东金正大	229.0	云天化国际	240
贵州开磷	215.3	云天化国际	80.3	临沂史丹利	182.9	贵州开磷	124
贵州瓮福	138.8	中化涪陵	63.8	湖北洋丰	180.1	贵州瓮福	88
湖北宜化	71.2	江苏绿陵	58.4	江苏中东	160.1	湖北新洋丰	83
安徽六国	57.6	湖北祥云	55.1	山东施可丰	140.9	湖北宜化	59

续表

磷酸二铵		磷酸一铵		NPK复合（混）肥		磷肥（折纯 P_2O_5）	
企业名称	产量	企业名称	产量	企业名称	产量	企业名称	产量
湖北东圣	56.1	湖北鄂中	51.6	西洋集团	117.3	铜陵化工	53
广东湛化	43.2	贵州瓮福	48.4	聊城鲁西	104.7	湖北东圣	45
云南祥丰	40.1	武汉中东	47.2	湖北鄂中	103.7	中化重庆涪陵	44
湖北大峪口	39.5	湖北宜化	44.0	中化化肥	101.3	云南祥丰	38
中化涪陵	35.1	贵州开磷	41.6	江苏华昌	99.1	湖北鄂中	34

第四节 钾 肥

钾元素是农作物需要的三大营养素之一，但世界钾资源的近90%主要集中在北美、前苏联和中东地区。中国是一个钾资源缺乏的国家，造成土壤也缺钾。据2000年的《中国环境状况公报》报道，中国现有耕地面积18.2亿亩（1.22亿公顷），缺钾耕地面积占耕地总面积的56%。近几年，我国缺钾土壤面积不断扩大，农业部门已认识到缺钾的严重性。为改变这一状况，提出了在全国推广"补钾工程"，给钾肥工业的发展提供了良好的机遇。

一、中国钾肥工业发展的历史回顾

早在20世纪30年代，黄海化学工业社等曾进行过氨碱法加工明矾石，制取钾肥和氧化铝的试验研究工作。然后，五十多年，主要是利用氯化物型盐湖卤水生产氯化钾肥，而利用氯化钾转化法生产硫酸钾、硝酸钾及钾镁肥等无氯钾肥只是近十来年的事。中国钾肥工业的发展大致划分为三大阶段：1949—1977年为第一阶段，1978—1999年为第二阶段，2000年后为第三阶段。

我国钾矿资源的勘探在新中国成立前几乎是一片空白，新中国成立后，全国各地组织大量人力、物力寻找钾矿。1951年兰州大学化学系戈福祥教授上书中央，要求调查青海盐湖资源。1956年中国政府和科学家制定的"中国12年国家重大科学技术长远规划"将考察中国盐湖列入其中，并于1957年以中国科学院和国家综合考察委员会（简称综考会）为主，组成了"中国科学院盐湖科学调查队"，明确了以找钾、硼为主要任务。

1955—1956年，青海省交通厅公路局在察尔汗地区修筑敦格公路穿越柴达木盆地时，发现了闻名于世的察尔汗干盐滩。筑路工人挖坑取盐食用后，发现是不能食用的苦辣盐，送至西北地质局化验，地质学家朱夏指出察尔汗为巨大盐库，其盐层含钾0.40%，估计可达10%以上。为此，1956年化工部地质矿山局总工程师、盐矿专家李悦言指示，派郑绵平随普查组到大柴旦、马海和察尔汗考察，结果发现察尔汗含钾 1.1%，并指出找钾有希望。以中国科学院化学研究所研究员柳大纲为队长，北京地质学院袁见齐教授和中国科学院综考会领导韩沉石为副队长的盐湖调查队奉命于 1957 年再次赴青海察尔汗。期间，郑绵平和高世扬在察尔汗卤坑中发现和鉴定了含钾光卤石矿物以及原生盐湖沉积光卤石钾盐层。从此，揭开了中国钾盐历史新的一页。1958 年秋天，二十多个民族的 5000 余名青年在茫茫无垠、人迹罕至的察尔汗盐滩上，土法上马用原生光卤石生产出中国第一批钾肥——953 吨含 KCl 50%的钾肥。此时，距 1860 年世界最早开采钾盐的德国迟了 100 年。1960 年我国已达到年产氯化钾 2 万吨。

1963 年，在云南思茅地区发现了我国第一个古代钾石盐矿，储量 1218 万吨，含氯化钾 8.8%。1970 年以来，化工矿山设计研究院对该矿的加工利用做了大量工作，采用浮选法生产氯化钾。1973 年，建成了思茅地区钾肥厂，年产 1000 吨氯化钾，但收率较低。上海化工研究院用各种热溶法，进行了矿石加工利用的试验研究工作，对开发钾石盐矿有一定的参考价值。

20 世纪 60 年代初期和中期，北京建筑材料科学研究院在干法水泥窑上进行了回收窑灰钾肥的研究。随即，在唐山和首都水泥厂建设了年产 1 万吨窑灰钾肥的回收装置。此后，湘乡水泥厂在湿法回转窑、东莞水泥厂在立窑上回收窑灰钾肥，相继获得成功。1978 年，江油水泥工艺研究所（后迁建为合肥水泥设计研究院）和常州水泥厂，在转窑上添加高钾原料进行生产性试验也获得成功。试验表明，在水泥窑上生产窑灰钾肥对水泥产量和质量均无影响。1967 年以来，全国生产窑灰钾肥的水泥厂近 20 个，分布在山东、河北、北京、河南、湖南、江苏、广东、广西等省与自治区，年生产能力共约 5 万吨（实物），生产规模从年产 100 吨到 10000 吨不等，产品一般含有效氧化钾 5%～8%。

为了提高钾肥的自给率，国家计委于 1975 年发文通知规划开发青海察尔汗盐湖，同年 8 月国家计委、石油化学工业部等十部委完成开发规划报告，建议一期工程年产氯化钾肥 20 万吨，二期工程为 80 万吨。表明中国政府及老一辈钾盐科学家对开发和生产钾肥的极大重视。

纵观中国钾肥事业发展的第一阶段，其特点是实现了中国钾肥零的突破。但这阶段的工作还远远满足不了农业上的需求。因而，中国在 1978—1999 年开始了第二阶段找钾和生产钾的艰难历程。

1978 年 8 月 1 日，国家计委下文同意建设青海钾矿，总规模按年产氯化钾 100 万吨进行规划。一期工程年产 20 万吨，二期工程年产 80 万吨，在别勒滩区段开采。1986 年青钾一期工程列为国家"七五"重点项目正式开工建设，到 1989 年 5 月仅用了三年时间提前一年建成。1990 年 10 月青钾一期主要工程第二选矿厂再次获得 72 小时连续运转生产正常、平均日产钾肥 500 吨以上。一期工程走过了 10 年漫长筹建时间，使中国钾肥生产能力达 25 万吨/年，是 1978 年产量的 10 倍。一期工程主要利用察尔汗区段卤水矿，采用渠道输卤方式，年抽卤量为 1800 万米^3。

1987 年，青钾二期工程项目开始筹建。1994 年完成"中以合资青海钾肥二期工程可行性研究报告"评估论证。报告认为该项目的建设符合国家产业政策，对开发察尔汗盐湖资源，发展我国钾肥工业有重要意义，引进以色列冷结晶技术是合适的。二期工程采卤在别勒滩区段，采用钻井采卤，不同于一期采卤方式，年抽卤水量高达四千多万米^3。1996 年 12 月 24 日青钾二期工程筹建处在格尔木市挂牌运作。按照二期基本建设程序，完成了所有二期前期工作。

1998 年 11 月 25 日，中国-以色列青海钾肥有限公司合资合同签字仪式在北京钓鱼台国宾馆举行。这是一项跨世纪工程，将使我国钾肥生产能力由约 30 万吨/年增加到 100 万吨/年以上。但由于以方对冷结晶工艺技术保密要求十分苛刻，并且技术要价过高，迫使青海盐湖二期 100 万吨/年工程最终采用自主开发成功的反浮选冷结晶工艺，于 2001 年开工建设，2004 年全面建成投产，一举将盐湖集团氯化钾产能提高到了 150 万吨/年，2006 年盐湖集团产能将达到 180 万吨/年，再加上察尔汗盐湖其他周围小厂，中国的氯化钾肥产能已达 250 万吨/年以上，2010 年达到 360 万吨/年。

我国硫酸钾生产起步较晚，是从钾肥工业发展的第二阶段后期 1992 年开始的。1992 年在原化工部召开全国硫酸钾交流大会之前，在国内仅温州化工总厂利用明矾石生产少量硫酸钾，总产量不到 0.4 万吨，其他地区则一片空白。但随着农业经济结构全方位的调整，种植结构的优化加大了无氯钾肥的需求。在这一宏观背景下，云南磷肥厂引进了日产曼海姆技术和设备，于 1992 年 9 月建成我国第一家曼海姆法万吨级生产装置。1994 年天津硫酸厂通过合资的形式引进台湾青上公司陈怡全先生的曼海姆法技术和设备 1 套，独资的 4 套；从此通过引进技术、引进资金、自主开发的形式，我国的硫酸钾工业迅速发展壮大起来。我国除山东海化利用地下卤水生产的硫酸钾来自天然矿物原料外，其余的硫酸钾主要通过曼海姆法和芒硝法由氯化钾转化而来。曼海姆法已发展成为我国最成熟、应用最多的硫酸钾生产工艺。用该法生产的农用硫酸钾约占国内农用硫酸钾产量的 70%。至 2006 年，青上公司在大陆已采用独资或合资的方式建成 60 套曼海姆装置，加上日产法两套和国产化曼海姆装置，我国已有 180 套曼海姆装置产能达到 180 万吨/年。另外，再加上南风化工 18 万吨/年、山东海化 2 万吨/年和罗布泊 8 万吨/年，实际总产能已达 208 万吨/年，年产量 120 万吨左右。基本满足我国的硫酸钾需求，所以硫酸钾的进口量在逐渐减少。

我国硝酸钾生产历史十分悠久，但农用硝酸钾的市场是从 20 世纪 80 年代末 90 年代初起步的。当时，烟草行业为提高烟草品质，扩大高档香烟的出口量，便在云南等烟区的烟草专用肥中使用硝酸钾。当时我国的硝酸钾企业主要是生产工业级硝酸钾,且规模分散,产品成本高。我国农用硝酸钾的生产装置是到 2002 年以后才发展起来的,所以农用硝酸钾的生产应该属于我国钾肥产业第三阶段的产物。20 世纪 80 年代末 90 年代初,全球最大的硝酸钾生产企业以色列海法公司、智利的矿化公司为打开和占领中国农用硝酸钾市场,采取了低价倾销的策略,以每吨低于其他市场约 500 元人民币的价格在中国市场销售,从而制约了当时中国硝酸钾产业的发展。

中华人民共和国成立后不久,我国开始采用硝酸钠与氯化钾复分解法生产硝酸钾,副产氯化钠。但因硝酸钾货紧价高,至 20 世纪 80 年代初期,这些硝酸钾产品只是广泛用于烟花爆竹等工业部门。随着农业"补钾工程"的启动,为适应中国农业硝酸钾市场的需求,原生产工业硝酸钾的部分企业利用既有优势,进行农用硝酸钾技术改造。20 世纪 80 年代初期,我国开始采用以硝酸铵与氯化钾为原料的离子交换法生产硝酸钾。由于原料硝酸铵廉价易得,生产规模可大可小,投资少,经过多年的开发完善,该法现已成为我国生产农用硝酸钾的主要方法之一,加快了我国农用硝酸钾产品的生产和施用。20 世纪 80 年代中期,我国开始采用硝酸铵与氯化钾复分解循环法生产硝酸钾与氯化铵,因其工艺简单、消耗低、无污染,受到国内普遍重视,目前已发展成为我国主要硝酸钾生产方法之一。2003 年,硝酸钾大小生产企业二十多家。至 2006 年,随着无氯钾肥市场的活跃,年产 1 万~7 万吨级规模的农业级硝酸钾生产装置又增建许多,生产方法主要是采用复分解循环法,农用硝酸钾目前的总生产能力约有 30 万吨/年。但这些复分解法企业抵御市场风险的能力不高,受复分解技术水平及设备的限制,难以形成大规模生产,产业集中度低,没有形成规模效应。

我国于 20 世纪 70 年代开始研制磷酸二氢钾的工业化生产工艺,比较成熟的还是中和法工艺路线,国内仅几家生产,武汉无机盐化工厂与浙江省化学工业研究所等单位起草了磷酸二氢钾国家标准 GB 1963—80。1980 年,湖北省化学研究所与武汉无机盐化工厂合作建成了年产 2000 吨的国内第一套离子交换法工业化生产装置。这一时期,以武汉无机盐化工厂为首的几家生产企业配合化工部、农业部、生产建设兵团、农场等开始在全国范围内无偿推广磷酸二氢钾在农业上的农田示范及使用。在 20 世纪 80 年代,我国开始研制氯化钾工艺,在武汉、徐州、连云港等地都有工厂用复分解法生产。20 世纪 80 年代后期,上海化工院研制了湿法磷酸制取磷酸钾及磷酸氢钾铵的直接法生产工艺,并在武汉无机盐化工厂进行了年产 3600 吨的中试。20 世纪 90 年代初,天津化工院研制了氯化钾与磷酸二氢钠的复分解法工艺。1992 年,由上海化工院负责起草了磷酸二氢钾的化工行业标准 HG 2321—92。20 世纪 90 年代后期,以焦作大学化工研究所及绵阳勤生技术开发公司的氯化钾与磷酸二氢铵的复分解工艺在国内有一定的代表性。21 世纪初,天津有人进行从海水中提取磷酸二氢钾的实验。另外,国内也有从事溶剂萃取法研究的,但影响较小。

现在，国内生产磷酸二氢钾的企业很多，但能在工业、农业、饲料、食品、医药、出口等方面都具备一定影响力的企业并不多。

硫酸钾镁肥在我国是一种新型肥料品种。我国主要有两个公司在生产，其一是我国最大的硫酸钾镁肥生产公司——青海中信国安技术发展有限公司，生产的"国安"牌硫酸钾镁肥，其一期30万吨/年硫酸钾镁肥生产线试产后运行正常，2006年产销达20万吨以上。其二是广西鹿寨化肥总厂，应用国家重点推广的高新技术成果，以不溶性钾矿生产钾镁肥，现已实现工业化生产，首批2500吨"喜丰"牌钾镁肥已投放市场，深受当地农民欢迎。鹿寨化肥总厂已建成年产30万吨钾镁肥的生产装置。

二、钾肥技术发展中的重要事件

纵观中国钾肥产业50年的历史画卷，袁见齐、安平绥、李小松、蔡炳华、李刚等一个个谱就中国钾肥辉煌篇章的人脱颖而出；4号工艺、反浮选-冷结晶工艺、高效离子交换法、曼海姆硫酸钾工艺及设备的国产化、罗布泊盐湖卤水生产硫酸钾新工艺等一个个特色工艺技术的成功诞生；青海盐湖集团100万吨/年二期氯化钾肥试车一次成功，新疆罗布泊120万吨/年硫酸钾工程的开工建设、第一个走出去钾肥项目——老挝万象年产5万吨/年氯化钾示范工程的开工建设、文通集团硝酸钾产能达到20万吨/年等一件件钾肥行业的重大事件，中国钾盐人仅仅用五十多年的时间就擎起了中国的钾肥产业大厦。

1. 青海盐湖集团100万吨氯化钾工程建成投产

该工程于2000年5月开工建设。2003年10月27日凌晨3时许，完全用自主开发的生产技术工艺建设的青海100万吨/年钾肥工程建成投料试车成功，圆了中国钾肥人盼了半个世纪的梦。投资25.8亿元的青海100万吨/年钾肥项目，是全国人民瞩目的西部大开发首批十大建设工程之一。此项目在建设中完全采用了依靠盐湖集团工程技术人员自主开发、具有世界先进水平的反浮选-冷结晶生产工艺、浮选药剂、水采船技术和自动控制技术，并对其他采输卤、生产工艺、自动化控制等生产系统，进行了上千次的改进、优化和完善，使整个生产工艺系统更加简洁流畅、自动化性能更高，大大提高了产品质量和生产能力。

该项目2004年试生产完成55万吨，2005年完成90万吨，2006年完成105.8万吨，2007年完成102.4万吨，2008年5月由国家发改委组织按达产达标验收，并授予"四个典范"工程称号。

2. 中国最大的"走出去"钾肥项目——老挝钾盐矿项目开工建设

2006年1月，中老两国经济合作最大项目——老挝万象平原钾盐开发5万吨/年优质氯化钾示范工程在老挝正式开工建设。该项目由云南中寮矿业开发投资有限公司全权负责开发，并联合云南省地矿公司、云天化集团组成合作体，吸引拥有技术水平和科研实力的天津大学、重庆工业设备安装集团、云南建工集团进行合作。老挝万象钾盐项目的开工建设，是我国钾肥工业发展史上的一件大事，是中国地矿部门首次参与国外从风险勘查和系统工艺试验起步、最终建成大型矿山企业的全过程实践，对优化国内矿产资源配置、改善我国缺钾的现状将产生重大影响。这个项目也是一项凝聚着中国政府和人民多年心血和智慧的生命工程。其发展历程：2000年11月，两国领导人签订了勘查开发万象盆地钾盐的原则性协议；2001年7月10日，可行性研究协议在老挝首都万象市签字，标志着中国地矿部门实施"走出去"战略最大矿业项目正式启动；2004年11月，正式签订了《老挝万象盆地钾盐矿开采生产协议》，并获得老挝政府颁发的《投资许可证》和《采矿许可证》，云南中寮矿业公司获得了老挝政府授予的78千米^{2}的开采权，8.6亿吨钾盐矿储量，30年的采矿权（到期还可延长2次，每次10年）。

2008年12月19日，项目开工典礼在老挝万象举行。"十二五"期间，该集团形成年产100万吨钾肥的生产能力。

3. 新疆罗布泊120万吨/年硫酸钾肥项目开工建设

2006年4月25日，国家开发投资公司（下称"国投"）新疆罗布泊钾盐有限公司年产120万吨硫酸钾肥项目在新疆罗布泊开工建设，这是我国钾肥产业发展史上一个重要的里程碑。该项目总投资为48亿元，由中国工商银行牵头，中国农业银行、招商银行等金融机构为该项目提供26亿元贷款。

2008年年底，年产120万吨硫酸钾肥生产项目投产。

2010年生产硫酸钾83.91万吨。

4. 文通盐桥公司组建成立

2003年初，山西文通钾盐集团公司和青海盐湖工业集团共同出资3.5亿元，在山西吕梁百金堡化工园区开工建设10万吨/年农用硝酸钾、5万吨/年碳酸钾项目，并于2003年年底投产。这标志着全国最大的硝酸钾企业——文通钾盐公司进入农用硝酸钾行业。

5. 我国最大的复分解法农用硝酸钾生产公司投产

2003年4月18日，云南沃特威化工股份有限公司挂牌成立，它是我国最大的采用复分解法专业生产农用硝酸钾的生产企业。云南沃特威化工股份有限公司是以驻昆解放军化肥厂硝酸钾、复合肥装置为基础，引进东部民营资本，由云南石油化工集团有限公司、云南省开发投资有限公司、云南省国有资产经营有限责任公司、无锡中兴生化工程制造有限公司、开远解化投资管理有限公司共同出资组建。该公司组建后新建成5万吨/年硝酸钾生产装置，加上原解化的2.5万吨/年硝酸钾生产能力，共形成了7.5万吨/年的生产能力。缓解了我国农用硝酸钾的市场供应，关键是其采用的复分解循环法生产技术可以在全国推广应用。沃特威公司计划下一步根据国际、国内市场的需求，逐步形成年产10万吨硝酸钾的生产规模。

6. "国安"牌硫酸钾镁肥投产

2005年7月28日,青海中信国安硫酸钾镁肥一期30万吨/年生产线投产成功,当年生产4万吨。2005年9月5日青海中信国安技术发展有限公司与青海联宇工程有限公司共同组建了青海中信国安联宇钾肥有限公司,合资在东台基地建设15万吨/年硫酸钾镁肥车间,2006年6月30日产品下线。当年,"国安"牌硫酸钾镁肥正式投放国内市场。到2007年,青海中信国安东、西台地区相继建成年产60万吨硫酸钾镁肥生产线。这使得这种无氯的而且能同时提供钾、镁、硫三种营养元素的新型肥料逐步得到广泛推广。

7. 中国无机盐工业协会钾盐行业分会成立

2006年2月28日至3月1日,中国无机盐工业协会钾盐行业分会在上海浦东正式成立。这是近年来钾盐行业飞速发展、国际化进程加快的必然要求。钾盐行业分会的成立是整合行业资源、强化行业凝聚力的重大举措。既能协助政府部门搞好行业宏观管理,又可为维护企业的合法权利和行业整体利益提供服务。

三、科学技术创新成果

① 鲁南化肥厂与曲阜师范大学首创了中国离子交换法生产碳酸钾。20世纪70年代由鲁南化肥厂与曲阜师范大学合作首创了离子交换法生产碳酸钾新工艺,大大推动了我国碳酸钾工业的发展,开创了我们碳酸钾生产的新局面,是我国碳酸钾工业发展的一座里程碑,该工艺1998年获全国科技大会奖。

② 文通钾盐集团首创离子交换硝酸钾新工艺。20世纪80年代初由于原料硝酸钠奇缺导致硝酸钾生产厂家处于停产限产状态。在这种形势下,文通集团的前身文水县化工厂的科技人员开始技术创新的新征程,他们用硝酸铵替代硝酸钠,用离子交换法生产硝酸钾的研究获得了成功,并首家在全国建成了一条年产10000吨的硝酸钾生产线,生产成本大幅度降低,质量却有了很大的提高。有力地推动了我国硝酸钾工业的发展,打破了国外企业对我国硝酸钾市场的垄断。

③ 20世纪中期,原化工部连云港设计院开发出对卤脱钠控速分解结晶法,从氯化物型卤水中提取优质氯化钾新工艺,采用反传统的先脱钠后脱镁的新思路,并巧妙地采用特殊结构的结晶器生成氯化钾晶体,该工艺是一项独创的具有发展前景的氯化钾新工艺,被有关部门定名"青钾4号"工艺。

④ 2004年中国蓝星长沙设计院等单位研究开发成功采用硫酸镁亚型卤水制取硫酸钾工艺,填补了我国在这一技术领域的空白,使我国成为世界上能直接利用盐湖卤水生产硫酸钾的少数国家之一。该工艺在新疆罗布泊120万吨/年项目中成功应用,至此我国钾盐应用开发战略全面启动。

⑤ 20世纪80年代初,中信国安公司在中国科学院盐湖研究所科研成果的基础上以生产氯化钾的中间产物先光卤石矿和天然无水芒硝为原料,经过二十多年的

艰苦实践，形成了自己的生产工艺。其核心技术达到了国内领先水平，项目整体技术水平达到国际先进水平。

⑥ 青海盐湖工业集团有限公司在 4 号工艺的反浮选基础上，结合以色列冷结晶技术，自主研究开发出氯化钾生产技术。该技术成功应用于盐湖 100 万吨/年氯化钾工程，荣获国家专利发明金奖。

⑦ 聊城大学杨仁民教授和他的课题组，设计制作出我国第一台改进型曼海姆法新型焙烧反应炉，成功解决了高温、强酸的耐腐蚀材料问题，从而迈出了曼海姆法硫酸钾生产技术与设备国产化的关键一步。他们对供热系统、硫酸布料器与氯化钾布料器进行了一系列的改造，实现了连续化投料生产，提高了产品质量。

⑧ 程芳琴教授主持完成了芒硝法生产硫酸钾的新工艺。该工艺在理论上探索出 120℃介温的过饱和状态下分步结晶的工艺条件，实现了以天然芒硝为原料进行系统水平衡的突破，建成了采用高效蒸发结晶器和实现全混的、连续反应装置。在卤盐共存的体系中分离出副产品氯化钠，攻克了国际上复分解无副产品的难题，为世界芒硝制取硫酸钾开辟了一条新的途径。

⑨ 文通集团研制和采用喷浆法硝酸钾造粒新工艺。20 世纪 90 年代中期经过大量科学研究，成功地研制出了硝酸钾造粒技术，并用于实际生产中，填补了我国硝酸钾生产的一项空白，打破了世界上少数发达国家对这一技术的垄断。此后又在熔融造粒的基础上进行改进，研究成功了喷浆造粒新工艺，使我国硝酸钾技术达到了世界先进水平。

⑩ 硝酸钾并联产氯化铵和硝酸铵的新工艺。21 世纪初由浙江联大化工有限公司研究开发了本工艺系，将一定量的硝酸与含氧化钾的锌灰中和过滤后，加高锰酸钾除铁得到高纯度的硝酸锌溶液，再加入氧化钾加热反应得硝酸钾溶液，在 10~30℃的工况条件下使硝酸钾结晶析出，母液另行处理，循环利用，这一工艺又一次创新了我国硝酸钾生产方法，使硝酸钾成本进一步降低，为我国农业硝酸钾广泛应用起到推动作用。

四、我国钾肥的产量和进口量

1. 氯化钾

从表 2-17 和表 2-18 的比较可以看出，氯化钾的产量和进口量均是增长的趋势，但是我国自产产品的比重是逐年增加的。

表 2-17　1986—2006 年我国氯化钾产量的历史变化（以 K_2O 计）

单位：万吨

年份	1986	1990	1991	1992	1993	1994	1995	1996	1997
氯化钾	1.8	3.6	12.0	11.4	10.8	14.4	16.8	15.0	19.2
年份	1998	1999	2000	2001	2002	2003	2004	2005	2006
氯化钾	21.0	22.2	37.8	42.0	51.0	62.4	124.2	156.0	310

注：为避免重复，只统计一次钾肥产量。

表 2-18 我国 1981—2006 年 5 月氯化钾进口量历史变化（以 K_2O 计）

单位：万吨

年 份	1981	1982	1983	1984	1985	1986	1987	1988	1989
进口量	84	70	86	90	39	53	168	204	116
年 份	1990	1991	1992	1993	1994	1995	1996	1997	1998
进口量	201	253	233	190	285	386	347	463	511
年 份	1999	2000	2001	2002	2003	2004	2005	2006	
进口量	520	599	512	665	623	718	883	705.3	

2. 硫酸钾和硝酸钾

从表 2-19 至表 2-21 可看出，随着这两种产品国产产量的增加，进口量在逐渐减少。

表 2-19 硫酸钾、硝酸钾生产能力、产量发展情况

年 份	硫 酸 钾		硝 酸 钾[①]	
	产能/（万吨/年）	生产量/万吨	产能/（万吨/年）	生产量/万吨
1980	0.2	0.1	1.3	0.9
1985	0.4	0.2	1.5	1.0
1990	1.5	1	1.8	1.1
1995	4	2.5	2.3	1.9
2000	40	32	3.0	2.2
2001	50	40	5.3	2.6
2002	55	45	7.9	4.4
2003	60	56	11	7.9
2004	65	60	22	12.3
2005	180	70	45	30
2006	208	80	45	35

① 硝酸钾多为工业级产品，近几年才开始应用于农业，尤其是烟草种植等。

表 2-20 我国硫酸钾肥进口历史变化（以 K_2O 计）

单位：万吨

年份	1990	1991	1992	1993	1994	1995	1996	1997
硫酸钾	36.2	35.7	28.1	36.0	30.9	23.78	21.0	31.4
年份	1998	1999	2000	2001	2002	2003	2004	2005
硫酸钾	26.5	9.9	9.6	13.0	15.0	16.5	8.5	10.2

表 2-21　我国硝酸钾肥进口历史变化（以 K_2O 计）　　单位：万吨

年份	1996	1997	1998	1999	2000	2001	2002	2003	2004	2005
硝酸钾	—	—	—	—	2.1	4.9	2.6	2.8	3.2	0.5

由于钾盐钾肥战线上各方面工作人员的努力，我国钾盐、钾肥工业得到长足的进步。2009 年，全国总共生产钾肥 450 万吨，2010 年达到 500 万吨。相应的进口数量逐年减少，2007 年 941 万吨，2008 年 514 万吨，2009 年 198 万吨。

目前国内每年钾肥产量在 400 万～500 万吨，相对于 1000 万吨左右的需求量仍显不足，对外依存度仍在 50%以上。为了保障我国粮食生产的稳定增长，钾盐钾肥工业的国内开发、国际采购、境外开发的"三驾马车"模式，是行业稳定、可持续发展几十年的重要经验总结。

第五节　复混肥料和其他肥料

一、复混肥料的发展情况

我国自 20 世纪 50 年代开始施用复混肥料，经历了较长时间才逐渐被农民接受。至 20 世纪 70 年代，平均每年施用的复混肥料（折纯养分，下同）约 27.3 万吨，占年施用化肥总量的 2.2%。1981 年施用量为 56.6 万吨，占化肥施用总量的 13.19%；而 1985 年、1990 年、1995 年、2000 年和 2005 年复混肥料的施用量分别为 179.6 万吨、341.6 万吨、670.8 万吨、917.7 万吨和 1225 万吨，分别占化肥施用总量的 10.11%、13.19%、18.67%、22.1%和 25%。

可以看出，我国复混肥料的发展还是很快的。但与欧洲国家和日本相比还有一段差距，他们已有 80%～85%的 P_2O_5、85%～90%的 K_2O、35%～45%的 N 加工成复混肥料。

掺混肥料在国内多采用干粉造粒的方法。即采用粉状肥料，经物理混合、造粒而成。这种方法一般生产规模不大，多数在 1 万～3 万吨/年，大企业也只有 5 万～10 万吨/年。总养分浓度较低，大多在 25%～35%之间。国外多以 BB 肥为主，通常以氮、磷、钾肥经混拌而成，但要求这些基础肥料的颗粒大小和密度基本相当，否则会产生分离。

二、农化服务的发展

农化服务是以化肥产品为中心，以农民和耕地为服务对象，应用系统工程思想和农业化学基本理论，对化肥的生产、销售和施用予以科学的组织和调配，以期最大限度地提高化肥的经济、社会和生态效益，提高农业生产率。

我国第一家农化服务中心是1983年在河北冀县化肥厂试点建立的，指导农民采用测土施肥、双层施肥等科学合理的施肥方法。20世纪90年代，化工部化肥司成立了农化服务办公室，指导全国化肥行业的农化服务，同时成立了全国复混肥料协作网，每年召开一次年会，交流科学施肥与农化服务的经验。1997年4月20日，化工部在合肥市召开"全国化工农化服务工作会议"。化工部副部长王心芳到会并讲了话。会议总结了农化服务工作的经验，参观了合肥化肥厂农化服务中心和农化服务示范田，并研究了"九五"期间建设100个农化服务中心的问题。逐步有许多企业都建立了农化服务中心，都认识到尽管企业为此要花费一些人力、物力，但同时会为企业树立良好的品牌形象和带来较大的企业利润。

农化服务的主要工作是：调查当地的土壤类型、农作物种类、种植面积及产量水平、施肥习惯等。通过土壤分析，掌握其理化性质和肥力状况，为配方施肥提供依据，为农民施肥提供指导意见。对销售人员培训，使他们掌握复混肥料的性能、作用及施肥规律，并收集市场需求信息以及时调整配方。对农民进行培训，使他们提高科学种田的素质，降低农技推广成本，提高农业生产率等。

我国的农化服务可分为两类。一类是农业部门负责，根据科学施肥的要求决定化肥用量和品种，然后由肥料经销部门组织货源，供农民使用。这种方法使产、供、销分割，效果较差。另一类是由生产或销售化肥的企业负责，但有些企业只能提供一些单质化肥或固定配比的复混肥，不能因地制宜提供适合当地的配方肥。更适合的模式还需要进一步探索。

三、其他肥料

对作物所需的养分，由于需要量不同，可以分为主要养分、次要养分和微量养分三组。主要养分是氮、磷、钾，一般占有作物体干物质中的百分之几到百分之几十，故称之为大量元素。次要元素是钙、镁、硫等，它们在作物体干物质内一般占百分之几到千分之几，故称中量元素。微量养分有锌、铁、锰、硼、铜、钼、氯等，它们在作物体干物质中仅占万分之几到百万分之几，甚至痕迹，故称微量元素。

供给农作物主要养分的化肥前面已有较大篇幅介绍过了。而中量元素肥料往往结合在三大要素肥料或复混肥料之中，如普通过磷酸钙（普钙）中，一般含有28%的CaO，13%的S。重过磷酸钙含有19%（CaO），1%S。钙镁磷肥含有32%CaO，18%MgO。硫酸盐类肥料，如硫酸铵含23%S，硫酸钾含17%S等。还有一些中量元素和微量元素肥料，常用含这些元素的硫酸盐、氧化物、酸根等形式的化合物供给，如硫酸铜、硫酸锌、氧化铁、硼酸、钼酸铵等。

近二十多年来，随着农业集约化、规模化的发展，要求水溶性氮肥缓/控释

化和中微量元素肥料液体化。因此，一批新型肥料也逐渐推出，如叶面肥料、水溶肥料、缓释肥料、土壤调理剂等。这些新型肥料的推广应用还有许多工作要做。

附1 大 事 记

1935年，广东省营的肥田料（粉）厂创建，生产氮肥、磷肥、钾肥。

1935年4月，伪满洲化学工业株式会社投产，生产硫铵、硝铵。

1937年2月，永利化学工业公司南京硫酸铵厂投产，生产硫铵等。

1942年，云南昆明市裕滇磷肥厂生产过磷酸钙。台湾基隆和高雄有两家年产3万吨过磷酸钙的工厂。

1952—1957年，在黑龙江哈尔滨、辽宁辽阳、山东济南和湖南衡阳建设了2万~6万吨/年的小型过磷酸钙厂。

1956年，四川乐山磷肥厂建成第一套平炉法钙镁磷肥装置。

1957年7月31日，从苏联引进的三套氮肥装置之一的吉林化肥厂建成试生产，产品为硝铵等。随后兰州、太原两厂分别于1958年和1961年投产。太原化肥厂除生产硝铵外，还年产1万吨尿素。

1958年，在江苏南京和山西太原分别建成年产40万吨和20万吨的粒状过磷酸钙装置。

1958年，在察尔汗生产出953吨含氯化钾50%的钾肥。

1958年，在北京化工实验厂建成第一套高炉法钙镁磷肥装置。

1958年5月1日，上海化工研究院年产2000吨合成氨装置投产，生产出碳酸氢铵，这是我国独创的第一套小化肥示范装置。

1958年11月，大连化工厂年产400吨合成氨及碳酸氢铵样板厂投产。

1962年2月，江苏丹阳化肥厂碳铵流程过了技术关。11月，2000吨/年型浙江龙山化肥厂和800吨/年型上海嘉定化肥厂过了经济关。

1964年，南京化学工业公司磷肥厂建成了年产3000吨硝酸磷肥的中间试验装置。

1964年5月，我国开发的碳化法合成氨制碳酸氢铵工艺流程获国家科委、计委联合颁发的1964年工业新产品二等奖。

1965年10月10日，国家科委向侯德榜、谢为杰、陈东、北京化工实验厂、北京化工设计院、丹阳化肥厂、上海化工研究院颁发"碳化法合成氨流程制碳酸氢铵"的发明证书和奖金。

1965年，浙江衢州化工厂和上海吴泾化工厂建成年产4万吨尿素装置。

1966年，化学工业部第四设计院编制年产11万吨尿素设计，并相继在30个中型氮肥厂建设生产装置。

1966年，南京化学工业公司采用国内开发的技术和设备，建成我国第一套50吨/日 P_2O_5 的磷酸和3万吨/年的磷酸二铵生产装置。

1973年，开始引进13套大型氮肥装置。

1974年，江苏六合化肥厂、上海化工研究院、燃化部第四设计院合作，建成小氮肥行业第一套"中压变换气汽提联尿"试验装置。

1975年，小氮肥行业第一套采用浓气制碱工艺生产氯化铵的装置，在浙江龙山化工厂投产。

1976年，在广西柳城磷肥厂建成两套热法磷酸生产重钙和三聚磷酸钠装置。

1982年，在云南磷肥厂用国内技术和设备建成第一套湿法重钙装置，年产10万吨重钙。

1984年，我国自行设计建设了开封化肥厂13万吨/年硝酸磷肥装置。

1984年，四川银山磷肥厂与原成都科技大学合作的"料浆浓缩法"生产磷酸一铵新工艺开发成功。1988年获国家科技进步一等奖。2004年，"大型料浆浓缩法磷铵国产化装置"获国家科技进步二等奖。

1987年12月，为了平衡氯磷比例，开始规划大型磷肥装置建设，在"八五"及"九五"期间引进铜陵、南化、中阿、云峰、黄麦岭、金昌、鹿寨等大型磷铵和复合肥装置。

1987年，山西天脊集团引进90万吨/年硝酸磷肥装置。

1987年10月，国家计委、化工部在河南辉县召开了"碳铵改四万吨全循环法尿素总结现场会"。

1989年，国家开始设立专项基金投入中小化肥改扩建项目，包括碳铵改产尿素、普钙改产磷铵和建设矿山等。

1989年5月，青海钾矿一期工程建成，日产钾肥500吨。

1990年，在鲁北化工总厂，用国内技术建成3万吨/年磷铵，联产4万吨/年硫酸和6万吨/年水泥的第一套装置（即3-4-6工程）。本技术是利用排放的磷石膏为原料。1999年，该厂15-20-30工程投产。

1991年10月，江西贵溪化肥厂建成第一套大型国产化24万吨/年磷酸二铵装置。

1992年9月，云南磷肥厂引进了日产曼海姆技术和设备，建成第一家生产硫酸钾装置。

2003年10月，青海盐湖集团用自主开发技术建设的青海年产100万吨钾肥工程试车成功。

2003年4月，云南沃特威化工股份公司5万吨/年硝酸钾生产装置投产。

2003年年底，山西文通盐桥公司10万吨/年农用硝酸钾、5万吨/年碳酸钾工程投产。

2005年7月，青海中信国安硫酸钾镁肥一期30万吨/年生产线投产。

2008年，用国内技术建设的新疆罗布泊120万吨/年硫酸钾项目投产。

附2 国际背景

1. 磷肥

1840年，德国人李比希（J. Liebig）在总结前人研究成果的基础上，批判了腐殖营养学说，提出了矿质营养学说，这就为化肥工业的兴起奠定了理论基础。他用硫酸处理骨粉，制得了易溶于水的过磷酸钙磷肥，其肥效比骨粉好。1842年，英国人劳斯（J.B.Lawes）取得英国政府关于硫酸处理骨粉的专利，并建立了第一个生产过磷酸钙磷肥的化肥厂。这可认为是化肥工业的开端。1843年，在英国和法国，都曾先后用动物排泄的粪化石代替骨粉生产过磷酸钙磷肥，以解决骨粉来源的困难。

1856年李比希提出以天然磷矿为原料，其主要成分是磷酸三钙$[Ca_3(PO_4)_2]$，因不溶于水而不易被植物吸收。用硫酸处理后，其反应为：

$$Ca_3(PO_4)_2 + 2H_2SO_4 + 6H_2O = CaH_4(PO_4)_2 \cdot 2H_2O + 2(CaSO_4 \cdot 2H_2O)$$

生成的磷酸一钙$CaH_4(PO_4)_2 \cdot 2H_2O$与石膏的混合物称为过磷酸钙，是易被植物吸收的水溶性物质。由于天然磷矿遍布世界各地，所以能取代骨粉等成为生产磷肥的主要原料。1872年，在德国首先生产了湿法磷酸，用它分解磷矿生产出重过磷酸钙$[Ca(H_2PO_4)_2 \cdot 2H_2O]$。

1884年，德国人荷耶尔曼（Hoyermann）发现了托马斯炼钢炉冶炼含磷较高的生铁时所得的碱性炉渣虽不溶于水，但在酸性土壤中却易为农作物吸收而具有肥效。这种炼钢的副产物被叫做托马斯磷肥，也称为钢渣磷肥，主要成分是硅磷酸钙（$5CaO \cdot P_2O_5 \cdot SiO_2$和$7CaO \cdot P_2O_5 \cdot 2SiO_2$）。1889年，全欧洲托马斯磷肥的总产量达到70万吨。随后，还有一些热法磷肥相继出现，如熔融钙镁磷肥、钙钠磷肥、脱氟磷肥和偏磷酸钙等。但它们通常不溶于水，使用有一定局限性，所以在磷肥总产量中比例不大。

2. 钾肥

钾肥一向以草本灰的形式施用。1861年在德国施塔斯富特（Stassfurt）发现了世界最著名的钾矿，矿床中分层贮有多种无机盐类。有趣的是，在初期主要是开采其中的岩盐，把覆盖在岩盐上面的含氯化钾、氯化镁的光卤石当作废料堆在矿井周围，到19世纪90年代才开始建设从光卤石提取氯化钾的工厂。在第一次世界大战前，德国成了全世界钾盐的主要供应者。

继德国之后，一些国家先后发现了钾矿，其中法国于1910年、西班牙于1925年、苏联于1930年、美国于1931年先后进行了开采。钾矿富集和精制工艺的开发成功，为提高钾肥的品位奠定了基础。

3. 氮肥

1809年，在南美的智利发现了含20%~60%硝酸钠的矿床，称作智利硝石。

1925年开始大量开采，成为当时世界上无机矿物含氮肥料的主要来源。据统计，智利硝石供应了1850—1900年世界氮肥的70%。

19世纪初，由于冶金工业的发展，炼焦生产取得了很大的进步，焦炉煤气得到回收。一般焦炉煤气中含氨约0.2%，相当于1吨焦炭可伴生3~4千克氨。于是出现了用硫酸直接吸收焦炉煤气中的氨生产硫酸铵的生产工艺。到20世纪初，硫酸铵取代了智利硝石，成为世界上氮肥品种的第一位。

1903年，挪威建厂用电弧法固定空气中的氮加工成硝酸，再用石灰中和制成硝酸钙氮肥，两年后进行了工业生产。1905年，用石灰和焦炭为原料在电炉内制成碳化钙（电石），再与氮气反应制成氮肥——氰氨化钙（石灰氮）。这两种方法都要消耗大量能源，特别是电能。

1824年，德国化学家武勒（Friedrich Wöhler）使氰酸与氨反应，产生一种白色结晶——尿素。

这在人类历史上，第一次用人工方法从无机物制得人体排泄出来的有机化合物尿素，打破了当时流行的"生命力论"，成为现代有机化学兴起的标志。

1868年，俄国化学家巴扎罗夫（А.И. Базаров）在融封的玻璃管中长时间加热氨基甲酸铵和碳酸铵而得到尿素：

$$NH_4COONH_2 = NH_2CONH_2 + H_2O$$

而在高温高压下，进行如下反应：

$$2NH_3 + CO_2 = NH_4COONH_2$$

这两个反应，就成为从氨和二氧化碳合成尿素的基础反应。

1913年，用氢气和氮气合成氨的哈伯法在德国第一次建成投产。它为氮肥工业的发展开拓了道路。1922年，德国法本公司（I.G. Farben）在Oppau建成合成尿素工厂并投入生产。1932年美国杜邦公司（Du Pont）用直接合成法制取尿素氨水，1935年生产固体尿素，未反应物以氨基甲酸铵水溶液形式返回合成塔，是水溶液全循环法的雏形。

由于尿素合成反应是可逆反应，总有未反应的氨和二氧化碳存在。早期的尿素工厂均是不循环法的工厂，即一次通过法。未反应的氨加工成其他产品，流程较长。介质有强烈腐蚀性，在找到奥氏体不锈钢材料的加氧防腐技术后，才解决了工厂长周期安全生产的问题。

4. 复混肥料

1920年，美国氰氨公司的一个磷酸铵小生产装置投入运转。1933年，加拿大联合采矿和冶炼公司也建成了一个生产磷酸铵的工厂。20世纪30年代初，用硝酸分解磷矿并用氨中和加工制造硝酸磷肥的奥达法首先在德国建厂。第二次世界大战前，德国生产一种商品名叫做硝磷钾的混合肥料，就是由磷酸二铵与钾盐和熔融硝酸铵混合制成的。

参 考 文 献

[1] 范可正. 中国肥料手册 [M]. 北京：中国化工信息中心，2001.
[2] 王迪轩. 新编肥料使用手册 [M]. 北京：化学工业出版社，2011.
[3] 张福锁，张卫峰，马文奇，等. 中国化肥产业技术与展望 [M]. 北京：化学工业出版社，2007.
[4] 中国大百科全书·化工 [M]. 北京：中国大百科全书出版社，1987.
[5] 北京化工学院化工史编写组. 化学工业发展简史 [M]. 北京：科学技术文献出版社，1985.
[6] 袁一，王文善. 尿素 [M]. 北京：化学工业出版社，1997.
[7] 赵匡华. 中国化学史. 近现代卷 [M]. 南宁：广西教育出版社，2003.
[8] 中华人民共和国化学工业部. 中国化学工业大事记（1949—1994）[M]. 北京：化学工业出版社，1996.
[9] 当代中国的化学工业 [M]. 北京：中国社会科学出版社，1986.
[10] 中国氮肥工业协会. 中国小氮肥工业大事记 [M]. 北京：化学工业出版社，2008.
[11] 中国无机盐工业协会钾盐（肥）行业分会等. 中国钾盐钾肥50年 [M]. 北京：中国财政经济出版社，2011.
[12] 张瑞丹. 农田滥用氮肥、污染触目惊心 [J]. 新世纪，2010（3）：1.
[13] 李经谋. 2010中国粮食市场发展报告 [M]. 北京：中国财政经济出版社，2010.
[14] 孔祥琳. 不平凡的五十年——纪念中国小氮肥工业诞生五十周年 [C]. 北京：中国氮肥工业协会，2008.
[15] 刘淑兰. 中国氮肥生产和市场展望 [C]. 北京：2012年中国国际氮肥、甲醇大会，2012.
[16] 中国磷肥工业协会. 磷复肥工业"十二五"发展规划思路 [C]. 北京：2010.
[17] 汤建伟. "十一五"期间我国磷酸、磷肥技术发展与创新 [C]. 长沙：2011.
[18] 汤建伟. 世界磷酸技术进展及发展方向 [C]. 北京：2010.
[19] 修学峰. 我国磷复肥、硫酸行业2011年运行情况 [C]. 北京：2012.

撰稿人：余一（原中昊化肥公司总工程师）
审稿人：王文善（原化工部副总工程师）
孔祥琳（中国氮肥工业协会名誉理事长）
刘淑兰（中国氮肥工业协会名誉理事长）
修学峰（中国磷肥工业协会副理事长）

第三章 硫酸工业

硫酸工业属基础化学工业。由于硫酸是许多工业生产的重要原料，因此曾被誉为"工业之母"，世界上经常把一个国家硫酸产量的多少，作为衡量其工业发展水平的重要指标之一。21 世纪初，我国跨入了世界硫酸工业大国的行列。

硫酸是一种重要的基本化工原料，用途广泛。主要用于生产化学肥料、合成纤维、涂料、洗涤剂、制冷剂、饲料添加剂、石油的精炼、有色金属冶炼、钢铁、医药、轻工及其他化学工业等。

化肥工业是硫酸的最大用户。磷肥主要是用硫酸分解磷矿石制得，2011 年全世界生产各种肥料消费的硫酸占硫酸总消费量的 51.7%，其中磷肥消费硫酸占 45.8%，其他化肥消费硫酸占 4.9%。由于土壤对硫的需求，促进了硫基氮磷钾（NPK）复肥、硫铵、硫酸钾等产量的增长，增加了对硫酸的需求，使世界硫肥消费量不断提高。我国化肥工业消费的硫酸到 2011 年占硫酸消费总量的 65% 左右。

第一节 早期的硫酸生产厂

清朝晚期，有识之士开始学习西方工业化的经验，洋务运动兴起，顺应潮流也就开启了硫酸的生产。

一、中国最早的铅室法硫酸厂——江南制造局

制造无烟火药需要硫酸，1870 年左右，徐寿父子开始仿效研究铅室法制硫酸。他们在仪器、设备、环境保护等方面条件很差的情况下，"寐馈于刀锯汤火之侧，出入于硝磺毒物之间"，克服重重困难，终于试制成功。1874 年在江南制造局龙华分厂建成中国第一座铅室，成功地用铅室法生产出硫酸，并用以生产硝酸、研制硝水棉花（硝化棉），这可谓我国化学工业之先导。李鸿章说："该局（江南制造局）又在局西十里之龙华地方分厂治具，如法开造，约计每日出药千磅，出林明敦弹子 5000 颗，就中试用化学，兼造白火药及各种强水均有成就。"1875 年 1 月 8 日《申报》、光绪二年二月（1876 年 3 月）《格致汇编》第 8～9 页，均有关于我国建成最早硫酸厂的报道。

二、天津机器局第三厂

1874 年（同治十三年）徐建寅（徐寿之子）奉调天津机器局专事强水制造，

建成淋硝厂（包括生产硝强水、磺强水、硝酸钾），附属机器局第三厂。磺强水（硫酸）实际于1876年（光绪二年）投产。由于生产的扩大，旧有铅室已嫌过小，遂于1881年（光绪七年）添建淋硝新厂，新厂拥有铅室六间。1882年又建硝强水厂，当时规模日产硫酸2吨。

沪、津两地硫酸厂的建成，结束了中国不能生产而完全依靠国外进口硫酸的历史，为后来各火药厂建设硫酸厂奠定了基础。

三、江苏药水厂

19世纪60年代英商立德（Little）在上海创办立德洋行，是一个从老纹银中提炼黄金的小厂，后来立德把这个企业售予英商美查（Major Brothers）洋行。美查力主将这个厂让中国使用，而自己则专门从事提供提炼黄金过程中所需要的各种药水，将此厂改名为美查酸厂（Major's Acid Work）。事实上该厂仅使用大玻璃瓶和瓦罐配制各种所需浓度的酸类，并不直接生产硫酸。1875年改名江苏药水厂（Kiangsu Chemical Work），建于上海苏州河的大石桥（大王庙）附近，所产各种浓度的硫酸、硝酸系按向德国洋行买来的秘方配制。到1879年，由于生产发展和市场的需要才决定建设硫酸生产装置，全套铅室设备购自德国，斥资12万两银元，此为外商在我国开设的第一座硫酸厂。该厂坐落在苏州河旧厂之南，占地33亩（2.2公顷），日产硫酸2吨，同时生产少量盐酸、硝酸，雇用工人250人。1907年迁至西康路1501弄（药水弄）29号。"八一三"（1937年）事变时硫酸产量为900吨/年，抗日战争后产量增至2000吨/年。

第二节　民国时期的硫酸工业

一、民用硫酸生产兴起

清末制造硫酸的目的是军事用途，首先在江南制造局等兵工厂生产硫酸，以后在其他兵工厂也建有硫酸生产装置。1889年（光绪十五年）汉阳兵工厂成立。1909年10月生产硫酸的装置开工，采用铅室法制硫酸，设施新颖，自1910年至1928年合计生产硫酸15761600磅（约7000吨）。1928年改归军政部兵工署管理，生产大进，硫酸月产量达120吨。1904年（光绪三十年）四川总督锡良创办四川机器厂（后称成都兵工厂），内设白药厂，以硫黄为原料，采用铅室法生产硫酸，1919年投入生产。再用硫酸与硝酸钾（精制土硝）或硝酸钠制取硝酸，以硝酸生产硝化纤维，用以制造弹药。河南省巩县兵工厂则是我国第一家引进接触法制硫酸的工厂，1918年即投入生产，抗日战争时迁往四川泸州，生产规模为5000吨/年。1926年8月沈阳兵工厂日产10吨的接触法硫酸装置投入生产，可生产发烟硫酸。

以上是我国早期的硫酸厂，这些工厂（除江苏药水厂外）的产品全都供军工部门自用。直至20世纪20年代末，国内使用硫酸的工厂、学校、研究单位所用的硫酸基本上全靠进口，为此每年得付出几十万银元来进口硫酸。

1927年广西政府设立梧州硫酸厂，由德籍技师负责，我国硫酸专家李敦化任副厂长。初试困难不少，又由两广政府增资改造，厂名为两广硫酸厂，聘马君为厂长。采用加重铅室法，至1932年秋开工，用广东英德和清远两县的硫铁矿。日产66波美度硫酸7~8吨。1933年又采用电除尘设备，使产量、质量进一步提高。

广东省在1932年筹建广东硫酸苏打厂，采用接触法制酸，以V_2O_5为催化剂，全部设备向美国化学建设公司订购，规模为日产98%硫酸15吨，1933年开始投产。

我国民办酸厂起始于1929年的得利三酸厂，总厂设在天津河东；分厂设在唐山，资本5万元，年产硫酸8000担，年耗唐山硫黄20万斤（100吨）。

上海开成造酸厂由项松茂在1930年创办，资本75万银元，采用铅室法制硫酸，有铅室三个。制造过程分烧磺、除尘、成酸、蒸浓四步。以浙江瑞安、诸暨和西班牙进口的硫铁矿为原料，1932年10月投产，产品投放市场，也是我国市场上最早的国产硫酸之一，年产3400吨，品种有48°Bé、58°Bé、66°Bé的三种硫酸。

1933年利中硫厂开办，原来设在唐山，以当地硫黄为原料。因出品成本太高，扩大资本为20万元，总厂设在天津，以煤矿中的硫铁矿为原料，制造硫酸。其装置的设计由天津南开大学应用化学研究所承办，所长张克忠教授主持，开创了我国自行设计硫酸厂的先河。1934年5月投产，日可产浓硫酸2吨，成为当时华北最大的硫酸厂。

民办的规模最大、最早采用接触法制硫酸的工厂是范旭东创办的永利化学工业公司南京铵厂硫酸厂，全套设备来自美国，以硫黄为原料，年产硫酸3.6万吨，厂址设在南京长江下游六合县卸甲甸，1937年1月26日投入生产。

还兴建了一些小规模的硫酸厂，如西安集成三酸厂、成都的资业化工厂、1935年设立的重庆广益化学工业社硫酸厂、中国造酸厂等。1933年国产硫酸约9000吨，使进口硫酸逐年减少（见表3-1）。

表3-1　1932—1938年硫酸进口量

年份	数量/担	价值/元	年份	数量/担	价值/元
1932	49759	539352	1936	5795	68513
1933	48431	533759	1937	13623	50835
1934	13172	147570	1938	5758	13536
1935	7641	70857			

来源：李尔康. 我国硫酸工业之概况与展望 [J]. 经济建设季刊, 1943, 1 (4).

二、抗日战争至中华人民共和国成立前的硫酸工业

正当我国硫酸工业发展初具规模时（1936年国产硫酸54950吨），抗日战争爆发，我国硫酸工业较集中的天津、上海、南京相继沦陷，所有酸厂皆陷敌手致使数十年的建设毁于一旦。抗战期间为适应后方生产需要，陆续在内地建设一些小型硫酸厂。1942年铅室法制硫酸在四川达到高峰，全省有硫酸厂8家铅室12间，总容积960米^3，年产硫酸约850吨。具体情况参见表3-2。

表3-2　抗战期间后方新办的硫酸厂

省　别	厂　名	主要设备
四川	中国造酸公司	铅室2间，焚矿炉4座，浓缩炉1座
四川	蔡家场制酸合作社	铅室1间，焚矿炉1座，浓缩炉1座
四川	广益化学工厂	铅室2间，浓缩设备1套
四川	裕川化学工厂	铅室1间，焚矿炉1座，浓缩设备1套
四川	建业化学工厂	铅室1间，焚矿炉1座，浓缩设备1套
四川	沅记永源硫酸厂	铅室1间，焚矿炉1座，浓缩设备1套
贵州	大众硫酸厂	铅室1间，浓缩设备1套
贵州	新筑制酸厂	铅室1间，浓缩设备1套
云南	昆明造酸厂	铅室3间，浓缩设备1套
云南	大利造酸厂	铅室1间，浓缩设备1套
江西	江西硫酸厂	接触法，设备不详
陕西	集成三酸厂	铅室1间，焚矿炉1座，浓缩设备1套
浙江	浙江省化工厂	烧矿炉8座，硝石炉1座，除尘室1间，铅室2间，提浓室2间
湖北	湖北硫酸厂	铅室1间，浓缩设备1套
广西	梧州硫酸厂	新式铅室法设备全套，后被敌机轰炸而停产

注：1. 兵工厂中的硫酸厂、未投产的硫酸厂均未列入。
　　2. 来源：李尔康. 我国硫酸工业之概况与展望[J]. 经济建设季刊，1943，1（4）。

日军侵占东北期间，为了解决日本国内资源匮乏和满足侵略战争的需要，先后建立了六七个规模不小的硫酸厂，其中规模最大的是在大连甘井子的满洲化学工业株式会社，1933年兴建，1935年投产，有拱墙式九塔法硫酸装置一套，由日本设计，每套能日产70%的硫酸120吨。又有钒触媒式硫酸厂一个，日产硫酸75吨，接触法硫酸前半部为Lurge设计，后半部为Moneato设计。该厂总生产能力为年产208950吨，历年所达到的产量如表3-3所示。

表3-3　满洲化学工业株式会社历年硫酸产量　　　　　　　　　　单位：吨

种　　类	1935年	1937年	1938年	1939年	1940年	1941年	1942年
70%H_2SO_4	143535	162167	176676	111422	135629	127135	100168
95%H_2SO_4	1310	4745	6117	6722	2938	1476	9758
总计	144845	166912	182793	118144	138567	128611	109926

在抚顺，日商电气化学厂建设了两套铅室法和一套接触法硫酸生产装置，鞍山钢铁公司和本溪钢铁公司也建设了塔式法硫酸生产装置，但规模都比大连的小很多。

另外，尚有1945年投产的"满洲染料"，硫酸生产能力为2万吨；"满洲矿山"生产能力为1.5万吨/年；辽阳的关东军工厂年生产能力为1500吨/年（参见表3-4）。日本统治时期华北硫酸产量见表3-5。

表3-4　日本侵占东北期间各硫酸厂的产量　　　　　　　　　　　单位：吨

厂　　名	地　　点	1937年	1940年	1941年	1942年	1943年	1944年
抚顺煤矿化学厂	抚顺	56474	31944	57720	76924	73823	30325
满洲制铁鞍山厂	鞍山	13438	24838	27602	36058	33029	22250
满洲制铁本溪厂	本溪	1930	2014	3011	3300	3000	7083
满洲化学工业株式会社	大连	166912	138567	128611	109926	60895	51359
总计		238754	197363	216944	226208	170747	111017

表3-5　日本统治时期华北硫酸产量　　　　　　　　　　　　　　单位：吨

产　　品	1938年	1939年	1940年	1941年	1942年	1943年	1944年
硫酸	300	1130	977	577	489	197	657

抗日战争胜利后，东北地区的硫酸厂已全部为我国接收。

在抗日战争和解放战争期间，各抗日根据地和解放区在艰难困苦的条件下，用土法建起了一些小型硫酸厂。1940年在晋察冀边区的唐县大安沟和在太行根据地麻田镇附近的百步交都兴建过小型塔式法硫酸厂。他们以陶瓷缸做塔；用石英块、焦块做瓷环；用风箱和手摇风车当鼓风机。1942年在陕甘宁边区延安西北的紫芳沟建成了铅室法硫酸厂，以硫黄为原料，产品经浓缩制成浓度为94%的硫酸。同时，在胶东地区也建了生产硫酸的装置，这些工厂产量虽少，但为抗日战争、解放战争急需的火药生产作出了贡献。

1946年民族资本家周志俊为了在化学工业方面有所建树，邀集孙师白、黄伯樵、徐凤石、孙鼎、郭学群等诸人，集资法币1亿元筹建新业硫酸厂。新业厂厂址设于上海交通路2213号，占地十七亩三分二厘（1.16公顷）。新业厂通过上海华昌贸易公司，以10万美元向美国化学建设公司订购了全套接触法制酸设备，设备工艺先进，生产98%浓硫酸和发烟硫酸，日产硫酸10吨，其中发烟硫酸2吨。该厂由美国化学建设公司承造，设计比较先进，自动化程度较高，以台湾的硫黄为原料，于1948年6月建成投产，当年生产了1253吨硫酸。这个厂也是抗战胜利后到中华人民共和国成立前国内唯一新建的硫酸厂。

到1949年，全国有大小硫酸厂二三十家，总生产能力为20万吨/年左右。这些厂如果全部开工，所产硫酸供给国内可以自给有余。1942年我国硫酸产量达到18万吨（含敌占区），是民国期间最高的年产量。但抗战胜利后相当一部分厂的硫酸生产没有得到恢复，解放战争期间生产又受到很大的破坏，1948年全国硫酸产量尚不足3万吨，1949年全国硫酸产量仅有4万吨。

我国主要硫酸厂的历史概况见表3-6。表中统计数据较完整的共有10家企业，总年产量为硫酸5.98万吨。其中原料用硫铁矿（表中原料中写为黄铁矿）的企业为3家，总年产硫酸0.67万吨，仅占总产量的11.2%，而大部分硫酸的原料为硫黄。用铅室法流程生产企业有5家，但产量小，仅为0.78万吨/年，占总产量的13%，说明大部分硫酸用接触法流程制得。

表3-6 我国主要硫酸厂的历史概况

厂名	厂址	创设年份	开工年份	流程	原料	日产/吨	年产/吨	经营	备注
江南制造局	上海	1874前	1874	铅室		0.7		公	
天津机器局	天津	1874	1876	铅室		2		公	
江苏药水厂	上海		1879	铅室	硫黄	2	700	美商	美查兄弟回国后，改由祥茂洋行经营
汉阳兵工厂	汉阳	1901	1909	铅室		1.2	400	公	1910—1928年累计生产7000吨
巩县兵工厂	巩县		1918	接触	硫黄	不详	不详	公	抗战时迁往四川泸州
四川机器局	四川		1919	铅室		不详	不详	公	
沈阳兵工厂	沈阳		1926	接触	硫黄	10	3000	公	生产发烟硫酸
梧州硫酸厂	梧州	1927	1932	铅室	黄铁矿	7~8	2200	公	后改名两广硫酸厂，1938年被日寇炸毁

续表

厂名	厂址	创设年份	开工年份	流程	原料	日产/吨	年产/吨	经营	备注
开成造酸厂	上海	1930	1932	铅室	黄铁矿	10	3500	商	国产和进口的硫铁矿兼用
广东硫酸苏打厂	广州	1932	1933	接触	硫黄	20	7300	公	设备自美国进口,抗战时被劫往日本
利中硫酸厂	天津	1933	1934	铅室	黄铁矿	3	1000	商	南开大学应用化学研究所设计
山西火药厂	太原		1934	接触	硫黄	6~7	2200	公	
永利南京硫酸铔厂	浦口	1934	1936	接触	硫黄	120	3.6万	商	全套设计由美国C.C.CO公司订购
新业制酸厂	上海	1947	1948	接触	硫黄	10	3500	商	设备由美国化学建设公司制造,硫黄来自台湾

注:此表材料截至1948年,其中有些小厂未列入。表中年产是指投产年份产量,有的厂后来有变动,则未详尽列入。

第三节 中华人民共和国成立三十年的硫酸工业

一、硫酸工业新起点

1949年新中国成立后,硫酸行业的广大干部、工程技术人员和工人在党的领导下团结一致,清理断垣残壁,修复设备,克服重重困难,恢复了生产。

南京永利宁厂遭受的破坏较小,恢复生产较快。随后,抚顺石油一厂、四〇一厂、鞍山钢铁公司焦化厂和本溪钢铁公司焦化厂也先后恢复了生产。经过三年的恢复工作,1952年生产硫酸19万吨,为1949年的4.7倍。

催化剂是生产硫酸的关键,在国外严加保密制造技术的情况下,永利宁厂工程师余祖熙为了研制我国自己的钒催化剂,坚持不懈,克服了资料不足、原料匮乏等困难,于1951年研制成功S101型(原称V1型)钒催化剂,并实现了工业化生产,奠定了我国钒催化剂生产基础，结束了依赖进口的历史，为我国发展接触法生产硫酸创造了条件。随后又相继研制成功 S102 型（原称 V2 型）环型钒催化剂、低温钒催化剂和耐砷钒催化剂等，使我国钒催化剂的各项指标赶上了当时的国际先进水平。

从 1953 年起，开始发展接触法生产硫酸先进工艺技术，逐步取代铅室法和塔式法旧工艺。原有的硫酸厂陆续恢复生产，但是生产能力不能满足新中国经济发展的需要，必须建设新的硫酸生产装置。永利宁厂依靠自己的力量，于 1953 年、1955 年、1957 年分别建成三套年产 8 万吨的接触法硫酸装置。苏联援建的两套 4 万吨/年硫酸装置，分别建在太原化工厂和吉林染料厂，1958 年投入生产。化工部化工设计院和大连化学厂的工程技术人员，参考苏联高强度塔式法生产硫酸的经验，在大连化学厂设计建设了 1 套五塔式硫酸系统。1956 年投入生产，设计能力为年产硫酸 8 万吨。1958 年，经进一步改进完善，成为七塔式装置，生产能力达到年产 12 万吨。

第一个五年计划期间，将原有的老厂进行技术改造和扩建，硫酸产量上升很快。1957 年全国硫酸总产量达到 63.3 万吨，为 1952 年的 3.3 倍，年平均增长率为 27.2%。其中大连化学厂和永利宁厂，1957 年的硫酸产量就占全国总产量的 64.5%，加上抚顺石油二厂和四〇一厂，四个厂的产量占全国总产量的 83.5%。

二、硫铁矿制酸

（一）硫铁矿制酸技术的开发

由于中国硫黄资源短缺、价格昂贵，在 1951 年中央召开的全国酸碱染料工业会议上，领导部门及代表均提出要积极研究利用国内的硫铁矿原料替代硫黄制酸，解决原料来源和降低制酸成本。1952 年南京永利铔厂建成了 12 层机械炉焙烧，年产 8 万吨制酸装置，后部采用电除尘器、空塔、填料塔、电除雾器、焦炭过滤器酸洗净化流程；1955 年上海新业厂被批准建设 5000 吨/年硫铁矿制酸，机械炉采用了耐火砖砌造炉壳，两炉臂改为一炉臂，节约了大量钢材。

焙烧硫铁矿制硫酸原使用的机械焙烧炉，矿石平铺在炉排上，用炉内旋转的机械臂拨动矿石，焙烧生产强度很低。其结构复杂，需要耐高温的钢材制造内部部件。当时国内机械炉的技术已经很成熟，但是也已经陈旧。沸腾焙烧（固体流态化）技术是 20 世纪 50 年代发展起来的新技术，它的生产能力大，建设投资相对较低。1950 年联邦德国巴斯夫（BASF）公司首先建设了试验炉。1952 年有几个系统投入生产。同时，多尔（Dorr）公司也开始应用这项技术。我国南京永利宁厂的工程师周志强等技术人员和工人，在将原料改为硫铁矿之后，于 1956 年开发了我国自己的硫铁矿沸腾焙烧技术，并以此技术在该厂新建两台沸腾炉用于年产 8 万吨系统。从此，我国的沸腾焙烧技术也步入了国际硫酸工业的前列，到1983年我国硫铁矿制酸装置已全部采用沸腾焙烧炉。

（二）水洗净化技术的功与过

1958年掀起"大跃进"运动，硫酸作为重要的化工原料，加速硫酸工业的发展任务摆到化学工业的面前。在这个时刻，恰巧硫酸生产工艺技术出现两项重大突破，一是硫铁矿沸腾焙烧技术，另一个是水洗净化技术。解放初期，上海新业硫酸厂（现上海硫酸厂）厂长、技术专家孙师白受国外造纸工业用文氏管洗涤器除尘效果很好的启迪，潜心研究，在矿制酸净化方面，成功开发了文氏管水洗净化器。于1956年在该厂新建的年产5000吨硫铁矿制硫酸装置上试用，代替庞大的电除尘器和传统的洗涤塔，效果很好。在此基础上，他进一步设想用文氏管除酸雾，以代替昂贵的电除雾器，创建了"三段文丘里"水洗净化流程。于1958年10月开始用于工业生产，1963年通过了国家鉴定。水洗净化工艺大大地简化了复杂的净化生产设备，大幅度地降低了建设投资。化工部考虑到国民经济各部门对硫酸的迫切需要，在国家建设资金不足的情况下，为了争取时间和利用有限的资金多建些硫酸装置，决定采用水洗流程建设硫酸装置，加速我国硫酸工业的发展。

由于工业、化肥行业都急需硫酸，除国家投资建设硫酸厂外，地方积极筹集资金，土法上马了一批小型硫酸厂。1960年前后，工业基础比较好的省市，很快将土法生产的小硫酸厂改造成沸腾焙烧炉、水洗净化工艺的小型硫酸装置，其工艺流程和主要操作指标逐步接近大、中型硫酸装置，单套装置的生产能力提高到5000～10000吨。当时，全国小型硫酸厂担负了硫酸生产任务的60%，成为我国硫酸工业的一支重要力量。

在推广使用沸腾焙烧炉的水洗净化新工艺过程中，由于忽视了酸性污水的危害性，未采取消除废水污染的措施，以致在相当长的时间里，采用水洗工艺的硫酸厂严重地污染了环境。

（三）硫铁矿制酸领军三十年

20世纪60年代，我国硫酸工业的设计、设备制造水平有了很大提高，已能为我国硫酸工业提供全套设备，促进了硫酸工业的生产和建设。随着内蒙古碳窑口硫铁矿、云浮硫铁矿、安徽新桥硫铁矿、江西铜业铜矿的建设与发展，我国硫酸工业走上了稳步发展的道路。依靠技术进步取得了较大的成绩，硫酸产量随着硫铁矿产量的增加而稳步增长，有色金属冶炼烟气制酸也在缓慢发展，但由于国际硫黄价格从每吨十几美元快速上涨到一百多美元，而国内硫酸价格过低，南化、开封、太化、株化等国家重点硫酸厂的硫黄制酸相继改造为硫铁矿制酸，仅留北京、天津两套硫黄制酸装置，硫资源的供给成为硫酸工业发展的瓶颈。1980年不同硫资源制硫酸产量统计示于表3-7。

表3-7　1980年全国硫酸产量　　　　　　　　　　　　　　　　　　　单位：吨

年　份	全国产量	矿　制　酸	冶炼制酸	硫磺制酸	其他制酸
1980年	764.2	563.6	105.0	95.7	

（四）硫铁矿制酸的技术进步

1. 单套装置能力

1965年，化工部整合人才资源，成立了硫酸专业的研究院（南京化工研究院）和设计院（化工部第七设计院）。两院为我国硫酸工业的发展做了大量卓有成效的工作。当时，我国制酸主要原料是硫铁矿或硫精砂。硫铁矿制酸的工程设计、设备制造逐渐成熟，以南化设计院的年产2万吨、4万吨成套图纸为基础，20世纪70年代全国发展了一批年产2万吨、4万吨的硫酸装置，在重点企业建设了8万吨/年装置，最大装置为南化磷肥厂12万吨/年装置。

2. 焙烧技术

在普遍采用沸腾焙烧的基础上，1977年成功地进行了硫铁矿的磁性焙烧试验，用氧量分析仪自动调节沸腾焙烧炉加料量以控制炉内气氛，实现磁性焙烧。同时以氧表控制解决了沸腾炉出口炉气含氧量，控制了炉气中三氧化硫含量，提高硫的利用率，同时控制了升华硫的产生，提高了生产效率。

3. 净化

1966年南化公司研究院（原南京化工研究院）与吉化公司染料厂共同研制成功聚氯乙烯塑料电除雾器，代替传统的铅电除雾器；1976年试制成功纤维除雾器，减少出塔气体夹带雾沫。1965年我国研制成石墨换热器，在大化化肥厂首先应用于硫酸净化工序的气体冷却，在太原化工厂用于稀硫酸的冷却。1963年白银有色公司使用玻璃钢材料用于硫酸净化工序，成功后在行业推广应用。

在塑料电除雾器、石墨换热器等一系列新设备试验应用成功的基础上，南化研究院进行了电除尘器和简化稀酸洗净化流程的研究试验工作，取得了积极成果。1982年先后在四川银山磷肥厂、南化磷肥厂进行扩大试验取得成功，为大中型矿制酸装置稀酸净化工艺起到了示范作用。小型硫酸装置采用旋风分离器除尘和污酸沉降分离固体杂质，实现污水的封闭循环，在山东滕县磷肥厂使用成功。采用水洗工艺的装置试用了中和沉降方法，处理后水循环利用或中和后达标排放。硫酸工业酸性污水污染环境的状况日趋改善。

4. 转化

在20世纪60年代，德国拜尔（Bayer）公司首先开发了两转两吸工艺，于1963年建立了第一套生产装置。1965年我国上海硫酸厂和无锡硫酸厂分别进行了两转两吸工艺的工业试验并获得成功。此后，我国再建的大、中型硫酸装置普遍采用此工艺，并取得了良好的效果。大化公司化肥厂于1970年创制了径向转化器，可使催化剂层阻力降低四分之三。

5. 干吸工序

在1975年、1976年，南化设计院（原化工部第七设计院）等单位研制了矩鞍环、阶梯环瓷质填料，南化研究院研制了异鞍型瓷质填料，新型填料的研制提高了塔的生产强度。南化公司、葫芦岛锌厂分别用氟塑料管试制成酸冷却器，用于冷却浓硫酸。

三、其他制酸和余热回收

20世纪60年代初有色金属冶炼制酸开始发展，利用有色金属冶炼烟气制硫酸，使硫资源得到合理利用。我国利用炼锌的机械焙烧炉或沸腾焙烧炉烟气制硫酸；铜冶炼用转炉烟气等制硫酸。由于炼铜的主要设备转炉的操作条件变化大，且烟气二氧化硫浓度低、波动大，使烟气制酸在技术上难度较大，设计人员在转炉烟气制酸方面做了大量工作。1966年，白银有色金属公司用炼铜沸腾炉和转炉混合烟气制硫酸取得成功，随后又掌握了烟气浓度波动很大的单转炉烟气制酸技术。1963年，广东马坝冶炼厂采用热浓酸洗净化流程，在试验性生产装置上，用炼钢沸腾焙烧炉烟气制酸成功，生产能力为年产硫酸600~700吨。1970年大冶有色金属公司冶炼厂采用热浓酸洗建成年产硫酸6.5万吨的生产系统。1969年沈阳冶炼厂和富春江冶炼厂采用干法净化、冷凝成酸的流程，用炼铜密闭鼓风炉和转炉的烟气制酸。1974年韶关冶炼厂采用锌铅混合冶炼技术，用烧结机的烟气制酸；沈阳冶炼厂实现了炼铅烧结机的烟气制酸。至此，我国已经能够用多种有色金属冶炼设备的烟气制酸，通过有色金属冶炼工艺的改革和制酸技术的提高，冶金烟气制酸的产量不断提高，至1983年已接近100万吨。

硫酸生产是放热反应过程。对反应热的利用程度是衡量硫酸工业技术水平的一个重要标志。20世纪50年代，有硫酸厂试用低压蒸汽余热锅炉回收沸腾炉出口炉气热量，由于腐蚀问题未能解决，这项技术没有得到发展。20世纪60年代后期，南化磷肥厂和大连化工厂分别试用强制循环和自然循环中压余热锅炉，回收焙烧硫铁矿的高温反应热，并取得成功。1978年以后，国家重视这项成就，拨出大量资金和材料，在大、中型硫酸厂推广硫酸余热锅炉，收到了显著的效果。例如，南京化学工业公司磷肥厂每年生产硫酸二十余万吨，回收利用余热产生的中压过热蒸汽，发电三千余万千瓦时。而硫酸生产用电量大约只占发电量的一半，硫酸工厂回收利用余热以后，由消费动力的工厂转变为向外供应动力的工厂。进入20世纪80年代，全国年产10万吨以上硫铁矿制酸装置基本都回收了硫酸生产过程中的高温位余热，最初设计的强制循环、自然循环两种炉型的余热锅炉经过杭州锅炉厂、东方锅炉厂及硫酸行业的锅炉专家共同

对锅炉整体结构设计和材料选择的改进，逐步适应了硫酸生产的高温腐蚀，可以随装置同步稳定运行。余热回收、蒸汽发电、低压蒸汽的再利用为硫酸工业提高了经济效益。

四、20世纪80年代我国硫酸工业的状况

中华人民共和国成立后的三十年，硫酸工业发生了重大变化。从20世纪50年代后期开始，各地都有新硫酸厂的建设，每10年全国硫酸产量都有一个飞跃，1980年，全国硫酸产量已达到764万吨，以硫铁矿制酸为主，硫铁矿制酸占全国总产量73.7%，冶炼烟气制酸占13.7%，硫黄制酸占13.5%。所有原料基本来自国内，仅进口少量硫黄。见表3-8和表3-9。

表3-8　1949—1980年我国硫酸产量

年　　份	产量/万吨
1949	4.00
1960	133.04
1970	291.40
1980	764.20

表3-9　1978—1980年我国各种原料硫酸产量　　　　　　单位：万吨

年　　份	全国总产量	矿　制　酸	冶　炼　制　酸	硫　黄　制　酸
1978	661.0	478.8	81.8	100.5
1979	699.7	502.5	91.7	105.5
1980	764.2	563.6	105.0	95.7

硫酸工业的布局发生重大变化。在第一个五年计划完成的1957年，辽宁省硫酸产量在总产量中占50.8%，江苏、上海、天津、山东四个沿海省市占47.5%，其他地区只占1.7%。从20世纪50年代后期开始，在继续发展沿海地区硫酸工业的同时，内地进行了新硫酸厂的建设，硫酸工业的布局逐步发生了重大变化。1983年，各地区硫酸产量在全国总产量中所占比例为：东北13.17%，华北11.36%，华东31.77%，中南27.07%，西南11.33%，西北5.3%。

第四节　改革开放后硫酸工业的蓬勃发展

改革开放给我国的国民经济发展带来了勃勃生机。我国的硫酸工业出现新面貌，在硫酸产量、技术水平、装置规模、循环经济、节能减排等诸方面都取得了显著成绩。

一、硫铁矿制酸技术和装备水平继续提升

(一) 老厂改造工程

20世纪80年代初,我国对一批已运行了二三十年的老装置进行改造。南化公司氮肥厂将原两个系统的焙烧工序建成规模为20万吨/年的大型单系列。开封化肥厂将老系统改造成为16万吨/年规模的装置,采用沸腾焙烧、绝热蒸发酸洗净化、一转一吸、三级尾气回收工艺技术。同时杭州锅炉厂、上海冶金矿山机械厂、南化设计院等单位联合攻关,研制新型中压废热锅炉和电除尘器等设备,并在南化、开封化肥厂投入生产。这些老企业技术和装备的提高与改善,为国产化工程建设提供了许多宝贵的经验。

(二) 引进先进技术和关键装备

1982年,南化公司着手筹建规模为20万吨/年硫铁矿制酸工程(南化七系统)。确定引进部分先进技术和关键设备,争取在节约能源、降低消耗、提高产品质量、消除污染和安全生产方面有较大的进步,经济效益有较大的提高,为今后建设项目树立样板。该项目使用了国家拨给的外汇及从世界银行借贷少量外汇,从国外购买焙烧超细粒高含硫的硫精砂焙烧技术及废热锅炉制造技术,引进了废热锅炉、带阳极保护的浓酸管壳冷却器、大型SO_2主鼓风机、大型稀硫酸泵、浓硫酸泵、电除尘器及废热锅炉的排渣设备、闸阀及仪器仪表等。原料的加工、气体净化、SO_2转化、干燥吸收、尾气回收等5个工序的工艺技术及其相关的装备,均采用国内先进的、成熟可靠的技术和装备。该工程于1987年3月建成投产,各项指标达到设计要求,建设和生产均取得成功。经世界银行审议和评估,肯定了该工程的消耗定额指标已达到西欧和北美硫铁矿制酸的水平。因此,南化设计院获得世界银行的确认,具有承担由该行贷款建设的类似项目的设计资格。

云峰公司(现云天化国际云峰分公司)23万吨/年硫铁矿制酸工程,引进鲁奇公司焙烧工序工艺包,通过国际竞争招标购买废热锅炉、电除尘器、主鼓风机、浓酸冷却器、酸泵、控制仪表和特殊阀门等。该工程于1992年建成投产,并通过了国家验收,世界银行的代表称该工程是发展中国家建设大型磷复肥装置的样板工程。

安徽铜陵华兴公司(原铜陵磷铵厂)20万吨/年硫酸工程,是应用国内先进的工艺技术和装备建设的大型硫铁矿制酸项目。采用国内技术建设的大型沸腾炉;废热锅炉由杭州锅炉厂制造,该设备的结构为立式、前置沉降室、纵向冲刷、W形烟道、水冷壁炉墙;电除尘器由上海冶金矿山机械厂制造,系单室、卧式、三电场结构,有效通道面积50米^2;排渣设备均采用国产化设备。同时利用加拿大政府的贷款,采购了加拿大Chemetics公司的不锈钢转化器和内置换热器、干吸塔的分酸

器（材料为 Sarament）和带阳极保护管壳式浓酸冷却器；购买了美国 AC 公司的鼓风机、路易斯公司浓酸泵、Duririon 公司耐腐蚀合金制造的稀硫酸泵等技术先进的设备及其他一些配件、阀门等。净化、制酸工序的其余设备均在国内采购及制造。该工程于 1993 年投入生产，至今运行稳定，各项指标超过设计水平。

（三）国家重点复肥工程配套建设大型硫酸装置

根据我国政府与世界银行、日本政府签订的协议，在"八五"、"九五"期间，我国利用有关贷款作为建设项目所需的部分资金，相继建了大峪口、黄麦岭、瓮福、鹿寨等大型复肥工程，配套建设的硫酸装置进一步促进了我国硫酸工业的发展和技术、装备水平的提高。

黄麦岭工程的规模为 28 万吨/年硫酸，设一个系列；大峪口工程的规模为 56 万吨/年硫酸，设两个系列，每个系列 28 万吨/年硫酸。这两个工程均由瑞典波利登公司提供焙烧工序的工艺包，法国克雷布斯公司采用美国孟山都公司技术提供制酸工序的基础设计。关键设备采用国际竞争招标采购，我国一些厂商以各种方式参加了投标，得标率颇高。黄麦岭工程于 1995 年投产，现今实际生产能力已超过设计指标 15%左右，运行情况较好。大峪口硫酸工程于 1996 年投产，现今已改为硫黄制酸，每个系列的规模 31 万吨/年，仍设两个系列。

瓮福硫铁矿制酸工程，建设所需的部分资金是由日本海外经济协力基金（OECF）提供的贷款，采用国际招标购买所需的技术和装备，为日本三菱重工得标。该工程的设计规模为 80 万吨/年，设两个系列，每个系列 40 万吨/年。一个系列于 1999 年 4 月投料，另一个系列 2000 年 5 月投料，2000 年 9 月两个系列投入正常生产。2001 年 8 月两个系列改为掺烧硫黄，改造后安全、稳定运行，产量超过了设计能力。该工程硫铁矿原料工序采用日本同和（DOWA）技术，焙烧、制酸工序采用鲁奇技术，净化工序采用三菱重工技术；SO_2 鼓风机由德国 SCHIEI 公司供货，由日本三菱重工神户造船提供带自动电压控制变压整流系统的高效电除尘器（卧式三电场），由日本川畸重工提供水平烟道膜式水冷壁强制循环废热锅炉。

广西鹿寨硫铁矿制酸工程，建设所需的部分资金是使用日本海外经济协力基金提供的贷款，采用国际招标购买建设所需的技术和装备，由意大利西利沙蒙公司得标。设计规模为 40 万吨/年，于 2000 年初投产，该工程稳定运行了 10 年左右，实际产量经改造后达到 43 万吨/年硫酸。原料工序采用 NOVA 技术和装备，Dorr-Oliver 公司提供焙烧技术，废热锅炉、电除尘器采用鲁奇技术制造，净化和制酸采用西利沙蒙公司的技术，采用美国路易斯公司浓酸泵、孟山都公司除雾器和催化剂和 AC 公司鼓风机，采用瑞典 SX 制浓酸冷却器及分酸器（均不带阳极保护）、阿法拉伐公司的板式稀酸冷却器等。

此外，铜陵有色金属集团控股有限公司铜冠冶化分公司（下简称铜冠冶化），利用冬瓜山铜矿副产的100万吨/年超细粒硫精砂生产硫酸，硫酸项目的规模为80万吨/年，第一期工程40万吨/年于2007年投产，第二期工程40万吨/年于2009年9月投产。该工程引进了德国奥图泰公司的有关技术及装备，还引进了德国KK&K公司的鼓风机、孟莫克公司及托普索公司的催化剂、孟莫克公司的除雾器和分酸器、路易斯公司的浓酸泵等。

（四）重大技术装备国内组织科技攻关

在国务院重大技术装备领导小组，化工部国产化办公室、复肥办公室、化肥司等各有关部门的领导下，硫酸行业于1986年8月开展了重大技术装备研制的攻关工作，编制了磷铵（含硫酸）子项可行性研究报告，提出了"七五"期间重大技术装备的研制方案并开展了有关工作；1989年9月编制了化肥专项硫酸子项"八五"国家科技攻关计划预选项目建议书，经国务院重大办审议同意于1990年7月编制，1991年1月定稿大型化肥专项硫酸子项"八五"国家重大技术装备科技攻关项目可行性研究报告。根据批准的可行性研究报告，全国各有关单位为硫酸工业重大装备攻关做了大量工作并取得了丰硕的成果，达到关键技术和装备立足国内，实现国产化，赶超国际先进技术水平，为经济振兴打下牢固的基础，满足国民经济发展的需要的目的。也为我国硫酸工业提供了质量好、运行可靠、技术水平高、价格便宜的国产重大装备，为我国硫酸工业的发展奠定了扎实的基础。

"七五"、"八五"期间硫酸工业所需攻关的重大装备和技术，如沸腾炉、废热锅炉、电除尘器、稀硫酸泵、浓硫酸泵、浓硫酸冷却器、高温排灰设备、大型SO_2鼓风机、电除雾器、转化器及换热器、耐高温腐蚀合金材料、高温浓硫酸阳极保护技术、高温吸收、催化剂机理研究等都取得了成功，有关负责研制的单位获得了国家的奖励，攻关的成果得到广泛应用，推动了技术和装备的进步，提高了硫酸工业的技术水平，缩短了与国际先进水平的差距，有的重大装备达到或超过了国际先进水平。

进入21世纪以来，我国自力更生开发国内技术和装备，进行大型国产化硫铁矿制酸工程的建设。湖北宜昌大江化工股份有限公司30万吨/年硫铁矿制酸工程、江西江铜—瓮福及广东云浮联发公司40万吨/年硫铁矿制酸工程，分别于2004年、2006年、2009年相继投产。这几项工程投产以来运行稳定、各项指标均达到设计的要求，经济效益显著，环境效益也十分好。实践证明我国不但有能力建设大型国产化的硫铁矿制酸工程，而且可以建设技术和装备水平达到或超过国际水平的硫铁矿制酸工程。云浮联发公司40万吨/年硫铁矿制酸工程，技术和装备全部实现了国产化。该工程采用含硫量≥45%的硫精砂为原料，采用沸腾炉焙烧，焙烧炉排出的矿渣含铁量≥60%作为炼铁的原料，经济价值很高。废热经废热锅炉回收产生的蒸汽用于发电。工程配套建设了15兆瓦的电站。炉气采用绝热蒸发封闭酸洗净化，

排污量很少。在节能减排方面的措施,从工艺技术方面着手解决、效益很好。制酸技术采用两转两吸工艺,五段(3+2)型转化、ⅢⅠⅤ+ⅥⅡ型换热流程。该工程投产以来,运行稳定,各项指标均达到或超过设计的参数,最终转化率>99.8%,产量≥1200吨/日。

二、冶炼烟气制酸脱颖而出

改革开放以后,我国国民经济飞速发展,为满足化肥、化工、石化、轻工、纺织、有色冶金、钢铁等行业的需求,硫酸市场需求大幅提升。同时,为保证我国的粮食生产,国家建设一批复合肥厂使化肥用酸量迅猛增长。尽管在云南、贵州、湖北等磷资源产地建设了大型磷复肥生产基地并配套建设了硫酸装置,但全国的硫酸开始出现总体上供不应求的趋势。其主要制约因素是制酸原料,如果仅仅依靠硫铁矿,不仅矿山建设跟不上发展需要,我国硫铁矿资源也是十分有限的。

改革开放后,有色金属冶炼工业发展突飞猛进,许多冶炼过程产生大量含硫气体,排放到大气中造成严重污染。国家开始环境保护工作,要求有色金属冶炼企业必须治理含硫废气,并加以综合利用,因此冶炼烟气制酸应声而起。除了制酸系统要解决耐高温、耐硫酸腐蚀的材料问题和设备大型化问题,还要解决炉窑众多、布置分散、烟气波动的技术难题。运用计算机控制技术,稳定了烟气二氧化硫的浓度,确保了大型生产装置的运行。

随着国家《节能中长期专项规划》政策的出台,大型有色金属冶炼企业在技术改造和节能挖潜的基础上,积极地提高产能,提高了烟气中二氧化硫的浓度,使烟气制酸装置的规模不断扩大。1985年,贵溪冶炼厂建成1000吨/日闪速炉及转炉烟气制酸装置。1990年后改用富氧冶炼,硫酸产量提高到1800吨/日,成为当时国内最大单系列制酸装置。通过引进技术的消化、吸收和国际间的进一步合作,一批大型冶炼烟气制酸装置陆续建成投产。

(一)铜熔炼

目前国内铜熔炼的主要代表工艺有:富氧闪速熔炼工艺、诺兰达炉工艺、澳斯麦特/艾萨熔炼工艺等,大型铜冶炼企业基本采用上述工艺,一些中小企业也采用上述工艺逐渐取代了密闭鼓风炉、反射炉、鼓风炉和电炉等有着环保缺陷的传统工艺。

富氧闪速熔炼工艺的代表企业主要是:江西铜业公司、铜陵有色公司(含金昌冶炼厂及金隆公司)、山东阳谷铜业公司、金川集团有限公司、紫金铜业公司。其中江西铜业公司、铜陵有色公司均进行了技术改造和节能挖潜,在提高金属产量的同时,硫酸产量也分别达到了205万吨/年和255万吨/年,硫酸采用的生产工艺均为动力波洗涤净化、双转双吸流程。山东阳谷铜业公司40万吨/年铜冶炼厂配套两套高浓度二氧化硫制酸装置，酸厂规模达到160万吨/年。金川集团有限公司除保持原有的生产装置外，新建一套铜熔炼系统，配套酸厂规模为53万吨/年，生产工艺为高效洗涤净化、双转双吸流程。紫金铜业公司20万吨/年铜冶炼厂配套一套制酸装置，酸厂规模达85万吨/年。诺兰达炉代表企业为大冶有色金属公司，设计产量23万吨/年铜，硫酸装置产能90万吨/年，生产工艺为塔式洗涤、双转双吸流程。澳斯麦特/艾萨熔炼工艺的代表工厂有：中条山有色金属集团公司，设计产量为16万吨/年，制酸装置规模60万吨/年，生产工艺为塔式洗涤、双转双吸流程；云南铜业（集团）有限公司，设计产量为20万吨/年，硫酸装置规模为70万吨/年；云南锡业集团公司铜冶炼厂，设计铜产量为45万吨/年，硫酸产能为160万吨/年。

（二）铅冶炼

国内炼铅工艺除了西北铅锌冶炼厂引进QSL技术外，近年云南冶金集团引进了艾萨炼铅技术、云锡公司引进了澳斯麦特炼铅技术等，但仍有部分企业采用烧结-鼓风炉熔炼，尚未淘汰。烧结-鼓风炉熔炼工艺虽然应用成熟，但低浓度二氧化硫烟气回收难度较大，给环境保护带来一定的难度。株洲冶炼集团为处理铅冶炼低浓度烟气，引进了投资较大的TOPSOE湿法制酸技术，采用WSA湿式催化工艺技术，使尾气指标（体积分数）：$SO_2 \leq 200 \times 10^{-6}$，酸雾$\leq 45 \times 10^{-6}$，成品酸质量稳定，无污染物产生。此技术虽然治理彻底，但一次投资较高。在沈阳冶炼厂引进了前苏联的非稳态转化技术基础上，华东化工学院与河南豫光铅锌共同开发了非稳态转化技术，利用了二氧化硫浓度为2%～4%的铅冶炼烟气制酸，豫光金铅、豫北金属冶炼厂、济源万洋冶炼集团等十多套装置采用非稳态制酸技术，控制了大气污染，有效地利用了硫资源。此技术投资较低，但受工艺条件和设备的限制，治理不彻底，低空排放现象和含铅粉尘仍未达到治理标准。

氧气底吹-鼓风炉还原炼铅工艺自从2002年在豫光金铅集团和池州有色金属公司相继成功实现工业化生产以来，很快得到了推广。目前已有多家企业采用了该技术新建铅冶炼装置或改建原有传统工艺，如河南焦作东方金铅有限公司由中国有色工程设计研究总院项目总承包，采用氧气底吹-鼓风炉还原炼铅工艺，建设了年产5万吨铅冶炼装置。

另外水口山、云南祥云飞龙等公司也在采用该工艺对传统的炼铅工艺进行改造。由于该工艺提高了烟气中的SO_2浓度，为铅冶炼烟气的回收创造了条件，采用了常规的双转双吸制酸技术取代原来的低浓度脱硫、非稳态转化、单转单吸+尾气处理甚至高空排放的做法，其综合优势非常明显。豫光金铅集团已有二套5万吨/年炼铅装置采用此技术，烟气制酸采用双转双吸工艺，尾气SO_2体积分数低于100×10^{-6}，各项生产指标和装置的运行状况非常稳定。

（三）锌冶炼

锌冶炼工艺分湿法炼锌工艺和火法炼锌工艺。国内使用的湿法炼锌工艺主要有沸腾焙烧炉、黄钾铁矾法等；火法炼锌工艺主要有密闭鼓风炉熔炼（ISP）、竖罐炼锌、电炉炼锌和土法炼锌等。湿法炼锌工艺的主要代表企业有株洲冶炼集团的 10 万吨电锌系统、豫光金铅集团的 10 万吨电锌系统、云南曲靖有色基地的 10 万吨电锌系统和西北铅锌冶炼厂的 8 万吨电锌系统等。它们均采用常规的双转双吸工艺回收硫酸，硫酸生产规模约 20 万吨/年，总硫利用率大大提高，解决了二氧化硫的污染问题。

中金岭南韶关冶炼厂是世界上少数成功使用大型 ISP 的冶炼厂之一，铅锌综合生产能力达 20 万吨/年，硫酸生产规模约 43 万吨/年，经过将原来的单转单吸制酸工艺改为双转双吸工艺，总硫利用率达到 90%以上，尾气排放远低于国家标准。

（四）镍冶炼

金川集团有限公司的镍产量占到全国镍产量的 94.5%左右，其镍冶炼技术代表了目前国内的水平。镍冶炼工艺采用先进的闪速熔炼技术，2004 年镍产量达到了 7.4 万吨，而全国产量约为 8 万吨，在 2005 年金川公司镍产量为 10 万吨，采用闪速熔炼工艺，烟气中的二氧化硫浓度满足常规制酸的要求，制酸装置采用绝热蒸发酸洗净化、双转双吸工艺，装置处理烟气量（已折成标准状态）13 万米^3/时，该装置于 20 世纪 90 年代初期建成，除 SO_2 风机引进外，其余均为国产设备。为了适应市场和公司战略发展目标，金川公司新建一套镍熔炼系统，熔炼工艺采用顶吹富氧熔炼技术。进硫酸系统烟气量约 18 万米^3/时，二氧化硫浓度约 14%，装置生产规模为 70 万吨/年。硫酸工艺采用国际先进的高浓度制酸技术和 HRS 系统回收低温位热。该项目为中国有色工程设计研究总院的总承包项目，2007 年年初建成，其冶炼烟气制酸规模和装置规格均为当时国内最大。目前国内最大规模的烟气制酸为山东阳谷铜业公司二期，硫酸规模达 90 万吨/年。

2009 年，我国冶炼烟气制酸工业随着有色金属冶炼技术的发展，装置设计及建设水平有了长足的进步，装备水平与国外先进水平相差无几。

冶炼烟气的处理方法根据 SO_2 浓度不同可分别采用以下几种工艺：

① SO_2 浓度＜2.5%，采用烟气脱硫（FGD）的方法进行处理，其中 SO_2 浓度＞1.5%采用回收法，SO_2 浓度＜1.5%采用石灰（石）-石膏抛弃法。

② 2.5%＜SO_2 浓度＜3.5%，烟气可直接制酸。目前采用 2 种工艺，一种是低浓度 SO_2 非稳态转化工艺，另一种是托普索公司的 WSA 湿法制酸工艺。

③ 3.5%＜SO_2 浓度＜5.0%，采用一转一吸制酸工艺，一般需加尾气吸收装置后制酸尾气才能达标排放。

④ SO_2 浓度＞5.0%，采用常规的两转两吸制酸工艺，此工艺比较成熟，烟气回收率高，并有尾吸装备，制酸尾气完全符合排放标准。

2009 年，重有色金属冶炼企业大部分采用两转两吸制酸工艺，约占整个烟气制酸工艺的90%以上，烟气中的SO_2能得到很好的回收利用。以大型铜冶炼企业为例，烟气中SO_2的回收率可达96%以上，固化率达98%以上，最后排空的废气中SO_2含量低于300微升/升以下，完全符合环保要求，烟气回收利用处于世界先进水平。

我国有色金属冶炼工业发展迅速，烟气制酸产量也同步迅速增长。2010年已有铜陵有色、江西铜业、金川集团三家硫酸年产量超过100万吨，铜陵有色硫酸年产量达到200万吨，前10名冶炼酸产量已占冶炼酸总量48.8%。除上述三家特大型企业外，云南铜业、葫芦岛有色、湖北大冶、山东祥光等硫酸年产量已在50万吨以上。2011年，我国冶炼烟气制酸产量达到2130万吨。

三、硫黄制酸重整旗鼓复出

20世纪末，磷复肥和其他工业发展中增加了对硫酸的需求，仅仅利用硫铁矿和冶炼尾气资源制酸，远远不能满足经济发展的需要。此时，国际石油天然气产量增长使脱出硫黄产量大幅度增加，国际市场硫黄价格又一次降低至50美元/吨左右，价格大幅回落，给我国快速发展而又急缺硫资源的硫酸工业带来了机遇。相对价格低廉和供应充足的硫黄原料，促使我国掀起了以硫黄为原料制酸的建设热潮。上海京藤化工有限公司、上海申井化工有限公司分别由中国和日本商家合资建设了14万吨/年、15万吨/年硫黄制酸装置，于1995年投产；无锡、河南绿宝、红河洲化肥厂、昆明化肥厂，以及山东、四川等地纷纷建设规模为8万~10万吨/年硫黄制酸装置；各地还建了一批小型硫黄制酸装置。苏州精细化工集团从生产和环境的要求考虑，建设了具有先进水平规模较大的30万吨/年硫黄制酸装置，设备制造、施工、安装仅用了9个月。该工程除了引进催化剂、酸泵等少量设备和材料外，其余全部采用国产化技术和装备，于1999年7月投产；山东红日40万吨/年硫黄制酸装置是当时国内最大的硫黄制酸工程，工艺技术及设备完全立足于国产化，配套设施齐全，自动化程度高，废热利用充分，具有良好的环境保护措施，于2000年5月投产。这两个工程建设的成功，在工艺技术和装备的制造、施工安装、生产管理等方面，为我国硫黄制酸工程建设打下了良好的基础。

为了配合高浓度磷复肥大型装置的建设，中国硫酸工业协会三次组织相关的硫酸设计研究院、设备制造厂、大型磷复肥企业研讨大型硫黄制酸的设计、设备制造和工程建设。在专家、设计人员、大型磷复肥企业及设备制造厂的共同努力下，借鉴江西铜业引进大型冶炼烟气制酸设备，铜陵金隆建设大型冶炼烟气制酸装置转化、干吸主要设备的成功经验，以及南化设计院设计的山东红日40万吨/年硫黄制酸装置，上海海陆昆仑为无锡硫酸厂设计制造的12万吨/年硫黄制酸火管锅炉、过热器、省煤器等热回收设备、技术的成功经验，开始向年产60万吨、80万吨大型装置进军。

从 2000 年开始，相继建设了云南三环、中化开磷、贵州西洋等 60 万吨/年和云南富瑞、中化开磷、贵州开磷等 80 万吨/年大型国产化硫黄制酸工程，满足了国民经济建设发展对硫酸工业的需要。云天化富瑞一期 80 万吨/年硫黄制酸工程，于 2005 年 3 月建成投产，是我国最先建成的大型国产化工程。该工程立足国内，自主创新，除进口催化剂外，其余全部采用了国产化的先进工艺和装备，投入生产以来，各项指标达到设计的指标，并保持长期稳定的运行。该工程采用了 3+1 两次转化工艺，并采用了国产蒸汽透平驱动的轴流鼓风机，装设蜗形旋流装置的一次扩大型的焚硫炉，国产积木式全焊接结构不锈钢转化器，节能高效盘管壳换热器，国内最大的火管式废热锅炉，带阳极保护的槽管式分酸器及浓酸冷却器，国产大型浓硫酸泵等一大批国产化新型装备。贵州开磷 80 万吨/年硫黄制酸工程中使用了国产催化剂，转化工艺为 3+2 型五段转化器。

我国还引进了国外硫黄制酸的先进技术和装备。石家庄化纤有限责任公司曾引进 16 万吨/年硫黄制酸装置，同时生产 21.5%硫酸、65%发烟硫酸，于 1999 年 5 月投产。该装置采用 MEC 3+2 两转两吸工艺技术，由法国 SOFRESID 公司分包设计。主鼓风机为离心式，由背压透平驱动；采用火管废热锅炉，正常操作压力 3.8～3.9 兆帕；转化器内装填 LP120、LP110、C_S110、C_S120 型催化剂，第一层装填部分 C_S110 型低温催化剂，第五层全部使用 C_S110 低温催化剂；干燥塔辅沫器是采用双层丝网除沫器、中间吸收塔和最终吸收塔内装 ES 型除沫器；干燥、吸收塔均采用 SX 槽式分酸器；干燥塔、中间吸收塔、最终吸收塔共用一台酸循环槽，采用 AlfaLaval 板式酸冷却器、Lewis 酸泵。

张家港双狮精细化工公司在江苏张家港建设 100 万吨/年硫黄制酸装置，采用的过热器出口蒸汽系以 6.4 兆帕、492℃为基准的次高压蒸汽。透平机组采用了西门子的凝汽式汽轮机，配套 53 兆瓦发电机组；首次引进了 MECS 公司热回收系统（HRS），HRS 的关键是基于一个热回收塔（操作温度为 200℃以上）代替传统的第一吸收塔。热回收塔分上下两级吸收，进塔气体主要在第一级吸收，离开塔第一级的热气体在第二级里冷却并将残余的 SO_3 吸收，离开塔的气体（成分）与离开传统的第一吸收塔的气体（成分）是一样的。使用一个 HRS 锅炉移走吸收热产生蒸汽（压力=0.6~1.0 兆帕）代替传统工艺的酸冷却器。张家港双狮 HRS 锅炉产生压力为 0.9 兆帕的外送饱和蒸汽约 60.1 吨/时，除去装置本身自用蒸汽（如熔硫、液硫保温、锅炉给水除氧等）外，其余约 35.7 吨/时蒸汽送至低压过热器，产生 0.87 兆帕、256℃过热蒸汽用于发电。此装置每吨酸可多产生 0.481 吨 0.9 兆帕的饱和蒸汽，从而使硫酸装置的废热回收率提高到 90%以上。该装置由孟莫克公司提供基础设计和 HRS 全套设备，由中江能源回收（上海）有限公司提供详细设计和全套热能设备、非标设备的设计和制作，于 2005 年 4 月投产。另一套 100 万吨/年硫黄制酸装置于 2010 年 3 月投产。该装置增加低温位热回收系统（HRS）后，每吨酸循环冷却水耗量约为 20.5 米³（进出水温差 Δt=10℃），远小于不采用热回收系统（HRS）时的每吨酸循环冷却水耗量（约为 42.0 米³，进出水温差 Δt=10℃），可节约循环水泵消耗的大量电能。

湖北宜化 60 万吨/年硫黄制酸工程，引进关键工艺技术和装备以及 HRS 技术和装备，于 2006 年 9 月投产。该工程采用国产快速溶硫设备及带阳极保护的管壳式酸冷却器。引进液硫压力雾化焚硫技术；采用次高压 5.4 兆帕废热锅炉和蒸汽输送系统；空气鼓风机设于干燥塔的下游；3+1 两次转化工艺和积木式不锈钢转化器；Monplex 板式换热器；干吸塔采用槽管式分酸器及 ZeCor 合金填料支架；干燥塔顶装 CK-ⅠP 碰撞型纤维除雾器，二吸塔顶部装有 CS-ⅡP 碰撞型纤维除雾器，热回收塔顶部装 ES-212 型纤维除雾器；干吸塔循环酸共用一台循环槽；HRS 系统生产 0.8 兆帕饱和蒸汽；干燥、吸收塔循环酸管道均采用 ZeCor 合金制造。投产以来，转化率＞99.8%，5.4 兆帕下蒸汽产量为＞1.256 吨/吨酸，0.8 兆帕下蒸汽产量为＞0.442 吨/吨酸，环境效益和经济效益较好。

此外，云天化富瑞分公司、三环分公司、红河洲分公司、重庆中化涪陵及江苏托普索等引进了孟莫克 HRS 的技术和装备，建设了低温位热回收装置生产低压蒸汽。还有些国产化硫黄制酸工程中，引进了托普索、孟莫克等的钒催化剂、铯催化剂、除雾器和其他设备（酸泵、鼓风机、分酸槽、压力雾化型硫喷枪）等。

在国际硫黄资源充分供给的情况下，2000—2010 年成为我国硫黄制酸的快速发展时期。1990 年全国硫黄制酸仅有 7 家企业，产量仅 17.9 万吨；2000 年增加到 25.1 万吨；2010 年，全国硫黄制酸的产量已达到 3499 万吨，121 家硫黄制酸企业中产量在 40 万吨/年以上的有 19 家，占硫黄制酸总量的 64%。产量最高的是云南云天化国际 520 万吨/年。

四、节能减排和资源综合利用

（一）废热回收和利用

进入 21 世纪，硫酸厂已被视为能源工厂。回收利用硫酸生产过程的余热已成为衡量工厂技术水平的重要标志之一。高、中温位废热每吨酸可产中压或次高压蒸汽 1~1.2 吨，废热回收率达到 60%~70%。

大、中型硫铁矿制酸工程的废热锅炉产生 3.8 兆帕、450℃过热蒸汽多用于发电。如南化集团设计院设计、杭州锅炉厂制造，采用立式 W 形烟道、强制循环（锅炉本体）和自然循环（沸腾层冷却管）混合式水管锅炉；杭州锅炉厂制造的立式 W 形烟道水冷壁炉墙混合式水管锅炉；引进德国 SHG 公司技术、南化集团设计院设计、南化公司化机厂制造，其结构更为先进，水平烟道、横向冲刷、全强制卧式循环锅炉；应用 SHG 技术，由南化集团设计院设计、杭州锅炉厂制造同样形式的锅炉，已有多套成功运行多年；中江能源回收（上海）有限公司将水平烟道、横向冲刷、全强制卧式循环锅炉实现了国产化，现已在几十家硫铁矿制酸装置上运行，达到世界先进水平。此炉型的优点是：传热效率高、沸腾层、蒸发和过热器换热面积安排合理、除尘效率较高、密封性好和便于安装检修。瓮福的废热锅炉是日本川崎的技术由杭州锅炉厂制造，结构为卧式、横向冲刷、单程、水冷壁、全强制循环。由东方锅炉厂设计制造的全自然循环锅炉，采用立式 W 形烟道，适应了中型硫铁矿制酸装置的需要。硫铁矿制酸的废热锅炉回收利用了硫铁矿燃烧产生的高温热，每吨酸可产中压蒸汽 1.0～1.2 吨；铜冠冶化因所用的硫精砂含有磁硫铁矿等原因，生产 1 吨酸可回收蒸汽 1.44 吨。还有的工程回收了转化和干吸工序的部分化学反应热，经济效益亦相当可观。

硫黄制酸生产过程中，硫黄燃烧、二氧化硫氧化及三氧化硫吸收这三个主要过程均伴有大量的热能产生。所有硫黄制酸装置都充分回收了焚硫和转化的高、中温位热能，以每吨硫酸计算可产生中压过热蒸汽 1.15～1.25 吨。

焚硫炉出口的废热锅炉可采用火管式或强制循环水管式两种。焚硫炉产生的炉气温度通常高达 1000℃以上，锅炉结构比硫铁矿制酸的简单，气密性要求比硫铁矿制酸锅炉要高得多。中江能源在无锡硫酸厂年产 10 万吨硫黄制酸装置成功实现火管锅炉的国产化。近年来，我国硫黄制酸工程中普遍采用火管锅炉，技术上也趋于成熟。火管式废热锅炉使用金属和耐火材料较少，价格便宜，能承受较高的气体一侧压力，从而降低了漏气率；其结构安排也简单，形成的气体滞流区的可能性很小（气体滞留区内会有冷凝酸产生腐蚀），如果传热面有污垢也很易清理。水循环问题较水管锅炉少。随着液硫过滤设备技术的成熟，硫黄制酸的炉气中含尘量很少，火管锅炉更为适用。改进的过热器为立式圆筒结构，双层壳体空气保温，炉气横向冲刷受热面，采用不锈钢或耐热钢螺旋鳍片管强化传热。省煤器容易遭受腐蚀，利用热管省煤器新技术在结构设计上使水管隔离于烟气之外，温度参数避开于露点之外，从而杜绝了省煤器出现露点腐蚀，防止水向系统内部泄漏，避免系统带水。

在回收废热副产蒸汽的利用上，一是用于发电，我国有些装置已将蒸汽压力等级由 3.8 兆帕提升至 5.4 兆帕、6.4 兆帕，如张家港双狮精细选用德国西门子公司的汽轮发电机组，发电量可比当时的国产机组高约 20%。二是将蒸汽用于汽轮机驱动鼓风机，直接用于生产，从而提高热能效率；并将排出的低压蒸汽用于下游产品，如磷肥、钛白粉、染料、己内酰胺等，蒸汽的分级利用有效提高了能效。

2003 年，张家港双狮精细率先引进的美国孟山都公司的 HRS 技术取得显著效果，促进了我国硫黄制酸装置低温位废热回收技术的推广。硫黄制酸低温位废热回收技术是回收干吸工序低温位热能，吨酸可产低压蒸汽 0.5 吨左右，使装置整体废热回收率提高到90%以上。引进技术的成功应用促进了国内工程设计院及设备制造厂对此技术的研发积极性,浙江宣达公司上海奥格利公司、中石化南京设计院、南京海陆节能科技有限公司相继自主研发出了低温位废热回收技术及设备,并在大中型硫黄制酸装置中成功推广应用。到2012年年底,我国已投产及在建低位热回收系统88套,产能3791万吨,占硫黄制酸产能的72%。

2012年我国硫黄制酸和硫铁矿制酸回收高、中、低压蒸汽7770万吨,其中硫黄制酸吨酸产汽量平均达到1400千克,硫铁矿制酸吨酸产汽量平均1100千克;2012年硫酸行业余热回收相当于节约标煤1100万吨,减排二氧化碳2700万吨。

(二) 矿渣的综合利用

2000年以前,在国家经济发展过程中,全国矿制酸排出的烧渣绝大部分用作水泥生产辅料,由于我国水泥行业的迅速发展,逐渐将多年积累的烧渣全部利用殆尽。20世纪70年代,上海硫酸厂和北海化肥厂研究了硫铁矿渣制砖的技术取得成功,为处理矿渣开辟了新的途径。少数企业对矿渣进行磁选,将高含铁量矿渣供应钢铁厂做原料。20世纪90年代,黄麦岭集团对硫铁矿进行精选,高品位硫铁矿入炉,烧渣制成球团矿成批量供应铁厂。在我国钢铁行业快速发展时期,国内铁资源严重短缺,价格飞涨,给高品位硫铁矿烧渣带来了机遇。中小企业以磁选提取高品位烧渣;大企业将硫铁矿进行精选,将硫铁矿含硫选至45%以上作为入炉原料,使烧渣含铁量提高到60%以上,为钢铁企业提供原料,补充了我国铁资源的不足,同时获得可观的经济效益。目前硫铁矿渣基本全部回收,实现了资源化综合利用,与钢铁、水泥、涂料工业建立了产业链,将硫铁矿渣作为炼铁和涂料的原料,水泥生产的辅助原料(添加剂)基本没有废渣排放。铁矿渣的回收促进了黄麦岭磷化公司、安徽铜陵铜山、江西铜业集团、广东云浮硫铁矿等大型硫铁矿制酸装置的建设,成为硫铁矿制酸企业提高经济效益的一大亮点,使硫铁矿的硫、铁两种宝贵资源得到有效利用。

(三) 硫资源的循环利用

甲基丙烯酸甲酯(MMA)生产会产出大量废酸,中石化上海赛科石化引进美国孟山都公司废酸裂解技术,建设了一套28万吨/年制酸装置,生产的新鲜硫酸返回MMA生产系统,硫资源得以循环利用。其后,由化工部第二设计院宁波分公司设计,在中石油吉化公司为16万吨/年MMA生产装置配套建设了一套40万吨/年废酸裂解装置,降低消耗,减少了对环境的污染。

四川龙蟒集团对稀酸提浓和硫酸亚铁掺烧做了大量工作。四川省化工设计院为四川龙蟒集团设计实施了以硫铁矿制酸装置处理钛白粉生产产出的大量一水硫酸亚铁,吨酸可掺一水硫酸亚铁350~400千克,通过掺烧除回收硫资源外,还副产含铁60%~65%的铁资源。

五、硫酸生产格局发生显著变化

2000 年以后,硫铁矿制酸的发展主要由于矿渣的综合利用给制酸企业带来了很好的经济效益,因而促进了不少硫铁矿、硫精砂产区建设年产 40 万吨的大型硫酸装置,如铜陵有色、江西铜业、云浮硫铁矿都建设了多套 40 万吨/年的大型装置,在靠近资源的地区也在新建、扩建矿制酸装置,如安徽铜陵化工、安徽司尔特、湖北祥云、湖北黄麦岭等,使全国的矿制酸产能缓慢增长,2011 年矿制酸年产量达到 1970 万吨。2009—2012 年靠近有色金属矿产区,安徽铜山铜建设了两套年产 40 万吨矿制酸系统,湖北祥云、湖北洋丰建设了年产 40 万吨矿制酸系统,安徽兴华建设了两套年产 20 万吨、司尔特建设了一套年产 30 万吨矿制酸装置等。全国 20 万吨以上矿制酸产能已占矿制酸总产能的 52%。

1978 年,我国硫酸产量为 662 万吨;2004 年,我国硫酸产量达到 3995 万吨,首次超过美国硫酸当年产量(3500 万吨),居世界第一位。

到 2009 年,硫黄制酸最大装置 100 万吨,冶炼烟气制酸最大装置 120 万吨,硫铁矿制酸最大装置 40 万吨。我国具有国际先进水平的大型装置产能已占到总产能的 50%以上。1985 年产量最高的是江苏省 93.5 万吨。2009 年我国已有 15 个省份硫酸产量超过 100 万吨,其中 7 个省份超过 300 万吨,分别是云南 937 万吨、湖北 801 万吨、贵州 439 万吨,以及山东、江苏、安徽、四川。硫黄制酸产量主要集中在高浓度磷复肥产地西南地区和湖北,占到硫黄制酸产量的 71%以上;其次是江苏、浙江等华东地区,占到硫黄制酸产量的 24%;其他地区相对较少。云南硫黄制酸量最大,达到 709 万吨,占到硫黄制酸产量的 25.3%;其次是湖北,为 545 万吨。冶炼烟气制酸仍集中在原有大型冶炼企业所在地,产量最高是甘肃,为 238 万吨。硫铁矿制酸产量最高的是湖北,为 195 万吨。

2009 年我国有 9 家企业硫酸产量超过 100 万吨,产量占全国总产量的 33.1%;最大是云天化国际化工,为 470 万吨;其次是贵州开磷 235 万吨、铜陵有色 229 万吨。硫黄制酸产量有 6 家企业超过 100 万吨,前 10 家产量占全国硫黄制酸产量的 54.2%,最大仍是云天化国际化工 470 万吨;其次是贵州开磷 237 万吨、湖北新洋丰 185 万吨。冶炼烟气制酸产量最大是铜陵有色,229 万吨;其次是金川集团 185 万吨、江西铜业 172 万吨;前 10 位企业产量占全国冶炼烟气制酸产量的 54.3%。矿制酸产量最大是铜化集团 79 万吨;其次是江西铜业 52 万吨、广西鹿寨 44 万吨;前 10 位企业产量占全国硫铁矿制酸产量的 25.4%。

2010 年,我国硫酸产量已达到 7383 万吨,是改革开放前的 11.2 倍,年均递增 8.2%,硫酸产量的高增长率是举世罕见的,是我国改革开放的丰硕成果。硫酸工业不仅满足了工业及化肥用酸的需求,而且已有余量进入国际市场。有时也从日本、韩国、印度等进口少量硫酸进行调剂。

硫资源的全球化配置促进了我国硫酸工业的发展。我国硫酸生产原料的格局从硫铁矿占统治地位转向"硫黄—冶炼烟气—硫铁矿"三足鼎立的格局。到2011年，全国硫酸年产量7974万吨，其中硫黄制酸3844万吨，占总产量的48.2%；冶炼烟气制酸产量2130万吨，占总产量的26.7%；硫铁矿制酸产量1969万吨，占总产量的24.7%；其他原料制酸30.9万吨，占总产量的0.4%（见表3-10）。

表3-10　1987—2011年全国硫酸生产格局　　　　　　单位：万吨

年　份	全国产量	矿 制 酸	冶炼制酸	硫黄制酸	其 他 制 酸
1987	983.0	775.9	157.2	49.4	0.5
1990	1196.9	985.1	190.3	17.9	3.6
1995	1776.7	1450.2	287.8	25.4	13.3
2000	2455.4	1122.5	670.7	618.6	43.6
2005	4625	1612	981	1973	59
2010	7383.4	1924.9	1924.9	3499.0	34.6
2011	7973.8	1969.1	2129.7	3844.1	30.9

实践证明，我国有能力建设技术和装备水平达到或超过国际水平的硫铁矿制酸工程。冶炼烟气制酸不仅是有色冶炼进行环保减排的技术措施，也是资源综合利用的重要手段，可以大力发展循环经济。冶炼烟气制酸的装备水平与国外先进水平相当，烟气回收利用也处于世界先进水平。在硫黄制酸装置的大型化和国产化方面，我国完全依靠自己的力量建成了云南、贵州80万吨/年硫黄制酸装置，技术装备逐步优化，已达到或接近国际先进水平。

在装置设备方面，我国已具备了大型制酸装置所需的设计、设备制造能力，且达到或接近国际先进水平。这些成绩，得益于引进技术的消化吸收，得益于科研院所对新型材料的研制，得益于大专院校的高新科研成果，得益于设计研究院、设备制造厂的自主创新。由于包括硫酸企业在内的整个行业的共同努力，极大地推动了硫酸工业的发展，不仅满足了国内需求，并已开始走出国门，在国际大型装置招标中赢得大工程。

附1　大　事　记

1870年，徐寿父子首次开始仿效研究铅室法制硫酸。

1874年，在江南制造局龙华分厂建成中国第一座铅室，成功地用铅室法生产出硫酸。

1874年（同治十三年），徐建寅（徐寿之子）奉调天津机器局专事强水制造，建成淋硝厂（包括生产硝强水、磺强水、硝酸钾），附属机器局第三厂。磺强水（硫酸）实际于1876年（光绪二年）投产。

1875年，江苏药水厂（Kiangsu Chemical Work），建于上海苏州河的大石桥（大王庙）附近。所产各种浓度的硫酸、硝酸系按照由德国洋行买来的秘方配制。

1879年，由于生产发展和市场的需要，江苏药水厂决定建设硫酸生产装置，全套铅室设备购自德国，1907年迁至西康路1501弄（药水弄）29号。"八·一三"（1937）事变时硫酸产量为900吨/年，抗日战争后产量增至2000吨/年。

1881年（光绪七年），天津机器局添建淋硝新厂，新厂拥有铅室六间。又建硝强水厂，1882年当时规模日产硫酸2吨。

1889年（光绪十五年），汉阳兵工厂成立。

1904年（光绪三十年），四川总督锡良创办四川机器厂（后称成都兵工厂），内设白药厂，以硫黄为原料，用铅室法生产硫酸，1919年投入生产。

1918年，河南省巩县兵工厂是我国第一家引进接触法制硫酸的工厂。1918年即投入生产。抗日战争时迁往四川泸州，年产规模为5000吨。

1926年，沈阳兵工厂日产10吨的接触法硫酸装置投入生产，可生产发烟硫酸。

1927年，广西政府设立梧州硫酸厂，由德籍技师负责，我国硫酸专家李敦化任副厂长。厂名为两广硫酸厂，聘马君为厂长。

1929年，我国民办酸厂起始于得利三酸厂，总厂设在天津河东；分厂设在唐山，资本5万元，年产硫酸8000担，年耗唐山硫黄100吨。

1930年，上海开成造酸厂，由项松茂在1930年创办，资本75万，采用铅室法制硫酸，有铅室三个。1932年10月投产。

1932年，广东省筹建广东硫酸苏打厂，采用接触法制酸，以V_2O_5为催化剂，全部设备向美国化学建设公司订购，规模为日产98%硫酸15吨，1933年开始投产。

1933年，利中硫厂开办，其装置的设计由天津南开大学应用化学研究所承办，所长张克忠教授主持，开创了我国自行设计硫酸厂的先河。1934年5月投产，可日产浓硫酸2吨，成为当时华北最大的硫酸厂。

1936年，范旭东创办的永利化学工业公司南京铵厂硫酸厂，是民办规模最大、最早采用接触法制硫酸的工厂，全套设备来自美国，以硫黄为原料，年产硫酸3.6万吨，厂址设在南京长江下游六合县卸甲甸，1937年1月26日投入生产。

1942年，在陕甘宁边区延安西北的紫芳沟建成了铅室法硫酸厂，以硫黄为原料，产品经浓缩制成浓度为94%的硫酸。

1945年，"满洲染料"，硫酸生产能力为2万吨；"满洲矿山"生产能力为1.5万吨；辽阳的关东军工厂年产能力为1500吨。

1946年，民族资本家周志俊邀集孙师白、黄伯樵、徐凤石、孙鼎、郭学群等人，发起集资法币一亿元筹建新业硫酸厂。以十万美元向美国化学建设公司订购了全套接触制酸设备，生产 98%浓硫酸和发烟硫酸，日产硫酸 10 吨，其中 2 吨为发烟硫酸。该厂由美国化学建设公司承造，设计比较先进，自动化程度较高，以台湾硫黄为原料。

1949 年，全国总计有大小硫酸厂二三十家，总生产能力为 20 万吨/年左右。

1949 年，全国硫酸产量仅有 4 万吨。

1951 年，经永利宁厂工程师余祖熙等人的努力，研制成功 S101 型（原称 V1 型）钒催化剂，并实现了工业化生产。

1951 年，在中央召开的全国酸碱染料工业会议上，中央领导及代表提出以硫铁矿替代硫黄制酸，降低制酸成本。

1952 年，南京永利铔厂建成了 12 层机械炉焙烧，年产 8 万吨制酸装置，后部采用电除尘器、空塔、填料塔、电除雾器、焦炭过滤器酸洗净化流程。

1953 年，我国开始发展接触法生产硫酸，逐步取代铅室法和塔式法。

1956 年，经过化工部化工设计院和大连化学厂的工程技术人员的努力，参考苏联高强度塔式法生产硫酸的经验，在大连化学厂设计建设了 1 套五塔式硫酸系统。设计能力为年产硫酸 8 万吨。

1956 年，南京永利宁厂开发了我国自己的硫铁矿沸腾焙烧技术，并以此技术新建两台沸腾炉用于年产 8 万吨系统。

1956 年，上海新业硫酸厂（现上海硫酸厂）厂长、技术专家孙师白成功开发了文氏管，于 1956 年在该厂新建的年产 5000 吨硫铁矿制硫酸装置上试用。

1963 年，广东马坝冶炼厂采用热浓酸洗净化流程，在试验性生产装置上，用炼钢沸腾焙烧炉烟气制酸成功，生产能力为年产硫酸 600～700 吨。

1965 年，化工部整合人才资源，成立了硫酸专业研究院（南京化工研究院）和设计院（化工部第七设计院）。在重点企业建设了 8 万吨装置，最大装置为南化磷肥厂 12 万吨硫酸装置。

1966 年，白银有色金属公司用炼铜沸腾炉和转炉混合烟气制硫酸取得成功，随后又掌握了烟气浓度波动很大的单转炉烟气制酸技术。

1969 年，沈阳冶炼厂和富春江冶炼厂采用干法净化、冷凝成酸的流程，用炼铜密闭鼓风炉和转炉的烟气制酸。

1970 年，湖北冶炼厂采用热浓酸洗建成年产硫酸 6.5 万吨的生产系统。

1974 年，韶关冶炼厂采用锌铅混合冶炼技术，用烧结机的烟气制酸；沈阳冶炼厂实现了炼铅烧结机的烟气制酸。

1980 年，中国硫酸产量已达到 764 万吨，以硫铁矿制酸为主，硫铁矿制酸占全国总产量 73.7%，冶炼烟气制酸占 13.7%，硫磺制酸占 13.5%。所有原料基本来自国内，仅进口少量硫黄。

1985 年，南化公司磷肥厂建设规模为 20 万吨/年硫酸装置（南化七系统），引进西德鲁奇沸腾炉、电除器、美国孟莫克转化器、路易斯泵等国际先进技术和设备。

1985年，贵溪冶炼厂建成1000吨/日闪速炉及转炉烟气制酸装置。1990年后改用富氧冶炼，硫酸产量提高到1800吨/日，成为我国第一套最大单系列制酸装置。其后，利用国内外先进技术建成了安徽金隆铜业、甘肃金川集团的大型制酸装置，极大地推动了冶炼烟气制酸的发展。

1985年，为应对低浓度二氧化硫烟气制酸，沈阳冶炼厂引进了前苏联的非稳态转化技术。在此基础上，华东化工学院与河南豫光铅锌共同开发了非稳态转化技术，利用了二氧化硫浓度为2%～4%的铅冶炼烟气制酸。现已有十多套装置投入运行，控制了大气污染，有效地利用了硫资源。

1988年，山东鲁北研发石膏、磷石膏制酸，并成功产出硫酸，1990年石膏制酸产量3.6万吨。

1990年，我国硫酸产量达到1197万吨，以硫铁矿制酸为主，硫铁矿制酸占总酸量82.3%，冶炼烟气制酸占15.9%，硫黄制酸仅占1.5%。

1990年，安徽铜陵华兴公司（原铜陵磷铵厂）20万吨/年硫酸装置是应用国内先进的工艺技术和装备建设的大型硫铁矿制酸项目。

1995—1996年，由瑞典波利登公司提供焙烧工序的工艺包，法国克雷布斯公司采用美国孟山都公司技术提供制酸工序的基础设计。关键设备采用国际竞争招标采购，建设了大峪口56万吨/年硫酸工程，设两个系列，黄麦岭工程为28万吨/年硫酸装置。我国一些厂商以各种方式参加了投标，得标率颇高。

1995年，国际市场硫黄价格又一次降低至50美元/吨以下，我国掀起了以硫黄为原料生产硫酸的建设热潮。上海京藤化工有限公司、上海申井化工有限公司分别由中国和日本商家合资建设了14万吨/年、15万吨/年硫黄制酸装置，于1995年投产。

1997年，南化设计院设计了苏州精细化工30万吨/年、山东红日集团40万吨/年装置；四川省化工设计院设计了四川龙蟒集团20万吨/年装置，开启了硫黄制酸装置大型化的新时代。

1999年，中国石化集团南京设计院为苏州精细化工集团有限公司30万吨/年硫黄制酸装置设计了国产第一台全不锈钢转化器。

1999年，苏州精细化工集团（苏州）从生产和环境的要求考虑，建设了具有先进水平规模较大的30万吨/年硫黄制酸工程，设备制造、施工、安装仅用了9个月，该工程除了引进催化剂、除雾器、酸泵等少量设备和材料外，其余全部采用国产化技术和装备，该工程于1999年7月投产。

1999年，我国还引进了国外硫黄制酸的先进技术和装备。石家庄化纤有限责任公司曾引进16.5万吨/年硫黄制酸装置，同时生产21.5%硫酸、65%发烟硫酸。

1999年，瓮福硫铁矿制酸工程，建设所需的部分资金是由日本海外经济协力基金

（OECF）提供的贷款，采用国际招标购买所需的技术和装备，日本三菱重工得标。该工程的设计规模为80万吨/年硫酸，设两个系列，每个系列40万吨/年硫酸。另一个系列2000年5月投料，2000年9月两个系列投入正常生产。2001年8月两个系列改掺烧硫黄。

2000年，广西鹿寨硫铁矿制酸工程，建设所需的部分资金是使用日本海外经济协力基金提供的贷款，采用国际招标购买建设所需的技术和装备的项目。该工程由意大利西利沙蒙公司得标。设计规模为40万吨/年硫酸，该工程至今已稳定运行了10年左右，实际产量经改造后达到43万吨/年硫酸。

2000年，山东红日40万吨/年硫黄制酸工程，是当时国内最大的硫黄制酸工程，工艺技术及设备完全立足于国产化，配套设施齐全，自动化程度高，废热利用充分，具有良好的环境保护措施。

2002年，张家港双狮精细化工公司，引进美国孟莫克全套制酸装置，建设100万吨/年硫黄制酸装置，采用的过热器出口蒸汽参数为6.4兆帕、492℃为基准的次高压蒸汽。透平机组采用了西门子的凝汽式汽轮机，配套53兆瓦发电机组；首次引进了MECS公司低温位热回收系统（HRS）。此装置每吨酸可多产生0.481吨0.9兆帕的饱和蒸汽，从而使硫酸装置的废热回收率提高到90%以上。

2005年，第二套100万吨/年硫黄制酸工程投产。

2003年，威顿公司40万吨/年硫黄制酸装置和云天化富瑞分公司一期80万吨/年硫黄制酸装置都采用一次扩大型卧式焚硫炉。炉内均设有两道或三道挡墙和二次风进口，确保空气与液硫雾粒的充分混合燃烧。湖北宜昌化肥厂（简称宜化）采用压力雾化型液硫喷枪。

2004年，我国硫酸产量达到3995万吨，超过美国（3500万吨），位居世界第一。

2005年，湖北宜化60万吨/年硫黄制酸装置，引进关键工艺技术和装备以及HRS技术和装备。

2005年，株洲冶炼集团应对低浓度二氧化硫制酸运用了WSA湿式催化工艺技术，使尾气指标（体积分数）：$SO_2 \leqslant 200 \times 10^{-6}$，酸雾$\leqslant 45 \times 10^{-6}$，成品酸质量稳定，无污染物产生。

2006年，云天化富瑞建设一期80万吨/年硫黄制酸装置，这是我国最先建成的大型国产化工程。

2007年，铜陵有色金属集团控股有限公司铜冠冶化分公司，利用冬瓜山铜矿副产的100万吨/年超细粒硫精砂生产硫酸，硫酸装置的规模为80万吨/年硫酸，第一期工程40万吨/年，第二期工程40万吨/年，已全部建成。

2009—2012年，安徽铜山铜矿建设了2套年产40万吨矿制酸装置，湖北武穴祥云、湖北洋丰建设了年产40万吨矿制酸装置，安徽兴华建设了2套、司尔特建设1套年产20万吨矿制酸装置等。全国20万吨以上矿制酸产能已占矿制酸总产能的 52%。

2010 年，山东祥光铜业首先引进芬兰奥图泰公司的高浓度二氧化硫（16%）转化工艺，转化率达到 99.9%以上。采用高浓度转化技术，烟气量比一般工艺减少了 20%，使后续设备相应减小，具有较好的经济和环保优势。安徽金隆铜业与中国瑞林工程公司共同开发了预转化、预吸收高浓度转化工艺，各项指标均达到设计要求。

2010 年，金川集团在防城建设年产 40 万吨富氧铜冶炼，配套 160 万吨烟气制酸装置，对高浓度二氧化硫烟气采用了孟莫克的预转化技术，在转化工序配有中温位余热锅炉；在干吸工序配套了 HRS 系统，回收低温位热。

2011 年，四川省化工设计院为四川龙蟒集团设计实施了以硫铁矿制酸装置处理钛白粉生产产出的大量一水硫酸亚铁，吨酸可掺一水硫酸亚铁 0.35～0.4 吨，除回收硫资源外，还副产含铁 60%～65%的铁资源。

2011 年，全国硫黄制酸最大的是张家港双狮精细两套 100 万吨/年装置；云南、贵州、湖北、江苏建设多套 60 万～80 万吨/年的装置，还有多套 40 万吨/年装置。40 万吨/年以上大型化装置的产能已占硫黄制酸总产能 70%以上。

附2　国际背景

一、硫酸的发现及早期制备简况

早在 8 世纪，Jabir Ibn Hayyan 就提到用硝石与绿矾一起蒸馏可以得到硫酸。10 世纪波斯人郝埃弗尔指出将硫酸亚铁干馏，可得一种油类即硫酸，残余的固体为氧化铁。12 世纪德国炼金术士马格勒斯（Albertus Magnus）称硫酸亚铁为绿矾，并指出蒸馏绿矾可获得绿矾的精华（即硫酸），称为绿矾油。

硫酸的早期制备始于 15 世纪后叶，当时的原料为绿矾石，通过对其加热分解、吸收制出硫酸。这种古老的方法距今已有 500 多年历史。16~17 世纪，有多人研究了硫酸的性质和制备方法，其中，Angelus Sala 于 1613 年进行试验，在湿空气中燃烧硫黄制得硫酸，但得率很低。1666 年法国药剂师梅里对其进行了改进，在制备中加了硝石，发现硫酸得率明显提高，并将制得的硫酸用于医药。

二、硫酸工业的形成

硫酸工业生产始于 18 世纪中叶。1740 年，英国人沃德（Ward）开始在英国里士满"大规模"制造硫酸。方法是：将 8:1 的硫黄和硝石在金属容器内燃烧，发生的气体与水蒸气在玻璃容器内冷凝成硫酸。1746 年罗布克（Roebuck）考虑到腐蚀问题用铅室代替玻璃容器，加伯特（Garbett）在苏格兰的普雷斯顿判兹建立了世界上第一个原始的铅室法硫酸厂。

在这个基础上科学家们做了多种改进,如 1774 年法国德拉富里研究在铅室内用水蒸气进行反应。1793 年法国克里曼特和德索美研究了制酸过程中使用硝石的作用是生成氮的氧化物,以氧化二氧化硫。于是改用通入空气,减少硝石用量。当时,由于路布兰制碱工厂的陆续建成,需要大量硫酸,促使科学家们改进铅室法制酸的步骤。

1807—1810 年,胡尔克对工艺作了改进,他将硫黄在铅室外燃烧,然后将 SO_2 气体导入铅室与水蒸气接触制取硫酸。

1827 年,法国化学家盖吕萨克提出在铅室的后方设置淋洒浓酸的塔,内填焦炭,以吸收排出的氮的氧化物废气,到 1842 年得到普遍推广。1859 年,英国硫酸制造商格劳夫又在铅室前设置了脱硝塔,使被吸收的氮的氧化物重新又被分离出来,送入铅室重复使用,至此铅室法制硫酸的流程和设备基本定型,使铅室法制硫酸工艺日臻完善。

到 20 世纪初,昂贵的铅室逐渐被充填磁环的塔代替,称为塔式法。塔式法是铅室法的发展,二者化学反应的实质是一样的。1930 年塔式法又由法国人卡奇卡洛夫改进,使硫酸和硝酸同时生产。

早期的铅室法制酸厂所用原料为硫黄。到了 19 世纪 30 年代,英国和德国相继开发了以硫铁矿为原料的制酸技术。其后,利用冶炼烟气制酸也获得成功。随着制酸原料来源的扩大和产量的增加,使化肥、化工等工业得到发展;同时又促进了硫酸工业自身的发展,到 1900 年,世界硫酸产量已达到 420 万吨。

铅室法制酸时期,世界上最大的铅室已达到 18600 米^3(该室建设于 1916 年美国田纳西炼铜公司),采用四室串联运行,日产硫酸 230~270 吨。但是,随着科学技术的发展,人们开始认识到铅室设备庞大而效率较低,耗铅材多而投资大的弊端。

1911 年,奥地利人 C.奥普尔按亚硝基原理在赫鲁绍建成了世界上第一套塔式法制酸装置,采用 6 个塔运行,日产硫酸(100%)14 吨。自此之后,硫酸的工业发展转入到塔式法时期。

1923 年,H.彼德森在匈马扎罗瓦尔建成一套由 1 个脱硝塔、2 个成酸塔和 4 个吸硝塔组成的七塔制酸装置,并在酸循环流程及塔内气液接触方式上进行了改进,使生产效率得以提高。此外,前苏联开发了更为强化的七塔流程。直到 1940 年,染料、化纤、有机合成及石油、化工等工业已经得到蓬勃发展,它们不仅增加了对硫酸的需求量,特别对硫酸浓度提出了更高的要求(甚至需要发烟硫酸等)。铅室法(产品酸浓为 65%左右)、塔式法(产品酸浓为 76%左右)成品酸浓度都不能满足各工业部门的需要。因此,铅室与塔式法的发展受到限制。这催生了接触法制酸的迅速发展。

早在 1817 年,戴维就确认将 SO_2 以铂为催化剂与 O_2 作用,可直接氧化成 SO_3。

$$SO_2 + O_2 \longrightarrow SO_3$$

1831年英国人菲利普（Philips）首先发明了二氧化硫在空气中通过炽热的铂粉或铂丝（催化剂）氧化成三氧化硫并用水吸收成硫酸的方法，后人称此为接触法制酸。

以铂作触媒（催化剂）实现的接触法制酸，虽然为制取高浓度硫酸创造了条件，但由于当时受到德国化学家 K.温克勒的影响，判断参加反应的混合气体必须具备 $SO_2:O_2=2:1$ 的关系，以及铂材价格昂贵，在运行中易于中毒而失去活性，因此，这一时期接触法的发展速度是缓慢的。

1875年，德国化学家麦塞尔首先利用铂作为催化剂，将所有 SO_3 用浓硫酸吸收，得到发烟硫酸。

1900年美国建立了第一个用硫铁矿为原料，以铂作催化剂的接触法硫酸厂。20世纪初德国化学家尼特希找到了工业上催化剂活性降低的原因，主要是由于砷的化合物的存在，因而制定了清除二氧化硫气体中有害杂质的方法，为接触法制取硫酸扫除了障碍。而在巴斯夫（BASF）工作的克尼奇（Knietsch）提出需要对催化剂进行冷却，为现代接触法硫酸生产的操作奠定了理论基础。从此，实现了接触法制造硫酸的工业化。

1913年德国 BASF AG 公司研究用 V_2O_5 和 K_2O 作催化剂（将 V_2O_5、K_2CO_3 和硅藻土粉末混合）获得成功。钒催化剂不仅活性好，而且不易中毒，特别是价格较低，在工业应用中很快显示出巨大的优越性，迅速得以推广应用，很快取代了铂及其他类的催化剂。以 V_2O_5 为基底的催化剂一直沿用到今天，大大加快了硫酸工业的发展速度。

三、近代硫酸生产技术的发展

（一）原料

19世纪以前硫黄是制造硫酸的唯一原料。19世纪30年代，英国和德国相继开发了以硫铁矿为原料的制酸技术。至今，已用有色金属冶炼烟气、天然石膏、磷石膏、硫化氢、工业废硫酸、硫酸亚铁，以及回收煤电锅炉、炼焦排出二氧化硫等多种原料制酸。

（二）制酸工艺

工业生产硫酸首先应用的是硝化法工艺。由于接触法工艺生产的硫酸浓度高，杂质含量低，用途广，还可以生产液体三氧化硫和发烟硫酸，且没有氮氧化合物对大气的污染，20世纪50年代后已成为世界硫酸生产的主要工艺方法，硝化法工艺日渐淘汰，接触法工艺则日臻完善，根据不同需要可设置一次多段、二次多段、预转化以及非稳态转化等多种工艺。

（三）装置大型化

硫酸需求量的不断增长促使装置逐步大型化。至今，装置规模大部分为年产几十万吨，有的已超过百万吨。

（四）生产技术的进步

硫酸生产基本可分成四个部分：含硫原料焙（焚）烧、原料气净化、转化和吸收。

1. 焙烧

由各种含硫原料经焙烧制取二氧化硫。硫黄或硫化氢经焚烧制取二氧化硫较简单。

硫铁矿焙烧炉的发展历经块矿炉、人力炉、机械炉和沸腾炉等。

① 块矿炉　是硫铁矿焙烧的早期炉型，其结构为简单的固定焙烧。矿的粒径大，烧出率很低，资源浪费大，劳动强度高，劳动条件差。

② 人力炉　在结构上比块矿炉有很大进步，它采用了多层固定床，由人力将上一层矿扒到下一层，实现了硫铁矿的逐段焙烧。人力炉烧出率有很大提高，但劳动强度大，劳动条件恶劣。

③ 机械炉　是用机械代替人力扒矿。最早的机械炉产生于19世纪70年代。当时的炉型在结构上有若干缺陷，经历了20余年的改进，终于出现了赫鲁晓夫炉型为代表的结构完善的硫铁矿机械焙烧炉。由于其技术先进，使机械炉在硫酸工业、有色冶炼工业中获得了广泛应用。

④ 沸腾炉　应用沸腾焙烧技术焙烧硫铁矿石始于第二次世界大战末期，德国人仿沸腾煤气炉原理用于铅矿的焙烧，瑞士人是最早用于硫铁矿焙烧的。此后各国相继推广应用于硫酸工业，其中以美国道尔（Dorr）公司的沸腾焙烧炉最具代表性。至今，硫铁矿焙烧均采用沸腾炉，优点是：操作容易、生产强度高、弹性大、对原料适应性强、设备结构简单，造价低。

冶炼烟气来自有色冶炼系统，早期存在气量波动大、气浓低且波动等缺点。新的富氧冶炼工艺不仅克服了这些缺点，而且能产出高浓度二氧化硫烟气。

石膏或磷石膏的分解早期在中空窑内进行，20世纪70年代出现了窑外分解技术，到了80年代，德国鲁奇公司和巴布科克公司进行了循环流化床分解石膏的试验，并获得成功。窑外分解技术热效率高、能耗低，炉气浓度高，有利于操作和设备大型化。

近年，在电厂燃煤锅炉、焦化、钢铁行业处理排出尾气，回收二氧化硫直接制酸。

2. 原料气净化

硫黄或硫化氢属清洁原料，原料气无需净化。其他原料气均需净化，以除去炉气中的杂质，避免损坏催化剂，保证转化正常操作。

因原料不同，炉气含杂质的组分复杂，需酌情选择净化工艺和设备。通常炉气先经干法净化除去固体杂质后，再经湿法净化除去其他杂质。净化工艺由以往的水洗改为循环稀酸洗。净化技术的进步得益于许多新型高效设备的应用，如电收尘器、文丘里洗涤器、动力波洗涤器、板式酸冷器、电除雾器等。在原料杂质含量不高时，只要工艺和设备选型合理均能达到要求。但炉气含氟高时需设置专门的除氟设备；含砷太高时需设置特殊的收砷设备，及污水脱砷系统，除有色金属矿冶炼外应尽量避免使用；对汞的去除至今没有成熟可行的方法。

3. 转化

二氧化硫的氧化自接触法取代硝化法后，工艺迅速发展。催化剂床的设置由一段发展为多段，起初每个转化器只有一段催化剂层，几段就有几个转化器，而且转化率低。改进后，所有催化剂床全部设在一个转化器内，床层间用隔板隔开，段间设置换热器，使各催化剂层温度在工艺要求范围，以保证转化率在97%左右。1964年，前联邦德国的拜尔公司（Bayer Co.）发明了二次转化法，即将第一次转化后的气体先进入（中间）吸收塔，SO_3被吸收后，所剩的气体再经第二次转化，由于气体组分的改变，大大提高了平衡转化率，从而使转化率提高到在99.5%以上。

针对低浓度冶炼烟气，前苏联学者马特洛斯等人于20世纪80年代推出了非稳态转化法，该法的优点是投资较省，可实现低浓度SO_2（2%～4%）气体的转化，但缺点显著，催化剂过早失活，使用寿命短，设备易腐蚀，长周期运行的转化率低，仅在90%左右，排放尾气SO_2污染严重。在采用富氧冶炼后，该工艺已极少采用。

冶炼采用富氧工艺后，烟气SO_2浓度超出了转化正常操作范围。鉴此，芬兰的奥图泰公司、美国的孟莫克公司、德国的拜尔公司和中国的金隆铜业公司分别开发了 LUREC^{TM}、MECS预转化、BAYQIK$^®$和预转化预吸收工艺，并付诸工业实施，取得理想效果。

催化剂对SO_2的氧化起决定作用。自20世纪30年代矾催化剂逐步代替铂催化剂后，接触法制酸生产迅速发展。同时，也促进了催化理论的研究和催化剂生产技术的发展，选定适当的化学组分、添加助催化剂，用精制硅藻土作载体和合理的制造工艺，使催化剂的性能完全满足生产要求。近年用稀有元素铯作助催化剂，如：丹麦托普索公司于1988年开发的（VK58型）和1996年开发的（VK69型）两种含铯催化剂，在360℃即有显著活性，工业应用时，转化器进口气体温度降低至395℃左右，降低温度使平衡转化率提高，即可提高转化率。如今，催化剂的品种和形状等日趋多样以满足不同使用需求。

用硫化氢作原料在燃烧时会生成等物质的量的二氧化硫和水，常规的干法催化需先除水。德国鲁奇公司和丹麦托普索公司分别开发了 Concat 和 WSA-2 湿法接触、冷凝成酸工艺，目前，以应用WSA-2法居多。

4. 吸收

接触法制酸的发展过程中，发现用浓硫酸吸收三氧化硫能获得很高的吸收率，且可大大减少酸雾生成。此后就采用在吸收设备中淋撒浓硫酸吸收三氧化硫。最常用的是填料塔。技术的发展除合理选定酸浓、酸温和喷淋酸量外，就是塔内件的发展，主要是：填料，气、液分布构件，塔内衬，去除酸雾、酸沫元件。此外，还有酸泵和酸冷却器。

填料：由性能优越的新型填料矩鞍型、异鞍型、阶梯环取代拉西环。近年又推出了陶瓷波纹规整填料，其优点是流体性能好，生产能力大，传质效率高，但价格较贵。

气液分布：气、液两相于塔截面上分布良好，是保证填料塔传质效果的重要条件之一。液体分布的主要构件是分酸器。气体分布作用的是塔下部填料支承构件。在20世纪三四十年代间，分酸器已发展成为盘式和槽式分酸。盘式分酸器结构当时只有部分国家如前苏联采用这种分酸器。西方国家多采用槽式，沿用至今，发展为不锈钢管式分酸器、管槽式分酸器，使分酸器布酸点多、分酸更加均匀。

塔内填料的支承构件，不仅用于支承填料，同时也起到分布气体的作用，长期采用砖砌条形拱结构，但有分布气体不均匀、工作不方便、流体阻力大的缺点。近年来，改进为球形拱或条梁结构，开孔率达到45%~60%，改善了气流分布，减少流体阻力。

填料塔出口气流夹带酸雾、酸沫会危害后续设备、影响正常操作、排放会污染大气。20世纪50年代前后国际上广泛采用焦炭过滤器作为捕沫设备，由于设备外形尺寸较大，运行阻力易升高，清理更换焦炭工作十分繁重。60年代后，出现了纤维除滤器和金属丝网除沫器，其效率高，已获广泛应用。

浓硫酸泵由合金液下泵取代卧式泵。

合金板式或管壳式酸冷却器基本取代了铸铁排管冷却器，减少用水量、有利余热回收，消除了水汽污染，设备使用可靠、寿命长，占地面积少。

5. 废热利用

硫酸生产过程中释放大量反应热量，主要来自含硫原料的燃烧、二氧化硫氧化、气体干燥和三氧化硫吸收。硫酸工业在习惯上把燃烧产生的1000℃左右的烟气所含热定为高温位热，将转化部分420~620℃的热定为中温位热，将吸收工序100~200℃的热定为低温位热。原料不同各部分热量占总热量的百分数也不同，一般高温位热占50%~65%，中温位热占12%~17%，低温位热占22%~31%。从20世纪70年代能源危机以来，回收利用废热已成为衡量硫酸生产水平的重要标志之一，硫酸厂同时又是能源工厂已成共识。

最初仅用锅炉回收了高温位废热。后继又在转化部分设置省煤器、蒸汽过热器等回收中温位废热。低温位的热量相当可观，占总反应热的22%~31%。到20世

纪60年代后,在使用板式或管壳式酸冷却器时回收这部分热生产热水或低压蒸汽。美国孟山都环境化学公司开发了HRS热量回收系统,于1987年在韩国南海化学公司实施并首获工业运行成功。

目前,仅回收高温(位)和中温(位)废热,以硫铁矿为原料,每产1吨硫酸可产中压过热蒸汽(450℃,3.82MPa)0.9~1.15吨;硫黄制酸为1.25吨左右。硫黄制酸回收低温位废热可产低压(0.8MPa)蒸汽0.45吨左右。

6. 生产控制与管理

硫酸生产的计算机控制与管理得益于计算机技术的飞速发展。现代硫酸工厂已普遍使用了计算机集散控制(DCS)和计算机管理。从而,能使生产在优化的工艺条件下稳定、高效地运行,充分发挥设备能力,节约原料和能耗,减少排放对环境的污染。

参 考 文 献

[1] 化工部科技情报研究所.硫酸工业手册[M],1981.
[2] 化肥工学丛书—硫酸[M].北京:化学工业出版社.
[3] 当代中国的化学工业[M].北京:中国社会科学出版社,1986.
[4] 陈歆文.中国近代化学工业史[M].北京:化学工业出版社,2006.
[5] 硫酸工工作手册[M].厦门:东南大学出版社.
[6] 化工学院化工史编写组.化学工业发展简史[M].北京:科学技术文献出版社,1985.
[7] 化学工业部.化学工业统计年报1949—1993年[M].
[8] 中国硫酸、磷肥工业协会.硫酸磷复肥技术经济信息1993—2011[M].
[9] 沙业汪,孙正东,张一麟.我国大型硫酸工程技术和装备的发展历程及展望[M].北京:中国磷肥工业协会、中国硫酸工业协会资料汇编,2010.
[10] 中国有色工程设计研究总院.有色金属及烟气制酸的现状和发展趋势[M]//中国磷肥工业协会会议资料汇编.北京:中国硫酸工业协会,2005.
[11] 李尔康.我国硫酸工业之概况与展望.经济建设季刊,1943,1.
[12] 赵波,乔波,周遵波.重金属冶炼烟气制酸工业现状及展望[M].北京:中国磷肥工业协会、中国硫酸工业协会资料汇编,2010.

撰稿人:齐焉(中国硫酸工业协会理事长)

参加人:王海帆(《硫酸工业》前主编)

第四章　纯碱工业

纯碱，学名碳酸钠，又名苏打，俗称碱面，为白色粉状或粒状物。在化学结构上，碳酸钠不是碱，而是一种中性无机盐。但是它在某些条件下，表现出了碱的特性，再加之用人工合成方法可以得到高纯度的产品，故碳酸钠被惯称为纯碱。

纯碱大量地用于玻璃工业、冶金工业（如炼铝）、纺织工业、合成洗涤剂、印染、搪瓷、造纸、石油化工、食品及民用等。

第一节　天然碱工业

中国天然碱资源丰富，品种多样、齐全，给天然碱的开发和利用提供了广阔的前景，天然碱矿物是指碳酸盐类矿物中含碳酸钠或碳酸氢钠的一类矿物，约十余种，统称天然碱。天然碱的开发和使用有着悠久的历史，早在合成纯碱问世之前，人们使用的纯碱就取自天然碱。到18世纪，人们开始对天然碱进行简单加工（破碎、溶解、澄清、结晶、分离）后，作为商品出售。如美国的"浓晶碱""雪片晶碱"，中国的"口碱"等。进入20世纪，尤其是第二次世界大战时期，天然碱的加工业发展迅速。随着科学技术的发展、社会的文明和进步，人们研究出一系列天然碱加工工艺，如倍半碱流程、一水碱流程、碳酸化流程等，使天然碱加工工艺逐步完善和成熟。到20世纪末已形成完整的现代化工业体系。而合成纯碱在我国也起步较早，而且在世界负有盛名，对世界纯碱工业的发展做出了贡献。2004年至今一直保持世界第一，不论是生产能力还是技术水平，均为世界领先。

一、1949年之前

我国天然碱的开采加工利用有悠久的历史，有史料记载的最早时期为夏、商、周，已有天然碱的零星开采利用。到秦汉时期已有一定规模的产地出现在西北地区。达到工业意义上的开采和加工也有两百年以上的历史。中国内蒙古西部地区以"马牙碱"作为食用碱的历史也很悠久。有关资料表明，早在18世纪（清乾隆年间），内蒙古西部鄂尔多斯碱湖群已经开发利用。到19世纪末，20世纪初（清光绪年间），已将天然碱加工成"锭子碱"经张家口转销内地，被称为"口碱"。到20世纪中叶，开始有土法苛化烧碱和碳酸化小苏打。内蒙古东部地区天然碱开发利用较西部地区略晚，大约在19世纪中叶，位于吉林省西边与原哲里木盟毗邻的玻璃山碱甸子（属

原达尔罕旗所辖）已被开发利用。到 20 世纪初，在辽河流域及大布苏湖（吉林省乾安县境内）利用土碱加工生产面碱与砖碱，供应华北和国内各地。

清朝光绪 29 年（1903 年），内蒙古鄂托克旗王爷下令放垦土地，允许汉人垦荒，从而揭开了白彦淖和察汗淖开发的序幕。首先由山西人李京客在白彦淖设立"大兴号"作坊，生产锭子碱出卖，获取暴利。后由山东人郭永熙挤走李京客，与鄂旗王爷订立 30 年开采白彦淖的合同，设立"天聚泉"（碱厂），有工人三十多名，设有十多堂锅，每堂有 8 口锅，其中 6 口熬碱，两口化碱，碱液经澄清，除去泥沙杂草，清碱液倒入熬碱锅熬浓。每口锅出一个碱锭子，重为 50 千克，售价 4 至 5 块银元。

我国东北吉林大布苏碱湖和玻璃碱甸子两处，有天然碱产出。吉林大布苏湖的开发利用始于 20 世纪初，1910 年北京人董立衡买下了大布苏湖的开采权，成立了天惠公司，采用的生产工艺与内蒙古伊盟白彦淖基本相同，每年生产面碱 700~800 吨，产品畅销东北三省。由于天惠公司面碱质量好，每年还有相当数量的面碱出口到日本。

与天惠公司创办同时，有人在吉林省双辽县创办郑家屯鱼碱公司，在玻璃山设有 7 家作坊生产面碱（900 吨/年）和砖碱（210 吨/年），从业人员达 105 人。

20 世纪初至大连碱厂投产前的三十余年间，大布苏的天惠公司和郑家屯的鱼碱公司生产的面碱（和砖碱），控制了我国东北市场，并影响到日本。天惠公司的生产规模之大（年产面碱 800 吨）为当时的天然碱工业之最。大连碱厂投产后，其出厂的纯碱质量高、产量大、成本低，使由天然碱加工的面碱相形见绌，大布苏湖的天惠公司才逐渐衰落。

截至中华人民共和国成立之初，全国由天然碱加工的"锭子碱"年总产量为 1000 吨左右，且全部是作坊式土法生产。

二、中华人民共和国成立之后

中华人民共和国的建立，根据统一规划，内蒙古自治区在乌海市拉僧庙建立了乌海市化工厂（当时名称为海渤湾化工厂）。拉僧庙地区有大量的优质泉水（这股泉水直到 20 世纪 70 年代中期才断流），有丰富的优质石灰石、煤炭，与宁夏的第二大城市——石嘴山市仅一河（黄河）之隔，包（头）兰（州）铁路即将通过此地（建厂之初，还没兴建包兰铁路），依托鄂托克旗的各个碱湖。因此海渤湾拉僧庙的地理、资源和交通条件十分优越。1952 年建厂，有工人 42 名，年产 70%的固体烧碱 300 吨，结束了过去天然碱只能生产锭子碱的历史，从而走向了真正意义上的工业化生产。

1965 年内蒙古地质局发现查干诺尔碱矿。1971 年着手建设开发查干诺尔碱矿。1974 年中央燃料化学工业部派领导和技术人员到现场调查研究资源、开采和加工利用。完成露天开采设计和建设，并建成郭（尔奔敖包）查（干诺尔）专线铁路。由内蒙古建设兵团管理，生产的天然碱行销各地。1975 年，进行加工芒硝碱试验。

1979 年之后，我国的经济建设步入正常发展轨道，对纯碱、烧碱的需求量增大，国家决定要大力发展天然碱工业，着手开发利用内蒙古锡林郭勒盟的查干诺尔碱矿。1985 年通过加工设计审查采矿 50 万吨/年；加工小苏打 5 万吨/年，烧碱 5 万吨/年。1993 年竣工验收，交付生产，露天开采天然碱，加工生产烧碱和小苏打。

1971 年和 1976 年分别发现河南省桐柏县吴城和安棚两大地下天然碱矿，总储量达亿吨以上。1977 年石油化学工业部派工程技术人员调查并提出开发方案。1984 年开始进行开采并投入试生产。到 2000 年分别建成 10 万吨/年和 20 万吨/年重质纯碱开采和加工装置并投入生产。

到 1995 年天然碱行业已拥有万余名职工，年产值在 5 亿元以上，已经形成天然碱工业的体系，涌现出许多专家和企业家，其中杰出代表是内蒙古伊盟化工总公司总经理兼伊盟化工研究所所长、全国五一劳动奖章和乌兰夫金奖获得者李武高级工程师。

到 2010 年，我国天然碱加工能力已达 160 万吨/年，产量已达到 130 万吨。

第二节　合成纯碱工业

一、1949 年之前

（一）路布兰法制碱

以芒硝为原料采用路布兰法制造纯碱，以四川为最早。四川彭山县盛产芒硝，年产 300 万市斤（1500 吨）。清末官商合办，以一万两白银为资本，创设同益工厂，制造纯碱；1913 年改组为商办，成立股份有限公司，年产纯碱 350 吨。1913—1919 年第一次世界大战期间，国内市场碱缺价扬，获利甚丰。彭山除同益外尚有开济、裕民两厂亦采用路布兰法的后半段生产纯碱。1920 年嘉定有裕华钾钠工厂、嘉裕碱厂，后又有蜀新化学工艺厂创设，江津有开源碱厂，巴县有川东协和碱务两会公司，坚泰碱厂则设在重庆。这些全是小规模的以芒硝为原料的纯碱制造厂。

用路布兰法全流程制造纯碱的工厂，则始于 1916 年上海人葛廷杰等筹资十万银元，在胶济铁路之女姑口，设立山东鲁丰化工机器制碱厂。当地煤、盐可以自给，产品碳酸钠含量达 96%，但实际生产量和目标相差很多，又逢欧战结束、碱价大跌，终因经营不能维持而失败。

（二）氨碱法制碱

20世纪初，中国制革、造纸、肥皂、纺织、染料等工业都得到发展，纯碱用量日益增多，而国产"口碱"则量少质次，且售价较高，四川一些路布兰法生产的小厂，所产纯碱不敷市用。

早在1913年范旭东到欧洲考察盐政时，看过国外的制碱厂，就有回国创办制碱厂的宏愿。第一次世界大战导致进口"洋碱"中断，而洋行、卖办为牟利居奇，碱价竟高于正常价格七八倍，而且还买不到。上海、天津等以纯碱为原料的工厂，因买不到纯碱而纷纷停止生产，严重影响了中国工业的发展和民众生活。范旭东遂决定创建中国人自己的制碱厂。

1916年受企业家吴次伯邀请到苏州共商制碱大计，范旭东在邀请信上欣然写下"五年十一月二十九日创办永利之起点"。为了解决制碱用盐高税问题，他们共同申请免税，于1917年10月9日获得成功。

范旭东和吴次伯遂与陈调甫、王小徐等有识之士试验海盐制纯碱，并初试获得成功。1917年11月召开创立会，并制定公司章程草案。1919年9月，召开第二次创立会，对公司章程草案进行了修改。1920年5月9日，在天津召开第一届股东成立会，经股东表决通过了公司章程，选举范旭东、景韬白、张岱杉、李宾四、吴朗山、龚梅生、佟佗公七人为董事，刘霖生、黄钧选为监察。本次股东成立会通过了《永利制碱股份有限公司章程》第一条："本公司定名为永利制碱股份有限公司。"1920年9月18日，农商部以股份有限公司注册第三类第475号批复永利制碱股份有限公司执照。

在天津设立永利制碱公司，在塘沽建设永利碱厂，采用索尔维法生产工艺制造纯碱。当时，生产纯碱的技术为索尔维公司垄断。就国内条件来说，建设一个具有一定规模的碱厂有很多困难。卜内门公司的经理曾当面对范旭东说："碱对贵国确实非常重要，只可惜办早了一点，就条件来说，再等三十年不迟。"范旭东未加理睬。他们迎着困难，千方百计筹措资金。但他们从美国买到的图纸质量低劣，从美国买的设备也很落后，因此工厂建成后无法开工。1921年范旭东请当时在美国留学并获得博士学位的侯德榜为技师，又聘请了美国专家李佐华（G.T. Lee）来华协助。1921年，侯德榜回国主持永利的技术工作。他和厂里职工一起，艰苦奋斗，克服了工艺技术上的不少难关，重新制造和改进了一些设备，逐步具备了生产条件，1924年8月13日永利生产出了产品。但是生产不正常，产品含铁量较高，颜色发红，销售困难，公司负债累累。此时，卜内门公司乘机插手，表示愿提供资金和技术进行合作，但产品必须由英方出售。范旭东等人重申了中国人才能入股的规定，拒绝了卜内门的要求。他们一方面设法筹措资金，另一方面由侯德榜组织技术人员，反复试验研究，陆续解决了工艺、设备上的问题。1926年6月29日，终于生产出合格的产品，颜色洁白，碳酸钠含量达到99%以上，因此取名"纯碱"，用以区别于舶来品"洋碱"。同年，在美国费城举办的万国博览会上获金质奖章。从这以后，我国生产的"红三角"牌纯碱质量优秀，不仅畅销国内，并远销日本、东南亚各国。永利制碱公司由于在技术上过了关，市场上取胜于卜内门，产量年年上升，使进口"洋碱"的比例日益缩小。

经过艰苦奋斗，到1928年永利不论在生产技术上，还是在市场经济方面都得到稳固的推进。此时侯德榜对十几年的制碱技术工作进行了系统的总结。他在塘沽用英文撰著了《Manufacture of Soda》（《纯碱制造》）一书，于1933年在美国正式出版。此书是源于国际纯粹与应用化学联合会（IUPAC）和美国化学会（ACS）约著的，是世界第一部详细论述重要工业原料纯碱（碳酸钠）大规模工业化制造技术的专著。它打破了比利时索尔维法制纯碱长达七十多年的技术封锁和垄断，使之成为全人类共同享有的技术。此专著毫无保留地、完整地把索尔维法制纯碱的技术理论和工业过程公诸于世，推动了世界重要工业原料纯碱（碳酸钠）及其关联产品制造技术和生产的发展，同时也促进了化学工业的发展。为此，引起了世界化工界的广泛关注，认为此专著是中国化学家对世界文明的重大贡献。与此同时，也奠定了侯德榜的世界制碱权威地位和《纯碱制造》的权威性，也使我国纯碱工业在世界产生积极的影响。

日本帝国主义侵占我国东北后，1936年在辽东半岛的大连兴建了满洲曹达株式会社，规模为日产纯碱100吨，1937年9月开始生产。接着又扩建为日产200吨，但未达到设计能力。1945年日本投降前，最高年产量为6万吨左右。1947年"中苏远东电业"筹划恢复这个碱厂，改名为大连碱厂。首先恢复了煅烧系统的生产，利用停工时遗留下来的中间产品——碳酸氢钠生产纯碱。1948年正式开工生产，产量由日产40吨逐步增加到80吨。

1945年秋，日本投降，永利公司收回了塘沽碱厂，但许多设备已残破不堪，无法开工。经过抢修，1946年2月恢复生产。因时局动荡，物价飞涨，碱厂依旧处于困难的境地，最高年产量只有4.37万吨。1948年12月，因原料和电源中断而停产。

回顾我国纯碱工业的创业史，可以了解，范旭东和侯德榜不愧为中国制碱工业的先驱。他们为永利碱厂的筹建和发展呕心沥血，付出了毕生的精力。1943年，为了发展中国的化学工业，范旭东曾拟定了一个建设化学工业十大工厂的计划，1945年与美国的出进口银行签订了借款协定，但遭到了国民党政府的阻挠。范旭东失望之余，抑郁成疾，于1945年10月4日在重庆病逝。在他的追悼会上，毛泽东主席亲笔写了"工业先导，功在中华"的挽词。周恩来和王若飞也写了"奋斗垂卅载，独创永利久大，遗恨渤海留残业；和平正开始，方期协力建设，深痛中国失先生"的挽联。

（三）侯氏制碱

1937年7月，日本帝国主义发动了全面侵华战争，塘沽沦陷，范旭东为保持民族气节，拒绝与日军合作，将技职人员和资料撤出工厂，聚集天津待命。日军强行接管永利后，范旭东决定将技职人员撤到四川。1938年，在四川乐山的五通桥筹建永利化学公司川厂（以下简称川厂）。

川厂所用的原料是当地的低浓度地下盐卤，价格较贵，且采用氨碱法制碱，废液废渣无处排放。这时，德国有一种蔡安法（Zahn Process）制碱专利，原盐的利用率由原氨碱法的75%提高到90%～95%。于是侯德榜等赴德考察，准备购买专利。但当时德、意、日法西斯已结成侵略轴心，提出不准永利产品在日军侵占的我国东北地区销售等条件。范旭东十分气愤，决心自己开发制碱新工艺，由侯德榜直接领导试验工作。

当时，川西的条件很差，试验用的原料氨缺乏，他们就用肥田粉（硫酸铵）分解制氨。1939年春，试验移到香港范旭东家中进行，以后又迁到上海法租界和美国纽约，并在纽约成立了设计组，进行中间厂设计。1941年初，制碱新工艺试验取得成果。1942年秋，在五通桥建成了一个日产几十千克的连续试验装置。在侯德榜的领导下，1943年试验取得了满意的结果，一个与蔡安法截然不同，有自己特点的氨、碱联合流程——侯氏碱法试验成功。侯氏碱法可以连续生产，原盐利用率达98%，超过了蔡安法。1943年底，在五通桥召开的第十一届中国化学会年会上公布了这一成果，代表们参观了试验装置运转情况，给予了高度的评价。但限于当时四川内地的条件差，新方法未能投入工业化生产。以后，侯氏碱法向民国政府申请专利获得批准。

1949年之前各年产量统计列于表4-1。

表4-1　1924年至1948年纯碱产量　　　　　　　　　　　　　　单位：吨

年份	产量	年份	产量	年份	产量
1924	258	1933	33699	1942	97579
1925	1805	1934	3749	1943	88898
1926	4504	1935	43581	1944	68045
1927	13404	1936	55410	1945	11514
1928	15356	1937	48871	1946	23036
1929	14778	1938	59420	1947	33119
1930	19463	1939	83152	1948	43735
1931	23442	1940	101138		
1932	31927	1941	1000772		

二、中华人民共和国成立之后

中国纯碱工业的真正发展是在中华人民共和国成立之后。

（一）氨碱法制纯碱

中华人民共和国成立初期，首先对原有老厂进行了恢复、改造和扩建。大连碱厂首先恢复生产。到 1951 年，年产量突破了日伪时期的最高水平，达到 6.59 万吨，1952 年达到 9.69 万吨。永利碱厂也获得了新生，三年经济恢复时期，纯碱产量从 1949 年的 4.1 万吨提高到 1952 年的 9.1 万吨，创建厂以来的最高生产纪录。1952 年实现了公私合营。从 1953 年起，国家对老企业进行技术改造和扩建，以新设备代替落后的小型设备，如盐水车间采用多层洗泥桶，石灰窑采用泡沫除尘器和电除尘器，制碱主要设备采用直径为 2.5 米的碳酸化塔、2.8 米的蒸氨塔、2.5 米的煅烧炉和过滤面积为 13.5 米^2 的滤碱机，成品运输、装卸逐步机械化等。大连碱厂生产能力不断扩大，1956 年生产纯碱 28.56 万吨，1957 年产量为 30.7 万吨，成为我国第一个大纯碱厂。永利碱厂的生产能力到 1957 年扩大到 17.5 万吨/年，当年实际生产了 19.4 万吨。两厂还加强了企业管理，合理利用资源，各项技术经济指标均有显著改进，成本和原料消耗定额逐年下降，其中氨耗降低了 67%，盐耗降低了 30% 左右。1957 年，两个老厂的纯碱生产量共达到 50.1 万吨，比 1952 年增加了 1.66 倍。

从 1956 年开始，国家对两个厂继续投资扩建。大连碱厂扩建了氨碱法纯碱装置，新建了联碱车间。永利碱厂新建了蒸氨吸氨、碳酸化、煅烧厂房和石灰石矿。两厂全部扩建完成，生产能力可达 90 万吨/年。在改造和扩建过程中，设计、设备制造和安装都是依靠我国自己的力量。大连碱厂的总工程师刘嘉树和永利碱厂总工程师张佐汤，把多年的实践经验和技术知识用于革新工艺和设备，并培养了一批中青年技术力量，为纯碱工业的建设做出了贡献。

为了使广大职工尽快地提高生产操作技能，两厂先后办起了各种学习班和制碱理论专业班，由本厂有经验的工程师讲课。工人们把学到的科技知识同生产实践经验结合起来，总结了一套行之有效的操作方法，在促进生产、平稳操作和降低消耗等方面起了一定的作用。不少人后来成为技术管理骨干和革新能手。

在此期间，大连碱厂重碱车间主任张步阁组织的三结合技术研究会起了良好作用。研究会利用业余时间活动，研究解决生产中出现的技术疑难问题，厂部领导参加讨论。由于生产大幅度增长，设备能力不断强化，生产中曾一度出现"色碱"（成品颜色微红或灰色）。针对这个问题，行政领导、工程技术人员和操作工人一起，在实验室和车间进行了大量研究和试验。同时，永利碱厂也作了许多实验研究工作。两厂密切协作、交流经验，终于解决了"色碱"问题，保证了产品洁白，符合质量标准，从而使我国纯碱在国际市场上继续享有较高的声誉，许多国家给予"免检"的特许，畅销东南亚和非洲等广大地区。多年来，这种三结合的技术讨论会，解决了许多生产中的关键问题，提高了工人技术水平，促进了生产的发展。

1958年至1962年，两厂产量一度下降，成本和消耗定额也有不同程度的上升。经过"调整、巩固、充实、提高"后情况迅速好转。至1966年，每吨纯碱盐耗降到1377千克，达到世界先进水平。永利碱厂的中、青年工程师和操作工人一起，研究在石灰石煅烧过程中以无烟煤代替焦炭获得成功，并因地制宜地进行了推广应用。大连碱厂开始采用501型离心式压缩机，成品包装贮运也实现了半机械化，降低了工人的劳动强度，工厂面貌开始改观。1958年，大连化学工业公司碱厂（原大连碱厂，简称大化碱厂）动工新建的联碱车间，于1964年通过鉴定正式投产。1966年两厂纯碱产量达到86.88万吨。1958年以后，在"自力更生"的方针指导下，自行设计、自行建造，陆续建立了青岛、自贡、杭州等碱厂，形成了纯碱工业的一批骨干力量。1958年产能达到64万吨/年以上，全国纯碱产量突破百万吨大关，达到106.6万吨。

1967—1976年10年间，纯碱工业曾一度出现产量下降，消耗定额和成本上升的现象。通过职工努力，生产逐步稳定并略有增长。1970年3月，天津碱厂（即永利碱厂）开始动工新建一个以重油为原料、年生产能力5万吨的合成氨车间和一个年产15万吨氯化铵的车间，将部分氨碱法纯碱生产改为联合制碱。原计划两年内建成，但由于没有遵守基建程序，拖延了工程进度。1974年重新制定工程方案，联碱工程才走向正轨。1969年建设湖北应城10万吨/年联碱厂，1977年投产。

1976年7月28日凌晨，唐山发生大地震，天津碱厂遭到严重破坏，扩建时新建的蒸氨吸氨厂房倒塌，许多塔器震倒或裂损，白灰埂垮塌，职工多人伤亡，全厂停工。面临严重灾害，广大职工不顾个人及家属的安危，冒着余震的威胁，强忍着亲人伤亡的悲痛，奔赴工厂抢救伤员和国家财产，并为恢复生产献计献策，昼夜抢修，加快了设备、管道和厂房的修复加固工作，仅用45天，就使原估计需停产一年的纯碱恢复了震后第一期生产。

这一时期，纯碱发展缓慢，产需矛盾逐渐突出。由于纯碱严重不足，企业不得不超负荷生产，加上多年来纯碱设备的折旧率和大修理提成率过低，厂房设备严重失修，安全生产难以保证，技术经济指标倒退，连简单再生产也难以维持。1979年，国家计委、国家经委和化学工业部决定采取紧急措施，拨专款进行大修，以保生产。

1980年春，大化碱厂、天津碱厂开始了厂房设备的大检修。在大修中，结合技术改造，尽量采用大型、高效设备和新型耐腐蚀材料，提高自动化水平，改善劳动条件。如两厂的碳化塔采用不锈钢冷却小管、钛泵等；氯化铵工序大量采用新型耐腐蚀材料。大化碱厂进一步将1973年采用的DA-350离心压缩机叶轮改为精钛铸造，提高了设备的耐腐蚀性能，使单机能力提高了10倍。天津碱厂结合地震恢复重建工程，在总工程师陈宝庆具体指导下，设计制造了直径为3.2米的大型碳酸化塔和过滤面积为 20 米^2 的滤碱机，单机能力都提高了 1 倍左右，投产后效果很好。该厂还采用蒸汽驱动的螺杆式二氧化碳压缩机，打气量每小时可达 2 万米^3，单机能力提高 10 倍多，同时采用了引进的钛平板换热器以提高冷却效率，降低消耗。经过三年多的边生产、边大修，两个厂的生产装置和工厂面貌焕然一新，操作条件大大改善。天津碱厂通过大修以及地震后重建和完成联碱扩建工程，1983 年纯碱产量达到 46 万吨，比 1976 年增加了 50%。

1979 年以后，两个厂在技术改造方面也做了不少工作，如各岗位多采用自动分析、自控、自调，自动化水平有了进一步提高。将道尔式澄清桶改为蜂窝或斜板结构；纯碱运输机改为各种角度的埋刮板运输机，使设备进一步高效化；采用合成材料、合金铸铁以及新型金属等耐腐蚀材料，使设备面貌、车间环境大大改观。大化碱厂还采用脉冲袋式除尘器，使成品包装岗位的含尘量降低了 90%。1979 年和 1982 年天津碱厂两次获得国家金质质量奖，1982 年大连碱厂也获得国家金质质量奖。1983 年两个厂的生产能力总共达到 110 万吨/年，产量达到 114.8 万吨，约占全国纯碱总产量的 65%。

随着社会主义建设的发展，纯碱需求量不断增加，我国纯碱供不应求的局面日趋严重。到 20 世纪 70 年代中期，国家不得不用大量外汇进口纯碱，最多年进口量超过了 100 万吨。为了缓解纯碱短缺，国家在改造和扩建老厂（如天津碱厂、大化碱厂及自贡鸿鹤化工厂等）的同时建设新厂，当时号称"三大碱厂"。1983 年 3 月国家计委批准建设山东寿光纯碱厂（后改名为潍坊碱厂）。该厂采用氨碱法生产工艺，规模为年产 60 万吨纯碱，其中含重质纯碱 20 万吨，由化工部第一设计院设计，引进德国碳酸化塔、煅烧炉、滤碱机三种 18 套设备。1986 年 4 月开工建设，1989 年 6 月投产，1994 年国家验收并达到设计能力。1983 年 7 月国家计委批准建设江苏连云港碱厂，采用氨碱法工艺，规模年产纯碱 60 万吨，其中重质纯碱 40 万吨，由化工部第八设计院设计，1986 年 9 月开工建设，1989 年 10 月建成投产。1985 年国家计委批准建设唐山碱厂，采用氨碱法工艺，规模年产纯碱 60 万吨，其中重质纯碱 40 万吨，由化工部第八设计院设计，1986 年 9 月动工，1994 年验收投产。"三大碱厂"的建成和投产，大大改观了我国纯碱生产的形势。1995 年我国又改革了工业盐的供应方式、供销和价格管理，这也促进了纯碱工业的大发展。除此之外，还兴建一批中小氨碱厂。到 2000 年，全国纯碱产量已达到 870 万吨，居世界第二位，不但满足了国民经济各部门的需要，并由纯碱进口国变为出口国，出口量达到 60 万吨。全国纯碱产能仍以氨碱法为主，约占总产能的 60%。

（二）联合制碱

1. 联合法制纯碱和氯化铵

联合法制碱，即侯氏制碱，也就是联合法生产纯碱和氯化铵。此法解决了氨碱法的缺点，并利用合成氨生产中脱除的二氧化碳为原料生产碳酸钠（纯碱），同时生产氯化铵。

侯氏制碱法虽然早在1943年就完成试验，但实现工业化生产却是在中华人民共和国建立以后。1951年11月，重工业部组织了侯德榜和永利公司的工程师到大连化学厂参观，研究该厂恢复生产问题。在参观过程中，发现大连碱厂和氨厂只有一墙之隔，是采用侯氏碱法的有利条件，遂当即向主管两厂的大连化学公司提出建议，并得到同意。公司派大连化学厂厂长到北京与侯德榜研究建设试验车间，大连化学厂工程技术人员陆冠玉等人到京，在侯德榜的指导下，确定了日产10吨规模联碱中间试验车间的工艺流程和设备，并在大连化学厂开展实验室试验，为放大设计取得数据，并提出了二次碳酸化流程。1952年，日产10吨的装置安装试车，顺利开展试验工作。1953年，中央工商行政管理局为"侯氏碱法"发给了发明证书。但由于有个别人提出反对意见，试验暂停。

1956年冬，侯德榜向国务院和化学工业部作了汇报，提出继续1953年的试验要求，得到国务院和化学工业部的支持，同意继续试验。化学工业部彭涛部长指出："借鉴外国经验要结合国情，不能因为外国不搞我们也不搞。"试验又重新进行。化学工业部决定，在中间试验的同时，建设工业规模的联合制碱装置。于是，组织了大连碱厂、化学工业部化工设计院、兰州化学工业公司等单位的一批工程技术人员，在大连化学厂的统一领导下，恢复中间厂试验和补充实验室试验。1957年，化学工业部化工设计院制碱科纯碱专业组迁到大连，进一步充实了中间试验的技术力量。同年5月，日产10吨双产品的第二阶段全循环试车开始。到1958年底，先后确定了流程、工艺条件、设备选型、碳化清洗方法、原盐质量指标、母液平衡等，并提出了对防腐蚀和计量的特殊要求。这一阶段的中间试验工作，为"侯氏碱法"从实验室进入工业化生产打下了坚实的基础，为工业化设计提供了较完整的数据，并为大生产作了技术上和操作上的准备。由中央试验室联碱研究组及时配合必要的室内试验，直到第一个大规模联碱车间建成后为止。

1963—1964年经反复改进，顺调后，一座年产16万吨双产品的大型联碱装置建成投产，并通过国家科委鉴定、验收。1967年化学工业部批准了四川鸿鹤化工总厂新建联碱装置的初步设计，规模为双产品10万吨。1975年建成投产，成为我国第一座以井盐为原料的联碱厂。1981年扩建和改造，解决了母液平衡和二氧化碳不足问题，简化了流程，降低了成本，使生产能力增加到13.5万吨。1968年6月国家计委批准建设湖北省化工厂（应城）年产纯碱、氯化铵各18万吨。此项目是盐（以地下岩盐为原料）、碱（纯碱）、肥（氯化铵）、热能综合利用的新型化工厂，除联碱产品外，同时生产精盐25万吨/年。1970年4月开工建设，1971年生产出固体盐。全部工程于1978年2月完工并试生产，但核定能力只有双10万吨/年。1982年国家计委批准填平补齐达到年产双16万吨，1984年完成。该厂的资源优势得到充分发挥。1983年国家计委批准天津碱厂扩建，其中15万吨/年联碱，1985年开工建设，1987年建成投产。至此，联合法生产纯碱和氯铵的企业，已经形成了与氨碱呼应的生产能力。

此外，还建设一大批"变换气制碱"的联碱厂，即小联碱。龙山化工厂是最早建设的小型纯碱厂，早在1958年就建成了年产5000吨纯碱的小氨碱。1970年开始建设1.5万吨（双产品）浓气制纯碱的小联碱，1977年建成投产，到1990年已经形成0.6万吨/年的生产能力。21世纪初开始搬迁新厂址，继续生产。

2. 变换气制碱（小联碱）

变换气制碱的"联碱"，同样也是联合生产纯碱和氯化铵。但是，与前面的联合方法不同，变换气制碱是中国首创的另一项制纯碱的新技术，实现真正的氨碱联合生产。

1964年中国第一套联合制碱生产装置投入生产，并通过了国家鉴定。与此同时，在国际上也出现了新建的或改建的联合制碱工厂。联合制碱法的出现，解决了氨碱法难以克服的缺点，为制碱工业的发展开辟了新的途径，成为世界上工业制碱的重要方法。

联合制碱法的 CO_2 原料是采用合成氨生产装置净化过程中所脱除的高浓度 CO_2。在合成氨生产的原料气净化过程中，须采用包括物理的（如加压水洗法，碳酸丙烯酯法）或化学溶剂的（如改良热钾碱法，MDEA法）脱除方法，将变换气中的 CO_2 脱除，所富集的高浓度 CO_2，即作为联合制碱的 CO_2 原料。加压水洗法动力消耗大，氢的损失亦大，趋于淘汰。化学法则需有专门的脱碳装置，并消耗一定的能量和化学溶剂。

中国针对上述情况，开发了变换气直接碳酸化制取碳酸氢钠的新工艺。即将合成氨装置的变换气，送至联碱装置的碳酸化塔，在其中脱除变换气中 CO_2，同时又进行了联碱的碳酸化过程（制取重碱），脱除 CO_2 的气体送回合成氨系统。这样，联碱法的生产，不仅利用了合成氨生产中的 NH_3 和 CO_2，以制取纯碱和氯化铵，而且联碱装置的碳酸化工序也是合成氨装置的脱碳工序，两者合而为一，从而使合成氨和纯碱、氯化铵生产实现了"真正"的联合。同时，使合成氨和联碱的工艺流程大为简化。

1966年2月提出上述流程的试验设想方案，1967年1月完成了规模为日产1.5～2.0吨纯碱的中间试验。1971—1972年变换气直接碳酸化制取纯碱并同时生产氯化铵的联碱化工厂相继投产。经过不断完善，确定采用1.1兆帕操作压力的变换气制碱流程。进入20世纪70年代，由于纯碱产量满足不了用碱部门发展之需，当时的燃料化学工业部决定核留部分进口纯碱的外汇，用来发展纯碱生产，利用现有的一批小合成氨厂，建设一批小联碱。

原燃料化学工业部通过核留外汇渠道共布点68个，通过其他渠道布点7个，共计 75 个，建成了 35 个。这 35 个厂中，5 个建成后从未开车，7 个在开车一个阶段后停产，到 1977 年年底仅剩 23 个，其中 20 个小联碱，3 个小氨碱。这 20 个小联碱厂中多数厂生产不正常，1977 年仅有 15 个厂生产，共产纯碱 4.165 万吨，绝大部分厂亏损。

为使小联碱这个新生事物能够健康成长，从小联碱诞生之日起，各级领导部门，科研设计单位及大型碱厂，都给予热情的关注和大力的支持。1972 年 2 月，燃化部在上海召开了第一次全国小联碱经验交流会。这次会议着重介绍了浦东厂开车的情况，提出了小联碱要"过好连续关、质量关、打好防腐仗"。接着，1972 年 9 月，在连云港召开了第二次全国小联碱经验交流会。1972 年冬和 1973 年，燃化部先后派出两个由工程技术人员组成的检查组，到各厂进行调查研究，指导工作。还于 1974 年在郑州、1976 年和 1977 年在石家庄召开小联碱的经验交流会，并于 1976 年在广东石歧氮肥厂召开防腐会战协调会。根据上述几次会议的精神分别对浦东、连云港、郑州、石联等小联碱厂组织生产、技术、防腐攻关。

在这个阶段中，根据最早投产的浦东、郑州、连云港等厂的生产实践，以及当时小合成氨的生产规模，提出了小联碱的适宜规模为 1 万吨/年，燃化部委托第八设计院进行了 1 万吨/年小联碱的定型设计。1973 年 10 月，由侯德榜同志在家主持召开了审议会，历时 10 天。在这次会议上，侯德榜同志明确指出："小联碱'过两关、打一仗'是个紧迫任务，尤其是防腐，我们过去有过教训，也积累了一些经验，不能重蹈覆辙。加压碳化压力要在 8 千克力/厘米^2（0.78 兆帕）以上。沸腾煅烧有不少优点，但汽耗降不下来，不能推广，可用外热式回转煅烧炉生产纯碱。小联碱应完善工艺，出重碱是没有出路的，重碱不能纳入产量进行统计。"侯德榜同志的指示对当时小联碱的健康发展有着重要的指导作用。

1978 年后，国民经济得到恢复和发展。针对当时小联碱普遍存在的"两高两低"（消耗高、成本高、产量低、质量低）的问题，化工部经过 1978 年 4 月北京友谊宾馆会议的酝酿，于 1978 年 6 月的石歧会议上提出了"小联碱过四关"的口号，并明确提出了过四关的指标，即：产量达到设计能力，质量达到国家标准，双产品氨耗降到 400 千克以下，双产品成本低于 380 元/吨。这次会议以后，各小联碱厂深入扎实地开展了"过四关"活动，生产水平明显提高。1979 年杭州龙山化工厂率先过了"四关"，化工部于当年的 4 月在杭州召开"小联碱过四关经验交流会"。这次会议从企业管理，生产技术以及设备、厂房的防腐等方面系统地总结了龙山的经验，并进一步提出了"学龙山、过四关"的口号。龙山小联碱的全面过关，极大地鼓舞了各级领导部门和各小联碱厂，刹住了停产下马风，坚定了办好小联碱的信心和决心。杭州会议以后，浦东、吉林、柳州、太原等厂也先后过了"四关"。针对这一新的形势，化工部于 1980 年在北京召开的"全国小联碱增产会议"上进一步提出了"整顿提高、合理配套，过好四关，择优改造"的十六字方针。这次会议后，化工部拨出专项资金，对龙山、石联、浦东、柳州、郑州等十几个厂进行填平补齐和技术改造，稳住了小联碱的阵脚，并得到了巩固。在此期间小联碱开始参加全国纯碱生产技术年会，并相应组织厂际竞赛，逐厂落实过四关的措施，使这些厂的管理水平不断提高。

1983年有15个小联碱生产厂，共产纯碱14.85万吨，为1977年的3.57倍，共盈利1093万元。

小联碱有了8年苦战的经验教训和6年攻关所奠定的基础，乘着全国改革开放的强劲东风，适应国民经济发展急需纯碱的形势，小联碱得到了迅速的发展，诞生了以新都为代表的第二代小联碱。

为促进纯碱工业的发展，在这个阶段国家提高了纯碱价格，调整了设备折旧率。这些政策大大调动了地方和企业发展纯碱生产的积极性。国家还从财政上支持了新都、重庆、淮南、富顺、乐山、荣成、武氨、石化、昆山、西安等厂的新建项目和石联、合肥、龙山、连云港、冷水江、嘉兴、湘氨的扩建项目，为小联碱的发展创造了良好的条件。

在第二代小联碱的建设过程中，化工部于1986年在杭州召开了"全国在建中小型纯碱厂建设工作座谈会"，1987年在新都召开了"在建中小型碱厂基建、开车和新技术交流会"，1988年在太原召开了"在建中小型碱厂开车情况汇报会"。通过这三个针对性很强的会议，对第二代小联碱的建设及时提出了要求，及时交流了经验和信息，及时发现问题并加以纠正。各级主管部门认真抓好工程设计、建设施工、装置投产的全过程，是使第二代小联碱设计先进合理、工程质量较好、投产比较顺利、投产后生产水平较高的重要保证。

1988年全国共有30个小联碱生产厂，共产纯碱41.9万吨，为1983年的2.78倍，共实现利税10303万元。

小联碱取得的每一个成就，都是与各级政府的领导和关怀分不开的。在建厂时，各级政府积极筹措资金，组织设备，安排"三材"，选配干部，落实原、燃材料、电力和运输等外部条件。投产后，优先保煤、保电、保盐、保运输。当企业的生产和经营遇到困难时，不少地方制定了扶持政策和优惠政策，帮助企业渡过难关。由于各级政府的重视和支持，许多小联碱已成为所在市县的支柱企业。

小联碱从一开始就采用了多项大联碱尚未采用的新技术，它的成长过程在很大程度上是一个技术进步过程。小联碱在技术进步方面对纯碱工业做出不少贡献，可以与它为社会提供产品、为国家上缴利税两大贡献相提并论。纯碱工业中不少新工艺、新技术和新设备首先是由小联碱采用的，其中重要的有：变换气制碱、原盐制碱、丙碳脱碳、自身返碱蒸汽煅烧炉、带式过滤机、半Ⅱ洗涤流程和造粒型结晶器、水泥法重质纯碱、计算机进行工艺控制等，沸腾煅烧炉在小联碱厂开出了新水平。

具有中国特色的小联碱，走过了几十年的历程，作出了小联碱应有的贡献。回顾纯碱工业发展历史，小联碱也是重要的一部分，既有征程的艰辛，又有奋斗的喜悦，既有成功的经验，又有历史的教训。

从20世纪中叶到世纪末，我国纯碱工业得到较大发展。1985年纯碱工业约20家，到1993年发展到约70家，2000年全国拥有纯碱生产厂45家，其中大中型12家（表4-2），包括氨碱厂、联碱厂及天然碱加工厂等，其产量分布如表4-3所示。

表4-2 2000年中国大中型碱厂的生产能力及生产方法

序号	公司	地址	能力/（万吨/年）	生产方法
1	大连化学公司	辽宁大连	80	联碱/氨碱法
2	唐山三友碱厂	河北唐山	85	氨碱（索尔维制碱法）
3	天津碱厂	天津	70	联碱/氨碱法
4	山东潍坊海洋化工集团	山东潍坊	85	氨碱法
5	青岛碱厂	山东青岛	60	氨碱法
6	连云港碱厂	江苏连云港	80	氨碱法
7	湖北双环	湖北应城	60	联碱/氨碱法
8	自贡鸿鹤	四川自贡	34	联碱/氨碱法
9	广东南方碱厂	广东广州	25	氨碱法
10	吉兰泰碱厂	内蒙古吉兰泰	25	氨碱法
11	苏尼特碱矿	内蒙古查干诺尔	20	天然碱
12	安棚碱矿	河南安棚	20	天然碱
合计			644	

表4-3 2000年各种方法生产的纯碱产量

方法	产量/万吨	占比/%
氨碱法	479	55
联碱法	344	39
天然碱法	54	6

第三节 世界纯碱生产大国

2000年以来，随着科学技术和整个化学工业蓬勃发展，中国纯碱生产能力高速发展，产业规模不断增大。截至2011年年底，中国纯碱装置生产能力已达2800万吨/年，几乎占世界纯碱生产能力的1/2。在生产技术和设备水平方面，目前中国是世界仅有的氨碱、联碱和天然碱工艺并存生产纯碱的国家；中国独立设计制造的自然循环外冷碳化塔、自身返碱蒸汽煅烧炉等，是具有独特风格的大型设备。

中国纯碱产量增速很快，2003年纯碱产量达到1128万吨，居世界首位。2010年中国纯碱产量2047万吨，其中，氨碱法纯碱产量959万吨，联碱法纯碱产量931万吨，天然碱法纯碱产量157万吨。重质纯碱产量934万吨，占纯碱总产量的45%。2010年，中国氯化铵产量956万吨，其中，干铵产量累计480万吨，占氯化铵总产量的50.2%。2010年，累计生产氯化钙97.3万吨，生产小苏打103万吨。

2011年，中国纯碱生产企业共计45家，其中，氨碱法12家，联碱法32家，天然碱法1家。据纯碱工业协会统计，截至2011年年底，中国纯碱生产装置总能力已达2800万吨/年，氨碱、联碱、天然碱3种生产方法的生产能力占全国总生产能力的比例分别为44.3%、49.3%和6.4%。纯碱生产能力居前十位的企业生产能力之和为1650万吨/年，占全国总生产能力的58.9%（见表4-4）。

表4-4　2011年中国大中型碱厂的生产能力及生产方法

产能排序	公　司	产能/（万吨/年）	生产方法
1	山东海化股份有限公司	300	氨碱法（索尔维制碱法）
2	唐山三友化工股份有限公司	230	氨碱法
3	湖北宜化集团	190	联碱法
4	河南金山化工集团	170	联碱法
5	河南中源化学股份有限公司	180	天然碱法
6	连云港碱厂	130	氨碱法
7	青海碱业有限公司	120	氨碱法
8	山东海天生物化工有限公司	110	氨碱法
9	中盐青海昆仑碱业有限公司	110	氨碱法
10	四川和邦集团	110	联碱法
	合　计	1650	

生产布局上，氨碱法生产能力主要集中在渤海湾周边靠近大型盐场及青海省地区，联碱法生产能力主要集中在西南、华南等地区，天然碱主要集中在河南省等地的天然碱资源区，国内除江西省、吉林省、西藏自治区、海南省、贵州省外，其他省、自治区、直辖市都有纯碱企业，均有纯碱生产。

第四节　我国纯碱工业技术进步

一、纯碱工业技术入选中国20世纪重大工程技术成就

技术进步是中国纯碱工业发展中始终不变的法宝。中国纯碱工业在20世纪

的发展过程中，技术进步取得了巨大成就。纯碱工业技术入选中国20世纪重大工程技术成就。与"两弹一星"、"汉字信息处理"等25项重大工程技术成就并驾齐驱。经中国科学院和中国工程院的院士和专家评选，入选的工程技术内容概括为三大部分。

（1）中国纯碱工业的崛起

1917年爱国实业家范旭东在天津塘沽筹建永利制碱公司，1921年聘请留美博士侯德榜回国主持技术工作。当时氨碱法制碱技术被外国垄断，范、侯二人在既没有技术资料、又没有专家指导的情况下艰苦创业，历时8年，终于掌握了纯碱制造技术。1926年连续稳定地生产出合格产品，含量达99%以上，色泽洁白，故取名"纯碱"，以区别"洋碱"。永利生产的"红三角"牌纯碱在1929年美国费城万国博览会和1930年比利时工商国际博览会均获得金质奖章。自此我国的纯碱畅销国内，远销日本和东南亚。1933年侯德榜将他的经验和成果写成英文专著《Manufacture of Soda》(《纯碱制造》)，由美国化学会出版。这是世界上第一部有关氨碱法制纯碱的国际学术界公认的权威巨著，被译成多种文字出版。

（2）侯氏制碱法的诞生

1937年抗日战争爆发，永利公司西迁，但四川的井盐比海盐贵10多倍，氨碱法盐的利用率仅70%，很不经济。侯德榜本欲引入德国的"察安制碱法"，但面对对方的苛刻条件，他愤然终止谈判，决心自力更生，自行开发新的工艺技术。1941年侯德榜经过3年努力，新法制碱试验终于取得成功，取名为侯氏制碱法（Hou's Process）。该法可得到纯碱和氯化铵两种产品，克服了氨碱法和察安法的缺点。其优点是既利用了氨厂的废气二氧化碳，又利用了碱厂废弃的氯离子；使盐的利用率提高到90%以上，避免了氨碱法排放大量废液和废渣对环境的污染。侯氏制碱法流程短、设备少，与氨碱法相比，不需煅烧石灰石、氨回收等工序，设备投资减少三分之一，纯碱生产成本降低40%。侯氏制碱法为中华民族争得了荣誉，将世界制碱技术推到了新的水平。1943年英国皇家化学会授予侯德榜先生为名誉会员称号。1949年国民政府以京工（38）字第1056号通知核准"侯氏碱法"专利10年。1953年中央工商管理局给侯氏制碱法颁发了发明证书。

（3）纯碱技术新进展

1962年第一套新法制碱装置建成投产，1964年通过国家科委鉴定，定名联合制碱法（联碱法）。此后陆续开发的联碱循环系统无切断阀冷析结晶器、喷射吸氨、满液位液氨直接蒸发外冷器、自身返碱蒸汽煅烧炉、自然循环外冷式碳化塔等技术也都处于国际领先水平。

为了进一步降低联碱法能耗和建设费用，1970年我国又自主研发出变换气制碱新流程，把纯碱与合成氨生产紧密联合起来，省掉了合成氨脱碳工序和联碱的二氧化碳压缩工序，节能效果和经济效益十分显著。1999年进一步开发出外冷式变换气制碱碳酸化塔，使出气二氧化碳含量达到 0.2%，连续作业时间提高到 60 天，不设清洗塔，进一步降低了能耗，提高了重碱结晶平均粒度。新型变换气制碱碳酸化塔的主要技术指标处于世界领先水平，获得国家科技进步二等奖。

二、当代纯碱工业技术水平

纯碱行业在步入 21 世纪以后，由大、中、小企业并举逐渐走向了大生产，成为以大型企业为主的行业，而且始终重视技术进步。技术进步和大型化生产是中国纯碱工业走向辉煌的重要标志和特点。我国纯碱工业不仅在产品产量、质量居世界首位，在技术经济指标方面也走在先进行列，如各项消耗总体也保持下降的趋势。

在生产技术水平和装备水平方面也取得了长足进步，并已跻身世界先进行列。在纯碱生产各主要过程中，均有重大技术改进。

（一）碳酸化过程及设备

碳酸化塔内兼有化学反应、传热、传质、结晶等多种过程，又是具有气-液-固三相的复杂体系。传统的索尔维碳酸化塔已有一百多年的历史，随着科学技术的现代化及新材料、新技术的出现，我国的制碱工作者也向传统的碳酸化塔提出了挑战，发明新型碳酸化塔。如大型异径笠帽碳酸化塔，塔体上段及冷却段为直径 3000 毫米，中部结晶生成段为直径 3400 毫米，以利于结晶生长。该塔具有以下优点：生产能力大，单塔生产能力为氨碱法 230 吨/日，联碱法 175 吨/日；制碱周期长，氨碱法 72 小时，联碱法 48 小时；冷却效率高；转化率高，氨碱法转化率 75%；结晶质量好，沉降时间一般为 130～200 秒。目前许多大中型氨碱厂及联碱厂已采用这种碳化塔。此外还有筛板碳化塔，外冷酸化塔，不冷碳酸化塔等。

（二）过滤过程及设备

过滤工序的操作质量、工艺指标的优劣，影响着纯碱工艺的多项消耗指标的水平，影响着制造成本的高低和产品质量的好坏。为此开发了滤碱洗水添加助滤剂，用离心机二次过滤重碱，应用喷嘴强化滤碱机洗水系统及带式滤碱机等。尤其是带式滤碱 2004 年在新乡中新化工有限责任公司的投产运行，打破了几十年真空转鼓滤碱机过滤重碱的"一统天下"。

（三）煅烧过程及设备

在纯碱生产中，重碱的煅烧技术一直是制碱行业的主要研究课题，因为煅烧炉的运行工况直接影响产品的质量，其能耗的高低又影响着经济效益。国内外碱厂的重碱煅烧工序均采用蒸汽煅烧技术，在此基础上我国开发了直径 3 米×30 米外返碱煅烧炉、自身返碱煅烧炉等。

（四）重质纯碱生产技术

随着科学技术的进步和各工业领域的发展，基本化工产品纯碱也相应发生了较

大的变化,加快发展低盐、重质纯碱已成为纯碱行业的一项重要任务。为此,开发了液相水合法、固相、改良固相水合法、挤压法等,满足了国民经济对重质纯碱的需求。

(五)生产过程控制

除上述过程及设备的更新、换代,在生产过程自动控制方面也有长足发展。进入 21 世纪后,全行业生产控制已由单一的仪表自控,普遍实现了 DCS 系统控制。到 2005 年,随着信息技术的迅速发展,对现有生产工艺过程控制系统的可靠性、运算能力、扩展能力、开放性、操作及监控水平等方面提出了愈来愈高的要求。传统的 DCS 系统已经不能满足现在过程自动化控制的设计标准和要求。各生产厂均不断更新生产过程各控制系统,尤其大型纯碱生产企业和设计、研究单位,如山东海化纯碱厂采用了 SIMATIC PCS 7 系统控制。

海化纯碱厂新系统从设计到施工制定了高的起点,对过程自动化控制系统提出了更高要求——全集成自动化控制方案,经过有关专家反复论证,最终采用了功能强大、新一代过程自动化控制系统 PCS 7。

PCS 7 在海化纯碱厂成功应用,正是海化纯碱厂充分利用老厂 DCS 控制系统,克服不足,利用老厂成熟的工艺,最终与西门子的先进技术 PCS 7 有机地结合。为此,使纯碱生产采用全新的电气自动化控制和高速的信息传递;TP 分析数据应用;石灰配料采用自动化控制。强大的 SIMATIC PCS 7 过程控制系统的报警功能给组态、调试、运行带来了极大方便。此外,全面开放的操作与监控系统为纯碱厂管理也提供了方便。

为实现生产过程最优化,系统控制智能化,在主要工序中影响产品质量的关键参数控制上引入了新型控制系统——自适应控制。例如:锅炉水位控制、热负荷控制、碳酸化塔反应温度及转化率控制、重灰水合机水碱比值控制等。由于这些生产过程动态特性不断变化,存在大量的扰动因素,不能确切地描述其变化规律,采用普通的反馈控制很难达到预期的工艺指标。为此,在 DCS 系统组态中引入自适应控制模式,对过程模型和控制规律进行随机自寻最佳工作参数,以保证预期指标能够实现。

自适应控制系统是一个具有自适应能力的系统,它能够实时察觉过程和环境的变化。例如:碳酸化转化率的优劣不仅受到中段气和下段气的 CO_2 浓度、压力、流量、温度影响,而且中和水流量、压力、温度及浓度等诸多因素都与转化率的高低相关。这些动态参数的变化被自适应控制系统检测后,经 CPU 运算,迅速对相关的控制器进行自动校正控制规律,使输出值始终保持在对生产工艺参数最佳的数值范围内,从而实现优化控制。

实质上,自适应控制是集辨识、优化与控制为一体。靠常规仪表是无法构成自适应控制系统的，唯有依赖于先进的工业控制计算机，用它所具有的高速处理信息的能力和强大的函数运算功能方可实现优化控制。因此，我们在 DCS 系统组态中，对与被控变量相关的控制模块采用了自整定 PID 算法，并以 ISE 指标作为参数整定的目标函数。根据过程模型的参数估计，使 ISE 指标最小 PID 参数作为控制器的最优整定参数。

实践证明，控制品质明显优于常规 PID 控制，对生产过程的动态变化具有较强的适应性。如碳酸化转化率由常规控制 73.3%提高到自适应控制的 75%，重质纯碱和普通纯碱产品合格率达到 100%，为企业创造了巨大的经济效益。

附1 大 事 记

1917 年冬，范旭东等人在天津进行的制碳酸钠试验获得成功。

1918 年 11 月，在天津召开了永利制碱公司成立大会，确定建厂规模为日产 40 吨纯碱。

1919 年冬，永利碱厂在天津塘沽破土动工。

1920 年 5 月，永利公司成立董事会，选周作民为董事长，范旭东为总经理。

1920 年 9 月，农商部批准注册，定名"永利制碱公司"，设厂于塘沽，采用索尔维制碱法，特许工业盐免税 30 年，并规定公司股东以享有中国国籍为限。"红三角"牌为商标，商标局核准注册。

1924 年 8 月 13 日，永利碱厂试车出纯碱，揭开了东亚纯碱生产史的第一页。

1926 年 6 月，永利碱厂正常生产，产品碳酸钠含量超过 99%，范旭东给产品定名为纯碱。

1926 年 8 月，永利"红三角"牌纯碱在美国费城的万国博览会上获得金奖。

1930 年，永利"红三角"牌纯碱在比利时工商国际博览会上荣获金奖。

1933 年，侯德榜在美国纽约出版专著《Manufacture of Soda》(《纯碱制造》)是世界最早的制碱权威专著。

1937 年，日本侵略军强占永利碱厂，范旭东拒绝合作，并撤离塘沽。

1938 年，永利碱厂迁址四川五通桥，侯德榜拟定新法制碱全面计划。

1941 年 3 月 15 日，新法制碱试验成功，定名"侯氏碱法"（译称 Hou's Process），标志着世界制碱工艺新突破。

1943 年，范旭东亲自拟定"十厂计划"，以求战后振兴中国化工。

1945 年 10 月，范旭东在重庆病逝，毛泽东主席亲笔挽幛"工业先导，功在中华"。侯德榜接任永利化学工业公司总经理。

1949 年 1 月，国民政府以京工（38）字第 1056 号通知核准"侯氏碱法"专利 10 年。

1949 年 1 月，塘沽解放。永利碱厂恢复生产，当年生产纯碱 4 万吨。

1949年5月6日,刘少奇副主席视察天津永利碱厂。

1949年6月1日,朱德总司令视察天津永利碱厂。

1949年7月,周恩来副主席在北京永利办事处看望侯德榜,祝贺他回到祖国。

1949年7月,毛泽东主席接见侯德榜,倾听侯德榜对复兴中国工业的意见及范旭东建设十大化工企业的设想。

1949年11月,内蒙古伊克昭盟察汉淖尔、纳林淖尔、哈马日格太淖尔三处天然碱矿(年开采量1750吨,生产锭碱1000吨)由伊克昭盟鄂托克旗人民政府接管。

1949年11月,在重工业部的组织下,侯德榜等专家到大连化学厂参观指导,鉴于化学厂与碱厂仅一墙之隔,南碱北氨具有采用侯氏制碱法的有利条件,遂向建新公司领导建议着手联合制碱的试验,获得同意。公司派大连化学厂厂长秦仲达同志到北京与有关人员共同研究试验车间的建设问题。这是联合制碱在我国获得发展的重要步骤。

1950年8月,久大盐业公司总经理李烛尘、永利化学工业公司总经理侯德榜联合向人民政府申请两公司公私合营。

1951年1月,东北工业部化工局接管大连碱厂,任命陈力为厂长,当年生产纯碱65865吨,突破日伪时期最高年产量。

1951年10月,内蒙古伊克昭盟鄂托克旗在察汗淖尔组建天然碱厂,季节性开采三个碱湖的马牙碱。

1952年6月,永利化学工业公司实行公私合营,陈西平任公私合营永利碱厂厂长。内蒙古自治区海勃湾化工厂在拉僧庙建成投产,以天然碱为原料加工制苛化法烧碱。

1953年7月,中央工商行政管理局以"发字1号文"给侯氏碱法颁发发明证书,有效期为5年,发明人为侯德榜。

1954年4月23日,毛泽东主席视察永利化学工业公司塘沽碱厂,到重碱、煅烧等车间了解生产情况,勉励工人们当好企业的主人。

1955年1月,侯德榜应邀赴印度参加印度第42次科学协会,发表了《关于纯碱和氯化铵联合制碱新法》的论文。

1956年1月,内蒙古伊盟政府决定,组建伊盟天然碱公司。

1956年4月,大连碱厂总工程师刘嘉树根据多年实践经验,创造性地研制出以氨水制备母液循环连续作业法生产碳酸氢铵新工艺,该装置正式投产,并获国家新产品试制成果奖。

1956年6月,中华化学工业协会和中国化学工程学会合并,成立中国化学工业与化学工程学会(简称中国化工学会),侯德榜任主任委员。

永利沽厂石灰窑以白煤代替焦炭为燃料,获得成功。

大连碱厂窑气除尘采用电除尘成功,使窑气含尘量由40毫克/米^{3}降到6毫克/米^3。

1957年5月,侯氏碱法的中间试验在侯德榜的领导下,在继永利创立和大连化学厂前几年开展室内基础研究的基础上又恢复了全面试验工作。中间厂当月开工，根据课题安排，连续运转两年多，写出多份试验报告。为侯氏碱法从实验室进入工业化大生产打下了坚实的基础，也给即将开始的大厂设计提供了依据。

1957年7月，化工部决定大连化学厂与大连碱厂合并为大连化工厂。

1957年11月，化工部决定以大连化学厂、大连碱厂设计科为基础和化工部设计院纯碱工业部分技术人员组成大连化工设计分院。

1957年12月，侯德榜率领中国化工考察团赴日本。考察团成员有刘嘉树、黄鸿宁、方德巍等，考察团对日本的联合制碱进行了范围有限的考察。

1958年4月，国务院批准新建青岛化肥厂（后改为青岛碱厂）年产8万吨纯碱。

1958年3月，国务院任命侯德榜为化学工业部副部长。

由李祉川指导设计的直径1米内热式纯碱煅烧炉在大化中间厂投入运行，为以后放大炉型摸索了经验。该试验项目获1978年科技大会奖。

1958年12月，化工部决定组建大连化学工业设计研究院。

我国第一套年产16万吨联合制碱工业装置在大连化工厂破土动工。

1959年8月，由侯德榜编写、郭沫若作序的《制碱工学》出版，该书分上、下两册，是侯德榜继20世纪30年代出版《纯碱制造》后的又一巨著。

我国第一套大型联碱装置的设计在李祉川、王楚等专家的组织下完成，并已进入施工阶段。

1960年2月，中国政府与阿尔巴尼亚政府签订援助协定，由中国化工部承担的援建项目有氮肥厂、磷肥厂、纯碱厂等。1961年7月担任佛罗拉纯碱厂建厂任务的永久沽厂派员出国选厂，1964年完成设计施工图，1965年先后派出汤玮、项伯鹏等60多人参与安装及开工，1967年1月投料试车一次成功。该厂规模为纯碱1.5万吨/年，烧碱0.5万吨/年，是该国唯一的纯碱厂。

1962年12月，由侯德榜、魏云昌编《制碱工业工作者手册》由化学工业出版社出版。侯德榜向中国科学院院长郭沫若赠送此书，郭院长回赠《郭沫若文集》四卷。

1963年，《化工技术资料——纯碱专业分册》创刊。在出版23期后改名为《制碱工业》。1972年曾用名《制碱工业简讯》，1978年再次改为《纯碱工业》，确定每年6期，并有增刊。到2012年已出版206期，成为纯碱工作者最喜爱的刊物。《纯碱工业》是中国核心期刊，也是美国《CA》摘用期刊，引用频率很高，是纯碱工业信息主要来源。

1964年12月，国家科学技术委员会组织有关单位和国内知名专家对大连化学工业公司（简称大化公司）负责研究试验的"联合制碱"技术进行国家级鉴定，并发给鉴定证书。正式命名为联合制碱法。

内蒙古地质局发现查干诺尔碱矿，1974年燃化部派领导干部和技术人员赴现场研究资源及开采、加工等问题。1985年碱矿加工厂初步设计通过审查，采矿能力每年50万吨,小苏打5万吨/年,烧碱5万吨/年。1989年查干诺尔碱矿小苏打投入生产。

1964年2月,化工部调整科研机构,将大化公司设计研究院的研究部分、化肥厂、碱厂的中央试验室研究组合并为化工部制碱工业研究所,并确定以氨碱、联碱、天然碱为研究方向。负责人为朱心才,技术负责人段志斅。

由制碱工业研究所研制的"氯化铵结晶器逆料流程新工艺"通过化工部组织的鉴定。该技术于1975年在大化公司用于大生产,并于1978年获全国科技大会奖。此技术已在全国推广。

1968年6月,国家计委批准建设湖北省化工厂,该项目以地下岩盐为原料,是一个盐、碱、肥联产,热能综合利用的新型化工厂。建设规模为纯碱、氯化铵各18万吨/年,合成氨6万吨/年,精盐25万吨/年。1970年4月开工建设,当年6月水采矿区第一口水采盐井试验成功。1971年生产出固体盐。全部工程于1978年2月完工并试车,生产出合格产品,但由于种种原因生产不太正常,1980年化工部根据其设备实际状况,核定能力为纯碱及氯化铵各10万吨/年。

1970年2月,上海浦东化肥厂年产1万吨联碱生产装置建成投产,这是我国第一套采用变换气制碱的小联碱装置。后该厂改名为上海浦东化工厂,1987年能力扩大为年产4万吨。该厂工艺技术是中国独具特色的制碱工艺。采用此技术的还有连云港化肥厂、冷水江制碱厂、石家庄联碱厂等。

1970年3月,化工部在上海召开核留外汇会议,确定利用核留外汇资金,资助地方建设一批小联碱厂。共布点64个,其中建成29个,占布点厂数的45.3%。

1970年6月22日,燃料化学工业部成立,化肥生产组归口主管纯碱。

1970年12月,河南郑州化肥厂年产1万吨联碱生产装置建成投产,1988年能力提高为年产4万吨。1993年12月进行体制改革,成立郑州水晶股份有限公司。

1971年4月,江苏连云港化肥厂年产1.2万吨新型联碱装置建成投产,该项目采用了加压碳酸化、喷射吸氨、真空结晶、高效澄清、原盐粉碎、沸腾煅烧等制碱新技术。1978年12月经更改工艺路线、更换主要设备后,生产能力确定为1.5万吨,后又提高到4万吨。

1971年9月,建于中型氮肥厂江西氨厂内的年产5000吨小联碱装置投产,后于1979年停工,1987年8月新建4万吨联碱开车。

1971年9月,济南山东酒精总厂利用发酵气CO_2作为制碱原料(合成氨外购)而建设的年产2000吨联碱装置开工,一直生产到1988年才停工。

河南地质四队在河南桐柏县发现吴城盐碱矿,该矿为倍半碱结构。1976年盐碱矿建矿,打试验井进行水采试验。1978年对井压裂成功。1984年,年产5000吨重质碱装置投产,后扩大能力为年产6万吨。

1971年10月,吉林省乾安县大布苏天然碱加工厂建成投产,设计能力为年产

1.2万吨纯碱。该厂以湖水日晒浓缩制卤,再以石灰窑气碳化而制碱,因 CO_2 利用率太低,成本居高不下,后改氨法制碱,1986年投产,生产水平大致0.6万吨/年。

1971年12月,湖南冷水江制碱厂年产1.2万吨联碱装置投产,化工部第八设计院在设计中采用了当时的许多制碱新技术,如12千克力/厘米^2(1.2兆帕)加压碳化、自身返碱蒸汽煅烧炉等,是较完整地把合成氨生产与联碱生产结合起来的生产性示范装置。1987年扩大能力为年产4万吨。

1971年12月,由化工部第八设计院设计的湖南冷水江制碱厂投产。该厂设计中首次采用的新技术是:①1.2兆帕加压碳酸化,塔体加大用碳钢制造;②直径1.8米自身返碱蒸汽煅烧炉;③低压空气密封输送纯碱。连同当时已使用成功的外冷结晶、喷射吸氨、原盐粉碎等,使冷水江碱厂成为具有示范性质的联碱厂。

1973年5月,中型氮肥厂山西太原化肥厂内建设的年产2万吨联碱装置开工生产,后于1993年生产能力扩大为年产4万吨。

1974年8月26日,化工部原副部长、第三届全国政协常委、著名科学家侯德榜同志逝世,终年84岁。侯德榜一生不仅用他的知识和技术增进了祖国的物质文明,也以他那艰苦朴实、勤奋进取、无私奉献、执著爱国的高尚情操,给祖国的精神文明增添了光彩。著名科学家周培源将侯德榜的一生概括为"科技泰斗,士子楷模"。

1974年9月,河北石家庄市联碱厂(原名获鹿县申后化肥厂)年产5000吨联碱装置开工生产,1987年扩建至2万吨/年,1990年再扩建至4万吨/年。该厂坚持采用变换气制碱流程,在扩建中搞成多项新技术。

内蒙古工学院成立天然碱研究室,从事天然碱的开发和应用研究。

石家庄市联碱厂针对变换气制碱碳化尾气(实为合成原料气)精制度经常波动、影响全厂生产的问题,采取了"串塔"流程,这一措施对保证连续生产、增强碳化塔清洗效果,降低尾气 CO_2 含量均有明显效果,后来推广至其他厂。

1975年4月,四川自贡鸿鹤化工厂氨碱法生产装置停工。当年5月新建合成氨车间开工,9月新建的联碱装置开工,年底交付生产。

1975年6月,广东省石岐氮肥厂年产1.2万吨小联碱装置投产,1979年停工。

1975年6月,在内蒙古丰镇召开了天然碱会议,讨论加工芒硝碱方案。同年7月石油化学工业部在北京召开了河南天然碱开发讨论会。

1975年8月,吉化公司化肥厂内建设的联碱车间建成投产,生产能力为1.2万吨/年。由于管理得当各项指标都很好。后借厂房大修之机易地重建,规模扩大为年产4万吨,于1991年投产。

山东济南化肥厂(中型氮肥厂)内建设的年产1万吨小联碱装置建成投产。1990年停工。

1976年1月，河南焦作化工三厂新建年产5000吨氨碱法纯碱装置开工生产。该厂是由建于1958年的焦作市石料厂逐步发展而成为综合性化工企业的。于1985年扩建至年产2万吨，1987年扩建至年产4万吨，1995年扩建至年产40万吨。该厂曾采用若干新技术、新设备，在综合利用方面作出成绩。是同时期建设的小型氨碱厂中管理较好、能坚持生产的厂。

1976年6月，在中型氮肥厂柳州化肥厂内建设的年产2万吨联碱装置建成开车。1980年扩大生产能力为4万吨。

1976年7月28日，唐山丰南一带发生强烈地震，波及天津碱厂，生产被迫停止。地震造成8名职工死亡、61名职工负伤，厂房建设损坏107625米^2，主要设备损坏137台，损失总值达2825.7万元。化工部派李艺林副部长带队慰问，并开展灾后重建。经全体职工抗震抢修，当年9月10日恢复生产。

南阳油田在与吴城碱矿毗连的泌阳凹陷钻探油井时抽出了碱卤，后又发现固体碱矿。1992年规模为1万吨/年的制碱装置投产。该厂定名为石油勘探局天然碱开发公司。

1977年7月，杭州龙山化工厂年产1.2万吨联碱装置建成开车。该厂是首先过"四关"的工厂。1985年扩大为年产4万吨纯碱。1996年继续扩大为8万吨规模。连同年产2万吨氨碱法纯碱，该厂总能力为10万吨/年。

1979年9月，第一次纯碱行业情报会在大连召开，会上建立了情报网。至1996年共召开行业情报会议十次。

1979年10月18日，《纯碱工业》第一届第一次编委会在大连召开。

1980年1月，鉴于纯碱行业几个老厂设备、厂房严重失修，国家经委与国家计委共同商定并分别批办了大化、天碱、青岛三厂的恢复性大修计划任务书，接着安排项目报批初步设计，当年全部动工。

1983年3月，国家计委批准建设山东寿光纯碱厂（后改潍坊纯碱厂）。该厂采用氨碱法制碱，规模为年产纯碱60万吨，其中含重质纯碱20万吨。1985年国家批准由原民主德国施塔斯福特化机厂购买碳化塔、煅烧炉和滤碱机三种18套制碱设备。该项目于1986年4月正式开工建设，1989年6月14日生产出产品。1991年达到设计能力，1994年通过国家验收。

1983年7月，国家计委批准建设江苏连云港碱厂。该厂采用氨碱法制碱，规模为年产纯碱60万吨，其中包括重质纯碱40万吨。该项目1986年9月开工建设，1989年10月25日建成投产。

1983年7月，国家计委批准天津碱厂进行扩建，总规模由45万吨/年扩大到60万吨/年（其中15万吨为联碱）。该项目1985年7月开工建设，1987年10月建成投产。

1983年7月，化工部主持召开的年产60万吨纯碱厂设计方案讨论会在连云港举行，会议对制碱原料（盐、石灰石）的质量、盐水精制方法、主要设备选型及材质、供热方案、厂房合并等问题进行了讨论，并研究了各建设项目所提的引进项目建议书。

1984年6月，伊克昭盟化工研究所，以天然碱（日晒碱）溶解法生产纯碱线建成投产，设计规模为年产纯碱1万吨。

1985年1月，国家计委批准建设唐山碱厂（即南堡碱厂），采用氨碱法制碱，规模为年产60万吨，其中含重质纯碱40万吨。该项目1986年9月动工兴建，1989年9月26日试车成功。1992年11月通过生产考核，1994年12月竣工验收。

1990年3月，化工部在四川自贡召开全国纯碱生产技术年会，会上总结了"六五"期间纯碱行业的十件大事，即：纯碱产量年增长率为4.8%；纯碱产品获三枚金牌、两个部优；全行业利润增长1.1倍；恢复性大修结束；纯碱工业的基建和技改共投入6.4亿元；采取一系列经济政策：调价、提高折旧率；技术进步成绩显著；小联碱已成为不可缺少的力量；企业整顿、"三创"活动成绩显著；已批准建设三大氨碱厂。会议讨论了"七五"期间三大任务，即：年增长率要求达到7%；按期完成各项基建技改任务；重点企业的生产水平、技术水平要赶上或接近世界水平。

1986年6月，伊克昭盟化工研究所承担的国家"星火计划"项目"天然碱（日晒碱）水溶法制纯碱工业试验"在该所动工，1987年试车并生产出优质纯碱。该成果获得自治区科技进步一等奖。

1990年8月9日，化学工业部与中国科学技术协会联合在人民大会堂举行纪念侯德榜诞辰100周年大会，顾秀莲部长主持会议，中国科协副主席朱光亚做了题为《创造性地发展民族工业的先驱》的报告，国务委员宋健代表中共中央和国务院讲话，出席大会的还有中共中央书记处候补书记温家宝、人大常委会副委员长严济慈、全国政协副主席卢嘉锡等。

1990年8月10日，中国纯碱工业协会、中国化工学会联合召开的纪念侯德榜诞辰100周年大会暨侯德榜塑像揭幕大会在天津碱厂举行。化工部顾秀莲部长、天津市聂壁初市长为塑像揭幕。来自全国纯碱行业的160余名企业领导、专家、学者以及侯德榜的家属和天津碱厂职工参加了纪念活动。会上还举行了学术交流和新技术成就展览。与此同时在南京、大连等地也举行了纪念活动。中国石化集团南京化学工业有限公司（简称南化公司）建侯德榜半身塑像。由中国纯碱工业协会主编，20多位纯碱专家通力合作，出版了《纯碱工学》。

1990年12月，《化工先驱侯德榜》一书由天津人民出版社出版，该书由郑开宇任主编，严济慈题词，刘曾坤作序。书中收录了姜圣阶、李祉川、黄鸿宁、郭炳瑜、段志骙、沈撰、陈西平、杨建猷、汤玮、戎寿昌、叶铁林等同志的纪念文章。

1991年12月，伊克昭盟化工研究所天然碱（日晒碱）制普通重质纯碱和优质粒状重质纯碱工业技术获国家科技进步二等奖。

1991年12月，天津碱厂60万吨纯碱扩建工程先后获国家质量奖，评奖委员会银奖和化工部优秀工程设计一等奖。

1992年6月，青海省德令哈碱厂建成投产，该厂采用氨碱法制碱，规模为年产4万吨。2007年经技改、扩容，生产能力达到10万吨。

1993年8月，速达碱业有限公司于28日召开成立大会，化工部部长顾秀莲，副部长贺国强、谭竹洲、李士忠，原副部长林殷才及新任命的各司局领导到会祝贺。根据公司章程规定，董事会推举并经化工部同意，由傅孟嘉任董事长、底同立任总经理。

1993年8月，新疆维吾尔自治区哈密纯碱厂建成投产，规模为年产纯碱8万吨，采用氨碱法。

1994年2月6日，广东省广州市南方制碱公司新建的年产20万吨氨碱法纯碱装置开工生产。该项目由地方集资建设，设计中采用了真空蒸馏、盐水精制、卤水提硝等多项新技术。

1994年9月，内蒙古自治区吉兰泰碱厂建成投产，该厂采用氨碱法工艺，引进了重质碱生产及过滤装置，规模为年产纯碱20万吨。

1994年11月，国务院确定100户国有大中型企业按照《公司法》及有关法规进行现代化企业制度试点，唐山碱厂被列入试点企业。1995年更名为唐山三友碱业（集团）有限公司，1996年正式运行。

1994年12月，国家计委批准建设甘肃白银纯碱厂项目建议书，该厂规模为20万吨。

1994年11月，化工部第一设计院（天辰工程公司）设计的山东潍坊纯碱厂工程获国家优秀工程银奖。

1996年7月，化工部第八设计院纯碱专家周光耀总工程师当选中国工程院院士。

1996年10月，化工部第八设计院的唐山碱厂工程设计获化工部优秀设计一等奖。

1995年12月，青岛碱业股份有限公司纯碱生产通过ISO 9002质量体系认证，是纯碱行业首家。

1996年7月，国家经贸委批准的大化公司18万吨氨碱改联碱工程，建成投产。该公司纯碱总规模仍为75万吨/年。

1996年12月，山东潍坊纯碱厂填平补齐工程完工，纳入生产系统。纯碱生产总能力达80万吨/年。

2005年6月28日，世界纯碱大会在北京召开。全球纯碱有关生产企业、研发机构和设备制造商等人员，来自27个国家的121名国外代表和国内45家企业70多位代表参加大会。到会的各国代表进行了生产技术交流，对中国纯碱工业的发展十分羡慕。会后外国代表参观了河北省唐山三友集团有限公司纯碱厂。

2005年6月,青海碱业公司90万吨/年纯碱建成试车。

2005年10月,河南省桐柏县安棚碱矿年产40万吨纯碱技改扩建2004年10月开工,投资6亿元,2005年建成投产,使安棚矿总能力达70万吨。使工艺流程缩短、能耗下降、自控水平提高。

2005年12月,天津碱厂搬迁改造工程正式开工。将整体搬迁到渤海化工园,形成综合性大型化工企业。计划2007年完成。2010年联碱投产。

2006年5月17日,大化集团搬迁改造工程60万吨/年联碱装置初步设计通过专家审查。

2005年6月5日,国内最大的天然碱综合加工项目——河南桐柏150万吨纯碱、碳酸氢钠(小苏打)项目开工建设。该项目集14项专利技术于一身,在中国制碱行业首次实现污水零排放。项目投产后,桐柏地区天然碱制碱年产能力近300万吨,将成为世界天然碱制碱业双雄之一。

2008年6月19日,我国第一个单期建设规模达到百万吨的纯碱项目——金晶集团山东海天生物化工有限公司年产100万吨纯碱项目投产仪式在潍坊举行。

2008年10月,在国家发改委最近公布的《国家重点节能技术推广目录(第一批)》50项重点节能技术中,"新型变换气制碱工艺"作为攻克纯碱行业节能减排的利器而入选。据中国纯碱工业协会分析,该技术可使我国纯碱能耗由目前的10000~15000兆焦耳降至8000兆焦耳,制取吨碱可比单位能耗降低30%。运用该技术,原料盐利用率可达99%,原料氨利用率可达96%。这一新工艺是20世纪90年代以来,由我国制碱专家、中国工程院院士周光耀领队,中国成达工程公司与石家庄双联化工公司合作开发的成果。经原国家石油和化学工业局鉴定,该技术属国内外首创。在合成碱领域处于国际领先水平。这项新工艺为我国合成碱技术的发展开创了一条新路。

2009年4月,青海昆仑碱业有限公司成立暨年产100万吨纯碱项目开工。该公司是内蒙古吉兰泰实业股份有限公司和青海海西州蒙西联碱业有限公司共同组建的纯碱生产和销售企业。该项目为氨碱厂,投资25亿元。

2011年8月7日,中盐青海昆仑碱业有限公司100万吨/年纯碱工程项目一次性投料试车成功。这是继中盐吉兰泰氯碱化工有限公司40万吨/年聚氯乙烯工程后,中盐集团又一重大项目竣工投产,将使中盐吉兰泰公司纯碱年生产能力达到140万吨。

附2 国际背景

1. 路布兰法

人类在日常生活使用碱已有几千年历史,最早取自草木灰及天然碱。人工制碱

工业起源于法国,而发展及其应用则归功于英国。18世纪中叶,英法七年战争(1756—1763年)期间,拿破仑转战全欧,西班牙植物碱来源断绝。1775年法国科学院悬赏2400利弗的巨金,征求可供制碱的实用方法。

应征的制碱法有数种,其一为尼古拉·路布兰(Nicolas Le Blanc)(1742—1806年)所提出的方法,即以普通食盐为原料,用硫酸处理而得芒硝和盐酸,芒硝再与石灰石、煤粉配合入炉煅烧生成纯碱,所得硫化钙再碳化以获取硫化氢,作为硫酸的原料。1791年路布兰获得专利权,之后由奥利安公爵拨款200000利弗,在巴黎附近的圣德尼(St.Denis)建立碱厂,不久公开其制碱方法。

英国自1815年始,盐税重达每吨30英镑,使制碱工业无法立足,1823年英国废除盐法、豁免盐税,从此英国制碱工业突飞猛进,遂凌驾于法国之上。1825—1889年的60余年间,是路布兰法制碱的鼎盛时期,到1886年,英、德两国用路布兰法制出纯碱已达百万吨,该法在欧洲获得很大发展,由此也带动了整个欧洲化学工业的发展进程。此时法国人才建立路布兰铜像于巴黎,以志纪念。

但路布兰法存在产品纯度差、生产成本高、人工消耗大,以及生产过程均在固相间进行、难于连续作业等缺点。遂有索尔维法问世,并取而代之。

2. 索尔维法

1861年比利时人索尔维(Solvay,1839—1922年)在煤气厂从事稀氨水浓缩工作时,发现用盐水吸收氨和二氧化碳可得到碳酸氢钠。当年该法获得专利,即为索尔维法。后人又称此法为氨碱法。

1863年索尔维与其兄弟爱福勒德(Alfred)二人于比利时的古耶(Couillet)建氨碱厂,1865年开工,几经挫折,不断改进,到1872年产量增至10吨/日,1873年索尔维公司在维也纳国际博览会获得品质纯净的荣誉奖(古耶厂最大生产能力曾达42万吨/年,该厂于1993年12月关闭)。从此,索尔维法以其原料来源容易、品种单纯、成本低廉、品质纯净、适于大规模连续生产、排污处理比盐酸容易、每吨碱价格由13英镑降到4英镑多一点的优势取代了路布兰法,在欧洲乃至世界逐渐发展起来并延续至今。

索尔维法也存在一些缺点,如食盐利用率低(仅75%左右)、蒸馏废液难以处理(每产1吨纯碱就有9~10米^{3}废液排放、淤塞江河港湾、污染水体、危害水族)。

3. 联碱法

20世纪初,德国人什赖布(Schreib)建议将索尔维法生产中产生的氯化铵直接制成成品,这样既可避免产生大量废液,又可提高食盐利用率。1924年德国人格鲁德(Gland)及吕普曼(Lopmann)两教授研究出所谓"蔡安法"(Zahn Process),即先做出碳酸氢铵结晶体,再与饱和盐卤反应而得重碳酸钠,过滤后所得母液冷却降温,再加食盐溶解置换析出氯化铵结晶。此法装置规模最大做到日产50吨氯化铵,但过程是间断的,产品质量差,未发展起来。

"侯氏碱法"（详见中国纯碱工业发展简史）与日本的 A.C 法实质均为联碱法，堪称提高食盐利用率、解决废液排放的成功方法。

在日本，1917 年由旭硝子建立日产 10 吨规模的氨碱厂，后来发展到六个。因为日本盐产量不能自足，所需量 2／3 要由国外进口。而氨碱法盐利用率又低，所以他们将什赖布法进行了改进与发展，并用于大工业生产，即 A.C 法（Asahi Cooling Process），提高了食盐利用率。从 1950 年开始到 20 世纪 60 年代初大部分碱厂改为 A.C，装置规模最大达到日产 300 吨纯碱和氯化铵。1973 年纯碱和氯化铵产量达到 95 万吨，占该国产量的 70%。而日本本国只能消耗掉 30 万吨氯化铵，其余全部出口到中国。随着中国"侯氏碱法"和化肥工业的发展，中国不再进口氯化铵。于是，在 20 世纪 80 年代初期，旭硝子为少出产氯化铵，建立了新旭法（N.A 法，即 New Asahi Process）。该法的特点是可以随意调整氯化铵的产量，多余的固体氯化铵可直接加灰乳蒸馏回收氨，蒸汽及石灰消耗少，排废液量比氨碱法少 1/3，而氯化钙的浓度可提高 2.5 倍，原料盐利用率在 95% 以上。

化学工业的发展趋势，是由单一品种的生产走向多品种产品的联合生产。它不仅是提高原料利用率的有效途径（有效利用自然资源）。而且可以使能源的利用率也大幅度地提高。纯碱工业也不例外，除上述的纯碱与氯化铵的联合生产，还出现了纯碱与其他产品的多种联合生产。如以霞石为原料联合生产纯碱和钾碱、水泥、铝；以芒硝为原料联合生产纯碱与硫酸铵、硫等。这两种生产方法在俄罗斯已成为完整联合生产体系。

4. 天然碱工业

早在五千年前埃及人就开始加工利用天然碱，此后世界许多有天然碱资源的国家和地区均有生产。在历史上天然碱发挥了重要作用，但一直没有形成能满足工业发展需要的规模。直到美国发现巨大的地下天然碱矿床，才揭开了天然碱工业飞速发展的历史。

早在 1849 年，拓荒者在美国怀俄明州的甜水郡就找到了重碳酸钠，并用于洗涤和药物。1907 年，在绿河附近发现有碳酸钠卤水。1938 年山间燃料供应公司在怀俄明州绿河盆地勘探油气时，发现了富含碳酸钠的地层带，通过美国地质测量局分析测试，证明绿河盆地具有最大的天然碱矿床。

1849 年在美国加利福尼亚州的锡尔斯湖发现了天然碱资源，储量为 10 亿吨。卤水来自 30～90 米深处的矿井中，吸出后可用碳酸化法制纯碱。1905 年，圣贝纳迪诺硼矿公司首次用天然碱加工生产出了纯碱。

1953 年美国食品机械化学公司（Food Machinery Chemical Corp.，简称 FMC 公司）投资 20000 万美元在怀俄明州建成了第一座年产 27 万吨的天然碱加工厂。随后，斯陶福（Stauffer）化学公司、联合化学公司（Allied Chemical Corp.）、得克萨斯海湾（Texasgulf）公司、田纳科（Tenneco）化学公司相继在此地建立天然碱加工厂。

世界天然碱资源以美国最为丰富,主要产地在怀俄明州的绿河地区。蕴藏量在1140亿～1210亿吨,其中400亿吨是不含盐的矿层,270亿吨是含盐的矿层。

美国于1881年建立第一个索尔维厂以后,1939—1966年之间又有10个厂投产,生产能力可达500万吨/年以上。自1973年以来,因石油危机、能源价格上涨和限制环境污染法规的制定,致使美国采用索尔维法的合成碱厂因亏损而逐年关闭。到1986年关闭了最后一个,即最早建立的有百年历史的西拉丘斯纯碱厂。从此在美国结束了索尔维法生产纯碱的历史,揭开了天然碱加工生产纯碱的新篇章。

参 考 文 献

[1] 大连化工研究设计院. 纯碱工学 [M]. 第2版. 北京: 化学工业出版社, 2004.
[2] 陈歆文. 中国近代化学工业史 [M]. 北京: 化学工业出版社, 2006.
[3] 叶铁林. 天然碱——资源、地质、开采、加工 [M]. 第2版. 北京: 化学工业出版社, 2003.
[4] 李武, 叶铁林, 潘洁. 中国天然碱工业 [M]. 北京: 化学工业出版社, 1994.
[5] 大连化工研究设计院. 纯碱工业 [J], 1978(1)—2002(2).
[6] 中国纯碱工业协会. 中国纯碱工业大事记 [M]. 1997.
[7] 天津碱厂. 钩沉(永久黄)团体历史珍贵资料选编 [M]. 2009.
[8] 当代中国编辑部. 当代中国的化学工业 [M]. 北京: 中国社会科学出版社, 1986.

撰稿人:叶铁林(原化工部经济技术委员会专家组(无机)成员,《化工学报》原主编,曾任原化工部侯德榜副部长秘书)

第五章 氯碱工业

氯气和氢氧化钠是两种用途广泛的化工产品。早期这两种化工产品要用截然不同的方法制造。自从发明了以原盐为原料，通过电解化学过程生产氯气、烧碱、氢气的工艺技术，才由此衍生出氯碱工业。氯碱工业主要原料为原盐，生产 1 吨烧碱消耗原盐 1.5 吨左右。我国工业用原盐主要有海盐、井矿盐、湖盐。电解饱和食盐水时，按固定质量比（1∶0.8875∶0.025）同时产出烧碱、氯气、氢气 3 种产品，而市场对这 3 种产品（特别是烧碱和氯）的需求不一定符合这一比例，因此氯气-烧碱平衡利用问题是左右氯碱工业的一个永恒课题。此外，氯碱工业发展在很大程度上受资源（盐）、能源（煤、电、水、石油和天然气）、基础设施（海陆交通）和产品市场销售半径等的约束。电能参与反应，在反应中转变为化学能。电解出 1 吨烧碱和联产的氯气及氢气，需消耗电能 2500 千瓦时左右，电力来源和价格直接影响氯碱装置的建设和生产。

第一节 国内发展历程

一、概述

我国氯碱工业的发展可以追溯到 1929 年，著名爱国实业家吴蕴初先生创办了天原电化厂。1949 年国内只有 10 个氯碱厂，烧碱年产量仅为 1.5 万吨，氯产品只有液氯、漂白粉、盐酸、三氯化铁等几种。

中华人民共和国成立后，从第一个五年计划开始，烧碱产量便以惊人的速度增长，1971 年生产量超过 100 万吨，1995 年超过 500 万吨，2004 年超过 1000 万吨，2006 年达 1512 万吨（居世界首位）。2010 年达到 2228 万吨，年平均增长率非常高（见表 5-1）。氯产品的开发也从起初的四五种发展到 200 余种，并逐渐向精细化工与循环经济方向迈进。

表 5-1 我国烧碱和聚氯乙烯生产量增长速度

时间	烧碱		聚氯乙烯	
	产量/万吨	年均增长率/%	产量/万吨	年均增长率/%
恢复时期（1949—1952）	1.51～7.91	73.67	—	—
一五（1953—1957）	8.85～19.78	20.12	0～0.01	—

续表

时间	烧碱		聚氯乙烯	
	产量/万吨	年均增长率/%	产量/万吨	年均增长率/%
二五（1958—1962）	27.43～28.97	7.93	0.10～2.40	193.61
调整时期（1963—1965）	33.83～55.55	24.24	3.44～7.42	20.06
三五（1966—1970）	59.31～89.20	9.94	10.45～12.84	11.59
四五（1971—1975）	105.47～128.89	7.64	13.81～21.75	11.12
五五（1976—1980）	121.50～192.24	8.32	16.71～37.84	11.71
六五（1981—1985）	192.35～235.30	4.13	37.15～50.78	6.06
七五（1986—1990）	251.80～335.40	7.35	54.30～78.53	9.11
八五（1991—1995）	354.10～531.82	9.66	88.02～137.39	11.84
九五（1996—2000）	573.78～667.88	4.66	138.90～213.38	9.20
十五（2001—2005）	787.96～1239.98	13.17	287.66～649.20	24.92
十一五（2006—2010）	1511.78～2228.39	12.44	811.15～1151.11	12.14

注：烧碱产量，1984年以前为化工部统计数据，1985年以后为国家统计局数据；聚氯乙烯产量，1998年以前为化工部统计数据，1999年以后为国家统计局数据。

二、产业从无到有

1. 氯碱工业发展的起步

1929年，我国第一家氯碱厂——天原电化厂在上海创办。因资金有限，开工初期烧碱日产量仅有2吨。

1932年，原国民政府国防部兵工署河南巩县兵工厂建立了一个氯碱车间，因为抗日战争爆发而内迁至四川泸州，改称二十三兵工厂。1935年，西北实业公司在太原建立西北电化厂，1937年正式投产，后改称太原电化厂。抗日战争爆发之前，我国共有3家氯碱工厂，烧碱年产量约为4000吨，主要产品包括烧碱、盐酸、漂白粉、液氯等几种。

2. 战争时期及以后创办的氯碱工厂

在上海"八一三"事变之后，天原电化厂因上海沦陷被迫内迁至重庆，部分主要设备（如电解槽等装置）在运送的过程中遭受不同程度的损坏。1940年，重庆天原电化厂（即现重庆天原化工有限公司前身）正式投产，开始生产50%的液碱，日产烧碱1.5吨，盐酸1.2吨，漂白粉2.5吨，成为我国西南地区第一家氯碱生产工厂。其后，由于遭受频繁空袭，重庆电力受到破坏，供应紧张，吴蕴初又于1943年在宜宾增建天原电化厂宜宾分厂（现宜宾天原集团股份有限公司前身），三年后正式投产，烧碱规模为400吨/年。

抗日战争期间，日军为扩大供给，充实战备，在东北、华北占领区也建立了一些氯碱工厂。这些工厂在中华人民共和国成立后,通过军民的共同保护,几经恢复,同样也成了我国氯碱工业早期发展的重要力量。

1938 年,日本垄断资本满洲曹达株式会社在开原与奉天(今沈阳)开设满洲曹达开原工厂和满洲曹达奉天工厂(合称曹达株式会社)。两家工厂分别于 1939 年、1940 年建成投产,主要生产水银法烧碱、盐酸、漂白粉。后来,奉天曹达将水银法工艺改为隔膜法,产能达到 3000 吨/年,同时生产重要战略物资蒸汽机车汽缸油,并生产味精(红梅味精厂前身)、硬化油(肥皂)。开原工厂在日本投降后遭严重破坏,后来一直未能恢复生产。曹达奉天光复后改称沈阳化工厂,在国民党统治时期,生产萧条,生产时间总共不到 1 年。中华人民共和国成立前夕,工厂物料被掠夺,设备遭受严重破坏,致使停产。1948 年辽宁地区解放后,迅速修复了日伪时期遗留下来的 50 余台西门子式水平隔膜电解槽,于第二年恢复了沈阳化工厂的生产,并在锦西建立电解工厂(即锦化化工集团氯碱股份有限公司前身)。

除东北地区之外,日伪于 1939 年在天津建设投产了东洋化学工业株式会社汉沽工厂(即天津化工厂前身)。1939 年日本华北盐业株式会社也在大沽建厂,1943 年投产,1945 年开始电解生产,后来演变成为大沽化工厂。两个工厂在建设初期均以海水综合利用项目为主,生产溴素、漂白粉、氯化钾等产品。

抗日战争胜利后,天原电化厂在上海复工时产量还不及抗战前夕,1948 年的烧碱产量约为 1000 吨。1949 年受战争影响,烧碱产量仅保持在 1930 年的水平。随后,天原电化厂又与吴蕴初创办的天利氯气制品厂合并称天原天利厂,1956 年分建为天原化工厂和上海化工研究院,同年天原化工厂更名为上海天原化工厂,以区别于重庆天原电化厂和宜宾分厂。

除上述已经介绍的几家外,还有青岛化工厂(即现青岛海晶集团)。青岛化工厂始建于 1944 年,是当时由日本德山曹达工厂投资筹建的。抗战胜利后,为中国纺织建设股份有限公司接管。1947 年恢复重建,主要产品有烧碱、盐酸、氯化锌、漂白粉,主要装置包括纳尔逊电解槽 28 只,西门子电解槽 32 只。

3. 探索中螺旋式上升

1950 年至 1952 年的国民经济恢复时期,国内氯碱厂在技术、规模及产品开发等各个方面均有所提高。沈阳化工厂在这一时期修复了电解槽等生产装置。同时,另一家具有代表性的企业——锦西化工厂成为国民经济恢复时期建立的第一家氯碱厂。因其在技术方面的大胆革新,后来发展成为第一家日产百吨烧碱的氯碱厂。3 年的恢复时期给了全国各氯碱厂积蓄发展力量的机遇。

"一五"时期,国家为了加速发展氯碱工业,引进了国外先进设备。同时,原有的氯碱厂也开始在产品品种和生产技术上加大研发力度。沈阳化工厂在此期间通过电解槽技术改造,使生产能力增至 3 万吨/年,主要产品扩大到盐酸、液氯、漂白粉、六六六等。"一五"期间,烧碱产量实现了 20.12% 的年均增长率,为国家建设提供了支撑和保障。与此同时，温州电化厂、吉林电石厂、嘉兴化工厂等10家氯碱厂也相继建立。

1958年，国家为加快工业生产，决定在北京、四平、衢州、武汉、常州、九江、上海、合肥、福州、广州、遵义、南宁、西安建设13个中型企业及一批小型企业，先后于1960年左右投产。各厂设计规模从7500吨/年至3万吨/年不等。与此同时，除长寿、株洲两地稍早建成外，千吨级的小型氯碱厂也如雨后春笋般纷纷建立。至此，全国氯碱企业数量从建国初期的10家增加到40多家，氯产品也从解放初期的几种扩至20余种。

伴随新建企业装置投产和原有企业扩产，我国氯碱工业在这一时期有了较快的增长，年均增长率达24.24%，其中年产量达3万吨以上的工厂有锦西化工厂、天津化工厂、上海天原化工厂和沈阳化工厂。

1963—1965年调整时期，氯碱工业的发展在经历了一个高潮之后处于相对稳定的状态。1970—1972年，我国氯碱工业又进入了上升通道，全国千吨级新建氯碱厂达80个。

这期间，我国烧碱产量于1971年达到100万吨级规模，居世界第8位。到1975年，我国氯碱企业总数达到160家，产量达128.9万吨，占世界总量的4.3%，居世界第5位。

4. 自力更生，协作攻关，技术水平稳步提高

生产技术上的不断创新是我国氯碱工业发展的主要动力之一。1949年之前，氯碱厂均采用水平式隔膜电解槽和爱伦摩尔式电解槽，最大负荷3000安。在"一五"期间，由于爱伦摩尔式电解槽容量小、电耗高，不适宜再扩大生产。当时国际上比较先进的氯碱电解槽是虎克（Hooker）型隔膜电解槽，具有耗电省、效率高、容量大等一系列优点，一台虎克型电解槽可以代替250只爱伦摩尔式电解槽，但当时美国对中国大陆实行全面封锁，难以引进。这一时期，国内主要创新措施如下。

① 从1953年开始将当时电解槽的电流密度由6安/分米^{2}提高到9安/分米^2，同时实现了2台变流机并车，使电解槽的负荷提高1倍，水平式隔膜电解槽的容量达6千安，并将电解槽阳极与阴极间的距离缩小到10～12毫米，既提高了单槽产量，也降低了槽电压。

② 将水平式隔膜电解槽改为波型电解槽，增大了阳极面积，使单槽能力提高了30%以上。沈阳化工厂、大沽化工厂采用了这项技术措施，对缓解当时烧碱的急需起了一定作用。

③ 积极开发立式隔膜电解槽，提高电槽容量以增加生产。1956年10月，由化工设计院与上海天原化工厂合作，开发新型电解槽。在当时没有实物，仅有几张图纸的情况下，设计虎克型电解槽困难重重。为解决石棉隔膜的吸附问题，技术人员四处奔走，最后找到一家石棉加工单位用土法弹棉花机使得石棉达到配浆要求。

攻克种种困难后，终于在第二年，我国科研人员自己制造的第一批40台虎克12型吸附隔膜电解槽投入了运行，使每吨烧碱电耗下降200千瓦时，烧碱产量显著增加。1958年我国先后成功设计制造虎克16型隔膜电解槽和天原32型隔膜电解槽，石墨阳极面积增加到29米^2、32米^2。后来在电解槽结构上进行改进，立式隔膜电解槽型号从4型到32型有十多种，最大容量35千安。这类电解槽的电化性能接近当时世界同类槽型的水平。随着大容量电解槽的诞生和推广应用，爱伦摩尔、水平式隔膜电解槽、引进前苏联ВГК-13型电解槽被逐步淘汰，到20世纪60年代中期，我国氯碱厂陆续改换成虎克型隔膜电解槽，这也标志着我国氯碱工业技术向前跨了一大步，由20世纪20年代水平上升到了20世纪50年代国际水平。

1975年，我国电解法烧碱产量占总产量比例为95.1%（其中隔膜法占85.4%，水银法占9.7%），苛化法产量占4.9%。

三、金属阳极的兴起迎来产业壮大新契机

1. 金属阳极隔膜电解槽试验和工业化生产

从20世纪60年代末期开始，氯碱工业进行了一场技术革命，世界上许多国家相继将石墨阳极隔膜电解槽转换成金属阳极隔膜电解槽。这在当时对于我国的氯碱行业来说是一场挑战，更是一次改革。

（1）电槽的工业化试验

1973年6月29日和10月30日上海天原化工厂各1台20米^{2}试验电解槽投入生产试验。这是在小型试验槽已经取得较好结果的前提下进行的。其中，1台槽的金属阳极的材质是2毫米钛板和纯钛棒所焊接成的阳极部件。另1台槽的金属阳极是用1毫米钛板冲网和铜钛复合棒作为导电棒所焊接成的阳极部件。2台电槽经十七八个月的长期运行，在电流33.6千安的槽电压下长期稳定。随后又进行了4台30米^{2}金属阳极电槽试验，其结构比以前更为合理，能够在较高的电流60～62.5千安下运转，槽电压更是大为降低。

（2）30型金属阳极电解槽开创了我国工业化生产的历史

上海天原化工厂于1974年12月25日自行设计和制造40台阳极面积为30米^{2}的30-Ⅰ型电解槽投产，开创了我国金属阳极电解槽工业化生产的历史。在电流为30千安时，电解液平均质量浓度只有80克/升；电流在50千安左右时，电解液可提高到126～133克/升。槽电压随电流密度上升很慢，说明这种电槽在结构、材料选择、制造技术等方面已具有一定水平。1975年11月底有12台30-Ⅰ型电槽进行露天生产试验，生产运转正常。1976年4月29日又有42台30-Ⅰ型金属阳极电槽投入露天生产。与石墨阳极电解槽相比，金属阳极电解槽生产能力可大大提高，隔膜的寿命可以延长1倍，吨碱节电250千瓦时以上，电解液质量较好，节约了蒸汽，改善了劳动条件。

1975年10月到1976年4月，北京化工机械厂为北京化工二厂试制56台阳极面积为30米^{2}的30-Ⅱ金属阳极电解槽，其全部图纸由北京石油化工厂设计院提供，在此基础上总结了电槽制造和使用的一些经验，从而改进而成。改进的重点是制槽的过程中特别重视控制电槽的极距公差。阴极和阳极装配后，标准极距为9毫米。30-Ⅱ型电槽电流效率95%，每吨碱电耗2400千瓦时。到1979年，30-Ⅱ槽已有360台投入生产。

为了加快我国氯碱工业现代化步伐，国家在1978—1979年2年内安排了生产能力为40万吨/年烧碱的金属阳极电解槽的重点技术改造。当时，化工部第八设计院根据30-Ⅰ型、30-Ⅱ型电解槽的设计、制造、使用实际经验，着手改进槽型，设计30-Ⅲ型电槽，为重点技术改造做出了贡献。这种槽型的结构更加合理，极距缩小到8.5毫米。30-Ⅲ型槽于1978年8月10日在天津化工厂进行运行试验，运行状况较好。

1978年4月24日投产的，由上海电化厂设计，上海4805厂制造的32台C47-I型金属阳极隔膜电解槽，是当时我国自行设计、制造的容量最大的金属阳极隔膜电解槽，容量为80千安。由于该电解槽采用了新电极材料，不仅提高了单槽能力、降低了能耗、提高碱液质量和浓度，而且改善了劳动条件，使我国的电解技术进入了现代化建设的新阶段。

1978—1981年，我国氯碱工业处在由石墨阳极向金属阳极发展的转换时期。至1981年3月底，金属阳极电解槽生产能力达到70万吨/年，占烧碱总生产能力的35%，其中隔膜电槽生产能力60万吨/年，水银电槽生产能力9.5万吨/年。至20世纪80年代初期，由于能源紧张使得耗能较大的氯碱工业更为重视节能工作，金属阳极电解槽逐渐被企业所应用。至1988年，全国有30多家氯碱厂近3000台金属阳极电解槽投产。

在经历了十余年的研发与应用后，一直到20世纪80年代末期，金属阳极电解槽的优越性并没有得到充分发挥，其主要原因是改性隔膜技术没有跟上。要充分发挥金属阳极的优越性必须采用扩张阳极与改性隔膜，理论上每吨碱可节约直流电147千瓦时，经济效益十分可观。但是，金属阳极隔膜电解槽经过扩张阳极减小极距和改性隔膜的应用改造没有进行进一步的工作，主要是有了更先进的离子膜电解法的出现。

2. 氯碱工业进行结构调整

"六五"时期，根据国家计委决定终止生产有机氯农药的指示，全国各地氯碱厂相继停止了六六六、滴滴涕的生产。由于六六六是当时氯碱生产企业的主要耗氯产品，使得一时间在"碱氯平衡"因素的制约下，企业电解装置开工不足，烧碱产量出现了明显下滑。

为此，国内氯碱生产企业开拓思路，积极调整耗氯产品结构。"七五"期间的烧碱产量增幅再次创下历史新高，年均增速达 7.35%。截至 1990 年，国内烧碱年产量为 335.4 万吨，已经接近了当时苏联、日本、联邦德国的产量水平。此外，氯碱工厂规模开始向较大型化发展，烧碱生产能力 5 万吨/年以上的企业由 1980 年的 7 家发展到 13 家。

进入 20 世纪 90 年代，我国烧碱市场供需形势发生了根本变化，由烧碱净进口国转变为净出口国。同时也暴露出生产企业过多，装置平均规模较小等问题，在一定程度上制约了行业的发展。烧碱供大于求趋势开始显现，呼吁进行产业结构整合，围绕"碱氯平衡"大力培植精细化工成为企业在这一时期的工作重点。尤其是，在 1995 年烧碱热销时，我国烧碱规模快速增长，业内人士已开始对企业加速投建项目带来的市场供需失衡产生担忧。

1999 年，关于《化工行业淘汰落后生产能力、工艺和产品目录》公布，其中氯碱行业中的水银法烧碱、非密闭式电石炉被列入淘汰名单。在第一批《化工行业禁止投资目录》中，水银法和石墨阳极隔膜法工艺因污染大、能耗高等问题被列入禁止投资目录。国家调控政策的颁布，在一定程度上抑制了小烧碱厂的扩张速度。到 2000 年左右，国内烧碱装置生产能力为 800 万吨/年，所有电解槽基本上均采用金属阳极。

3. 体制改革提高效率，企业经营焕发生机

伴随着开放进程的不断推进，经济体制改革的大潮冲击了包括氯碱行业在内的众多产业。由计划经济向市场经济体制转变的过程中，企业的经营理念、组织构架以及融资模式等在调整中发生了巨大变化。

自 20 世纪 80 年代开始，氯碱行业内企业开始通过承包制、"转换机制，放开经营"（即"仿三资"）的企业试点，以及股份制改革等不同类型的尝试，加速推进企业从经营权到所有权的一系列转变。1986 年开始，在全国范围内掀起的股份制改革，也拉开了氯碱企业改制的序幕。

1992 年 7 月 14 日，上海氯碱化工股份有限公司成立，并在 A 股、B 股市场发行股票，成为氯碱行业内第一家上市公司。随后，沈阳化工、金路集团、北京化二等多家氯碱企业纷纷走上了股份制改革的道路。通过发行股票，在金融市场上筹措资金，极大地拓宽了企业的融资渠道；公开信息利于规范企业管理，并接受社会监督，保证企业稳定发展。随着股份制改革的逐步推进，氯碱行业已经开始主动向现代企业制度转轨，从传统的国有企业逐渐转制为符合国际惯例的现代股份制企业。

从计划经济体制下的"统购统销"到经营管理"厂长负责制"，自主经营、自负盈亏的模式，使行业内企业的生产和管理更为灵活。此外，彻底打破"大锅饭"，建立了较为科学的分配制度，充分提高了员工的劳动积极性，增强了企业的内在活力。初期的市场经济竞争机制的确立和经济体制改革的推进，为氯碱工业的发展提供了强有力的保证，促进了我国氯碱工业不断向前推进。

四、离子膜法电解带动产业迅速崛起

1. 国产离子膜电解的研究

（1）探索

1965 年,上海桃浦化工厂、上海天原化工厂、锦西化工研究院等单位相继进行了离子膜法制碱技术的探索工作。采用了苯乙烯磺酸型非均相膜及苯乙烯、二乙烯基苯、甲基丙烯酸三元共聚羧酸型均相膜进行电解试验。由于膜材料是烯烃类高分子聚合物,这类膜一般运转几天至几十天就开始破裂。

（2）准备试验

20 世纪 70 年代中后期,中科院上海有机化学研究所已开始研制全氟磺酸膜,上海原子能所也进行了全氟离子膜的研制工作,上海电化厂、上海桃浦化工厂均进行了电解方面的试验。由于离子膜尚处于研制的初级阶段,电解工艺也刚开始探索,因此仍带有探索性质。

这一时期,上海金山石化总厂投产,对高纯度烧碱提出了要求。上海电化厂进行了二步法制碱的研究,并建设了生产装置。采用国产 E105 膜进行了试验,试图将隔膜法烧碱经过离子膜电解制得高纯度烧碱,并进口了杜邦公司 Nafion 227 膜进行工业装置的运行。由于技术上未能达得满意结果而告终。1978 年上海市科委、化工局、化工原料公司在上海组织了离子膜法制碱的攻关小组,由上海天原化工厂、中科院上海有机化学研究所和上海塑料研究所等单位组成。上海天原化工厂承担电解槽设计、电解工艺、耐腐蚀材料试验,中科院上海有机化学研究所研制全氟磺酸树脂,上海塑料研究所负责加工制膜。1978 年 1 分米^2 离子膜试验电槽在上海天原化工厂开始运转。当时国外也刚进入工业化生产阶段,发表的文献尚少。通过这一阶段的大量工作,初步掌握了离子膜法电解制碱的特点,认识了盐水质量的重要性以及在离子膜法电解制碱过程中材料对介质的污染问题。

（3）扩大试验

1977 年,在准备试验阶段的基础上,上海天原化工厂设计并建成年产 100 吨高纯烧碱的扩试装置。该装置以复极槽为主要设备,由 8 个单元组成,每个单元有效面积为 0.5 米^2,由钛钢复合板、筋板、极网、槽框、膜框组成。工艺流程包括一次盐水过滤、酸化、添加磷酸、电解。该套装置的试验目的是考核对 Nafion 227 膜的性能,研究电解槽的结构及材质,进行电解工艺试验,并就进一步提高盐水质量解决耐腐蚀材料开展研究工作。

（4）工业化试验阶段

1980 年,化工部决定将离子膜法工业化试验列为重点科研项目,拨专款 245 万元在上海天原化工厂进行 1000 吨/年离子膜法装置试验。经该厂几年努力,克服解决了试验中出现的各种困难和问题,于 1984 年 9 月建成自己开发制造的单极式、复极式离子膜电解槽。复极槽 1 米^2、16 个单元、2 台。单极槽 2 米^2,除离子膜采用进口的外,一切材料都是立足国内。这套装置通过 1 年连续试验,生产的 30%高纯度碱合格,填补了国内离子膜法烧碱制造与工艺上的空白,吨碱电耗 2500 千瓦时,为国外 20 世纪 70 年代中后期水平,为扩大生产打下重要技术基础。

这套装置存在的不足是,仪表精度低,故障多,在管道、阀门、泵的材质方面尚存在不足。由于比直接引进离子膜电解槽在时间上迟了一步,这项工业化试验成果未能扩大生产。

2. 离子膜电解的引进、消化吸收、创新

除了自主研发之外,我国不断引进当时国际先进的离子膜制碱技术。盐锅峡化工厂首先于 1983 年 7 月 26 日签约引进了日本旭化成离子膜制碱技术,1984 年 11 月开始建设,1986 年 6 月 10 日建成并投产国内第 1 套 1 万吨/年离子膜法烧碱生产装置。随后,上海天原化工厂(规模 1 万吨/年旭硝子技术)、北京化工二厂(规模 2 万吨/年旭化成技术)、大沽化工厂(规模 2 万吨/年旭化成技术)、徐州电化厂(规模 1 万吨/年旭化成技术)、江门电化厂(规模 1 万吨/年西方化学技术)、大连染化厂(规模 1 万吨/年德山曹达技术)、齐齐哈尔电化厂(规模 1 万吨/年旭化成技术)等约 10 万吨/年引进的离子膜法烧碱装置,于 20 世纪 80 年代全部投入生产。在广大职工的努力下,技术人员基本上掌握了离子膜技术。

为使离子膜制碱技术立足国内,在引进国外装置的同时,1984 年北京化工机械厂引进了旭化成、旭硝子复极、单极电解槽的制造,阳极活性涂层,活性阴极等技术。1987 年 1 月 26 日采用旭化成复极式离子膜电解槽制造技术生产出第一批 2 台电槽,经中日双方会检合格,供大沽化工厂使用。1990 年 8 月 29 日,中国氯碱工业协会在盐锅峡化工厂召开第一届离子膜法制碱生产协作组会议,明确了今后应大力发展离子膜制碱工艺的方向。20 世纪 90 年代,我国引进世界 7 家离子膜法烧碱技术(含北京化工机械厂制造),装置能力达 170.7 万吨/年。

1993 年,我国第一套国产化复极式离子膜制碱装置(MBC-2.7 型)在河北沧州化工厂投产运行。2000 年,由北京化工机械厂,通过引进技术消化、吸收,研制成功的国产第一套 2 万吨/年单极式离子膜电解装置在河北沧州大化集团黄骅氯碱公司投料开车成功,填补了国产单极式离子膜电解槽的空白。2002 年北京化工机械厂引进高电流密度自然循环离子膜电解槽和工艺技术,并通过引进、消化、吸收、再创新,于 2003 年形成拥有自主知识产权的我国离子膜法电解装置技术,所生产的各种类型离子膜法电解槽也达到国外同类产品的先进水平。同时,DCS 系统在氯碱行业的推广应用,使氯碱工厂的自动化管理水平登上一个新台阶。

2006年，我国烧碱产能达1810万吨/年，产量达到1512万吨，超过美国居世界首位。离子膜法产能比例上升至55%，首先超过隔膜法比例。

随着离子膜烧碱工艺被国内氯碱生产企业广泛采用，新型膜极距离子膜电解槽开始在我国投运。2008年蓝星（北京）化工机械有限公司（原北京化工机械厂）生产的NBZ-2.7膜极距（又称"零"极距）离子膜电解槽在河北冀衡化学和宁波东港电化开始工业化应用。

2009年，"氧阴极低槽电压离子膜法电解制烧碱技术"重点项目通过了可行性论证，标志着我国离子膜电解槽技术又向新的台阶迈进。该项目由蓝星（北京）化工机械有限公司立项研发，吨碱能耗降低20%。开发氧阴极低槽电压离子膜法电解制烧碱技术，形成了规模化产业示范，将对我国氯碱工业未来的发展起到重要作用。

截至2011年年底，国内氯碱生产企业约180家，形成烧碱生产能力3412万吨/年，100%采用金属阳极。其中离子膜法3035万吨/年，占总生产能力89%（见表5-2）。

表5-2 国内烧碱产能构成变化 单位：%

年份	离子膜法	隔膜法	水银法	苛化法
1965	0	62.7	12.2	25.1
1977	0	88.4	7.6	4.0
1988	2.7	90.0	5.2	2.1
2000	24.8	74.3	0.1	0.7
2005	44.0	56.0	0	0
2011	88.9	11.1	0	0

3. 国产离子膜的研制成功

在国内历年对离子膜的攻关研究基础上，2003年上海交通大学张永明博士开始与山东东岳集团合作攻关国产氯碱用离子交换膜。该攻关项目获得了国家科技部的支持，并列入国家"863"计划。他们从膜内离子转移理论研究开始，分析了各种离子分离膜的机理和分子结构，设计出独特的离子交换分子结构，研究开发了高纯单体和聚合物，创新性地开发了聚合反应器和最终成膜机理，实现了从理论到材料、从加工机械到产品、从研究到工程化的多学科、多领域的大跨越突破，取得了一系列成果，分别研制了全氟羧酸树脂、全氟磺酸树脂、四氟强网布、亲水涂层等材料，并研制了成膜生产线、热合生产线、转型生产线、涂覆生产线和检验生产线等工业化生产装置，于2009年9月22日实现了第一张国产工业化大面积氯碱离子膜下线。2010年5月14日两张有效面积2.7米^{2}的国产离子膜在黄骅氯碱厂北化机离子膜槽实验基地投入试用。2010年6月30日70张国产离子膜在东岳集团的北化机产万吨级自然循环膜极距高电密电解装置上投入商业化运行。此后国产膜不断改进，除高强度的型号外还开发了牺牲纤维型离子膜，国产膜逐步被国内外多个厂家采用，证明国产膜是安全、可靠、高效的，可与国外膜一争高下。这也标志着氯碱离子膜这一氯碱人梦寐以求的"皇冠上的明珠"终于也落入中国人手中。

4. 循环经济发展模式初成

随着亚洲金融危机余波的减退，中国经济在消费、投资、出口"三驾马车"的带动下，率先走出低谷，并逐渐进入了提速的上升通道。2001年，我国正式加入世界贸易组织（WTO），我国经济开始迎接前所未有的发展机遇与挑战。2003年受世界经济复苏拉动，中国经济逐步提速，GDP保持在年均10%以上的增长速度。在需求提升的带动下，特别是基础设施建设对氯碱下游管材、型材的巨大需求，为国内氯碱工业的扩张提供了更为广阔的空间。从此，我国氯碱工业进入了一个高速扩张的时期，产能规模基本保持了平均20%左右的增长速度（2008年下半年由于全球金融危机影响产能增速骤减）。

2005年10月，经国务院同意，国家发改委会同国家环保总局、科技部、财政部、商务部、国家统计局6部门联合颁布了《关于组织开展循环经济试点（第一批）工作的通知》，在重点行业、重点领域、产业园区及省、自治区、直辖市启动了第一批国家循环经济试点工作。为继续加强循环经济工作，于2007年推出第二批国家循环经济试点。在这两批名单中，属于氯碱企业或有氯碱生产装置的化工企业包括：山东鲁北企业集团、四川宜宾天原化工集团、河北冀衡集团、山东海化集团、新疆天业（集团）、宁夏金昱元化工集团、浙江巨化集团、云天化集团。此外，上海化工园区、重庆长寿化工产业园区、宁夏宁东能源化工基地等以氯碱企业为主或包括氯碱企业为重要产业环节的化工园区被列入试点。通过投建原料供应基地或进行上下游企业间的整合，在产业链各环节上整体核算，极大地增强了氯碱企业的抗风险能力。国内大型氯碱企业"电石-聚氯乙烯"配套一体化循环经济发展模式和氯资源多次利用模式已初具规模（见图5-1和图5-2），且有进一步增长的趋势。

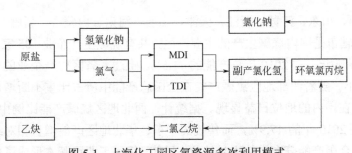

图5-1　上海化工园区氯资源多次利用模式

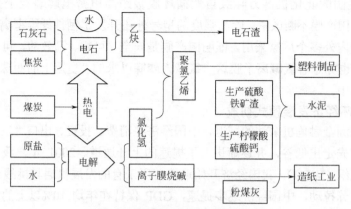

图 5-2 新疆天业循环经济模式

由于 2003—2004 年国际原油价格开始一路走高，乙烯法聚氯乙烯成本优势明显下降。此时，依托我国"贫油、富煤、少气"的资源能源格局建立的电石法工艺路线聚氯乙烯装置相对具有竞争力。同时，在国家鼓励西部大开发和各级地方政府因地制宜招商引资的带动下，众多企业将目光集中在了具有资源优势的中西部地区，大型氯碱生产企业新扩建项目相继投产。加上越来越多的氯碱企业开始通过兼并重组等方式寻求"强强联手"，不仅加速了资源、市场的有效整合，也使得氯碱行业产业集中度进一步提升（见图 5-3）。

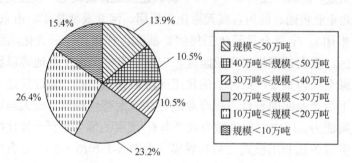

图 5-3 2010 年我国烧碱产能集中度分布

2010 年，山东、江苏、浙江、天津、山西、河南、内蒙古、新疆、四川等省、自治区、直辖市是国内烧碱生产的主要产区，共有烧碱生产企业 105 家，计产能达到 2158.5 万吨/年，占 2010 年总产能的 71.5%。上述九省区生产企业的平均产能为 20.6 万吨/年。随着西部地区氯碱产能在全国总产能中所占比重不断增加，西部地区氯碱工业在国内的地位日益显现。据统计，西北地区烧碱产能比例由 2003 年的 3.8%增加至 2010 年的 17.9%，而传统的华东、华北地区产能增长相对缓慢，但仍保持了其在全国产能分布中的主导地位。目前，氯碱工业已基本形成了依托资源优势和靠近消费市场两种产业分布格局。

随着我国氯碱工业规模的不断壮大,行业也面临着结构调整和产业升级等一系列新问题。为促进氯碱行业结构升级,2007年11月发改委正式公布的《氯碱(烧碱、聚氯乙烯)行业准入条件》;2008年6月1日起实施的《烧碱单位产品能源消耗限额》以及于2009年10月1日起实施的《清洁生产标准氯碱工业(烧碱、聚氯乙烯)》等一系列节能环保产业政策,通过明确的强制或非强制性节能减排指标限定,不断推进氯碱行业的节能减排步伐,引导着产业结构优化升级。

第二节 氯 产 品

一、氯乙烯/聚氯乙烯

1. 起始阶段

20世纪50年代初期,北京化工实验所开始进行电石乙炔法制氯乙烯(VC)、乳液聚合法制聚氯乙烯(PVC)树脂的试验研究。1958年,由化工部第一设计院参考东德以及苏联的有关图纸资料,设计的第一套3000吨/年聚氯乙烯装置在锦西化工厂顺利投产。根据发现的问题,对设计做出部分修改,最终完成了6000吨/年的定型设计。随后北京化工二厂、上海天原化工厂、天津化工厂等4套聚氯乙烯装置建成投产,奠定了我国聚氯乙烯行业的基础。

20世纪60年代,聚氯乙烯装置从初期的"达标生产"到随后的"挖潜、改造、翻番",规模从6000吨/年扩大到3万~5万吨/年,逐步缩小了与国外同行之间的差距。在计划经济年代,各企业"协作攻关,成果共享",完成了大量的情报调研和基础实验,为我国聚氯乙烯技术发展积累了宝贵的资源。这一时期,乙炔、氯化氢采用混合冷冻脱水新工艺,减轻转化器的腐蚀,延长使用周期,稳定生产。大沽化工厂、上海天原化工厂"新分流工艺"(先除低沸物、后除高沸物)先后投产。化工部第一设计院在锦西化工研究院设计建成"盐酸脱析"中试装置,获得大量工业化数据。随后,北京化工二厂乙炔发生器系统结构改造,乙炔产量翻几番。

2. 引进及消化吸收阶段

1978年,化工部邀请各企业专家谈判签约三井东压20万吨/年"氧氯化制氯乙烯"(流化床)及信越化学20万吨/年"悬浮法聚氯乙烯"(127米^{3}釜),先后于20世纪80年代在齐鲁石化及上海氯碱总厂投产。1987年,北京化工二厂、锦西化工厂、沈阳化工厂、福州化工二厂分别引进美国古特里奇(BFG)2万~4万吨/年"悬浮PVC"。1990年以后,聚合釜大小不同的悬浮法PVC装置相继引进,如株洲化工厂引进日本吉昂 78 米^3 釜（内热式沸腾床筛孔为斜孔结构）、北京化工二厂和锦化化工（集团）公司引进欧洲乙烯 105 米^3 釜、大沽化工厂引进了日本窒素公司的 108 米^3 聚合釜。为了填补本体法 PVC 这一空白，宜宾天原化工厂于 1992 年引进了法国克勒布斯公司 2 万吨/年聚合装置及 1.5 万吨/年电缆粒料加工装置，并于 1997 年投产。

此外，以沈阳化工厂为代表的聚氯乙烯糊树脂生产企业在引进技术的同时也开始了技术的自主研发。20 世纪 80 年代初，沈阳化工厂引进日本钟渊化学的微悬浮法，上海天原化工厂、天津化工厂引进了日本三菱化学的种子乳液法，合肥化工厂引进法国阿托化学的种子微悬浮法，上海氯碱总厂引进美国西方化学的混合法。这些引进的技术基本上包罗了当代世界较先进的 PVC 糊树脂生产工艺，能生产 35 个牌号糊树脂，不仅使产品质量有了飞跃，而且还带动了我国 PVC 糊树脂生产技术的全面进步。1995 年，沈阳化工厂第一套万吨级 PVC 糊树脂国产化工程一次试车成功，结束了我国糊树脂生产发展依赖进口的局面。

此后，在沈化糊树脂国产化装置生产工艺技术成熟的基础上结合我国实际情况，进行了技术改进和创新。其中，沈阳化工厂仅用 1 年时间就完成了 2 台 48 米^3 聚合釜的研制任务，填补了国内糊树脂专用聚合釜的空白。

3. 飞速发展阶段

进入 21 世纪，随着国际油价上涨，为满足建筑业对 PVC 管材、型材剧增的需求，发挥我国中西部地区资源及劳动力的优势，建设投产了大批 10 万~40 万吨/年规模的大型电石法 PVC 装置，且大部分为煤电-氯碱-电石-PVC 联合生产企业，使我国 PVC 产能获得了飞速发展。

2000 年，锦西化工机械有限责任公司成功研制了 70 米^3 聚合釜，满足了国内聚氯乙烯工业发展的需要，降低了企业扩大再生产的投资，同时也改变了大型聚合釜完全依赖进口的局面，进一步带动我国 PVC 装置技术水平的提高。

2004 年，锦西化工机械公司制造的 135 米^{3}PVC 聚合釜，各项技术指标均优于设计标准，结束了我国大型 PVC 聚合釜依赖进口的历史。从 2005 年到 2006 年，锦化机又成功研制了聚氯乙烯 105 米^3 聚合釜、108 米^3 聚合釜和 110 米^3 聚合釜。2007 年，我国 PVC 产量达到 931 万吨，超过美国成为世界第一生产大国，产品质量接近或达到国际先进水平。

2004 年 11 月 28 日，天津大沽化工股份有限公司自行设计的一套 20 万吨/年的 PVC 生产装置，一次性试车成功并迅速投产。这标志着我国电石法聚氯乙烯生产工艺及装备水平迈入大型化时代。

在市场经济大浪的推动下，氯碱企业与研究单位、机械制造企业更好地协作，开发出了超大型的乙炔发生器、转化器、电石渣压滤机、氯乙烯螺杆压缩机及自动包装机，成为 PVC 装置大型化的有力支撑。各企业单位对引进技术消化吸收和推广应用，包括聚合（悬浮、本体、乳液、微悬浮）用各型号的复合分散剂（乳化剂）、复合引发剂、链调节剂、终止剂、消泡剂等在内的配方及助剂可立足于国内。主要生产工艺过程（合成、蒸馏、聚合、汽提等）均采用微机控制，保证各批次间产品的质量均一稳定。聚合防粘釜技术获得新突破，开发出多种防粘釜涂布新配方、新工艺，防粘釜助剂已基本国产化。生产低型号树脂可百釜不清，并且实现密闭进出料工艺。

"十一五"规划纲要提出了明确的节能减排目标，各行各业将节能减排作为工作的重点，聚氯乙烯行业在环保技术方面的研发投入也逐步加大。电石法聚氯乙烯企业通过协作攻关，在电石渣、废盐酸、含汞废水、尾气放空氯乙烯、离心母液等"三废"的循环回收利用方面也取得较好成效。

2006年12月，国内第一套干法乙炔生产装置通过了山东省科技厅的技术鉴定。此后又在不断总结运行经验的基础上，开发出新一代标准化干法乙炔生产装置，并于2007年8月投入工业化生产。2007年，新疆天业在聚氯乙烯生产线上用干法乙炔工艺实现了全电石渣新型干法水泥生产工艺，生产出了完全符合国家标准的高质量水泥，降低了水泥的生产成本，符合发展循环经济的要求。

随着电石法聚氯乙烯产能的快速增长，含汞废物排放造成的环境问题愈加引起关注。20世纪末，国内开始进行新型低汞催化剂和无汞催化剂的开发与研究。特别是从2006年8月至2007年10月期间，低汞催化剂研发进入到突破性阶段，在原料的选择、活性炭处理、氯化汞浸渍处理和后处理等方面进行了大量实验，先后开发生产了4批不同配方的产品，并成功应用于氯乙烯生产中，取得了良好的效果。环保低汞催化剂的使用，大大降低了汞的消耗量，并降低了一线操作工人对汞的接触程度，生产过程中废酸、废气的含汞量大幅削减，减小了汞对环境造成污染的可能性。此外，"盐酸脱析"回收合成过量氯化氢并循环利用的技术、PVC母液的深度处理回用工程以及"变压吸附（程序自控）"回收精馏尾气等都成为近几年在生产技术改进过程中体现节能减排的亮点。

2009年5月25日，聚氯乙烯期货在大连商品交易所上市。一方面，期货市场的远期价格发现特点，为企业调整市场战略提供前瞻性参考；另一方面，期货市场的套期保值功能也为国内聚氯乙烯生产、消费、贸易企业降低价格波动风险提供了一种途径。

近几年，针对我国资源、能源结构特点，随着西部地区一批大型电石法聚氯乙烯装置陆续投产，国内电石法装置能力占比仍在不断提高。截至2010年，国内聚氯乙烯（含糊树脂）总产能达到2043万吨/年，其中电石法聚氯乙烯（含糊树脂）装置能力占国内总产能的81%。2010年我国在产聚氯乙烯生产企业94家，单个企业平均产能21.74万吨/年，产能超过40万吨/年的装置能力上升至46%，产业集中度大幅度上升（见图5-4）。

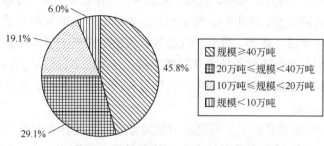

图 5-4　2010 年我国聚氯乙烯产能集中度分布

聚氯乙烯产能主要分布在山东、内蒙古、河南、天津和新疆,我国共有 7 个省、自治区、直辖市聚氯乙烯产能超过 100 万吨级水平。西北 5 省、自治区、西南 3 省、内蒙古自治区聚氯乙烯的产能已经占到了全国聚氯乙烯产能总量的近 40%。如加上近年来氯碱工业同样发展迅速的山西(聚氯乙烯产能 115 万吨/年)、河南(聚氯乙烯产能 139.5 万吨/年)等中部省份,则我国中西部地区氯碱工业的产能规模占全国氯碱工业产能规模的比例数字还将有进一步的明显提升。

二、盐酸

盐酸是最早的氯产品,开创我国氯碱工业先河的天原电化厂创建的目的,就是为了获得盐酸。

我国氯碱厂一般按 10 万吨/年烧碱配套 4 万~6 万吨/年合成盐酸设计。据统计,2010 年我国烧碱产能达到 3021 万吨/年,配套的合成盐酸产能为 1200 万~1800 万吨/年,电解氢氧化钾副产盐酸产能 20 万吨/年,硫酸钾副产盐酸产能约 140 万吨/年,加上有机氯产品副产回收能力约 100 万吨/年,2010 年我国盐酸总产能 1460 万~2060 万吨/年。据国家统计局统计,2010 年盐酸(31%)产量约 839 万吨,其中合成盐酸约占 85%,副产盐酸约占 15%。

三、其他氯产品

氯产品的开发与建设在我国氯碱工业的发展进程中起到了至关重要的作用,直接决定了企业的生产特点与发展方向。

1. 氯苯系列

氯苯系列产品包括一氯化苯、二氯苯(对二氯苯、邻二氯苯、间二氯苯)、三氯苯、氯甲苯及其主要衍生物硝基氯苯等。氯苯系列产品也是平衡氯碱装置氯、碱、氢的一个重要基础有机中间体。氯苯系列产品广泛应用于医药、农药、工程塑料、溶剂、染料、颜料、防霉剂、防蛀剂、除臭剂等领域。

我国第一套氯化苯生产装置是 1952 年初在锦西化工厂建成投产的。在 1958—

1961年，纯苯过剩，而氯苯产品需要大量进口的形势下，天津化工厂建设了2700吨/年的氯化苯装置。随后，太原化工厂、南京化工厂等十多家厂先后都建立了氯化苯装置。我国二氯苯的研究开发起步较晚。一开始主要从氯苯生产的副产回收，产量有限，且质量较差，纯度低，不适合作防蛀、防霉剂。随着我国染料、医药等工业的发展以及对二氯苯衍生产品的开发和利用，二氯苯的需求量不断增加。硝基氯苯装置一般和氯苯装置联合建设。

截止到2010年，我国一氯苯的生产能力超过70万吨/年，硝基氯苯产能约为60万吨/年，二氯苯生产能力约为10万吨/年。主要生产商为中石化南京化工厂、扬农化工集团、蚌埠八一化工集团、无锡格林艾普化工公司、天津渤天化工公司等。

氯化苯开始生产时多用间歇法，目前，则大多采用塔式沸腾连续氯化法并联产邻二氯苯和对二氯苯，其中定向氯化生产邻/对二氯苯是技术的关键。

2. 甲烷氯化物类

甲烷氯化物是一氯甲烷（氯甲烷）、二氯甲烷、三氯甲烷（氯仿）、四氯甲烷（四氯化碳）4种产品的总称，简称CMS，是有机产品中仅次于氯乙烯的大宗氯系产品，为重要的化工原料和有机溶剂。一氯甲烷作为甲基氯硅烷的原料，主要用于有机硅的生产，也是二氯甲烷和三氯甲烷的原料（少量用于生产甲基纤维素、季铵化合物、农药、丁基橡胶等），运输不便，基本上是各企业自产自用；二氯甲烷主要用于脱漆剂、黏合剂溶剂、农药、气溶胶等的生产；三氯甲烷90%以上用作生产二氟一氯甲烷（HCFC-22）的原料；四氯化碳在发达国家和多数发展中国家除了原料用途外基本禁用。由于一氯甲烷的商品量很少，四氯甲烷产量和消费量都较少，一般来讲，通常称的甲烷氯化物主要是指二氯甲烷和三氯甲烷。

甲烷氯化物生产路线主要有以甲醇为原料的氢氯化法和以甲烷（天然气）为原料的甲烷热氯化法。

1966年由四川自贡鸿鹤镇化工厂建成年产二氯甲烷2200吨的甲烷热氯化法工业规模试验装置，填补了我国有机化工原料生产的一项空白。以后经历了20世纪60年代至70年代的起步、八九十年代初期的初级发展和90年代中后期以后的高速发展等阶段。

在20世纪80年代后，天然气热氯化法生产二氯甲烷、三氯甲烷也使甲烷氯化物生产技术有所突破，在逐步扩大国内天然气热氯化法装置能力的同时，浙江衢化于1993年引进日本德山曹达公司的甲醇法生产技术，1998年江苏梅兰引进美国文氏公司甲醇法生产技术。通过消化、吸收、创新，2002年化工部第六设计院为山东金岭集团设计建设了首套国产甲醇法生产装置，技术水平和产品质量达到了国际先进水平。

进入20世纪90年代，受国际环境公约的限制，国内将在2010年前禁止四氯化碳的生产和消费。为此，国内天然气热氯化法因四氯化碳联产量高、其他品种因质量、成本等劣势逐渐被淘汰，而甲醇法因一氯甲烷用于有机硅的原料，以及二氯甲烷、三氯甲烷下游产品的开发和应用领域的拓展而得到了发展。截止到2010年年底，我国二氯甲烷和三氯甲烷企业12家，产能达144万吨/年，代表性企业主要有浙江衢化集团、山东金岭集团、江苏梅兰化工公司、山东东岳集团、江苏理文化工公司、中国昊华鸿鹤化工公司等。

3. 漂白消毒类

漂白消毒类氯产品主要有漂白液（主要成分是次氯酸钙，有效氯含量一般为3.5%～8%）、漂白粉（主要成分是次氯酸钙，有效氯含量一般为28%～34%）、次氯酸钠（5%～15%）、漂粉精（又称高效漂白粉，主要成分是次氯酸钙，有效氯含量一般为60%～70%）、二氯异氰尿酸钠（又称优氯净，有效氯一般为60%～64%）、三氯异氰尿酸（俗称强氯精，有效氯含量一般为80%～85%）、二氧化氯等。本文中漂白消毒类氯产品主要指中高档次的漂粉精、二氯异氰尿酸钠、三氯异氰尿酸产品。这类产品主要用于养殖业和大中型宾馆消毒杀菌用、医疗防疫和社会家庭民用。不过，国内消费量有限。

漂粉精生产方法依原料、工艺路线的不同，有钙法、钠法、一氧化二氯法三种。国内同时拥有钙法和钠法，其中钠法产品质量优于钙法，导致钙法比例越来越低。二氯异氰尿酸钠、三氯异氰尿酸及其他钾盐类统称氯代异氰尿酸，均以氰尿酸（异氰尿酸）、氢氧化钠（氢氧化钾）和氯气为主要原料生产。企业大多是采取三氯异氰尿酸复分解联产二氯异氰尿酸钠这一方法。

1958年上海天原化工厂采用钙法生产出了我国第一批漂粉精。

进入21世纪，由于国外漂粉精装置在环保要求下停产、减产，需要进口中国的漂粉精填补市场需求，这就促使我国漂粉精生产有了较大的增长，特别是钠法漂粉精产量增长迅速。截止到2010年年底，国内漂粉精生产企业有13家，合计总产能约15万吨/年，生产约11万吨，出口约8万吨。代表性企业主要有江汉油田盐化工总厂、天津市凯丰化工、天津市郁峰化工、天津市津港化工、上海氯碱股份公司、江苏索普化工公司等。

氯代异氰尿酸类产品是近几年发展较快的产品，特别是中国加入WTO和2003年的SARS疫情，促进了产品的快速发展。近几年，不少科研单位和生产企业加大研发和销售力度，使国内氯代异氰尿酸的消费量逐年增加，尤其是用于渔业和养蚕业消费的增长速度非常迅速。截止到2010年年底，国内氯代异氰尿酸类产品生产企业有数十家，合计总产能约30万吨/年。河北冀衡、江东化工、南宁化工是氯代异氰尿酸类产品的主要生产企业。

4. 氯化石蜡

氯化石蜡主要用于塑料生产，特别是作为聚氯乙烯塑料的增塑剂。

1959年沈阳化工厂建成第一套氯化石蜡-42生产装置。进入20世纪60年代，氯化石蜡的工业化生产由沈阳化工厂逐渐扩至上海、徐州、广州、武汉、重庆、青岛、天津、广西等地，并陆续建成氯蜡-42、氯蜡-52 的生产装置，之后又生产出含氯量为 70% 的氯蜡-70。

进入 20 世纪 80 年代后，氯化石蜡的优良性能逐步被认识，加上飞速发展的塑料业对氯化石蜡的需求，极大地刺激了氯化石蜡的生产发展。但这一时期国内产品品种较单一，主要为氯蜡-42 和氯蜡-52，生产工艺也以间歇式双釜串联氯化为多，而较为先进的塔式法特别是光催化塔式法建设较少，因当时出现产能过剩，新建装置受到控制。20 世纪 90 年代开始，国内氯化石蜡产业经历了一段快速发展过程。1994 年，氯化石蜡的装置能力为 9 万吨/年，产量近 5 万吨。到 2003 年年底，国内装置能力增加到 30 万吨/年，实现产量 15 万吨，成为世界第一氯化石蜡生产大国。截止到 2010 年，国内氯化石蜡生产企业 100 多家，装置能力超过 70 万吨/年，主要为氯蜡-52 品种，代表性企业主要有上海氯碱化工公司、宁波镇洋化工公司、丹阳助剂化工厂、靖江大江化工公司、南京日明化工公司、沈阳化工股份公司等。

5. 异氰酸酯类

异氰酸酯类产品主要包括甲苯二异氰酸酯（TDI）、二苯基甲烷二异氰酸酯（MDI）、六亚甲基二异氰酸酯（又称 1,6-亚己基二异氰酸酯，英文简称 HDI）。主要用作聚氨酯工业的原料。

20 世纪 60 年代，国内氯碱厂先后在大连、太原、重庆和常州建设了多套小规模的 TDI 和 MDI 生产装置，主要用于生产农药。由于产品应用的落后，TDI 产业发展较为缓慢。

自 20 世纪 90 年代中期以来，我国聚氨酯工业得到蓬勃发展。近年我国异氰酸酯市场以年均 15%～16% 的速度增长，从而引发了建设热潮。到 2010 年，我国 TDI 产能达到 69 万吨/年，主要生产企业有拜耳上海聚氨酯、上海巴斯夫聚氨酯、中国兵器、中国化工等公司。

作为异氰酸酯系列的另一重要产品——MDI，在面对国外长达 40 年的技术封锁下，烟台万华依靠自主创新掌握了 MDI 的核心制造技术，使我国成为继德国、美国和日本之后世界上第 4 个拥有 MDI 自主知识产权的国家。MDI 产能达到 50 万吨/年，扭转了我国长期依赖进口的局面，有力推动了行业发展。到 2010 年，我国 MDI 产能达到 109 万吨/年。另外 2 家企业为拜耳（上海）聚氨酯、上海联恒异氰酸酯公司。

6. 环氧化合物类

环氧化合物主要是指环氧丙烷和环氧氯丙烷。

环氧丙烷（PO），主要用于聚醚多元醇的生产，其次用于非离子表面活性剂、碳酸丙烯酯和丙二醇的生产。目前生产环氧丙烷的主要工业化方法为氯醇化法和共氧化法。近几年，异丙苯氧化法和过氧化氢直接氧化法已开发成功并先后实现工业

化生产，以氧气作为氧化剂的直接氧化法也在开发中。氯醇化法在国内已成为限制发展的方法。

我国环氧丙烷生产始于20世纪60年代，当时单套装置年生产能力均为几千吨，生产装置均采用自有技术，原材料及公用工程消耗较高，污染较严重。20世纪80年代，我国先后引进了日本旭硝子公司、三井东压公司、昭和电工公司和美国陶氏公司技术，建成万吨级以上环氧丙烷生产装置7套，基本奠定了我国环氧丙烷生产的工业基础。随着国外技术的引进和吸收，国内自行开发的环氧丙烷生产工艺技术水平也有较大幅度的提高。进入21世纪，开始合资建设共氧化法装置，规模达25万吨/年。截止到2010年，国内环氧丙烷装置能力达140万吨/年，代表性企业主要有中海壳牌石油化工公司、锦化氯碱、山东滨化、天津大沽化工、沈阳金碧兰等。

环氧氯丙烷（ECH）又称氧化丙烯，主要用于生产环氧树脂，其次用于合成甘油等。环氧氯丙烷主要有丙烯高温氯化法、烯丙基醇法（醋酸烯丙酯法）、甘油法三种生产路线。

20世纪60年代，广州助剂厂率先采用甘油法生产环氧氯丙烷，随后无锡树脂厂、沈阳化工厂等建成丙烯高温氯化法环氧氯丙烷装置。

由于丙烯原料不足及技术等因素的限制，我国环氧氯丙烷发展一直很缓慢。在2006年反倾销胜诉后，规模开始大幅扩张。2010年产能达到61万吨/年，其中高温氯化法占80%，醋酸丙烯酯法和甘油法各占10%。主要生产企业有山东海力化工、江苏扬农化工、天津化工、山东鑫岳化工等企业。

7. 氯乙酸

氯乙酸又称一氯乙酸或一氯醋酸，是有机合成的重要中间体，是合成染料、农药、羧甲基纤维素、香料、医药等的原料。氯乙酸的生产方法很多，主要有乙酸（醋酸）催化氧化法、氯乙醇氧化法、氯乙烯氧化法、氯乙酰氯水解法、乙烯酮氧化法、三氯乙烯水解法等。我国目前工业化的生产方法只有乙酸催化氯化法和氯乙醇氧化法，其中乙酸连续催化氯化法是今后发展方向。

20世纪80年代中期，伴随着石油工业的发展，钻井用助剂强羧甲基纤维素用量大幅度上升，促使我国氯乙酸规模不断提高。此后，国内农药除草剂的迅猛发展再次刺激了对氯乙酸的需求。1991年，江苏东台市有机合成化厂采用乙酸酐作催化剂的500吨/年氯乙酸生产装置建成投产，开创了我国乙酸氯化法生产氯乙酸的先河。1999年国内首套乙酸酐催化法大型氯乙酸生产装置在江苏无锡格林艾普化工股份有限公司建成投产，生产能力达到5000吨/年。加上同年12月阿克苏诺贝尔公司签订了合资生产2.5万吨/年氯乙酸装置协议，大大提高了我国氯乙酸工业技术水平。截至2010年，国内氯乙酸总产能达到60万吨/年，稳居世界第一，其中乙酸酐法约24万吨/年，约占40%。代表性企业主要有阿克苏诺贝尔（泰兴）氯乙酸化工公司、河北东华化工、无锡格林艾普化工等。

附1 大 事 记

1929年，爱国实业家吴蕴初先生在上海创建中国第一家氯碱厂——天原电化厂。

1935年，山西化学厂建成，并采用西门子水平隔膜电解槽。

1940年，天原电化厂由上海迁至重庆后建立的重庆天原电化厂投产。由日本开设的沈阳化工厂、汉沽化学厂、天津大沽化工厂分别建成。

1952年，锦西化工厂建成水银电解槽，开创了我国生产高纯烧碱的历史。同时，建成我国第一套氯化苯生产装置。

1956年，锦西化工厂建成第一台水银整流器。上海天原化工厂开发出漂粉精生产装置。

1957年，立式吸附隔膜电解槽在上海天原化工厂建成，单槽产量提高10倍，电耗降低23%。

1958年，国家决定在北京、四平、衢州、武汉、常州、九江、上海、合肥、福州、广州、遵义、南宁、西安建设13个不同规模的氯碱厂。

1958年，锦西化工厂3000吨/年悬浮聚合法聚氯乙烯生产装置建成投产，开创了我国聚氯乙烯工业化生产的历史。同年，长寿化工厂建成我国第一套氯丁橡胶生产装置。

1959年，沈阳化工厂建成氯化石蜡-42生产装置。

1962年，武汉市建汉化工厂和上海天原化工厂分别开展100吨/年乳液聚合法聚氯乙烯中间实验，后扩建为500吨/年生产装置。

1965年，石墨三合一盐酸合成炉在锦西化工厂投产。

1966年，自贡鸿鹤化工厂建成天然气热氯化法甲烷氯化物装置。

1974年，我国首批30米^{2}金属阳极隔膜电解槽在上海天原化工厂投产。第一台30米^{3}聚合釜，分别在上海天原化工厂和天津化工厂试用。

1976年，北京化工二厂从德国伍德公司引进8万吨/年乙烯氧氯化法制氯乙烯生产装置。

1978年，我国自行设计、制造了容量最大的C47-I型金属阳极隔膜电解槽。

1978年，齐鲁石化公司和上海氯碱电化总厂分别从日本信越化学公司引进20万吨/年乙烯氧氯化法制聚氯乙烯生产装置，分别于1988年、1990年投产。

1979年，上海天原化工厂与上海化工研究院、锦西化工机械厂共同试制出10万吨/年氯气透平压缩机。

1981年8月13日，中国氯碱工业协会在沈阳成立。

1983年，国家决定停止六六六、滴滴涕的生产。

1984年，武汉市化学研究所和葛店化工厂合作开发微悬浮聚合法并首次生产出树脂产品。

1986 年，我国第一套引进的复极式离子膜电解槽烧碱生产装置在甘肃盐锅峡化工厂建成投产。

1987 年，北京化工机械厂引进日本离子膜电解槽技术，制造出国产离子膜电解槽。

1988 年，国内首套引进 20 万吨/年烧碱改性隔膜扩张阳极电解槽和四效逆流蒸发装置在齐鲁投产运行。

1988 年，苏州化工厂首家采用氟利昂制冷机直接液化生产液氯。

1992 年，宜宾天原化工厂引进法国 2 万吨/年本体法聚氯乙烯聚合装置。

1992 年，氯碱行业第一家上市公司——上海氯碱化工股份有限公司在上海上市发行 A 股、B 股。

1993 年，国产第一套复极式离子膜烧碱生产装置在沧州化工厂投产运行。

1995 年，沈阳化工厂第一套万吨聚氯乙烯糊树脂国产化工程试车成功。

1996 年，因环保原因锦西化工厂水银碱停产。至此，我国水银法全部淘汰。

1998 年，沧州化工厂引进 15 万吨/年联合法聚氯乙烯生产装置。

2000 年，国产首套单极式离子膜烧碱装置在黄骅氯碱公司成功运行。

2003 年 9 月 29 日，商务部对原产于美国、韩国、日本、俄罗斯和台湾地区的聚氯乙烯做出反倾销终裁。

2004 年 11 月 28 日，天津大沽化工股份有限公司自行设计的 20 万吨/年的聚氯乙烯生产装置投产，标志着我国电石法聚氯乙烯生产工艺及装备水平迈入大型化时代。

2004 年，锦西化工机械（集团）有限责任公司为齐鲁石化乙烯二期改造工程制造 135 米^3 聚氯乙烯聚合釜，结束我国大型聚合釜依赖进口的局面。

2006 年，中国烧碱产量达到 1512 万吨，位居世界首位。

2006 年，国内第一套干法乙炔生产装置，通过了山东省科技厅的技术鉴定。

2007 年，中国聚氯乙烯产量达 931 万吨，超过美国，成为世界第一生产大国。

2007 年，发改委公布《氯碱（烧碱、聚氯乙烯）行业准入条件》，并于 2007 年 12 月 1 日开始实施。国家标准委公布《烧碱单位产品能耗限额》，并于 2008 年 6 月 1 日开始实施。

2008 年，蓝星（北京）化工机械有限公司生产的 NBZ-2.7 型膜极距离子膜电解槽在我国开始工业化应用。

2009 年，环保部公布《清洁生产标准氯碱工业（烧碱）》、《清洁生产标准氯碱工业（聚氯乙烯）》，并于 2009 年 10 月 1 日开始实施。

2011 年，发改委公布《产业结构调整指导目录》（2011 年本），新建烧碱、乙炔法聚氯乙烯装置为限制类项目。

附2 国际背景

1. 氯碱工业形成

18世纪,瑞典人K.W.舍勒用二氧化锰和盐酸共热制取氯气,这种方法称化学法。用化学方法制氯的生产工艺持续了一百多年。化学法有很大缺点,从化学反应式看,其中盐酸只有部分转变为氯,很不经济;且腐蚀严重,生产困难。烧碱最初也用化学法(也称苛化法,即石灰-苏打法)生产,即纯碱(碳酸钠)与石灰水(氢氧化钙)反应,生产烧碱和碳酸钙。

电解食盐水溶液同时制取氯和烧碱的方法(称电解法),在19世纪初已经提出,但直到1867年,大功率直流发电机研制成功,1890年才使该法得以工业化。隔膜法与水银法电解几乎是差不多时间发明的,Griesheim(格里斯海姆)隔膜法于1890年在德国建成,第一台Gastner(卡斯特纳)水银法电解槽于1892年取得专利。第一次世界大战前后,随着化学工业的发展,氯不仅用于漂白、杀菌,还用于生产各种有机、无机化学品以及军事化学品等。20世纪40年代以后,石油化工兴起,氯气需要量激增,以电解食盐水溶液为基础的氯碱工业开始形成并迅速发展。50年代后,苛化法只在电源不足之处或天然碱丰富的地区用来生产烧碱。

2. 电解法技术的发明

电解法技术原理 食盐在水溶液中,以钠离子和氯离子形态存在。如果在溶液中插入正负两个电极,当电路接通后,电流由直流电源的正极流向阳极,然后经过食盐水溶液,由阴极返回直流电源的负极,形成电流回路。与此同时,在电极和溶液界面上,分别进行氯离子(Cl^-)和水分子(或H^+)的还原反应,结果获得氯气、氢气和在阴极附近生成氢氧化钠溶液,这个利用直流电分解氯化钠水溶液的整个过程,称为"电解过程"。这个电解过程可以用下列分解反应表达:

$$2NaCl + 2H_2O \longrightarrow 2NaOH + Cl_2 + H_2$$
(氯化钠)　　(水)　　　　(氢氧化钠)　(氯气)　(氢气)

电解法技术的难题,是如何将阳极产生的氯与阴极产生的氢和氢氧化钠分开,获得目标产品。经过科学家多年研究,发现采用多孔性隔膜或钠汞齐可以成功地解决这个问题,这样就奠定了电解食盐溶液两种不同的生产方法的基础,一个是隔膜法,另一个是水银法。

隔膜电解法 为了连续有效地将电解槽中的阴、阳极产物隔开,1890年德国使用了水泥微孔隔膜来隔开阳极、阴极产物,这种方法称隔膜电解法。以后,改用石棉滤过性隔膜,以减少阴极室氢氧离子向阳极室的扩散,这不仅适用于连续生产,而且可以在高电流效率下制取较高浓度的碱液。隔膜法电解槽结构也不断改进,如电极由水平式改为直立式,其中隔膜直接吸附在阴极网表面,以降低槽电压和提高生产强度。立式吸附隔膜电解槽代表了20世纪60年代隔膜法的先进水平。60年代末,荷兰人H.比尔提出了长寿命、低能耗的金属阳极并用于工业生产之后,隔膜与阴极材料也得到了改进。70年代初,改性石棉隔膜用于工业生产。80年代四氟微孔隔膜研制成功。此外,应用镍为主体的涂层阴极,并在扩散阳极的配合下,可使电极间距缩小至2～4毫米。至此,电解槽运转周期延长,能耗明显降低,电解槽容量不断增大。例如20世纪60年代初美国虎克电解槽单槽容量为55千安,到60年代末发展为150千安,每吨氯的电耗由2900度降至2300～2600度。随着氯碱厂的大型化,生产能力大的复极式隔膜电解槽开始使用。隔膜法制得的碱液浓度较低(一般为10%～12%),而且含有氯化钠,需要进行蒸发浓缩和脱盐等后加工处理。

水银电解法 1892年美国人H.Y.卡斯特纳和奥地利人C.克尔纳同时提出了水银电解法,其特点是采用汞阴极,在电解过程中只产生氯气不产生氢气,阴极生成钠汞齐,钠汞齐在解汞槽中生成氢氧化钠和氢气,反应方程如下:

电解室　　　　$Hg + 2NaCl = HgNa_2 + Cl_2\uparrow$

解汞室　　　　$HgNa_2 + 2H_2O = Hg + 2NaOH + H_2\uparrow$

水银电解法的优点一是可以完全隔离氢气和氯气以及盐水和烧碱,其次烧碱的浓度可以由加入的水量调节,因此这种方法所制取的碱液纯度高。水银法可制得高浓度的浓碱(一般可达50%～70%),但有汞害,槽电压高,电耗也较高。1897年英国和美国同年建成水银电解法制氯碱的工厂。20世纪以来,水银法工厂大部分沿用水平式长方形电解槽,解汞槽则由水平式改为直立式,目的在于提高电解槽的电流效率和生产能力。水银法最大缺点是汞对环境的污染。20世纪70年代初,日本政府将该法分期分批进行转换,美国决定不再新建水银法氯碱厂,西欧各国也制定了新的法规,严格控制汞污染,由于水银法烧碱质量好,含NaCl低于50毫克/千克,适用于化学纤维与合成纤维工业,故曾经被认为是先进的方法,又由于西班牙产汞欧洲国家原大多采用水银法,尤其是德国原来几乎全是水银法。美国则因有丰富的地下岩盐资源,而以隔膜法生产烧碱。日本以前也以水银法为主,1970年代初,在日本水俣地方出现了一种受汞污染的严重病害,迫于社会舆论,日本决定于1973年起限期将水银法逐渐转换为隔膜法或其他方法。

3. 技术发展梗概

氯碱工业产品应用广泛,使用量大量增加。百年来,世界各地不断建设新的电解氯碱工厂,促使技术不断发展。

(1) 隔膜法

隔膜法的技术难点,首先是阳极材料,要求其既能导电又要耐氯和氯化钠溶液的腐蚀。最早应用的是烧结炭,电阻大,槽电压高达5～8伏,且在氯中混有较多的二氧化碳。也曾试用过铂,但投资与成本太高。直到1892年Acheson和Castner

各自独立地发明了人造石墨,才提供了价廉而适用的石墨阳极,使氯碱工业得以迅速发展。到 1970 年左右,石墨阳极才开始被新发明的含贵金属氧化物涂层的形稳性金属阳极(DSA)逐步取代。

隔膜法的另一个技术难点是隔膜材料,最初采用多孔水泥,如 1890 年的 Griesheim 电解槽,后之发展为石棉水泥制成的多孔膜,如 1892 年的 Hargreaves-Bird 电解槽。再次是水平式的 Billiter-Siemens 电解槽,隔膜是石棉布上涂以硫酸钡,然后是用石棉纸制成隔膜,如 Allenmore 电解槽。最后发展成为后来普遍采用的 Hooker(虎克)式电解槽,利用真空将石棉纤维吸附在阴极网上。它是 1928 年左右由 Stuart 设计制造成功的。

最初的隔膜电解槽生产能力较小,通电流 1~3 千安。自 Hooker 电解槽出现,电流就上升到 7.5 千安,后来设计的电解槽生产能力愈来愈大,20 世纪 80 年代末期 Hooker H-4 型槽和 MDC 槽电流已达 150 多千安。在 20 世纪 70 年代初,美国的 PPG 公司与意大利 De Nora 公司合作设计了一种大型复极槽 Glanor-1144,由 11 个单元槽组成,每个单元通电流 72 千安,总电流已近 800 千安。

隔膜法电解技术在 20 世纪 70 年代后有不少重大革新,主要有金属阳极、改性隔膜和活性阴极 3 项。

(2)水银法

水银法(又称汞法,简称 M 法)是在 1807 年英国 Davy 发现钠汞齐(就是利用汞能与多种金属混合成汞齐的特点,在水银法电解过程中钠与汞生成钠汞齐。钠汞齐常温下为液态,可自由流动)后,1882 年有人发现食盐水溶液电解产物可用它来分开,钠在汞阴极流体中形成钠汞齐而使与阳极液分离,然后到另一解汞室加水分解成氢氧化钠与氢气。早期的 Castner 槽是依靠整台电解槽进行轻微的两端交替倾动来完成汞循环的。由于倾动频繁,电解槽设计不能太大。后来 Solvay 公司设计了一种二室平行微倾斜的长条形槽,一室进行电解,另一室进行解汞,汞的循环由汞泵与槽的微倾斜而形成。水银法电解槽几十年来除了向大型化发展外,主要进展是解汞室由水平式发展为立式,如此几乎节省了 1/2 占地面积。其次是槽底、槽盖材质的改进。由于金属阳极的发明,电解槽电流密度可提高 1 倍,阳极与阴极极距由手工调节发展为微机控制。

20 世纪 80 年代末期大型水银法电解槽如 De Nora 槽、Uhde 槽、Olin 槽,通电流均达 400~500 千安。水银法较隔膜法消耗电力虽然多些,但直接生产含 NaOH 50%的液碱,不需要蒸发装置,节省大量蒸汽,适宜于水电丰富而缺煤地区。水银法的主要缺点是管理不善易造成汞污染,因而多年来除降低能耗外,主要改进工作在于消除汞的污染。

(3)金属阳极的发明

水银法及隔膜法电解所用阳极,自 1900 年以来一直采用石墨。石墨阳极的缺点是消耗快，1吨碱需几千克石墨，且因为石墨的逐渐消耗造成极距变大而耗电增加。同时消耗的石墨粉末易堵塞隔膜，造成检修频繁；在水银法电解中则生成汞渣影响钠汞齐质量，而且使氯中二氧化碳增加。相当长的时间都在设法克服这些缺点，首先想到的是改进石墨阳极质量，如二次浸焙，以减少孔隙率，降低石墨消耗。20世纪50年代有人曾试以二氧化铅电沉积于石墨上，但因成本高、易开裂等原因，除在氯酸盐工业生产上曾一度工业化外，在氯碱工业未曾工业化。

人们很早就在寻找一种氯过电位低，能耐腐蚀，价格不太贵的金属作阳极。20世纪50年代以后，首先有人在钛上镀铂，但价贵且易剥落。1956年荷兰人Henrg Beer首先提出改镀铂为热沉积铂，但钝化及消耗问题未能解决。后来他注意到铂族中的钌（Ru），当时钌的用途不大，一般作为钌铱金笔尖，价格较低廉。二氧化钌具有高的导电率，二氧化钌与二氧化钛具有十分相似的晶体结构和形态，因此能与钛基体上的氧化物膜形成固熔体，既能导电又耐腐蚀，在工业电解条件下氯过电位只有30毫伏左右。这种热氧化涂层约在1965年被发现，到1968年工业化，商品名DSA®，意为形稳性阳极。

金属阳极隔膜电解槽阳极网袋形状稳定，运行中极距不变，比石墨阳极节电15%～20%，生产强度提高1倍以上，且消除了重金属铅的污染。由于金属阳极独特的划时代的优越性，推进了金属阳极电解槽的推广应用，到1985年已有世界年产量80%的烧碱由金属阳极生产。金属阳极的出现还使复极槽（如Glanor 1144型）的大型化得以实现，最重要的是为离子交换膜法电解槽的出现创造了良好条件。

（4）离子交换膜法的兴起

1952年Bergsma提出采用具有离子选择透过性膜的离子膜法来生产氯和烧碱。当时研究的是带碳酸或羧酸基团的烃类阳离子交换膜，因不耐阳极方面氧化物尤其是氯的腐蚀未能工业化。在20世纪50年代末离子交换膜只是在电渗析海水制盐上得到工业化应用。

1966年，美国杜邦公司开发出宇宙技术燃料电池用的全氟磺酸阳离子交换膜"Nafion"，并于1972年以后大量生产转为民用。它能耐食盐水溶液电解时的苛刻条件，为离子膜法制氯碱奠定了基础。

众所周知，隔膜法所生产的50%液碱NaCl含量较高达，不适用于化学纤维等工业。以液氨萃取法除盐精制的成本较高，而且还达不到含NaCl<200毫克/千克的要求。故高纯碱长期以来完全由水银法获得，碱液含盐量可小于50毫克/千克。由于离子膜法（简称IM法）具有节能，产物质量高（碱液含盐小于50毫克/千克），且避免了汞污染或石棉污染，故发展迅速。

离子膜法于1975年首先在日本和美国实现工业化。此方法是膜分离技术与电解技术的结合，反应原理与隔膜法相同，只是用选择性离子分离膜代替石棉隔膜，在电解的同时进行钠离子分离，但可在较低电压下直接制得氯化钠含量极低的浓碱液。离子膜法产品质量高、浓度适中（出电解槽浓度一般为 30%～33%）、能耗低（目前最新膜极距离子膜法吨碱直流电耗 2050～2150 千瓦时），又无水银、石棉等公害，故被公认为当代氯碱工业的最新成就。

降低能耗始终是电解法的核心问题。因此，不断改进电极（阴极和阳极）材料、改进隔膜或电解产物分离方式，以提高电流效率，降低槽电压，以及提高大功率整流器效率，降低碱液蒸发能耗，防止环境污染等，一直是氯碱工业的努力方向。

到 20 世纪 70 年代后期，大规模离子膜法电解工业化，电解制碱技术又有了新的变革。2010 年全球超过 8000 万吨/年烧碱产能中，离子膜法占 66%，隔膜法占 23%，水银法不足 10%，苛化法只有美国有少量。离子膜技术的关键装备是离子膜和电解槽。美国杜邦公司的"Nafion"系列膜，是最早用于电解制氯碱的工业化离子交换膜。后来，应用与发展较好的是日本旭化成的 Aciplex 膜和旭硝子的 Flemion 膜。目前国际上能够提供离子膜电解槽的公司仅 6 家：中国蓝星（北京）化工机械有限公司、日本旭化成公司、日本氯工程公司、德国伍迪公司（Uhde）、英国英力士公司（INEOS）、美国埃尔泰公司（Eltech）。

2010 年世界主要氯碱生产区域电解方法比例如下。

电解方法	北美	中南美	欧盟	中东欧	中国	日本	印度	全球
离子膜法/%	25	20	52	14	84	100	82	66
隔膜法/%	64	55	17	61	16	0	0	23
水银法/%	9	25	31	25	0	0	18	10

参 考 文 献

[1] 中国化工信息中心. 中国热点化工产品年度研究报告 [D]. 2011.
[2] 中国氯碱工业协会. 氯碱行业拓宽应用领域消化过剩产能政策研究. 2011.
[3] 中国氯碱工业协会，中国氯碱网. 中国氯碱工业八十年. 2009.
[4] 中国氯碱工业协会，化工部氯碱工业技术情报中心站. 建国四十周年氯碱技术报告会文集 [C]. 1989.
[5] 化学工业部科学技术情报研究所. 氯碱工业手册. 1978.
[6] 中国大百科全书——化工 [M]. 北京：中国大百科全书出版社，1987.
[7] 氯碱工艺学 [M]. 北京：化学工业出版社，1990.
[8] 化学工业部科学技术情报研究所. 化工产品技术经济手册——无机化工原料. 1983.

撰稿人：叶由忠（中国化工信息中心副总工程师）
审稿人：陆惠珍（中国氯碱协会原秘书长）

第六章 无机盐工业

第一节 概述

一、无机盐的范畴

无机盐产品属于无机化学品的一部分，其范围至今没有统一的界定。长期以来，对于超过1300多种的无机盐产品，美欧相关化工著作多以元素及其相关无机化学品进行分类，日本相关书籍将绝大多数无机盐产品归类于无机药品目录之下，绝大多数按元素作为分类依据。目前我国仍然沿袭前苏联的定义，即绝大多数无机化工产品都属无机盐工业范畴，但不包括三酸（硫酸、盐酸、硝酸）、两碱（纯碱、烧碱）、化肥和原盐。我国分类按元素（或单质）及其化合物，将其分为23个系列。无机盐产品系列的分类与无机盐产品来源、性质、应用等因素密切相关。

无机盐工业是以矿物加工为基础，以矿物、初加工产品及其延伸产品开发作为系列产品分类的重要依据。矿物原料主要为非金属矿和少部分金属矿。我国矿物资源相对丰富，特别是非金属矿储量和品种，是世界上少有的几个非金属资源条件较好的国家之一。目前，我国已探明的化学组成或技术物理性能可资工业利用且具有经济价值的非金属工业矿物较多，其中重晶石、萤石、菱镁矿、磷矿、芒硝矿、硼矿、石英矿的储量和品位位居世界前列。工业矿产资源是我国无机盐工业发展的优势。工业矿物通过物料粉碎与处理、煅烧、浸取、过滤、精制、蒸发（或蒸馏）、结晶、分离、干燥等，得到初级产品。初级产品再经过与无机盐或其他原料进一步反应或深加工（精制），得到一系列衍生产品。工业矿物的加工利用成为无机盐产品生产的重要特点，也是无机盐产品分类的重要依据。典型的无机盐系列产品包括无机磷酸盐、无机硅化合物、无机氟化合物、无机溴化合物、无机碘化合物、砷化合物、硼化合物等。

无机盐产品是化学工业及其他工业最基本的原材料，作为基础化学工业的分支之一，用途十分广泛，从生活日用品到高科技领域，都不可缺少，涉及医药、造纸、橡胶、塑料、农药、饲料、微量元素肥料、采矿、采油、冶金、航海及高新技术领域中的空间技术、信息产业以及国防工业等。又与日常生活中人们的衣、食、住、行，如：纺织、食品、日用化工、建筑、交通和环保等息息相关。

目前中国无机盐工业拥有23个系列1300多种产品，已经建立起包括科研、生产、应用开发在内的比较完整的工业体系，形成一个门类齐全、规模宏大、品种规模配套、装置水平较高、服务面广、基本可以满足国民经济发展需要的重要产业，并成为世界上最大的无机盐生产国、出口国和消费国。2010年中国无机盐产品总产能达到7000万吨，产量达到5500万吨，出口量达到1800万吨。相当数量的无机盐产品如钡盐、锶盐、氟化物、钨盐、元明粉、钼盐、硫化碱、锰盐、磷化物、铬盐、保险粉、过氧化氢和相当数量的稀土金属化合物产量已跃居世界前列。

二、无机盐的早期生产

我国无机盐产品的开发、生产，除少数几种在古代炼金配药中做过探索利用外，大多数还是随着近代科学技术的传入及学习国外先进技术而发展起来的。

① 最早制备硝酸钠是从1812年贝齐里乌斯开始，这是用HNO_3与纯碱反应而制得：

$$2HNO_3+Na_2CO_3=2NaNO_3+H_2O+CO_2$$

一般的是将矿产硝石通过精选、浸取、冷却等过程以制取硝酸钠。

由于HNO_3很贵，在大多数场合下都是利用含硝酸的尾气来制取硝酸钠。这样，一方面使排入空气中的废气不致污染环境，同时又能回收气体中所含的氮的氧化物。反应式如下：

$$2NaOH+2NO_2=NaNO_3+NaNO_2+H_2O$$

为了使亚硝酸钠变成硝酸钠，将溶液用硝酸处理，这一过程称为"转化"，反应方程式为：

$$3NaNO_2+2HNO_3=3NaNO_3+2NO+H_2O$$

转化后所得溶液用浓缩和结晶的方法制成硝酸钠。硝酸钠广泛应用于肥料，在酸性土壤中肥效特别高。而亚硝酸钠用于有机染料、食品、纺织、橡胶等工业。

1863年费舍和南格制备了亚硝酸钠。他们将硝酸钠在熔融状态与15%粒状铅发生还原反应，制成亚硝酸钠。其他还原剂，如铁、铜、锰和砷的氧化物或发生炉煤气均可应用。

硝酸钾用于制造烟火、保存肉类和其他食品、制造蜡烛、火柴、玻璃等。其制法一般用复分解法：

$$NaNO_3+KCl=KNO_3+NaCl$$

$$Mg(NO_3)_2+2KCl=2KNO_3+MgCl_2$$

第一个反应是工业上应用最多的。硝酸钾是昂贵的肥料，它比硝酸铵的物理性质好得多。1911年拉舍首先用复分解法制备出硝酸钾，事实上，1906年戴维尔、雷诺得和泰勒已用上法制出了KNO_3。

1863年费舍、赫培尔用石灰石或白垩与稀硝酸发生中和反应制出硝酸钙。近

年来，工业上用石灰乳将硝酸生产中所排出的含硝酸尾气加以回收而制得。其反应如下：

$$CaCO_3 + 2HNO_3 \Longrightarrow Ca(NO_3)_2 + H_2O + CO_2$$
$$Ca(OH)_2 + 2NO_2 \Longrightarrow Ca(NO_3)_2 + H_2$$

硝酸钙是一种比硝酸钠和硝酸钾都便宜的肥料，它是生理碱性肥料。

② 硫酸盐类，1797年孚瑞劳和沃奎林将SO_2通入Na_2CO_3溶液中得到Na_2SO_3。1896年拉姆尔斯伯格、申菲尔得、贝瑟洛特等人均用同法制出亚硫酸钠。此物是一种优良的还原剂，用于制革工业、照相和电影工业及医药工业中。

1819年，盖吕萨克和威尔特以及穆斯普拉特将SO_2在Na_2CO_3溶液中饱和，获得$NaHSO_3$。

1870年，德国科学家舒尔茨将Na_2CO_3或$NaOH$用SO_3饱和后，缓慢蒸发，在溶液中得到$Na_2S_2O_3$。1884年法国科学家福尔克南得也用同样方法制备出$Na_2S_2O_3$。

1799年英国科学家乔斯尔用亚硫酸与硫化钠作用得到$Na_2S_2O_3$；其后，1817年沃奎林将硫黄放入硫酸钠溶液中，搅拌溶解，也同样制得该产品。德国科学家黑尔什先将硫氢化钙在空气中氧化，继之使该溶液与钠盐进行复分解也可制得$Na_2S_2O_3$。

到目前为止，大部分亚硫酸盐是用燃烧含硫原料制得的"浓"SO_2气体进行生产，如亚硫酸氢钠、焦亚硫酸钠、硫代硫酸钠等。这些亚硫酸盐易被氧化，所以全是优良的还原剂，可作为漂白剂、防腐剂使用。

可溶性硫酸盐中，工业意义较大者为硫酸铝和各种矾类（硫酸铜、硫酸亚铁、硫酸锌、硫酸锡等）。硫酸铝和明矾在纺织工业中作为媒染剂、水的净化剂、木材的防腐剂等。硫酸铝在1843年由德国苏伯特和埃尔腾利用黏土和硫酸作用制得。

1875年贝瑟洛特制得K_2SO_4。在硫酸铝的热溶液中加入硫酸钾，即可制成铝钾明矾，这是一种比钠明矾珍贵得多的产品，作为凝聚剂很有效果。

硫酸铜可由废铜或金属加工后的尾料（铜刨片、铜屑等）与硫酸起作用制出硫酸铜。为节省硫酸，先把铜氧化成氧化铜。反应方程式如下：

$$CuO + H_2SO_4 = CuSO_4 + H_2O$$

1843年，英国科学家贝斯尔和纽贝瑞已用上法制出硫酸铜。

大规模生产铜矾的工厂已不再进行铜的氧化煅烧，而是直接在浸溶塔中使铜氧化。硫酸铜与其他可溶性铜化合物一样都是有毒的，故大量用做农业杀虫药及用以配制其他含铜的农药。硫酸铜也用做原电池的电解液，并用于木材防腐及电镀，也可用于配制某些矿物颜料及制造其他化合物的原料。

用电解法可以直接得到硫酸铜溶液，此时电解在具有如下构造的电解槽中进行：电解槽的阳极由压合或熔合的铜块制成，位于槽底；阴极中空，位于槽的上方。硫酸由阴极里通入，溶液由阴极向阳极运动，这样可避免铜在阴极上沉积。当在隔膜电解槽中以可溶性阴极和硫酸钠溶液进行电解时，可以同时制得铜矾和苛性钠。

如用水银做阴极，可以从生成的钠汞剂中制得浓碱液。

硫酸铁可用碎铁片、废铁皮与硫酸作用制得：

$$Fe+H_2SO_4=FeSO_4+H_2$$

1843 年，英国福尔多斯、加里司、沃格尔均用上法制备出硫酸铁。目前因为加工工厂中有大量作为生产废料的浸酸液，用这种溶液易于加工成硫酸铁，故一般不用商品硫酸去制造。硫酸铁又名铁矾，用于纺织工业、配制矿物颜料、墨水并用于照相等方面。

还有一种硫酸盐可以做白色颜料（锌钡白）及防腐剂用的硫酸锌。1797 年孚克劳和沃奎林用锌及含氧化锌等有色冶金废料与稀硫酸作用制出硫酸锌产品。

$$ZnO+H_2SO_4=ZnSO_4+H_2O$$

$$Zn+H_2SO_4=ZnSO_4+H_2$$

用这些废料来制造硫酸锌不可避免地带进来铁、铅、锡、铜等杂质，使生产过程复杂起来。所以对这些杂质要分几个步骤来清除。首先是将溶液过滤除铁，再将滤液送去清除 Cu^{2+}、Ni^{2+}、Cd^{2+}等。方法是向溶液中加入锌粉，由于锌的电位比 Cu、Ni 和 Cd 低得多，所以能把它们置换出来。

③ 碘是 1811 年由法国 B.库尔特瓦（Bernard Courtois）发现的。当时，他用过量浓硫酸处理海藻灰母液，释放出一种紫色气体，便将它收集起来，结果得到了紫色固体。后经盖-吕萨克（Gay-Lussac）确认这是一种新元素，取名碘。

1814 年法国建立了世界上第一家制碘工厂。碘在 1819 年被应用于医药中，1828 年碘酊（碘的酒精溶液）被用于外伤医治上。1839 年碘被用于照相业。1840 年首次报道了智利硝石中含碘，1868 年智利开始由硝石中生产碘，从此智利产碘量居世界首位，直到 1967 年被日本超过。

④ 钒是由瑞典化学家 N.G.Sefström 于 1830 年从瑞典 Smaland 地方生产的铁矿石中发现的，他与 Berzelins 合作，分离出钒的氧化物。1869 年英国化学家 H.E.Roscoe 用氢气还原二氯化钒制备了金属钒。他在 1869—1871 年间发表了一系列论文，为钒化学奠定了一定的基础。同时，他在研究英国西部的铜矿时，制备了 V_2O_5、V_2O_3、VO、$VOCl_3$、$VOCl_2$ 和 VOCl 等钒化合物，并详细研究了它们的性质。

1882 年列·克鲁佐特钢铁公司用含钒 1.1%的贝塞麦炉（Bessemer Converter）炼钢炉渣制造钒的磷酸盐，年产量是 60 吨，用户是生产苯胺黑的染料厂。

第二节　中国无机盐工业发展历程

一、初创时期（1949 年以前）

我国的无机盐产品生产具有悠久的历史，在明代李时珍著的"本草纲目"中就载有 260 多种无机盐，其中有不少是由天然资源经过简单加工而制得的。

近代我国无机盐工业是从20世纪20年代开始创建的,当时只在少数沿海城市有少量的化工厂和一些手工作坊。我国碳酸钙制备始于1931年,在上海大中华橡胶厂生产出最初的轻质碳酸钙。1937年3月,我国首座20千瓦·安单相电炉制磷装置在上海开炉成功,得到成品黄磷;同年,上海创立大华泡花碱厂,此后陆续建立了几家工厂,至1949年仅存泰仁、大华、丰余三家工厂。1938年,在湖南省衡阳市郊建成了我国第一座直接法氧化锌工厂——国泰颜料厂;大连皮子窝化工厂以盐田芒硝为原料,采用全溶法,经溶解、沉降、蒸发、分离、脱水、干燥而得无水芒硝产品,产量达几百吨。1941年11月在四川长寿第一台工业规模的100千瓦·安单相制磷电炉装置建成投产。1942年在广西建成氯酸钾生产装置。1947年辛集化工厂创建,生产碳酸钡。1943年山东淄博市张店建立了张店德兴实业公司。

20世纪40年代,我国开始采用电解法生产过氧化氢。通过电解硫酸或其盐类(硫酸铵、硫酸钾),生成过硫酸或过硫酸盐类,然后经减压水解、蒸馏、浓缩得到质量分数为30%~35%的H_2O_2水溶液。

截止1949年,我国仅能生产30多种无机盐产品,产量只有几万吨,生产方式原始落后。

二、初步发展(1950—1960年)

20世纪50年代我国无机盐工业发展开始加快,产品已经增加到50多种,产量接近100万吨。

我国第一家硫酸-矾土法硫酸铝生产装置于20世纪50年代初在山东淄博制酸厂建成投产。1951年沉淀硫酸钡在青岛东方化工厂投产。1952年,辽源化工厂(开原化工厂的前身)用进口硼砂,采用硫酸中和法制取硼酸。1953年,贵州遵义化工厂利用当地的锰矿和土碱用固相法生产出高锰酸钾。1956年,第一套以硼镁矿为原料制取硼砂的1000吨/年生产装置在辽宁开原化工厂建立;1957年长沙化工厂开始生产硫酸锰;1958年,上海、天津、济南等地用反射炉土法生产重铬酸钠。中国的镁盐生产始于建国初期,由于橡胶行业对碳酸镁、氧化镁需求量日益增加,涌现出一些以卤水-纯碱法为主要生产工艺的小厂,当时只能生产工业级一种规格的产品。1952年,广州钛白粉厂和上海钛白粉厂进行钛白粉的研究工作,1958年,建厂投产非颜料级钛白粉,1959年试制锐钛型钛白粉。1956年,青岛海洋化工厂开始生产硅胶。1958年广州人民化工厂生产出沉淀二氧化硅。1959年,我国成功地合成出A型分子筛和X型分子筛。1958年秋天,我国在青海察尔汗盐滩上,土法上马,用原生光卤石矿生产出第一批含KCl 50%的钾肥953吨,填补了中国钾盐的空白。其他还包括小规模氟化氢、氨钠法和氰熔体法生产氰化钠,及其与硫酸反应产生氢氰酸等产品的生产装置。

三、体系建立（1961—1980年）

进入20世纪六七十年代，为满足国民经济发展的需要，我国无机盐工业向增加产品品种和扩大规模方向发展，并逐步建立起一个比较完整的工业体系。

正如我国无机盐工业老前辈、全国人大常委会前副委员长成思危先生指出的那样："一个国家，不同时期的经济发展阶段，需要一定数量和质量的无机盐工业产品为宏观经济服务，与之配套。"随着国民经济各个领域的发展和科学技术的进步，人民生活水平的提高，无机盐产品的应用范围不断拓展。例如，铬盐在电镀鞣革、纺织印染、油漆颜料、金属加工等方面应用；钛白粉在涂料、造纸、油漆、橡胶、陶瓷、冶金、电容器等行业应用；碳酸钡在电视机显像管、电容器、油漆、橡胶、陶瓷、磁性材料、钢铁渗碳、电子元件等方面应用；碳酸钾用于钾玻璃、钾肥皂、脱除工业气体中的硫化氢和二氧化碳及其他无机化学品，也用于电焊条、油墨制造、印染工业等方面。

不同产业的发展也带动了无机盐产品需求量的增长。如造纸工业需要七八十种无机盐产品，纺织印染需用100多种，医药需用100多种，日用工业品需用100多种，等等。有些工业产品需要用的无机盐产品数量还很大。例如，自行车每万辆需要氰化钠300千克、铬酐2.1吨、硫酸镍3.5吨；缝纫机每10万台需用硫酸镍350千克、氰化钠400千克、铬酐160千克、亚硫酸钠210千克、氯化钡250千克；彩色电视机显像管每万只需要碳酸锶11吨、碳酸钾12.4吨、氧化铅20.4吨、氢氧化钙15.4吨等。

在这期间，一大批无机盐产品投入生产，如磷酸盐系（三聚磷酸钠、黄磷、热法磷酸等）、锶钡系（氯化钡、碳酸钡、硝酸钡、硫酸钡、硫化钡、碳酸锶等）、无机氟化物系（氟化氢、氟硅酸钠等）、无机硅化合物系（白炭黑等）、锰盐系（高锰酸钾、电解二氧化锰、化学二氧化锰等）、钾盐系（碳酸钾和氯化钾、氢氧化钾）、氯酸盐系（次氯酸钠、氯酸钠、氯酸钾、高氯酸盐）、铬盐系、硼化合物系、氰化物系、铝盐等。1965年，我国无机盐工业已经拥有250多家企业，可以工业化生产约300种产品。

20世纪70年代末，我国无机盐工业已经成为拥有300多种产品，年产量达到200多万吨的规模，并有64种产品向国外出口。从产量增长速度看，1960年到1979年我国无机盐工业产品产量增长了10倍。硼砂、红矾钠、硫酸铝、芒硝、硫化钠、磷及磷化物、硝酸钠、氯酸钠等25种产品的产量由1965年的35.4万吨增加到1980年的265.04万吨，15年间增长了6.49倍。中国逐渐成为世界主要无机盐产品生产国。

在这时期内，我国无机盐工业加强资源开发及利用研究，改进一些重要无机盐产品的生产技术。例如，在铬盐生产方面，陆续改用回转窑代替反射炉焙烧铬矿，采用真空蒸发及真空结晶等设备,初步实现了机械化、密闭化生产。在过氧化氢技术方面,1971年黎明化工研究院与北京氧气厂合作建成300吨/年镍催化蒽醌法生产装置,改变了20世纪50年代以来采用电解法生产工艺。电解法工艺能耗高,规模小。在氰化物方面,上海吴泾化工厂于20世纪70年代初成功研制轻油裂解法氰化钠生产工艺。在钾盐方面,鲁南化肥厂1975年开发了离子交换法生产碳酸钾新工艺,并荣获1978年全国科学大会奖。1966年在原化工部天津化工研究院(现中国海洋石油总公司天津化工研究设计院)完成日产50千克金红石钛白粉的扩大试验。20世纪70年代原化工部涂料工业研究所(现中国海洋石油总公司常州涂料化工研究院)继续完成金红石钛白粉的实验,技术指标达到日本R-820的水平。

在资源开发利用方面,积极研究利用国产资源代替进口资源,如进口铬铁矿的替代;同时也加强利用低品位资源的科研工作,如低品位磷矿、锰矿、硼矿、铝矾土矿等;努力研究利用不同类型资源的加工方式,如我国东北硼镁矿资源。1963年,辽宁省化工研究院与沈阳农药厂采用碳碱法完成1000吨/年硼砂中试和2000吨/年工业化生产试验,成功获得全国科学大会科技成果奖。

重视资源综合利用的研究工作,如开展磷矿、铬矿、锰矿等在化学加工过程中产生的"三废"的综合利用研究。在利用天然矿物原料的同时,也开始重视利用工业废料,解决其他工业的废气、废液和废渣,多快好省地促进无机盐工业发展。例如,利用含有SO_2、H_2S、HF、HCl等有害气体的废气,既解决了环境污染及对员工身体的危害,又可以加工成相应的无机盐产品;如利用中间体甲苯胺、医药非那西丁及硫化染料的废液,提取硫代硫酸钠;利用冶金厂的副产品锌渣、铜渣,生产氯化锌、硫酸锌、硫酸铜等。

加强盐湖综合利用的研究工作,如青海盐湖钾、硼、锂的提取;开展海水综合利用的科研工作等。在研究和改进无机盐生产技术的同时,不断提升化工装备水平,提高产品质量,降低生产成本。

1980年,我国碳酸钙生产企业超过百家,遍布23个省市,年产量达到26万吨。但是,产品单一,基本上都是平均粒径在3~5微米纺锤形的轻质碳酸钙,其中粒径在0.1微米以下的微细碳酸钙产量仅占总产量0.014%。

1980年,我国铬盐生产企业超过20家,重铬酸钠年产量达到2.8775万吨,铬酸酐1.0887万吨。生产工艺和原材料消耗及产品质量在国际上处于中等以上水平。但仍存在生产规模过小、热能利用率低、机械化程度不高等问题。

1980年,我国磷酸盐生产约30种,年产量达到20万吨。

1980年,我国铬盐生产企业超过100家,年产量达到40万吨,3000吨/年以下规模企业占80%。

1959年我国碳化法生产碳酸钡技术投产。1970年产量1.3891万吨,1979年主要生产企业超 4 家，年产量达到 3.9 万吨。硫酸钡生产企业三十余家，生产规模 3 万～4 万吨/年。

这一阶段，我国无机盐工业的特点是：小（规模）、低（劳动生产率低、技术水平低及产品档次）、散（工厂分散、管理分散从而造成资金、人力和物力的分散，也造成某些"三废"的扩散）、缺（1979 年我国无机盐品种 260 种，比美国 1950 年的 568 种还要少一半）。

1979 年我国引进日本彩色电视机显像管技术，碳酸锶等无机盐作为玻璃原料得到发展。由于碳酸锶被大量用于彩色显像管玻壳和磁性材料等领域，发展速度开始加快。20 世纪 80 年代初具规模，90 年代才获得了迅猛发展。

依据 1979 年调查的不完全统计数据，我国无机盐工业产量，在化学工业中占第三位，仅次于化肥和硫酸。居世界无机盐生产第二位。

20 世纪 80 年代初的无机盐工业，尽管产品数量有所增加，在生产技术方面也有不少改进，大部分操作初步实现了机械化。但是，与国外水平相比还存在相当大的差距，仍处于相对落后的局面。在这期间，国家对无机盐工业的投入很少，只占化工总投入的 0.8%～1%。因此，大部分无机盐产品采用的生产技术和设备陈旧、落后，好的相当于发达国家 20 世纪四五十年代的水平，差的只有二三十年代的水平，有的甚至仍然是 19 世纪作坊式的生产水平。例如，在生产工艺方面，发达国家的生产已经基本做到了连续、密闭、自控；设备向大型、高效、多功能等方面发展也很迅速。相比之下，我国许多无机盐产品的生产仍以间歇式为主，连续、自动化较为少见。

在设备上，我国无机盐生产中所用的化工单元设备仍然很笨重、落后，能耗高、功能少、生产效率低、劳动强度大。以氯酸盐电槽为例，美国单槽能力可达 200 吨/年，我国只有 25 吨/年；美国电槽阳极电流密度是 2000 安/米^2，我国在 300～1000 安/米^2；电流效率美国是 95%，我国是 84%~88%，差距同样明显。

此外，我国无机盐工业产品品种单一、质量差、消耗高。无机盐产品与其他产品一样，不同用途有不同要求，不同的用户也有不同的要求，应当根据用途和用户的要求来生产不同品种和品级的产品。以磷酸氢钙为例，有医药级、食品级、饲料级、工业级不同等级产品。我国无机盐产品仅能生产出 260～300 种产品，而美国品种有 900 多个，日本有 650 个。此外，在基本品种、衍生产品、产品质量方面我国同国外仍存在差距。在能耗方面，既反映国内生产企业的管理有问题，也体现生产技术落后，以电解过氧化氢为例，仅产品电的单耗就能说明差距，同期美国单位过氧化氢产品电耗是 3200 千瓦时，我国为 4000～6000 千瓦时。

在产业规模方面，我国无机盐工业存在厂点多、规模小、劳动效率低等问题。

以氯酸盐为例，美国氯酸盐年生产能力约44万吨，生产企业仅10家；我国年产量只有2.2万吨，生产厂就有20家。劳动生产率标志着一个国家的科学技术水平，在此我国无机盐行业与国外相比差距很大，以铬盐为例，日本铬盐厂工人的实物劳动生产率是1065吨/（人·年），我国是10吨/（人·年）；日本甲酸钠法生产保险粉是499.92吨/（人·年），我国是24.96吨/（人·年），相差20倍。

在污染治理、资源利用方面，仍在不断完善。对于无机盐工业而言，生产原料90%来自矿物，而其中往往含有多种成分，如果只利用其中的一部分元素，既会造成资源的浪费，又会产生"三废"污染。例如，在使用重晶石还原焙烧时，如果不同时考虑硫的回收会造成空气污染；盐湖提取钾时，必须考虑其他元素的利用；在铬渣治理方面，中国采用堆存、硫化钠还原；美国采用填海、填坑及亚铁还原；日本用来制人造骨料。

尽管存在上述不足，这一阶段我国无机盐工业在品种发展、产量、产业规模等方面都取得了巨大的成就，无机盐工业体系已基本建立，为进一步发展奠定了良好的基础。

四、走向世界（1981—2010年）

20世纪80年代以来，我国改革开放的东风为国民经济的发展注入了强劲动力；市场化的经济体制，更是加速带动了无机盐工业的发展，使我国无机盐工业逐步走向世界。

国民经济的快速发展，特别是关联产业的发展对无机盐产品的发展产生了拉动效应。例如，我国从20世纪60年代开始生产碳酸锶，但由于受应用的限制，发展并不迅速；到20世纪70年代末，由于引进日本彩色电视机生产线，彩色显像管玻壳和磁性材料等领域引发了对碳酸锶的需求，在1980年全国仅有4家生产企业且总生产能力只有4500吨/年，20世纪90年代随着彩色电视机的高速发展，碳酸锶获得了迅猛的发展。2005年我国碳酸锶生产能力在30万吨/年以上，占世界碳酸锶总生产能力60%以上。2004年我国碳酸锶出口量为7.22万吨，占世界贸易量的50%。洗涤、纺织、印染、玻璃、造纸、化工等产业的迅速发展，有力地拉动芒硝产业的发展；造纸、塑料、橡胶、涂料工业的发展，推动了碳酸钙等无机粉体材料产业突飞猛进的发展；电视机、磁性材料产业的发展带动碳酸钡、碳酸钾及工业硝酸钾等产品的发展；电力工业输变电大型变压器和开关转向无油化冷却技术，为高纯六氟化硫提供了一个千载难逢的好市场；造纸工业从酸性工艺转向碱性或中性造纸工艺，无疑为各种超细和超微细碳酸钙产品提供了巨大的市场等。

国民经济的稳定增长、城市化进程加快，推动了科技创新，促进了高新技术产业崛起，拓展了无机盐产品的国内外市场。汽车制造业、生物工程、航空航天、IT、数码设备、现代农业和环保领域等对无机盐的需求不断升级。如 IT 行业和航空航天所需的高纯材料，有高纯钛酸钡、高纯碳酸钡、高纯氢氧化钾、高纯二氧化锆、高纯稀土氧化物等；环保汽车盼望的大容量锂电池电极和电解液材料，有钴酸锂、锰酸锂、六氟磷酸锂、铁酸锂等；环境自清洁无机材料；抗菌陶瓷用无机杀菌材料；超强、超硬、可切割和软陶瓷材料；环境友好型的洗涤、钝化和阻燃材料。诸如此类，数不胜数。近年，为适应高新技术产业发展的需要，无机盐行业逐渐向功能化、专用化、精细化发展。为满足洗涤剂限磷或禁磷所需的层状硅酸钠，特种功能专用碳化硼、氮化硼、氢氧化铝、二氧化锆，环境友好型阻燃材料氢氧化镁、插层水滑石，化妆品用的片状硫酸钡、二氧化钛、聚合氯化铝，发光二极管、液晶显示器和等离子电极材料等领域应用的脱钛矿型二氧化钛、高纯氧化锌和高纯电子级磷酸等均已批量生产，但种类和数量仍远不能满足高新技术产业的战略发展需求，需要无机盐行业加快研发能力和产业化进度。

20 世纪 80 年代改革开放以来，无机盐工业生产规模不断扩大（表6-1）。从产品产量的增长率分析，20 世纪 80 年代平均年增长率约 6%，20 世纪 90 年代平均年增长率 9%～12%，21 世纪前 10 年平均年增长率达到 12.6%。从产品品种的增加看，1980 年产品品种约 350 种，1990 年达到 560 种，2010 年约 1000 种。几十种基本无机盐工业产品的生产能力及市场占有率已悄然跃居世界第一、二位，如碳酸钡、碳酸锶、连二亚硫酸钠、黄磷、热法磷酸、高锰酸钾、氯酸钾、三聚磷酸钠、间接法氧化锌、硅胶、氢氧化钾、碳酸钾、氧化镁、电解二氧化锰、氧化铁红、氧化铅、硅酸铅、元明粉、硫化钠、小苏打、硫酸镁、沉淀硫酸钡、过硫酸盐、硝酸钾、硝酸钠、亚硝酸钠、钼酸盐、钨酸盐、三氧化二锑、砷化物、碳化硅、氯化钙、氟硅酸盐、沉淀碳酸钙、锐钛型钛白粉、氟化氢、氟化铝等。其中磷化工产品 2011 年产能达到 1600 万吨/年以上，产量达到 980 万吨/年，与建国初期相比分别增长 1000 倍和 1500 倍以上；黄磷产能和产量增长 850 倍，产能占世界的 83%、产量占 70%；2011 年氟化氢生产能力达到 160 万吨/年以上，产能占世界的 72%；目前碳酸钙总产量达到 1800 万吨/年，超过美国位居世界第一。2000—2005 年我国部分无机盐产品量及在世界上的排位见表 6-2。

表6-1 2000—2010 年我国无机盐工业产能、产量和出口量与创汇金额

年 份	2000	2002	2003	2004	2005	2006	2007	2009	2010
产能/（万吨/年）	2900	3010	3200	3500	4500	5000	5600	6400	7000
产量/万吨	2430	2700	2800	3000	3600	3500	4800	5000	5500
出口量/万吨	633.1	717	774	835.6	981.8	1065	1230	1672	1859
金额/亿美元	28.8	30.3	33.3	75	63.4	68	102.7	80.2	121.4

表 6-2 2000—2005 年我国部分无机盐产品产量及在世界上的排位

产 品	产量/万吨 2000 年	产量/万吨 2005 年	2000—2005 年年均增长率/%	在国际上排位
黄磷	49.2	78.0	8.0	1
三聚磷酸钠	68.2	115.0	9.1	1
次磷酸钠	1.6	4.5	19.4	1
饲料磷酸氢钙	115.0	220.0	11.5	2
过氧化氢	21.5	75.0	23.2	1
碳酸钡	35.0	70.0	12.2	1
碳酸锶	17.0	30.0	9.9	1
无水碳酸钠	225.0	650.0	19.3	1
硫化钠	38.7	58.0	7.0	1
高锰酸钾	1.7	3.2	11.1	1
氯化钠	8.7	26.0	20.0	2
碳酸钙	270.0	840.0	20.0	2
轻质碳酸钙	130.0	439.0	22.5	2
重铬酸钠	15.1	25.4	9.1	1
铬酸酐	5.5	10.1	10.7	
硫酸钾	78.0	153.0	11.9	2
碳酸钾	12.6	48.0	25.0	2
氢氧化钾	9.8	31.0	21.2	
保险粉	15.0	48.0	21.4	1

同期,无机盐工业已成为我国化学工业出口创汇重点行业之一。与建国初期相比,品种增长了 20 倍,产量增长了 100 多倍。我国生产的质优价廉的无机盐工业产品在国际市场具有极强的市场竞争力。见表 6-3、表 6-4。

表 6-3 20 世纪 80 年代我国主要无机盐产品出口业绩

年 份	1980	1981	1982	1983	1984	1986	1987	1988	1989
出 口 品 种	130	116	133	113	113	120	120	139	143
出口总量/万吨	35.1	38.4	38.4	39.8	39.5	67.7	72.5	81	80.4
金额/亿美元	1.53	1.5	1.44	1.17	1.28	2.09	2.34	2.6	2.93
占化工业比例/%	22	24	21	29	24	25	26	28	—

表 6-4　20 世纪 90 年代我国主要无机盐产品出口业绩

年　份	1990	1991	1992	1993	1994	1995	1999
出口品种	140	140	140	220	240	250	240
出口总量/万吨	100.4	114	143.4	185	206.5	318.8	426.7
金额/亿美元	3	3.7	4.9	6.5	8.1	10.7	14.3

第三节　中国无机盐工业的成果

经过几十年的发展，目前我国无机盐工业取得了不小的成绩。

一、产业布局更趋合理

无机盐工业是以资源加工为特点。资源、能源、地域、环境容量推动了我国无机盐工业的产业区域布局。20 世纪 80 年代以来，传统大宗无机盐产品，如钡锶盐、磷酸盐、无机氟化物、碳酸钙、钾盐、硼化物、无水硫酸钠、小苏打等生产逐渐向矿物资源丰富的区域转移；高耗能产品，如氯酸盐向有能源优势的区域转移。使行业生产布局得到了调整，资源配置趋于合理。产业发展趋势推动东部地区的企业西进的积极性，国内主要无机盐产地如江苏、浙江、河北、山东等省的无机盐生产企业纷纷在云南、贵州、四川、重庆、江西、青海等西部地区建设磷化工、钡锶、硫酸钠、钾盐等产品的大规模生产基地。合理地配置资源、技术等各方面的优势，达到最佳的经济效益，打造出我国无机盐发展的新格局。

沿海及发达省份地区利用技术开发、人才、市场和信息等优势发展无机功能材料、精细、电子无机化学品，使无机盐工业的产品结构得到调整和优化，产业链不断延长，技术含量提高，促进产业的技术进步。

二、科技进步推动无机盐行业发展

改革开放为无机盐工业学科提供了良好的发展机遇，创造了广阔的拓展空间，使得科技成果转化生产力的步伐加快，一批新工艺、新技术打破了制约行业发展的瓶颈，促进了产业进步。如过氧化氢的生产，由于电解法过氧化氢生产技术的生产规模的扩大需要增加电解槽的数量，不但耗电量大，还增加了占地面积、投资、操作难度和生产成本，电解法发展到 20 世纪八九十年代逐渐被蒽醌法淘汰，蒽醌法工艺的核心是氢化反应，它决定装置生产能力的高低、工作液组分的稳定和整个工艺过程操作的正常，催化剂的质量优劣更是氢化反应能否顺利进行的关键。黎明化工研究院于 1978—1981 年进行了钯催化剂的开发与研制，并不断完善，21 世纪以来，氢氧直接合成制过氧化氢的最新工艺已进入扩试阶段；氰化物生产由 20 世纪

70年代开发轻油裂解法不断改进、完善,同时开发了丙烯腈副产氰化钠技术;碳酸钡、碳酸锶的生产仍以传统的碳化还原法为主,技术进步主要在热能利用、造粒技术及单体能力的提高以及工艺水的循环利用方面;铬酸钠的生产装置向大型化、自动化发展、无钙焙烧技术方向发展;镁盐生产由20世纪70年代以前的单一卤水纯碱沉淀法发展到20世纪80年代的白云石碳化法、20世纪90年代的卤水碳铵法和轻烧粉水化碳化,再到21世纪初的卤水石灰法、卤水氨水法、卤水白云石灰法、氯化镁高温煅烧分解法;氯酸盐电解装置自1986年由内循环式发展到外循环复极式电解槽;氟化铝生产由采用有水氢氟酸的湿法工艺向无水氟化氢的干法工艺的转变;离子交换法生产高浓度硅溶胶、二水法磷酸生产新技术、五效真空蒸发逆流进料生产元明粉新工艺、低温空气氧化溶解法制硫酸铜新工艺、硼镁矿沸腾焙烧新工艺、氰化钠滴落成型技术等工艺的不断改进,反映了无机盐工业生产技术水平的不断发展、进步。一批拥有自主知识产权的技术的研发提升了产业的核心竞争力。如超重力合成纳米碳酸钙粉体技术、"连续氧化生产锰酸钾的方法和设备"及"气动流化塔"专利技术、"罗布泊硫酸镁亚型卤水制取硫酸钾"技术、"芒硝法生产硫酸钾的关键技术研究及其工业化应用"、"锂离子电池用六氟磷酸锂"等技术。

改革开放后,我国技术引进加速了无机盐工业的装备和技术进步,技术引进和消化吸收再创新,带动相关产品产业的发展。如,1987年广东恩平化工实业有限公司从日本引进超细碳酸钙生产线,大连氯酸钾和福州一化分别引进法国克莱布斯公司、芬兰NOKIA公司氯酸盐生产技术和设备,济南化工厂从美国Stauffure公司引进万吨无水氟化氢(AHF)生产装置,江西南昌化工原料厂从美国引进白炭黑生产装置,甘肃玉门化工厂从瑞士Sulzer-Escher Wyss公司引进无水硫酸钠热泵,河北辛集化工厂和山东青岛红星化工厂从日本引进碳酸钡干法、湿法造粒机,新疆天山化工厂的硫化碱蒸发、制片机等;20世纪90年代初成都化工厂从美国引进离子膜电解法生产氢氧化钾和重质碳酸钾生产线,1992年云南磷肥厂从日本引进曼海姆法万吨硫酸钾生产技术,湘乡铝厂从瑞士BUSS公司引进万吨级无水氟化氢及氟化铝生产装置,1993年天津东方红化工厂引进瑞典EKA-NOBEL公司五水偏硅酸钠生产技术和设备,1999年青海苏青氯酸盐有限责任公司引进加拿大斯特林公司氯酸钠生产技术。2000—2005年期间,日本化学工业公司在成都合资建设的1000吨/年高纯钡盐装置,贵州中韩合资兴建的1万吨/年特殊超微粒催化剂三氧化二锑,德国朗盛集团与山东潍坊合作建设的1.2万吨/年水合肼装置,美国卡博特公司与中国公司合作建设的5000吨/年气相法白炭黑;2005年浙江汉盛、福建华新、河南多氟多公司引进德国Chenco公司精酸干法氟化铝生产技术。2005年12月贵州瓮福集团从瑞士BUSS公司引进磷肥副产氟硅酸制备氟化氢技术,并自主研发相关配套,2008年4月底生产出国标优等品氟化氢等。

三、装备水平与单元设备强度提高

无机盐工业在装备水平不断提高及更新,逐步向大型、高效、密闭及连续化、自动化、数控化方向发展。以铬酸钠为例,20 世纪 60 年代初,先是用小型异径回转窑代替反射炉,后改用直筒回转窑,20 世纪 80 年代最大回转窑直径为 2.3 米,生产能力为 0.6 万吨/年。1983 年底昆明三聚磷酸钠厂从西德 Hoecht 公司引进 54 兆瓦制磷电炉。20 世纪 90 年代,济南裕兴化工总厂和黄石振华化工公司增建了直径为 3 米的回转窑,生产能力为 1 万吨/年,2009 年重庆民丰铬盐厂投建了直径为 5 米的回转窑,生产能力高达 3.5 万吨/年。配料及混料系统实现了自动化,不少厂家使用了核子秤。少钙焙烧厂改用槽车进行浸、滤、洗,实现了机械化。无钙焙烧渣呈碱性,已采用湿磨浸取和带式过滤机等高效自动化设备。就过氧化氢生产而言,20 世纪 80 年代的氢源通常来自电解水,氢气纯度高,但耗电量大(6 千瓦时/米^3)、成本高、价格昂贵。新建装置已全部改为氯碱生产的废氢、化肥厂的弛放气、氯酸盐生产的放空气、炼油厂的裂解氢、天然气制氢等,可以提供充足和廉价的氢源。这也是当前过氧化氢大型化生产的有利条件,因此新上装置的规模都在 6 万吨/年以上。2005 年单套工业装置规模(过氧化氢 27.3%)从 6 万吨/年扩大到 15 万吨/年。生产技术仍以固定床的钯催化剂法为主(2-乙基蒽醌为加氢载体,重芳烃和磷酸三辛酯为溶剂),至 2007 年 10 月国内过氧化氢生产能力为 380 万吨/年,其中钯催化剂固定床蒽醌法达 90%以上。

在氟化氢生产中,无水氟化氢装置的大型化成为氟化工行业发展的趋势。氟化氢是氟化工的基础原料,氟化氢单套装置的规模化标志着一个国家氟化工的基础水平。氟化氢反应炉是氟化氢生产中的关键设备,它的运行状况直接关系到整套装置的产能发挥。由于在生产过程中,反应炉处在高温下且受到 H_2SO_4、HF、H_2SO_3 等强酸介质的联合腐蚀,炉壁及炉内构件、出料系统设备腐蚀严重。由于腐蚀严重继而造成设备密封性能降低,泄漏加大;反应状况恶化,消耗增加,对环境造成严重的影响。我国从 1963 年开始试制采用直径 500 毫米反应回转炉生产无水氟化氢。之后,又开发了直径 800 毫米、1600 毫米回转炉,使我国无水氟化氢生产技术得到发展。20 世纪 80 年代末在自主开发年产 3000 吨 AHF 工艺技术基础上,借鉴引进的万吨级工艺技术,特别是在装备上的改进,建设了一批直径 3000~3500 毫米综合技术水平指标接近或达到国外先进水平的 1.5 万~2.5 万吨/年的 AHF 装置。

此外,DCS(集散控制系统)已经成功运用于过氧化氢、硅酸盐、磷酸盐、氟化氢、氯酸盐、碳酸钙等大型生产装置中,实现生产连续化、自动化控制。

溶剂萃取法单元操作从 20 世纪 80 年代就开始在我国无机盐工业生产中应用,如低铁硫酸铝的生产,用有机叔胺萃取硫酸铝溶液中的铁离子,从而降低由矿物引入的铁含量,开辟了铝矾土生产低铁硫酸铝的先河。萃取法净化湿法磷酸的研究在中国起步较晚，多所科研院校都在进行该项研究。四川大学于2005年之后研究溶剂萃取法获得可喜的成效，利用国产原矿湿法稀磷酸生产出符合热法磷酸标准的精制净化酸，在重庆涪陵化工公司完成一套5万吨/年示范装置，2008年年底投入运行。

蒸发是无机盐生产过程中重要的单元操作，近年来大部分采用升膜蒸发器、降膜蒸发器、两相强制循环蒸发器等。通过增大蒸发器传热系数，可以解决结垢弊病，提高蒸发效率，有效地节约能源。我国已建成了万吨级的氯化镁蒸发装置。采用三相流化床蒸发技术进行氯化镁溶液的蒸发浓缩，不仅可防止蒸发器的传热壁面结垢，而且蒸发过程得到了强化，连续运行2500小时，蒸发器的传热壁面上没有发现结垢。蒸发器管内侧的沸腾传热系数，由原来的4577瓦/（米·开）增至16084瓦/（米·开）。蒸发器的总传热系数由原来的2090瓦/（米·开）增加到5358瓦/（米·开）。该技术在氯化钙蒸发装置中，是氯化钙生产中一项重大技术进步。

华东理工大学和上海氯碱股份公司共同承担完成的纳米二氧化硅气相燃烧制备技术与设备研制项目的推广应用形成了10亿元产值。

南风集团采用的GXZ旋转薄膜蒸发器与导热加热相结合，南风钡分公司把四效真空蒸发工艺改进后用在副产碱液的蒸发上，投资比引进国外设备大幅降低，设备产能大，操作环境好，产品质量明显改善。

重庆嘉陵化学制品有限公司对三相法高锰酸钾生产工艺不断改进和提高，开发出拥有自主知识产权的"连续氧化生产锰酸钾的方法和设备"和"气动流化塔"专利技术，使传统产品采用高新技术生产，使其性能得到了根本改变，使我国高锰酸钾生产达到了世界领先水平。

四、生产规模大型化、现代化

随着无机盐生产技术进步及市场竞争激烈，生产规模向大型化发展，这既利于降低成本，又便于生产实现连续化自动化，实现三废及有毒废物的集中治理。目前，我国一些基础无机盐产品集中于大型企业，如以云天化集团、澄星集团、湖北兴发集团、龙蟒集团、四川川恒化工等为代表的年产数十万吨磷酸盐生产企业；以中昊天柱辛集钡盐有限责任公司（原河北辛集化工厂）、红星发展为代表的年产数十万吨钡盐生产企业；以青海盐湖集团、国投新疆罗布泊钾盐有限责任公司为代表的年产百万吨以上钾盐企业；以山东海化集团、美高集团为代表的无机硅生产企业；以南风化工集团为代表的年产数十万吨无水硫酸钠生产企业；以中成化工为代表的年产数十万吨保险粉生产企业；以湖南有色氟化学集团有限公司为代表的年产10万吨以上无机氟化物生产企业。这些企业共同特点是，兼有资源和技术，以基础产品为主，延伸下游衍生产品或综合利用资源，形成了特有的产业优势，提升产业集中度和产品的市场竞争力。

五、产品结构向专业化、精细化、功能化发展

随着世界工业进步，高技术的应用和受能源、资源的影响，使无机盐工业产品逐步向精细化、专用化发展，并形成产品的系列化，满足不同用户及生产发展的需要。

无机材料的很多性能优于金属材料和有机材料。随着高技术的发展，耐高温合成材料、磁性材料、无机涂料、无机晶须材料都在不断开发并逐步得到实际应用。

为适应国民经济发展及新的应用领域需要，无机盐工业发展方向已经逐渐转向发展附加价值更高的精细化工产品和专用化学品，特别是近 10 年发展起来的电子化学产品、储能材料，如电子级磷酸、过氧化氢、氢氟酸等，锂电池用六氟磷酸锂、钴酸锂（$LiCoO_2$）、锰酸锂（$LiMn_2O_4$）、超纯无机材料等。

专用化学品一般由几种化学品组成，属配方性产品，工业上利用其功能特性，专门为某种应用进行生产及服务。随着新技术革命的不断深入，这类有独特功能的产品将保持较高发展速度，并使无机盐产品的发展更加注重产品的规格及物化性能，以适应应用及配方的需要。如硫酸铝产品有工业级粒状、液体，无铁级粒状、液体等规格，不同品种规格的碳酸钙、白炭墨、分子筛等，再经表面改性处理，可作不同用途的专用化学品。

生产超微细无机盐粉体产品是发展功能产品的重要手段。产品经超微细化会在磁学、电学、光学、热力学和化学活性、烧结性等方面显示出新的特性，充分利用这些特性，可制造出许多新型功能材料。产品包括超微细碳酸钙、超细二氧化硅、超细氧化铝、超细氧化铬、超微细硫酸钡、高纯超细钛酸锶、纳米碳酸钙、纳米钛酸钡、纳米白炭黑等。产品结构得到很大改善，以碳酸钙为例，产品结构在 1995 年以前 95%为普通轻质碳酸钙，超细碳酸钙仅有北京化工建材厂、广平化工有限公司、湖南大乘集团有限公司（现为湖南金信化工有限责任公司）等三家生产超细轻质碳酸钙；1996 年以后新建十五家纳米碳酸钙厂；同时，活性、牙膏级、造纸、食品级轻质碳酸钙等在浙江、江苏、云南等地相继建厂，使轻质碳酸钙产品结构逐步发生变化，普通轻质碳酸钙所占比例下降，活性、专用、纳米级的轻质碳酸钙比例逐渐上升，这也是在近 20 年以来中国轻质碳酸钙发展的重要转变。

此外，无机盐产品经表面改性，可更有效地用于填料、颜料、精细陶瓷等方面。无机盐粉体通过表面改性，可使无机填料由单纯降低成本向功能性添加剂转化。如对二氧化硅、氧化铝、氧化镁、碳酸钙等粉体的表面改性，可提高其填充补强等应用性能。通过复合粒子，使粒子具有很好的应用性能，并扩大产品在各领域中的应用。

六、行业资源综合利用率提高，污染情况有很大好转

无机盐品种多，生产中排出的三废种类也多，范围广。随着环境保护要求的提

高,排放标准日趋严格,对于无机盐工业生产过程中产生的含铬、氟等有毒或超标组分的三废,必须进行无毒化处理或回收利用,实现资源的循环利用。

在铬渣治理方面,20世纪80年代初,在原化工部资助下,铬盐厂建设了一批铬渣治理工程,如沈阳新城的铬渣铸石车间、天津同生的铬渣钙镁磷肥车间、黄石的湿法解毒车间,一些厂用铬渣制砖。20世纪90年代以来在有关行业的配合下,中国铬盐厂相继开发了一批解毒效果良好、解毒渣可以利用的治理技术,并不同程度地实施,至2004年各种技术治理铬渣超过200万吨。

为加快铬渣无害化、资源化,2004年在国家环保总局的指导下,筛选出技术基本成熟、解毒效果良好、经济相对合理、适宜组织实施的六种处置技术向国内推荐:铬渣作水泥矿化剂、铬渣替代白云石用于烧结炼铁、旋风炉附烧铬渣解毒技术、铬渣作绿色玻璃着色剂、干法解毒铬渣、改进后的铬渣湿法解毒,其中以铬渣替代白云石用于烧结炼铁、回转窑干法解毒、铬渣作水泥矿化剂应用最多。

在氟回收方面,自20世纪70年代以来,我国磷肥副产氟、硅(氟硅酸钠)资源的综合利用一直备受瞩目,但无论采用何种思路都面临氟和硅的分离和有效利用氟、硅元素两大难点。我国在20世纪90年代末期还开发出以氟硅酸为原料制无机氟化物并联产白炭黑的工艺。

多氟多公司与天津化工研究设计院合作,成功地开发出氟硅酸钠法制冰晶石联产优质白炭黑技术。该项目被原国家计委列为"国家高技术产业化示范工程",于2003年建成投产,成为国内外唯一成功拥有氟硅酸钠法制造冰晶石联产优质白炭黑技术和生产线的企业。

2005年贵州瓮福集团从瑞士BUSS公司引进磷肥副产氟硅酸制备氟化氢技术,并自主研发相关配套,2008年4月底生产出国标优等品氟化氢。2010年,中国工业和信息化部在"磷肥行业清洁生产技术推行方案"中明确提出:回收磷矿中的氟生产无水氟化氢20万吨,节约萤石上百万吨。因此,采用磷化工副产氟硅酸生产无水氟化氢及其他氟化工产品很有发展前途,也是磷、氟化工行业发展的必由之路。

针对国内离子交换法生产碳酸钾厂家排放的工业废水中含有一定量的氯化铵的特点,2002年以来河北工业大学通过采用多效真空降膜蒸发系统兼热泵技术回收废液中的氯化铵治理技术,不仅解决了工业废水对环境的污染,而且取得较好的经济效益。

其他还包括磷石膏热分解与反应耦合法制硫酸技术和磷石膏制高强度砖材及砌块;回收利用铬酐副产硫酸氢钠返回红矾钠装置等技术,有效改善了环境污染的状况。

七、行业节能减排取得进展

20世纪80年代以来无机盐行业不断开展节能降耗,一些高能耗产品如黄磷、氯酸钠、重铬酸钠等节能降耗取得了一定成果。其中,1980年,吨红矾钠矿耗平均为1.416吨,碱耗平均为1.060吨,2009年矿耗平均为1.335吨,碱耗平均为0.960

吨；1986年单位氯酸钠产品电耗5500～6800千瓦时/吨，2009年电耗4750～4880千瓦时/吨；黄磷先后淘汰了1000吨/年、5000吨/年以下的小电炉，单位产品电炉电耗由1992年的15156千瓦时/吨降至2008年13486千瓦时/吨。

在此期间，氯酸盐行业推行电解槽改造，使电流效率提高；碳酸钙行业推行滚筒列管干燥等先进成熟设备，使单位碳酸钙能耗下降；过氧化氢行业推广应用碳纤维回收氧化尾气中的重芳烃技术，使重芳烃消耗降低；氰化物行业推行轻油裂解法生产氰化钠，回收中和尾气中的氢；铬酸钾、氢气一步还原生产氧化铬绿新工艺，实现了铬盐生产大幅度的节能减排；我国还开发了一批综合利用、节能降耗技术，如保险粉-过氧化氢联产工艺，黄磷-甲酸钠联产工艺，黄磷生产块矿入炉、干法电除尘技术，氯酸钠-过氧化氢联产工艺。一些采用高温煅烧生产的产品如碳酸钡、碳酸锶、重铬酸钠、硅酸钠等生产过程产生的尾气余热得到不同程度的利用，使产品的能耗下降，企业也取得了很好的效益。硅酸钠-磷酸联合生产工艺，使磷酸钠盐与二氧化硅生产有机结合在一起，充分利用了原料中的每种元素组分，生产成本降低。液相连续氧化法生产高锰酸钾产品能耗仅为平炉法的1/4，比国外液相氧化法降低了60%左右。

这些技术使企业综合利用水平提高，保护了环境，降低了能耗、物耗及生产成本，增加了企业经济效益和社会责任感。

参 考 文 献

[1] 关于发展我国无机盐科学技术的几点浅见 [J]. 无机盐工业，1979(2).
[2] 试论我国碳酸钙工业发展方向 [J]. 无机盐工业，1983(12).
[3] 我国铬盐生产概况及技术经济评价 [J]. 无机盐工业，1983(7).
[4] 我国无机盐工业的地位和作用 [J]. 无机盐工业，1983(1).
[5] 在技术进步的基础上推进无机盐工业在迅速发展 [J]. 无机盐工业，1983(11).
[6] 中国大百科全书——化工 [M]. 北京：中国大百科全书出版社．1987.
[7] 北京化工学院化工史编写组. 化学工业发展简史 [M]. 北京：科学技术文献出版社，1985.
[8] 化工百科全书 [M]. 北京：化学工业出版社，1990.

撰稿人：李连成（中海油天津化工研究设计院信息中心信息部主任）
审稿人：王洁（中海油天津化工研究设计院信息中心主任）
参与人：马慧斌（中海油天津化工研究设计院信息中心信息部高工）
宋海燕（中海油天津化工研究设计院信息中心信息部高工）

第七章　农药工业

使用农药进行农业病虫草鼠等有害生物的防治和除害，称为化学防治；进行植物生长发育的调节，称为化学调控。化学农药，特别是有机合成化学农药的应用，是人类社会文明发展进步的一大标志，它极大地保护和发展了人类社会的生产力，也是农业生产发展的重要标志，是农业生产不可或缺的生产资料，同时也是用于环境和家庭卫生、防害、防疫、保护人民健康的主要药剂。

第一节　1949年前零星作坊，生产少量农药

中国使用药物防治农作物病虫害的历史悠久。据史书记载，早在三千多年前，我国祖先就会用植物药剂治虫，两千多年前就把汞砷等用于植物保护。公元前7—公元前5世纪已有用嘉草、莽草、牡菊、蜃炭灰等杀虫的记述。北魏时期贾思勰在《齐民要术》中记载了"以蒿艾箪盛之"或"蒿艾蔽窖埋之"，以防虫害的经验。在《氾胜之书》、《本草纲目》、《天工开物》等古籍中，都不乏植物性、动物性及矿物性药物杀虫、防病、灭鼠的记载。在16世纪，已开始用于象鼻虫的防治。这反映了当时用药物防治农作物病虫害已经较为普遍。但在历史上我国农药生产和使用发展缓慢，在病虫害突发流行时就束手无策。1927年山东省发生大面积蝗灾，700万人被迫流离失所，四处逃荒。1929年微山湖地区爆发蝗灾，蝗虫迁飞经过沪杭铁路时遮住铁轨，以致火车无法通过。作为农药工业生产，也仅有几十年的历史。

20世纪40年代，有机合成农药滴滴涕、六六六相继出现，为农药的制造和应用开辟了新的天地。1944年，在国民政府中央农业实验所工作的一些学者，克服资金缺乏、研究设备落后等困难，用了大约一年时间，研制成功有机氯农药滴滴涕，并小批量生产供卫生用。但旧中国有关部门对这一成果并不重视，滴滴涕的生产未能得到发展。到中华人民共和国成立前夕，我国仅有几家规模极小的手工作坊式农药厂，生产信石、砒酸钙、砒酸铅、硫黄、鱼藤酮、王铜等几种矿物农药和植物农药，产量每年仅几十吨，农业病虫害仍无药防治。据记载，仅蝗虫灾害平均每三年大发生一次。虫灾发生时晦天蔽野，草木皆尽，赤地千里，颗粒无收，农民背井离乡，饿殍枕道，情景十分凄惨。

第二节 有机氯农药揭开了化学农药工业的序幕

中华人民共和国建立后,人民政府对农业病虫害的防治十分重视,把建立和发展化学农药工业列为刻不容缓的重大任务。1950年,决定在四川泸州化工厂建设有机氯滴滴涕生产车间。该厂职工以极大的干劲忘我劳动,仅用一年时间即建成投产,当年就生产了113吨滴滴涕。华北农业科学研究所和上海病虫药械厂也先后研制成功另一种有机氯农药六六六,并于1951年投产。虽然当时这两种农药的生产规模不大,设备简陋,技术也不够成熟,但是它标志着我国已经开创了自己的化学有机合成农药工业。

化学农药一经使用,便显示了明显的优越性。据解放初期在蝗害区3770亩(252.6公顷)农田范围内的抗灾记录,使用六六六不仅节省治虫的劳力,而且控制了蝗虫对农作物的危害。1951年用药700吨,节省1亿9千万个劳动日捕打蝗蝻;1952年用药2000吨,节省4300万个劳动日捕打蝗蝻;1953年用药9000吨,节省100万个劳动日捕打蝗蝻;1956年以后,使用农药基本保证蝗虫不致成灾。

农民亲身体会到使用化学农药的好处,迫切要求工业部门增加农药生产。1952年,在沈阳、天津、大沽等化工厂,相继建设了六六六和滴滴涕生产车间,并逐步扩大了生产规模。1965年,六六六产量已达到15万吨,滴滴涕产量达到8000吨。此后,其他有机氯农药品种包括七氯、氯丹、毒杀芬、三氯杀螨砜、三氯杀螨醇等也陆续研制成功,并投入工业化生产。毒杀芬经浙江省化工研究所研制成功。投产后,福建、江西等地相继推广生产,总产量很快增加到近万吨,成为当时主要农药产品之一。

在农药产量增长的同时,生产工艺技术和产品质量不断提高,原材料消耗和生产成本逐步下降。六六六开始生产时,采用的是间歇氯化法工艺,主要生产设备为玻璃瓶,生产过程污染大,消耗高,产品质量低,生产人员劳动强度大,尤其是原料苯的耗用量大,约占全国苯用量的1/3。为此,各有关科研单位和工厂进行了大量试验研究,努力提高生产技术水平和原料利用率。1961年,上海联合化工厂和上海医药工业设计院,成功地将原间歇氯化和玻璃瓶反应器改为连续氯化和搪瓷釜反应器,使产品质量稳定提高,消耗量下降,劳动强度减轻,改善了生产环境,确保了安全生产;而设备占地面积大为缩小,可以提高厂房建筑面积的使用效率,减少基本建设投资。这项成果先后在各厂推广。各企业进一步加强生产管理,改进操作,采用回收过量苯等措施,使原料消耗大大下降,每吨六六六的苯平均消耗量由1952年的400千克以上降低到1965年的300千克左右,产品中杀虫有效成分丙体的含量,也由1952年的12%左右提高到1965年的14%左右。

在这期间，六六六有效体提纯和无效体综合利用等研究工作也广泛开展起来。六六六中含有的丙体成分经分离提纯，成为一种杀虫效力高的农药林丹。其他无效体，经分离、加工制成三氯苯、六氯苯、五氯酚、五氯酚钠、2,4,5-涕等多种化工原料和农药。这些成果先后在沈阳、大沽、福州、常州、株洲、九江等地，建立了不同规模的六六六提纯和无效体综合利用生产装置。

第三节 高效农药的开发，农药向多品种发展

为了保证农业防治病虫害的效果，除了要求科学地轮换使用农药外，还必须不断研究开发新品种。1950年北京农业大学教授胡秉方等开始研究有机磷杀虫剂对硫磷的合成工艺；他们还与华北农业科学研究所合作，进行了扩大试验，具备了工业化生产条件。1956年初，开始建设我国第一个有机磷农药厂——天津农药厂，1957年底建成投产。这是我国有机磷农药生产的开端。同年，上海信诚化工厂和上海农业药械厂共同试制成功另一种有机磷杀虫剂敌百虫，1958年正式投产。敌百虫杀虫效果好，对人畜毒性较低，防治范围广，使用又较安全，不久就成了我国农药主要品种。

江苏、浙江、上海等沿海省市，由于地少人多，迫切需要提高农业生产的效率，加之工业基础较好，技术力量较强，原料配套条件较好，因此，新建农药厂也较多。敌敌畏、乐果、马拉硫磷、甲拌磷等一大批有机磷杀虫剂相继投产，产量提高很快。1959年，全国有机磷农药的产量约2500吨。到1970年发展到10万吨以上，占农药总产量的1/3，成为农药中的主要品系，标志着我国农药工业进入了一个新的发展阶段。

在发展杀虫剂的同时，我国还发展了杀菌剂、除草剂、植物生长调节剂等。

20世纪50年代初，我国生产应用的杀菌剂只有石硫合剂、硫酸铜、胶体硫、多硫化钡等无机化合物。后来又生产了拌种用的赛力散、西力生等有机汞制剂。为寻求铜汞系农药代用品，1958年开发并投产了代森铵、代森锌、福美双、福美锌等有机硫杀菌剂。1964—1966年，又先后投产了福美砷、甲基胂酸钙、退菌特等有机砷杀菌剂，满足了一些农作物防治病害的急需。20世纪60年代中期，中科院上海有机化学研究所从大蒜中分离出一种杀菌成分，经合成筛选出优良农药抗生素四〇二，这是我国首次仿生筛选成功的杀菌剂新品种。1970年，沈阳化工研究院成功地试制出我国第一个内吸性杀菌剂多菌灵。这是一种广谱性的杀菌剂，能防治棉花、麦类、谷类、果树、烟草等多种作物的许多病害，成为我国防治农业病害的一个主要品种。从1967年起，稻瘟净、异稻瘟净以及井冈霉素相继研制成功并投产，对防治水稻稻瘟病、纹枯病等病害起了重要作用。尤其在汞制剂停产后，这几种杀菌剂迅速发展，保证了农业需要。其中，井冈霉素是上海农药研究所从我国井

冈山地区土壤中发现菌株，后经试验研制成的农用抗生素新品种，对水稻纹枯病具有良好的防治效果，所用生产工艺，发酵单位较高，生产成本较低，用药量低，药效显著，因而迅速得到推广。1983年，井冈霉素产量达300吨（有效成分），可供1.6亿亩（1072万公顷）稻田施用，是我国农用抗生素杀菌剂产量最大的品种。近年又开发了三环唑、三唑酮、拌种双、霉疫净等新型杀菌剂。这些新品种的发展，使我国杀菌剂又向高效品种跨进了一步。

20世纪五六十年代我国除草剂的发展比较缓慢，只有国营农场和一些地多人少的地区有少量需求，因而研制和应用推广进展不快。至20世纪60年代，我国除草剂的品种，只有2,4-滴、二甲四氯、五氯酚钠等几种，大多数是结合六六六无效体综合利用发展起来的，产量较小。随着农业机械化和天然橡胶等经济作物发展的需要，除草剂逐渐受到重视，陆续研制生产了水田除草用的除草醚、敌稗以及橡胶园防除深根杂草的茅草枯等。党的十一届三中全会以后，农村的经济结构发生了很大变化，广大农民迫切要求从费工费时的除草劳动中解放出来，以便开展多种经营。因此，化学除草剂的市场迅速扩大，除草剂的研制也随之发展。新的水田除草剂灭草丹，旱地除草剂绿麦隆、西玛津、莠去津、扑草净、草甘膦以及防除野燕麦的除草剂燕麦灵、燕麦敌等，陆续投产和扩大生产能力，除草剂在农业生产中发挥了日益重要的作用。

植物生长调节剂能使农作物增强抵御自然灾害的能力，增加产量和改善果实品质。我国从20世纪50年代起，开始研究和试制植物生长调节剂。20世纪60年代以来，先后投产的有萘乙酸、赤霉素、矮壮素、乙烯利、比久、调节膦等品种。1975年，南开大学元素有机化学研究所研究成功的新植物生长调节剂矮健素，能促进农作物的根系发育，茎叶增粗，防止麦类倒伏，减少棉铃脱落，投产后很受农民欢迎。近年来，三十烷醇等植物生长调节剂也有一定数量的生产，应用效果良好。此外，为增加甘蔗糖分和应用于水果保鲜等方面的农药，在科研和生产上也取得了进展。

为了防治粮食的仓贮虫害，大连染料厂在20世纪50年代研制和生产了粮食熏蒸剂氯化苦，产量近2000吨。其后，沈阳农药厂等在20世纪60年代又试制成功并生产了磷化铝，因防治效果好，使用简便，深受用户欢迎，生产发展较快。这些粮食熏蒸剂因质量稳定，在国际市场上也受欢迎，近年来不断扩大出口，远销美国、西欧、东南亚等国家和地区。

鼠害也是农业的大敌。为了消灭鼠害，20世纪50年代华北、西南、西北、东北等地生产了杀鼠药磷化锌。20世纪70年代后期，大连化工研究所等单位，试制成功了敌鼠钠、毒鼠磷、杀鼠灵等新杀鼠剂，相继在大连化工实验厂、张家口鼠药厂、上海联合化工厂等投入生产，产量逐年增加。

在发展农药工业的过程中，为农药生产配套的原料、中间体以及助剂的生产也得到发展。黄磷、三氯化磷、五硫化二磷、顺丁烯二酸酐、一甲胺、二甲胺、三甲胺、乙二胺、硝基苯等化合物以及农药用乳化剂等,相继建设了生产厂或车间,技术水平不断提高,生产能力逐步扩大。

20世纪60年代,农民迫切要求增产农药,以保粮棉丰收。1965年,周恩来总理指出,要像抓化肥那样,大抓农药的生产和科学技术工作,以满足农业增产的需要。为贯彻周总理的这一指示,国家科学技术委员会、化学工业部于同年9月,在杭州召开了全国农药科学技术工作会议,讨论制订了把农药年产量由69万吨提高到100万吨的方案,确定了一批技术攻关项目。会后,农药战线的职工,掀起了一个发展农药生产的新高潮,只用了一年多的时间,在1966年年底就实现了年产百万吨的目标。1966年,农药产量比1965年增长了36%。同时,有机磷农药由1964年占总产量的8%上升到13%。农药产品的质量和原料消耗等技术经济指标,也达到了新中国成立以来的最好水平。1966年后,国家又陆续建设了一批具有一定规模的综合性农药厂,如山西永济、湖南资江、甘肃永清、湖北沙市等农药厂,进一步扩大了农药的生产能力。

第四节　发展农药加工,提高农药药效

农药加工是农药工业的重要组成部分。我国的农药加工是随着原药的发展而逐步发展的。开始以加工六六六、滴滴涕为主,加工剂型主要有粉剂、可湿性粉剂和乳油。加工所需的乳化剂,20世纪50年代采用磺化蓖麻油,多由农药厂自己配套生产。20世纪50年代末期,部分农药厂生产了环氧乙烷蓖麻油,用作农药乳化剂,使制剂质量有所提高。20世纪60年代中期,沈阳化工研究院、上海市农药研究所、江苏省农药研究所、安徽省化工研究所等科研单位,同有关企业密切配合,先后研制出各种非离子型和阴离子型农药用乳化剂以及复配产品,用于生产,使我国乳化剂的生产和应用前进了一大步。南京钟山化工厂通过技术改造,生产了多种效能较好的乳化剂,扩大了产量,成了我国生产农药专用乳化剂的重点工厂,产量占全国总产量一半左右。湖北、山东、陕西、辽宁等省石油化工厂,也先后组织了乳化剂生产。

粉剂和可湿性粉剂是我国普遍使用的剂型,产量最大,因而加工和粉碎设备的性能对农药的产品质量和劳动环境都有很大影响。多年来,从事农药加工的技术人员和工人,在有关部门协助下对加工设备不断进行革新,先后采用了全排风工艺、脉冲除尘、沸腾混合、二次粉碎混合等新工艺、新技术、新设备,逐步提高了产品质量和产量,改善了劳动环境。1965年,沈阳化工研究院试制成功闭路循环式气流粉碎机,一次粉碎细度可达5微米以下,为把低熔点农药加工成高浓度的可湿性粉剂创造了良好条件。该院还研制了多种型号的超微粉碎机及1千克粉剂包装机。

浙江省化工研究所研制成功双螺旋混合机，显示了良好的混合效果。效率更高的犁刀式混合机也试制成功。

20世纪60年代中期，我国农药的加工开始向多制剂、多剂型方向发展。1966年，沈阳农药厂研制了具有悬浮率较高、药效稳定、使用方便等特点的除草醚固体乳剂，并很快得到推广应用。1965年，中国农业科学研究院植物保护研究所、浙江省化工研究所、湖南省化工研究所和湖南农药厂、无锡农药厂等单位，相互配合协作，共同研究成功甲基对硫磷和六六六的混合制剂。在研制和推广应用的过程中，农药专家王君奎以极大的热情投入了这项工作，甚至冒着风险亲身试验其毒性，为我国第一个农药复合制剂的诞生作出了贡献。混合制剂迅速在全国推广生产和使用，成为我国产量最大的农药混合制剂。而且，通过这一实践，显示了混合制剂具有提高药效、降低毒性、使用安全、延缓病虫抗药性等优点，有力地促进了各种农药混合制剂与混配技术的发展。

为了加快我国农药加工的发展，1973年化学工业部组织科研、生产单位，对新制剂、新剂型进行了攻关。以后每年都有一批农药新制剂投入生产。在混合制剂方面，有敌马混剂、稻马混剂等。在新剂型方面，有颗粒剂、胶悬剂、可溶性粉剂、固体乳剂、超低容量喷雾剂等。水面漂浮剂、流动喷布剂、胶囊剂等也先后试制成功，有的投入了工业生产。1975年，北京农业大学与北京农药二厂等协作，研究成功超低容量喷雾技术，已有6种地面超低容量喷雾剂投入生产，在我国北方缺水地区，这种新剂型很受农民欢迎。

1978年，安徽省化工研究所研制成功敌百虫可溶性粉剂，这种可溶性粉剂克服了敌百虫原药在水中溶解慢、使用不方便的弱点。在颗粒剂方面，陆续研究成功捏合法、浸渍法、包衣法等制造方法，相继建成了生产车间或工厂，生产的品种已有甲拌磷、杀螟丹、五氯酚钠、灭草丹等颗粒剂，产量逐年增加。胶悬剂因能使农药微粒呈悬浮的胶态，药效发挥较好，经科研试制成功，很快用于生产，如多菌灵胶悬剂、莠去津胶悬剂等，已有一定产量。到1983年年底，我国原药品种与加工制剂品种的比率为1:3，较三年前提高了1倍。

20世纪70年代，中国农药工业得到巩固、发展，进一步夯实了基础。陆续扩建、新建了一批重要的农药骨干生产厂，如天津、上海、杭州、南通、青岛、张店、苏州、重庆等农药厂，成为我国现代农药工业的基础。通过技术改造，发展了一批新品种、新剂型，如乐果、马拉硫磷、杀螟硫磷、甲萘威等高效低毒的杀虫剂，稻瘟净、异稻瘟净、福美胂等杀菌剂，除草剂也得到较快发展，扩产了2甲4氯、敌稗、除草醚、草甘膦、绿麦隆、燕麦敌、西玛津及莠去津等。还有抗凝血性杀鼠剂，如敌鼠钠、杀鼠灵、毒鼠灵等，植物生长调节剂有赤霉素（920）、矮壮素、乙烯利、调节膦等。这一时期我国农药工业得到了巩固和壮大，品种增多，产量扩大，质量提高，生产技术水平稳步提高，为农药工业今后的进一步发展打下了坚实基础。但

是在农药产品中，六六六、滴滴涕等有机氯杀虫剂的比例仍然很高，年产量达 40 多万吨（实物），占杀虫剂总产量的 60%~70%。

第五节　结构调整，步入新阶段（1981—2000 年）

进入 20 世纪 80 年代，中国农药工业进行了产品结构的首次大调整，集中发展了一批高效低毒的新品种。六六六、滴滴涕等有机氯杀虫剂由于长期大量使用，已经导致一些害虫的严重抗药性，药效下降，同时在环境中的残留（累积毒性）日益严重，致使农副产品中的残留量严重超标，屡次导致农产品出口受阻。1977 年美国宣布，六六六、滴滴涕禁止用于农业，仅限用于防治疟蚊。这些严重情况引起了国家领导及有关部门、农业和化工农药专家的密切关注与重视。1978 年夏，化工部在张家口市召开了座谈会，著名农药专家南开大学校长杨石先教授等化工、农药专家出席会议。座谈会一致认为，必须加速高效低毒低残留农药新品种的研发与生产，尽早取代、停产、停用六六六、滴滴涕等有机氯杀虫剂，以适应农业生产、保障人畜安全和保护环境的需要，维护国家荣誉。专家们提出了发展农药新品种的具体建议，化工部随即落实有关计划安排，并组织有关领导、专家两次出国进行技术考察，了解世界各国取代杀虫剂、除草剂和杀菌剂的品种，以及相关中间体的研发等情况。随着生产的发展，继续探索技术引进的可能性。由于国内农药工业已有一定的品种、产量、技术基础和充分的组织准备，于是 1983 年，由国务院常务副总理万里主持国务院会议，果断决定自 4 月 1 日起，停止六六六、滴滴涕的生产和使用。化工部和农药、氯碱行业雷厉风行，坚决贯彻执行。对六六六，仅保留沈阳化工厂、大沽化工厂生产林丹（含量>99%的丙体六六六）以供出口；保留无效体综合利用生产五氯酚钠（防治引起血吸虫病的钉螺的药剂）和五氯酚（枕木和木材防腐剂）。对滴滴涕，仅保留天津化工厂（供出口非洲等地防治疟蚊用）和扬州农药厂（自用，生产三氯杀螨醇）两家。其余六六六、滴滴涕生产装置一律停产。国家计委、经委和化工部随即落实安排了农药高效新品种及氯碱行业氯平衡产品的技改、基建项目。国家投入资金达 10 亿元，技改、扩建及新建的取代品种包括有机磷杀虫剂甲胺磷、乙酰甲胺磷、杀螟硫磷、久效磷及中间体亚磷酸三甲酯、甲（乙）基对硫磷、马拉硫磷、敌敌畏、敌百虫、辛硫磷、乐果、氧乐果等，氨基甲酸酯类杀虫剂叶蝉散、仲丁威、速灭威、抗虫威、克百威、涕灭威等，以及相应配套的光气、中间体异氰酸酯、烷基酚等，此外还有氰戊菊酯、氯氰菊酯以及配套中间体醚醛等。同时，国家还用上亿美元进口暂时还缺口的农药生产用原料、中间体以及一些农药新品种。1984—1986 年，我国杀虫剂产量已达 18 万~20 万吨，杀虫剂从品种、数量上已能较好地满足农业生产需要。较快顺利地取代六六六和滴滴涕。从此我国农药工业不再发展高残留农药，杀虫剂产品中高效低残留品种的产量已占主导地位。这是我国农药品种结构大调整的第一个里程碑,农药工业的发展步入新的历史时期。

第六节 长足发展,实现腾飞

从20世纪90年代到进入21世纪后的第一年,由于国民经济与现代农业的迅速发展,大大促进了我国农药工业的长足进步,行业呈现一派腾飞景象。农药产品更加丰富、产品结构得到进一步优化、高效低毒低残留新品种,特别是除草剂迅速发展,产量大幅增长,杀虫、杀菌和除草剂三大类产品的比例更加适合农业生产的需要,生产技术水平与产品质量稳步提高,国产农药出口迅速增长,从1994年开始,出口额已超过进口额,农药行业已成为石化行业中为数不多的贸易顺差行业,为农药工业产品、产量及生产技术的进步发展打下了坚实的基础,也为我国履行国际PIC公约(预先知情通知公约)及POPs公约(消除持久性有机污染物公约)创造了良好条件。国家农业部、工信部等有关部门宣布,从2007年1月1日起,停止生产和使用5种高毒有机磷杀虫剂——甲胺磷、对硫磷、甲基对硫磷、久效磷及磷胺。这些品种是1983年停产停用六六六、滴滴涕时重点发展的高效杀虫剂,在农业生产的虫害防治中发挥了巨大作用,功不可没,但其急性毒性较高,使用过程中时有中毒事故发生,国际上也要求严格禁限用。新研发、投产的高效、低毒、低残留的取代品种有几十种之多,如吡虫啉、啶虫脒、毒死蜱、二嗪磷、乙酰甲胺磷、三唑磷、硝虫硫磷、高效氯氰菊酯、氯氟氰菊酯、溴氰菊酯、阿维菌素、甲氨基阿维菌素、杀虫双、杀虫单、杀螟丹、丁烯氟虫腈等等,尽管停产的高毒有机磷杀虫剂有二三十万吨,但农药工业已有充分的物质准备,并没有影响农业生产用药,实现了平稳过渡。至此,农药工业产品中的高毒产品产量已下降到5%以下。这是我国农药工业产品结构调整优化的第二个里程碑。同时除草剂与杀菌剂也得到迅速发展。除草剂新投产品种有精喹禾灵、高效氟吡甲禾灵、二甲戊灵、异恶草松、氟磺胺草醚、草铵膦、烯草酮、精噁唑禾草灵、烟嘧磺隆、苄嘧磺隆、单嘧磺隆等,杀菌剂新投产品种有丙环唑、苯醚甲环唑、戊唑醇、烯酰吗啉、氟吗啉、咪鲜胺、醚菌酯、嘧菌酯、嘧菌胺、氟硅唑等。杀虫、杀菌和除草三大类产品的产量比例已达到45:13:41,较适合我国国情和农业生产需要。2000年年底国家建成了南北两个农药创制(工程)中心,标志着我国农药创制研究体系的形成,农药科研步入创仿结合的轨道。北方中心以沈阳化工研究院和南开大学元素有机化学研究所为依托,包括中国农业大学;南方中心以上海市农药研究所、江苏省农药研究所、湖南化工研究院和浙江化工研究院为依托,包括中科院上海有机所、华东理工大学等。他们在短短的十几年时间里,已经创制出30多个具有自主知识产权的、已取得农药登记的农药新品种,有的已进入工业化生产,有的已在试产,同时还开发了一批高效新品种、一批先进的清洁生产工艺、配套的共性中间体以及高活性的新剂型。这些都极大地提高了农药工业的整体技术水平和企业的经济效益,增强了企业核心技术的国际竞争力,这也是中国农药科研和农药工业发展的一座里程碑。随着改革开放的不断深化,农药企业结构改造取得了显著进展,涌现出一批大型企业集团,企业资产多元化,绝大多数国营企业已改造为股份制公司或民营企业,行业中已有30多家上市公司,如沙隆达、新安化工、南通江山、南京红太阳、诺普信、利尔化学、安徽华星、海利化工、威远生化、蓝丰生化、辉丰农化等。"九五"、"十五"农药发展规划已提前完成,可以说我国农药工业实现了腾飞,农药产量居世界第一位,已成为世界农药生产和出口大国,已步入世界农药行业的先进之列。当然与发达国家相比,我国在农药生产自动化、连续化技术、三废治理、环境保护等方面,特别是在农药科技创新方面还存在不小的差距。

第七节　我国农药工业取得的成就

中国农药工业经过艰苦拼搏,开拓进取,从无到有,从小到大,取得了辉煌的成就,特别是改革开放以来更加突飞猛进,取得了长足进步,现已形成包括原药生产,制剂加工,科技创新开发和原料、中间体配套在内的较为完整的农药工业体系,是化学工业的重要组成部分,为保证我国农业,特别是粮食生产的连年丰收做出了巨大贡献。

一、持续稳定增长

目前我国农药可生产品种已达 500 种以上,常年生产 350～400 种,加工制剂产品 3000 多个,剂型几十种,原药生产能力 200 万吨/年以上,农药产量持续稳定增长。"九五"末期的 2000 年,农药产量 64.8 万吨,"十五"末期的 2005 年,达到 103.9 万吨,较 2000 年增长 60.3%,而"十一五"末期的 2010 年,产量又跃至 234.2 万吨,较 2005 年增长 125.4%。我国农药产量已居世界第一位,不但可以满足国内农业生产的需要,而且还有大量出口。

二、农药进口大国变为出口大国

我国已成为世界主要农药出口国之一。1994 年出口国产农药 6.09 万吨,出口额 1.52 亿美元,同年进口农药 3.2 万吨,进口额 1.37 亿美元,首次实现贸易顺差,出口大于进口。而后十几年农药出口持续大幅增长,2000 年出口 16.16 万吨,出口额 4.64 亿美元;2005 年出口 42.8 万吨,出口额 14.0 亿美元;2010 年,出口 61.3 万吨,出口额达 17.7 亿美元。目前,每年出口 300 多种原药和制剂,出口国家稳定在 150 个以上,已有一批具有国际影响力的大吨位产品,如草甘膦、百草枯、2,4-

滴、莠去津、多菌灵、百菌清、戊唑醇、吡虫啉、毒死蜱、阿维菌素等，已成为广受欢迎的主要产品。在我国农药工业发展、产品质量提高、结构优化和核心竞争力提高的同时，也促进了我国农药工业与世界农药同行的广泛交流与合作。走出去请进来，农药交流已遍及欧洲、美国、南美的阿根廷与巴西、澳大利亚、俄罗斯、印度、乌克兰、南非，我国已与各国农药协会、农药企业，就农药生产贸易、法律法规、环境保护、科技创新，以及社会责任关怀等问题进行了广泛的交流与合作。中国农药工业在国际上的影响，已日益扩大与深化。

三、产品质量显著提高

目前已有 200 多项产品标准、50 多项基础标准与分析方法实施国家和行业标准，其中 80%以上采用国际标准和国际先进方法。21 家企业的草甘膦、吡虫啉、拟除虫菊酯杀虫剂、乙草胺和百草枯荣获中国名牌殊荣；10 家企业的阿维菌素、毒死蜱、沙蚕毒素仿生杀虫剂、2,4-滴、烯肟菌胺荣获中国石化行业知名品牌称号；20 余家企业荣获中国驰名商标称号，涌现出一批质量达到国际领先或先进水平的产品。大中型企业在国家质量抽样中产品合格率达到 100%。

从表 7-1 可以看出，我国三大类农药的占比已由建国初期的 90%、3%、3%逐步调整到 1983 年的 82.47%、8.57%、0.34%，再到目前的 31.9%、7.1%、45.0%。使我国农药的产品结构和品种比例更趋合理，已可基本满足农业生产的需要。

表 7-1 1983—2010 年我国农药总产量及三大类农药占总产量比例

年　份	总产量/万吨	杀虫剂占比/%	杀菌剂占比/%	除草剂占比/%
1983	33.13	82.47	8.57	0.34
1985	20.43	76.21	9.3	0.66
1990	22.66	78.77	3.33	6.8
1995	34.9	70.46	10.74	15.27
2000	64.77	61.32	10.61	18.00
2005	103.9	41.80	10.10	28.60
2010	234.2	31.9	7.1	45.0

注：1983 年和 1985 年有机磷产量以 50%有效成分计，其他以 100%计。

四、新农药创制取得显著成果

农药工业的长足发展与腾飞，是在农药科技创新的积极推动下实现的，科技创新与科技进步是农药工业生存、发展的根基与动力。"九五"、"十五"时期国家建立了南北两个农药创制中心，标志着我国农药科技开发步入独立自主的创新轨道，这是中国农药发展史上具有里程碑意义的历史新篇章。以南北两个创制中心为核心，通过联合与辐射，带动了大批科研院所与高等院校。更可贵的是一批农药企业，如江苏扬农化工股份公司、大连瑞泽农化公司、南通江山农化公司、浙江龙湾化工公司、山东侨昌化工公司等也积极参与和开展了农药创制工作。一个以市场为导向，企业为主体的农药创制体系正在形成。农药创新成绩斐然，已创制 30 多个具有自主知识产权的农药新品种，并已取得农药登记，如丙酯草醚、异丙酯草醚、氟吗啉、丁烯氟虫腈、硝虫硫磷、呋喃虫酰肼、倍速菊酯、单嘧磺隆、单嘧磺酯等。累计推广使用 2.25 亿亩次（0.15 亿公顷次），实现销售近 10 亿元，比较好的 6 个新品种年销售额已超过 5000 万元，同时开发了一大批高效、低毒、低残留、环境友好的杀虫剂，如毒死蜱、吡虫啉、二嗪磷和啶虫脒等，成功取代了甲胺磷等 5 个高毒杀虫剂，使高毒农药品的产量下降至 3%以下。另外，重要的农药骨干品种及其关键中间体的创新技术开发，使生产过程实现规模化、连续化、清洁化，生产成本平均降低 10%，减少三废排放达 40%。不对称合成、催化加氢、定向硝化等关键共性技术的成功推广，提升了农药行业的总体技术水平，如草甘膦生产中的氯元素循环回收利用、活性炭催化空气氧化制造草甘膦、吡虫啉连续化清洁生产新工艺、亚甲基法生产乙草胺等，以及中间体吡啶碱、贲亭酸甲酯、乙基氯化物的新工艺、新技术等等。水性化制剂，如水分散粒剂、水乳剂、悬浮剂、微乳剂、泡腾片等的开发推广，以水代替了苯类有毒有机溶剂，既节约能源，又减少污染，还提高了农药的生物利用率。我国已初步建立农药 GLP 技术支撑体系，启动农药安全性评价试验数据的国际互认，沈阳化工研究院安评中心已经获得国际 GLP 实验室认证，将推动我国由农药大国向农药强国的转变。

五、产品结构不断优化

1983 年停产有机氯农药、2007 年停产甲胺磷等 5 个高毒有机磷杀虫剂是我国农药品种结构调整的两大里程碑，使农药产品结构更趋合理和优化。高毒农药产量占农药总产量的比例已下降到 3%以下。杀虫剂产量比例从 1983 年的 82.4%下降至 2010 年的 31.9%，杀菌剂产量稳定增长，从 1990 年的 2.5 万吨增长到 2010 年的 16.6 万吨，占总产量的比例在 7%～10%之间。除草剂产量增长迅速，从 1983 年的 2.1 万吨，增至 2010 年的 105.5 万吨，占总产量的比例从 0.34%增至 2010 年的 45.0%。农药加工制剂向高效、安全、环保、节能和使用方便方向发展，原先占统治地位的粉剂、乳油和可湿性粉剂比例逐步下降，水性化和固体化制剂比例明显提高。

六、企业结构改造取得重大进展

农药行业市场化进程不断深化，在政策和市场双重力量推动下，农药企业大力进行结构改造，通过资本运作，兼并重组，从原来小规模分散经营，逐步向集团化、规模化经营转变，产业集中度逐渐提高，已涌现出一批经济实力较强，科工贸结合，管理先进的现代企业集团，民营企业已覆盖全行业。2010 年销售额在 5 亿元以上的企业有 35 家,这 35 家企业,约占全国农药企业总数的 2.0%,农药销售额为 283.43 亿元,占 2010 年全国农药销售总额的 17.24%。全行业有上市公司 30 多家,这些集团和上市公司的生产规模、技术水平、产品品质和科学管理水平都处于全国领先水平,是中国农药行业的佼佼者,是行业发展壮大的基础。

七、健全法律法规,加强行业管理

1997 年 5 月国务院颁布《农药管理条例》,后来又经过两次修改,这是石油和化工行业中唯一有关行业管理的国家法规。条例规定,开办农药生产、加工企业须先经国家核准,方可申请营业执照,每一个农药产品,须同时具备农药登记证、生产许可证(批准证书)及产品质量标准,才可生产、销售和使用。为全面贯彻条例,国家工信部制定了《农药生产管理办法》,其中强调了企业规模、产品质量和环境保护作为否决项。为使资质审核和生产批准证书审批工作更加科学、公正、透明和高效,专门建立了专家库,专家来自国家农业、环保、卫生、工信、专利部门,以及中科院、农业大学、各省市主管部门、骨干企业和行业协会,每次对企业申报材料的考核审查,都随机邀请多名专家参加。专家提出咨询意见后,报工信部批准。工信部还特别强调,加强证后的监督管理,进行不定期企业抽查,依法严厉打击制售假冒伪劣产品、无证生产和伪造盗卖"三证"的不法行为。《农药管理条例》的实施,使农药行业的管理走上法制化轨道,这是农药行业可持续发展的根本保障。

附 1 大 事 记

1930 年,浙江省植物病虫害防治所建立药剂研究室,是我国最早的农药研究机构。陈毓麟、朱紫光先生等人先后任室主任。

1934 年,中央农业试验所病虫害系成立药剂室,由吴福桢主持工作。1935 年吴先生用农药防治棉花、蔬菜蚜虫,为我国大面积用药治虫之始。

1943 年,中国农林部在四川省重庆市江北建立病虫药械制造实验厂,是我国最早的农药厂。

1944 年,中央农业试验所药剂室试制成功滴滴涕,并于 1946 年小规模生产。滴滴涕是我国最早生产的有机合成农药。

20 世纪 40 年代末,1949 年前,上海、北京、沈阳三地建立了小型农药厂,生产少量无机农药和植物农药。

1949 年,建立沈阳化工研究院,是我国最大规模的农药研究机构。1952 年开始研究农药,1958 年设立农药研究室。农药专业下设农药合成、分析、生测、加工、安全评价、情报等研究室及试验车间。

1950 年，在四川泸州化工厂建设滴滴涕生产车间，次年投产，产量 113 吨。

1950 年，在杭州建立浙江省化工研究所，农药是其重点研究方向。

1951 年，上海病虫药械厂成功投产六六六，次年在沈阳、天津、大沽化工厂相继投产六六六、滴滴涕，这标志着我国有机合成农药工业的形成。

1951 年，我国首次使用飞机喷洒滴滴涕灭蚊，在河北，用飞机喷洒六六六灭蝗。

1952 年，黄瑞纶、胡秉方教授等在北京农业大学创建农用药剂学专业，开创我国农药高等教育的先河。

20 世纪 50 年代，农药化学家程暄生率先开展新型农用乳化剂的合成研究，推动南京钟山化工厂完成了我国第一个乳化剂磷辛 10 号的中试。

1957 年，建成我国第一家有机磷农药生产厂——天津农药厂，投产杀虫剂对硫磷（胡秉方教授研发），同年上海信诚化工厂和上海农业药械厂投产高效低毒广谱杀虫剂敌百虫。次年，我国又投产了代森锌、福美双、氯化苦、磷化锌、胶体硫、多硫化钡、2,4-滴和萘乙酸等产品，此时，农药剂型加工以粉剂、可湿性粉剂和乳油为主。至 50 年代末，我国农药工业已初具规模。

20 世纪 50 年代中期，我国农药化学家、剂型加工先驱王君奎研究员研发成功新的剂型乳粉，如滴滴涕、除草醚乳粉。20 世纪 60 年代中期，王君奎又领衔研制成功甲基对硫磷（对硫磷）与六六六的混合粉剂，防治水稻虫害效果显著，年产量达 80 多万吨，是我国产量最大、效果最好的混剂。1965 年获国家科学委员会奖。

1958 年，天津南开大学在著名农药化学家杨石先校长亲自带领下，建立了敌百虫、马拉硫磷生产车间。8 月 13 日毛泽东主席亲临南开大学视察，参观了工厂。

1958 年，中科院上海有机化学研究所梅斌夫研究员等人研发成功大蒜素（抗生素 402），此药对甘薯黑斑病和水稻苗期病害高效。

1959 年，中科院动物所成功合成甲萘威，标志着我国开始进入氨基甲酸酯类杀虫剂领域。到 60 年代中期实现工业化生产，其后，新品种快速增加，现已发展成为我国农药工业的重要组成部分。

1961 年，南京钟山化工厂 BY 乳化剂车间建成投产。1963 年沈阳化工研究院开发成功农乳 100 号、300 号、500 号，在该厂模试后，1965 年由化工部投资建成 700 吨/年的生产装置，奠定了我国农药乳化剂的工业基础。

1962 年，安徽省化工研究所成立，农药是其主要研究方向。该所是我国研究农药剂型加工的主要机构，主要从事农药剂型加工、农药与中间体合成，以及农药残留分析等工作。

1963 年，上海市农药研究所成立。主要方向是研究化学农药、农用抗生素，以及农药中间体，为工厂提供配套技术，是我国研发农用抗生素的主要单位。最突出的成果是以沈寅初院士为首研发的井冈霉素，它是防治水稻纹枯病的特效药，是我国，也是全球最大的农用抗生素产品，几十年长盛不衰。

1963年10月，农业部在北京成立农药检定所，1969年3月撤销，1978年11月恢复。它是我国主要的农药登记管理机构。该所内设有全国农药质量检测中心（北京）。

1966年，从江苏省化工研究所分出，单独建立了江苏省农药研究所。它是我国历史最久的农药研究单位，前身是1934年建立的中央农业试验所病虫害系药剂室。主要方向是农药合成、工业化开发、残留分析与药效试验。20世纪70年代初在程暄生研究员倡导下，率先进行了高效仿生杀虫剂拟除虫菊酯的工业化研发，先后完成胺菊酯、氯菊酯、氯氰菊酯、氰戊菊酯、丙烯菊酯等的开发与生产，有力地推动了我国菊酯类杀虫剂工业的发展。

1970年，沈阳化工研究院张少铭教授等合成筛选出内吸性杀菌剂多菌灵，次年完成中试，1973年投产，比巴斯夫公司早两年。多菌灵对小麦赤霉病有特效，其后，使用范围又扩至其他粮食作物、果树、蔬菜等多种经济作物的病害防治。至今仍是我国杀菌剂生产与出口的主要品种之一。

1972年，我国宣布停止生产赛力散（醋酸苯汞）、西力生（乙基氯化汞）等有机汞杀菌剂，1973年禁止使用。这促进了我国杀菌剂品种的结构调整，新的高效内吸性杀菌剂如硫菌灵、甲基硫菌灵、甲霜灵以及三唑酮等先后投产。

1976年，贵州省化学化工研究所曹素芸研究员等人成功研发了沙蚕毒素类杀虫剂杀虫双，并投入工业化生产，后来又开发了杀虫单，成为我国又一个大吨位的水稻杀虫剂品种。

1978年夏，化工部在河北张家口市召开了取代有机氯杀虫剂座谈会。南开大学著名农药化学家杨石先校长等农药专家出席并发言，一致认为国家应加速高效、低毒、低残留农药新品种的研发与生产，尽早停止六六六、滴滴涕等高残留有机氯农药的生产与使用。

1979年5月，中国化学工程学会所属专业委员会——中国农药学会在沈阳成立，首届理事长为王大翔。学会主要任务是组织农药科学的技术交流、研究农药科技发展战略，推动农药工业发展。多年来学会对促进我国农药科技交流与国际交流，以及推动我国农药工业发展，发挥了积极作用。

1981年3月，浙江菱湖化学厂经陆君豪等人精心攻关，3000吨/年的甲胺磷生产装置成功投产。这是国内首套采用先胺化后转位先进工艺的工业化装置，当年生产3008吨/年 50%乳油。随着操作熟练与改进，该装置年产能超过了6000吨/年。成为20世纪80年代初国内最大的农药工业化生产装置。仅有小学文化程度的陆君豪被业内称为"自学成才"的首席甲胺磷专家。

1982年4月，国家农业、林业、化工、卫生和商业部，以及国务院环保领导小组，共同颁布实施《农药登记规定》，成立了首届"农药登记评审委员会"，委员由各部委专家出任。

1982年4月，经国家民政部批准成立了中国农药工业协会，这是化工行业最早成立的行业协会之一。它是跨地区、跨部门、跨行业的具有独立法人资格的全国非营利性民间社团组织，是政府与企业、行业间的桥梁与纽带，首届理事长是化工部化工司司长崔子英。多年来，协会在为企业、行业和政府的双向服务中，不断发展壮大，目前已拥有500多家团体会员，会员单位的农药产量、产值已占全行业的85%以上。

1980年，中国农药学会与日本农药学会在杭州联合举行首届中日农药学术交流会。

1983年，由时任国务院常务副总理的万里主持国务院会议，果断决定，自4月1日起停止六六六、滴滴涕等高残留有机氯农药的生产和使用，同时大力加强高效、低残留新农药品种的发展，如甲胺磷、杀螟硫磷、久效磷、乙酰甲胺磷、辛硫磷、敌百虫、敌敌畏、乐果、异丙威、仲丁威，以及菊酯类杀虫剂的发展。这是我国继停止生产有机汞农药之后，农药产品结构调整的又一个里程碑。

1984年，国家计委批准金陵石化二厂（原南京钟山化工厂）建设年产1.2万吨农用乳化剂生产装置。同时引进日本东邦化学工业（株）的设备与技术，1989年建成、投产。从此改变了我国农用乳化剂依赖进口的局面。

1985年4月1日，我国施行《专利法》，但当时仅保护农药的制备方法。1991年1月1日起实施第一次修改的《专利法》，开始保护农药化学物质，发明专利的保护期从15年延长至20年。2001年7月1日起实施第二次修改的《专利法》。

1988年，湖南省工业试验所改名为湖南化工研究院，农药是主要研究方向之一。除农药室外，合成、精化、分析及情报室也从事农药研究。从20世纪70年代开始研发氨基甲酸酯类农药及中间体异氰酸甲酯，对多种氨基甲酸酯产品在我国的工业化起到了重要作用。湖南化工研究院是我国南方农药创制中心的主要成员单位之一，也是农药科研院所中最早的上市公司。

1990年4月30日，上海杜邦农化有限公司成立，这是杜邦公司在中国投资的，也是中国农药行业第一家由跨国公司投资的合资企业。生产最新型的磺酰脲类除草剂"农得时"。

1990年，海峡两岸首届农药技术交流会在上海举行。由台湾兴农股份有限公司独家投资的兴农药业（上海）有限公司成立。这是台湾在大陆建立的首家农药企业。

1992年12月26日，经国务院批准，化学工业部令第7号发布《农药化学物质产品行政保护条例》，自1993年1月1日起施行。条例规定对1993年1月1日前独占权不受中国保护的农用化学物质等可提出行政保护申请。化工部负责行政保护的管理、审查、公布事宜。过渡性保护期为七年零六个月。

1993年，由中国工程物理研究院化工材料研究所发起建立利尔化学股份有限公司。公司的氯代吡啶类除草剂生产规模、主要产品的市场占有率国内第一，全球第二。

已经成为国内最大的氯代吡啶类农药开发、生产基地。公司的利润率居农药行业的前列，是中国工程物理研究院的首家上市公司。胡锦涛总书记曾到该公司视察。

1993年，在沈寅初院士指导下，浙江海正药业公司首次生产阿维菌素及其衍生物。目前，全国阿维菌素的产量已达2500吨/年（折100%有效成分计）以上，居世界第一位。

1993年，沙隆达股份有限公司A股上市，它是农药行业首家A、B股上市的公司。

1994年10月，《中国农业百科全书》农药卷出版。

1994年，化工部部长顾秀莲率团考察欧洲拜耳等著名农化公司。

1994年，我国国产农药出口金额首次超过农药进口金额。自此，农药行业成为石油化学工业中为数不多的进出口贸易顺差行业。

1994年，由台湾惠光股份有限公司投资的独资企业上海惠光化学有限公司成立，生产、加工农药产品。

1995年10月，由化工部主办的"九五海峡两岸化工经贸洽谈与科技研讨会"在北京举行。台湾农药工业同业公会张耀科理事长率团参会，并与中国农药工业协会座谈、交流。

1997年1月，中国农药工业协会代表团访问台湾，拜访台湾农药工业同业公会和台北市农药商业同业公会。并参加"海峡两岸农药交流会"，参观杜邦公司等在台企业。顾秀莲部长为此访题词："交流促合作，互利共发展。"

1997年5月，国务院颁布实施《农药管理条例》。条例规定开办农药企业要经过国家核准，农药企业生产的所有产品必须同时具有"农药登记证"、"生产许可证（生产批准证书）"和"农药产品质量标准"等三证，方可生产、销售和使用农药

1997年10月，中国农药工业协会代表团赴日本考察，参观了住友、曹达、日产化学等农药公司，并进行了座谈、交流。

1998年9月，中国农药工业协会与台湾农药工业同业公会在北京签署合作协议。协议根据平等互利原则规定，各自为会员企业在祖国大陆或台湾区进行农药贸易、投资设厂等业务提供帮助。

1999年2月，国家宣布停止除草醚、氯丹、七氯、杀虫脒、氟乙酰胺、毒鼠强等农药产品的生产、销售和使用。

1999年9月，诺普信农药有限公司成立，并于2008年2月在深圳上市。这是我国农药加工企业中唯一的上市公司。

1999年，江苏扬农化工股份有限公司成立，并于2002年成功上市，是我国菊酯类农药企业中唯一一家上市公司。

1999年7月1日，国家农业部和海关总署共同发布《关于对进口农药实施登记证

明管理的通知》。通知规定所有进口农药产品必须事先取得我国农药登记证明方可入关。

2000年7月，中国农药工业协会代表团再次赴台访问、考察、交流。

2001年7月1日，国家实施第二次修改后的《专利法》，要点是提高专利新颖性的要求，增加强制许可条款，加大侵权处罚力度。

2001年1月10日，江苏南通江山农化股份有限公司在上海成功上市。

2001年9月6日，浙江新安化工股份有限公司在上海成功上市。

2002年9月，《控制和消除持久性有机污染物（POPs）公约》国际专家研讨会在北京举行。中国农药工业协会的专家代表出席了会议。

2003年，国家环保部组织"农药行业污染物排放标准"制订工作。2008年4月《杂环类农药工业污染物排放标准》颁布施行。

2004年10月，国家发改委发布《农药生产管理办法》。自2005年1月1日起施行。

2005年末、2006年初，中国农药工业协会与江苏如东县人民政府、山东潍坊市滨海经济开发区共同合作，分别在如东洋口化工园区和滨海经济开发区创建"中国农药工业生产示范园区"。积极推进农药生产逐渐走向规模化、集约化和园区化。发展循环经济，实现可持续发展。

2007年1月1日，我国禁止生产、销售、使用甲胺磷、对硫磷、甲基对硫磷、久效磷和磷胺五种高毒有机磷杀虫剂。这是我国农药产品结构优化调整的又一里程碑。它大大促进了高效、安全、经济和环境友好农药的发展。此后，我国高毒农药的产量下降到农药总产量的3%以下。

2008年6月，我国中化集团控股浙江化工科技集团公司，11月又增持南通江山农化股份至占股率29.19%，成为第一大股东。

2009年3月19日，中国农药工业协会加入国际Agro-Care协会。该协会代表全球常规农药工业。除中国外，尚有三个重要地区会员：印度农药制造与剂型加工协会（PMFAI）、欧洲作物保护协会（ECCA）和拉丁美洲农药协会（ALINA）。

2009年7月1日，国家工信部颁布、实施《农药生产核准管理办法》。

2009年，诺普信农化股份有限公司收购、参股山东兆丰年生物科技有限公司等10家企业，2010年全资收购福建新农正大生物工程有限公司100%股权，同年12月受让江苏常隆农化公司35%股权。

2009年5~9月，浙江新安化工收购江苏镇江江南化工公司，6月受让江苏新沂中凯农化公司20%股权，2010年9月受让宁夏三喜科技公司75%股权。

2009年10月，在中国农药工业协会主办的"第九届全国农药交流会暨农化产品展览会"上，隆重举办了"建国60周年中国农药工业成就展"。同时表彰了陈茹玉院士等60位对中国农药工业发展作出突出贡献的先进模范人物。

2010年6月，利尔化学以现金方式增资扩股，获得江苏快达农化公司51%股权。

2010年10月，中国农药工业协会首次发布《2010年中国农药行业发展报告》（白皮书）。该报告包括2010年中国农药行业发展及草甘膦等11个主要农药品种的报告。

2010年，国务院发布25号文，明确"研究建立农药淡季储备制度"，8月国家发改委确定扩大农药救灾储备规模，实行工商联储，每年定期召开农药淡季储备签约会。

2011年11月，中国化工集团以24亿美元收购以色列马克西姆-阿甘公司60%股份。这是中国化工企业一宗最大的收购外国农药企业的项目。

附2 国际背景

1. 天然药物时代（19世纪70年代以前）

农药用于防治害虫，可追溯到1000多年前的古希腊罗马时代。古希腊人荷马（Homer）在《荷马史诗》中已记载了硫磺的熏蒸杀虫和防病功能。公元前7~5世纪，我国已有用嘉草、莽草、牡菊、蜃炭灰作杀虫剂的记载。早在16世纪我国已开始用砷化物作杀虫剂。不久又从烟草中提取烟碱，成功地用于防治象鼻虫。到19世纪，两种除虫菊和肥皂用于防治害虫，随后烟草、硫磺和石灰的混合物开始用于害虫和病菌的防治。农药商品化始于欧洲，19世纪中期三大杀虫植物：除虫菊、鱼藤和烟草已作为商品在世界市场销售，1867年，巴黎绿（一种不纯的亚砷酸铜），已在美国用于防治科罗拉多甲虫，1900年成为世界第一个立法的农药。

2. 无机合成时代（至20世纪40年代中期）

这一时期发展了一批人工制造的无机农药，包括含氟、砷、硫、铜、汞、锌等元素的化合物。19世纪末，石灰硫磺合剂已在欧洲广泛用作杀菌剂。1882年法国科学家米亚尔代（P.M.A.Millardet）发明了波尔多液，防治葡萄霜霉病，后被大规模用作保护性无机杀菌剂，这标志着第一个农药系统科学研究成果的产生。随后出现的砷酸铅、砷酸钙以及硫磺、烟碱的工业化生产，表明农药已成为化学工业产品。这一时期是使用无机除草剂的盛期，以亚砷酸盐、硼酸盐、氯酸盐为主，都是灭生性除草剂，不在农业上推广，主要用于清理场地，在铁路、沟渠、边防等处，防除杂草及灌木。同时使用的无机杀鼠剂有亚砷酸（白砒）、黄磷、硫酸铊、碳酸铜、磷化锌等。这一时期也有一些初级的有机农药问世，如有机汞化合物（1913年，德国用作种子处理剂），二硝基邻甲酚及其盐（1932年用作除草剂，在法国获得专利），福美双（1934年，第一个二硫代氨基甲酸酯杀菌剂）以及杀鼠剂甘伏等。由于无机杀虫剂用量大，当时滥制滥用，促使各国立法加强农药管理，1905年法国首先制定农药管理法，1910年美国立法要求农药必须在农业部履行登记手续。

3. 有机合成时代（20世纪40年代中期至今）

随着新兴有机化学工业的发展，这个时期的农药化合物、化学结构、类型与品

种得到蓬勃发展，使用农药的社会效益和经济效益显著，促进了有机农药的科研开发。这个时期又可分为有机合成农药前期（20 世纪 40 年代中至 60 年代末）和当代（60 年代末至今）两个发展阶段。

(1) 前期

1814 年法国化学家蔡德勒（O. Zeidler）合成了滴滴涕，直至 1939 年才由瑞士科学家缪勒（P. Huller）发现滴滴涕的优良杀虫活性。这一发现开创了有机合成农药及大规模使用广谱有机杀虫剂的新纪元。滴滴涕在控制 1944 年那不勒斯斑疹伤寒的流行，以及后来防治疟蚊，阻止疟疫传播方面都立下了不朽功绩，挽救了千百万人的生命。缪勒因此于 1948 年获得了诺贝尔医学奖。1925 年英国合成了六六六，1942 年法国、1945 年英国独立发现了它的杀虫作用。六六六因为杀虫谱广、持效期长、成本低而倍受欢迎，在防治蝗虫、水稻螟虫等农业害虫方面具有极其重要的历史作用。1945 年后又有不少有机杀虫剂，如毒杀芬、氯丹、狄氏剂、艾氏剂等陆续进入市场。第二次世界大战期间，德国化学家施拉德（G. Schrader）的研究，奠定了有机磷杀虫剂的基础，开发了一系列有机磷神经毒剂，1934 年特普首先将其商品化用于农业害虫防治，1944 年合成的对硫磷成为第一个大吨位的有机磷杀虫剂。而后又出现了一系列有机磷杀虫剂，如久效磷、甲拌磷、敌敌畏以及毒性甚低的敌百虫、杀螟硫磷、乐果等等。20 世纪 50 年代瑞士嘉基（Geigy）公司首先研制了氨基甲酸酯类杀虫剂。美国联合碳化合物公司则开发了第一个实用品种甲萘威，以后陆续出现了速灭威、仲丁威、抗蚜威，还有高毒品种涕灭威、克百威、灭多威及其低毒化产品丁硫克百威、硫双灭多威。迅速发展的有机磷、有机氯和氨基甲酸酯类农药，成为当时杀虫剂的三大支柱。这时期还开发了专用杀螨剂，三氯杀螨醇、三氯杀螨砜。仿生的沙蚕毒素类杀虫剂、如杀螟丹，生物杀虫剂苏云金杆菌也进入实用化。20 世纪 40 年代以来又开发了一系列新杀菌剂，如福美铁、代森锌、五氯硝基苯、克菌丹、有机磷杀菌剂稻瘟净、广谱杀菌剂百菌清等。20 世纪 60 年代末 70 年代初，一些内吸性的，具有治疗作用的杀菌剂面世，如萎锈灵、苯菌灵。1970 年，沈阳化工研究院张少铭等研发了多菌灵，早于 BASF 公司，首先实现了工业化生产。同时农用抗生素系列也开发成功，赤霉素、多抗霉素、灭瘟素等开始用于植物病害防治。有机除草剂主要是在 20 世纪 40 年代以后开发的，首先是苯氧乙酸类，如 2,4-滴、2 甲 4 氯，形成体系，它与有机氯、有机磷杀虫剂一起进入商品应用阶段，标志着大规模农药工业的建立。20 世纪 50 年代各种化学类型的有机除草剂发展迅速，增加了均三氮苯类的西玛津、取代脲类的灭草隆、酰胺类的敌稗、二苯醚类的除草醚、苯并噻二嗪酮类的灭草松、脲嘧啶类的除草定等等。除草剂品种的迅速发展是与农业现代化、机械化发展的需要分不开的。这一时期植物生长调节剂也新增了赤霉素、脱落酸、细胞分裂素，以及萘乙酸、抑芽丹、矮壮素、甲哌鎓等等。在杀鼠剂方面，开发了缓效型杀鼠剂——敌害鼠，这是一种抗凝血性杀鼠剂,一般说它对人畜安全,在杀鼠剂开发应用历史上具有里程碑意义,代表品种有香豆素类的杀鼠灵和茚满酮类的敌鼠、氯鼠酮等。

(2)当代

这一时期的特点是有机合成农药向高效化方向发展,重视农药对生态环境的影响,并强化了对农药的管理。农药生产技术向大型化、自动化和清洁化方向发展。1973年英国科学家艾里奥特开发了第一个对光稳定的拟除虫菊酯杀虫剂——氯菊酯,其后出现了一系列品种,如氰戊菊酯、氯氰菊酯、氟氯氰菊酯等等。其中通过拆分技术生产的溴氰菊酯,药效比氯菊酯高一个数量级,每公顷用药量仅10~25克,持效期一周左右,之后又出现了兼治螨类、对鱼毒性较低的氟氰戊菊酯,醚菊酯等,这些高效低毒的拟除虫菊酯杀虫剂代表着有机农药合成和生产的高科技水平。这一时期,不同化学结构、不同作用机理的高效新品种层出不穷,含氟、含杂环及手性化合物不断涌现,如杀菌剂十三吗啉、咪鲜胺、三唑酮、嘧菌酯等;磺酰脲类除草剂苄嘧磺隆、绿磺隆、甲磺隆、苯磺隆,有机磷类除草剂草甘膦,杂环类除草剂百草枯,咪唑啉酮类除草剂丁硫咪唑酮、芳(杂环)氧苯氧丙烯酸酯类除草剂禾草灵、吡氟乙草灵等。杀鼠剂开发了第二代抗凝血剂新品种溴鼠灵、溴敌隆。非杀生性昆虫生长调节剂也有很大发展,最成功的是能够抑制几丁质生物合成的苯甲酰脲类,代表品种有除虫脲、氟虫脲和噻嗪酮等,这类农药对非靶标生物无毒,而在抑制害虫生长方面显示出独特的效果。新农药的开发方向已转向高效、安全(易降解、低残留)、经济(低成本),以及环境友好(对非靶标生物和环境影响小)型农药,主要着力于开展分子生物学研究,发现新型先导化合物及前体化合物,并予以优化,利用计算机进行筛选及辅助设计,以达到更高的速度和效率。防治策略上倡导综合防治,不刻意追求灭绝、根除,而是确定防治经济阈值,把用药量降至最低限度,以获取农业最大综合收益为目的。

4. 世界农药市场

截至2005年,全球人口为65亿,预计2050年超过90亿,增长38.5%,对粮食的需求将比目前翻一番。可是,世界粮食种植面积,已从20世纪70年代后期的7.5亿公顷降至2005年的6.82亿公顷。世界人口不断增长、耕地面积逐步减少,加上种植结构的改变,生物燃料需求的增加,以及近年异常气候的频发,使得世界粮食供应更趋紧张。目前的粮价是2000年初的3倍左右,粮食危机日趋严重。要解决这个日益突出的矛盾,提高粮食单位面积产量是十分重要的环节。而农药是农业生产中不可或缺的生产资料,是粮食丰收的重要保证。世界专家研究,在未来五十年或更长年月中,农业生产和环境保护等方面都离不开农药,特别是随着全球粮食供应日益紧张,更需要农药来"虎口夺粮"。在这种背景下,世界农药市场始终保持着增长态势。

参 考 文 献

[1] 当代中国的化学工业 [M]. 北京：中国社会科学出版社，1986.
[2] 农业大百科全书：农药卷 [M]. 北京：中国农业出版社，1993.
[3] 农药化学 [M]. 天津：南开大学出版社，1998.
[4] 农药问答 [M]. 第5版. 北京：化学工业出版社，2011.
[5] 中国农药工业协会. 中国农药 [J], 2005（6）—2012（2）.
[6] 沈阳化工研究院. 农药 [J].
[7] 上海市农药研究所. 世界农药 [J].
[8] 江苏省农药研究所有限公司. 农药快讯 [J].
[9] 江苏省农药研究所有限公司. 现代农药 [J].
[10] 中国农药工业协会. 农药市场信息 [J].

撰稿人：王律先（原化工部生产协调司副司长，中国农药工业协会前理事长，教授级高工）

审稿人：胡笑形（中国化工信息中心原副总工程师，教授级高工）

第八章 涂料工业

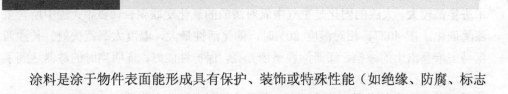

涂料是涂于物件表面能形成具有保护、装饰或特殊性能（如绝缘、防腐、标志等）的固态涂膜的一类液体或固体材料之总称。早期大多以植物油大漆和天然树脂为主要原料，故有"油漆"之称。现代合成树脂和合成原料大量增多，油漆学名称"涂料"。在具体涂料品种中，可用"漆"来表示"涂料"。人们将涂料涂覆于物体表面形成固体涂膜的施工过程称为"涂装"。

第一节 发展历程

一、中国大漆与桐油谱写了悠久灿烂的古代涂料文明

（一）辉煌的漆器发展史

我国是世界上最早使用和生产以天然物质（大漆、桐油、松香、红土等）为原料制作涂料的国家。进入17~18世纪，中国正处于清朝"康乾盛世"，涂料产业得到较快发展，漆器及制造技术向日本等国输出，在国际上处于领先地位。

中国人使用涂料（油漆）的历史可以追溯到七千年前的新石器时代晚期，浙江余姚的河姆渡人就制造、髹饰了世界上最早的朱漆木碗，那两件剞器文物被当作镇馆之宝保存在浙江省博物馆内。河姆渡朱漆木碗外黑内红，经考古学家鉴定，黑漆中含有铁元素，红漆中含有朱砂成分，生漆必须添加着色物质，经过充分混合、调和加工才能达到这种效果。因此，河姆渡漆器的水平在当时已经属于较高等级的涂装技术，而不是原始、简单的单色髹饰，由此可推测，中国漆器的历史可能在一万年左右。

漆器所用的原料是漆树液汁提取物，称为生漆（也叫中国大漆），髹饰的漆器，外观精美，耐酸、耐碱、耐潮湿、耐腐蚀，坚固耐用，可以长期保存。漆器艺术是中华民族贡献给世界文明的一笔宝贵历史财富。

生漆由漆酚、含氮物、胶质、水分等构成，漆酚与空气接触后即起化学反应，从乳白色逐渐过渡到赭红色，最后变成黑色，固化成膜。

中国古代漆园业一般都由政府牵头组织和发展。《韩非子·十过篇》曾记载"禹作祭器，黑漆其外，而朱画其内"，被认为是最早记载漆器工艺的文献。大名鼎鼎的庄子就曾担任"漆园吏"这一职务。司马迁在《史记·货殖列传》中曾写过

"漆千斗……此亦比千乘之家，其大率也"，"陈夏千亩漆，其人千户侯"这样的生动描写。

春秋战国打下了漆器业初步基础，西汉时期大漆采集处理和漆器髹饰和固化技术进步都较大。大漆的固化是空气中氧对漆酚的氧化交联聚合，要靠大漆中所含虫漆酶催化，在40℃、相对湿度80%时，催化活性最大，温度太高就失效。长沙西汉马王堆墓出土的漆棺、漆器涂膜坚韧光亮，保护性能好，证明当时的漆器达到了较高水平，已掌握了大漆的固化技术。

汉唐漆器进一步发展壮大，不仅完善、补充了漆器的各种加工流派技艺，而且逐渐将中国漆器技术辐射到周边的国家。两汉时期影响到朝鲜半岛，唐代传至日本。日本经过几百年的学习和积淀，逐渐开发出其特有的民族漆器"莳绘漆器"。

中国漆器形成产业的雏形是在北宋时期（11—12世纪），当时的汴梁城（今开封市）已经有了"大漆一条街"，从业作坊数以百家计，他们有个组织叫行会，是由政府牵头组织的，便于管理和征税。这种行会在元代、明代和清代都有存在，明代的称为"果园厂"、"油漆作"，清代沿用了"油漆作"，至今在北京仍可追溯到"油漆作胡同"遗址。

然而惋惜的是，由于种种原因，至今未在史料典籍中发现中国古代涂料的行业概况，包括产地分布、年总产量、龙头作坊等。虽然五代朱遵度的《漆经》和明代晚期黄成的《髹饰录》是两本漆器专著，但前者早已散佚，后者则是一本产品标准的技术书。

大漆颜色深，加之漆酚对人体有一定毒性，需要改性使用，影响了大漆在涂料中的应用。至今除了用于漆器、工艺品和特殊用途外，在涂料中应用量较少。

（二）桐油在古今涂料发展中扮演重要角色

桐油是我国特产，又名木油，或中国木油。由大戟科油桐种子经压榨或溶剂浸出制得，在中国使用已有1300多年。最早记载出现在唐代陈藏器的《本草拾遗》："罂子桐，有大毒，压为油，毒鼠立死，……一名虎子桐，似梧桐生山中。"北宋寇宗的《本草衍义》、明代李时珍的《本草纲目》和徐光启的《农政全书》、清代吴其濬的《植物名实图考长编》等著作都记录了有关桐油情况。最具代表性的是北宋林业科学家陈翥所著《桐谱》，论述了桐油的形态特征、生物学特征、品种及分类、造林技术以及采伐利用等，比较全面系统地总结北宋及以前古代人民种植与利用桐油的一整套经验，是我国最早对桐油系统研究的著作，在中国和世界都有一定影响。在这些著作指导下，对桐油添加土子（含氧化铅）进行加热"熬炼"，提高干率，减少涂膜起皱。

经过简单加工的桐油涂膜具有干燥快、附着力强、有光泽、防水性好、耐酸、防腐等优点。古代主要用桐油涂抹船舶、家具、农具、器皿，点灯照明，使用广泛。在古代涂料中，桐油发挥骨干作用，因其分子中具有共轭三烯结构，反应活性大，是优良的干性油，可单独在油基涂料中使用，也可和其他半干性油、不干性油合用，还可在合成树脂涂料中应用。在近现代的涂料工业发展中，也是重要角色。

民国时期，桐油不仅在涂料中应用扩大，而且一度成为重要出口产品。中华人民共和国成立后，桐油得到国家进一步重视，全国桐油最高年产量在 10 万吨以上，占世界市场的 80%左右，主要出口到澳大利亚、东南亚各国、日本等。后来美国、南美洲产的桐油出口量增加，减少了我国桐油出口量。我国桐油一半以上用于涂料。黄河以南省份都产桐油，不占良田，在山岭与丘陵地带可种。我国桐油年产量可达 15 万～20 万吨，一半用来做涂料原料，至少可生产高、中档合成树脂涂料 50 万吨/年以上，将发挥这种可再生资源的更大作用。

二、黎明曙光乍现即隐，萌芽的近代涂料工业惨淡经营

（一）一段近代屈辱历史，国内涂料乏善可陈

从第一次鸦片战争到中国最后一个封建王朝清朝的覆灭，一共是 71 年（公元 1840—1911 年）。这 71 年的历史，不仅是中华民族的屈辱史，同时也是中国涂料工业的黑暗史，很少有官方文献记载发生过的行业大事，传统的大漆桐油等"天然植物漆"苦撑局面，难挽颓势；西方新兴的"化学合成漆"也未在中国生根发芽。所谓的"中国涂料工业"确实乏善可陈！

（二）曙光乍现即灭，涂料行业艰难度日

鸦片战争后，所谓的"舶来油漆"，紧随着鸦片和炮舰占领了中国市场。在 20 世纪 30 年代，当时上海交通大学的沈慈辉教授在《油漆制造法》一文中真实地记载了帝国主义在我国倾销油漆的状况："自与欧美通商以后，油漆之进口日见增多，每年漏卮之巨，总在数百万元以上，揆之近年，则尤可惊人……"。在中国沿海，倾销量最大的是英国，其次是日本、美、德等国。

辛亥革命的成功，结束了延续几千年的封建社会，近代中国涂料工业似乎出现黎明前的一缕曙光。1914 年，第一次世界大战爆发，当时帝国主义国家忙于战争，无暇东顾，国内工业得到了发展，与之配套的工业涂料消费量进一步增长，进口远远满足不了国内需求，给中国民族涂料工业的兴起带来了机遇，我国涂料工业就此应运而生。上海、天津是近现代涂料工业的摇篮。

1915 年，开林颜料油漆厂在上海成立，这是中国涂料近代史上的大事件，标志着中国涂料工业从"天然植物漆"升级到由天然树脂（植物油脂）"化学炼制涂料"时代。

1916 年，上海振华油漆公司由邵晋卿创建，生产"双旗"牌厚漆，和开林厂一样，振华也是今日上海涂料公司的前身之一（1922 年，振华公司试产改良金漆、

快燥磁漆,始销新加坡,创下了中国涂料外销的先例)。

1926年6月,曾任美国宣威公司油漆厂化学师的陈广顺,回国同沈慈辉等人在上海开办永固造漆股份有限公司,生产长城牌油漆。

1929—1934年,永华油漆厂、万里油漆公司和上海喷漆厂相继成立,上海民族工业从此出现涂料产业的雏形。

1916年,天津大成油漆厂成立(现天津灯塔涂料公司前身)。

1921年,冯国璋之子冯叔安等人,在天津创办了东方油漆厂(现天津灯塔涂料公司前身之一),践行"实业救国"振兴民族工业之抱负。

1929年,陈调甫先生凑了8000大洋倾家举债创办了永明油漆厂(现天津灯塔涂料公司前身之一),于1929年5月生产出了第一批清油、厚漆等。

1931年,陈调甫先生带领技术人员研制成功"永明漆",质量(尤其是耐水性)超过美国的酚醛漆,一举成名。"永明漆"成为中国涂料工业的第一个名牌产品,当年就获得了国民政府"实业部"颁发的奖状,不但风行国内,而且美、英、日、荷、德等国的150多家厂商都和永明公司建立了业务联系。永明公司成了令全国同行刮目相看的名牌企业。陈调甫先生也是1957年成立的天津化工研究所(化工部天津化工研究院的前身)的领导与创始人之一。

除了天津和上海两座港口城市外,1928年武汉建华油漆厂(今日武汉双虎涂料公司前身)、1931年重庆浓华造漆厂(今重庆三峡油漆股份有限公司前身)、1933年广州通用油墨油漆公司、1934年广州大生油漆厂陆续成立,标志着近代中国涂料产业从沿海走向了内陆。1931年"九·一八事变"之后,东北沦陷,日本在大连成立满洲油漆株式会社(大连油漆厂前身),1933年在沈阳成立了分部"奉天工场"(沈阳油漆厂前身),垄断了东三省的涂料贸易。

1915—1936年是近代中国涂料发展史上的一个小黄金时期,从无到有,奠定了现代涂料产业的基础和格局。虽然国内政局动荡、军阀割据,但涂料越来越多地用于各种军事、民用领域,留洋的涂料人才纷纷回国创办实业。有些企业甚至具有了和国外同行竞争的实力。比如上海振华油漆公司,在1925年,他们生产的"飞虎"油漆就压倒了日货"鸡牌"油漆,当年时政笑言说是"老虎吃了鸡"。

但好景不长,1937年卢沟桥事变爆发,标志着抗日战争全面打响,刚刚起步的近代中国涂料工业遭受毁灭性的重创。好不容易开始良好态势发展的涂料企业不是被日寇征用,就是毁于战火,大批涂料企业家,或拒绝与日寇合作,或外逃至港澳、内陆边陲避难。八年抗战时期内,只有1940年的昆明元丰油漆厂(今日昆明中华油漆公司的前身)和1942年的贵阳建成油漆厂是新建厂,这些是当时大后方的企业。其余的企业,不是破产被收编,就是濒临倒闭,之前21年打下的初步基础荡然无存!

1945年8月15日抗战胜利。1946年3月,全部日伪涂料企业的产权由国民政府经济部接收。然而，和平并没有到来，国民党反动派随即又悍然发动了三年内战，历经兵火和战乱的中国涂料企业更是惨淡经营，奄奄一息。

截至 1949 年 5 月，上海市有涂料企业 34 家，多数是小厂，规模最大的振华厂，员工近 100 人，全市涂料总产量 1170 吨。而另据相关文献记载，1949 年全国记载于册的涂料企业约 50 家，涂料从业人员 1055 人，只能生产几十个低档产品，年总产量只有 7000 多吨。

三、醇酸树脂涂料研制成功，开创国内现代涂料工业新纪元

（一）新中国成立涂料工业获得新生

新中国的成立，涂料工业获得新生。经过 1950—1952 年的三年恢复时期，涂料从 1949 年的年产量 7183 吨，达到了 1952 年的 27000 吨，大约是一年翻一倍的惊人速度。

从 1953 年到 1957 年国家执行第一个五年计划。1956 年，全国各油漆厂在政府主导下，公私合营，同时合并小厂，扩大企业规模。如在天津，以永明油漆厂为基础，将大小 40 多家分散的小油漆厂和小颜料厂合并组成天津油漆颜料总厂，成为国内最大的油漆厂，并由化工部直属。到 1978 年，该厂的涂料年产量达到 2.54 万吨，是 1949 年的 63 倍。

通过公私合营及兼并，企业集中度提高，少数厂成为国营企业，多数厂变成了公私合营。与此同时，党和国家开始在各省市新建骨干涂料领军企业，以点带面，促使当地形成涂料的规模化发展。

从 1950 年到 1958 年，我国涂料工业取得了 44% 的年平均增长率，这也是当时整个涂料工业基础规模小、起点低的一种反映。

（二）加强人才培养，带动技术攀新

国家经济的发展推动涂料工业振兴，但单纯产能产量提升，还不能满足国家经济建设对涂料日益增长的要求，只有加强人才培养，重视技术进步，发展新品种，使涂料产品不断提档升级，才能跟上国民经济发展的步伐。在国家政策指引下，各大油漆厂纷纷建立中心实验室，开发新产品。

1957 年，刚成立不久的化学工业部，在天津永明油漆厂举办了新中国成立后第一届涂料行业技术培训班，除请当时苏联涂料专家授课外，永明油漆厂的涂料技术人员成为讲课的主力，共培训了 52 名技术人员，以后他们都成为各厂的技术骨干和领导。事后将讲义修改，定名为《普通油漆工艺学》，由化工出版社正式出版，是国内介绍现代涂料技术的第一本专著。技术培训和出版专著对推动涂料行业技术进步起了重要作用。

由于建国伊始，百废待兴，这一阶段中国涂料的整体水平是相当低下，以美国为首的西方国家对我国搞封锁，向社会主义阵营的"苏联老大哥"学习就成为必然。

"一五"计划期间,苏联向我国无偿提供了二百多个涂料品种的配方,同时提供了相关涂料标准和检测仪器。国内各厂各取所需,吸收、消化,积极进行仿制生产,建立适合国情的中国涂料标准和检测方法。

(三)醇酸树脂生产——涂料工业的里程碑

涂料工业是在手工作坊生产模式上发展起来的。在初期阶段,在敞口的铁锅里,加入植物油(桐油、亚麻油等干性油),明火加热,人工用铁棒或木棒搅拌(后改机械搅拌),用"看丝"方法操控(取熬炼的热油滴于玻璃板上,用手指沾蘸拉丝,用丝的长短软硬来判断热炼的终点)。俟后,原料增加了松香酯、松香改性酚醛树脂、天然沥青,但在较长时间里,仍是明火、敞锅热炼工艺,看丝控制终点。凭经验确定配方与生产操作,难以摆脱手工作坊式、间歇式生产模式,更谈不上自动化、规模化生产。

醇酸树脂于 1925 年在国外问世。它是按等效化学基团反应原理,按凝胶点理论科学设计树脂配方,用化学分析法准确测定树脂黏度、酸值,控制反应终点。醇酸树脂涂料综合性能好,优于以往实际生产的所有涂料品种。它的出现是涂料生产迈向现代化大生产模式的里程碑。在 20 世纪五六十年代,醇酸树脂曾占国外涂料市场 90% 以上的份额。即使在其他合成树脂高度发展的现在,醇酸树脂在全球仍占工业涂料树脂的很高比重。

当时,苏联援助的涂料配方中,主要有甘油型的中油度醇酸树脂和季戊四醇型长油醇酸树脂配方(当时俄语译音为"格里夫他"和"般他夫他")。天津永明油漆厂等厂通过消化吸收,在 1957 年前后试制成功醇酸树脂。先是用熔融法生产,明火加热。1964 年前后,改为溶剂法生产工艺,这是醇酸树脂生产技术的重大进步。

为稳定与提高溶剂法生产醇酸树脂工艺,1965 年化工部在天津油漆厂组织醇酸树脂工艺改进的会战,由化工部天津化工研究院醇酸树脂科研组和天津油漆厂的有关科技人员组成技术会战组,会战解决了醇解终点控制、树脂透明度、涂膜光泽、干率、硬度等的影响因素,会战成果逐步在全国推广,对醇酸树脂质量提高有指导作用。

1969 年,化工部在兰州建成西北油漆厂,设计并制造电感加热生产醇酸树脂的 4.5 米^3 反应釜、管道化、机械化、半自动化生产工艺,并试验成功,改变了长期明火加热、多以工人体力操作的落后工艺,提高了生产安全性和质量稳定性。

在我国改革开放的第三年——1980 年,北京油漆厂(现北京红狮漆业有限公司的前身)从日本涂料公司引进一套醇酸树脂生产设备,包括一个 12 米^3 的反应釜(以往国内最大反应釜在 5 米^3 以下),以及配套的稀释罐、一套自动化较高的热媒炉加热系统、过滤装置,一次产稀释后的醇酸树脂 12 吨,产能 4500 吨/年,可制醇酸树脂涂料2万吨/年，为涂料大规模生产打下基础。接着，沈阳、杭州、大连、重庆、郑州等油漆厂，先后从国外引进醇酸树脂生产装置，有的反应釜达到15米^3，生产能力更大，自动化程度更高，大大推进了国内醇酸树脂的发展。

在引进、消化、吸收、创新基础上，醇酸树脂生产反应釜容量扩大，江苏三木集团两套50米^{3}的醇酸树脂反应釜及配套设备、自动控制体系，每釜一次生产50吨稀释后的醇酸树脂，两个釜产能达5万吨/年，可算是规模化生产，提高了产品质量稳定性。

在生产设备改进的同时，醇酸树脂的品种也得到了发展，不同的植物油脂、不同油度的醇酸树脂得到推广，而且从20世纪80年代开始，采用植物油脂肪酸为原料，缩短了反应时间，提高了产品质量。用脂肪酸为原料的醇酸树脂占比逐步增加到80%左右。植物油脂肪酸的原料来自生产油脂的下脚料和不适合食用的棉籽油，减少食用油的用量，扩大了原料来源。

醇酸树脂可以和许多化工单体和树脂复合改性，发展质量更高的新产品，扩大了醇酸树脂的应用范围。

据报道，2010年全国涂料用树脂300多万吨，而醇酸树脂产量超过百万吨，这还不包括醇酸树脂改性的其他涂料产量。醇酸树脂是涂料专用的标准合成树脂，它的问世逐步改变了中国涂料工业由低档漆一统天下的局面，走上以合成树脂涂料为主的发展道路。

四、开发中高档涂料用合成树脂

涂料的物理化学性能很大程度上取决于树脂的性能。随着国民经济和国防军工迅速发展，对涂料的品种和质量不断提出新的要求，国内石油化工、煤化工的快速进步，农副产品增加，为涂料用合成树脂提供了大量原材料，在发展醇酸树脂的基础上，国内相继发展了涂料用的多种树脂。

1. 聚氨酯树脂及涂料

聚氨酯涂料具有光亮、丰满、耐磨、耐腐蚀、附着力好等特性，还可低温固化，又能作高固体分、水性、粉末、光固化等低污染、省资源、节能型涂料，而且可通过以异氰酸酯和羟基组分为主的新型原料和新技术开发，以满足不同的使用要求。它广泛用于建筑涂料（外墙涂料、防水涂料、工业地坪等）、工业涂料（汽车涂料、航空涂料、塑料涂料等）和特种涂料（重防腐蚀涂料、核电涂料及各种功能涂料等），且不断出现新的用途和品种。我国的聚氨酯涂料从20世纪50年代后期开始发展，20世纪80年代中后期，产量连续攀升，最高占我国涂料总产量的5%~8%。

我国聚氨酯涂料的生产技术和研制开发水平提高较快。以前在生产聚氨酯预聚体时，常因原料质量或工艺不当，胶化报废。通过选用高纯度的三羟甲基丙烷、季戊四醇等，或在反应中加入少量磷酸，抑制预聚物成胶，提高了漆膜抗水性，降低了产品色泽。通过对生产预聚物设备的更新,并对生产工艺进行了改进,从原来将异氰酸酯投入到含羟基混合物中改为将羟基混合物投入到异氰酸酯中,始终保持异氰酸酯过量,既缩短了工时,又稳定了预聚物质量,从而提高了聚氨酯涂料的质量。

除去制造预聚物多异氰酸酯中残留的二异氰酸酯单体,国外大多采用减压薄膜蒸馏法以脱除游离单体。这个技术在国内也在应用。国内对六亚甲基二异氰酸酯-甲苯二异氰酸酯(HDI-TDI)三聚体预聚物采用连续萃取法除去游离单体,产品残留单体仅 0.5%,达到国际标准,操作比薄膜蒸馏简便,但要解决萃取液的循环使用问题。通过加入添加剂,产品中游离 TDI 质量分数可降低至 0.5%以下,但对预聚物性能有一定负面影响。由于多异氰酸酯制备过程中使用剧毒的光气,合成的预聚物或加成物含残余单体,国内有些单位正在开发非异氰酸的聚氨酯涂料。

在树脂制造设备上也有一定的改进,反应釜采用盘管加热方式。与夹套加热相比,由于加热介质在盘管中的流速高,给热系数大,从而提高了热交换效果。同时盘管对釜壁的加强作用,可使釜体承受较高压力,减少釜壁厚度,还可使釜的总体直径减小。在树脂反应釜上安装填料分馏柱,分馏柱三段控温,效果显著。

2. 丙烯酸树脂及涂料

丙烯酸树脂涂料是由丙烯酸酯类及其他乙烯类不饱和单体经均聚或共聚制成各种树脂,再加交联剂制成的各种涂料。1950 年美国 Du Pont 公司开始研究丙烯酸树脂涂料在汽车涂装上的应用,此后丙烯酸树脂涂料得到了飞速发展。

我国丙烯酸树脂脂涂料的研究始于 20 世纪 50 年代,当时以热塑性丙烯酸树脂涂料为主。20 世纪 60 年代研制并生产了室温固化型丙烯酸不饱和聚酯高级木器涂料。20 世纪 70 年代由于汽车工业发展的需要,研制生产了热固性丙烯酸涂料和其他各种丙烯酸改性树脂涂料。以后,相继研制出丙烯酸聚氨酯、丙烯酸非水分散体、丙烯酸高固体分涂料和丙烯酸辐射固化涂料。自 20 世纪 70 年代以来,受能源和环境保护法的限制,传统的溶剂型丙烯酸涂料逐渐被水性涂料、高固体分涂料、粉末涂料、无溶剂涂料取代。近年来各类丙烯酸工业涂料和建筑涂料,无论在产品品种、产量及技术水平、应用开发等方面都有较快发展。

丙烯酸树脂涂料的发展离不开丙烯酸(酯)单体的发展。现在,我国除具有相当规模的常规丙烯酸及其酯类单体生产外,也具有批量生产若干功能性丙烯酸(酯)单体的能力,如(甲基)丙烯酸多元醇酯类、甲基丙烯酸二甲氨基乙酯、(甲基)丙烯酸缩水甘油酯等。这为高性能丙烯酸树脂涂料的发展提供了原料保证。

在应用领域,水性丙烯酸树脂涂料作为建筑涂料有长足发展,丙烯酸系列建筑涂料正逐步替代聚乙烯醇涂料及面砖,丙烯酸乳胶涂料销量持续增长。丙烯酸氨基涂料及丙烯酸聚氨酯涂料作工业用涂料,用于汽车、轿车有着很大的潜力,汽车、轿车上将采用更多的实色或闪光的丙烯酸树脂涂料。汽车面漆水性化已成为一种新的趋势，水性丙烯酸涂料是制备水性金属闪光漆的重要品种。与溶剂型金属闪光面漆相比，水性涂料溶剂含量低得多，有利于环境保护。另外，光固化丙烯酸树脂涂料的使用已越来越广，光固化丙烯酸清漆技术已较为成熟。还开发了固态丙烯酸树脂、低毒溶剂型丙烯酸外墙涂料、环保型内墙涂料、丙烯酸钢结构防火涂料、有机硅丙烯酸树脂等新技术、新产品。随着多功能单体及其聚合技术进展，丙烯酸树脂涂料将进入更广的市场。

3. 环氧树脂及涂料

环氧树脂从20世纪40年代初瑞士投入工业化生产以来，以其优异的性能、施工简便、混溶性好以及可与多种有机化合物反应进行改性、价廉而得以迅速发展。我国环氧树脂是1954年开发成功，1958年投产。环氧树脂涂料是合成树脂涂料的四大支柱之一。环氧树脂涂料形成的涂膜具有优异的黏结、耐化学药品、防腐蚀和耐水等特性，目前已成功地生产出防腐蚀环氧涂料、环氧绝缘涂料、水性电泳涂料、环氧隔热涂料、环氧灌封料等，形成了环氧树脂涂料独特的生产和应用体系。环氧树脂还可与其他合成树脂（或活性交联剂）相互改性，制成各种用途的涂料。

（1）制备技术进展

国内环氧树脂的生产可分为液体树脂工艺和固体树脂工艺。其中，固体树脂生产工艺又可分为一步法（乳脂法）和两步法（升级法）。根据原料供应和当地市场需要，环氧树脂厂家生产了各种类型的环氧树脂涂料，并逐渐形成了各有特色的专用涂料系列。水性环氧树脂涂料因符合环境保护要求，应用领域逐步扩大。环氧树脂的水性化技术多种多样，一般可分成乳化法和水稀释法。乳化法是指环氧树脂直接乳化或采用乳液聚合技术；水稀释法是将环氧树脂改性成含富酸或富碱基团的树脂，再利用小分子量的碱或酸中和成盐，溶于助溶剂中，然后加水稀释。

两步合成环氧树脂法在国内已广泛推广，确定了合适的反应和工艺条件，降低了醚化反应温度，用常压共沸回收环氧氯丙烷，降低了双酚A与环氧氯丙烷的摩尔比。有些厂家以液碱代替固碱，并采用无溶剂萃取的后处理技术降低了消耗，缩短了生产周期；还采用苄基三甲基氯化铵为催化剂生产E-42、E-44环氧树脂的新工艺，比原工艺缩短工时1/3，环氧树脂质量有所提高。有些生产厂家利用先进的生产设备和技术，生产高纯度液体环氧树脂，低、中、高相对分子质量的环氧树脂，溴代环氧树脂等，包括电泳漆用、粉末涂料用和食品罐头涂料用的环氧树脂。水性环氧树脂和水性环氧树脂乳液都已推向市场。以双酚A为原料的环氧树脂占涂料用环氧树脂85%以上。旧的合成工艺污染大，2010年国家环保部要求实行清洁生产工艺，否则要列入"高污染、高环境风险"工艺，促进了环氧树脂清洁文明生产工艺推广。

（2）品种开发

环氧酯涂料包括环氧酯底漆和环氧酯绝缘漆。它是单组分包装，具有良好的配套性，是环氧树脂涂料中发展最早、用量较大的品种，广泛用于各种金属底材防护及化工厂室外设备和电气绝缘等领域，是环氧树脂涂料中的中档产品，防护性能逊于环氧树脂。

胺固化的环氧树脂涂料包括多元胺环氧树脂涂料、胺加成物固化环氧树脂涂料、聚酰胺固化环氧树脂涂料、胺固化环氧沥青涂料和酮亚胺固化环氧树脂涂料等品种。

环氧树脂粉末涂料，在防腐、绝缘及装饰性方面具有较多的优点。中国家电工业的高速发展刺激了环氧树脂粉末涂料的发展。环氧树脂粉末涂料经历了20世纪80年代的发展期，20世纪90年代的鼎盛期，目前已成为较成熟的涂料品种，新产品有食品级环氧树脂粉末涂料、高装饰性环氧树脂粉末涂料、环氧树脂粉末包封料、美术型环氧树脂粉末涂料、重防腐环氧树脂粉末涂料及环氧聚酯粉末涂料等。

酸酐固化的环氧树脂涂料主要用于电气绝缘，有时制成无溶剂型涂料。20世纪70年代初研制成功无溶剂环氧绝缘漆，20世纪80年代初，开始生产用于碳膜电阻器的酸酐固化环氧树脂涂料，之后又开发成功阻燃型电阻涂料。丙烯酸改性环氧树脂光固化涂料是国内紫外线固化的重要品种。

4. 烯类树脂及涂料

氯乙烯、乙酸乙烯、偏氯乙烯等一系列单体，为乙烯类树脂涂料提供了各种原料。烯类树脂包括氯乙烯-乙酸乙烯酯共聚树脂、偏氯乙烯共聚树脂、聚乙烯醇缩丁醛树脂以及氯磺化聚乙烯、氯化聚丙烯树脂，以及近几年市场上出现的高氯化聚乙烯树脂等。大部分烯类树脂涂料属挥发性涂料，具有快速自干的特点。由于原料资源丰富，价格较低，且具有优越的耐候性、耐化学腐蚀性、耐水性、电绝缘性、防霉性、不燃性和柔韧性，用途极为广泛。

我国烯类树脂应用于涂料工业始于20世纪60年代，但当时国内在原材料和涂料需求上，还没有形成烯类树脂涂料的外部条件，一些烯类树脂如三元共聚树脂、氯乙烯-乙酸乙烯酯树脂虽然开发较早，却很难达到商品化规模，推广应用的范围也比较窄。相反，开发比较晚的氯磺化聚乙烯涂料及高氯化聚乙烯涂料，正值我国经济高速发展时期，发展很快，防腐工程中，部分代替了传统的氯化橡胶及过氯乙烯树脂涂料，出现了万吨级的氯磺化树脂涂料生产。但这类挥发性涂料，有机挥发物（VOC）含量较高，面临降低VOC的严重挑战，开发高固分品种才有发展前景。

5. 其他涂料树脂

1957年我国氨基树脂开发成功并投产。有机硅单体在20世纪50年代中期开始开发，20世纪60年代中期有机硅树脂及涂料获得成功并逐步发展。1982年国内开始研究氟碳树脂及涂料，逐步发展，在高档涂料中的应用正日益扩大。

第二节 主要涂料品种技术进步

涂料品种很多，分类方法复杂。原化学工业部 1967 年确定，1975 年和 1982 年两次修改，以涂料树脂（成膜物）为基础，将涂料分成 17 大类，外加辅料 1 大类。这就是在行业内执行数十年的涂料品种"18 大类"的分类方法标准。为跟国际接轨，2003 年国家有关部委制定和颁布了涂料品种新的分类方法标准 GB/T 2705—2003，将主要涂料产品类型分为建筑涂料、工业涂料、通用涂料及辅助材料，专用和特种涂料包括在工业涂料中。后面按建筑涂料、工业涂料和特种涂料简介国内涂料品种的技术发展进程。通用涂料基本在上节已有所介绍。

一、为房地产发展积极配套的建筑涂料

最早的建筑涂料是用水和矿物粉配成的悬浮液，如石灰和水按一定的比例混合配制成石灰浆液，涂在内外墙上，起装饰与保护作用。还有用糯米糊、鸡蛋清掺混石灰水作为墙面涂料，当时算是高档的建筑涂装。但因性能不理想，曾有人采用乳化蓖麻油对其进行改性，这也许就是早期的乳胶涂料。

在 20 世纪中期，天然树脂涂料在国内外陆续兴起，也逐步进入建筑涂料领域，用于内外墙、门窗的装饰和保护。中华人民共和国成立后国内以醇酸树脂为领头的溶剂型合成树脂涂料，得到较快发展，并先后在建筑物涂装中得到应用。截至目前，醇酸、丙烯酸、环氧、聚氨酯、有机硅、氟碳树脂等溶剂型涂料在建筑涂料中仍占有 20%左右的市场份额。

改革开放以后，住房建设列为国家的支柱产业，发展很快，带动建筑涂料迅速发展。我国建筑涂料产量是从 1996 年开始单独统计。1996—2010 年中国的房地产投资增长了 11.6 倍，建筑涂料也相应增加了 10.88 倍，二者增速基本接近。建筑涂料增速高于整个涂料的增速，在涂料总量中占比从 1996 的 18.5%到 2010 年达到 36.4%，占比增加几近一倍。

在建筑涂料积极与住房建设配套发展中，值得大书特书的是以乳胶涂料为主的水性建筑涂料的发展。20 世纪 30 年代，德国研制了以醋酸乙烯酯为成膜物的乳胶涂料，由于其性能良好和使用方便，该类型的乳胶涂料得到较广泛的应用。20 世纪 40 年代，美国用 60%~67%的苯乙烯和 40%~33%的丁二烯乳液聚合的乳胶涂料，用于室内涂饰。

我国水性建筑涂料起步于 20 世纪 70 年代，1973 年，聚乙烯醇缩甲醛胶（即 107 胶）首次在北京饭店新楼的装修工程中应用，随后上海研制成功聚乙烯醇缩甲醛胶水泥地板涂料。这个品种虽然得到了一定程度的推广，但因游离甲醛含量较高，

很快被禁用。20世纪70年代初，化工部涂料工业研究所和上海涂料研究所研制成功水玻璃内墙涂料，但成膜性能不佳，未能大范围推广；聚醋酸乙烯乳胶涂料在当时有一些应用，但涂膜耐擦洗性能差，用丙烯酸改性，1979年醋酸乙烯-丙烯酸乳液涂料在北京研制成功。

苯乙烯-丙烯酸酯乳胶涂料（苯-丙乳胶涂料）是化工部涂料工业研究所研制成功的，1980年通过部级科技成果鉴定，在全国范围内推广。

为提高乳胶涂料的性能，1995年，国家将有机硅丙烯酸乳胶树脂及涂料（硅-丙乳胶涂料）列为"九五"科技攻关项目，由化工部涂料工业研究所承担，1987年该所分为兰州和常州两个部分，同时进行该项目研究，用硅氧烷改性，在乳胶树脂中含量最高可达到20%，贮存稳定，涂膜光泽高，其耐候性、耐水性、耐擦洗、抗沾污等性能优良，2000年通过部级科技成果鉴定。是外墙涂料中的高档产品，在全国推广。

随后，开发了叔碳酸乙烯酯-丙烯酸酯的乳胶树脂涂料。尽管国内科研单位和企业努力开发，乳胶涂料品种逐步配全，先后有一些国内涂料企业还引进了乳胶树脂，也涌现出像广东顺德巴德富、河北新光、江苏日出等年产能10万～20万吨的大型乳胶树脂生产企业；但由于中国住房建设发展十分迅速，尤其是高层与超高层建筑物发展很快，需要大量的高档建筑外墙涂料，单靠国内涂料企业开发和生产，不能满足建筑涂料的市场需要。因而吸引了众多的国外大型涂料和乳液公司，如巴斯夫、立邦、ICI（并入阿克苏诺贝尔）、Rom-Hass（并入陶氏）、瓦克、塞拉尼斯等，大举进军中国，或单独在国内设厂，或与中国企业合资，将他们的乳液技术和产品大量推向中国建筑涂料市场。由于他们在技术、品牌、资金、管理等方面有优势，竟成为主导国内高档建筑涂料领域的佼佼者。

超高层建筑和酸雨腐蚀严重地区需要具有更高防护性的涂料，故高档溶剂型建筑涂料，如丙烯酸、聚氨酯、有机硅、氟碳树脂等也得到发展，目前在整个建筑涂料中占10%左右。

二、紧追世界水平的工业涂料

（一）汽车涂料

中国的汽车工业是新中国建立以后，从无到有发展起来的。中国汽车涂料工业正是跟随汽车工业发展的步伐同步成长的。在1957年第一辆"解放"牌汽车下线之前，我国没有原厂汽车涂料工业，只有少量汽车修配业，所用的涂料是以硝基喷漆、醇酸漆为主的修补涂料。在长春第一汽车厂（简称"一汽"）建设的同时，当时的化学工业部从前苏联引进了成套汽车原厂涂料的制造技术，由天津永明油漆厂按引进技术为一汽配套生产了醇酸树脂底漆和面漆、硝基漆和沥青漆三个体系的卡车用漆。20世纪70年代初，化工部在化工部涂料工业研究所等单位组织了湿热带出口卡车漆和"红旗"牌轿车漆的技术攻关。前者是无油醇酸-氨基磁漆，后者是丙烯酸-氨基烘漆，开发了全套涂料。我国于1965年由化工部天津化工研究院涂料研究室（化工部涂料工业研究所前身之一）开发出环氧酯阳极电泳漆，并将其应用于北京东方红汽车厂的汽车涂装，实现了我国汽车涂装的一次大飞跃。一直持续到20世纪80年代中期，这些涂料品种满足了汽车工业发展基本需要。

20世纪80年代中期开始至1995年，北京吉普、长安铃木签订引进协议；中国与德国合营的上海大众汽车有限公司正式成立；南京依维柯公司、广州标致汽车公司、天津夏利轿车等一系列新汽车生产线的引进和建立，使涂料行业面临着汽车涂装新的要求和机遇，引发了一轮涂料技术引进热潮。沈阳油漆厂从日本关西涂料公司引进汽车漆技术，长春油漆厂从奥地利斯图拉克和贺柏兹两次引进汽车漆技术，北京红狮涂料有限公司先后从斯图拉克和阿克苏-诺贝尔引进电泳漆和汽车面漆技术，上海造漆厂和武汉双虎涂料有限公司引进巴斯夫涂料技术等。这些技术的引进，迅速缩短了我国汽车涂料与发达国家的差距，基本满足了当时引进和合资汽车新工厂的要求。中国的汽车涂料工业，在产品的配置、技术水平、质量管理、售后服务和行业的标准化方面有了质的飞跃。这一时期的单纯技术引进，为后期行业的进一步国际化奠定了基础。一些具有20世纪80年代中期至20世纪90年代中期发达国家汽车涂料技术水平的产品，如阴极电泳漆、抗石击中涂层漆、金属闪光色漆、珠光色漆、高光泽清漆、单涂层面漆等产品，均达到了引进车型原厂的技术标准和质量指标。

20世纪90年代初技术引进建设了一批先进的生产装置，由于市场需求变化快，对引进技术的消化并未形成创新能力，加之汽车涂装的技术更新加快，靠技术引进无法得到及时更新，上述的几家工厂出现了产品投产后已不适应市场需求，不得不依赖进口汽车涂料产品的尴尬局面。在20世纪90年代初至2000年前后开始的中国新一轮汽车合资潮中，全球的大汽车厂纷纷进入中国，而与其配套的国际汽车涂料制造商也开始进军中国，成为汽车涂料全球化的重要步骤。北京红狮、沈阳油漆厂、湖南油漆厂、重庆三峡和上海造漆厂等在原先引进技术的基础上，分别同阿克苏诺贝尔、关西涂料和巴斯夫进行了深层次合作，建立了合资企业。外方根据市场和用户需要持续不断地提供新产品和技术，协助进行属地化生产，参与生产和售后服务管理，使许多新技术和新产品实现了国产化。这一时期推出的新产品有无铅无锡阴极电泳漆、适用于静电悬杯机器人的色漆、金属闪光漆、抗流挂清漆和中低固体分三喷一烘涂装等。

随着新世纪更多的新技术新工艺的汽车涂装线的建设，中国汽车涂料工业进入了快速发展时期。以水性涂料为代表的低VOC排放的环保涂料已成大势所趋，中国正在成为最新涂装技术和材料的率先使用地区。

汽车工业是我国支柱产业之一，汽车涂料能代表一个国家涂料的综合技术水平。近30年来我国汽车工业获得了长足进步,尤其是近10年来我国汽车工业得到飞速发展。2009年我国汽车产销量达到1379.1万辆和1364.48万辆,成为世界第一大汽车生产大国,占世界主要国家汽车总产量6141.6万辆的22.5%。2010年,我国汽车产销量达到1826.47万辆和1806.19万辆,同比增长32.44%和32.37%,稳居全球产销量第一。2010年中国汽车涂料总产量55万吨左右,其中汽车原厂涂料量为37.58万吨,约占全年汽车涂料的68%,其余为汽车修补涂料。目前汽车涂料市场竞争激烈,高档轿车涂料市场是外国涂料公司占主导地位,国内汽车涂料企业尚有一定差距。

2009年我国汽车销售量虽超过日本和西欧,但涂料销售额只有8.63亿美元,日本是22.3亿美元,西欧是16.6亿美元,差距不小。原因是,国内大部分高档轿车涂料依旧靠进口,影响了销售额,也反映出国内汽车涂料技术水平与国外的差距。

(二)船舶涂料

1. 发展历程

最早的木船防水、防晒是涂装桐油保护。15世纪初,郑和率领浩浩荡荡的"舰队"下西洋,当然是木船,但用什么涂料保护,缺乏文字记载。近代船舶漆制造始于上海开林造漆厂,该厂创建于1915年。传统产品830、831、832沥青系船底防锈防污漆,于1955年在上海开林造漆厂研制成功,并在中国第一条03型潜艇上应用,性能超过当时英国红手牌和苏联尼夫克牌(HUBK)。该厂1960年相继研制成功833热带防污漆,以及813、312、812A木船防污漆和氯化橡胶涂料,并在船舶上使用。

我国具有真正意义的船舶涂料研发始于1966年4月18日成立的"舰船涂料科技攻关协作组"(简称4.18协作组)。由于船舶涂料是军民两用产品,难以引进,必须自力更生。1966年4月,化工部和海军后勤部组织船底漆攻关会战。当时汇集海军、化工部、专业涂料研究所、中科院和六机部(后为"中船总")、涂料厂等几十个单位,包括舰船总体设计、涂料配方设计和筛选、现场实船涂装和试验等各阶段工作。协作组的首要任务就是在最短的时间内研制出1.5~3年有效期的船底防污漆以解燃眉之急,同时研发3~5年长效防污漆,并兼顾整体配套涂料。

期间,上海市涂料研究所和开林造漆厂,相继开发了9#铝壳快艇防污漆,836沥青防污漆、丙烯酸防污漆,防污期初步达到五年的要求,1986年1月通过技术鉴定。随着涂装工艺改革及出口船舶的需要,按英国劳氏船级社钢船规范要求,研究成功车船底漆5个品种,并获得国家船检局认可。同时,开发了氯化橡胶和不泛黄的烯丙基醚白船壳漆、水线漆、饮水舱漆、环氧甲板漆等品种。1982年引进系列船舶涂料技术,生产按大类计42个品种,1990年生产能力9700吨/年,实际产量 4331.2 吨。

为适应船舶涂料发展的要求,经国务院批准,于 1979 年 12 月 26 日由化工部二局筹备成立"化工部海洋涂料研究所"(海洋化工研究院前身),承接"4·18"协作组任务,为国民经济发展服务。

从"八五"到"十五",船舶涂料的攻关由重点解决防污漆转到舰船涂料的整体配套。研发了一系列的船舶涂料新品种,船舶涂料发展进入了发展快车道。

2. 国内造船业及船舶涂料现况

我国造船业每年以 25%以上的速度增长,2009 年同比增长 47%,占全球 34.8%的份额,已跃居世界首位。

国内造船业目前以集团化发展为重点,集中力量建设渤海湾、长江口、珠江口三大造船基地。

中国造船业的飞速发展极大地促进了船舶涂料工业的发展。"十一五"期间国内涂料产量每年以两位数增长(2008 年除外),船舶涂料在国内整个涂料产量中占的比例(5%左右)未见增加,但船舶涂料消费量增加是很明显的,其趋势见表 8-1。

表 8-1 国内 2006—2010 年船舶涂料产量与涂料总产量比例

2006 年		2007 年		2008 年		2009 年		2010 年	
产量/万吨	占比/%	产量/万吨	占比/%	产量/万吨	占比/%	产量/万吨	占比/%	产量/万吨	占比/%
26	5.1	32	5.4	30	4.7	38	5.0	48	5.0

经过多年的建设和发展,国内船舶涂料制造商目前已具备相当规模和技术实力,如青岛海洋化工研究院、中船总公司 725 所、上海 11 所等单位,在船舶涂料产品研发和涂装工艺研究方面投入了大量研发力量,取得了许多可喜的成果。上海开林造漆厂、广州红云化工厂、青岛海建涂料厂、宁波造漆厂等,也都活跃在船舶漆市场上。与此同时,船舶漆品种从传统型向中高档方向发展,但整体技术水平仍落后于发达国家,在大船和重要船舶用的各种功能性涂料方面目前仍有差距,仍是外国公司占主导地位;国内船舶涂料公司主要市场为国内渔船、内河船舶及国内舰艇等。

2006 年,国家颁布了《船舶工业中长期发展规划》。是指导船舶工业"十一五"、"十二五"发展的总纲领,也是国内船舶涂料工业努力追赶世界先进水平的指导性文件。

(三)亘古至今的木器涂料

木器家具和人们生活关系密切,伴随人类生活进步而进展,木器家具的装饰与保护离不开涂料,所以木器涂料产生很早。

前已叙述,我国古代木器涂料已达世界较高水平,随后逐渐落后于世界木器涂料发展步伐。中华人民共和国成立之前,我国木器涂料工业不仅生产规模小,而且工艺落后,设备简陋,并且多数集中在几个主要城市,生产一些简单品种,原料大部

分从国外进口。

新中国成立后,我国涂料工业发生了根本性改变,作为其中一个品种的木器涂料也同样得到了很大进展,品种结构有较大变化。木材用涂料主要是家具涂料,也涉及木质工具、体育用品、文具、玩具以及室内装修的木质材料等。木器涂料除了要经久耐用外,对装饰性要求很高。

新中国成立前后,木器一般是使用天然生漆、油脂漆和油基漆等油性木器漆。这类漆曾一度在木器家具涂料中占有很大的比例。天津油漆厂和上海振华造漆厂最早生产这类漆。进入20世纪80年代,这类涂料迅速为高档涂料所取代。

20世纪30年代初,国内开始生产硝基木器漆,当时是以废的硝基纤维电影胶片来生产的,到20世纪40年代末开始用进口和部分国产的硝酸纤维素生产木器清漆。上海、北京、天津、南京、大连等油漆厂先后生产此类产品。进入21世纪后,由于此类产品含有大量溶剂,是限制使用的产品,要逐步用高固含量品种或水性木器涂料来取代。

20世纪60年代中期,上海造漆厂开发了Z22-1不饱和聚酯木器清漆。天津化工研究院涂料研究室开发的不饱和聚酯树脂木器清漆在1965年也通过了鉴定。北京红狮涂料有限公司1987年为配合密云木器厂引进的南斯拉夫流水线而研制了有光快速固化不饱和聚酯木器漆。

我国木器涂料的最大进步是聚氨酯涂料的大量应用,始于20世纪90年代,全国较大的家具厂80%以上以聚氨酯漆作为主要涂料。其中,双组分彩色聚氨酯木器漆最早是在武汉造漆厂于1985年研制成功并应用的。

紫外线(UV)木器涂料,固化速度快,生产效率高,活性稀释剂型产品基本是无溶剂型,国外发展很快。1977年,南京造漆厂与南京木器厂、南京林学院共同研制UV固化木器清漆成功;1988年,天津油漆厂开发的UV固化丙烯酸涂料经鉴定后转让给四新油漆厂生产,在天津及青岛木器厂应用。随后,丙烯酸-聚酯、丙烯酸-环氧、丙烯酸-聚氨酯等UV固化木器涂料在国内相继研制成功和进行工业应用。2010年,全国UV固化树脂近6万吨,绝大部分用于木材涂装,其中UV固化的丙烯酸-环氧树脂占一半以上。

木器家具是家具中的主要产品,是人们日常生活的重要用品。我国是木器家具生产大国,居全球第一位。2010年,家具行业规模以上企业累计完成工业销售产值4487.65亿元,其中木制家具完成2610.06亿元,占比58.16%。另外,随着人民生活水平提高,家庭装修业也蓬勃发展,因此带动了木器涂料较快的发展。2010年,我国木器涂料产量为90万吨左右,占全国当年涂料总产量的9.3%。

中国也是家具出口大国,2010年出口额达377.24亿美元,其中木器家具出口105.57亿美元,占家具出口额的31.3%。

木器家具靠涂料装饰与保护,特别是高档木器家具是一种艺术品,精美的图案与花纹，其美丽的外观要靠涂料涂饰显现和保持。舒适温馨的家庭装修，涂料涂饰的贡献也功不可没，可见涂料对木器家具发展十分重要。

（四）体现涂料主要功能之一的品种——防腐涂料

化工、石油、交通运输、机电、冶金、电力、建筑、食品、轻工等行业用的设备、管道及设施等常因腐蚀介质侵袭而腐蚀，必须采取防腐措施。在这些措施中，以涂料来防腐蚀最为经济、实用和方便。

我国防腐蚀涂料早期多以油基树脂、酚醛树脂以及醇酸树脂涂料为主，目前多以新型合成树脂替代传统的油基树脂，对所用颜料、填料、助剂和溶剂等均有新的要求。

过氯乙烯防腐蚀涂料曾风靡一时。在1953—1957年的"一五"期间，锦西化工厂试制成功过氯乙烯树脂。沈阳化工综合研究所、大连油漆厂、沈阳油漆厂等参考苏联产品，先后试制了成套的防腐涂料品种，大连油漆厂于1955年在国内率先投入生产，随后天津油漆厂、沈阳油漆厂和上海造漆厂等也分别生产了同类产品，使国内拥有了可以自干、快干、耐化学介质及化工大气腐蚀的防腐蚀涂料。但该类品种有机溶剂含量很高，逐步为其他类防腐涂料品种取代。

1956年，沈阳化工综合研究院开发了环氧树脂；20世纪60年代天津延安化工厂等生产了低相对分子质量的聚酰胺树脂；随后，国内涂料界开发了聚酰胺固化的环氧防腐蚀涂料；再其后，环氧树脂固化剂增多，使这一类重要的防腐涂料品种得以在国内逐步推广。

20世纪60年代开始，大连染料厂试产聚氨酯涂料的原料——甲苯二异氰酸酯（TDI）；天津化工研究院涂料室、天津油漆厂、上海涂料公司等较早地开发了聚氨酯防腐蚀涂料。有机硅防腐蚀涂料、氟碳树脂防腐涂料也先后开发成功。

富锌底漆是重要的防腐涂料，1965年上海开林厂开发的无机富锌涂料在海水冷却器及一些船用设备上的应用都取得了理想的结果。

防腐涂料国内年用量数超百万吨，特别是重防腐涂料用量增加很快。富锌底漆（环氧富锌、无机富锌）+环氧云母氧化铁中涂漆+氯化橡胶或聚氨酯（近年来发展的氟碳树脂）面漆的涂料体系，用于重防腐涂料的涂装在国内比较成功和广泛，如用于较恶劣环境的青藏铁路、杭州湾大桥、北京奥运工程等，国内防腐涂料品种基本能满足要求。

三、国防现代化和高科技产业发展需要的特种涂料

（一）航空航天涂料——与国防和科技现代化配套的特种涂料

一般"航空"是指飞行器在大气层内飞行，而"航天"是指在大气层的外层空间飞行。所以航空涂料通常指的是飞机（民机、军机）用涂料，它的主要种类是以飞机蒙皮涂料、雷达罩涂料等为主要代表；而航天涂料通常是各种飞行器（火箭、

导弹、卫星、飞船、空间站和星球探测器）用涂料，侧重于耐高温、防辐射、耐烧蚀等。

1. 飞机蒙皮涂料

飞机蒙皮涂料可以分为外蒙皮和内蒙皮涂料，通常情况下，着重考虑外蒙皮的涂装与防护，内蒙皮一般不提严格要求。

美国飞机蒙皮涂料代表世界发展水平。美国在20世纪70年代用丙烯酸树脂涂料作为飞机的面漆在F-105飞机上得到全部使用，效果良好。聚氨酯漆作为飞机的面漆也是美国率先使用的，先在T-3反潜艇飞机和B-52轰炸机上使用并推广，寿命长达5年，而一般涂料2年就需要重涂。在C-130、C-121、F-5、F-4、F-38等直升机和大型客机如（B-707和B-747）上均用聚氨酯作为面漆。自20世纪70年代至今。英国欧洲航空公司也是这种情况。

我国飞机蒙皮涂料始于20世纪50年代，以C01-7长油醇酸涂料为主，固化后的漆膜形成网状结构，涂膜平整光滑、坚牢、光泽好、丰满度高、能耐矿物油类、耐久性好，但漆膜耐水性差。醇酸涂料主要用在军用运输机和轰炸机上，也用于一般低速飞机上。军用飞机上常用的颜料是草绿色和天蓝色，起到一定伪装作用。醇酸涂料由于其稳定成熟的加工工艺、较低的成本，以及良好的生产性能，曾经起到积极的作用。

20世纪60年代，由原三机部621所（现航空航天部材料所）和天津油漆厂研制出150℃烘烤型磁漆，但这种漆在阳光照射下有漆膜变软和不耐脏的缺点。

20世纪70年代，北京621所、天津油漆厂和化工部兰州涂料工业研究所均投入大量人力、物力进行研究。丙烯酸清漆、丙烯酸改性聚氨酯磁漆、聚氨酯磁漆和有机硅改性聚氨酯漆的产品相继研究成功，并均广泛用于制造军用新飞机的涂装。

20世纪80年代，随着飞机制造业迅速发展，将航空涂料带入飞跃发展阶段。在引进国外产品的基础上，从事航空涂料研究的单位遍及南北，主要有化工部涂料工业研究设计院（兰州）、北京621所、天津灯塔涂料厂、上海涂料所、西安惠安化工厂等单位，相继推出13-2丙烯酸聚氨酯磁漆、B04-6丙烯酸清漆、乳白丙烯酸聚氨酯磁漆、SBS04-33脂肪族聚氨酯无光漆、W04-1有机硅改性聚酯聚氨酯磁漆、W04-86有机硅改性聚酯聚氨酯迷彩涂料、W04-89有机硅改性聚酯聚氨酯无光磁漆等。其性能不同，优缺点各异，已在国内军机和民机各种机型上得到不同程度的应用。底漆一般采用环氧涂料，如W06-2飞机蒙皮锌黄底漆。其中有些品种的大部分性能指标达到国外同类产品的技术水平，基本可满足国内飞机生产、涂装的需要。

20世纪末到21世纪初，由于氟硅涂料技术的发展，国内有机氟飞机蒙皮涂料的研制取得重大进展，技术性能完全达到国际先进水平。天津灯塔、大连汇可邦和大连振邦等相继研制出了飞机蒙皮用氟碳涂料，耐盐雾试验通过 2376 小时，人工加速老化试验通过 3000 小时无粉化和龟裂，中国广州大气暴晒两年无粉化龟裂，完全符合国家标准及美国飞机蒙皮涂料标准的要求，并在成都、上海等飞机制造厂获得成功应用，有待进一步推广。化工部涂料工业研究设计院于 20 世纪 90 年代研制的有机硅改性聚酯聚氨酯飞机蒙皮涂料，性能优良，已获得成功应用。

经过近两年的自主创新和认证努力，由上海涂料公司技术中心研发的 STL7770 飞机蒙皮涂料获中国民航总局颁发的适航证，使该公司成为我国首家获此证书的涂料企业。新一代飞机蒙皮涂料技术含量更高、适用领域更广，其产品性能完全满足波音公司的 64 项技术指标，能与同类型的进口产品相媲美，其核心技术——高固体低黏度聚酯树脂申请了发明专利。

新的飞机蒙皮涂料除了高保护与装饰性外，还要求具有一定的隐身性能，国内也在研发这一品种。

2. 消融隔热涂料

消融隔热涂料作为一种特殊的功能性涂料，是随着航天技术和军事工业的发展而兴起的防热材料，在航天技术的发展中起着不可替代的作用。主要用于飞行器（火箭、导弹、宇宙飞船等）的头锥部、弹体外表面、发动机燃烧室衬里以及发射场地各种设备的防热保护等。

国内在消融隔热涂料方面的研究及应用始于 20 世纪 70 年代，当时因我国航空航天事业的发展要求，卫星、导弹配套的特种涂料也相继研究成功，主要品种有：化工部涂料工业研究所研制的高温热反射涂料 2262 系列涂料；上海涂料研究所研制的 6831 隔热涂料、聚氨酯泡沫内壁隔热涂料。后来我国又研制成功多种有机硅消融隔热涂料，如化工部涂料工业研究所研制的 YJ-66A 型和吉林化学工业公司研究院研制的 751 型涂料。这两种涂料具有优良的高强度、耐烧蚀、耐高温高速火焰气流冲刷和隔热性能。

20 世纪 80 年代，化工部涂料工业研究所研制的 NHS-55 舰船用高温防热涂料解决了舰船发射远程导弹发射系统的防热问题和涂层耐冷热交变的难题；DG-71 后挡板防热涂料解决了水下发射导弹燃气发动机后挡板的防热问题。进入 21 世纪，随着我国航天和国防工业的发展，消融隔热涂料的研发呈现一种喷发的趋势，众多研究机构都积极开展相关研究工作，有许多报道的研究成果主要集中在涂层应用性能以及耐烧蚀、高性能树脂研究等方面。消融涂层由原来的聚乙烯基树脂、聚氨酯树脂、酚醛树脂、环氧树脂、有机硅树脂等有机消融隔热涂层体系逐步向无机（超无机）体系发展；隔热机理逐步多元化、复合化，涂层隔热防护性能逐步提高。

（二）新能源专用涂料

新能源包括核能、水能、风能、太阳能、生物质能等，特种涂料在其中起到了

不可替代的作用，要求配套发展。水力发电设备除水轮机叶片要求防气蚀防腐、耐磨性强的涂料外，一般中高档涂料可满足水电站其他的要求。

1. **核电涂料**

中国第一座核电站是1984年建设1991年12月并网发电的秦山核电站。目前同时开工建设的核电站有十多座，其装备有4000亿元的市场份额，是特种涂料的大市场。

核电站的核岛周围的设备、钢构件、混凝土、设备管道及建筑物等要防核辐射，因辐射会加速材料老化，多孔的混凝土表面也容易吸附放射性灰尘形成永久性放射源，从而对运行和维修人员造成永久性伤害。涂料是核电站最常用的防护手段。在建筑和设备表面涂覆涂料，一方面提供涂层的基本保护，另一方面提供致密、易于清洗以除去放射性污染物的表面。由于核辐射会使涂料粉化、开裂，破坏涂料的防护作用，因此对涂料要求具有耐辐射性能。

自我国首座核电站——秦山核电站起，国内各涂料研究单位、供应商做了大量研究开发工作，如：兰州应通特种材料研究所开发的耐高温涂料、上海开林造漆厂开发的核岛内环氧涂料、常州涂料化工研究院开发的NC系列涂料。这些工作对于推动我国核电涂料产业自主化起了重要作用。目前我国核电涂料主要生产企业有上海开林造漆厂、兰州应通特种材料研究所等几个单位，另外，广东秀珀等一批民营企业也开始研究生产核电涂料。

常州涂料化工研究院自主研发的核电站用的溶剂型和水性涂料产品，拥有自主知识产权，成功进入国内外市场。产品除了应用在国内核电站外，还出口到海外，保障了我国援外核电站的顺利建设，如巴基斯坦恰希玛等多个堆型核电站用溶剂型和水性涂料，近期通过了国家核电技术委员会项目及产品的鉴定。

2. **风电涂料**

风电能源属可再生的绿色能源，是国内外大力发展的清洁能源之一。

风电用涂料包括塔筒（或塔架）、叶片、并网用、设备用涂料，国内现年消费风电涂料近10万吨。其中，叶片用涂料要求耐大气腐蚀、耐风沙冲击、防结冰，近海区还要防盐雾，属特种涂料。风电涂料我国起步较晚，大部分风电涂料市场被国外涂料企业占主导地位，尤其是叶片涂料，几乎全部依赖进口；同时，缺乏风电涂料行业标准，企业在研发叶片涂料时缺乏明确的技术参照。尽管如此，国内一些科研单位和企业正在急起直追。北方涂料工业研究设计院的风电塔筒内外壁用防腐涂料于2009年通过省级鉴定，开始推广。西北化工公司的"永新"风电涂料在我国海装风电项目中开始使用。

此外，天津德威涂料有限公司、株洲时代电气绝缘有限公司、中远关西涂料化工有限公司，以及常州普兰纳涂料公司等企业参与研发风电涂料。可以预计，风电涂料完全国产化指日可待。

3. 太阳能涂料

我国太阳能热水器2008年总集热面积运行保有量约1.35亿米^2,年生产能力超过2500万米^2,比2007年增长10%,使用量和年产量均占世界总量的一半以上。全国有1300多家太阳能热水器生产企业,带动了玻璃、金属、保温材料和真空设备等相关行业的发展,对涂料也有推动作用。太阳能热水器需要吸热、集热、保温、防冻等特种涂料,以及防腐与耐候性优良的涂料,国产涂料基本能满足要求。

光伏发电是利用太阳光的光生伏特效应,由光子(光波)转化为电子、光能量转化为电能量。光伏发电关键设备是太阳能电池,迎向太阳辐照的玻璃面透明度要求很高,用于防护的透明涂层对照射其上的阳光只透过不反射,且具有较高的耐候性;电池的背板涂层可以将接收阳光的98%转变成热能,并使热能转变为电能的总效率尽量的高(至少能达到20%以上)。这两种涂料都是特种涂料,目前处于研发与创新阶段,性能是在提高的过程,还没有形成十分理想的定型产品。国内涂料行业内的一些科研和企业单位,正积极开发和扩大试验和工业化推广,目前太阳能电池背板涂料每年用的氟树脂在3000吨以上。

四、节能环保,发展低污染型品种

国外环保法规日严,从而促进了低污染型涂料品种较快发展。1973年我国颁布了《工业"三废"排放标准》法规。对于涂料生产线和涂装生产线的建设与生产,则执行《工业企业设计卫生标准》(GB 3039—79)、《涂漆作业安全——涂漆工艺安全标准》(GB 6514—86)、《涂装作业安全规程、涂装工艺通风净化》(GB 6515—86)、《涂料作业——涂装前处理工艺规程》(GB 7692—87)和《职业性接触毒物程度分级》(GB 5044—86)等。1998年,上海市技术监督局率先颁布了我国地方标准"健康型建筑内墙涂料",北京市技术监督局随后也颁布了北京市建筑内墙涂料安全健康质量评价规则;国家环保总局在1999年批准颁布了HJBZ 4—1999水性涂料环境标志产品技术要求。

2001年,国家颁布了室内装饰装修的两个强制性标准GB 18581—2001和GB 18582—2001,前者是室内装饰装修材料的溶剂型木器涂料有害物质限量标准,后者是室内装饰装修材料的内墙涂料中有害物质限量标准。对其中的VOC、苯类、重金属、游离甲醛等有毒有害物质作出了限值规定,2008年进行了修订,限量又严格了一些。这是我国涂料行业第一次颁布的强制性标准,是涂料技术标准的一大进步。

这两个强制性标准只限于室内装饰装修用漆,并未涉及工业涂料和其他涂料品种,但对低污染型涂料品种发展有促进作用。

此外,涉及涂料的限制溶剂和原料的国际条约有《蒙特利尔议定书》和《关于持久性有机污染物（POPs）的斯德哥尔摩公约》，前者规定受控物质为两类8种；1991年，中国加入议定书伦敦修正案时为五类20种；在《北京修正案》里受控物质已达八类95种，如禁止使用破坏大气臭氧层的氟氯烃类冷却剂、有"三致"（致癌、致畸、致突变）作用的溶剂，涉及涂料的有四氯化碳（溶剂法生产氯化橡胶树脂的溶剂），都在禁用之列。

2001年5月23日签字2004年5月17日生效的《关于持久性有机污染物（POPs）的斯德哥尔摩公约》，涉及涂料的禁用产品有作防污涂料毒剂的DDT及呋喃等溶剂，以及用作阻燃涂料中的一些溴化物阻燃剂。这些国际条约对涂料降低污染提出了新的要求。

改革开放初年（1979年），全国低污染型涂料占比不到10%（包括油脂涂料在内），到2009年，环境友好型涂料占比达47%以上。品种有高固体分与无溶剂涂料、粉末涂料、水性涂料，下面分别简介它们的进展情况。

（一）高固体分与无溶剂涂料

高固体分和无溶剂涂料是指最后涂覆于物体表面时的涂料固体分，不是涂料出厂产品的固体分。衡量的标准，就是单位体积（或质量）的涂料使用后挥发至大气中的VOC（挥发性有机化合物）的量，固体分越高，VOC越少。一般认为，在最后施工应用的涂料固体含量在70%（质量分数）以上的涂料属高固体分涂料。无溶剂涂料的VOC接近零。古代使用的涂料——大漆、桐油等，基本是无溶剂涂料，由于生产发展对涂料性能要求提高，在近代逐步发展了合成树脂涂料。涂膜的性能与树脂相对分子质量大小是相关的，树脂相对分子质量大，性能一般提高，这就要靠有机溶剂溶解和稀释以降低黏度，否则就难以施工应用。由于降低VOC的要求日益提高，对涂料性能要求也在不断提高，降低涂料中VOC只能在现有溶剂型涂料基础上进行，不能回归到古代水平。

降低溶剂型涂料中VOC，技术难度较大。经过了长期发展，先在烘烤型涂料，如汽车中涂、面漆实现了高固体化（固体分60%～70%）。常温干燥的涂料采用活性稀释剂提高固体分，比较成功的是无溶剂环氧树脂涂料，单是国内地坪涂料每年使用几万吨，在其他防腐涂料中也有应用。

另一个品种是包括紫外线（UV）、电子束（EB）的辐射固化涂料，VOC接近零。UV固化涂料国内年用量在6万吨以上。高固体分和无溶剂涂料总体水平与发达国家比较，在品种和消费量上都有一些差距，但近几年迅速崛起的聚脲弹性体涂料属无溶剂涂料，在高速铁路防水方面得到应用，这在国际上处于领先地位。

（二）粉末涂料

粉末涂料是以高聚物为主要成膜物，掺入固化剂、流平剂、颜料、填料等原料组分，经混合、挤压、粉碎、筛分得到粉末状涂料。主要品种有环氧、环氧-聚酯、聚酯、丙烯酸、聚氨酯等。采用静电喷涂法施工，也是无溶剂涂料，发展很快，广泛应用于工业防腐、家电、建材、交通工具等领域。2010 年全国粉末涂料产量超过 80 万吨，居世界第一位，但在采用低毒性固化剂、薄涂、低温固化等方面与国外有差距。由于需高温固化、又不易薄涂、装饰性不强等问题，影响粉末涂料的扩大应用。

（三）水性涂料

用水部分或全部代替有机溶剂的涂料统称为水性涂料，包括水乳化型涂料和水可稀释型涂料。水乳化的涂料是在乳化剂存在下聚合成乳胶树脂；或是在树脂合成后加乳化剂乳化制成乳胶树脂。水稀释性树脂是先合成含羧基或含阳离子氨基的树脂，用弱碱或用弱酸中和使树脂盐基化，溶于助溶剂中，然后加水稀释，得到可水稀释性树脂。理论上，溶剂型涂料都可水性化，但不同品种，水性化的难易程度不同，通常所说的水乳胶涂料发展较快。如美国每年消费 700 多万吨涂料，建筑涂料占一半以上，其中水性涂料（主要是乳胶涂料）占 80% 以上。国内 2010 年水性建筑涂料产量 361 万吨，占涂料总量的 36% 左右。

工业涂装、汽车、木器、家电、火车、机械、船舶等所用工业涂料的水性化国内外都有较大发展，但技术难度相对较大，至今，全国水性工业涂料产量只占涂料总量的 2%，与国外差距较大（发达国家水性工业涂料占其总涂料量的 20% 以上）。

附 1　大 事 记

1949 年中华人民共和国成立初期，我国从事涂料生产的职工仅 1055 人，仅有约 50 家小型涂料厂，年产量不足万吨，产品只有几十种低档品种。

1952 年，全国涂料产量达 2.7 万吨，品种以低档的油基涂料为主。上海永固造漆厂（现振华造漆厂前身）开始试验熔融法醇酸树脂的生产。

1950—1955 年，飞机用涂料受到重视，天津永明油漆厂研制了涉及飞机各部位用的涂料花色品种漆共 80 多个；沈阳油漆厂负责仿制飞机内部用漆和外用漆；大连油漆厂负责飞机的布质外蒙皮漆。

1954 年，沈阳化工综合研究院（沈阳化工研究院前身）首先从原料开始，进行了环氧树脂研制。

1954 年，北京油漆厂从捷克引进了成套的色漆制造设备，这是建国后涂料行业首批成套引进国外设备。

1955 年，上海开林造漆厂试制成功具有较好防锈和防污性能的 830 铝粉底漆、831 黑棕船底防锈漆、832 船底防污涂料沥青系船底涂料，并涂装在我国建造的第一艘03型潜艇艇底上。之后，又试制成功常规型水线漆、船壳漆。

1956年，中国生产出的第一架喷气式战斗机，全部使用国产配套涂料。

1956—1957年，在苏联援助下，天津永明油漆厂（天津油漆厂前身，现天津灯塔涂料公司）等厂试制成功中、长油度醇酸树脂。

1957年，聚氨酯漆在上海投产。

1957年，上海新华树脂厂研制氨基树脂并投入生产，以后逐步发展氨基树脂固化涂料。

1957年7月，长春第一汽车制造厂投产，全部用上了国产涂料，总计13个品种。

1957年，化工部在天津永明油漆厂开办了我国第一期油漆短训班，聘请苏联油漆专家和永明油漆厂技术人员传授涂料生产技术，历时45天。培训班的讲义，经修改后以《普通油漆工艺学》由化学工业出版社于1959年出版，成为我国第一部系统论述油漆制造工艺的专著。

1958年，上海振华造漆厂国内首家生产氨基树脂。

1958年，永明油漆厂为第一汽车厂生产的我国第一辆解放牌汽车和洛阳拖拉机厂生产的东方红牌拖拉机研制配套底、面漆，及为我国第一辆东风牌小轿车研制和红旗牌轿车研制用漆。

1958年，上海树脂厂和无锡树脂厂、岭南化工厂建成环氧树脂生产车间并大规模投入了生产。随后上海永固造漆厂投产环氧底漆。

1958年，大连油漆厂生产的船底漆、船壳漆、水线漆、甲板漆用于我国建造的第一艘万吨巨轮"跃进号"上。

1958年，上海开林造漆厂研制成功国产第一代氯化橡胶铝粉底漆和氯化橡胶水线漆。

1959年，甲基丙烯酸酯类漆研制成功。

1959年，化工部涂料工业科技情报中心站在天津化工研究院成立，同年10月，我国涂料工业第一本内刊《涂料技术报导》（现《涂料工业》杂志前身）创刊。

1960年，上海染料涂料研究所在上海振华造漆厂投产我国最早的聚醋酸乙烯乳液及乳胶漆。同期北京油漆厂正式投产内用乳胶漆。随后，化工部天津化工研究院涂料室（化工部涂料研究所前身）和上海染料涂料研究所分别试制成功聚醋乙烯与顺丁烯二酸二丁酯共聚乳液，及外用乳胶漆。这是我国建筑用的第一代乳胶涂料。

1961年，上海造漆厂生产Q22-1硝基木器清漆。

1962年，天津油漆厂引进比利时的80升研磨机和高速分散机，同时，上海等地区分别引进英国、西德的单辊机、液压传动的三辊机、高速分散机等设备。

1963年，中国科学院有机化学研究所与国防科委的七院九所（现725所）共同研制成功有机锡涂料，用于船底防污漆中。

1964年，化工部天津化工研究院涂料室研制成功膨胀型防火涂料；同年，与七机部七〇三研究所合作研制成功我国第一个单变色示温涂料品种。

1965 年，化工部天津化工研究院涂料室研制成功常规高温隔热涂料，可耐 1100℃的高温。同时研制成功高温电缆绝热涂料，在天津油漆厂投产，用于装备部队。

1965 年，上海染料涂料研究所首先研制成功水性酚醛改性醇酸阳极电泳漆；1966 年，化工部天津化工研究院涂料室、天津油漆厂、北京油漆厂和北京汽车厂共同研制成功水稀释性环氧酯阳极电泳漆。

1965 年，化工部在天津油漆厂组织醇酸树脂工艺改进的"会战"，提高醇酸树脂质量。

1965 年，上海造漆厂研制开发 B22-2 丙烯酸木器漆。

1966 年 4 月 18 日，化工部二局同海军后勤部组织跨行业、跨地区、规模空前的科研、生产、使用三结合的全国"418"攻关会战组。历经 15 年，取得会战成果 44 项，基本满足了当时海军舰艇对船底漆的需求。

1967 年，沈阳油漆厂研制了纯酚醛改性阳极电泳漆。

1968 年广州电器科学研究所和常州绝缘材料厂试制成功环氧绝缘粉末涂料。同年环氧树脂粉末涂料生产线正式建成投产。

1968 年，由上海家具涂料厂、上海家具研究所开发出"685"聚氨酯木器漆。

1969 年，上海染料涂料研究所，完成红缨-5A 导弹推进剂表面用阻燃涂料，及隔热修补涂料。

1969 年，大连化物所研制成功 2264 隔热涂料。1973 年上海化工局和涂料公司组成攻关小组，完成 701-5 高温隔热涂料研制。

1972 年，双组分聚氨酯涂料、紫外线固化丙烯酸环氧漆开始生产。

1972 年，湖南造漆厂引进日本立式封闭型砂磨机；北京引进瑞士 15 升卧式砂磨机。

1976 年，水性喷涂漆研制成功。

1977 年，国产第一台立式密闭砂磨机通过部级鉴定（1967 年试制成功间歇立式砂磨机和第一台立式开放式 SP-01 砂磨机）。

1978 年，上海开林造漆厂从英国国际油漆公司引进从底漆到船底防污漆及特种舱用的成套船舶涂料技术并批量生产。

1978 年，第二代聚丁二烯阳极电泳漆开发成功。

1979 年，机械委的"五四"所研制出我国第一代阴极电泳涂料。

1979 年，研制出高性能烧蚀防热涂料；化工部涂料所研制出高性能 YJ-66A 防热涂料、DG-71 无溶剂型燃烧室后档药板涂料、海洋环境下 NHS-55 舰用高温防热涂料、熔融型示温涂料及膨胀型丙烯酸水乳胶防火涂料开始应用。

1980 年，北京油漆厂从日本引进反应釜为 12 米^3 醇酸树脂成套生产装置与技术，之后，沈阳、大连、重庆、杭州、湖南等地也相继引进了相近规模的醇酸树脂生产装置与技术。

1980年，苯丙、有光乳胶漆通过技术鉴定。

1980—1981年，北京红狮涂料公司和化工部涂料工业研究所研制并试产了紫外线固化木器漆。

1981—1982年，先后引进15升、45升、200升卧式砂磨机；北京红狮从奥地利Stollack公司引进方形调漆罐制造技术。国内先后引进10多条自动包装生产线。

1982—1986年，化工部涂料所先后研制成功NHS-55舰用高温防热涂料、A60-1改性氨基防火涂料、G60-3膨胀型过氯乙烯防火涂料、LG钢结构防火隔热涂料、106预应力楼板防火隔热涂料、第一种薄涂型钢结构防火涂料和有效防污期36个月的防污漆及防污期为5年的长效防污漆系列品种。

1983年，我国自行设计的第一条粉末涂料连续生产线通过鉴定。

1984年，北京东方红化工厂引进年产3.5万吨丙烯酸及其酯生产技术和装置并投产。

1985年1月，中国涂料工业协会在京成立。

1985年，上海开林造漆厂为我国首航南极考察船"向阳红十号"提供14个品种的成套船舶涂料。

1985年，上海市涂料研究所与上海振华造漆厂合作开发了热熔型路标涂料，北京红狮、深圳海虹、化工部涂料所、西安油漆总厂、广州化学研究所、交通部公路科学研究所先后研制成功不同类型的路标涂料和反光标线漆。

1986年，重庆油漆厂生产的自泳漆经中试获得成功，自泳漆自此开始进入汽车工业。

1986年3月，《中国涂料》创刊。

1990年，上海造漆厂引进德国巴斯夫汽车涂料的生产技术，通过消化、吸收、投产，为上海大众桑塔纳轿车配套。

1991年，天津油漆厂建成全部采用不锈钢制造的阴极电泳工艺装备，形成了国内首家自动化水性漆专业化生产车间。

1991年，中船总公司十一研究所开发研制集装箱配套涂料。

1992年，铁道部科学院金化所研制出新的钢梁油漆，用特制环氧富锌底漆和云铁环氧中间层、特制018醇酸面漆应用于桥梁建设之中。这是国内至今应用最广的（重）防腐涂层体系，根据不同要求，面漆还可使用丙烯酸-聚氨酯、有机硅改性树脂、氟碳树脂涂料。

1992年，青岛海洋化工研究院开发TF-SPC无锡自抛光防污涂料，并先后在十余艘船上进行涂装。

1993年，国内研制成功重防腐融结环氧粉末、煤焦油瓷漆防腐新材料，用于管道内外壁防腐涂装。

1993年10月,南京天龙股份有限公司(原南京造漆厂)改制上市(后被江苏红太阳公司收购)。

1993年,日本涂料公司与新加坡厂商合资投资1100万元,在上海浦东建一座油漆厂。主要生产汽车和家电涂料。

1993年,天津灯塔涂料股份有限公司被国家经贸委、海关总署认定为全国首批40家之一的国家级企业技术中心,是国内涂料行业第一家国家级企业技术中心。

1994年4月,重庆三峡股份有限公司(原重庆油漆厂)改制,以"渝三峡"股票在深交所挂牌。

1994年,投资1400万美元的南京龙华汽车涂料有限公司建成投产,主要品种有中厚膜阴极电泳底漆和高光泽高耐候性丙烯酸氨基面漆。

1995年,《现代涂料与涂装》创刊。

1996年,上海振华造漆厂研制开发"飞虎CH680各色环氧背面漆"彩色钢板涂料新品种,属国内首创。

1996年,江苏石油化工学院形成500吨/年四氯化碳法氯化橡胶生产新技术,对满足国内需要起了作用,但溶剂法制氯化橡胶工艺使用大量四氯化碳,是禁用的产品,要用水相法工艺取代。

1996年,上海造漆厂引进聚偏氟乙烯树脂(PVDF)开发的"飞虎"氟碳涂料,达到国际认可标准。2000年大连振邦集团有限公司立项开发研制以三氟氯乙烯为含氟原料的水性氟树脂及涂料。

1996年2月,武汉双虎涂料股份有限集团公司(原武汉油漆总厂)改制以"双虎涂料"股票在上交所正式上市(后被力诺公司收购)。

1997年2月,天津灯塔涂料股份有限公司(原天津油漆厂)改制以"灯塔油漆"在深交所上市。

1997年8月,西北油漆厂以"西北化工"名义在深交所上市。

1997年,天津灯塔涂料股份有限公司的"灯塔"油漆商标被国家工商局评为驰名商标,为涂料行业第一家。

1997年,《中国涂料工业年鉴》创刊。

1999年,广州珠江集团红云涂料厂的"SB-04内增塑型聚酯改性丙烯酸汽车漆"。

1999年,化工部涂料工业研究所、天津灯塔涂料公司研制开发的国防军工办下达的重点攻关科研项目——飞机斯贝发动机配套涂料通过鉴定,各项指标完全达到英国军方标准。

2000年,中远关西涂料率先研制成功了集装箱用环保底架漆。

2000年,上海振华造漆厂研制开发新型快速固化耐候预涂卷材涂料。

2001年12月,强制性国家标准GB 18581—2001《室内装饰装修材料溶剂型木器

涂料中有害物质限量》和 GB 18582—2001《室内装饰装修材料内墙涂料中有害物质限量》正式发布。这是业内第一次制订的涂料中有毒有害物限值的强制性标准。

2003年，广州珠化集团有限公司在引进国外生产技术基础上建成年产6000吨汽车漆生产线。

2003年，我国隐形涂料研制成功，并通过了国防科工委和解放军总装备部的验收，成功用于"超七"战机。

2003年12月，上海振华造漆厂为配合宝钢二号线自主研究开发了新型卷材涂料新产品——聚氨酯通用卷材底漆。

2003年，国内涂料年产量突破300万吨，列美国之后排世界第二。

2004年5月，西部第一条年产5000～10000吨丙烯酸乳液生产线在新疆克拉玛依建成

2004年7月，阿克苏-诺贝尔集团在浙江嘉兴新建的阿克苏诺贝尔涂料（嘉兴）有限公司正式开业，为国内规模最大的工业涂料厂。

2004年，自8月1日起，溶剂型木器涂料正式实施国家强制性3C认证。

2005年1月，湖南湘江涂料集团公司全额并购郑州双塔涂料公司。

2005年，华润涂料引进西班牙技术，建成10万吨/年先进的全自控生产设备。

2005年9月，北京奥运会主体育场——中国国家体育场（鸟巢）钢结构防腐工程由大连振邦的"振邦"氟碳漆中标。

2005年10月，"神六"升空，莆田市三江化学工业有限公司（即三棵树涂料股份有限公司）第一次将5块涂料样品带入神舟六号载人飞船，进行实验。

2006年6月，第1个"中国涂料之乡"在顺德诞生。

2006年7月，美国威士伯公司以多于25亿元人民币并购中国最大的股份合作的涂料企业广东顺德华润涂料公司。

2007年7月1日，我国新的出口退税政策出台并实施，取消了553项"高能耗、高污染、资源性"产品的出口退税，涉及与涂料、颜料等相关产品实行零退税，将促进行业经济增长方式的转变和加快产业结构的调整。

2008年，在国务院全国污染源普查领导小组指导下，完成了涂料、颜料行业污染源产排污系数核算子课题，初步了解全行业三废排放情况，为制订清洁文明生产标准打下基础；

2008年，环保部组织编写涂料行业"双高（高污染、高环境风险）产品名录"，2010年改为"环境经济政策配套名录"（包括"双高"产品和环境友好型产品的名录）。到2010年，行业内列入"双高"产品名录的品种46项，鼓励支持产品5项。

2009年2月22日，民营企业北京富思特涂料公司并购国有企业红狮涂料公司。

2009年10月，喷涂聚脲弹性体成功应用于京津高速铁路防水工程建设。

2009年10月20日，《石油和化工产业结构调整指导意见》出台。
2009年，我国涂料年产量达到755万吨，跃居世界第一。
2010年10月，首批涂料工程卓越人才企业培训基地诞生。

附2 国际背景

初期生产色漆的配方，一般是先将颜料调入熟亚麻仁油或清漆中，磨成黏稠的色浆，施工时再调成适当黏度。后来，由于使用量越来越多，工匠们感到，在施工时再将色浆加油调开，很不方便，于是就将所有原料都混合在一起，预先调配成为适合施工要求的涂料，这就在19世纪中叶出现了"调合漆"。调合漆的出现是涂料工业进入大规模生产方式的开端。从此，涂料配方和生产技术就由以前油漆施工工匠手里转到了涂料工厂。1773年，英国威汀（Jean Felix Watin）出版了涂料配方，1820年英国建立了第一个涂料生产厂以服务于工业生产。

19世纪后半叶，由于有机高分子化学和合成染料中间体化学的进展，拓宽了化学应用技术的领域。20世纪初已成功地开始生产几种合成树脂、合成染料和颜料。新的合成化学品的出现促进了合成涂料研究，使涂料成膜物质发生了根本变化，对20世纪的涂料工业产生了深刻影响。

在1847—1856年的十年间，众多的研究人员广泛地研究了甘油和癸二酸、柠檬酸进行酯化反应，获得了合成树脂。1901年英国人史密斯用甘油和无水苯二甲酸的酯化反应制成丙苯树脂，并开始工业化，主要用作金属和玻璃的胶黏剂。1914年美国道森等人发明了非干性脂肪酸改性丙苯树脂（以油酸、硬脂酸为主），从那时起采用了醇酸树脂的名称。1927年，美国通用电气公司的凯尔发明了干性脂肪酸改性醇酸树脂，随后又突破了醇解油制醇酸树脂的技术。这样，醇酸树脂就从单纯作为胶黏剂而转变为涂料产品的重要成膜物质，在涂料工业中发挥了重大作用。

1937年美国醇酸树脂的产量为26509吨，超过了产量为23793吨的酚醛树脂，居世界第一位。1940年以前已经工业化了的醇酸树脂从用途上可以分为非饱和型、饱和型、树脂酸型三种。从成分上可分为丁二酸醇酸树脂、马来酸醇酸树脂、尿素醇酸树脂等。这些树脂弥补了最初开发的苯二甲酸醇酸树脂的缺点，改善了耐水性、干燥性，具有易于和不变色的油脂类混合、可挠等特性。

马来酸醇酸树脂是用二元酸马来酸取代醇酸树脂中的无水苯二甲酸，此马来酸中需加入萜烯，目的是使之容易与甘油、脂肪酸反应，生成完全的树脂。应用萜烯制备的对涂料工业带来大变革的马来酸醇酸树脂是一种有特色的成膜物质。

现代涂料工业已经和树脂工业不能分割，例如20世纪初出现的酚醛树脂就是另一类重要的合成成膜物质。它曾被称为Novolac，意思是"新奇的漆"。这种树脂被制成醇溶清漆，用作虫胶的代用品。但用于合成涂料具有更大价值的是用碱性催化剂制成的酚醛树脂，这种树脂固化后具有硬度高、不易燃、不熔和不溶等特点。德国人阿尔伯特发现在大量松香存在的情况下，这种树脂可以分散在加热的干性油中。如果溶在桐油中，所得清漆比以往任何类型的清漆都干得快。将颜料加入这种清漆制得的涂料，由于干燥时间在 4 小时左右，故被称为"四小时磁漆"。这种树脂对涂料工业的发展起了巨大的作用，一直到今天仍是涂料广泛使用的原料，并形成涂料产品的一大类——酚醛漆类。1928 年出现了一种不需用松香改性的所谓 100%的油溶性纯酚醛树脂，这种树脂消除了松香改性酚醛树脂的缺陷，被广泛用于生产质量较高的酚醛涂料。

1920 年加德纳用甘油和松香进行反应获得了酯胶。在 100 份松香中加入 10%～12%的甘油，在 250～310℃下加热 12 小时进行脱水反应和降低酸值，当酸值达到 10 左右时停止加热，第二天取出流动态的产品，冷凝制得酯胶。酯胶的工业化成功为用途广泛的"桅杆清漆"提供了价格低廉而质量良好的原料，从而酯胶清漆得以迅速发展。

1925 年在西方国家中曾出现了一个硝基涂料生产高潮，其主要动力是当时汽车工业蓬勃发展，当时只有硝基涂料具有速干性，其施工性能和涂膜性能可以满足汽车工业的需要。硝基涂膜打磨性好，高光泽，高硬度，稳定和耐久，很快就形成了著名的涂料品种"汽车喷漆"。

1865 年，英国化学家、冶金学家帕克斯利用硝酸纤维素制成保护涂料，取得专利权。硝酸纤维素因含氮量不同而性能不一样，含氮量高达 10%～14%的称为火棉，较低的称为胶棉。火棉用于制无烟火药和胶质火药等，不溶于或部分溶于乙醇和乙醚混合液，溶于丙酮；胶棉用于塑料喷漆，能溶于乙醇和乙醚混合液，称为珂罗酊（Collodion）。

1882 年，司梯文斯发现醋酸戊酯是硝酸纤维素的良好溶剂，既能有效地溶解硝酸纤维素成为均匀透明的溶液，又由于它具有缓慢的挥发性，能使硝酸纤维素挥发成膜时涂膜不产生白雾。这样，硝酸纤维素成为居于首位的涂料成膜物质。20 世纪中期，几种新型溶剂醋酸丁酯、醋酸乙酯和丁醇等的出现以及采用磷酸三甲酚酯代替樟脑作为增塑剂，为硝基涂料的进一步发展奠定了基础。

第二次世界大战结束后，合成树脂涂料品种发展很快。英荷壳牌公司、瑞士汽巴公司在 20 世纪 40 年代后期首先生产环氧树脂，为发展新型防腐蚀涂料和工业底漆提供了新的原料。20 世纪 50 年代初，性能广泛的聚氨酯涂料在联邦德国法本拜耳公司投入工业化生产。1950 年，美国杜邦公司开发了丙烯酸树脂涂料逐渐成为汽车涂料的主要品种，并扩展到轻工、建筑等部门。第二次世界大战后，丁苯胶乳过剩，美国积极研究用丁苯胶乳制水乳胶涂料。20 世纪五六十年代，又开发了聚醋酸乙烯酯胶乳和丙烯酯胶乳涂料，这些都是建筑涂料的最大品种。1952 年联邦德国克纳萨克格里赛恩公司发明了乙烯类树脂热塑性粉末涂料,壳牌化学公司开发了环氧粉末涂料。美国福特汽车公司 1961 年开发了电沉积涂料,并实现了工业化生产。此外,1968 年联邦德国法本拜耳公司首先在市场出售光固化木器漆。乳胶涂料、水溶性涂料、粉末涂料和光固化涂料,使涂料产品中的有机溶剂用量大幅度下降,甚至不使用有机溶剂,开辟了低污染涂料的新领域。随着电子技术和航天技术的发展,以有机硅树脂为主的元素有机树脂涂料,在 20 世纪五六十年代发展迅速,在耐高温涂料领域占据重要地位。这一时期开发并实现工业化生产的还有杂环树脂涂料、橡胶类涂料、乙烯基树脂涂料、聚酯涂料、无机高分子涂料等品种。

20 世纪 60 年代,因为涂料中有机溶剂对大气污染严重,世界上二十多个国家对涂料工业的溶剂用量和使用种类都作出了规定。各国逐渐降低传统性溶剂型涂料比重,大力发展减少污染的涂料新品种。涂料工业向节省资源、能源、减少污染,有利于生态平衡和提高经济效益的方向发展。高固体涂料、水性涂料和粉末涂料的开发,低能耗固化品种如辐射固化涂料的开发,这其中发展较快的是水性涂料。水性涂料包括水分散性涂料(水乳胶)和水性涂料。水乳胶涂料的有机溶剂含量为 0~5%,而水溶性涂料的有机溶剂含量约为 15%。

现代乳胶涂料起源于 20 世纪 30 年代左右,当时德国发明了聚乙烯酸的胶体——聚乙酸乙酯水乳胶。近几年来,水乳胶涂料主要发展高性能品种和有光水乳胶。高性能品种有乙烯-丙烯酸酯水乳胶,乙酸乙烯-氯乙烯-丙烯酸酯水乳胶。

高固体成分(包括无溶剂)涂料可以使用现有设备进行生产和施工,投资小,发展快,产量仅次于水性涂料。这是因为很多树脂都可以用来制造高固体分涂料,加上世界上采用了双组分喷枪和热喷涂设备施工以及使用多官能团的活性稀释剂,使高固体成分涂料的有机溶剂含量显著下降,从 30%下降到 18%左右。

为配合合成树脂涂料的广泛应用,涂装技术也发生了根本性变化。20 世纪 50 年代,高压无空气喷涂在造船工业和钢铁桥梁建筑中推广,大大提高了涂装的工作效率。1952 年德国盖莫创造的流动浸渍涂饰法,非常引人注目。在容器内,使塑料粉末处于流动状态,置入预热的被涂物上,使熔融粉末黏附在被涂物表面,形成涂膜。初期工业化的粉末涂饰法可以涂装像聚乙烯、聚氯乙烯等溶在溶剂里不能涂装的热塑性树脂。

静电喷涂是 20 世纪 60 年代发展起来的,它适用于大规模流水线涂装,促进了粉末涂料的进一步推广。1962 年法国 SAMES 公司发表了新型喷涂法,创建了各种电喷涂涂装设备。此方法是在塑料粉末颗粒上加高压,使之带正电或负电而黏附在被涂物表面上,然后加热熔融形成涂膜。可一次成膜,质量也好,主要用于防腐领域。

电沉积涂装技术是 20 世纪 60 年代为适应水性涂料的出现而发展起来的,尤其

在超过滤技术解决了电沉积涂装的废水问题后,进一步扩大了应用领域。

随着现代科学技术的日益发展,对涂料的功能要求更高和功能化。例如:电绝缘涂料要求绝缘;船底涂料要求防污、防水生动物;导电涂料要求导电;太阳能吸收涂料要求最大的吸热度;防雷达涂料要求吸收雷达波;宇宙空间涂料要求高度的耐紫外线性能和耐温变性能等;耐辐射涂料要求具有优异的耐化学腐蚀性和吸收辐射的能力,以防止放射源周围的环境受到污染等等。新型多功能型涂料由此成为涂料工业的新重点。

参 考 文 献

[1] 涂料行业基础情况报告[R].中国涂料工业协会向国家工业和信息化部提供的报告.2009.
[2] 2009年美国涂料市场报告.王欢摘译自《第十四届APIC大会报告》.中国涂料工业年鉴(2010)[M].北京:化学工业出版社,2011:139.
[3] Grebe Holding A G,Helmut Tappe.德国:基于SME观点的评价[J].中国涂料工业年鉴,2004:85.
[4] Helma Jotischky. Augurries: Coatings Markets in a Post-Recession World[J]. Waterborne & High Solids Coatings,2010(4): 19.
[5] Helma Jotischky. Resin Power at Work: Trailblazing Waterborne Coatings Growth[J]. Waterborne & High Solids Coatings,2009(5): 18.
[6] 刘国杰.国内外促进溶剂(涂料用)换代与节省的法律法规进展[J].材料保护,2011(增刊):9-13.
[7] Richard Kennedy. The US Architecural Paint Market:Turning the corner. Waterborne & High Solids Coatings,2011(2): 20.
[8] Helma Jotischky. Whats Been Happening to Solvents?[J] Waterborne & High Solids Coatings,2009(7): 17.
[9] 刘玄启.中国桐油史研究[J].广西林业,2007(1):37.
[10] 刘国杰.发展植物油为原料的涂料前景广阔[J].中国涂料,2009(4):38-44.
[11] 杨桓,岳望坤,张建新.祖国,涂料行业同你一起飞[J].中国涂料,2009(增刊):2-7.
[12] 贾泊如.辉煌巨变60年——中国涂料工业60年发展的回顾与展望[J].中国涂料,2009(增刊):8-16.
[13] 居滋善.涂料史话——点滴回忆我国涂料工业60年[J].中国涂料,2009(增刊):318-328.
[14] 闫福成,项端四.中国汽车涂料60年发展及展望[J].中国涂料,2009(增刊):53.
[15] 吴绍林.2010年中国汽车涂料年度报告[J].中国涂料工业年鉴.2010:46.
[16] 王健,刘登良.船舶涂料相伴共和国成长,铸就六十载辉煌[J].中国涂料,2009(增刊):77.
[17] 2010年中国船舶涂料市场状况和2011发展展望[J].中国涂料工业年鉴,2010:55.
[18] 叶荣森.新中国木器涂料发展60周年[J].中国涂料,2009(增刊):95.
[19] 虞兆年.防腐蚀涂料和涂装[M].北京:化学工业出版社,1994.
[20] 林宣益.2010年我国建筑涂料情况和2011年发展趋势[J].中国涂料工业年鉴,2010:37.
[21] 马宏,孟军锋,冯俊忠.航空航天涂料涂料发展及现状[J].中国涂料,2009(增刊):72.
[22] 新能源解决方案.国际风能大会暨展览会资料[C].北京:2009—2010.
[23] 刘国杰,樊森.涂料在新能源产业中应用前景探讨[J].中国涂料,2010(8):4-9.
[24] 孔志元,王荣耕,李立,杨晓东.高固体分涂料现状及其发展趋势[J].现代涂料与涂装,2006(8).

[25] 文志红，方平艳，王振强. 紫外光固化涂料研究进展 [J]. 中国涂料, 2006, 21(8).
[26] 中国环境科学研究院. 第一次全国污染源普查工业污染源产排污系数手册（第五分册）[M]. 2008: 163, 177.
[27] 中国涂料编辑部. 中国涂料工业大事记（节录）. 新中国涂料工业 60 年 [J]. 中国涂料, 2009: 360-368.
[28] 樊森. 中国涂料工业年鉴 2010 [M]. 北京：化学工业出版社, 2011: 1-3.

撰稿人：刘国杰（原化学工业部涂料工业研究设计院副院长，中国涂料工业协会专家委员会原副主任，教授级高工）
　　　　樊森（《中国涂料》副主编）；汤大友（《中国涂料》编辑）
审稿人：孙莲英（中国涂料工业协会会长）；杨渊德（中国涂料工业协会秘书长，高级工程师）；刘国杰
其余参加人：刘杰　齐祥昭　鲁文辉　刘丹，谭春雷，牛长睿，田兆会

第九章 染料工业

有色物质，采用适当的方法可使其他物质具有坚牢的颜色，这种物质称为着色剂。根据着色的方式不同，着色剂又分为染料和颜料。当有色物质在水或其他溶剂中或成气体状态时，用染色方式使其他物质着色，一般称其为染料；而当有色物质在水或其他溶剂中，以分散嵌入或成膜黏合的方式使其他物质着色，则称为颜料。

染料与颜料的应用领域、性能、着色机理有很大不同。染料的主要应用领域是纤维等的染色，染色过程中要经过溶解或分散，然后扩散与吸附等过程。因此，染料工业的兴衰与纺织工业紧密关联。

颜料的应用领域主要为油墨、塑料、涂料，以高度分散的微粒状态分散在被着色物质中而展色，在被着色物质中几乎不溶解，但赋予其特殊的应用性能。颜料是伴随着染料技术进步而逐渐发展起来的。

染料工业通常是指生产染料中间体和染料的化学工业，其技术包括染料中间体、染料和配套助剂、染料商品化加工等几部分。染料的生产过程大体分以下三个步骤：第一步，将简单的基本有机原料（如苯、萘、蒽等），经过化学反应生产出比原来结构复杂，但还不具有染料特性的有机物，工业上习惯把这类有机物称为"中间体"，如苯酚、氯化苯、硝基苯、2-萘酚、蒽醌、1-氨基蒽醌等。第二步，将中间体再经化学加工制成各种染料，这时所得到的染料通常称为"原染料"。第三步，对原染料进行商品化加工，最后制成商品染料。

第一节 我国染料工业的初创

我国是世界上应用和生产染料较早的国家之一。远在古代，我国就已经利用矿物和植物进行纺织品染色和绘画，并且将植物染料对织物的染色方法传播到国外。主要的植物染料有靛蓝、茜草、红花、姜黄、槐花、五倍子等。

在欧洲出现合成染料后，经过数十年的发展，染料产品开始在世界市场上销售。欧洲合成染料产品进入中国市场的时间，有几种说法。据《中国近代化学工业史》记载"早在19世纪就已有德国的染料进入我国市场"。1982年国外有关染料的技术资料纷纷刊登有关纪念德国巴斯夫染料进入中国一百周年的文章，可见德国染料早在1882年就进入中国。1909年上海《申报》刊登的爱礼可洋行专销德国巴斯夫公司靛蓝的广告，称爱礼司洋行经营数十年，专销巴斯夫真正靛青。据此证明，欧洲的合成染料进入中国市场应在19世纪80年代，品种应为靛蓝。随着合成染料在国内的大量使用，进口染料的数量越来越大。在染料贸易带来巨大利润的诱使下，外国商行不满足于商业活动，为了节省运输劳务费，他们雇用中国的廉价劳动力在中国建立加工厂或直接生产染料进行销售。当然国内一些民族企业家也看到了染料生产的经济利益和社会意义，从而于20世纪20年代开始从事染料实业。但在旧中国，染料市场基本上被外国产品控制，其中从德国、英国、瑞士、美国及日本等进口的染料占据了中国整个染料与颜料的市场。随着贸易的往来，中国开始用进口的中间体制造染料，但规模很小，唯一能生产的是硫化染料中硫化黑品种。

大连染料厂是我国出现的第一家化学合成染料生产厂，它的前身是大和染料株式会社（Yamato Dye-stuffs Co），创建于1918年，由当时的田银工厂与永顺洋行出资65000日元，由日本人首藤定兴办。1919年硫化黑产量为155吨，最高年份是1938年，硫化黑产量达668吨。抗战胜利后，工厂遭到严重破坏，中华人民共和国成立后才得以恢复。

青岛维新化学工艺社（青岛染料厂前身）是我国第一家民族资本投资建设的化学合成染料生产厂，1919年，由青岛民族资本"福顺泰"杂货店经理杨子生筹金2万银元创办。1920年由氯化苯合成出膏状硫化黑染料，年产不足百吨。当时该厂除制造染料外，还经营织布、织腿带以及染色业务，成为生产—染色—销售"三合一"式的综合体系，具有西方染料行业的经营特色。1937年1月和1938年10月，该厂分别在上海和天津建立分厂。中华人民共和国成立后，该厂发展成为我国大型染料厂之一。

天津是华北地区重镇，1930年，天津民族工商业者张书泉开办了久兴染料厂，当时主要是用日本的中间体二硝基氯苯生产硫化黑。1934年杨佩卿开办裕东化工厂，生产直接靛蓝、直接天蓝、盐基杏黄3种染料，产品很受消费者的欢迎。1937年"七七"事变以后，日本中断了中间体的供应，1938年，久兴染料厂和裕东化工厂被迫相继倒闭。直到1945年抗战胜利后，天津的民族染料工业得到快速发展，先后出现了东升染料厂（后天津市染料化学第四厂）、公裕化学厂（后天津市染料化学第五厂的一部分）等20家民族染料企业。

长江三角洲的纺织厂的建立和发展，带动了上海染料工业的发展。一些民族企业家纷纷把目光投向合成染料的生产，先后办起了大中、中孚、华元、美华、华生等6个染料厂，但均生产硫化黑一个品种。从1933年到1937年，6个厂共生产染料9485吨。1937年抗日战争爆发，上海沦陷后，由于许多染料厂不能开办下去，许多人被迫转行。有的技术人员辗转奔赴内地。抗战胜利后，染料生产有所恢复，到中华人民共和国成立前夕，上海大小染料厂已达47家之多。在这种特殊的背景下，上海逐渐发展成为我国的染料生产最大基地。生产情况详见表 9-1。

表 9-1　1933—1948 年间上海染料产量统计

时期	年份	硫化黑产量/吨	杂色品种	产量/吨	生产厂数/个	生产厂名称
抗战前	1933	497.12				大中染料厂、中孚染料厂、华元染料厂、华安染料厂、美华染料厂、华生染料厂
	1934	1773.28				
	1935	2350.92				
	1936	3694.80	—	—	6	
	1937	1169.10				
抗战期间	1938	754.80				
	1939	435.24				
	1940	48.86				
	1941	3.9				
	1942	33.78				
	1943					
	1944	18				
	1945	36				
1949 年之前	1946	977.28				三和、大中、大中华、大可、大安、大隆、大华化工、大华颜料、大德、大德兴、兴合、中一、中化、中央化工、中孚、中国、中华、天一、天泰、太平洋、永安、永明、光人、利民、宏兴、长城、建国、贬中、茂生、虹光、振大、泰新、国华、裕丰盛、华元、华安、华丰、新中、新元、新华、沪光、庆华、庆裕、联合、龙华、归伦、宝德染料厂
	1947	2813.88	酸性金黄 酸性金黄 硫化黄棕 酸性金黄 枣红色基	0.77 10.58 23.73 35.08	47	
	1948	5969.45				

在革命根据地，为了满足军服染色和民众的需要，染料工业也随之发展起来。1946 年 12 月在河北省阜平县井儿沟建立了一座化工研究所，该所隶属于当时的晋察冀边区工业局，共分染料、军工、有机和分析 4 个研究室，约 30 人。军工室和有机室主要配合战争需要，研究硝化炸药、防潮剂以及急用化学药品的制备工作；染料室主要研究一些植物性的硫化染料，即用植物或作物中易得的花、茎、叶、壳为原料，用萃取的方法提取色素，再用硫化的方法来制成硫化染料。

从 1918 年到中华人民共和国成立前夕，中国近代染料工业尽管经历了太多的曲折，但仍顽强地生存与发展起来。到 1949 年，中国染料年产量达 5200 吨，产品以硫化染料为主，还有少量的酸性染料、直接染料。

第二节　1949年后染料工业的恢复

1949年10月1日，中华人民共和国宣告成立。按照党和政府"发展生产、繁荣经济、公私兼顾、劳资两利"的方针，对于关系到国计民生的纺织工业及配套的染料工业给予了大力扶持，染料企业的恢复生产工作全面展开。在控制外国染料进口的情况下，提供外汇购买中间体，促进染料的生产。与此同时，积极组建科研机构，大量培养专门人才，为染料工业进一步发展奠定了技术力量。

1949年2月，大连染料厂在原大和染料厂的旧址上开始恢复生产，同年4月恢复了硫化黑的小型生产，1952年扩大了硫化黑的产量，达到2466吨。相比日伪时期最高年份1938年的产量提高2.7倍。职工人数增到727人。

青岛染料厂（现青岛双桃精细化工有限公司）1949年6月2日由人民政府接管。该厂在当年试产出硫化蓝，在1951年增加生产旗红色基，1952年增加枣红色基的生产，开始了多品种的生产时期。

京津沪地区，上海染料工业恢复较快。据上海同业公会统计，1945年上海硫化黑的产量为5969.5吨，至1950年产量达到了7499.1吨。在国家大力扶持下，上海染料企业增加了十几家，杂色品种也在不断扩大。较具规模的有翠华染料厂、华亨染料厂、公泰染料厂、信昌祥染料厂、太孚染料厂、民亨染料厂、中美染料厂、恒信染料厂、联合颜料厂等。

经过1949年前的积累以及中华人民共和国成立后的恢复和发展，1950年上海染料品种已呈多样。详情见表9-2。

表9-2　1950年上海杂色染料、中间体品种及产量

品　　名	产量/千克	品　　名	产量/千克
硫化蓝	18598	碱性棕	900
硫化黄，淡黄	84876	碱性橙	660
硫化棕，红棕，黄棕	64704	旗红	19291
硫化草绿	70128	GBC枣红色基	47091
直接朱红	600	甲萘胺	1890
直接靛蓝	12601	2-萘酚	2800
直接墨绿	511	快色素	2179
直接棕	86	2B不褪蓝	2570
直接黑	90	耐光R蓝盐	1830
酸性金黄	11522	大红粉	1206
碱性紫5BN	600		

1953年，在对农业、手工业、资本主义工商业的社会主义改造方针指导下，开始对私营染料企业进行公私合营与改造，使染料工业有了新的发展方式。

上海地区的私营染料企业在1955年11月完成了全行业的公私合营。1956年1月，国营上海染料工业公司成立，统一对所属的13个公私合营厂进行管理，在不断地"合理裁并，专业分工"方针指导下，每个厂都按自己的条件进行专长性的生产。例如华元，由硫化染料发展到硫化还原杂色，后来偏重于还原和相关的大宗中间体生产；染料化工三厂着重于阳离子染料；九厂着重于冰染染料；华亨着重于中间体；八厂着重于活性染料等。至此，上海染料工业已初步形成一个有机整体，有1个国营厂和13个公私合营厂，拥有职工2191人，其中技术人员212人，全行业资产净值13825万元。行业开始向染料、染料中间体、有机颜料等专业生产方向发展。

第三节　染料生产建设蓬勃发展

在第一个五年计划期间（1953—1957年），国家向大连染料厂投资420万元增产新品种，新建年产能力1500吨的氯化苦车间，年产能力100吨的偶氮染料生产车间，年产能力120吨的酞菁颜料车间，年产能力100吨的光气车间以及配套的供热锅炉，这些车间的增设，极大地壮大了大连染料厂的规模和生产能力。

该厂第一个五年计划中取得的主要成绩是丰硕的。1952年该厂将加硫反应由常压法改为加压法，1953年最先实现了粉状硫化黑机械化连续输送，使该产品的生产具有周期短、产量大、强度高、消耗少、成本低和质量稳定等优点，到1954年生产品种多达18个。该厂增加的新品种主要由厂中央实验室（后改为染料研究所）研制。在1953—1957年间，大连染料厂共研制成功42个新产品。

在第一个五年计划（1953—1957年）时期，化工部于1953年直接接管了青岛染料厂，先后将青岛久裕化学厂、山东的中国染料厂、洪泰化学厂、农民颜料厂、大安染料厂、宏新化学厂、兴骨胶厂等一些小厂并入，发展成为具有一定综合能力的大厂。到1957年，青岛染料厂各种染料总产量达到4143吨，染料品种增加到15个。

上海的染料工业逐步适应纺织工业发展的需要，品种的数量及产量不断扩大。1956年，染料总产值达9339.8万元，是1952年的342.36%；1957年总产值16008万元，是为1952年的586.80%。其染料品种有硫化、酸性、盐基等9大类89种，同时建立起自己的中间体生产基地，如2-萘酚生产车间，奠定了冰染、色酚和偶氮型有机颜料的发展基础，并根据染料应用配套需要，从无到有地发展纺织印染助剂，改变以加工为主的落后状态。

1952年，北京兴华行化工染料厂投料生产；1953年海明化学工厂开业；1954年永义和化工染料厂试制成功酞菁颜料中间体固相法酞菁铜，又用酞菁铜进一步合成了直接耐晒天蓝 GL（直接耐晒翠蓝 GL）。在 1956 年公私合营高潮中，北京染料厂联合十几家经营袋色的小厂，于 1958 年建设了染料和中间体生产线。1964 年，北京染料厂迁至北京市东南郊进行扩建，主要生产酞菁颜料、还原和分散染料等，成为国内重点染料生产企业之一。

天津的染料工业在公私合营后也有了较大的发展。1956 年，天津染料化学工业公司成立，主要下属企业有：1948 年建厂的天津染化二厂和天津染化三厂、1950 年建厂的天津化工四厂、1956 年建厂的天津染化五厂、1952 年建厂的天津染化六厂、1959 年建厂的天津染化七厂等。公私合营后的天津染料企业进行了专业分工，各有侧重，使天津逐渐成为全国重点染料工业基地之一。

四川的染料工业始于 1939 年，1958 年公私合营后组建重庆染料厂，国家陆续投资近 100 万元扩大生产。1958—1960 年，重庆染料厂先后研制和生产了活性染料、酸性染料、碱性染料、冰染染料、直接染料等百余个品种；1964 年又研制成功硫化蓝、盐基全蓝、晒化绿等十多个新品种；1965 年染料产量达到 2000 吨，成为全国重点生产染料、中间体等的大型专业厂。

在原有的基础上，经过公私合营后，以上城市的染料工业基本上组成了我国主要的染料生产基地。这一格局一直维持到 20 世纪 80 年代末和 90 年代初期。

中华人民共和国成立后政府投资兴建的染料骨干企业——吉林染料厂，是前苏联援建我国 151 个重点项目之一。吉林染料厂的建设在我国染料工业发展史上具有重要的意义，它是中华人民共和国成立后根据国家发展建设的需要，正式列入国家投资计划建设的染料企业。1955 年 1 月吉林染料厂正式建成投产，到 1958 年底建成了 22 个包括配套原料及中间体的还原染料、冰染染料车间，成为我国最大的染料化工企业之一。

随着两个五年计划的完成，国内逐步形成了上海、天津、吉林三大染料生产基地，并建成了北京染料厂、青岛染料厂、大连染料厂、吉林染料厂、四川染料厂、武汉染料厂、徐州染料厂、温州染料厂、苏州染料厂与河南化工厂等 10 家重点企业。及至改革开放初期，国内又增加了无锡染料厂、太原染料厂、重庆染料厂、宁波染料厂及甘谷油墨厂，全国共有 17 个重点染料生产企业。这些生产基地和重点企业与其他企业一起，为计划经济时期的我国染料工业做出了重要贡献。

从 1956 年起，作为化学工业主管部门的化工部，主要有 4 个职能部门负责染料工业的科研、生产和投资工作。计划司会同生产司制订年度染料及中间体生产计划，每年召开订货会议，会同供销局对当年生产所需的主要原材料进行划拨；计划司还负责制订染料行业重点企业重大项目的投资计划并上报上级批准后实施；生产司主要负责当年生产任务的实施与考核；科技司主要负责染料行业科技项目的计划、报批及实施。每年由化工部安排和协调全国的染料生产，这种运行模式一直维持到 20 世纪 90 年代。

第四节 科研机构的建立与人才培养

1949年中华人民共和国成立之后，我国开始注重染料科研机构的建立与产品的研发。

1949年，鞍钢焦化厂很快恢复生产，并提炼出了苯、甲苯、萘、蒽等重要有机原料。为了尽快利用这些副产物，1949年12月，东北化工局成立了东北化工局研究室（沈阳化工研究院的前身），并建立小型中间试验基地，研究任务主要是在染料和染料中间体方面，研制开发的品种主要是第一个五年计划中苏联拟定帮助中国生产的品种。1961年"三年自然灾害"时期，苏联撤走了全部专家，吉林染料厂的二期扩建项目被迫削减。为了尽快解决国内染料生产中一些关键的工艺工程技术问题，国内相继成立了一些染料科研机构。这些染料科研机构基本上是依托某个染料企业进行产品的研发。沈阳化工研究院担负起为吉林染料厂的一、二期工程作技术培训与人才储备的工作。

1955年，在上海化工院第五研究室的基础上成立了上海染料研究所和上海涂料研究所，主要从事塑料油墨用颜料和印染助剂方面的研究，后来又扩充成南方的测试中心，扩大了应用研究和分散染料新品种的研制工作。

1964年9月，天津市染料工业研究所成立，从事有机颜料、低温型分散染料、染料中间体以及应用测试、情报方面的研究。此外，吉林染料厂、青岛染料厂、北京染料厂等在各自中央试验室的基础上，相继成立了企业的研究所，并各具特色。例如青岛染料厂研究所着重金属络合染料、苯胺黑染料以及双乙烯酮系列品种的研制和生产；吉林染料厂研究所着重于1-氨基蒽醌系列的分散染料和还原染料的研制等。到改革开放前，国内已形成以沈阳化工研究院、上海染料研究所和天津染料研究所3个科研院所为骨干的科研队伍。

人才的培养也是新中国染料工业发展的重要前提条件。从1952年起，大连工学院、华东化工学院、天津大学等院校先后建立了染料和中间体专业。这些专业的设置，为培养染料工业科技人才做出了突出贡献。

大连理工大学（原大连工学院）是由东北工学院、大连水利学院、东北人民大学等组建而成。1949年4月建院，1952年设立染料及中间体专业。该校从20世纪50年代起，一直着重活性染料方面的探索研究，侯毓汾与张壮余两位教授相互配合，较早进行活性染料结构与染色动力学方面的研究，胡家振、姚蒙正、渝飞白、程侣粕、杨锦宗、吴祖望、高昆玉等侧重在胶片染料、酞菁铜络合性染料、设备、单元操作、剖析、新型的活性染料中间体研究，并不断扩大研究领域，形成了从事一支染料及中间体科研、教学的骨干力量。

华东理工大学前身为上海化工学院、华东化工学院。该校为染料工业做出了不少贡献。例如，在20世纪50年代末期，为配合活性染料方面的发展，由朱正华教授领导进行了活性染料的样品鉴定测试工作，发现了酞菁磺化还原中乙烯型活性基的性能为活性染料的研究起到了积极推进作用。20世纪70年代以来，以陈仰三教授为主做了阳离子染料的研制工作，促进了腈纶染色的发展，填补了合成纤维配套染料方面的空白。

天津大学是1951年经院系调整成立的，前身为北洋大学。该校张兆麟教授从事的中性络合染料及甲基染料合成的部分成果应用于青岛染料厂生产中，唐培昆、林立群、高琳琳等老师和科研人员进行的胶片用黄色染料、三氟氯咪啶型、苯并咪唑型以及稠环化合物作染料和有机颜料以及中间体方面的研究，孙令衔教授的芳烃气相催化氧化的研究对国内染料工业帮助很大。改革开放以来，该校还承担了国家"六五"、"七五"、"八五"的染料攻关项目，如新型活性基氟氯嘧啶合成、苯的绝热硝化技术、蜡烛染料、酞菁酮类溶剂染料、弱酸性染料、铜酞菁颜料的晶型与转变、4-氯-2,5-二甲氧基苯胺合成等。天津大学也是最早开设染料专业的院校。

第五节　染料工业取得的初步技术成果

在"二五"期间，我国染料工业已能生产硫化、直接、酸性、碱性以及冰染等五大类别的染料品种和双氯联苯胺系列黄、橙色有机颜料，蓝绿酞菁颜料，偶氮颜料及荧光树脂颜料，具有年产4万吨的生产能力，能满足国内需要量的80%。从1958年开始，我国染料工业又增添了还原及活性两大类别，虽然产量还不大，但标志着我国染料工业已进入高档染料的发展时期。具体见表9-3。

表9-3　1957—1960年染料品种及产量统计　　　　　　　　　　单位：吨

年份	硫化	直接	酸性	碱性	冰染	还原	活性
1957	27735	4346	900	241	855		
1958	27057	4940	1407	423	2420	51	58
1959	24281	4853	2772	653	5231	317	610
1960	24278	4124	3539	775	7141	537	581

在此期间的另一突出变化是在染料中间体能够基本配套满足国内染料发展需要的情况下，开始着手进行传统工艺技术的改革。特别是南京化工厂于1964年建立起大型的硝基苯胺加氢装置，开创了用自主开发的技术改造中间体的先例。

1. 活性染料的研制

我国活性染料的研制工作开始于1957年，成功于1958年。1957年夏，上海润华染料厂技术员奚翔云、陆锦霖等根据国外"含三氯聚氰黄色单偶氮染料在室温染棉纤维并经碱液高温处理后，能获得极为优异的湿处理牢度"的报道，开始进行探索实验。同年秋,奚翔云在工厂的支持下,将新产品试制方向转向活性染料的研究实验,在助手蒋伯祺、钱伍捌的配合协助下完成了中试,样品经上海丝绸工业公司应用试验,得到认可。1958年,中国第一只活性染料在上海润华染料工厂正式投产,产品是红光黄活性染料。1958年3月23日上海《解放日报》在头版以《我染料工业跃入新阶段》为标题对该成果进行了报道。

为满足下游纺织产业发展的需要,解决活性染料色谱品种不全等问题,由中科院有机所牵头,上海化工研究院、华东化工学院、上海染料工业公司中心实验室等组织会战,重点对国外艳蓝、黑等产品的染料结构进行分析及对有关专利文献资料进行推断,为今后的试制工作指出了方向。与此同时,大连工学院(现大连理工大学)、沈阳化工研究院、华东化工学院(现华东理工大学)和天津染料研究所相继进行了活性染料的研制,使全国活性染料的研究与生产得到不断发展。

2. 分析测定工作的建立

1958年初活性染料试制成功的消息几乎轰动了整个染料行业,国内的染料分析工作便从此开始建立。1958年6月大连工学院在苏联专家埃费罗斯教授倡议与组织下开始了活性染料的分析工作,这是染料分析工作的开端。沈阳化工研究院也于1956年第二批留苏人员回院后,充实了染料部的研究力量,开展元素分析测定工作。随着分析仪器的改进与添置,进一步提高了分析能力和控制、指导科研的可靠性,为染料、有机颜料及其助剂的研究起到了很大的指导作用。同时,培养了一支精悍的分析研究队伍。

3. 硝基苯加氢技术的进展

1957年,吉林染料厂硝基苯车间采用连续硝化工艺后,生产能力提高了四五倍。苯胺车间于1958年也相应实现了连续化,比间断式提高生产能力40%。但是这些技术也相对地扩大了铁粉、废水带来的污染。为解决这一问题,沈阳化工研究院开展了硝基苯催化加氢法的研究工作。经一年多的努力取得了效果,开创了苯胺工艺改革的新局面。

为了改造铁粉法制苯胺的老工艺,满足发展橡胶助剂的需要,从1970年起,南京化工厂便着手进行流化床加氢法制苯胺的尝试,在小试、中试数据的基础上设计直径800毫米流化床。1977年12月,南京化工厂建成国内第一套年产3000吨硝基苯加氢制苯胺装置,使苯胺生产工艺跨入国际先进行列。

4. 提高活性染料质量,增添新的结构类型

活性染料自1958年试制成功以来,已有较快的发展。至1959年,国内活性染料产量已由1958年的38吨扩大到610吨。但由于缺乏细致的筛选及研究工作,一些品种上色率低、牢度性能较差。在高等院校、科研院所、生产及应用部门的密切配合下,经多年奋战,这些问题大有改观。如采用一氯均三嗪和乙烯砜双活性基使活性染料固色率提高8%~10%。20世纪60年代后期,上海染化八厂在世界上首先成功实现了M-型和KM-型活性染料的工业化生产。与此同

时，着力创造新品种、新牌号。当时已使活性染料具有 X-型、K-型、KN-型、KD-型、KM-型、KP-型以及 P-型等几种类型 40 多个品种，全国活性染料总能力已达年产 3000～4000 吨。不仅能适应棉、黏胶和丝绸的需要，而且有的品种可适用于涤/棉浴染色工艺。按色谱和数量，均能满足国内印染的需要。尤其在 20 世纪 70 年代以后，大连工学院与上海染化八厂合作研制出活性深蓝 M-G，具有印、染均宜的全面性能，深受用户的欢迎，这标志着活性染料由印花向染色方面发展的新变化。

5. 阳离子染料和分散染料的研制

自 20 世纪 60 年代以来，我国先后研制出锦纶、涤纶和腈纶，因而促进了阳离子染料和分散染料的发展。

阳离子染料研究工作开始于 20 世纪 60 年代初期，先由华东化工学院的陈仰三教授主持研制，并与上海染料化工三厂合作，在其 1966 年专设的车间投产，供应市场。开始研究时，主要侧重于配伍值高的品种，产品试销受一定影响。上海市染料研究所与上海染料化工三厂合作，解决了染料工业化生产过程中的"冻结"问题。1966 年，上海染料化工三厂阳离子染料车间投产，产品受到用户欢迎。天津、青岛等地也相继投产阳离子染料。当时性能好的品种有黄 X-6G、红 X-GR、艳蓝 X-GR2、黄 4G、红 6B、蓝 GL 等。

分散染料的研制工作开始于 1956 年，最初是用于锦纶的染色，领先的单位是上海染化五厂。1958 年，沈阳化工研究院以蒽醌型为主合成了 18 个分散染料；大连工学院以偶氮型为主合成了 45 个分散染料。大连、青岛、吉林、上海、北京、天津等地的有关单位也进行了研发工作，至 1960 年全国已试制出 83 个新品种。经北京纺织科学院和沈阳化工研究院共同筛选，总计有 20 多个品种被筛选投产，其中偶氮型 2 个，蒽醌型 14 个，其他类型 6 个。最有代表性的是分散黄 RGFL、分散红 3B 和分散蓝 2BLN，即所谓三原色。1956 年，国内第一个分散染料生产车间在上海染料化工厂建成投产，可生成 14 个品种，年生产能力 50 吨。

6. 专用染料的研制

① 高感光度航空胶片用光学增感染料的研制　菁染料是作为感光胶片最重要的功能性光学增感染料。1965 年，由华东化工学院的朱正华、黄德音教授为首的科研小组，在中国科学院上海有机化学研究所的协助配合下，经过合成了多种分子结构不同的菁染料品种、测试其应用特性，最终筛选出特殊分子结构的菁与取代的酞菁类菁染料；并试制出对蓝色光、绿色光、红色光，特别是近红外光谱区域，具有高效光学增感作用的菁染料品种，配合相应的化学增感剂与感光乳剂配方，构成最佳的光学增感菁染料品种组合；制备出满足高空航拍用、具有高感光度的特种军用感光胶片。此项科研成果也为民用胶片、电影胶片的感光速度与质量起到了十分重要的作用。

② 还原咔叽 2G 的研制　还原咔叽 2G 是部队军装的必用染料，1978 年，由化工部科技局、化工司与总后勤部等单位共同组织了由沈阳化工研究院、四川染料

厂、上海染料化工十一厂、吉林染料厂、武汉染料厂、上海染料公司应用室组成的会战组，共同承担了非汞法制备还原咔叽 2G 会战工作，以碘为催化剂，以低温氯化、高温酸析的直接催化氯化工艺制取四氯蒽醌，再经与 1-氨基蒽醌缩合、闭环制取咔叽 2G，收率达 96%。满足了军队装备的需要，该项目 1977 年荣获沈阳市科学大会奖，1980 年荣获化工部科技成果三等奖。

③ 迷彩伪装服用染料的研制　从 1976 年 6 月至 1982 年 6 月间，沈阳化工研究院接受了化工部和某部队司令部联合指示，责成沈阳化工研究院开发迷彩伪装服用染料的研究。迷彩型染料的主要作用是通过染料的颜色和性能与战地景物相一致的特定曲线来对抗敌军的目视侦察和仪器侦察，进行隐藏，以达到伪装的目的，减少作战人员的伤亡，这也是世界各国十分重视的科研项目之一。研制的 3413 黑（V型）染料于 1982 年被正式确认为军工产品，投入生产。1984 年该染料的制造及应用荣获国家发明三等奖。目前，该染料已成为我军第三代迷彩服的主要着色剂。

7. 有机颜料的研制

有机颜料起步于中华人民共和国成立后。上海染料化工一厂、上海染料化工十二厂、天津染料六厂和北京染料厂是主要的有机颜料生产企业。1955 年，颜料产品立索尔红在上海染料厂投产，产量 47.46 吨。1956 年，上海染料厂和国华染料厂分工生产有机颜料，生产品种有大红粉、金光红、甲苯胺紫红等偶氮颜料和盐基品绿色淀、酸性湖蓝色淀等低档色淀颜料。20 世纪 50 年代后期，耐晒黄 G 等色淀、色原颜料投产。20 世纪 60 年代，银行印钞用的永固红、1602 颜料绿 B、碱性艳绿色原等专用颜料品种研制成功，铜酞菁颜料、橡胶大红 LG、永固橘黄等品种得到发展。20 世纪 70 年代，发展了各种有机颜料制备物，如橡胶着色剂、维尼龙着色剂、色母粒、涂料印花浆等；20 世纪 70 年代中期，开发了大分子颜料 2B 红、橙、棕、黄等系列品种，后期开发投产了苯并咪唑酮类型以及偶氮颜料。

8. 印染助剂的研制

印染助剂于 20 世纪 50 年代起步，上海助剂厂为国内最早的助剂厂。1954 年拉开粉 BX 投产；1956 年生产表面活性剂渗透剂 BX、固色剂 Y。20 世纪 60 年代，后整理助剂和非离子表面活性剂研制成功，初期投产净洗剂 LS、乳化剂 OP、S、增白剂 VBL 等品种，浸湿剂 JFC 替代进口。20 世纪 70 年代，增加耐高温扩散剂和合成纤维印染用助剂，扩散剂 CNF、MF、N 先后投产。20 世纪 70 年代中期固色交联剂 DE、两性表面活性剂柔软剂 SCM 和 C、分散剂 IW 等品种相继投产。此外，比较大的助剂生产厂家还有武汉助剂厂、天津助剂厂、广州助剂厂等。

第六节　改革开放以来的染料工业

1978 年，我国实行改革开放后，染料工业也开始从高度集中的计划经济体制向充满活力的社会主义市场经济体制转变，并开始朝着世界染料大国不断迈进。当时我国染料年产量基本在 7 万吨左右，活性染料、分散染料、阳离子染料、还原染料以及高档有机颜料等产量很小。染料生产企业有 100 多家，生产能力在 10 万吨左右。当时，国内染料工业在产量、品种、质量、技术等方面远远落后于世界先进水平。

1. 多种体制共同发展，产业基地逐步形成

1978 年以后，国家开始改革开放，招商引资，发展多种经济体制，从计划经济逐步向市场经济转变，染料行业是较早迈入市场经济的行业之一。市场经济的推动加快了染料生产企业多种体制的快速发展，在国营染料公司转制的同时，一大批乡镇企业、合资企业、私营染料企业等如雨后春笋般得到发展。

1975 年，天津染料化学工业公司正式成立，为全民所有制大型染料生产企业，下辖 14 个企业、1 个研究所和公司染料设计室，主要生产硫化、直接、酸性、碱性、冰染、还原、活性、分散、阳离子及其他染料等 10 大类产品共 130 多个品种，另有中间体、助剂、有机颜料及其他化工产品几十种。

1990 年 5 月，为了加强上海染料工业的发展，上海市成立了上海染料农药公司。1992 年 7 月，农药部分划出，改名为上海染料公司。该公司为大型染料生产经营性公司，公司作为企业法人，上海染料化工厂、上海染料化工四厂、上海染料化工五厂、上海染料化工七厂、上海染料化工八厂和上海市染料研究所为公司的成员单位。上海染料公司的成立，为上海染料工业的发展及江苏省、浙江省染料工业的崛起发挥了重要作用。

随着市场经济体制的逐步建立、环境保护意识的提高和城市整体改革的推进，80 年代末，一些地处城区的染料企业被强制性进行搬迁和改造，建国后逐步形成的染料生产格局随之发生变化。许多国营企业纷纷与乡镇企业联合，组建染料生产的联营或民营生产厂或与国外企业合资，改变经营者性质，同时将相关的生产技术转移或带入至民营企业，使得我国染料企业的主导力量发生了明显的变化。特别是以浙江染料企业为代表的民营染料企业的兴起，对全国染料企业的体制转化、结构调整起到了推动作用。从 20 世纪 90 年代后期开始，主要的染料生产基地逐渐从原来以国企为主的吉林、上海和天津转移到以民企为主的浙江、江苏，这两省的染料年产量一度占到全国的约 80%，染料出口量接近全国的 70%。全国 10 家年产量超万吨的重点染料企业中有 6 家分布在浙江、江苏两个省。

浙江省的染料工业起步较晚，但改革开放后发展迅速，已成为我国染料生产的第一大省和染料行业的主导力量。目前浙江已有染颜料生产企业近 100 家，均为民营企业，若干家企业发展成年销售额达数十亿元的生产集团。2010 年，浙江省染料产量达到 51.06 万吨，占全国染料产量的 68%。其中，浙江龙盛集团股份有限公司、浙江闰土股份有限公司、浙江吉华集团有限公司名列全国重点染料生产企业前三位，2010 年的染料产量分别为 19.06 万吨、13.92 万吨和 9.66 万吨，分别占全国总产量的 25.21%、18.41%和 12.78%。该省的染料出口也名列全国第一，2010 年出口量 11.78 万吨，创汇 4.31 亿美元，平均染料出口价格为 3661 美元/吨。上述 3 家企业均已发展成为世界级的染料生产企业。百合花集团有限公司名列全国重点颜料生产企业的第二位，2010 年的产量为 22109 吨，占全国有机颜料产量的 9.9%。

江苏省的染料工业自改革开放以来发展也很快，目前染料年产量占全国的 15%~20%。该省染料生产企业逾百家，以民营企业为主，80%的企业集中在连云港市、盐城市、常州市和泰州市等，以生产分散染料、活性染料和还原染料为主。重点企业有江苏亚邦染料股份有限公司、徐州开达精细化工有限公司、泰兴锦鸡染料有限公司、江苏泰丰化工有限公司等，江苏省的染料出口名列全国第二位，2010 年出口量 4.53 万吨，创汇 2.75 亿美元。江苏北美颜料化学集团公司名列全国重点颜料生产企业的第一位，2010 年的产量为 36272 吨，占全国有机颜料产量的 16.2%。

上海是我国染料生产老基地，随着经济的发展，为了配合上海成为国际大都市的规划，其染料工业主要发展为研究开发基地和应用销售基地。2010 年出口量 2.24 万吨，创汇 1.21 亿美元，2010 年的平均染料出口价格为 5385 美元/吨。

经过不断调整和发展，改革开放以后涌现出来的民营染颜料企业积累了较雄厚的资本和较强的技术开发力量，逐渐成为中国染颜料工业的主力军。浙江龙盛集团股份有限公司是我国染料行业第一家上市公司，之后上海安诺其化工有限公司、浙江闰土股份有限公司、生产中间体的河北建新集团公司、生产纺织印染助剂的浙江省传化集团公司和广东德美化工公司等相继上市，加快了企业的快速发展。

随着改革开放的不断深入，在国家"退城进园"政策的指导下，染料行业产业集聚度快速提高，逐步形成了以浙江省上虞市、萧山区，江苏省泰兴市、常州市、盐城市、连云港市，山东省昌邑市，河北省黄骅市为主的染料产业化工园区。这些园区基本都在沿海地区，为染料工业发展创造了良好的发展环境，企业纷纷迁入园区发展，到 2010 年，入驻化工园区的染料生产企业占 70%以上，产量占 85%以上。

2. 染料行业的对外开放

改革开放以前的计划经济时期，我国染料贸易数量很少，年出口量约 3 万吨，主要由国家指定中国化工进出口总公司（现为中化集团公司）负责进出口贸易，进出口口岸主要是上海和天津港口，出口品牌分别是"永久牌"和"友好牌"。

香港一直是中国染料进出口的窗口。根据成立于 1946 年的香港染料同业商会记载，20 世纪 30 年代开始，香港基于地理和港口优势，成为欧美国家输往中国及东南亚各国商品的中转站，染料亦不例外。通过香港将染料转销中国内地。这种只有输入染料的单方面外贸，一直到 20 世纪 60 年代末才开始改变。随着香港制衣业的蓬勃发展，来自日本、印度、韩国及中国的染料陆续登场，打破由欧美长期垄断市场的局面。香港几乎囊括世界各国的所有染料代理，各类染料的销量逐年递增。当时华润公司工矿产品部与中国化工进出口公司（现为中化集团公司）天津分公司（原为中化天津）作为对外贸易公司，以注册商标"友好牌"销售染料，主要进入香港的染料以直接、酸性、盐基、硫化、还原、冰染为主，还有靛蓝粉、活性艳蓝、活性翠蓝、活性元青、分散蓝等。特别是20世纪70年代牛仔布的兴起盛行，产品畅遍全球，其靛蓝粉成为出口染料品种中之长青树，经久不衰。

随着对外开放的不断深入，染料进出口贸易也发生了很大变化。经过政府批准，有染料出口的生产企业基本都获得进出口权，可以直接出口企业生产的产品。这一政策的实施，极大地促进了染料进出口贸易的增长。到2010年，我国染料年出口量达27.28万吨，占生产总量的36.08%，出口创汇11.75亿美元，多年来一直是贸易顺差，为国家创汇、节汇做出了贡献，染料直接出口130多个国家，囊括全部染料品种，其中，分散染料出口数量和创汇额最多；有机颜料2010年出口量15.37万吨（包括有机颜料制品），创汇达到10.23亿美元。

上海是我国染料生产的老基地，也是对外开放最先打开的窗口。1985年5月，上海染料公司与泰国合资在曼谷建立沪泰染料有限公司；1987年与香港天厨味精厂在香港合资建立天海化工有限公司，主要生产助剂。20世纪90年代初，借助上海浦东开发的优惠政策，为了加快染料企业的动迁调整，上海化工局和上海染料公司领导经过几番考察与论证，与德国巴斯夫化工公司合资成立了上海巴斯夫染料化工有限公司，主要生产染料、有机颜料和助剂，总投资17.6亿元人民币，其中"三废"治理投资约占总投资的25%，并建成国内第一座工艺先进的污水处理设施。与国际著名化工公司合资，在染料及化工界都产生了很大影响。由于项目的重要意义和投资额度较大，受到中德两国领导的高度重视。1993年和1994年时任国务院总理的李鹏和德国科尔总理、上海市黄菊市长、国家外经贸部吴仪部长、化工部谭竹洲副部长、上海化工局傅卫国局长、上海染料公司何新源总经理，分别在中国和德国出席了合资项目的签约和投产仪式。

1993年12月，天津油墨厂与日本东洋油墨公司合资成立天津东洋油墨有限公司，生产油墨用有机颜料产品。1995年，天津市染料化学第五厂与瑞士科莱恩公司在天津市经济开发区合资成立科莱恩（天津）有限公司，生产分散染料、酸性染料、直接染料及活性染料。1996年10月，天津有机公司与德国科莱恩公司合资成立科莱恩颜料（天津）有限公司，经营范围涉及颜料和相关化工产品。

1995年5月，青岛染料厂与瑞士汽巴嘉基公司合资创办青岛汽巴纺织染料有限公司。1995年11月，德国德司达公司与无锡染料厂合资成立了德司达无锡染料公司，利用德司达公司染料商品化技术，使用国产分散染料滤饼进行染料商品化加工。

2004年，杭州百合花化工公司与瑞士科莱恩公司合资成立杭州百合科莱恩颜料有限公司，2006年7月投产。

2006年10月，德国德司达公司在南京化学工业园区投资5500万美元，建成年产2.3万吨纺织染料及中间体生产基地。

2007年10月，浙江龙盛集团股份有限公司与印度KIRI染料公司在印度合资兴建Lonsen Kiri染料公司，2009年在印度古吉拉特邦建成投产。这是中国第一个境外建设的合资染料厂，中国染料工业协会理事长王攉、秘书长田利明应邀出席投产仪式。

2010年，浙江龙盛集团股份有限公司成功收购了全球染料巨头德国德司达公司（DyStar）。此次收购在世界染料史上具有里程碑的意义，这是世界染料史上的第三次大转折，预示着中国染料企业将登上世界染料舞台的中心。2010年1月5日，国际化工协会联合会发布公告，中国浙江龙盛收购染料巨头德司达公司被列为2010年度世界化工十大新闻之一。

随着改革开放的不断深入，促进了染料行业合资企业的不断增加和发展，也推动了中国染料工业的整体发展，使生产数量、品种不断增长，生产技术和产品质量与国际标准加快接轨，企业管理、经营理念得到提升，生产工艺和设备不断进步，产品出口与国际交流不断扩大。总之，通过对外开放、合资合作、互利双赢，使染料工业的整体水平有了全方位的提升。

3. 染料科技水平的提高

改革开放以来，实现染料工业迅猛发展的一个重要因素，就是把技术创新作为行业发展的核心动力。在新产品创制上，全国的染料科研院所开始了更广泛的研发工作，涉及染颜料的所有类别，包括纺织印染助剂和染料中间体。

从1976年第五个五年计划开始，沈阳化工研究院、上海染料研究所、天津染料研究所等在国家科技部的支持下，承担了部分染料品种的国家科技攻关项目。主要有涤棉深色印花用分散染料的研制；分散嫩黄SE-GGFL、分散蓝S-RBL、分散红3B质量改进；涂料印花色浆及助剂的研究；苯四甲酸、还原艳橙GR、还原枣红2R、酸性媒介红S-80、阳离子黄X-5GL、阳离子蓝X-GRRL、酸性媒介灰BS、聚烯烃色母粒的研制等。现在这些品种可以取代进口，节省大量外汇，其中一些品种填补国内空白，转而成为出口品种。

在此后的"六五"（1981—1985年）、"七五"（1986—1990年）、"八五"（1991—1995年）、"九五"（1996—2004）计划期间，在染料及其中间体的开发研制上，染料行业的科研院所以及重点企业承担了一批国家重点科技攻关任务。其中，在"六五"期间，为中长纤维（涤纶、涤棉、涤腈混纺织物）配套研制了R型活性染料5个品种和D型活性染料15个品种；SD型阳离子染料7~8个品种；T型分散染料10个品种以及荧光增白剂ER及其中间体的研制；靛白的制造工艺及配方研究；弱酸品蓝7BF及其中间体研制、醇溶染料5个品种；油溶染料8个品种以及固相法酞菁铜新工艺的研制等。"七五"期间，溶剂法合成2-羟基-3-萘甲酸的研究、分散藏青 2GL 新工艺的研究、热敏传真用无色染料的研制、分散黑 EX-SF（300%）的研制、隐色体液状硫化染料的研制、还原棕 R 的研制、弱酸性蓝 G、酸性媒介红 B、麻用活性橙 LR-G、麻用活性涤蓝 LR-R、麻用活性黑 LR-B 等 10 品种以及 α-抗结晶抗絮凝颜料酞菁蓝的制备等。"八五"期间，研究的重点主要是高性能染料的研制以及适应于超细纤维用的分散染料。如涤纶超细旦纤维用分散染料和助剂的筛选及应用工艺、新的环保型双活性基活性染料的研究、直接荧光嫩黄 7GFF 及荧光增白剂 CBS 的合成、脱氰 N-烷基吡啶酮合成黄色偶氮型分散染料的开发、香豆素系荧光分散染料及超级耐晒系列分散染料的研制、捏合法制酞菁蓝 BGSR 开发、苯并咪唑酮系列高档有机颜料的研究等。攻关项目的完成，大大丰富了国内染料品种，满足了国内相关行业对染料的需求，为我国成为世界染料第一生产大国打下了基础。

1994 年以后，欧盟陆续颁布有关禁用部分染料的法令，对我国染料工业影响很大，使我国出口纺织品在国际市场上严重受阻。在国家有关部门大力支持下，染料行业与纺织印染行业密切配合，大胆创新，很快开发出了 75 个环保型染料替代禁用染料并获得了很大成功。

进入 21 世纪后，我国染料工业加快了产业升级的步伐。围绕着新型纺织纤维的出现，与之配套的染料新产品的研发取得了卓有成效的成果和骄人的成绩。初步统计近 7 年开发出来的染料新品种就有 550 多个。如适于纤维素纤维深色染色技术的新型活性染料和超细旦聚酯纤维染色用分散染料等是一类具有高提升性和相容性、优异的重现性和优良色牢度的分散染料；还有适于数字喷墨打印和印花技术的新型染料墨水和涂料印花浆等。目前，我国已成功研发出近 500 个新型环保型染料，环保型染料已超过全部染料的 2/3。值得一提的是，在近 10 年间，经英国染色家学会（SDC）的核准，中国染料获得国际染料索引通用名的染料有几十个。以天津德凯化工有限公司为例，已确认的活性染料有 C.I.活性黄 215、C.I.活性橙 141、C.I.活性橙 142 等十多个品种，这表明我国的染料工业已步入了自主创新的时代。

我国有机颜料的快速发展是在 20 世纪 90 年代之后，特别是进入 21 世纪，有机颜料在生产工艺及其高档有机颜料品种的研发方面取得了骄人成绩。有机颜料表面包覆技术、固态溶液技术、两种或两种以上化学结构相似的组分混合偶合制备技术以及有机颜料挤水转相基墨工艺技术等，提升了有机颜料整体制备技术水平，制备的高透明度、高光泽度、高着色强度、耐热稳定性等优异性能的颜料产品可满足不同应用领域的需求，如不同印刷油墨（胶版、溶剂及水性）、不同树脂塑料及涂料着色。国内生产颜料品种商品牌号与专用剂型的总数约近 2000 个，黄色谱品种 467 个，橙色谱品种 87 个，红色谱品种 870 个，紫色谱品种 85 个，蓝色谱品种 385 个，绿、棕、黑色谱 75 个，如表 9-4 所示。

表 9-4　近年国内高档有机颜料研发品种

类　别	主　要　产　品
偶氮缩合类颜料	大分子黄 4GL、大分子黄 2GL、大分子红 GRL、C.I.颜料黄 93、C.I.颜料黄 95、C.I.颜料黄 155、C.I.颜料红 144、C.I.颜料红 166 等品种
苯并咪唑酮类颜料	C.I.颜料黄 151、C.I.颜料黄 154、C.I.颜料黄 175、C.I.颜料黄 180、C.I.颜料黄 181、C.I.颜料黄 194、C.I.颜料橙 36、C.I.颜料橙 62、C.I.颜料橙 64、C.I.颜料红 171、C.I.颜料红 175、C.I.颜料红 175、C.I.颜料红 185、C.I.颜料红 208、C.I.颜料棕 25 等品种
高档色酚类颜料	C.I.颜料红 188、C.I.颜料红 243、C.I.颜料红 245 、C.I.颜料红 266、永固红 P-F7RK、C.I.颜料红 269 等品种
喹吖啶酮类颜料	C.I.颜料紫 19、C.I.颜料红 122、C.I.颜料红 202，C.I.颜料红 206、C.I.颜料红 207 以及重要原料之一的丁二酰丁二酸甲酯（DMSS）等
二噁嗪类颜料	C.I.颜料紫 23、C.I.颜料蓝 80 （二噁嗪-苯并咪唑酮类）
吡咯并吡咯二酮（DPP）类颜料	C.I.颜料橙 71、C.I.颜料橙 73、C.I.颜料红 254、C.I.颜料红 255、C.I.颜料红 264、C.I.颜料红 272 等品种
异吲哚啉酮与异吲哚啉类颜料	C.I.颜料黄 109、C.I.颜料黄 110、C.I.颜料黄 139 等品种
喹酞酮类颜料	C.I.颜料黄 138、中间体 8-氨基-2-甲基喹啉及四氯代邻苯二甲酸酐等
苝红系颜料	C.I.颜料红 123、C.I.颜料红 149、C.I.颜料红 178、C.I.颜料红 179、C.I.颜料红 190、C.I.颜料红 224、C.I.颜料紫 29、C.I.颜料黑 32 及中间体苝四甲酸酐（PTCA）等
稠环酮类颜料	C.I.颜料黄 147、C.I.颜料橙 43、C.I.颜料红 168、C.I.颜料红 177、C.I.颜料红 194、C.I.颜料蓝 60 等品种
杂环金属络合类及铜酞菁类颜料	C.I.颜料黄 150、ε-型铜酞菁（C.I.颜料蓝 15:6） 、C.I.颜料蓝 75、C.I.颜料蓝 79（环保型铝酞菁颜料）

近年来，相继研发的高档有机颜料具有颜色鲜艳、优良的耐热稳定性、耐迁移性能、耐光牢度等优点，广泛应用于油墨、油漆、涂料、织物印花、塑料、建筑材料、橡胶、食品包装、儿童玩具、文教用品的着色，也应用于医药、液晶显示器、信息跟踪以及国防安全等领域。

与此同时，践行社会责任已成为染料企业的自觉行动。2008—2010 年，国内进行产品生态安全认证的企业有 90 多家，认证的产品有 800 多个，认证的项目有 1930 多项。从 2009 年开始，中国染料工业协会与中国印染协会和 Intertek 上海天祥技术服务有限公司连续举办了 3 届"中国印染和染化料行业生态安全及可持续发展论坛"，染料、助剂、印染、服装等多个国内外企业出席会议，推动了国内染料产品生态安全工作的开展。

不断开发的染料领域高新技术赋予染料工业新的生命力。改革开放初期，国内染料企业普遍采用传统的合成工艺。如染料生产中的缩合闭环工序通常是在液相中进行，一般要用到溶剂，会产生大量废液。而采用固相法生产某些染料和中间体，既砍掉了溶剂，又减少了工序，不但提高了产品的鲜艳度，而且降低了成本，提高了劳动生产率。

先进工艺技术给国内染料行业的快速发展注入了活力。1997年初，中国台湾正裕兴业股份有限公司张文谭先生介绍日本染料专家与浙江的染料公司合作，传授分散染料合成以及相关中间体的合成制造技术，经过双方共同努力，开发了染料重氮化偶合组分的合成制造技术近百项，改进生产流程、商品化制备、成品染料配方等400多项新技术，研究成果大大促进了分散染料的快速发展。

随着改革的深入和技术的进步，高端技术在国内染料行业中实现了突破。目前，催化技术是染料清洁生产工艺中发展最快的绿色制造技术，其中包括骨架镍催化加氢还原技术、相转移催化技术等。此外，三氧化硫磺化技术、组合增效技术、溶剂反应技术、循环利用技术等工艺技术的创新和应用，对我国染料行业安全生产、集约管控、节能减排、循环经济、绿色工艺等方面都具有重要意义。

清洁生产、节能减排得到染料生产企业的高度重视，2009年染料行业有四项技术被工信部列入清洁生产技术推广目录，它们是染颜料中间体加氢还原清洁生产制备技术；染料膜过滤、原浆干燥清洁生产制备技术；有机溶剂替代水介质清洁生产制备技术以及低浓酸含盐废水循环利用技术。到2010年，染料行业染颜料中间体加氢还原等清洁生产制备技术普及率约50%；通过从源头控制、工艺改进和采用膜过滤、原浆干燥等生产制备技术使80%的活性染料、40%的酸性染料和荧光增白剂等产品实现了工艺废水零排放；同时，循环经济、综合利用等技术被企业广泛应用，有效减少了废水、固废的产生和排放。

在装备提升方面，合成反应设备的大型化成功解决了大型反应釜在质量传递、动能传递、热量传递方面的工程技术难题，使合成过程中的单釜投料量及单批产量大幅度提升。大型化连续硝化、加氢还原生产装备使得连续硝化替代传统间歇硝化；加氢还原替代传统铁粉、硫化碱还原等技术实现了工业化的应用。大型的高温高压反应釜、减压精馏、精馏、蒸馏设备以及各种在线的电子监测设备，适用于高沸点、低沸程差、热敏性芳香胺异构体精密分离工艺的装置得到应用。DCS集散控制系统，对全流程工艺参数实施自动控制，提高了装置自动化水平和系统运行的稳定性及安全性。ESD应急处理系统，自动实施异常工况应急处理机制，提高了化工生产的安全性等。

与此同时，耐高温、耐有机溶剂腐蚀的大型过滤设备提高了过滤的有效面积、过滤速率和染料的分离效果，减少了染料废水的排放。新型超细研磨设备解决了我国商品染料颗粒大、粒径分布范围宽等问题，提升了染料精细化水平。有机溶剂的回收、提纯设备，耐强酸或强碱、耐高温、耐腐蚀的较大型密封真空包装设备，用于含盐酸性废水和含盐碱性废水处理的多效蒸发设备等也已广泛应用。

附1 大事记

1918年，由日本人投资兴建的大和染料株式会社（大连染料厂的前身），是我国第一个合成染料生产厂，生产硫化黑产品。

1919年，青岛"福顺泰"杂货店经理杨子生筹金2万银元，创办了青岛维新化学工艺社（青岛染料厂的前身）。生产硫化黑，被称为"民族染料第一家"。该社的成立标志着我国民族资本染料工业的创建。

1930年，天津民族工商业者张书泉开办了一家生产合成染料的厂家——久兴染料厂。主要是用日本的中间体二硝基氯苯生产硫化黑。

1933年4月，上海董荣清等颜料商人在闵行建立中孚化学制造染料厂，这是上海第一家民族染料工业企业。同年，董敬庄、许炳熙等合伙开办大中染料厂，同年冬季生产硫化黑，这是上海第一批国产硫化元染料。1954年并入闵行化工厂（后上海染料化工厂）。

1934年10月，吴汉荣、朱紫光出资旧币20亿元在虹桥路770号开办"朱紫光染料研究室"，专门从事染料中间体的研制，1953年4月建成华亨化工厂（后染料化工七厂）。该厂生产的1,4-氨基萘磺酸钠为国内最早。

1934年11月，长城染料厂（后并入中联化工厂）徐亚光先生在国内首次研制成功染料中间体2-萘酚。

1947年6月，上海联合颜料厂股份有限公司开办，经营染料拼混、包装销售业务。

1949年2月，大连原大和染料株式会社定名关东实业公司染料厂（后大连染料厂），恢复生产，当年生产硫化染料43吨。同年，天津永业化学厂建立，下半年产量仅为1.4吨，有4个有机颜料品种。

1951年，天津染料化学六厂（简称天津染化六厂）建立，1952年投产。

1951年6月，重工业部在北京召开全国酸、碱、染料工作会议，了解酸、碱、染料工业现状，解决产销平衡，明确今后的发展方向。

1952年1月，上海中一染料厂、大可染料厂、庆成染料厂、公泰染料厂经过半年酝酿进行合并合营，成立私营上海"中国染料工业公司"。其后，中孚兴业化学制造有限公司、长城染料厂、大中染料厂、龙华染料厂等也先后进行合并合营，1954年3月成立私营中联染料化工制造公司。

1952年1月，政务院总理周恩来批准吉林肥料厂、吉林染料厂、吉林电石厂设计任务书。这是苏联帮助我国建设的156项重点工程之中的3项。根据设计，染料厂工程总投资10500万元，年产高级染料3054吨、染料中间体8201吨，1956年1月生产车间正式施工，1957年9月试生产。

1952年7月,新中化学厂以及铅试剂溴酚蓝、瑞氏色素等26个产品参加德国莱比锡举行的国际工业展览会。

1953年3月,重工业部决定接管青岛维新化工厂,定名青岛染料厂。1956年6月洪泰化学厂、意民染料厂、大安染料厂、宏新化学厂、久裕骨胶厂并入青岛染料厂,成为我国染料工业重点企业之一。

1954年4月,由上海市地方工业局接管联合颜料厂股份有限公司,改名为地方国营联合颜料厂。1955年生产"红旗牌"染、颜料。同年立索尔红在上海染料厂生产,产量47.46吨。

1954年6月,重工业部化工局提出化学工业第一个五年计划的发展方针。正式提出了适当发展酸、碱和染料工业。

1954年7月,上海李仲骥、钟观甫先生主持研制的凡拉明B蓝色盐在中国染料一厂投入生产。

1954年,上海助剂厂(现天坛助剂有限公司)生产国内第一个印染助剂产品——渗透剂BX(拉开粉)。

1955年,天津染料化学行业实现全行业的公私合营,由重工业局(化工局前身)将全市染料工业31家中小型工厂,规划成为八个染化厂(即天津染料厂、天津染化一厂至天津染化七厂)。其中天津染化六厂逐步发展成为我国北方有机颜料生产中心,生产有机颜料产品60余种。

自1953—1966年,天津染化六厂承担并完成了银行印钞的专用颜料的科研任务,品种有褐红、永固红、1602颜料绿B、碱性艳绿色原等品种。这是我国银行印钞采用国产颜料的开端。

1956年,上海染料厂和国华染料厂生产有机颜料,品种有大红粉、金光红、甲苯胺紫红等偶氮颜料和盐基品绿色淀、酸性湖蓝色淀等7种低级色淀颜料。

1956年5月,接国家重工业部化学工业局指示,青岛染料厂开始接管青岛地区的中国颜料厂、农民染料厂、大安化工厂、洪泰化工厂和宏新化工厂。

1957年9月,中共中央总书记邓小平、国务院副总理李富春等同志视察吉林化学工业公司(简称吉化公司)染料厂。同年10月,吉化公司染料厂、吉化公司肥料厂、吉化公司电石厂三个企业全部或部分投入生产,国务院副总理薄一波、化工部部长彭涛等参加了竣工投产剪彩仪式,为此,《人民日报》发表《我们要建设强大的化学工业》社论。

1958年1月,上海润华染料厂技术员奚翔云、陆锦霖等研发的中国第一个活性染料产品——红光黄在上海润华染料厂(上海染料八厂前身)投产。同年,以上海中联染料三厂李君武为首的食用色素试制小组试制成功国内第一只食用色素。1960年化工部、卫生部指定该厂为定点生产厂。1981年1月,上海市染料研究所获得化工部、卫生部、工商行政管理总局"食品色素定点生产证书",为国内法定生产单位。

1960年1月，根据上海化工研究院染料研究室沈鼎三建议，王鹏飞等科研人员研制成功国内第一只聚丙烯腈用新型染料"阳离子艳蓝RL"。1962年上海中国染料一厂李仲骧等人进行了扩大实验，并于1964年7月在华东化工学院陈仰三等人帮助下解决了染料"冻结"的问题，实现了工业化生产，此后，上海染料涂料研究所、中国染料一厂、华东化工学院逐渐完成其品种配套。

1960年，上海染料化工一厂（简称染化一厂）有机颜料产量1948吨，生产品种占全国的85%。

1962年，华亨染料厂（后染料化工七厂）在李振民、蔡聿豹、许明轩主持下，建成国内第一套蒽氧化制蒽醌的工业装置并投入生产。

1965年4月，化工部确定部属研究机构的研究方向和任务，其中，沈阳化工院以化学农药、染料为研究方向。同年，国内第一个分散染料生产车间在中国染料三厂（后上海染料化工五厂）建成投产，可生产14个品种，年生产能力50吨。同年，天津染化六厂有机颜料产量已达到785吨，自行研制并投产有机颜料品种近百种之多。

20世纪60年代，上海染料化工十二厂研制成功并投产偶氮缩合型颜料（大分子颜料）。1961年，染化一厂试制成功酞菁绿G（C.I.颜料绿7）。1964年投入生产，年生产能力40吨。

1967年，青岛染料厂投产了水溶性彩色胶片呈色剂"535"，当年生产2.18吨，该产品填补了国内空白。

1968年，上海染料化工十厂采用硝化法代替汞法生产1-氨基蒽醌，消除了生产中汞对工人健康的危害。

1970年，北京染料厂还原靛蓝投入工业化生产，从此开创了我国合成靛蓝的发展历史。

1975年11月，化工部决定，为引进化纤装置配套染料，选厂址建设一个以酸性媒介、活性染料为主的中型染料企业——定名为丹东染料厂（后辽宁精化科技有限公司）。在原丹东合成塑料厂的原址上进行扩大建设规模。总投资额为2400万元。

1976年，上海染料化工十二厂与上海市染料研究所共同试制成功大分子红R等高档有机颜料系列产品。产品质量达到瑞士同类产品水平，1977年获上海市重大科技成果奖，1983年获上海市经济委员会优秀新产品奖。

20世纪70年代，上海地区有机颜料产量2537吨，并发展了各种有机颜料制备物，如橡胶着色剂、维尼龙着色剂、色母粒、涂料印花浆等；20世纪70年代中期生产大分子颜料2B红、橙、棕、黄等系列品种，后期开发投产了苯并咪唑酮类型偶氮颜料。

1977年，青岛染料厂研制的油溶性彩色电影呈色剂黄5381、品5381和青5381三个品种高档油溶性彩色电影胶片呈色剂生产成功，填补国内空白。

1977年12月，在南京化工厂建成国内第一套年产3000吨硝基苯加氢制苯胺装置，使苯胺生产工艺跨入国际先进行列，同年荣获全国科技大会奖。

1977年，北京染料厂全国首个涤纶原浆着色剂研制投产，并获全国科技大会奖。

1979年9月，化工部染料考察组赴瑞士考察，主要考察了瑞士化学工业的发展和染料生产、染料研究所、三废治理等情况。在瑞士期间，还应邀参加了第七届国际染料会议。

1980年10月，上海染料化工五厂的染料行业第一套综合废水生化治理装置投入试运转。

1981年3月，上海市染料研究所研制成功电影染印法无银染料声带，获国家文化部科技成果一等奖。同年12月，天津市染料研究所、天津市染料厂和天津市化学第七厂协作研制成功一些高牢固色率的F型活性染料12个品种，产品质量和应用性能均达到国外同类产品先进水平。

1983年2月，化工部颁发《染料标准样品管理》办法。

1983年5月，上海市染料农药工业公司、中国化工进出口公司上海分公司与泰国合资经营"泰国沪泰染料厂有限公司"，签订合同。

1983年6月，吉化公司染料厂年产2万吨苯胺装置建成投产。

1983年10月，四川染料厂年产5000吨保险粉（甲酸钠法）工程通过国家竣工验收。

1983年，上海市染料农药工业公司组织的上海市染料研究所、上海染料化工厂等6家生产厂进行中长纤维涤、黏混纺织物一浴一步染色工艺及配套助剂攻关项目通过鉴定。该项目1988年获化工部科技进步二等奖。

1984年，由吉林染料厂、上海染料公司等染料企业发起，经化工部、国家经贸委批准（后民政部备案）1985年正式成立中国染料工业协会，是国内成立较早的行业组织之一。

1986年2月，丹东染料厂研究所试制成功酸性蓝BGA，这只染料是由蒽醌型和重氮型两只染料混拼而成，可替代进口，填补了国内空白。1989年荣获丹东市优秀新产品三等奖，省科技进步三等奖。

1986年9月，丹东染料厂与丹东市化工研究所合作，共同研制弱酸艳红10B，并被列入化工部新产品计划。1987年9月投入生产。该产品填补了我国空白。

1986年11月，上海染料工业公司（行政性）撤销，由上海市化工局染料农药行业管理处管理。

1986年12月，上海市染料行业协会成立。

1986年，天津市染料工业公司周天佐和沈阳化工研究院黄健美代表全国染料行业参加"六五"国家科技攻关人员，出席全国"六五"科技攻关总结表彰大会，得到国家领导人赵紫阳、李鹏接见，天津市染料化学公司获国家科技攻关奖。

1979—1988年，天津地区有机颜料共研制新产品40多个。1988年，天津染化六厂工业总产值1510万元，产量1140.9吨。

1990年5月，上海染料农药公司正式成立。该公司由22个企业、事业单位联合组成，年产10大系列染料1.2万吨，农药1万吨，产值7.6亿元。

1990年6月，青岛染料厂分散染料多品种生产过程计算机控制系统正式通过国家化工部鉴定。该项目属1986年列为国家科委"七五"攻关项目，是工厂"七五"技改重点项目，也是国内首创的分散染料生产计算机控制系统。

1990年，上海有机颜料产量2900吨，各种制备物产量近千吨。铜酞菁产能达250吨/年，实际产量181吨，占国内产量的23%。

1991年2月，《人民日报》报道，我国11种主要化工产品产量居世界前列。其中染料居世界第二位。

1991年，化工部、瑞士汽巴-嘉基有限公司合作协议在北京签字。双方将在农用化学品、添加剂、染料、颜料、塑料、环保等领域，通过科技开发，合资办企业、技术交流与技术转让等方式加强合作。

1991年11月，东港工贸集团有限公司研制的间位酯，荣获"七五"全国星火计划成果博览会银奖。

1992年，上海染料化工八厂开发投产的活性黄KE-4RN、活性黄M-2RE和活性艳蓝KE-GN填补了国内空白。

1993—1994年，上海染料公司与德国巴斯夫公司先后合资兴建上海巴斯夫染料化工有限公司，总投资16.4亿元。

1993年，东港工贸集团有限公司活性艳蓝KN-R（200%）获国家科委举办的全国星火计划成果展览会金奖。

1994年，浙江省染料工业协会成立。

1995年1月，德国德司达染料公司与江苏省无锡染料厂在无锡合资兴建德司达无锡染料厂，主要是分散染料商品化，总投资1800万美元。

1995年1月，天津染化五厂与瑞士山道士（后科莱恩公司）化工有限公司合资兴建科莱恩天津染料公司，双方共投资4亿元，主要产品是活性染料和酸性染料。

1995年3月，青岛染料厂与瑞士汽巴公司合资兴建青岛汽巴纺织染料有限公司。该项目年产高档染料3000吨，总投资2500万美元。

1996年11月，沈阳化工研究院三个项目（溶剂法合成2-羟基-3-苯甲酸的研究、氯代苯甲醛和分散黑EX-SF300%的研制）获国家"八五"科技攻关重大成果奖。

1998年1月,科莱恩(天津)有限公司建成投产,年产分散、酸性染料4000吨及生产直接染料、纺织制革工业所需的特种染料等,总投资7.7亿元。

1998年,天津市染料工业研究所研制成功麻用活性染料:麻用活性橙LR-G、麻用活性涤蓝LR-R、麻用活性黑LR-B等10个品种。

2000年,天津市染料工业协会成立。

2000年,环保型染料ED系列、光碟记录用染料在台湾永光化学股份有限公司研制成功。

2003年8月,"浙江龙盛"股票(证券代码600352)在上海证卷交易所正式成功上市,这是国内染料行业首家上市企业。

2004年,喷墨墨水在辽宁精化科技有限公司研制成功,并投产。

同年,喷墨墨水和金属表面着色剂在台湾永光化学股份有限公司研制成功。

2006年9月,浙江龙盛集团股份有限公司生产的科华素牌活性染料、湖北楚源精细化工集团股份有限公司的楚源牌活性染料以及东港工贸集团有限公司的活性染料被评为中国名牌产品。

2006年,中国染料工业协会组织制定的《染料生产工》和《染料分析工》国家职业标准,于2007年1月经中华人民共和国劳动和社会保障部颁布实施。

2007年7月,经国务院批准,国家税务总局、发改委等部委联合发布取消染颜料等产品的出口退税。

2007年9月,中国染料工业协会组织编写的《染料生产工》和《染料分析工》培训教材,经化学工业出版社正式出版发行。

2007年9月,在山东昌邑沿海经济发展区成立染料工业园区。

2007年10月,"龙盛"牵手印度染料生产商KIRI,与KIRI公司开展战略合作。

2008年,纺织墨水和太阳能敏化染料在台湾永光化学股份有限公司研制成功。

2009年4月,中国染料工业协会在上海组织召开了"2009中国国际染料行业应对金融危机高峰论坛"。邀请印度、韩国等国和台湾地区的业界人士发表讲演。

2009年,浙江龙盛集团股份有限公司技术中心成为行业内首家被国家发展和改革委员会认定的国家企业技术中心。

2010年,浙江龙盛集团股份有限公司成功收购了全球染料巨头德国德司达公司(DyStar)。2010年1月5日,国际化工协会联合会发布公告,浙江龙盛收购染料巨头德司达被列为2010年度世界化工十大新闻。

2010年2月,经中国染料工业协会积极推荐,染料膜过滤等4项清洁生产示范项目正式列入国家工信部17个重点行业清洁生产技术应用推广目录。

2010年4月,上海安诺其纺织化工股份有限公司经中国证监会[证监许可(2010)366号]批准在深圳证券交易所创业板成功上市。

2010年7月，浙江闰土股份有限公司经中国证券委第十二届发审委第42次会议审核通过在深圳证券交易所成功上市。

2010年，百合花集团有限公司技术中心通过国家级企业技术中心认定。2010年百合花集团有限公司与科莱恩国际有限公司第二期合作项目"1000吨高性能有机颜料喹吖啶酮项目"正式建成投产。

附2 国际背景

1. 染料品种研发概要

染料工业发展是在有机化学发展的基础上进行的。19世纪西欧有机化学的研究工作得到发展以及从煤焦油分离和制取有机芳香族化合物，开创了合成染料时期。

1856年，英国化学家W.H.Perkin将苯胺硫酸盐与重铬酸钾进行反应生成了一些黑色物质，他在分离这些黑色物质时，发现这些黑色物质可将丝绸染成紫色，而且经多次清洗很难将紫色洗去。他于1857年建立了一个工厂来生产这种物质，并将其命名为泰尔红紫（Tyrian Violet），即苯胺紫（Mauve, Mauveine）。Perkin的主要贡献就在于将实验室所观察到的现象转化成印染工作者所需要的产品，苯胺紫被公认为历史上第一个合成染料，成为染料历史的第一个里程碑。

第一支合成染料工业化后，大大激发了染料研究工作者对染料的研究兴趣，从而促进了染料工业的进一步发展。1859年，法国化学家Verguin合成了碱性品红（Magenta）。当他把苯胺和氯化锡放置在一起加热时，得到了第一支碱性染料——碱性品红，从此以后开始了制备碱性品红的衍生物。

1860年，Girard和Delaire将碱性品红进行N-苯基化，得到了苯胺蓝（Aniline Blue）和Imperial Violet两个染料。1861年Lauth用碱性品红与硫酸和乙醛作用制备了Aldehyde Blue。1862年Nicho Ison将其磺化，得到了酸性染料Soluble Blue和Alkali Blue；同年Cherpin用Aldehyde Blue与硫代硫酸钠作用制备了第一支绿色染料Aldehyde Green；Nicholson以碱性品红为母体，分离出第一支吖啶染料Phosphine。1863年，Perkin用过氧化铅与苯胺紫作用，制备了碱性藏红（Safranine）。同年，Lightfoot发现了第一支在纤维上显色的染料苯胺黑（Aniline Black）。当时他将棉织物浸渍在无色的苯胺溶液中，再将织物取出进行氧化，棉织物即变成了黑色。当时他对这种染料的化学性质和所发生化学反应的机理并不了解，直到半个世纪以后的1913年，才由Willstätt和A.G.Green对其反应机理进行了解释。1864年Griess发现了重氮盐与偶合组分的偶合反应。实际早在1864以前，Dele和Caro就合成了氨基偶氮苯，并将其转化为Induline；1863年，Martin用亚硝酸对间苯二胺进行重氮化反应，制备了俾斯麦棕（Bismarck Brown，即C.I.碱性棕）。

1866年，Barday将甲基苯胺与二甲基胺的混合物氧化得到了甲基紫，该产品很快取代了霍夫曼紫。值得一提的是，在 Perkin 发现苯胺紫时，Grevill Willians 发现了喹啉蓝（Quinoline Blue），由于牢度太低而没有得到应用，但是在半个世纪以后，他所进行的喹啉烷基氯化物与 4-甲基喹啉的反应却导致了一系列光敏染料的合成。

1867 年，Kekulé 和 Wurtz 用芳香族磺酰进行碱熔合成了苯酚，不久又合成了间苯二酚。1868 年，Gräbe 和 Liebermann 将 1,2-二溴蒽醌转化成 1,2-二羟基蒽醌及醌茜，从而合成了第一支天然染料。当时，他研究了醌茜的另一种制法，即蒽醌磺化后用碱进行碱熔。这一技术于 1869 年同一年由 Caro、Gräbe 和 Liebermann 在德国，Perkin 在英国申请了专利。

1871 年，一系列苯酚染料被合成出来：拜耳（Bayer）合成了荧光素（Flnorescein）、焦棓酚酞（Gallein）、天青蓝（Cerulein）；Caro 发现了曙红（Eosine）。Keknlé 将苯胺重氮化，再与苯酚偶合，从而合成第一支羟基偶氮染料。这一简单又有价值的重氮化偶合反应使制备大量偶氮染料成为可能。时至今日，偶氮染料仍然是今天最大的一个染料类别。

1875 年，Caro 用苯胺重氮化，与间苯二酚偶合，合成了二氨基偶氮苯，即碱性橙（Chrysoiline，C.I.碱性橙 1）。

1876 年，Roussin 合成出酸性橙Ⅱ、酸性橙Ⅳ等染料；同年 Griess 由重氮化的对氨基苯磺酸合成出其他酸性染料。这一时期合成出的偶氮染料如雨后春笋，层出不穷。同年 Caro 合成出噻嗪染料——亚甲蓝。直到今天，这一染料仍然为一支重要染料。同年，Rosenstiehl 合成出 2-硝基-1,2-二羟基蒽醌，即酸性媒介橙（C.I.媒介橙 1）。

在 1877 年到 1879 年间，合成的重要染料还有：1877 年 Köhlev 合成出 Fast Yellow；Prud'homme 合成出 Alizarin Blue；O.Fischer 合成出孔雀绿（C.I.媒介绿 4），该染料今天仍然是一支有价值的三苯甲烷碱性染料。1878 年 Baum 合成出 Ponceaus。1879 年 Nietzki 合成出双偶氮染料 Biebrich Scarlet，又于 1880 年合成出 Metanil Yellow。同年 Köhlev 发现三苯甲烷染料中如有 N-苄基则磺化很容易进行，从而合成出三苯甲烷酸性染料。由于这些合成方法的发现，从而合成出包括紫色、蓝色、绿色的一系列羊毛用酸性染料。

1880 年，Bayer 合成出靛蓝；Read 和 Holliday 父子开发出 Para Red 染料的染色工艺：当棉浸渍在 β-萘酚的碱性溶液中后，再将棉织物用重氮化的对硝基苯胺偶合，从而使棉织物染成红色，这就是今天冰染染料的工艺。

1883 年，Kern 使用光气制备了结晶紫。他用 4,4'-双（二甲基氨基）二苯酮与氯化锌作用，合成出碱性嫩黄 O（C.I.碱性黄 2）。同年 Walter 合成出第一支二苯乙烯染料直接黄 R(C.I.直接黄 11)，这是第一支不加媒染剂就可染棉的可溶性染料。这一时期，由二苯乙烯衍生了一系列有应用意义的黄色、橙色和棕色偶氮与氧化偶氮染料，例如，Mikado 橙和 Diphenyl Fast 系列染料。

1884 年 Boettiger 合成了第一支联苯胺结构的染料——刚果红。这支染料的染色牢度并不好，但其使用时间却很长，直到联苯胺类染料禁用以前，刚果红一直是一支重要的红色纸用染料。由于联苯胺在染料上的应用，从此数以百计的联苯胺染料被合成出来。

1884 年 Ziegler 用两种方法合成了第一支吡唑啉酮系列的染料——酒石黄（Tartrazine），其中一种方法是用苯肼衍生物与 β-丙酮酸酯反应制得吡唑啉酮，这是一种至今仍具有实际意义的吡唑啉酮合成方法。

1873 年 Croissant 和 Bretonniere 用制糖废渣、碱和硫在一起加热，合成出了第一支硫化染料。1887 年 Green 根据这一硫化工艺，用对甲苯胺与硫加热合成出 Primulin Base（当时的硫化染料名）时，才真正开始了硫化染料的历史。

1888 年 Bohn-Schmidt 发现：发烟硫酸与 1,2-二羟基蒽醌或其他蒽醌衍生物作用，可以制得多羟基蒽醌，这一反应被称作 Bohn-Schmidt 反应。蒽醌衍生物从此开始作为一类十分重要的染料中间体被广泛使用。

1889 年至 1890 年，Lauch，Krekelev，Kuzel 等人合成羊毛染色用偶氮类铬络合染料 Diamond Blue F 及其发色团。1891 年 M.Hoffmann 合成由 H 酸重氮化双偶氮染料 Naphthol Blue Black，这是其后广泛用于羊毛染色的黑色染料。早在 1871 年 Gracbe 和 Liebermann 就发现 1,2-二羟基蒽醌可以磺化得到可溶性的羊毛染料，但直到 1893—1897 年这一时期，Schmidt 才又继续合成了一系列有价值的羊毛用蓝色和绿色染料，如酸性蓝 B（C.I.酸性蓝 45）和弱酸性绿 GS（C.I.酸性绿 25）。

1899 年 Vnger 合成了由 1-氨基-2,4-二溴蒽醌与芳胺缩合，而后磺化而得到的 Alizarin Sky Blue。1893—1899 年期间，最引人注目的发现是用多硫化钠溶液进行硫化的工艺及其由此工艺而合成的硫化黑——Vidal 黑，由 Kalischer 合成的 Immedial Black FF，由 Prieles 和 Kaltwasser 合成的硫化黑 T（Dulfur Black T）以及由 2,4-二硝基苯酚硫化而制备的硫化黑。这一品种至今仍在大量的生产着，也是我国出口的重要品种之一。

1880 年 Bayer 公司成功合成靛蓝，将千百年来使用的天然靛蓝人工合成出来。但只到 1890 年 Heumann 开发出由苯基甘氨酸或其邻位羧酸用氢氧化钾缩合合成靛蓝的工艺，才使靛蓝具有实际的工业生产意义。1899 年 Sandmeyer 由苯胺经靛红-α-乙酰苯胺合成靛蓝，这一工艺尽管不如 Heumann 工艺，但对合成其他靛蓝类和硫靛类染料却是十分有用的。1902 年，Roesslev 发现在苯基甘氨酸或其邻甲酸闭环时使用氨基钠，得到靛蓝的收率非常高，这一工艺一直沿用至 20 世纪末。

1901 年，Bohn 由 β-氨基碱熔合成了还原蓝 RSN（Indanthrent Blue），在其后的几年内，出现了一系列蒽醌类还原染料：1901 年 Bohn 合成了还原类 G（Indanthrene 黄 G），1904 年 Bally 和 Isler 合成了还原深蓝 BO、还原绿 B，还原黑

BB，1905 年 Scholl 合成还原金橙 G，1905—1907 间，由 Isler 合成了二蒽醌亚胺染料及三蒽醌亚胺染料，如 Algol 橙 R 及还原红 G，1906 年 Bally 和 Wolff 合成了还原紫 R 和异二苯绕蒽酮。在 1908—1911 年期间，由 Ullmann、Bally 和 Lüttringhaus 等人合成了蒽醌-吖啶酮还原染料，如还原紫 RN、还原红 BN、还原红紫 RRN 等。这些染料适合于染棉和黏胶纤维，用一般染色工艺染色后，其牢度也很好。当时棉纤维仍是主要的纤维类别，但棉织物坚牢的染料仍未发现，二蒽醌类还原染料的合成就具有重要的商业意义。从研究方面看，还原蓝的合成大大刺激了蒽醌化学的研究，其结果是合成了大量的碳环或杂环的复杂环状化合物，这也涉及到发展了一些新的缩合和环化方法，这些方法在制备靛蓝和硫靛类染料中具有重要意义。

1900—1910 年期间，合成出许多新的染料，如 1900 年 Weinberg 和 Hevz 合成出第一支蓝色硫化染料——隐色体硫化蓝 9（Immedial Blue）；1904 年 Boenigev 将靛酚与多硫化钠水溶液再一起加热，得到了绿色硫化染料 Pyrogene Green。在直接染料方面，由 Israel 等人合成了直接大红 4BS，光敏染料如氰染料也于 1903 年问世。

1911 年还原咔叽 2G，这一品种在第二次世界大战期间作为军服用染料而被大量生产。

1912 年冰染类染料的色酚 AS 开始得到应用，色酚 AS（2-羟基萘-3-甲酰苯胺）实际是在 1892 年由 Schöpff 合成出来的，但一直没有在染料上得到应用。色酚 AS 及其同系物的应用，使冰染染料的色谱从黄到黑均可得到艳丽而坚牢的品种。在当时，冰染染料对纤维素纤维染色的重要性仅次于蒽醌类染料。

1913 年有两个发现：长期以来用于涂料的色淀颜料均由三苯甲烷类碱性染料与丹宁-锑沉淀或由酸性染料用钡盐处理而得，这些染料的耐晒牢度不好。德国巴斯夫公司开发出磷钨酸和磷钼酸色淀颜料，却具有很高的牢度。另一件事情是 Herzberg 由溴氨酸与芳胺缩合合成了 Alizarin 直接蓝 A 类酸性染料。

1914—1918 年第一次世界大战期间，使染料发展受到极大影响，但 1915 年仍有水溶性铬络合偶氮染料 Neolan 染料问世，这支染料可以直接染羊毛和丝绸，从而使染色省去了媒染工艺。1917 年由 Gibbs 开发了由空气氧化萘制苯酐的工艺，从而大大降低了苯酐的成本，降低以苯酐为原理的靛蓝染料的成本，同时使得由苯酚合成蒽醌成为可能，也使蒽醌染料成本降低，使蒽醌染料品种进一步发展。

1920 年 Davies 等人将二羟基二苯绕蒽醌甲基化成二甲基酯，合成出 Caledon Jadon Green，从而填补了蒽醌还原染料色谱。1925 年将蒽并蒽酮卤化，得到坚牢而鲜艳的还原全橙 GK 和 PK。1924—1926 年，由萘四甲酸和芘四甲酸衍生合成的还原染料已投入市场，如还原红 GG、大红 GG 等。1920 年 Badev 等人将还原靛蓝转化成硫酸酯的隐色体，使还原染料可在水溶液中使用，形成一类新的可溶性还原染料——溶靛素染料。

1920年以后，许多新的色酚和色基投入市场，如色酚 AS-G 及含有三氟甲基的色基，此外快色素染料也投入市场。美国伊斯曼科达公司加强了对几类新型氰染料的研究，1922年 König 发现了 Astraphloxine FF 染料。1924年汽巴公司将直接染料 Chlorantin Fast BLL 商品化，这是一支由蓝色偶氮染料和黄色偶氮染料通过三聚氯氰缩合在一起而得到的绿色染料，具有很好的坚牢度，这一合成方法为杂色直接染料的合成开辟了新的途径。

1934年的一个重要染料是第一支铜酞菁染料 Monastral Fast Blue BS 问世，这是英国化学家开发出的一支有机颜料。实际上早在1928年，Dandridge 在铁的反应釜中合成苯二甲酰亚胺时，就发现生成了一种蓝色的颜料，后来 Linstead 解释了其化学性。铜酞菁及其十五氯代衍生物分别呈现鲜艳的蓝色及绿色，而化学性能特别稳定，唯一的缺点就是与无机颜料比较成本较高，价格较贵。今天酞菁类染料和颜料仍是十分重要的类别，广泛用于纺织品染色、印花及油墨、涂料着色。在1934—1937年间，德国 IG 公司还开发了许多还原染料。

2. 早期的染料工业生产

尽管1857年 Perkin 父子在英国建立了第一家染料生产厂，但染料企业在德国发展却很迅速。1865年巴斯夫公司在路德维希成立，其后 MLB 公司（赫斯特公司前身）也在德国成立，Elbefeld 建立拜耳公司，在柏林建立阿克伐公司，在法兰克福建立卡色拉公司，在莱茵河畔的 Biebrich 建立 Kalla and Co. 以及其他许多小的染料厂。1904年阿克伐合并巴斯夫公司，当时巴斯夫公司与拜耳公司也达成了分割世界市场及交换专利的协议。面临着与国外染料公司激烈竞争，1928年，德国的六个大的染料公司（巴斯夫、MLB、拜耳、卡色拉、Kalla 和 Griesheim-Electron）第一次联合在一起，称为 Interessen Gemeinschaft für Farben-industrie A.G.，即 I.G. 法本公司，该公司资产占当时德国化学工业总资产的60%。第二次世界大战后，德国成为战败国，这一染料托拉斯才又分裂成原来的染料厂。1938年，德国染料产量已达6.14万吨。

当时，瑞士也是染料工业高度发展的国家，尤其是高档染料发展迅速。由于瑞士在染料化学上的贡献，更增加了世界对瑞士染料的信任，因此瑞士的染料产量中95%是出口。当时瑞士有四大染料公司：汽巴（前身是瑞士巴塞尔化学工业协会），嘉基、山道士和 Durand and Huguenin。后者于1939年与 IG 法本公司联合。第一次世界大战后，前三家公司组成了巴塞尔 Interessen Gemeinschaft 公司，又称为瑞士 I.G. 公司。瑞士染料制备工业是十分强大的，这是因为很大程度上，瑞士依靠着德国煤焦油分离的原料和丰富的中间体产品。1938年瑞士染料为7364吨。

1914年第一次世界大战爆发，使世界上许多国家，尤其是英国和美国感觉到德国染料工业及其有关炸药、合成医药、橡胶工业的强大。1915年英国建立了一个新的染料公司（British Dyes Ltd），该公司吸收了很早以前就成立的位于

Huddersfield 的 Read Holliday 父子公司，1991 年又兼并英国其他企业，如位于曼彻斯特的 Leviasteins 公司，以参与在世界范围内与法国的竞争，后来位于 Clayton 的 Claus 公司和位于 Ellemere 港的 MLB 的合成靛蓝厂也并入该公司。1926 年，由 Brunner Mond 公司、Nobel 工业公司、United Alrali 公司和英国染料公司联合成立帝国化学工业公司（ICI），不久，Scottish 染料公司（前 Solway 染料公司）也成为 ICI 公司的一部分，1931 年英国 Alizavin 公司也并入 ICI 公司。因此，ICI 公司生产范围包括了染料、化工原料、炸药、医药、塑料、涂料、人造丝、合成气体和金属等，实际上涵盖了英国所有的化学工业领域。1946 年 ICI 的整体资金已超过了 1.4 亿英镑，其中染料、合成药物和塑料领域开发项目的费用达 900 万英镑。1938 年英国生产染料总产量为 2.07 万吨，其中的 90%供国内需求。除 ICI 公司外，20 世纪 30 年代英国大的染料厂还有 L.B.Holliday 公司、Clayton Aniline 公司（属瑞士所有）及 J.W.Leitch 公司。

1914 年，美国染料产量仅占世界染料总产量的 3%，但染料消耗量却占世界染料总产量的 10%，当时美国染料消耗大于世界上任何一个国家。1915 年，美国仅有 7 个小染料厂。到 1918 年，不到 3 年时间美国已拥有 70 个染料厂。1923 年，美国染料产量达到 4.26 万吨，其中 95%由国内使用。1938 年，美国已成为仅次于德国的第二大染料生产大国。1946 年，美国染料产量达 8.45 万吨，1947 年达 9.64 万吨。在当时的 "AATCC" 手册上已有 40 个染料生产厂列于其上，其中有 "国家苯胺和化学公司" NAC（后来成为 "联合化学和染料公司" 的一部分）、杜邦公司、美国氰胺公司 Calco 化学分部、苯胺和胶住公司（GAFC）以及瑞士汽巴、嘉基、山道士公司在的美国分公司等。瑞士在美国的分公司不仅帮助自己在美国销售瑞士染料，而且还建立辛辛那提化工厂，生产瑞士染料以补充在美销售的染料。到 19 世纪 40 年代，杜邦、苯胺和化学、Calco 公司三家所生产的染料占美国染料总产量的 60%，而氰胺公司和辛辛那提化工厂生产的染料产量占美国染料总产量的 20%。

1914 年法国只有两个属于本国的染料厂：Denis Etablissements Steiner，两个厂的产量仅占国内消耗量的 10%。第二次世界大战期间，由于德国占领法国，法国将所有的法国染料公司合并成立 Francolor 公司，由德国 I.G.法本公司控制。法国战胜德国后，德国政府决定仍保持 Francolor 公司这个法国最为强大的染料公司，其德国的股份由国家所有。1938 年法国染料产量仅 9090 吨。

意大利也是欧洲重要的染料生产国，早期主要染料生产厂是 Montecatini，它是意大利一流的化工公司并与德国 IG 公司有紧密联系，尤其染料生产方面联系更加紧密。1938 年意大利染料产量为 1.07 万吨。20 世纪三四十年代，前苏联的染料生产在国家的监制之下也是当时的重要染料生产国，1938 年染料产量已达 3.53 万吨。日本的染料工业当时得到政府的资助，1939 年日本染料产量达 3.72 万吨，但其中 3/2 是硫化染料。

3. 第二次世界大战之后世界染料工业

第二次世界大战结束，同盟国的盟国控制委员会（Allied Control Council）在1945年11月决定：将德国的I.G.法本染料公司的染料和设备迁至盟国生产，而属于军事生产设备一律销毁，因此德国I.G.法本公司不再作为一个染料托拉斯存在；并将德国的染料生产限制在每年36000吨，即仅为战前两年产量的50%～55%。

1945年6月同盟国派出工业调查团赴德国，对德国的工业状况进行全面调查，并将收集到的所有资料汇编成册。当时英国的调查团形成了《The British Intelligence Objective Sub –Committee》（即"BIOS Report"），美国调查团形成了《The United Stutes Field Intelligence Agenay Technical》（即 FIAT Report）。英美调查人员不仅将德国化工生产的工艺技术与实验报告加以摘抄、拍照，而且德国工程技术人员对其主管的生产工艺进行口述、打字，因而上述两份报告形成了包括复印件、照片，微缩胶卷在内的数千份技术资料，并且将这两份报告（还包括PB报告）向全世界公司出售。鉴于德国当时在世界化学工业，尤其是染料工业中的地位，这些化工资料受到化学工作者的重视，美国、英国、日本的化学工作者复制、借鉴这些工艺技术，使本国的化学工业得到了很大发展。

在第二次世界大战后的几年中，染料工业恢复了正常生产。为了更好地开发染料新品种，世界各大染料公司建立研究室，进行染料理论与开发的研究，并不断发表新的专利。例如，瑞士的一些公司发表了一系列直接染料，包括铜络合染料的专利；英国帝国化学元素工业公司（ICI）从2,4二芳基吡唑出发，开发出新颖的次甲基及次氮基染料。此外，在蒽醌系列还原染料、酞菁染料的开发与研究上，均取得了较大进展，美国伊斯曼柯达公司在氰染料着色理论的研究取得了较大进展，开发出一系列氰染料，该公司还开发出一系列醋酸纤维用染料。在涂料印花的研究方面，改进了包括树脂黏合剂在内的涂料印花浆，尤其是印花的耐磨牢度的改进。这些都为20世纪50年代染料工业蓬勃发展打下了基础。

20世纪50年代是化学工业飞跃发展的十年，尤其是合成纤维，如锦纶、腈纶和涤纶的出现与工业化生产，大大刺激了合成纤维染色用染料的研究与开发，因此50年代也是染料开发十分活跃的十年。这期间，对锦纶用酸性染料，腈纶用阳离子染料和涤纶用分散染料以及这些染料染色的配套助剂，都取得了令人瞩目的成果。

20世纪50年代，染色工作者不仅对合成纤维用染料进行了重点研究，在纺织品的染色理论与染料方面也取得了突破性进展，这就使得活性染料出现。1956年，即第一支合成染料出现后的100年，英国帝国化学公司发明了纤维素纤维染色用的活性染料，即染料与纤维通过化学键使纤维着色。这一成就是现代染料发展史上的新概念，被称为染料发展史上的第二个里程碑。在这之前，染料在纤维上的性能都是基于某些物理性能的结合，活性染料的出现开拓了染料化学的新领域。从19世纪末开始，染料工作者希望通过化学反应途径来得到鲜艳而湿处理牢度优异的染料，这也成为了他们向往的目标。

20世纪40年代，瑞士的汽巴公司、德国的赫斯特公司和英国的帝国化学工业公司研究了染羊毛用具有活性基团的染料，如1952年德国赫斯特公司生产了含有乙烯砜基的羊毛用染料。同年，J.Warren等人发表了三聚氯氰与纤维素碱性负离子反应的研究工作。这些工作都为活性染料的诞生打下了基础。20世纪50年代，英国染料工作者I.D.Ratte从研究羊毛用活性染料转到了纤维素纤维用活性染料的研究工作中，他研究了2,4-二氯均三嗪染料与羊毛在染色过程中的成键反应，并进一步发展到在水介质中与纤维素纤维的反应。英国染料工作者W.E.Stephen用添加缓冲剂的方法解决了染料的商品化问题。英国帝国化学工业公司（ICI）以Procion的牌号将该类染料投放市场，并命名为活性染料，因此一类新的棉用商品活性染料诞生了。I.D.Rattee与W.W.Stephen由于发明了具有实际应用价值的棉用活性染料而获得了"英国染色和染料工作者学会"的奖励。

从1956年英国开始活性染料的商品生产以后，其他国家也相继开发，形成了染料科学和生产上的一个全新领域，活性基团的类型与染料品种不断增加，染料应用范围不断扩大，理论研究不断深入，染料性能不断改进。

这一期间，染料工业发展主要表现在以下方面。

活性染料研究与开发十分活跃，表现在新产品增长非常迅速。仅以《Colour Index》登录的活性染料品种数为例：1956年第2版出版时，并无活性染料类别，1963年的第2版补编中仅有88支，而1971年第3版出版时，已达448支活性染料，1975年第3版补编时，活性染料已有649支。活性染料所涉及的活性基团包括一氯三嗪、二氯三嗪、乙烯砜基、膦酸基、三氯嘧啶基、一氟三嗪基等，并且开发出含有两个或两个以上活性基团的活性染料。

在活性染料产量上，1975年日本已达3500吨，10年间增长10倍；英国1976年已建成三个活性染料生产厂，仅帝国化学工业公司1976年活性染料出口金额已达1.35亿英镑；1975年世界活性染料消耗量已达23000吨，其中欧洲9200吨，亚洲8600吨，北美2300吨，其他地区2900吨。活性染料逐渐取代部分还原染料和直接染料的市场。

涤纶用分散染料的开发与研究。1947年英国帝国化学工业公司生产出涤纶纤维，从此对涤纶纤维用染料的研究与开发吸引了广大染料工作者的注意。一开始，染料工作者仅仅是从醋酸纤维用分散染料中筛选出部分染料用作涤纶纤维染料。随着涤纶工业的快速发展（1975年涤纶需求量已达365万吨），仅靠筛选醋酸纤维用分散染料已不能满足涤纶纤维染色的需要。染料工作者对分散染料研究除了苯系偶氮分散染料和蒽醌分散染料外，重点进行了杂环类分散染料的研究，这是这一时期分散研究的一个显著特点。例如20世纪50年代初期，美国伊斯曼柯达公司的

J.B.Dickeg 等人合成了 2-氨基-5 硝基噻唑及 2-氨基噻唑类的杂环化合物为重氮组分的偶氮型分散染料。20 世纪 60 年代初，染料工作者以氨基苯并异噻唑作为分散染料的重氮组分，法国的 T.Ross 与德国巴斯夫公司的 M.Seeqelder 几乎同时于 1964 年申请了 3-氨基-1,2-苯并异噻唑合成分散染料方法的专利。20 世纪 60 年代末到 70 年代初，英国帝国化学工业公司的 D.B.Baird 从几十个 2-氨基噻吩类中间体合成了数百个偶氮分散染料。瑞士山道士公司的 W.Gröbke 合成了氨基苯并噻唑，德国的巴斯夫公司的 H.Eilingsfield 合成了氨基噻吩并异噻唑，日本三菱化成公司今崛精一合成了氨基噻吩并噻吩，德国巴斯夫公司的 H.Hagen 合成了氨基噻吩并吡啶。上述杂环化合均可以作为偶氮分散染料的重氮组分。此外，以吡啶酮类化合物为偶氮组分的分散染料也于 20 世纪 60 年代就开始研究。上述杂环化合物作为染料的重氮组分或偶氮组分具有色泽鲜艳，吸光系数大，耐晒牢度好，有很好的染色性能，许多杂环染料目前仍是市场上在销售的品种。

这一时期，也是涂料印花品种与工艺的迅速发展时期。由于涂料印花可用于绝大多数纤维织物，因此涂料印花在印花织物中占的比重越来越大。20 世纪 70 年代中期，美国涂料印花织物占整个印花织物的 80%，随着黏合剂、增稠剂和交联剂的不断改进，可以少用或不用汽油、煤油。自交型交联剂问世，使当时的涂料印花进入了一个新水平，使织物在手感上和耐磨牢度上有了很大改进。为了改进涂料印花鲜艳度，20 世纪 70 年代还开发出荧光涂料，使印花制品颜色鲜艳度得到很大改进，从而广泛用于服装印花。

这一时期染料工业的另一个重大事件是联苯胺染料的禁用。自 1884 年德国 Boettiger 合成出刚果红——第一支联苯胺染料后，1891 年德国 M.Hoffmann 及 C.Dainoler 合成出直接绿 B。自 1901 年德国 Scholkopf 工厂生产直接黑 E 以后的数十年中，联苯胺制备的染料已达 10 个染料类别计 250 多个品种，其中直接染料品种最多，所涉及的色谱为黄、红、紫、蓝、绿、棕和黑。由于联苯胺制备的直接染料，对棉、黏胶、丝绸有较高的亲和力，直接性大，上染率优良，染料方法简单，可包装成色袋直接进行染色，所以不但品种繁多，而且发展迅速。但由于联苯胺的致癌性，在 1972 年前后，世界各大染料公司陆续停止了联苯胺染料的生产，并开始了联苯胺代用染料的研究。

这一时期染料产量增长很快。仅以 1973 年统计的世界六大染料生产国为例：美国 1960 年产量为 7.08 万吨，1973 年增至 12.90 万吨，增长 82.20%；原联邦德国 1960 年产量为 4.61 万吨，1973 年增至 13.31 万吨，增长 188.72%；日本 1960 年产量为 2.65 万吨，1973 年增至 6.05 万吨，增长 128.30%；英国 1960 年产量为 3.78 万吨，1973 年增至 5.02 万吨，增长 32.80%；法国 1960 年产量 1.41 万吨，1973 年末 3.18 万吨，增长 125.53%，瑞士 1960 年产量为 1.99 万吨，1973 年增至 3.51 万吨，增长 76.38%。六国染料总产量从 1960 年的 21.52 万吨增至 1973 年的 43.97 万吨，增长104.32%。这些数据说明了20世纪70年代染料产量增长速度之迅速，也反映了纺织品及其他行业对染料的需求。

20世纪70年代中至80年代末是染料格局开始变化的时期。这一时期的特点是：欧美等国家染料发展速度减缓，亚洲染料发展速度加快，而在欧美等国的一些大公司，染料发展出现不平衡的状态。

欧美等国家染料发展速度减缓，主要表现在欧美的一些大的染料公司新产品开发速度变慢。究其原因，其一，20世纪70年代中期出现的石油危机，导致市场对染料需求减少，而原料价格的上涨，直接影响了新的染料品种的开发。其二，欧美的一些国家对新产品的毒性及生产环境的保护，提出了更严格的要求，并不断通过立法加以限制，使这些国家的染料公司无法忍受为满足这类要求所需投入的科研经费和研究周期，这就降低了各类染料公司对新产品开发的兴趣；其三，合纤纺织品已基本定型，没有出现新的合成纤维类别，已有染料品种已基本上满足纺织品的需求，所以调整的幅度不大。

与欧美一些国家染料发展相反，在20世纪80年代，亚洲的染料有了很大的发展，中国（包括台湾）、印度、韩国、印尼、泰国和日本染料工业发展迅速，这是由于纺织工业中心地区已由欧美转移到亚洲，从而刺激了染料工业的发展。到1990年，中国染料产量已达16.40万吨（其中大陆13.63万吨），日本7.49万吨，英国5.44万吨，瑞士3.86万吨（1989年），欧美四国染料总产量30.37万吨，因此90年代初，亚洲染料产量已处于与欧美抗衡的地位。

这一时期，欧美染料工业也处于不平衡的发展状况。由于欧美对环保的严格限制及亚洲染料工业对欧美染料市场的挑战，迫使欧美的一些染料公司退出染料市场。例如，80年代初期，美国最大的染料生产公司——杜邦公司及意大利的阿克拉公司均相继宣布退出染料市场。另一方面，原联邦德国、瑞士、英国等一批实力雄厚的染料生产厂，并未放弃染料的开发工作，他们一方面对现有染料生产技术加以改进和提高，以增加经济效益；另一方面，积极进行非纺织品用染料的开发和研究，以拓宽染料的应用领域。

20世纪80年代末到90年代初，染料工业发展史上一个重大转折就是功能性染料的开发与应用取得重大突破。80年代以来，电子工业、信息工业得到飞速发展，对具有各种特殊功能染料的需求日益增加。在此情况下，世界大的染料公司对传统纺织品用染料工业生产的长期方针进行分析，提出了染料研究开发转向的战略思想，即集中力量致力于高新技术领域中所需染料的研究。例如德国赫斯特公司在70年代中期转向研究电子工业用精细化学品，并已取得很好的经济效益。日本从80年代开始发展功能性染料，至1990年，日本已有40多个厂商生产10多种功能性染料，市场规模达到每年300亿日元，相当于日本合成染料市场规模的50%。

功能性染料作为染料领域的一个重要分支，已得到染料化学家的认可，因而功能性染料被誉为染料发展的第三个里程碑。

传统染料是利用染料具有在光照射下产生各种颜色的特性,将其用于纺织品和非纺织品的着色,而功能性染料则是利用与染料分子结构有关的各种物理和化学性能而产生的特殊功能。功能染料主要包括:在光、热、电、磁场或者压力作用下使染料显示出颜色,如光致变色染料、热敏和压敏染料、红外摄像用染料、激光染料和液晶染料等;能量转化染料,如光导电染料、太阳能电池用染料等;其他如光盘信息记录染料、有机非线性光学材料以及生物功能染料等。功能性染料一般具有与现代高新技术密切相关的特定功能。目前也将功能性有机颜料划在功能性染料的范畴中。功能性染料的特殊应用有其特殊要求,功能性染料要纯度高,质量好,因而附加价值高,但用量往往较小。功能性染料与纺织和非纺织用染料相比,其产量仍很小,但其重要作用将越来越表现在各高新技术领域中,也是值得我们重视的一类新型染料。

染料研究开发的转向促使西欧六大染料公司:德国巴斯夫、赫斯特与拜耳公司、瑞士的山道士与汽巴嘉基公司和英国的帝国化学工业公司进行重组,以增强在染料市场的竞争力。在1994年,德国拜耳公司与赫斯特公司就纺织染料的合作达成协议,并同意成立一个新的公司德司达纺织染料有限公司,双方各投资50%,并于1995年7月1日正式运行,总部设在德国的法兰克福,该公司除由拜耳公司和赫斯特公司组成总部外,这两个公司在世界各地的20多个有关纺织染料生产与销售的分公司也属于德司达纺织染料公司。德司达公司成立之初,共有三个业务部门:活性染料业务部,预计年销售目标为9亿德国马克,分散染料业务部,预计销售目标为4亿德国马克,专业染料业务部,预计年销售目标为7亿德国马克,从而使德司达公司成为世界上最大的染料生产与销售公司。

新成立的德司达纺织染料公司一直为上述的目标而努力。1998年的四大公司在法兰克福的年度发布会上公布:1997年该公司的销售额为17.98亿德国马克,比1996年的16.16亿增长11%,利润额为1996年的3倍,1997年活性染料销售增长18%,分散染料销售增长16%,专业染料销售增长90%。四大纺织染料公司1996—1997两年中每年投资8千万德国马克在亚洲建厂,包括在我国建设3000吨分散染料的德司达无锡染料厂和在印度建设8000吨分散染料生产厂,1997年末,在波兰投入运行一套年产3000吨有机染料生产厂。在投资新厂的同时,四大公司每年将销售额的3%~4%用于研究与开发,以提高染料质量,改进染料性能,开发有利于环境保护的染料与染色工艺。

2000年10月,德司达纺织染料公司与巴斯夫纺织染料部合并,从而使德司达纺织染料公司的年销售额由19亿德国马克增至26亿德国马克,员工由3400名增至4600名,染料销售占世界市场份额的23%,合并后的德司达纺织染料公司中拜耳和赫斯特各占股份35%,巴斯夫占30%。新的集团公司已成为世界最大的染料生产与销售公司。

1993 年瑞士山道士公司将其染料业务、生物与药物的特种业务，从公司分离出来，成立了科莱恩公司，科莱恩公司负责山道士公司所有与染料和颜料的有关业务，1995 年科莱恩公司以 46 亿瑞士法郎收购赫斯特专用化学品部，包括颜料、色母粒和颜料助剂等生产与销售业务，估计 1996 年销售额达 89 亿瑞士法郎，从而成为世界最大的专用化学品生产企业之一。

1997 年瑞士汽巴嘉基公司将该公司的特种化学品部从公司分离出来，成立了汽巴精化公司，负责汽巴嘉基公司纺织染料和颜料的生产与销售业务，1998 年该公司的染料部与纺织助剂与纤维整理剂部合并，成立了消费品分部，经 2 年多的运作，2000 年全销售额已达 79.02 亿瑞士法郎，与科莱恩公司一起成为世界两大专用化学品公司。

1993 年英国帝国化学公司进行公司结构调整，将该公司特化部中的氯碱、聚合物与油漆分离出来，将分离后的特化部组建成捷利康公司。新的公司负责医药农用化学品、着色剂、树脂和精细化学品。但 1996 年，捷利康公司迅速将纺织品染料业务出售给巴斯夫公司，但仍保持数字印花的染料与颜料，皮革颜料、化学品以及有机颜料的业务。1999 年捷利康公司全部卖掉时，这几个方面的业务成为新成立的 Avecia 公司业务的一部分。

英国的另一个染料公司约克夏化学品公司在 1998 年卖掉了公司油墨与颜料的生产与销售体系以及皮革与化学品的生产与销售体系，目的是加强纺织染料化学品的业务，特别是加强分散染料的生产与销售，并建立活性染料业务。1999 年约克夏化学品公司获得了希腊染料公司 Athensa Viochrom SA 生产厂，这是一家生产分散染料和阳离子染料的工厂。在 1999 年底约克夏化学品公司又收购了比其更大的 CK Witco 公司，这使得约克夏化学品公司在世界纺织染料公司中的排名到前 15 位，其销售额约占世界份额的 5%。

除欧洲世界染料生产厂商进行重组和改革外，美国的染料工业也有了很大变化。在 20 世纪 80 年代初期，杜邦公司在世界首开先例，宣布退出染料生产与销售领域。其中美国氰胺公司和联合苯胺公司也停止了染料生产。至目前为止，真正属于美国的染料生产厂家也为数不多，其他公司均为世界大的染料公司所兼并。尽管如此，北美仍是世界染料销售额最大的地区之一（占世界纺织染料市场份额的 14%，达 12.15 亿美元）。

随着上述发达国家染料生产格局的变化，在东南亚的一些国家和地区，染料工业迅速发展起来。中国、印度、印尼、韩国、中国台湾地区染料生产和贸易迅速发展，出口量不断增加。

印度的染料工业，也在 20 世纪 90 年代取得了长足进步，目前印度染料产量达 10 万多吨，产值 100 多亿卢比。印度国内有染料企业 1000 多家，其中大型企业 48

家，产量占印度全年染料产量的55%。印度的原材料价格较低，劳动力成本也较低，印度政府又采取刺激生产与销售政策（90年代连续数年下调染料产品税率和出口税率），使印度的染料和中间体工业得以迅速发展，尤其是印度的中间体产品，在市场上具有极强的竞争力。

目前，世界染料总产量约为110万吨，其中纺织品消耗80%，纸张与皮毛消耗16%，其他4%。

参考文献

[1] 顾福兴. 世界染料工业的发展及现状 [J]. 上海染料，2010，31（29）.
[2] 肖刚，王景国. 染料工业技术 [M]. 北京：化学工业出版社，2004.
[3] 曹振宇. 中国染料工业史 [M]. 北京：中国轻工业出版社，2009.
[4] 章杰. 我国染料工业突飞猛进的60年 [J]. 纺织导报，2009，11.
[5] 中国化学工业大事记（1949—1998）[J]. 北京：化学工业出版社.
[6] 秦柄权. 上海化学工业志 [M]. 上海：上海社会科学院出版社，1997.
[7] 天津染料行业简史. 天津染料化学行业公司.
[8] 中国染料工业年鉴（2005—2010年）. 中国染料工业协会.
[9] 肖刚，杨新玮等. 世界染料品种. 全国染料工业信息中心.
[10] 沈阳化工研究院志（1949—1999）. 沈阳化工研究.
[11] 沈阳化工研究院科技成果汇编（1949—1999）. 沈阳化工研究.
[12] 北京染料厂厂史.
[13] 青岛双桃精细化工（集团）有限公司成立90周年纪念册.
[14] 1949—1999浙江龙盛控股有限公司35周年纪念册.
[15] 浙江闰土股份有限公司辉煌20年纪念册.
[16] 南京化工厂志 [M]. 北京：方志出版社.
[17] 周春隆，穆振义. 有机颜料品种及应用手册. 北京：中国石化出版社，2011.
[18] 罗钰言. 中国染料工业发展史（草稿）.

撰稿人：田利明（中国染料工业协会副理事长兼秘书长）；张燕深（中国染料工业协会产业咨询部主任，教授级高工）；周春隆（原天津大学教授）
审稿人：王　擢（原化工部化工司副司长，中国染料工业协会理事长）；张燕深
其余参加人：　史献平　何新源　林凤章　项志峰　阮加春　周天佐　章　杰
　　　　　　　张水鹤　李振奎　杨泉明　卢建平　张合义　吴惊雷　霍建增
　　　　　　　罗钰言　张文谭　陈克伦　傅钦宪　王海欧　彭　渤　严　军
　　　　　　　栾敏红　吕建平　杨红英　丁其标　卢沪萍　梦　文

第十章 颜料工业

颜料是一种微细的粒状物，能被一些分散介质分散但不溶于其中，具有色彩和装饰性，并能改善分散它们的整个体系的物理化学性能的物质。

颜料除具有丰富多彩的颜色和装饰性外，还有防腐性能、耐光性和耐候性，以及示温、荧光、标志、耐热等特殊性能。

颜料分为无机颜料和有机颜料，前者是由无机化合物构成，如钛白粉（TiO_2）、铁系颜料等；后者是由有机化合物构成，如酞菁系颜料、偶氮颜料等。

颜料是重要的精细化工原料，广泛用于涂料、塑料、橡胶、化纤、造纸、油墨、化妆品、玻璃、陶瓷等领域，是不可或缺的工业材料。

一、白色颜料

就产量、用量和产值所占比重而言，以钛白粉为代表的白色颜料占无机颜料的"大半壁江山"。

我国使用白色颜料可以追溯到距今六千多年前的仰韶文化时期，开始使用采自天然矿物方解石制造的大白粉（碳酸钙），如甘肃秦安大地湾遗址出土居室内残墙有涂刷了方解石白色颜料的墙面，同时发掘出用来乳化生石灰（天然石灰石烧制）的灰坑，石灰也是最早使用的白色颜料之一。分析证明，敦煌莫高窟北魏（公元386—534年）早期壁画的白色颜料都是高岭石、滑石、石英、方解石、云母等物质，每处白色都是其中2~4种的混合物。这些均是现代所说的填料，但却是我国最早使用的白色颜料。

虽然我国生产与使用以天然矿物为主的白色颜料历史悠久，但在制造合成白色颜料方面，却大大落后于国外。

（一）钛白粉

1. 硫酸法钛白粉

（1）技术开发起步期（1955—1978年）

国内硫酸法生产钛白粉是20世纪50年代开始起步的。1955年，一些研究机构开始了硫酸法的系统研究。1956年在上海、广州和天津等地开始用硫酸法生产搪瓷和电焊条用的钛白粉，但产量低，质量差。上海焦化有限公司钛白粉分公司（即上海钛白粉厂前身）是国内最早生产钛白粉的化工企业。1958年初步制成了涂料用锐钛型钛白粉。随后逐步建立了一些钛白粉厂，产量和质量有了一定的发展和提高,但企业规模很小,发展缓慢。

20世纪70年代初,第一套由国家投资和正规设计的硫酸法锐钛型钛白粉生产装置在湖南株洲化工厂建成。该工程设计产能2500吨/年。此后不久,南京油脂化工厂利用化工部涂料工业研究所技术设计了1000吨/年化纤钛白粉装置,并建成投产。

由于历史条件,技术水平和经济发展的制约,钛白粉工业的发展仍然十分缓慢。1978年全国钛白粉总产量不过2万吨,其中颜料级钛白粉所占比例不到15%。所用钛白粉大部分靠进口。

(2)第一个繁荣时期(1980—1990年)

20世纪80年代初开始,化工部涂料工业研究所(现北方涂料工业研究设计院和常州涂料化工研究院的前身)、化工部第三设计院(东华工程科技股份有限公司前身)和镇江钛白粉厂(江苏镇钛化工有限公司前身)合作完成了"攀枝花钛精矿硫酸法生产涂料用金红石型钛白粉"项目,包括钛铁矿资源综合利用、废酸浓缩、常压水解等,是我国用硫酸法制金红石型钛白粉的里程碑,1984年获得了化工部科技成果一等奖,以翁占庆、应仕华为代表的三个单位的10多位研究人员受到了表彰。

20世纪80年代中期,利用"攀枝花钛精矿硫酸法生产涂料用金红石型钛白粉"的工业化成果,先后建起了十多个4000吨/年规模的钛白粉装置,技术水平也有所提高,产品品种转为以生产涂料用颜料级钛白粉为主。20世纪80年代后期,钛白粉市场旺盛,钛白粉生产处于供不应求的状态,全国各地兴起了建设钛白粉厂的热潮。新建厂采用的生产工艺均是硫酸法。这一时期是我国硫酸法钛白粉工业发展史上的"第一个繁荣期"。

(3)引进、消化、吸收与技术提高时期(1990—2001年)

广州钛白粉厂、湖南永利化工股份有限公司联合国内7家企业共同引进澳大利亚硫酸法金红石型钛白粉制造技术,经过消化吸收将原有装置改造建成2套年产4000吨生产装置,成为可生产锐钛型和金红石型钛白粉的生产线。只是由于生产设备加工制造问题,金红石型钛白粉的生产达不到预期效果。

进入20世纪90年代,包括乡镇企业,全国已有一百多家钛白粉厂,年生产能力猛增至近10万吨。但是产品均为单一的锐钛型,档次不高,企业的生产规模也仅为千吨级。随着世界钛白粉市场的低迷,大部分匆匆上马的小钛白粉厂先后倒闭。

在1990年前后,重庆渝港钛白粉股份有限公司、中核华原钛白粉股份有限公司(原兰州404钛白粉厂)、济南裕兴化工总厂相继从东欧的捷克斯洛伐克和波兰引进了年产1.5万吨钛白粉的三套硫酸法生产装置。这几套装置在当时技术比较先进,改变了中国仅能小规模生产低档锐钛型钛白粉的落后面貌,标志着中国硫酸法钛白粉工业走向了一个新的阶段。

20世纪90年代中期，东华工程科技股份有限公司与美国巴伦国际咨询公司（Baron International Consulting Inc.）合作，针对国内一些4000～6000吨/年规模的钛白粉装置，采用新技术、新工艺，对产品的能耗、收率和产品的质量进行了一系列的改进。重点对常压水解、水洗、煅烧等工序进行技术改造，从产品的质量、收率及能耗着手，以挖掘企业的内部潜力为主，在提高产品收率上下功夫，使质量、产量和效益同步上升，对国内的钛白粉事业发展起到了一定的推动作用。这一时期可以称作硫酸法钛白粉工业发展史上的"技术提高期"。

（4）第二个繁荣期（2002年以来）

进入21世纪，随着对国内引进钛白粉装置的消化吸收，我国硫酸法钛白粉工业开始向大型化、规模化发展。自2001年起，我国钛白工业总体规模已位居全球第二，到2010年，我国钛白粉的总产量已从2000年的29万吨增长至147.4万吨，总产能达到220万吨/年，高居全球第一。在过去的11年间，特别是"十一五"期间，钛白粉的产量呈现高速发展的态势，并且硫酸法生产的产品占总产量的98%以上，企业的规模绝大部分达万吨级，部分企业的生产规模已达十万吨级以上，国内钛白粉工业迎来了"第二个繁荣期"。

在此期间，不仅产能、产量大幅提高，而且硫酸法钛白粉生产工艺和技术日臻完善，产品质量和档次也大幅提升。1998年以前，中国的钛白产品以非颜料级的搪瓷和焊条用为主，颜料级锐钛型产品仅占一小部分，金红石型产品其实只起点缀作用。2010年，全国147万吨的钛白粉产量中，金红石型产品达84.3万吨，占当年钛白粉总量的57.2%，表明中国钛白粉的产品档次已有质的提高。生产企业开始重视产品品种和品牌的创新，部分品牌产品的品质可以与国际上有代表性的同类型产品相媲美，部分指标已达到国际先进水平。

硫酸法钛白粉生产流程长，"三废"排放量大，为了实现企业的可持续发展，许多钛白粉生产企业在这一时期开始转变观念，积极化解不利因素，将环保置于影响行业和本企业发展的关键位置，富钛料部分替代钛铁矿酸解，废硫酸浓缩回用技术得到空前普及，逐步实行清洁生产工艺，使硫酸法钛白生产工艺达到一个新的高度。

2. 氯化法钛白粉

（1）艰难的研发阶段（1967—1992年）

1967年4月到1968年2月，由冶金部北京有色研究总院和化工部天津化工研究院颜料室（化工部涂料工业研究所前身）合作，进行小型气相氧化试验，主要进行基本理论研究。$TiCl_4$加料量为470千克/小时，在内衬陶瓷的钢制反应器中进行，采用外部电加热。

1969—1973年我国进行年产100吨级氯化法钛白粉扩大试验，由化工部涂料研究所、化工部第三设计院、上海钛白粉厂、成都钛研究所进行 $TiCl_4$ 500 千克/小时加料量的扩大试验。

上海钛白粉厂以废钛白粉加炭，用固定床氯化生产 $TiCl_4$ 作原料，一氧化碳作为氧气加热的热源，自行设计机械除疤的小型氧化炉，晶型转化剂为外加入 $AlCl_3$。同期中国科学院力学所、化冶所（现过程工程研究所）和冶金部北京有色研究院进行了等离子加热氧气气相氧化的小型试验。

1975—1992 年，由化工部涂料工业研究所、化工部第三设计院在厦门电化厂进行年产 1000 吨氯化法全流程工业试验。试验后期有东北工学院、中国科学院硅酸盐研究所参加。建成的主工艺、辅助系统占地 2 米^2，设备总数六百多台，累计总投资 880 万元，现场工作人员近 400 人。试验厂建成后，1980 年转入工业试验。历经 10 年艰苦攻关，突破一系列关键技术，打通了工艺流程，生产出接近日本石原 R820 水平的产品。1986 年 12 月，此项目通过化工部部级鉴定。其间进行了有刮刀二段式氧化反应器和高速气流反应器的研究工作，完成了《年产 1.5 万吨氯化法钛白四氯化钛氧化工序概念设计》。1988 年该项目获化工部科技进步二等奖，1989 年获国家科技进步二等奖。因技术和市场原因，1992 年厦门电化厂氯化法钛白粉项目下马，技术未获推广。

在中国科学院化冶所与力学所、北京有色研究总院等 30 千瓦离子加热小试验的基础上，在天津化工厂完成了 300 吨/年 TiO_2 的扩大试验取得阶段性成果。以此为基础，于 1980 年斥资 4000 万元，进行全流程的年产 3000 吨规模的工业试验，又历经 10 年，于 1991 年通过化工部技术鉴定。其技术特点是等离子技术加热氧气功率为 400 千瓦，其余工艺及装备与厦门厂相同。项目于 1992 年下马。同期，在遵义钛厂也进行过等离子加热反应器的 $TiCl_4$ 气相氧化试验。

上述两个千吨级的工业试验工厂，原创型的技术起点低，设备、材料、控制等方面的技术落后。加之，国外当时对氯化法钛白粉技术的封锁，以及当时企业转制，经济状况困难等原因，研制无法继续，而后均下马，成为我国氯化法钛白艰难攻关失利的一段历史。

（2）采取联合设计办法引进技术（1987—1999 年）

20 世纪 80 年代中期，国内企业虽然欲上氯化法钛白，但是国外拥有先进技术的大公司不转让氯化法技术，因此一直踏步不前。在对外接触中，锦州铁合金厂与美国巴伦国际技术咨询公司达成联合设计氯化法钛白装置的协议。锦州铁合金厂又有生产高钛渣和海绵钛的技术、装备与经验，具有相对优势。1986 年，国家计划委员会批准《锦州铁合金厂年产 1.5 万吨氯化法钛白项目》立项和可行性报告。1987 年，国家对外经济贸易部批准采用与国外联合设计技术咨询的方式引进国外氯化法钛白技术，建设 1.5 万吨/年氯化法钛白项目。项目设计由贵阳铝镁设计院总包负责熔盐氯化工程及辅助工程设计，由化工部第三设计院负责引进技术的转化设计工作。1990年由化工部正式下达项目开工计划,于1994年竣工,当年转入单体试车。由于引进技术的不完整性、滞后性,选用的仪表、设计、材料等缺乏适用性,以及设计院第一次与国外联合设计和对工艺缺乏认识,管理人员、技术人员、操作工没有实际培训场所等主客观原因,项目投料试车阶段困难重重,无法全线打通工艺,以技术咨询方式引进国外技术的风险显现。特别是此阶段国企正处于转型期,企业效益不好而无力支持该项目继续进行下去,1996年至1997年一度停产。

我国氯化法钛白粉的发展备受业内和化工部、发改委、经贸委、科技部的重视。由国家三委、地方政府共同支持拨款5000万元进行项目攻关。在化工部和辽宁省的大力支持下,企业领导和一线全体员工艰苦奋斗,终于打通了工艺,装置可以连续运行,月产达千吨。

(3)坚持不懈的努力终于掌握技术(2000年以来)

为使锦州氯化法钛白项目快步发展,2002年9月攀枝花钢铁公司兼并收购锦州氯化法钛白粉项目,成立攀钢锦州钛业有限公司,并实现稳定运营达产。2009年中信锦州铁合金股份有限公司为加速氯化法钛白的发展,增资扩股成立锦州钛业有限公司。2010年建设成第2条1.5万吨/年的生产线并实现连续运行超过30天,开发出CR200、CR300新产品替代进口,申获18项发明专利,成为国内第一个拥有自主知识产权的氯化法钛白企业。

(4)国内氯化法钛白粉产业化发展

锦州钛业有限公司于2010年10月14日召开"中国首届氯化法钛白研讨会",向国内外业界宣告中国已经掌握了氯化法钛白技术和氯化法产业化技术,并表示愿意转让氯化法技术支持国内企业上氯化法钛白粉项目。2010年国内先后有河南新安电力有限公司10万吨/年、云南冶金集团新立有色金属公司、河南漯河兴茂钛业公司6.0万吨/年的氯化法钛白项目开工建设。2011版国家发改委产业结构调整目录中,把采用二氧化钛含量不小于90%的富钛料(人造金红石、天然金红石、高钛渣)的产能大于3.0万吨/年以上氯化法钛白粉生产线列为鼓励类项目。2011年新上市的河南佰利联化工有限公司的6万吨/年、四川龙蟒集团10万吨/年的氯化法钛白项目通过省级立项与环评。

国内已掌握和实际应用的氯化法钛白粉技术包括:富钛料大型熔盐氯化、沸腾床氯化制取四氯化钛技术;氯化渣处理技术;四氯化钛精制技术;四氯化钛气相氧化技术(包括氧气、四氯化钛预热技术、三氯化铝制造技术、二氧化钛颗粒细化技术、氧化炉气相混合、除疤和防疤技术、氧化炉气骤冷技术、二氧化钛气固分离技术、制浆脱氯技术);后处理产品制造技术等。

(二)立德粉

立德粉(锌钡白)是将硫化锌和硫酸钡的共沉淀物煅烧而成的白色颜料,主要应用于涂料、橡胶等行业。由于我国生产立德粉的主要原料,即锌资源与钡资源均储量丰富,处于世界前列,具有生产立德粉的天然资源优势。

我国立德粉生产最早始于20世纪30年代。当时全国仅有上海京华化工厂(1931年建厂)、重庆染料厂(1939年建厂)两家,生产规模都不大。中华人民共和国成立以后,立德粉市场发展较快,从1957年全国生产总量13095吨,到1980年达74679吨,23年中产量增加了4.7倍。

改革开放以后,立德粉行业发展进入一个新的阶段。至1988年底,我国立德粉年产量已超过20万吨,共有77家立德粉生产厂,其中0.5万吨级厂家6家,万吨级厂家5家。1990年全国立德粉年产量达到23.25万吨。2000年立德粉全国产量达到25万吨,创历史新高,并且行业集中度得到提升,前16家主要生产企业占全国总产量90%以上,有8家企业产能超过1万吨/年。同时,湖南省成为立德粉生产最大的基地,占全国总产量的1/3。

立德粉因受到生产工艺污染、三废处理代价高,受原材料、能源、运输价格不断上涨,生产成本不断上升,国家对环保要求日趋严格,产品价格受制于钛白粉价格的封顶而无法调整(同是白色颜料的钛白粉,其性能和应用领域都比立德粉有很大的优势)等因素影响,自2000年以后,产量直线下降(见图10-1),到2010年产量尚不足5万吨。

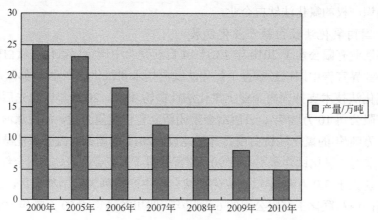

图10-1 2000—2010年我国立德粉年产量下降情况

在进出口方面,进入20世纪70年代,由于立德粉价值低、生产过程污染大,发达国家已基本不生产,如日本、美国等国家分别于1973年和1979年停止了立德粉生产;而经济落后的国家,由于立德粉生产和环保治理需要一定的投入也难以发展。因此,在2005年以前的高峰时期,我国在世界立德粉产品市场上占有举足轻重的地位,出口量一直很大(除特定产品需要从国外进口高价位的专用立德粉外)。1988年、1989年、1990年连续三年出口创历史最高水平,均在10万吨以上，占国内产量的 50%以上。我国立德粉外销的主要市场是中东、东南亚及非洲和拉丁美洲地区，美国、欧洲亦有一定量的出口。实际上是产品出口国外，污染留在国内，得不偿失。因此，立德粉生产与出口下降趋势不可逆转，并大有退出颜料市场的可能。

二、氧化铁系颜料

1. 产业建立与初步规模化（1952—1989年）

1949 年以前，我国不能生产合成氧化铁颜料。1952 年在上海试生产了近 4 吨合成氧化铁黄，1953 年用铁黄煅烧法试生产了氧化铁红。1956 年成立上海氧化铁颜料厂，年产铁黄 30 吨、铁红 138 吨。此后，全国各地开始筹建氧化铁颜料生产厂，如常熟铁红厂、天津油漆厂颜料车间、重庆新华化工厂、哈尔滨颜料厂等。

1958 年，国内首先开发了湿法铁红，即硝酸法铁红。用该法生产的铁红色泽鲜明，颗粒松软。在此基础上又发展了生产成本较低的硫酸法铁红，但质量同硝酸法稍有差距，为此又发展了既能提高质量又降低成本的混酸法（硝酸、硫酸）铁红。在生产设备方面，采用大型氧化器，用真空过滤机替代压滤机，并以气流干燥设备替代厢式烘房。

1959 年，我国首次向国际市场出售氧化铁黄，成为我国换汇率较高的出口商品之一。

我国湿法铁红技术的早期发展大致分成三个阶段。20 世纪 60 年代，技术上的突破奠定了铁红发展的基础，使我国氧化铁颜料行业有了长足的发展。20 世纪六七十年代，硫酸盐法、硝酸盐法、混酸盐法三种湿法铁红生产工艺的完善与成熟，更是湿法铁红生产技术的一大进步。20 世纪 80 年代，我国氧化铁颜料年产量约 6 万吨，约占世界氧化铁颜料产量的 10%，成为我国产量最大的无机彩色颜料。

2. 技术进步、规模效益提高（20 世纪 90 年代）

我国合成氧化铁系颜料的高速发展是在 20 世纪 90 年代初期，氧化铁行业迎来了一场变革，短短几年间，新上马和扩建的企业竟达上百家，可谓"群龙闹海"，兴浪一阵。由于无序竞争，一部分低效率、亏损的企业被淘汰，而那些实力雄厚、管理健全的企业经受住考验，向规模效益化方向发展。如上海一品颜料、江苏宇星工贸（原宜兴裕干氧化铁有限公司）、湖南三环颜料、浙江德清华源颜料化工、河南新乡染化、常熟铁红厂等。这些企业年产量超 4 万吨以上，产销两旺，占据了氧化铁颜料主要市场。上海一品、江苏宇星、浙江华源的产品主要外销；湖南三环颜料产品除出口外，还主要销往国内涂料、建材等行业，如用于陶瓷地板砖的陶坯红氧化铁颜料备受陶瓷业的青睐。此外，包括上海朗盛（原拜耳）颜料有限公司、洛克伍德（太仓）颜料（原深圳海明斯颜料化工）有限公司在内的合资厂家具有超细拼混和颜料表面处理深加工技术，拥有2万吨/年以上的生产能力。

在生产设备方面，生产氧化铁颜料的主体反应设备由原来的传统木质桶发展为非定型玻璃钢衬瓷砖水泥反应桶，并由40米^{3}向100米^{3}以上发展，为企业向规模效益化方向发展奠定了基础。此外，多数生产企业在水洗过滤、干燥、粉碎、包装等工艺环节，大多采用了先进的化工生产装置，如压膜式压滤机、吹流履带干燥机及深加工研磨机、混合拼混机，达到环保清洁文明生产要求；大大提高了生产效率，改进了操作条件，改善了生产环境，改变了长期存在的氧化铁颜料生产环境脏乱差的旧观。

在产品研发方面，新产品的开发拓展了市场新领域，提高了产品附加值。在20世纪90年代，中国建筑行业高速发展带动氧化铁系颜料在建材市场上的扩大应用，生产企业及时满足建材业对氧化铁系颜料的特殊规格要求，推出一系列新产品，如釉面砖用的陶坯红氧化铁红、混凝土制品用氧化铁系颜料等，使用量进一步扩大。

3. 由生产大国向强国迈进（2000年后）

进入21世纪，中国作为氧化铁颜料生产大国的地位得到进一步巩固，同时也成为世界氧化铁颜料的重要消费市场，其生产量占世界总产量的38%，消费量占世界总消费量的30%，在国际市场上占有重要的地位（表10-1）。经过高速发展，在不到20年的时间里，已发展成为产量大、品种多、产品档次齐全的世界氧化铁生产大国。

表10-1 2009年世界主要氧化铁生产国家产能　　　　　　　　　　单位：万吨

国　　家	中国	德国	英国	美国	日本	印度
生产总量	70	25	12	15	15	9

但总体上来说，我国氧化铁颜料工业的生产工艺和装备水平还比较落后，特别是技术力量薄弱、缺乏系统研究和开发，尤其在高档氧化铁颜料品种（微细化、颗粒化、色浆化、高纯、耐热性、无毒性）等方面与先进国家差距较大。从出口情况来看，出口量大，但品位、价格较低，主要以低档产品为主，中档产品次之，高档品种少。

目前，我国氧化铁颜料行业生产企业有110多家，主要以硫酸、硝酸、硫酸亚铁及铁皮为原料，采用混酸法工艺生产。全行业现有产能约75万吨/年，其中，产能1万吨/年以上15家；2万吨/年以上7家；4万吨/年以上5家；具有6万吨/年高附加值深加工混拼装置1家；余下厂家产能规模均不足0.8万吨/年。分布情况见表10-2。

表 10-2 2000—2010 年我国的氧化铁厂家及产能分布情况

省市	会员单位/家	产能/（万吨/年）	非会员单位/家	产能/（万吨/年）	总产能/（万吨/年）
上海	3	4.5	1	2	6.5
天津	1	0.5	3	0.5	1
浙江	8	16	22	10	26
河南	4	2	3	0.6	2.6
安徽	4	0.8	6	3.5	4.3
江苏	8	11	18	7	18
山东	1	0.5	4	1.5	2
福建			2	1	1
陕西	1	0.3	4	1.5	1.8
广东	1	0.5	1	0.5	1.0
广西	1	0.5	1	0.2	0.7
湖北	2	1	4	0.8	1.8
湖南	2	4	5	1.2	4.2
山西			4	0.6	0.6
四川			3	0.6	0.6
云南			1	0.3	0.3
合计	36	41.6	83	31.5	73.1

如表 10-2 所示，中国的氧化铁颜料生产企业分布较为分散，在沿海、中南、中原三大区域都有氧化铁企业存在，且格局长期未变。近 10 年来，中国的氧化铁颜料生产重心开始偏向沿海地带，东部沿海地区氧化铁颜料的总产能达到 60 万吨/年，占全国氧化铁颜料产能的 80%。

氧化铁颜料行业是一个综合利用其他行业废、副资源的颜料产业，在其得到迅速发展的同时，对循环经济做出了一定的贡献（表 10-3）。

表 10-3 氧化铁颜料生产利用其他行业废、副料的经济效益

项目		2006—2010 年数量和费用累计	使用价值（折合）/美元
金属废边料	数量	284.7 万吨	11671 万
	费用	77.32 亿元人民币	
钛白副产品：硫酸亚铁	数量	216.51 万吨	1141 万
	费用	7.56 亿元人民币	

续表

项 目		2006—2010 年数量和费用累计	使用价值（折合）/美元
其他：废酸、废碱、余热等	数量	—	871 万
	费用	5.77 亿元人民币	
综合利用的费用总额		90.65 亿元人民币	13683 万

近年来，各地氧化铁颜料厂尤其是骨干核心企业兴起了开发高附加值氧化铁颜料产品的高潮，包括：色浆氧化铁、易分散氧化铁、微细化氧化铁、造粒氧化铁、耐热氧化铁、无毒型氧化铁、特种性能氧化铁等。氧化铁系颜料产品朝着多功能化方向发展，已经不局限于耐候、耐用与美观装饰的着色使用范围，而延伸到磁性油墨、特征辨认材料、复印磁粉、磁性记忆材料、石油化工催化剂、医疗激光探测磁头、无毒型净化水处理剂、新能源电力和汽车防震气囊等新领域的应用中。

在国家循环经济政策的指导下，氧化铁颜料行业清洁生产工艺和污染防治技术发展迅速，包括吹脱法和生物法两种氨氮废水治理技术在行业内得到推广；具有中国自主知识产权的"氮氧化物吸收塔"等新技术陆续研制成功。

三、防锈颜料

（一）含重金属型传统防锈颜料

一个工业化国家所使用的金属（特别是钢铁）如不采取防护措施，由于锈蚀造成的损失要占该国 GDP 的 4%左右，数字十分惊人。但金属防护中最经济有效的方法是采用涂料保护，且占整个防护手段的 60%左右，故防腐涂料用量占涂料总量的一半以上。防锈颜料是防腐涂料中重要的组分，依靠它们赋予和增强涂层防腐蚀性能，功不可没。传统的防锈颜料主要成分是重金属的氧化物和盐，在生产和使用过程中对环境产生污染，影响人体健康。

我国最早生产的防锈颜料首推红丹。红丹的正式名称是四氧化三铅，为橘红色粉末，是古老的金属防腐蚀颜料，还可用于光学和电真空用玻璃、蓄电池制作。黄丹是氧化铅，为黄色或微红色粉末，除作为化工原料用于涂料，还可作试剂和聚氯乙烯的稳定剂。人类于公元 1 世纪开始了红丹和黄丹的生产。1622 年前后，英国实现红丹、黄丹的工业化生产。

1. 红丹

我国在 20 世纪 40 年代以前，仅能土法生产红丹、黄丹。在 20 世纪 40 年代，上海开林油漆厂开始采用日本岛津式球磨机工艺生产红丹，当时属比较先进的设备。20世纪50年代初，曾有几个厂仿制岛津式的工艺顺利投产。50年代末，开始试验氧化抽粉生产黑铅粉和黄丹，该法俗称为巴顿炉法。发展至20世纪80年代，同岛津式工艺相比，巴顿炉法具有设备投资少、能耗低、占地小等优点，已被绝大部分工厂采用。黄丹的进一步氧化，在红丹工业发展前采用土氧化炉，人工搅拌，劳动强度大，易铅中毒，后全部改用红丹机械炉。我国1983年的红、黄丹产量为2.9万吨，约28家企业在生产。规模最大的青岛城阳化工厂产能为5300吨/年，其次是南京金陵化工厂，为4000吨/年，其余大多数是年产2000吨以下的小厂。1986年，我国红丹主要用作涂料的颜料，用于玻璃的只占20%，总需求量约4万吨，每年均有出口，数量在千吨左右。1988年全国红、黄丹产量合计为3.3万吨，出口4000吨，属当时颜料出口的主要品种之一。20世纪80年代，全世界红、黄丹的产量一直稳定在35万吨以上。涂料工业的红、黄丹年消费量不到15万吨，主要用于玻璃和塑料工业。

然而，红丹、黄丹是高毒性产品，在生产和使用过程中易中毒，并且要消耗大量金属铅，如生产1吨红丹消耗金属铅910千克。因此，我国有关部门一直鼓励采取措施取代红丹、黄丹。20世纪50年代，天津油漆厂试制铅酸钙，可节约铅50%，但因故未能推广。20世纪60年代上海铬黄颜料厂同上海涂料研究所协作试制包核颜料碱式硅铬酸铅，也可节铅50%，也因故未能投产。以后，兴起以偏硼酸钡替代红丹。

从1956年开始，上海铬黄颜料厂生产各种锌铬黄，如四盐基锌黄、正锌黄等系列产品。20世纪六七十年代，又试制及生产各种铬酸盐类防锈颜料，如锶铬黄、钡铬黄、钙铬黄，并生产铬酸二苯胍，供生产带锈底漆使用。

铅铬颜料是一类传统的无机彩色颜料，以其具有色彩鲜艳、着色力和遮盖力较强，耐光性、耐热性、防锈性和耐候性较好等性能的优势，广泛应用于涂料（约55%）、塑料（约30%）、油墨（约10%）和其他方面（橡胶、人造革着色以及广告色等，占5%）。

2. 铅铬颜料

铅铬颜料有着悠久的历史。公元前3000—2000年人类就有使用铅白的记载。1818年铅铬颜料的现代工业生产方法正式问世。

我国铅铬颜料的生产始于20世纪40年代，主要品种有柠檬铬黄、中铬黄、钼铬红和作为防锈颜料的锌铬黄。最早生产铅铬颜料的是精勤家庭化学工业社（位于上海的戈登路，现在的江宁路），创建于1937年1月，产品为柠檬铬黄、淡铬黄、中铬黄、深铬黄，月产量50~100千克，到1946年，经过四次股权、厂址、厂名的变更，成立了新中油脂厂，产品主要满足企业自行生产油漆的需要。1956年，新中油脂厂合并了在上海从事铅铬颜料生产的精勤化学工业厂、昌明化学工业厂、汉成行化工厂、精华化工颜料厂、四福颜料工业社、汇昌颜料制粉厂、通用颜料化工社等7家厂,通过公私合营成立了上海铬黄颜料厂。随后,青岛、新乡、济南、天津、重庆、蓬莱、广西、泰州、湖南等一批生产铅铬颜料的国有企业相继建立,各企业的年产量从几百吨到2000吨不等,总产量在10000吨左右。

20世纪50年代以前,铅铬颜料生产主要采用手工爆铅棉、耐酸缸储存的方法制造铅盐溶液,用耐酸缸或木桶配制、反应制造颜料,以明火烘干或蒸汽排管烘房干燥,人工压碾粉碎。经过以后数十年的发展,部分企业用巴尔顿炉工艺取代手工爆铅棉法,用木质反应桶或金属反应桶替代耐酸缸,大多数企业采用隧道烘房或箱式烘房替代明火烘干或初期的蒸汽排管烘房。自20世纪90年代中期到现在,相当数量的企业开始采用聚丙烯反应桶或不锈钢反应桶替代木质反应桶,隔膜式压滤机替代传统板框式压滤机,带式干燥机或气流干燥装置替代隧道烘房或箱式烘房,这些设备几乎全部是国产,在和国外企业合作的过程中,在原生产线上引进了部分设备及工艺。新装置、新工艺的采用,大幅降低了产品的单位能耗,提高了生产效率,改进了操作条件,改善了生产环境,从而改变了长期存在于铅铬颜料生产中环境脏乱的面貌,同时提高了产品的耐酸碱性、耐候性和分散性等,使得国内自行生产的部分铅铬颜料质量达到了国际中高等水平。生产铅铬颜料的两大主要原材料,铅和红矾钠均基本国产,部分企业根据市场价格的差异采用进口的红矾钠。

据相关专业资料报道,1986年全世界的铅铬颜料总量约12万吨,其中中国铅铬颜料占总量的8.8%,约1万吨。20世纪末,欧美等发达国家逐渐开始停止铅铬颜料的合成生产,逐步转向从发展中国家进口铅铬颜料的初制品进行后处理加工,目的是减少本国的污染,把生产中产生的污染留在中国等发展中国家。同时由于中国经济的快速发展促进铅铬颜料的使用量逐年增长,到2002年中国已成为全球铅铬颜料的生产大国和重要的消费市场。2001—2010年的10年间,国内铅铬颜料的产销量增长了一倍多。近两年由于受国际金融危机的影响,国内经济发展速度放缓,铅铬颜料行业的发展也有所减缓,其中有资源性原材料价格上涨的因素,也有铅、铬对环境造成的污染以及对人类健康的影响等因素。我国铅铬颜料行业的生产工艺和装备水平还比较落后,特别是技术专利和发明较少,缺乏系统研究和开发的投入以及技术实力支撑,尤其是高档品种与先进国家的产品差距较大。出口量较大的以合资、合作企业为主。

我国现有铅铬颜料生产企业40余家,其中19家是中国涂料工业协会铅铬颜料分会的会员单位,产量占全国铅铬颜料的70%左右,集中度较高。近10年来,行业内不少中小型企业由于安全、环保或其他原因,开始逐渐减少或停止生产,有相当数量的企业正在或已实施搬迁。2001—2010年我国铅铬颜料行业产能、产量、销量的情况见表10-4。

表10-4 2001—2010年我国铅铬颜料行业产能、产量、销量统计　　　单位：万吨

年份	2001	2002	2003	2004	2005	2006	2007	2008	2009	2010
产能	3.0	3.0	3.5	3.5	4.0	5.5	5.5	6.5	7.0	7.5
产量	2.8	3.1	3.5	3.8	4.0	5.5	5.6	5.8	6.0	6.4
销售量	2.7	2.9	3.3	3.5	4.0	5.5	5.5	5.2	5.3	5.9

以铅、铬系为代表的有毒防锈颜料（如红丹、铬酸锌、铬酸锶、碱式硅铬酸铅、高铅酸钙等）具有优良的防锈功能，20世纪80年代前在防腐涂料中被广泛应用，但这些含铅、铬、镉等重金属颜料有害于环境和生命，要逐渐限用和完全代用。20世纪70年代，上海铬黄颜料厂开始研制和生产低毒、无毒的磷酸锌防锈颜料，还同上海市涂料研究所协作试制生产钼酸锌防锈颜料。20世纪80年代，广西化工研究所等开发了三聚磷酸铝。2004年武汉海军工程大学用纳米TiO_2改性红土——铁钛粉代替红丹得到大范围推广；近年来，还有单位开发低毒性混相无机防锈颜料，包括磷酸盐系、硼酸盐系、钼酸盐系、金属粉末、复合金属氧化物等无毒防锈颜料逐渐成为防锈颜料的主流。

（二）片状防锈颜料

1. 云母氧化铁

云母氧化铁的化学成分是三氧化二铁，因其片状结构类似云母，故称云母氧化铁。它作为颜料有天然矿石加工和人工合成两种，其防护性能均优于普通氧化铁颜料。用于涂料，片状的云母氧化铁粒子在涂膜中交叉排列，对水汽的渗透有优异的抵抗力，对一般的腐蚀介质均具有很好的屏蔽作用，耐酸耐碱性强，具有优良的耐候性；并能耐高温，在1000℃时也不变颜色；基本无毒，是一种优良的防锈颜料。

如何将云母氧化铁矿石加工到所需要的片状粒子的大小，还能保持灰色而又闪光的片状是技术关键（因颜色与粒子细度有关）。人们一般采用人工合成云母氧化铁颜料，用饱和的硫酸亚铁溶液在硫酸和氯酸钠的存在下进行合成。

国外在20世纪50年代中期至60年代初期，在防锈涂料中就已大量使用云母氧化铁颜料。在20世纪70年代初期，化工部涂料工业研究所（当时称兰州涂料工业研究所）研发云母氧化铁桥梁涂料（底漆和面漆），在重庆白沙沱长江大桥、南京长江大桥、柳州铁路局龙江桥使用5年以上，显示了良好的性能。所用的云母氧化铁是马鞍山地区的天然云母氧化铁矿石加工产品。随后，上海涂料研究所等单位研发云母氧化铁的防锈涂料，并用于上海市的杨浦、南浦大桥的保护。逐步总结出富锌底漆+云母氧化铁中间涂层+丙烯酸-聚氨酯（或含氟树脂聚氨酯）面漆的重防腐涂料体系，性能达到国外同类产品的水平。

2. 玻璃鳞片

玻璃鳞片和云母氧化铁一样属于屏蔽型防锈颜料，有中碱玻璃和无碱玻璃。前者又称为化学玻璃（C 玻璃），可以耐酸；无碱玻璃又称电工玻璃（E 玻璃），有良好的绝缘性。其制法是将配制玻璃的原料按配方量加入耐高温容器中高温熔融，然后吹制成薄膜厚度 2~5 微米、粒径 0.2~0.3 毫米，再用硅烷偶联剂进行表面处理，即得产品。

中碱玻璃鳞片可与各种树脂配制成厚浆涂料，用作重防腐涂料和防腐衬里。火力发电厂排硫装置的防腐衬里，就是一个重要的应用实例。

四、高装饰性珠光颜料和金属颜料

1. 珠光颜料

珠光颜料是一种能产生珠光效果的半透明的微片状颜料。这类颜料可分为天然和人造两大类。在世界范围内，早在 20 世纪 20 年代已有这类颜料生产，最初都是用鱼鳞碾磨而成的，属天然产品。用这种方法生产的珠光颜料价格昂贵，目前使用极少。20 世纪 50 年代初开始研究并生产出多层覆盖二氧化钛及氧化铁于云母片上的珠光颜料。二氧化钛包覆的云母片是目前最广泛使用的珠光颜料，这种珠光颜料与其他一般色素颜料不同，它是通过光的反射与折射产生颜色，被广泛用于涂料、油墨、塑料、橡胶、皮革及化妆品等行业。世界云母钛珠光颜料市场一直被美国的迈尔公司和德国的默克公司等少数国外大企业所占有。

20 世纪 60 年代，国内开始研究开发云母钛颜料，开始由上海珊瑚化工厂为配合有机玻璃的生产而进行试制，是以碱式碳酸铅晶体作珠光颜料，以后各地相继进行生产。20 世纪 80 年代后期，我国着手研究云母钛珠光颜料，80 年代末，已有众多厂家生产云母钛珠光颜料，有些是由国外引进技术和设备，产品主要为银白色型、金色型和彩虹型，以银白色为主，其他产品色相差、质量不稳定，高档汽车面漆等专用云母钛仍为空白。我国云母钛珠光颜料生产面临规模小、设备落后、产品档次低的局面，经过几年的激烈竞争，一大批厂家先后停产、转产。目前，我国云母钛珠光颜料的生产技术与国外仍存在很大的差距，但是有科研机构、大专院校和企业在致力于珠光颜料的研制和开发，前景是光明的。

2. 金属颜料

金属颜料是颜料中一个特殊种类，古代佛像"金装"就采用金属颜料。常见金属颜料有铝粉、锌粉、铅粉、合金粉（铜锌粉——俗称金粉、锌铝粉、不锈钢粉等）。由于金属颜料具有金属色相和光泽，多数金属颜料用作装饰性颜料。它们的鳞片状结构在涂装成膜过程中有与物体表面平行取向的特点，在涂层中多层排列，不仅阻断了涂膜的气孔，阻止大气中水分、有害气体渗透涂膜，起到防锈作用；而且金属粉反射光和热的作用又保护了涂膜本身，对底面起到隔热保温作用。所以，金属颜料用量日益增加，尤其在涂料中应用越来越广，其中以铝粉颜料用量最多。

金属铝粉工业化已有一百多年的历史，早期生产方法是捣冲法，即把铝碎屑放在捣冲机的凹槽内，机械带动捣杆连续冲击铝屑，使铝屑逐渐变成薄片并且破碎，过筛得到要求粒径的铝粉产品。这种工艺生产力低，生产不易控制。1894 年，德国使用球磨机生产，在惰性气体保护下研磨和筛分，可得到不同细度的铝粉，是所谓干法铝粉生产工艺，为工业化打下了基础。1910 年，美国使用石油溶剂作为分散剂和保护剂制造铝粉浆，称为湿法生产工艺。其设备简单，工艺安全，很快在全球推广。

我国铝粉颜料工业起步于 20 世纪 50 年代，早期虽采用球磨机研磨工艺生产，但只能生产低档产品。随着国民经济快速发展，对铝粉颜料品种和质量的要求越来越高，尤其是在 20 世纪 80 年代，随着汽车工业发展，金属闪光涂料用量增加很快，国产的铝粉颜料远不能达到要求，只能依赖进口，同时也促进了国内铝粉颜料质量和品种的发展。经过多年努力，国内铝粉颜料的品种和质量有了长足的进步。现在，采用干法或湿法生产工艺生产的企业都有，品种有非规则形状的，也有正球形的；有漂浮型及其铝粉浆，也有非漂浮型适合水性涂料的水分散型铝粉浆；使用的助剂、溶剂也配套较全。对一般要求铝粉颜料国内基本能够满足，但高档轿车用的闪光涂料用铝粉颜料仍须部分进口。

五、色彩鲜艳、着色强的有机颜料

有机颜料与有机染料的不同点是后者大多数可溶于水或分散介质中或可以转变成溶液，而有机颜料则不溶于水、亦不溶于所分散的介质，通常需经过分散处理，以微细粒子形态均匀地分布于着色介质中。

由于有机颜料颜色鲜艳、品种繁多、着色强度高，其应用领域广泛，合成树脂、合成纤维、塑料、涂料、油墨着色等领域对其品种质量的要求越来越高，大大促进了有机颜料新品种的开发与生产。

1. 技术进展

远在古代，我国就已采用植物染料染色织物，并且将植物染料对织物的染色方法传播到国外，主要的植物染料如靛蓝、茜草、红花、姜黄、槐花、五倍子等。

有机颜料发展是和染料发展相伴的，并且是在染料发展的基础上发展的。中华人民共和国成立前上海已存在一些国外开办的小型染料与有机颜料生产作坊。最早是 1947 年 6 月叶春华集资法币 50 万元，在中山北路 333 号开办联合颜料厂股份有限公司，占地 5333 米^2，经营染料拼混包装和有机颜料销售业务。

中华人民共和国成立后，在前苏联帮助下，上海、天津、北京、青岛、大连等地相继建成规模不等的染料生产厂，同时期有机颜料也逐步形成南上海、北天津两大生产基地。

（1）上海地区

1954年4月由上海市地方工业局接管联合颜料厂股份有限公司，更名为地方国营联合颜料厂，生产"红旗牌"染料和颜料。1955年生产立索尔红，产量47.46吨。1956年上海染料厂和国华染料厂分工生产有机颜料，生产品种有大红粉、金光红、甲苯胺紫红等偶氮颜料和盐基品绿色淀、酸性湖蓝色淀等7种低级色淀颜料。1958年毗邻的新建印绸厂并入，1965年更名为上海染料化工一厂（简称上海染化一厂）。

1990年上海染化一厂的产品分有机颜料、活性染料、中间体和颜料制备物4大类百余个品种。年产有机颜料2000多吨，占全国有机颜料总产量10%；1960年产量1948吨，生产品种占全国有机颜料的85%。

20世纪50年代以后，上海染化一厂及前身先后开发和生产双氯联苯胺系列黄、橙色有机颜料，酞菁绿G（C.I.颜料绿7）、酞菁红颜料，形成酞菁系列颜料，提高了产品质量和收率，还发展了荧光树脂颜料。

1970年有机颜料产量2537吨。20世纪70年代中期生产大分子颜料2B红、橙、棕、黄等系列品种，后期开发投产了苯并咪唑酮类型偶氮颜料。

1990年采用铜酞菁在三氯化铝和氯化钠熔融体中，在催化剂作用下通氯气，制成多氯化铜酞菁的工艺，采用薄膜沸腾干燥设备。1990年生产能力250吨/年，实际产量181吨，占国内总产量的23%，主要销往广东、福建、浙江、江苏等省市。1980年以来出口452吨，创汇300万美元，主要销往东南亚地区。

上海染化一厂1988年被评为市级先进企业，1990年工业总产值2907万元，实现利税922万元，上缴利税874万元，资金利税率43.72%，人均利税额9208元，全员劳动生产率29016元/人。

（2）天津地区

1955年天津重工业局（化工局前身）将全市染料工业31家中小型工厂，规划成为8个染化厂（即天津染料厂、天津染化一厂至天津染化七厂）。其中染化六厂系兼并7家小厂而成。下半年生产过4个有机颜料品种共1.4吨。

天津染化六厂是化工部北方颜料生产中心，该厂工艺先进、设备齐全、技术力量雄厚、产品门类齐全、质量优良。在历届部、市质量评比中成绩优良，有若干产品先后获得市优质名牌称号。产品60余种，分别为偶氮、偶氮色淀、亚硝基、酞菁等颜料，主要用于涂料、油墨、橡胶、塑料、建材、文教印刷等工业，以及化学纤维原浆着色等。从1956年的产量100吨增加到1960年的871吨。自行研制并投产有机颜料品种近百种之多。包括：甲苯胺红、大红粉、汉沙黄G、汉沙黄10G、联苯胺黄、立索尔宝红、立索尔大红、甲苯胺紫红、颜料绿、橡胶大红及耐晒色淀等颜料品种，产品质量优良，市场畅销。

1964年年底，将涂料专用颜料嫩黄、黄、金黄、橙、大红、玫红、深红、蓝、绿等 10 个品种投入生产。

天津染化六厂自 1953 起陆续承担了银行印钞专用颜料的科研任务，经过多年努力，于 1966 年底研制成功并投产的品种有颜料褐红、永固红、1602 颜料绿 B、碱性艳绿色原等品种。这是我国银行印钞采用国产颜料的开端。同期并研制成功塑料用颜料，其中有塑料黄、大红、蓝、橙、绿等几个品种。

1978 年有机颜料产量达到 1177 吨，产值达 1683 万元。1979 年专用化妆品颜料获国家科技成果奖。1981 年 4 个苯并咪唑酮类颜料品种（苯并咪唑酮黄 H10G、苯并咪唑酮橙 HL、苯并咪唑酮洋红 HF3C、苯并咪唑酮棕 HFR）高档有机颜料通过技术鉴定。

1979—1988 年，天津地区共研制有机颜料新产品 40 多个，其中获全国科技大会成果奖 1 个，化工部嘉奖 6 个，新产品投产 20 多个，产量 8000 多吨，产值 4000 多万元。许多产品在国家、部、市获奖。染化六厂 1988 年工业总产值 1510 万元，产量 1140.9 吨。实现利税总和 754.32 万元，人均达 1.28 万元。天津染化六厂有机颜料的发展，经过 40 年的奋斗取得了可喜的进步，天津的有机颜料为全国做出了应有的贡献。

（3）全国情况

北京染料厂始建于 1956 年，经过 40 余年的建设与发展，发展成年产万吨以上染颜料生产规模，是我国重要的染颜料生产企业之一。

经过多年发展，早期全国有机颜料生产企业多为国营企业，其生产的有机颜料产品列于表 10-5。

表 10-5　早期主要有机颜料企业及产品类型

企　业	主要产品类型
北京染料厂	铜酞菁颜料（C.I.颜料蓝 15、颜料蓝 15:1）、酞菁色淀等
天津染化六厂	汉沙类、联苯胺黄类、色酚 AS 偶氮颜料、色淀类、颜料绿、苯并咪唑酮类等
天津油漆厂	铜酞菁颜料（P.B.15:3）
天津油墨厂	联苯胺黄类（P.Y.12、13、81）、色淀类（P.R.57:1、53:1）、铜酞菁类（P.B.15:3）等
上海染化一厂	汉沙类、不溶性偶氮、色淀类、颜料绿、铜酞菁（P.B.15:3）、苯并咪唑酮类等
上海染化十二厂	联苯胺黄类、偶氮色淀，芳甲烷类色淀、偶氮缩合类、喹吖啶酮等
上海油墨厂	联苯胺黄类（P.Y.12、13、81）、色淀类（P.R.57:1、53:1）、铜酞菁（P.B.15:3）等
杭州油墨厂	联苯胺黄类（P.Y.12、13、81）、色淀类（P.R.57:1、53:1）、铜酞菁（P.B.15:3）等
甘谷油墨厂	汉沙类、不溶性偶氮颜料、色淀类、铜酞菁颜料等

20 世纪 80 年代前，国内有机颜料品种很少，商品剂型单一，几乎均为中、低档有机颜料，主要为不溶性偶氮颜料、偶氮色淀、铜酞菁及少数杂环类颜料，应用

于涂料与油墨着色，少量用于塑料着色。

近年来全国有机颜料品种明显增加，国内生产有机颜料品种商品牌号与专用剂型的总数约 2000 个，其中，黄色谱品种 467 个；橙色谱品种 87 个；红色谱品种 870 个；紫色谱品种 85 个；蓝色谱品种 385 个；绿、棕、黑色谱 75 个。

进入 21 世纪，有机颜料生产企业迅速发展，据不完全统计目前有机颜料生产厂或公司 160 余家，处于前四位的分别是江苏省（61 家）、浙江省（19 家）、山东省（16 家）与河北省（16 家），其他如上海、天津、广东、安徽的企业数都在 10 家以下。

2. 有机颜料主要产品

近年国内在高性能有机颜料（HPOP）研发方面已取得明显进展，包括如下化学结构类型：特殊偶氮（苯并咪唑酮类及偶氮缩合类）类颜料，喹吖啶酮类颜料，咔唑或二噁嗪类颜料，异吲哚啉酮及吡咯并吡咯二酮类（DPP）颜料，苝系列颜料，蒽醌及喹酞酮类颜料，铜酞菁类等。对上述各化学结构类型的高档有机颜料的某些品种，尤其是适用于塑料与树脂着色的黄色谱与红色谱品种，相关有机颜料企业已有批量生产，产品质量不断提高，但与国外相比，高档的有机颜料在品种细分和质量上仍有一定差距，还要部分依赖进口。

六、其他颜料

除上述颜料外，还有炭黑、氧化锌和体质颜料等。

1. 炭黑

炭黑是最古老的颜料之一。在公元前，中国就用植物油不完全燃烧制取炭黑颜料。1872 年，美国首先以天然气为原料实现炭黑的工业化生产。当时，炭黑主要是用作着色剂。1912 年，S.C.Motte 发现炭黑对橡胶有补强作用，炭黑工业才得到迅速发展，2001 年全球炭黑用量 780 万吨，中国用量 65 万～68 万吨。全球用量每年递增 3%左右。

炭黑按生产方式可分为槽黑、炉黑和热裂黑。按用途分为两大类：色素用炭黑和橡胶用炭黑。色素用的槽黑和炉黑又细分为炭黑高、中、低槽黑或高、中、低炉黑。到目前为止，橡胶用炭黑占炭黑量的 90%，其余是用作塑料、涂料、造纸的着色素。

2. 体质颜料

体质颜料是指起填充作用的颜料，基本没有着色性能。主要品种有碳酸钙、硫酸钡、二氧化硅，主要在塑料、橡胶、涂料中应用，起填充、补强和降低成本作用。

碳酸钙是用途最广的无机填料，据美国 1981 年统计，美国生产碳酸钙 72.5 万吨，其中塑料用 37 万吨，占 51%；涂料用 18 万吨，占 24.8%；造纸用 14 万吨，占 13.8%；其他用 3.5 万吨。

沉淀硫酸钡主要用作涂料、油墨、造纸、塑料、橡胶、蓄电池的原料及填充剂。

二氧化硅有气相法和沉淀法两种生产工艺。气相法二氧化硅又称白炭黑，它在橡胶中应用类似于炭黑的补强作用。它的技术开发始于20世纪30年代，特别是第二次世界大战期间，德国因为炭黑短缺，极力寻找代用品，实现了白炭黑的工业化生产。目前，70%的白炭黑用于橡胶，其余用于造纸、涂料、油墨、农药和合成树脂中。

氧化锌、滑石粉、高岭土、云母粉、硅灰石、氢氧化铝等无机颜料的用量相对较少。

附1 大 事 记

（一）硫酸法钛白粉

1956年，在上海、广州和天津等地开始用硫酸法生产搪瓷和电焊条用钛白粉。

1958年，初步生产出涂料用锐钛型钛白粉。

20世纪70年代初，第一套由国家投资和正规设计、产能2500吨/年的硫酸法锐钛型钛白粉生产装置在湖南永利化工股份有限公司（原湖南株洲化工厂）建成。

同期，利用化工部涂料工业研究所的技术在南京钛白化工有限公司（原南京油脂化工厂）设计了1000吨/年化纤钛白粉装置，并建成投产，标志着我国钛白粉工业的发展迈出了可喜的一步。

1980—1983年，化工部涂料工业研究所（现北方涂料工业研究设计院和常州涂料化工研究院的前身）、化工部第三设计院（东华工程科技股份有限公司前身）和镇江钛白粉厂（江苏镇钛化工有限公司前身）合作，完成了"攀枝花钛精矿硫酸法生产涂料用金红石型钛白粉"项目，这是我国用硫酸法制涂料用的金红石型钛白粉的里程碑。

20世纪80年代中期，利用以上的工业化成果，国内先后建起了10多个产能为4000吨/年规模的钛白粉装置，产品品种以生产涂料用颜料级钛白粉为主。

1990—1999年，分别从澳大利亚、捷克斯洛伐克和波兰两次引进硫酸法钛白粉生产技术，第二次引进效果较好，中国硫酸法钛白粉工业发展走向了一个新的阶段。

自2001年起，我国钛白粉工业总体规模已位居全球第二，企业的规模绝大部分达万吨级，部分企业的生产规模已达十万吨以上。

2004年4月，山东东佳集团与日本三井物产、日本钛工业合作建设生产纤维级钛白粉项目。

（二）氯化法钛白粉

1967年4月到1968年2月，进行氯化法生产钛白粉的小试验和100吨级扩大试验，先后参加试验单位有冶金部北京有色研究总院、化工部涂料工业研究所及其前身——化工部天津化工研究院颜料室、化工部第三设计院、上海钛白粉厂、成都钛研究所等。

1975—1985年，由原化工部涂料工业研究所牵头，在厦门电化厂进行年产1000吨氯化法全流程工业试验，历经10年艰苦攻关，累计总投资880万元，但因技术和市场原因，1992年该项目下马。

1980年，中国科学院化工冶金研究所（过程工程研究所前身）、力学所、北京有色研究总院等在天津化工厂进行全流程的年产3000吨规模的工业试验，斥资4000万元，于1992年下马。

1986年，国家计划委员会批准《锦州铁合金厂年产1.5万吨氯化法钛白项目》立项和可行性报告。在政府大力支持下，引进加自己攻关，终于完成任务。

2002年9月攀枝花钢铁公司兼并收购锦州氯化法钛白粉项目，成立攀钢锦州钛业有限公司，并实现稳定运营达产。

2004年11月，拥有自主知识产权的万吨级氯化法金红石型钛白粉生产线在攀钢集团锦州钛业有限公司投产，设计能力为1.5万吨。

2010年建设成第2条1.5万吨的氯化法生产线并实现连续运行，成为国内唯一有自主知识产权的氯化法钛白企业。该项工业化成果正在全国推广。

（三）立德粉

20世纪30年代我国开始生产立德粉，生产厂先后有上海京华化工厂（1931年建厂）、重庆染料厂（1939年建厂），但生产规模较小。

1949年后立德粉市场发展较快，1957年全国生产总量达13095吨，1980年为74679吨，1988年底，全国立德粉年产量已超过20万吨，共有77家立德粉生产厂，其中0.5万吨级厂家6家，万吨级厂家5家。

2000年，全国立德粉年产量达到25万吨，创历史纪录，以后逐年下降，到2010年产量降至5万吨以下，主要原因是污染重、性价比与钛白粉相比差距大，有逐步退出颜料市场的趋势。

（四）氧化铁颜料

1949年以前，我国不能生产合成氧化铁颜料。

1952年在上海试生产了近4吨合成氧化铁黄，1953年用铁黄煅烧法试生产了氧化铁红。

1956年成立上海氧化铁颜料厂，年产铁黄30吨、铁红138吨。

1958年国内首先开发了湿法铁红即硝酸法铁红、生产成本较低的硫酸法铁红（质量比硝酸法稍差）、质优和降低成本的混酸法（硝酸、硫酸）铁红。

1959年，我国首次向国际市场出售氧化铁黄。

20世纪80年代，我国氧化铁年产量约6万吨，约占世界氧化铁颜料产量的10%，成为我国产量最大的无机彩色颜料。

20世纪90年代,经过市场竞争,一批实力强的企业脱颖而出,有上海一品、德清华源等6家颜料企业年产铁红颜料均超4万吨以上,取得规模效益。

进入21世纪后,中国氧化铁颜料已发展成为产量大、品种多、产品档次齐全的世界氧化铁生产大国。

(五)防锈颜料

1937年1月,精勤家庭化学工业社(位于上海的戈登路,现在的江宁路)开始生产铅铬颜料,品种为柠檬铬黄、淡铬黄、中铬黄、深铬黄,月产量50~100千克。

20世纪40年代始,上海开林油漆厂开始采用日本岛津式球磨机工艺生产红丹。

1946年,经过四次股权、厂址、厂名的变更,上海新中油脂厂成立,生产铅铬颜料,主要满足本企业生产油漆的需要。1956年,由新中油脂厂合并了在上海从事铅铬颜料生产的精勤化学工业厂等7家厂,通过公私合营成立了上海铬黄颜料厂。

20世纪50年代末,开始试验巴顿炉法生产红丹。1983年,国内红、黄丹产量达2.9万吨。

1988年全国红丹、黄丹产量合计为3.3万吨,出口4000吨。当时全世界红、黄丹的产量一直稳定在35万吨以上。涂料工业的消费量不到15万吨,主要用于玻璃和塑料工业。

20世纪60年代开始,天津化工研究院染料和颜料室(涂料工业研究所前身)等单位研究偏硼酸钡代替含重金属的防锈颜料。

1986年全世界的铅铬颜料总量约12万吨,中国铅铬颜料约1万吨左右,占总量的8.8%。2002年,中国已成为全球铅铬颜料的生产大国和重要的消费市场。

20世纪70年代始,上海铬黄颜料厂研制生产磷酸锌防锈颜料,以及同上海市涂料研究所协作试制生产钼酸锌防锈颜料。20世纪80年代,广西化工研究所等开发了三聚磷酸铝。这些低毒和无毒的颜料在国内逐步开发、应用和推广。

(六)有机颜料

1947年6月上海联合颜料厂股份有限公司开办,经营染料、有机颜料等拼混包装销售业务。

1949年天津永业化学厂建立,下半年产量仅为1.4吨,有4个有机颜料品种。

1951年天津染料化学六厂(简称天津染化六厂)建立,1952年投产有机颜料。天津染化六厂逐步发展成为我国北方有机颜料生产中心,生产有机颜料产品60余种。1953—1966年承担并完成了银行印钞专用颜料的科研任务。

1954年4月由上海市地方工业局接管联合颜料厂股份有限公司,改名为地方国营联合颜料厂。1955年生产"红旗牌"染、颜料。同年立索尔红在上海染料厂生产,产量47.46吨。以后逐步发展成以上海染料一厂为主的南方有机颜料生产中心。

(有机颜料发展大事记,详见本卷"染料工业"章)

附2 国际背景

颜料色彩千变万化,相应品种又极多,此处仅以钛白粉、氧化铁和有机颜料为代表介绍。

1. 钛白粉

工业上生产钛白粉主要有两条工艺路线,即硫酸法与氯化法。

硫酸法是以钛铁矿($FeO \cdot TiO_2$)为原料,粉碎后用硫酸酸解,其工艺流程大致为:先将钛铁矿粉与浓硫酸进行酸解反应生成硫酸氧钛($FeTiO_3+2H_2SO_4 \longrightarrow TiOSO_4+FeSO_4+2H_2O$),然后经水解生成偏钛酸($H_2TiO_3$),最后经过滤、水洗、煅烧、粉碎得钛白粉产品。硫酸法具有原料丰富、价廉易得以及工艺成熟、设备简单和易于操作等优点。硫酸法生产钛白粉于1916年在挪威首次实现了工业化,后在西方工业化国家逐步推广,缺点是工艺流程长、间歇操作、工序多、废副产物排放量较大。

氯化法不直接使用含铁量太高的钛铁矿,而用含TiO_2 95%的金红石矿为原料,和还原剂、氯气反应生成四氯化钛($TiO_2+3C+4Cl_2 \longrightarrow 2TiCl_4+CO_2\uparrow+2CO\uparrow$),所得四氯化钛进行精制后与氧气反应得到粗二氧化钛,再进行精制可得到需要的不同规格的钛白粉。氯化法具有如下优点:生产装置小,生产能力大;流程短,连续易实现自动化生产;三废量小,能耗低,资源利用率高与环境友好;产品质量优异。

第一个纯锐钛型钛白粉是在1923年由法国Thannet Mulhouse公司研制出来的,采用稀释晶种进行水解,二氧化钛含量达96%~99%。其所用的工艺被广泛地授权制造。杜邦公司后来买下其中的一家公司,开始钛白粉的制造。在20世纪30年代,钛白粉工业开始蓬勃发展,以硫酸法制造的锐钛型钛白粉在市场上与立德粉和白铅等白色颜料开始竞争。1930年,麦克伦堡采用外加碱中和晶种法对水解制钛白粉的工艺作了改进。1935年,日本化学公司开始生产锐钛型钛白粉。

第一个金红石型钛白粉是在捷克境内的实验室制出,但一直到1939年才正式在市场推出。在20世纪40年代,因第二次世界大战爆发,影响了钛白粉技术在欧洲的发展,但美国仍继续研究发展。当时的钛白粉市场主要由National Lead和杜邦公司所把持。1942年,在美国生产出了由硫酸法制成的纯金红石型钛白粉。

到了20世纪50年代,开始采用无机表面处理工艺以提高产品的耐候性。同时,环保意识逐渐被世人所重视,硫酸法所造成的环境污染也被业界所注意。1951年,加拿大魁北克铁钛公司采用高钛渣作硫酸法制钛白粉的原料取得成功,为钛白粉生产减少副产品提供了新的原料路线。与此同时,业界也开始了氯化法的研发。

1949年杜邦公司开始研究氯化法钛白粉工业规模的生产，1956年开始用氯化法生产钛白粉。到了1957年，高品质的金红石型钛白粉在美国境内开始被大量制造使用。1959年，杜邦公司首先实现氯化法钛白的工业化生产。20世纪60年代，钛白粉制造技术则集中在表面处理技术的研究开发，以期能改善分散性和耐候性。国外发达国家的钛白粉工业在20世纪60年代末至70年代初期进入成熟期。到1990年氯化法钛白已经占世界总产能的60%。

经过一系列产业整合，到2010年全世界形成了杜邦（Du Pont Titanium Technologies）、科斯特（Cristal Global）、亨斯曼（Huntsman Pigments）、康诺斯（Kronos Worldwide, Inc.）、特诺（Tronox Incorporated）、萨哈利本（Sachtleben Chemie GmbH）、日本石原产业（Ishihara Sangyo Kaisha, Ltd.）七家大型钛白粉生产企业，它们的产能之和占了世界总产能的68%。其中，杜邦19%、科斯特12%、亨斯曼10%、康诺斯10%、特诺9%、萨哈利本4%、日本石原产业4%。其余生产商产能占比：中国企业31%、其他1%。

国外钛白粉产能（中国以外），氯化法占66%，硫酸法占34%；而在中国，仅一家企业采用氯化法流程，其产能占全国总产能的比例还不到2%。如中国钛白产量统计在内，全世界的钛白粉产能变成硫酸法占55%，氯化法占45%。中国用近50年研究氯化法，如今也有了具有自主知识产权的氯化法技术，中国氯化法钛白产业化阶段已经到来。

2. 氧化铁

氧化铁系颜料是一类量大面广的无机彩色颜料，广泛用于建材、涂料、油墨、橡胶、塑料、陶瓷、玻璃制品、五金玻璃抛光、戏剧油彩、绘画、化妆品、药用着色、纸材、复印材料、催化剂、电子工业及录音录像磁性记忆材料等方面。就世界范围而言，建筑业材料占据氧化铁消费总量的53%，涂料占33%，塑料和橡塑占5%，其他占9%。故建筑业左右了世界氧化铁的消费水平。

氧化铁生产分为天然品与合成品两大类。在世界范围内，天然氧化铁与合成氧化铁的产量比大约为1:3。

国外氧化铁的发展已经达到了一定的水平，最大特点是高度垄断。无论是生产、经营，还是花色品种都被少数集团、国家和地区所控制。他们的发展重点不再以创造全新化学结构的氧化铁产品为主，而是以最大限度地满足市场需求为宗旨，在已有各种氧化铁产品基础上，朝着多功能化的方向发展新品种。

随着氧化铁应用领域的技术深入发展，对氧化铁产品的技术性能要求越来越高。氧化铁的应用已经不局限于耐候、耐用与美观装饰的着色使用范围，并延伸到软磁电脑驱动器、磁性油墨特征辨认材料、复印磁粉、磁性记忆材料、石油化工催化剂、医疗激光探测磁头、无毒型净化水处理剂等新领域中的应用。氧化铁产品主要以易分散氧化铁、超细氧化铁、颗粒氧化铁、耐高温氧化铁、透明氧化铁、云母氧化铁、复合铁绿、拼混铁棕、拼混铁橙、氧化铁系列色浆等为发展重点。技术发展主要集中于颜料颗粒的表面处理技术、新型的氧化铁复合颜料、改型的包核氧化铁、颗粒氧化铁和特殊用途氧化铁这几个方面。

3. 有机颜料

大约在公元前三千年，古埃及人发明第一个人造蓝色颜料，被罗马人称为亚历山大蓝或埃及蓝（Egyptian Blue，$CaCuSi_4O_{10}$，主要成分为硅酸铜钙）。

1856年皇家化学学院的学生W.H.Perkin在一次提纯一种紫色染料的实验中，发现由苯胺、甲苯胺得到蓝光紫色产物，称之为马尾紫（Mauve）或苯胺紫。而这正是历史上的第一个人工合成的有机颜料。

1885年由Meldola完成了第一个有机颜料的合成，称之为Para红（C.I.颜料红1）；1899年Julius（BASF）合成了立索尔红R（C.I.颜料红49:1）；1901年Bohn发现了第一个蒽醌还原染料蓝蒽酮（C.I.还原蓝4）；1933年Linstead给出了酞菁的正确化学结构，1935年由ICI公司完成铜酞菁颜料的工业化生产。

1950年汽巴公司将偶氮缩合类颜料或称大分子颜料投放市场，分子量的增大提高耐热稳定性与耐迁移性能，非常适用于塑料着色。

1958年合成了喹吖啶酮类有机颜料和异吲哚啉酮类黄色颜料。

1960年德国赫斯特公司推出性能优良的黄、橙色谱和红色谱的苯并咪唑酮类有机颜料，分子中引入杂环取代基，可以形成分子间氢键，明显改进其耐热稳定性与耐迁移性能，适用于塑料与涂料着色。

1983年瑞士汽巴公司开发了新型发色体系的吡咯并吡咯二酮（DPP）类有机颜料，分子呈对称性、分子量较低、含有亚氨基与羰基，不仅颜色鲜艳，而且具有优良的耐热稳定性与耐迁移性能，适用于塑料与涂料着色。

进入21世纪，广泛应用于印刷油墨、涂料、合成树脂、合成纤维、塑料等着色的各种有机颜料，功能性有机颜料，以及配套的助剂与改性剂陆续投入市场。

参 考 文 献

[1] 王树强主编. 涂料工艺（增订本）[M]. 北京：化学工业出版社，1996：44.
[2] 周国信. 我国古代颜料 [J]. 涂料工业，1991（4）：30.
[3] 林治华. 我国氧化铁发展历程.
[4] 朱骥良，吴申年. 颜料工艺学 [M]. 第2版. 北京：化学工业出版社，2002.
[5] 北方涂料工业研究设计院资料. 灰色云母氧化铁醇酸面漆施工应用总结. 1977-08-19.
[6] 周春隆. 近现代中国颜料工业发展史（有机颜料部分）.

撰稿人：刘国杰（原化学工业部涂料工业研究设计院副院长，中国涂料工业协会专家委员会原副主任，教授级高工）

刘　杰（中国涂料工业协会产业发展部部长）
张燕深（中国染料工业协会产业咨询部主任，教授级高工）
审稿人：孙莲英（中国涂料工业协会会长）；杨渊德（中国涂料工业协会秘书长，高级工程师）；刘国杰
其余参加人：田利明，邱健亭，刘长河，林治华，戴伟强，周春隆等

第十一章 有机硅工业

有机硅材料兼具有机材料和无机材料的特点，具有突出的耐温性能、耐候性能、电气性能、生理惰性、表面性能、低可燃性和可修复性等优异性能，已成为诸多领域不可缺少或不可替代的高性能材料。品种形态各异的有机硅材料可单独使用，亦可对其他材料进行改性，不但广泛用于建筑、汽车、电力、电器、纺织、机械、化工、日化、医疗保健、工艺品、玩具业等领域，对传统产业的技术进步和产品升级起到积极的推动作用，而且对国防军工以及新能源、高速轨道交通、电子信息、半导体照明、生物医药等战略性新兴产业的发展具有重要的支撑作用。

有机硅产品一般分为硅油、硅橡胶、硅树脂和硅烷偶联剂四大类，前三类是由氯硅烷单体（主要为二甲基二氯硅烷）经水解、裂解、聚合为聚硅氧烷，再与各种助剂、添加剂或填料等一起加工制成的高分子材料；硅烷偶联剂是有机官能基硅烷，一般为非聚合物。

第一节 发展历程

20世纪30年代中期，曾昭抡先生在北京大学开展了有机硅化合物的合成研究，这与当时美国和苏联开展这方面的研究基本同步。但是，有机硅的工业研究与开发在我国则始于20世纪50年代初，大约比美国晚了十几年。1951年，重工业部北京化工试验所以杨冬麟为首的科研人员用格氏法合成有机硅单体并试制硅树脂，开创了我国有机硅工业及应用研究之先河。从50年代初开始，中国科学院化学研究所等单位先后开展了硅油、硅橡胶、硅树脂、硅烷偶联剂、有机硅乳液等方面的研究，推动了我国有机硅产品的发展。经过几代人的共同努力，中国有机硅工业已成为国内化工行业中为数不多的真正依靠自主创新发展起来的拥有自主知识产权的民族工业，无论是在技术上还是在规模上都取得了令人瞩目的成就，成为世界有机硅工业的重要力量。中国有机硅工业的发展大致可分为三个时期。

一、起步期（20世纪50—70年代）

从1951年到20世纪70年代末，我国有机硅工业处于起步期，经历了一个从无到有的漫长的过程。有机硅开发主要集中在科研院所和高校，围绕军工和国家重点建设项目进行有机硅单体合成及相关产品试制，以探索研究和小规模生产为主。

虽然在单体和下游产品的研究方面取得了一些成果，但在各个方面与国外相比均存在很大的差距。20世纪70年代末，我国从事有机硅研究的单位共有10余个，生产厂家20余家。甲基单体主要用直径400毫米搅拌床间歇生产，单机产能约30吨/年，总产量不到2000吨/年，聚合物生产能力也只有几十到百吨级水平，品种60余种，牌号200余个，产品价格昂贵，主要为军工配套或用于一些特殊行业，尚未形成有机硅工业体系。

这一时期从事有机硅研究和生产的单位主要有：北京化工试验所、沈阳化工研究院、北京化工研究院、晨光化工研究院、中国科学院化学研究所、北京电器科学研究院、吉化公司研究院、上海树脂厂、哈尔滨绝缘材料厂、北京化工二厂、天津油漆厂、西安油漆厂、山东大学、武汉大学和南京大学等。

1. 有机硅工业创立

1951年抗美援朝期间，因军工需要，根据国家有关部门的安排，原重工业部北京化工试验所开始研制有机硅材料，组建了以杨冬麟工程师为首的课题组，由格氏法合成有机硅单体，试制硅树脂涂料。1953年7月，北京化工试验所、浙江省化工研究所、东北化工局研究室合并，成立重工业部沈阳化工综合研究所，北京化工试验所有机硅课题组随所迁至沈阳化工综合研究所，当时课题组成员仅有杨冬麟、刘广林、温金诺三人；1954年，傅积赉和从日本归国的杨大海分配到课题组；至1956年又从所内先后充实了王淮云、杨立德、韩振山等人。1957年已更名为沈阳化工研究院的原沈阳化工综合研究所建立了全国第一个有机硅车间——硅树脂涂料中试车间。1957年秋季分配到沈阳院的大学毕业生幸松民、赵应慧、吴盛全等人先在中试车间锻炼，后来进入该课题组。

硅树脂是我国首先研制成功的有机硅产品，20世纪50年代曾用于朝鲜战场武器装备防潮及飞机尾部喷管耐高温涂料、天安门广场人民英雄纪念碑的防潮处理、24000千瓦水轮发电机等，满足了军工和国家建设的需要。主要产品有电跃系列（电跃204、电跃205、电跃281等14个品种）有机硅耐高温树脂和防潮、绝缘漆等。

2. 甲基单体问世

1954年中国科学院上海有机化学研究所高分子研究组（1956年该组迁入中国科学院化学研究所）的王葆仁、孙树门、黄志镗等开展用硅铁粉及氯甲烷合成甲基氯硅烷研究。由于当时没有高效的精馏塔，只能通过把甲基氯硅烷醇解，将二官能团和三官能团的沸点差加大，达到分离二甲基二氯硅烷和一甲基三氯硅烷的目的，成功地合成了高纯度八甲基环四硅氧烷（D_4）。1954年沈阳化工综合研究所以杨大海为首的课题组以氯甲烷、金属硅为原料，氯化亚铜（Cu_2Cl_2）为催化剂，用搅拌床直接法合成甲基单体。粗单体在实验室玻璃精馏塔中分馏精制，利用得到的二甲基二氯硅烷及三甲基一氯硅烷经水解制得八甲基环四硅氧烷及六甲基二硅氧烷（MM）。1958年8月国家科委和化工部在沈阳召开了有机硅与环氧树脂现场推广会，沈阳化工综合研究所把以氯化亚铜为催化剂、搅拌床直接法合成甲基单体等多项成果向参加会议的单位做了推广，其中包括600吨/年、150吨/年、40吨/年的设计图纸及技术资料。会后，国内有多家树脂厂、油漆厂、绝缘材料厂照此放大生产，一度建立了四十多台生产甲基单体的直径400毫米搅拌床，为国内开展有机硅材料研究和小批量生产奠定了基础。

3. 有机硅研究力量整合

1956年，中国科学院化学研究所（简称中科院化学所）所成立，首任所长为曾昭抡先生。林一先生于1958年在该所建立了有机硅研究室。1958年，中国科学院兰州化学物理研究所（简称中科院兰州化物所）成立有机硅研究室。1957—1959年，前苏联有机硅专家马丁洛夫来华讲学，南开大学周秀中、武汉大学卓仁禧、南京大学周庆立和山东大学杜作栋等人参加了学习。在此期间，曾昭抡在武汉大学设立元素有机研究室和元素有机化学专业（卓仁禧为有机硅研究组组长），周庆立在南京大学成立有机硅研究室，杜作栋在山东大学成立有机硅研究室，我国系统开展有机硅研究和人才培养的体系逐步建立。

1956年9月，化工部对沈阳化工综合研究所调整改组，将有机合成及合成材料部分迁往北京，成立了北京化工研究院；沈阳化工综合研究所则更名为沈阳化工研究院。根据化工部二局的安排，沈阳化工研究院于1960年末重新组建了有机硅研究室，但在专业上与北京化工研究院有分工，北京院主要从事有机硅单体及硅树脂的研制；沈阳院主要从事有机硅单体及硅橡胶、硅油的研制。

1965年，化工部决定将沈阳化工研究院和北京化工研究院的有机硅研究力量集中到新组建的晨光化工研究院。从1966年10月开始，沈阳化工研究院将相关仪器、设备、文件资料等运往四川富顺，1967年6月科研人员基本到位。北京化工研究院的搬迁则从1969年开始，1970年上半年基本结束。沈阳院与北京院的两支有机硅研究力量合并，并充实了1966年大学毕业生（研究生）及随迁到晨光院的科研人员，形成了中国第一家有机硅材料专业研究机构。

4. 流化床技术开发

由于搅拌床生产效率低，甲基单体产量有限，无法满足国民经济发展的需要，1966年3月，在化工部二局的安排下，北京化工研究院开始了流化床直接法合成甲基单体的研究开发工作。王淮云等首先在天津油漆厂开展了小直径流化床合成甲基单体实验。1968年，晨光化工研究院幸松民、刘业成等与上海树脂厂杨永仿等，在上海树脂厂建立了全国第一台直径400毫米合成甲基单体的流化床装置。该项目于1971年通过部级鉴定，随后在晨光二分厂和上海树脂厂分别建设直径600毫米和直径700毫米流化床装置。

这一时期，直接法合成甲基单体都用氯化亚铜为催化剂，用量很高。幸松民、赵应慧、王淮云等于1964年研制成功高活性CuCl-Zn新催化体系，经上海树脂厂在生产装置上验证,取得了铜用量减少50%的效果,经化工部鉴定并向全国有机硅行业推广,成为普遍使用的催化剂。吉化公司按此技术于1966年建立了百吨级氯化亚铜催化剂生产装置。

1963年,傅积赉、吴盛全课题组在北京化工二厂利用该厂的无水氯化氢为原料,用流化床反应试制三氯氢硅并取得成功。运用该成果先后在北京化工二厂和四川峨眉半导体厂建立了生产装置,解决了当时生产乙烯基三氯硅烷等硅烷偶联剂和多晶硅、单晶硅原料短缺的难题。

1975年,武汉化工研究所柳玉堂等在鄂南化工厂建立我国第一套直径400毫米直接法合成乙基氯硅烷的流化床装置并试车成功。

5. 第一本有机硅专著

1958年12月,由杨冬麟、杨大海编著的《有机硅高聚物的特性及其应用》一书由化学工业出版社出版,这是我国出版的第一本有机硅专著。1978年3月,中科院兰州化物所翻译出版了由联邦德国诺尔(W.Noll)编著的《硅珖化学与工艺学》,全书分为上下两册,这是我国出版的第一本有机硅译著。

6. 有机硅下游产品开发

① 1957年山东大学创建有机硅研究室,在杜作栋教授的领导下从事有机硅教学、科研及产品开发,在有机硅基元反应及有机硅聚合反应机理、碳官能基改性有机硅聚合物的分子设计及合成、含硅聚合物的功能化等基础研究领域开展了系统而深入的研究工作。

② 1958年曾昭抡在武汉大学化学系设立元素有机研究室和元素有机化学专业,卓仁禧任有机硅研究组组长。这一时期,武汉大学卓仁禧、张先亮等先后开发成功了用于毛泽东主席水晶棺表面涂层保护的有机硅防雾剂、原子弹爆炸高空及地下摄影仪镜头保护材料、航空彩色录像磁粉用有机硅改性材料、通信卫星专用计算机磁记录材料、3-氯丙基三乙氧基硅烷(WD-30)等硅烷偶联剂中间体及氨基、环氧、含硫、甲基丙烯酸、乙烯基、长链烷基等官能团硅烷偶联剂的合成技术。

③ 1960年,沈阳化工研究院重新组建有机硅研究室,成立了5个课题组,先后完成的科研课题或开发的新产品主要有:热缩法合成甲基乙烯基二氯硅烷;端乙烯基聚二甲基硅氧烷;乙烯基MQ树脂;加成型液体硅凝胶、硅橡胶;暂时性催化剂四丁基氢氧化磷制二甲基硅油;合成硅油用止链剂十甲基四硅氧烷(MD_2M);硫酸催化合成二甲基硅油;暂时性催化剂四丁基氢氧化磷的合成及碱胶配制;SD、SDL和SDB系列室温硫化硅橡胶;G-3型室温硫化耐烧蚀硅橡胶腻子;O/W型二甲基硅油消泡剂等。

④ 1963年,中科院化学所林一等用四甲基氢氧化铵硅醇盐引发D_4等聚合来合成高分子量的线性聚硅氧烷。该项成果于1964年推广到上海树脂厂进行工业化生产,使我国成为第一个用暂时性催化剂生产高分子量乙烯基硅橡胶的国家。我国

后来一直沿用这一技术来生产乙烯基硅橡胶。

⑤ 1963年，上海市信诚化工厂并入上海树脂厂。上海树脂厂先后开发成功101二甲基热硫化硅橡胶、110甲基乙烯基热硫化硅橡胶和120二甲基二苯基乙烯基热硫化硅橡胶等多种有机硅产品，并实现了工业化生产。

⑥ 1968年，中科院化学所开始了硅树脂塑封料的研制，通过与四机部下属多家单位的大力协作，研制成功了适用于封装小功率硅管与固体电路的KH-610有机硅树脂，并在北京化工二厂、上海树脂厂、长春树脂厂、晨光二分厂等多家工厂扩试，开创了我国半导体器件采用塑料封装新工艺的先河。

⑦ 1975年中科院化学所在实验室研制成功阳离子有机硅乳液，并于1977年在北京化工二厂正式投产。这是世界上首次实现用乳液聚合方法生产有机硅乳液。随后，化学所又开展了有机硅阴离子及非离子型乳液聚合，应用于各种织物后整理。

⑧ 20世纪50年代后期，南京大学在周庆立教授的带领下开始研究有机硅，与四机部二所和南京无线电厂协作，合成了数个带有极性基团的硅烷化合物，并从中筛选出性能优异的苯胺甲基三乙氧基硅烷（南大-42）。1968年，南京大学成立抗大化工厂，开始中试规模生产硅烷偶联剂南大-42和单组分室温硫化硅橡胶等产品。

⑨ 20世纪60年代初，中科院化学所林一、孙树门等进行了耐油硅橡胶的研制和技术推广。1965年在吉化公司进行腈硅橡胶的中试生产；1966年在原上海合成橡胶研究所进行氟硅橡胶的中试生产。

⑩ 中科院兰州化物所开展改性硅油和硅脂的研究和产业化开发，产品主要应用于军工领域。1974年，兰州化物所编写的《硅油》专著在甘肃人民出版社出版。

⑪ 20世纪70年代中科院化学所还开展了特种硅橡胶（如硅硼、硅氮橡胶）的合成。1972年谢择民等首先合成了高分子量、高水解稳定性的硅氮橡胶，可耐350℃以上的高温，并阐明了其热稳定机理；在此基础上提出用硅氮橡胶作为苯基硅橡胶的添加剂来消除端基引发的主链降解，取得较好效果。

⑫ 中科院化学所江英彦用多次平衡反应的方法来合成扩散泵油，产率可达98%～100%，并于1964年在上海树脂厂工业化生产，商品牌号为275。随后国内其他厂家也按此路线进行生产。

⑬ 晨光化工研究院利用在北京化工研究院开发成功的小试技术，建立起2吨/年钠缩合法制备亚苯基硅单体和亚苯基硅橡胶生产装置，生产的亚苯基硅橡胶成功应用于反应堆控制系统的电缆护套和其他部位。此外，还开发了716型耐烧蚀单组分室温硫化硅橡胶腻子、GN系列灌注型透明有机硅凝胶、GD系列单组分室温硫化硅橡胶、GXP-103型硅油消泡剂等新产品。

⑭ 北京化工研究院成功开发亚苯基硅橡胶，耐γ射线超过1×10^9拉德，经反应堆原位考核，能经受180℃下1×10^9拉德的γ射线吸收剂量及1×10^{18}/厘米^{2}积分中子

通量，完全满足使用要求，解决了军工急需。

⑮ 中科院化学所根据国家需求，从1962年开始，孙树门、李平、李光亮等先后试制并与有关单位合作，生产了国外应用较广、性能较好的硅烷偶联剂，如氨丙基三乙氧基硅烷（KH550）、环氧丙氧基三甲基硅烷（KH560）、甲基丙烯酸丙酯基三甲氧基硅烷（KH570）以及硫丙基三甲氧基硅烷（KH580）、多硫代双丙基三甲氧基硅烷（KH590）等。KH550于1966年转到辽宁盖县化工厂生产；KH560转到上海跃华玻璃厂于1970年正式投产；KH570转到天津试剂二厂生产；KH580、KH590也陆续推广到其他单位生产。

⑯ 上海橡胶制品研究所开展医用硅橡胶制品研究，先后研制成功硅橡胶静脉导管、腹膜透析管、脑积水引流装置、医用海绵、渗出性中耳通气管等。1965年该所与上海医疗器械研究所、第二军医大学共同研制的人造心脏瓣膜硅橡胶球经第二军医大学附属长海医院首次用于临床二尖瓣更换术获得成功。

二、成长期（20世纪80—90年代）

1978年中共十一届三中全会以后，我国实行改革开放政策，促进了国民经济的快速发展。中外合资及外商独资企业如雨后春笋般在中国大地涌现，新技术、新装备、新产品的大量引进和出口产品的快速增长，为有机硅的应用提供了广阔的舞台。特别是20世纪80年代以后，世界制造业向中国大量转移，极大地刺激了有机硅产品的应用，推动了中国有机硅工业的发展。例如，我国纺织品的大量出口，促进了有机硅织物整理剂的生产应用；彩电生产线的引进，加速了室温硫化硅橡胶的开发和应用；汽车工业及电脑、电话、手机等电子产品加工业的兴旺，刺激了热硫化硅橡胶的快速发展；楼宇玻璃幕墙的广泛使用和建筑装饰业的快速发展推动了有机硅结构胶和密封胶的开发应用等。

这一时期是我国有机硅工业在市场需求和应用技术进步的推动下稳步发展的阶段，虽然时间较长，前进的道路充满艰辛和曲折，但确实取得了丰硕的成果。甲基单体突破万吨级生产技术瓶颈；有机硅建筑密封胶和结构胶得到大规模推广应用；热硫化硅橡胶生胶生产技术取得重大进展；硅橡胶制品加工业迅速发展；按键胶等成为全球主要供应商。在研发能力、生产技术及应用领域等各方面缩短了与国外先进水平的差距，为今后的长足发展打下了良好的基础。

20世纪80年代以前，我国有机硅聚合物及终端产品主要在单体厂和科研院所生产。80年代以后，随着有机硅应用领域的扩大，生产厂家大量涌现，尤其是在珠江三角洲和长江三角洲经济发达地区，建立了一大批有一定规模的有机硅下游产品工厂。1999年，全国硅油产量超过10000吨，热硫化硅橡胶和室温硫化硅橡胶产量分别超过30000吨，硅树脂和硅烷偶联剂产量也突破1000吨。各种有机硅产品牌号达到600多个，硅氧烷表观消费量达到55000吨，产品应用扩大到建筑、纺织、汽车、电子电器、化工轻工、医疗卫生等领域，初步建立起中国有机硅工业体系。

1. 第一次有机硅单体生产装置建设热潮

随着流化床技术开发成功以及在催化剂、单体精馏、水裂解、分析等方面的技术进步，我国在20世纪80年代掀起了第一次有机硅单体生产装置建设热潮。据不完全统计，到20世纪80年代末，共有北京、上海、江西、浙江、吉林、四川等14个省市18家企业生产有机硅甲基单体和苯基单体，拥有合成甲基单体直径600～1200毫米流化床8台，直径400毫米搅拌床42台，合计产能12000吨/年；合成苯基氯硅烷直径400毫米流化床2台，直径600～800毫米搅拌床28台，合计产能800吨/年。1989年甲基单体产量约5000吨，主要生产企业有：北京化工二厂、吉化公司电石厂、星火化工厂、晨光二分厂、上海树脂厂、开化硅厂等。进入20世纪90年代，由于生产效率低、物耗能耗高等原因，搅拌床逐渐被淘汰，部分企业改用流化床生产甲基单体，部分企业则退出了甲基单体生产。20世纪90年代末，全国16家甲基单体生产企业中仅剩下星火化工厂、开化硅厂、吉化公司电石厂、北京化工二厂、晨光二分厂5家，全部采用流化床技术。1999年，我国共有直径600～1500毫米流化床8台，产能56600吨/年，产量33600吨。这一时期我国有机硅单体生产的特点是：生产厂家多，技术水平低，产品严重供不应求，国产率不足30%。

2. 万吨级甲基单体技术开发及生产装置建设

为解决我国甲基单体生产技术落后，产品长期供不应求的局面，"六五"期间，国家科委和化工部向晨光化工研究院、化工部星火化工厂、吉化公司研究院下达了万吨级有机硅工程技术开发项目，开展新型催化体系与直接法合成甲基单体新工艺研究，取得了一大批研究成果，为建设万吨级有机硅单体生产装置奠定了技术基础。

1984年4月，国家计委批准在星火化工厂建设国内第一套万吨级有机硅工业试验装置。该项目由晨光化工研究院提供技术，化工部第六设计院设计，1987年5月开工，1991年12月投料试车，1992年1月生产出合格的二甲基二氯硅烷。但由于各方面的原因，该生产装置长时间不能正常运行，一度被迫停产。1996年年底，星火厂加盟中国蓝星（集团）总公司，化工部派以时任蓝星总公司总经理任建新为组长的"企业管理与改革"工作组进驻星火厂，经过近一个月深入细致的调查研究，提出了在星火厂实施"再创业工程"的重大举措。1997年5月，通过改造的单体合成及相关配套装置重新开车，当年甲基单体产量超过5000吨，1998年突破1万吨，达到了设计能力。1998年通过技术改造，产能达到了20000吨/年。星火厂万吨级有机硅单体生产装置的成功，实现了我国有机硅生产经济规模的突破，标志着我国有机硅工业跨上了一个新的台阶。

3. 国家有机硅工程技术研究中心成立

1982年，化工部决定在成都建立有机硅应用研究技术服务中心，并承担联合国开发署（UNDP）援助中国的有机硅应用项目。1987年年底原化工部晨光化工研究院一分院迁至成都并更名为"化工部成都有机硅应用研究技术服务中心"。UNDP项目执行期间（1984—1993年），晨光院共派遣出国考察人员5名，访问学者14名，接待来成都讲学专家10人次，受援设备仪器15件。1995年"国家有机硅工程技术研究中心"在化工部晨光化工研究院（成都）挂牌成立，这是我国第一个国家级有机硅研究中心。

4. 有机硅行业协会成立

1986年12月，经国家民政部批准，成立了中国有机硅行业联合会。1988年1月，有机硅行业联合会与有机氟行业联合会合并成立了中国氟硅有机材料工业协会。1987年5月，由中国有机硅行业联合会主办，晨光化工研究院编辑出版的《有机硅材料及应用》（双月刊）创刊。2000年，为适应有机硅行业发展需要，刊物更名为《有机硅材料》，由中国氟硅有机材料工业协会、中蓝晨光化工研究院和国家有机硅工程技术研究中心共同主办。

5. 外国有机硅公司进入中国

受中国巨大市场的吸引，美国道康宁公司自1973年在香港成立亚洲办事处、1991年在上海成立办事处、1995年成立道康宁（上海）有限公司以来，至今已在上海、北京、成都、广州、江苏设立了多家办事处、研发中心和生产基地。世界其他主要有机硅公司如通用电气（现迈图）、瓦克、信越、罗地亚、德固赛、卡博特等紧随其后纷纷进入中国。外资公司将高性能有机硅材料引入中国，对中国有机硅材料的应用和推动有机硅产业的发展起到了一定积极作用。但外资公司凭借其雄厚的经济实力和技术实力，不但控制了大部分高端产品市场，而且在国内有机硅单体严重供不应求的年代，还牢牢控制着有机硅市场的价格，进而从中国市场获取了丰厚的利润。

6. 其他重要事件和成果

① "六五"期间，晨光化工研究院承担国家科技攻关项目，开展直接法流化床合成苯基氯硅烷研究，1984年项目完成，该项技术先后转让到蚌埠有机硅化工厂和晨光二分厂。

② 1984年中科院化学所谢择民设计并合成了一种特殊结构的聚硅氮烷作为缩合型RTV硅橡胶的交联剂（KH-CL交联剂），在无催化剂存在下，室温就可较快地与硅橡胶发生脱氨交联反应，同时可以消除催化剂和硅羟基引发的主链降解，可耐350℃高温，实现了人们长期向往的室温硫化、高温使用的愿望，在航天、电子、化工等方面已被广泛用作高温黏结剂、密封剂等材料。

③ 1992年广州白云黏胶厂（现广州市白云化工实业有限公司）受让晨光化工研究院开发的有机硅建筑密封胶（俗称聚硅氧烷密封胶）生产技术，成为中国第一家聚硅氧烷密封胶生产厂。同年，南海嘉美精细化工有限公司成立，开始聚硅氧烷

密封胶的工业化开发，成为国内第一家年产千吨级聚硅氧烷密封胶的生产企业。在随后成立的杭州之江、浙江凌志、广东新展、郑州中原、成都硅宝等企业的共同努力下，我国聚硅氧烷密封胶技术水平和产品质量得到快速提高，使国产聚硅氧烷密封胶在市场上占据了主导地位。

④ 随着高层建筑和铝合金门窗幕墙的大量兴起，市场对建筑密封胶提出了更高的技术要求。为了确保建筑物的安全，1997 年国家推出了我国第一个聚硅氧烷结构密封胶强制性国家标准 GB 16776—1997《建筑用硅酮结构密封胶》，并由国家经贸委牵头，与国家建材局、国家技术监督局、建设部、国家工商局、国家商检局等六部委共同成立了国家经贸委结构密封胶工作领导小组，负责聚硅氧烷结构密封胶的生产和销售认定。广州白云、杭州之江和郑州中原成为首批取得生产和销售聚硅氧烷结构胶资格的企业。

⑤ 1992 年晨光化工研究院发明了连续法生产热硫化硅橡胶生胶的新技术。由于该技术具有设备简单、投资小、动力消耗少、生产成本低、产品质量高等优点，在热硫化硅橡胶生产行业获得迅速推广。近 20 年来，使用该技术建成的生产线至少有 50 条。从最初的单套产能 100 吨/年发展到目前 10000 吨/年，已成为国内热硫化硅橡胶生胶的主流生产技术。该技术还转让到韩国、波兰、中国香港、中国台湾等国家和地区，是中国对外输出的第一个有机硅生产技术。

⑥ 1995 年，沈阳化工厂引进乌克兰卡路什公司技术，设计建造了国内第一条 250 吨/年以四氯化硅为原材料生产气相法白炭黑的装置。1998 年复制了一套相同生产线，使产能达到 500 吨/年。

⑦ 20 世纪 80 年代初，武汉大学化工厂完成硅烷偶联剂中间体 γ-氯丙基硅烷产业化，并开始生产环氧基、多硫基、氨丙基等硅烷偶联剂。20 世纪 90 年代湖北二十多家企业开始生产硅烷偶联剂及中间体。国内硅烷偶联剂生产形成了以武汉大学为代表的中南部板块、以辽宁盖县化工厂为代表的北部板块和以南京大学及南京曙光化工总厂为代表的东部板块。

⑧ 20 世纪八九十年代，晨光化工研究院、武汉大学各自开始硅醇直接法合成三烷氧基硅烷的技术开发。晨光化工研究院开发成功直接法合成技术并获得国家发明专利；武汉大学开发成功直接法合成三烷氧基硅烷技术及延伸硅烷偶联剂合成技术，并在湖北武大有机硅新材料股份有限公司实现规模化生产，于 2000 年后逐步建立了千吨级和万吨级生产装置。

⑨ 20 世纪 80 年代末，武汉大学、哈尔滨化工研究所、星火化工厂研究所等开始试制甲基三甲氧基硅烷等交联剂；90 年代初，武汉大学化工厂开始生产甲基三甲氧基硅烷、甲基三乙酰氧基硅烷、甲基三丁酮肟基硅烷。此后，湖北环宇、湖北新蓝天、新华化工等企业先后开始大规模生产硅烷交联剂。

⑩ 20 世纪 80 年代，晨光化工研究院、上海树脂厂、山东大学、吉化公司研

究院等相继开发出甲基羟基硅油乳液、阳离子型/阴离子型二甲基羟基硅油乳液和非离子型有机硅羟乳等有机硅织物整理剂，在我国纺织行业得到大规模应用。

⑪ 1997 年，我国在开始生产有机硅单体 40 年后，总产量历史性地突破了万吨大关，达到 1.32 万吨。

⑫ 1998 年 3 月，浙江开化合成材料总厂加盟新安化工集团，成为新安化工集团的控股子公司，更名为浙江开化合成材料有限公司，新安化工从此进入有机硅行业。1999 年年底，新安化工在建德市开始兴建年产 1 万吨/年有机硅单体项目，成为我国第二家拥有万吨级有机硅单体生产装置的公司。

三、快速发展期（2000 年以来）

以 1998 年蓝星星火化工厂万吨级甲基单体生产装置正常运行为标志，十多年来我国甲基单体的产能、产量和质量都有了很大进步。产品数量增多，质量不断提高，应用领域进一步扩大，中国有机硅工业进入了快速发展时期。

1. 中国蓝星集团收购法国罗地亚公司有机硅业务

2006 年 10 月，中国蓝星（集团）总公司收购了法国罗地亚公司有机硅业务，使中国有机硅生产能力和技术水平迈上了一个新的台阶。加上江西星火有机硅厂已有的 20 万吨/年产能，蓝星公司有机硅单体总产能达到 42 万吨/年，一跃成为全球第四大有机硅生产公司。

2. 国际有机硅巨头在华兴建大型有机硅单体生产基地

2004 年国际有机硅巨头美国道康宁公司和德国瓦克公司按 70%和 30%的比例在新加坡设立合资公司——"道康宁（张家港）控股私营有限公司"。随后，该公司在中国注册独资企业"道康宁（张家港）有限公司"，在江苏省张家港市扬子江国际化学工业园投资建设 19 万吨/年硅氧烷项目。2006 年 3 月 16 日，国家发改委以发改工业 [2006] 441 号文批复同意该项目建设，项目总投资 34998 万美元。2008 年 4 月 7 日，发改委又以发改工业 [2008] 795 号文件同意该项目总投资调整为 93000 万美元。2010 年该项目建成投产，产品投放市场后对中国有机硅单体市场造成了较大冲击。

3. 新安集团与迈图合资建单体项目

2001 年 4 月新安化工 1 万吨/年有机硅单体项目投产，2004 年 6 月新建的年产 2.5 万吨单体合成装置达产。至此，新安化工拥有三套有机硅单体装置，总产能达到 6 万吨/年。经过多年的持续改进，新安三套有机硅单体装置总产量于 2009 年首次超过 10 万吨。

2007 年 4 月，新安与美国迈图高新材料集团签订合资协议，双方按照 51:49 的股本比例投资 9700 万美元，成立了浙江新安迈图有机硅有限公司，由迈图将先进的单体技术转让给合资公司，双方在浙江建德合作建设年产 10 万吨有机硅单体项目。该项目于2011年4月建成投产。

4. 第二次有机硅单体生产装置建设热潮

受我国硅氧烷需求持续增长、供需矛盾突出、有机硅单体技术进步以及2004年硅氧烷价格暴涨等因素的影响，中国再一次掀起了投资建设有机硅单体项目的热潮。不但现有的单体厂纷纷提出扩产计划，一些有机硅下游产品生产企业和相关行业的企业也加入到有机硅单体的建设行列中。从2004年到2010年短短的6年中，中国有机硅单体生产厂从4家发展到15家，产能从25万吨/年增长到170万吨/年。

5. 硅氧烷反倾销

应蓝星新材料、新安化工、吉化公司三家企业的要求，2004年7月16日中华人民共和国商务部发布立案公告，决定对原产于日本、美国、英国和德国的进口初级形态二甲基环体硅氧烷进行反倾销调查。经过调查，商务部最终裁定，原产于日本、美国、英国和德国的进口初级形态二甲基环体硅氧烷存在倾销，中国大陆初级形态二甲基环体硅氧烷产业遭受了实质损害，而且倾销与实质损害之间存在因果关系。根据《中华人民共和国反倾销条例》的有关规定，国务院关税税则委员会决定，自2006年1月16日起，对原产于日本、美国、英国和德国的进口初级形态二甲基环体硅氧烷征收13%～22%不等的反倾销税，实施期限自2006年1月16日起5年。

2008年5月28日商务部发布公告，决定对原产于韩国和泰国的进口初级形态二甲基环体硅氧烷进行反倾销调查，2009年5月27日，商务部终裁决定，自2009年5月28日起，对原产于韩国和泰国的进口初级形态二甲基环体硅氧烷征收反倾销税，实施期限自2009年5月28日起5年。

6. 2008年金融危机对有机硅行业的影响

2008年9月，源于美国次贷危机、以雷曼兄弟破产为标志的国际经济危机全面爆发，世界金融体系和实体经济都遭到了重大冲击，有机硅也不可避免地受到影响。随着纺织、建筑、交通运输、电子电器等行业不少企业经营困难甚至倒闭，有机硅单体及后加工企业在年底都感受到了紧缩压力，一度大面积停产或减产，价格大幅下滑，销售量急剧萎缩。但这种状况仅仅持续不到一个季度，从2009年3月起，有机硅市场就有了明显的好转，中国有机硅行业迅速走出了经济危机的阴影，重新步入快速发展的通道。有机硅是我国少数几个快速摆脱这场金融危机影响的行业之一。

7. 中国成为全球最大有机硅生产和消费国

2000年以后，世界有机硅单体生产逐步向中国转移，道康宁与瓦克合资、迈图与新安化工合资在中国建厂、罗地亚将有机硅业务卖给蓝星集团，全球五大有机硅单体生产商中的四家有了中国制造。与此同时，中国本土的有机硅单体产能也在快速膨胀，2010年中国有机硅单体产能达到170万吨/年，占全球总产能的39.5%，成为世界有机硅单体生产规模最大的国家。

由于电子电器、服装及工艺品等产品的大量出口和国内建筑、纺织、汽车、日化等行业对有机硅材料需求的迅速增长，推动和促进了我国有机硅材料的发展。2010年中国有机硅单体消费量达到115万吨，占全球总消费量的35.8%，超过美国成为全球有机硅的最大消费国。

8. 石油危机与有机硅产业的机遇

有机硅不以石油为原料，是所有有机材料中对石油依存度最低的材料。随着石油产品价格上涨，合成橡胶的价格一路攀升，而有机硅材料不但价格越来越低，性能也越来越好，目前大部分合成橡胶的价格已经远高于硅橡胶。因此，有机硅材料已在不少领域逐步取代合成橡胶。

9. 有机硅与循环经济

有机硅对循环经济的贡献最值得一提的是对生产草甘膦的副产物一氯甲烷的利用。在用于有机硅生产以前，多数农药企业是将一氯甲烷直接放空，既浪费资源，又污染环境。自从新安化工率先将草甘膦副产的一氯甲烷用于有机硅单体生产以来，草甘膦副产的一氯甲烷立即变废为宝，身价倍增，几乎全部用于有机硅单体的生产，不但解决了环保问题，还为草甘膦企业创造了可观的经济效益。2010年全国甘氨酸路线生产草甘膦产能约70万吨/年，副产一氯甲烷约70万吨/年。这些一氯甲烷可生产80万吨/年有机硅单体。

有机硅对循环经济的另一重大贡献是与多晶硅行业的联动。多年来，如何解决副产的大量四氯化硅一直是多晶硅行业十分头疼的难题，国内曾多次出现非法处置四氯化硅造成严重的环境污染事件。广州吉必盛科技实业有限公司通过引进前苏联气相法白炭黑中试生产技术，经过消化吸收和自主创新，将四氯化硅及有机硅单体产生的部分副产物用来生产气相法白炭黑，先后建成了500吨/年和1000吨/年气相法白炭黑生产线。在吉必盛公司的示范和带动下，全国多晶硅及相关企业纷纷效仿，建成了几十套白炭黑生产线，为多晶硅和有机硅行业循环经济和可持续发展做出了贡献。

10. 有机硅生产技术水平大幅度提高

我国有机硅工业因军工之需始于20世纪50年代初，20世纪80年代开始在国民经济各领域推广应用。几十年来，通过自主研发、自主创新、自我发展，打破了国外的技术封锁和垄断，2000年后步入了快速发展阶段，整体技术水平有了很大提升，与国外的技术差距正在逐步缩小。甲基单体有了单机10万吨级生产装置，热硫化硅橡胶生胶和室温硫化硅橡胶建成万吨级生产装置，建筑密封胶全面替代进口，硅油、硅烷偶联剂及气相法白炭黑等也都有了规模化生产装置。特别是在有机硅单体合成中，二甲基二氯硅烷选择性等主要技术指标进步很大，部分企业达到世界先进水平，整体盈利能力和竞争能力大幅度提高。在我国有机硅产业发展和技术进步过程中，晨光化工研究院的流化床反应器及单体合成技术、三元铜粉催化剂及下游产品技术，中国华陆工程公司的工程化技术和工程设计，吉化公司、蓝星星火、新安化工等重点骨干企业的技术和人员扩散，发挥了十分重要的作用。

11. 大型龙头企业成为行业中坚力量

经过近10年的快速发展，无论单体还是下游产品的生产企业，凭借各自的优势，在扩大产业规模和上下游产业链一体化上下功夫做大做强，出现了一批规模较大，上下游配套较好，具有竞争优势的企业。单体和下游产品一体化的综合性企业有蓝星星火、浙江新安、浙江合盛、浙江恒业成、江苏宏达；热硫化硅橡胶有南京东爵、江苏环太、中山聚合等；室温硫化硅橡胶有广州白云、杭州之江、浙江凌志、成都硅宝、广州新展等；硅油及其二次加工品有广州天赐、广东德美、浙江传化、江苏联胜、宁波润禾、江山富士特等；硅烷偶联剂和交联剂有武大有机硅、湖北新蓝天、江汉精细等；气相法白炭黑有广州吉必盛等。这些都是我国有机硅行业各专业的龙头企业，肩负着带动中国有机硅工业又好又快发展，并跻身国际一流有机硅公司的重任。

12. 基础教育和人才培养

为解决有机硅行业快速发展带来的技术人才短缺的矛盾，山东大学、武汉大学、杭州师范大学等高校开设了有机硅课程，进行有机硅基础教育，招收有机硅方向的硕士和博士研究生，为有机硅行业培养高级研发及技术人才，成为我国有机硅行业重要的人才培养基地，为中国有机硅工业的发展做出了重要贡献。

2001年经国家教育部批准，在武汉大学成立了"有机硅化合物及材料教育部工程研究中心"；2004年经行业协会批准成立了"中国氟硅有机材料工业协会技术培训中心"；2005年经国家教育部批准，在杭州师范大学成立了"有机硅化学及材料技术教育部重点实验室"，经浙江省科技厅批准成立了"浙江省有机硅材料技术重点实验室"，2007经国家新材料行业生产力促进中心同意成立了"国家新材料行业生产力促进中心有机氟硅材料分中心"；2008年经国家教育部批准，在山东大学成立了以有机硅为主要研究方向的"教育部特种功能聚集体材料国防科技重点实验室"；2010年经湖北省科技厅批准在湖北武大有机硅新材料股份有限公司成立了"湖北省有机硅及其改性材料工程技术研究中心"。

13. 有机硅在发展战略性新兴产业中的特殊地位和巨大作用

在国务院决定加快培育和发展的战略性新兴产业中，有机硅不但是七大战略性新兴产业之一新材料的重要组成部分，而且是其他六大战略性新兴产业不可或缺的配套材料，在发展战略性新兴产业中具有举足轻重的作用。

随着人们对有机硅优异而独特性能认识的不断加深，有机硅新产品不断涌现，新的用途不断被开发出来，有机硅材料的应用领域越来越广泛。特别是在新能源、个人护理用品、橡塑加工、轨道交通以及替代石油产品等方面，有机硅的应用得到快速发展,具有广阔的前景。

四、2010 年状况

经过 50 多年的发展,我国有机硅工业取得了令人瞩目的成就,已形成生产企业众多、产品种类齐全、产业关联度高、发展潜力和市场前景巨大的高新技术产业。

1. 有机硅单体

在市场经济环境下,一些甲基单体生产企业因技术落后或产业结构调整而退出了生产,20 世纪 80 年代鼎盛时期的 16 家甲基单体生产企业只剩下蓝星星火和浙江新安两家。与此同时,不少新的企业投资建设有机硅单体。2010 年我国甲基单体生产企业又达到 15 家,总产能 170 万吨/年(是 1999 年的 30 倍),单套设备生产能力达到 10 万吨/年,基本实现了规模化生产。2010 年我国甲基单体总产量 85 万吨,表观消费量约 115 万吨,国产份额达到 74%,主要经济技术指标达到或接近欧美发达国家水平。苯基单体、乙烯基单体等实现了规模化生产,基本满足市场需求。

2. 热硫化硅橡胶

2010 年我国热硫化硅橡胶生胶生产单位约 30 余家,混炼硅橡胶及其制品由于品种多样、灵活多变、生产分散,生产单位约有数百家。热硫化硅橡胶生产能力约 35 万吨/年,产销量 25 万吨,产能在 2000 吨/年以上的企业约 20 家,超过万吨的企业至少有 5 家,其产能约占全国总产能的 70%,这些企业主要集中在浙江、江苏、广东、上海等地。

3. 液体硅橡胶

近 10 年来,随着我国建筑、电子电器、汽车、玩具和工艺品等行业的快速发展,对室温硫化硅橡胶的需求量迅速扩大,尤其是工业和民用建筑的超常规发展推动了室温硫化硅橡胶的迅速发展。我国建筑业使用有机硅结构胶和密封胶已占主导地位,国产品不但占据了大部分中国市场,而且出口量逐年增大。2010 年我国聚硅氧烷密封胶生产企业在 200 家以上,获得结构胶认定的企业有 51 家,主流品牌和企业约占 80% 的市场份额。目前产能超过 5000 吨/年的密封胶企业有 30 多家,超过万吨的企业约 15 家,主要集中在江浙、广东沿海一带。2010 年我国有机硅建筑密封胶总产能约 45 万吨/年,产量约 38 万吨;加上电子、汽车及模具硅橡胶,室温硫化硅橡胶总产量约 43 万吨。

4. 硅油

硅油类产品形态多样,品种繁多,用途广泛。国内硅油生产企业虽然较多,但规模小、产量不大,大多为通用型产品,多数高品质硅油主要依赖进口。我国硅油与世界发展水平差距较大,所占市场份额不大,主要用途是硅橡胶加工、轻工、纺织及化妆品。2010 年我国各种硅油的合计产能约 14 万吨/年,产量约 8 万吨。

5. 硅树脂

与硅橡胶和硅油相比，我国硅树脂产量较小，只占有机硅总产量的 3%左右，生产技术和应用技术都比较落后，主要生产低端的甲基硅树脂和甲基苯基硅树脂，性能好的高档硅树脂几乎都需从国外进口。目前我国硅树脂生产厂仅二十余家，且多为小型企业，总产能约 2 万吨/年，2010 年产量约 1.3 万吨，消费量约 1.6 万吨。

6. 硅烷偶联剂

最近 10 年我国硅烷偶联剂发展迅速，品种不断丰富，品质不断提高，产量快速增长，成本大幅下降，技术水平不断提升。特别是直接法合成三烷氧基硅烷技术实现突破，形成了万吨级生产技术，为硅烷偶联剂的生产和可持续发展奠定了基础。由于"十一五"期间中国在太阳能、风能、高铁、汽车、输电、建筑、计算机及家用电子电器产品等领域的高速发展，带动了需要使用硅烷的新型复合材料、树脂、橡胶、涂料及金属表面处理等领域的快速增长，拉动了硅烷偶联剂需求的迅猛增长。随着中国硅烷偶联剂质量的不断提高，市场竞争力不断增强，产品不仅在国内占据主导地位，而且全面进入欧美、日韩等市场，成为全球硅烷偶联剂的主要供应来源。2010 年我国硅烷偶联剂和交联剂产能达到 12 万吨/年，占全球总产能的 50%左右。

7. 气相法白炭黑

气相法白炭黑生产企业从 2005 年的 3 家发展到 20 余家，生产能力从 2500 吨/年扩大到 5.86 万吨/年，产量从每年 2000 多吨增长到超过 4 万吨，消费量从 1.1 万吨/年增长到 3.7 万吨/年，产品从全面进口发展为进口量逐年下降，出口量快速增长。

第二节 主要产品

一、有机硅单体

有机氯硅烷（通式为 R_nSiX_{4-n}，其中 R=Me、Ph、Et、Vi、Pr 等；X=F、Cl、Br、I；$n=1\sim3$）是制备有机硅聚合物和其他功能性硅烷的基本原料。在实用中，甲基氯硅烷的用量占 90%以上，尤以二甲基二氯硅烷的用量最大。

1. 甲基氯硅烷

甲基氯硅烷是有机硅产业的基础和支柱。它是由氯甲烷与硅粉在催化剂存在下在流化床反应器中直接合成，经分离提纯可得到二甲基二氯硅烷、甲基三氯硅烷、三甲基一氯硅烷、甲基二氯硅烷等单体，用于制备各种有机硅产品。其中二甲基二氯硅烷经水解、裂解得到二甲基硅氧烷环体（DMC），它是生产硅油、硅橡胶的主要原料。

2. 苯基氯硅烷

苯基氯硅烷是仅次于甲基氯硅烷的重要有机硅单体，主要有苯基三氯硅烷、二苯基二氯硅烷、甲基苯基二氯硅烷三个品种。它们主要分别用于生产硅树脂、硅油和硅橡胶。在硅油、硅橡胶分子中引入苯基硅氧烷链节，可明显提高硅油、硅橡胶的耐高低温性能和耐辐照性能；在硅树脂中引入苯基，不仅可增加硅树脂的韧性，还可提高耐高温性能及与基材的黏结性。

苯基氯硅烷的合成方法主要有直接法、热缩法和格氏法。1953年我国研发出格氏法；1956年开发出卧式搅拌床直接法技术；1964年开发出立式搅拌床直接法技术；1976开始研究流化床直接法合成技术，并建成了ϕ400毫米流化床生产苯基氯硅烷的装置。进入21世纪，通过自主开发和引进俄罗斯技术，我国建成了5000吨/年采用热缩法规模化生产苯基氯硅烷单体装置。

直接法苯基单体生产过程中易产生多氯联苯，对人体和环境造成危害，限制了其生产规模的扩大。目前苯基单体的规模化生产以热缩法为主，2010年我国苯基单体总产能达到9000吨/年，其中热缩法约6000吨/年。

3. 乙烯基氯硅烷

乙烯基氯硅烷是生产热硫化硅橡胶、加成型液体硅橡胶、硅烷偶联剂和硅油等不可或缺的有机硅单体，主要有乙烯基三氯硅烷、甲基乙烯基二氯硅烷、乙烯基二甲基氯硅烷三个品种。

乙烯基氯硅烷的生产方法主要有热缩法和加成法，由于热缩法原料消耗高、污染大，已逐渐被加成法取代。2010年我国乙烯基氯硅烷的总产能达到11000吨/年，其中乙烯基三氯硅烷约10000吨/年。

二、硅油及二次加工品

1. 硅油

硅油通常指在室温下保持液态的线状结构的聚硅氧烷，是一类品种系列多、应用非常广泛的有机硅产品。

硅油通常分为通用硅油和改性硅油两大类。通用硅油主要包括二甲基硅油、甲基苯基硅油及甲基含氢硅油等。改性硅油指硅油分子中部分甲基被苯基、氢以外的有机基取代，如氨基改性硅油、聚醚改性硅油、长链烷基硅油等。广泛应用在个人护理品、医疗及食品、电工电器、机械加工、纺织、化工、建筑等许多领域。

2. 硅油二次加工品

硅油二次加工品是以硅油为主剂，加入增稠剂、表面活性剂、溶剂、填料及各种改进剂，经过特定的工艺条件配制的复合物、乳液、溶液等制品，硅油二次加工产品主要包括硅脂、硅膏、消泡剂、脱模剂、纤维处理剂、防粘剂、聚合物添加剂等。

（1）硅脂、硅膏

硅脂与硅膏并没有严格的区别，是硅油与填充剂的机械混合脂状物，根据其用途选用不同的基础硅油和填充剂配制而成。分为耐热、耐寒润滑脂，绝缘、导热、脱模硅脂，真空、减震硅脂等。

（2）消泡剂

有机硅消泡剂按其物理形态可分为纯硅油、硅油溶液、硅油混合物（硅膏）和硅油乳液等种类。因有机硅消泡剂具有的独特性能，已广泛用于石油、化工、电镀、印染、造纸、制糖、发酵、医药、医疗、食品、废水处理等领域。

（3）脱模剂

有机硅脱模剂按物理形状可分为油型、溶液型、软膏型、乳液型和烘烤型；按其中物质类别又分为硅油型、树脂型和橡胶型。用于橡胶、塑料、食品等生产过程中防止成型品与模具材料黏着，保证产品外观质量，提高生产效率。

（4）织物整理剂

20世纪60年代最先开发出有机硅拒水整理剂，随后开发出柔软剂、平滑剂、增深剂，其基础硅油又含氢硅油、羟基硅油、氨基硅油、聚醚型亲水性硅油、氨基聚醚多功能改性硅油，嵌段型聚醚硅油等。

三、硅橡胶

1. 热硫化硅橡胶

这是一类高摩尔质量（一般为 $40\times10^4 \sim 80\times10^4$ 克/摩尔）的线型聚二有机基硅氧烷。未经硫化（交联）的基础聚硅氧烷称为硅橡胶生胶，加入补强填料及其他添加剂，采用过氧化物硫化或加成反应交联，经加压成型或注射成型，并在高温下硫化成网状结构的弹性体即为硫化胶，在航天航空、电子电气、家用电器、太阳能、机械、高速铁路、汽车、仪器仪表、食品、医药卫生等领域有广泛的应用。

（1）硅橡胶生胶

主要的硅橡胶生胶有二甲基硅橡胶生胶、甲基乙烯基硅橡胶生胶、甲基苯基乙烯基硅橡胶生胶与甲基三氟丙基硅橡胶生胶4类。目前国内生胶的聚合采用间歇法和连续法两种生产方式，一般以八甲基环四硅氧烷（D_4）、二甲基硅氧烷混合环体（DMC）、甲基乙烯基混合环体（VMC）和端乙烯基低黏度硅油等为原料，以 Me_4NOH 为催化剂，经脱水、开环聚合、破坏催化剂、真空脱除低分子物等工艺步骤，即得硅橡胶生胶。

① 二甲基硅橡胶生胶（MQ） 这是最早使用的硅橡胶生胶。二甲基硅橡胶生胶呈半固态，相对密度为0.98，折射率为1.4035。由于硅原子上连接的全为惰性的甲基，故硫化活性低，硫化胶机械强度差，高温压缩永久变形大，耐热性也较差，

现已很少使用,基本上被甲基乙烯基硅橡胶生胶所取代。

② 甲基乙烯基硅橡胶生胶（VMQ） 其相对密度、折射率及摩尔质量等接近二甲基硅橡胶生胶。但少量的乙烯基却极大地提高了硫化活性,改善了硫化胶的耐热老化、机械强度及压缩永久变形性能,已成为用量最大和最具代表性的一类硅橡胶生胶。

③ 甲基苯基乙烯基硅橡胶生胶（苯基硅橡胶生胶,PVMQ） 生胶中引入苯基,可以改善硫化胶的机械强度、耐辐照性、耐热性及阻燃性。

④ 甲基三氟丙基硅橡胶生胶（氟硅橡胶生胶,FVMQ） 氟硅橡胶生胶中引入了强极性的 $Me(CF_3CH_2CH_2)SiO$ 链节,可有效提高硫化胶的耐油和耐溶剂性能,且耐寒性及压缩永久变形优于普通氟橡胶。

（2）混炼硅橡胶及制品

在生胶中加入白炭黑,部分品种加入功能性填料和助剂在捏合机中混合,经开炼、停放、过滤,得到成品硅橡胶混炼胶,再根据应用需要加工成板、片、带、条、圈等不同形状、不同颜色的硅橡胶预制件,经硫化后形成硅橡胶制品；也可采用连续挤出和硫化的工艺生产。

用不同的生胶、不同的工艺配方、不同的硫化方法可加工成通用型、耐高温、耐低温、高强度、高抗撕、导热、导电、阻燃等不同类型的硅橡胶制品。

2. 室温硫化硅橡胶

室温硫化硅橡胶以分子量相对较低的线型有机硅聚合物为基胶,与交联剂、填料及其他添加剂配制而成,无需使用复杂的混炼及成型加工设备,在室温或稍许加热下通过与湿气接触或与交联剂混匀,即可硫化成弹性体。

室温硫化硅橡胶的应用领域非常广泛,一般分为建筑密封胶和其他工业用室温硫化硅橡胶两大类。

（1）建筑密封胶

① 玻璃幕墙用聚硅氧烷结构胶 主要应用于幕墙玻璃单元件的制作,起结构支撑作用,对聚硅氧烷结构胶的黏结性、强度、耐老化等性能要求非常高。

② 聚硅氧烷耐候胶 主要应用于玻璃幕墙、石材幕墙、铝塑板等单元件之间接缝的密封黏结,要求密封胶具有好的弹性、耐老化等性能,使之能满足板块之间的伸缩需要。

③ 中空玻璃密封胶 随着对节能要求的提高,现在纷纷采用双层或多层玻璃制造成中空玻璃来满足节能、隔音的需要。在制作中空玻璃时,需采用聚硅氧烷密封胶作为二道密封来把两层或多层玻璃复合在一起。

④ 普通聚硅氧烷密封胶 现在越来越多的家庭装修使用非常多的聚硅氧烷密封胶,作为黏结、密封、防水、防霉等作用,包括普通的酸性聚硅氧烷密封胶、中性聚硅氧烷密封胶、防霉聚硅氧烷密封胶等。

(2）工业用室温硫化硅橡胶

① 汽车工业用聚硅氧烷密封胶　聚硅氧烷密封胶主要是在汽车发动机上代替传统垫片的免垫片聚硅氧烷密封胶；在汽车车窗上起填缝密封作用的密封胶；应用于车桥、车架、焊缝处的聚硅氧烷密封胶；专门用于车灯黏结密封的车灯专用密封胶等。

② 电子工业用聚硅氧烷密封胶　在电子工业中，聚硅氧烷密封胶主要用于各种元器件中的黏结、各种线路板及元器件的灌封保护，包括各种不同性能的灌封胶以及阻燃、导热、导电等功能聚硅氧烷密封胶。

③ 光伏组件用聚硅氧烷密封胶　随着光伏、光热发电以及建筑一体化发展，聚硅氧烷密封胶在此领域的应用也越来越多，主要有在光伏组件上起密封作用的边框密封胶；黏结接线盒用的黏结密封胶；保护接线盒用的灌封密封胶；建筑光伏夹层玻璃用封边保护剂以及在安装过程起支撑作用的聚硅氧烷结构密封胶等。

④ 模具硅橡胶　模具硅橡胶包括双组分缩合型室温硫化硅橡胶（缩合型模具胶）和双组分加成型室温硫化硅橡胶（加成型模具胶）两类，主要用于装饰品及工艺品制造、金属铸造、文物复制等领域。

⑤ 液体注射成型硅橡胶　液体注射成型硅橡胶用含乙烯基封端的聚二甲基硅氧烷为基础胶，含氢硅油作交联剂，配合各种补强剂及助剂而成，正在许多领域取代热硫化硅橡胶制成各种各样的高性能硅橡胶制品。

四、硅树脂

硅树脂是具有高度交联结构的热固性聚硅氧烷体系，按其结构可大致分为甲基硅树脂、苯基硅树脂、甲基苯基硅树脂、甲基乙烯基硅树脂等。硅树脂分子侧基主要为甲基，可通过缩合、铂催化加成、过氧化物交联等多种方式固化。

硅树脂广泛用作增硬涂层、耐高温云母黏结剂及电阻涂料、耐高温电绝缘涂料、耐高温涂料、耐高温黏结剂，是当前硅树脂中用量最大、应用最广泛的一个品种。这些涂料与黏结剂主要用于航空航天器、火电厂和钢铁厂的烟囱、高温管道、高温炉、石油裂解装置及高温反应设备等的装饰及防护。

纯甲基硅树脂或长链烷基硅树脂涂料具有非常低的表面张力、极好的防水性能，加上它优越的耐寒性、耐热性、弹性和耐候性，被广泛用于建筑物的防水、防潮涂料。

1. 有机硅模塑料

有机硅模塑料是以有机硅树脂为基体，加入无机填料、固化剂、催化剂和脱模剂等组分，经过机械共混后加热压塑或层压成型制得的。具有优异的耐候性、较高的耐热性、优良的电绝缘性和耐电弧性以及防水、防潮等性能，特别是其机械强度及电绝缘性随温度变化基本保持不变，可用来制作电子接插件、接线端子、灭弧罩、高温工作线圈骨架、转换开关等电气元件以及电热部件的支撑绝缘等。

2. 笼型聚倍半硅氧烷

笼型聚倍半硅氧烷（POSS）是一类分子内核为类似 SiO_2 的由 Si—O—Si 形成的笼型网络，外围被有机基团包围的有机硅化合物的总称。其分子通式为：$(RSiO_{3/2})_n$（$n=8, 10, 12$），R 可为烷基、烃基及其衍生官能基。由于 R 基团可设计空间大、灵活性强，且分子尺寸在 1~3 纳米之间，是典型的纳米结构的化合物，可制备带有各种反应基团的 POSS 材料，适用于共聚、接枝、表面改性等，应用潜能巨大。POSS 改性聚合物已经作为耐高温材料用于航天等领域。

五、硅烷偶联剂和交联剂

硅烷偶联剂和交联剂是一类具有特殊结构的有机硅化合物，其分子中同时含有两种不同化学性质的基团，具有提高有机/无机材料界面的黏结性、可水解基团的反应性和碳官能团在有机材料表面的可固定性等三大功能。其主要用途：一是作为非交联聚合物体系的交联固化剂使其实现常温常压固化；二是材料表面改性，赋予材料防静电、防霉、防臭、抗凝血及生理惰性等功能；三是异种基体间的弹性桥联剂，以改善两种不同化学性能材料之间的黏结性，达到提高制品的机械、电绝缘、抗老化及憎水等综合性能的目的。

硅烷偶联剂和交联剂最重要的两大用途是玻璃纤维的处理和橡胶轮胎加工。此外，在塑料树脂、涂料、胶黏剂、金属表面处理等涉及有机和无机材料结合的地方都有广泛的用途。

1. 硅烷偶联剂

硅烷偶联剂是为改善树脂基复合材料性能（最早为玻璃钢）而研发的一类有机硅化合物，其结构通式为：Q—R—$SiMe_nX_{4-(n+1)}$。其中 R 为亚烷基、亚芳烷基等；Q 为活性基团，如卤基、氨基、苯氨基、环氧基、丙烯酸基、巯基、多硫基、乙烯基等。Q—R—构成了硅烷偶联剂的有机官能团（碳官能团），X 为—Cl、—OMe、—OEt 等可水解、缩合的硅官能团。最常用的硅烷偶联剂包括含硫、氨基、乙烯基、环氧基、甲基丙烯酸基等五大类。

在实际应用领域和商品市场上，硅烷偶联剂还被冠以偶联剂、黏结促进剂、交联剂、耐磨剂、憎水剂、分散剂、去湿剂、表面保护剂、表面活性剂、聚丙烯催化剂给予体、硅酸盐稳定剂、抗微生物剂等多种称谓。硅烷偶联剂在材料处理和化学合成等各个方面的应用越来越广泛，在许多新兴领域的应用尤其值得期待。

2. 交联剂

有机硅交联剂是指能使聚合物生成三维结构的有机硅化合物或低聚物，在有机硅领域通常是指室温硫化硅橡胶的交联固化组分，其结构通式为：Q_nSiX_{4-n}。其中，Q 为甲基、乙烯基、乙基等；X 为甲氧基、乙氧基、丙氧基、乙酰氧基（乙酸基)、丁酮肟基、丙酮基、氨基等。用量最大的是甲基类交联剂。最常用的交联剂品种有甲基三甲氧基硅烷、甲基三乙酰氧基硅烷、甲基三丁酮肟基硅烷,通俗称为脱醇型、脱酸型、脱肟型交联剂。此外,还有脱丙酮型、脱胺型交联剂,以及乙烯基类交联剂、乙基类交联剂、四烷氧基(甲氧基、乙氧基、丙氧基等)类交联剂等。

六、气相法白炭黑

气相法白炭黑学名气相二氧化硅,分子式 SiO_2,是硅的卤化物(主要为四氯化硅和甲基三氯硅烷)在氢氧火焰中高温水解生成的纳米级白色无定形粉末。其原生粒径在 7~40 纳米之间,比表面积一般在 50~400 米^2/克范围内。产品纯度高,二氧化硅含量不小于 99.8%,是一种极其重要的无机纳米粉体材料。由于其具有粒径小、比表面积大、表面活性高和高纯度等特性,在橡胶、塑料、涂料、油漆油墨、胶黏剂、密封剂、化妆品、食品、医药、农业、纸张等领域有着广泛的应用,起到补强、增稠、触变、流变、吸附和消光等作用,是一种在世界范围内真正实现工业化生产和应用的纳米材料。气相法白炭黑一般有亲水型和疏水型两种产品,疏水型产品是利用亲水型产品通过表面化学处理而获得的。

在我国,气相法白炭黑最大的用途是作为硅橡胶的补强剂,占了其总消费量的 60%;涂料工业是气相法白炭黑的第二大消费领域,占总消费量的 10%左右;聚酯行业是气相法白炭黑消费的第三大行业。近年来,气相法白炭黑的应用出现了一些新的领域:在医药行业中,无定形结构的气相法白炭黑因具有良好的生理惰性、吸附性、分散性和增稠性,可作为药物活性成分的载体、乳浊液的稳定剂;在农业中,用气相法白炭黑与微量元素、生长调节剂和矿物肥料混合对种子进行处理,可保护种子免受机械破坏和受潮,提高种子的发芽率和降低肥料的用量,缩短成熟期和提高农作物的产量;用作打印机油墨的分散剂和流量控制剂,可获得清晰的打印效果;在日用品行业中,添加气相法白炭黑的果蔬专用保鲜膜,对 O_2 和 CO_2 的双向调节能力强,保鲜效果好;在酒类生产中可起到澄清啤酒和延长保鲜期的作用;在蔗糖生产中用作消泡剂;在蓄电池工业中用作隔离剂;在催化剂行业用作载体;在光纤、光缆填充材料中,可利用气相法白炭黑起增稠和触变作用。另外,利用气相法白炭黑的高稳定性和绝热性,可以制备性能优异的隔热材料。

气相法白炭黑与有机硅和多晶硅行业有紧密的合作关系,形成资源相互利用的良性循环。有机硅和多晶硅生产过程中产生的副产物直接作为气相法白炭黑的主体原料,而气相法白炭黑生产过程中产生的氯化氢又返回作为有机硅和多晶硅生产的原材料。气相法白炭黑是国家重点鼓励发展的产品,其生产过程能够消化大量的有机硅和多晶硅行业的高危险高污染副产品,实现变废为宝。

附1 大事记

20世纪30年代中期，北京大学曾昭抡教授在实验室开展有机硅化合物的研究。

1951年，因朝鲜战争之需，原重工业部北京化工试验所建立了有机硅研究组，开始有机硅树脂的研制。

1954年，中科院上海有机化学研究所开展用硅铁粉及氯甲烷制备甲基氯硅烷研究，成功地合成了高纯度八甲基环四硅氧烷。

1955年，沈阳化工综合研究所杨大海等以氯化亚铜为催化剂，采用搅拌床直接法合成甲基氯硅烷获得成功。

1957年，沈阳化工研究院建立了全国第一个有机硅车间——硅树脂涂料中试车间，标志着中国有机硅工业的开端。

1958年，国家科委和化工部在沈阳召开了"有机硅与环氧树脂现场推广会"，向国内多家树脂厂、油漆厂、绝缘材料厂推广有机硅生产技术，随后全国建立了40多台ϕ400毫米搅拌床，生产甲基氯硅烷单体，为开展有机硅材料研究和小批量生产奠定了基础。

1958年，曾昭抡调入武汉大学，创立元素有机化学专业和元素有机教研室；同期中国科学院化学所以林一为主任成立有机硅研究室；杜作栋在山东大学创建有机硅研究室；周庆立在南京大学成立有机硅研究室。

1958年，江英彦等制得了分子量达71万的聚二甲基硅氧烷，得到我国第一块硫化胶，强度6.5兆帕，伸长率300%。

1958年9月12日，毛泽东主席视察武汉大学化工厂。

1958年，由杨冬麟、杨大海编著的《有机硅高聚物的特性及其应用》一书由化学工业出版社出版。这是我国出版的第一本有机硅专著。

1960年，北京化工研究院建成我国第一套热硫化硅橡胶装置。

1963年，上海诚信化工厂并入上海树脂厂。上海树脂厂先后开发成功101二甲基热硫化硅橡胶、110甲基乙烯基热硫化硅橡胶和120二甲基二苯基乙烯基热硫化硅橡胶等多种产品，并实现了工业化生产。

1964年，沈阳化工研究院开发成功SD及SDL系列双组分RTV硅橡胶，并列入部颁标准（HG 2-1494—83）。

1965年，上海橡胶制品研究所研制成功二甲基硅橡胶胶条和导电硅橡胶。

1965年，上海橡胶制品研究所与上海医疗器械研究所、第二军医大学共同研制的人造心脏瓣膜硅橡胶球，经第二军医大学附属长海医院首次应用临床二尖瓣更换术获得成功。

1966年，北京化工研究院开始了流化床直接法合成甲基氯硅烷的研究，1968年与上海树脂厂合作，在上海建成 $\phi 400$ 毫米流化床合成甲基氯硅烷实验装置。该项目于 1971 年在晨光化工研究院通过部级鉴定，随后晨光二厂和上海树脂厂分别建立 $\phi 600$ 毫米和 $\phi 700$ 毫米流化床装置。

1966 年，沈阳化工研究院和北京化工研究院从事有机硅研究的人员整体搬迁到四川自贡市富顺县，组建化工部晨光化工研究院，搬迁工作于 1970 年完成。

1968 年，南京大学成立抗大化工厂，开始中试规模生产硅烷偶联剂南大-42 和单组分室温硫化硅橡胶等产品。

20 世纪 60 年代，中科院化学所进行硅烷偶联剂合成研究，先后在实验室制备了 KH550、KH560、KH570、KH580、KH590 等硅烷偶联剂系列品种，并推广到相关生产厂家。

1971 年，晨光化工研究院建成 5 吨/年单组分室温硫化硅橡胶中试装置，生产脱醋酸型单组分室温硫化硅橡胶（GD-405、GD-406）、脱酮肟型单组分室温硫化硅橡胶（GD-401、GD-402）及脱醇型单组分室温硫化硅橡胶（GD-414）。

1978 年，化工部星火化工厂投建 540 吨/年有机硅单体及氯甲烷、氯化亚铜等试验装置，1984 年建成 1000 吨/年有机硅单体生产装置。

1979 年，化工部向晨光化工研究院、星火化工厂等单位下达"六五"重点攻关项目，开展新型催化体系与直接法合成甲基氯硅烷新工艺路线研究，为建设万吨级甲基氯硅烷单体生产装置提供可靠的设计和建设数据。历时 6 年，于 1985 年完成，通过部级鉴定，获化工部科技进步二等奖。

1980 年，在山东大学举办了第一届全国有机硅学术交流会，截止到 2010 年共举办了十五届全国有机硅学术交流会，共收到论文 800 余篇，大会报告近 500 篇，注册参会人数达 3500 多人次。

1980 年，晨光化工研究院、上海树脂厂、山东大学、吉化公司研究院等多家研究院所相继开发出甲基羟基硅油乳液、阳离子型/阴离子型二甲基羟基硅油乳液和非离子型有机硅羟基乳液等有机硅织物整理剂，在我国纺织行业得到大规模应用。

1982 年，为承担联合国开发署（UNDP）援助中国的有机硅应用项目，化工部决定组建有机硅应用研究中心。1987 年 7 月，原晨光化工研究院从事有机硅研究人员主体搬迁成都，"化学工业部成都有机硅应用研究技术服务中心"正式挂牌成立。

1984 年，国家批准在化工部星火化工厂建万吨级有机硅单体工业性试验装置，并被列为国家"六五"科技攻关项目。该项目 1987 年 5 月破土动工，1991 年底建成。

1984 年，中科院化学所合成聚硅氮烷（KH-CL）交联剂，制备出耐 350℃的室温硫化硅橡胶，这是室温硫化硅橡胶耐高温性能的一个突破。

1984 年，晨光化工研究院开发成功直接法流化床合成苯基氯硅烷生产技术及其催化体系，该技术转让到蚌埠有机硅化工厂及晨光二分厂，分别建成百吨级苯基氯硅烷生产装置。

1985 年，浙江开化硅厂开始建 700 吨/年甲基氯硅烷单体装置。1996 年开化硅厂重组成立开化合成材料总厂，1997 年通过技改形成 2000 吨/年甲基氯硅烷单体生产能力，1998 年 1 月开化合成材料总厂加盟新安化工集团，成立开化合成材料有限公司。该公司是我国早期从事有机硅单体生产的十几家企业中目前仍坚持生产的两家企业之一。

1985 年，晨光化工研究院"有机硅凝胶的研制、生产和推广应用"项目获国家科技进步三等奖。

1986 年，晨光化工研究院承担国家"七五"有机硅建筑密封胶项目，1991 年完成部级鉴定，1992 年转让给广州白云粘胶厂和江苏华晨有限公司，广州白云粘胶厂（现广州市白云化工实业有限公司）成为中国第一家聚硅氧烷密封胶生产厂。

1986 年，经化学工业部批准，成立了中国有机硅行业联合会。1988 年 1 月该联合会与中国有机氟行业联合会合并成立中国氟硅有机材料工业协会。

1987 年，由中国有机硅行业联合会主办、晨光化工研究院编辑出版的《有机硅材料及应用》（双月刊）创刊，2000 年更名为《有机硅材料》（CN51-1594/TQ），由中国氟硅有机材料工业协会、中蓝晨光化工研究院和国家有机硅工程技术中心共同主办，这是中国唯一的国内外公开发行的有机硅专业学术期刊。

1987 年，晨光化工研究院"CGE 亲水型有机硅织物整理剂"项目获国家科技进步三等奖。

1987 年，中科院化学所谢择民、王金亭率先研制成功我国自己的空间级硅橡胶，解决国家急需。

1989 年，晨光化工研究院"716 耐烧蚀单组分室温硫化硅橡胶腻子"项目获国家发明三等奖。

20 世纪 80 年代，武汉大学化工厂作为国内首家硅烷偶联剂专业厂将商品名为 WD-60（环氧基）、WD-30（氯丙基）、WD-40（多硫基）、WD-50（氨丙基）等的硅烷偶联剂投入市场。

20 世纪 80 年代，武汉大学、哈尔滨化工研究所、星火化工厂等开始试制甲基三甲氧基硅烷交联剂，1990 年初武汉大学化工厂开始生产甲基三甲氧基硅烷、甲基三乙酰氧基硅烷、甲基三丁酮肟基硅烷，嘉美化工也生产甲基三乙酰氧基硅烷自用。此后，湖北环宇、仙桃蓝天等企业先后开始大规模生产硅烷交联剂。

20 世纪 80 年代，中科院化学所和国防科技大学分别开展了氮化硅和碳化硅陶瓷前驱体的合成和裂解研究，为制备耐高温陶瓷基复合材料打下基础。

1991年，科技部批准在晨光化工研究院建设"国家有机硅工程技术研究中心"，1995年正式挂牌。

1992年，晨光化工研究院发明了连续法生产热硫化硅橡胶生胶新技术，由于工艺技术先进，迅速获得推广。近20年来，国内使用该技术的生产线有50多条，从最初的单套产能500吨/年发展到目前的1万吨/年，国内热硫化硅橡胶生胶生产90%采用该工艺技术，为我国热硫化硅橡胶的产业化做出了重要贡献。

1992年，晨光化工研究院"GD-420、GD-424单组分室温硫化硅橡胶"项目获国家发明三等奖。

1993年9月16日，全国政协副主席钱伟长视察星火化工厂并题词："发展高新技术产业，建设化工新材料基地"。

1995年，沈阳化工厂引进乌克兰卡路什公司技术，建造了国内第一套以四氯化硅为原料的250吨/年气相法白炭黑生产装置，填补了国内空白。

1996年，中国蓝星化学清洗总公司总经理任建新以化工部工作组组长的身份进驻星火化工厂，对星火厂万吨级有机硅单体装置进行改造。1997年5月9日实现一次性开车成功，当年甲基氯硅烷产量超过5000吨。1998年产量突破1万吨，达到设计能力。

1997年，我国第一个聚硅氧烷结构密封胶强制性国家标准GB 16776—1977《建筑用硅酮结构密封胶》出台，对我国建筑密封胶的推广应用起到重要作用。

1997年，中蓝晨光化工研究院300吨/年热硫化硅橡胶生胶成套技术转让给韩国一友有机硅有限公司。2011年该项技术转让给波兰有机硅化工厂。这是中国对外输出的第一个有机硅生产技术。

1997年，上海橡胶制品研究所"长效避孕埋植剂"项目获国家科技进步三等奖。

1998年，国家经贸委牵头成立聚硅氧烷结构密封胶工作领导小组办公室，对建筑聚硅氧烷结构密封胶进行生产及销售认定，首批认定通过了广州白云、杭州之江和郑州中原三家企业，规范了市场行为。

1999年，新安化工厂在浙江建德建1万吨/年有机硅单体生产装置，2001年4月建成投产。

20世纪90年代，武汉大学和晨光化工研究院分别自主开发硅/醇直接法反应合成三甲氧基硅烷，武汉大学实现了产业化生产，于2000年以后逐步建成千吨级和万吨级生产装置。

2000年1月，全国人大常委会副委员长邹家华视察广州市白云化工实业有限公司并题词"厂小志气大，人少素质高，创新无止境，为国争荣光"。

2000年，中蓝晨光化工研究院"热硫化硅橡胶生胶生产技术"项目获国家科技进步二等奖。

2000年，上海橡胶制品研究所长效避孕埋植剂中薄壁硅橡胶胶管实现了产业化生产，并出口印度尼西亚 DBA 制药集团。

2000年，2000年以来中蓝晨光化工研究院开发出合成有机硅单体的新型"流化床反应器"和"有机硅单体合成用铜催化剂及其制备方法"等专利技术，这些技术及三元铜粉催化剂先后在浙江新安、江西星火、山东东岳、四川硅峰等单位得到应用，为我国甲基氯硅烷单体产业的发展做出了重大贡献。

2001年，浙江新安化工集团股份有限公司在上海证券交易所上市。

2001年，武汉大学和湖北武大有机硅新材料股份有限公司经教育部批准成立"有机硅化合物及材料教育部工程研究中心"，2010年经湖北省科技厅批准成立"湖北省有机硅及其改性材料工程技术研究中心"。

2001年，江西星火有机硅厂建成国内第一套 5 万吨/年有机硅单体生产装置，使该厂有机硅单体产能达到 7 万吨/年。

2001年，广州吉必时科技实业有限公司在江西星火工业园建设的 500 吨/年气相法白炭黑生产线正式点火，采用甲基三氯硅烷为原材料，填补了国内空白。

2002年6月2日，全国人大常委会副委员长邹家华视察广州吉必时科技实业有限公司江西星火试验厂并题词"创新先进技术，发展民族工业"。

2002年6月2日，全国人大常委会副委员长邹家华视察江西星火有机硅厂并题词"大力发展有机硅民族工业"。

2002年，新安化工"草甘膦副产氯甲烷用于甲基氯硅烷合成新工艺"获得国家科技进步二等奖。

2002年，广州市白云化工实业有限公司设计开发出国内第一条聚硅氧烷密封胶连续化自动生产线，实现了国内密封胶生产方式质的飞跃。

2003年，新安化工集团在建德新建 2.5 万吨/年有机硅单体生产装置，于 2004 年 6 月达产，使该公司有机硅单体产能达到 6 万吨/年。

2003年，蓝星新材料（星火有机硅厂）与美国卡博特公司合资建 4800 吨/年气相法白炭黑生产装置，2006年8月竣工投产。

2004年，国家商务部批准对原产于日本、美国、英国和德国的进口初级形态甲基环体硅氧烷进行反倾销调查，并征收相应的反倾销税。

2004年，美国道康宁公司和德国瓦克公司合资在江苏张家港市扬子江国际化工园区建设 19 万吨/年硅氧烷项目，于 2010 年建成投产。

2005年，江西星火有机硅厂"5 万吨/年有机硅甲基单体生产新技术及装备的开发研究"项目获国家科技进步二等奖。

2005年，教育部批准杭州师范大学建立"有机硅化学及材料技术省部共建教育部重点实验室"，2008年通过验收。

2006年9月22日，中共中央政治局常委、全国政协主席贾庆林视察江西星火有机硅厂。

2006年，广州吉必盛科技实业有限公司建成我国第一套1000吨/年气相法白炭黑生产装置。

2006年，广州天赐有机硅科技有限公司建成国内首条采用自动化控制、连续进出物料的2000吨/年液体硅橡胶生产装置。

2006年，广东德美精细化工股份有限公司在深圳证券交易所中小板上市，主营织物整理剂。2010年有机硅乳液产能达3万吨/年。

2006年，江西星火有机硅厂有机硅甲基环体"蓝星牌"、广州市白云化工实业有限公司和杭州之江有机硅化工有限公司的聚硅氧烷密封胶"白云牌"、"金鼠牌"分别获得中国名牌产品称号。

2006年，中国蓝星（集团）总公司收购了法国罗地亚公司有机硅业务，使中国有机硅生产能力和技术水平上了一个新的台阶。

2007年4月7日，中共中央政治局委员俞正声视察江西星火有机硅厂。

2007年，中共中央政治局委员俞正声视察武汉大学有机硅科技产业。

2007年，江西星火有机硅厂建成国内第一套产能10万吨/年的有机硅单体生产装置，使该厂有机硅单体产能达到20万吨/年。

2007年，新安化工与美国迈图高新材料集团签订合资协议，双方按照51:49的股本比例投资成立浙江新安迈图有机硅有限公司，共同建设10万吨/年有机硅单体生产装置，于2011年4月投产。

2008年12月3日，中共中央政治局常委、中央书记处书记、国家副主席习近平视察广东，听取了广州吉必盛科技实业股份有限公司董事长王跃林的工作汇报。

2008年，由成都硅宝科技股份有限公司设计制造的1000升高速搅拌机组出口到道康宁公司欧洲工厂，这是我国高端密封胶专用设备首次走出国门。

2008年，由江西星火有机硅厂起草的八甲基环四硅氧烷（D_4）国家标准获"2008年中国标准创新贡献奖"三等奖；该厂有机硅系列产品获国家名牌称号。

2008年，教育部批准山东大学建设教育部特种功能聚集体材料国防科技重点实验室，从事研发和人才培养。

2009年2月8日，中共中央政治局常委、国务院副总理李克强视察广东，听取了广州吉必盛科技实业有限公司董事长王跃林的工作汇报。

2009年8月，江西星火有机硅厂新建年产20万吨有机硅单体装置，12万吨有机硅下游装置开工建设。

2009年，成都硅宝科技股份有限公司作为国内首批28家企业，在创业板成功上市。

2010年，广州吉必盛科技实业有限公司建成国内首条气相法白炭黑1000吨/年连续在线表面处理生产线。

2010年，中科院化学所研制成功能在400℃使用的室温硫化硅橡胶。

2010年，第三届亚洲硅化学论坛在杭州召开，本次会议注册参会人数250人，收到论文188篇，大会发言47篇，这是中国主办的第一次大型国际有机硅学术交流会。

附2 国际背景

自1863年人类制得第一个有机硅化合物至今，有机硅化学及工业已走过了一个半世纪。

1863年法国化学家弗里德尔（C. Fredel）和克拉夫茨（J. M. Crafts）以$SiCl_4$和$ZnEt_2$为原料，在160℃下的封管中反应，制得了首个有机硅化合物四乙基硅烷（$SiEt_4$）；1872年拉登堡（A. Ladenburg）使用$ZnEt_2$、$Si(OEt)_3Cl$与Na反应，制得带硅官能基的硅烷；两年后他又从$HgPh_2$和$SiCl_4$出发，在封管中制得了$PhSiCl_3$；1884年Pape以正丙基锌和三氯硅烷为原料，通过反应生产三（正丙基）硅烷，再进一步氧化缩合，制得六丙基二硅氧烷；1885年波利斯（Polis）应用钠缩合法（即Wurtz反应）合成了四苯基硅烷；1896年Combes合成了三（二甲氨基苯基）硅醇盐酸盐。一直到1903年，许多化学家为有机硅化学的诞生付出了大量心血，人们习惯上将这一阶段称为有机硅化学的初创期（1863—1903年）。

1904年英国化学家基平（F. S. Kipping）和法国化学家迪尔塞（W. Dilthey）几乎同时通过格利雅（Grignard）反应合成了有机硅化合物，用此法可以合成许多不同硅官能团的有机硅化合物。基平在1889—1944年间对有机硅化学进行了广泛而深入的研究，发表了57篇有机硅化学方面的研究论文，为有机硅化学及工业的发展奠定了良好的基础，因此被后人尊称为有机硅化学的奠基人。迪尔塞在通过格利雅反应制得二苯基二氯硅烷（Ph_2SiCl_2）后将其水解得到二苯基二羟基硅烷[$Ph_2Si(OH)_2$]，再进一步缩合环化制得了第一个环状硅氧烷—六苯基环三硅氧烷。迪尔塞在有机硅聚合物的制备及应用研究方面做了许多开创性的工作，对推动聚硅氧烷的发展起到了重要作用。在1904—1937年这30多年的时间里，人们主要通过格利雅反应合成了许多新型有机硅化合物，掌握了有机氯硅烷水解、缩合环化制备有机环硅氧烷的技术，并以此为原料制得了有机硅聚合物，这一时期称为有机硅化学的成长期（1904—1937年）。

到20世纪30年代末，有机硅聚合物的优异性能越来越引起人们的关注，有机硅应用研究成为热点。这一时期比较有代表性的有美国康宁玻璃公司的海德（J. F. Hyde）、通用电气公司的帕诺德（W.J. Patnode）及罗乔（E.G.Rochow），前苏联的多尔高夫（Б.Н.Долгов）和安德里阿诺夫（К.А.Андрианов），德国的米勒

（R.Müller）等有机硅先辈。他们在深入研究各种有机氯硅烷单体的水解缩合反应的基础上，开展了有机硅聚合物的合成及应用研究，制得了第一个有机硅聚合物工业产品——有机硅树脂，1940年又制得了二甲基硅油。随着对聚硅氧烷的研究及应用工作的开展，对硅烷单体的需求量迅速增加，使用格利雅法合成氯硅烷单体已难满足要求。1941年，罗乔和米勒几乎同时申请了直接法合成有机氯硅烷的发明专利，为有机硅的大规模工业化生产奠定了基础；1942年，美国道化学公司建成了甲基硅油和硅树脂中试装置；1943年，道化学公司与康宁玻璃公司合资成立了道康宁公司；1947年通用电气公司成立有机硅事业部，并以罗乔的发明专利建设了第一套直接法合成甲基氯硅烷的工业装置；20世纪40年代，道康宁和通用电气两家公司相继推出了硅树脂涂料、硅树脂基层压制品、飞机点火密封剂、二甲基硅油、有机硅消泡剂及纸张防黏剂、有机硅织物整理剂、高真空扩散泵油及热硫化硅橡胶等产品；20世纪50年代，欧美及日本等发达国家纷纷建成有机硅生产装置，使得有机氯硅烷生产技术更加成熟，有机硅聚合物新产品不断涌现，推动了有机硅工业的发展和有机硅产品的应用。到1965年，多种有机硅聚合物已形成工业化生产规模，产品也应用到国防军工及民用各领域。有机硅化学在硅基化反应、硅氢化反应、光活性硅化合物及碳官能硅烷等方面的研究取得突破，建立了比较成熟的反应机理；在聚合物方面，围绕硅氧烷平衡反应，确立了一整套至今仍在工业中应用的基本技术；在工业生产及应用技术开发方面，采用新技术和新方法，大大提高了连续化和自动化水平，各种硅油、硅橡胶、硅树脂产品相继问世。因此人们将这一时期称为有机硅的发展期（20世纪30年代末至1965年）。

1965年以来，有机硅开发研究、工业生产及推广应用进入了一个新的发展时期，随着高新技术的发展和现代化生活的需要，有机硅开始了长达数十年的繁荣期。20世纪80年代末，全球聚硅氧烷生产能力约50万吨/年，品种数量4000多个，销售额约35亿美元，主要生产厂包括美国的道康宁、通用电气、联合碳化物，西德的瓦克、拜耳，法国的罗纳，英国的帝国化学，日本的信越、东芝以及前苏联的坦可夫等近20家公司。20世纪90年代以来，随着世界经济格局的变化及各公司产业结构的调整，世界有机硅工业发生了巨大的变化，通过近十年的兼并、重组，国外主要有机硅生产商由近20家锐减为道康宁、瓦克、迈图和信越4家。我国蓝星公司凭借星火有机硅厂和收购法国罗地亚有机硅业务，硅氧烷产能达到20万吨/年，超过信越公司位居世界硅氧烷产能第四位。

有机硅材料的消费与国民经济和人民生活水平密切相关。在发达国家有机硅虽然已经走过了高速发展期，但作为化工新材料仍然有旺盛的生命力；在中国、俄罗斯、印度、巴西等新兴经济体和其他发展中国家，有机硅刚刚进入高速发展期，需求非常旺盛，蕴藏着巨大的市场。

2010年，全球有机硅（以100%硅氧烷计）产能和消费量分别为220万吨和160

万吨，产品市值约 150 亿美元，产品品种多达 8000 多个。

参 考 文 献

[1] 幸松民，王一璐. 有机硅合成工艺及产品应用 [M]. 北京：化学工业出版社，2000.
[2] 幸松民. 我国有机硅工业现状及发展建议. 1990.
[3] 傅积赉. 有机硅高分子材料展望. 2000.
[4] 傅积赉. 中国甲基氯硅烷工业 50 年. 2005.
[5] 张基凯. 上海有机硅早期研发情况回顾. 2005.
[6] 中国氟硅有机材料工业协会. 中国有机硅行业十五发展规划. 2002.
[7] 中国氟硅有机材料工业协会. 中国有机硅行业十一五发展规划. 2005.
[8] 中国氟硅有机材料工业协会. 中国有机硅行业十二五发展规划. 2011.
[9] 中国氟硅有机材料工业协会. 我国有机硅 40 年科研成果汇编 [G]. 1993.
[10] 中国氟硅有机材料工业协会. 全国有机硅生产及市场情况调查报告 [R]. 1992.
[11] 中国氟硅有机材料工业协会. 安徽、江浙地区有机硅生产调查报告 [R]. 1997.
[12] 中国氟硅有机材料工业协会. 广东珠江三角洲地区有机硅现状及发展趋势. 1997.
[13] 中国氟硅有机材料工业协会. 中国有机硅行业调查报告 [R]. 2009.
[14] 中国氟硅有机材料工业协会. 有机硅材料. 1987—2010.

撰稿人：黄澄华（原化工部中国化工新材料总公司总经理，教授级高工）
　　　　杨晓勇（中蓝晨光化工研究设计院有限公司总工程师，教授级高工）
审稿人：季刚（蓝星化工新材料股份有限公司原总经理，教授级高工）
其他参加人：岳润栋　曹先军　周远建　季诚建　方江南　潘敏琪
　　　　　　王跃林　尹超　廖俊　蔡朋发　陈世龙　来国桥
　　　　　　缪明松　张志杰　何永富　王勇武　傅积赉　章基凯
　　　　　　谢择民　郭平　陈建军　张利萍　刘振海　杜燕青
　　　　　　陈其阳　蒋剑雄　李美江　吴利民

第十二章 有机氟工业

氟化工通常是指生产的产品和相关原料、中间体中含有多个或少量氟原子的化工行业。行业涉及的产品范围包括：基础原料，如氢氟酸、金属氟化盐和其他无机氟化物；氟取代的小分子有机化合物，如氟制冷剂、发泡剂、灭火剂等；以含氟表面活性剂、含氟的各类芳香族及脂肪族中间体等为代表的含氟精细化学品；含氟高分子材料如各类氟塑料、氟橡胶、氟涂料和功能性氟聚合物等，还包括同上述产品相关的特殊加工技术及制品。人们简单地归纳为无机氟化工、有机氟化工、精细氟化工等，统称氟化工。

第一节 有机氟工业发展历程

我国氟化工产品体系的形成和发展始于 20 世纪 50 年代中期，从最早的氟制冷剂及其主要基础原料无水氟化氢的研制，经过半个多世纪的发展，已形成品种较多、门类比较齐全的体系，拥有 1000 家以上的企业，产能超过 450 万吨，年销售收入超过 500 亿元的氟化工行业。我国氟化工行业大体经历了四个阶段。

一、初创阶段（1950—1979 年）

初创阶段的主要标志是在氟化盐、氟制冷剂、无水氟化氢和以聚四氟乙烯和氟橡胶为代表的氟聚合物及相关产品的从无到有，从实验室的研究过渡到一定规模的中试生产。

中国氟化工的萌芽是由铝工业带动从无机氟化盐开始。氟化盐生产始于日本帝国主义侵略中国期间，当时建立的满洲轻金属的助剂工厂就生产氟化盐，1938—1944 年共生产氟化盐 4108 吨。日本投降后，工厂遭到破坏。1950 年，在前苏联专家的帮助下恢复建设，1954 年 3 月中华人民共和国第一个氟化盐车间在抚顺铝厂（301 厂）建成投产，设计能力 2130 吨/年，供 301 厂自用。1959 年 4 月为新建郑州铝厂配套建设的大冶有色金属公司氟化盐厂投产。1958 年 8 月，国家指示正在建设中的湖南铝厂（即后来的湘乡铝厂，现在的湖南有色湘乡氟化学有限公司）套用湖北大冶的蓝图增建氟化盐车间；1959 年同样套用湖北大冶的蓝图建设了甘肃白银有色公司氟化盐厂，但两厂均达不到设计产能。在此期间 301 厂氟化盐车间也进行了扩建，产能达 8000 吨/年。

中国最早的有机氟化工产品生产起源于我国综合实力最强的工业基地——上海。最早试制无水氟化氢和氟制冷剂 R11（三氯一氟甲烷）、R12（二氯二氟甲烷）的是 1954 年只有 7 名员工的小厂——北洋机器厂。1955 年建成日产 150 千克氟制冷剂 R12 及其配套装置氟化氢，1957 年改名为公私合营北洋化工厂。

我国有机氟化工另一先驱是位于上海浦东的民营小厂——鸿源化学厂。1955 年建厂期间，高曾熙工程师开始着手试制无水氟化氢和氟制冷剂 R11、R12 和 R22（一氯二氟甲烷）等品种，1956 年投产，为后续氟化工的发展创造了条件。

20 世纪 50 年代用土法生产的氟制冷剂主要品种有 R11、R12、R22 和 R113（三氯三氟乙烷）。以四氯化碳/三氯甲烷经三氟化锑和液氯氟化反应制备 R12/R22，该流程长而且成本高，不适于工业化生产。自转炉连续生产氟化氢工艺成功后，氟制冷剂的合成技术有了根本改进，以无水氟化氢为氟化剂，五氯化锑为催化剂，分别与上述甲烷氯化物反应制备 R12、R11 和 R22。R113 的制备起源于 1958 年北洋化工厂研制聚三氟氯乙烯 PCTFE 配套的原料所需，1960 年建成 25 吨/年 PCTFE、100 吨/年 R113、40 吨/年的三氟氯乙烯（CTFE）装置。氟制冷剂生产路线成为以后国内工业化生产的主流路线。经过不断的生产技术进步，逐步向各地推广发展。化工系统主要生产单位有上海制冷剂厂（原鸿源化学厂）、上海曙光化工厂（原北洋化工厂）、上海电化厂、济南化工厂、化工部晨光化工研究院二分厂和武汉市长江化工厂等。20 世纪 70 年代氟制冷剂 R12 和 R22 单套生产能力分别逐步扩大到 1500 吨/年。

哈龙（Halons）主要用作灭火剂。我国最早是 1958 年由武汉大学在实验室成功研制出的航空灭火剂 Halon-1202（二氟二溴甲烷），1970 年在武汉大学化工厂批量生产。此外浙江省化工研究所于 1960 年也研制成功 Halon-1202。1964 年，浙江省化工研究所和上海鸿源化学厂分别采用 F-22 热溴化反应路线制备 Halon-1211（二氟溴甲烷），1970 年建成年产 30 吨的中试车间。后在辽宁、广东和浙江等地建立 1211 车间。浙江省化工研究所于 1965 年利用上海合成橡胶研究所四氟乙烯分馏塔尾气溴化制造二溴四氟乙烷（Halon-2402），1966 年通过 10 吨/年技术鉴定，1967 年移交上海电化厂生产，年产量为三四吨。20 世纪 60 年代中期，上海鸿源化学厂曾试制 Halon-1301（三氟溴甲烷）。

北洋和鸿源两厂早期为氟制冷剂配套试制的无水氟化氢亦为土法工艺，以底部加热的立式铸铁大锅做反应器，放入浓硫酸，手工慢慢加进萤石粉，反应生成的氟化氢气体由集气罩收集，用水吸收，精馏得到产品。1958 年，上海鸿源化学厂仿德国文献，首次采用外转式转炉生产无水氟化氢，经多年努力解决了密封不好、泄漏严重等问题；之后又借鉴前苏联援建氟化铝生产装置中的氟化氢制备技术，开发和设计了较正规的转炉生产工艺。1963 年，国内生产氟化氢的第一台直径 500 毫米、长 3 米的反应转炉试制成功，上海鸿源化学厂的规模为 100 吨/年，实际年产量约 40 吨。早期制造氟化氢时，因对原料萤石粉的水含量控制不严，浓硫酸纯度只有 98%，没有加入适量的发烟硫酸，因此反应炉结壁严重，影响了转炉的运转和萤石粉的利用率；而且，反应设备都布置在车间厂房内，转炉微正压操作，转炉周边酸气和粉尘较严重，环境很差。此工艺在 20 世纪 60 年代后期到 70 年代前期先后在北京化工厂、上海鸿源化学厂、济南化工厂、武汉市长江化工厂、浙江东阳化工厂、贵州 3414 厂及上海电化厂等相继建成投产，转炉直径扩大至 800 毫米，单套生产能力 300 吨/年。

1957 年，上海鸿源化学厂的高曾熙工程师在条件艰苦的情况下，率先提出 F22 热裂解制取四氟乙烯（TFE）和"塑料王"——聚四氟乙烯（PTFE）。最初试验没有所需要的特殊材料，以石英管作裂解管，裂解后经简单分离，TFE 单体用钢瓶直接聚合试验。为防止单体爆聚，将钢瓶置于沙袋垒成的土墩掩体内进行试验，经过反复试验，当年即制得几克聚合物样品。由于核工业和航天、航空和电子等国防尖端工业迫切需要 PTFE，1958 年化工部部长彭涛和副部长李苏等领导视察了鸿源化学厂，确定在该厂发展 PTFE，1959 年建了 3 吨/年装置。1959 年和 1961 年，国家科委和化工部两次召开氟塑料会议，组织中科院上海有机化学所、北京和浙江的相关院所有关人员，同上海鸿源化学厂一起联合攻关。参考了前苏联的 TFE 装置流程，经试验取得数据后重新设计第二套 3 吨/年中试装置，聚合采用上海有机化学研究所的工艺。因上海鸿源化学厂已无发展空间，全国第一套 30 吨/年 PTFE 装置选址建设在上海市吴泾地区的龙吴路 4411 号上海市合成橡胶研究所内。1964 年采用 50 升不锈钢立式搅拌釜顺利试生产出悬浮法 PTFE 树脂。上海市塑料研究所加工制成圆柱体、垫圈等多种制品，后又试产出分散法 PTFE 树脂，1965 年化工部鉴定后正式生产。这一装置的建成和试产成功，是我国发展氟化工历史上第一个重要的里程碑，结束了中国不能生产 PTFE 树脂的历史。20 世纪 60 年代后期到 70 年代，在上海市合成橡胶研究所的中试装置技术基础上，上海电化厂、山东济南化工厂、武汉市长江化工厂、北京化工厂和辽宁阜新 611 厂分别建成了年产 100 吨 PTFE 生产装置。1977 年合成橡胶研究所首先采用新型金属丝网波纹填料，第二年全面推广应用于 300 吨/年 TFE 单体装置。这一时期生产的 PTFE 只有中粒度悬浮树脂一种规格。

我国氟化工初创期的另一重要突破是氟橡胶的试制成功。1958 年，中国科学院化学研究所胡亚东等研究人员首先合成了氟橡胶-23 的两个单体偏氟乙烯（VDF）和三氟氯乙烯（CTFE），并在玻璃封管中聚合得到了洁白如棉花似的一小团聚合物，这就是我国自己最早研制的氟橡胶-23。后来选点在上海合成橡胶研究所的前身——上海市橡胶工业试验室进行扩大试验。1959 年开始 VDF 合成试验装置的建设，包含乙炔与无水氟化氢反应，合成二氟乙烷（HFC-152a）、经光氯化合成一氯二氟乙烷（HCFC-142b），再热裂解得到 VDF 单体。采用 0.1 升的聚合反应器聚合得到了

2千克氟橡胶-23，这是我国自力更生独立研制的千克级氟橡胶，定名为 1 号氟橡胶。自 1963 年起，聚合釜试验规模逐步由 2 升扩大到 50 升，1965 年通过化工部技术鉴定。

在氟橡胶 23-11 中试车间建设的同时，另外两种氟橡胶，即氟橡胶-26 和氟橡胶-246 的研发也几乎同步进行。1961 年初曾以丁酰氯为原料制备六氟丙烯（HFP）单体，后改用中科院上海有机所黄维桓、黄耀曾等提出的 TFE 热解路线。1964 年合成橡胶所建立了 2 吨/年 HFP 生产装置，并先后试制出氟橡胶-26 和-246，分别命名为 2 号氟橡胶和 3 号氟橡胶。通过近十年的努力，到 20 世纪 80 年代初，上海合成橡胶研究所开发了按门尼黏度高低和生胶加工性能差异划分的近 10 个不同品级，形成了较完整的氟橡胶产品系列，奠定了合成橡胶所有机氟材料技术开发的基础，这也是我国氟化工行业初创期的重要标志之一。

PTFE 树脂和氟橡胶的问世带动了氟材料加工技术的发展，尤其是 PTFE 树脂的加工。1959 年，化工部安排上海化工厂进行 PTFE 的加工研究，1963 年又成立了上海市塑料研究所。这两家单位开创了我国氟塑料加工先河，完成了一大批急需的军工应用任务。最值得记载的成就之一是研制用于军用飞机液压系统的编织钢丝网增强聚四氟乙烯高压软管。经过近 20 年的努力，在塑料所建成了专门的 PTFE 高压软管流水线。

1965 年，化工部选点在四川省自贡富顺县建设以研制和生产各种化工新型材料为主的化工部直属晨光化工研究院，国内 24 家科院所相关人员内迁，晨光院的建成、投入研究和生产使我国在后续较长时间内形成了除上海、浙江等沿海地区外的第二个产品较全面、研发力量较强的氟化工基地。

根据 20 世纪 70 年代铝工业发展的新部署，白银氟化盐厂于 1969 年竣工投产。1971 年湘乡铝厂和白银铝厂都进行了扩建改造，扩建后，湘乡氟化盐产能达到了 3 万吨/年，白银氟化盐产能达到了 2 万吨/年，我国氟化盐的产能已具备了一定规模。

在初创期有了上述技术和物质基础后，带动了后续可熔融加工氟树脂、军工急需的特种氟橡胶以及以氟单体为原料的精细化学品的开发。首先开展研究的是 TFE 和 HFP 共聚的聚全氟丙烯树脂（俗称 F46）。最先是中科院长春应用化学研究所于 1960 年进行实验室探索，1963 年中科院上海有机化学研究所继续完善实验室研究，1965 年由上海市合成橡胶研究所组织中试。在 1972 年到 1983 年间，化工部二局组织开展了多次质量攻关以解决制品开裂等质量问题，并参照国外产品形成了按熔融流动速率和形态不同而分的四个品级，建立了同国外 ASTM 相对应的 F46 产品标准。从 20 世纪 60 年代末至 70 年代，上海市合成橡胶研究所和晨光院一分院分别同时开展了军工配套的羧基亚硝基氟橡胶的试制研究，1975 年两家单位都完成了化工部的技术鉴定。此后由晨光院建立 1 吨/年扩试装置，并负责供货。20 世纪 70 年代初上海市合成橡胶研究所还开发了采用 HFP 低温氧化合成可适用于高速离心机的全氟醚润滑油，后转移到北京某厂生产。同期，中科院上海有机研究所开展了以聚三氟氯乙烯树脂为原料制取氟氯油、以四氟乙烯和乙烯共聚合成氟树脂 40、利用氟气和氟化铵在还原铜粉的催化下合成三氟化氮等的研究。黎明化工研究所（前身之一的化工部上海化工研究院化原一室物 40 专题组）于 1960 年开始了六氟化硫的研制。

在初创阶段，四氟乙烯单体生产过程和聚合后处理过程有少量有害气体泄漏，对操作人员带来一定的危害性。尤其是设备维修和故障处理过程以及偶尔发生的"爆聚"，对有害物质的接触较难避免。1968 年国防科委计划局和化工部二局在上海召开"氟中毒"防治会议，上海市化工局成立化工职业病防治研究所，重点抓防治氟中毒，为稳定队伍、预防和紧急处理氟中毒发挥了很好的作用。

二、自主开发和成长阶段（1980—1989 年）

在初创阶段的实践中，我国氟化工研发方面依靠自己的力量实现了很多零的突破，但同时也暴露了诸多技术上不成熟带来的问题。归纳起来，一方面无水氟化氢、氟制冷剂、PTFE 及单体技术的发展，采用的是实验室试验、小试、中试等逐级放大的路线，没有经历过以过程开发为主导的较全面的工程开发过程。另一方面，随着"文革"十年动乱的结束，国内呈现一派高涨的学习新知识、新技术的良好风气，产生了一种要急于把过去耽误的时间抢回来，追赶国外先进水平的强烈愿望。由于四氟乙烯在发展氟聚合物和一系列其他含氟单体、含氟精细化学品方面的重要性，千吨级聚四氟乙烯及配套装置的工程放大技术的开发是这一时期氟化工发展的重要标志。1978 年，在化工部二局主持下组成了以上海市合成橡胶研究所（1980 年更名为上海市有机氟材料研究所）和化工部第六设计院为主体的联合攻关组，晨光院二厂、华东化工学院、浙江大学等单位参与。1983 年列入国家"六五"攻关项目，建造了新型过热蒸汽发生炉，考核国产材料的耐腐蚀耐高温性能，自主设计了类文丘里原理的混合和反应系统。对试验装置中裂解气的急冷技术进行了系统研究，当时由于缺乏耐高温耐腐蚀的直接式急冷材料，创新地采用了分布间接式急冷，并回收部分热量。在浙江大学和华东化工学院帮助下，测定和计算有关热力学数据，对系统中的共沸和近沸系统进行了试验和条件优化，为设计需要的理论塔板数和塔高提供依据。1984 年第六设计院和上海市有机氟材料研究所联合编制了千吨每年 PTFE 基础设计，其中聚合和后处理基本参照当时有机氟材料研究所的工艺技术。联合攻关中，晨光院二厂承担悬浮法 PTFE 的等温聚合研究和后处理连续过程的研究，有机氟材料研究所承担了分散 PTFE 聚合和后处理的连续化研究，与浙江大学联合开展了卧式釜替代立式釜聚合研究，该研究在国内属首创，不仅在 PTFE 分散聚合中很快普及，在 F46 等其他含氟高分子材料的乳液聚合工艺场合都得到了推广和应用。编制基础设计在我国氟化工行业的发展过程中是破天荒第一次，标志着我国依靠自己的力量开展化工过程开发的能力。第六设计院和有机氟材料研究所合作编制了对有毒高沸有机氟残液的焚烧处理标准设计，成为千吨 PTFE 开发成套技术的配套组成之一，解决了多年来困扰有机氟生产企业的老大难和后顾之忧。它不仅适用于处理 TFE 生产残液，也适用于处理其他有机氟产品生产中的残液处理，在全国范围很快推广。20 世纪 80 年代末，能够稳定、规模化生产 PTFE 的单位主要有上海电化厂、济南化工厂、上海市有机氟材料研究所、化工部晨光化工研究院、阜新 611 厂等 5 家，总生产能力约 3000 吨/年，年产量为 2600 吨，生产的品种主要有粗、中粒度的悬浮 PTFE 树脂，分散 PTFE 树脂和浓缩分散液。

这一阶段中的另一特点是在各类氟化工产品生产中，取得了一大批技术的进步，促进了氟化工行业整体技术水平的提高。

20 世纪 80 年代，在无机氟的发展方面，1983 年贵溪化肥厂为年产 12 万吨磷酸和 24 万吨磷铵工程配套建设了 6000 吨氟化铝回收装置，引进了法国彼施涅 A-P 工艺技术，并于 1991 年建成投产，是我国第一家磷肥副产氟化铝技术的引进单位。1988 年湘乡铝厂氟化盐经改扩建并引进瑞士布斯公司年产 1.5 万吨的干法氟化铝生产技术和主要设备，使氟化盐装置产能达到 5.7 万吨/年。同年，白银氟化盐改扩建为 4 万吨/年。与此同时，国家为了调整化肥结构、加速发展高效磷复肥，确立了几个大型磷肥生产项目，以引进国外先进技术和关键设备为主，建设了几家大型磷复肥生产装置。为了解决磷肥生产过程的氟硅酸出路，从国外引进氟硅酸生产氟化铝的技术和设备的有江西贵溪化肥厂、湖北大裕口化肥厂、广西鹿寨化肥厂、贵州瓮福磷肥厂等，生产规模从年产 6000 吨至 1.4 万吨不等，但由于种种原因，这些引进的装置一直不能正常生产，现在已全部停产。

1980 年，化工部第六设计院与瑞士布斯（Buss）公司交流后与武汉长江化工厂联合开发了 3000 吨级的 AHF（无水氟化氢）新工艺。济南化工厂亦设计出直径 1.6 米、长 16 米较先进的反应炉，单台产能达到 3000 吨/年的相似装置。1985 年全国 AHF 的总产量已达到 6600 多吨，产品纯度达到 99.95%，其中上海制冷剂厂和济南化工厂的 AHF 产品获得国家金质奖。1989 年济南化工厂又引进美国施多福（Stauff）公司 1 万吨/年 AHF 生产技术，采用瑞士 List 公司生产的双轴预反应器。同期，还有浙江衢化引进了 Buss 公司 1 万吨/年生产技术，阜新氟化学总厂同样引进该公司 5000 吨/年技术，但未投产。1980 年，原化工部曾规定 3000 吨/年为 AHF 新建装置最小规模，国内 AHF 的生产技术达到了较高水平。

1983 年，上海电化厂参考了国外技术，在 R22 生产中改用膜式加压泵进料，生产能力由 1500 吨/年扩大到 3500 吨/年，既提高了产量，又延长了催化剂寿命。1985 年制冷剂 R12、R22 和 R113 的总产量超过 1 万吨，上海制冷剂厂的 R22 和上海电化厂的 R12 获国家优质产品银奖。1985 年 Halon-1211 全国产量达到 1500 吨。

20 世纪 80 年代后期，江苏、浙江等地多家民营企业开始进入生产氟制冷剂、含氟芳香族中间体的行列，后来成为这些领域的主力军。其中，江苏常熟制冷剂厂是生产氟制冷剂的典型，江苏射阳化工厂是国内生产氟苯类化合物规模最大的企业。

一批氟化工新技术在这一时段涌现出来，如有机氟材料研究所着手对 HFP 生产的裂解工艺进行改进，以回收 C-318（八氧环丁烷）同 TFE 混合共裂解，大大缓解了单用 TFE 裂解严重结炭现象，从而延长了裂解管使用寿命，增加了正常运行周期。开发了气流粉碎技术用于生产细粒度 PTFE 悬浮树脂，用添加调聚剂方式直接合成分散 PTFE 超细粉，研究成功实验室规模 PTFE 造料技术、七氟异丙基碘及调聚产物研制和以 HFP 三聚体为中间体的多泡型高效灭火剂，上海有机化学研究所实验厂用 HFPO（六氟环氧丙烷）多聚体制成轻水泡沫灭火剂，形成了一批新产品。1984 年上海有机化学研究所还将试制含氟除草剂氟乐灵的技术转让给浙江东阳农药厂，后建成 100 吨/年生产装置，第一步起始原料是 2,4-二硝基对氯甲苯，经光氯化、氟化后得到的含氟中间体是 2,4-二硝基对氯三氟甲苯。氟乐灵成为我国第一个批量生产的含氟芳香族除草剂。浙江省化工研究所在研制含氟农药和灭火剂哈龙-1211、1301 等方面取得较大的进展。阜新化工研究所和阜新化工三厂是当时最早开展含氟芳香族中间体研究和试生产的单位。武汉市长江化工厂开展了电化学氟化制全氟磺酰氟的研制，是国内最早能够批量生产全氟磺酰氟的企业。黎明化工研究院于 1980 年向四川硫酸厂和浙江慈溪氟化工厂分别转让 50 吨/年六氟化硫生产技术。以乡镇企业为主体的 PTFE 生料密封带加工流水线大批出现，并从有油生料带向无油生料带过渡，不仅垄断了国内市场，而且在世界上占了绝大多数份额。

这一时段，我国氟化工行业也开始了高端氟产品的研究，影响较大的有氯碱工业用全氟离子交换膜、可熔性聚四氟乙烯 PFA、氟树脂 F40、PVDF、全氟醚橡胶、氟硅橡胶等，还开始了 CFCs 和 Halons 替代品的探索性研究。20 世纪 80 年代初，为氯碱行业配套的核心产品全氟离子膜全部依赖进口，1983 年至 20 世纪 90 年代初中科院上海有机化学研究所、上海市有机氟材料研究所、南通合成材料实验厂分别承担了全氟磺酸树脂和全氟羧酸树脂的合成和全氟离子膜的成型加工研究等，完成了中试。全氟离子膜的攻关带动了一批相关的氟化工合成和加工技术。PFA 是性能与聚四氟乙烯基本相同、又能熔融加工的高端产品。自 20 世纪 70 年代末起，包括合成橡胶研究所、中科院上海有机化学所和晨光院一分院都曾开展试制，其中合成橡胶所以 HFPO 为原料试制成功全氟正丙基乙烯基醚作为共聚单体，在国内首家研制成 PFA 树脂和乳液，并列入国家"六五"科技攻关计划项目，建成 5 吨/年 PFA 树脂生产能力。1985 年，上海市有机氟材料研究所研制成功模塑用、挤塑用、流延膜用和涂料用的 PVDF 树脂，树脂主要技术指标基本达到 20 世纪 80 年代西方发达国家同类产品水平。浙江省化工研究所于 1981 年选用低压水相沉淀法聚合工艺新建 30 吨/年 PVF 的生产装置。中科院上海有机所对四氟乙烯与乙烯的共聚物氟塑料 40（ETFE）的聚合方法和共聚物结构进行研究，于 20 世纪 80 年代中期研制成既能模压又能挤出加工成型的改性品级 FS-40G,并建成 1 吨/年生产装置。氟橡胶中的高端品种全氟醚橡胶能用于各种苛刻环境,是发展宇航事业不可缺少的关键材料。晨光院自 20 世纪 70 年代承接试制任务进行共聚单体和交联点单体的合成,于 1982 年得到了全氟醚橡胶样品。上海市有机氟材料研究所建成 4 吨/年规模氟硅橡胶工业化中试装置,完成 TFE 和丙烯共聚的四丙氟橡胶研制。

三、全面发展阶段(1990—2000 年)

20 世纪 80 年代末至 90 年代初,前期以国家推动为主的氟化工发展已经具备一定基础,1989 年主要氟化工产品产量 AHF 为 2 万吨,以 R11、R12 和 R22 为主的制冷剂 4.1 万吨,Halons 超过 3000 吨,PTFE 为 2000 吨,含氟精细化学品包括含氟特种气体 1000 吨。这一时期我国氟化工的特点是:生产企业多,规模小,仅无水氢氟酸和氟制冷剂的生产厂家就达四十多家;总生产能力大,平均开工率低,产量小,除引进装置外,产品单耗高;生产装置自动控制水平不高;氟化工产品不能满足国内需求。随着中国的改革开放,特别是制冷、化工材料等行业的快速发展,氟化工由以军工配套为主转向以民用和以市场为主导的产业化全面发展的新阶段。这一时期也是全球氟化工的重要转型期,蒙特利尔议定书的制定,使得国际氟化工企业为了其自身的利益,对部分氟化工产品生产技术的封锁有了松动,开始向中国开启了部分合作的大门,国内氟化工逐步由国内合作扩大到与国外的交流合作。这一阶段技术发展特点是以自主开发和技术引进相结合。

以 PTFE 为主要标志的氟聚合物规模化生产装置逐步在全国各地建成和扩产。千吨级 PTFE 装置工程化技术开发前,国内 TFE 单套产能为 300 吨/年,最大不超过 500 吨/年,济南化工厂率先采用上海市有机氟材料研究所技术建成 1200 吨/年 PTFE 装置,成为国内第一套采用水蒸气稀释裂解新工艺的经济规模装置。同期,江苏梅兰化工公司(原为泰州电化厂)、阜新 611 厂和晨光化工研究院也先后建成 1200 吨/年 TFE、1000 吨/年 PTFE 生产装置。1992 年上海市有机氟材料研究所转制成立全国氟化工行业第一家股份制上市公司——上海三爱富新材料股份有限公司。1994 年三爱富建立了经济规模的 TFE、PTFE 生产装置,并实施了 F46、PVDF 和氟橡胶的产业化项目。国内唯一采用国外 PTFE 生产技术的是浙江巨圣氟化学有限公司建设的 3000 吨/年 PTFE 装置,1994 年与俄罗斯国家应用化学研究院合资,首期生产的悬浮法 PTFE 采用俄方技术,装置建成后的操作骨干培训、现场实习和开车指导仍由上海三爱富公司提供。这一时期,经过各企业的技术改进,至 20 世纪 90 年代末国内最大单套装置能力达到 3000 吨/年,年总产量超过 8000 吨,PTFE 产品种类涵盖了悬浮 PTFE、分散 PTFE 和 PTFE 乳液三大类,品种由几种发展到按照不同粒径、压缩比、分子量划分的 10 多个品种,基本满足了国内大多数加工单位的要求。2000 年 PTFE 产品的出口量首次大于进口量,这是十分重要的标志。其他氟聚合物如 PVDF、F46 和氟橡胶生产能力相对较小，最大为几百吨级，合计生产能力为千吨左右。

20 世纪 90 年代我国无机氟化物得以快速发展。自 1989 年 3 月国务院把氟化盐列为重点支持的产业和产品后，各地方和部门安排建设的几十家规模在 0.2～3 万吨/年中小氟化盐厂陆续投产，由抚顺、湘乡、白银三家一统天下的氟化盐生产和供应的局面被彻底打破。1992 年焦作市采用自有专利技术"黏土盐卤法"工艺生产砂状冰晶石，成立了全民所有制企业焦作市冰晶石厂。该技术于 1993 年 6 月通过了河南省科委技术鉴定，填补了国家空白，年生产能力达 3 万吨。1996 年该产品被国家科委、国家技术监督局等认定为"国家级新产品"，1997 年列入国家重点火炬计划。标志着我国铝用氟化盐进入了自主创新和产业化生产应用的新时期。

我国于 1989 年 9 月加入《保护臭氧层的维也纳公约》，1991 年加入修正的《关于消耗臭氧层物质 ODS 的蒙特利尔议定书》，1993 年中国政府批准实施《中国消耗臭氧层物质逐步淘汰国家方案》（以下简称"国家方案"）。方案中涉及到的 ODS（臭氧损耗物质）化学品包括 CFCs 类的 R11、R12、R113、R114、R115 和 Halon-1211、Halon-1301。20 世纪 90 年代初，中国有近 40 家 CFCs 生产企业，主要生产 R11、R12、R113、R114 和 R115，1991 年总生产能力约为 4.7 万吨/年，产量为 2.5 万吨。其中规模较大的国有企业约 12 家，如上海氯碱总厂、济南化工厂、常熟制冷剂厂、武汉长江化工厂、惠阳化工厂、四川釜江化工厂、贵州 3414 厂等。当时中国 CFCs 生产量不能满足国内需求，每年从国外进口约 2 万吨，出口量仅 100～200 吨。到 2000 年，中国 CFCs 和 Halons 生产能力在 12 万吨/年左右，CFCs 和 Halons 产量分别为 4 万吨和 6000 吨左右。自 1991 年起，CFCs 生产不断增长，国内生产量与消费量基本持平。

20 世纪 90 年代初，国家相关部门高度重视 ODS 替代品的研究工作，HFC-134a、HFC-32、HCFC-141b 和 HCFC-123 等 ODS 替代品的研究被列入国家"八五"科技攻关项目。国内自主研究开发 CFCs 替代品的单位主要有浙江省化工研究院和上海市有机氟材料研究所等，这两家单位在 20 世纪 90 年代初期分别被化工部授予 ODS 替代品工程技术中心和 ODS 替代品检测中心。上海市有机氟材料研究所先后承担了替代品 HFC-134a、HCFC-141b 小试开发任务，开展了以乙炔气相和液相催化氟化制备 HFC-152a 新工艺的研究，建成了 100 吨/年的中试生产装置。上市之后于 1993 年收购江苏常熟制冷剂厂，开创了上市公司资产重组的先河，扩大和建立了 AHF、R11、R12、R22、R113 生产装置，确立了 CFCs 及其替代品生产基地，并先后开发新产品 R115 和混配制冷剂 R510。1994 年承担了化工部、国家环保局委托的 2000 吨/年 HFC-152a 生产装置建设，1995 年 5000 吨/年 HCFC-141b 工业性试验装置与技术的开发。浙江省化工研究院在此期间围绕单个替代品的生产工艺和一种起始原料联产几种替代品工艺创新来展开，先后探索开发多种 ODS 替代品，其中 HCFC-123 为国家"八五"科技攻关项目，HFC-152a、混合工质、HFC-32、HFC-143a、HFC-125 被列为化工部科研项目，HFC-227ea、HCFC-141b 被列为浙江省科研项目。一种起始原料联产几种替代品的主要目标是应对 ODS 替代品不确定性的研究，分别以二氯甲烷、氯乙烯、偏氯乙烯、三氯乙烯及四氯乙烯五种起始原料研制形成系列产品，取得了 10 多种 ODS 替代品的自主知识产权技术，为产业化创造了条件。其他研究机构如中科院有机化学研究所和西安近代化学研究所，也投入较强力量分别开展了 ODS 替代品高效催化剂的研究、工艺路线的选择、反应和催化机理等基础研究。到 2000 年，中国 HCFC-22、HCFC-141b、HFC-152a 的生产能力分别为 8 万吨/年、1 万吨/年、2000 吨/年，达到了产业化规模水平，各类 HCFCs 及 HFCs 产量超过 7 万吨，HCFC-22 由原来大量进口变为出口量大大高于进口量。可单独或用作混配制冷剂的 HFC-32、HFC-143a、HFC-142b、C-318、HFC-134a、HCFC-123 等受到重视并取得较大突破，部分形成了中试规模生产。

"国家方案"的实施为我国的氟化工产品和技术开发起到促进作用，也加速了其他国有企业和民营资本加入氟制冷剂和配套 AHF 生产队伍。

在这一时期以化肥、氯碱等基础化工为主的原国有企业衢州化学工业公司于 20 世纪 80 年代末开始筹建氟化工装置，一期工程总投资 5.4 亿元，引进瑞士布斯公司 1 万吨/年 AHF 装置，日本德山曹达公司 3 万吨/年甲烷氯化物装置，美国庞沃特公司 5000 吨/年的 F22 装置，以及 1.2 万吨/年氟制冷剂 R11、R12 装置，被列入浙江省"八五"重点建设项目。1993 年至 1994 年相继试车生产出产品，其中突出的技术进步是 F22 加压脱氯、干法分离氯化氢技术。原湿法工艺反应压力较低、转化率和装置生产能力较低、催化剂使用量大、寿命短、设备腐蚀较严重、单耗高、产品质量差。新的生产工艺克服了上述不足，另外，副产盐酸浓度提高，经脱氟处理后可得到食品级盐酸，自动化水平提高，劳动强度降低，生产过程平稳。这些成套工艺技术具备 20 世纪 80 年代国际先进水平，成为当时国内行业的样板，发挥了较好的示范效应。1998 年 6 月，浙江巨化股份有限公司在上海证券交易所上市，成为氟化工行业内的第二家上市公司。同期国内济南化工厂在 20 世纪 90 年代也引进 R11、R12 和 F22 相同技术，由于种种原因直至 2001 年才投产。

我国引进的万吨级 AHF 生产技术和装备在 20 世纪 90 年代开始凸显成效，同时国内近 10 家企业通过消化吸收国外技术，自行设计建成了 5000～8000 吨/年中型和较大型装置，使得 AHF 的生产得到迅速发展，为进一步大规模发展奠定了基础，典型的有东岳氟化学工业公司 8000 吨/年 AHF 生产装置。至此国内 AHF 总生产能力超过 15 万吨/年，除 2 家（不包括化工系统外的）完全采用引进技术外，2/3 的装置采用化工部第六设计院开发的工艺技术，1/3 采用传统工艺流程，AHF 的生产技术达到了较高水平，AHF 年总产量超过 10 万吨。一批民营企业在萤石产地附近利用原料和运输方便，建设不同规模的 AHF 生产装置，一开始全部作为商品，以后根据市场需求和各自的技术能力进一步拓展到氯氟烃类产品的生产。代表性企业有浙江武义三美化工公司、浙江鹰鹏化工公司等。

其他氟化工产品的产量、种类与生产技术得到进一步发展。自20世纪90年代以来，我国含氟精细化学品研究异常活跃，开发出百余种各类芳香族含氟中间体及其他含氟精细化学品，包括药物和农用化学品的含氟中间体、含氟表面活性剂。含氟中间体生产厂家有近百家，1995年含氟精细化学产能0.40万吨/年，产量0.25万吨。到2000年，仅含氟芳香族中间体生产能力即达到2.5万吨/年，产量0.8万吨，其中氟苯类、含氟甲苯类、三氟甲苯类、氟氯苯类、氟苯胺类、硝基氟苯、氟苯甲酸类等产量最大，且有一半以上出口国际市场。含氟表面活性剂、含氟电子化学品(清洗剂、防雾剂、脱模剂)、含氟金属光纤处理添加剂、含氟灭火剂及其添加剂、油漆含氟添加剂等也在积极开发，但总体上处于起步阶段，与发达国家相比差距很大。含氟涂料总生产能力近6000吨/年，包括PTFE涂料、PVDF涂料、PVF涂料和TFE、CTFE基室温固化涂料，其中室温固化涂料超过一半。含氟电子化学品年总产量超过3500吨，到2000年氟树脂年加工估计为5000吨，加工制品以管、棒、板等及生料带等为主，而用作汽车、飞机、电子电气产品部件的还不多，与发达国家相比在加工手段、应用面、功能开发等方面还有差距，我国轿车中的"O"形密封圈等大多从国外进口。

四、迈向世界氟化工大国（2001—2009年）

进入21世纪，我国氟化工步入快速发展阶段，通过自身技术开发和产业化，生产技术水平快速提升，各地氟化工园区建设如火如荼，国外氟化工企业纷纷加入中国氟化工生产行业，或在国内建厂或加快合资步伐，氟化工生产规模迅速扩大，取得了令人瞩目的成就。

随着保护臭氧层工作的进一步推进，中国始终坚持淘汰臭氧消耗物质ODS工作与替代品的开发同步进行。氟化工行业逐步削减CFCs和Halons的产量，并于2007年7月1日全部停止了除必要用途之外的CFCs和Halons的生产，淘汰了约10万吨/年CFCs和8万吨/年Halons的生产和消费。自20世纪90年代以来国内ODS替代品的研究开发基本保持了与国际同步，具体表现为：一是自主开发了一些重要的ODS替代品种，可以为相关行业的ODS替代提供合适的替代品；二是开发成功了适合自身特点的ODS替代品生产工艺路线，如液相氟化制备HFC-134a、四氟乙烯制备HFC-125、乙炔法制备HFC-152a等产业化技术；三是ODS替代品工程技术能力大大提高，已具备提供万吨级ODS替代品工程设计的能力；四是ODS替代品的产品质量尤其在烯烃杂质的控制上已经达到同类产品的国际水平。国内成功自主开发CFCs替代品并实现大规模生产最典型的产品是HFC-134a，由中国中化集团公司于2001年与西安近代化学研究所合作组建了中化近代环保化工有限公司,在多边基金的支持下,开展了HFC-134a生产工艺和催化剂的研制,分别于2003年、2006年建成两套拥有自主知识产权的5000吨/年HFC-134a生产装置。由于前期研究工作扎实,工艺设计合理,原材料消耗及能耗低,催化剂成本低,HFC-134a生产成本具有市场竞争力,满足了国内制冷剂替代品的需求,有助于CFCs生产实现提前淘汰。该项目2008年通过环保部验收,标志着我国ODS替代品的研究开发从开发HCFCs类物质为主转向HFCs类物质的研究开发。2007年中国中化集团公司在江苏省太仓建成了2万吨/年的生产装置,我国拥有单套1万吨/年的HFC-134a自主工艺技术。

一批替代品HCFC-141b、HCFC-123、HFC-152a、HCFC-142b、HFC-227ea等实现了产能的快速扩大,一批新的替代品如HFC-125、HFC-32、HFC-143a也开发成功并实现规模化生产,至2010年中国ODS替代品的生产规模超过100万吨/年,成为全球过渡替代品最大生产国。随着《京都议定书》的生效,国内氟化工企业一方面抓住清洁发展机制项目(CDM)机遇,另一方面针对ODP值为零,GWP值较高的HFCs化合物将逐步受到限制的新形势,加快开展了HFC-236、HFC-245、HFC-365、HFC-161等新型替代品的开发,其中常熟三爱富中昊化工新材料有限公司2010年与杜邦公司合作建设3000吨/年的HFO-1234yf作为HFC-134a的替代品,表明中国ODS替代品的开发和产业化与国际先进国家保持同步。

国内AHF生产装置随着氟化工技术进步和市场扩大呈现高速发展态势。2001年国内总产能仅16万吨/年,到2005年产能扩大到68万吨,实际产量46万吨/年。国内生产企业在提高装备水平方面取得了显著成绩,继续围绕解决反应转炉的腐蚀问题和提高单套装置的生产能力上进行。解决反应转炉的腐蚀问题,国内已形成以下改进方法:一是增加耐蚀合金制造的外混器,使萤石粉和硫酸在进入转炉前在外混器内充分混合,结构简单、反应均匀、制造方便,在大多数装置上得到了广泛应用;二是采用内返渣流程,将一定量的炉渣从炉尾返回炉前和反应物料混合,减少物料和炉壁的直接接触,同时延长物料反应时间,使物料反应充分,已有多套装置成功应用,晨光化工研究院与浙江鹰鹏化工公司开展内返渣试验,设计计算了3万吨/年规模,转炉直径3.5米、长27米;三是使用预反应器,2003年成都新都凯兴科技公司开发成功国内第一台镍基合金往复旋转机,并作为预反应器用于1.5万吨AHF装置,济南三爱富公司、浙江巨化集团和山东东岳集团公司使用。以往依赖进口的上述生产关键设备都实现了国内自行设计和制造。单套反应装置的生产能力从2003年浙江三美的万吨级规模发展到2005年单套1.5万吨/年、2007年单套能力2.5万吨/年,有的号称达3万吨/年,装备技术水平已达到国际先进水平。除了装备技术以外,许多厂家对生产工艺技术进行优化,采用建立数学模型的科学方法完善生产过程的工艺技术及自控水平,实现萤石粉、硫酸计量、配比的自动化、工艺参数调节实现DCS控制,大大提高装置运行的稳定性,设备检修周期延长,并大幅提高了产品质量。环境保护、三废治理及员工操作强度、劳动条件方面也得到很大的改善。与发达国家公司在同类型的装备、技术经济指标方面相比,已达到或部分超过相应水平,使得国内AHF产品具有相当的竞争能力和抗风险能力。

由于氟化氢生产依赖萤石资源,因此生产企业主要集中在萤石资源较丰富的地区及经济发达的地区,如浙江、福建、江苏、山东、内蒙古、湖南等省。产能较大的企业有浙江鹰鹏化工公司、浙江武义三美化工公司、山东东岳化工集团、常熟中昊化工新材料公司、多氟多化工公司、福建邵武永飞化工公司、福建邵武华新化工公司、江苏梅兰化工集团、浙江凯圣化工公司、内蒙古赤峰富邦化工、河南新乡黄河精细化工总厂等。

随着中国高品位萤石资源的逐渐减少,开辟利用低品位含氟资源,生产高附加值、高性能的氟化工产品,发展氟资源循环经济势在必行。由原焦作市冰晶石厂于1999年改制成立的多氟多公司,利用氟硅酸钠法自主研发2万吨/年冰晶石联产优质白炭黑项目于2002年建成投产,被原国家计委列为"国家高技术产业化示范工程",科技部列为"国家重点新产品"。其他生产厂家也开始对传统工艺进行完善和改造,精细氟化盐也相继开发生产,大大拓展了氟化盐的应用领域。随着时间的推移,特别是与国外一些技术专家的交流,我国引进开发了干法氟化盐生产工艺。此工艺流程简单、能耗小、产品质量高,经过消化、吸收、再创新,到2002年年底,我国氟化盐工业在工艺技术、环保治理、设备改进和耐腐蚀材料应用等方面,取得了显著成效。2003年,多氟多化工公司利用铝加工行业废弃物氟铝酸铵生产冰晶石项目建成投产。2004年,浙江汉盛氟化学有限公司3万吨/年干法氟化铝项目引进德国CHENCO(创科)公司的无水氟化氢和干法氟化铝生产工艺和技术,于2006年建成并投入生产,但由于技术问题不久被迫停产。2006年多氟多化工公司建成年产6万吨无水氟化铝项目。2009年,多氟多自主开发利用电解铝含氟碳渣生产2万吨/年冰晶石项目建成投产,被国家发改委列入"国家循环经济和资源节约重大示范项目"。氟化工企业开始利用低品位萤石或者副产氟资源制备AHF,实现资源综合利用。2008年贵州瓮福蓝天化工引进了瑞士布斯公司以磷肥副产氟硅酸为原料的2万吨/年AHF生产装置,为解决设备腐蚀问题,与设备制造厂家创新改进了设备结构,使装置能长周期运行,成为国内真正意义上综合利用副产氟资源制备AHF的第一家企业。

我国含氟聚合物及配套单体集中扩产的同时,聚合工艺和工程放大技术有了新的突破,出现了许多新的牌号,产品质量得到较快提高。2002年山东东岳3000吨/年PTFE项目投产;随后2004年1万吨/年装置投产;2003年中昊晨光化工研究院成功采用了8米^{3}PTFE聚合釜;2005年上海三爱富公司PTFE扩产到7500吨/年。我国PTFE的建设进入了快速扩张期,国内形成了山东东岳、四川晨光、上海三爱富、江苏梅兰、浙江巨化等主要PTFE生产企业,使中国成为全球PTFE第一大生产国。其他氟树脂产品中，巨化于 2004 年引进俄罗斯技术建设 F46 生产装置；2004 年和 2007 年大连振邦氟涂料股份有限公司和青岛宏丰科技有限公司先后分别开发和建成 40 吨/年和 100 吨/年 PCTFE 生产线。与此同时，氟橡胶装置也得到快速扩张，2002 年上海三爱富公司建成 1000 吨/年氟橡胶生产装置，成为当时国内最大生产企业；中昊晨光化工研究院 2001 年建成 500 吨/年氟橡胶装置，2004 年成功采用 4 米^3 聚合反应釜的聚合工艺，并扩大到 1500 吨/年。这一时期粉末氟橡胶、低门尼氟橡胶、高速挤出级 F46 树脂、电池黏结剂用 PVDF 等新产品逐步推出。氟树脂和氟橡胶规模的扩大，使得中国成为世界第二大氟聚合物生产和消费大国。在产品结构上，氟树脂中可熔融氟聚合物的品种和产量已经有了较快发展，氟橡胶的品种仍以 26 类氟橡胶为主，但三元胶的比重有所提高，高端含氟材料仍需进口。

国内其他氟化工产品含氟涂料、氟材料加工和含氟精细化学品在这一时期得到了长足的发展，国内含氟涂料和含氟精细化学品也已经成为全球最大的生产大国，并有较大比例出口。国内 FEVE 室温固化含氟涂料陆续开发、建设了生产装置，合计产能 2 万吨/年以上，至 2005 年年末氟碳喷涂生产厂家就已发展到 70 家左右，主要有：大连明辰振邦氟涂料股份有限公司、上海振华造漆厂、上海三爱富新材料股份有限公司、大金氟涂料有限公司、阿克苏诺贝尔、关西涂料、青岛宏丰、常州康泰、常熟中昊等若干规模企业，已广泛应用于外墙、桥梁、铁路等领域，年均增速达到 30% 以上，总产能大于需求，质量和国外品种相比还有一定差距。以 PVDF 为基础的热塑性氟树脂涂料用的氟树脂大多仍依赖进口，该类氟涂料年总量不超过 0.5 万吨。含氟树脂加工制品出口量增加到万吨级，显示出我国加工制品达到一定水平。含氟精细化学品品种除了含氟芳香族中间体产能进一步扩大外，含氟烷类的化学品如四氟丙醇、三氟乙醇、六氟环氧丙烷（HFPO）和调聚醇等都实现了产业化规模的突破，产能均已超过千吨级水平。

2004 年起，我国电力行业进入高速发展阶段，电气设备除满足国内需求外，出口数量大幅增长，含氟特种气体（如六氟化硫 SF_6）出现紧缺。各企业纷纷扩产或新建装置，如黎明化工研究院 2006 年工业级 SF_6 产能扩大到 3000 吨/年，产能和产量均跃居世界首位，在此基础上开展了电子级 SF_6 研发，产品纯度达到 99.999%。2007 年国内工业 SF_6 总产能达到 1.26 万吨，出现产能过剩，行业竞争加剧。三氟化氮 NF_3 和四氟化碳 CF_4 也有类似的情况，2004 年总产量不超过百吨。随着我国集成电路制造工艺跨入世界半导体晶元加工制造先进国家行列，太阳能利用面积和制造能力跃居世界第一，平板显示器件的发展势头也异常迅猛。作为集成电路、薄膜太阳能行业、液晶显示屏及相关行业中使用的主流清洗、蚀刻气体，特种含氟电子气体 NF_3、CF_4、电子级 SF_6 取得较快发展，中船重工第七一八研究所 NF_3 的产能达到 300 吨/年，北京绿菱 CF_4 产能达到 200 吨/年，黎明化工研究院电子级 SF_6 产能达到 300 吨/年。

这10年间,除了传统氟化工企业得到长足发展外,一批包括民营、国有成分企业的加盟及迅速发展,使得氟化工在这一时期得到了迅速膨胀。如山东东岳集团于2002年开始涉足PTFE生产,后通过迅速扩大产能和发展其他含氟聚合物、扩大ODS替代品生产等方式,经过短短8年的发展,成为国内氟化工产品规模最大的企业,并逐步向高端氟化工产品发展,所承担的科技部离子膜项目完成验收。2010年东岳离子膜应用于万吨氯碱生产装置,标志着国产离子膜打破国外技术垄断,实现国产化应用。多氟多化工股份有限公司进入无机氟化工领域,并发展成为无机氟领域的领先企业,中国中化集团公司兼并重组浙江省化工研究院,成为ODS替代物品种最多的氟化工企业之一。上海三爱富新材料股份有限公司通过收购中昊氟化工、内蒙古万豪企业,巨化集团通过引进技术扩产,通过自身发展的中昊晨光化工研究院等企业,都在进一步巩固在行业中的地位。

氟化工的快速发展,也推动了一批氟化工园区的建设和外资企业的加盟。在此期间,全国形成了十几个以氟化工为主的经济开发基地或园区,归纳起来主要有6种类型。一是依托大型"龙头"企业,上中下游配套共建型,如浙江衢州以巨化集团为龙头,山东东岳氟硅工业园区以东岳集团为龙头。二是国内核心企业带动境外著名企业集聚型,如江苏常熟国际氟化工园区,以上海三爱富新材料股份有限公司、杜邦、大金、阿科玛为核心。三是生产和流通结合型,如江苏泰州以梅兰化工公司的氟硅产品与沿长江地区的港口、码头相结合。四是城区企业搬迁改造型,如辽宁阜新市属于煤炭资源枯竭型城市,为重新规划经济支撑方向,将氟化工作为重点。五是特色产品拓展型,如辽宁大连以含氟涂料为主攻目标,湖北则以含氟精细化学品为主。六是资源开拓型,如江西赣州、湖南郴州、陕西商洛、福建浦城及内蒙古等多数新建设的园区大部分属于此类型。其中影响最大的是江苏常熟海虞镇的国际氟化工园区,集聚了上海三爱富新材料股份有限公司、常熟三爱富中昊化工新材料有限公司、常熟三爱富氟化工有限责任公司、大金氟化工(中国)有限公司、阿科玛(常熟)氟化工有限公司、杜邦(常熟)氟化物科技有限公司、苏威特种聚合物(常熟)有限公司、日本吴羽等公司。在同一区域内,氟化工产品链完善,产业结构合理,是全世界最大氟化工园区,体现了良好的产业集聚效应。

五、2010年状况

2010年,我国从事氟化工的企业有1000多家,各类氟化工产品总产能超过450万吨/年,产量超过260万吨,年销售额500亿元左右,已成为全球氟化工的生产和消费大国。建设了一批国家级和省市级工程技术研究中心、企业技术中心和重点实验室,其中包括国家级技术中心4家、工程中心3个,组建了氟化工行业产业技术创新战略联盟,形成了产、学、研、用相结合的创新平台,推动了氟化工行业技术创新和产业转型升级。氟化工产品是发展新能源和其他战略性新兴产业和提升传统产业所需的重要配套材料。氟化工成为国家战略性新兴产业的重要组成部分，对促进我国制造业结构调整和产品升级起着十分重要的作用，形成了上海三爱富新材料股份有限公司、四川中昊晨光化工研究院、浙江巨化集团公司、山东东岳集团公司、多氟多化工股份有限公司、中化蓝天集团有限公司、江苏梅兰集团公司、浙江三美等为主的骨干企业近20多家，其中有5家为上市公司。

第二节 主 要 产 品

一、无机氟化盐

无机氟化盐主要包括冰晶石、氟化铝、氟化铵、氟化钠、氟化钾、六氟磷酸锂等，其中前两种盐占90%以上，故本节将对冰晶石、氟化铝进行重点阐述，余不赘述。

1. 氟化铝

氟化铝，分子式 AlF_3，针状结晶，白色粉末，通常形成菱面体。难溶于水、酸、碱溶液，不溶于大部分有机溶剂、氢氟酸及液化氟化氢。它与冰晶石主要用于炼铝生产，是电解还原氧化铝生产金属铝时不可替代的熔融成分，用以降低熔点和提高电解质的电导率。也用作陶瓷釉和搪瓷釉的助熔剂和釉药的组分，还可用作冶炼非铁金属的熔剂。

氟化铝产品分为湿法氟化铝、干法氟化铝、无水氟化铝三类。我国氟化铝的生产经历了三代技术革新和四个发展阶段：20世纪50年代从前苏联引进的第一代技术——湿法氟化铝；20世纪80年代湖南湘铝从瑞士布斯公司引进的第二代技术——干法氟化铝工艺，期间有以磷肥副产氟硅酸开发氟化铝的湿法工艺；近年来多氟多公司自主开发的第三代新技术——无水氟化铝。

从氢氟酸湿法氟化铝起步：我国的第一套氟化铝生产装置是在前苏联帮助下于1954年在辽宁抚顺铝厂建成的。采用的是萤石和硫酸、氢氧化铝为原料生产氟化铝产品，由于是在含水的溶液里反应，所以称之为湿法工艺。此后，为满足当时电解铝工业的需要，又以抚顺的技术在湖南湘乡、甘肃白银、青海、宁夏、贵州、河南等地建成了数套湿法氟化铝生产装置。

引进干法氟化铝生产工艺：我国的氟化铝早在20世纪60年代就大量出口，但到了20世纪80年代反而逐年减少，其原因是湿法氟化铝产品质量差，杂质含量较高，并且环境污染严重。为改变这一局面，沈阳铝镁设计院会同抚顺铝厂和湘乡铝厂进行过干法生产氟化铝的研究和试验，但局限于当时的技术条件，并没有取得突破性进展。1989年，经国家批准，湘乡铝厂从瑞士布斯公司引进了年产1.5万吨干法氟化铝的生产技术及关键设备。1992年这套装置开始点火试车，至1998年达产达标，从此我国氟化铝生产技术踏上了一个新台阶。2004年，浙江汉盛氟化学有限公司引进德国生产工艺和技术建成年产3万吨/年生产装置，于2006年投入生产。与此同时，甘肃白银也引进了布斯公司的3万吨干法氟化铝技术；而湘乡铝厂的引进技术已过了保护期，开始自建第二套生产线；这一时期我国氟化铝的生产业随着国内电解铝行业的发展进入鼎盛时期。

氟硅酸湿法氟化铝的尴尬：就在1989年湘乡铝厂从布斯公司引进干法氟化铝生产技术的同时，国家为了调整化肥结构、加速发展高效磷复肥，引进国外先进技术和关键设备，建设了几家大型磷复肥生产装置。为了解决磷肥生产过程中氟硅酸的出路，均从国外引进氟硅酸生产氟化铝的技术和设备，如江西贵溪化肥厂、贵州瓮福磷肥厂等，生产规模从年产6000吨至14000吨不等，但由于种种原因，这些引进的装置一直不能正常生产，现已全部停产。

无水氟化铝新工艺和技术：2006年多氟多化工股份有限公司通过自主创新开发无水氟化铝工艺技术，并建成年产3万吨生产装置，2010年国家环保部将无水氟化铝生产工艺列入"环境友好工艺综合名录"。

至2010年国内氟化铝总产能75万吨/年，总产量达到51万吨，国内主要生产厂家有21家，其中产能超过6万吨/年的有8家，产业集中度超过70%，湖南有色集团和多氟多化工股份有限公司是最大的两家生产企业，分别为18万吨/年和12万吨/年。

2. 冰晶石

冰晶石，即六氟铝酸钠，通常带灰白色、淡黄色、淡红色或黑色，密度为2.9~3.05克/厘米^3，熔点约为1012℃，主要用作铝电解的助熔剂，也用作橡胶、砂轮的耐磨填充剂、陶瓷和玻璃制造的助熔剂等。冰晶石分为高分子比冰晶石和普通冰晶石两类。

我国冰晶石生产技术的发展历经了三个阶段：20世纪50年代从前苏联引进的纯碱氟铝酸法制冰晶石技术；20世纪80年代国内冰晶石生产企业自主开发的黏土盐卤法生产技术，该技术是解决氟资源受限的一种过渡性技术；20世纪末、21世纪初国内企业通过自主研发相继开发了铝酸钠法、氟硅酸钠法等新工艺，将我国冰晶石生产推向了新高潮，生产工艺和装备达到了国际领先水平，氟资源综合利用技术已走在世界前列。

20世纪50年代根据国内电解铝工业发展的需要，从前苏联引进纯碱氟铝酸法技术制备冰晶石，以氢氟酸、氢氧化铝和纯碱（或NaCl）为原料，氢氟酸和氢氧化铝反应生成氟铝酸，然后用纯碱中和得冰晶石。该方法经过几十年的技术改进，制得的冰晶石的分子比在2左右，已成为目前国内最普遍、产能最大、相对成熟的传统方法。具有代表性的企业是湘铝有限责任公司、甘肃白银氟化盐有限责任公司等。

由于纯碱氟铝酸法生产的冰晶石分子比较低，尽管复配技术的发展使分子比的调整变得更加灵活，通过增加粉状冰晶石的含量来提高产品的适应性，但由于该法存在的萤石资源受限、产品纯度低、分子比低、设备腐蚀性强等问题，目前正逐渐被其他技术所取代。20世纪80年代中国自主研发出了黏土盐卤法技术，用硫酸、萤石、工业盐、黏土为原料生产冰晶石，通过调整氢氟酸的纯度，可生产高、中分子比的砂状冰晶石，生产成本低，这种过渡性生产技术于20世纪90年代得到快速发展，从国有企业焦作市冰晶石厂为代表的制酸-分子比调控联动技术、冰母浸取技术使铝的浸出率达到了98%。1996—1997年，黏土盐卤法制砂状冰晶石被国家相关部委认定为国家重点新产品并列入国家重点火炬计划，大大提高了冰晶石技术的整体水平，有力地促进了行业发展。

20世纪90年代末期，以多氟多化工股份有限公司等为代表的企业先后开发和完善了铝酸钠法、氟硅酸钠法、再生冰晶石法制备冰晶石技术路线。其中铝酸钠法用烧碱和氢氧化铝反应制得铝酸钠，氢氟酸和铝酸钠反应制得冰晶石。氟硅酸钠法是将氟硅酸钠氨化脱硅制得氟化钠与氟化铵混合溶液，然后加铝酸钠溶液来合成冰晶石。再生冰晶石是利用电解铝含氟废渣回收再利用生产冰晶石的生产方法。截至2010年，5种冰晶石生产技术在国内的比例为：纯碱氟铝酸法占50%；氟硅酸钠法占40%；再生冰晶石法占10%；黏土盐卤法和铝酸钠法已无相关生产装置。

至2010年国内主要冰晶石生产企业有12家，总产能超过20万吨/年，总产量达到12万吨，产能超过1万吨/年的有8家，多氟多化工股份有限公司和湖南有色湘乡氟化学有限公司是两家最大的生产企业，生产能力分别为8万吨/年和3万吨/年，年产量达到10万吨。

二、CFCs、哈龙及其替代品

CFCs、哈龙及其替代品在有机氟工业中占有重要的地位，不仅是其总量和产值在氟化工中最大，而且在于其应用，既可作最终消费品，又是其他含氟化学品和含氟聚合物的重要原料。

1. CFCs及其替代品

氯氟烃（CFCs）主要指由氟和氯取代的甲烷和乙烷类化合物，主要用途是作制冷剂、气雾剂、发泡剂以及溶剂和电子元件的清洗剂等。

CFCs主要品种有二氟二氯甲烷（CFC-12，或者R12）、一氟三氯甲烷（CFC-11）、三氟三氯乙烷（CFC-113）以及四氟二氯乙烷（CFC-114），分别主要用作制冷剂、发泡剂、溶剂和清洗剂、气雾剂等。我国于2007年除少量用于化工中间体的生产外，用作制冷剂的生产和使用已经全部停止。

CFCs的替代品主要有HCFCs、HFCs、HFOs等系列产品。

2. 哈龙及其替代品

溴氟烃（哈龙，Halons）是高效灭火剂，具有灭火快、毒性低、不污染和不损害受灾物品等优点。用哈龙制成的消防器具曾广泛配置于飞机、潜艇、火车舰船、宾馆大楼、计算机房、通信和仪表控制室、文物档案馆所等重要场所，成为现代消防必备药剂。用作灭火剂的哈龙主要有两个品种——三氟溴甲烷和二氟一溴氯甲烷，通常分别称作 Halon-1301 和 Halon-1211。Halon-1301 沸点低，为–57.8℃，通常用作大楼内喷放气体的全淹没式灭火系统的灭火剂。Halon-1211 的沸点为–4℃，通常用作手提式或车载式灭火器的灭火剂，可同时将气体和液体直接喷向火区。此外，还有 Halon-2402（四氟二溴乙烷）、Halon-1202（二氟二溴甲烷）。目前采用的灭火剂为 HFC-227ea，主要生产企业有常熟三爱富、中昊化工新材料有限公司、中化蓝天集团有限公司等。

三、含氟高分子材料

含氟高分子材料主要指有机高分子主链或者侧链中与碳原子直接共价键相连的氢原子被氟原子全部或部分取代后的高分子聚合物，是高分子材料家族中的特殊成员，具有许多特殊的性能，因此其广泛应用于航空航天、汽车工业、电子信息、化学工业、电力工业、新能源、食品工业及环保产业等领域。含氟高分子材料绝大多数都是用在关键部位，抵抗恶劣的环境，起到特殊作用。

含氟高分子材料主要分为含氟树脂和含氟弹性体。含氟树脂主要有 PTFE、PVDF、FEP、ETFE、PFA、PVF、ECTFE、PCTFE 等。氟碳弹性体主要包括：F26 类和 F246 类氟橡胶、四丙氟橡胶、氟硅橡胶等。

（一）含氟树脂

1. 聚四氟乙烯

聚四氟乙烯（PTFE）是四氟乙烯均聚物或含少量改性单体的聚合物，呈白色蜡状感的热塑性塑料，具有优异的耐溶剂性、化学稳定性、极低的表面摩擦系数和较好的低温延展性。PTFE 是目前综合性能最好、产能和用量最大的氟塑料品种，约占整个氟塑料的 70%。但是高结晶度导致其易冷流和加工性能较差，从而限制了 PTFE 的应用。

工业上聚四氟乙烯的制备是由四氟乙烯单体采用悬浮法或分散法聚合制得，前者得到悬浮 PTFE 树脂，后者得到分散 PTFE 树脂和 PTFE 分散液。

PTFE 是耐腐蚀的管道、管件、泵体、阀门、釜、槽、塔和各类标准设备耐腐蚀衬里的首选材料。另外作为密封材料、润滑材料，在机械、石化、交通运输、医药、食品、轻工、纺织、建筑等行业中使用也十分广泛。

2. 聚全氟乙丙烯

聚全氟乙丙烯（FEP），俗称 F46，由四氟乙烯和六氟丙烯共聚合制备，是最早开发的可熔融加工全氟材料。FEP 与 PTFE 一样具有优异的耐高低温性和耐化学腐蚀性，FEP 熔融黏度比 PTFE 低 5～9 个数量级，熔点和使用温度较 PTFE 更低，可用热塑性塑料通用方法加工成型，这是 PTFE 无法比拟的。

工业化的制备方法主要有乳液聚合（分散聚合）和悬浮聚合方法，且以分散聚合为主。近年来国外有以超临界聚合的中试研究，制备的产品清洁度更高。FEP 主要根据熔体熔融流动指数的不同来划分不同牌号。

FEP 广泛应用于耐热阻燃型通信电线电缆、普通电线电缆、薄膜和涂料及其他领域。

3. 聚偏氟乙烯

聚偏氟乙烯（PVDF）是偏氟乙烯的均聚物或含少量改性单体的共聚物。迄今为止，PVDF 树脂是世界上仅次于聚四氟乙烯的氟树脂品种，在国内也是第二大氟树脂产品。主要用作烘烤性涂料、挤塑、模塑和注塑产品、电池黏结剂、过滤膜、太阳能背板膜等。

4. 其他含氟树脂

可熔性聚四氟乙烯（PFA）是四氟乙烯与全氟正丙基乙烯基醚的共聚物。国内无产业化规模的生产装置，仅上海三爱富新材料股份有限公司生产少量 PFA 乳液。

聚氟乙烯（PVF）是氟乙烯的均聚物。国内仅中化蓝天生产 PVF 树脂，主要用作防腐蚀的分散体涂料。

聚三氟氯乙烯（PCTFE）是三氟氯乙烯的均聚物或含少量改性单体的共聚物。氟塑料 40（ETFE）是四氟乙烯与乙烯的共聚物。ETFE 主要用于电线电缆制造、薄膜和化工防腐领域。

氟塑料 30（ECTFE）是三氟氯乙烯与乙烯共聚物。1977 年上海化工研究院、上海市合成橡胶研究所和上海曙光化工厂协作采用辐射溶液聚合法制备；四川晨光化工研究院于 1980 年采用低温溶液聚合研究获得小试鉴定，但均未投入工业化生产。

（二）含氟弹性体

1. 23 型氟橡胶

氟橡胶 23，国内俗称 1 号胶，为偏氟乙烯和三氟氯乙烯的二元共聚物，是国内最早生产的氟橡胶品种。但由于其加工困难，发展受到限制，除在耐强酸的场合（特别是发烟硝酸）有所应用外，其余全部被 26 型氟橡胶所取代。

2. 26 型氟橡胶

F26 氟橡胶，国内俗称 2 号胶，为偏氟乙烯和六氟丙烯的共聚物。氟橡胶具有优异的耐高温和压缩永久变形性，是目前最通用的氟橡胶品种，其用量占整个氟橡胶的 80% 以上。根据其组成、分子量的高低及其分布和硫化工艺的不同，各生产企业有不同牌号的产品供应。

3. 246 型氟橡胶

氟橡胶 246，国内俗称 3 号胶，为偏氟乙烯、四氟乙烯、六氟丙烯三元共聚物。它具有与 26 型氟橡胶相似的优点，由于其氟含量比 26 型氟橡胶高，其耐烃类性能更好，耐高温性能更优，可长期在 250℃ 以上使用。根据组成、氟含量的高低和分子量的大小，国内有高氟含量、高门尼、宽分布等牌号的氟橡胶。

4. 其他氟橡胶

四丙氟橡胶是由四氟乙烯和丙烯共聚而得到的交替共聚物。与 VDF 类氟橡胶相比，四丙氟橡胶具有优异的耐碱等极性溶剂性能和耐水蒸气，目前国内仅有上海三爱富新材料股份公司生产。

氟硅橡胶是以—Si—O—为主链，侧基引入了含有氟原子的三氟丙基、五氟丁基等含氟基团的弹性体，是一种无机氟弹性体。其最重要的性能是高温下的拉伸强度保持率和低温柔韧性，可在 $-50\sim180℃$ 间长期使用。

羧基亚硝基氟橡胶是四氟乙烯、三氟亚硝基甲烷和 4-亚硝基全氟丁酸组成的二元或者三元共聚物，具有极佳的耐腐蚀性和耐介质性。

全氟醚橡胶由四氟乙烯、全氟甲基乙烯基醚和少量可供硫化的第三单体共聚而成。它是氟橡胶中耐溶剂性最好的品种，长期使用温度可达 288℃ 以上。它主要适用于耐 300℃ 左右、耐液氧、液氢、耐各种特殊苛刻环境的场合。

氟代烷氧基磷腈橡胶（简称氟化磷腈橡胶）是以磷和氮原子为主链的半无机橡胶，具有优良的耐油性、耐燃性和耐水解性、低温柔软性及宽广的使用温度范围，特别适用于制成耐燃油、液压油、润滑油系统的密封件。我国 20 世纪 70 年代先后合成过二元和三元橡胶，但由于价格方面的原因，未投入实际中试生产。

四、含氟表面活性剂

含氟表面活性剂主要用于灭火剂，感光材料表面处理光亮剂，油墨，半导体工业清洁和表面处理液，航天航空，电镀铬雾抑制剂、清洗剂，石油开采，玻璃制造助剂，氟乳化剂，脱模剂，织物、皮革整理剂，纸张表面处理剂等。根据制备方法不同主要分为电解法、调聚法和低聚法三种。

1. 电解法制备氟表面活性剂

以全氟烷基酰氟或磺酰氟为前体材料，再通过引入其他物质合成各类阴离子、阳离子、非离子和两性含氟表面活性剂。电解法起步于我国聚四氟乙烯攻关需要，20 世纪 60 年代上海合成橡胶研究所为获得聚合所需的分散剂全氟辛酸铵而开始用电解法生产全氟辛酸。以后上海地区成为全国最大的含酰氟基团表面活性剂最大和品种最多的地区，同时各主要含氟聚合物生产企业也分别于 2000 年后逐步建立自己的电解装置。20 世纪 70 年代末"325"会战后，武汉长江化工厂开始电解法生产含磺酰氟基团的氟表面活性剂，以后，湖北成为全国最大的该类表面活性剂生产地区。至今，全国全氟辛基磺酸类产能约 200 吨/年，全氟烷基羧酸类产能 180 吨/年，产量合计为产能的一半。

2. 调聚法制备含氟表面活性剂

该合成路线是以氟气、碘与四氟乙烯为主要原料，调聚生成不同碳链的全氟碘代烷，最终生产各种氟表面活性剂。20 世纪 70 年代末中科院上海有机化学研究所开发调聚法制备铬雾抑制剂 F53 及 F53b，目前在中科合成公司有小规模生产。20 世纪 80 年代上海市有机氟材料研究所与武汉长江化工厂合作开发 IF_5 及调聚产品。近年来辽宁天合精细化工股份有限公司承担国家科技支撑计划，已实现全氟调聚醇产业化；山东中氟化工科技有限公司也进行 IF_5 及下游产品的生产。

3. 低聚法制备氟表面活性剂

以四氟乙烯、六氟丙烯及相应的环氧化合物为单体进行阴离子低聚得到不同碳链的全氟混合物，再与亲核试剂取代反应合成多种氟表面活性剂。20 世纪 80 年代上海合成橡胶研究所以六氟丙烯三聚体作为前驱体合成了氟蛋白灭火剂的表面活性剂。各大氟化工企业包括上海三爱富、浙江巨化等开发了少量六氟丙烯和六氟环氧丙烷的低聚物及其下游产品。

2007 年，斯德哥尔摩公约将 PFOS/PFOA 列入新增持久性有机污染物（POPs）名单，其中 PFOS 在 2009 年缔约方大会上已开始受控，对我国相关领域将会带来重大冲击和影响。对此，在中国氟硅有机材料工业协会的推动下，一系列针对受控的相关开发工作蓬勃开展。首先以替代 PFOA 的各大氟化企业的不含 PFOA 的产品相继进行开发和试用；同时，以湖北中科博策新材料研究院为主的产学研团队在 PFOS 最大产能地采用旋转电极电解槽等技术，开展了替代 PFOS 前体材料的研究。

五、氟碳树脂涂料

以氟碳树脂为基本成膜物质的涂料称为氟碳树脂涂料，也简称氟碳涂料。

氟碳涂料品种有三大类：聚四氟乙烯（PTFE）类涂料、聚偏氟乙烯（PVDF）类涂料、氟烯烃和乙烯基单体共聚树脂（FEVE）类涂料。

1. PTFE 类涂料

PTFE 涂料主要用于制造炊具、食品、加工机械、纺织机械不粘性涂料及工业防腐涂层，由于具有防腐、防粘、耐高温的优异性能，发展较快。但 PTFE 熔点高、超大分子量、不溶、难熔，难于加工，在涂料中应用受到了一定限制。

纯 PTFE 涂料国内发展慢，主要原因在于涂料用 PTFE 树脂的分子量要求较低，只需工程塑料用途分子量的 1%，但同时必须具有双峰分布以保障不开裂的应用要求，国内 PTFE 树脂达不到这些要求。多用粉状 PTFE 作填料，提高涂料防腐性和降低表面能。

我国氟树脂涂料研究与应用始于 20 世纪 80 年代中期，上海市有机氟材料研究所研制了防粘和重防腐 PTFE 涂料，在此基础上又开发了 FEP 粉末涂料及静电喷涂工艺。

2. PVDF 涂料

聚偏氟乙烯 PVDF 具有半结晶性，和热塑性丙烯酸树脂混合制成有机溶胶型涂料，测试结果显示其在户外暴晒 24 年仍保光 80%以上，可以采用普通涂装工艺施工，是氟树脂涂料的一次飞跃。

PVDF 涂料最早用于护墙、屋顶、幕墙的冷轧，镀锌钢板等预涂涂料，后扩大到超高层建筑物和大型公用工程的装饰与保护，近年来大量用于太阳能电池的背面反射涂料。国内总生产能力超过 1.2 万吨/年，产量为 8000 吨/年。

国内涂料用的 PVDF 树脂质量和生产规模都提升很快，逐步改变完全依赖进口的局面。上海三爱富公司和浙江化工研究院先后建成 PVDF，产能各为 1000 吨/年。之后，三爱富公司又在内蒙古乌兰察布盟建设了 7000 吨/年的 PVDF 生产基地。

3. FEVE 涂料

为克服 PVDF 系列氟碳树脂涂料溶解性差、成膜温度高、光泽低与热塑性等不足，大连振邦氟涂料股份有限公司在 1998 年开发了溶剂型三氟氯乙烯-烷烯基醇和酸共聚氟碳树脂，并开发了不同用途的氟树脂涂料。1999 年江苏常熟中昊化工新材料有限公司也开发了同类产品。上海三爱富新材料股份有限公司同期开发成功溶剂型三氟氯乙烯-丙烯酸基醚多元共聚树脂，在常熟中昊投产，于 2003 年建成 2000 吨/年的生产装置。阜新氟化学有限公司开发成功四氟乙烯-乙烯酯多元共聚物树脂及涂料，2000 年投放市场。青岛宏丰集团建材公司于 2004 年建成年产 FEVE 树脂 1500 吨的装置，开发了不同系列氟碳树脂涂料。同年，大连振邦年产万吨氟树脂涂料建成投产。

据不完全统计，2010 年真正的 FEVE 型氟树脂涂料在全国的消费量在 1 万吨以上。

六、含氟制品

含氟高分子材料经过加工可以制备不同形状的制品，聚四氟乙烯（PTFE）树脂虽然是一种热塑性高分子材料，但即使把它加热到熔点以上的温度，亦只是形成无晶质的凝胶态，呈现 $10^{11}\sim10^{12}$ 帕·秒的极高熔融黏度而不能流动，因此聚四氟乙烯树脂的加工方法只能采用类似于"粉末冶金"的加工方式。

1. PTFE 制品

PTFE 的基本成型工艺是由原上海化工厂中试室开始研究，至 1963 年已经研究成功模压、糊膏挤压、压延、二次加工等成型工艺，产品包括板、棒、膜、管等制品。随着产品用途的扩展，加工工艺也随之发展。至 1980 年，上海市塑料研究所研制成功 PTFE 拉伸、吹胀、浸渍涂覆工艺以及包括内衬、焊接、波纹螺旋成型等二次成型工艺，后逐步推广到全国各地。根据 PTFE 制品的形态和加工工艺主要分为以下制品。

（1）PTFE 板及其衍生产品

一般采用悬浮 PTFE 树脂，直接经模压、烧结成型制备 PTFE 板。厚度较薄的片材，一般采用模压板经压延后成型；厚度较薄的板材，一般采用悬浮PTFE树脂，经模压、烧结成套筒，再车削成板材。

随着用途的逐步扩大，通过在PTFE树脂中添加不同的无机或有机材料进行改性，例如：玻璃纤维、铜粉、碳纤维、石墨、云母、二硫化钼、聚苯酯、聚酰亚胺等，可以得到具有不同优点的模压制品，例如密封圈、阻尼片等，也可二次加工成不同形状的其他制品。

（2）PTFE棒及其衍生产品

根据棒直径大小采用三种成型方法制备。一般采用悬浮PTFE树脂，直接经模压、烧结成型；对于直径较小、长径比较大的棒可采用分散树脂，经糊膏挤压、烧结成型；直径相对较大且长径比较大，亦可采用预烧结树脂连续挤出烧结成型。

同样，在模压棒中可添加不同的无机或有机材料进行改性。

（3）PTFE薄膜及其衍生产品

一般采用悬浮PTFE树脂，经模压、烧结后，车削成薄膜。车削薄膜再经压延，可制成半定向或定向膜。也可采用分散PTFE树脂，经糊膏挤出、压延成生料膜或烧结成薄膜。压延膜经拉伸定型后可制得微孔膜（或微孔片材），用作过滤膜。微孔膜作为包覆材料可用于各种高性能的通信线缆。由于聚四氟乙烯无毒且生物相容性相当好，因此微孔膜片可作为植入人体的医用材料，例如各类修补片或防粘连材料。微孔膜经复合热压定型后，可制得低应力高性能的膨体PTFE密封型材等。

PTFE薄膜经二次加工后可制得PTFE丝，经编织后成为除尘袋、密封用盘根或润滑垫层等。

（4）PTFE管及其衍生产品

主要采用分散PTFE树脂，经糊膏挤压、烧结成型制备PTFE管。纯PTFE管主要用于防腐、耐高低温的管道，作为钢管的内衬可提高管道的强度。PTFE管经波纹成型后，可制成硬管之间连接用的膨胀节；经螺纹成型后，可制成柔性连接管道或防护套管；经吹胀工艺处理后可制得热收缩管作为绝缘防腐耐油保护套管等。

经糊膏挤压成型的PTFE管，通过拉伸、烧结定型，可以制得多孔的膨体PTFE管作为润滑用的渗油管。同样，膨体PTFE管可作为植入人体的人造血管使用。

若采用纯PTFE和导电材料复合的预制坯件，经糊膏挤压、烧结成型PTFE导电管，然后在管体外包覆不锈钢丝增强层、两端组装金属连接件，则可制成PTFE软管组件，航空航天飞行器必需的液压导管。目前国内该类产品最高耐温232℃、最高工作压力为35兆帕。

（5）PTFE浸渍、涂覆制品及其衍生产品

采用PTFE分散液浸渍的玻璃纤维布，经烧结后成为PTFE玻璃纤维布，俗称"四氟漆布"。四氟漆布层叠热压成型可制成四氟玻纤层压板；若在四氟漆布层叠后

的外层单面或双面增加铜箔一起热压,则可制成印刷电路基板,是高性能电子设备用印刷电路的主要材料。大规格尺寸的四氟漆布经裁剪黏结后,可制成具有自清洁能力的篷布材料,作为大型室外场地的顶棚材料(这类材料的浸渍液中含有玻璃细珠)。

若把PTFE分散液真空吸塑至多孔金属材料内,或浸涂在金属网上或其他纤维织物上,经烧结,可制得PTFE垫层用作无油轴承的基材或垫层材料。

2. 可熔性氟塑料制品

除聚四氟乙烯外,其他的氟塑料在其熔点以上都呈流动状态,因此称其为可熔性氟塑料,一般热塑性塑料的加工工艺都适用于可熔性氟树脂,例如挤出、吹塑、流延、滚压、模压、注射、浸渍、喷涂等。国内除注射工艺首先由北京市塑料研究所于20世纪80年代研究成功,例如PFA和PVDF硅片承载器等,其余可熔性氟塑料成型工艺基本上均由上海市塑料研究所于1963—1980年间研究成功,主要制品形式如下。

(1)可熔性氟塑料管及其衍生产品

一般采用挤出成型方法制备,主要用作腐蚀性液体和气体的管道,为提高承受强度可作钢管的内衬管以及各种导管、线缆、密封圈的保护套管。若采用异型模具挤出,可制得异型管,例如FEP"U"形管,适用于纺织业的浆纱机,作为防粘组件。

(2)可熔性氟塑料板、棒及其衍生产品

一般采用模压成型或挤出成型,广泛用于制作耐腐蚀、耐高温的衬垫、密封件、减磨零件或电绝缘零件。也可与其他零件组合直接模压成型专用零件,如电磁阀门座等。

(3)可熔性氟塑料薄膜

一般采用吹塑、流延成型,主要用作防腐、防粘、电绝缘、透光等隔层材料,也可作为层压板的黏结层。PVDF膜一般采用流延、拉伸成型,用于过滤膜或太阳能背板材料。厚度相对较厚的,也可采用T-形机头挤出、压延成型。

3. 氟橡胶制品

中国的氟橡胶制品的加工起源于上海。20世纪60年代上海合成橡胶所研究氟橡胶合成及生产,上海橡胶制品所配套氟橡胶的加工应用技术研究,至1964年已经开展了氟橡胶的塑炼、混炼、硫化甚至氟胶布制作等工艺研究,在此基础上完成并鉴定了一系列氟橡胶制品,如64F125-5氟橡胶垫圈、耐油动态氟橡胶密封圈;64FH-9氟橡胶玻璃布、国产氟橡胶23-11胶料以及氟橡胶与金属粘接胶黏剂等,奠定了氟橡胶加工和应用的基础。此后,又不断完善了加工应用技术,如氟橡胶的挤出塑型、胶浆制作、涂胶工艺以及硫化型式等。至今氟橡胶的加工技术已经日臻成熟,能够适应各种制品、胶管、胶片、胶布、胶黏剂等产品的制造,满足社会各行业对氟橡胶产品的需求。

氟橡胶制品的制备主要由混炼、压出、压延、胶浆和涂胶、硫化等工序组成。

氟橡胶制品广泛地用于要求耐酸、耐碱、耐高温、耐化学介质的苛刻环境，在长期使用中保证产品的绝对可靠性。最重要的制品形式有：O形圈、轴封、垫片、油管、阀杆密封、烟道管膨胀接头、膜片、胶管等，还可用于燃料（推进剂）的黏合剂以及涂料和密封腻子。

七、含氟特种气体及电子化学品

我国含氟特种气体已有十几个品种，其中产量最大的为六氟化硫，其他已工业化的产品有氟气、三氟化氮、四氟化碳等。六氟磷酸锂主要用作锂离子电池电解液，属于电子化学品。含氟特种气体主要用于电器设备的灭弧气体、集成电路、薄膜太阳能行业、液晶显示屏等的清洗、蚀刻气体，虽然总产值不大，但影响相关产业产值巨大，且附加值较高，经济和社会效益明显。

1. 氟气

氟气（F_2），密度 1.554 千克/米^3，熔点-219.62℃，沸点-188.1℃，常温下为浅黄色、剧毒、强腐蚀性气体。氟气是已知的最强的氧化剂，除具有最高价态的金属氟化物和少数纯的全氟有机化合物外，几乎所有有机物和无机物均可以与氟反应。

氟气主要用于合成六氟化铀（UF_6）、六氟化硫（SF_6）、三氟化氮（NF_3）、四氟化碳（CF_4）、六氟化钨（WF_6）等化学品。少量用于有机氟化物和氟化石墨等的制备、聚合物的表面氟化、准分子激光器的工作介质以及半导体制造工艺中CVD腔室的清洗等。

2. 六氟化硫

六氟化硫（SF_6），升华点-63.8℃，沸点-50.8℃。常温下是一种无色、无味、无毒的非燃烧性气体，是已知化学安定性最好的物质之一，纯态即使在500℃以上也不分解。主要通过氟气和熔融的硫黄反应制得。它具有卓越的电绝缘性和灭弧特性，主要用于断路器、高压开关等电器设备。电子级六氟化硫在半导体工业中作清洗气体。

3. 三氟化氮

三氟化氮（NF_3），熔点-206.8℃，沸点-129℃。纯净的三氟化氮是一种无色无味的气体，是一种热力学稳定的氧化剂。当温度超过350℃时，三氟化氮气体会慢慢分解，分解时产生强氧化性氟，可以和大多数物质反应。三氟化氮可以通过氟气和氟（氢）化铵反应制备（氟化法），也可通过氟氢化铵熔盐电解制备。

三氟化氮作为一种优良的等离子蚀刻气体和干法清洗气体，广泛用于液晶面板、太阳能、LED、TFT-LCD等领域。

4. 四氟化碳

四氟化碳（CF_4），熔点-183.6℃，沸点-128.1℃，在常温下是一种无色、无味的不燃性气体，具有很高的热稳定性和化学稳定性。主要通过氟气和石油焦反应制得。它曾是微电子工业中用量最大的等离子体蚀刻气体，也可用于火箭姿态控制、金属冶炼等领域。

5. 电子级氢氟酸

氢氟酸是氟化氢的水溶液，为无色透明至淡黄色冒烟液体，具有刺激、腐蚀和毒性，对金属、玻璃、混凝土等具有强烈腐蚀性。

电子级高纯氢氟酸是使用量最大的信息化工产品之一。在集成电路和超大规模集成电路制造中，电子级高纯氢氟酸是关键辅助材料之一，主要用于晶圆表面清洗、芯片加工过程中的清洗和腐蚀等工序；在液晶显示器行业，用于玻璃基板清洗、氮化硅、二氧化硅蚀剂及薄化等；在太阳能光伏行业中，用于硅片表面清洗、蚀剂等。它的纯度和洁净度对集成电路的成品率、电性能及可靠性都有着十分重要的影响。电子级氢氟酸具有品种多、用量大、技术要求高、贮存有效期短和强腐蚀性等特点。

6. 六氟磷酸锂

六氟磷酸锂（$LiPF_6$），为白色或微黄色结晶粉末，相对密度为1.50，热分解温度低（30℃），潮解性强；易溶于水，溶于无水氟化氢、低浓度甲醇、乙醇、丙酮、碳酸酯类、低烷基醚、腈、吡啶等有机溶剂，但难溶于烷烃、苯等有机溶剂。暴露于空气中或加热时，六氟磷酸锂与空气中水分作用而迅速分解。

六氟磷酸锂作为锂离子电池电解质，主要用于锂离子动力电池、锂离子储能电池及其他日用电池，是近期不可替代的锂离子电池电解质。

附1 大 事 记

1955年，上海鸿源化学厂试制成功氟制冷剂R12和R22，1956年投产，跨出我国发展氟化工的第一步。

1957年，上海鸿源化学厂高曾熙工程师率先提出用F22热裂解制四氟乙烯（TFE）和聚四氟乙烯，以极简陋的设备和条件开展试制，获得几克PTFE样品。1959年，上海鸿源化学厂建设3吨/年聚四氟乙烯中试装置，同年化工部召开第一次全国氟塑料会议，组织多家科研院所开展技术攻关。

1958年，上海市北洋化工厂、中科院上海有机所研制成功聚三氟氯乙烯，1964年建成25吨/年中试生产装置，1965年8月正式投产，1966年12月通过化工部鉴定。

1958年，中科院化学所胡亚东等人在实验室合成氟橡胶23。随后，中科院化学所、上海橡胶工业研究室、中科院长春应化所和上海橡胶十四厂联合成立扩大试验领导小组，开展扩试工作。1959年初，聚合得到公斤级氟橡胶，命名为"1号氟橡胶"。

1959年，化工部安排上海化工厂进行PTFE加工研究。

1959年，上海化工厂、上海市塑料研究所开展聚四氟乙烯树脂和四氟乙烯共聚树脂的加工应用研究工作，并于20世纪60年代中期试制成功氟塑料密封件。

1960年，中科院长春应化所首先开展氟树脂F46的合成研究；1964年，上海市合成橡胶研究所建成2吨/年的六氟丙烯装置；1965年，上海市合成橡胶研究所完成氟树脂F46的中试。

1960年4月，上海橡胶工业研究室一分为二，成立专门从事研究有机氟材料合成的上海市合成橡胶研究所。

1960年9月，在上海吴泾合成橡胶厂西侧建成2吨/年的1号氟橡胶中试车间，并生产出0.2千克/批的聚合物，1964年完成50升反应釜的放大试验，为下一步中试和深化研究打下了坚实的技术基础。1965年6月，通过化工部技术鉴定。由此奠定了我国氟橡胶批量生产的基础。

1961年3月27日，国家科委和化工部联合召开第二次氟塑料会议，即"聚四氟乙烯全国攻关会议"，组织开展聚四氟乙烯全国攻关大会战。中科院上海有机化学研究所和上海鸿源化学厂在参考某国外TFE流程后，经试验重新设计了3吨/年中试装置。

1963年7月1日，上海市塑料研究所正式宣告成立，重点开展氟树脂成型研究及其产业化开发。

1963年，上海鸿源化学厂实现仿德国文献采用外转式转炉生产无水氟化氢，并成功试制国内第一台500毫米直径、3米长的反应转炉，形成100吨/年的生产能力。

1964年，上海市合成橡胶研究所建立了2吨/年HFP生产装置并生产2号和3号氟橡胶。

1964年，根据上海鸿源化学厂3吨/年中试装置试验结果和某国外参考流程，由上海医工设计院设计，在上海市合成橡胶研究所建成我国第一个聚四氟乙烯试验生产车间。同年5月20日生产出聚四氟乙烯树脂，上海市塑料研究所立即开展聚四氟乙烯树脂的二次加工研究工作，制品主要用于我国国防军工领域。1965年经化工部鉴定后正式生产，结束了中国不能生产PTFE的历史。

1965年，黎明化工研究院在青海组建。1978年实施整体易地搬迁至河南省洛阳市，1984年建成并通过化工部验收。重点开展化学推进剂原材料、过氧化氢、含氟气体和聚氨酯材料等领域研究。

1965年，国内24家科研院所和工厂从北京、上海和其他省市内迁四川省自贡市富顺县，组建"晨光化工总厂"，重点开展有机氟、有机硅、环氧树脂等化工新型材料的研究开发和生产。总厂由一分厂、二分厂、三分厂、四分厂等组成。以军工新产品为主要目标的研制在一分厂，有机氟新材料生产在二分厂，加工成型在三分厂。

1966年，晨光化工总厂二分厂按照上海市合成橡胶研究所的技术和实样，建成300吨/年的聚四氟乙烯树脂和50吨/年的氟橡胶中试生产车间，同年生产出合格产品。

1966年，中科院化学所（北京）、上海市合成橡胶研究所和上海树脂厂开展氟硅橡胶技术攻关，在上海树脂厂建成4吨/年中试装置的单体和聚合部分，原料和主要中间体生产建在高桥化工厂和上海制冷剂厂，因环保问题等原因未能开车。1980年初，重新在上海市合成橡胶研究所建立4吨/年中试装置，新建装置包含从原料、中间体到单体合成和聚合等一条龙。项目列入国家"六五"科技攻关计划。1983年打通全流程，得到合格产品，1984年通过化工部鉴定。期间，上海合成橡胶研究所还开展了氟四丙橡胶的研制工作。

1967年，北京化工研究院和上海市橡胶研究所开展羧基亚硝基氟橡胶研究，1968年试制成功。1969年，北京化工研究院内迁晨光化工研究院后，于1970年建成1吨/年扩试装置，并负责供货。1975年，晨光化工研究院和上海市橡胶研究所同时完成化工部技术成果鉴定。

1970—1980年，上海市合成橡胶研究所、晨光化工研究院和中科院上海有机化学研究所、上海化工研究院分别开展了可熔性聚四氟乙烯树脂、氟树脂F24、F40、F30、氟橡胶FTP等的研究工作，并取得小试研究成果。

1970年，晨光化工研究院三分厂研制成功当时国内规格最大的800毫米×800毫米聚四氟乙烯板；1971年，开展"大型、异型氟塑料制件液压成型新工艺和新设备的研究"；1972年，研制成功我国第一台ϕ2000毫米的聚四氟乙烯等压成型高压釜，设计制作了2000毫米×2000毫米的大型天然气烧结炉。

1971年，化工部晨光化工研究院采用二氯二氟乙烯与氟氧基三氟甲烷加成的工艺路线，从电解氟化合成开始，创立了一套全新工艺路线，制备全氟甲基乙烯基醚（PMVE）这一重要单体，经多年努力，在1979年获得成功，并建立了千克级实验室装置。

1978年，上海市有机氟材料研究所氟橡胶23-11、氟橡胶26-41、氟橡胶23-21、聚四氟乙烯-全氟丙烯共聚树脂、无溶剂聚硅氧烷模压树脂、30吨/年聚四氟乙烯获全国科学大会奖。

1978年，上海市有机氟材料研究所2号、3号无溶剂聚硅氧烷树脂获全国科学大会奖。

1978年，晨光化工研究院羧基亚硝基氟橡胶、弹性体和卫星仪器密封件研究、大型球阀ϕ700毫米气-液联动事故紧急关闭大球阀及海上地震勘察水下接收系统电缆浮子项目获全国科学大会奖。

1980年5月，上海市合成橡胶研究所更名为上海市有机氟材料研究所，成为全国唯一的有机氟材料专业研究所。

20世纪80年代初，化工部第六设计院考察悉尼Stauffer3000吨/年AHF装置之后与武汉长江化工厂联合开发了国内第一套采用新工艺的 3000 吨/年 AHF 生产装置。

1982 年开始，晨光化工研究院一分厂进行全氟醚橡胶的研究，定名为 F-400，并于 1985 年进行了化工部鉴定。

1983 年，江西贵溪化肥厂为年产 12 万吨磷酸、24 万吨磷胺工程配套建设了 6000 吨/年氟化铝回收装置，引进了法国彼施涅 A-P 工艺技术，项目于 1991 年建成投产。其后，国内多家大型磷复肥生产企业为了解决磷复肥生产过程中氟硅酸的出路，均从国外引进氟硅酸生产氟化铝的技术和设备。由于种种原因，这些设备均不能正常生产，最后全部停产。

1985 年 1 月，浙江巨化公司正式进军氟化工领域。

1985 年，上海市有机氟材料研究所"聚四氟乙烯及其共聚物"获国家科学技术进步二等奖、"氟碳系列橡胶的开发和应用"获国家科学技术进步三等奖。

1987 年，上海市有机氟材料研究所"年产 4 吨氟硅橡胶实验"获国家科学技术进步三等奖。

1987 年，上海市有机氟材料研究所液体地-地战略武器及运载火箭项目获国家科技进步特等奖。

在 1987 年联合国签订的《关于消耗臭氧层物质的蒙特利尔议定书》的基础上，经过努力，在 1990 年 6 月达成了该议定书伦敦修正案。1991 年我国政府签署了议定书伦敦修正案，标志着我国正式承诺履约，在获得多边基金资助的基础上，淘汰生产、消耗 CFCs、哈龙等 ODS 产品。1997 年，我国政府签署《京都议定书》。这两项议定书的履约对我国氟化工的后续发展产生了重大影响。

1988 年，中国氟硅有机材料工业协会成立。原由化工部组建的有机氟行业协会和有机硅行业协会成为该协会的专业分会。

1988 年，湖南湘乡铝厂氟化盐生产装置经改扩建并引进瑞士布斯（Buss）公司年产 1.5 万吨/年的干法氟化铝生产技术和主要设备，装置产能达 5.7 万吨/年。

1989 年，济南化工厂引进美国施多福（Stauff）公司 1 万吨/年 AHF 生产技术。该装置中采用了瑞士 List 公司的由特殊耐腐蚀硬质合金制造的双轴预反应器。同期浙江巨化、湖南湘乡铝厂引进布斯公司 1 万吨/年生产技术。

20 世纪 90 年代初，浙江化工研究院被化工部授予 ODS 替代品工程技术研究中心。上海市有机氟材料研究所被化工部授予 ODS 检测中心。

1990 年 10 月，化工部部长顾秀莲亲临浙江衢州市考察巨化，肯定了巨化的产业结构调整目标，挥毫题词："改造老企业，建设新巨化"。

1991 年，上海市有机氟材料研究所"千吨级四氟乙烯生产技术"获上海市首届科技博览会金奖，1992 年获化工部科技进步一等奖，1993 年获国家科学技术进步一等奖。

1992 年 8 月，上海市有机氟材料研究所以相关资产成立国内氟化工第一家上市公司——上海三爱富新材料股份有限公司。公司成立后，于 1993 年收购常熟制冷剂厂，成立以多元投资为特色的常熟三爱富化工有限责任公司，主要扩大 AHF、CFCs 和 HCFCs 业务。1995 年顾秀莲部长在视察常熟三爱富新开发的长江边新园区雏形时题字"发展氟化工，振兴三爱富"。

1993 年，上海三爱富新材料股份有限公司"氟塑料加工及应用技术开发"课题获国家科技进步二等奖。

1993 年 6 月，浙江巨化氟化工一期工程完成，1995 年 1 月，通过国家竣工验收，正式交付生产，巨化正式进入氟化工领域。

1994—1995 年，上海有机氟材料研究所先后承接了化工部、国家环保局委托的 2000 吨/年 HFC-152a 生产装置建设、5000 吨/年 HCFC-141b 工业性试验装置项目。项目由有机氟材料研究所控股的上海三爱富新材料股份有限公司子公司常熟三爱富化工有限责任公司实施。

浙江省化工研究院 HCFC-123 课题列为国家"八五"科技攻关项目；HFC-152a、混合工质、HFC-32、HFC-143a、HFC-125 等课题被列为化工部科研项目。

1996 年，西安近代化学研究所自主成功地开发了气相法 HFC-134a 技术。1999 年 3 月 14 日建成 30 吨/年催化剂生产装置、200 吨/年 HFC-134a 工业性试生产装置及配套设施，正式投料试车并稳定运行，连续生产出合格的 HFC-134a 产品。

1997 年 11 月，化工部晨光化工研究院（自贡）外加热式 F22 水蒸气稀释裂解制备四氟乙烯装置试车成功。

1999 年 12 月，河南焦作多氟多化工股份有限公司成立。

1999 年 7 月，化工部晨光化工研究院（自贡）、黎明化工研究院等科研院所整体转制为科技型企业。2000 年，整体资产划拨并隶属于中国昊华化工集团总公司，"化工部晨光化工研究院（自贡）"更名为"中昊晨光化工研究院"。

1999 年，山东东岳集团与清华大学合作，联合成功开发了具有自主知识产权的绿色环保制冷剂系列产品，获得国家技术发明奖。经不断发展，东岳集团的绿色环保制冷剂品种已达 31 个。

1999 年，国家经贸委批准上海三爱富新材料股份有限公司建设千吨级氟橡胶工业性试验项目。项目包括单体 VDF、HFP 和氟橡胶聚合、后处理等。公司集合了历年累积的技术进步，VDF 和 HFP 生产技术有大的飞跃，并首次将 DCS 自控系统用于单体和氟橡胶生产。

2001 年，中昊晨光化工研究院的"500 吨/年氟橡胶装置"建成投运。2004 年，装置采用了国内氟橡胶生产最大的 4000 升聚合反应釜，成为我国实现氟橡胶技术产业化的里程碑。

2001 年，山东东岳集团 3000 吨/年聚四氟乙烯项目正式投产；经过多年不断扩建，东岳聚四氟乙烯生产装置产能达到 3.5 万吨/年。

2001 年，日本大金公司（DAIKIN）投资 13.3 亿元，在江苏常熟建设 TFE、HFP

和氟聚合物生产基地，2003年建成投运，成为全球氟化工巨头向资源地、发展中国家和市场潜力大的地域转移的标志性事件。

2001年，上海三爱富收购原常熟三家民营企业，组建常熟三爱富中昊化工新材料有限责任公司，专门从事发展HCFCs和HFCs的生产和开发。

2001年5月，浙江巨化中俄科技合作园隆重开园。

2002年，国家氟材料工程技术研究中心在浙江巨化挂牌成立。

2003年，中国中化集团公司与西安近代化学研究所合作建立中化近代环保化工有限公司，在西安建成我国第一套具有自主知识产权的5000吨/年HFC-134a工业化生产装置。2008年，通过国家环保部的验收。

2003年，中昊晨光化工研究院"2500吨/年四氟乙烯单体生产新工艺装置"建成投运。

2003—2005年，成都市新都凯兴科技有限公司与中昊晨光化工研究院联合先后开发成功4000升、8000升薄壁氟树脂聚合反应釜，采用特殊的内部构件，大大提高了聚合反应釜的传热和传质效果，该设备的开发成功对我国氟聚合工艺技术水平的提升起着非常重要的作用。

2004年，山东东岳集团建成我国第一套单套产能10000吨/年PTFE的单体及配套聚合后处理生产线。

2004年，美国爆发同"杜邦特氟龙（Teflon）"相关的"C_8事件"，对中国生产以特氟龙涂料为不粘涂层的餐具生产、销售以及公众舆论产生很大冲击，对全氟辛酸（PFOA）及盐对人体健康可能存在"潜在威胁"的报道引起消费者群体的恐慌。随着科学解释及对可能造成的危害性及程度的客观评估，约一年多后，影响基本平息。

2005年8月，巨化与日本JMD温室气体减排株式会社签订国内首套HFC-23分解清洁发展机制（CDM）项目合同，CDM是按《京都议定书》规定进行的"碳交易"项目。

2006年，黎明化工研究院SF_6产能扩大到3000吨/年，产能和产量均居世界首位，并开发了电子级SF_6。

2006年12月27日，欧洲《关于限制全氟辛烷磺酸销售及使用的指令》（2006/122/EC），连同此前美国EPA组织8家相关大公司制订和实施"伙伴计划（Stewwardship）"要求2015年全部停止生产和使用C_8，引发国内外主要氟化工企业竞相研发全氟辛酸及盐（PFOS）替代品技术。

2007年5月，中昊晨光化工研究院采用等离子焚烧技术成功实施CDM项目。该院成为国内有机氟行业唯一采用拥有自主知识产权的环保装备焚烧F23尾气的企业。

2007年，我国提前3年完成了禁止生产、消费CFCs和哈龙等ODS产品的目标。淘汰了约10万吨/年CFCs和8万吨/年Halons的生产和消费。

2007年，青岛宏丰科技有限公司建成全国第一套最大生产规模100吨/年的PCTFE

生产线。

2007年，中化集团公司在江苏省太仓建成了20000吨/年HFC-134a生产装置。

2008年，贵州瓮福蓝天化工公司引进瑞士布斯公司以磷肥副产品氟硅酸为原料的2万吨/年AHF生产装置，成为国内第一家利用副产氟资源制备AHF的企业。

2008年，中昊晨光化工研究院自主研究开发成功全氟辛酸及盐（PFOS）替代品技术，成功应用于环保型氟橡胶、环保型聚四氟乙烯树脂的生产，突破了欧美发达国家的技术贸易壁垒。2008年，国家环境保护部重点推广该项技术。

2008年，我国AHF总产能突破100万吨/年，单套装置产能达到3万吨/年。无机氟化盐总产能突破200万吨/年，各类含氟聚合物总产能达到6万吨/年，成为我国氟化工发展史的拐点。

2008—2009年，我国氟化工产业受到全球金融危机影响，开工率不足，氟化工行业进入行业洗牌、整合、产能调整和盘整阶段。

2009年6月和10月，中共中央总书记、国家主席胡锦涛和国务院总理温家宝先后视察了东岳集团。温总理指出："你们是研究氟、硅材料的，我知道你们的产品和新材料、新能源、节能环保密切相关，像东岳这样新的经济增长点，我们就要予以重视、培育和支持"。

2009年9月，山东东岳集团与上海交通大学合作，历时8年科技攻关，实现了氯碱离子膜产业化。2010年6月，东岳生产的全氟离子膜成功应用于万吨/年规模氯碱生产装置。该项目荣获国家技术发明奖，得到党和国家领导人的充分肯定。

2010年，中昊晨光化工研究院建成4000吨/年高品质氟橡胶产业化装置，至此该院氟橡胶总产能达到7000吨/年。

2010年，常熟三爱富中昊化工新材料有限公司同美国杜邦公司合作建设了3000吨/年HFO-1234yf生产装置，HFO-1234yf具有ODP为零和GWP很低的优点，可作为HFC-134a的替代品。

附2 国际背景

国际氟化工的发展历史主要从无机氟化盐、氟氯烷烃的研究成功到进入商业规模生产和应用开始。正是由于20世纪30年代氟里昂系列产品的大规模生产，产生了对无水氟化氢的大量需求，进一步发现和开创了品种繁多、性能优异的氟化工产品体系。至今全球氟化工产品达数千种，产值超过千亿美元。

1. 无机氟化物

（1）氟化氢

1670年，德国玻璃工瓦哈德偶然将硫酸注入萤石，发现产生的蒸汽可用在玻璃雕刻工艺中。1768年，德国科学家马格拉夫（S.A.Marggraf）制出了氟化氢。1931年美国首先实现无水氟化氢的商业生产。

氟化氢生产通常采用萤石与硫酸反应的工业路线。瑞士布斯（Buss）公司1960年研制成功了预反应器等系列装备，其氢氟酸生产技术居世界领先水平。美国联合化学公司（现霍尼韦尔公司）1971年开发了循环副产硫酸钙的氟化氢生产工艺，单台转炉生产能力可达到4.5万吨/年。也有以磷肥副产氟硅酸制备氟化氢的技术。

（2）霍尔-埃鲁法拉开了氟化盐工业的序幕

1886年美国霍尔（Hall）和法国埃鲁（Heroult）相继设计出电解法生产铝的技术，极大地推动了电解铝必需的原料——冰晶石和氟化铝等氟化盐的生产。目前国际上具有代表性的氟化盐生产技术有瑞士布斯、德国鲁奇、奥地利林茨等公司的氟化铝生产技术，美国杜邦、西班牙DDF、日本大金公司的电子级氟化盐生产技术等。

（3）国际无机氟化工行业发展趋势

氟化盐行业一直随电解铝工业的兴衰而发展。目前世界氟化盐产能超过200万吨，产量100多万吨。随着全球对环境保护问题的日益关注，氟资源综合利用技术将进一步开发，无机氟化物将逐步向精细化、专用化、规模化的方向发展。

2. 有机氟化学品

早期的制冷剂多数是可燃、有毒或腐蚀性的，1930年Thomes Midgley提出把卤代烃用作制冷工质。1931年，美国杜邦公司首先开发出CF_2Cl_2（R12），商标名为"氟里昂（Freon）"。随后，一系列CFCs（全氯氟烃）和HCFCs（氢氯氟烃）陆续商业化，成为全球制冷行业主流产品，大大促进了制冷行业的发展。

《蒙特利尔议定书》及其修正案：1974年，M. J. Molina和F. S. Rowland提出了CFCs破坏臭氧层理论，国际社会于1985年缔结了《保护臭氧层维也纳公约》。1987年签订的《关于消耗臭氧层物质的蒙特利尔议定书》及随后的修正案，要求淘汰CFCs、哈龙和四氯化碳等高臭氧损耗潜值（ODP）的ODS产品，HCFCs作为过渡方案。随后进入了以HFC-134a为代表的氢氟烃制冷剂及混合工质时代。至今发达国家已全面停止生产和消费CFCs，加速淘汰HCFCs。

《京都议定书》和《含氟气体法规》：温室效应将引起气候变化，1992年国际社会制订了《联合国气候变化框架公约》，1997年通过了《京都议定书》并于2005年生效，部分HFCs等被列入受控温室气体。

2002年以来国外公司致力于开发低全球变暖潜能（GWP）的制冷剂等。2008年，霍尼韦尔和杜邦合作，开发成功HFO-1234yf用于汽车空调，氢氟醚（HFEs）等的研究也如火如荼。

3. 含氟高分子材料

（1）聚三氟氯乙烯（PCTFE）、聚四氟乙烯（PTFE）的成功研发

1934年，德国I. G. Farbenindustrie公司的F.S Chloffer等发明了PCTFE。1938

年，R.J. Plunkett 博士在研究氟里昂制冷剂时，偶然发现了 PTFE。1950 年杜邦公司实现了工业化。

PCTFE 与 PTFE 的商品化，标志着一个崭新的氟聚合物产业的诞生，是氟塑料工业发展史上的里程碑。目前商业化氟聚合物有 PTFE、PCTFE、聚全氟乙丙烯（FEP）、聚氟乙烯（PVF）、聚偏氟乙烯（PVDF）、乙烯-三氟氯乙烯共聚物（ECTFE）、可熔性聚四氟乙烯（PFA）、乙烯-四氟乙烯共聚物（ETFE）、无定形氟聚物（Teflon®AF）等。

（2）军工需要奠定了氟碳弹性体的地位

氟碳弹性体起源于 20 世纪 50 年代初期对优异耐热和耐化学性的弹性体的军用需要。1955 年，M.W.Kellogg 公司发明的偏氟乙烯和三氟氯乙烯的共聚物首次被商业化。1957 年，美国杜邦公司成功合成了 Viton 型氟橡胶，解决了航天、航空领域的密封难题。20 世纪 70 年代中期，高温性能优异的全氟醚橡胶投产。1989 年，热塑性氟碳弹性体问世，耐温性进一步提高。

（3）重要含氟单体制造技术的进步

20 世纪 40 年代末美国杜邦公司最早开发采用二氟一氯甲烷（HCFC-22）为原料，通过热裂解制备四氟乙烯（TFE）。20 世纪 50 年代末至 60 年代初，日本大金公司、英国 ICI 公司和德国的 Hoechst 公司等先后开发了水蒸气稀释热解 HCFC-22 制备 TFE 的技术。1959 年美国杜邦公司首次合成六氟环氧丙烷（HFPO），由 HFPO 合成全氟烷基乙烯基醚类改性和共聚单体，并形成系列化。由其改性的含氟共聚物性能改进，市场发展迅速。

（4）聚合技术进步助推氟聚合物的发展

国外从 20 世纪 60 年代初开始用卧式搅拌釜作吸收传质装置，后用于氟聚合物的聚合反应。20 世纪 90 年代，北卡罗来纳州立大学和杜邦公司共同开发了超临界二氧化碳制备氟聚合物技术，这是今后发展的方向。

氟橡胶存在模压流动性差、易压缩变形、生胶加工工艺性能和硫化胶的物理性能不好协调等缺陷。氟橡胶的改性主要有：一是通过主链改性，如氟醚橡胶、氟硅橡胶的开发；二是多种橡胶并用，将氟橡胶与通用橡胶、特种橡胶并用，以获得成本更低、性能更优异的材料。

4. 其他氟化工产品

（1）电化学氟化法为氟碳化合物的制备开辟了新途径

1941 年美国化学家 Simons 发明了电化学氟化（ECF）方法，被氟化的有机物溶解或分散在无水氟化氢（AHF）中，有机物中的氢原子被氟原子取代，而其他官能团如磺酰基和酰基等仍被保留。

（2）PFOS/PFOA 及其替代

全氟辛烷磺酸基化合物（PFOS）是全氟化合物的代表，20 世纪 60 年代以来开发了上百种含有全氟烷基磺酰基化合物的产品,广泛用于防水、拒油、易去污整理剂和特殊表面活性剂。2006年欧盟发布了限制PFOS的法令,随后PFOS被列入POPs物质。全氟辛酸(PFOA)也被怀疑存在与PFOS相似的危害性。

发达国家在积极开展PFOS和PFOA代用品的开发及应用技术,代用品主要有不完全氟化的长链化合物、全氟醚酸衍生物及全氟碳短链或支链化合物等。

(3) 含氟涂料的发展

含氟涂料是指以含氟树脂为主要成膜物质的系列涂料的统称,主要有三种类型:以杜邦公司为代表的特氟龙不粘涂料,主要用于不粘餐具、模具等方面;以阿托-菲纳公司为代表的以PVDF树脂为主要成分的外墙高耐候性氟碳涂料;以日本旭硝子为代表的以三氟氯乙烯为主要单体的多元共聚可常温固化FEVE氟碳涂料,主要应用于桥梁、建筑防腐等。

参 考 文 献

[1] 上海化学工业志.
[2] 中国国防化工史.
[3] 王大枋. 萤石资源开发利用与氟化学工业发展//浙江省科协学术研究报告——浙江优势非金属矿产资源的开发利用研究论文集. 2004.
[4] 周克经. 中国氟硅有机材料工业协会有机氟专业委员会第三届理事会工作报告[J]. 有机氟工业, 2000, 3: 2-5, 12.
[5] 滕名广. 中国氟化工发展中的问题和对策[J]. 化工新型材料, 2002, 11: 1-6.
[6] 卿凤岭, 邱小龙. 有机氟化学[M]. 北京: 科学出版社, 2007.
[7] 岳润栋. 氟化工产业的现状和发展. 2012.
[8] 中国化学工业年鉴. 2002 (19).
[9] 中国塑料工业年鉴. 2001.
[10] 陈鸿昌. 氟化工行业发展前景述评[J]. 有机氟工业, 2007, 1: 14-25.
[11] 陈鸿昌. 氟化工园区建设及现状[J]. 有机氟工业, 2009 (3): 59-64.
[12] 环境保护部环境保护对外合作中心编. 中国履行《关于消耗臭氧层物质的蒙特利尔议定书》20年回顾征文文集[C]. 第一辑. 2010.
[13] 胡宏武. Halon1211和1301[J]. 有机氟工业, 1991, 3.
[14] 中国氟硅有机材料工业协会"十五"、"十一五"、"十二五"发展规划.

撰稿人:黄澄华(原化工部中国化工新材料总公司总经理,教授级高工)
　　　　粟小理(上海三爱富新材料股份有限公司副总经理,教授级高工)
审稿人:季刚(中国氟硅有机材料工业协会理事长,教授级高工)
其余参加人:岳润栋　金　健　张建宏　葛方明　严根山　李　嘉
　　　　　　江建安　刘国杰　郑继德　李训生　李世江　徐平先

郑立新	赵　纯	陈庆云	刘洪姝	曾本忠	陈鸿昌
舒兴稻	于修远	牛学坤	张建军	王建中	李国新
陈维平	吴四清	杨春华	吴海锋	毛树标	刘守贵
房　瑾	杨中文				

中国化工通史
行业卷

ZHONGGUO HUAGONG TONGSHI HANGYEJUAN

（下册）

中国化工博物馆　编著

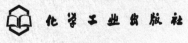

·北京·

中国化工通史

行业卷

ZHONGGUO HUAGONG TONGSHI HANGYE JUAN

（下册）

中国化工学会 编著

目录
> CONTENTS

上 册

绪 论 ··1
第一节　晚清和民国时期的化学工业（1861—1949年）··················1
一、洋务运动开创中国近代化学工业··1
二、民国时期各种化工生产作坊和小型工厂··································2
三、民族资本创建大型化学工厂··4
四、东北的伪满化学工业··5
五、根据地和解放区化工··6
第二节　开启新中国化学工业（1949—1956年）····························8
一、组建国营化工企业，全面恢复生产···8
二、苏联援建156个项目中的化工重点工程·································10
三、工业化道路上第一个五年计划··12
第三节　化学工业社会主义建设全面展开（1956—1978年）········13
一、化学工业部成立与沿革···13
二、"大跃进"中的化学工业及教训··16
三、大力生产化肥成为化学工业的首要任务·································18
四、石油化学工业的弯路··21
五、"文革"中化工生产遭到严重破坏···23
六、搭建现代化石化工业的框架···24
第四节　伟大的历史转折——化学工业开创新局面（1978年—新世纪）··26
一、拨乱反正中的调整···26
二、在改革开放的大环境中化学工业高速发展·····························27
三、20世纪末中国成为世界化工生产大国····································35
第五节　科学发展铸造化工强国···38
一、中央国有企业变革管理体制打造"国家队"·····························38

二、打破部门分割，生产与流通融合、能源与化工结合·················39
三、走出国门，实施国际化经营·····································40
四、科技创新引导企业做大做强·····································41
五、开发中西部地区建设一批新的化工基地·························45
六、化学工业与社会和谐发展·······································48
参考文献···49

第一编　主要化工产品行业······················51

第一章　合成氨工业·································52

第一节　发展历程·································52
一、早期···52
二、中华人民共和国成立后恢复时期·································54
三、自力更生发展中型氮肥厂·······································55
四、我国独创的小氮肥企业···59
五、大型氮肥厂引进和发展···68
六、大型氮肥装置的国产化···72

第二节　产业现状·································75
附1　大事记···78
附2　国际背景···79
参考文献···84

第二章　化肥工业·································86

第一节　概述·····································86
一、化肥重要作用···86
二、化肥简介···87

第二节　氮肥·····································88
一、民国时期···88
二、品种变化···89
三、碳酸氢铵的开发及其作用·······································94
四、氮肥主力军——尿素···98

第三节　磷肥·····································103
一、早期情况···103
二、技术发展···103
三、磷肥工业技术突破和重大发明··································112

  四、"十一五"期间磷酸技术发展·················116
  五、"十一五"期间磷复肥技术发展·················118
  六、磷肥技术发展中的重要事件·················120
  七、我国近年来磷肥产量和前10名企业·················121
 第四节 钾肥·················125
  一、中国钾肥工业发展的历史回顾·················125
  二、钾肥技术发展中的重要事件·················129
  三、科学技术创新成果·················131
  四、我国钾肥的产量和进口量·················132
 第五节 复混肥料和其他肥料·················134
  一、复混肥料的发展情况·················134
  二、农化服务的发展·················134
  三、其他肥料·················135
 附1 大事记·················136
 附2 国际背景·················138
 参考文献·················140

第三章 硫酸工业·················141
 第一节 早期的硫酸生产厂·················141
  一、中国最早的铅室法硫酸厂——江南制造局·················141
  二、天津机器局第三厂·················141
  三、江苏药水厂·················142
 第二节 民国时期的硫酸工业·················142
  一、民用硫酸生产兴起·················142
  二、抗日战争至中华人民共和国成立前的硫酸工业·················144
 第三节 中华人民共和国成立三十年的硫酸工业·················147
  一、硫酸工业新起点·················147
  二、硫铁矿制酸·················148
  三、其他制酸和余热回收·················151
  四、20世纪80年代我国硫酸工业的状况·················152
 第四节 改革开放后硫酸工业的蓬勃发展·················152
  一、硫铁矿制酸技术和装备水平继续提升·················153
  二、冶炼烟气制酸脱颖而出·················156
  三、硫黄制酸重整旗鼓复出·················159
  四、节能减排和资源综合利用·················161

五、硫酸生产格局发生显著变化······164
　附1　大事记······165
　附2　国际背景······170
　参考文献······176

第四章　纯碱工业······177
第一节　天然碱工业······177
　　一、1949年之前······177
　　二、中华人民共和国成立之后······178
第二节　合成纯碱工业······179
　　一、1949年之前······179
　　二、中华人民共和国成立之后······182
第三节　世界纯碱生产大国······190
第四节　我国纯碱工业技术进步······191
　　一、纯碱工业技术入选中国20世纪重大工程技术成就······191
　　二、当代纯碱工业技术水平······193
　附1　大事记······195
　附2　国际背景······203
　参考文献······206

第五章　氯碱工业······207
第一节　国内发展历程······207
　　一、概述······207
　　二、产业从无到有······208
　　三、金属阳极的兴起迎来产业壮大新契机······211
　　四、离子膜法电解带动产业迅速崛起······214
第二节　氯产品······219
　　一、氯乙烯/聚氯乙烯······219
　　二、盐酸······222
　　三、其他氯产品······222
　附1　大事记······227
　附2　国际背景······229
　参考文献······233

第六章　无机盐工业······234
第一节　概述······234
　　一、无机盐的范畴······234

二、无机盐的早期生产 235
　第二节　中国无机盐工业发展历程 237
　　一、初创时期（1949年以前） 237
　　二、初步发展（1950—1960年） 238
　　三、体系建立（1961—1980年） 239
　　四、走向世界（1981—2010年） 242
　第三节　中国无机盐工业的成果 245
　　一、产业布局更趋合理 245
　　二、科技进步推动无机盐行业发展 245
　　三、装备水平与单元设备强度提高 247
　　四、生产规模大型化、现代化 248
　　五、产品结构向专业化、精细化、功能化发展 249
　　六、行业资源综合利用率提高，污染情况有很大好转 249
　　七、行业节能减排取得进展 250
　参考文献 251

第七章　农药工业 252
　第一节　1949年前零星作坊，生产少量农药 252
　第二节　有机氯农药揭开了化学农药工业的序幕 253
　第三节　高效农药的开发，农药向多品种发展 254
　第四节　发展农药加工，提高农药药效 256
　第五节　结构调整，步入新阶段（1981—2000年） 258
　第六节　长足发展，实现腾飞 259
　第七节　我国农药工业取得的成就 260
　　一、持续稳定增长 260
　　二、农药进口大国变为出口大国 260
　　三、产品质量显著提高 261
　　四、新农药创制取得显著成果 261
　　五、产品结构不断优化 262
　　六、企业结构改造取得重大进展 262
　　七、健全法律法规，加强行业管理 263
　附1　大事记 263
　附2　国际背景 269
　参考文献 272

第八章　涂料工业 273

第一节　发展历程 ··· 273
一、中国大漆与桐油谱写了悠久灿烂的古代涂料文明 ··· 273
二、黎明曙光乍现即隐，萌芽的近代涂料工业惨淡经营 ··· 275
三、醇酸树脂涂料研制成功，开创国内现代涂料工业新纪元 ··· 277
四、开发中高档涂料用合成树脂 ··· 279

第二节　主要涂料品种技术进步 ··· 283
一、为房地产发展积极配套的建筑涂料 ··· 283
二、紧追世界水平的工业涂料 ··· 284
三、国防现代化和高科技产业发展需要的特种涂料 ··· 289
四、节能环保，发展低污染型品种 ··· 293

附1　大事记 ··· 295
附2　国际背景 ··· 301
参考文献 ··· 304

第九章　染料工业 ··· 306
第一节　我国染料工业的初创 ··· 306
第二节　1949年后染料工业的恢复 ··· 309
第三节　染料生产建设蓬勃发展 ··· 310
第四节　科研机构的建立与人才培养 ··· 312
第五节　染料工业取得的初步技术成果 ··· 313
第六节　改革开放以来的染料工业 ··· 316
附1　大事记 ··· 324
附2　国际背景 ··· 330
参考文献 ··· 342

第十章　颜料工业 ··· 343
一、白色颜料 ··· 343
二、氧化铁系颜料 ··· 349
三、防锈颜料 ··· 352
四、高装饰性珠光颜料和金属颜料 ··· 356
五、色彩鲜艳、着色强的有机颜料 ··· 357
六、其他颜料 ··· 360

附1　大事记 ··· 361
附2　国际背景 ··· 364
参考文献 ··· 366

第十一章　有机硅工业 ··· 368

第一节　发展历程 ... 368
一、起步期（20世纪50—70年代） ... 368
二、成长期（20世纪80—90年代） ... 373
三、快速发展期（2000年以来） ... 377
四、2010年状况 ... 381
第二节　主要产品 ... 382
一、有机硅单体 ... 382
二、硅油及二次加工品 ... 383
三、硅橡胶 ... 384
四、硅树脂 ... 386
五、硅烷偶联剂和交联剂 ... 387
六、气相法白炭黑 ... 388
附1　大事记 ... 389
附2　国际背景 ... 395
参考文献 ... 397

第十二章　有机氟工业 ... 398
第一节　有机氟工业发展历程 ... 398
一、初创阶段（1950—1979年） ... 398
二、自主开发和成长阶段（1980—1989年） ... 402
三、全面发展阶段（1990—2000年） ... 405
四、迈向世界氟化工大国（2001—2009年） ... 408
五、2010年状况 ... 412
第二节　主要产品 ... 413
一、无机氟化盐 ... 413
二、CFCs、哈龙及其替代品 ... 415
三、含氟高分子材料 ... 416
四、含氟表面活性剂 ... 418
五、氟碳树脂涂料 ... 419
六、含氟制品 ... 420
七、含氟特种气体及电子化学品 ... 423
附1　大事记 ... 424
附2　国际背景 ... 430
参考文献 ... 433

下 册

第十三章 石油化学工业 ·········· 435
第一节 生产技术探索阶段 ·········· 435
一、中国第一个烃裂解制乙烯装置 ·········· 435
二、高桥自行设计建设乙烯装置 ·········· 436
三、兰州引进砂子炉裂解重油制烯烃技术和成套设备 ·········· 437
四、小石油化工兴起与衰落 ·········· 438
五、国内技术建设的中型石油化工装置与石化联合企业 ·········· 439
第二节 建设现代化石化工业阶段 ·········· 441
一、北京年产 30 万吨乙烯大型工程 ·········· 443
二、四个石油化纤工程 ·········· 445
三、13 套大型合成氨装置的建设和投产 ·········· 445
四、20 世纪 70 年代后期的石化引进工程 ·········· 445
第三节 转型做大做强阶段 ·········· 447
一、地方"中型乙烯热"的发烧与退烧 ·········· 447
二、20 世纪 90 年代两大乙烯工程暴露出的问题 ·········· 447
三、中国石化总公司组织大规模乙烯改造 ·········· 448
四、重组石化企业 ·········· 452
五、跨国石油化工公司进入中国 ·········· 452
六、石油化学工业继续突飞猛进 ·········· 456
附 1 大事记 ·········· 459
附 2 国际背景 ·········· 465
参考文献 ·········· 469

第十四章 合成树脂工业 ·········· 470
第一节 早期发展的合成树脂——热固性树脂 ·········· 470
一、酚醛树脂 ·········· 470
二、氨基树脂 ·········· 472
三、环氧树脂 ·········· 474
四、20 世纪 50 年代我国合成树脂研发全面铺开 ·········· 475
第二节 20 世纪 60 年代重点发展的聚氯乙烯树脂 ·········· 475
一、PVC 工业发展历史过程 ·········· 475
二、原料路线和技术的"三级跳" ·········· 477

三、电石 PVC 项目建设气势如虹的原因 479
　第三节　20 世纪 70 年代一跃而起的聚烯烃树脂 481
　　一、聚乙烯树脂的发展 481
　　二、聚丙烯合成树脂 488
　　三、聚苯乙烯合成树脂 491
　第四节　20 世纪 90 年代开始走红的 ABS 树脂和工程树脂 493
　　一、ABS 树脂 494
　　二、聚甲醛 496
　　三、聚碳酸酯 498
　　四、聚对苯二甲酸丁二醇酯 499
　　五、聚酰胺和聚酯 499
　　六、聚苯醚 501
　第五节　特种工程合成树脂研究开发 502
　　一、聚酰亚胺 503
　　二、聚苯硫醚 504
　　三、聚醚醚酮 506
　　四、聚醚砜 507
　　五、聚砜 508
　第六节　步入新世纪聚氨酯树脂异军突起 509
　　一、发展概况 509
　　二、原料生产情况 510
　　三、制品的生产与消费 512
　附　国际背景 514
　参考文献 519

第十五章　合成纤维工业 521
　第一节　我国发展化学纤维生产的客观要求 521
　第二节　发展人造纤维 522
　第三节　国内探索合成纤维生产技术 524
　　一、己内酰胺的开发和生产 524
　　二、仿棉纤维维尼纶早期开发 525
　　三、丙烯腈的早期开发工作 526
　　四、聚酯纤维单体的早期开发工作 526
　　五、小型合成纤维纺纶行业 527
　第四节　走煤化工技术路线发展维纶纤维 528

第五节　发展转向石油合成纤维 529
第六节　合成纤维单体原料生产与乙烯工程结合 531
第七节　聚酯纤维工业崛起 532
　　一、打破上游约束下游，纺纶崛起 532
　　二、聚酯纤维聚合与纺丝装置设备国产化 533
　　三、聚酯纤维技术和装备达到世界一流水平 534
第八节　合成纤维原料工业发展滞后 535
第九节　PX 事件 536
第十节　21世纪合纤工业继续阔步前进 538
　　一、化纤纺织品产品竞争力明显增强 538
　　二、合成纤维进口量迅速下降，出口量逐步增长 538
　　三、国产化生产技术和装备的开发应用能力显著提升 538
　　四、合成纤维产品功能、差别化水平提高，产品结构明显改善 539
　　五、高新技术纤维材料产业化取得突破 540
　　六、创新能力提高，创新体系逐步形成 540
附　国际背景 540
参考文献 548

第十六章　合成橡胶工业 550

第一节　自主开发和全面科技攻关阶段 550
　　一、氯丁橡胶 551
　　二、丁苯橡胶 552
　　三、顺丁橡胶 552
　　四、乙丙橡胶 553
　　五、丁基橡胶 554
　　六、异戊橡胶 555
　　七、丁腈橡胶 555
第二节　引进技术与国内开发相结合，合成橡胶工业生产快速增长阶段
　　（20世纪80年代初—2000年） 555
第三节　台资、外资及民营企业进入产业，合成橡胶高速发展阶段 557
第四节　产业现状 558
附　国际背景 559
参考文献 562

第十七章　煤化学工业 563

第一节　概述 563
第二节　发展历程 564

一、传统煤化工行业 …… 564
　　　二、新煤气化技术的发展 …… 577
　　　三、煤制液体燃料 …… 584
　　　四、煤基甲醇产业链——煤制化学品 …… 590
　附1　大事记 …… 594
　附2　国际背景 …… 595

第十八章　生物化学工业 …… 604

第一节　概述 …… 604
　　　一、发展阶段 …… 604
　　　二、发展概况 …… 606

第二节　工业乙醇 …… 607
　　　一、工业乙醇的应用 …… 607
　　　二、生产原料 …… 609
　　　三、我国工业乙醇发展历程 …… 610
　　　四、我国工业乙醇发展水平 …… 613

第三节　酶制剂 …… 615
　　　一、产品概况 …… 615
　　　二、我国酶制剂工业发展历程 …… 616
　　　三、我国酶制剂技术发展状况 …… 617
　　　四、我国酶制剂工业水平 …… 619

第四节　柠檬酸 …… 621
　　　一、产品概况 …… 621
　　　二、我国柠檬酸工业发展历程 …… 622
　　　三、我国柠檬酸技术状况 …… 623
　　　四、我国柠檬酸工业水平 …… 623

第五节　发酵法总溶剂 …… 625
　　　一、概况 …… 625
　　　二、我国总溶剂发展历程 …… 626
　　　三、我国总溶剂工业水平 …… 628

第六节　微生物法丙烯酰胺 …… 629
　　　一、产品概况 …… 629
　　　二、国内发展历史 …… 630
　　　三、我国生物化工的成功典范 …… 632

第七节　丁二酸与聚丁二酸丁二醇酯 …… 633

一、产品概况 633
　　二、国内发展历程 634
第八节　聚乳酸 635
　　一、产品概况 635
　　二、国内发展历程 635
第九节　发酵长链二元酸与尼龙工程塑料 636
　　一、产品概况 636
　　二、国内发展历程 637
第十节　生物塑料材料 637
　　一、产品概况 637
　　二、我国生物塑料材料发展历程 638
第十一节　沼气能源 640
　　一、沼气行业概况 640
　　二、沼气的生产方法 640
　　三、厌氧发酵技术产沼气的发展过程 641
　　四、中国沼气利用发展现状 643
第十二节　生物柴油 645
　　一、生物柴油简介 645
　　二、国内生物柴油的发展状况 645
附1　大事记 647
附2　国际背景 649
参考文献 662

第二编　化工相关行业 667

第十九章　化工矿产资源及开发利用 668
　　一、硫矿与硫资源 668
　　二、磷矿 669
　　三、硼矿 670
　　四、钾盐矿 671
　　五、金红石矿 675
　　六、盐矿 676
　　七、砷矿 676
　　八、明矾石矿与明矾 678
　　九、芒硝矿 679

十、天然碱矿 ··· 680
  十一、天青石矿 ·· 681
  十二、重晶石矿 ·· 683
  十三、萤石矿 ··· 685
  十四、化工灰岩矿 ··· 686
  十五、蛇纹岩矿 ·· 687
  十六、硅藻土矿 ·· 689
  十七、膨润土矿 ·· 691
  十八、伊利石黏土矿 ·· 693
 参考文献 ·· 695

第二十章 煤炭开发简史 ··· 697
 第一节 古代煤炭开发 ··· 698
 第二节 近代煤炭开发 ··· 699
  一、1949年前煤田地质调研简况 ·· 699
  二、1949年后煤炭开发 ·· 701
 第三节 我国煤炭在聚煤时代和地理上的分布 ························· 707
 参考文献 ·· 708

第二十一章 石油、天然气开发简史 ·· 709
 第一节 古代 ·· 709
  一、发现石油的最早记载及"石油"命名 ······························ 709
  二、发现油气苗 ·· 710
  三、石油利用 ··· 710
  四、最早油井 ··· 711
  五、开发最早气田 ··· 712
  六、最早钻探技术 ··· 713
 第二节 近代 ·· 714
  一、我国最早开发的油田及石油工业 ··································· 714
  二、大陆最早开发的油田——延长油田 ······························· 716
  三、《中美合办油矿条约》签订前后 ··································· 717
  四、不迷信洋权威,陕北打出了自喷井 ······························· 718
  五、中苏合办独山子油矿 ·· 718
  六、玉门油矿最早的3口井喷油简况 ··································· 719
  七、翁文波是我国石油物探事业的奠基人 ···························· 720

八、玉门油矿早期的石油地质调查 ································· 721

　　九、黄汲清、杨钟健等调查新疆石油地质 ····························· 721

　　十、玉门油田的开拓者孙健初 ···································· 722

　　十一、在四川盆地找油找气的先行者 ······························· 723

　　十二、坚信陆相地层也能生油的地质学家——潘钟祥 ····················· 724

　　十三、孙越崎对甘肃油矿局的贡献 ································ 725

　　十四、谢家荣坚信中国必有石油 ·································· 725

　　十五、中国石油公司的创建人——翁文灏 ····························· 726

　　十六、开发东北的人造石油 ····································· 727

　　十七、旧中国最大的石油勘查机构 ································· 728

　　十八、金开英与中国早期炼油工业 ································ 729

　第三节　当代 ··· 730

　　一、中国石油工业的黎明 ······································· 730

　　二、中央领导与李四光关于我国石油资源的对话 ······················· 731

　　三、解放军是石油队伍的重要组成部分 ······························ 732

　　四、石油工业部成立 ·· 732

　　五、地质部普委的石油普查 ····································· 733

　　六、大庆油田的发现 ·· 734

　　七、海底石油勘查与开发 ······································· 735

　　八、中华人民共和国成立60年来石油工业发展进程与成就 ··············· 736

　附　大事记 ·· 738

第二十二章　石油炼制工业 ··· 741

　第一节　早期炼油工业 ·· 741

　第二节　天然石油与人造油并举时期 ································ 742

　第三节　大发展时期 ·· 744

　第四节　经济全球化带动了炼油工业新发展 ··························· 748

　第五节　现状与发展趋势 ··· 750

　　一、炼油能力继续快速增长，向大型化、炼化一体化推进，炼油
　　　　布局有所调整、优化 ····································· 750

　　二、大型化、基地化、炼化一体化建设不断推进，集约化程度提高 ········· 753

　　三、炼油装置结构不断调整，深加工、精加工、适应能力不断提高 ········ 753

　　四、在前一时期触底反弹的基础上中国炼油业全年呈现出高开高走的趋势 ······ 754

　　五、油品质量升级换代 ·· 755

  六、替代燃料的发展正在稳步推进·············756
  七、全国炼油投资大幅增长，大型炼油装置建设继续推进·············756
 附1 大事记·············757
 附2 国际背景·············761
 参考文献·············767

第二十三章 橡胶加工工业·············769
 第一节 1949年之前·············769
 第二节 工业体系的建立和成长·············771
 第三节 生产的扩大与发展·············774
 第四节 进入新的发展时期·············776
 第五节 新世纪橡胶工业·············780
 第六节 到2010年现况·············783
 附1 大事记·············789
 附2 国际背景·············792
 参考文献·············797

第二十四章 塑料加工工业·············798
 第一节 塑料制品工业的发展·············799
 第二节 基本建设和技术改造·············801
  一、基本建设和技术改造的成就·············801
  二、先进技术和设备的引进·············803
  三、烟台合成革厂的建设·············804
  四、科学研究和技术交流·············804
  五、品种的开发与应用范围的扩大·············809

第二十五章 军事化工工业·············813
 第一节 近代军事化工（1861—1949年）·············814
  一、晚清时期·············814
  二、民国时期·············815
 第二节 中华人民共和国国防化工（1949—2010年）·············823
  一、全面恢复化工生产，为国防化工奠定基础·············823
  二、自力更生，艰苦创建国防化工·············824
  三、军民结合，继续前进·············828
 第三节 重水·············829
  一、核反应中重要一员·············829
  二、研发过程·············830

第四节 推进剂 833
  一、国际背景 834
  二、发展历程 836
第五节 放射化学和核化学 839
第六节 专用化工新材料 841
附 国际背景 844
参考文献 846

第二十六章 特种合成纤维 847
第一节 特种合成纤维的总体发展历程 848
第二节 聚丙烯腈基碳纤维 849
第三节 聚对苯二甲酰对苯二胺纤维 851
第四节 超高分子量聚乙烯纤维 853
参考文献 855

第二十七章 其他化工相关行业 856
第一节 硅酸盐行业 856
  一、先进陶瓷的发展 857
  二、玻璃 859
第二节 冶金行业 860
  一、钢铁产业 860
  二、有色金属工业 864
第三节 造纸业 865
第四节 日用化工 868
  一、香料 868
  二、化妆品 869
  三、洗涤用品 871
第五节 食用化工 872
  一、机械化制盐 872
  二、制糖业的新面貌 874
  三、内涵深邃的发酵产业 876

后 记 878

第十三章　石油化学工业

　　石油化学工业是以石油为基础原料，经过化学加工生产各种化工产品的工业。石油化学工业生产的化工产品极为广泛，包括油品、基本有机化工原料、合成树脂、合成纤维、合成橡胶、合成洗涤剂及化肥等。现代化学工业中，石油化工生产的化工产品在化工产品总量中所占比例，世界超过80%，我国超过50%。今天石油化学工业已发展成为一个庞大的工业体系，产品种类繁多，工艺技术多种多样并各有特色，很难讲清楚庞大复杂的石油化学工业的发展程度。为了简洁地描述，各国常用石油裂解乙烯的生产情况代表石油化学工业的发展情况。

　　乙烯等低级烯烃的化学性质活泼，能与许多物质发生加成反应，生成一系列重要产物，并易聚合和氧化，是有机合成工业的重要原料。但是在自然界中没有烯烃单独存在。20世纪早期，利用炼厂气、焦炉气中的烯烃作为化工原料，生产乙醇和异丙醇类简单有机化学品，带有废物利用的性质。化学工程师发现用烃类热裂解法可以经济地制造乙烯及其他基础有机化学品，为此开发了裂解炉和裂解气分离工艺技术，由此创造出化学工业的新天地。因此，烃裂解生产烯烃是石油化工中最基础和最重要的生产环节。美国1941年建立轻烃裂解生产乙烯的装置，但规模很小。第二次世界大战后，裂解技术获得实质性发展。20世纪50年代石油化学工业开始真正登上世界舞台。

　　我国石油化学工业自20世纪60年代开始到2010年50年的发展，大致可分三个阶段：生产技术探索阶段、现代化建设阶段、做大做强阶段。

第一节　生产技术探索阶段

　　大庆油田开发后，随着原油开采量的迅速增长和炼油能力的增加，炼油过程中伴随产生的炼厂气数量越来越多。当时，部分炼厂气一时无法利用，从炼油厂火炬排放，出现"点天灯"的现象。基于资源综合利用的角度，要求化学工业利用炼厂气生产有用的化工产品。我国最早的石油化工就是以炼厂气为原料，通过裂解、分离来生产乙烯和丙烯，并以此为原料，进一步生产一些有机化学品。兰州化学工业公司合成橡胶厂建设了我国第一个炼厂气裂解制乙烯装置，拉开我国石油化学工业的帷幕。

一、中国第一个烃裂解制乙烯装置

　　第一个五年计划期间，国家考虑到化学工业的合理布局，决定将前苏联援助建设的156项工程中的一座合成橡胶厂建在甘肃省兰州市。

在第二次世界大战中，橡胶是交战双方的重要战略物资，为了不依赖天然橡胶供给，德国、苏联和美国重点开发合成橡胶技术，并取得实际应用。中华人民共和国刚刚成立，建设合成橡胶厂有十分重要的意义。1956年，兰化公司合成橡胶厂破土动工，原设计第一期工程以粮食酒精为原料生产丁二烯和乙烯，年产丁苯橡胶1.35万吨、丁腈橡胶0.15万吨和聚苯乙烯0.1万吨。兰化公司合成橡胶厂于1960年5月生产出中国第一批丁苯橡胶。

用粮食酒精生产合成橡胶是战时特殊背景下不惜成本的做法。第二次世界大战后，苏联科技人员也开始参考美国的石油路线开发石油乙烯。在苏联援建兰化公司合成橡胶厂的项目中，列有二期工程建设以炼厂气为原料年产5000吨乙烯装置，裂解分离装置由苏联设计。1959年苏联撤走专家，乙烯装置建设前期工作自然停止。1960年国内粮食生产遇到极大困难，难以保证兰化公司合成橡胶厂的供应。兰化公司总工程师林华提出自行建设以炼厂气为原料年产5000吨乙烯装置。工程技术人员千方百计，查阅国外技术资料，进行试验研究，终于在1962年元旦建成装置试车投产（见图13-1）。利用兰州炼油厂的炼厂气作原料生产出国内第一批石油烃裂解乙烯，裂解乙烯用于进一步生产苯乙烯。苯乙烯是丁苯橡胶和合成树脂的主要原料。1962年5月和8月，聚苯乙烯装置和丁腈橡胶装置也分别建成投产，生产出本体法聚苯乙烯和丁腈橡胶，由此中国石油化工生产的迈出了第一步。

图13-1 我国第一套管式裂解炉乙烯装置（年产乙烯5000吨）在兰州化学工业公司合成橡胶厂开始运转（20世纪60年代）

二、高桥自行设计建设乙烯装置

上海轻工业发达，急需塑料原料，提出了利用上海炼油厂的炼厂气生产聚苯乙烯塑料的原料。1957年在上海成立了高桥化工厂筹备处，准备建设综合利用炼厂气的裂解装置，后来遇上"三年困难时期"，基本建设计划被迫推迟。为了提前生产国家急需的聚苯乙烯塑料，高桥化工厂改变建设方案，决定先建设年产500吨聚苯乙烯的中试车间，用粮食酒精作原料生产乙烯，经过苯烃化、乙苯脱氢制成苯乙烯，采用悬浮法工艺生产聚苯乙烯塑料。这套装置于1960年竣工投产。因粮食原料供应困难，高桥化工厂重启综合利用炼厂气裂解制乙烯方案。1961年根据当时上海炼油厂可能提供的炼厂气数量以及机械、冶金工业部门可能提供的机械设备和合金钢材，经过综合平衡，将原定每年利用2.7万吨炼厂气的规模缩小到四分之一，即按每年供应6750吨炼厂气为基础，作为设计依据，年产乙烯1600吨。经过一年的基本建设，裂解、分离装置于1962年年底建设完成，规模为年加工6750吨的炼厂气。1963年年底，这套装置进行了试车，1964年试车成功，并将分离得到的乙烯、丙烯作为苯烃化原料，生产出聚苯乙烯、苯酚、丙酮等产品。

三、兰州引进砂子炉裂解重油制烯烃技术和成套设备

三年自然灾害带来的经验和教训，中央主管经济领导认识到化肥、农药和合成材料在国民经济中的重要性，决定派出化肥和石化考察小组，到西欧考察学习。1962年6月国家科委组织西欧考察小组赴西欧考察石油化工，兰州化学工业公司（简称兰化公司）总工程师林华任组长。考察小组看到西欧国家石油化工生产合成材料的巨大进展，以及石油化工在国民经济中的重要性日益上升。1962年10月上旬，化工部副部长李苏和林华一起向周恩来总理作了考察情况汇报。1964年经中央批准，兰化公司引进联邦德国鲁奇公司的砂子炉乙烯生产装置和配套的合成材料生产装置。乙烯装置于1968年年底建成，1969年开始试运行。这套砂子炉裂解装置，采用砂子炉沸腾床裂解技术和深冷分离工艺，以原油闪蒸的馏分油为原料，年产乙烯3.6万吨。由于工艺、设备存在不少缺陷，试车遇到困难。一直到1970年年初这套装置才投入正常运转。

在砂子炉装置建设的同时，从英国引进了5套石油化工、化纤装置。这5套石油化工、化纤装置是：采用釜式聚合技术，年产低密度聚乙烯3.45万吨的高压聚乙烯装置；采用溶液聚合技术，年产聚丙烯5000吨的聚丙烯装置；年产3300吨的聚丙烯纤维（丙纶）装置；采用固定床氨氧化技术，年产1万吨丙烯腈装置；采用硫氰化钠一步法技术，年产8000吨丙烯腈纤维（腈纶）装置。

这次技术引进，本来是我国石油化学工业一次重大发展机遇，但由于受当时认识水平限制，选择技术路线和装备不尽合理，部分技术不成熟，部分技术不是世界发展方向，因此，技术引进来后仅在兰化公司使用，没有推广价值，没有能够引领我国乙烯工业在引进的技术上发展起来。另一方面国内其他石化企业使用管式炉技术推开后，砂子炉的劣势凸显，兰化公司又引进管式炉裂解乙烯装置替代砂子炉（见图13-2）。砂子炉裂解技术最终被淘汰。但是，兰州化学工业公司作为中国第一个石油化工基地，在它的建设和发展过程中，为中国石油化工的诞生和起步发展做出了重要贡献。

图 13-2　兰化公司砂子炉裂解乙烯装置（原设计年产乙烯 3.6 万吨）进行改造（20 世纪 80 年代）

四、小石油化工兴起与衰落

20 世纪 60 年代，国民经济各部门的发展，对有机化学品的需求大幅度增加，而煤焦油的生产有限。相对来说，大庆油田开发后国内原油产量的增长较快。因此，许多经济发达的地区出现了兴办小石油化工企业的热潮。

小石油化工装置基本有两种类型，一种是用重油、渣油或原油进行裂解制取烯烃，另一种是以炼厂气作为原料精馏分离出烯烃。利用炼厂气作原料的小石油化工装置其实是综合利用炼厂气的一种形式。作为这个历史时期特点的小石油化工，是指用重质油裂解制造烯烃的装置。小石油化工企业的裂解炉型是多种多样的，全国出现过熔盐炉、火焰裂解炉、浸没燃烧裂解炉、脉动氧化裂解炉、过热水蒸气裂解炉等十余种炉型和生产方法，大多数处于小试或中试阶段，不久都消失了。在技术上相对比较成熟的是蓄热炉裂解技术。1962 年，南京钟山化工厂建成蓄热炉裂解渣油生产混合烯烃的小型装置。1970 年，据不完全统计，国内有三四十套这种炉型的中试或小型装置，其中以常州石油化工厂和丹阳化肥厂的装置规模最大，年处理渣油设计能力分别为 3 万吨及 5 万吨。

小石油化工企业生产的产品大致分成两类：一类是裂解不经过分离，直接与氯气作用生产环氧乙烷、环氧丙烷等个别化工产品；另一类是裂解气经过简单分离，生产聚合物和有机化工产品，如低压聚乙烯、聚丙烯、丙烯腈、醋酸乙烯、丁醇、乙苯和异丙苯、苯酚、丙酮等。

在物资极度缺乏的年代，有东西比没有东西要好。因此，蓄热炉类小石油化工装置产生和发展起来。小石油化工装置只是某些落后技术的简单应用，起到了满足地方经济发展的部分需要作用。其缺点是技术水平低、能耗高、产品质量差、环境污染问题严重。因此,到 20 世纪 80 年代,先进的大型乙烯一体化石油化工厂建起来后,大多数小石油化工企业被淘汰。到 1985 年只剩下常州、丹阳、清江、海安等少数有石油供应渠道的企业,保持少量生产。

五、国内技术建设的中型石油化工装置与石化联合企业

20 世纪 60 年代,在向科学进军的号召下,石油化工科研工作在化工系统和科学院系统得到重视,分别安排一批石化科研项目,其中一些取得成果,并被实施工业生产。如丁烯脱氢氧化制丁二烯、丁二烯聚合制顺丁橡胶、溶剂法制聚丙烯、悬浮法制聚苯乙烯、氨氧化法制丙烯腈等技术。依据国内科研开发的成果,自行设计、制造设备、施工建设和运行经营的主要石化项目有北京石油化工总厂建设和顺丁橡胶会战等。

(一)建设大型石油化工联合企业——北京石油化工总厂

1965 年石油勘探部门在北京市大兴区钻探出几口低产油井。1966 年 3 月国家批准北京市建设炼油厂。1966 年石油部和北京市组织人员在北京市勘探选址,进行筹建炼油厂的前期工作。根据当时"备战"的战略方针,决定将厂址选择在房山县周口店镇一个狭长的山坳里。原批准炼油厂规模为原油加工能力 100 万吨/年。1967 年 2 月国家计委批复将加工能力提高到 250 万吨/年。1967 年北京东方红炼油厂正式筹建。1969 年 9 月,北京市、石油部、化工部联合向国务院上报《关于东方红炼油厂进行石油化工综合利用的请示报告》,提出利用炼油厂气体(炼厂气)、苯、液体石蜡等 20 万吨副产品,加工生产合成橡胶、合成纤维、化肥、洗衣粉、塑料等化工产品。1970 年北京石油化工总厂(后改名为北京燕山石油化工公司,简称燕山石化公司)成立,建设 1 个年加工 350 万吨原油的东方红炼油厂和 4 个石化分厂。4 个石化分厂分别是:胜利化工厂,利用炼油厂副产的碳四馏分丁烯,经氧化脱氢年产 1.6 万吨丁二烯,利用丁二烯经过聚合反应年产顺丁橡胶 1.5 万吨;曙光化工厂,利用炼油厂蜡下油经裂解、缩合,合成洗涤剂原料烷基苯 7600 吨;东风化工厂,利用炼油厂催化裂化干气,经部分氧化制合成气,年产合成氨 1.5 万吨以及浓硝酸、硝铵肥料等产品;向阳化工厂,利用炼油厂重整碳八分离出来的乙苯,经脱氢生产苯乙烯再聚合,年产聚苯乙烯 1130 吨,利用炼油厂副产丙烯年产聚丙烯 5000 吨。北京石油化工总厂 4 个化工厂以综合利用炼油厂副产品为特点,是利用国内的科研成果,自行设计、自行安装的第一个大型石油化工联合企业。

(二)顺丁橡胶技术攻关会战

中国科学院长春应用化学研究所和北京化工研究院先后于 1959 年和 1960 年,开始顺丁橡胶的聚合研究工作。1965 年,中国科学院对长春应用化学研究所顺丁胶小试成果进行了技术鉴定。为了加速合成橡胶新品种的工业化,1966 年 2 月,国家科委在兰州召开了有中国科学院、化学工业部(化工部)、石油工业部、第一机械工业部以

及高等教育部等单位参加的会议,组织顺丁、异戊、丁基以及乙丙等四个合成橡胶品种的攻关会战。通过各单位的共同努力,以顺丁橡胶成效最显著。异戊、丁基与乙丙橡胶都有进展。在国家科委的组织下,中科院兰州化学物理研究所、长春应用化学研究所、太原燃料化学研究所、化学工业部第一设计院、北京化工研究院、兰州化工公司研究院以及石油工业部北京石油设计院、锦州石油六厂等单位共同进行技术开发。共同开发的成果由锦州石油六厂张国栋等人组成的攻关队伍,在 1000 吨/年中试装置进行全流程试验,生产出了合格产品,并经受了长周期运转考验。

  1970 年,北京石油化工总厂的胜利化工厂,兴建我国第一套年产 15000 吨顺丁橡胶装置,1971 年 4 月,生产出了第一批合格的顺丁橡胶。但是,丁烯氧化脱氢装置的塔、器、管线经常被自聚物堵塞,运转周期少则几天,最多十几天;聚合釜、管线挂胶严重,运转周期只有 7~10 天;污水量大,很多有害气体排入环境,污染严重;产品质量不稳定。运行两年中,频繁的开停车,无数次的拆卸、清理设备,操作人员非常疲劳,生产消耗高,产品质量低,企业亏损。

  1973 年 4 月,燃料化学工业部在北京石油化工总厂胜利化工厂再次组织了顺丁橡胶技术攻关会战,会战的主攻方向是解决万吨顺丁胶装置投产后存在的堵塞、挂胶、污水处理、产品质量等技术难题。长春应用化学研究所的唐学明和刘国智,多年从事顺丁橡胶的科研工作,在两次会战中,兢兢业业,做了大量工作。通过三年苦战,取得了 6 项成果。一是解决了丁烯氧化脱氢系统堵塞的问题,摸索出了减少含氧化合物自聚的条件,同时采取了相应的改造措施,使单体生产装置运转周期,由会战前的几天延长到 5 个月,单体反应器的处理量比原设计提高了 30%。二是实施了提高溶剂抽余油质量的措施,采取了控制新鲜溶剂油的碘值,加强对回收溶剂油的精制手段,保证了聚合的需要,同时研究了丁二烯单体及原材料杂质对聚合的影响,制订了控制关键杂质的指标,在生产中严格把关。三是解决了聚合釜挂胶的问题,在聚合配方上采取了调整催化剂配比,改变加料方式,提高了催化剂的活性,大幅度降低了催化剂的用量,解决了以油为溶剂聚合挂胶问题,运转周期由会战前的几天延长至 3 个月,最长达 240 天,实现了聚合长周期运转。四是对进釜的丁二烯和溶剂油混合液采取调节温度的办法,以控制聚合釜的温度,稳定操作,提高生产能力和产品质量。五是严格"三废治理",减少了污水排放,氧化氮的"黄龙"已被消灭,废渣减少,环境污染大有改善。六是产品合格率由攻关前的 1.88%提高到 99.56%,产品质量接近国外同类产品水平;主要原材料和动力消耗低于或接近设计指标。1976 年的实际产量达到 15159 吨,突破了设计能力,比会战前的 1972 年增加 4 倍多。会战胜利以后,采用会战成果自行设计、自行制造设备,在锦州石油六厂、上海合成橡胶厂、齐鲁石油化工公司橡胶厂以及岳阳石油化工总厂橡胶厂相继建立的 4 套顺丁橡胶装置,都获得一次开车成功,正常投入生产。全国逐步形成了近十万吨/年顺丁橡胶的生产能力。

（三）其他中型石化装置建设

1970年，山东齐鲁石油化工公司在1967年建成投产的炼油厂基础上，建成国内第一套以炼油厂尾气（炼厂气）生产氨和尿素的大型工业装置，合成氨设计能力为6万吨/年、尿素为11万吨/年。

从20世纪60年代末期开始，大庆石油化工总厂（简称大庆石化总厂）由单一的炼油逐步向综合利用石油资源生产石油化工产品的方向发展。该厂利用油田气作原料建成一套年产6万吨合成氨和11万吨硝酸铵的化肥装置。同时，利用炼油厂副产丙烯，建成年产5000吨丙烯腈和5000吨腈纶的工业装置。

1971年，岳阳石油化工总厂建成以炼厂气和石油芳烃为原料生产锦纶、涤纶的两套装置（规模各为5000吨/年），以及合成橡胶、合成树脂等装置，成为中南地区的中型石油化工联合企业。

自20世纪60年代初到1972年，利用炼油厂石油气作原料，中国建设了二十多套中型石油化工装置。这批装置形成的年生产能力分别为：乙烯2.36万吨，合成树脂0.7万吨，合成橡胶5.1万吨，合成纤维1.6万吨，合成氨13.5万吨和合成洗涤剂原料1.5万吨。在技术方面，掌握了一部分石油化工生产方法，利用油气为原料生产乙烯、丙烯、丁二烯、合成橡胶、合成树脂、合成纤维、合成氨和合成洗涤剂以及多种有机化工原料。生产的产品满足国内部分市场低端需要。石油化工生产工艺技术和制造成本与国际水平仍有很大的差距。从我国石油化工50年发展历程看，到20世纪70年代初，所做的工作还是处于科研探索和生产探索阶段，现代化大型石油化工技术和生产体系还没有形成。

第二节　建设现代化石化工业阶段

我国石油化学工业的躯干形成于20世纪70年代。

20世纪60年代国际石油化工技术已从发明阶段进入规模化大工业生产阶段。这个时期，石油化工技术的特点是在工艺、工程和装备方面大型化，降低生产成本，大批量地生产高质量的产品。我国在石油化工科学技术方面的努力取得了一定成果，但是与国际水平的距离不是缩小了，而是拉大了。以乙烯生产为例，国内裂解炉和裂解气分离的技术水平与国外水平根本不是一个档次。裂解炉结构落后无法放大或适应各种原料油裂解，深冷分离裂解气压缩机是往复式压缩机，无法实现现代乙烯生产系统的节能优化。制取的乙烯和丙烯勉强用于聚合，达不到国外聚合级的质量水平，因此不能生产进口质量水平的聚乙烯或聚丙烯产品。这说明当时国内石油化工科学技术水平只能够制造乙烯，而不能够用现代化技术大规模生产乙烯。

"文化大革命"爆发后，对工农业生产造成极大的破坏，如何保证人民的"吃穿用"压力越来越大。20世纪70年代初，中央主管经济工作领导要求燃化部研究化学工业如何加大力度支援农业和轻纺工业,帮助解决国民经济迫切问题。燃化部领导组织技术人员调查研究,其中比较大的举动有石油化工天津研讨会和国外化工基地情况汇报会。

石油化工天津研讨会交流了国内各地石油化工领域工作进展情况和遇到的问题。当时使用炼厂气作原料的石化生产装置普遍遇到原料短缺"吃不饱"的问题。出现这个现象的原因是:炼厂气是原油提炼过程中的副产品,炼油技术发展的方向是减少副产品产出,提高汽油和柴油产率,而石化技术发展方向是规模经济大型化,则需要更多的原料。这两个发展方向背道而驰。综合利用的理念是正确的,但是一个蓬勃发展的工业不可能建在原料来源无法保障的基础之上。当时,化工部第一设计院正在进行北京石化总厂石油化工装置的设计工作,比较深入地分析了各种乙烯原料路线的利弊。提出我国要大规模地发展乙烯工业,必须以轻油为裂解原料,才能走上石油化工的快速发展道路。为了让领导容易理解,描述裂解100万吨/年轻油可以得到60万吨/年的塑料、合成纤维、有机原料等化工产品,对老百姓的生活用品生产有巨大的作用,并用日本鹿岛新建的30万吨/年乙烯工厂为例,该厂使用轻质裂解原料油90万吨/年左右,生产了近60万吨/年的石油化工产品。由于既有国内调查研究的分析又有国外工厂的实例,给燃化部领导留下深刻印象。研讨会后,燃化部领导徐今强向国家计委余秋里主任做了汇报。余秋里对石油工业很熟悉,听到轻油裂解发展石油化工可以更好地利用原油的新思路,非常感兴趣,让燃化部派人到计委向他专门汇报。之后,燃化部领导要求石油化工设计院(燃化部石油化工规划院前身)继续做好石油化工的国内外调研工作,以及大型石油化工工程项目的规划工作。这些工作成为1972年中央决定引进一批大型石油化工项目的前期技术准备。

康世恩同志主持燃化部业务工作后,非常重视发展战略研究。要了解发达国家化学工业的发展情况,燃化部科技情报研究所组织人员查阅大量资料,编写了《德国鲁尔地区化学工业》《美国墨西哥湾地区的石油和石化工业》和《日本鹿岛石油化工基地》三个材料。1971年夏秋季,康世恩同志为了让更多负责业务的领导了解世界化学工业发展水平,决定在六铺炕燃化部办公大楼举行大型汇报会。当时没有投影仪之类的放大工具,要在汇报会上把大量技术数字和图表现出来,只能采用写大字报的形式画满几大卷纸,然后张贴和悬挂在会议室中,蔚为壮观。在"四人帮"大搞思想禁锢的年代,这个汇报会让燃化部许多负责业务的同志了解了外面世界的动态和水平,为下一步化学工业大发展打下基础。

这些战略研究工作,进一步增强了康世恩加快发展石油化学工业的信心和决心。他认为,要为人口众多的中国吃穿用服务,小打小闹不行,必须建设世界级石油化工联合企业形成石油化工生产基地。1971年年底,李先念在国务院主持会议,听取了康世恩的汇报,当时国务院有些领导同志第一次听到30万吨/年乙烯和30万吨/年合成氨的概念,都非常高兴。后来,在中央主管经济工作领导周恩来、李先念、余秋里等同志推动下,国家决定从美国和西欧国家引进一批先进的大型化肥和石化生产装置。这个决策,为中国石油化学工业跨入世界先进水平的现代化搭起最初的框架。

1972年2月5日,根据我国石油产量迅速增长的情况,为把我国化纤、化肥工业发展壮大,以适应人民生活、工农业生产和出口援外的需要,中共中央、国务院批转国家计委《关于进口成套化纤、化肥技术设备的报告》,同意上半年引进化纤新技术成套设备4套、化肥设备2套以及部分关键设备和材料,争取五六年内建成投产。1972年,实际共批准进口14套化纤、化肥成套设备。燃化部和轻工部组织人员到国外相关国家的化肥和石油化工企业进行考察,同时组织大量技术人员与国外公司谈判,进口成套设备,工作进展比较顺利。1973年1月2日,国务院又批准国家计委《关于增加进口设备、扩大技术交流的请示报告》,进一步扩大引进规模,提出引进43亿美元的设备,其中包括13套大化肥、大化纤、石油化工等项目。因此,20世纪70年代前半期,燃料化学工业部先后从国外引进了13套化肥和1套乙烯联合装置,轻工业部引进了4套石油化纤装置和烷基苯装置。

一、北京年产30万吨乙烯大型工程

1973年8月,从日本引进的年产30万吨乙烯工程在北京石油化工总厂正式开工,与乙烯工程同时破土动工的还有年产18万吨的高压聚乙烯、年产8万吨的聚丙烯、年产4.5万吨的丁二烯抽提共4套装置,统称为"四烯"工程。在中央有关部委的关怀下,北京市领导组织了现场指挥部,亲临工地指挥,排除了"文化大革命"的干扰,克服了各种困难,使建设工程得以顺利进行。

"四烯"工程是当年全国重点大型建设项目,工程量之大,施工技术之复杂,投入人力物力之多,都是国内工业建设史无前例的。最先进入工地的国家建委第一工程局土方工程队,采用深井连锁大面积爆破方法,用了一年零一个月的时间,完成了180万米^{3}土石方任务。"四烯"工程的特点有三个方面。一是工程量大,4套装置仅国外供应的设备材料重达三万余吨,国内供应的钢材达15万吨,最重的塔500吨,最大的换热器75吨;国内配套的公用工程量也相当可观,其中要求循环水量近3万吨/时,用电设备总容量达到五万余千瓦时,蒸汽量每小时达百余吨。二是技术要求高,乙烯裂解温度为798~847℃,深冷分离的最低温度为零下165℃,高压聚乙烯最高聚合压力达2650千克力/厘米^2(259.9兆帕),而且选用的合金材料多,安装精度要求高。三是工程项目多、建设单位多,4套装置共有360个单项工程,由国内11个设计单位、16个建设安装单位共3.2万人参加建设;国外有3个国家的9个承包公司分包工程,来华外籍工程技术人员平均每月达1961人。国家计委组织了全国27个省、市、自治区八百多个单位的一千多厂家赶制国内供应的设备和材料。北京市动员了14个工业局和7个区、县的三百多个单位分别承担供电、电信、勘测、交通运输和物资供应等任务。

乙烯工程有4个1500米^{3}的巨型球罐,材质是低温高强钢板,施工质量要求高,工艺十分复杂。北京石油化工总厂的建筑安装公司承担拼装焊接任务后,通过不断改进工艺，4台大型球罐只用了6个月的时间就完成了原计划10个月的工作任务。乙烯装置的丙烯精馏塔高83.4米，内径4.5米，总重量565吨。在吊装时，日方推荐采用龙门扒杆、偏心、光体吊装法，最大吊装重量只有320吨，大量的保温、照明等安装工作要等塔主体安装就位后再进行。建筑安装公司的职工们为了争取时间，决定进行整体吊装。在全国8个化工建筑公司和清华大学工程力学系老师的大力协助下，他们采用国内传统的A型扒杆整体吊装方案，把附塔管线、梯子平台、仪表、照明、保温等项目全部在地面安装好。1975年3月31日上午，中国石油化工建设史上第一台重达565吨的巨塔，只用了67分钟，就不磕不碰、稳稳当当地就位矗立在30万吨/年乙烯工地上（见图13-3）。

1976年5月8日，30万吨/年乙烯装置投油试运，第9天生产出了合格乙烯，实现了一次试车投产成功（见图13-4）。

图13-3　北京石化总厂30万吨乙烯工程（年产乙烯30万吨）开始建设（20世纪70年代）

图13-4　30万吨乙烯工程竣工投产（20世纪70年代）

1976年5月18日，丁二烯抽提装置投料试车，仅用66小时就生产出了合格的丁二烯。6月7日，高压聚乙烯装置投料试车，加入催化剂后2小时就生产出合格的高压聚乙烯。6月17日，聚丙烯装置投料试车，22小时生产出合格的聚丙烯。随后，北京石油化工总厂又陆续建设了引进的年产6万吨乙二醇、10万吨脱烷基制苯、2.7万吨对二甲苯和4万吨聚酯等装置。

"四烯"工程建成投产后，改变了燕山石化公司的生产面貌。一是产量大幅度增长，1985年，公司生产乙烯27.79万吨、高压聚乙烯18万吨、聚丙烯8.65万吨，其中乙烯和高压聚乙烯为新产品，聚丙烯产量为1975年3085吨的28.1倍；生产顺丁橡胶4.78万吨，为1975年964.8吨的4.96倍。二是生产技术迅速提高，从20世纪50年代末60年代初的技术水平，一跃达到20世纪70年代水平。三是经济效益有很大增加，1985年工业产值达到25.8亿元，为1975年12.5亿元的2.1倍，实现利税13.15亿元，为1975年5.21亿元的2.5倍。

燕山石化公司年产30万吨乙烯装置的建成投产，使中国石油化学工业向世界先进行列跃进了一大步，对实现石油化工现代化具有现实意义。

二、四个石油化纤工程

为国内化学纤维工业的发展开辟道路，国家决定建设大型石油化纤联合企业。纺织工业部最后定在上海金山建设上海石油化工总厂（简称上海石化总厂），在辽宁辽阳建立辽阳石油化纤公司（简称辽化公司），在四川长寿建设四川维尼纶厂，在天津大港建设天津石油化纤总厂。

上海石油化工总厂一期工程共有18套生产装置，其中从国外引进和国内配套各9套，年生产能力为乙烯11.5万吨、腈纶4.7万吨、维纶3.3万吨、涤纶1.55万吨。该厂1977年上半年建成投产。

辽阳石油化纤公司共有23套生产装置，其中引进装置21套，年生产能力为乙烯7.3万吨、聚酯8.67万吨、涤纶短纤维3.2万吨、尼龙66盐4.6万吨、锦纶长丝8000吨，1979年9月建成投产。

四川维尼纶厂主要以天然气为原料，生产维纶短纤维，聚乙烯醇年生产能力为4.1万吨，1979年年底建成投产。

天津石油化纤总厂主要以油田气为原料，年生产8万吨聚酯。其中年产2.59万吨聚酯切片和5.2万吨涤纶短丝，1981年建成投产。

以上4个化纤基地的建成投产，共增加合成纤维生产能力30万吨/年。合成纤维工业的迅速发展，改变了我国纺织工业主要依靠天然纤维的落后状况。详见本书第十五章合成纤维工业。

三、13套大型合成氨装置的建设和投产

为了改变国内长期以来化肥供应紧张和农业生产落后的局面，20世纪70年代中期决定从国外引进13套以油、气为原料年产30万吨合成氨的生产成套设备。详见本书第一章合成氨工业。

四、20世纪70年代后期的石化引进工程

粉碎"四人帮"后，人心振奋，1973年开始建设的引进化肥和石油化工项目进展顺利，1977年7月中共中央原则批准国家计委《关于引进新技术和进口成套设备规划的请示报告》，规划提出，再进口一批成套设备、单机和先进技术，其中包括3套大型石油化工成套设备，粉煤和重油为原料的化肥关键设备等。根据这个规划，我国于1978年签约的22个引进大工程中包括了10套石油化工项目。其中有大庆石化总厂、齐鲁石油化工公司各一套30万吨/年乙烯生产装置及配套石化项目；南京2套30万吨/年乙烯生产装置及配套项目；上海石化总厂二期工程年产20

万吨聚酯装置项目和江苏仪征引进的年产53万吨超大型聚酯装置项目；以及吉林化学工业公司（简称吉化公司）年产11.5万吨乙烯关键设备（1972年"四三之案"中推迟的项目）。石油原料化肥项目有浙江镇海炼油厂、新疆乌鲁木齐炼油厂、宁夏银川化工厂各一套30万吨/年合成氨和52万吨/年尿素项目。

由于1978年签约的22个大型成套设备项目国内配套建设的资金严重不足，被迫调整建设进度。大部分项目经历了停缓建。到20世纪80年代初，停缓建的项目陆续恢复建设。调整南京乙烯工程建设方案，将两套30万吨/年乙烯装置中的一套，迁至上海，1985年7月1日才开工建设。

大庆石化总厂、齐鲁石化公司、扬子石化公司、上海石化总厂四套30万吨/年乙烯工程项目，分别于1986年6月、1987年5月、1987年7月和1989年12月建成投产。

在此期间，除引进四套大型乙烯和合成材料生产装置外，还陆续引进了乙二醇、丁醇、辛醇、乙醛、甲醇、氯乙烯、苯乙烯、苯酚、丙酮等有机原料生产装置。

从20世纪70年代到1985年先后引进的石油化工、化纤、化肥装置共有68套，已达到设计生产能力的只有20套，占29%。正常情况下，化工装置一般在验收后的第二三年即达到设计指标。尽管这批项目有一些不可避免的客观因素，但许多装置多年没有达到设计能力，总是一个不容忽视的大问题。30万吨合成氨装置，国内以石油为原料的合成氨装置最高年产为27万吨左右。针对这种情况，在李人俊同志倡议下，中国石化总公司重点完成了7套大化肥的达标，取得了显著成绩。有5套装置第一次达到设计指标，其中以油为原料的2套达到年产30万吨，气改油的2套达到28万吨，以气为原料的1套达到32万吨。这几个企业在达标竞赛中增加的化肥产量，相当于不建装置、不花投资又增加了半套30万吨合成氨装置。实现引进装置的达标，意义不仅在于提高了生产能力，增加了生产，更重要的是带动了整个管理水平的提高，促进企业的各个部门、各个生产环节紧密配合，协调同步。

20世纪70年代前期引进国外先进技术和成套设备，到20世纪80年代陆续建成，投入正常运营，使国内主要石油化工产品的产量有了大幅度的增长。1985年，全国乙烯产量达到65.21万吨，比1970年的1.51万吨提高42.2倍；合成橡胶产量为18.1万吨，比1970年的2.54万吨提高6.1倍；合成树脂及塑料产量为123.2万吨，比1970年的17.6万吨提高6倍；合成纤维单体产量为77.06万吨，比1970年的2.05万吨提高36.6倍；合成氨产量为1716.1万吨，比1970年的244.5万吨提高6倍。产量的大幅度增长，对改变石油化工的生产结构和落后面貌发挥了巨大作用。

到1990年年底，陆续恢复建设引进的4套年产30万吨乙烯装置和与之配套的其他石油化工装置，先后建成并投入生产。在我国形成北京燕山、上海金山、黑龙江大庆、山东齐鲁、南京扬子五个以30万吨乙烯为中心的大型石油化工生产基地，全国乙烯总生产能力达209万吨/年。20世纪70年代先后两批技术引进，掀起了化学工业大型化工厂的建设高潮,石油化学工业现代化的框架基本形成,我国步入现代化石油化学工业生产国家行列。

第三节 转型做大做强阶段

一、地方"中型乙烯热"的发烧与退烧

改革开放后,轻纺工业在地方经济发展中异军突起。轻纺企业的建设投资小,收效快,用工多,市场好,再加上改革初期劳动力成本低的优势,轻纺工业成为推动地方经济发展的主力军。但是轻纺工业的原料供给严重短缺成为"瓶颈"。许多省市看到石油化工可以大量生产市场短缺的合成纤维、合成树脂等轻纺工业原材料带动社会经济发展效益明显,地方政府对于发展石油化工的积极性高涨。从20世纪80年代后期开始,许多省市纷纷提出建设10万吨级中型乙烯一体化石化工程,形成一股"中型乙烯热"。

部分乙烯项目获得国家批准并开工建设。有天津、新疆独山子、广州、北京和河南中原5个中型乙烯一体化石化工程。

天津乙烯由乙烯、聚乙烯、聚丙烯、环氧乙烷、乙二醇装置组成,于1991年6月批准可行性研究报告,1992年10月开工建设,1995年投产,批复总投资为26.4亿元,调整概算55.55亿元。

新疆独山子乙烯工程1992年7月开工建设,1995年8月投产,概算投资54.59亿元(其中工程建设投资40.12亿元)。

广州乙烯工程于1992年签订技术引进合同,建设规模为13万吨/年,后增加一套乙烯裂解炉,使乙烯产能达到15万吨/年,1993年2月批准设计概算46.96亿元。

北京乙烯工程由乙烯、环氧乙烷/乙二醇、EVA树脂、丁醇等装置组成,1992年5月开工建设,1995年投产。

河南中原乙烯工程,由乙烯、聚乙烯、聚丙烯三套主生产装置组成,1993年开工建设,1996年7月投产。工程概算投资32.02亿元,实际完成投资44.22亿元。

随着改革开放的进展,化工原材料的进口放开,制约地方轻纺工业发展的合成纤维和合成树脂大量进口,解决了地方中小轻纺企业无米之炊的忧患。同时新建乙烯工程的规模偏小,裂解原料来源没有保障,普遍出现经济效益差,银行贷款偿还困难的问题。遍地开花的方式建设中型乙烯石化工程,已经不是我国石化工业发展的方向。省市"石油化工热"自然退烧。

二、20世纪90年代两大乙烯工程暴露出的问题

20世纪70年代规划建设的五个30万吨/年乙烯工程投产后取得良好的经济和

社会效益。20世纪90年代，吉林省和中国石化总公司分别建设了吉林、广东茂名30万吨/年乙烯一体化石化工程。这两套乙烯工程，乙烯及下游装置所采用的工艺技术均属国际先进水平。石化产品市场很好，产销两旺，但是乙烯工程的效益很不理想，企业难以偿还巨额银行贷款本息，面临重重困难。国务院领导对项目暴露出的问题十分重视，要求查明原因。国家计委、化工部和国际工程咨询公司组成联合调查小组对两个工程进行调查，做了分析研究。

吉林化学工业公司（吉化公司）30万吨/年乙烯工程由乙烯、聚乙烯、乙二醇、丙烯腈、苯酐、苯酚、丙酮、乙丙橡胶、ABS等装置组成，总投资195.6亿元（其中建设投资156.63亿元），于1993年开工建设，分二期建设，1997年建成投产。

茂名30万吨/年乙烯工程由乙烯、全密度聚乙烯、高压聚乙烯、聚丙烯、乙二醇等装置组成。总投资156亿元，1993年开工建设，1996年投产。

项目投产后，项目本身的债务负担太重，据计算投产后的前三年可用资金不足以偿还到期的债务本息。造成这种状况的原因很多，其根本原因是工程总投资大幅度上涨，资本金额少，造成利息负担沉重，还款压力大。如表13-1所示是几个乙烯一体化工程总投资对比，虽然各乙烯一体化工程内容不完全相同，但是简单比较一下万吨乙烯综合产能投资成本，还是可以看出端倪。扬子乙烯一体化工程总投资70.79亿元。同等规模的茂名乙烯一体化工程总投资156亿元。投资翻倍，使得工程成本中财务费用大大增加，尽管比起前几套30万吨乙烯项目有技术进步的优势，但仍使项目处境艰难。上海赛科和天津中沙乙烯一体化工程是在以后年代建设，物价因素会使工程需要的投资更高。由于这两个工程有外资参加，引进了先进的工程投资的管理系统和机制，万吨乙烯投资不仅没有上升，反而有所降低。按照计划经济下，基本建设大而全和不计工本的建设模式，已经不能适应社会主义市场经济的要求，石油化学工业企业的投资机制必须变革，以适应新的形势。

表13-1 典型乙烯一体化工程的单位产能投资比较

乙烯一体化工程	扬子	茂名	上海赛科	天津中沙
建设期间	1978—1989	1993—1996	2002—2005	2006—2010
乙烯规模/（万吨/年）	30	30	90	100
总投资/亿元	70.79	156	170	268
万吨乙烯综合投资/亿元	2.36	5.2	1.89	2.68

三、中国石化总公司组织大规模乙烯改造

进入20世纪90年代后，北京燕山石化公司于20世纪70年代引进的30万

吨/年乙烯生产装置运行了 20 年。期间，世界乙烯生产技术有了长足进展。中国石化总公司为扩大能力，降低能耗，提高企业技术水平，对燕山石化公司实施了改扩建工程。乙烯装置由 30 万吨/年改扩建为 45 万吨/年。走内涵式发展的道路，充分发掘原有生产装置的潜力，并通过技术改造扩大生产能力。万吨乙烯装置投资仅为 5600 多万元，约为新建乙烯装置万吨乙烯投资的一半，投资节省，提高了经济效益。这个方案得到当时的朱镕基副总理的肯定。1993 年 3 月 15 日乙烯生产装置改扩建工程开工，到 1994 年 9 月 27 日生产出聚乙烯产品，历时 18 个月 12 天，投资 27.22 个亿元。

燕山 30 万吨/年乙烯改扩工程为我国乙烯工业发展创造了一个典范，这项工程在建设思想、建设模式、建设方法上有了创新，为我国乙烯工业的建设提供了一个新的模式。参照燕山石化公司乙烯改造模式，中国石化、中国石油分别对上海、扬子、齐鲁、大庆等 4 套乙烯装置进行了技术改造，装置产能先由 30 万吨/年乙烯扩到了 40 万～45 万吨/年，收到了很好经济效益。紧接着又进行了第二轮乙烯改造，使乙烯装置生产能力扩大到 70 万～80 万吨/年。充分依托了老厂原有公用工程能力，设备国产化率达到 80%，万吨乙烯综合产能投资成本平均为 1.2 亿元。乙烯改造还采用了新技术，装置能耗也下降 15% 左右，企业竞争力大大提高。两轮乙烯改造增加了近 200 万吨乙烯能力，产能翻番，无论是从规模还是从技术水平来看，改造后的乙烯装置和下游石化装置均达到同时代的国际水平。

北京燕山石化公司乙烯改造工程一期（1993 年）扩建到年产 45 万吨乙烯，二期（2000 年）扩建到年产 70 万吨乙烯，见图 13-5～图 13-8。扬子石化改造工程如图 13-9 所示。

图 13-5　乙烯吊装压缩机

图 13-6　一期扩建配套 14 万吨低压聚乙烯装置

图 13-7 二期扩建配套 20 万吨高压聚乙烯装置

图 13-8 配套污水处理场建设

■ 65万吨乙烯

■ 105万吨PTA装置

■ 140万吨芳烃叶果

图 13-9 扬子石化改造工程（2000 年）

中国石化总公司组织的一系列乙烯改造工程的意义，不仅仅是扩大了我国乙烯产能，更重要的是我国石油化工科学技术水平的体现。说明科技人员消化吸收了引进先进技术，在此基础上敢于根据自己生产中学习掌握的经验教训对引进技术进行改造，并有能力选择后来出现的新技术在工程中的应用，与时俱进和国际水平媲美。由于工艺技术、大型设备国产化，做到了节省工程投资，提高了国内设计和设备制造水平。改造中新建的10万吨/年乙烯裂解炉采用中国石化与美国鲁姆斯（LUMMUS）公司合作开发新技术。制苯、丁二烯抽提装置全部采用国产的反应器，乙烯装置使用了国产的冷箱、丙烯制冷压缩机、废热锅炉等一系列大型关键设备，带动了国内石化装备业提高到新水平。

在乙烯改扩建工程中，具有代表性的为北京燕山石化公司、上海金山石化公司两个改造工程。

（一）燕山石化公司

燕山石化公司2000年3月开始对45万吨乙烯装置进行扩能改造，使其生产能力扩大到66万吨/年（合同签订可达71万吨/年），竣工决算33.22亿元，建设内容为：淘汰老区全部13台裂解炉、新建10万吨/年裂解炉2台（美国鲁姆斯、中石化科技开发中心合作技术），改建6万吨裂解炉7台（荷兰KTI技术），乙烯装置分离部分采用鲁姆斯技术，对老区进行改造、裂解炉压、急冷区和压缩区由30万吨/年改造到53万吨/年；冷区及热区由45万吨/年改造到71万吨/年。新建20万吨位高压聚乙烯装置，并对制苯、丁二烯抽提改造扩建。

2001年12月高压聚乙烯装置产出合格产品，改扩建工程历时33个月，主要设计单位为中国石化工程建设公司、燕化设计院等。

燕山石化公司对该工程实行了项目法人自营总承包，以批准的设计概算作为投资承包数进行包干建设，搞好项目的"四大控制"。乙烯改扩建工程建成投产后，实现了生产规模的大型化和集约化。由于采用先进技术对装置进行改造，改造完成后乙烯单位（吨）能耗从改造前（2000年）的801.15大卡/吨（3.35兆焦/吨）降到（2002年）688.52大卡/吨（2.88兆焦/吨），乙烯原料单耗从改造前的3.366吨降至3.201吨，产品生产成本有很大程度的降低，产品聚乙烯、聚丙烯生产牌号，分别增加了18个、38个。

（二）上海石化公司

上海石化70万吨/年乙烯改造工程是在上海石化公司一、二、三期工程建设基础上，进一步优化产品结构，提高技术含量，降低生产成本，增加经济效益，提高企业综合竞争力的一次重要实践。上海70万吨/年乙烯改造工程于2000年6月开工，2002年4月投料开车一次成功，竣工决算37.88亿元。其乙烯装置改扩建方案区别于燕山石化方案，采用并联方式新建一套30万吨/年乙烯装置，其中新建4台10万吨/年新型裂解炉，分离部分采用美国石伟（SW）公司前脱丙烷、前加氢、ARS系统和乙烯开式制冷流程。配套建设的20万吨/年聚丙烯装置采用中国石化建设公司开发的国产第二代环管聚丙烯技术。25万吨/年聚乙烯装置工艺引进北欧化工双峰聚乙烯技术，采用环管反应器与气相反应器串联运行的方式，生产具有耐高压、高附加值的双峰聚乙烯产品（可生产高压

天然气管道)。工程设计由上海金山工程公司、上海医药工业设计院等承担。

70万吨/年乙烯改造工程建成后,联同15万吨/年乙烯装置,上海石化公司成为当时国内最大的乙烯生产基地。2002年投产的当年,乙烯年产量就突破80万吨大关,2005年就达96万吨之多。其乙烯综合能耗下降了6%,聚乙烯、聚丙烯高附加值的专用料较改造前分别上升10%和6%。

四、重组石化企业

改革开放以来,石油、石化工业体制有两次比较大的改革。第一次是1983年成立中国石油化工总公司,将分散在石油部、化工部、纺织部等几个部门的重要石油化工企业集中统一管理。1988年成立中国石油天然气总公司,石油工业实施政企分开。这次改革的重点是打破部门分割,合理利用石油资源,以及扩大企业自主权,试行经济责任制。第二次是石油石化两大集团公司重组。1998年根据国务院总理朱镕基的指示精神,国家经贸委提出了组建的基本原则:各有侧重、互相交叉、保持优势、有序竞争。新组建的中国石油天然气集团公司(中石油)侧重石油天然气勘探开发,同时经营石油化工业务,主要企业在北方;新组建的中国石油化工集团公司(中石化),侧重石油化工发展,同时经营石油天然气勘探开发业务,主要企业在南方。在保持各自优势的同时,建立统一、开放、竞争、有序的市场;实现上下游、内外贸、产供销一体化。成为自主经营、自负盈亏、自我发展、自我约束的法人实体。

两大集团的组建,对加快石油石化工业的改革与发展,具有极为重要的意义。重组成立了中国石化集团公司、中国石油天然气集团公司两大上下游一体化的石油石化公司,为石油石化工业的一体化发展奠定了基础,同时也建立了市场化条件下的竞争机制,为我国大型石油石化企业集团的成长发展铺平了道路,使其规模实力明显增强。中国石油化工集团公司在美国《财富》杂志世界500强企业中的排名由2000年的第58位升至2010年的第7位;中国石油天然气集团公司的相应排名由2001年的第83位升至2010年的第10位。

五、跨国石油化工公司进入中国

改革开放后,跨国石化公司看好中国石化工业的市场,纷纷要求进入中国建设炼油厂和石化工厂。当时我国炼油和石油化工企业规模还比较小,不具备竞争能力,国家为了保护国内正在兴起的石化企业,规定不能建设独资的炼油企业和乙烯企业,对国外公司进入做了政策限制。外国公司必须与中国企业合资建设乙烯工程或炼油厂。最早试水的是著名石化跨国公司——英荷壳牌公司。经过长期中外双方的前期工作和谈判,于2000年达成协议,项目开工建设。随后,德国巴斯夫公司、英国石油公司分别与中国石化集团公司达成合资协议,建设大型乙烯一体化工程项目。在第一轮石化合资项目顺利投入运行后,继续有中国石化集团公司与埃克森和沙特阿美、沙特基础工业公司，韩国 SK 公司分别在福建泉州、天津、武汉建设的乙烯工程合资项目启动。

第一轮大型石油化工合资项目实施，对我国石油化学工业的建设模式、工厂管理、企业经营诸方面与国际水平接轨起到助推作用。从两个合资石化工程建设的规模和实施过程，可以看出现代化石化企业建设和运营的系统性、复杂性。对石化工业什么是现代化有了更清楚认识。不是有了几项先进的工艺技术就是现代化，必须在技术、产业链、环境、安全、健康、经营管理等诸多方面均达到国际水准，才是现代化。外资进入我国石油化学工业的总体影响，要经过一段时间才能清楚显现。

（一）中海壳牌石化联合工厂

早在 1988 年，壳牌公司就在我国辽宁、山东、广东等地选择建设石化基地厂址，最终确定在广东惠州建设南海石化项目。随后开始了漫长的项目可行性研究和建厂谈判过程。创建了中国石油化工建设史上，项目前期工作时间最长（12 年），反复进行可行性研究，花费多达 3000 万美元。这说明中外双方在大型石化项目上的审慎态度。

该项目是国内投资规模最大的中外合资项目之一。中海壳牌是一个 50%对 50%的合营公司，中方投资者是"中海石油化工投资有限公司"，是中国海洋石油总公司（持股 90%）与广东广业投资集团有限公司（持股 10%）的合资企业（图 13-10）；外方投资者是"壳牌南海私有有限公司"，它是荷兰皇家/壳牌集团的成员之一。

图 13-10　广东惠州中国海洋石油公司与英荷壳牌石油公司的
合资年产 80 万吨乙烯石化企业（2006 年建成）

中国海油与英荷壳牌公司早在 1989 年 3 月签署了合作意向书，中外双方专家联合选择了惠州厂址及马鞭州原油码头。1991 年 1 月，国务院批准项目建议书，1993 年 5 月 500 万吨/年炼油、45 万吨/年乙烯的可行性研究报告编制完成。由于涉及减免税收优惠政策的不同理解以及当时世界炼油企业效益不高等因素，之后双方确定不搞炼油只搞化工项目。于 1997 年 4 月完成了 80 万吨/年乙烯的补充修改报告。该报告于同年 12 月获国家批准。亚洲金融危机后，2000 年 10 月双方签署了合营合同，2000 年 12 月 28 日合营公司正式成立，进入项目定义阶段。2002 年 11 月 1 日，双方股东作出最终投资决策，项目才进入实施阶段。项目于 2005 年年底完工，2006 年 1 月 29

日生产出合格的乙烯和丙烯产品,同年3月23日项目全面建成投产,项目投资总额42亿美元。石化联合工厂投产后每年生产230万吨高品质的石油化工产品。

石化联合工厂位于广东省惠州市大亚湾经济技术开发区,占地面积仅有2.6千米^2。建设内容主要包括以80万吨/年乙烯裂解为龙头的11套化工装置、相关的公用工程设施、1座15万吨级的原料码头和1座3万吨的液体化工品码头、33千米的大口径海底管线等设施。

中海壳牌石化联合工厂是一个复杂的系统工程。工程建设历经38个月,高峰期投入25000人,消耗1.57亿人工时,安装主要设备4100台,焊接安装工艺管线1400多千米,安装仪表38000台(套)。与此同时,全厂建立了在线总线系统,铺设了数据传输的网络,实现了全厂一对多的数据传输。为了实现资源的最优化管理,同步建立了ERP系统,实现了生产、市场、财务和人力资源的最优化管理,使项目在预定的计划内建成投产,费用有效地控制在1997年国家批准的总投资估算之内。经过国内外专家评估,工厂的建设质量是一流的,安全管理达到了预定的目标,损失工时事故率控制在百万分之0.11(目标为百万分之0.5)。在建设石化联合工厂的同时,中海壳牌积极地开展产品预销售和市场开发工作,为项目投产后的产品销售打下了良好的基础,项目获得了较好的效益。

大型乙烯一体化工程投资大,产品是大宗基础化学品,国际投资人的目标不是追求短期超额利润,而是期望长期稳定的回报。因此要考虑研究至少二三十年内可能出现的各种风险因素,研究的对象不仅仅是技术和市场,同时还要研究投资地区的政府政策和政治稳定性,以及金融世界变化趋势等问题。我国走出国门到国外投资的公司,往往开始顺利,不久就遇到出乎意料的困难。因此应该学习老牌跨国公司的经验,在前期工作上多花些时间和费用,减少项目投入后的风险。

(二)上海赛科90万吨/年乙烯工程

上海赛科(SECCO)90万吨/年乙烯工程(见图13-11)是中国石化集团公司最大

图13-11 中石化与英国石油(BP)公司合资建设的上海赛科
90万吨乙烯一体化工程(2005年建成)

的石油化工合资项目之一，由英国 BP 公司、中国石油化工股份有限公司、中国石化上海石油化工股份有限公司分别按 50%、30%、20%的股份共同建设的特大型石油化工项目，总投资 27 亿美元，占地仅 204 公顷，位于上海漕泾的上海化学工业区内。

上海赛科 90 万吨/年乙烯工程，2001 年 8 月国务院批准可行性研究报告，2002 年 3 月开工建设，2005 年 6 月 BP 和中国石化共同宣布上海赛科正式投入商业运行。上海赛科乙烯项目生产平衡运行，经济效益很好。整个工程由 9 套生产装置和相配套的公用工程组成。9 套生产装置分别是：90 万吨/年乙烯装置；50 万吨/年芳烃抽提装置；9 万吨/年丁二烯装置；50 万吨/年乙苯/苯乙烯装置；30 万吨/年聚苯乙烯装置；60 万吨/年聚乙烯装置；25 万吨/年聚丙烯装置；26 万吨/年丙烯腈装置；28 万吨/年硫酸回收装置。配套的公用工程除了供水、供电、码头、铁路等依托工业区统筹提供外，自身建设的主要包括中央控制系统、变电站、动力中心、罐区、空压站、循环水厂、污水处理站、地面火炬、仓库、行政管理区等。整个工程共完成混凝土总量 35 万米^3，设备安装 4000 台（套），工艺管线 850 千米，仪器仪表安装 3.3 万台（套）等。设备制造国产率达到 64.7%，施工高峰现场人数超过 13000 人，施工周期 33 个月。

项目建设的管理模式：最高管理机构为董事会，全权负责协调建设过程的重大问题，下设一体化项目管理组（IPMT），IPMT 及其下设的 6 个部门在授权范围内负责处理项目实施的所有工作，定期向董事会报告。建设进程中实行项目经理负责制，各项目经理在 IPMT 正副主任授权下，负责项目的执行。项目管理采用 EPC（设计、采办、施工管理总承包）或 EP（设计和采办总承包）+C（施工管理）的管理模式，承包商来自国内外，国外承包商重点承担技术提供、基础设计、境外物资采办等工作；详细设计、国内物资采办、施工管理等工作主要由中国石化系统工程公司、设计、施工单位承担。

对设计的质量管理，在严格要求承包商执行统一的赛科标准同时，并委托中国石化上海工程公司为项目的总体技术支持和咨询单位，还按照 BP 的办法，委托第三方分阶段对设计进行 Hazop（危险性和可操作性审查）和项目的 HSE 审查。对于工程质量建立质量管理网络，定期对承包商、施工单位、监理单位进行质量抽查和联合大检查，对各单项工程的施工方案、监理规划、重大施工技术措施均组织专家进行评审。

在环保方面也基本上达到世界石化企业先进水平，从设计开始前就注意为装置优选先进工艺，从源头上减少污染的产生。例如乙烯裂解炉采用新型燃烧系统，氮氧化物排放量降低到 80 毫克/米^3，远低于国家所规定排放标准的 420 毫克/米^3。

在费用控制方面，项目的各类费用自始至终做到严格控制。工程开始前，组织精干人员对各项费用详细测算，并编制周密的进度计划；合同谈判中，抓住主要费用的控制；工程实施中，对费用的变化及时跟踪，并在工程结算中实事求是地支付费用。最终的项目结算总建设费用不超过 170 亿元，比预算控制数约降低 5%。体现了跨国公司合资企业建设项目特点。

在上海赛科 90 万吨乙烯工程中，中国石化集团公司参与了较多工作。通过工程实践，锻炼各种人才队伍，为我国乙烯工业建设规模化、大型化，积累了经验。通过乙烯装置技术改造和合资建设乙烯项目，不仅学习了国外先进石化生产技术，同时学习了跨国公司在控制工程质量和进度、项目建设实施、建设投资控制等方面好的经验，为成功建设大型和特大型石化项目创造了条件，打下了基础。

六、石油化学工业继续突飞猛进

（一）自主建设大型乙烯、芳烃、炼油等工程

改革开放中逐步建立起的投资约束机制和激励机制，通过乙烯装置技术改造和合资进行建设乙烯项目，石油化工企业建设石化项目积累了丰富的经验。工艺技术逐步形成了自有工艺包，装备国产化水平大幅度提高，完全掌握特大型工程施工的质量和进度控制，以及大型和特大型石油化工企业的经营管理日臻成熟，为我国石油化学工业持续发展创造了条件。

中国石化集团公司在天津建设的天津100万吨乙烯工程，于2010年1月建成投料生产，在浙江建设的镇海100万吨乙烯工程，于2010年建成，2012年4月投产。中国石油天然气集团公司建设了中俄原油管道、大连石油千万吨级炼油基地、广西钦州千万吨级炼油厂、新疆独山子100万吨乙烯（见图13-12）、抚顺80万吨乙烯、四川成都80万吨乙烯、乌鲁木齐年产100万吨对二甲苯等项目。中国石化集团公司还与埃克森和沙特阿美、沙特基础工业公司、韩国SK公司分别在福建泉州、天津、武汉建设了乙烯工程（见图13-13）。

图13-12 中石油新疆独山子千万吨炼油百万吨
乙烯一体化工程（2009年建成）

图13-13 中石化天津百万吨乙烯一体化工程
（年产乙烯100万吨）夜景（2010年建成）

中国兵器工业总公司辽宁盘锦华锦建成46万吨乙烯装置。中国化工集团在辽宁沈阳建设了重油催化热裂解（CPP）装置，生产出乙烯、丙烯等基础原料。

（二）石化工业规模上升到世界第二位

进入21世纪，石油化学工业继续突飞猛进。2000年起中国乙烯年产量进入世界排序前五位，并逐年提升（见表13-2）。到2010年年底，中国乙烯产能达到1495.5万吨/年，居世界第2位。2000年，中国还没有百万吨级乙烯基地，而"十一五"期间通过扩建和新建，已形成了燕山、上海、扬子、齐鲁、茂名、镇海、独山子、赛科、天津9个百万吨级乙烯生产基地。国内乙烯装置为提高竞争力不断提升规模，2005年的乙烯装置平均规模已经达到39万吨/年，到2010年进一步提高至60万吨/年。

表13-2 世界乙烯生产前五位国家的排序变化　　　　　　单位：万吨

1970年		1980年		1990年		2000年		2010年	
美国	820.4	美国	1300.3	美国	1654	美国	2510	美国	2397
日本	309.7	日本	178.2	日本	581	日本	760	中国	1297
德国	202	德国	306.	德国	307	韩国	540	沙特	1195
英国	99.8	法国	207.3	加拿大	243	中国	470	韩国	713
苏联	98	苏联	178.2	法国	224	加拿大	400	日本	667
中国	1.5	中国	49.0	中国	157.2				

除乙烯生产突飞猛进外，三大合成材料均快速增长。截至2010年年底，中国合成树脂总产量达到4361万吨，居世界第2位。国内合成树脂自给率从2000年的48.7%进一步提高到61.1%。国内五大通用合成树脂生产能力5005万吨/年，五大通用合成树脂产量达到3692万吨/年，自给率提高到70.5%，同时合成树脂专用料等高附加值产品比例进一步提高。

2010年中国合成橡胶产量达到310万吨。其中固体胶生产能力达到286万吨/年，产量216万吨，产能居世界第2位，产量居世界第1位。

合成纤维下游纺丝生产能力及产量居世界第1位。2010年，中国合成纤维产量达到2727万吨。中国涤纶、腈纶、尼龙三大合成纤维产能达到3317万吨/年，产量从2005年的1486万吨增长到2010年的2638万吨，增长84.5%。

我国石油化学工业取得长足进步，但是与13亿人口和世界第二大经济体的需求相比仍有很大的缺口，主要表现在石化工业生产的三大合成材料还不能支撑下游工业的需求。为我国外贸创汇和GDP做出主要贡献的服装、纺织、塑料制品、家电、橡胶制品等行业所需的合成树脂、合成纤维、合成橡胶三大合成材料，三分之一以上的原料依靠进口（见表13-3）。这种状况说明，在我国工业体系的产业链中存在有缺陷，石油化学的合成材料工业相对是短腿，仍有相当大的发展空间。

表 13-3　2010 年我国三大合成材料对外依存度

化工成品	产量/万吨	进口量/万吨	出口量/万吨	表观消费量/万吨	对外依存度/%
合成树脂	4360.9	3069.4	294.7	7135.6	38.9
合成纤维单体	1373.8	1438.7	1.0	2811.5	51.1
合成橡胶	310.0	158.1	23.7	444.3	30.2

（三）石化工业技术进步不断前进

在我国石油化工飞速发展的进程中，石油化工重大技术开发和新产品开发起到了关键的支撑作用。

炼化技术发展方面达到世界先进水平。中国已基本掌握现代炼厂全流程技术，形成了催化裂化、加氢家族技术，催化裂化技术已居世界先进水平；超低压连续重整技术的开发应用，使中国成为继美国和法国之后第三个掌握该技术的国家；海南炼化、青岛大炼油和广西钦州炼油厂等炼厂的投产，标志着中国具备了利用自有技术建设国际先进水平千万吨级炼厂的能力。

特大型石油化工生产装置（100 万吨/年乙烯装置）成功建设，标志着我国乙烯生产技术方面取得巨大进步，进入世界石油化工先进技术行列。百万吨乙烯装置初步实现了大型乙烯成套技术工艺包的自主知识产权、乙烯装置"三机"国产化，大型裂解炉自主研发和大型乙烯冷箱国产化等具有重要意义的技术进步。

① 以 CBL 型乙烯裂解炉为代表的国产化蒸气裂解制乙烯技术已经基本形成。国产化裂解炉也已形成系列化，技术已经达到国际先进水平。截至 2010 年年底，采用 CBL 炉技术共建成投产和已完成设计即将建设或正在设计的裂解炉共 80 台，总能力达 720.5 万吨/年。其中，单炉能力 10 万吨/年以下的裂解炉共 30 台，总能力达 167.5 万吨/年；单炉能力 10 万吨/年及以上规模的大型裂解炉共 50 台，总能力为 553 万吨/年。

② 已经具备乙烯分离成套技术设计的能力。在乙烯分离成套技术的开发方面，已摸索出了适合于乙烯装置各区域的状态方程，完成了对乙烯装置全流程的模拟及物料平衡计算，开发了具有世界先进水平的低能耗分离技术，已经具备了乙烯分离成套技术设计的能力。例如自主完成了天津、镇海两套 100 万吨/年乙烯装置的基础设计及详细设计。

在乙烯分离单元技术的开发方面，进行了深冷分离和油吸收分离工艺研究。开发了铝多孔表面高热通量传热管，并在燕山、大庆、盘锦等乙烯装置上进行了应用。开发了新型高效塔板和填料，生产能力比原装置提高 20%～25%，分离效率提高 5%～10%，并在燕山、齐鲁、辽化等乙烯装置的改造中应用。

③ 乙烯装备国产化取得重大突破。大型乙烯项目的设备国产化，主要集中在乙烯裂解炉、压缩和制冷设备等方面。其中，压缩和制冷设备多年来一直被少数国

家垄断控制。近年，裂解气压缩机、丙烯压缩机、乙烯压缩机组和乙烯冷箱等关键国产设备终于获得成功应用，实现了我国乙烯装备国产化的重大突破。

沈阳鼓风机集团经过多年的消化吸收及创新，已研制成功多种不同规格的"三机"，即裂解气压缩机、丙烯压缩机、乙烯压缩机，相继为上海石化、扬子石化和茂名乙烯的改扩建工程提供压缩机，并且由沈阳鼓风机集团研制成功的裂解气压缩机已应用于中沙天津百万吨乙烯工程，丙烯制冷压缩机已应用于镇海炼化百万吨乙烯工程，乙烯压缩机组已应用于抚顺石化百万吨乙烯工程，打破了该产品长期被国外垄断的局面。杭氧股份有限公司冷箱的设计水平、制造能力基本达到国际先进水平，其开发的乙烯冷箱技术已应用于齐鲁、茂名的乙烯改造项目，并成功应用于福建联合石化、中沙天津和镇海炼化新建乙烯工程。

此外，乙烯下游生产装置，我国自主开发的大型聚丙烯、苯乙烯、甲苯歧化、芳烃抽提等成套技术和装备已成功实现工业化应用。在大型乙烯一体化工程的建设中，采用自有技术的比例大幅度上升，设备国产化率达到70%以上。炼油和化工生产用催化剂85%以上实现自给自足。甲苯歧化技术以及聚丙烯、聚乙烯催化剂达到国际先进水平并实现出口。

品种开发方面取得新进步，成功开发了高速BOPP薄膜聚丙烯专用料、双峰结构的PE80与PE100级聚乙烯管材专用料、系列细旦涤纶长丝等上百种三大合成材料新产品。中高档专用牌号合成树脂的差别化合成纤维产量比例大幅度提高。化工产品结构也在向专用化、功能化、高附加值方向调整。企业整体技术经济水平也不断提高，

附1 大 事 记

1949年5月，上海解放，华东军事管制委员会派徐今强为军代表，接管中国石油公司。8月，华东军管会批准利用原中国石油公司设在高桥的东厂仓库及废机油回收设备，筹建上海炼油厂。9月，康世恩为总军代表接管玉门油矿及炼油厂。

1949年10月，中央人民政府政务院设立燃料工业部，陈郁任部长；设立重工业部，何长工任部长。石油工业和化学工业分别由这两个部主管。

1950年3月，大连石油七厂恢复炼油生产。4月，中华人民共和国自己建设的上海炼油厂年加工原油10万吨的常压蒸馏装置建成投产。

1951年2月，锦州石油六厂恢复生产，以煤气为原料生产出了合成石油。6月，抚顺石油三厂恢复生产，以页岩粗柴油为原料进行高压加氢，生产出汽油、煤油、柴油等产品。11月，第一届全国石油展览会在北京开幕。朱德为展览会剪彩，毛泽东、周恩来等先后到会参观。

1952年7月，根据全国高等工业学校院系调整方案，中央教育部决定将交通大学、震旦大学、大同大学、东吴大学、江南大学等校化工系合并，组建成中华人民共

和国第一所化工高等学府——华东化工学院（华东理工大学前身）。

1952年12月，抚顺石油一厂全部恢复生产，达到了年产页岩油26万吨的设计能力。

1953年5月，中国石油炼制工业部门第一个专业科研机构——抚顺石油研究所成立。10月，中国第一所石油高等学校——北京石油学院成立。

1954年10月，上海炼油厂扩建工程建成投产，并开始加工玉门原油。

1955年1月，新疆中苏石油股份公司关闭，独山子炼油厂由中国独立经营。7月，中央人民政府决定成立石油工业部，李聚奎任部长。

1956年3月，中国自行设计建设的年产3000吨聚氯乙烯装置在锦西化工厂建成投产。

1956年5月，第一届全国人民代表大会常务委员会第四十次会议决定成立化学工业部（以下简称化工部），任命彭涛为部长。

1957年9月，化工部在《发展化学工业第二个五年计划纲要（草案）》中提出：以尽可能快的速度发展化学肥料和合成纤维工业，适当地发展基本化学工业、有机合成化学工业、橡胶工业。11月，朱德视察石油工业部炼制研究所。

1958年2月，余秋里任石油工业部部长。7月，北京化工学院成立。

1958年9月，兰州炼油厂第一期工程建成投产。这是中国第一个年加工能力100万吨的大型炼油厂。

1958年11月，中国自行开发建设的年产2000吨氯丁橡胶的工业装置，在四川长寿化工厂建成投产，生产出国内第一批合成橡胶。兰州化肥厂建成投产。

1958年12月，中国自行开发建设的年产1000吨苯酚法己内酰胺工业装置，在锦西化工厂建成投产，生产出国内第一个合成纤维产品——锦纶。

1959年中国自行研究并定型设计的年产6000吨聚氯乙烯工业装置，在天津化工厂建成投产。

1960年5月，兰州化学工业公司合成橡胶厂建成投产，生产出国内第一批丁苯橡胶。10月，上海高桥化工厂建成年产500吨的聚苯乙烯工业装置，并试车投产。

1961年11月，茂名石油工业公司第一部页岩干馏炉建成投产。

1962年1月，石油部在北京召开炼油新技术座谈会，决定集中各方面的技术力量，独立自主地开发催化裂化、铂重整、延迟焦化、尿素脱蜡、催化剂和添加剂，被誉为中国炼油工业的"五朵金花"。

1962年，兰州化学工业公司年产5000吨的炼厂气裂解乙烯装置建成投产，在国内第一次以石油气为原料生产出乙烯。

1962年6月26日，根据人大常委会的决定，国家主席刘少奇任命高扬为化学工业部部长。

1962年12月，上海高桥化工厂建成年产1600吨乙烯的裂解装置。

1963年8月，国务院批准化工部引进16项主要以天然气、轻油、重油为原料生产合成氨、有机原料及合成材料等石油化工装置。10 月,大庆炼油厂一期工程建成投产。12 月,周恩来在第二届全国人民代表大会第四次会议上庄严宣布:我国需要的石油,现在已经可以基本自给了,中国人民使用"洋油"的时代即将一去不复返了。

1964 年 7 月,国务院决定,分别从联邦德国、英国、意大利成套引进的年产 3.6 万吨乙烯和 3.45 万吨高压聚乙烯、0.5 万吨聚丙烯、1 万吨丙烯腈、0.8 万吨腈纶、0.33 万吨丙纶等石油化工装置,均建在兰州化学工业公司。

1965 年 8 月,从日本引进技术和设备生产聚乙烯醇的第一个大型工厂——北京有机化工厂建成投产。

1966 年 9 月,徐今强任化工部代部长。国家科委、石油部、化工部联合组织顺丁橡胶技术攻关会战,以锦州石油六厂为主要现场,开发成功以丁烯为原料制顺丁橡胶,并建成年产 1000 吨顺丁橡胶的工业装置。

1967 年 2 月,中国自己设计建设的第一座年加工量为 250 万吨的常减压蒸馏—流化催化裂化—延迟焦化大型联合装置,在山东胜利炼油厂建成投产。

1968 年 12 月,北京化工研究院研究成功环氧氯丙烷技术,并在无锡树脂厂建成年产 500 吨的生产装置。

1969 年 9 月,北京东方红炼油厂一期工程的 3 套炼油装置及其配套工程建成投产。

1970 年 1 月,兰州化学工业公司引进的砂子炉、高压聚乙烯、聚丙烯、丙烯腈等装置建成投产。2 月,兰州化学工业公司建成中国第一套年产 2000 吨 ABS 工程塑料生产装置。

1970 年 7 月,中央决定,石油部、煤炭部、化工部合并成立燃料化学工业部;一轻部、二轻部、纺织部合并成立轻工业部。

1971 年 10 月,兰州化学工业公司合成橡胶厂采用北京化工研究院技术的年产 2000 吨乙丙橡胶装置建成投产。11 月,以生产化学纤维为主的岳阳化工总厂部分装置建成投产。

1972 年 2 月,中央政府批准燃化部引进 13 套全部以油、气为原料的年产 30 万吨合成氨、48 万吨或 52 万吨尿素的大化肥装置。其中从美国引进 8 套,从法国引进 3 套,从日本引进 2 套,分别建设在黑龙江、辽宁、河北、山东、四川、贵州、云南、湖北、湖南、广东、江苏、安徽等 12 个省。

1972 年 12 月,国务院批准引进 3 套以生产乙烯为主的大型石油化工联合装置。其中,30 万吨/年乙烯及其配套的化工装置建在北京石油化工总厂,其余 2 套乙烯及配套的化纤装置分别建在上海石化总厂和辽阳石油化纤总厂。

1973 年 8 月,北京石化总厂从日本引进的年产 30 万吨乙烯、18 万吨高压聚乙烯、8 万吨聚丙烯、4.5 万吨丁二烯抽提装置及相应的炼油、化工配套装置,开始动工建设。

1974年1月，上海石化总厂动工建设一期工程中的年产11.5万吨乙烯等9套从日本和联邦德国引进的装置，另外9套装置由国内配套。

1974年8月，辽阳石油化纤总厂动工建设从法国、联邦德国、意大利和日本引进的，包括年产7.3万吨乙烯装置在内的25套生产装置。

1975年2月，第四届全国人大第一次会议决定，将燃料化学工业部分为石油化学工业部（石化部）和煤炭工业部（煤炭部），任命康世恩为石化部部长，徐今强为煤炭部部长。

1976年6月，北京石油化工总厂的30万吨/年乙烯和高压聚乙烯、聚丙烯、丁二烯抽提装置建成投产。

1977年1月，四川化工厂、山东胜利石化总厂第二化肥厂引进的大氮肥装置分别建成投产。4月，河北沧州化肥厂引进的大氮肥装置建成投产。7月，北京化工二厂引进的年产8万吨乙烯氧氯化法制聚氯乙烯装置建成投产。四川泸州天然气化工厂引进的大氮肥装置建成投产。上海石化总厂一期工程建成，并打通了全部生产线的流程，生产出了合格的维纶、腈纶、涤纶和合成树脂。

1978年1月，中央政府决定原轻工部分为纺织部和轻工业部，钱之光任纺织部部长。4月，第五届全国人大常委会决定撤销石油化学工业部，成立化学工业部和石油工业部。任命孙敬文为化工部部长，宋振明为石油部部长。

1978年1月，云南天然气化工厂引进的大氮肥装置建成投产。12月，镇海石化总厂炼油厂和乌鲁木齐石化厂炼油装置分别建成投产。

化工部引进3套以渣油为原料年产30万吨合成氨及配套尿素装置的合同签字。这3套装置分别安排建在浙江镇海、宁夏银川和新疆乌鲁木齐。

1978年，四川维尼纶厂引进乙炔、甲醇、聚乙烯醇等7套装置建成，开始投料试车。

1978年，化工部、石油部引进4套年产30万吨乙烯及配套化工装置的合同签字，分别安排在南京（2套）、山东、大庆建设。

1979年10月，辽阳石油化纤公司的乙烯和聚酯等引进装置建成，开始投料试车。12月，中国自行设计、自制设备建设的年产30万吨合成氨及其配套尿素装置，在上海吴泾化工厂建成投产。

1980年1月，湖南洞庭氮肥厂和湖北化肥厂引进的大氮肥装置建成投产。

1981年1月，贵州赤水天然气化肥厂引进的大氮肥装置建成投产。

1981年9月，国务院批准成立上海高桥石油化工公司，由原来分属几个部、局的上海炼油厂、高桥化工厂、热电厂、上海第二化纤厂、上海合成洗涤剂二厂、上海石油化学研究所等企业联合组成。

1981年12月，国务院批准成立金陵石油化工公司，由南京炼油厂、栖霞山化肥厂、南京烷基苯厂、南京化工厂、钟山化工厂、南京塑料厂、南京长江石化厂联合组成。

1982年3月，国家经委批准成立抚顺石油工业公司，由抚顺石油一厂、石油二厂、石油三厂、抚顺市化学纤维厂、抚顺化工塑料厂联合组成。10月,广州石化总厂化肥厂引进的大氮肥装置建成投产。

1983年2月19日,中共中央、国务院中发〈1983〉7号文决定成立中国石油化工总公司,对全国重要的炼油、石油化工和化纤企业实行集中领导,统筹规划,统一管理。7月12日,中国石油化工总公司成立大会在北京人民大会堂举行。

1983年11月26日,吉林化学工业公司年产11.5万吨乙烯、10万吨乙醇、5万吨丁辛醇、3.6万吨醋酸、6万吨乙醛、8万吨丁苯橡胶等装置建成投产。投资包干节余。

1983年12月8日,浙江镇海石化厂以渣油为原料的大氮肥装置建成,正式投料试车。包干投资节余4100万元。

1983年12月16日,由大连石油七厂和大连有机合成厂联合组成的大连石油化工公司成立。

1983年12月28日,由天津炼油厂、天津石油化纤总厂、天津第一石油化工厂等单位联合组成的天津石油化工公司成立。

1984年4月3日和13日,时任国务院总理的赵紫阳在视察胜利油田、齐鲁石化公司、中原油田期间,两次听取陈锦华、张万欣的汇报,要求总公司坚持改革,为缓解国家财政困难,多做贡献。

1984年6月1日,扬子石化公司30万吨/年乙烯装置及其配套工程正式动工建设。

1984年6月,北京燕山石化公司研究院开发的丁苯热塑性弹性体(SBS)技术,在岳阳石化总厂工业试生产成功。

1984年9月4日,上海石化总厂从日本引进的年产20万吨聚酯装置建成并交付生产。

1984年11月27日,国务院批准恢复建设年加工原油500万吨的洛阳炼油厂(原河南炼油厂)。

1984年12月26日,石化总公司和商业部举行原商业部石油局及其直属单位成建制地划归石化总公司的交接签字仪式。

1984年12月29日,中国石油化工总公司销售公司成立。自1985年1月1日起,经营国内石油产品业务。

1984年12月,上海石化总厂二期工程年产22.5万吨精对苯二甲酸、20万吨聚酯装置建成。

1985年6月,镇海石化总厂炼油、化肥装置同步开车成功,生产出合格的尿素。

1985年7月31日,乌鲁木齐大化肥工程建成投产。

1986年6月,大庆乙烯一期工程建成投产。

1987年5月,齐鲁乙烯一期工程建成投产。扬子乙烯一阶段工程建成投产。

同年12月,洛阳500万吨/年炼油工程第一联合改造任务完成,具备加工300万吨/年的条件。

1988年7月，宁夏30万吨/年合成氨、52万吨/年尿素装置建成投产。8月，大庆乙烯工程12套装置全面建成。

1989年10月，扬子乙烯二阶段工程投产。

1990年4月，上海30万吨乙烯一阶段工程金山部分投产。11月，抚顺年产5万吨丙烯腈装置建成。

1993年5月31日，英荷壳牌公司与中方合资各方共同编制完成南海石化项目可行性研究报告，耗时21个月，前期费用3000万美元。

1994年9月27日，北京燕山石化公司30万吨/年乙烯改扩建工程，生产出合格低压聚乙烯产品。

1995年3月，北京年产14万吨乙烯工程建成投产。7月，河南中原年产14万吨乙烯工程投产。8月，新疆独山子年产14万吨乙烯工程投产。12月，天津年产14万吨乙烯工程建成投产。

1996年，吉化、茂名年产30万吨/年乙烯工程建成投产。

1997年8月，南京5家企业联合组建"东联石化公司"。9月，广州乙烯工程建成投产。

1999年11月17日，石家庄己内酰胺工程投料试产，生产出合格产品。

2000年9月22日，燕山乙烯二轮改造工程（66万吨/年）投料。9月，天津化纤工程建成投产。10月，洛阳化纤工程建成投产。12月14日，江苏仪征10万吨/年聚酯国产化装置投料试车成功。

2002年4月，上海石化70万吨/年乙烯改造工程建成投产。9月29日，扬子石化65万吨/年乙烯改造工程建成投产。

2003年4月5日，仪征化纤年产45万吨PTA项目建成投产。8月3日，镇海年产45万吨PX装置建成投产。

2003年11月5日，由四川万县川东盐化工部分设备迁建至川维天然气乙炔工程投产；川维年产3.75万吨天然气制乙炔国产化成套技术开发成功。

2004年10月10日，齐鲁72万吨乙烯改造工程建成投产。

2005年6月29日，上海赛科90万吨乙烯工程建成，投入商业运行。

2005年6月29日，宁波、上海、南京原油管道陆上线路全部贯通，主管道直径762毫米，陆上管线长591.5千米，6月29日油头到达扬子计量站，管道投产成功。

2005年9月28日，扬子石化-巴斯夫一体化石化基地年产60万吨乙烯建成投入商业运行。

2006年3月23日，中海壳牌联合石化项目在广东惠州建成投产。5月28日，仪征—长岭原油管道工程全线投用成功。9月28日，年加工800万吨原油的海南大炼油工程建成投产。

2006年12月，西南成品油管道全面试运行；年产20万吨乙苯、20万吨苯乙烯成套技术开发成功，依托齐鲁公司乙苯、苯乙烯装置技术改造，运行可靠。

2008年5月，青岛1000万吨/年大炼油工程投产。12月，金陵年产60万吨PX投产。

2009年5—9月，福建炼油乙烯工程投料试车。7月，中国化工集团公司沈阳化工厂50万吨催化热裂解制乙烯项目投产。9月，新疆独山子1000万吨/年炼油项目和100万吨/年乙烯一体化项目投产。

2010年4月20日，镇海炼化年产100万吨/年乙烯工程投产。5月11日，天津100万吨/年乙烯、千万吨级炼油工程投料，正式投入商业运行。

2010年9月27日，中俄原油管道工程竣工，管道全长近1000千米，设计输量1500万吨/年。

2010年12月18日，广西钦州年加工1000万吨/年炼油项目投产，总投资151亿元。

附2 国际背景

石油化工是20世纪20年代兴起的以石油为原料的化学工业，起源于美国。初期依附于石油炼制工业，对炼制过程中产生的副产物进行综合利用，生产化学品。第二次世界大战后，石油化工迅速发展，逐步形成一个庞大的工业体系。50年代，欧洲化学工业迅速掀起石油化工厂的建设热潮，60年代又进一步扩大到日本及世界其他国家，使世界化学工业的生产结构和原料体系发生了重大变化。很多化学品的生产从以煤为原料转移到以石油和天然气为原料，石油化学工业的新工艺、新产品不断出现。到70年代初，石油和天然气成为工业化国家化学工业的主要原料，石油化工生产的各种石油化学产品多达数千种。当前石油化工已成为各工业国家的重要骨干工业。

1. 初创时期

随着石油炼制工业的兴起，产生了越来越多的炼厂气。1917年美国C.埃利斯用炼厂气中的丙烯合成了异丙醇。1920年，美国新泽西标准油公司采用此法进行工业生产。这是第一个石油化学品，它标志着石油化工发展的开始。1919年联合碳化物公司研究了乙烷、丙烷裂解制乙烯的方法，随后林德空气产品公司实现了从裂解气中分离乙烯，并用乙烯加工成化学产品。1923年，联合碳化物公司在西弗吉尼亚州的查尔斯顿建立了第一个以裂解乙烯为原料的石油化工厂。在20世纪二三十年代，美国石油化学工业主要利用单烯烃生产化学品。如丙烯水合制异丙醇、再脱氢制丙酮，次氯酸法乙烯制环氧乙烷，丙烯制环氧丙烷等。20年代，H.施陶丁格创立了高分子化合物概念；W.H.卡罗瑟斯发现了缩聚法制聚酰胺后，杜邦公司1940年开始将聚酰胺纤维（尼龙）投入市场；表面活性剂烷基硫酸伯醇酯出现。这些原来由煤和农副产品生产的新产品，大大刺激了石油化工的发展，同时为这些领域转向石油原料创造了新的技术条件。这时，石油炼制工业也有新的发展。1936

年催化裂化技术的开发,为石油化工提供了更多低分子烯烃原料。这些发展使美国的乙烯消费量由1930年的,1.4万吨增加到1940年的12万吨。

2. 第二次世界大战的推动

第二次世界大战前夕至20世纪40年代末,美国石油化工在芳烃产品生产及合成橡胶等高分子材料方面取得了很大进展。战争对橡胶的需要,促使丁苯、丁腈等合成橡胶生产技术的迅速发展。1941年陶氏化学公司从烃类裂解产物中分离出丁二烯作为合成橡胶的单体;1943年,又建立了丁烯催化脱氢制丁二烯的大型生产装置。1945年美国合成橡胶的产量达到67万吨。为了满足战时对梯恩梯炸药(即TNT)原料(甲苯)的大量需求,1941年美国研究成功由石油轻质馏分催化重整制取芳烃的新工艺,开辟了苯、甲苯和二甲苯等重要芳烃的新来源(在此之前,芳烃主要来自煤的焦化过程)。当时,由催化重整生产的甲苯占全美国所需甲苯总量的一半以上。1943年,美国杜邦公司和联合碳化物公司应用英国卜内门化学工业公司的技术建设成聚乙烯厂;1946年美国壳牌化学公司开始用高温氧化法生产氯丙烯系列产品;1948年,美国标准油公司移植德国技术用氢甲酰化法(羰基合成)生产八碳醇;1949年,乙烯直接法合成酒精投产。石油化工的不断发展,使美国在1950年的乙烯产量增至68万吨,重要产品品种超过100种,石油化工产品占有机化工产品的60%(1940年仅占5%)。

3. 蓬勃发展

20世纪50年代起,世界经济由战后恢复转入发展时期。合成橡胶、塑料、合成纤维等材料的迅速发展,使石油化工在欧洲、日本及世界其他地区受到广泛的重视。在发展高分子化工方面,欧洲在50年代开发成功一些关键性的新技术,如1953年联邦德国化学家K.齐格勒研究成功了低压法生产聚乙烯的新型催化剂体系,并迅速投入了工业生产;1955年卜内门化学工业公司建成了大型聚酯纤维生产厂;1954年意大利化学家G.纳塔进一步发展了齐格勒催化剂,合成了立体等规聚丙烯,并于1957年投入工业生产。其他方面也有很大的发展,1957年美国俄亥俄标准油公司成功开发了丙烯氨化氧化生产丙烯腈的催化剂,并于1960年投入生产;1957年乙烯直接氧化制乙醛的方法取得成功,并于1960年建成大型生产厂。进入60年代,先后投入生产的还有乙烯氧化制醋酸乙烯,乙烯氧氯化制氯乙烯等重要化工产品。石油化工新工艺技术的不断开发成功,使传统上以电石乙炔为起始原料的大宗产品,先后转到石油化工的原料路线上。在此期间,日本、前苏联也都开始建设石油化学工业。日本发展较快,仅十多年时间,其石油化工生产技术已达到国际先进水平。前苏联在合成橡胶、合成氨、石油蛋白等生产上,有突出成就。

石油化工新技术特别是在合成材料方面的成就,使生产上对原料的需求量猛增,推动了烃类裂解和裂解气分离技术的迅速发展。在此期间,围绕各种类型的裂解方法开展了广泛的探索工作,开发了多种管式裂解炉和多种裂解气分离流程,使产品乙烯收率大大提高、能耗下降。西欧各国与日本，由于石油和天然气资源贫乏，裂解原料采用了价格低廉并易于运输的中东石脑油，以此为基础，建立了大型乙烯生产装置，大踏步地走上发展石油化工的道路。至此，石油化工的生产规模大幅度扩大。作为石油化工代表产品的乙烯，1980年全世界产量达到3580万吨，创历史最高水平。1960年以后，有机合成原料自煤转向石油和天然气的速度加快（见下表）。

年份	石油、天然气在有机合成原料中所占的比例/%			
	美国	联邦德国	法国	日本
1960	88	50	50	55
1975	98	90	90	90

全世界大约有1000个石油化工联合企业，所用原料油约占原油总产量的8.4%，用气约占天然气总量的10%。全世界90%以上的合成树脂、合成纤维、合成橡胶等合成材料是用石油原料生产的。全世界84%的氨和90%的甲醇都是以天然气为原料生产的。

4. 成熟阶段

20世纪七八十年代，石油化工经历高速发展后，技术进入成熟阶段。从产品角度看，各大品种石化产品拥有的市场份额基本定型，新型产品的涌现和市场影响力迅速下降。与此同时，与这些大品种相对应的生产技术得到充分发展，工厂建设达到规模经济，巩固了市场竞争地位。例如，采用管式炉方法生产乙烯越来越普遍，以至世界总生产量95%以上的乙烯都是管式炉裂解装置生产的。乙烯装置规模不断扩大，乙烯裂解单炉生产能力不断提高，由原单台规模1万吨/年提高到17.5万吨/年。乙烯生产装置规模年生产能力已由原几万吨提高到100万吨以上。20世纪70年代以来，合成材料的主要产品聚乙烯、聚丙烯，它们在催化体系、聚合方式、工艺过程以及产品应用等方面相互借鉴，相互补充，形成了多种成熟技术路线。成套技术日臻完善，流程缩短，装备水平不断提高。例如，1994年同1960年相比，聚丙烯规模由5000吨/年增加到220000吨/年；催化剂活性由1×10^3克聚合物/克Ti提高到1.5×10^6克聚合物/克Ti；1980年到1998年，相对生产成本降低50%以上。

在实现工程放大的过程中，每一类大宗产品只有少数几种工艺得到了充分的发展。初期开发的许多工艺技术在竞争中被淘汰。同时为适应生产大型化的要求，工程技术迅速发展并带动了相关技术的发展。在工艺技术发展的同时，解决了诸如大型压缩机组、大型反应器、挤压机组、高效传质传热设备等大型石油化工专用设备的设计及制造技术；依据各种工艺提出的严格要求，解决了耐高温、耐低温、防腐蚀及自动控制技术等等。有大批量的石油化工合成材料作基础，塑料、纤维纺织、橡胶加工等种类浩繁的加工技术也得到迅速发展。

石油化学工业成熟阶段的发展有以下几个特点：

（1）石油化工产品发展规模增长迅速

从石油化学工业的代表产品乙烯的情况，可以看到它的发展速度和规模。1960年全世界乙烯总产量为291万吨，到2010年增长到1.2亿吨，五十年间乙烯产量增长41倍。同一时期，塑料、合成纤维及合成橡胶的产量增长也十分迅速，如合成纤维已由1960年的70万吨增加到2010年的3891万吨，增长55倍之多。

（2）炼油与石油化工一体化、发展重油深度加工技术

今天，石油化工不仅仅是为石油炼制过程的副产品综合利用的配套工程。为了更好地利用宝贵的石油资源，炼油与石油化工一体化成为主流。炼油厂的流程设计不仅考虑制取气煤柴燃料，同时要考虑如何能够更多和更经济地生产石油化工原料。当前，特别重视对现有工艺进行优化组合，来实现重油的改质转化，最大限度地获取轻质燃料和石油化工用料。

重油裂化是重油轻质化最重要的途径。重油加工中出现催化裂化和加氢裂化联合的趋向。联合工艺提高加工灵活性，可适应原料多变；产品方案调节灵活，投资适中，轻油收率高，质量好，有很大发展前景。1985年以来加氢裂化与催化裂化的联合得到比较广泛的应用。

（3）合成材料的应用日趋广泛

聚乙烯、聚丙烯生产技术多种工艺并存，气相法技术发展较快；新产品不断涌现，合成树脂产品高性能化；合成树脂工业发展的重点是高性能、高技术含量和高附加值的产品，即在保持现有生产规模的基础上，向质的方向发展，以提高企业的生存能力和竞争能力。茂金属催化剂技术的开发和应用，塑料改性技术的开发等，极大地促进了合成树脂工业的发展。在品种上，发达国家聚碳酸酯、PBT等工程塑料仍保持较高的增长速度。聚丙烯树脂的高性能化趋势尤为突出，高透明、高熔体强度、高冲击强度以及纳米复合聚丙烯材料开发步伐不断加快，在包装、汽车、家电和建筑等部门替代其他塑料和材料日趋广泛。

聚烯烃新品种、新牌号不断涌现，产品应用范围进一步扩展。聚乙烯方面，一是增加共聚新牌号，如高密度聚乙烯（HDFE）通过共聚单体的改进，从丙烯发展为丁烯、己烯、辛烯，从而生产管材料、超薄薄膜、大型中空容器等。Basell公司还在发展乙烯-丙烯-丁烯-己烯四元共聚物等等。二是"双峰"聚乙烯，Univation、Borealis、Fina等公司都已开发出低分子量聚乙烯与高分子量聚乙烯共存的"双峰"聚乙烯，低分子部分改善加工性能，而高分子部分保持高的物理机械性能；三是极低密度聚乙烯热封强度高。聚酯纤维新产品、新用途不断增加，独霸纺织市场；新品种开发及研制。随着社会的发展，许多与PET性质相似但性能更优的聚酯新品种越来越多成为人们研究开发的重点。其中有代表性的是聚对苯二甲酸丙二酯（PTT）。此外还有高收缩、水溶性、低熔点及高黏度等聚酯切片，抗起球、抗静电、

阳离子可染、阻燃切片等功能性切片及含有纳米材料的切片等。合成橡胶品种繁多，适用于不同用途，合成橡胶使用比例达橡胶总量六成以上。

（4）世界石油化工生产能力的布局发生新变化

自 20 世纪 70 年代开始，国际石油价格不断攀升，并发生多次大幅度上涨的"石油危机"，石油化工的原料价格上升，石化产品生产成本增加，石油化学工业面临巨大冲击。美国、日本和西欧地区主要乙烯生产国，纷纷采取措施，如关闭部分落后生产装置；开发节能技术，降低生产能耗；开展副产品综合利用，进行深度加工；发展精细化学品等。这些企业大多为少数跨国生产厂商所控制。同时，世界石油化工生产能力的布局发生变化，油、气资源丰富的发展中国家正在更多地建设起自己的石油化工企业。中国和沙特阿拉伯等中东产油国家的石油化学工业自 21 世纪初崛起以后，日本和西欧的比重大幅下降。

参 考 文 献

[1] 当代中国的化学工业 [M]. 北京：中国社会科学出版社，1986.
[2] 当代中国的石油化学工业 [M]. 北京：中国社会科学出版社，1987.
[3] 中国石油天然气集团公司年鉴 [M]. 北京：中国石油工业出版社，2003.
[4] 中国石油化工集团公司年鉴 [M]. 北京：中国石化出版社，2010.
[5] 王基铭，袁晴棠. 石油化工技术进展 [M]. 北京：中国石化出版社，2002.
[6] 中国石油和石油化工工程研究会，闫三忠等. 中国石油石化工程建设年鉴：2001—2005 [M]. 北京：中国石化出版社，2007.
[7] 《钱之光传》编写组. 钱之光传 [M]. 北京：北京中共党史出版社，2011.
[8] 陈锦华国事忆述 [M]. 北京：中共党史出版社，2005.
[9] 王松汉. 乙烯工艺与技术（精华本）[M]. 北京：中国石化出版社，2012.
[10] 朱和. 走向世界石油化工大国 [J]. 中国石化，2008(12)：13.
[11] 兰州石油化工公司编写. 兰化志.
[12] 冯世良. 中国石油和化工经济运行 2005 年回顾及展望 [J]. 国际石油经济，2006(2)：9.
[13] 温厚文，王竹君，张江一. 百年石油 [M]. 北京：石油工业出版社，2009：302.

编纂人：沈渭（原化工部规划院副院长，原化工部国际合作司司长）
任子臣（中国国际咨询工程公司原石化轻纺部主任）

第十四章 合成树脂工业

塑料是人们非常熟悉的一种材料。树脂是指制造塑料的原始高分子化合物。塑料则是树脂混合添加剂后的材料及成型制品。自古以来，人们就知道松香、琥珀、虫胶等天然树脂，并尝试应用。合成树脂是人类利用化学合成的方法生产出来的一种与天然树脂类似的高分子聚合物。合成树脂的发明与产业化，大大促进了塑料工业的发展，被誉为20世纪改变人类社会生活最重要十项发明之一。当今的塑料工业中，天然树脂已很少应用，完全是合成树脂的天下。

合成树脂的产品很多，按制品应用功能分类，可分为通用树脂、工程树脂和功能树脂。通用树脂的原料来源丰富、价格便宜、生产量大、应用面广，且易于成型加工，如聚乙烯、聚丙烯、聚氯乙烯、聚苯乙烯等。工程树脂的物理机械性能、电性能及耐环境应力开裂性能优异，可替代金属或非金属作为工程结构材料使用，如尼龙、聚甲醛、聚碳酸酯、聚苯醚等。功能树脂具有某种特异功能，如离子交换树脂、高吸水性树脂、光敏树脂、螯合树脂等，可以用在除塑料应用以外的某些领域。

各种合成树脂都有不同的特点及用途。在我国不同历史时期，受合成树脂的生产技术以及市场需求的变化，发展重点在不同类型的合成树脂中变换转移。早期是酚醛树脂类热固性树脂，20世纪60年代重点发展聚氯乙烯树脂，70年代聚烯烃树脂突飞猛进，90年代ABS等工程树脂开始走红，21世纪聚氨酯树脂异军突起。从发展重心转移的轨迹可以看出我国合成树脂发展的大致历程。

第一节 早期发展的合成树脂——热固性树脂

一、酚醛树脂

1907年美国专利提出苯酚和甲醛在加压和受热的条件下，发生缩聚反应固化生成酚醛树脂。酚醛树脂成为世界上第一个工业化生产的合成树脂。酚醛树脂（俗称电木粉）用于电器插座、灯口等制品被人熟知，至今依然是最重要的热固性合成树脂之一。

我国最先生产的塑料是酚醛树脂和赛璐珞（即硝酸纤维素塑料）两个品种。1921—1924年，浇铸型酚醛树脂和乳酪素先后在上海胜德织造厂赛珍部（胜德塑料厂前身）问世，用来做仿象牙筷、雀牌、沾水笔杆和烟嘴。以进口废旧赛璐珞边角料和废影片进行复制加工成赛璐珞，由中兴赛璐珞厂和中华工厂等率先生产。1951年赛璐珞的主要原料硝化棉在上海赛璐珞厂研制成功，从此有了国产赛璐珞。1935年，酚醛模塑料（胶木粉）又在胜德织造厂赛珍部试制成功并投入生产，并自行开模制电灯开关、灯头等产品。当时人造象牙、乳酪素、赛璐珞和胶木粉在国内称为四大塑料品种。

20世纪40年代，上海塑料及成型加工有所发展，品种增加，并引进部分加工设备，产品逐步由生活用品扩展为少数工业品。1947年，塑料制品由热固性扩展到热塑性，利用进口聚苯乙烯和醋酸纤维树脂及注射机，在上海胜德新艺厂和远东塑胶厂率先在国内加工成梳子、皂盒和笔杆等热塑性制品。1945年大量进口胶木粉倾销，上海私营小厂纷纷参与塑料加工市场竞争，根据不同用途，采用不同配方，生产电器用、文具用、生活用的绝缘性好、弹性好、着色性好的各种牌号胶木粉，以满足不同行业的需要。国民政府资源委员会管辖的中央化工厂（即上海化工厂）设有酚醛树脂研究机构和试验车间，生产胶合板和层压板，加工制成电器材料、机械齿轮，还用树脂改性松香，做成油漆和电器上用的黄蜡布。到1949年，我国塑料生产已有二十多年，但是全国合成树脂总产量仅203吨。

中华人民共和国成立后，这些塑料小厂得到国家扶植，相继扩建，发展较快。到1952年，全国合成树脂生产能力为5000吨/年，产量为2000多吨，塑料制品相应增加。这个时期，上海化工厂经过改造扩建，增加了层压板的品种和产量。与此同时，在前苏联专家帮助下，国内设计建设了重庆塑料厂，以生产酚醛树脂为主，加工制成酚醛石棉制品，做化工防腐蚀的设备、管道和法兰，于1955年投产，能力为年产3000吨。1955年7月，根据国家计委的指示所作的调查表明，当时我国只有酚醛塑料、赛璐珞和酪素塑料三个品种。从事这三种塑料的生产与加工的企业共829家，职工1万人。酚醛塑料粉生产能力1.8万吨/年，赛璐珞生产能力400吨/年。当时，上海化工厂和重庆塑料厂是国内规模最大的塑料厂。

1952年和1956年，锦西化工厂磺化法苯酚生产装置和吉林化学公司甲醛生产装置相继建成投产后，国内开始规模化生产酚醛树脂的原料，成型加工的原料供应有保障，使酚醛树脂生产有了进一步的发展。我国第一个五年计划提出："化学工业的生产必须注意加强对新种类产品，特别是各种塑料、特种油漆、高级染料的研究、试制和生产。"1957年，全国合成树脂的生产能力上升到3.2万吨/年，产量为1.3万吨。

1956年，各地私营塑料厂和制品加工厂陆续实行公私合营，分别归属化工和轻工系统管理。

20世纪60年代以后，我国在酚醛树脂及塑料的新工艺、新技术开发方面开展工作，并取得了一些科研成果，如酚醛注射模塑料、静电复印机墨粉专用酚醛树脂、新型酚醛玻璃钢专用树脂、悬浮聚合酚醛树脂、丁腈橡胶改性酚醛树脂、开环聚合酚醛树脂基复合材料等。众多的科研成果，除个别已实现批量生产，成为企业主导产品外，大多数停留在试验或小生产阶段，没有形成大的生产规模。

到20世纪末，全国酚醛树脂及塑料生产厂家超过100家，总生产能力达15万吨/年，其中3000吨/年以上的生产厂有11家，生产能力合计10.2万吨/年。1996年化工系统统计的酚醛塑料产量7.62万吨，当年酚醛树脂净进口量2.71万吨。此外，木材加工行业及涂料行业尚有相当数量的小型酚醛树脂生产装置，多为自产自用，酚醛树脂（干基）产量5.5万~6万吨。

到2010年前后，我国酚醛树脂年消费量已超过20万吨，主要应用领域：模塑料占26%；涂料占18%；木材用胶黏剂占28.5%；层压板和覆铜板占18%；铸造型占4%；橡胶胶黏剂占0.5%；其他为5%。我国酚醛树脂及塑料的生产历史虽然最长，并且有一定的生产经验，但是长期以传统的酚醛树脂模塑料生产工艺为主，无论是产品品种、生产厂的装备和规模，与国外先进水平相比，都尚有较大差距。

二、氨基树脂

氨基树脂是含氨基的化合物如尿素或三聚氰胺与醛类如甲醛缩聚反应制得的树脂。氨基树脂生产一直以脲醛树脂（尿素、甲醛）为主，大部分用于木材加工用胶黏剂，用量占70%以上，其余用于制造塑料制品。

脲醛树脂对木材有较高的胶合强度并有较好的耐水性、耐热性，加之以水作分散介质使用方便、不燃、原料易得、价格低廉、制造简单、颜色很浅，所以广泛用于木材加工，是木材胶黏剂中用量最大的品种，我国和外国都是如此。

1948年上海扬子木材厂从美国进口粉状脲醛树脂用于胶合板生产。1956年林业部提出在胶合板生产中推行合成树脂胶的研究和应用，并召开了讨论会。会后一些单位进行了试验研究。林业部森林工业研究所、化工部北京化工研究院、一机部庆阳化工厂和香坊木材厂合作、长春胶合板厂与森林工业研究所合作，分别完成仿苏联多种牌号的脲醛树脂研究。此外，上海扬子木材厂于1959年根据苏联资料生产出不脱水脲醛树脂。

在20世纪60年代，中国林业科学研究院木材工业研究所和有关工厂等相继研制了多种牌号的脲醛树脂，如NQ-63、NQ-64等。我国科技界从仿制开始向自己研究脲醛木材胶黏剂方向过渡。非常可惜，由于"文革"的原因，科研工作停顿了十多年。直到20世纪70年代后期才研究开发出国产胶黏剂新品种，研制出M-53、YNQ48、SR-4等脲醛树脂。尿素对甲醛的摩尔比逐步下降，从1:2降到1:1.4左右。

1980年制成的NQ-80，将游离醛含量从大于1%降到0.20%，开始迈进低毒脲醛树脂阶段。在努力降低游离醛的同时，积极探索脲醛树脂的结构、性能与合成工艺之间的关系。在合成工艺上除了继续研究传统的碱-酸-碱工艺，即在碱性条下羟甲基化，再在酸性条件下缩合，最后将 pH 调到微碱性备用，又开发了在强酸介质（pH=1～2）中尿素与甲醛反应的产品。还进行了弱酸性（pH 为 5 左右）工艺的研究。

在我国木材加工业中，脲醛树脂作为胶黏剂的主要产品，其主要应用：一是人造板，即胶合板、刨花板和中密度纤维板；二是人造板表面加工，即装饰板、贴面人造板、浸渍纸贴面人造板和保丽板等，其表面装饰用脲醛树脂浸渍或粘贴。改革开放以后，建材工业陆续引进不少人造板生产线，有些厂家在引进生产设备的同时，也引进了胶黏剂的生产技术和配方。这在一定程度上有助于我国氨基树脂技术水平的提高。

脲醛树脂在塑料制品方面的应用始于 20 世纪 50 年代。1956 年 9 月，化工部和轻工部在天津联合召开了全国塑料专业会议，规划了第二个五年计划期间生产的塑料品种。这次会议是中华人民共和国成立后，我国塑料行业的第一次专业会议，为推动我国塑料工业的发展起了积极作用。会议议题中，做出了禁止在食具生产中使用酚醛塑料的规定，提出要大力发展氨基塑料。

1958 年脲醛模塑粉在上海天山塑料厂投产，技术主要由前苏联引进，用来制造电气制品、餐具和各种日用品。在化工部的统一部署下，天津市天津树脂厂、广州市南中塑料厂等相继建成千吨级的生产线。

到 1988 年，氨基树脂模塑料生产，全国共有 12 个生产厂，有重庆合成化工厂、长春化工二厂、天津树脂厂、合肥化肥厂等，年生产总能力 1.8 万吨。以脲醛模塑料为主，少量生产密胺（三聚氰胺、甲醛）模塑料。1990 年全国氨基树脂产量 17932 吨。20 世纪 90 年代后期大量乡镇和民营企业进入氨基模塑料行业。所建的装置都是简单复制，技术水平不高，品种档次低，质量不稳定，低档产品供过于求，高档产品仍需进口。

上海天山塑料厂也是我国最早生产密胺模塑料的厂家，其后国内有几个厂陆续也有生产。由于国内对树脂、填料和添加剂的研究不够深入，致使密胺模塑制品有时出现皱裂、褪色、泛黄、表面粗糙等缺陷。上海天山塑料厂 1990 年引进布斯公司的关键设备和主要产品配方，对传统的工艺进行了改造，年生产能力达到 6000 吨。深圳荣生企业有限公司和河南濮阳密胺塑料厂也引进了布斯公司的技术和装备。

三聚氰胺是密胺树脂的主要原料。我国 20 世纪 60 年代末，开始以双氰胺为原料生产三聚氰胺，20 世纪 70 年代初改用尿素为原料的工艺，先后共有 17 家建成 100～500 吨/年的小装置。1984 年四川化工厂引进荷兰 DSM 公司低压催化工艺技术和装备，装置规模 1.2 万吨/年。之后，又有南京栖霞山树脂厂引进技术和关键设备，建设 3000 吨/年三聚氰胺装置，以及国内小化肥厂多元化经营进行三聚氰胺生产。到 1993 年，国内三聚氰胺生产能力 3.3 万吨/年。我国三聚氰胺的规模化生产，不仅促进了国内氨基树脂、建材和家具产业的发展，并且大量出口到东南亚。

三、环氧树脂

环氧树脂是一种热固性树脂,用途广泛。特别是环氧树脂具有优异的电性能和黏结性能,在电气、电子及尖端技术领域有独到的用途。产品类型除通用环氧树脂外,还有粉末涂料专用环氧树脂、覆铜板专用环氧树脂、电工浇铸专用环氧树脂、汽车电泳漆专用环氧树脂、电子元件封装专用环氧树脂等。

我国研制环氧树脂始于1956年,由沈阳化工研究院、天津合成材料工业研究所开始研究。1958年,上海树脂厂和重庆塑料厂开始工业化生产。

自20世纪60年代起,我国就开始研究各种类型的环氧树脂新品种,包括脂环族环氧树脂、酚醛环氧树脂、聚丁二烯环氧树脂、缩水甘油酯环氧树脂、缩水甘油胺环氧树脂等。到20世纪80年代初期,国内虽然已形成了从单体、树脂到辅助材料,从科研、生产到应用的基本完整的工业体系,但环氧树脂技术水平不高,进步比较缓慢。国内开发的生产环氧树脂技术采用间歇法,工艺、生产设备均比较简单。为满足电工等工业部门的需要,一批小型环氧树脂的生产在我国发展比较快。1966年有16个厂生产,1983年增至30个厂,生产能力2万吨/年。因原料环氧氯丙烷供应不足,产量只有1.06万吨。因原料供给、产品品种和质量等问题,多年来各厂生产能力不能充分发挥。生产能力在千吨以上的,有上海树脂厂、无锡树脂厂和岳阳化工总厂(后改名岳阳石油化工总厂)树脂厂,三个厂的产量占全国总产量的一半。这个时期环氧树脂生产总体上看,产量低,品种少,基本满足一般需求。

为了提高我国环氧树脂的技术水平,20世纪80年代后期,岳阳石化总厂从日本东都化成公司引进3000吨/年环氧树脂装置,无锡树脂厂从德国贝克莱特公司引进3000吨/年环氧树脂装置,同时从波兰引进环氧树脂的主要原料双酚A技术,建成1万吨/年生产装置。工艺技术和装备水平基本上接近国际20世纪80年代初水平。自引进国外技术以后,经与外方不断的技术交流及人员培训,并经过消化吸收,我国环氧树脂生产技术较引进前有较大提高。

到20世纪末,全国环氧树脂企业百余家,总生产能力约7.5万吨/年。其中,江苏省环氧树脂厂40余家,生产能力约3万吨/年;安徽省10家,生产能力约1万吨/年;湖南省3家,生产能力约2万吨/年;其他省市合计50余家,生产能力约1.5万吨/年。通用型环氧树脂产量占90%~95%,特种环氧树脂的比例远远低于世界发达国家,国内环氧树脂生产仍然处于小而散的状况。环氧树脂消费构成大致为:电子、电工占45%;涂料占25%;建筑占15%;胶黏剂占12%;其他占3%。

酚醛树脂、氨基树脂、环氧树脂等热固性树脂是我国最早发展起来的一类合成树脂。热固性树脂曾经是树脂的主要品种,现在仍是不可缺少的树脂品种。但是,在过去的半个世纪中,聚烯烃等热塑性树脂高速发展,热固性树脂发展相对缓慢。在合成树脂总产量中,热固性树脂所占份额很快下降到20%以下。在我国,热固性树脂的技术进步也相对缓慢,主要表现在几个方面。

① 生产规模小,产量低,装置分散。据不完全统计,我国不同品种的热固性树脂生产企业少则几十家,多则上百家,生产装置规模大多为百吨级或千吨级。而国外树脂生产企业相对集中,并且生产规模都是万吨级以上。

② 生产工艺技术落后,装置陈旧,自动控制水平低。我国许多热固性树脂厂,生产工艺落后,甚至仍采用间歇式操作;装备老化,材质落后;生产控制采用手工操作,配料不准确,误差大。这种原始的生产方法,生产效率低,产品质量难以保持稳定,总体水平与国外先进水平相比有较大差距。

③ 大多数热固性树脂的品种类型单调,产品牌号少。特种需要的高档树脂长期依赖进口。

进入21世纪,我国热固性树脂的技术水平和生产水平有所改善,但是基本状况与世界先进水平仍有较大差距。

四、20世纪50年代我国合成树脂研发全面铺开

20世纪50年代,国际高分子聚合物的研究和生产,在化学工业中开始受到高度重视,合成树脂工业在经济发展中显现出重要的作用。当时,派往前苏联和东欧出国学习的人员了解到高分子聚合物的发展趋势,从而带动国内展开了各种合成树脂,如双酚A型环氧树脂、聚乙烯树脂、涤纶树脂、离子交换树脂等的研究工作。在前苏联技术资料指导下,1958年聚氯乙烯在锦西化工厂、工业有机玻璃在上海珊瑚化工厂开始生产。一些技术比较简单的氨基树脂、不饱和聚酯树脂国内开始规模生产。聚氯乙烯薄膜、管材、板材、电缆料在上海化工厂开发成功,在工业上和日常生活用品方面得到了广泛应用。聚氯乙烯的生产也推动了增塑剂、稳定剂、润滑剂等塑料助剂的发展,邻苯二甲酸二辛酯、癸二酸酯类、硬脂酸锌、硬脂酸镁等陆续投产。

20世纪五六十年代高分子聚合物的科研工作全面铺开,在一定程度上帮助了我国合成树脂工业的建立。但是,当时国家的经济实力很弱,科研面过宽,目标不集中,因此研发技术成果水平比较低。同时,相应的工程化开发研究滞后,多为因陋就简的小生产装置,难以进一步实现大规模生产。

第二节 20世纪60年代重点发展的聚氯乙烯树脂

一、PVC工业发展历史过程

我国聚氯乙烯(PVC)生产技术研发技术始于20世纪50年代,20世纪60年代作为合成树脂的代表品种得到重点发展,一度是产量最大的通用性合成树脂。20世纪70年代以后,聚烯烃等其他合成树脂兴起,聚氯乙烯生产的发展相对平缓。

2000年以后,我国聚氯乙烯生产又一次出现跳跃式增长。

1953年,在原重工业部化工局的化工综合试验场(化工部北京化工研究院和沈阳化工研究院的前身)开始实验。1955年,在锦西化工厂试验厂(原化工部锦西化工研究院前身)进行了100吨/年乳液法聚合中间试验,因乳化剂供应问题而改为悬浮法聚合工艺。1957年,北京有机化工设计院在前苏联专家的帮助下,设计了年产3000吨聚氯乙烯的全套生产装置。1958年在锦西化工厂,悬浮法3000吨/年工业装置建成投产。主要设备有两层齿耙直径为1.6米的乙炔发生器1台;613根列管转化器6台;13.5米^{3}聚合釜4台;上悬式离心机1台;干燥塔1台。随后又进行了扩建,采用6台13.5米^{3}的聚合釜组成一条生产线。据此北京化工设计院又完成了6000吨/年定型设计。

20世纪60年代,有两个因素促进了聚氯乙烯树脂的发展:一是我国氯碱工业的发展,迫切要求解决氯气平衡问题,同时电石生产已有相当规模,为聚氯乙烯树脂生产提供了可靠的原料来源;二是塑料新材料许多优越性显现,国外塑料已被广泛应用,化工部大力宣传和组织塑料的推广应用工作。如在人民大会堂装修了一个以聚氯乙烯为主的塑料展示厅。同时,结合当时中国的特殊情况,推广用聚氯乙烯鞋底代替布制鞋底,可节约供应日益紧张的棉布。并在农业生产中推广使用塑料,用聚氯乙烯吹塑薄膜,做成农业育秧用膜和蔬菜大棚以及用于化肥包装等。1959—1960年,先后建成并投产了6套年产6000吨聚氯乙烯生产装置,有北京化工二厂、天津化工厂、大沽化工厂、上海天原化工厂、福州第二化工厂、株洲化工厂等。1962年,武汉建汉化工厂(葛店化工厂)和上海天原化工厂分别试验成功了100吨/年的乳液法试验装置,并扩建到了500吨/年规模。至此,中国聚氯乙烯工业共有9家生产厂,生产能力4.5万吨/年,生产悬浮法和乳液法两类树脂。

20世纪60年代和70年代,国内PVC工厂都是以电石为原料,依靠国产生产技术和装备,主要以13.5米^{3}和30米^{3}聚合反应釜为主。天津化工厂等PVC生产厂在原有基础上不断进行改造和扩建,提高生产技术水平。随后吉林电石厂、四平联合化工厂、徐州电化厂、宜宾化工厂等,也相继建成生产装置投产。各省市的塑料制品加工工业因此获得了快速发展。PVC产量从1960年的1.3万吨,上升到1970年的12.84万吨。生产能力在1万吨/年以上的PVC工厂达25家。20世纪70年代在全国大多数省市进一步推广PVC生产。1983年PVC企业数量已达到65家,生产能力56万吨/年,实际产量达48万吨。

20世纪80年代初期,国内PVC生产技术经过二十余年发展日臻成熟,但是产品质量、生产强度、原料单耗、能源消耗、自控水平和生产技术与先进国家的装置差距较大,只能生产软制品树脂,生产硬制品树脂(SG5型)时粘釜严重,甚至生产无法正常运行。改革开放后,国内PVC行业有机会接触国外先进技术,对外技术交流增多。1985年北京化工二厂为了解决多年久攻不下的防粘釜问题,与国外进行技术交流和防粘釜技术的引进谈判，最终决定引进美国古德里奇公司的DCS控制的70米^{3}釜聚合生产技术，随后锦西化工厂和福州第二化工厂也引进了该公司的技术和设备。新技术的引进极大地推动了国内产业的升级，谱写了PVC行业的新篇章。

在20世纪70年代，PVC生产一个重大的变化是开始了乙烯法氯乙烯单体生产。北京化工二厂为了解决首都东郊电石PVC生产的污染问题，于1976年10月从德国伍德公司引进了国内第一套8万吨/年氧氯化单体生产装置，用燕山石化的乙烯作原料制造氯乙烯，首开乙烯法聚氯乙烯生产之先河。其后，1979年齐鲁石化和上海氯碱引进了20万吨/年氧氯化单体装置和聚合装置。我国聚氯乙烯单个工厂的生产规模大大提升。

进入20世纪90年代，北京化工二厂、上海氯碱、齐鲁氯碱、沧州化工、天津大沽化工厂、锦西化工厂等纷纷进行改扩建，生产能力提高很大。20世纪90年代中期，北京化工二厂和锦西化工厂引进了欧洲EVC公司的生产技术。通过多次引进国外技术，我国大中型企业的PVC的聚合生产技术基本提高到了国际水平。

到2000年，我国已发展成为有69个生产厂家，总生产能力250万吨/年，生产厂家遍布28个省、自治区、直辖市。1992年到2001年的10年间，国内PVC年产量从92万吨增加到310万吨。

2000年以后，随着我国建筑业与塑料加工业的发展，对PVC的需求迅猛增长，聚氯乙烯行业的发展进入到了快速发展通道。尤其是2003年中国PVC反倾销胜诉之后，低行业门槛吸引大批的投资者进入该领域，国内PVC改扩建、新建项目纷纷上马。2005年世界聚氯乙烯产能3407万吨/年，我国PVC产能达到了1030.1万吨/年。2006年中国聚氯乙烯树脂的实际产量达到了823.8万吨，超过了美国当年的产量，中国成为了世界第一聚氯乙烯树脂生产大国。之后中国产能仍在继续高速扩张，2010年中国PVC产能突破了2000万吨/年的大关，达到了2202万吨/年。

中国PVC生产发展过程中，除了工业化过程的共同特点外，还有中国PVC工业自己的发展特色，一是原料路线，二是技术进步。

二、原料路线和技术的"三级跳"

（一）原料路线

我国PVC工业原料路线变化，经历了三个阶段：第一阶段是完全电石法原料生产阶段（1958—1976年），第二阶段是电石和乙烯法共同发展阶段（1976—2000年），第三阶段是电石法爆炸式发展阶段（2000—2010年）。

从1958年开始，我国聚氯乙烯以电石为原料开始生产，直到1976年北京化工二厂从德国引进8万吨/年氧氯化生产装置，其原料路线是采用乙烯法工艺制氯乙烯，才结束了以电石法为原料的历史。随后的1979年齐鲁石化公司和上海氯碱总厂又引进了两套20万吨/年氧氯化生产装置，使得中国聚氯乙烯的原料路线得到了较大改变。由于当年石油价格较低,以乙烯为原料生产的树脂产品质量好,成本具有明显的优势。有一些聚氯乙烯生产企业还采取进口氯乙烯(VCM)或二氯乙烷(EDC)来生产聚氯乙烯。到 20 世纪末我国采用乙烯为原料生产聚氯乙烯的企业有 4 家,生产能力 82 万吨/年,占全国总生产能力的 25.6%;采用进口二氯乙烷、氯乙烯单体为原料的企业有 4 家,生产能力 62 万吨/年,占全国总生产能力的 19.4%;其余企业采用电石为原料,生产能力 176 万吨/年,占全国总生产能力的 55%。

进入 21 世纪,国际原油价格坚挺,乙烯法竞争力下降,我国中西部聚氯乙烯工业快速发展,电石原料路线的氯乙烯生产能力呈现出爆炸式的发展。2000 年,我国聚氯乙烯树脂总生产能力 320 万吨/年,其中电石法 182 万吨/年,占 57%;乙烯法 138 万吨/年,占 43%。到 2010 年,我国聚氯乙烯生产能力达到 2202 万吨/年,其中电石法 1586 万吨/年,占 80%;乙烯法 396 万吨/年,所占比例下降到 20%。

我国 PVC 生产能力和原料路线情况如表 14-1 所示。

表 14-1 中国 PVC 生产能力和原料路线

项 目	1993 年		2000 年		2010 年	
生产原料路线	产能/(万吨/年)	总比/%	产能/(万吨/年)	总比/%	产能/(万吨/年)	总比/%
电石法	65.2	64	182	57	1586	80
乙烯法	36.5	36	138	43	396	20
总计	101.7	100	320	100	2202	100

(二)聚合工艺技术

我国 PVC 技术进步,也经历了三个阶段:第一阶段完全是国内开发的技术生产阶段(1958—1976 年),第二阶段是进口技术为主阶段(1976—2000 年),第三阶段是国内大型电石 PVC 成套技术发展阶段(2000—2010 年)。

在第一部分已讲述了 2000 年以前我国 PVC 技术发展状况。2000 年后,国产化大型聚氯乙烯成套工艺技术,主要是在国内的电石 PVC 技术基础上,吸收部分国外先进技术,形成独特的技术体系。

我国聚氯乙烯主要以悬浮法生产为主,有乳液法和本体法的生产装置,没有成规模的溶液法生产装置。2010 年统计的 104 家聚氯乙烯生产企业中,绝大多数厂家采用悬浮法聚氯乙烯生产技术。从技术上看,目前国内具有代表性的大型聚合釜分别为:无内冷却管的 105 米^3 釜和 120 米^3 釜,带有 8 根内冷却管的 108 釜,顶伸式搅拌的 135 釜。北京化工二厂和上海森松相继成功开发了 100 米^3 的大型聚合釜成套工艺技术,单釜生产能力达到 4.5 万~50 万吨/年。

各企业为了提高单釜装置生产能力,除了普遍采用 70 米^3 聚合釜及成套技术外,还开始采用 100 米^3 以上的大型聚合釜及其成套技术。同时,在工艺技术方案上采用先进的配方技术、密闭进料技术、防粘釜技术、新型汽提技术、新型干燥技术和 DCS 控制技术等，提高了生产装置的自控水平和生产效率，提高了产品质量，大幅度降低了原辅材料的消耗和能源消耗。

采用新的防粘釜剂进行 PVC 悬浮聚合。用蒸汽作载体成功地涂上两层不同种类的防粘釜剂，第一种防粘釜剂是醛类化合物和芳香类羟基化合物在亚硝酸盐和还原性糖存在下进行综合反应制得；第二种防粘釜剂中至少含有一种辅助抑垢物质，选用水溶性聚合物、无机盐类或酸。在聚合釜中涂布防粘釜剂，生产的 PVC 树脂皮状物少，杂质少，白度高。

在聚合配方上，采用高油水配比，以增加聚合釜的产量；采用氨水和碳酸氢铵混合溶液取代氢氧化钠溶液作 pH 调节剂，提高产品的白度，缩短了 PVC 加工塑化时间；采用无毒溶剂和过碳酸类引发剂取代偶氮腈类引发剂，使产品的环境安全性能更高；采用多元高效引发剂复合取代二元引发剂，提高了聚合引发速率和反应放热的均匀性，缩短了聚合时间；采用多元分散体系取代二元分散体系，改善了产品的加工性能；采用反应中补加水技术，有效地提高反应换热能力，缩短了聚合反应时间；采用高温热脱盐水技术和水乳性引发剂取代溶剂型引发剂，使聚合釜能在加料结束后直接达到反应温度，节约了聚合升温时间，且对产品质量没有影响；采用同时加料及釜外 VCM 回收的方式，减少了聚合辅助时间。

对超低聚合度 PVC 的生产，采用添加链转移剂的方法，以降低反应温度和压力，提高产品质量；对于高聚合度和超高聚合度 PVC 的生产，采用添加扩链剂的方法来提高反应温度，以提高聚合釜的移热能力和缩短反应时间；对于通用树脂，在 PVC 生产中采用添加改性剂的方法来降低产品的鱼眼数，提高产品白度，缩短产品塑化时间，改善加工质量；添加纳米无机材料或者优化分散剂种类和比例来提高 PVC 颗粒的表观密度，提高加工的速率；添加特殊助剂生产如抗静电 PVC、阻燃 PVC、消光 PVC、耐放射线 PVC 等；与其他单体共聚生产耐热 PVC 以及内增塑 PVC 等。

VCM 回收压缩单元改变了原来直接全部进气柜后再压缩冷凝的过程。充分利用回收气体的固有压能，回收气体压力高时直接冷凝，压力稍低一点时增压冷凝，压力低于 0.12 兆帕时进行抽压和压缩冷凝，取消了气柜，节约了设备投资和电耗。

PVC 浆料汽提技术的发展是从汽提槽发展到穿流筛板汽提塔，再发展到溢流筛板汽提塔，使 PVC 浆料中 VCM 含量有大幅度降低。

在环保方面，开发了"盐酸脱析"回收合成过量 HCl 并循环利用；（超过滤膜+反渗透膜）和生物膜法处理离心母液技术，变压吸附（程序自控）回收精馏尾气中氯乙烯、乙炔和氢气等技术。

三、电石 PVC 项目建设气势如虹的原因

2000 年以来，我国西部地区和有丰富煤炭资源的省（自治区）电石法聚氯乙

烯生产能力建设超过 1000 万吨/年。这种发展方式和势头与其他国家截然不同。世界上其他国家，无论是技术先进或落后的国家（除朝鲜个别国家外），没有采用电石为原料的 PVC 生产。我国以煤炭为原料的 PVC 项目快速上马有以下几方面原因。

① 行业整合　一些原盐企业、煤炭企业、电力企业开始收购重组或新建 PVC 生产装置，碱电联合、碱盐联合成为发展趋势，有条件的企业甚至采取煤-盐-电-碱-塑料加工和建材的大联合模式。这些资源和能源生产企业向下游化工产业的延伸，有利于经济结构调整和循环经济的发展。一些有实力的企业，为了获得地方的煤炭资源，按照地方政府的投资要求，必须在煤炭资源地点投资。他们将进入门槛低的烧碱和 PVC 产品列为投资项目。这些项目大大推动了 PVC 生产能力的增加。同时，煤炭生产企业进行煤炭下游生产，有原料成本自我调节的优势。在目前我国的价格体系中，西部地区制造 PVC 的生产成本，以电石为原料低于以乙烯为原料的制造成本，成为新建电石 PVC 装置的强大动力。

② 氯气平衡　我国氧化铝产量的快速增长，经过近几年的发展，我国已经成为世界氧化铝产能第一大国，直接扩大了对烧碱的需求。这主要表现在两方面：一是新建的拜耳法氧化铝厂投产时，需要一次性投入大量烧碱作为生产流程中所需的种分溶液循环使用，生产流程中的种分槽罐和管道都会灌满，这种一次性投产的烧碱需求是比较大的，1 条 80 万～100 万吨/年的氧化铝生产线，在投产之初约需一次性耗费烧碱 4 万～5 万吨；二是新建的拜耳法氧化铝厂正常运行后，每生产 1 吨氧化铝需消耗烧碱 90～110 千克（折百计），连续性生产导致对烧碱的持续稳定需求。氧化铝的企业为了稳定供应，降低成本，投资建设烧碱装置，生产 PVC 产品是氯气的最好出路。如山东信发 40 万吨/年项目等企业。

有一些产品生产过程中只是使用氯气，但最终不消耗氯气，为了平衡氯元素，将消耗氯气的 PVC 作为平衡氯气的项目来做，如 MDI、TDI 项目以烧碱副产的氯气为原料，但生产过程不消耗氯气，生产过程要副产氯化氢产品，还有甲烷氯化物的企业等，将 PVC 产品作为平衡固化氯元素的措施。如重庆长风 32 万吨/年项目、自贡鸿鹤 10 万吨/年项目、甘肃聚银 12 万吨/年等企业项目的建设。

③ 搬迁扩产　近几年国内城市的不断发展，原来建设在郊区的氯碱企业，现在已经被扩充进入了市区。按照国家现行安全距离的规范要求，氯碱企业要距离居民点 1000 米以上，否则须搬出原有的地点。地方政府下达停产或搬迁令，对于老企业来说既是挑战也是机遇，一些企业借搬迁机会将企业的生产规模扩大。这些企业有北京化工二厂、河北盛华、唐山冀东、南通化工、徐州北方、杭州电化、格林爱普、常州化工、福建二化、蝙蝠集团、新沂化工、无锡洪汇、安徽嘉泰、西安化工等企业。搬迁老企业，淘汰老旧设备，使得聚氯乙烯行业的技术水平、装备水平和产品质量上了一个新台阶。

以煤炭为原料的 PVC 产能迅速扩大，虽然可以缓解对进口石油的依赖；到西部地区发展电石法聚氯乙烯，可以调整产业布局，减轻东部地区的能源和环境压力。但是，生产电石过程中电能的大量消耗，对国民经济投入产出的总体效果，以及生产 PVC 时排放电石渣浆和使用含汞的催化剂的污染问题，对生态环境影响的得失，都需要综合考虑。中国特点的电石聚氯乙烯发展之路，还有待于历史的检验。

第三节 20 世纪 70 年代一跃而起的聚烯烃树脂

聚烯烃树脂相对生产成本低、性价比优异，而且加工、应用和再生方便，因而在许多应用中被认为是最理想的材料。聚乙烯树脂加工或成型用于制造薄膜、容器、管道、单丝、管材、电线电缆和日用品等，广泛地应用于包装业、农业、建筑业、电子电器等行业。2010 年全世界共消费 2.7 亿吨塑料，其中聚烯烃占 40%以上，是消费量最大的塑料品种。

早在 20 世纪 50 年代，我国就开始了聚烯烃技术的研发，但是由于乙烯和丙烯的获取有限，聚烯烃难以长足发展。20 世纪 70 年代随着大型乙烯一体化项目的引进，我国聚烯烃生产一跃而起。此后，在大规模石油裂解乙烯生产的支持下，聚烯烃高速发展，成为合成树脂中的核心产品。

一、聚乙烯树脂的发展

聚乙烯树脂的品种较多，有低密度聚乙烯（LDPE）、高密度聚乙烯（HDPE）、线性低密度聚乙烯（LLDPE）等。聚乙烯密度的高低，决定了塑料加工性能和用途。一般来说，高压法生产的低密度聚乙烯（LDPE）适宜制造薄膜，低压法生产的高密度聚乙烯（HDPE）适宜制造容器、管材。但是，在大宗合成树脂产品中，聚丙烯合成树脂也比较适宜制造容器、管材，与 HDPE 的市场相近，因此挤占了 HDPE 的市场，限制单纯生产 HDPE 装置的进一步发展。因此自 20 世纪 80 年代以后，LDPE 和 LLDPE 发展相对较快。

我国对聚乙烯树脂的合成技术在 20 世纪五六十年代有所研究和开发，但是远不能满足大规模工业生产要求。当今，我国聚乙烯合成树脂的生产技术，基本是建立在引进技术基础之上。在引进技术过程中，因不同的聚乙烯品种、工艺技术的各自特点、各引进单位偏好不同等原因，造成我国引进的聚乙烯技术花样繁多，几乎囊括了世界各种聚乙烯生产方法。

（一）高压聚乙烯

我国高压聚乙烯（又称低密度聚乙烯 LDPE）制造技术的研究是从 1957 年开始的。1962 年，上海化工研究院建立了年产 30 吨管式法模型试验装置；1965 年，吉林化工研究院建立了年产 300 吨管式法中试装置。研究工作略有进展，但无果而终，原因是技术和装备的复杂性。聚乙烯合成树脂诞生于1933年，当时英国ICI化工公司并没有明确的商业目标，仅是考察超高压力对50个化学反应的影响。实验中将乙烯气体压力增加到1400大气压（142兆帕），结果在高强钢制容器内发现有白色固体粉末。以后的工作将这个发现变成工业生产。这个工艺过程要在1000～3000大气压（101～304兆帕）的条件下进行，超高压乙烯气体压缩机、超高压反应器、超高压的控制设备制造技术要求极高。国内于20世纪五六十年代开展的研究，由于高压聚乙烯设备的复杂性，国内难以制造，研究开发工作基本停滞。

自从中央批准购买西方石化技术和设备后，从1964年到1978年引进国外4套成套高压聚乙烯生产装置，分别建在兰州化学工业公司、燕山石化公司、上海石化总厂和大庆石化总厂。

兰州化学工业公司的LDPE装置是1964年从英国ICI公司引进的釜式法装置，设计能力3.5万吨/年，1970年投产；经过技术改造，形成能力4.5万吨/年。这套装置是最早引进的，生产能力小，工艺落后、能耗高，多年来只能生产单一品种，改造后能生产8个牌号的产品，分别用于包装薄膜、电缆料和涂层料。

燕山石化公司LDPE装置是从日本住友化学引进的专利技术和成套设备，装置于1976年6月投产，该装置能生产注塑级、通用农膜、重包装薄膜、涂层料、花料、电缆料、轻膜等22个牌号的产品。

上海石化总厂LDPE装置是从日本三菱油化引进的，采用巴斯夫管式两点进料法技术，1976年投产，设计能力为6万吨/年。该装置于1986年进行技术改造，将生产能力提高到7.8万吨/年。1983年该厂与上海化工研究院、中国寰球化工工程公司共同开发了乙烯-醋酸乙烯共聚树脂（EVA），改造成能兼产5000吨/年EVA的能力。该装置可生产8个牌号的产品，用于注塑制品、通信电缆绝缘层、轻重包装膜、农用地膜、棚膜等塑料制品。

大庆石化总厂LDPE装置1986年7月投产，生产能力为6万吨/年，是联邦德国伊姆豪逊技术。采用气相管式法反应器，工艺流程短、投资少、开停车简便。该装置还可以生产EVA树脂，能生产10种牌号，包括农膜、电缆料、管材、高透明膜、涂层料等。

20世纪80年代，线性低密度聚乙烯（LLDPE）技术兴起，其生产装置的设备复杂程度较低，投资小，生产能力大。同时，LLDPE的性能接近高压聚乙烯装置生产的低密度聚乙烯。建设高压聚乙烯装置的兴趣一度降低。经过一段时间后发现，高压聚乙烯装置生产的低密度聚乙烯有良好的柔软性和透明性，是其他聚乙烯工艺不可替代的，因此，国内石化企业和合资的石化企业，又有新的高压聚乙烯生产装置建设。

1999年燕化开始第二轮乙烯改扩建工程，乙烯生产规模从45万吨/年扩建到

66万吨/年，相应建设一套 20 万吨/年高压聚乙烯装置。采用美国 Exxon 公司超高压管式法专利技术，由日本三井造船完成工艺包设计和从进料系统至粒料脱气掺混的基础设计，中国石化工程建设公司负责部分基础设计和操作压力小于 32.5 兆帕部分的详细设计。主生产装置为一条生产线，包装码垛为两条生产线，生产低密度聚乙烯粒料 20 万吨/年。之后，国内石化企业和中外合资的乙烯一体化工程中又陆续建设了几套低密度聚乙烯装置。中外合资企业建设的低密度聚乙烯装置规模较大，中海壳牌石化联合工厂 25 万吨/年低密度聚乙烯，采用巴塞尔公司的高压管式反应技术。扬子巴斯夫 60 万吨/年乙烯项目中，40 万吨/年低密度聚乙烯装置采用高压管式法聚合工艺，由 2 条 20 万吨/年生产线组成，是国内规模最大的装置。详见表 14-2。

表 14-2　1976—2007 年国内引进的高压聚乙烯生产装置

公　司	产能/（万吨/年）	技　术　路　线	引　进　时　间
燕山石化	18	高压釜式	1976
上海石化	6	高压管式	1976
大庆石化	8	高压管式	1986
齐鲁石化	14/16	高压管式	1998
燕山石化	20	高压釜式	2001
大庆石化	20		2005
扬子巴斯夫	40（双线）	高压管式	2005
兰州石化	20		2006
中海壳牌	25	高压管式	2006
茂名石化	25		2007

（二）高密度聚乙烯（HDPE）

德国化学家齐格勒在 1953 年发明锆钛络合催化剂，乙烯可以在低压下发生聚合，得到一种密度较高的聚乙烯。随后，意大利蒙特卡提尼公司率先工业生产高密度聚乙烯合成树脂。齐格勒因此发明获得诺贝尔奖。

生产高密度聚乙烯可在低压（10 大气压，1.01 兆帕）进行，所需的设备国内容易解决，故国内低压聚乙烯的研发得到比较大的进展。1958 年，在广州塑料厂 1 升反应器高密度聚乙烯试验的基础上，各地陆续建成高密度聚乙烯小生产装置。1965 年，为取代酒精乙烯生产聚苯乙烯上海高桥化工厂的石脑油裂解制乙烯装置投产。同年，该厂在制得聚合级乙烯后，采用上海化工厂研究的技术，建立了年产 50 吨间歇聚合工艺装置，用以生产低压聚乙烯。1970 年，高桥化工厂又在原有年产 50 吨低压聚乙烯试验装置上，兴建了一套 2000 吨/年规模的生产装置。到 1975 年，全国已有 13 套小型生产装置，年生产能力共计 7000 吨，产量 3000 吨，其中以石油为原料的占 68.5%，最大的单线装置能力 4000 吨/年。期间，广州塑料厂与中山大学、北京化工研究院与北京化工三厂、上海高桥化工厂等单位，分别研制成功以镁化物为载体的钛系高效催化剂以及淤浆聚合新工艺。新研制的高效催化剂产率高，与原先国内普遍采用的齐格勒常规催化剂相比，效率提高 100～150 倍，从而简化流程、降低成本，有利于多品种生产。新催化剂的成功开发，对我国低压聚乙烯催化剂的发展起了一定的作用。

当时，国内开发的 HDPE 技术生产规模小，产品品种牌号少，工程放大技术水平低，不能满足建设大型现代化石化厂的要求。1972 年辽阳石油化纤公司从联邦德国伍德公司引进 HDPE 技术和设备，采用赫斯特公司淤浆法专利技术，生产能力 3.5 万吨/年，可生产注塑、吹塑、挤塑等 12 个牌号。

大庆石化总厂和扬子石化公司的 HDPE 装置是 1978 年同时从日本三井油化公司引进的淤浆法技术，能力各为 14 万吨/年。以己烷为溶剂，三氯化钛载体作催化剂。两套装置都能生产 10 个牌号的产品，可用以制得注塑、纺丝料、管材和薄膜料。

1992—1994 年，燕山石化开始 30 万吨/年乙烯改扩建为 45 万吨/年工程，即第一轮乙烯改扩建工程，其中包括新建 14 万吨/年低压聚乙烯工程。原拟成套引进，因国外公司技术转让价格过高，中国石化总公司批准改为国产化，决定消化扬子石化公司 1987 年建成的 14 万吨/年低压聚乙烯技术。该技术采用日本三井油化公司淤浆法工艺路线，并吸收了扬子石化公司和日本三井油化公司的技术改进成果，开发新的产品牌号和采用 DCS 控制。装置共设 2 条生产线，1994 年建成投产。国产化部分的投资占总投资的 70%。低压聚乙烯装置除混炼造粒机组、高速泵、浆液泵、罗茨风机及 DCS 控制系统外，其他设备基本上实现了国产化。

北京燕山 14 万吨/年低压聚乙烯工程顺利建成投产，是我国掌握大型高密度聚乙烯技术的一个重要标志。之后采用国内自己开发技术建设的 HDPE 装置，还有高桥石化公司和大连石化公司。

（三）线性低密度聚乙烯（LLDPE）

塑料薄膜市场中，各种合成树脂制造薄膜的性价比都不如低密度聚乙烯。由于这个原因，市场对低密度聚乙烯的需求更加旺盛，一个类似低密度聚乙烯的新品种——线性低密度聚乙烯应运而生。

LLDPE 的技术起源来自 HDPE 树脂改性需要。齐格勒博士利用催化剂降低了乙烯聚合压力，是聚乙烯工艺技术的重要成果，但是低压法制造的高密度聚乙烯（HDPE）有不足之处。HDPE 有很好的强度，适合制造容器等模塑制品。生产中发现，当 HDPE 制品冷却固化时收缩不匀称制品容易产生翘曲。为了解决这个问题，采用加入少量第二单体与乙烯共聚可以降低制品冷却收缩率。进一步研究发现 α-烯烃作为第二单体与乙烯共聚能够大幅度提高树脂的柔韧性。从分子结构研究看到，添加 α-烯烃后降低了聚乙烯的结晶度和密度，形成短支链的线性聚合物，其性能接近高压法制造的低密度聚乙烯。这种新结构形态的乙烯聚合物被命名为 LLDPE（线性低密度聚乙烯）。

LLDPE 出现后得到极大重视，国外许多石化公司大力开发生产技术和应用技术，在世界上形成了多种技术。

1965 年美国联合碳化物公司（Union Carbide Corporation，简称 UCC）建造了第一套 Unipol 气相流化床高密度聚乙烯工业化生产装置；1970 年，第一批线性低密度聚乙烯在 Unipol 装置上实现商业化生产，1971 年，UCC 开始出售 Unipol 生产工艺专利技术。到 20 世纪 80 年代末，经不断改进，该技术已成为可以生产密度为 0.88~0.965 克/厘米^3 的全密度聚乙烯生产技术，因而世界范围内采用该工艺的生产装置剧增。到 2001 年，装置的数量达到 90 套，总的生产能力突破 1500 万吨/年，最大的单线生产能力为 45 万吨/年。

除 UCC 外，英国石油公司（BP）开发了类似的气相流化床工艺，美国菲利浦斯公司开发了环管淤浆法工艺，日本三井油化公司开发了釜式淤浆法工艺。

进入 20 世纪 90 年代，国内建设的大型乙烯一体化工程，其中配套的 LLDPE 生产装置都是引进技术（表 14-3）。由于 Unipol 气相流化床工艺具有流程短、单体消耗低、投资省等特点，国内建设的 LLDPE 装置主要采用 Unipol 气相流化床工艺技术。

表 14-3 20 世纪 90 年代引进 LLDPE 技术情况

生产厂家	生产能力/（万吨/年）	投产年份	采用技术
大庆石化总厂塑料厂	6.0	1988	美国 UCC 气相法
齐鲁石化股份有限公司塑料厂	6.0	1993	美国 UCC 气相法
兰化公司石油化工厂	6.0	1990	英国 BP 气相法
盘锦天然气化工厂	12.5	1991	英国 BP 气相法
抚顺石化公司	8.0	1991	加拿大杜邦公司溶液法
天津石化公司	6.0	1995	美国 UCC 气相法
茂名石化公司	14	1996	美国 UCC 气相法
独山子乙烯工程	12.0	1995	英国 BP 气相法
中原石化联合有限公司	12.0	1996	美国 UCC 气相法
广州乙烯公司	10.0	1998	美国 UCC 气相法
吉林化学工业公司	10.0	1996	美国 UCC 气相法
上海石化股份有限公司	10.0	1997	菲利浦斯环管淤浆法

我国引进国外的 LLDPE 技术后，国外公司的聚乙烯工艺仍在不断进行优化和改进，其中比较大的技术进步有冷凝技术和双峰技术。

气相法 PE 流化床反应器冷凝技术，指在原有的工艺基础上增加利用冷凝液体的蒸发（潜热）和循环气体的温升（显热）将反应热带出反应器的新技术。冷凝液体来自于循环气体的部分组分冷凝或外来的易气化的液体，冷凝介质一般为用于共聚的高级 α-烯烃和/或惰性饱和烃类物质。当采用惰性饱和烃类物质为冷凝剂时，称为诱导冷凝工艺。采用冷凝操作模式后，循环气冷却器从无相变的换热变为有相变的对流换热，大大增强了冷却器的换热能力。乙烯聚合是放热反应，从反应器取出反应热的方式是决定反应器生产能力大小的关键因素。冷凝液随循环气进入反应器，气化时的相变潜热可吸收大量的反应热，从而提高了反应器的生产能力。流化床反应器还可以进行超冷凝操作，以提高反应器的时空产率。超冷凝技术是在冷凝技术基础上的再发展。冷凝技术的冷凝效率在17%～18%，而在此基础上的超冷凝技术的冷凝效率可达到30%以上，最终的扩能系数可从50%提高至200%。目前其最大单线生产能力可达60万吨/年以上。

双峰技术是指聚乙烯的相对分子量分布图出现两个峰值。从塑料制品的使用性能角度，希望聚乙烯有较好的韧性、强度和耐环境应力开裂性（ESCR）。这些性能一般从高相对分子量树脂中得到。但是相对分子量的增高往往会损失加工性能。为解决高相对分子量树脂加工困难的问题，研制生产了相对分子量"双峰"分布的树脂，即双峰技术。一般说，开发"双峰"LLDPE 的目的是为了与高压 LDPE 竞争，而开发"双峰"HDPE 的目的是生产高强度薄膜。因此，20世纪90年代逐步形成希望一套聚乙烯装置能够生产全密度聚乙烯的概念。

为生产"双峰"或相对分子量分布宽的树脂，可采用三种方法，即熔体混合、分段反应、或用一种双金属催化剂或混合催化剂来实现。UCC 公司开发了新型 LLDPE 催化剂，建成了两个反应器串联的气相法装置，生产"双峰"LLDPE 和 HDPE。北欧 Borealis 公司用其专利的 Z-N 催化剂，在超临界浆液法环管反应器和气相反应器相结合的双反应器工艺装置中，生产"双峰"LLDPE 和 HDPE。Equistar 和 Mobil 开发了用混合的茂/Z-N 催化剂生产"双峰"树脂的单反应器工艺。

由于 LLDPE 聚乙烯的技术日新月异，国内创新技术研发一时跟不上需要。我国石化企业主要是依靠引进，从工厂建设、生产操作中学习新技术。然后，通过消化吸收逐步积累我国自有的技术。从20世纪90年代中期开始，国内开发诱导冷凝技术以提高气相法装置的生产能力，取得可喜进展。在茂催化剂制造双峰 PE 的开发方面也拥有了专利。2010年，在天津100万吨/年乙烯一体化工程中，中国石化自主开发的30万吨/年气相法 LLDPE 聚乙烯装置建成投产。这是建立中国的 LLDPE 技术体系的重要里程碑。

（四）聚乙烯生产用催化剂

我国烯烃聚合催化剂的研究工作开始于20世纪60年代初期，70年代初已经形成了一支综合的研究队伍，包括催化剂合成、烯烃聚合反应机理和聚合物物理形态的研究等。自我国相继引进了多套烯烃聚合生产装置以后，进一步促进了烯烃聚合催化剂的研究开发。一批国产催化剂（例如中国石化公司北京化工研究院的BCH、BCE、BCG 和 BCS 系列催化剂等）开始从实验室走向市场，可用于 Unipol、Innovene、Borstar、三井 CX 和国内技术等多种聚乙烯工艺平台。在工业实际生产中，国产催化剂替代进口催化剂，取得了很好的经济和社会效益。

北京化工研究院开发的 BCH 催化剂用于淤浆法聚乙烯生产，首先在燕山、大庆、扬子等石化厂的大型聚乙烯装置得到应用。2000 年，北京化工研究院又开发出 BCG 气相聚乙烯催化剂，并先后在中原石化、茂名石化和广州石化等聚乙烯装置上得到应用。BCG 系列（BCGⅠ、BCGⅡ）催化剂是一种高效聚乙烯催化剂，适用于气相流化床工艺的乙烯聚合或共聚合，尤其适用于 Unipol 工艺聚乙烯生产装置。其主要技术特点：催化剂活性高、流动性好、氢调敏感性好、共聚性能优良；聚合物表观密度高，颗粒形态好，粒径分布窄，细粉含量少。

气相聚乙烯淤浆进料催化剂的研制、开发作为国家"十五"重点攻关项目立项。北京化工研究院经过大量研究及实验室聚合评价，于 2002 年 7 月开发出具有独立知识产权的用于气相聚乙烯工艺的 BCS 型淤浆进料催化剂，并申请了国内外专利。广州石化 20 万吨/年气相聚乙烯装置上进行的工业应用试验结果表明，与进口同类催化剂相比，BCS-01 催化剂活性高，且具有优良的共聚、流动和分散性能，可以适应干态和冷凝态操作；所生产的聚乙烯树脂性能优良、灰分含量少、质量稳定，各项性能指标均达到企业优级品水平，综合性能达到进口淤浆进料催化剂水平。

随着聚乙烯技术的发展和高性能树脂产品的开发，工业生产对催化剂提出了更高要求。BCE 催化剂是北京化工研究院继 BCH 催化剂后研制的新一代具有自主知识产权的高活性乙烯淤浆聚合催化剂。BCE 催化剂催化活性、聚合物粒径分布、细粉含量及聚合物堆密度等性能指标明显优于同类催化剂，是一种适合双峰工艺的新型催化剂，适用于釜式淤浆法 HDPE 装置，包括三井油化公司的 CX 工艺、LyondellBasell 公司的 Hostalen 工艺等乙烯淤浆聚合工艺，能够用来生产注塑、挤塑、吹塑等各种 HDPE 产品。同时，BCE 催化剂还具有制备工艺简单、生产成本低、聚合物己烷可萃取物少等特点，可大幅度降低生产成本，实现装置高效经济运行。BCE 催化剂的研发以及工业应用成功，对于促进国内聚乙烯催化剂技术的进步以及聚乙烯成套技术的开发、提高聚乙烯产品档次、促进专用料开发、降低树脂产品成本、提高树脂产品市场竞争力都具有重要意义。

聚乙烯催化剂国产化技术重要的里程碑是双峰聚乙烯催化剂的工业应用。上海石化 25 万吨/年双峰聚乙烯装置是国内唯一采用环管与气相反应器结合工艺生产双峰聚乙烯产品的工业装置，每年进口催化剂费用在 7000 万元以上。历经 6 年研发，双峰聚乙烯催化剂 SLC-B（H）、SLC-B（L）实现了国产化。双峰催化剂不同于以往开发的 PE 催化剂，既要满足不同工艺的双反应器活性分配要求，又要有足够的强度适应环管聚合工艺,有良好的溶解和沉降速度满足装置高负荷操作要求。由于没有中试试验装置,增加了催化剂研发难度,项目组在3升聚合反应釜上完成催化剂的催化活性、氢调敏感性及颗粒形态的调整,确定了催化剂配方。经过多次工业试验,通过对催化剂配方的不断完善,催化剂工业应用取得成功,装置运行平稳,满足长周期运行要求。双峰催化剂的开发成功,使中国石化 PE 催化剂的研发上升到一个高度,为中国石化开发双峰产品提供了技术支持。双峰聚乙烯催化剂制备技术具有创新性,已申请 8 项发明专利并已经公开,其中 4 项获中国发明专利授权。随着双峰聚乙烯催化剂技术的开发成功,还将形成 2~4 项发明专利。上海石化工业生产装置已采用国产双峰聚乙烯催化剂逐步替代进口,至 2009 年年底全部实现催化剂国产化目标。

茂金属催化剂自 20 世纪 80 年代成为聚烯烃工业的研究热点。在实现茂金属催化剂的产业化方面,中国石化北京化工研究院、中国石油兰州石化研究院等单位做出了可喜的成绩,成功地进行了工业试验。

(五)我国聚乙烯产能概况

2010 年世界聚乙烯产能和年需求量分别为 8900 万吨/年和 7044 万吨。我国 2010 年聚乙烯的总生产能力已达到 1035 万吨/年,产量 1005 万吨。其中,LDPE 生产能力 189 万吨/年,年产量 206 万吨,采用的技术有釜式法和管式法。HDPE 生产能力 383 万吨/年,年产量 414 万吨,采用的技术有浆液法和气相法。LLDPE 生产能力 462 万吨/年,年产量 385 万吨,采用的技术有气相法和溶液法。

二、聚丙烯合成树脂

1954 年,意大利化学家纳塔教授用 $TiCl_3$-AlR_3(三氯化钛-三烷基铝)催化剂,制备出了具有一定等规度的等规聚丙烯。等规聚丙烯合成树脂 1957 年开始工业化。等规聚丙烯合成树脂的性能优良,原料丰富,生产技术相对简单。年产量从最初几千吨,年年成倍增长,很快超过十万吨。1972 年世界总消费量达到 100 万吨,1988 年上升到 1000 万吨,2010 年超过 5000 万吨。由此可见,在合成树脂各个品种中,聚丙烯的发展速度惊人。

(一)国内研发与小规模生产

我国聚丙烯的研究工作是 20 世纪 50 年代末开始的,辽宁省化工研究院进行了小试。

1962 年,北京化工研究院正式开始聚丙烯的试验研究。1964 年取得了较好的实验室结果,1965 年建成 60 吨/年的聚丙烯中间试验装置。1970 年进行了三釜串联和高深度丙烯聚合的中间试验,收率达到了 900 克聚丙烯/克三氯化钛。1962 年,北京化工六厂利用北京化工研究院的科研成果,建立了一套年产 500 吨溶剂法聚丙烯装置,进行了小批量生产。1973 年,北京化工研究院应用自己开发的技术,为北京燕山石油化工公司向阳化工厂设计年产 5000 吨聚丙烯生产装置,于 1974 年建成投产。这套装置成为国内聚丙烯催化剂和工艺开发的试验基地。

1970 年复旦大学开始聚丙烯本体法的研究,1972 年年初在辽宁复县瓦房店纺织厂进行了年产 300 吨聚丙烯的试生产。与此同时,北京化工研究院等单位合作开发了间歇式液相本体法聚丙烯聚合工艺。1978 年以后陆续有江苏丹阳化肥厂、上海石化总厂塑料厂、巴陵石化公司橡胶厂、常州石油化工厂等小聚丙烯装置投产。

我国的间歇本体聚合工艺技术虽然早在 1970 年就已开发成功,但该工艺真正得以快速发展是在北京化工研究院的络合 II 型高效丙烯聚合催化剂问世之后。经过生产实际经验的积累,我国聚丙烯生产装置在投资和生产成本方面也得到大幅度降低。另外,综合利用炼油厂副产的丙烯为原料,也促进了国产技术间歇本体聚合工艺的发展。国产技术工艺简单,投资少,适用于丙烯资源数量不多的情况。以后陆续建成 47 套间歇式液相本体法聚丙烯装置,一般称小聚丙烯。全国生产能力由 1983 年的 5 万～6 万吨/年增加到 1990 年的 39 万吨/年。2009 年我国间歇本体聚合工艺生产能力达到 180 万吨/年。

聚烯烃合成树脂生产中,聚丙烯聚合催化剂的研发、中小聚丙烯生产装置的工程设计、装备、建设成套技术,都取得了较好的效果。我国开发的间歇本体聚合工艺还对海外进行了技术许可。

(二)技术引进

我国大型聚丙烯生产装置是以引进技术为基础发展起来的。20 世纪 60 年代兰化公司引进了 0.5 万吨/年的聚丙烯工艺技术,但因技术不成熟而长期无法生产。1976 年燕山石化公司引进了我国第一套大型聚丙烯工业化装置,采用日本三井油化公司的釜式淤浆聚合工艺,生产能力为 8 万吨/年,开启了我国聚丙烯大规模生产之门。之后,与齐鲁石化公司乙烯工程配套的年产 7 万吨聚丙烯,与扬子石化公司乙烯工程配套的年产 14 万吨聚丙烯装置,与上海乙烯工程配套的年产 8 万吨聚丙烯相继建设投产。

(三)捆绑协议

中国石化总公司看到建设大型乙烯一体化工程都需要建聚丙烯装置配套,为了不长期受制于人,同时为了降低投资,聚丙烯装置建设必须国产化。为此,在引进方式上做了一个重要决策,采取选定一家最好的技术专利商,购买多次技术转让后,要求给予技术开发的权利。1990 年齐鲁石化公司引进意大利 Himont 公司的环管本体聚合工艺技术,生产能力为 7 万吨/年。引进谈判中,我国与外方签订了一个捆绑协议。该协议明确规定,我国建设聚丙烯生产装置时,使用该公司技术按惯例支付相应的专利使用费。当总建设生产能力超过 40 万吨/年以后,我国可无偿使用该公司的聚丙烯环管工艺技术。这个协议为我国开发具有自由运作权的聚丙烯环管工艺技术打下了重要的基础。中国石化总公司具有自由运作权的聚丙烯成套技术结合我国具有自主知识产权的 N-催化剂和球形 DQ 催化剂，工艺不断完善，技术水平越来越高。建设单套装置的生产能力，从最初的 7 万吨/年发展到 30 万吨/年。到 2010 年 6 月，采用该技术建设的聚丙烯装置生产能力已达到 300 万吨/年，大幅度降低了我国企业聚丙烯装置的建设成本和生产成本，为我国聚丙烯行业提高竞争力做出了巨大贡献。2000 年该技术获得国家科技进步一等奖。

（四）催化剂取得突破性成果

聚丙烯工业的发展史与聚丙烯催化剂的技术进步息息相关。齐格勒-纳塔（Ziegler-Natta，简称 Z-N）催化剂发明之前，人类不能制备有实用价值的等规丙烯聚合物；在 Z-N 催化剂的活性较低时，只能采用淤浆聚合工艺生产，并且必须有脱灰步骤，流程长、成本高。聚丙烯工业得到快速发展是高效丙烯聚合催化剂发明之后的事情，间规聚丙烯更是在单活性中心催化剂问世后才成为可能。我国聚丙烯工业的发展也与催化剂的发展密切相关。

中国石化北京化工研究院开发了一系列高性能、低成本、具有自主知识产权的聚丙烯用催化剂和助剂。例如，高性能低成本高效聚丙烯 N-催化剂、α-型结晶复合成核剂、β-型结晶复合成核剂和复合抗菌剂等，大幅度降低了我国聚丙烯生产企业生产高性能聚丙烯树脂的成本，提高了竞争能力。在我国不能生产高效聚丙烯催化剂之前，聚丙烯生产成本中，进口催化剂所占比重很大，在北京化工研究院开发的 N-型聚丙烯催化剂为代表的国产催化剂问世后，我国聚丙烯生产企业的成本大幅度降低。目前我国聚丙烯树脂生产企业使用的聚丙烯催化剂价格仅为进口催化剂最贵时的 1/4 以下。同时，N-型聚丙烯催化剂技术也开创了我国聚丙烯相关专利技术许可美国公司的先河。这一技术的对外专利许可费，长期名列我国对外专利技术许可费前茅。

随着我国对高性能聚丙烯树脂需求的不断增加，像高性能催化剂一样，高性能助剂的国产化也被提到议事日程上来。中国石化北京化工厂研究院以其世界首创的超细（可达纳米级）橡胶粒子技术为基础，开发了系列高性能、低成本、具有自主知识产权的聚丙烯用助剂。

在我国聚丙烯工业的快速发展中，新的科研体制模式逐渐形成。国家层面加强对基础研究的重视，并促进产学研的合作。国家计委曾于 20 世纪 90 年代批准在北京化工研究院建立了我国的聚烯烃国家工程研究中心，使我国的聚烯烃研究机构具备了包括催化剂、工艺、材料加工改性等小试、中试及高分子物理和表征等方面的研究和开发能力。随后，1999 年和 2005 年国家科技部又连续两次批准设立了聚烯烃方面的"973"项目，即国家重点基础研究发展规划项目。"973"项目由大学教授、中国科学院研究员及企业的科研和工程技术人员共同承担，是产-学-研在聚烯烃方面的完美结合。该项目由企业界的科研人员提出技术需求,学术界的高水平学者从高分子物理的基础研究入手,从理论上对聚丙烯的结构与性能关系进行了深入研究。企业界技术人员又将基础研究的成果应用于工业生产。

由于聚丙烯装置的国产化和聚丙烯催化剂的开发,我国聚丙烯生产装置在投资和生产成本方面才能得到大幅度降低,为我国聚丙烯工业技术的快速发展奠定了基础。1990年以后,我国聚丙烯工业发展速度明显加快。1990年聚丙烯产量只有38.53万吨,2000年达到323.95万吨。

进入21世纪以来,我国聚丙烯工业高速发展,尤其是近5年,建设了多套大中型聚丙烯装置,如茂名石化30万吨/年聚丙烯装置、宁波台塑45万吨/年装置、独山子石化30万吨/年和25万吨/年两套装置、中沙(天津)45万吨/年装置、镇海炼化30万吨/年装置等,我国新增产能共计590万吨/年,年均增速高达15.5%。到2010年底,我国聚丙烯产能约为1511万吨/年,年产量993万吨。2010年世界最大聚丙烯生产商为利安德巴塞尔公司,2010年生产能力为522万吨/年,其次为中国石化,生产能力为516万吨/年,第三位为中国石油,生产能力近300万吨/年。

我国大型石化技术主要是在引进技术的基础上发展起来的,通过消化、吸收再创新建立起自己的技术体系,并形成了庞大的生产能力。借他山之石以攻玉,加速发展的成绩是肯定的。但是,也有一些遗憾,许多石化技术我国最初都曾经研发过,如轻油裂解分离技术、高压聚乙烯技术、环氧乙烷技术、聚苯乙烯和ABS技术、乙丙橡胶技术等。在引进技术后,都遭遇半途而废的结局。我国聚丙烯合成树脂开发50年历程中,在国外先进技术冲击下,没有完全放弃国内技术,争取把两者结合起来,建立起我国的技术体系,比较好地处理了这对矛盾,确实有很多经验值得回顾和汲取。

三、聚苯乙烯合成树脂

聚苯乙烯(PS)是由苯乙烯单体通过自由基聚合反应而得到的,在工业上一般用本体法或悬浮法工艺制得。聚苯乙烯主要有3个品种:通用型聚苯乙烯(GPPS)、抗冲型聚苯乙烯(HIPS)和可发泡聚苯乙烯(EPS)。通用型聚苯乙烯具有良好的透明性、耐水、耐光、电绝缘性能和低吸湿性,加工流动性好、易于成型加工、容易染色。

我国聚苯乙烯树脂生产开始于1960年,高桥石化公司化工厂首先设计了500吨/年悬浮法PS生产装置,采用釜式间歇悬浮法。

在前苏联援建的156个项目中,兰州化学工业公司的项目中包括一套PS生产装置,年生产能力为1000吨的本体法装置,于1961年建成。其工艺过程是:苯乙烯单体先进预聚合釜,在95～115℃下预聚合15～20小时,再进入聚合塔,反应温度由160℃逐步升到225℃,制得熔融状态的聚苯乙烯。由塔底出来的聚苯乙烯进入挤出机，再经冷却、切粒制得 PS 产品。

1965 年高桥化工厂基于掌握的技术建成一套 2000 吨/年的聚苯乙烯装置。进入 20 世纪 70 年代北京燕山石油化工公司、南京塑料厂、常州化工厂、岳阳石化总厂，采用国产化技术又陆续建成了一些小型生产装置。规模在 500~2000 吨/年的有 4 套悬浮法聚苯乙烯生产装置。其中，北京和岳阳两套生产装置是用重整油碳八芳烃分离出来的乙苯为原料。到 1980 年，全国聚苯乙烯生产能力总计为 2.85 万吨/年。

20 世纪 80 年代，我国开始引进国外先进技术建成万吨级生产装置，并取得了较快的发展。兰州化学工业公司 1982 年从日本东洋公司-三井东压公司引进 0.5 万吨/年 HIPS 装置。燕山石化公司从美国化学公司引进的生产能力为 5 万吨/年的 GPPS 和 HIPS 装置，于 1989 年 9 月投产。该装置采用三个串联釜式反应器连续聚合，工艺先进，自动化水平高，釜内装有可调速的搅拌器，用道生油加热，温控调节灵活，当釜内转化率达到 80% 时，反应物由自控调节阀控制自动进入脱灰器，在真空条件脱去溶剂（乙苯）、未反应苯乙烯和低聚物，脱灰后的聚合物经挤出造粒制得成品。抚顺石化公司 1986 年从柯斯顿（Cosdcn）公司引进一套 HIPS 装置，能力为 1.0 万吨/年，于 1989 年 5 月投产。1990 年全国 PS 形成生产能力 13.73 万吨/年。尽管这个时期引进了几套聚苯乙烯生产装置，但是与同期聚乙烯和聚丙烯轰轰烈烈的发展相比，聚苯乙烯相对冷清。

20 世纪 90 年代，国内聚苯乙烯生产厂家增加到三十余家，大部分生产能力在 3 万吨/年以下，只有镇江奇美化工有限公司、江苏兴达泡塑集团、扬子-巴斯夫苯乙烯系列产品有限公司、汕头海洋（集团）公司和宁波 LG 甬兴化工有限公司等几家生产规模达到 10 万吨/年。

21 世纪初，由于我国聚苯乙烯市场需求增长较快，除国内企业和合资企业新建或扩建聚苯乙烯装置外，国外大型聚苯乙烯生产企业也纷纷在我国建厂，如道化学、雪佛龙等公司在江苏张家港建厂，其建设规模均达到 10 万吨/年以上，所采用的技术也为各厂家最先进的技术，国内聚苯乙烯生产技术水平得以大幅提升，生产能力有了较大的发展。目前我国聚苯乙烯生产企业中，合资及外资企业占有重要的地位。在产能名列前 5 位的生产厂商中，有 4 家是合资及外资企业，其生产能力合计达到 109.0 万吨/年，其中 GPPS/HIPS 产能为 98 万吨/年，占全国 GPPS/HIPS 总能力的 48%。这些企业不仅所占份额高，而且拥有先进的生产技术与较高的管理水平，可以生产电气用 HIPS、BOPS、透明 GPPS 等高端产品。

在聚苯乙烯技术和生产外商占优势的背景下，国内石化企业开始奋起直追。在消化吸收国外技术的基础上，中国石化总公司组织齐鲁石化公司、上海石油化工研究院、上海工程公司、华东理工大学、齐鲁石化工程公司，依托齐鲁石化 20 万吨/年乙苯/苯乙烯装置改造，从工艺技术、大型关键设备研制等方面进行了乙苯和苯乙烯成套技术及设备国产化攻关。

长期制约我国聚苯乙烯发展的瓶颈是苯乙烯制造。大型苯乙烯成套技术及设备国产化成为攻关的重点。其中制取乙苯，采用液相分子筛催化烷基化工艺技术，彻底解决原装置环境污染和设备腐蚀问题，实现清洁化生产；通过调整循环物料的流量、进料位置和反应段数，可方便、灵活地降低原料苯的流量，从而降低能耗、减少投资；采用乙烯多段进料与中段循环技术，延缓催化剂结焦速率，降低了装置能耗等。采用该技术的齐鲁石化公司20万吨/年乙苯生产装置，苯/乙烯分子比为3.5。经过两年多的工业运转表明，液相循环烷基化工艺流程合理，装置运行平稳，操作方便，产品合格，属清洁生产工艺。设备材质为碳钢，国内可设计、制造，易于工业生产。装置产生的残油少，乙苯收率高，物耗能耗低。乙苯收率达到99.5%，乙苯产品纯度达到99.8%以上，达到国际同类技术先进水平。

乙苯脱氢制苯乙烯的开发，采用了高转化率、高选择性的GS-08M型乙苯脱氢催化剂、新型轴径向流动反应器技术、脱氢尾气采用低温吸收工艺技术、低温精馏工艺技术、负压绝热闪蒸工艺技术以及新型急冷器，使齐鲁石化公司原有6万吨/年苯乙烯装置改扩建到20万吨/年，不仅提高了苯乙烯装置的生产能力，使装置达到经济规模，降低生产成本，提高产品竞争力，还解决了设备腐蚀和环境污染等问题，同时通过攻关，解决了装置大型化问题，形成了成套技术。采用该技术的齐鲁石化公司20万吨/年苯乙烯生产装置，经过两年多的工业运转表明：该成套技术先进、可靠，催化剂性能、装置生产能力（苯乙烯产量达到了25吨/时的设计值）、产品质量等总体指标达到国外同类技术的先进水平。随着聚苯乙烯生产能力的建设，国内技术不断进步，乙苯/苯乙烯装置向大型化和特大型化的方向发展。

2000年，我国聚苯乙烯生产能力110万吨/年，产量81.4万吨，进口量153万吨，表观消费量228万吨，产量消费比0.36。到2010年年底，我国聚苯乙烯产能达565万吨/年，其中GPPS/HIPS产能约229万吨/年，EPS总生产能力约336万吨/年。2010年我国聚苯乙烯消费量约为465万吨，其中EPS消费量为169万吨，GPPS/HIPS消费量约296万吨。从2000年和2010年的数字对比可以清楚看出，2000—2010年是聚苯乙烯产能快速增长的十年。

第四节　20世纪90年代开始走红的ABS树脂和工程树脂

工程树脂指具有一定强度和刚度的一类树脂，能在较宽的温度范围内和较为苛刻的环境中使用，因其优良性能可以作为机具部件的结构材料应用。工程树脂现有聚碳酸酯、聚酰胺、聚甲醛、聚砜、氟树脂、有机硅树脂等十余种。以前，按照主要用途分类，ABS树脂曾分类在工程树脂类。20世纪90年代以后，我国ABS树

脂用量和生产量大增,很快进入百万吨级行列。现在 ABS 树脂被归到五大通用合成树脂之列。

工程树脂又可细分为通用工程树脂和特种工程树脂。一般所指的五大通用工程树脂是聚碳酸酯(PC)、聚甲醛(POM)、聚苯醚(PPE 或 PPO)、聚对苯二甲酸丁二醇酯(PBT)和聚酰胺(PA),在工程树脂生产和消费中占有较大的比重。通用工程树脂的主要用途领域是电子工业、家用电器、汽车部件、运输工具。特种工程树脂有聚苯硫醚(PPS)、聚酰亚胺(PI)、聚砜类、聚醚醚酮、聚苯酯、聚芳酯、液晶聚合物等,目前生产规模很小,一般用于高新技术的特种用途。

一、ABS 树脂

ABS 是取丙烯腈(acrylonitrile)、丁二烯(butadiene)和苯乙烯(styrene)三种单体英文单词首字母组合而成的名称,代表一类热塑性树脂或热塑性工程树脂。与聚烯烃类树脂不同,ABS 既不是均聚物,也不是简单的共聚物,而是由分散相和连续相构成的聚合物共混物。ABS 是用橡胶增韧 SAN(苯乙烯和丙烯腈共聚物)所得的共混物。共混物不同的相组成以及在分子链上接枝不同的基团,使得 ABS 具有较好的综合性能。

20 世纪中期,在高分子化合物研究中发现,不同单体的共聚是改进合成树脂性能的重要途径之一。国内生产聚苯乙烯后,开始研制苯乙烯系列的共聚物,并投入小批量生产。上海高桥化工厂生产了用橡胶改性的高抗冲聚苯乙烯(HIPS)。20 世纪 60 年代研制的苯乙烯-甲基丙烯酸二元共聚物,相继在上海制笔化工厂、南京永丰化工厂和苏州人民化工厂投入生产。苯乙烯-丙烯腈二元共聚物,在兰州化工公司合成橡胶厂也有少量生产,同时还用 α-甲基苯乙烯代替苯乙烯,试产了耐高温的苯乙烯共聚物。苏州人民化工厂、南京永丰化工厂和上海珊瑚化工厂小批量生产了苯乙烯-丙烯腈-丙烯酸丁酯三元共聚物。

20 世纪 60 年代,半导体电子产品在消费品市场崭露头角,收音机、电视机、音响等轻巧电子产品生产急需新型材料替代木材和金属等老旧材料。塑料是最理想的替代材料,但是当时进行生产的聚苯乙烯普通塑料抗冲击力很差,开发综合性能优良的 ABS 提上日程。我国 ABS 研发与日本几乎同时起步,于 1963 年开始研制。上海珊瑚化工厂和上海高桥化工厂研制成功苯乙烯-丁二烯-甲基丙烯酸酯三元共聚物,并通过技术鉴定。兰化公司合成橡胶厂采用 ABS 或 NBR 与 SAB 共混法制备 ABS。后改用橡胶接枝法制备 ABS 用胶乳。其间,最关键的发现是冷冻附聚增丁苯胶乳粒径的方法,胶乳颗粒合成是 ABS 合成中的关键技术。1970 年,兰州化学工业公司合成橡胶厂建成了国内第一套年产 2000 吨乳液接枝法 ABS 的生产装置,并于 1975 年正式投入生产。生产能耐低温-30℃的 ABS,据此形成了较完整的千吨级工艺包技术。同期,上海高桥化工厂也建起了 1000 吨/年乳液接枝-乳液

SAN 掺混法 ABS 装置。但由于工艺和设备存在不少问题而迟迟不能投产。后经过技术改造，选用乳液接枝共混工艺，使装置得以重新运转，生产出合格的 ABS 产品。

上述 2 套生产装置虽然可以生产 ABS 树脂产品，但是生产技术落后，而且还很不完善，一些工序尚不配套，自动化水平较低，产品质量难以进一步提高。直至 20 世纪 80 年代初，全国 ABS 树脂产量始终在 3000 吨/年左右，远远满足不了市场需求。

1982 年兰化公司从日本三菱人造丝公司引进一套生产能力为 1 万吨/年的 ABS 装置，其工艺路线是乳液接枝-悬浮 AS 掺混技术。先用乳液法聚合，以过硫酸钾做催化剂、过氧化氢异丙苯做引发剂，十二碳硫醇做分子量调节剂，在歧化松香酸钠皂为乳化剂的乳液中聚合，可制得大颗粒聚丁二烯胶乳，然后与少量苯乙烯和丙烯腈单体进行乳液接枝得 ABS 接枝胶乳。该胶乳经凝聚、脱水及气流干燥制成 ABS 粉料。在另一台聚合釜中，使苯乙烯和丙烯腈进行悬浮共聚制得 AS 珠料。将 ABS 粉料与 AS 珠料按比例掺合，经挤出造粒、包装制得 ABS 成品。

高桥石化公司 1987 年从美国钢铁公司（USS）引进一套 ABS 二手设备，生产能力为 1.0 万吨/年。该装置工艺路线是乳液接枝-乳液 AS 掺混工艺。

20 世纪 90 年代，吉林化学工业公司引进日本合成橡胶公司技术，建成 10 万吨/年乳液接枝-本体 SAN 掺混法 ABS 装置；大庆石化总厂引进韩国味元公司技术，浙江宁波乐金甬兴化工有限公司采用美国通用电气（GE）公司技术，分别建成 5 万吨/年乳液接枝-本体 SAN 掺混法 ABS 装置；辽宁盘锦双兴工程树脂公司引进韩国新湖油化公司技术，建成 5 万吨/年乳液接枝-悬浮 SAN 掺混法 ABS 装置；镇江国亨化学有限公司采用国乔公司技术，建成 4 万吨/年乳液接枝-本体 SAN 掺混法 ABS 装置。期间，有许多以掺混法生产 ABS 厂家出现。我国陆续引进了多套 ABS 树脂生产装置，使我国 ABS 树脂产能和产量有了较大的提高，品种有所增加，而且生产技术水平也有了一定的提升。但是，在生产能力、装置大型化、产品市场竞争力等方面，与市场需求仍有较大差距。2000 年，我国 ABS 生产能力为 46.5 万吨/年，产量 18.5 万吨，进口量达到 147 万吨，表观消费量 163 万吨，国产自给率仅有 11%。

2000 年之后，国内 ABS 的产能突然大踏步前进。奇美化工有限公司在江苏镇江建成一套 25 万吨/年乳液接枝-本体 SAN 掺混法 ABS 装置；浙江宁波乐金甬兴化工有限公司原 5 万吨/年的 ABS 装置改扩建成 15 万吨/年，后又扩能至 48 万吨/年；江苏常州树脂集团和常州新港经济发展有限公司共同投资兴建了 10 万吨/年乳液接枝-本体 SAN 掺混法 ABS 装置；台湾化纤（宁波）公司建成 15 万吨/年乳液接枝-本体 SAN 掺混法 ABS 装置；中国石化上海高桥分公司建成 20 万吨/年本体法 ABS 装置，镇江国亨化学有限公司改扩建后 ABS 装置产能达 25 万吨/年。2008 年，江

苏镇江奇美化工有限公司和镇江国亨化学有限公司合并，ABS产能达70万吨/年，成为国内最大的ABS生产基地。

2010年，我国ABS生产能力253万吨/年，产量196.8万吨，进口量216.9万吨，表观消费量高达408万吨，国产自给率上升到49%。还有一批在建项目，若建成后则国内ABS装置产能将达到480万吨/年。

伴随产能扩大，国内自有ABS技术也有了长足进步。吉林石化公司于2009年7月启动扩建项目，将已有18万吨/年ABS生产能力提升至40万吨/年。作为该项目的子项目，吉林石化对20万吨/年ABS成套技术进行了重点攻关。世界ABS树脂的研发趋势是向高性能、多功能的专用树脂发展，以提高产品的附加值和市场竞争力。此前，我国多家企业从国外引进了成套ABS树脂生产技术和装置，但大多生产通用级ABS树脂，缺乏专用级树脂，难以满足市场对特殊用途的需求。为顺应这一潮流，该项目以吉林石化研究院双峰分布ABS乳液接枝技术为核心，通过整合中国石油吉林石化、兰州石化和大庆石化ABS生产技术成果，形成20万吨/年ABS自有成套创新技术。

二、聚甲醛

聚甲醛（POM）分子的内聚能高、键能大、耐磨性好。聚合物结晶的分布有自润滑作用，从而降低了摩擦。因此聚甲醛是有色金属部件的极好替代材料。聚甲醛树脂制造的齿轮、轴承在电子产品和家用电器中比比皆是。但更被世人所知的是我们常见的塑料拉链，几乎都是聚甲醛产品。聚甲醛生产原料十分简单，主要是价廉易得的甲醛。这是受到许多化工企业青睐投资建设的原因之一。

1958年，沈阳化工研究院、吉林化工研究院开始进行从甲醛气体制备均聚甲醛的研究。20世纪60年代初，中国科学院长春应用化学研究所开始其聚甲醛研究开发，随后晨光化工研究院也参加，分别与吉林石井沟联合化工厂和上海溶剂厂联合进行中试研究开发。此外尚有浙江、安徽的化工研究所等一批院校和工厂（约二十多家）做过初步研发。1963年，长春应用化学研究所、沈阳化工研究院共同进行从三聚甲醛开环聚合制备共聚甲醛的研究。1966年，吉林石井沟联合化工厂建立年产50吨聚甲醛的模型试验装置，1970年建成年生产能力为500吨的生产车间。上海溶剂厂从1965年开始进行共聚甲醛的试制工作，1969年建成100吨/年的生产装置，1973年研究开发三聚甲醛连续生产和连续分离提纯技术，1976年实现了连续化新工艺。1974年，上海溶剂厂与晨光化工研究院协作，进行双螺杆反应器连续聚合的研究，1982年通过鉴定，使共聚甲醛的生产技术水平有了较大提高。1985年，全国聚甲醛的生产能力为1600吨/年，产量为1123吨。

一直到2000年，仅有上海溶剂厂和吉林石井沟联合化工厂的全流程中试工作提升到了小生产水平。在开发进程中的小生产向国内市场提供了约2万吨商品树脂

（其中 1.5 万吨树脂来自上海溶剂厂），产品曾销售到台湾地区并出口到欧洲。由于国内开发的装置生产规模小，工艺技术存在严重缺陷，原材料及公用工程消耗较高，产品质量不稳定。进入 21 世纪，引进技术和外资来华建设大型聚甲醛装置后，两厂均被关停。

20 世纪 80 年代开始，受服装和箱包用的树脂拉链消费拉动，促使国内聚甲醛用量快速增长。当时，国内生产的聚甲醛量少、质次、价高，聚甲醛主要依赖于进口。20 世纪 90 年代，化工部新材料公司和上海焦化厂积极探寻引进国外先进聚甲醛技术，曾与美国杜邦公司洽谈合资建厂。但是，上海的杜邦合资项目没有通过国家审批，随即终止。其后，云南天然气化工厂引进波兰 ZAT 公司技术，在水富建成 10000 吨/年装置，于 2001 年投产。国内聚甲醛大生产的瓶颈终于被打破。

国内汽车工业、电子电器、日用消费品等行业发展，进一步推动聚甲醛的需求快速增长。1991—2008 年进口量年均增长率是 20.4%。

看到中国的巨大市场，外商抢滩入市。2001 年，日本宝理工程树脂株式会社、日本三菱瓦斯化学株式会社、韩国工程树脂株式会社、美国泰科纳公司在中国建立外商合资企业——宝泰菱工程树脂（南通）有限公司经营聚甲醛业务，并在 2005 年建成 6 万吨/年聚甲醛生产装置。2004 年，杜邦中国集团有限公司与日本的旭化成共同在中国建立的外商合资企业杜邦-旭化成聚甲醛（张家港）有限公司投产，聚甲醛生产能力 2 万吨/年。

在外商大举进入的形势下，国内企业奋起直追。云天化不断扩建生产能力，在水富扩建成 3 万吨/年能力、长寿建成 6 万吨/年能力，总能力达到了 9 万吨/年。2008 年上海蓝星聚甲醛有限公司 4 万吨/年项目竣工投产，2011 年扩能至 6 万吨/年。2010 年，内蒙古天野化工 6 万吨/年、天津碱厂 4 万吨/年、河南永煤集团开封龙宇化工 4 万吨/年聚甲醛项目建成投产。2011 年 10 月，神华宁煤集团 6 万吨/年聚甲醛装置投产。上述装置均采用国内技术，由中国化学工程公司的五环科技公司和成达公司设计。

中国已成世界聚甲醛最大的消费国。2010 年国内聚甲醛生产能力已达到 42 万吨/年，但是同年进口 22.3 万吨（出口 5.7 万吨）。进口聚甲醛数量不减的原因是，国内聚甲醛技术水平总体偏低，装置发生故障率较高，新投产项目生产能力尚未充分释放。见表 14-4。

表 14-4　1995—2010 年我国聚甲醛供需关系

年　份	产能/（吨/年）	产量/吨	进口量/吨
1995	3000	1944	26420
2000	13000	1200	108300
2005	120000	65000	172260
2010	420000	约 150000	222951

三、聚碳酸酯

聚碳酸酯（PC）是日常接触比较多的一种工程树脂，DVD光盘、太阳镜、纯净水水桶等许多日用品，多用聚碳酸酯树脂材料。聚碳酸酯有较好的尺寸稳定性和透光性，早期为军工所需。聚碳酸酯是用双酚A和碳酸二苯酯在有/无光气条件下反应生成，原料制备和工艺技术比较复杂。德国拜耳公司于1958年在世界上最先生产聚碳酸酯。同年我国就开始了聚碳酸酯的研制，并于1965年实现工业化生产。所以，我国是聚碳酸酯开发较早的国家之一。

1958年，应军工需要化工部将聚碳酸酯列为重点科研项目，沈阳化工研究院开始研究酯交换法生产工艺，于1965年建成了50吨/年中试装置。1965年在大连树脂四厂建成100吨/年生产装置。晨光化工研究院、上海合成树脂研究所、浙江省化工研究所、清华大学等单位，也先后相继进行了酯交换法和光气化法聚碳酸酯的研究开发。到1976年，又有上海染料化工二厂、重庆长风化工厂和晨光化工二厂等单位，先后建立了聚碳酸酯生产装置。1972年化工部组织晨光化工研究院等五个单位联合协作，历经7年完成了光气法连续化技术的开发，并通过部级鉴定。1985年，全国聚碳酸酯的生产能力为3860吨/年，产量达到2082吨。我国研制开发的生产技术和装置还曾转让到东欧罗马尼亚。

由于国内开发的原型技术工程放大有困难，曾尝试用购买技术资料的方式，做工程设计放大。根据国内的经验，利用技术资料的部分数据，在常州合成化工总厂建设了3000吨/年光气法PC装置。由于工艺复杂，设备腐蚀严重，这套装置一直未达到预期的效果。

进入20世纪90年代，在国际市场产品进口的激烈竞争形势下，重庆长风化工厂等采用国内技术生产装置受工艺和装备落后的制约，达不到经济规模，产量逐年下降，1998年产量只有225吨，许多厂先后停业。但是同期国内聚碳酸酯的应用市场蓬勃发展，树脂使用量剧增，聚碳酸酯树脂进口猛增，1995年、2000年、2005年和2010年的进口量分别为2.64万吨、9.91万吨、73.08万吨和126.42万吨。尽管在2000年长风化工厂把聚碳酸酯生产能力扩大到3000吨/年，但仍满足不了国内需要。在这种背景下，国外聚碳酸酯生产商趁势进入中国市场。2006—2010年，外商独资或合资，采用外商专利和生产技术，在国内共建有4套聚碳酸酯树脂生产装置，这四套装置分别是：①2006年年初投产的日本帝人位于浙江嘉兴的帝人聚碳酸酯有限公司5万吨/年装置，2010年投产帝人浙江3期6万吨/年装置；②2006年10月投产的德国拜耳位于上海的拜耳（上海）聚合物有限公司10万吨/年装置，2010年投产拜耳上海2期10万吨/年装置；③2010年投产的中石化三菱合资北京6万吨/年装置；④2010年投产的中石化三井合资上海12万吨/年装置。

聚碳酸酯是一个用途广、用量大的工程树脂，我国曾是聚碳酸酯研究开发较早的国家，也有一些化工企业投入聚碳酸酯的生产。但由于装置规模小、技术水平落后、产品质量差、生产成本高等原因，逐渐关停。这段国内技术研发兴衰历史，很值得研究和汲取其中的经验教训。

四、聚对苯二甲酸丁二醇酯

聚对苯二甲酸丁二醇酯（PBT）的生产方法和原料与聚对苯二甲酸乙二醇酯（PET）十分类似。聚酯主要分为纤维级和瓶级；PBT则为工程树脂。它们的主要原料之一均为对苯二甲酸，另一原料分别为1,4-丁二醇（BG）和乙二醇（EG）。

20世纪80年代初期，随同聚酯的发展，国内建成一些百吨级至千吨级的PBT小型生产装置。1994年南通合成材料厂（现为中国蓝星南通星辰合成材料有限公司）5000吨/年连续对苯二甲酸二甲酯（DMT）法PBT树脂生产装置建成投产。与此同时，北京泛威工程树脂公司间歇式DMT法PBT树脂生产线建成投产。由于DMT法工艺技术落后及主要原料DMT来源不广泛等问题，这些装置生产能力未能充分发挥。

1997年，仪征化纤公司工程树脂厂引进连续直接酯化缩聚工艺及关键设备，建成2万吨/年的PBT树脂生产装置，成为世界上第一套工业化的连续PTA法PBT树脂生产装置。该装置因工艺技术先进，又有自产对苯二甲酸原料优势，生产情况较好。

PBT树脂的原料是对苯二甲酸和1,4-丁二醇，向20世纪八九十年代对苯二甲酸的国内技术成熟，生产能力很大，原料供给没有问题；而1,4-丁二醇国内不生产，完全依靠进口。这是自20世纪80年代开始生产PBT树脂，但一直发展缓慢的原因之一。2001—2002年之后，1,4-丁二醇的生产国产化，促进了建设新装置的积极性。南通星辰合成材料有限公司建1.5万吨/年PTA直接酯化法新装置，仪征化纤公司工程树脂厂、长春化工（江苏）有限公司、新疆蓝山屯河聚酯有限公司先后分别建成6万吨/年的PBT装置，江阴和时利工程塑胶科技发展有限公司建成2万吨/年的PBT树脂生产线。还有一批正在建设的生产装置。中国PBT生产能力大幅提高。但是，由于生产技术问题以及市场开发等众多因素影响，国内PBT开工率还很低，2000年生产能力3.5万吨/年，产量1.64万吨；2010年生产能力26.2万吨/年，产量仅11.3万吨。

五、聚酰胺和聚酯

聚酰胺（PA），俗称尼龙，用于纤维即锦纶。中国大约80%的聚酰胺用来纺丝，仅20%的聚酰胺为树脂级，用作工程树脂。聚酰胺是中国发展最早的工程树脂品种之一。与聚酰胺类似，聚酯（PET）树脂同样主要是用于生产合成纤维——涤纶，不到20%的聚酯作为塑料用途，用于生产饮料瓶以及聚酯膜。

中国于20世纪50年代后期开始进行聚酰胺树脂的研究，开发的主要品种有尼龙1010、尼龙6、尼龙9、尼龙66及其改性产品，并相继投入小批量生产。上海赛璐珞厂首创以蓖麻油为原料制成尼龙1010的新品种，这是中国独创的尼龙新品种。1961年，上海长虹树脂厂首先生产尼龙1010，到1973年国内建立四十多套生产装置，总生产能力近4000吨/年，产量为2650吨。农副产品作为化工原料经常遇到一个问题，开始时原料来源漫山遍野似乎没有问题，一旦化工生产规模化后，原料供应变得十分紧张。为了解决蓖麻油来源短缺、原料供应紧张的问题，北京生物研究所、辽宁林业土壤研究所用石油正癸烷烃作原料，开展制备癸二酸的研究。

尼龙9是国内发展较早的聚酰胺品种之一。在20世纪60年代初，中国科学院北京化学研究所和苏州化工研究所就开始协作进行中试，江苏靖江市大众树脂厂建立了20吨/年的装置生产尼龙9。这个品种的成本虽然比尼龙1010高，但技术成熟，产品性能好，耐热抗老化，可用于特殊要求的零部件。

长碳链尼龙的综合性能比短碳链尼龙更加优异。20世纪末期，郑州大学和中科院微生物研究所联合开发的生物发酵法制造长碳链二元酸合成长碳链尼龙新工艺获得成功，并于1998年在山东淄博实现尼龙1212的工业生产。到2010年国内已有多家长碳链二元酸生产企业，产量达到3万吨/年。

尼龙工程塑料能够承受电子器件长期工作要求，早期用于制作各种开关、电子插件、接线头等。现在，汽车工业已成为尼龙工程塑料的最大消费市场。除了汽车电子器件外，尼龙9和尼龙1212成为制作汽车燃油管和刹车管最佳材料。尼龙工程塑料在高铁中也有许多应用。例如，高铁轨距块、挡板座和套筒就使用大量尼龙工程塑料紧固件。

目前，国内聚酰胺工程树脂主要以PA6和PA66为主。截至2011年，中国PA6和PA66的生产能力合计为190万吨/年，产量约110多万吨。其中聚酰胺工程树脂的产量约25万吨/年。

2010年国内PA本体树脂和改性PA的消费量超过80万吨。消费结构：电器电子30%；交通运输25%；机械工业13%；日用五金7%；尼龙薄膜4%；单丝粽丝3%；尼龙粉末3%；其他15%。

聚酯非纤用途主要是用于制造瓶装容器、片材和薄膜。20世纪70年代初，国内开始研究用聚酯制造感光材料片基，为此国家批准建设第二胶片厂。由于江青的插手干扰，这个项目进行得很不顺利。打倒"四人帮"后，经过全厂职工的努力，该厂成为国内生产印刷用PS版的最大企业。照相胶卷、X射线片、录音带、印刷胶片等曾是聚酯树脂的主要用途。改革开放以后随着生活消费水平的提高，聚酯瓶消耗的聚酯树脂不断上升，成为聚酯树脂的主要用途。到20世纪末，仅碳酸饮料和茶饮料PET瓶年消耗聚酯树脂就超过50万吨。

进入新世纪，双向拉伸聚酯薄膜在许多新的领域得到应用，光学聚酯薄膜是

LCD 产品必不可少的材料；以节能为目的的建筑贴膜被认为是降低建筑物能耗较为有效的手段之一；功能性聚酯薄膜为电子信息提供专用材料；印刷电路用聚酯薄膜起到隔绝氧气和避免机械划伤的作用。在传统包装、装潢电工以及新兴产业发展带动下，我国聚酯薄膜生产能力快速增加。

2005 年非纤维用聚酯树脂的用量总计 221 万吨，瓶用 200 万吨，其中碳酸饮料瓶用 150 万吨，聚酯薄膜用 21 万吨，仅为瓶用的十分之一。2003 聚酯薄膜年生产能力只有 11.3 万吨，但是 2010 年突破百万吨（100.3 万吨）。可以看出，聚酯薄膜近年发展势头强劲。

六、聚苯醚

1957 年，美国通用电气公司（GE）采用氧化偶合的方法首次制得高相对分子量的聚苯醚（PPO）树脂，并于 1964 年实现工业生产。中国自 20 世纪 60 年代初，在上海、天津等地曾有多个单位开展 2,6-二甲酚合成及制取聚苯醚的研究工作。上海合成树脂研究所于 20 世纪 60 年代后期完成实验室研究工作并进行扩大试验，20 世纪 70 年代初在上海远东树脂厂建立百吨级装置试产，20 世纪 80 年代通过中试技术鉴定。上海市合成树脂研究所做了有关聚苯醚的基础性研究工作，研究成功了间歇法聚合技术，并研制及生产了通用改性聚苯醚阻燃级、耐热级、玻纤增强级等多种型号产品。北京化工研究院较系统地开展了有关聚苯醚的科研工作，1985 年完成 50 吨/年中试，在催化剂的制备、2,6-二甲酚单体合成、聚合工艺、改性技术等方面取得研究成果后，又进行了百吨级聚苯醚的扩大试验，为千吨级工业化技术开发工程提供了必要的技术参数。经过原化工部第六设计院的协作设计，将部分引进国外资料进行放大基础设计，采用连续聚合法生产工艺，于 1994 年建成了一套年产 2000 吨 PPO 树脂和年产 2300 吨 2,6-二甲酚单体的装置。该系列装置从 1994 年开始试车，由于各种原因一直没有正常生产。

2006 年 11 月，蓝星化工新材料股份有限公司芮城分公司（原山西芮城福斯特化工股份有限公司，2005 年 4 月被蓝星收购）引进捷克技术，建成投产一套 1 万吨/年的 PPO 装置，配套建设的 1.2 万吨/年 2,6-二甲酚装置也同时投产，从而拉开了国内 PPO 树脂生产的序幕。到 2011 年，中国聚苯醚树脂仍仅这一套生产装置在生产，2011 年产量约 0.7 万吨。

随着我国制造业的高速发展，从 20 世纪 90 年代起中国工程树脂行业开始走红，2000 年以后进入高速发展时期。行业生产总值、销售收入、利润总额、进出口贸易额年均增幅都在 20% 以上，均超过同期聚烯烃类树脂的增幅。到 2010 年，中国工程树脂用量仅次于美国，居世界第二位，生产规模在美国、德国、日本之后居世界第四位。从事工程树脂行业的企业有近千家，职工总数有几万人，已逐步形成了具有基础树脂合成、树脂改性与合金、助剂生产、塑机模具制造、加工应用等相关配套能力的产业链。

国内基础树脂主要生产厂家的产品技术指标和装置水平正在向国际标准靠拢,有些已达到国际装备先进水平,使部分国内产品能够在市场上具有相当的竞争能力并占据一定的市场份额,同时培育了一批依靠自主知识产权发展起来的骨干企业。到2010年年底,国内工程树脂(包括外资公司在大陆工厂)生产能力已达到130万吨/年,年产量将近90万吨,改性工程树脂年产量150万吨。工程树脂应用领域分布在电子电气、汽车、机械和其他四个方面,消费量各约占四分之一左右。见表14-5。

表14-5 2000年以来我国工程树脂基础树脂消费量　　　　单位:万吨

项　目	2000年	2002年	2004年	2006年	2008年	2010年
聚酰胺	8.23	13.8	19.22	25.64	33.7	41.5
聚碳酸酯	16.4	36	62.4	79.8	106.2	121
聚甲醛	9.6	13	18.7	22.23	27.8	32
聚对苯二甲酸丁二醇酯	4.1	5.6	9.4	18.2	24.9	30.3
聚苯醚	0.98	1.8	3.3	4.96	7.4	8
特种工程树脂树脂	—	—	—	3.17	6.8	10.5
合计	39.4	70.2	113	154	206.8	243.3

特种工程树脂由于技术难度大、生产条件苛刻等多方面因素,目前国内技术产业化的产品还比较少,大多处于技术开发与小生产阶段。

第五节　特种工程合成树脂研究开发

普通树脂的长期使用温度一般都在100℃以下。一些电子、飞机、宇航工程需要耐温到150℃以上的树脂材料。西方国家十分重视这类耐高温的特种工程树脂的研发,利用它们的科技、经济和制造的优势,从20世纪60年代开始,陆续开发出一批性能优良的特种工程树脂。特种工程树脂主要品种有聚苯硫醚(PPS)、聚砜(PSU)、聚酰亚胺(PI)、聚醚醚酮(PEEK)、聚醚砜(PES)等高分子聚合物及其合金材料。今天这些合成树脂已经是飞机、导弹、宇航领域不可缺少的材料。

西方国家为军工研发的特种工程树脂,冷战时期对社会主义阵营国家实行技术封锁。冷战结束后,由于它的高技术含量,西方国家仍不肯转让技术。我国要独立发展本国的国防军工和民用高新技术,亟需这类高性能新材料。要打破技术封锁就只能是走自力更生、独自研究开发之路。

为此我国从20世纪70年代初开始就在国家科技攻关计划等国家级或省部级计

划中正式立项支持这一代新材料的研究开发。当时拥有高分子专业的各大学或科学院和各部委的研究院所，几乎都有人从事这一领域的实验室研究工作，至今已取得了很多研究成果。

一、聚酰亚胺

聚酰亚胺（PI）是偏苯三酸酐或均苯四甲酸二酐与芳族二胺合成的一类聚合物。PI 的特点是有极好的力学性能。在连续高温使用温度 315℃下，强度保持率接近 50%，是高分子材料中高温机械强度最好的品种之一。PI 薄膜拉伸强度达到 250 兆帕以上。PI 具有强度高和耐高温的特点，PI 树脂被用于制造飞机、导弹的部件等特殊领域，PI 薄膜最初多用于电工绝缘材料，近年在柔性电路板的应用成为 PI 薄膜主流。

美国杜邦公司 1965 年推出 PI 商品后不久，中国科学院长春应用化学研究所的一个课题组就开始这项研究工作，并在 20 世纪 60 年代末完成了实验室研究。之后，相继有上海合成树脂研究所、中国科学院北京化学所等单位都加入了这支队伍，并从 20 世纪 70 年代初开始，哈尔滨绝缘材料厂、天津绝缘材料厂等相关厂家开始生产这类相当于美国杜邦公司 Kapton 膜的国产 PI 薄膜，虽然质量与杜邦公司产品相比还有相当差距，但却打破了西方的技术封锁，满足了我国国防军工和民用高技术的需求。

20 世纪 80 年代后，随着国民经济的发展，以薄膜为主的 PI 得到了较大发展；进入 20 世纪 90 年代，开发研究和小生产全面铺开。几个 PI 大品种，如均苯型、联苯型、单醚酐型、酮酐型、BMI 型、PMR 型，在我国均已研究开发出来，并且得到了初步应用。涉及单位多达六十余家，仅均苯型 PI 的生产企业就有近 10 家，全国生产能力已达 700 吨/年。此外，我国还先后开发了三苯醚二酐型 PI、联苯二酐型 PI、二苯甲酮二酐型 PI、偏苯三酐型 PI、双酚 A 型醚酐 PI、二苯醚二酐型 PI、双马来酰亚胺等产品。

聚酰亚胺薄膜在国内是聚酰亚胺产品中主要的品种。薄膜生产技术来源主要是上海市合成树脂研究所和桂林电气科学研究所，都是采用热亚胺化的工艺。产品性能停留在国际 20 世纪七八十年代水平。薄膜只能应用在电工绝缘绕包线、压敏胶带和低档的印刷线路板上。对于目前美国、日本大量使用的柔性印刷电路板、硬板方面则无能为力。我国 PI 在绝缘薄膜用量占 70%，印刷线路板占 20%，其他占 10%。进入 21 世纪，PI 薄膜市场走势强劲，2002 年我国生产能力已达 750 吨/年，2003 年新增产能共 400 吨/年，生产厂家扩大到 26 家。国产 PI 薄膜还出口到韩国、俄罗斯等国和东南亚地区。4 个厂家薄膜有出口，加上覆铜箔出口，全国出口量近 70 吨/年。

相对薄膜而言，后期发展起来的热塑性聚酰亚胺，则有上海合成树脂所、中国科学院长春应用化学研究所、南京岳子化工有限公司等，产能均在百吨级。近期深圳惠程电气股份有限公司通过与中国科学院长春应用化学所、中国科学院宁波材料所和江西师范大学等院校的合作开发，成立长春高琦聚酰亚胺材料有限公司，在聚酰亚胺领域取得了较大进展。该公司是专业发展聚酰亚胺材料的公司，是国内掌握从最初原料与单体到聚合工艺以及材料制备等一整套技术的企业，已成为我国聚酰亚胺研发和生产的重要基地。该公司致力于为用户提供应用于苛刻环境下的尖端高分子材料，包括原料氯代苯酐、二酐、聚酰亚胺纤维、泡沫和树脂等多个产品，其技术水平在国内具有领先优势。从总体上看，聚酰亚胺的模树脂和复合材料，国内生产量还是很低的，PI 模树脂近年产量只有 50 吨/年左右，主要用于航空航天和军工领域。

聚酰亚胺是我国研究开发较早，并取得一定成果的特种工程树脂。但是，目前聚酰亚胺在胶黏剂和涂层方面应用还很少，仍处在生产受市场容量的制约，规模较小、价格和成本较高，产品的质量与国际有一定差距的尴尬境地。国家很重视高技术新产品对经济发展的推动作用，但摆脱不了分散小而低水平的重复、高不成低不就长期徘徊的局面。

二、聚苯硫醚

聚苯硫醚（PPS）树脂通常为白色或近白色珠状或粉末状产品，由于其结构为苯环与硫交替连接，分子链有着很大的刚性及规整性，因而聚苯硫醚为结晶型聚合物，具有较高的强度、模量及良好的制品尺寸稳定性，蠕变小，有极高的耐疲劳性、良好的阻燃性，吸湿性小，在高温高湿条件下不变形并能保持优良的电绝缘性，耐溶剂和耐化学腐蚀性好，在 200℃以下几乎不溶于任何溶剂，而且耐辐射能力强。可用多种加工方法（注射、挤出和模压）成型加工，并且可精密加工成型。因而在电子、电器、汽车、精密仪器、化工及航天航空等领域得到了广泛的应用。PPS 树脂按其产品形式和用途可分为几个大类，分别为：涂料、工程树脂、电子封装、纤维、薄膜以及先进复合材料用树脂。

我国的 PPS 研究和生产始于 20 世纪 70 年代初期，到 2010 年的发展历程，经历了四个时期。

（一）初始期

20 世纪 60 年代中期，华东化工学院廖爱德、李世晋曾经针对 Genvresse、Macallum 等前人的工作进行了一些 PPS 合成的条件试验。1967 年美国飞利浦石油公司采用对二氯苯和硫化钠为原料，在极性有机溶剂 NMP 中进行溶液缩聚合成 PPS 专利发表。这条新工艺路线的原料简单易得，20 世纪 70 年代初至 80 年代初，我国也与美国、日本一样，广泛开展了 PPS 树脂的合成研究。天津、广州、扬州、长沙、沈阳和成都等地相关单位相继开展了 PPS 的合成研究、中试生产和初步应用开发工作。在这些早期研发中，天津合成材料研究所、广州市化工研究所和四川大学的PPS合成工艺路线具有代表性，并分别得到了相关部门的支持和经费资助，获得了较好的成绩。前两家单位在技术上分别采用釜内脱水或釜外脱水的方法制备无水硫化钠作硫源，再与对二氯苯在六甲基磷酰三胺（HMPA）或NMP中进行缩聚反应制备PPS树脂，并在1974年后相继进行了PPS树脂的中试放大工作。四川大学陈永荣、伍齐贤等人也采用釜外脱水的方法制备无水硫化钠作硫源，再与对二氯苯在HMPA或NMP中进行缩聚反应制备PS树脂的方法进行了中试放大工作。该产品被大量制成鲍尔环涂层应用于四川化工厂等单位的大型化肥生产装置中，取得了极好的防腐蚀效果。但以上这些PPS合成装置由于溶剂消耗量大以及工艺技术落后、生产成本高、产品质量差等多种因素而先后停止了生产。四川大学则在此基础上开始了探索具有我国特色的硫黄溶液法合成PPS技术。

（二）发展期

20世纪80年代中期至90年代中期可以认为是PPS在我国的发展期。期间的第一个主要特征是四川大学进一步发展了自己开发的硫黄溶液法技术，在四川省自贡市化学试剂厂建立了9吨/年PPS树脂合成扩试装置，其PPS研究也被连续列入"七五""八五"和"九五"期间的国家"863"高技术发展计划之中。在此基础上，四川大学同原化工部第八设计院和自贡市化学试剂厂（后改名四川特种工程树脂厂）共同承担了国家计委的重大新产品开发项目，在自贡市化学试剂厂建立了国内首套百吨级（150吨/年）PPS工业化试验装置，并成功通过了四川省科委、四川省化工厅组织的72小时生产考核和国家计委的鉴定、验收，成为当时国产PPS树脂最主要的供货单位。随着国内PPS应用的推广，国外的PPS产品也开始大规模进入中国市场。

发展期的第二个特征是"八五"期间，以四川大学为牵头单位，联合国内一些研究单位（如北京化工研究院和晨光化工研究院）、生产单位（如四川特种工程树脂厂）以及应用单位（如国营719、715厂等）共同承担了国家计委"八五"攻关项目"聚苯硫醚制品开发"，进行了大规模的PPS复合材料品种的研究开发、加工生产和应用推广，为PPS在我国的发展和应用打下了坚实的基础。

发展期的第三个特征是国内PPS生产装置遍地开花，据不完全统计，这期间在四川、甘肃、河北、新疆、内蒙古、山东、辽宁等地先后建有20多套50~200吨/年规模PPS生产装置，其中仅四川就有十多套，这些装置都普遍采用釜外脱水的方法以无水硫化钠作硫源，再与对二氯苯在HMPA中进行缩聚反应制备PPS的工艺路线。由于都采用了极不成熟的技术源头，普遍在技术上存在先天不足的毛病，如有的在单体硫化钠的纯化和脱水上不过关，更多的是在合成工艺技术上不过关，溶剂消耗量大，产品相对分子量低、质量差、成本高，因而这些装置纷纷被关、停、并、转，有的甚至还未试车就被拆除并处理，损失巨大。

（三）产业化酝酿期

20世纪90年代中后期，规划了我国PPS的产业化发展方向，四川、吉林、山东等地的一些企业也纷纷瞄准了建设PPS千吨级规模化生产装置的目标，并分别在相关领导职能部门进行了千吨级PPS产业化项目的立项，但这些项目却分别因为企业技术不过硬或自有配套资金不足等原因而迟迟不能启动。

（四）产业化期

进入21世纪后，四川自贡华拓实业发展股份有限公司和自贡鸿鹤特种工程树脂有限责任公司（现中国化工昊华西南化工有限责任公司）均在原四川特种工程树脂厂合成PPS技术的基础上分别建立了85吨/年和70吨/年的PPS树脂合成装置，并相继通过了四川省组织的72小时生产考核。在此基础上，四川华拓实业发展股份有限公司联手四川大学等单位正式接手国家计委的高技术产业化示范工程，于2002年年底在四川德阳建成了千吨级的PPS产业化装置，并试车成功。2003年，四川德阳科技股份有限公司开始了PPS树脂的正式生产和复合材料的销售，成为当时几乎是唯一的国产PPS树脂生产商与供应商。目前，其总生产能力达30000吨/年。此外，原四川特种工程树脂厂在被自贡鸿鹤化工集团兼并后成立了自贡鸿鹤特种工程树脂有限责任公司，继续进行PPS的研发。再经历与中昊晨光的合并，在自贡富顺建立了昊华西南化工有限责任公司晨鹤特种工程树脂分公司，进行PPS的产业化工作，并于2010年10月建成了2000吨/年的PPS树脂生产装置。

随着国内汽车和电子电气行业的高速发展以及其他行业对PPS材料的新的需求，国内除四川德阳科技、昊华西南化工有限责任公司晨鹤分公司外，不少地方和企业、科研单位也准备新上PPS生产装置。到2010年，中国PPS生产能力达到3.8万吨/年以上，而表观消费量增加到4.5万吨/年以上。

国内在特种工程树脂领域走过30年的历程中，能称得上实现真正意义上产业化，达到经济规模的只有聚苯硫醚一个品种。

三、聚醚醚酮

聚醚醚酮（PEEK）是英国ICI公司在20世纪70年代初继聚醚砜树脂研发成功并商品化后，于20世纪80年代初研发成功并商品化的又一个新特种工程树脂品种。由于国内也是从20世纪70年代初开始研发聚醚砜树脂，所以对这方面的信息十分关注，从20世纪80年代初注意到国外的这一迹象后几乎同时起步，开展了前期的实验室研究工作，并取得了可喜的进展。新材料领域的专家委员会在其"七五"计划中，高分子材料的专题组将特种工程树脂中的聚酰亚胺、聚苯硫醚、聚醚醚酮三种材料列入规划中优先实施的课题。由于吉林大学课题组已经开展这方面的研究并取得了阶段性成果，所以其中的聚醚醚酮树脂项目确定由吉林大学课题组承担。

吉林大学以吴忠文为带头人的实验小组，在"九五"期间完成 50 吨/年规模中试后，"十五"开始国家发改委又将其列为国家产业化示范工程项目，并批准投资 1.12 亿元在长春经济开发区由长春吉大高新材料有限公司（长春天福公司与吉林大学的合资公司）建设 500 吨/年的 PEEK 产业化示范工程，产品质量基本达到国际同类产品水平。该信息在网上发布后，除欧美的 PEEK 用户来联系供销业务外，著名化工公司美国杜邦、法国 Atofena、荷兰 DSM、Solvay、德国 Degussa 都派人到长春洽谈合资合作事宜。

吉林大学的课题组成员考虑到开拓国际市场的需要，同意与国外大公司合作进行共同开发。不过，坚持合资的原则是不得让外方控股，只能出让 50%股权。其中的德国 Degussa 公司同意了这个原则，开始实质性谈判，并在有两国总理参加的第三届中德高峰论坛上签署了合作意向书，成为这次峰会上签署的 10 个协议中唯一用中国拥有自主知识产权的专利技术招商引资的合资项目。

国内研究人员经过一段努力取得新的、有自主知识产权的专利之后，在长春高新技术开发区建成了新的百吨级中试基地，于 2007 年建成试生产后，又于 2008 年 3 月与辽宁盘锦中润化工有限公司合作成立了盘锦中润特塑股份有限公司。第一期投资 2.5 亿元，建设 1000 吨/年生产装置。中国成为继英国 Victrex 公司后，国际上第二拥有 PEEK 树脂产能的国家（英国 Victrex 公司产能为 4250 吨/年）。

在第二代或第三代耐热等级更高的新产品研发过程中，吉林大学又研发了一条根据中国的资源情况不同于 Victrex 公司原料路线的新路线。这些专利完全具有原始创新意义。以中国的第三代产品为例，没有走 Victrex 公司改变酮醚比的思路，而采用改变分子链中的部分苯环由联苯环取代的原理。在这期间，除了吉林大学所开展的上述研发工作外，不同时期还有中国科学院长春应用化学研究所开展过酚酞型聚醚醚酮，大连理工大学开展过含二氮杂萘型聚醚醚酮的研究，江西师范大学开展过亲电取代反应法合成聚醚醚酮的研究工作。

四、聚醚砜

20 世纪 70 年代初中国科学院长春应用化学研究所、吉林大学、武汉大学和复旦大学的高分子专业人员都从事过这项研究，并先后完成过各自不同合成路线的实验室研究，其中中国科学院长春应用化学研究所与苏州化工厂联合进行中试，并有产品供应市场。武汉大学也与当地工厂合作实施过中试，产品也一度满足当地的需求。吉林大学则在完成实验室研究后，在吉林省科委和原航空部（当时称三机部）的支持下，在校办工厂实现了扩试，形成小批量生产，满足了当时国防军工的急需。

从"七五"计划开始，国家科委正式将聚醚砜（PES）纳入国家重点科技攻关计划，经多方专家论证，最后由吉林大学课题组独家承担这个项目的中试。上述其他单位则因各种原因中止了这项研究和生产。

在完成中试后，20世纪90年代国内涂料用PES树脂（不包括工程树脂用）技术转让给山东莱阳县的一个磷肥厂，建成了300吨/年的生产装置，长期只生产涂料级树脂。后经改制，与香港金合化工合作，打开了外销渠道。2009年，又新建600吨/年生产装置，且已投产，目前产能1000吨/年。

除上述涂料用PES树脂外，国内目前还有长春吉大特塑工程研究公司有100吨/年的聚芳醚砜中试设备，可进行各种牌号PES生产。

五、聚砜

1966年，天津合成材料研究所和上海合成树脂研究所分别开展了聚砜（PSU）的研究。1969年，分别建成100吨/年装置试生产聚砜，于20世纪70年代投产。

大连第一树脂厂利用上海的技术，于1973年建成100吨/年生产装置。以后，广州、福州等地也开始生产聚砜。1985年全国聚砜产量为270吨，成为国内特种工程树脂产业化最早、产能和产销量最大的一个品种。但是，其后开始走下坡路。

1980年，天山树脂厂生产装置搬迁到上海曙光化工厂。为了满足当时电子工业对聚砜的需要，上海市组织复旦大学、上海交通大学、中国科学院上海有机化学研究所、华东化工学院等单位攻关，生产工艺和分析测试手段有所改进。上海化工装备所负责对设备进行攻关改造。到20世纪80年代后期，建成了350吨/年生产装置，生产稳定在220吨/年的水平。2004年以后由于工厂的搬迁以及老工程技术人员退休等多种原因造成该厂不再生产聚砜。早在1978年，天津材料厂已停止生产聚砜树脂。其他地方的聚砜装置也先后停产。上海曙鹏特种工程树脂有限公司曾于2002年建成200吨/年聚砜生产装置，运转至2007年后处于停产状态。目前，国内生产厂家只有大连聚砜树脂有限公司（原大连第一树脂厂）仍在生产和销售聚砜产品，商品名为舵牌。

聚砜作为一种特种工程树脂，我国大飞机项目等高技术项目以及医疗卫生器械及建筑行业的市场需求很大，都亟需聚砜类材料，不得不依靠进口解决。

三十年来，对于工程树脂和特种工程树脂的研究和开发我国进行了大量的工作，为支持高新技术发展发挥了重要作用，并在高分子聚合物的科研领域取得可喜的成果。为了汲取我国一些化工技术研发后没有持续发展半途而废的经验教训，许多专家提出工作中要注意以下几点。

特种工程树脂发展历程中，国内一般是由相关专业的高校和研究院所发起，研究性质学术气氛很浓，规模又都是以完成实验室阶段研究为目标。科研经费来源于国家和地方政府的项目经费。在立项时，仅是为某种特殊需要或仅是标新立异来取得项目。研究的方法是学术方式。成果的标准仅是出了样品。正是由于这种原因，虽然从实验室研发阶段来讲国外有的品种国内都曾有大学和科研院所（而且每个品种都不只是一个单位）开展过实验室研究，并相继都取得一定的研究成果，但由于承担研究工作的单位性质特别是经费来源的局限，其中大多数研究都只停留在实验室研究阶段。换句话说，仅从实验室研究阶段来讲我国与国际差距并不算太大，一般也就是滞后几年时间，可是在走向产业化方面的步伐，反差则大得惊人。同时也反映出在安排科技攻关项目时，只注意到新颖性，忽视了将新颖转化为实用的进一步工作安排。

国际上这类材料的研发，一般都是由大公司为主体从始至终开展研究，其出发点和原动力就是为了推进产业化，而且是材料研发、加工技术研发和产品开发一体化同步进行。这显然是国外在这类高性能的材料研发中只用几年或十几年时间就能形成产业规模的保障。与西方国家研发体制相比，我国研发体制对某些特殊需要是必要的，但是作为工业生产是远远不够的。

我国在许多化工技术开发中，没有把降低生产成本的工程研究作为研发重要内容。各种合成树脂有不同的特性，一般情况下这些特性不是某一种树脂独有，仅是某一方面略有所长，在许多应用中是可以互相替代的。合成树脂的主要用途是制成品的材料，应用程度取决于性价比。"工程树脂""特种工程树脂"的"工程"和"特种"没有多少科学含义，本质都是树脂。ABS 应用量少时分类在工程树脂中，应用量大后又被分类到通用树脂。因此，在重视高校的研究开发的同时，应该重点推动企业的参与，把降低生产成本的工程研究列入研发的课题，才能尽快把科研成果转化为生产力。

影响工程树脂和特种树脂发展的一个重要因素是使用工程树脂客户的产品成熟度和发达程度。工程树脂的用途往往不是主材，而是制成品中个别零件的材料，使用量有限。尽管客户产品十分先进，但是市场成熟度不够，销量有限，自然对工程树脂的用量也有限。反而，非常普通的客户用途，却能够拉动意想不到的发展，例如，服装箱包的树脂拉链拉动了聚甲醛的发展，烟气净化布袋过滤器拉动了 PPS 的发展。因此组织工业生产与学术研究或满足某种特别需要截然不同。在规划工程树脂的发展中如缺乏这方面的考虑，会造成一些投入只有学术价值，而没有经济价值的结果。

第六节 步入新世纪聚氨酯树脂异军突起

一、发展概况

聚氨酯（PU）材料是世界六大合成材料之一。近年来，亚太地区，特别是我国的聚氨酯工业发展迅速。聚氨酯材料涉及聚氨酯泡沫、弹性体、纤维、涂料、胶黏剂、皮革等,在化工、材料、建筑、汽车、电子、纺织等领域具有广泛的应用。

我国从20世纪60年代就开始生产泡沫树脂,在各种树脂品种中发展速度相对较慢。在20世纪六七十年代相当长一段时期内长期停滞不前。1978全国聚氨酯制品年生产能力才1.1万吨,产量仅500吨。1982年全国聚氨酯制品产量700吨。造成这种状况的主要原因是,制造聚氨酯所需要的原料品种种类很多,生产工艺流程长,并且比较复杂。仅以制取异氰酸酯原料为例。甲苯二异氰酸酯(TDI)是生产软质泡沫树脂主要原料:第一步是甲苯硝化制取二硝基甲苯,工艺过程类似制取三硝基甲苯(TNT炸药);第二步是硝基化合物经加氢制得芳香胺;第三步是芳香胺化合物和光气反应得到TDI。从这三个主要步骤就可以看出工艺流程长,硝化反应和光气化反应危险性大,配套原料多,需要硝酸、硫酸、氯气、一氧化碳等。受当时的国内经济力量限制,更没有建设聚氨酯工业完整产业链的条件,不可能大规模生产聚氨酯制品。

20世纪80年代后,我国开始引进国外先进的聚氨酯原料和制品生产技术与装备。同时,通过"七五""八五"科技攻关项目的国家扶植,国内开发了反应注射成型、高回弹冷熟化泡沫、高活性聚醚、聚合物多元醇、改性MDI等一系列制品和特种原材料的新技术。1991年全国制品总产量已达15万吨,比1982年增长约20倍。同期,聚氨酯原料生产也有发展。1978年国家批准引进的22个项目之一烟台合成革厂引进了MDI生产装置,经过长时间的摸索,生产趋于正常,并掌握了关键技术,进行改扩建。甘肃银光化学工业公司引进的2万吨/年TDI生产线于1992年通过国家验收。聚醚多元醇形成了每年十多万吨的能力。此阶段是我国聚氨酯工业在引进技术带动下快速发展的启动阶段。

20世纪90年代,国民经济持续快速发展。聚氨酯树脂作为新型多功能高分子新材料在汽车、建筑、制冷、保温、家具、冶金、采矿、石油化工、轻纺等方面获得广泛应用。软质泡沫箱式发泡小企业遍地开花,冰箱生产基地的自动浇注硬泡绝热层生产线、夹心板材硬泡浇注生产线、连续法大块软泡生产线、模塑软泡生产线等总数已达数百条。数千吨级到万吨级的聚氨酯涂料、胶黏剂生产厂已有十多家。此时,全国从事聚氨酯制品和机器设备的生产、经营、科研开发单位已有上千家,较大规模的有上百家。制品总产量也由1991年的15万吨增加到2000年的102万吨。1991—1998年平均年增长率为25%以上,这时期是制造业大发展带来的聚氨酯树脂制品高速发展期。但是,同期聚氨酯原料的发展相对滞后,TDI和MDI等聚氨酯原料进口量急剧上升。

二、原料生产情况

聚氨酯的主要原料有异氰酸酯和聚醚多元醇(PPG)。异氰酸酯主要分为二苯甲烷二异氰酸酯（MDI）和甲苯二异氰酸酯（TDI）。1962年，在大连建成500吨/年TDI装置和200吨/年MDI装置，我国开始异氰酸酯工业化生产。1966—1969年在大连和常州分别建成1500吨/年PAPI（粗MDI）装置，其后太原年产600吨/年TDI、重庆500吨/年PAPI装置亦陆续建成。这些装置断断续续开车，一直没有稳定生产。到20世纪80年代中期先后完全停产。

国际上异氰酸酯的先进关键技术，一度被巴斯夫、亨斯迈、拜耳等少数几家大型跨国公司垄断。烟台合成革厂（后改名烟台万华公司）20世纪70年代末从日本聚氨酯公司引进了年产1万吨MDI生产技术。由于当时考虑不周，按日本聚氨酯公司从英国ICI公司引进的2万吨装置缩小而成。同时，在国内没有成熟的经验情况下，为节省投资，采取购买生产许可证和主要设备方式，没有掌握专利的核心技术，造成建设和生产过程中遇到许多困难，装置长期不能达标正常生产。为了扭转被动局面，烟台合成革厂职工做了不少努力，同时与青岛化工学院合作，依靠国内力量开发技术，解决装置的各种问题。1993年，由山东省化工规划设计院完成工程设计进行1.5万吨/年扩建改造。实施改造中，许多关键技术被突破，1997年7月通过有关部门的鉴定和验收。为支持新技术开发，国家计委设立高新技术产业化前期关键技术开发专项，对进入专项的项目拨款支持。1998年烟台万华公司承担了专项的"年产4万吨MDI制造技术研究与开发项目"。项目完成后，经专家组鉴定，该技术属国内首创，达到国际先进水平。在此基础上，2005年烟台万华公司在宁波大榭岛建设一套年产16万吨MDI装置。

1992年，甘肃银光化学工业公司引进德国巴斯夫公司2万吨/年TDI生产装置。之后，沧州化肥厂和太原化工厂引进了瑞典国际化工公司的TDI技术，分别建成年产2万吨/年和3万吨/年TDI装置。我国TDI生产状况有所改观。

进入21世纪，在高速增长的聚氨酯下游产业的带动下，聚氨酯的上游原料生产能力有了快速发展。烟台万华公司将宁波16万吨/年MDI装置扩建到30万吨/年，随后又建成一套30万吨/年装置。到2010年烟台万华公司在宁波的MDI生产总能力达到60万吨/年，使得烟台万华公司成为拥有自主知识产权的MDI世界级生产公司。我国聚氨酯工业的高速成长，使得全球1/3聚氨酯原料的生产和消费都集中到我国。异氰酸酯工业生产现都采用光气法工艺，光气法又分为液相光气法和气相光气法。国内外企业均采用液相光气法。气相光气法由拜耳公司研发成功，并于2010年在上海建成了第一套气相光气法生产装置。2010年，中国异氰酸酯生产企业共有7家，其中本土生产企业4家，分别为中国兵器集团、中国化工集团、烟台万华聚氨酯股份有限公司（简称烟台万华公司）和烟台巨力异氰酸酯有限公司。烟台万华公司生产MDI，其他3家企业生产TDI。在我国异氰酸酯外资企业有3家，分别为上海联恒异氰酸酯有限公司（简称上海联恒）、拜耳（上海）聚氨酯股份有限公司（简称上海拜耳）和上海巴斯夫聚氨酯有限公司（简称上海巴斯夫）。上海联恒为合资企业，生产

MDI；上海拜耳为独资企业生产 MDI 和 TDI；上海巴斯夫也为独资企业，生产 TDI。

聚醚多元醇工业化生产工艺为加成聚合法。聚醚多元醇有上百个品种，由于起始剂不同，产品相对分子量不同，分子结构设计的不同，产品的质量不同，其工艺生产过程及控制也有一些差别。聚醚多元醇生产的技术壁垒不高，中国生产企业较多，主要生产商有高桥石化、中海壳牌、山东东大、方大锦化、天津三石化等，以及 2011 年新崛起的河北亚东化工集团有限公司、淄博德信联邦化学工业有限公司等。

2011 年，我国 MDI 生产能力为 139 万吨/年，占全球总生产能力的 24%；产量 122 万吨，占全球总产量的 26%；消费量 136 万吨，占全球总消费量的 29%。中国 TDI 生产能力 76 万吨/年，占全球总生产能力的 30%；产量 48 万吨，占全球总产量的 24%；消费量 56 万吨，占全球总消费量的 28%。聚醚多元醇（PPG）生产能力 245 万吨/年，占全球总生产能力的 28%；产量 167 万吨，占全球总产量的 27%；消费量 180 万吨，占全球总消费量的 30%。

三、制品的生产与消费

我国是全球聚氨酯制品最大的生产消费市场。国内聚氨酯制品结构中，合成革浆料、鞋底原液、氨纶和涂料占有较大比重，其产品产量、消费量、外贸出口量均居全球第一。

2011 年我国聚氨酯消费量 690 万吨，占全球总量的 38%，主要用于家具、家用电器和建筑行业，分别占总量的 18%、14% 和 15%。我国 2011 年聚氨酯消费构成示于表 14-6。

表 14-6　2011 年我国聚氨酯消费构成

消费领域	消费量/万吨	占总消费量/%
交通	35	5.1
家用电器	95	13.8
家具	123	17.8
建筑	102	14.8
制鞋、制革	181	26.2
体育行业	64	9.3
其他	90	13.0
合计	690	100.0

在聚氨酯产品中，聚氨酯泡沫树脂是聚氨酯材料的最重要品种，产量占聚氨酯总量的 60% 以上。我国是世界聚氨酯泡沫行业的重要市场。近年来，汽车、家电、家具、节能保温等方面的巨大需求促进了我国聚氨酯原材料和聚氨酯泡沫材料的快

速发展。按照所使用的原料和产品用途的不同,聚氨酯泡沫可以分为三大类:聚氨酯软泡、聚氨酯硬泡和自结皮泡沫。

① 聚氨酯软质泡沫制品　聚氨酯软泡具有良好的回弹性,广泛应用于家具、服装、交通、仪器仪表等行业。按照使用的原料不同,聚氨酯软泡又可以分为聚醚型泡沫和聚酯型泡沫。我国的聚氨酯软泡产品绝大部分为聚醚型泡沫,占到聚氨酯软泡的95%以上。按照产品性能的不同,可以分为普通软质泡沫、高回弹泡沫、慢回弹泡沫和网状泡沫等。

目前国内主要聚氨酯软泡生产企业大多数采用平顶发泡工艺,少量企业采用垂直发泡工艺,还有少量产品采取箱式或模塑工艺,全国约有1500条海绵生产线。2009年聚氨酯软泡产量约为70万吨。

② 聚氨酯硬质泡沫制品　聚氨酯硬泡主要作为绝热材料使用,是目前已知绝热能力最好的材料,广泛应用于国民经济各部门中。目前使用聚氨酯硬泡的主要行业有家电(冰箱、冰柜、电热水器、消毒柜等)、太阳能热水器、建筑保温隔热材料(喷涂泡沫、非连续夹芯板、连续夹芯板)、制冷、冷藏运输(冷藏集装箱和冷藏车)、石油化工、汽车、航空航天、家具制造等,少量用于非保温用途如制鞋、浮体、部分胶黏剂等。2009年,我国聚氨酯硬泡制品的产量约83.9万吨。其中家电产品是最大应用领域,用量占聚氨酯硬泡的约40%,其次是喷涂泡沫、管道保温、聚氨酯夹芯板和太阳能热水器等领域,各占7%左右。

③ 聚氨酯自结皮泡沫制品　自结皮泡沫具有弹性良好的内芯和强度良好的表皮,主要用于汽车和家具等行业,如座椅、方向盘、扶手等。2008年,我国自结皮泡沫用量约7万吨。

④ 非泡沫聚氨酯制品　非泡沫聚氨酯制品主要包括聚氨酯弹性体(TPU)、纤维(氨纶)、涂料、胶黏剂、聚氨酯人造革等。

过去我国聚氨酯软泡行业曾普遍使用全氯氟烃(CFCs,其中聚氨酯泡沫行业使用CFC-11,其臭氧层破坏潜能值ODP=1)作为发泡剂;CFC-11是一种消耗臭氧层物质(ODS),对地球的重要屏障臭氧层有破坏作用。我国泡沫行业从20世纪90年代初参与淘汰ODS活动,聚氨酯泡沫行业用量逐渐减少,并于2008年1月1日起停止使用CFC-11。目前聚氨酯软泡行业主流发泡剂为二氯乙烷,少量企业使用更加环保和卫生的变压发泡技术,聚氨酯硬泡和自结皮泡沫主要使用含氢氯氟烃(HCFC-141b)作为发泡剂,此外,环戊烷和水作为发泡剂也有使用。

聚氨酯泡沫在使用中曾发生多起严重火灾,相关部门研究并提出聚氨酯的阻燃要求。特别是GB 20286—2006《公共场所阻燃制品及组件燃烧性能要求及标识》和GB 8624—2006《建筑材料燃烧性能及分级》等国家标准的颁布和实施,对聚氨酯泡沫材料的阻燃性能提出了更高的要求。为此,国内对聚氨酯泡沫树脂用阻燃剂做了大量工作,开发出卤-磷系、磷系、氮系及无机阻燃剂等在聚氨酯材料中使用。

随着环保及阻燃法规的更严格的要求，高效、无卤、低雾值及低 VOC 阻燃剂在聚氨酯泡沫树脂领域开始得到推广应用。

附 国际背景

塑料的发展历史一般可分为两个阶段：第一个阶段是 19 世纪的后半期，这个阶段是以应用天然的或化学加工改性的树脂为特征；第二个阶段是从 20 世纪开始直到现在，在这个阶段里，主要是各种合成树脂的出现与发展，并把它们作为一种重要材料应用到国民经济各个部门中。

1. 赛璐珞诞生前后

硬橡胶（ebonite）的发现被认为是橡胶工业史上一个里程碑。它与塑料材料的发展史有着密切的关系，因为硬橡胶是第一个人造的、热固性塑料，也是第一个对天然材料进行特定化学改性的塑料材料。从这里我们可以看到橡胶和塑料早期的亲缘关系。

近代塑料的出现是从 19 世纪中期开始。1846 年，瑞士巴塞尔（Basle）大学的舍恩拜将棉花、浓硝酸和浓硫酸的混合物放在一起反应，制成硝酸纤维素，发现它溶于酒精和乙醚的混合液，称之为珂罗酊（collodion），取得专利。

最初制得的这种硝酸纤维素质地坚硬，加工困难，曾经试验了用许多种溶剂加以增塑。1862 年在英国举办的大国际博览会上展出以帕克斯名字命名的"Parkesine"，即以普通溶剂增塑的硝酸纤维素获奖，展览会授予他一枚青铜勋章。这是第一个用最少量普通溶剂溶解的硝酸纤维素的产品。它是在加热的辊筒机上把溶剂除去一部分后，当材料还处于塑性状态时用模子加压成型。帕克斯是第一个致力于热塑性塑料化学改性的先驱者。

在美国，硝酸纤维素也曾应用过。1865 年美国南北战争结束后，玩室内象牙台球成为时尚，一时造成市场象牙短缺。因此一家台球公司以一万美元的高价希望能找到一种替代物质。1865 年一位印书商和业余化学家海特经过精心试验，终于发明了赛璐珞这种类似象牙的塑料（后来又称假象牙）。海特和帕克斯一样，并没有经过正规的科学训练，但他们都具有一个塑料工艺师的发明才能。海特从 1869 年起，用各种材料做实验，终于在 1870 年，和他的兄弟得到了一个极其重要的发现，即樟脑的酒精溶液对硝酸纤维素是一个理想的增塑剂。他们发现将樟脑加进硝酸纤维素后，材料容易加工，性能柔韧。他将这种新材料命名为"Isaiah"，这就是赛璐珞（celluloid）。因而海特获得了台球专利权。这种台球由浸渍过赛璐珞的木材和纸浆制成，缺点是极易燃烧。赛璐珞的生产始于 19 世纪 70 年代，它不仅可以制作台球，还可制作假牙、梳子、刀柄、镜框、眼镜架和许多其他东西，赛璐珞衣领因防水不易打折，成为市面上的畅销货，但由于极易燃烧，男人穿上这种衣领就不敢抽烟。1884年美国人伊斯曼开始用这种材料制作照相底片和电影胶片。樟脑的发现,在硝酸纤维素的应用中起着极关键的作用。这个成就在塑料工业的发展中意义极大,直到现在樟脑还是它的优良增塑剂,还没有找到更好的代用品。自从发现樟脑的增塑作用后,才有可能用加热、加压方法直接制成制品,并大大提高了硝酸纤维素制品的物理性能。1878年海特又取得了注射模塑技术的专利,用它制得了赛璐珞的纽扣。

赛璐珞是第一个化学改性的天然塑料,它的发现和使它的性能进一步完善的过程说明任何事物的发生和发展都是由低到高、由浅入深、由不那么完善到完善的发展过程,科学试验和生产发展都是如此。由于赛璐珞极易着火,因此促使人们去克服这个缺点,醋酸纤维素这些难燃塑料就应运而生了。1907年德国采用米尔斯的醋酸纤维素与硝酸纤维素掺合,生产名为"Cellit"的塑料,但性能还不够理想,直到1927年发现邻苯二甲酸酯及磷酸三苯酯类增塑剂后,才开始大量生产性能良好的醋酸纤维素塑料,大量用来制作耐燃的照相底片及电影胶片。同时醋酸纤维素又是极重要的人造丝原料,它可以制得黏胶纤维,成为纤维工业的重要产品。从硝酸纤维素和醋酸纤维素的研制过程和应用领域,我们又看到了塑料工业和纤维工业有着密切的亲缘关系。

2. 第一个合成树脂

19世纪末,由于电器工业及仪器设备制造工业的发展,人们要求提供比传统的材料陶瓷、木材等具有更理想性能的材料,这使人们的注意力转向树脂生产更广阔、更深入的研究。

早在1872年,德国拜尔就提及苯酚与甲醛在酸的存在下,能形成树脂状物质。当时确定这种树脂能在盐酸存在下形成,制得的树脂是可溶、可熔的。但是这并未导致任何实际作用,因为当时将反应产物的树脂化看作是合成低分子化合物时的严重障碍。而这种物质又无法用经典的有机化学方法去结晶提纯,因而不能深入研究下去。1891年克莱贝格用浓硫酸作催化剂,并加入过量甲醛参与反应,得到一种不溶、不熔的多孔性物质,也因无法结晶提纯而中止研究。1894年莱德勒与莫雅斯改用苯酚的钠盐水溶液与甲醛反应,只得到邻羟基苯甲醇。1900年英国人史密斯提议把苯酚—甲醛树脂用来制造电绝缘材料,可以制得铸塑体与压塑体,以代替硬橡胶、赛璐珞取得英国专利。1902年布卢默改用酒石酸作催化剂,以使反应速度减慢。1902年勒夫特、1903年费约尔采用添加甘油、樟脑或沥青等办法,为的是制得可溶性虫胶代用品。1909年,布卢默制得溶于酒精与松节油的酚醛清漆。

1907年,出生在比利时而在美国工作的贝克兰德,在前人所做工作的基础上,深入研究了苯酚与甲醛的反应,指出因反应条件不同可以制得两类不同的酚醛树脂:一是在酸存在下产生的可溶、可熔树脂,是虫胶的代用品;二是在碱存在下产生的不溶、不熔树脂。由于前人不能控制反应,所以无法模塑成制品。他并且系统

地提出控制反应的三个阶段：一是开始缩合阶段（A 阶段），可溶、可熔；二是中间缩合阶段（B 阶段），软而不熔，溶胀而不溶；三是最后缩合阶段（C 阶段），不溶、不熔。在形成第三阶段前加入木粉作为填充剂，能提高产品的韧性。

贝克兰德对苯酚和甲醛的化学反应进行了系统的研究，先后发表 119 篇专利，其中最著名的是 1907 年发表的"热和压力"的专利。在这篇专利中涉及从苯酚和甲醛反应制得酚醛树脂的制造技术，这是有史以来第一个完全靠合成的方法合成的全新材料，这种材料当时命名为"Bakelite"。这个材料和热塑性塑料完全不同，它是在加热和压力作用下，分子之间进行化学反应形成一种空间网状交联的结构，它的模制品是一种相当坚硬的固体，它不能反复加工使用，这种材料就是现在所说的热固性树脂。

酚醛树脂在 1907—1909 年就开始有少量生产，Bakelite 总公司于 1910 年在美国成立，产品立即广泛应用在电气和摩托车辆工业上。1910 年建立日产 180 千克规模的正式工厂，主要生产电绝缘器材。

在英国，酚醛树脂的工业生产晚一些。第一次世界大战后，英国的一位电气工程师斯温伯恩十分关心电气绝缘包覆材料的改进，他和贝克兰德达成协议，生产此类材料，此后他又在法国、意大利、加拿大和日本等国开设分厂。1925 年他又将生产酚醛树脂的一步法改为现在的两步法。

第一批酚醛塑料产品是电器开关的柄和夹层板，由于酚醛树脂只能生产深色制品，板材也只能是深色，所以经常用作火车车厢的内部装饰。随着无线电收音机的问世，它便加速发展起来。在 20 世纪 30 年代酚醛树脂的应用发生了全面突破，用此塑料生产带有黑色绝缘柄的铝锅、灯座、灯具和其他各种产品。众所周知的黑色电话机是 1932 年生产的世界上第一个用塑料作外壳的电话机，这种电话机壳比金属更易制作。

1939 年酚醛树脂世界年产量已达 20 多万吨，为其他合成树脂（包括纤维素改性塑料）的 2 倍，其产量在所有合成树脂中居第一位。产品包括模塑粉、板、黏合剂和表面涂料等。

赛璐珞是第一个用化学方法改性的塑料，而酚醛树脂则是第一个人工合成的树脂。

3. 蓬勃发展的聚烯烃树脂

时至 20 世纪 30 年代，合成树脂产品还仅限于酚醛树脂一种。此后，伴随着高分子化学的发展陆续出现了各种合成树脂新产品。这些产品按用途通常分为通用塑料和工程塑料。通用塑料中最大的一类是聚烯烃类，主要包括聚氯乙烯、聚苯乙烯、聚乙烯、聚丙烯等。

首先合成的聚烯烃类塑料是聚氯乙烯。早在 1872 年，德国化学家鲍曼（E. Baumann，1846—1896 年）发现氯乙烯在日光照射下会生成白色粉末状固体。1911 年，美国和德国就有人研究在紫外线和过氧化物存在下氯乙烯发生聚合生成了聚氯乙烯，但一直无法对其加工。1926年，美国人西蒙在偶然中发现聚氯乙烯粉料在加热下溶于高沸点溶剂中，冷却后得到的具有内增塑性质的聚氯乙烯柔软、易于加工。这一偶然发现打开了聚氯乙烯工业化生产的大门。1931年，德国法本公司在比特费尔德用乳液法生产聚氯乙烯。1937年，英国卜内门化学工业公司应用膦酸酯增塑剂生产聚氯乙烯。1933年美国碳化物和碳化学公司系统的贝克莱特（Bakelite）公司采用溶液聚合法建立了聚氯乙烯小型工厂。

在第二次世界大战中，德国法本公司采用不同的方法建立了四个工厂，开始大量生产聚氯乙烯，1943年产量达到3.6万吨。1941年太平洋战争开始，美国将聚氯乙烯作为战略物资用于电缆包覆材料，并制定了大规模生产计划。由碳化物和碳化学公司（溶液聚合法）、古德里奇公司、孟山都公司（两家都采用悬浮聚合法）进行生产，1943年产量也达到3.7万吨。在开发聚氯乙烯产品中，早期遇到聚氯乙烯难以加工的困难。1932年发现了聚氯乙烯的低分子增塑剂，英国帝国化学公司于1937年采用高沸点液体如磷酸酯类增塑聚氯乙烯。之后德国和美国又开发了多种增塑剂，使聚氯乙烯成为20世纪中叶产量最大的塑料品种。

塑料的另一个重要品种是聚苯乙烯。聚苯乙烯和其他塑料不同。早在15世纪后半叶，它的天然产品叫做"香脂"的针叶树的树脂就已为人们所利用，然而从化学角度研究还是1836年以后的事。由德国西蒙将"香脂"进行蒸馏后分离出苯乙烯单体，并命名为苯乙烯。1911年，英国的马修斯制成了聚苯乙烯，但因存在工艺复杂、树脂老化等问题，未能得到重视。1930年，德国法本公司在解决了上述问题后，在路德维希港利用本体聚合法进行工业生产。1934年，美国也开始了工业生产，产品作为高频绝缘材料。1869年法国贝瑟洛特发现由苯与乙苯可以合成苯乙烯（此法仍为目前工业上制备苯乙烯的方法之一）。

20世纪30年代初期，由于合成氨工业的发展，人们试图将高压反应用于有机合成。英国哈巴登大学的布利德曼和康纳特以高达2000大气压（202.6兆帕）的压力对一些液相有机反应进行了研究，为的是引起新反应，以获得新的产物。1933年3月英国帝国化学公司染料处顾问鲁宾逊建议做乙烯和苯甲醛的高压反应。帝国化学公司超高压反应基础研究小组的高级研究员英国人福西特和吉布森在进行上述反应时，采用1000～2000大气压（101.3～202.6兆帕），于170℃下进行，反应结果并未达到预期的目的。在当时吉布森的笔记本上曾有过这样一段记载："在反应釜器壁发现有一种白色的、蜡状的、固体薄膜覆盖物粘在器壁上。"分析的结果证明就是乙烯的聚合物。此后，企图重复这个实验，但均未得到成功。

1935年12月，英国帝国化学公司的帕林·巴顿和威廉姆斯进行了乙烯的高压试验，他们使用一个80厘米^{3}的容器，温度是180℃。试验开始后，由于容器密封不好，压力逐渐下降，但出乎意料，反应结果得到了8克白色固体物——乙烯聚合物粉末。英国帝国化学公司高压化学反应研究人员斯瓦洛认为：这次试验成功具有某种偶然性，因为这次试验的成功正是由于反应器密封不好，漏掉了一部分乙烯，随即补充了新的乙烯，与此同时也连续补充了可作催化作用的微量氧气。应该说，在实验装置中虽然泄漏是不合要求的，然而它却由此提供了氧催化剂，使试验获得了成功。

帝国化学公司生产聚乙烯的方法于1936年在英国取得专利权后，1939年9月在英国建立一个50升的反应器，这是第一个工业化的聚乙烯工厂。聚乙烯由于具有极优良的电绝缘性、低的吸水性，因而最早开发为高压电缆的绝缘材料，以替代杜仲胶。到1939年年底，聚乙烯年产量已达到百吨规模的水平。第二次世界大战期间，聚乙烯开始作为高频雷达电缆等军用物资。这样，高压聚乙烯的制造技术就从英国帝国化学公司转移到同盟国美国的杜邦（Du Pont）和联碳化学公司。1943年这两家公司开始投产。1943年高压聚乙烯的世界生产量是900吨（英制），经过了十年后，到1954年高达113200吨。

随着塑料工业的发展，人们曾经设想过乙烯的聚合能否使用较低的压力？从1950年起，世界上有三个小组探讨低压聚合方法。一个是西德的齐格勒小组，另外两个是美国菲利浦（Phillip）公司和标准油（Standard Oil）公司的小组。

著名的德国科学家齐格勒于1923年对有机金属化合物与烯烃、二烯烃之间的反应进行了基础研究。第一次世界大战后，当他在前联邦德国担任牟尔海姆的马克斯-普朗克研究所所长以来，仍继续进行这一工作。他终于在1953年发现用三乙基铝-四氯化钛搭配的催化剂，可以使乙烯在常压下聚合，形成高分子量的化合物。这就是所谓的齐格勒催化剂。

1953年年末，齐格勒和另一些研究人员大气压发现一个十分引人注目的事件：用一种极易制备的催化剂，乙烯气体在100大气压、20大气压、5大气压（10.1兆帕、2.0兆帕、0.5兆帕）下，甚至是在常压下能很迅速地聚合成高分子量的塑料材料。这种聚合物的制备是简单的，在除去空气的条件下，把三乙基铝和四氯化钛同时倒入大约2升类似汽油的碳氢化合物中，通入乙烯后进行搅拌。这时气体很快被吸收，1小时后，一种固体物质沉淀出来，再经过约1小时后，物质变成了面团状松软的东西，此时已无法搅拌，加入一些乙醇就可以去掉褐色的催化剂，该物质就变得雪白，经过滤，最后干燥收集得到300~500克白色粉状聚乙烯。实验的结果使科技界十分震惊，因为直到那时为止，聚乙烯只有用1000~2000大气压（101.3~202.6兆帕）和150℃以上的高温才能制备出来。而常压聚合被认为是极端困难和不可想象的事。齐格勒和他的同事们终于用事实击破了这一教条，开辟了一条聚合高分子量化合物的崭新道路，划时代地开发了在化学工业上以低压或常压方式制备聚乙烯的新技术。所得聚合物具有支链少、结晶度高、韧性好的特点，性质上有别于高压聚乙烯，因而受到各国的重视。用齐格勒催化剂低压聚合制备聚乙烯的最早工业化是在1954年意大利蒙特卡蒂尼（Montecatini）公司。齐格勒由于在有机金属催化剂上的杰出成就，在发明乙烯的低压聚合后十年，即 1963 年获得了诺贝尔奖。

在齐格勒研究乙烯低压聚合的同时，美国菲利浦公司在制备合成汽油的过程中，以氧化硅氧化铝作载体，用氧化镍作催化剂，利用石油炼制时生产的废气乙烯作原料，进行聚合反应实验，发现当使用氧化铬催化剂载于氧化硅-氧化铝（硅铝胶）上，进行上述反应也可以得到高分子量的聚乙烯。此外，标准石油公司也发现使用硫化钴作催化剂由乙烯合成汽油时，也可以得到聚乙烯。还发现使用氧化铝作载体，以氧化钼为催化剂制聚乙烯的方法。这就是说，两个公司对同一个问题，在同一时期，发现了互相类似的催化剂。菲利浦公司致力于实现工业化，于 1954 年将成功的报告公之于世，进而在 1957 年投入工业生产。而标准石油公司的研究发展仅仅停留在小试验阶段。

低压聚乙烯的发现催生等规聚合物聚丙烯的诞生。意大利米兰工业学院的纳塔教授，他将齐格勒催化剂用于丙烯的聚合，第一次得到固体聚丙烯。1954 年，纳塔发现如将齐格勒催化剂中 $TiCl_4$ 改用结晶 $TiCl_3$，用于丙烯的聚合，就可以制得高分子量的、结晶性好的、高熔点的聚合物。1955 年在罗马召开的第四次石油会议上，纳塔发表了与意大利蒙特卡蒂尼公司共同研究的关于等规聚合物的制法、构造及其物理性质的著名论文，引起了世界各国人们的极大注意。1956 年纳塔在美国召开的一次会议上对聚丙烯作了更详细的说明。这个划时代的发现，立即轰动了全世界从事合成树脂和合成纤维的人们，认为这是高分子化学的一场伟大革命。如上所述，这种催化剂和制备低压聚乙烯的齐格勒型催化剂属于同一类型，因而把这类催化剂通称为齐格勒-纳塔型催化剂。1963 年纳塔和齐格勒一起获得诺贝尔化学奖。

从 20 世纪 40 年代开始，其他一些合成树脂产品，如聚酯、聚氨酯、有机硅树脂、氟树脂、环氧树脂等陆续问世。进入 70 年代，又出现了多种具有高性能的工程塑料，合成树脂工业呈现一派欣欣向荣的景象。

参 考 文 献

[1] 当代中国的化学工业 [M]. 北京：中国社会科学出版社，1986.
[2] 当代中国的石油化学工业 [M]. 北京：中国社会科学出版社，1987.
[3] 王基铭，袁晴棠. 石油化工技术进展 [M]. 北京：中国石化出版社，2002.
[4] 合成树脂及塑料技术全书 [M]. 北京：中国石化出版社，2006.
[5] 邴涓林，赵劲松，包永忠. 聚氯乙烯树脂及其应用 [M]. 北京：化学工业出版社，2011.
[6] 张师军，乔金樑. 聚乙烯树脂及其应用 [M]. 北京：化学工业出版社，2011.
[7] 乔金樑，张师军. 聚丙烯和聚丁乙烯树脂及其应用 [M]. 北京：化学工业出版社，2011.
[8] 王荣伟，杨为民，卓敏琦. ABS 树脂及其应用 [M]. 北京：化学工业出版社，2011.
[9] 胡企中. 聚甲醛树脂及其应用 [M]. 北京：化学工业出版社，2011.

[10] 吴忠文,方省众. 特种工程树脂及其应用[M]. 北京:化学工业出版社,2011.
[11] 中国石油和化学工业联合会. 中国化学工业年鉴[J].
[12] 中国塑料加工工业协会. 中国塑料工业年鉴.
[13] 孟庆君. 聚氨酯. 中国塑料工业年鉴,2010.
[14] 中国石油和石化工程研究会. 中国石油石化工程建设年鉴. 北京:中国石化出版社.

编纂人:沈渭

审稿人:杨元一

第十五章 合成纤维工业

人类一直以天然纤维（棉花、毛、蚕丝等）为纺织原料，但是由于世界人口不断增长和物质文化生活不断提高，对纺织纤维的数量和质量要求愈来愈高，天然纤维已远远不能满足要求。科学家就想用人工的方法仿制出类似的纤维，于是化学纤维（简称化纤）诞生了。经过百年发展，世界化学纤维产量已超过天然纤维产量。化学纤维又分人造纤维和合成纤维。用某些天然高分子化合物或其衍生物为原料制成的纤维总称人造纤维，例如再生纤维（黏胶纤维、铜氨纤维等），纤维素酯纤维（硝酯纤维、醋酯纤维等）、人造蛋白质纤维（酪素纤维、玉米蛋白纤维等）。用合成高分子化合物经化学加工制成的纤维总称为合成纤维，例如聚酰胺纤维、聚酯纤维、聚丙烯腈纤维、聚乙烯醇缩醛类纤维、聚烯烃纤维及其他合成纤维。今天，合成纤维的生产量在化学纤维中占 90%以上，在纤维消费量中占了 60%。在日常生活中，合成纤维往往与化学纤维混为一谈，涵盖了化学纤维的总体概念。

第一节 我国发展化学纤维生产的客观要求

中华人民共和国成立以后，为了取缔市场投机、稳定物价、保证市场供应，政务院于 1951 年 1 月 4 日发布《关于统购棉纱、棉布的决定》。随着人口增加，百姓穿衣问题越来越严重，已成为当时国民经济中的一个突出问题。政务院 1954 年 9 月 14 日又发布《关于实行棉布计划收购和计划供应的命令》，决定自 1954 年 9 月 15 日开始，在全国范围内棉布实行统购和统销，并按计划凭布票定量供应。当时规定，每人平均一年可以购买 16 市尺（5.33 米）的棉布或纺织品。到 1960 年全国人口增长了 10%，而棉布生产量 1960 年比 1954 年只增长 4%，棉花生产量反而降到了 1954 年的水平。生产不能满足需要，连人民最低水平的消费都不能保证，只有动用库存。国家的棉布库存从 1954 年的 25.8 亿米下降到 1960 年的 14.1 亿米，减少了 45%。另一方面，人民衣着水平几乎没有任何改善，家底越来越薄。这些问题，有什么解决办法，已经成为上系中央、下联千家万户的大事。

1949 年后，纺织工业的技术和纺织机械制造有了很大的发展，但纺织品的供应仍然不能适应国内人民消费和国家出口的需要。纺织工业面临的主要矛盾是原料供应赶不上生产需要。当时，纺织工业的原料几乎全部取之于棉花、羊毛、麻、蚕丝等天然纤维，其中棉花占的比重最大。欲扩大种棉面积就遇到粮棉争地问题。中国的基本国情就是人多地少，人均耕地本来不多，而人口又持续增加，因此，人多地少的矛盾日益突出。民以食为天，国家要确保的首先是粮食生产，解决六七亿人的吃饭问题。棉田种植面积的扩大前景渺茫。同时，国家进行基本建设规模不断扩大，城市和公路、铁路交通事业都要发展，耕地面积不断减少。我国受到粮食生产和自然条件的制约，天然纤维原料供应短缺严重限制了纺织工业的发展。

第二节　发展人造纤维

第一个五年计划期间，在纺织工业部领导的安排下，纺织工业的科技人员通过对国内外纺织技术发展的调查研究，对我国纺织工业发展的目标和步骤，逐渐形成了一个比较具体的初步设想：根据中国当时的资源状况和技术条件，发展化纤可以从黏胶纤维开始。

化学纤维是化工产品，发展化纤工业是化工系统的工作。但中国当时正在以建设重工业为中心，要保证苏联援华156项工程；化工部门当时又是以基础化工为主，主管的大行业多达13个，化学纤维排在最后，根本无力顾及。纺织工业部的领导钱之光对发展化学纤维问题作了认真的考虑，出于纺织工业发展的需要，安排及早为发展化学纤维多做些准备工作。在纺织工业部党组酝酿时，大家都十分赞同，首先抓了两项工作：一是把已停产的两个老厂——丹东化纤厂和上海安乐人造丝厂进行恢复和改造；二是引进国外先进技术，由纺织系统自行建设新厂。

1953年纺织工业部就向中央作了发展化学纤维工业的报告。1954年秋，纺织工业部机关成立了化学纤维筹备小组。1954—1956年，从化学行业中抽调了一批技术人员参加化学纤维工业的建设，分期分批选派技术干部到苏联学习，结合技术、设备引进，派遣技术人员到苏联和民主德国实习。

在以后中国化学纤维的发展过程中，1953—1983年（中国石油化工总公司成立）是中国化学纤维工业发展的三十年，虽然有化工部和纺织工业部两个部门参与，但主要是纺织工业部的工作，创建了中国化学纤维工业。

1955年9月，钱之光率领中国纺织工业代表团一行七人赴苏联考察了两个月。钱之光侧重考察了化纤工业，其包括黏胶纤维、醋酸纤维、卡普纶（旧称尼龙，现称锦纶）等生产厂。回国后正值编制第二个五年计划，就在"二五"计划中列入了拟从苏联进口成套设备建设的四个大型化纤厂：一个锦纶厂、两个黏胶短纤维厂和一个黏胶长丝厂。后来苏方以中国对苏贸易有逆差，而对民主德国贸易有顺差为由，让中国向民主德国订购。经当时的周恩来总理批准，于1956年以原定计划的投资，从民主德国引进年产5000吨黏胶长丝（俗称"人造丝"）成套设备和年产380吨锦纶长丝实验设备（民主德国的设备价格和服务费用都很高），建设保定化纤厂和北京合成纤维实验厂。

1956年，中国化纤工业早期建设工作起步。具体的有以下四个厂。

上海安乐人造丝厂。原是民族资本建立的一个试验厂，主机是从法国购买的设备，生产能力仅为日产人造丝一吨，由于设备缺损，长期没有投入生产。1956年纺织工业部开始对该厂进行恢复和改造，到1958年"五一"正式投入生产，纺出了中国第一批人造丝。

丹东化纤厂。原是日本侵华时期东洋人造丝株式会社从日本搬迁到丹东的旧设备。1941年投产，实际日产水平只有2~6吨。抗战胜利前夕，又被日军破坏，到东北解放时已无法生产。纺织工业部在1955年年底决定对这个厂修复改建。1956年5月完成初步设计，能力为日产黏胶短纤12吨。1956年6月施工，到1958年1月正式生产，达到了设计能力。上述两个厂复工扩建工作完成后，年产能力达到5000吨，这是中国黏胶短纤维生产的最初起步。

保定化纤厂。经过一年多的紧张筹备，于1957年10月正式动工兴建。1959年10月第一纺丝区开始生产，到1960年7月全厂4个纺丝区全部投产，前后用了大约3年时间，建设速度是比较快的。该厂建设正值"大跃进"时期，受"左"的思想影响，施工上求快心切，生产上求多心切，对施工质量和产品质量有所忽视，一度使生产受到影响。经过整顿，生产才走上了正轨，年产量增长到了7000吨，所产人造丝成为全国的优质产品。

北京合成纤维实验工厂。由于规模小，在1957年即已建成，并移交给了化工部。

1960年7月，纺织工业部就向中央建议采用棉短绒、木材等为浆粕原料，继续建设一批黏胶纤维厂，所需设备由国内自行设计制造。当时的国务院副总理邓小平看了这个报告后批示："我看是值得的，还有合成纤维也必须考虑。"当时的李先念副总理也批示："建议及早动手，迟办不如早办。"第一批国产黏胶短纤维设备研制后，即在上海安达化纤厂安装试生产。与此同时安排的还有南京、新乡、吉林、杭州等4个新厂和丹东、保定两个化纤厂的扩建项目，总规模为黏胶纤维2.26万吨、浆粕1.4万吨。

这一批黏胶纤维厂经过4~5年的建设，先后建成投产。实践证明：我国自己设计、自己制造成套设备、自己建设的这批厂是成功的，效果比较好。有些设备的工艺水平，如"浸压粉碎"联合设备，在国际上也是比较先进的。至此，全国黏胶纤维的生产能力已达到5万余吨，奠定了中国黏胶纤维工业进一步发展的基础，并为中国棉纺工业、毛纺工业、丝绸工业等提供了新的原料：棉型黏胶短纤维（俗称人造棉）用于棉纺工业生产"人棉布"；毛型黏胶纤维（俗称人造毛）用于毛纺工业生产"人造毛毯"等；黏胶长丝（俗称人造丝）用于丝绸工业生产人造丝织物、被面等。这些产品穿用都很舒适，价廉物美，很受消费者欢迎。

在第一批黏胶纤维厂建成投产后不久,为配合中国汽车工业的发展,在钱之光的亲自过问下,从1965年开始,相继扩建、新建了3个黏胶强力帘子线厂(车间):1965年在上海第二化纤厂扩建了一个年产500吨的试验车间;1967年在保定化纤厂扩建了年产2000吨的生产车间;最重要的建设项目是1967年在湖北襄樊太平店新建年产1万吨规模的湖北化纤厂,这是为配合第二汽车制造厂在"文革"动乱时期建设的。湖北化纤厂从工艺软件、设备制造到工厂设计,连生产所用油剂,都是在北京、上海、保定等有关厂试验基础上自行研制开发的技术。其纺丝机在结构设计上,吸收了国内外的先进技术,具有一定的特点。投产后经不断调整改进工艺条件,纤维质量达到了"两超"强力帘子线的国际标准。这个厂的建成,标志着中国黏胶纤维的生产技术、科研、设计、设备制造及建设能力都达到了新的水平。

黏胶纤维的主要原料是浆粕,可以来自木材和一些野生植物。没有利用时看似漫山遍野,一旦工业应用,就会因各种问题供不应求,同样受到制约。原计划新乡化纤厂用棉秆皮、顺德化纤厂用甘蔗渣制成浆粕生产黏胶纤维,技术上虽已经基本过关,但大批量生产存在的问题还有待继续深入研究。由于甘蔗渣制浆问题没有解决,以致顺德化纤厂的建设被迫中止。棉秆皮的大量收购、短途运输以及酸碱供应、环境污染等问题,解决的难度很大,以致新乡化纤厂的浆粕原料只能改用棉短绒。

第三节 国内探索合成纤维生产技术

第二次世界大战中尼龙在降落伞等军事用途方面应用,展现出合成纤维的优越性,引起各国对合成纤维的重视。德国和苏联开发了生产尼龙6(卡普隆)技术。20世纪50年代在苏联和德国的帮助下,国内一些重点研究院所,如中国科学院化学研究所、沈阳化工研究院、纺织科学研究院等,开展合成纤维原料的有机合成、聚合纺丝以及纺丝设备等一系列的实验和工业性放大试验。

受当时环境限制,我国发展合成纤维只能考虑使用煤焦油苯酚、萘、电石和某些农副产品提炼出来的糠醛、蓖麻油等作原料。科研开发工作基本都是非石油路线,国内科技人员做了许多工作,取得一些成果,并建设了生产装置。但是,这些研发大多是工艺技术探索阶段,缺乏大型工程化开发。少数研发工作虽然推广延伸到工业生产,但与世界先进技术水平有较大的差距。引进国外先进的石油路线合成纤维技术后,国内研发工作绝大多数停止,或转到新的技术平台。

一、己内酰胺的开发和生产

1954年,沈阳化工研究院开始试制聚酰胺纤维的单体己内酰胺。在这以前,中国科学院上海有机化学研究所为了研究己内酰胺聚合机理及相对分子量分布,曾在实验室用苯酚为原料进行合成己内酰胺的试验。在这个基础上,沈阳化工研究院选择了可以提供苯酚和氢气的锦西化工厂进行100吨工业化中间试验。化学工业部第一设计院根据中间试验取得的操作数据，参照国外部分资料，为锦西化工厂设计了年产1000吨的工业化装置，于1958年投产。所产的己内酰胺，经锦州合成纤维厂纺丝成功，因此命名为"锦纶"。我国合成纤维工业从此迈出了第一步。20世纪50年代末，南京化学工业公司磷肥厂，用苯酚法生产己内酰胺1000吨装置投产，第二年就超过了设计能力。1963年，沈阳化工研究院开展了以苯为原料加氢制造环己烷光亚硝化法的试验工作。1974在上海电化厂建立年产5000吨的工业装置，因光源问题未彻底解决，电耗高，设备腐蚀严重，产品成本高而停产。1965年锦西化工研究院选择了以苯为原料的环己酮（环己烷氧化）-羟胺工艺生产路线，进行了试验。由于"十年动乱"的干扰，直到1969年才在锦西化工厂完成了部分中试工作。1965年，在岳阳化工总厂兴建年产5000吨的己内酰胺的生产装置，受当时"边设计、边施工、边投产"思想的影响，在科研没有完全拿出成果，设计依据不足的情况下仓促设计和建设，以致装置长期不能连续稳定运转。经石油化学工业部组织工程技术人员和各生产厂进行技术改造攻关会战，岳阳化工总厂生产到1980年基本达标达产。

在开发己内酰胺的同时，进行了聚酰胺66纤维的原料尼龙66盐的研制。1962年下半年，上海化工研究院、上海医药工业设计院和上海天原化工厂组成了科研、设计、生产相结合的设计小组，在上海天原化工厂建设了年产100吨尼龙66盐的装置，以苯酚为原料，间断生产。投产后，生产能力不断提高，用以制造降落伞和某些工程塑料。以后又有太原化工厂、太原合成纤维厂相继投产，产量逐年增加，但生产规模都较小，产品成本较高。

由于苯酚原料短缺，曾探索过用糠醛为原料制取尼龙66盐、用苯酚生产己二酸和用糠醛生产己二胺的混合路线，以及丙烯腈电解还原二聚制己二腈的工艺路线，但未能继续深入开展。

二、仿棉纤维维尼纶早期开发

1957年，国内已有一些单位从事醋酸乙烯-聚乙烯醇的开发研究。1958年3月，在天津召开的化纤与塑料研究工作协调会上，确定天津市为协调中心；建立了天津有机化工试验厂作为维尼纶试验厂。1960年，建成了年产60吨的中试装置，采用电石乙炔气相法，对工艺条件、原料消耗、催化剂制造等方面进行了系统探索。吉林省工业技术研究所1957年参与过对以电石乙炔为原料合成醋酸乙烯及聚合工艺、双螺杆高碱醇解工艺、聚乙烯醇缩醛化工艺的研究。1962年1月，化学工业部在天津召开了"全国维尼纶会议"，确定这个所为维尼纶研究中心，为工业化装置提供数据。1962年下半年，化学工业部第一设计院根据研究中心提供的设计数据，为吉林四平联合化工厂设计了年产1000吨聚乙烯醇生产装置。1965年5月建成投产。《人民日报》当时曾报道了我国第一套维尼纶装置建成的喜讯。

1963年，中国引进日本的技术和设备，兴建了万吨级北京有机化工厂和北京维纶厂，1965年9月试生产成功。国内组织引进技术的消化吸收工作取得成功。1970年开始，纺织工业部又先后在贵州清镇等地组建了9个万吨级工厂。

三、丙烯腈的早期开发工作

1953年，沈阳化工研究院首先开始探索乙炔法生产丙烯腈，在吉林化学工业公司电石厂建立了中间试验装置。经过几年的努力，1962年中间试验得到合格产品。1963年，化学工业部第九设计院为吉林电石厂设计了年产1000吨丙烯腈装置。这套装置于1966年投产。我国毛型合成纤维的生产亦始于此。1960年，北京化工研究院开展了丙烯氨氧化催化剂的研究。1961年，上海石油化学研究所对催化剂的工艺流程、设备结构等，进行了全面系统的开发研究，分别研制出了固定床和流化床两种丙烯氨氧化催化剂。1967年，四元流化床催化剂试制完成后，又进行了流化床反应器的中间试验，开发了部分解吸工艺流程。1970年，新开发的工艺，第一套装置在上海高桥化工厂（后改名高桥石油化工公司）建成。以后，又有十多套规模不等的装置相继在全国各地兴建，从而淘汰了乙炔法丙烯腈生产工艺。十年动乱期间建成的十几个厂，大多因为工艺技术不完善，污染问题没有很好解决而被迫停产。只有首先采用流化床反应器，用丙烯氨氧化生产丙烯腈的上海高桥化工厂、大庆石油化工总厂、山东淄博石油化工厂和抚顺市化学纤维厂等少数千吨级丙烯腈生产装置，有数年生产历史。

我国研发丙烯腈的几种催化剂相对比较成功，长春应用化学研究所创制的DB-75催化剂，以及上海石油化学研究所研制的AI-80型和MB-82型新型催化剂，为以后进口装置的配套打下基础。

四、聚酯纤维单体的早期开发工作

我国有一些科研和生产单位从20世纪50年代开始了聚酯单体生产的研究。利用煤焦油副产的萘，经氧化得到苯酐为起始原料，或以副产的甲苯为起始原料，进行研制。1956年，沈阳化工研究院与上海染化七厂合作，利用该厂的苯酐为原料，采用苯酐转位法制取对苯二甲酸。1958年，生产出了少量的产品。在试产中，技术人员和工人不断摸索工艺操作条件，扩大生产能力，增加回收工艺，使苯酐和氢氧化钾的消耗都有所下降。1962年上海涤纶厂（原上海华侨化工厂）用试制出的单体，生产了涤纶袜子、渔网、工业滤布，并试纺了毛涤纶和丝涤纶。但是生产单体的全流程还存在许多问题。1958年，旅大市合成纤维研究所成立，主要任务是开发聚酯纤维；1964年在年产15吨规模的装置上，使转位的收率达到82%；1965年，在旅大氯酸钾厂建立了年产300吨的中试车间。参照这一工艺路线，各地建设了20多个生产厂。但由于原料苯酐来源紧张,以及转位连续化及钾盐内循环不佳等,不能正常生产。虽然许多厂为解决这些问题做了不少工作,但进展不大。

山东青岛红旗化工厂和山东化工研究所对对二甲苯氧化、歧化法制取对苯二甲酸进行了中间试验,并建了生产装置。我国南方一些省市利用当地松节油、樟脑等资源进行过聚酯的开发。

20世纪60年代,我国曾进行了混合二甲苯高温氧化、沸腾转位、甲酯化的工艺路线的研究,还建立了相当规模的装置,但实践证明路线不可行。一些科研单位和工厂以对二甲苯为原料,进行了聚酯的开发。1966年,北京合成纤维研究所选用了对二甲苯合并氧化、微球硅胶为催化剂的沸腾甲酯化的工艺路线,并在北京化工厂建立了中间试验车间。上海染化七厂和上海化工设计院、北京化工研究院和北京化工五厂、山东化学石油研究所,对对二甲苯低温氧化技术也进行了开发。

1966年,北京化工研究院进行了乳化精馏和低温结晶分离二甲苯的研究,北京石油科学研究院进行了混合二甲苯常压催化异构化的研究,并应用这两个研究成果,在济南向阳石油化工厂建立了年产500吨的对二甲苯中试车间。北京石油科学院还研究了固定床分子筛气相分离二甲苯的技术,用来代替深冷结晶分离技术。大庆炼油厂研究所进行了模拟移动床分子筛吸附分离二甲苯的研究。此外,在对苯二甲酸精制及酯化等方面,也做过大量的探索研究。

聚酯的生产流程长,环节多,设备造型复杂,生产控制要求严格。在从20世纪50年代末到70年代初期的十几年中,先后有10多个科研单位会同10多个生产厂,进行了多种工艺路线的开发研究和生产,先后建成了各种工艺路线、各种规模的生产装置上百个。1970年聚酯产量1546吨,1975年达到6382吨。但是由于原材料消耗高,设备经常发生故障,成本降不下来,未能形成一定的生产能力。

五、小型合成纤维纺纶行业

20世纪60年代末70年代初,随着小型石油化工的涌现,出现了依靠地方力量发展合成纤维工业下游纺纶的热潮。纺织工业部、化工部以及全国各省市有关部门,根据国家总体目标,自筹资金,在全国各地建设了数百个小型企业,其中生产的纺纶品种有涤纶、锦纶、腈纶、维纶等,化学纤维总生产能力曾达到60万吨/年水平。

小型合成纤维工厂之所以能够得到发展,一是由于合成纤维是有别于棉花的新出现的纺织品,可以满足人们衣着水平提高的愿望,所以市场上一直保持供不应求的局面;二是因为利用国内技术建设小型生产装置,设备简单,可以国内制造,工程投资少,建厂周期短,当时市场供不应求的形势也可以起一定促进作用。建设和管理较好的小型化纤工厂为纺织行业提供了原料,促进了地区经济发展,并为合成纤维工业培养和锻炼了大量人才。

但是，在小化纤建设过程中，由于盲目布点，原料不足，不讲科学，片面强调因陋就简，采用旧设备和代用材料，致使一部分小型合成纤维单体和纺丝企业建不起来，或者建起来了不能投产，在经济上造成了一定的损失。

第四节　走煤化工技术路线发展维纶纤维

我国在20世纪60年代，研究发展什么样的合成纤维时，当时认为发展使用煤原料的合成纤维维纶符合国情。由于维纶的原料可以通过电石乙炔制造，成本低、价格便宜，其性能似棉花，有吸湿性，当时被认为是最适宜在国内发展的一个品种。1962年，在四平自行设计建设了一套规模为年产1000吨维纶的生产装置，但由于规模太小，其产品远远不能满足国内需求。1964年通过引进技术，我国在北京建成第一个维尼纶厂，随后国内翻版建设了9家同规模的维尼纶厂。

在1962年3月，纺织工业部和化工部联合向中央写了"关于发展维纶工业的请示报告"，提出先参考朝鲜的维纶生产技术，在四平建立一个年产1000～2500吨的维尼纶试验厂，为在吉林建设一个年产万吨的维尼纶生产厂作准备。到了1962年12月，化工部和纺织工业部又各派4人去日本考察维尼纶工业。他们回国后建议从日本引进年产1万吨维尼纶及其原料聚乙烯醇的成套设备和技术，建设地点改在北京。中央决定按原来分工由两部分别负责，聚乙烯醇部分（北京有机化工厂）由化工部负责建设，抽丝部分（北京维尼纶厂）由纺织工业部负责建设。这是中华人民共和国成立以来首次从尚未建交的资本主义国家进口成套技术设备，引起国际社会的关注。

1963年10月11日国家计委批准建设北京有机化工厂。该项目以电石为原料，从日本成套引进生产装置和专利技术，年产聚乙烯醇10362吨。1963年11月开工建设，1965年8月13日建成投产，一次试车成功。12项技术指标全部达到设计要求，比原定建设工期32个月提前8个月竣工。北京维尼纶厂于1963年8月23日正式动工兴建，于1965年9月建成，并一次投产成功。

北京引进的聚乙烯醇和维纶项目成功，国内立即组织消化吸收。化工部第九设计院基本掌握翻版设计能力。1971年轻工业部（"文革"期间纺织部与轻工业部合并）把发展维纶列为发展合成纤维工业的重点。纺织部根据省市要求，列了13个年产万吨级的维尼纶厂，计划要求两年建成投产，每个厂的投资不超过5000万元。落实下来的有9个项目，其中福建、江西、安徽、湖南、广西、云南、山东、甘肃等8个厂，建设规模各为聚乙烯醇1万吨、维尼纶短纤维7260吨，石家庄维尼纶厂的建设规模为年产5000吨维纶。后来，在设备设计中借鉴腈纶的卧式纺丝技术，实际生产能力只有7200吨和3600吨。经过此一轮建设，全国总共形成了年产维纶10.6万吨的生产能力。

由于这批维尼纶厂始建于"文革"期间，在规划布局、工程设计、设备的设计制造和工厂建设的方方面面，都不同程度地受到一些干扰。规划布局上片面强调"省、自治区自给"和"靠山、分散、隐蔽"；工艺技术设备设计中采用了一些没有经过生产实践的革新倡议，在缩短工艺流程、减少设备台数以及采用代用材料方面有做得不适度的地方。如醋酸乙烯精馏塔由5个改为4个，结果生产的醋酸乙烯含醛量超标不符合使用要求。又如为了减少不锈钢和仪表的进口，节约外汇，就大量采用铝、铅、玻璃钢和国产仪表及其他代用材料，结果在生产中一用就坏。在施工过程中采取了"边设计、边施工"的方法。此外，有的因厂址选择不当，被迫易地建厂。有的没有配备得力的领导班子，或受"四人帮"的干扰，管理混乱，浪费惊人，以致许多厂不同程度地耽误建设工期，这些教训值得认真吸取。

1970年，中国的合成纤维生产量还只有3.62万吨，其中：锦纶0.74万吨、涤纶0.13万吨、维纶1.9万吨、腈纶0.51万吨，加上黏胶纤维共计10万吨，在纺织原料中的比重还不到5%。到1981年维纶生产量达峰值，为10.4万吨，在合成纤维中占第二位，涤纶已升至首位，生产量为17.6万吨。维纶开始走下坡路，维纶原料醋酸乙烯和聚烯醇转向开拓新的用途。

第五节　发展转向石油合成纤维

在我国布局建设维尼纶厂时，国外聚酯合成纤维开始快速发展。涤纶的服用性能比较好，穿着挺括，经久耐穿，深得人们的喜爱，国内技术生产的产品不仅数量少，纺丝质量差，根本不能满足纺织工业的需要。要大规模地生产涤纶，必须走石油化工路线才有可能。1972年1月初，在全国计划会议期间，时任国家计委副主任的顾秀莲找到轻工业部与会代表陈锦华（当时为轻工业部计划组副组长），说中央决定引进化纤和化肥的成套技术和设备，并说李先念和华国锋专门组织了讨论，要陈锦华代国家计委起草个报告。陈锦华向钱之光汇报后，钱当即召集曾鲁、焦善民、李正光、王瑞庭等一起研究，认为这是非常重要的决定，应该尽快把这件事情办起来。陈锦华根据他们讨论的情况起草了《关于进口成套化纤、化肥技术设备的报告》，交给了顾秀莲。1972年1月16日国家计委以（72）计字12号文向国务院正式报告：为利用国内石油（天然气）资源迅速发展化学纤维和化肥，经与轻工、燃化、商业、外贸等部门共同研究进口化纤、化肥技术和设备。1972年1月22日，国务院业务组李先念、华国锋、余秋里在研究同意国家计委的报告后，给周恩来总理写了报告。报告内容为："送上国家计委《关于进口成套化纤、化肥设备的报告》。鉴于我国棉花播种面积今后再扩大有限，同时这几年来，由于工作跟不上，棉花产量一直在4200～4700万担之间。为了保障人民生活和工业生产、出口援外的需要，除了继续抓好棉花生产外，根据国外经验，必须大力发展石油化工，把化纤、化肥工业搞上去。因此，经国家计委与有关部门商量，拟引进化纤新技术成套设备4套，化肥设备2套,以及部分关键设备和材料,约需4亿美元,争取五六年内全部建成投产。投产后,一年可生产化纤24万吨(相当500万担棉花,而耐用方面比棉织品高几倍),化肥400万吨。拟引进这些技术设备,都是以天然气、油田气和石油为原料的,原料比较有保障。据了解,国外在技术上也比较新,引进后,可以加速我国化纤、化肥工业的发展,因此,经研究,我们同意。"1972年2月5日,周总理很快作了批示:拟同意,即呈主席等批示。毛主席和其他中央领导很快圈阅。两天后,即1972年2月7日,李先念把报告退余秋里、钱之光、白相国(对外贸易部部长)办。

中共中央、国务院和主管部门对这一批石油化工、化纤大企业的建设给予了高度的关注与支持。这是中国大规模建设石油化工、化纤的初战。

上海石油化工总厂在四大化纤项目中最先筹建,最早开工建设。9套引进生产装置,国内配套的还有9套。建设规模为年产乙烯11.5万吨,合成纤维10.2万吨(其中:腈纶4.7万吨、维纶3.3万吨、涤纶2.2万吨),聚乙烯6万吨以及部分油品、化工原料等。全年耗用大庆原油180万吨。全厂建筑面积159.7万米^2,计划投资21.94亿元。这是上海解放后最大的一个建设项目,第一期工程从1972年6月开始筹建,经过一年半准备(包括勘察设计、填海造地、"三通一平"和地下管网施工等),两年半建设(1974年为土建高潮,1975年为安装高潮,1976年上半年施工安装基本结束),一年衔接平衡、投料试生产,到1977年7月就打通了3条生产线的全流程,拿到合格产品,前后总共5年完成建设任务。1979年6月27日经国家正式验收,1979年11月起正式交付生产。至1981年年底,已累计生产各类化学纤维33万吨,建厂总投资全部收回,经济效益十分显著。

"辽化"是四大化纤项目中生产化纤单体原料和化纤纺纶产品数量最多的一个项目。引进生产装置25套,国内配套19套。建设规模为年产乙烯7.3万吨,聚酯切片8.6万吨,尼龙66盐4.5万吨,聚丙烯、聚乙烯各3.5万吨,涤纶短纤维3.2万吨,锦纶长丝0.8万吨。投资29.46亿元。参加建设的有轻工业部直属纺织设计院等28个勘察设计单位和基建工程兵三〇〇部队、〇二四部队,化工部第九化建公司以及省内9个地市的施工队伍共38个施工单位约5万人。1973年8月开始筹建,1974年8月正式破土动工。经过五年建设,1979年10月第一套引进生产装置——蒸汽裂解装置开始投料试车,年底打通了烯烃生产线。1980年相继打通了芳烃生产线和聚酯生产线。1981年8月最后打通了尼龙生产线,转入全面试生产阶段。1982年11月26日经国家验收,从1983年元旦起交付正式生产。

"川维"引进生产装置7套,同内配套2套。建设规模为年产聚乙烯醇4.5万吨,甲醇9.5万吨,维纶短纤维4.2万吨及牵切纱0.3万吨。年耗用天然气1.82亿米^3,计划投资9.55亿元。组织了省内外18个设计院所和22个施工单位近3万人参与建设工作。1973年开始筹建，1974年8月30日正式破土动工，1978年12月引进装置开始投料试车，1980年6月考核结束，生产出了合格的聚乙烯醇。1981年12月，维纶短纤维和牵切纱全部建成形成生产能力。1983年5月19日经国家验收，整个工程总评为良好，同年7月1日正式交付生产。由于最初对天然气开采量预计过高，到该厂建成投产时天然气供应不足的问题仍未解决，因此没能满负荷生产，几年后才解决。

天津石油化纤厂是一座生产聚酯切片和涤纶短纤维的石油化纤厂，除引进装置外还配套国产涤纶短纤维生产线4条。建设规模为年产聚酯切片8.1万吨，直接纺涤纶短纤维5.2万吨，总投资13.76亿元。参建的有轻工业部直属纺织设计院、化工部第一设计院、北京石油设计院等15个设计单位和中石化四建公司等22个施工单位共2.5万人。由于水源落实较晚，以及受唐山大地震的影响，国务院批准推迟建设，到1977年9月20日才全面破土动工，1980年主体工程基本建成。1980年11月18日用外购"对苯二甲酸二甲酯片"进行投料试车，1981年6月11日"重整加热炉"点火，8月25日生产出涤纶短纤维，创国内同类设备投料试生产的最好水平。1983年12月25日由国家验收，1984年元旦起正式交付生产。四大石油化纤项目的引进，对中国化纤工业的发展和科技进步起了重要作用，使中国合成纤维生产上了一个大台阶。

轻工业部在集中主要力量建设四大化纤项目的同时，抓紧纺丝配套工程的建设。从1975年开始，相继新建了黑龙江涤纶厂（建设规模为涤纶短纤维1.6万吨）和营口化纤厂（建设规模为锦纶长丝8000吨），并扩建了丹东化纤厂（建设规模为涤纶短纤维1.6万吨），为中国化纤工业奠定了雄厚的基础。中国化学纤维工业本来没有基础，起步又晚，到20世纪50年代中期，才以黏胶纤维为起点，建了一批中小型化纤企业。1972年，全国化纤年产量只有13.7万吨，其中合成纤维5.03万吨，仅占当年国内纺织原料总量的5.5%，根本解决不了纺织原料不足的问题。多数化纤企业规模偏小，用人多，管理水平低，消耗大，成本高。这次引进的四大石油化纤项目，属于当时世界最先进水平，技术装备先进，高速，高效，大型化，产量高。建成后，每年生产合成纤维35万吨，比当时原有生产能力增长6倍，使化纤在整个纺织原料中的比重提高到18%左右。纺织原料不足的矛盾因而有了比较大的缓解。

第六节　合成纤维单体原料生产与乙烯工程结合

1976年10月，中共中央一举粉碎了"四人帮"，结束"文化大革命"动乱后，中国的社会主义建设事业很快进入了一个新的发展阶段。1977年第4季度，轻工业部向国务院汇报的纺织工业长远规划提出：到20世纪末，要建设10个大化纤厂，以解决长期存在的"生产赶不上需要,原料供应赶不上生产"的矛盾,满足全国人民的穿衣需要。1978年2月5日,经中央批准由国家计委汇总向国务院提出的规划,全国引进大型成套设备项目,第一批1978年成交22个项目,其中纺织工业有3个项目,即上海石油化工总厂化纤二期工程,江苏仪征化纤厂,河南平顶山锦纶帘子布厂。

仪征化纤项目的建设方案,原先按1978年2月5日中央批转国家计委提出的方案,是从原油裂解开始到精对苯二甲酸、乙二醇等主要化工装置和聚酯成套设备的一条龙生产体系,并以此组织对外考察和谈判。对这个建设方案,部门之间产生了分歧。化工部认为在中央批准南京建设一个大型乙烯一体化工程近旁,仪征化纤项目重复上一套中小型乙烯一体化工程存在较大缺陷,主张化纤原料生产装置和聚酯、抽丝可以分开建设,使两个项目的建设方案合理化。国家建委组织专家多次论证。论证的焦点,是担心南京扬子公司今后无法按计划供应精对苯二甲酸和乙二醇等原料。国务院从石油化工生产的合理性出发,同意化工部提出的建设方案,决定分开建设。从原油裂解到精对苯二甲酸、乙二醇等主要化工装置,由南京扬子公司负责在南京建设;所生产的精对苯二甲酸和乙二醇送到仪征化纤厂;从聚酯开始由仪征化纤厂负责建设。各国的经验都是根据炼油和乙烯生产的内在联系,对苯二甲酸和乙二醇等原料适合在大型炼油厂和大型乙烯厂联合生产。从这个历史事实反映出,当时由于部门分割,时有不顾经济规律引发的争议。这也是1983年国家决定统一用好石油资源,成立石化总公司的原因之一。

第七节 聚酯纤维工业崛起

20世纪90年代,由于我国出口服装迅速增加,同时衣料中合成纤维的比例不断上升,纺织工业对于合纤原料的需求急剧上升。国内原有的合成纤维工业建设,一般采用的都是从原料开始,然后是下游的聚合再下游的纺丝,按部就班的模式。这样做法虽然下游装置的原料有保障,但是生产流水线长,新厂建设投资大、时间长,远远不适应纺织市场需求。新形势下,纺织企业等不及按部就班的发展模式,不得不大量进口合成纤维以弥补国内生产不足。

一、打破上游约束下游,纺纶崛起

为了满足纺织工业的需求,国家计划扩大合成纤维的生产规模,安排了一批6万吨聚酯项目,以及中石化辽阳化纤的聚酯二期工程。辽阳化纤二期聚酯工程建设内容包括年产对二甲苯25万吨(原为16万吨)、对苯二甲酸22.5万吨、聚酯20万吨。该项目于1993年10月开工建设,1996年9月开始试生产。项目可行性研究投资估算67.73亿元,决算投资98.23亿元(增加了45.03%)。项目投资增加较多的原因是正值物价上涨，汇率提升，利率增加"三高"时期；而项目资本金仅占 0.6%，以及打"政治仗"不计成本的心态。由于投资过多，折旧费增加，财务费用高，项目效益十分不好，企业亏损，项目偿还贷款困难。投产后 4 年至 2001 年年底辽阳化纤累计亏损 33.5 亿元，引起各方关注。当时地方建设的几套 6 万吨聚酯装量效益也普遍不好，原有发展合成纤维的模式受阻。

此时，纺织工业和服装工业出口形势一片大好，合成纤维市场需求旺盛，激发了社会各界发展合成纤维的积极性，台资、民营、外资纷纷进入合纤下游纺纶行业。台资（以厦门翔鹭为代表）进入大陆建厂，它们没有从石油源头开始做起，而是购买对苯二甲酸和乙二醇原料进行聚合抽丝。化工工艺过程极短，投资少，上马快，投产后很快得到回报。这种模式唤醒了民营企业从事化纤事业的积极性，江苏、浙江民营资本纷纷建设涤纶项目。江苏、浙江靠近上海石化、仪征、扬子等大合成纤维原料基地，又是沿海地区，便于进口不足的原料。江苏、浙江带头刮起"涤纶热"，使江苏、浙江一带合成纤维抽丝（纺纶）产能增加极快。单位聚合纺丝产能的投资，民营企业不到辽化同类装置的一半，显示了强劲的生存和竞争能力。尽管台资和民营企业没有生产上游单体原料（对苯二甲酸、乙二醇）的优势，他们仍能依靠低投资成本和进口原料的灵活性进入合成纤维产业，迅速占领市场，形成一股不可忽视的力量。纺纶产量增加，浙江、江苏地区织造业的迅猛发展，刺激了当地纺织原料及面料市场的发育。合成纤维的消费占了全国的一半以上。

期间，江苏扬州民营科技企业惠通公司开发了间歇法年产万吨级聚酯聚合装备，当时国内建设了近 80 余条生产线。这种"小聚酯"装置生产的聚酯产品，质量虽然比不上引进的大装置产品，但国产设备投资很低，建设容易，上马快。"小聚酯"装置生产聚酯基本满足了纺织的需要，提供了涤纶纺丝生产急需的原料。在引进的大型聚酯生产企业经济效益不佳的情况下，"小聚酯"企业反而创造了较好的经济效益。这是江苏、浙江一带"小聚酯"迅猛发展的原因。

这种发展模式，把原来合成纤维工业上下游的生产过程，开始清楚地分成两大行业板块：合成纤维原料行业和纺纶行业。它们有上下游的密切联系，又可以根据具体情况，分头发展，打破了上游约束下游，纺纶工业（聚合纺丝）得以崛起。

二、聚酯纤维聚合与纺丝装置设备国产化

20 世纪 70 年代以后，我国依靠成套引进国外技术和设备建成若干大型化纤企业，为我国发展现代化聚酯合成纤维工业打下基础。但由于技术被国外少数公司控制，重复引进严重。至 2000 年，我国先后引进 70 多套聚酯装置，几乎囊括了世界上各种生产工艺，唯独没形成自有技术。如何发展我国聚酯纤维工业就成为企业必须思考的一个问题。

在台资和中小企业的影响下,中石化也把聚酯合成纤维下游的聚合和纺丝技术作为国产化的重点。1992年,中石化江苏仪征化纤股份有限公司(以下简称仪征化纤)决定拿出一条1978年引进的装置,依靠国内力量进行增容改造,并决定与中纺设计院和华东理工大学联合攻关。由于采用有具体依托工程项目,有工程设计单位、高校科研力量、生产企业联合攻关的合作形式,聚酯纤维国产化之路迈出了第一步。

1996年5月,增容改造工程一次开车成功,生产能力原定增容30%,实际却达到50%,而且产品质量优良,投资比外商报价大幅降低。开创了依靠自有技术和设备对引进生产线成功改造的先河,也为进一步开发研制用于新生产线建设的成套技术和设备奠定了基础。此后攻关小组又以该技术对仪征化纤另外三条引进生产线和辽阳石油化纤公司三条20世纪90年代引进的生产线进行增容改造,使这些生产线的生产能力从年产20万吨提高到30万吨。

有了用国内技术对引进装置增容改造的基础,全面实现我国聚酯纤维技术和设备的国产化曙光初露。经原国家经贸委批准,我国又开展了年产10万吨(300吨/日)聚酯纤维技术和成套设备的开发。1997年,原国家计委和经贸委将其列入"九五"国家重点科技攻关计划,并以仪征化纤10万吨/年聚酯装置作为依托工程。通过攻关,进一步掌握了全流程规律,充实和完善了数学模型,加之结合设计和生产技术经验,最终形成了具有自主知识产权的技术工艺包。同时优化了设备设计、制造技术及检验技术,形成了聚酯纤维装置成套设备的国产化制造能力。依托工程2000年12月建成,一次开车成功,日产量最大能力可达400吨,且各项技术经济指标均处于国际先进水平。这标志着大型先进的国产化聚酯纤维技术和装备终于获得突破。

三、聚酯纤维技术和装备达到世界一流水平

就在第一条年产10万吨国产聚酯纤维生产线投产之后,为跟踪世界最新技术,开发更大能力的生产线,国家计委批准了山东济南正昊化纤新材料公司、浙江化纤联合公司分别建设年产15万吨(440吨/日)的聚酯纤维项目,由联合攻关的有关单位继续承担补充开发工作,并明确采用以设计为主体的工程总承包方式进行建设。2002年两套年产15万吨的国产聚酯纤维装置先后投产,产品质量优于原有引进装置的产品。此后,单系列生产能力18万吨、20万吨的生产装置又有多套相继投产。采用自主知识产权和国产成套设备的聚酯纤维装置,单系列最大生产能力达日产900吨(年产30万吨),包括有五釜、四釜、三釜不同工艺流程技术,并实现了从年产6万吨(日产180吨)到年产30万吨(日产900吨)的系列化,可满足不同建设规模的需要。

国产聚酯纤维技术和装备的成功开发,大大降低了建设投资,万吨产品的建设

投资由当初引进装置的8500万元降低到2003年的1000万元左右。投资成本的降低，极大地促进了我国涤纶（聚酯纤维）工业的发展，主要体现在以下三个方面。

一是涤纶纤维产能居世界首位。据资料统计，2000年我国涤纶纤维生产能力（包括小涤纶纤维在内）仅约610万吨，2003年即升至1300万吨左右。比2000年增加约700万吨，其中70%以上采用新型国产装置。至2010年聚酯产能已达到2930万吨，增长迅速。目前我国涤纶产能占世界总产能的二分之一以上，成了名副其实的世界涤纶第一生产大国。

二是企业规模不断扩大。至2002年底，全国前十名涤纶企业的产能合计约424万吨，占全国总产能的近40%。到2010年40万吨以上的企业就达27家，而在1998年以前具有这一规模的企业仅仅征化纤一家，这一点在我国企业面对国际大企业竞争时十分重要。

三是国产聚酯纤维技术和装备的成功开发，聚酯切片由净进口变为净出口。长期以来我国每年均需进口大量聚酯切片以满足市场需要，1990—2000年，年均进口聚酯切片26万吨。而到2003年聚酯切片出口量已达19.2万吨，扣除进口17、2万吨，净出口2万吨（2010年净出口50.8万吨）。

在涤纶高速发展带动下，整个合成纤维工业都有很大的发展。自20世纪70年代以来，中国合成纤维工业一直高速增长，每年合成纤维需求和生产一直保持两位数的增长，特别是1995—2005年期间，中国合成纤维年平均增长18.2%。2008年美国发生金融危机，西方国家经济衰退，中国服装纺织品出口下降，合成纤维的增速才有所放缓。2010年，国内化学纤维总产量为3089万吨，其中合成纤维总产量为2872万吨，约占国内纺织纤维消费量的7成。

第八节　合成纤维原料工业发展滞后

我国合成纤维的年产量达到世界第一，遥遥领先其他国家。2010年世界合成纤维产量4411万吨，中国合成纤维产量2727万吨，占世界合成纤维总产量的62%。合成纤维工业取得可喜的成绩，但是，不能不看到我们的合成纤维工业实际是一个"跛腿巨人"。

我国合成纤维纺丝工业快速发展，但是合成纤维单体原料发展严重滞后，导致化学纤维原料特别是合成纤维单体原料大量进口，合成纤维原料对国际市场的依存度快速提高。1999年,合成纤维原料对国际市场的依存度为44%,2000年达到55%,2001年则已超过60%。2001年以后，国内加快了合成纤维单体原料生产装置的建设，但是仍赶不上纺纶需求的增长（见表15-1）。到2010年国内合成纤维单体生产量总计1374万吨，可是进口合成纤维单体仍高达1439万吨，合成纤维原料对国际市场的依存度依然在50%以上。

表 15-1　1990 年、2000 年、2008 年各种合成纤维单体对外依存度　　　　单位：万吨

合成纤维单体	1990		2000		2008	
	产量	进口量	产量	进口量	产量	进口量
PTA	39.3	32.6	202.4	250.5	930	592
DMT	20.64				0	1.5
乙二醇	28.42	4.54	90.75	105	184	519
丙烯腈	12.26		39.78	15.3	93	28
己内酰胺	0.51		12.96	24.5	29	45
尼龙 66 盐	4.18		2.42	0.6	14	1.0
合计					1250	1186

发展滞后最为突出的是聚酯原料精对苯二甲酸（以下简称 PTA）和乙二醇。

受聚酯和涤纶工业快速发展的带动，过去 PTA 的国内生产严重短缺。尽管国内 PTA 生产能力不断增加和保持高负荷生产，进口量却始终居高不下。2001 年进口突破 300 万吨，2005 年进口量高达 649 万吨。期间国内建设了一批 PTA 生产装置，但是这种大量进口的态势一直都没有缓解，到 2010 年对苯二甲酸进口量依然高达 540 万吨。

乙二醇的世界需求中，聚酯用（纤维、瓶片树脂、包装与光学薄膜等）需求占 90%，汽车防冻液等工业用需求占 10%。我国乙二醇的进口量也在不断增加。1990 年我国乙二醇产量 28.4 万吨，进口量 4.5 万吨，国内生产数量满足大部分需要。到 2005 年国内产量 110 万吨，进口量上升到 398.8 万吨。2008 年国内生产 184 万吨，可是进口量高达 519 万吨。

同时其他合成纤维原料如己内酰胺和丙烯腈的进口量也是不断在上升。

众所周知，合成纤维原料制造比聚合纺丝的技术复杂程度、装备投资、要求的经济规模，都不在同一水平。我们在为合成纤维产量雄踞世界第一而欢欣鼓舞的时候，合成纤维原料国产满足率却长期在低位徘徊。应清醒地看到，我国合成纤维工业要成为健康的巨人，还有很长的路要走。

第九节　PX 事件

改革开放后我国合成纤维工业的发展，出现一种"反推发展"现象，即下游先起步，没有原料暂时靠进口原料解决；待下游发展壮大起来，反推上游发展。聚酯合成纤维行业这个现象十分明显。

受我国纺织品出口快速增长和国内消费需求的带动，以及聚酯在国产化技术装

备方面的重大突破，2000年以后，我国涤纶行业的发展速度在年增长30%以上，快速拉动其原料精对苯二甲酸（PTA）的需求，国有或民营企业、外商或台资企业纷纷投资建设大型PTA项目。

2000年以来，一批大型PTA项目获得批准建设。福建厦门翔鹭石化股份有限公司150万吨/年、中石化珠海碧阳化工有限公司145万吨/年、浙江逸盛石化有限公司120万吨/年、浙江华联三鑫石化有限公司180万吨/年等装置先后投产，以及中石化系统原有装置的扩充。从2003年到2010年，PTA的生产能力高速增长，年平均增速达30.72%。2010年产能1500万吨，产量达到1410万吨。

随着PTA的发展，生产PTA的原料对二甲苯（PX）又出现供应紧张的局面。1992—2005年，PX消费量年均增长16.36%。同期，我国PX产能年均增长10.14%，产量年均增长11.59%，显然国内供给增长落后于需求增长。因此，从1996年起，我国成为PX净进口国，2003年进口量突破100万吨。到2005年，我国PX产量为223万吨，消费量为378万吨，进口上升到161万吨。随着新建成PTA装置达产及后续装置投产，PX的国内生产供不应求的情况还将有较大增加。这种状况自然又刺激投资PX项目的热情。

在筹备建设新的PX项目过程中，出现了石化建设中少见的问题——"PX事件"。首先发生在厦门翔鹭腾龙集团拟建的PX化工项目。该项目投资逾百亿，选址于厦门市海沧台商投资区，但距离房地产开发新区人口密集区过近，有环境污染之险。从2004年2月批准立项，到2007年3月105名政协委员建议项目迁址，厦门PX事件进入公众视野。2007年6月1日市民集体抵制PX项目，这种现代化学工业中极为重要的化工产品，就成为了公众眼中危险和恐怖的代名词。从二次环评、公众投票，及至厦门市政府宣布暂停工程，到最后项目迁址漳州。PX事件的进展一直牵动着公众眼球。

2010年8月在大连又发生一起"PX事件"。诱因之一是2010年7月16日中石油输油管线发生爆炸时曾引发大连市附近海域的严重漏油和城区严重污染。国内外接连的环境事故引发环境污染的恶性事件逐步引发市民严重关切。2011年8月8日上午，受台风梅花影响，10点30分左右海水冲击让大连金州开发区福佳大化PX工厂的500~600米的堤坝其中两段垮塌，每段溃堤长约三十几米，两个PX储罐离被毁的南段堤坝只有50米上下的距离。当地的抢险指挥部提出了包括一旦发生泄漏立即组织社区和企业人群疏散的预案。这一消息在当地引发了恐慌。2011年8月14日，大连市民自发组织到位于人民广场的市政府进行示威集会，随后展开游行。据报道当天共有12000多名大连市民上街游行并在市政府大楼前请愿示威，要求政府下令让这家化工厂搬出大连。

自2007年厦门、2010年大连"PX事件"之后，2012年10月，宁波镇海区发生部分群众就镇海炼化扩建一体化项目上访的情况。该项目包括有PX内容，少数

人员在信访和反映问题过程中,采取静坐、拉横幅、散发传单、堵路、阻断交通等方式,并随后演变成聚众冲击国家机关、故意毁坏财物、非法拦截机动车等严重影响社会正常秩序的行为。

中国正处在工业化发展的重要时期,劳动力就业、经济发展和人民生活水平提高都需要石化化工行业的增长。兴建PX类化工厂是为百姓生活着想;居民出于环境保护理念,反对PX也在情理之中。连续发生的"PX事件",为政府、企业和民众理性探索中国式重化工发展提供了一个新的课题。如何解决生态、环保、安全与生产的矛盾,历史发展事实告诉人们,PX项目或者其他重化工项目不是建不建的问题,而是怎么建和怎样运营的问题。在石化化工行业必须依靠科技和管理发展重化工项目,所有化工生产工厂必须建设成为绿色环境友好型工厂。

第十节 21世纪合纤工业继续阔步前进

一、化纤纺织品产品竞争力明显增强

进入21世纪以来,在国内需求保持较快增长的同时,合纤纺织品出口快速增加。2010年化纤纺织品出口总量达到416万吨,同比增长14.82%,出口金额达到217亿美元,同比增长29.44%,出口金额的增幅高出数量增幅14.62%,这种情况从2002年开始到2010年已经连续9年。2010年合成纤维纺织品出口均价比2005年提高36.8%,比2000年提高了67.8%,表明我国合纤产品的附加值和综合竞争力有了明显提升。由于投资成本和运行成本降低、产品质量提高,消化了原料价格上涨导致的合成纤维生产成本的增加,产品竞争力明显提升。

二、合成纤维进口量迅速下降,出口量逐步增长

从20世纪90年代开始国内纺织服装产业迅速壮大,在合纤产品"短缺"时期,不得不大量进口纺纶以满足国内需求;1988—2001年在亚洲金融危机负面影响下,进口量有所下降,但危机解除后进口量继续增长。

自2003年起,纺织服装产业对纺纶需求仍保持较快增长,但是纺纶进口量持续下降,而出口量快速增加。自2007年起纺纶出口量首次超过了进口量,净出口43.3万吨,2008年净出口量达到89.1万吨;2010年纺纶进口量为90.23万吨,比2005年减少了40.7%;纺纶出口量达到192.5万吨,比2005年增长171.2%,除部分品种外,纺纶主要产品已实现了质量和数量上的替代进口。

三、国产化生产技术和装备的开发应用能力显著提升

合成纤维工业在消化、吸收、再创新的基础上,进一步集成创新,着力发展

具有自主知识产权的技术、装备和工程。以大容量、高起点、低成本为特征，具有国际竞争力的国产化新型聚酯及配套长短丝技术装备在行业中广泛使用，目前正在向超大型化、柔性化、精密化、节能减排直纺新一代聚酯新技术方向全面升级，整套规模已由原来的引进6万吨/年扩大到40万吨/年，百万吨级新型PTA成套国产化技术装备也已研发成功。国产化的技术装备使行业新建项目投资成本大大降低，生产效率大幅提高，有力地推动了合成纤维行业的快速发展和产业结构的优化调整。表15-2为中国历年合成纤维产量汇总表。

表 15-2　中国历年合成纤维产量　　　　　　　　　　　　　　　　单位：万吨

年份	化纤总产量	人造纤维	合成纤维	合成纤维 锦纶	合成纤维 涤纶	合成纤维 腈纶	合成纤维 维纶	合成纤维 其他[①]
1957	0.20	0.20	—					
1965	5.01	4.49	0.52	0.31	0.01	0.02	0.18	—
1970	10.09	6.47	3.62	0.74	0.13	0.51	1.19	0.31
1980	45.03	13.62	31.41	3.17	11.83	5.80	9.67	0.94
1985	94.78	17.73	77.06	7.09	51.60	7.29	8.03	3.04
1990	164.82	21.64	143.18	11.24	104.2	12.24	5.51	7.55
2000	694.16	56.42	629.52	36.79	510.18	47.50	2.52	28.51
2010	3089		2872					
2011	3362	246	3114	159.14	2794.9	69.96	5.91	

① 指丙纶和氯纶。

四、合成纤维产品功能、差别化水平提高，产品结构明显改善

合成纤维产品差异化、功能性和应用领域的开发能力的提高，使合成纤维产品结构明显改善，2010年合成纤维差别化率达到46.5%，比2005年提高了15.5%。其中涤纶长丝、锦纶民用长丝的差别化率最高，已分别达到了55.9%和55.2%。已开发出细旦、超细旦、异型截面丝、阻燃、抗菌、抗静电吸湿透汗等功能化、差别化纤维品种。为纺织面料及服装、家纺产品提供了新的优质纤维，为服装面料提供了上佳原料，开辟了新的资源领域。特别是开发的高强、阻燃、导电、医用、环保等功能化纤维，对产业用纺织品的生产与消费产生了重大影响，推动产业用纺织品市场需求的增加，其产品广泛应用于土木、建筑、交通运输、医疗卫生、农业渔业、航天航空及轻工等产业，2010年产业用纺织品产量达到821万吨大关，非织造布产量279.5万吨，同比增长16.0%。产业用纺织品中85%～90%是使用各类功能合成纤维，对合成纤维行业拉动很大。同时，合成纤维新材料的开发进一步推动了产

业用纺织品的开发和应用。以 2009 年为例，合成纤维各品种比例对照见表 15-3。

表 15-3　2009 年合成纤维中品种比例

项目	合成纤维产量/万吨	涤纶/%	锦纶/%	腈纶/%	丙纶/%	其他/%
世界	3777	78	8	5	8	1
中国	2313	87.6	5.9	2.8	1.1	2.6

五、高新技术纤维材料产业化取得突破

高新技术纤维材料产业化取得重大的历史性突破。目前碳纤维、芳纶 1313、芳砜纶、超高相对分子质量聚乙烯、聚苯硫醚等高性能纤维已实现产业化生产，正在进一步开发系列品种，扩大应用，多数技术及产品均达到国际先进水平。芳纶 1414 填补了国内空白，产业化生产技术正处于研究阶段。新型聚酯 PTT 树脂合成已突破中试实验。纤维级 PBT 聚合和纤维生产加工及产品开发向产业化迈进。

六、创新能力提高，创新体系逐步形成

（1）基础研究取得进展

纺织高等院校积极开展纺织前沿技术及基础理论研究，并在碳纤维、芳纶等高性能纤维大分子及凝聚态结构的调控，纤维表面物理化学结构改性等方面取得进展，为相关产业化技术研发突破提供理论指导，增强了创新能力提升的源动力。

（2）创新体系逐步形成

产学研合作创新加强，"十一五"计划期间，合纤行业承担国家重点工程及重大项目中近 80%是产学研结合成果。产业联盟成为集成创新的重要组织形式，合纤产业技术创新联盟等先后组建，加强了企业间横向合作和跨产业链合作，有效促进了技术研发和应用能力的提升。

附　国际背景

1. 早期化学纤维

1846 年，瑞士化学家申拜恩用硝酸和硫酸的混合液处理纯净的纤维素，得到硝酸纤维素(相当于纤维素三硝酸酯)。如果把纤维素硝酸酯溶解在有机溶剂中，就成为一种稠厚的液体。这种液体用玻璃棒蘸上一滴，一抽拉就能成丝，即具有成丝的性质。因此纤维素硝酸酯溶液的制成大大地活跃了人工制丝的研究工作。仅在申拜恩的专利公布后 9 年，在 1855 年法国奥德马尔将纤维素硝酸酯溶解在乙醚-乙醇

混合液中，得到一种胶状溶液，再将此溶液通过毛细针管挤到空气中，溶剂蒸发后就凝固成光亮、柔韧的丝，从而获得世界上第一根人造的丝，终于实现了人类多年的梦想。

但是由纤维素硝酸酯所制成的人造丝具有爆炸性，这就妨碍了它的工业发展。1883—1884 年英国科学家斯万用硫化铵溶液进行脱硝，在解决这一问题方面获得了成功。1884 年法国查东耐特将纤维素硝酸酯溶解在酒精和乙醚中，然后通过细孔抽成丝。样品在 1889 年巴黎国际博览会上展出，受到人们极大的赞赏。他在 1891 年在法国贝尚松（Besancon）建厂，日产约 50 千克，是全世界第一家人造丝工厂。科学家们继续致力于生产技术的改进，例如"人造丝"的强度在脱硝后显著降低，有人提出，将刚纺出的丝在处于可塑的状态进行拉伸，这样不但可提高丝的强度，还能纺制较细的丝。纺丝、拉伸这两个名词就成为化学纤维工业中的专用术语，而这种工艺路线奠定了化学纤维生产的基础，至今它们还是化学纤维生产的核心。

1892 年在英国，克劳斯和比万发明了另一种从天然纤维制取人造丝的方法，称为黏胶法，早在 1844 年墨塞尔就发现，用碱处理纤维素能增加纤维素的反应能力，因此用碱浸渍从廉价木材浆液中提取的纤维素，得到碱纤维素，它很容易和二硫化碳发生反应，生成纤维素黄酸钠。在纤维素大分子上引入了黄酸基，增加了分子间的距离，削弱了氢键，使它能溶解在稀碱溶液中。这种溶液具有抽丝的性能，当溶液细流遇到酸就凝固成形，同时纤维素黄酸钠发生分解，使纤维素又重新再生出来。因纤维素黄酸钠溶液的黏度很大，因而被称为"黏胶"。用这种方法制得的人造丝称为黏胶人造丝。1900 年托法姆发明了制造黏胶纤维的关键装置"纺丝箱"；斯梯恩发明了凝固浴，得到性能优良的黏胶人造丝，当年就在英国建成年产 1000 吨的粘胶人造丝厂，1905 年开始大规模工业生产。此后欧洲各国、美国、日本也纷纷建厂生产。

黏胶人造丝以木材制造的纤维素浆粕为原料，大大扩大了原料的来源。纤维的性能又很好，利润极高，因而生产蓬勃发展起来。在 1910—1912 年产量就已超过天然丝。随着工艺和技术不断改进，如工艺的简化、连续化、设备的通用化、自动化，成本不断降低，质量继续提高，生产迅速发展，1920 年产量已达 1.5 万吨。1930—1934 年间，短纤维又开始蓬勃发展起来，把连续的长丝切成和棉纤维或羊毛相同的长度，以便于混纺。这样不但丰富了产品的花色品种，并可在棉纺或毛纺的设备上加工。这种形式比长丝更能适合于纺织工业的需要，同时生产短纤维可采用多孔喷丝板，孔数从最初的几十增至数千，生产能力大大提高，成本降到和棉相仿。1940 年以后，黏胶纤维在轮胎工业中获得广泛应用，以美国为例，1959 年黏胶帘子线占全部帘子线的 70%以上。黏胶纤维占领了帘子线的市场，反过来又促进了黏胶纤维工艺技术的改革和发展。20 世纪 50 年代是黏胶纤维生产的黄金时代，在这个时期，它的产量超过天然羊毛的产量。

还要一提的是醋酯纤维,早在 1865 年舒申伯格将纯净的纤维素在无水醋酸中在 180℃下加热 1~2 小时,制成了纤维素醋酸酯。第一次世界大战期间,瑞士德赖弗斯二兄弟在美国和法国分别设立了两个醋酯纤维素工厂,作为飞机机翼表面涂漆等军用。战后对这方面需要减少,生产醋酯纤维素的工厂才转向制造人造丝、安全胶片及赛璐珞方面的研究,逐步发展成为人造纤维的工厂,1921 年开始工业生产,商品称"Celanese"。其实醋酯纤维小规模的生产在 1894 年就已开始,克劳斯和比万首先获得制取人造丝的专利,但当时在技术上有很多困难。高温乙酰化的产品(三醋酸纤维素)只能溶解在少数几种溶剂中,如三氯甲烷、醋酸、四氯乙烷等。曾尝试溶解在三氯甲烷中,用湿法进行纺丝,但三氯甲烷有毒,而且所得纤维的质量也很差,缺乏工业生产的现实性。后来发现将三醋酯纤维素用稀硫酸进行局部水解,产物(二醋酸酯纤维素)能溶解在丙酮中,这才为大量工业生产提供了条件。1904 年米尔斯等人用二醋酯纤维素的丙酮溶液创造了第一个醋酯人造丝干法纺丝的方法,即将纺丝溶液细流射入通有热宅气的纺丝室中,溶剂挥发,使纤维凝固成形。以后在这基础上逐步完善成为化学纤维主要的成形方法之一。1931 年以后,又发现了较安全的溶剂二氯甲烷,虽成本较高,但回收容易,可以用三醋酸纤维素直接纺制纤维,生产工艺更为简便。1950 年英国首先生产,随后美国、日本、西德等也纷纷开始生产。

由于醋酯纤维手感柔软,风格特殊,类似真丝,在丝绸工业上很受欢迎,而且醋酯纤维有一种选择过滤的能力,能滤出烟气中苯酚等有毒物质,而对烟碱的吸收很低,一般吸烟者对含烟碱过分低的卷烟不感兴趣,故醋酯纤维能去除烟中的苦味而保留其品质,成为目前世界上最流行的一种烟卷过滤嘴的材料。这是醋酯纤维的一种特殊用途,在国外醋酯纤维中约有 1/4~1/2 用于烟卷过滤嘴。

醋酯纤维的原料主要是浆粕、冰醋酸、醋酐、丙酮等,来源比较丰富,所以它在人造纤维中是仅次于黏胶纤维的第二大品种,1964 年产量曾达 36 万吨,在化学纤维总产量中占 6%~7%。

20 世纪 50 年代末,石油化学工业为合成纤维提供了丰富价廉的原料,使合成纤维的成本大大降低,而一些重要的合成纤维性能在很多方面优于黏胶纤维,如强度比黏胶纤维高 1~2 倍,耐磨性、耐多次变形性也比黏胶纤维好得多,在竞争中合成纤维迅速超过了黏胶纤维。

2. 合成纤维的发展

19 世纪末 20 世纪初,陆续发现了不少烯类聚合物,并对它们进行了深入的研究。1920 年德国斯陶丁格尔首次提出链型高分子的概念,所谓链型高分子是指由很多相同的小的化学单元借化学键重复连接而成大分子长链。这个论说大大开阔了人们的眼界。因此在黏胶、铜氨、醋酯等人造纤维工业化之后,人们就把注意力转移到人工合成线性高聚物方面,企图用这一类人工合成的高聚物来制取能供纺织用的纤维。

1912年，德国化学家克拉特获得用人工合成的聚合物制取纤维的第一个专利，他将聚氯乙烯溶解在加热的氯苯中，制成纺丝溶液，用湿法纺丝制得了纤维，惟这种纤维强度低，软化点低，所用的溶剂不理想，无法实现工业化。1931年德国法本公司的尚苏格发现，若在均相介质如四氯乙烷或氯苯溶液中对聚氯乙烯进行补充氯化，能制得溶解性能好的树脂，称为过氯乙烯，能溶解在丙酮中，用湿法纺丝制得氯化聚乙烯纤维，1934年首次投入市场，商品名称"PeCe"。1938年法本公司在德国建成了历史上最早的合成纤维工厂，生产氯化聚氯乙烯，生产能力曾达5000吨/年。以后各国科学家又进行了各种尝试，例如走共聚的道路，寻找新的溶剂，但总因纤维的服用性能不好（特别是软化点低，不能熨烫），因而没有得到进一步发展。

合成纤维工业生产真正的突破点是聚酰胺纤维（我国商品名称"锦纶"）。1935年、1936年尼龙6、尼龙66的投产揭开了化学纤维发展史上的新篇章，被誉为纤维工业的"第三次革命"。从此，各种新的合成纤维如雨后春笋，不断出现，产量以"爆炸的速度"迅速增长。

1927年美国杜邦公司决定推进基础研究，每年支付25万美元作研究费用，并开始聘请优秀的化学研究人员。当时，卡罗泽斯年仅32岁，是一位才华出众的青年化学家，在依利诺斯大学和哈佛大学任教，他接受了杜邦公司的邀请，担任该公司研究小组负责人。卡罗泽斯在哈佛大学任教时，就开始研究高分子物质的合成和结构问题。到杜邦公司以后，他先研究的是聚酯，应用有机化学中熟知的二元醇和二元酸进行熟知的缩合反应，但他采用了远远超过有机合成一般要求的措施，例如严格控制反应物的配料比，使其相差不超过1%，而反应程度必须超过99.5%，这样就突破了有机合成的一般常规，发现了缩合聚合的规律。

1930年希尔在卡罗泽斯指导下开展研究工作，用乙二醇和癸二酸缩合制取聚酯。当他从反应器中取出熔融的聚酯时，发现这种熔融聚合物有种非常奇妙的特性，熔融的聚酯能拉伸成长纤维状的细丝，即具有可纺性。而更重要的是他发现这种纤维状的细丝即使在冷却后还能继续拉伸，拉伸长度可达最初长度的几倍，经冷拉伸后，纤维强度和弹性大大增加，这是从未观察过的现象。他们立即意识到，这种特性具有重大的实用价值，有可能利用这种聚合物来制造纺织纤维；并看到一种前景，可以采用熔融而不分解的高聚物，以一种全新的方法纺制合成纤维。他们继续进行深入的研究，但当时他们研究的对象是脂肪酸和脂肪醇，虽然合成了许多高聚物，但这些高聚物的熔点总是偏低（70～80℃），而且经不起水解，不适合作纤维使用。卡罗泽斯因此得出聚酯不具备制取商用合成纤维的结论，后来终于放弃了对聚酯的研究，而集中精力研究聚酰胺，因为聚酰胺的熔点和耐水性都比较好。他们用二元胺代替二元醇，采用和制造聚酯几乎相同的方法制成了聚酰胺。这种聚酰胺也和聚酯一样能在熔融状态下拉成丝，拉成的丝在室温下亦可拉伸到原来长度的3～4倍，而且在冷拉伸过程中还发现了一个有趣的现象，即长链分子在拉伸前是不规则的，但冷拉后，分子链会沿纤维轴平行排列，因此就大大增加了纤维的强度和弹性。这样就奠定了熔体纺丝的生产工艺，包括缩聚、熔体的纺丝成形及在室温下的冷拉伸。

为了获得商业性的发展，他们合成了上百种聚酰胺，对这些品种作出了评价，最后选中由己二胺和己二酸反应所生成的聚合物，命名为Nylon-66（第一个6代表二元胺中的碳原子数，第二个6代表二元酸中的碳原子数，学名聚酰胺66）。

要使实验室玻璃装置中制成的纤维商品化，需要投入巨额的资金和人力来解决工业生产中的各种问题。首先要解决原料己二酸、己二胺的工业生产及解决熔体纺丝过程中的输送、计量、卷绕等问题。这牵涉到设计新的特殊机械设备、耐熔融聚合物高温作用的新合金材料及纤维生产工艺的自动控制等等。杜邦公司为实现工业化，从高聚物的基础研究到纤维的设备与生产，历时十一年，耗资2200万美元，当时有230位专家参加有关的研究工作，于1939年进行了中试，年底开始了工业化生产。

尼龙66的发明和工业化也是高分子科学和高分子材料工业进展中的一个重大转折。曾经作为卡罗泽斯助手的普洛莱于1939年总结了一系列的缩聚反应，提出缩聚反应中所有功能团都有相同活性的基本原理。他一方面提出了缩聚反应动力学，另一方面又提出了分子量与反应程度间定量关系的公式，给缩聚反应的研究奠定了良好基础。其后，普洛莱又研究了高分子溶液的统计力学和高分子构型与构象的统计力学。普洛莱在1974年获得诺贝尔奖金。

尼龙66最初是在袜子行业中打开市场的，西方国家的妇女们喜欢穿浅色的袜子，棉纤维和羊毛不适合这一要求，丝绸的价格又贵，各类人造纤维又不结实，不耐长时间频繁的洗涤。新型的尼龙袜能完全满足这些要求，能制成又薄、又轻、又结实的袜子，深受消费者欢迎。生产规模发展很快，各个国家都纷纷建厂投入生产。尼龙纤维和人造纤维不同，具有相当高的强度，如果截面积相等，尼龙丝的强度和钢丝的强度一样。当时杜邦公司曾用"我们生产和钢丝一样结实、像蜘蛛丝那样细的具有美丽光泽的尼龙丝"的广告吸引顾客。

几乎在尼龙66投产的同时，德国生产了另一种聚酰胺纤维，称为贝龙（尼龙6）。其实，早在1898年，1902年，1904年德国加布里耳、布劳恩等人就先后研究了ε-氨基酸环状结构的形成，并合成了ε-氨基己酸，将它加热超过熔点。有20%～30%转变为七元环化合物——己内酰胺，同时产生"一种黏浓的凝胶"物质，实质上就是聚合体，但当时并没有认识到它们的工业意义。直到1939年，德国施拉克利用己内酰胺缩聚制得聚酰胺，并着手建立工业装置，1940年正式建成投产。首次拿到市场上销售的聚己内酰胺，称为"Perluran"，同年又制得纤维，称为"Perlon-L"，于第二次世界大战期间（1941年）开始工业生产，由于战争使纤维生产受到延误。所以德国和欧洲各国在战后才建成大型工厂。自此，聚酰胺纤维（尼龙）的生产就迅速发展起来。相继，其他品种的聚酰胺也陆续投入生产，但仍以尼龙66和尼龙6为主，二者的性能、用途差不多。尼龙66生产技术的专利为美国杜邦公司所有，后来仅允许孟山都、英国帝国化学公司、法国隆布朗公司使用它的专利，形成这四家公司长期垄断尼龙66技术的局面，生产能力占世界总生产量的一半以上。尼龙6的生产开始于德国，第二次世界大战中，德、日、意是法西斯同盟。战后，有些专家跑到苏联和东欧各国，随着把技术也带去了，由于这样的历史原因，日、意、苏、东欧等国以生产尼龙6为主。

在尼龙生产的最初十年间，产量增加25倍，10年内增长的产量相当于人造纤维30年内的增长量。这是因为尼龙纤维采用了新的纺丝方法——熔融纺丝法，简化了生产流程，降低了成本，大大提高了生产效率；而且尼龙纤维具有独特的性能，如具有高的强度，优良耐次多变形的性质，耐磨性更是超过所有的纤维。不但在民用方面得到了广泛应用，在工业应用特别是帘子线方面逐步替代了黏胶帘子线。1964年它的产量占合成纤维总产量的一半以上，近年来由于聚酯纤维急速增长，比重才逐年下降。1972年开始落后于聚酯纤维，屈居第二，但1980年产量仍为307万吨，为合成纤维产量的29%。20世纪80年代世界上有70多个国家近250个工厂在生产各类聚酰胺纤维。

最重要的合成纤维是聚酯纤维（我国商品名称涤纶），是1941年由温费尔德和狄克逊发明的。温费尔德毕业于剑桥大学化学系，在他的一生中，始终对研究纤维具有浓厚兴趣。他和狄克逊共同研究了卡罗泽斯早期的科学论文，前已述及卡罗泽斯在聚合物的缩聚方面进行了出色的研究，只是在采用脂肪族聚酯纺丝方面遭到失败，得出错误的结论。温费尔德总结了卡罗泽斯失败的原因，提出采用对称芳香二元酸代替脂肪族二元酸，认为"……如果能制出高分子量的聚对苯二甲酸乙二醇酯，那么由于分子的对称性，它一定是一种结晶性的物质"。果不出所料，用对苯二甲酸和乙二醇为原料进行缩聚而得的聚对苯二甲酸乙二醇酯熔点可达250℃以上，而且耐碱。以后又对其他酸、醇进行了试验，结果以对苯二甲酸和乙二醇的反应为最好。所得聚合物和聚酰胺一样，能在熔融状态抽丝，能进行冷拉伸而得强力、弹性都很好的纤维。他们在卡罗泽斯失败的方面获得了成功，这一研究的成功被认为是当时化学应用研究方面的最优秀的成果之一。

1941年，温费尔德和狄克逊虽然申请了专利，但由于战争，有关说明书直到1946年才正式发表。当时美国杜邦公司很敏感，早已在密切注意这些英国科学家的研究动态，一旦得知他们不具备工业化生产的条件，立即和英国帝国化学公司一起购得专利权。英国帝国化学公司引进专利后，考虑到对苯二甲酸不容易纯化，改用对苯二甲酸和甲醇先进行酯化，提纯后与乙二酯进行酯交换，再缩聚纺丝。在两个中间试验工厂运转几年后，大型工厂到1955年才开始运转。1950年，美国在实验的基础上开始生产这种纤维。命名为达可纶(Dacron)，1953年第一批成套设备开始投入运转。以后日本、西欧各国也纷纷建厂，投入生产，有关专利也日见增多。现在一般所说的聚酯，都是指按重量计不少于85%的二元醇和对苯二甲酸的聚合物所制成的纤维，其他工业生产的品种很少，有的新品种尚在探索阶段。

聚酯纤维工业化时间虽然比较晚，但由于聚酯纤维具有优良的穿着性能，特别是形状稳定性好，洗后仍能保持原形，所以产品主要是作为衣着用的短纤维。聚酯长丝由于耐热性好，在工业、军事工业中的用途也在迅速增加，可用来制造帘子线、运输带、绳索等。因此聚酯纤维生产的发展异常迅速，1960年世界产量为12万吨，到1980年即为480万吨，平均年增长率为31%，是合成纤维中增长速度最快的一个品种。20世纪60年代石油化学工业的迅速发展，提供了丰富的对二甲苯作为聚酯纤维的初始原料，从而保证了聚酯纤维的原料供应，使生产得以持续发展，1962年产量超过聚丙烯腈纤维，1972年产量又超过聚酰胺纤维，占合成纤维中的第一位。

"合成羊毛"——聚丙烯腈纤维，早在1893年就首次合成了丙烯腈，从丙烯腈聚合而得聚丙烯腈也早为人们所知。但聚丙烯腈与其他乙烯系聚合物不同，它不溶于普通溶剂中，也不能用增塑剂增塑，只有在接近分解温度时才稍稍软化，难于进行加工，长期以来没能得到工业应用，直到1935年才发现丙烯腈和丁二烯共聚可制得耐油性好的合成橡胶(丁腈橡胶)。在研究合成橡胶的同时，赖英开始研究用聚丙烯腈制取纤维，1939年获得第一个专利。当时他是将聚丙烯腈树脂溶解在浓的无机盐溶液中，用湿法成形，以稀无机盐水溶液为凝固浴。当时对纺丝的工艺条件还没有很好掌握，所得纤维的质量很差，质脆，没有能在工业上得到推广。接着他又从事寻找有机溶剂的研究。1942年赖英发现二甲基甲酰胺可作为聚丙烯腈的溶剂，用这种溶剂制备的纺丝液凝固过程比较缓慢，所得纤维质量较好，因此就开始了聚丙烯腈纤维工业生产的筹备，1948年杜邦公司把它命名为Orlon(奥纶)。真正开始工业生产是在1950年。

在开头几年里，一方面由于当时生产的丙烯腈原料价格昂贵，另一方面新出现的聚丙烯腈有两个致命的弱点，一是纤维难于染色，二是纤维质脆易原纤化，所以没有广泛用来作为纺织原料。1961年新发展的Sohio法（丙烯氨氧化法制取丙烯腈）投入工业生产，使聚丙烯腈原料价格大幅度下降。同时又发现当丙烯腈和少量其他乙烯基衍生物（如醋酸乙烯、甲基丙烯酸甲酯等）进行共聚时，用共聚物纺制的纤维性能获得显著改善，受到各国重视。1952年西德将丙烯腈和丙烯酸酯以及1953年法国将丙烯腈和甲基丙烯酸甲酯的共聚物纤维投入生产。其后，比利时、英国、日本等相继以不同的第二单体或第三单体组成的共聚物纺制纤维，并投入生产。现在市场上销售均聚丙烯腈纤维都是丙烯腈含量在85%以上的二元或三元共聚物纤维。它们仍保留原来聚丙烯腈纤维的特点，仍称聚丙烯腈纤维。纯聚丙烯腈纤维几乎没有生产。

聚丙烯腈纤维有很多优良的性能，如蓬松、柔软、酷似羊毛，而且某些指标甚至胜过羊毛,如强度比羊毛高,比重比羊毛轻。广泛用于与羊毛混纺,或代替羊毛或其他天然纤维和化学纤维混纺,有"合成羊毛"的美名。聚丙烯腈纤维生产的一个特点是绝大部分产品(99.8%)是短纤维,用于民用,长丝只占极小部分,主要用作碳纤维的原丝。聚丙烯腈加热到230℃以上时,只发生热分解而不熔融,只能采用湿法纺丝。聚丙烯腈纤维的增长速度亦很惊人,1980年产量达202万吨,占合成纤维总产量的五分之一,仅次于聚酯、聚酰胺。

在合成纤维中占第四位的是聚丙烯纤维,是20世纪50年代后期工业化的品种,丙烯的来源非常丰富,石油裂解装置在生产乙烯的同时联产丙烯。非常规的聚烯烃大都是无定形的,熔点很低,不具备制取纺织纤维的条件,实际应用很有限。直到1950年齐格勒和纳塔发明了新型的催化剂,合成了具有等规结构的聚丙烯,才大大改变了面貌。等规物的熔点比无规物高70~100℃。由于结构改变,熔点大大提高,这对寻找耐高温合成材料的人们来说,无疑是一个惊人的发现。齐格勒和纳塔在1954年获得制取等规聚丙树脂的专利,1957年在意大利实现了工业化。纳塔等人又继续探索用等规聚丙烯纺制纤维,并于1959年实现工业化。1962年后美、英等国也开始了聚丙烯纤维的生产。

聚丙烯熔点170℃,完全分解温度320℃,故可采用熔体纺丝,生产极为简便,纤维强度高,相对密度小(0.91~0.92)。在开发聚丙烯纤维的初期,人们曾寄予很大希望,称为"理想的纤维""梦幻的纤维"。但由于聚丙烯纤维染色性、吸水性、耐光性差,穿着性能如形状稳定性、手感、耐熨烫性等都不如聚酯、聚酰胺、聚丙烯腈纤维。在衣料纤维的竞争中敌不过它们,大多用于制作工业用品、家俱织物、地毯等,影响了聚丙烯纤维的发展。等规聚丙烯具有其他合成树脂不同的独特性能,即有薄膜成形和原纤化的特点,当薄膜撕裂成线带再高倍拉伸时,分子取向沿纤维轴平行排列,轴向强度很高,但横向强度降至极限值,使薄膜分裂成纤维。较粗的膜裂纤维(30~50 D)可以代替黄麻作包装材料或编织绳索,较细的膜裂纤维(3~15 D)可用于地毯底布、针织地毯、室内装饰物、帆布、缝纫线、无纺布等。膜裂纤维由于制造工艺简单、产量高、投资少、操作方便等优点,在聚丙烯纤维中占有特殊地位,使聚丙烯纤维产量迅速上升,世界生产聚丙烯纤维的国家也增至40多个,1980年产量达110万吨,但其中2/3是膜裂纤维,所以国外在统计合成纤维总产量时往往不把聚烯烃纤维的产量包括在内。

维尼纶纤维,即聚乙烯醇缩甲醛纤维。早在1924年德国就发表了合成聚乙烯醇树脂的报告。1931年进行了用聚乙烯醇树脂生产纤维和薄膜的研究。聚乙醇分子链结构中含有较多亲水的自由羟基,得到的纤维和薄膜是水溶性的,只能用于特殊的场合,如手术缝线等,缺乏广泛实用价值。直到1939年日本京都大学教授樱田一郎和朝鲜化学家李升基共同研究提出了热处理和缩醛化处理方法,才使其成为耐热、耐水性良好的纤维。刚纺出的纤维在热水中就能溶解,若将纺丝拉伸后的纤维进行热处理，使分子敛集密度进一步提高，再用甲醛处理，使甲醛与聚乙烯醇长链分子上的部分羟基缩合，因减少了亲水的自田羟基而提高了纤维的耐热水性，使水中软化点提高至 115～120℃。1949 年日本高分子化学协会将它命名为"维尼纶"。这种纤维在发展初期由于价格低廉，曾受到一定重视，美国、西欧等国都曾购进日本专利，但其性能与主要合成纤维品种相比较有逊色。一是弹性差，织成的织物易折皱；二是染色性能差，不易染成鲜艳的色泽；三是耐热水性能差，织物的缩水率较大。而且随着石油化学工业的发展，其他合成纤维的成本有很大下降，从而使聚乙烯醇纤维的发展停滞不前。生产国家也仅有日本、朝鲜和中国。维纶由于受到其本身性能所制约，其服用领域从 20 世纪 80 年代中期开始已逐渐被其他合成纤维品种所取代，中国产量由最高十几万吨下降到 5 万吨左右。愈来愈多的生产厂把原料乙酸乙烯和聚乙烯醇向涂料工业发展，用于胶黏剂、涂料、纺织浆料、精细化工原料等方面，目前 PVA 已大部分用于非纤领域，非纤用量已占总量的 70% 以上。

氨纶（聚氨酯弹性纤维）是当今最富弹性的一种合成纤维，也被称作弹性纤维。它是以聚氨基甲酸酯为主要成分的一种嵌段共聚物制成的纤维。根据氨纶生产所用原料的不同，习惯上又分为聚醚型氨纶和聚酯型氨纶。目前氨纶在纺织新产品中占有极其重要的地位。

氨纶早在 1937 年由德国拜耳（Bayer）公司首先开发成功，美国杜邦公司于 1959 年研制成功自己的专利技术并开始工业化生产。20 世纪 60 年代后有较快增长。近些年，随着氨纶加工技术的进步，应用领域不断扩大，发展速度加快。至 2009 年全球氨纶产量达 35 万吨左右。

特殊用途的纤维有极好的耐高温、耐燃性能，主要应用于有特殊要求的军工和高新技术领域，如航天工业中的飞行器结构材料、各种复合材料、过滤材料等，主要包括碳纤维、芳纶、超高相对分子量聚乙烯纤维、聚苯硫醚纤维等。

合成纤维品种中的功能纤维，具有传递光、电以及吸附、超滤、透析及渗透、离子交换等特殊功能，还有服用保健性、舒适性、安全性等特殊功能，如部分导电、抗静电、吸湿、抗起球、抗菌等差别化纤维就具有特殊的功能。

近些年随着合成纤维性能的提高和功能的多样性，合成纤维在非纺织领域的需求越来越大，应用市场不断拓展，世界合成纤维的消费结构不断发生变化。同样，我国合成纤维在服用、家用、产业用三大领域的消费比例也从 2000 年的 58%、26% 和 16%，演变为 2009 年的 50%、28%和 22%。

参 考 文 献

[1] 《钱之光传》编写组. 钱之光传 [M]. 北京：中共党史出版社，2011.

[2] 《当代中国》丛书编辑委员会. 当代中国的化学工业 [M]. 北京：中国社会科学出版社，1986.

[3] 中国化工信息中心. 中国化学工业年鉴.
[4] 中国石油化工集团公司年鉴. 北京：中国石化出版社.
[5] 中国石油和石化工程研究会. 中国石油和石化工程建设年鉴（2001—2005）（2006—2010）. 北京：中国石化出版社.
[6] 陈锦华. 国事忆述 [M]. 北京：中共党史出版社，2005.
[7] 李相明，吴军. 我国化学纤维及其原料工业发展规划思路与对策. 北京：中国国际工程咨询公司，2000.
[8] 中国石油和化工经济数据快报，2011（3）.
[9] 中国化学纤维工业协会. 2012年中国化纤经济形势分析与预测 [M]. 北京：中国纺织出版社，2012.

编撰人：任子臣　沈渭

第十六章 合成橡胶工业

天然橡胶（简称 NR）来源于橡胶树。在种植生长的橡胶树干上，用刀割开一道切口，便流出乳白色树汁，这种树汁叫做胶乳，经过收集和凝聚脱水等加工后，便可制得具有弹性的固状橡胶。由于它是由橡胶树天然生成的，所以称天然橡胶。

合成橡胶（简称 SR）是人们采用化学方法人工合成的一种性能类似或超过天然橡胶的新型有机高分子弹性体。它是以石油、煤炭为初始原料，通过多种化学方法先制取合成橡胶的基本原料（也叫单体），再经过聚合反应以及凝聚、脱水、干燥、成型等工序，制得具有弹性的高分子聚合物。

合成橡胶与天然橡胶虽来源不同，但性能类似，用途同域，各具优势，都是国民经济发展、科学技术进步和人民日常生活中不可缺少的重要物资。现全球消耗合成橡胶已占橡胶消费量的六成。

回顾我国合成橡胶工业的发展史，大体上经历了三个历史发展阶段。

第一节 自主开发和全面科技攻关阶段

1950 年，世界上只有美国、苏联、德国等为数不多的国家掌握合成橡胶生产技术。为了掌握这门技术，重工业部 1951 年派出武冠英、吴嘉祥、吴金城等技术人员赴苏联学习合成橡胶专业。当时，重工业部明确规定：发展化学工业，必须大力加强科研部门，调配有培养前途的技术人员充实这些部门。1953 年，大连工学院根据第一个五年计划期间的重点建设项目的要求，成立了合成橡胶专业教研室，当年招收了第一届学生。1954 年，大连工学院应兰化公司合成橡胶厂的需要，开办了技术干部培训班，由吴嘉祥及武冠英等授课，为兰化公司培养生产合成橡胶的技术人才。1956 年，国家又相继派出一批技术人员去苏联合成橡胶工厂学习管理技术，如林殷才（原化工部副部长）等，开始大批培养专业人才。这些人才在以后的全国性合成橡胶技术攻关中发挥了重大作用。

中华人民共和国成立以后，合成橡胶工业之所以取得较大发展，与一开始就重视人才的培养，重视科学技术，有着密切的关系。中国合成橡胶工业科技人员在这一领域取得的一些成就，在世界范围内也是屈指可数的。

我国合成橡胶的科研探索始于20世纪50年代初期。1951年，长春应用化学研究所在实验室得到以乙炔为原料的氯丁橡胶。两年后，在大量试验数据的基础上，该研究所建成橡胶的实验装置，用装有半圆勺形多孔铜搅拌器的反应筒合成乙烯基乙炔，用间断法合成氯丁二烯，用烘房干燥橡胶薄片。虽然实验装置简陋，但它却孕育着中国合成橡胶工业的新生。长春应用化学研究所还研究了顺丁橡胶、异戊橡胶、稀土顺丁橡胶等。

在20世纪50年代，中国还不具备以石油化工产品为原料生产合成橡胶的条件，所以以电石乙炔为原料研究制取氯丁橡胶的技术，很快引起了有关方面的重视。1957年7月，实验装置由长春迁往四川长寿。这个化工厂利用旧设备改装实验车间，于1957年12月落成投产。由于实验装置在工艺上做了部分改造，月产橡胶达到1吨。随后在实验车间生产的基础上，经过不断提高、改进，于1958年7月建成年产2000吨氯丁橡胶的生产车间。这个千吨级合成橡胶装置在四川长寿化工厂的建成投产，标志着中国合成橡胶工业开始起步。而工业化生产则是从20世纪50年代末和60年代初期开始。1958年在四川长寿建成的氯丁橡胶生产装置和1960—1962年在兰州分别建成的由前苏联援建的1.35万吨/年丁苯橡胶与0.15万吨/年丁腈橡胶生产装置，标志着我国合成橡胶工业的创立。不同橡胶品种发展历程如下。

一、氯丁橡胶

1951年，东北科学院（中国科学院长春应用化学研究所前身）首先在实验室合成出以电石法乙炔为原料的氯丁橡胶。1953年，该院在日产20千克的100升聚合釜扩试装置上制得通用型及苯溶性两种氯丁橡胶。1955年后由沈阳化工试验所（化工部沈阳化工研究院的前身）继续进行了氯丁橡胶和聚硫橡胶的工业化开发研究。

氯丁橡胶试验装置迁往四川长寿，并改建为月产1吨的试验新装置。1956年苏联专家巴巴杨作技术顾问，协助筹建长寿氯丁橡胶化工厂（长寿化工厂），并至1958年参加试车。长寿化工厂1958年10月4日投产成功。

从20世纪60年代初到80年代初，在当时国内和国际环境条件下，我国对主要合成橡胶品种的生产技术进行了全面的科技攻关，力求独立自主地发展我国的合成橡胶工业。

1965年，化学工业部首先围绕投产不久的氯丁橡胶组织了技术攻关。长寿化工厂在一年之内实现了一系列的设备和工艺改造，试制成功非硫调节型氯丁橡胶、耐寒氯苯橡胶、粘接型氯丁橡胶及氯丁胶乳等新品种。在改造成功的基础上，大同与青岛的0.25万吨/年的氯丁橡胶装置也于1965年和1966年相继建成投产。

二、丁苯橡胶

东北科学院 1953 年采用过硫酸钾为引发剂、脂肪酸皂为乳化剂的高温乳液聚合工艺，在进行了单体量为日产 100 千克的实验室扩大试验后，建成了 1 吨/年的丁苯橡胶试验装置。SBR 的试验工作为合成橡胶的工业化做了技术准备。

1954 年苏联合成橡胶设计院总设计师赴兰州西固勘察厂址。1960—1962 年，兰州化学工业公司建成苏联援助的 156 项工程之一的兰化公司合成橡胶厂丁苯橡胶和丁腈橡胶装置。

1965—1966 年，兰化公司合成橡胶厂采用兰化公司化工研究院的科研成果淘汰了从前苏联引进的以拉开粉为乳化剂的高温丁苯硬胶生产旧工艺，开始生产以歧化松香酸皂为乳化剂的低温丁苯软胶。该厂后来又进一步改造了落后的聚合及后处理工艺设备，使丁苯橡胶产能达 3.6 万吨/年，该项生产技术接近当时世界先进水平。

三、顺丁橡胶

顺丁橡胶是完全依靠我国自己力量研究开发成功的，其产品质量和生产技术均达到世界先进水平。

1957 年，中国科学院长春应用化学研究所首先开始研究丁二烯的定向聚合。在 1965 年以前的小试阶段，该所先后对铝钛、钴、稀土、镍等催化体系一一进行了探索，初步发现镍系催化剂合成的顺丁橡胶加工性能好，水分含量对聚合反应影响小。

20 世纪 60 年代初，在国家有关部、委（国家计委、中国科学院、化工部、石油部、第一机械工业部、高教部）的联合组织下，开始以顺丁橡胶为主，包括乙丙橡胶、丁基橡胶及异戊橡胶等品种的科技攻关会战。其中，顺丁橡胶乃是我国独立自主开发成功的代表品种。

中国科学院长春应用化学研究所及北京化工研究院先后分别开展了钴和镍催化体系合成顺丁橡胶的研制工作，发现采用镍系催化剂时，聚合的稳定性和聚合物的性能均优于钛系或钴系；中国科学院兰州化学物理研究所则在以钼系多元催化剂进行丁烯氧化脱氢制丁二烯的研究工作方面取得重要进展。在上述技术路线被确定为主攻方向并列入国家重点计划后，1965 年年底兰州化工研究院（即后来的兰化公司化工研究院，以下简称兰化院）首先建成 500 吨/年丁烯氧化脱氢制丁二烯固定床及 30 吨/年顺丁橡胶中间试验装置。此后，在锦州石油六厂于 1966 年建成以 6 米^3 聚合釜为核心的千吨级顺丁橡胶中试装置。两个试验基地进行的分别以苯和汽油为聚合溶剂的长周期聚合试验先后获得成功。经过长春应用化学研究所和锦州石油六厂的反复实验，积累了大量数据和经验。

1966 年 1 月国家科委、化工部等部门组织数十个单位近千人参加开发顺丁橡胶攻关大会战，完成了锦州顺丁橡胶全流程中试，并采用镍系引发剂的丁二烯，开展聚合以及轮胎试制研究。

1970年在北京石油化工总厂胜利化工厂的攻关会战，终于解决了汽油溶剂挂胶的问题，大大延长了聚合时间，开发成功了具有中国特色、采用加氢汽油为溶剂、镍催化体系的顺丁橡胶成套技术。北京石油化工总厂在千吨级中试装置试验的基础上，由化工部第一设计院为主进行了生产能力为1.5万吨/年顺丁橡胶的成套装置设计。这套万吨级顺丁橡胶的技术设计，系利用北京石化总厂东方红炼油厂的副产品丁烯，经氧化脱氢生产丁二烯单体，进行高分子聚合，再经过后处理的凝聚、挤压脱水、膨胀干燥，最后压块包装出厂。这套建在北京石油化工总厂胜利化工厂的大型装置，完全是中国自行开发、自行设计、自行制造设备的万吨级合成橡胶厂。1971年2月，北京燕山石化公司合成橡胶厂以丁烯氧化脱氢制丁二烯为原料、以脂肪烃为聚合溶剂的1.5万吨/年顺丁橡胶生产装置建成。随后集中全国技术力量再次攻关，解决了该装置丁二烯自聚物堵塔、聚合釜挂胶、污水质量超标和橡胶质量不稳定等难题，使生产得以顺利进行。20世纪70年代后期和80年代初，又先后掌握了聚合系统微量水的控制、聚合釜结构的改进和大型化、溶剂回收工艺流程及凝聚釜和后处理设备的改造技术。在20世纪80年代后期，形成了具有中国特色并处于世界领先水平的顺丁橡胶生产技术。1974年，锦州年产0.6万吨顺丁橡胶；1976年，齐鲁石化公司年产1.5万吨顺丁橡胶；1976年，上海高桥石化公司年产1万吨顺丁橡胶；1980年，岳阳石化公司年产1.5万吨顺丁橡胶装置先后投产，实现自给有余。

我国是世界上研究开发稀土催化剂用于二烯烃聚合最早的国家，中国科学院长春应用化学研究所的科学家们为此做出了杰出的贡献。20世纪60年代初，他们开始探索稀土催化剂在丁二烯定向聚合中的应用，取得了突破性进展。1964年，我国科技工作者在世界上首先公开发表了稀土催化体系YC_{13}-Et_3Al用于丁二烯定向聚合的论文。20世纪70年代初，该所研制成功高活性的脂肪酸稀土和环烷酸稀土催化体系，1971年后与锦州石油六厂协作，在30升聚合釜模拟连续聚合试验装置和1.5米^{3}釜的千吨级装置上进行了以环烷酸稀土三元催化体系合成顺丁橡胶的工业放大试验。结果表明：稀土体系聚合反应平稳，挂胶轻微，产品相对分子量较高，相对分子量分布较宽，具有较好的物理机械性能和加工性能。20世纪90年代后期，又围绕提高催化剂活性进行了改进。

四、乙丙橡胶

在合成橡胶全面科技攻关中，乙丙橡胶、丁基橡胶和异戊橡胶的科研开发工作也都取得不同程度的进展。乙丙橡胶还建设了工业装置。

1960年，北京化工研究院、长春应用化学研究所均开始合成乙丙橡胶的研究，

1962年在北京建成50吨/年中试装置。1960—1971年期间，进行了非均相与均相催化体系、二元与三元共聚、常压与加压聚合工艺的研究，利用扩试装置还提供少量二元乙丙橡胶满足军工部门的需求。在科研取得阶段性成果的基础上，1971年在兰化公司合成橡胶厂建成2000吨/年的半工业性常压聚合生产装置，采用国产三氯氧钒/倍半铝催化体系，以煤焦油制双环戊二烯为第三单体，主要生产黏度为80的乙丙橡胶。产品质量稳定，但生产牌号单一。1972—1975年进行了联合技术攻关，引入加压聚合技术。1975—1977年，兰化公司合成橡胶厂又与兰州炼油厂科研所协作，试产了用作润滑油油品黏度指数改进剂的低相对分子量二元乙丙共聚物。在此期间，长春应用化学研究所从事了合成乙丙橡胶大量的基础性研究，特别是活化剂的作用、五九酸钒催化体系以及结构与性能相关性等应用性理论的研究。大连化学物理研究所及浙江大学在聚合反应、附载催化剂、助剂影响以及聚合物分子结构的表征等方面也进行了一系列的研究。北京化工研究院、长春应用化学研究所对乙丙胶应用也做了大量工作。

由于原料乙烯、丙烯供应不足以及技术不够成熟问题，兰州乙丙橡胶装置于20世纪90年代关闭。

20世纪70年代，在江苏南京石油化工二厂建设了年产5000吨乙丙橡胶装置，由于原料乙烯不落实，没能投产。

五、丁基橡胶

1966年，兰州化工研究院开始淤浆聚合工艺合成丁基橡胶的实验室研究，1969年告一段落。因氯甲烷等原料问题一时难以解决，中试被搁置。1970—1977年，兰州化工研究院祖耐、方兆伟等技术人员与中国科技大学、山西省燃料化学研究所等单位合作，开展了以三氯氧钒/倍半铝催化体系，以加氢汽油为聚合溶剂，在-70℃聚合连续溶液聚合的全流程试验，1973年在外冷式聚合釜中试装置上连续运转252小时。在此基础上，完成了工业装置的基础设计，但橡胶存在收缩性较大影响加工的质量问题，虽经采用混合溶剂有所改善，但仍不理想。1978年，化工部决定恢复淤浆聚合工艺的开发，并改造1965年建成的原中试装置，1979年初100吨/年规模的中试装置建成，开始进行试验，同时还建成聚合釜容积为100吨的冷模试验装置。1979—1983年期间，以聚合釜的稳定运转为中心，共进行了一百余次的中间试验，并且根据概念设计的要求，按照工业开发的正规程序，全面开展了工艺、设备、工程、控制、分析测试以及加工应用的研究，并完成了万吨级丁基橡胶工业装置的技术经济评价，有了一定的技术基础。

1983年，提出并着手实施中试装置技术改造方案。后因上级主管部门决策变化，1983年5月停止试验工作。

六、异戊橡胶

1965 年，长春应用化学研究所开始钛催化体系合成异戊橡胶的研究，随后与吉林化工研究院（即后来的吉化公司研究院）合作进行了改性钛系异戊橡胶的放大试验，1970 年开始转向性能更好的稀土异戊橡胶的合成研究，随后不久便建成 100 吨/年的中试装置。经过十余次长周期运转试验，1975 年完成中试和异戊橡胶里程试验；中试装置连续运转 1500 小时以上，并在北京燕山石化公司合成橡胶厂的万吨级顺丁橡胶生产装置上进行了考核性试生产。后来，研究工作长期停滞。

异戊橡胶和丁基橡胶用的单体异戊二烯，我国在 20 世纪六七十年代也进行了全面的研究。兰州、吉林、泸州、大连等地的研究单位先后从事过异丁烯和甲醛合成的两步法、一步法研究，乙炔丙酮合成法以及丙烯二聚法的生产全流程开发。此外，20 世纪 80 年代北京化工研究院完成了由裂解 C_5 馏分抽提异戊二烯、环戊二烯的工业化开发，并与上海石化总厂合作建成了年处理量为 2.5 万吨的工业试验装置。该装置投产后，为生产丁基橡胶和苯乙烯-异戊二烯-苯乙烯（SIS）提供了异戊二烯原料资源。

七、丁腈橡胶

兰州合成橡胶厂于 1962 年 8 月建成年产 1500 吨硬丁腈橡胶装置，由前苏联引进热法乳液聚合技术，并曾在 1.5 万吨/年丁苯橡胶装置试生产丁腈橡胶。

第二节　引进技术与国内开发相结合，合成橡胶工业生产快速增长阶段（20 世纪 80 年代初—2000 年）

在改革开放形势的推动下，20 世纪 80 年代开始，引进国外先进技术及装置的步伐明显加快，如表 16-1 所示。

表 16-1　1980—2000 年引进技术建成投产的合成橡胶装置

橡胶装置	引进国家及公司	设计能力/（千吨/年）	投产年份	地　址	备　注
E-SBR	日本 JSR	80	1982	吉林省吉林市	已扩大至 130 千吨/年
E-SBR	日本 Zeom	80	1987	山东省淄博市	已扩大至 230 千吨/年
NBR	日本 JSR	10	1993	吉林省吉林市	
S-SBR	比利时 Fina	30	1997	广东省茂名市	多功能装置

续表

橡胶装置	引进国家及公司	设计能力/(千吨/年)	投产年份	地址	备注
LCBR	比利时 Fina	10	1997	广东省茂名市	多功能装置
SBS	比利时 Fina	10	1997	广东省茂名市	多功能装置
NBR	日本 zeon	15	2000	甘肃省兰州市	
EPDM	日本 Mitsui	20	1997	吉林省吉林市	扩至45千吨/年
IIR	意大利 PI	30	1999	北京市	

在这一时期,国内外合资建设合成橡胶生产装置的速度也明显加快。1986年,上海高桥石化-宝兰山公司：3千吨/年羧基丁苯胶乳装置建成；由台湾合成橡胶公司与有关单位投资建设的100千吨/年ESBR装置于1998年在江苏南通建成投产(2003年扩大至120千吨/年)。

20世纪八九十年代,在大批引进装置投产之际,国内在锂系合成橡胶和乳聚橡胶等领域的科技开发工作取得了突破性进展。首先是苯乙烯类热塑性弹性体迅速实现工业化。1984年,岳化公司合成橡胶厂采用燕山石化公司研究院的中试技术首次进行千吨级工业试生产,填补了我国SBS工业化生产的空白。北京燕山石化公司研究院与岳阳石化公司合成橡胶厂、北京化工大学、大连理工大学等单位合作,用10年左右时间完成了合成SBS的基础研究和工业化成套技术的开发,我国第一套1万吨/年SBS生产装置在岳化公司合成橡胶厂建成,1990年投产。之后,经多次改造扩建,2004年达120千吨/年。采用燕化公司研究院开发的技术于1993年又在燕山石化公司合成橡胶厂建成了20千吨/年SBS装置,后来又将其扩大至90千吨/年。

20世纪90年代中期,燕化公司研究院还完成了溶聚丁苯橡胶的工业化技术开发,并于1996年建成30千吨/年的生产装置。此外,岳化合成橡胶厂还在2000年建成规模为1千吨/年的SIS生产装置。20世纪八九十年代,锂系合成橡胶的开发与工业化是继顺丁橡胶之后,我国在合成橡胶领域又一项重大技术开发成果SBS合成技术曾向意大利出口。

20世纪80年代中后期至90年代初,在中石化总公司的组织下,兰化公司研究院与兰化公司合成橡胶厂、北京化工大学及有关科研设计院所合作,开展了消化吸收和创新引进乳聚丁苯橡胶技术的研究以及新品种的开发,促进了我国ESBR生产技术的提高。与此同时,吉化公司有机合成厂年产8万吨丁苯橡胶装置和齐鲁石化公司橡胶厂1987年投产年产8万吨丁苯橡胶生产装置均对引进技术,进行消化吸收和多次创新改造,开发新牌号,使产品质量和产量有了大幅度的提高。

同期,合成胶乳的科研开发工作也比较活跃,生产能力有了很大的提高。兰化公司研究院于1963年即首先研制了SBRL-50丁苯胶乳，1983—1985年期间，又在较短时间内采用均相成核和高温聚合技术，试制成功造纸和地毯专用羧基丁苯胶乳，随后在兰化合成橡胶厂建成2千吨/年生产装置。1990年，齐鲁石化公司橡胶厂采用兰化技术，建设10千吨/年羧基丁苯胶乳生产装置。上海高桥石化公司化工厂与加拿大宝兰山（POLYSAR）公司合资建设XSBR生产装置后，1988年宝兰山公司新建20千吨/年装置并将该生产装置转让给德国巴斯夫（BASF）公司后，更名为上海高桥-巴斯夫分散体有限公司，经几次改扩建，总生产能力已达200千吨/年，成为大陆最大的丁苯胶乳厂。到2003年全国合成胶乳（含固50%）总生产能力在50万吨/吨左右。

第三节　台资、外资及民营企业进入产业，合成橡胶高速发展阶段

"十一五"时期是我国合成橡胶产业高速发展的黄金时期。多种所有制企业投资合成橡胶产业，台资和外资、民营和地方企业开始大踏步进入合成橡胶产业。

台资申华（南通）年产10万吨丁苯橡胶装置最早建成投产（1998年）。2003年10月，台资江苏镇江南帝化工公司第一期工程完工，12千吨/年的丁腈橡胶装置投产。台橡宇部（南通）顺丁橡胶、台橡实业（南通）SBS、李长荣（惠州）SBS先后建成。还有LG渤天（天津）SBS、普利司通（惠州）丁苯橡胶装置建成投产。

镇江南帝年产4万吨及宁波顺泽年产5万吨丁腈装置，青岛伊科思年产3万吨异戊橡胶，茂名鲁化化工年产1.5万吨异戊橡胶装置先后建成。浙江信汇合成材料有限公司年产5万吨丁基橡胶、7.2万吨卤化丁基橡胶装置投产运行，燕山建成卤化丁基橡胶装置。大同蓝星山西合成橡胶公司年产3万吨氯丁橡胶装置建成投产，系亚美尼亚合资项目，采用亚美尼亚技术和设备。山东玉皇化工有限公司建设了年产8万吨顺丁橡胶装置。一批产业化技术取得重大突破。兰州化学工业公司兴建5万吨丁腈装置于2009年9月投产。

改革开放30年来，我国合成橡胶工业生产有了跨时代的飞跃，主要胶种都具有生产规模，其中镍系顺丁橡胶、乳聚丁苯橡胶和苯乙烯类热塑性弹性体无论生产规模还是技术水平均达到世界先进水平；在消化吸收引进生产技术（如丁腈橡胶、丁基橡胶、乙丙橡胶）方面也富有创新成果；另外，我国已拥有独立研究开发合成橡胶新产品、新技术的能力，稀土催化体系顺丁橡胶、粉末橡胶、锂系多品种橡胶、新型热塑性弹性体等已陆续实现工业化生产。

江苏南通朗盛台橡3万吨丁腈，江苏金浦6万吨丁腈，中石化俄罗斯5万吨丁

腈橡胶正在建设。

合成橡胶基础原料能力大幅度增加，丁二烯产能增长很快，民营企业山东翔腾达等丁烯氧化脱氢制丁二烯等装置陆续建成投产。由北京燕化公司研究院开发成功的3.5万吨级MTBE裂解制异丁烯生产技术得到广泛应用，已成为国内生产丁基橡胶主流原料技术路线。

第四节 产业现状

根据中国合成橡胶工业协会（CSRIA）统计，2010年我国主要合成橡胶生产企业共26家，生产能力已达283万吨/年，产量达241万吨（包括SBS，不包括合成胶乳及特种合成橡胶）。从1960—2010年，合成橡胶产量的年均增长率13.9%，近十余年来的增长尤为迅速，2010年的产量相当于2000年产量的3.2倍。1960—2010年，我国合成橡胶生产能力与产量增长情况见表16-2，各主要胶种产量增长情况见表16-3。

表16-2 我国合成橡胶生产能力与产量　　　　　　　　　　单位：万吨

年　份	生产能力	产　量
1960	1.6	0.4
1970	4	2.4
1980	12	12.2
1990	35.6	31.2
2000	107	78.9
2010	283	241.0

表16-3 1960—2010年我国主要合成橡胶品种的产量　　　　单位：万吨

胶　种	1960年	1970年	1980年	1990年	2000年	2010年
丁苯	0.34	1.26	3.6	16.7	29.1	94.0
顺丁			7.3	12.0	31.3	65.0
氯丁	0.02	0.93	0.8	1.83	2.98	4.0
丁腈		0.23	0.43	0.43	0.86	8.0
乙丙			0.01	0.02	0.75	1.9
丁基					0.4	4.1
SBS				0.23	13.45	63

经过六十多年的技术发展，我国已经进入世界合成橡胶生产和消费大国行列。我国合成橡胶生产能力位居世界第一位，生产量和消费量居世界第一位。

我国合成橡胶工业自 1958 年氯丁橡胶首先实现工业化生产以来，已经形成了一个以科研、生产、设计、信息和应用开发为中心的比较完整的行业发展体系；建成了一批大型骨干生产企业和科研开发基地；已能生产七大类通用合成橡胶：氯丁橡胶、丁苯橡胶、丁腈橡胶、顺丁橡胶、乙丙橡胶、丁基橡胶和异戊橡胶以及多种合成胶乳（丁苯、丁腈、氯丁等）和热塑性弹性体（SBS.SIS），装置规模大多在世界规模水平；还能生产性能优异与特殊用途的特种橡胶，如硅橡胶、氟橡胶、聚硫橡胶、聚氨酯橡胶等。

一批产业化技术取得重大突破。我国合成橡胶产业采用国内开发的技术实现了 SEBS、卤化丁基橡胶和异戊橡胶产业化生产；已建成丁苯橡胶（SBR）、丁二烯橡胶（BR）、丁腈橡胶（NBR）和 SBS 等一大批大型 SR 装置，稀土顺丁橡胶工业化开发取得新进展。

还采用国内技术设计、建成一批丁烯氧化脱氢制丁二烯、裂解碳四生产丁二烯和裂解碳五全馏分分离生产异戊二烯、环戊二烯的大型工业生产装置，进一步提升了乙烯装置联产品的利用价值，为 SR 产业发展提供了较好的原料基础。2010 年丁二烯产量达 199 万吨。

但是，目前仍然存在产品牌号少、部分产品生产技术水平偏低等问题。2010 年，国产合成橡胶在国内市场上的总体自给率仅为 62%。另外，合成橡胶生产企业与上下游企业联系合作尚不够紧密；合成橡胶领域的一些前沿性科学技术也掌握得不够；产品出口能力较低，在国际市场所占份额太小。

附 国 际 背 景

1826 年，M.法拉第首先对天然橡胶进行化学分析，确定了天然橡胶的分子实验式为 C_5H_8。1860 年，C.G.威廉斯从天然橡胶的热裂解产物中分离出 C_5H_8，定名为异戊二烯，并指出异戊二烯在空气中又会氧化变成白色弹性体。1879 年，G.布查德用热裂解法制得了异戊二烯，又把异戊二烯重新制成弹性体。尽管这种弹性体的结构、性能与天然橡胶差别很大。但至此人们已完全确认，天然橡胶结构是由分子量很大的异戊二烯聚合物组成的，从低分子单体合成橡胶是可能的。

科学家研究方向开始转入不饱和有机化合物单体的合成和聚合反应方面。俄国化学家布特列洛夫长期从事有机不饱和化合物的聚合及同分异构的研究。1867 年利用叔丁醇在硫酸存在下脱水的方法制得了异丁烯，并证明异丁烯可以聚合。他的学生康达柯夫在 1885 年用人工合成的方法得到异戊二烯。随后，在深入细致的研究中，于 1900 年发现了一种与异戊二烯极相似的同系物 2,3-二甲基-1,3-丁二烯可聚合成橡胶的类似物。布特列洛夫学派致力于不饱和有机化合物反应的研究，促进了橡胶人工合成的诞生。

生产天然橡胶要受到只有在特定的地区（热带、亚热带）才能种植的限制。由于橡胶的众多工业和军事用途，曾被许多工业化国家作为一种重要的战略物资。因此，生产天然橡胶受到限制的工业化国家，力求从化学合成方面谋出路。

第一次世界大战以前，俄、英、德国都在进行解决合成橡胶工业化的研究，焦点是如何才能获得来源丰富、制造容易的合成橡胶单体。1913年以前世界各国已合成21种可以聚合成橡胶的不饱和化合物。异戊二烯由于不易获得，研究转移到丁二烯的制取上。1911—1916年间提出了多种合成丁二烯的方法。1915年奥斯特洛梅斯连斯基制订了从乙醇制取丁二烯的二段制造法。在合成橡胶工业史上，用酒精生产丁二烯合成丁钠橡胶的列别捷夫法占有重要的地位。1910年他发现1,3-丁二烯转化成橡胶产物的聚合反应，并得出结论，凡有共轭双键的二烯烃化合物都能聚合成橡胶类似物。直到今天，丁二烯一直是合成橡胶的主要单体。

第一次世界大战时期，德国用二甲基丁二烯制造合成橡胶，在世界上首先实现了合成橡胶的工业化生产。但是由于没有研究成功一个比较有效的合成路线，需要在30～35℃下聚合3～6个月，产品的质量差、成本高，因此第一次世界大战结束后就停止了生产。尽管如此，世界上第一次实现了合成橡胶的工业化生产，1916—1918年三年间，德国用这种方法共制造了2350吨甲基橡胶。

苏联十月革命后，投入大量力量解决缺乏橡胶的困难。1926年全苏化学会宣布开展合成橡胶制造最佳方法的国际竞赛运动。次年在列别捷夫主持下设计了世界上第一个制造丁二烯的工厂，解决了丁钠橡胶合成原料来源问题。1931年获得了第一批中试产品，共260千克。试验成功，同年6月7日就在雅洛斯拉夫建造了世界上第一个大规模生产合成橡胶的工厂。在另一城市瓦隆涅什又破土动工建造了另一个新的合成橡胶工厂。

在两种单体共聚型橡胶的研究方面，以德国为最早。1929—1930年间，德国化学家们曾用过氧化物作为引发剂，在水乳液中实现丁二烯与苯乙烯的共聚合和丁二烯与丙烯腈的共聚合，前者叫布钠S，即今日的丁苯橡胶（SBR），后者称布钠N，即丁腈橡胶（NBR）。无论从聚合方法或产品品种来说，这两种橡胶在合成橡胶史上都有重要意义。丁苯橡胶在当时由于质量远远不能与天然橡胶相比，因此未能立即投入工业化生产，而丁腈橡胶因为具有耐油的特点，1935年就开始有商品出售。直到第二次世界大战，由于天然橡胶奇缺，丁苯橡胶才作为重要的通用橡胶品种在德国和美国开始工业化生产。后来发现，经过改进生产工艺后，生产的丁苯橡胶具有一系列的优点，因此今天丁苯橡胶成为合成橡胶的最大品种，它的产量占所有合成橡胶总产量的一半以上。

1941年珍珠港事件以后，日本切断了美国天然橡胶来源的供应，加上战争中橡胶的需求量急剧上升，美国也大力开发合成橡胶的研究，并迅速实现合成橡胶的工业化生产。仅在 1942—1944 年间美国和加拿大共建造了 387 个工厂生产合成橡胶，总产量高达 100 万吨，主要品种是丁苯橡胶。

在特种橡胶的研究上，美国取得显著的成果，在 1920—1924 年间，帕特里克和诺金用二氯乙烷与多硫化钠作用，合成了聚硫橡胶。这种橡胶有两大特点，一是具有极其优异的耐油性，二是没有不饱和的碳碳双键，具有优良的抗老化作用，密封性能优良，至今在航天工业中仍然广泛用作密封橡胶腻子材料。

美国科学家还研究开发了另一种特种橡胶——氯丁橡胶。这种橡胶具有优异的耐臭氧性能和耐候性，至今它仍然是重要的特种橡胶品种之一。纽兰德在乙炔化学方面的研究，从乙炔制得了乙烯基乙炔，并通过氯化氢与乙烯基乙炔的反应得到氯丁二烯。卡罗瑟斯利用纽兰德的方法，制得了氯丁橡胶。1932 年杜邦公司实现了氯丁橡胶工业化。

丁基橡胶的气体密封性是其他任何橡胶都比不上的，现今成为无内胎轮胎生产必不可少的防漏气的内层胶，而且有很好的耐腐蚀性，可用于化工防腐。1930 年，美国标准石油公司与德国法本公司共同开发石油化工产品的应用。法本公司透露关于异丁烯可以在强路易斯酸催化剂作用下于 $-75℃$ 聚合成高分子化合物的技术秘密。公司经理想用它来作为燃料添加剂，而公司里的两位化学家汤麦斯和斯帕克斯的兴趣却在研究这种聚合物不平凡的特性，他们加入少量的异戊二烯，制得了这种既能硫化、气密性又好的丁基橡胶。丁基橡胶硫化是一个重要的技术难关，他们在攻克这一难关的同时还合成了其他许多牌号的丁基橡胶。经过十多年的努力，1942 年丁基橡胶终于作为正式商品出售。

20 世纪 50 年代，立构规整橡胶的出现是合成橡胶发展中的重大里程碑，定向聚合导致合成橡胶工业发生了新的飞跃。无论在生产方法或产品质量上，都发生了根本性的变化，出现了一系列立体规整的合成橡胶。采用同样的丁二烯原料，通过定向聚合可以生产出性能优异得多的聚丁二烯橡胶（顺丁橡胶等），是原来的丁钠橡胶无法比拟的。代表性的产品有 60 年代初投产的高顺式-1,4-聚异戊二烯橡胶，简称异戊橡胶，又称合成天然橡胶；高反式-1,4-聚异戊二烯，又称合成杜仲胶；及高顺式、中顺式和低顺式-1,4-聚丁二烯橡胶，简称顺丁橡胶。此外，尚有溶液丁苯和乙烯-丙烯共聚制得的乙丙橡胶等。

定向聚合属于离子型聚合，1956 年后，由于离子型聚合取得惊人的成就，使高分子化合物的结构与性能的关系明确起来，在"高分子设计"方面为合成人们所需要的预定结构找到了解决的途径。打破了塑料和橡胶的传统分界线，使合成热塑性弹性体成为可能。

定向聚合不仅可以用于合成橡胶工业，在其他高分子合成中都有广泛的应用价值和深远意义。齐格勒和纳塔是继斯陶丁格尔之后在高分子领域中获得这种最高荣誉的第二批学者。

参 考 文 献

[1] 张勇,李成国,刘大华,张爱民,程曾越. 中国合成橡胶工业总览 [M]. 北京:中国计量出版社,2005: 1-300.
[2] 中国合成橡胶工业协会秘书处. 2010 年国内合成橡胶产业的回顾及展望 [J]. 合成橡胶工业,2011, 34(2):83-85.
[3] 蔡小平,陈文启,关颖. 乙丙橡胶及聚烯烃类热塑性弹性体 [M] //合成橡胶技术丛书. 北京:中国石化出版社,2013.
[4] 兰州化工研究院. 合成橡胶工业 [M]. 北京:燃料化学工业出版社,1972.
[5] 张传贤,火金三. 丁腈橡胶 [M]. 北京:中国石化出版社,2010.
[6] 北京化工研究院,乙丙橡胶专题组. 乙丙橡胶 [M]. 北京:燃料化学工业出版社,1970.
[7] 程曾越,中国石油和石化工程研究会. 合成橡胶 [M]. 北京:中国石化出版社,2006.
[8] 兰州化学工业公司,北京化工研究院. 合成橡胶工业知识 [M]. 北京:燃料化学工业出版社,1972.
[9] 齐润通. 国内合成橡胶产业"十一五"回顾及"十二五"发展预期 [C] //中国化工信息中心周刊大连论坛论文集. 北京:2012.
[10] 梁爱民. 世界合成橡胶工业现状和我国合成橡胶工业技术进展 [C] //中国化工信息周刊大连论坛论文集. 北京:2012.
[11] 傅叔勉,龙昌烈,何俊英. 当代中国 [M]. 北京:中国社会科学出版社,1987.
[12] 黄葆同,欧阳均. 络合催化聚合合成橡胶 [M]. 北京:科学出版社,1981.
[13] [日] 安东新午,川崎. 石油工业手册(下册)[M]. 北京:燃料化学工业出版社,1970.
[14] 化工部合成橡胶技术情报中心站. 1964 年合成橡胶发展情况 [M] //合成橡胶及石油,化学专业分册. 兰州:兰州化工研究院,1965.
[15] 胡徐腾. 走向炼化技术前沿 [M]. 第 2 版. 北京:石油工业出版社,2010.
[16] 北京化工研究院. 高分子化学工业译丛第四辑乙丙橡胶 [M]. 北京:中国工业出版社,1964.
[17] 中国合成橡胶工业协会,中国化工信息中心. 2012 年合成橡胶及热塑性弹性体发展论坛论文集,2012.
[18] 大连工学院. 合成橡胶工艺学 [M]. 北京:中国工业出版社,1961.
[19] 化工部情报所. 世界化学工业统计简编 [M]. 1985.
[20] 周文荣. 国内合成橡胶产业发展分析 [C] //2012 年中国橡胶年会论文集. 青岛论坛,2012.

编撰人:任子臣(中国国际咨询工程公司原石化轻纺部主任)

第十七章 煤化学工业

第一节 概　述

煤化工是以煤为原料，经过化学加工使煤转化为气体、液体、固体三种形态的化学品和燃料的过程，它生产出两类重要工业产品——清洁能源和化工品。

煤化工涵盖着煤的一次化学加工、二次化学加工和深度化学加工三个阶段的化学变化过程。

煤化工生产技术包括煤的焦化、气化、液化，煤的合成气化工，焦油化工，电石乙炔化工，制氢，氨合成，甲醇合成等。其中，许多技术始于工业革命时代，发展历史超过一百年，为区分近年发展起来的新兴煤化工技术，将这部分划作传统的煤化工技术范畴。

新一代煤化工技术是指以煤气化为龙头，应用近年开发出的新工艺和新技术，制取油气燃料或化工产品的煤化工技术。与传统煤化工技术的一个重要区别是，新一代技术更加重视煤炭的洁净利用技术（见图17-1）。

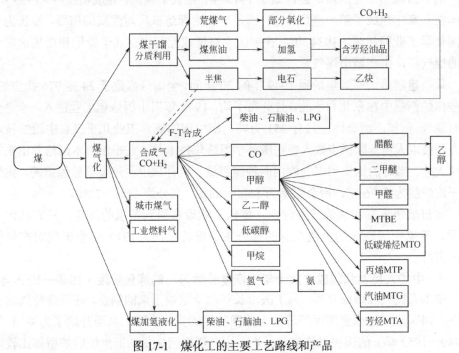

图 17-1　煤化工的主要工艺路线和产品

中华人民共和国成立后,我国相继建设了太原、兰州、吉林三大煤化工基地。到 20 世纪六七十年代,各地建成一批以煤为原料的中小型氮肥厂,我国以化肥工业为主的煤化工产业初步形成。20 世纪 70 年代随着石油化工的兴起,除炼焦业随钢铁工业的发展而不断发展外,众多煤化工产业一度受到冷漠;进入 21 世纪后,伴随国际原油价格的不断上涨和我国原油对外依存度的攀升,煤化工产业重新受到了人们的重视。

第二节 发展历程

一、传统煤化工行业

(一) 炼焦行业

煤在隔绝空气的条件下干馏,经过干燥、热解、熔融、黏结、固化、收缩等阶段最终制成焦炭。这一过程被称为炼焦。根据炼焦的最终温度,可以将其分为高温炼焦和中低温炼焦。通常所说的炼焦主要是指高温炼焦,其焦炭主要用于高炉炼铁和有色金属的鼓风炉冶炼,在其中起到还原剂、发热剂以及料柱骨架作用。

1. 旧中国"穷白"的炼焦行业(1919—1949 年)

旧中国炼焦工业的焦炉建设始于 1919 年,建设于鞍钢,并成功投产。1925 年,中国在石家庄建成了第一座焦化厂,满足了汉冶萍炼铁厂对焦炭的需要,被认为是我国化学工业的起源。1934 年,在中国上海建成拥有直立式干馏炉和增热水煤气炉的煤气厂,生产城市煤气。

从自建起第一座炼焦炉到 1949 年的 30 年间,全国只修建了 24 座 976 孔焦炉。这些焦炉都集中在东北和华北,且分布不均。1943 年旧中国炼焦工业进入一个"全盛时期",但年产冶金焦也只有 251 万吨。旧中国的炼焦工业几乎没有中国的技术工人和技术人员,除极少数人曾在国外学习炼焦技术外,几乎没有本国培养出来的炼焦人才。当时的炼焦用煤一般由两种煤组成,也有只用主焦煤单独炼焦的,焦炉的平均炉龄为 5~6 年,冶金焦率为 86%~88%,灰分为 16%~22%。

抗日战争末期和解放战争时期,炼焦工业设备遭到严重的破坏,只有鞍山、太原、石家庄等地区的少数企业的部分焦炉维持生产。1949 年全国焦炭产量仅 52.5 万吨。

2. 中华人民共和国成立后十年"恢复并学习"的炼焦阶段(1949—1958 年)

中华人民共和国成立后,为了医治长年战争遗留下来的创伤,在百废待兴的形势下,国家确定把恢复国民经济作为建国初期的头等大事,从而开始了为期 3 年(1949—1952 年)的国民经济恢复时期。这三年期间恢复的旧焦炉的炉型都比较陈旧，其炭化室的有效容积为 4~12 米^3。

在之后的几年里，新建的炼焦企业大多是前苏联设计或在前苏联帮助下自行设计的，都具有头等的技术装备。这些新式焦炉的建成，使中国炼焦工业发生重大变化。尤其是 1958 年，我国黑色设计总院的焦耐室单独分离出来，组建成立了冶金部鞍山焦化耐火材料设计研究院，我国焦化工作者在学习前苏联ⅡBP 型 4.3 米顶装焦炉的基础上自行设计和建设了第一座中国型 58 型焦炉。这些炭化室有效容积能达到 22~23 米^3。

在 1949—1958 年的 10 年中，我国陆续恢复了 11 座 148 孔旧焦炉，新建和改建了 24 座 1239 孔近代化焦炉，包括引进前苏联的炼焦技术，在鞍钢建设的苏联设计的炭化室高度为 4.3 米的ⅡBP 型和ⅡK 型焦炉。冶金焦的生产以平均每年 69%的速度前进。焦炭的产量如以 1949 年为 100%计，则第一个五年计划的最后一年（1957 年）即增长到 1470%；1958 年"大跃进"以后的产量一跃为 5080%。

3. 以 4.3 米焦炉为主体炉型阶段（1959—1986 年）

1959 年对于炼焦业而言，是非常具有纪念意义的一年。在这一年，我国焦化工作者自行设计的 58 型 4.3 米顶装焦炉，在北京焦化厂顺利建成投产，并开启了我国长达 28 年的以 4.3 米焦炉为主体炉型的炼焦阶段。在 1959—1986 年的 28 年时间里，4.3 米顶装焦炉共建成投产了 500~600 座，最高炼焦产能达到 1.8 亿~2.0 亿吨/年。

20 世纪 60 年代，世界上的高炉向大型化、高效化发展，而焦炉发展的主要标志为大容积、致密硅砖、减薄炭化室炉墙和提高火道温度，我国的焦化行业也开始向大容积焦炉迈进。1964—1966 年，我国自行设计的单孔 6.1 米试验焦炉在鞍钢四炼焦车间试验成功；1971 年，我国自己开发建设的首座 5.5 米大容积焦炉在攀钢建成投产；1984 年，我国在鞍钢第六炼焦厂进行了 8 米单孔试验焦炉试验，为我国日后建设大型和特大型焦炉奠定了基础；1985 年 9 月，我国从日本新日铁钢铁公司引进的 6 米大型顶装焦炉（M 型）投产。

4. 以 6 米焦炉为主体炉型的炼焦阶段（1987—2000 年）

1987 年，我国焦化工作者在消化吸收国外大型焦炉技术的基础上，开发创新了具有自主知识产权的 JN60 大型 6 米顶装焦炉，并在北京焦化厂建成投产（见图 17-2），砖型只六百多种，是新日铁 M 型焦炉的一半。截至 2012 年，我国共建设了近 200 座 6 米焦炉，产能达到近 1 亿吨/年。

此外，随着 20 世纪中后期二次石油危机的爆发和对改善环境的要求，世界范围内的节能减排计划得以广泛实施。工业上通常使用的湿法熄焦是直接利用水浇洒在高温红焦上使其降温，在熄焦过程中红焦和水接触产生大量的酚、氰化合物和硫化物等有害物质，且熄焦产生的蒸汽也被自由排放，严重腐蚀周围设备，并污染大气。而干法熄焦采用惰性气体为热载体，在密闭的系统中循环使用，废热回收并可以有效降低排放污染，同时亦可获得质量更为稳定的焦炭。因而，干熄焦技术的应用与发展成为这一时期炼焦行业的一大特点。我国的干熄焦技术于20世纪80年代引进，在进入20世纪90年代后，济南钢铁集团总公司在引进乌克兰技术的基础上，自主研发建设了2套处理焦炭量70吨/时的干熄焦装置，于1993年投入运行。马鞍山钢铁股份公司1×125吨/时干熄焦装置是我国自主设计和建造的第一座干熄焦系统，年处理能力101.8万吨。

图17-2　北京焦化厂6米焦炉雄姿

5. 以大型和特大型焦炉为主体炉型的炼焦阶段（2001年—至今）

随着科技与经济实力的增长，新的世纪里传统的顶装焦炉不断地攀越"山峰"，我国已经进入了以大型和特大型焦炉为主体炉型的炼焦阶段。与此同时，新型的捣固炼焦也在21世纪得到了快速发展，并成为现今炼焦业的重要组成部分。此外，为更好地实施节能减排，干熄焦技术与设备也在工业上得到了推广和普及。

（1）大型和特大型的顶装炼焦

2003年，兖矿集团与德国签约引进两座7.63米焦炉二手设备。

2004年太原钢铁（集团）有限公司简称（太钢）与德国签约引进两座7.63米焦炉技术和设备，在中国掀起建设7.63米特大型顶装焦炉的热潮。接着马钢集团（控股）有限公司、武汉钢铁公司、曹妃甸首钢京唐公司和沙钢集团先后引进8座7.63米焦炉，为4000~5800米^{3}的特大型高炉生产优质焦炭。

2006年，我国基于几十年的焦炉设计、建设和生产经验，自行开发了第一代"炭化室高7米（6.98米）的超大容积焦炉炼焦技术"——炭化室宽450毫米的JNX70-2型焦炉，并于2008年二、三月份在邯郸钢铁集团和鞍钢（营口）鲅鱼圈顺利投产。

2008年，基于国家产业政策对焦炉烟囱废气中氮氧化物含量限制越来越严格，我国又自行研发第二代"7米焦炉炼焦技术"——炭化室宽500毫米的JNX3-70-1型和炭化室宽542毫米（热态530毫米）的JNX3-70-2型焦炉。2010年3月，JNX3-70-1

型焦炉在宝钢集团梅钢二期焦化工程顺利投产。这种特大容积焦炉是为大型钢铁联合企业 4000～5000 米^3 特大容积高炉配套的理想焦炉，适合于我国炼焦煤资源状况，基本上可以替代从国外引进的 7.63 米特大型焦炉。鞍钢、马钢、武钢均已建成投产，宝钢集团湛江焦化工程和武钢广西防城港焦化项目也拟将选用 JNX3-70-2 型焦炉。

（2）快速发展的捣固炼焦

相对于常规的顶装焦炉，炼焦煤料经过捣固压实后，装炉煤堆密度显著提高，得到的焦炭质量也会有明显的改善；对于同等质量要求的焦炭而言，捣固炼焦对煤料本身要求较低，可节省大量优质原料煤。此外，产量相同时，与炭化室高 450 毫米顶装焦炉相比较，捣固焦炉具有减少出焦次数、减少机械磨损、降低劳动强度、改善操作环境和减少无组织排放的优点。正是由于捣固炼焦具有经济、环境多方面的优势，使得其成为 21 世纪以来炼焦行业中非常重要的焦化形式。

21 世纪初，我国开发建设投产了 4.3 米和 5.5 米捣固焦炉，大大推动了我国捣固炼焦技术的发展。2003 年，4.3 米捣固焦炉在山西同世达、山西茂胜等一批企业率先成功投产。2005 年 8 月，景德镇焦化煤气总厂将炭化室高 4.3 米、宽 450 毫米的 80 型顶装焦炉改造成捣固焦炉；2006 年 2 月邯郸裕泰实业有限公司将炭化室高 4.3 米、宽 500 毫米的顶装焦炉改造成捣固焦炉，拉开了我国 4.3 米顶装焦炉改造成捣固焦炉的序幕。2006 年年底，5.5 米的捣固焦炉在云南曲靖建成投产，在全国掀起了建设 5.5 米捣固焦炉的热潮。

2009 年，我国自行开发的世界最大的 6.25 米捣固焦炉在唐山佳华建成投产，标志着我国捣固炼焦向着大型化方向发展和捣固技术理论的日臻成熟。2011 年，为满足国家环保产业政策对焦炉烟囱排放废气中氮氧化物含量的严格要求，我国又研发出第二代"6.25 米焦炉炼焦技术"—— JND6.25-10 型捣固焦炉。该型焦炉的显著特征是借鉴顶装焦炉的成功经验，采用废气循环和多段加热相结合的组合燃烧技术。

自 21 世纪开始，我国捣固炼焦技术迅速发展，焦炉炭化室高度已由过去的 3.2 米、3.8 米增加到 4.3 米、5 米、5.5 米以及 6.25 米，至今已建成投产的超过了 300 座，产能 2.0 亿吨/年以上，约占全国总产能的 1/3。

（3）推广和普及中的干熄焦

"十五"期间，我国实现了干熄焦技术与设备的国产化，而"十一五"实现了干熄焦技术的推广和广泛普及，使之成为焦化业和钢铁企业主要的节能减排措施。近年来，一些大型钢铁联合企业如宝钢、马钢、武钢、沙钢和南钢等开始要求焦化厂全部采用干法熄焦，以保证大型、特大型高炉连续不断地获得质量稳定的干熄焦炭。

资料显示，我国已投产和在建的干熄焦装置已达到 200 套，干熄焦炭能力已达

20000万吨/年。这意味着，每年因采用干熄焦技术净节能至少630万吨（折合标准煤，按干熄吨焦净节能35千克、平均干熄率90%计算），减排二氧化碳2700万吨（按干熄吨焦减排二氧化碳0.15吨计）。我国钢铁企业已近86%的焦炭产能配置了干熄焦装置，独立焦化厂为了节能减排、发展循环经济也开始采用干熄焦技术。我国干熄焦装置的套数和干熄焦炭能力已位居世界第一。

6. 发展中的半焦（兰炭）行业

不同于之前所讲的冶金焦等高温炼焦的产物，兰炭是煤在较低温度下干馏得到的固体可燃物，故称为半焦。它开始于20世纪70年代，当时主要为土炼兰炭，生产工艺落后；20世纪90年代才开始采用机械化炉窑生产工艺。兰炭不能用于高炉生产，但可以在生产金属硅、铁合金、硅铁、硅锰、化肥、电石等高耗能产品过程中代替冶金焦，效果甚至更为优异。兰炭在生产炭化料、活性炭领域也存在发展潜力。

兰炭低温干馏炉现有生产炉型都采用立式炉，规模大多在3万~6万吨/年。由于兰炭具有固定炭高、电阻率高、化学活性高、灰分低、硫低、磷低、水分低等"三高四低"的优点，且表现出了明显的经济优势，因而兰炭产业也在快速发展中。目前，我国半焦生产能力约为5000万吨/年，且带有明显的区域性特点，主要分布在陕西、内蒙古、宁夏、山西（大同）等地。

焦化产业是发展最成熟、最具代表性的煤化工产业，也是冶金工业高炉炼铁、机械工业铸造最主要的辅助产业。从新中国成立前的"一穷二白"，之后逐渐地由小变大，再到现在实现跨越式发展，逐步由大向强转变，我国成为世界上主要的焦炭生产国，焦炭产量居世界第一。2012年我国的焦炭产量达到了44323万吨，远超其他国家。

（二）电石行业

电石学名碳化钙，工业生产大多将生石灰和焦炭在埋弧式电炉（电石炉）内通过电阻电弧产生的高温反应制得。电石工业算得上是炼焦业的分支和延伸。我国在20世纪50年代电灯还没有普及的时候，电石曾是为千家万户带来光明的"功臣"。电石遇水会生成可燃烧的气体乙炔。当时的电石灯正是利用了这一原理，燃烧乙炔发出光亮。这种电石灯灯光亮且不怕风，农村、城市的许多小摊以及矿山上常使用这种灯。

电石的化学性质非常活泼，除了与水剧烈反应生成乙炔外，在常温下很容易与酸、碱、盐类的溶液发生化学反应。用电石作基本原料，可以合成数以百计的有机化合物，用于制成燃料、塑料、酒精、油漆、溶剂、化学玻璃、皮革、人造丝和电影胶卷等。同时，电石也是化学肥料的基本原料，在农业生产中有着重要作用。20世纪中期，在我国经济发展过程中，曾有"一吨电石一吨钢"的说法，充分体现了电石产业在当时的重要地位。

1. 惨淡的行业基础

电石工业是高耗能行业,我国在新中国成立前几乎没有电石工业,只有少数300~600千伏安的小型电石炉生产电石,年产量不到1万吨。且由于设备简陋、技术落后,产品质量很低。

1948年吉林市解放后,在原日伪留下的破烂不堪的吉林化工厂重建了一座容量为1750千伏安敞开式电石炉,年生产能力为3500吨,1949年9月正式投产。1951年吉林化工厂电石车间又建设了第二座1750千伏安的电石炉,并于1953年,将两座1750千伏安电石炉分别改建成3000千伏安和6000千伏安的电石炉。此外,当时生产电石的主要厂家还有上海炼气厂(上海吴淞化工厂的前身)、杭州大同电化厂、淄博建华电石厂、北京建业电石厂和四川长寿川江电石厂,主要供矿灯照明及金属切割和焊接使用。

2. "第一个五年计划"带来的飞速成长

1953—1957年是我国第一个五年计划实施的阶段,电石作为化肥的基本原料,和修建桥梁、制造轮船与火车的重要物资成为大力发展的对象。在此期间,吉林化工厂的电石车间划归新建的吉林化工基地,从前苏联引进建设了一座容量为40000千伏安的大型半密闭电石炉,并于1957年5月正式投产(图17-3)。这座工厂是一座高度机械化、自动化的工厂,其功率的巨大和技术的先进是我国电石史上所没有的。1956年,化工部化工设计院完成了1套10000千伏安电石炉、年产18000吨电石生产装置的定型设计(圆形炉,电极呈正三角形排列,不用冷却转筒)。同时河北张家口等地也陆续开展此类项目,全国电石生产能力接近10万吨/年。

此后一段时间,电石产业有着较为平稳的发展,截至1966年,全国电石炉总容量达315000千伏安,电石年生产能力约60万吨,年产量达56.1万吨。这是我国电石工业发展的一个重要时期。这一时期内,我国电石生产的技术水平、产品质量和技术经济指标,都有很大的提高,接近当时的国际先进水平,为我国的乙炔化工和其他化工产业的发展奠定了基础。

图17-3 1957年吉林化工公司电石装置建成

3. "文化大革命"期间的波动

"十年动乱"期间,贵州清镇建成了一台从日本引进软件、自己设计的35000千伏安的密闭电石炉。上海吴淞化工厂建成了我国自行设计的20000千伏安密闭电石炉。此外,为了发展合成纤维,福建、湖南、江西、河北、安徽、甘肃、广西、云南、山西等九省区，在1970—1973年先后建设了9座万吨级维尼纶厂，与此配套建设了12座10000～16500千伏安的电石炉。为配合3000吨/年聚氯乙烯厂的需要，全国还建设了3000～5000千伏安的电石炉20余座。各地方单位也建设了400～1800千伏安小型电石炉200余座。1976年，全国电石炉的总容量为132.4兆伏安，生产能力为238.4万吨/年。但由于十年动乱中电力和原材料供应不足，已有的生产能力不能发挥，另一方面又盲目新建生产装置，因而生产能力虽然增加了近4倍，但全国电石产量每年递增量仅为5%。

4. 20世纪80年代以来的迅速发展

党的十一届三中全会以后，乙炔化工又得到了迅速的发展。1976—1982年，电石产量平均每年递增9%以上，全国有28个省、自治区、直辖市生产电石。20世纪80年代中期，我国开发了"矮炉罩内燃式半密闭电石炉"，在传统的半密闭炉基础上作了改进，炉罩的结构形式、冷却方式接近密闭炉。这种炉型具备开敞式炉子与密闭式炉子的一部分优点，在一段时间里"矮炉罩内燃式半密闭电石炉"是国内主要采用的炉型。我国也在这一时期从国外引进了密闭电石炉空心电极、组合式把持器等技术。

我国电石行业不断发展，其产能和产量不仅跃居世界首位，并且呈高速上升趋势。2003年以来，由于国际原油价格上涨，以及PVC和1,4-丁二醇等产业的蓬勃发展，一时间我国电石市场供不应求，利润空间增幅较大，极大地刺激了电石生产，使得我国的电石产能急速增长，以至于造成电石市场供大于求的局面和利润下降；2004—2006年我国电石产业开工率不足60%。2008年二季度后，由于国内PVC市场回暖、国内电力供应整体偏紧，以及主要原材料上涨等因素，曾出现电石供货紧张的状况。随着我国经济的快速发展，特别是国内市场聚氯乙烯、醋酸乙烯等对于乙炔产品需求的增长，我国电石产能和产量得到快速增加。2009年底电石生产能力达2200万吨/年，产量1503万吨，2010年电石生产企业384家，产量1512万吨，当年电石表观消费1498万吨。2011年电石产量为1737.6万吨，2012年精电石产量为1869万吨。中国电石工业的快速发展主要得益于下游产品PVC等行业的发展。用于生产PVC占电石总消耗量的75%以上，用于机械、冶金等行业占电石总消耗量的10%，其余用于出口及其他用途。

电石行业是传统化工产业之一，也是一个高耗能、高污染的产业。与一些传统煤化工产业一样为国民经济发展做出了巨大的贡献，但在现今阶段也暴露出了一些问题，诸如：规模偏小、产能过剩、长期占有宝贵资源和环境容量等。这些问题的存在影响整个行业的进步和现代煤化工产业的发展，在后续的电石产业发展上需要更多地思考和理性认识。

（三）煤焦油加工业

煤焦油是煤焦化过程中得到的一种黑色或黑褐色黏稠状液体，可燃并有腐蚀性。煤焦油的组成特别复杂，包含了从分子量较低的简单物质（如苯，苯酚）到甚至在真空下也不易挥发的，分子量达数千的物质。大约有 85% 的萘、90% 蒽和 90% 的芘等稠环芳烃以及 100% 的咔唑和喹啉等杂环芳烃均来自于炼焦化学。这些复杂的芳环化合物是许多精细化工产品不可缺少的原料，所以我国大多数的煤焦油均用于生产精细化工产品。

1. 煤焦油蒸馏分离化工加工

煤焦油蒸馏分离技术是利用焦油的各组分性质有差别，切取各种馏分，使酚、萘、蒽等欲提取的单组分产品浓缩集中到相应馏分中去，再进一步制取苯、酚、萘、蒽等多种化工原料。这是煤焦油最初的加工方式，一直都占据着煤焦油加工的主导地位。

(1) 早期的煤焦油利用

1919 年第一座焦炉在鞍山建成投产，在生产焦炭的同时回收煤焦油，煤焦油加工业也开始慢慢起步。

在此之后，石家庄、本溪、北京石景山、太原等地也陆续建立了一批焦炉。到 1949 年 9 月底，依靠国外技术、设备和材料，全国先后共建了 28 座焦炉，产品只有粗酚、粗萘（少量精萘）、粗蒽、防腐油、沥青等几个品种。中华人民共和国成立前夕，除了太原钢铁厂的焦炉维持生产外，其余焦炉均已停产。

中华人民共和国成立后，人民政府积极组织力量抢修设备，恢复生产。1952 年煤焦油产量为 10 万吨。这一时期的煤焦油加工规模较小，多采用间歇蒸馏。

(2) 迅猛发展的煤焦油深加工

煤焦油产量取决于高炉焦炭的需要量，它的生产和加工的规模与钢铁工业的兴衰息息相关。1953 年至 20 世纪 60 年代初，是我国焦化工业迅速发展的时期。在此期间，建立了一批主要的焦化企业（煤焦油加工装置附属在焦化厂内）。其中引进前苏联技术建立的有鞍山钢铁公司（鞍钢）化工总厂，以及本溪钢铁公司、武汉钢铁公司（武钢）、包头钢铁公司的焦油加工装置。由国内设计、制造的有上海焦化厂的焦油加工装置。20 世纪 60 年代以后建立的焦化企业，全部是国内设计和制造的设备。

20 世纪六七十年代，鞍山焦化耐火材料设计研究总院自行设计开发了焦油加工系列，并自行开发了圆筒管式炉、焦油切取混合馏分和连续工业萘蒸馏技术，使焦油加工技术有所发展。这段时间建立的主要焦油加工装置有北京焦化厂、攀枝花钢铁公司、武汉钢铁公司（第二套焦油加工装置）、马鞍山钢铁公司、梅山工程指挥部等单位。在此期间，还建设了一批简易焦炉和小焦油加工装置（加工能力为 0.25 万～3 万吨/年）。

上海焦化厂、鞍钢化工总厂、梅山工程指挥部、北京焦化厂、鞍山焦化耐火材料设计研究院等单位，为了发展新品种，在焦油分离、产品提纯、深度加工及产品应用方面做了不少工作。其中主要的有从洗油中提取茚，茚氧化制 1,8-萘酐；从重苯中提取氧茚；从三甲苯制均苯四甲酸二酐；从喹啉馏分中分离出纯喹啉和异喹啉等。新工艺的开发有古马隆树脂连续生产工艺、连续精馏溶剂抽提制精蒽工艺。

1983 年，全国煤焦油加工能力共有 190 万吨/年，最大机组能力为 10 万吨/年。年处理量在 3 万吨及 3 万吨以上的焦油加工装置，均采用管式炉常压连续蒸馏技术。年处理量在 0.25 万~1.2 万吨的焦油加工装置，采用釜式间歇蒸馏技术。此时，全国煤焦油产品包括小吨位产品和试验性生产的产品约有 106 种。其中萘是煤焦油中的大吨位产品，轻油馏分加工产品 1 种，酚油馏分加工产品 22 种，萘油馏分加工产品 9 种，洗油馏分加工产品 21 种，一蒽油馏分加工产品 8 种，二蒽油馏分加工产品 9 种，沥青馏分加工产品 4 种，吡啶盐加工产品 30 种，经常生产的约 40 种。

20 世纪的后 30 年中，我国又自行开发了双炉双塔生产工业萘，碱洗及减压精馏分离酚类产品，萃取精留法从粗蒽中生产精蒽等技术；在精细化工品加工中开发了许多新品种，如从洗油中分离甲基萘、联苯和吲哚等。但总体说来，我国焦油加工技术基本上处于沿用 20 世纪 50 年代从前苏联引进的技术设备和工艺水平上。

（3）世界最大的煤焦油加工生产国

进入 21 世纪后，焦油加工业十分重视单套焦油蒸馏规模的增加。2005 年山西宏特煤化工有限公司形成了 40 万吨/年焦油加工能力，成为我国工厂规模最大的煤焦油加工企业。之后，国内的煤焦油加工业有了长足的发展。截止到 2011 年，我国煤焦油市场总产能在 2200 万吨/年左右，较 2010 年增幅 22.2%；煤焦油产量约 1750 万吨，较 2010 年国内煤焦油产能增长 100 万吨左右，增幅 22%。

2. 煤焦油加氢轻质化

在大庆油田发现之前，我国虽有甘肃玉门油田、新疆克拉玛依等油田，但依旧摆脱不了"油荒"的现象。我国工农业战线不断地迈进，需求大量的液体燃料。为了解决这一问题，那一时期，在重点建设大型炼油厂的同时，一些地方建设了中、小型的煤炼油厂。将成堆干馏和其他低温干馏所得的煤焦油加工为有用的化工产品，已经成为当时炼制工作者的重要任务之一。这一时期中国石油抚顺三厂曾应用中国科学院石油研究所等单位共同研发的技术建成了煤焦油加氢的项目。项目技术分为低温煤焦油中压液相裂解加氢技术和低温煤焦油高压液相裂解加氢技术。这两种工艺装置分别建成于 1958 年和 1959 年，随着大庆油田的发现和石油资源的开发利用，这两种工艺装置均在 1960 年停产。

之后，由于石油危机的几次爆发，煤焦油替代石油燃料技术在全世界得到了重视。我国也积极研究，打开了焦油加氢产业化的局面。

1997 年云南驻昆解放军化肥厂建成了一套 1 万吨/年煤焦油加氢改质装置。云南驻昆解放军化肥厂（现云南解化集团有限公司）是以褐煤为原料采用鲁奇炉加压气化制原料气生产合成氨的企业，该企业利用原料气生产过程中回收的焦油进行加氢轻质化，并于当年 3 月开车成功，生产出合格的汽柴油。目前，该公司已将规模扩大为 6 万吨/年，采用的是湖南长岭石化的技术，用独特的馏分油萃取对煤焦油进行预处理，随后对萃取油进行加氢精制。

2003 年哈尔滨气化厂科技实业总公司（现中煤龙化哈尔滨煤制油有限公司）也以煤鲁奇炉加压气化生产煤气副产焦油为原料，建成 5 万吨/年的焦油加氢装置，年均产石脑油 0.83 万吨、燃料油 2.8 万吨、沥青 1.3 万吨。

2008 年神木锦界天元化工有限公司利用自有技术，建成了 25 万吨/年中温煤焦油轻质化项目，其主要产品为清洁燃料油 15 万吨/年，石脑油 8 万吨/年，液化气 0.4 万吨/年；副产半焦 60 万吨/年，液氮 0.25 万吨/年、硫黄 0.1 万吨/年。煤焦油和氢气进行"两次加氢，尾油裂化"，煤焦油产油率 93.6%。2010 年 3 月二期工程 25 万吨/年煤焦油延迟焦化-加氢精制燃料油项目建成投料试车，使其煤焦油加工能力达到 50 万吨/年，没有采用常规的先分馏去除沥青而后加氢的方式，而是采用延迟焦化的工艺原理，极大地降低了煤焦油中的胶质和残炭，可以极大地改善加氢原料油的品质，延长生产周期，提高产品收率，目前运转正常。

2009 年 7 月黑龙江七台河宝泰隆采用上海胜帮的技术建成了一套 10 万吨/年高温焦油加氢精制-加氢裂化装置；2011 年神木富油利用自主技术建成了一套中低温煤焦油全馏分加氢装置；2011 年 12 月内蒙古庆华采用上海胜帮的技术建成了一套 17 万吨/年高温焦油轻质化装置。

此外，我国的煤焦油轻质化技术，还有抚顺石油化工研究院的加氢精制法、加氢精制-加氢处理两段法和加氢裂化-加氢处理反序串联等多种工艺及相应催化剂配套技术；煤炭科学研究总院提出的一种非均相催化剂的煤焦油悬浮床/浆态床加氢工艺及配套催化剂技术等。

我国的煤焦油加氢轻质化产业起步于 20 世纪 60 年代，起步相对较晚，但目前也已经获得了巨大的成绩。国内现有的焦油加氢技术主要在陕西煤业化工集团，（上海）胜帮、湖南长岭石化、神木天元、神木富油、抚顺化工研究院等单位手中。

为提高煤焦油产品的附加值，也为了缓解我国石油资源日益紧缺的现状，以煤焦油为原料生产清洁燃料油的煤焦油加氢技术得到了大量的研发，已经发展成为煤化工行业新的经济增长点。目前在中国高温煤焦油加氢装置有 4 套，黑龙江宝泰隆 10 万吨/年和内蒙古庆华 17 万吨/年装置已建成并运行，在建的有江苏天裕能源 20 万吨/年和内蒙古庆华 50 万吨/年新项目；中低温煤焦油加氢项目除了上面提到的几个项目外，河南鑫海能源、陕西东鑫垣、内蒙古赤峰国能、开滦集团、延长安源也在调试或建设中。

3. 煤沥青深加工

煤焦油沥青是煤焦油加工过程中分离出的大宗产品。随蒸馏条件的不同，其产率一般为50%~60%,煤焦油沥青是十分复杂的多相体系,含碳92%~94%,含氢仅为4%~5%。由于具有稳定的性能,煤沥青在炼钢、炼铝、耐火材料、碳素工业及筑路、建材等行业日益得到广泛的应用。

中华人民共和国成立初期,我国的沥青生产工艺极为落后,将焦油炉中出来的沥青放入水池,让其自然冷却;工人劳动强度大,污染严重。1952年,鞍钢化工总厂设计了刮板运输带,沥青从炉中出来,放到浸没在水中的刮板运输带上,冷却成粒状装包或放入车皮。这种工艺减轻了劳动强度,改善了操作环境。20世纪50年代后期,引进了前苏联技术,采用了大型刮板运输带;之后昆明钢铁厂又进一步改为圆盘沥青机,比刮板运输带节省占地面积;上海焦化厂安装了捕烟装置,消灭了沥青黄烟,大大减轻了环境污染。有大量的焦化厂将煤沥青直接作为产品销售,如莱芜钢铁股份有限公司焦化厂、安阳钢铁股份有限公司焦化厂、昆明钢铁总公司焦化厂、合肥钢铁有限责任公司焦化厂等。但随着技术的进步,煤沥青的深加工已经步入台前,不断地为我国的煤化工建设添砖加瓦。目前我国的煤沥青加工主要用于生产炼铝工业及碳素工业所用的浸渍剂沥青、特殊涂料、黏结剂沥青、煤系针状焦和沥青基碳纤维等产品。

(1)炼铝工业及碳素工业所用的黏结剂沥青

我国自20世纪50年代前苏联援建吉林碳素厂和哈尔滨电碳厂起,一直选用中温煤沥青作为碳材料生产用黏结剂。20世纪70年代国内产业顺应国际黏结剂发展的趋势,生产改质沥青取代中温沥青,以满足现代碳材料工业的需要。20世纪80年代起根据贵州铝厂引进项目的需要,我国几大铝厂铝用碳素材料生产中逐渐采用改质煤沥青取代中温沥青作为黏结剂。这一时期全国各大煤沥青生产企业纷纷投产改质沥青或高温沥青,这为我国碳材料生产企业黏结剂的更新换代创造了条件。

水城钢铁公司与贵阳铝镁设计院合作从1980年4月开始进行热聚法改质沥青的生产试验。1981年2月转入半工业生产,以中温沥青为原料的间歇式加压热聚法生产产品,所得改质沥青的性能基本上符合日本铝业株式会社提供的标准,满足了贵州铝厂的需求。

太原钢铁公司从1982年7月开始研制改质沥青,以焦油为原料采用自己拥有的焦油常压间歇式蒸馏热聚法生产。

鞍钢化工总厂1981年与澳大利亚考柏斯公司签订合同,澳方提供专利技术与关键设备,中方以产品为补偿,用以解决沥青烟害的污染和改善产品结构及解决夏季沥青贮运等问题。改质沥青工程于1983年试产成功,设计规模年产量12万吨。

石家庄焦化厂和宣钢焦化厂生产改质沥青的工业生产装置是我国自行试验与设计的。根据当时市场需求和为了提高工厂的经济效益,鞍山焦化耐火材料设计研究院与两厂合作，于 1980 年开始立项，1981 年开始试验设计，1983 年 9—10 月建成投产，以中温沥青为原料进行连续常压热聚法生产，两套装置一次试投产成功。该工艺在当时表现出了众多的优点，如操作稳定、简化工艺流程、节约热能、适应性强以及所得改质沥青质量好等。

随着大型炼铝电解槽和大容量高功率直流电弧炉的发展，对大尺寸的预焙烧阳极和高功率石墨电极提出了更高的要求，这也就需要更加优质改质沥青作为黏结剂，改质沥青的质量直接影响着碳素材料的更新换代和质量要求。

黑化集团公司于 1997 年自主研究开发了热聚合法改质沥青技术，用以解决中温沥青产品滞销的问题，建设了 1.5 万吨/年改质沥青生产装置，并于 1997 年 6 月开工投产，生产出合格的改质沥青产品。产品开发成功以后，一直出口供给俄罗斯铝业集团。该技术是我国主要煤化工产品精制技术已达到世界水平的一个标志，获得 2001 年黑龙江省科技二等奖。改质沥青新产品的研制成功，填补了国内煤沥青产品深加工的空白。

随着我国碳材料行业生产用黏结剂沥青品种更新换代的要求，近 20 年来，鞍钢化工总厂、石家庄焦化厂、水钢焦化厂、北京焦化厂、酒钢焦化厂、宣钢焦化厂、武钢焦化厂、太钢焦化厂、攀钢焦化厂、昆钢焦化厂、黑龙江焦化厂、天津煤化公司、贵阳煤气公司、兖矿科蓝煤焦化有限公司和沿海化工鞍山有限公司等企业已先后开始生产各种类型改质沥青，从而为碳材料生产提供优质黏结剂沥青。

（2）炼铝工业及碳素工业所用的浸渍剂沥青

国外已将浸渍剂沥青和黏结剂沥青严格分别开来，普遍采用低 QI（喹啉不溶物）含量沥青作为浸渍剂沥青，在我国碳素行业的电极生产中，需要大量的不同性能的黏结剂和浸渍剂沥青，目前我国的沥青品种无法满足要求。

我国的浸渍剂沥青尚处于开发应用阶段。山东济宁兖矿科蓝煤焦化有限公司在与鞍山热能院共同开发煤系列针状焦的基础上，采用溶剂沉降法已实现了浸渍剂沥青的工业化生产。该工艺已被山东淄博大陆碳素有限责任公司应用于生产，把我国浸渍剂沥青由研制开发向工业化生产转化推进了一大步，但是要真正实现浸渍剂生产工业化还须做很多工作。此外，浸渍剂的个别指标与国外同类产品相比还存在着差距，还需要产、学、研上进行更多的联合开发。

（3）涂料

利用煤沥青改性环氧树脂制成的环氧煤沥青，综合了煤焦油沥青和环氧树脂的优点，得到耐酸、耐碱、耐水、耐溶剂、耐油和附着性、保色性、热稳定性、电绝缘性良好的涂层。而在环氧煤沥青涂料基础上开发了无溶剂环氧煤沥青涂料，除具有溶剂型环氧煤焦沥青涂料的优良电绝缘性、抗微生物侵蚀性及耐化学品性外，大大提高了涂料的附着力、低吸水率、抗阴极剥离等性能。此外，使用煤沥青冷涂

涂料涂刷工件后，遮盖力良好，对金属无腐蚀，涂层具有良好的防潮、防腐、防锈功能。

就我国的资源利用及加工现状来讲，将煤沥青用于制造高附加值的防腐涂料仍不失为一条利国利民的途径。目前，大连华裕涂料工程有限公司、沈阳船牌制漆有限公司、上海开林造漆厂、上海焦化有限公司、无锡市太湖油漆厂、江苏省国营常阴沙化工一厂、宁波裕隆工贸实业有限公司、青岛海建制漆有限公司等均生产沥青漆类产品。

（4）沥青基碳纤维

20世纪70年代，上海焦化厂以煤焦油为原料制取了碳纤维，但因试验结果不稳定，产品质量不高而终止。1979年山西煤化所开始研制沥青基碳纤维，并于1985年通过了小试。冶金部基于小试的基础上，在烟台筹建了新材料研究所，生产通用级沥青碳纤维，规模70~100吨/年，20世纪90年代初扩大到150吨/年，但由于关键设备未过关，又无改造资金，迄今仍处于停车状态。

鞍山东亚精细化工有限公司投资1.2亿元人民币于20世纪90年代从美国阿什兰德石油公司引进了200吨/年熔喷法全套生产设备，1994年动工建设，1995年投产，已运行几年，正逐步好转。中科院山西煤化所协助河北大城兴建了100吨/年的熔纺法装置，但由于资金短缺，市场也有限，处境十分艰难。另外，兰州碳素厂和山西煤化所分别有产能30吨/年、10吨/年的设备。国内目前共有3套年产百吨级通用沥青碳纤维生产线，总生产能力400~500吨/年，但运行状况都不太好。我国的沥青基碳纤维产业亟待改进操作技术、改善设备运行状况。

（5）煤系针状焦

我国对煤系针状焦的生产研究始于20世纪80年代，在"六五"期间国家发改委加大了支持针状焦开发的力度，油系针状焦与煤系针状焦双管齐下。煤系针状焦在鞍山沿海化工和山兖矿科蓝煤焦化有限公司进行工业性开发。1994年鞍山沿海化工采用鞍山焦化耐火材料设计研究院专利技术，建成了煤系针状焦工业化生产装置，并于1996年投料试生产；山东兖矿科蓝煤焦化有限公司采用鞍山热能院专利技术，2000年建成了溶剂法原料预处理煤系针状焦工业装置，预处理工序流程已经打通。但是，由于技术、规模、成本等多方面原因，并没有能够维持生产。山西宏特煤化工有限公司2006年7月年产5万吨煤系针状焦生产项目通过鉴定，填补了我国煤系针状焦工业化生产的空白，使我国针状焦真正实现了规模化工业生产，结束了我国碳素行业生产超高功率石墨电极原料长期依赖进口的历史。

4. 煤焦油制炭黑

炭黑是一种重要的化工原料，被广泛地应用于橡胶工业，特别是轮胎中。此外，炭黑还广泛用于油墨、制革、化纤、冶金、电子、黑色农膜和包装材料等领域。在炭黑技术的发展过程中，相较于槽法和热解法而言，油炉法已经成为最为高收率、低能耗的生产方式。现代炭黑工业中，油炉法炭黑的产量已占炭黑总产量的95%以上。而在油炉法的原料油当中，煤焦油则牢牢地占据了半壁江山。

2000年以前，我国年产能具有5万吨的炭黑企业只有1家，至2001年年底，全国炭黑生产企业发展到111家，总产能达120万吨/年，其中，生产能力在5万吨/年以上（包括5万吨/年）的企业发展到6家。到2004年年底，我国炭黑工业总生产能力已超过160万吨/年，全年炭黑总产量达125万吨，比2003年增长23%；进口约11.37万吨，出口约7.85万吨，表观消费量约128.52万吨。

"十一五"期间，我国炭黑总量得到快速发展，随着汽车和轮胎行业的发展，国内炭黑需求量和炭黑产量增长迅速。炭黑总产量在2006年开始超过美国，居世界第一。与此同时，炭黑产能也快速发展，但开工率低于预期目标。炭黑的品种、质量也可满足子午线轮胎发展的需要，节能环保技术水平显著提高，炭黑企业和上、下游企业联合发展，生产集中度也不断提高。

最近10年来国外炭黑企业陆续关闭工厂，中国炭黑产量在世界炭黑产量的比例越来越高，所占比例将由2006年的20.01%大幅攀升至2015年的46.85%。届时，国内庞大的需求市场，廉价的煤焦油资源，世界一半的炭黑将由中国制造，国产炭黑将占有举足轻重的地位。与此同时我们也要注意到另外一个问题，那就是炭黑产能的增加速度。由于多年来炭黑行业的产能利用率过低，仅为60%～70%，2012年甚至低至56%，相关部门和部分业内知名人士不断呼吁要控制新增产能。

二、新煤气化技术的发展

煤气化的历史非常悠久，甚至早于发电。煤气化是洁净高效利用煤炭的主要途径之一，能够避免煤直接燃烧的污染。煤气化是煤转化技术最主要方面。原料煤中所含的能量80%到83%以合成气的形式被回收，另外14%到16%以蒸汽形式回收，气化后约96%以上的煤能源能够被利用。其基本原理就是在参与反应的气体的环境中将煤转化为可燃气体、焦油和固体产物。

我国的煤气化原料经历了从焦炭、块煤和小粒煤、水煤浆和干粉煤的变化，气化技术也经历了固定床技术、流化床技术、气化床技术的发展，目前我国的煤气化产品主要用作合成气（合成氨及甲醇等）、城市煤气和工业用燃料气，为我国工业的进步和居民生活质量的提高做出了巨大贡献。此外，为生产更加清洁、高热值的气体燃料，新型煤化工技术——煤制天然气也在21世纪成长起来。

（一）层出不穷的煤气化技术

我国的煤气化产业起步于20世纪三四十年代间，在大连、南京引进固定床间歇气化技术（UGI 炉）用于合成氨生产。这个煤气化技术是我国化学工业中应用最多、使用时间最长的化工技术，为我国化学工业发展做出了巨大贡献，在本书第一章合成氨工业已有叙述，本章不再重复。但这种 UGI 炉工艺也有许多缺点，如原料煤有局限性、三废排放量大和气化效率低等。从 20 世纪五六十年代开始，我国又重新引进和研发了多种气化工艺，从常压气化炉到加压气化炉，从固定床、流化床再到气化床，有些技术倒在了时间的车轮下，有些成功地实现了工业化。

1. 固定床气化技术的产业发展

（1）固定床常压气化

常压固定床间歇气化炉在我国是煤气化的主力，中小氮肥厂合成氨产量的 50% 以上采用的是固定床常压气化。常压固定床连续气化（发生炉）生产低热值燃料气，在我国陶瓷、建材等行业也有一定的市场。我国已将一段常压固定床气化炉列为限制类，但两段炉不受限制。

固定床常压气化最大的优点是投资低，最大的缺点是气化效率低、运行成本高、"三废"排放量大、环境问题较多。

（2）固定床加压气化

1974 年，我国云南解放军化肥厂采用第一代 Lurgi 气化炉制气生产合成氨的工艺投入运行，以褐煤为原料，以氧气-蒸汽为气化剂，在 2.2 兆帕压力下操作。1987 年，山西化肥厂引进 4 台直径为 3.8 米的 MARK-IV 型 Lurgi 炉，操作压力为 3.1 兆帕，用于生产合成氨。此后，在我国先后有沈阳煤气厂、兰州煤气厂、哈尔滨煤气厂和义马煤气厂等有 30 多台气化炉采用加压 Lurgi 气化技术生产城市煤气，由于引进该气化技术投资较高，且煤气后处理工艺较复杂，所以很难单纯在氮肥行业中推广，部分厂家同时联产甲醇和二甲醚。目前大唐、广汇等企业计划使用数十台 Lurgi 炉生产天然气或联产甲醇。

2005 年云南解放军化肥厂引进并改造了液态排渣 Lurgi（即 BGL）气化技术取得成功，并建设了 3 台工业装置。

2. 流化床气化技术的产业发展

20 世纪 50 年代我国吉林化肥厂和兰州化肥厂从苏联引进了两套温克勒气化炉，用于生产合成氨和甲醇，但在运行中暴露出两个突出问题：流化床底部设有炉箅，在生产过程中经常会出现炉底局部高温、结渣、偏炉等故障，需经常停炉处理，炉温也不敢提高；其次炉出口气体带出物较多，没有分离并返回炉内重复气化，碳的利用率较低，因而没有达到工业化规模。同一时期我国从苏联引进与 Winkler 炉相似的 ГИАЛ（国家氮素工业研究所）煤气化炉，用于生产合成氨原料气，后因碳转化率低、飞灰多等原因而停运。

在引进技术的同时，我国也特别重视自主技术的研发。中科院山西煤化所从"六五"开始进行煤灰团聚流化床气化工艺制低热值煤气的开发研究，1985年完成了直径300毫米小型气化炉的运转试验，1990年建成了直径1000毫米气化炉中间试验装置，2001年在陕西城固氮肥厂完成工业性试验并开始应用，2006年建立加压中试装置。直径为2400毫米的0.6兆帕在石家庄金石化肥厂于2008年7月开炉。2009年4月，建于晋煤天溪煤制油项目的6台气化炉投产，用于生产甲醇转制汽油，2010年实现连续运行超过135天。另外，云南文山铝业、山西襄垣七一煤矿等也采用了该技术。此项技术已经成为我国特色气化技术之一。

1994年上海焦化厂从美国引进了8台U-Gas炉（6开2备），生产低热值煤气。该气化装置是世界上第一套U-gas煤气化工业化示范装置，全套装置建成于1995年，但因种种原因现已被拆除。

1996年，抚顺恩德机械有限公司将恩德粉煤气化技术引进我国，这种技术是前朝鲜在温克勒气化技术的基础上改造起来的。国内第一套装置于2001年2月在景德镇市焦化煤气总厂建成产气量1万米^{3}工业示范的恩德炉，以空气和蒸汽为气化剂，生产空气煤气供给炼焦炉燃料气。随后黑龙江黑化集团有限公司、吉林长山化肥集团有限公司、安徽淮化集团有限公司、黑龙江倍丰集团宁安化工公司、吉林北方气体等化工企业的恩德炉煤气化装置相继建成投产。现在已有多套气化炉商业化运行，生产的煤气用于合成氨、甲醇或用作燃料气。

3. 气流床气化技术的产业发展

（1）常压煤粉气化

我国于1960年开始进行常压煤粉气化试验，在上海化工研究院建成了一台容积为0.6米^3，规模200千克/时的试验炉。在此基础上，于20世纪70年代初在新疆建成一套K-T式干煤粉气化制氨装置，投产后遇到耐火材料腐蚀、碳转化率低、排渣困难等而改烧重油。在20世纪70年代末，西北化工研究院建成一台常压干粉中间试验炉，完成了多个煤种的评价试验，并于1983年在山东黄县建立了一套5000吨/年合成氨的常压干煤粉气化工业化示范装置，取得了煤制合成氨工业试验结果，之后停运。

20世纪80年代初，我国的研究人员开始进行常压间歇流化床粉煤气化工艺的开发。1990年江苏理工大学（原江苏工学院）申请了"流化床粉煤气化方法及其装置"的发明专利，并于1995年获得批准。郑州永泰能源新设备有限公司购置了该专利，并开发了FM1.6型常压间歇流化床气化炉，分别于1998年、1999年应用于郑州和南阳城市煤气站，生产城市煤气。经多次调试、改进，运行基本正常，可以为居民正式供气。这项技术1999年3月通过河南省经贸委组织的新技术鉴定。2000年，在FM1.6型炉的基础上，他们又推出了FM2.5型炉，并设计用于生产合成气。常压间歇流化床气化炉FM1.6-1型和FM1.6-2型，已分别在郑州和南阳煤气公司投入使用。南阳煤气公司煤制气厂已建成4台,与沼气、石油液化气三气掺混向市区居民供气。山东鲁西化工集团鲁西化肥厂建设了一台FM2.5型气化炉,以筛分下来的无烟煤粉为原料生产合成气。

(2)湿法粉煤加压气化(水煤浆法)

1988年,我国引进了第一套德士古(Texaco)水煤浆气化装置,并于1993年在山东鲁南化肥厂(如图17-4、图17-5所示)建成投产,气化能力(以耗煤量计)为400吨/日、气化压力为2.8兆帕。通过德士古水煤浆气化装置的建设、试车、运行,我国积累了丰富的经验,目前德士古水煤浆气化装置在我国有几十套,包括陕西渭河化肥厂、上海焦化厂三联供装置、山东鲁南化肥厂和安徽淮南化肥厂等。鲁南化肥厂用于生产合成氨原料气,采用激冷流程,操作压力为3.0兆帕;淮南化肥厂年产合成氨30万吨,尿素52万吨,气化压力6.5兆帕,采用激冷流程,气化炉3台,目前运行良好;上海焦化厂三联供装置气化压力4.0兆帕,气化炉4台,激冷流程,用于生产甲醇。

图17-4 鲁南化肥厂引进水煤浆加压气化技术自行设计建设的国家重大技术攻关示范项目1993年建成投料试车成功　　图17-5 鲁南化肥厂水煤浆气化炉

其实,在我国也进行了水煤浆气化的开发研究,1969年上海化工研究院在浙江衢州化学集团公司建立了第一套水煤浆气化中试装置(0.7吨/时),由于煤浆蒸发器结垢、堵塞和磨损等问题不能解决,未取得试验结果。1979年至1982年,西北化工研究院完成了水煤浆气化模型试验研究,并于1985年建成中试装置,采用废锅流程,规模为1.5吨/时,气化压力2.6兆帕,最终形成了一系列多元料浆气化技术成果,并于2000年在浙江丰登公司完成了首套应用。该技术得到了大力推广,并在众多公司得到了应用,如山东华鲁恒升公司、甘肃华亭中煦煤化工有限责任公司、内蒙古伊泰煤制油有限公司、陕西咸阳化学工业有限公司、山西华鹿煤炭化工有限公司、安徽淮化集团有限公司、宁夏宝塔联合化工有限公司、陕西延长集团兴化节能综合利用项目、陕西府谷等企业都运用了这种技术,项目规模从 3 万吨/年到 60 万吨/年不等,多用于生产合成氨与甲醇。

由于德士古技术专利费较高,而国内有自主知识产权的水煤浆气化技术(如图 17-6 所示)也成功开发,所以有专家预计未来新建水煤浆气化装置会更多采用国内技术。除了多元料浆技术外,我国自主研发的技术在工业上还有更多的成功。

3.0兆帕半工业化加压灰熔聚　　　工业示范装置气化和空分系统
流化床粉煤气化技术平台　　　　　　　全景图

图 17-6　山西省粉煤气化研究中心

"九五"和"十五"期间,在国家科技部的支持下,华东理工大学开发了多喷嘴对置式水煤浆加压气化炉,并在鲁南化肥厂完成了中间试验和工业示范试验。第一套多喷嘴水煤浆加压气化炉 2004 年在山东华鲁恒升集团建成投产。目前已有多套装置投入工业化运行,如华鲁恒升化工股份有限公司、兖矿国泰、兖矿鲁南化肥厂、江苏灵谷化学公司、江苏索普集团有限公司、新奥集团凤凰化肥有限公司、神华宁夏煤业集团、宁波万华聚氨酯有限公司等,均有该设备上马,最大规模为 2000 吨/日。另外山西丰喜等地利用清华大学开发的熔渣非熔渣水煤浆进料气化装置也有多套装置投入工业运行。中国航天集团十一所开发的 HT-L 炉,目前已有 750 吨/日和 1500 吨/日两种规格的气化炉,2008 年河南濮阳和安徽临泉两台 750 吨/日气化炉首先开车运行,目前已经有 7 套装置在运行。随后签署了约二十多家新用户,安徽临泉化工股份有限公司、河南永煤集团濮阳龙宇化工有限责任公司、河南煤化新乡中新化工公司、河南晋开、山东鲁西化工股份有限公司、山东瑞星集团有限公司、双鸭山龙煤航天煤化有限公司均在其中,主要用于生产甲醇和合成氨。

近十余年来,我国引进了一些国外先进的煤气化技术,如壳牌粉煤气化技术和德国 GSP 干粉气流床煤气化技术,使我国煤制气技术有了较大的发展。

德国 GSP 干粉气流床煤气化技术是世界上先进的煤气化技术之一,在煤制气方面兼具 Texaco 和 Shell 煤气化技术的特点。自 2005 年年初该技术进入我国以来,

在我国已签署了 2 个技术转让项目，其中宁煤集团的甲醇制烯烃（MTO）装置采用的是 5 台（4 开 1 备）GSP 气化炉已经投入运行，神华宁煤 400 万吨/年煤制油工程 24 台（20 开 4 备）GSP 气化炉正在建设中。

2006 年 5 月，国内第一套用于合成氨生产的壳牌煤气化装置，在湖北双环科技股份有限公司 "油改煤" 工程上首先建成投产，该装置由壳牌公司提供基础设计软件包，中国五环化工工程公司完成工程详细设计。目前，包含柳州和中石化等单位在内的 19 家单位都与壳牌公司签订合同，23 台规格为投煤量 930～2800 吨/日的气化炉已逐步建成。

（二）煤制天然气——"煤气化"的新热点

天然气是世界三大能源之一，但在我国储量较低。与石油、煤炭相比，天然气更为清洁，因此我国政府提倡大力发展天然气，并规划大幅提高未来 10 年天然气占一次能源消费比重。近年来，我国天然气消费呈现爆发式增长，保持着两位数的年均增长率。作为清洁能源，天然气将在环保问题日益受重视的新能源时代持续发挥重要作用。根据国际能源署的预测，无论是在现有政策不变或是加大控制温室气态排放的政策刺激下，至 2030 年，天然气都将成为化石能源中唯一保持需求增长的能源。

我国天然气资源并不丰盛，天然气消费需求呈现快速增长态势，供需缺口逐渐增大。利用丰富的煤炭资源来解决或缓解这一现象成为近年来的一个趋势。将煤转化为合成气或含一定量低碳烃的煤气，经水蒸气变换、净化（脱硫、脱氮）、CO_2 分离后进行甲烷化反应，产品气的甲烷含量可高达 95%以上，完全可以替代现有天然气。

1. 波折的起步

我国在煤制天然气的成套技术研发方面刚刚起步。早期有关研究主要集中在水煤气/合成气部分甲烷化制取城市煤气方面。如中科院大连化物所研发的 "常压水煤气部分甲烷化生产城市煤气" 技术于 1990 年在上海建设了我国第一座 35000 米^3/日的煤气甲烷化示范装置，而后又在国内建设了十余个工程。国内其他科研院所及企业也相继开发了多种常压部分甲烷化催化剂及工艺，并进行了工业中试或侧线实验。这类技术都以生产城市煤气为目的，后因液化气、天然气等安全、便捷气源的推广应用，以及化肥企业的不景气，这些装置相继停产。

2. 我国已核准的天然气项目进展

在 "十一五" 期间，国家发改委核准了 4 个煤制天然气项目，总产能 $151×10^{16}$ 米^3/年，分期实施，第一期 $43×10^{16}$ 米^3/年。

（1）大唐克旗 40 亿米^3/年 SNG 项目

克旗煤制天然气项目（见图 17-7）位于内蒙古赤峰市克什克腾旗，已于 2009 年 8 月获国家发改委核准，投资 313 亿元，目前项目已建成，在试运行阶段。首期 13 亿米^3/年天然气投产后供北京使用。

阜新煤制天然气项目

克旗煤制天然气项目

图 17-7　大唐能源

（2）辽宁大唐阜新 40 亿米^3/年 SNG 项目

阜新煤制天然气项目（见图 17-7）位于辽宁省阜新市，已于 2010 年 3 月获国家发改委核准，目前项目即将全面开工建设。预计投产后，将为辽宁省省会沈阳及周边各大城市提供 40 亿米^3/年天然气。

（3）汇能鄂尔多斯 16 亿米^3/年 SNG 项目

汇能集团年产 16 亿米^3/年煤制天然气项目已于 2009 年 12 月 8 日经国家发改委发改能源核准，连同配套建设的液化天然气，等项目，项目总投资将达到 170 亿元；首期产能为 4 亿米^3/年。2010 年 4 月 21 日，汇能集团公司年产 20 亿米^3/年煤制天然气项目暨 10 亿米^3/年液化天然气项目正式开工建设。

（4）新疆庆华 55 亿米^3/年 SNG 项目

新疆庆华 55 亿米^3/年煤制天然气项目进展一直备受瞩目。目前，一期煤制气工程已全部机械竣工，供电、供水、备煤、热电装置区均已投入正常运行，8 台气化炉已点火成功，输气管线也已具备输气条件，2013 年 6 月进行联动试车，下半年将正式投产。

此外，国家发改委已经于 2013 年 3 月给 5 个企业发放路条，启动 5 个煤制天然气项目，总能力为 220 亿米^3/年。这些企业分别是中电投霍城煤制天然气项目，60 亿米^3/年；山东新汶矿业新疆伊犁煤制气项目，40 亿米^3/年；国电集团内蒙古兴安盟 40 亿米^3/年；中海油山西大同煤制气项目 40 亿米^3/年；新蒙集团内蒙古鄂尔多斯煤制气项目 40 亿米^3/年；

3. 积极推进

我国亟需加快煤制天然气成套技术特别是关键核心技术——高温、高压完全甲烷化催化剂及工艺的国产化进程。科技部非常重视煤制天然气技术的研发及商业化进展，"863" 计划中部署"国家煤气化甲烷化关键技术开发与煤制天然气示范工程"重点项目，发展我国自主知识产权的煤制天然气成套技术。

中科院大连化物所开发出具耐高温水热稳定性的完全甲烷化催化剂，在实验室完成了 8000 小时寿命实验。2012 年 10 月，由大连化物所设计完成的 5000 米^3/

日煤制天然气工业中试装置,在河南义马气化厂气源条件下连续稳定运行超过1000小时,具备了放大设计的基础。

三、煤制液体燃料

我国是世界上仅有的几个以煤为主要能源的国家之一。在较低的能源消费利用效率和环境污染形势严峻面前,因地制宜,协调好资源、环境和经济发展的关系是非常重要的。考虑到我国能源结构的特点和煤炭能源使用中的粗放弊端,通过非石油路线合成液体燃料,缓解石油液体燃料的供需紧张问题是一个较好的选择。从相对简单的煤干馏制液体燃料、间接煤液化、再到直接煤液化,现在我国在煤炭液化的工业化方面已走在世界前列。

(一)煤干馏制液体燃料

煤低温干馏制油,采用低温干馏的技术从煤中制取液体燃料,也是人造石油的主要方法之一。1953年12月,燃料工业部石油管理总局决定对锦西石油五厂的煤低温干馏装置进行修复工作。在刚建立的北京石油学院的参加与指导下,由石油设计局设计,于1954年开始修复工作。1955年11月,第一、第二两部干馏炉修建完工,投入试生产。接着又新建了第三、第四两部炉,于1957年11月投产。

1958年,聘请民主德国的两位技术专家到锦西石油五厂,协助改造了干馏炉的部分结构。厂内职工对设备和操作作了许多改进,使干馏装置能长周期正常生产,生产能力逐步提高。干馏炉单炉日处理能力由原设计的330吨提高到500吨,赶上了当时的国外先进水平。平均采油率也不断上升,1959年上半年达到88.06%。所产煤焦油通过连续蒸馏釜进行分馏,馏出油经碱洗后作为轻柴油,渣油作为生产沥青的原料。大庆油田投入开发后,锦西石油五厂改炼天然原油,煤低温干馏装置于1961年停止生产。之后,煤炭干馏依旧是煤化工产业中的重要组成部分,但这些装置不再以制液体燃料为目的,主要是对劣质煤粗加工,生产半焦和煤焦油等产品,以便对煤炭的综合利用。

(二)"间接液化"与"直接液化"

在能源蕴藏量中,中国是一个煤炭资源相对丰富的国家,以石油产品为主要车用燃料的现状给我国的长期发展带来很多的问题,特别是近些年来国际原油价格的大幅震荡使得我国的经济受到了极大的挑战。一直以来我国都在积极寻找石油替代燃料。

1. 间接煤液化

早在日本帝国主义侵占中国东北时期,曾在辽宁锦州建立起一座以水煤气为主体燃料原料的常压钴催化剂合成制油工厂,但至1945年,合成反应炉未建成,而煤气发生炉不能使用。1948年10月锦州解放后,东北人民政府化工局接管了这个厂(后命名为锦州石油六厂),并开始集中人力物力,积极准备恢复生产。1950年,该厂全面动工修复，进行部分试运，并生产出了中国第一批钴催化剂，解决了水煤气合成液体燃料的关键问题。1951年2月，在解决了造气、合成、催化剂制造等一系列技术问题之后，取得了费托法水煤气合成液体燃料的成功。

通过改进操作条件，改善催化剂的性能，1953年该厂合成油年产量达到1.2万吨。1954年，该厂修复南面一组48台原料煤气发生炉并投产，又自制和安装了27台合成炉，生产能力达到每年产油3万吨，出油率达到110～120克/米^3，接近了当时的世界先进水平。当时鉴于中国钴的产量较少，价格较高，为了寻求能代替钴剂的新催化剂，锦州石油六厂和中国科学院大连石油研究所合作，研究成功中压合成熔铁催化剂和流化床反应的合成工艺，并于1958年建成年生产能力为4000吨合成油的工业示范装置，促进了合成油生产的发展。1959年，该厂合成油年产量达到4.7万吨。

石油六厂是中国20世纪50年代唯一的一家水煤气合成液体燃料工厂，生产规模不大，产品成本较高。1960年大庆油田投入开发后，该厂停产合成液体燃料，改建为天然原油加工厂。

2. 快速发展的间接煤液化产业

20世纪50年代石油六厂的费托法水煤气合成液体燃料技术，应该算是我国早期的间接煤液化。目前，我们通常所说的煤炭间接液化是指先将煤炭通过气化工艺生产合成气（$CO+H_2$），再用合成气为原料合成柴油、汽油等液态化学产品。它主要包括煤的气化、F-T合成反应、油品加工三个步骤。

20世纪80年代，由于两次能源危机的爆发，我国又恢复了对煤间接液化技术的研究和开发。在这一时期，中科院山西煤炭化学研究所（简称山西煤化所）在分析了国外F-T合成和MTG工艺的基础上，提出了将传统的FT合成与分子筛择形作用相结合的固定床两段法合成工艺（简称MFT）和浆态床-固定床两段合成工艺（简称SMFT），并先后完成了MFT工艺的小试、模拟、中试，取得了油收率较高，油品性能较好的结果。20世纪90年代完成了2000吨/年规模的煤基合成汽油中间实验和SMFT工艺的模拟试验，并对自主开发的两类催化剂分别进行了3000小时的长周期运行，取得了令人满意的结果。随后该所针对新型浆态床合成反应器、共沉淀铁系催化剂制备等进行了放大开发试验，于2002年建成合成油品700吨/年试验装置。其后进行了多次连续运行千小时的运行实验，取得了自主开发知识产权技术的阶段性成果。2006年11月，在二十多年煤基浆态床合成液体燃料技术研究的基础上，中科院山西煤化研究所联合产业界伙伴内蒙古伊泰集团有限公司、神华集团有限责任公司、山西潞安矿业（集团）有限责任公司、徐州矿务集团有限公司等共同投资组建的高新技术公司——中科合成油技术有限公司，为用户提供系统的煤基合成油产业化技术支撑体系。

2006年5月，内蒙古伊泰集团16万吨/年煤制油间接液化装置奠基。该项目采用中科院山西煤化所自主研发的浆态床反应器、费托合成催化剂、油品精制和系统集成煤间接液化等多项专利技术。2009年3月20日试车成功出油。于2010年通过国家能源部组织的专家鉴定，2012年生产17.16万吨油品，超过设计年产能，成为煤制油工业全面成功的范例，为今后我国自行设计大型煤制油工业化装置提供了宝贵的实践经验。该装置采用的费托合成催化剂活性和抗硫性高，吨催化剂出油率达1200~1500吨，碳转化率达91%，能源转化率达40%以上。

2006年2月，山西潞安煤基合成油有限公司16万吨/年煤基合成油示范装置正式奠基开工，以中科院山西煤化所自主研发的"煤基液体燃料合成浆态床工业化技术"为核心技术，项目包括了铁基浆态床和钴基固定床等先进的间接液化费托合成技术，生产柴油、液化石油气、石脑油及少量混合醇燃料。2008年12月22日试车成功，至今已实现长周期平稳运行。潞安煤基合成油多联产示范项目包括铁基催化剂和钴基催化剂2条生产线，合计有21万吨/年油品的产能。

2009年12月神华集团鄂尔多斯年产18万吨的煤炭间接液化示范装置也试车成功，稳定运转255小时，生产出合格的产品。

此外，上海兖矿能源科技研发有限公司也在2002年下半年开始费托合成煤间接液化的研究开发工作。目前，已成功开发出具有我国自主知识产权的三相浆态床低温费托合成和固定流化床高温费托合成煤间接液化制油技术，分别于2004年和2007年建成了产油为5000吨/年浆态床低温费托合成中试装置和产油5000吨/年固定流化床高温费托合成中试装置。这两套装置也分别于2005年和2010年通过了中国石油和化学工业联合会主持的成果鉴定。而以三相浆态床低温费托合成技术为基础的兖矿榆林百万吨级低温费托合成煤间接液化制油工业示范项目也已于2011年开始动工，并按计划有序积极地推进。

3. 直接液化

直接液化不同于间接液化，它的工艺特征是将煤制成煤浆，在高温高压下，通过催化加氢裂化，同时包括热裂解、溶剂萃取、非催化液化，将煤降解、加氢转化为液体烃类，然后再通过加氢精制等过程，脱除煤中氮、氧、硫等杂原子并提高油的品质。煤直接液化过程包括煤浆制备、反应、分离和加氢提质等单元。

我国于1982年与日本合作，在煤炭科学研究总院内建立了一套0.1吨/日老IG工艺的煤直接液化连续试验装置，进行了长时间的试验运转研究。1983年11月煤炭科学研究总院在美国HRI公司的协助下，与日本伊藤忠、三井造船、共同石油、日挥和技术咨询等五家公司合作，完成了兖州煤25000桶/日（年液化用煤350万吨）规模H-COAL工艺直接液化厂的初步可行性研究。1986年通过与德国合作，在煤炭科学研究总院内建立了一套德国新IG工艺的0.12吨/日煤直接液化连续试验装置，进行了运转研究。1990年开始与日本合作，在0.1吨/日煤直接液化连续试验装置上进行了NEDOL工艺的运转研究。

经过多年来国内相关机构对煤直接液化工艺和催化剂进行的重点研究,"十一五"期间具有自主知识产权的煤直接液化工艺、863 高效催化剂等研究成果在世界上首座百万吨级煤直接液化示范工程中得到应用。2005 年 4 月该项目开工建设,2008 年年底建成。2008 年 12 月神华煤直接液化项目一期工程 108 万吨/年示范生产线进入试运行和调试阶段。2012 年,煤直接液化装置一直处于稳定运行状态,生产各种煤液化油品 86.5 万吨。

4. 其他煤液化新型技术

肇庆顺鑫化工科技有限公司开发了一种褐煤清洁高效综合利用热融催化新工艺,并通过了国内化工和能源转接组成的鉴定委员会鉴定。据测算,采用该技术建设大规模项目的设备投入只有传统煤液化技术的 1/3,总投资仅为传统煤液化技术的 1/2,经济效益可观。该项目从 1999 年启动,先后完成了理论突破、工艺完善和设备配套考察三个阶段,经历了从实验室高压釜到 120 千克连续小试,再到 6.6 吨/日中试的漫长过程。该技术暂时还没有实现工业化。

(三)煤液化其他产业——液体燃料新路线

煤间接液化与直接液化技术都是以煤为基础原料,转化为类似于石油产品汽油和柴油等烃类燃料,从而实现石油替代战略。从根本上讲并没有完全摆脱石油燃料的轨道。发展绿色的新型煤化工是煤化工的主攻方向,研发煤液化相关技术就成为了重点关注对象之一。其中,煤基醇醚燃料走出了一条液体燃料能源的新路线。

1. 煤制甲醇燃料

我国甲醇生产起于 20 世纪 50 年代,当时吉化、兰化、太化等企业先后从苏联引进高压合成甲醇工艺,建成了数套以煤为原料的甲醇生产装置,规模均在 300 吨/年左右。20 世纪六七十年代在合成氨的基础上进一步开展中压联醇工艺。我国从 20 世纪 70 年代以来所建的甲醇装置主要采用 ICI 和 Lurgi 公司的低压甲醇合成工艺,如四川维尼纶厂和哈尔滨气化厂建的 ICI 低压甲醇合成装置;在齐鲁二化、濮阳和安阳等地相继建成的 Lurgi 低压甲醇合成装置。之后我国自行开发了适合于低压合成甲醇的催化剂,年产 10 万吨以下的生产装置已经国产化。

由于甲醇的特性与汽油相似,且不含硫及其他的复杂有机化合物,含氧量高,燃烧充分,其整体使用安全性甚至优于汽油,所以以甲醇为燃料的方式备受关注。我国煤基甲醇燃料的车用研究也于 20 世纪 70 年代逐渐展开,国内的甲醇生产规模也开始呈大型化趋势。

焦炉煤气同样是很好的合成甲醇的原料,随着我国焦炭事业的发展,伴生出巨量的焦炉煤气,为更加合理、高效地利用这部分资源,焦炉煤气制甲醇也就成为我国甲醇工业的主要组成部分。而我国的化学工业第二设计院更是拥有目前世界上唯一的自主知识产权的焦炉煤气技术。2004 年 12 月,我国第一套焦炉煤气制甲醇 8 万吨/年生产装置在云南省曲靖市建成投产。2005 年 9 月,建滔(河北)焦化公司焦炉煤气制12万吨/年甲醇装置建成投产，生产出达到美国AA级优等品的甲醇。

"十一五"期间，我国焦炉煤气综合利用水平快速提高，10万吨/年规模级焦炉煤气制甲醇得到迅速发展，20万吨/年、30万吨/年规模级装置也相继投产，并逐渐成为我国焦炉煤气制甲醇装置的主流。其中，投产10万吨/年规模焦炉煤气制甲醇装置的企业比较多，如山东省滕州盛隆焦化公司、山东海化煤业化工公司、陕西黑猫焦化公司、旭阳焦化集团定州天鹭新能源公司、山西建滔万鑫达化工公司、冀中能源峰峰集团煤焦化公司、四川达州钢铁集团公司、河北万丰兴化工产品公司等。此外，投产20万吨/年规模装置的企业主要有山东兖矿国际焦化公司、内蒙古庆华集团庆华煤化公司、云南大为制焦公司、山西焦化集团、河北金牛旭阳化工公司、宁夏宝丰能源集团、山西临汾同世达煤化工集团、黑龙江七台河龙洋焦电公司等。

在规模大型化趋势的发展下，山东兖矿国宏公司年产50万吨的甲醇生产装置于2007年12月投产；新奥集团在内蒙古鄂尔多斯投资的煤化工基地一期甲醇年产量60万吨，也已于2008年投产。而大唐国际发电180万吨/年、神华新疆公司540万吨/年、神华宁煤集团420万吨/年、兖矿集团230万吨/年等以煤炭为原料的甲醇生产项目也都陆续开始建设。

"十二五"期间，按照《焦化产业准入条件》的要求，我国焦炉煤气制甲醇装置规模将不低于10万吨/年，资源综合利用向更高的层次推进。"十二五"以来国内已建成和在建的焦炉煤气制甲醇产能已达到了1000万吨/年。

2011年1月，神华巴彦淖尔能源公司开工建设其一期工程24万吨/年焦炉煤气制甲醇项目；2月，山西宇丰能源投资公司20万吨/年项目签约；4月，河北常恒能源技术开发公司20万吨/年项目将建成投产，陕西陕焦化公司20万吨/年装置可望出产第一批产品。此外，2011年，山西临汾同世达煤化工集团将形成40万吨/年煤气综合利用制甲醇能力，山西太兴集团30万吨/年、山西益达化工公司30万吨/年、山西阳光焦化集团30万吨/年、河北唐山开滦精煤公司30万吨/年焦炉煤气制甲醇项目目前均在积极实施中。

煤制甲醇技术在我国已相当成熟，近10年来我国甲醇产业发展迅速。据不完全统计，2012年我国甲醇产能达到5149.1万吨/年，中国甲醇企业266家，产量3129万吨。

甲醇生产能力中有66%份额以煤为原料。车用燃料甲醇和车用甲醇汽油（M85）国家标准分别于2009年11月1日、12月1日起实施，表明国家已将甲醇列入能源产品，甲醇从此有了基础有机化工原料和能源产品的双重身份。新的甲醇项目继续增加，预计到2016年还将新增3280万吨/年的产能，届时产能将突破8000万吨/年。

2. 煤制二甲醚燃料

我国二甲醚工业化在20世纪80年代初起步，第1套装置由西南化工研究院为中山精细化工厂设计，采用甲醇气相脱水生产二甲醚工艺，装置规模为 2500 吨/年，以后又相继建成了几套同规模装置。除了这种由甲醇脱水制二甲醚技术外，由煤气中的 H_2 和 CO 直接合成二甲醚（DME）的一步法生产工艺，在 20 世纪 80 年代末也开始被大量研究，并相继开发成功二甲醚合成催化剂及工艺。浙江大学研制的一步法合成 DME 工艺，也在湖北天利公司建成了年产 1500 吨 DME 的工业化装置。这也是国内第一套直接由合成气一步法生产高纯 DME 的工业化装置。

整体上看来，我国二甲醚产业发展较晚，直到 1995 年国内才开始大规模地生产二甲醚。2001 年，中国紧随日本之后，消化吸收并开发出自己的二甲醚生产技术，建成数套 2000～5000 吨/年不等的二甲醚装置。二甲醚工业生产的兴起是同氟氯烃类的限制和禁止使用紧密相连的。二甲醚的饱和蒸气压等物理性质与二氟二氯甲烷相近，且具有沸点低、汽化热大、汽化效果好的优点，故二甲醚被用于气雾剂，并被用于替代氯氟烃用作制冷剂，曾得到了一段时间的发展。2002 年年底，中国已经拥有二甲醚产能 3.18 万吨/年，此时的用途还仅限于胶黏剂、气雾剂和医药麻醉剂等少数领域，消费量很少。

但二甲醚产业最为重要和最有前途的发展方向是作为燃料。特别是 2005 年，随着国际油价的持续大幅上涨，使得天然气、液化气的需求量猛增，供需矛盾突出。每年冬季，南方各地都会闹"气荒"，推动液化气价格飙升。在这种情况下，物理化学性能及燃烧使用性能与液化气极其相似的二甲醚，开始受到人们的关注和青睐。此外，二甲醚作为煤基醇醚燃料，是煤液化重要技术之一，而从原料、合成条件、产品以及能效上看，醇醚燃料也都表现出了一定的优势。从原料上讲，醇醚燃料对煤种适用性强，并无类似煤直接液化技术的氢含量高、氧含量低的特殊要求；从合成条件上讲，醇醚燃料操作范围更较为宽，高、中、低压均有相应工艺；从产品上看，其催化剂选择性高，产品单一，易于分离与提纯；从能效上看，醇醚燃料最大限度地利用了煤炭中的碳、氢、氧元素，而并没有像直接液化和间接液化那样脱除氧元素，从某种角度上说它的能源利用效率更高。

由于醇醚燃料的上述优点，以及市场上的供需矛盾，我国二甲醚产业发展迅速，目前中国已成为世界上最大的二甲醚生产国，其产能占世界 DME 总产能的 90%以上。目前国内二甲醚产能已超过 1000 万吨/年，2011 年实际产量仅 396 万吨，消耗甲醇 600 万吨。市场低迷的原因很多，但总体来看发展醇醚燃料仍是石油天然气战略替代的重要方向之一。特别是国家已制定《城镇燃气用二甲醚》（GB 25035—2010）标准，并于 2011 年 7 月 1 日正式实施。二甲醚作为石油液化气（LPG）的替代燃料终于具有了合法身份，可以正式进入城镇作为替代燃料推广，这有可能缓解我国二甲醚产能过剩的状况。据不完全统计，目前国内处于规划阶段的二甲醚目已超过 60 个，产能合计为 3700 万吨/年。

但是，不是有标准就马上可以推广。目前车用二甲醚燃料市场不成熟，还不具有可操作性。首先,后续的设备和条件还不具备,即市场上还没有生产出二甲醚专用的发动机和汽车,没法解决"卖给谁"的问题。其次,包括气瓶标准、加气站标准、二甲醚燃料发动机技术条件等的配套标准缺失也影响了二甲醚在车用领域的推广。

四、煤基甲醇产业链——煤制化学品

20世纪五六十年代开始,石油作为原料几乎把煤炭原料完全挤出了化工舞台(除中国等极少数国家外)。但随着几次石油危机的爆发,煤基化学品在化工产业中有所抬头。

由煤炭生产石油衍生化工产品(包括煤制氯乙烯、煤制醋酸乙烯、煤制甲醇、煤制烯烃、煤制二甲醚、煤制乙二醇、煤制醋酸等)在中国已经成为事实。这种煤基产品向石油基产品的延伸拓展了煤炭的利用途径。在这条途径中,甲醇成为一个重要的平台化合物,使人们看到了煤替代石油生产烯烃和芳烃化工产品的可能性。

(一)煤制甲醇

甲醇在常温常压下是易挥发和易燃的无色液体,具有酒精气味,它是一种用途广泛的基本有机化工原料。

中国于20世纪50年代开始生产煤制甲醇,通过联醇生产技术和焦炉气制甲醇两条主线以煤为原料生产甲醇。进入21世纪以后,华东理工大学、西南化工研究院等相继开发了拥有完全自主知识产权的甲醇合成技术,打破了长期以来被ICI、Lurgi等国外甲醇生产公司垄断的局面;此外经过专家学者的努力,我国在利用高硫、劣质煤生产甲醇方面取得不错的进展。2011年年底,中国甲醇企业266家,产能共计4823万吨/年,同比增长18.7%;甲醇产量2105万吨,同比增长33.7%;甲醇生产能力中有66%以煤为原料。

国内甲醇项目频频开车,使得甲醇产能过剩,更多的甲醇下游产业链正被开发挖掘。目前甲醇替代石油制化学品技术,如MTP/MTO、MTG、MTA等,这类产业符合我国的能源发展战略,成为重要的甲醇产业链,有着不菲的收益,已形成煤化工的热点之一。

(二)煤制烯烃

乙烯、丙烯作为主要的化工原料,其产量的高低往往被视为一个国家石化工业发达程度的标志。传统的生产工艺是通过石脑油(石油轻馏分的泛称)裂解制取乙烯和炼厂催化裂化副产丙烯,都过分地依赖石油。20世纪70年代石油危机的冲击,引发了利用非石油资源生产低碳烯烃的技术研究,我国甲醇制烯烃技术的研究开发具有三十多年的历史,但重要的技术成果和产业成果也都是在近十几年才获得的。

1. 中科院大连化物所的DMTO

20世纪80年代中科院大连化物所采用固定床反应器进行了以ZSM-5和改性ZSM-5为催化剂的甲醇制烯烃技术研究,并在1993年完成了甲醇进料1吨/日的

MTO 中试，形成了 ZSM-5 系列高乙烯收率的 5200 催化剂和高丙烯收率的 M792 催化剂，达到了当时国际先进水平。之后，又改进固定床反应器和 ZSM-5 作催化剂所存在的缺陷，采用流化床反应器进行了以小孔 SAPO-34 和改性 SAPO 分子筛为催化剂的甲醇/二甲醚制乙烯（简称 SDTO 或 DMTO 法）技术研究，并进行了规模为 15～25 吨/年中试实验装置。无论是甲醇转化率、乙烯和丙烯收率，还是催化剂使用寿命都获得了良好结果。

2005 年 12 月，大连化物所联合洛阳石油化工工程公司、陕西省新兴煤化工有限公司在陕西华县建成世界上第一套万吨级的甲醇制取低碳烯烃规模的 DMTO 工业化示范装置，甲醇处理量 1.67 万吨/年。该装置于 2006 年 2 月实现投料试车一次成功；2006 年 6 月，该装置进行了 72 小时现场考核；同年 8 月，甲醇制烯烃工业性试验项目（DMTO）通过了专家技术鉴定。2010 年 5 月大连化物所又在陕西验证了其具有自主知识产权的新一代甲醇制烯烃工业化技术（DMTO-II），结果表明甲醇转化率接近 100%，与 DMTO 技术相比，乙烯和丙烯总选择性、甲醇单耗及催化剂消耗等各项技术指标均有较大幅度提高。

神华集团包头煤化工分公司 60 万吨/年煤制烯烃工业示范项目就是采用的中科院大连化物所具有自主知识产权的 DMTO 工艺及催化剂，该项目总投资 146 亿元（不含空分），2010 年 8 月开车成功产出合格产品，运转稳定。2011 年的商业化运营累计生产聚烯烃产品 50 万吨，上半年实现利润 8.75 亿元，预计全年利润超过 15 亿元。2012 年 1—10 月，累计销售聚烯烃产品 46 万吨，累计实现营业收入 49.4 亿元；其中上半年实现营业收入 31 亿元，利润 6 亿元。

2. 中国石化的 SMTO

2000 年，上海石油化工研究院开始进行 MTO 技术开发。中石化上海石油化工研究院于 2005 年建立了 1 套 12 吨/年的 MTO 循环流化床热模试验装置，将实验室研究的结果在该试验装置上进行了验证。之后为了加快自主新能源技术的开发，根据中石化的统一部署，上海石油化工研究院与中国石化工程建设公司开展合作，开发甲醇制烯烃（SMTO）成套技术，在燕山石化建成了一套 100 吨/日甲醇进料的 SMTO 工业试验装置。该项目由中国石化集团燕山石化公司负责建设，中国石化工程建设公司负责设计。该项目于 2006 年 9 月启动；2007 年 11 月已成功投产；2008 年完成甲醇年进料 180 万吨 MTO 工艺包的开发，具备了设计和建设大型 MTO 工业化装置的条件。2010 年 2 月 3 日，中国石化集团与河南省政府签订合作备忘录，确定 180 万吨/年甲醇制 60 万吨烯烃项目将落户河南鹤壁市宝山循环经济产业集聚区。

2011 年 10 月 10 日，中国石化中原石油化工有限责任公司 60 万吨/年甲醇制烯烃（SMTO）装置产出合格乙烯、丙烯，实现装置开车一次成功。中国石化正在推进河南鹤壁、安徽淮南和贵州毕节的三个商业规模煤制烯烃项目。

3. 清华大学 FMTP

我国清华大学自 1999 年开始进行甲醇及二甲醚制烯烃方面的研究，相关研究成果已经获得国家发明专利。FMTP（流化床甲醇制丙烯）技术的反应-再生系统与炼油工业中催化裂化装置（FCC）的反应-再生系统具有一定的相似性，FMTP 技术指标为甲醇转化率大于 99%，丙烯收率可达 67.3%。

"流化床甲醇制丙烯（FMTP）工业技术"由中化集团、清华大学和安徽淮化集团联合攻关。在清华大学小试研究工作基础上，将小试成果放大到万吨级规模，通过工业试验装置的运行，工艺参数优化、催化剂寿命和工艺设备的可靠性考核，最终使该万吨级的工业试验装置技术和环境保护各项指标达到国内外先进水平，为下一步百万吨级工业化装置建设提供技术依据和培训平台。

4. MTP/MTO

神华宁煤集团煤基烯烃项目，是目前世界上规模最大的以煤为原料，采用德国鲁奇公司先进的煤基烯烃工艺制取丙烯，最终产品为聚丙烯的煤化工项目。2012年，神华宁煤烯烃项目生产 40.5 万吨聚丙烯，实现营业收入 58 亿元，利润 4.15 亿元。

除了前面提到的神华包头 60 万吨的 MTO、神华宁煤 50 万吨的 MTP 以外，大唐多伦 46 万吨的 MTP、宁波禾元 60 万吨 MTO 和中石化中原的 20 万吨 MTO 等装置已成为已经进入或者正在进入稳定商业运营的工业示范装置。

2010 年中国煤制烯烃产能达到 156 万吨，占全国烯烃总产能的 6.9%。

2013 年 3 月，国家发改委已批准四个企业的产能为 60 万吨/年煤制烯烃项目可进行项目前期工作，这四个企业是中石化集团四川维尼纶厂（贵州织金）、中石化与河南煤业集团（河南鹤壁）、中国中煤能源集团（陕西榆林）、甘肃华鸿汇金公司（甘肃平凉）。

（三）甲醇制汽油

目前甲醇制汽油（MTG）技术已经工业化应用的有美孚的固定床两步法和国内自主开发的固定床"一步法"。

1. 中科院山西煤化所固定床绝热反应器一步法 MTG

2006 年，中科院山西煤化所开发形成了"固定床绝热反应器一步法 MTG 技术"。一步法技术省略了甲醇转化制二甲醚的步骤，甲醇在 ZSM-5 分子筛催化剂的作用下一步转化为汽油和少量 LPG 产品。其显著优点是：工艺流程短，汽油选择性高，催化剂稳定性和单程寿命等指标均较好。类似于鲁奇公司的多管式反应器法。

2006 年赛鼎工程有限公司、中科院山西煤化所和云南解化集团采用自主开发的"固定床绝热反应器一步法甲醇转化制汽油新工艺"，在云南解化建设了一套能力为年产 3500 吨汽油的示范装置。该装置于 2007 年一次投料试车成功，装置运行稳定，完全达到了设计指标,获得了高品质汽油。该装置的顺利投产运行,表明了我国自主开发的"固定床绝热反应器一步法甲醇转化制汽油"新工艺以及中科院山西煤化所的催化剂已经具备了工业化的条件。

2009年5月,与云南解化集团同属于云南煤化工集团的云南先锋化工有限公司开始50万吨/年甲醇、20万吨/年MTG装置的建设。该项目由赛鼎工程有限公司工程总承包。

2. 其他MTG产业发展状况

2006年晋煤集团采用美国美孚公司的固定床甲醇制汽油技术合成汽油,在中国山西晋煤集团建设10万吨/年MTG装置,该装置由赛鼎工程有限公司设计,以灰融聚煤气化技术为先导,2006年9月项目正式开工,2009年6月实现了MTG装置一次开车成功,生产出合格煤基合成油,目前该项目在运行中。

此外,2009年3月,内蒙古庆华10万吨/年MTG装置开始实施。潞宝集团30万吨/年甲醇制汽油项目、晋煤集团100万吨/年甲醇制汽油项目也在不断开展。

(四)甲醇制芳烃

国际上的芳烃97%以上主要来源于石油,还有一部分来自于焦化苯。煤制芳烃技术是最近几年才受到大量关注的。以煤为原料生产芳烃是利用高碳含量的煤来生产高碳含量的芳烃产品,从热力学上说,可以使煤的利用率更高。

我国的甲醇制芳烃技术已经走在了世界的前列,主要有清华大学的流化床技术(FMTA)和中科院山西煤化所的两段固定床MTA技术。此外,2010年河南煤化集团研究院与北京化工大学也合作开发甲醇制芳烃技术的研究,探索出了最佳催化剂和反应的适宜工艺条件,提出了装置规模、反应器初步设计和关键设备参数。上海石油化工研究院已经开展了甲醇制芳烃催化剂及工艺的前期探索性研究。

1. 清华大学的流化床技术(FMTA)

清华大学的流化床技术(FMTA)是指催化剂连续反应-再生循环的流化床技术。该技术已经1万吨/年工业试验装置443小时验证。催化剂为采用负载金属氧化物的复合分子筛催化剂,催化剂稳定性较好,反应温度450~500℃,压力为0.3兆帕,甲醇空速0.5时$^{-1}$,甲醇平均转化率99.99%,芳烃收率(甲醇碳基)大于74%,液相产品中芳烃体积分数大于90%,芳烃产物中二甲苯体积分数大于72%。

华电集团采用清华的FMTA技术于2011年3月在陕西能源化工基地——榆横煤化学工业区建设煤基甲醇制芳烃(FMTA)中试装置和大型工业化项目,先行建设万吨级FMTA工业试验装置,投资1.6亿元,试验得到成功。

目前陕西榆林已经启动300万吨/年煤制甲醇和100万吨/年芳烃装置,总投资320亿元以上。此外,宁夏庆华集团30万吨/年甲醇制芳烃联产烯烃项目也已获地方核准。

2. 山西煤化所的两段固定床 MTA 技术

中科院山西煤化所与化学工业第二设计院联合开发了固定床甲醇转化制芳烃 MTA 的技术，采用两个固定床反应串联的形式，第一芳构化反应器的气相组分进入第二反应器继续进行芳构化，催化剂为负载脱氢功能的 Ga、Zn 或 Mo 组分的分子筛催化剂（ZSM-5 或 11）。暂时未有工业化装置。

（五）低压羰基甲醇合成醋酸

兖矿集团与原化工部西南化工研究院合作研发了具有自主知识产权的低压羰基合成醋酸专利技术，采用该技术建设的兖矿国泰化工有限公司 20 万吨/年醋酸装置，是我国第一套自主知识产权的醋酸装置。该装置的建设打破了长期以来跨国公司的垄断，在经济效益方面具有较强的竞争力。

附1 大 事 记

1988 年 11 月，上海焦化厂"三联供"项目一期工程经国家计委批准立项。

1992 年化工部西南化工设计研究分院形成了具有我国自主知识产权的甲醇低压羰基合成制醋酸专利技术。

1996 年 8 月，国内第一套羰基合成 10 万吨/年醋酸装置在上海吴泾化工厂投产。

2002 年我国首套千吨级煤炭间接液化中试装置在山西煤化所建成投产。

2003 年 7 月 2 日，国内中试规模最大的 5000 吨/年三相浆态床低温费托合成煤间接液化工业试验装置破土动工，并于 2004 年 3 月 31 日，一次投料试车成功。

2004 年 8 月 25 日，世界第一个煤直接液化项目——神华集团鄂尔多斯年产 108 万吨油品的煤直接液化项目开工，并于 2008 年 12 月 30 日投入运行。2012 年，煤直接液化装置一直处于稳定运行状态，生产各种煤液化油品 86.5 万吨。

2005 年 10 月，我国首套具有自主知识产权的单炉日处理 1150 吨煤大型水煤浆气化装置在兖矿国泰建成投产。

2005 年 10 月我国首套甲醇和 IGCC 联产装置在兖矿国泰化工有限公司建成投产。

2006 年 2 月 8 日，中国拥有自主知识产权的第一个煤间接液化工业示范项目——兖矿榆林 100 万吨/年煤间接液化制油获得国家发改委许可。

2006 年 3 月，大唐国际多伦年产 46 万吨煤制聚丙烯 MTP 煤化工项目开工，随后 2007 年 7 月开始建设的宁煤 50 万吨煤制聚丙烯 MTP 煤化工项目于 2010 年 4 月投入运行，2012 年该装置共生产 40.5 万吨聚丙烯及 27.8 万吨相关产品。

2006 年 4 月 13 日，国内唯一的 5000 吨/年高温费托合成中试装置开工建设。

2006 年 5 月伊泰集团的 16 万吨煤间接液化合成油品示范生产线开工建设，同时建设的还有潞安集团铁基催化剂 16 万吨/年和钴基催化剂 5 万吨/年煤基合成油两条生产线。

2007年6月8日,国内唯一的5000吨/年高温费托合成中试装置一次投料试车成功。

2007年10月神华包头60万吨煤制烯烃MTO项目开工建设,装置设计能力为30万吨聚乙烯和30万吨聚丙烯,2010年8月投入运行。2012年,该装置生产聚烯烃产品54万吨。

2008年1月9日,兖矿榆林100万吨/年煤间接液化制油项目通过国家发展和改革委员会的审核评估并开工建设。

2008年2—3月,拥有自主知识产权的中国第一座7米大型顶装焦炉在邯郸钢铁集团和鞍钢(营口)鲅鱼圈顺利投产。

2009年3月3日23时50分,目前世界最大、国内第一座炭化室高6.25米捣固焦炉在唐山佳华煤化工有限公司二期焦化工程顺利出焦。

2009年3月伊泰项目全部建成,成为我国煤基合成油间接液化技术第一条产业化生产线。并于2012年生产17.16万吨油品,达到年设计能力。2013年上半年生产8.6万吨油品。

2009年6月30日,我国首套单炉日处理煤2000吨的大型多喷嘴水煤浆气化装置在江苏灵谷建成投产。

2009年7月15日,潞安集团21万吨/年煤基合成油示范项目全部建成。

2009年8月30日,大唐克什克腾煤制气年产40亿标米^{3}项目在内蒙古开工建设,2012年7月28日投入试运行。

2009年9月,晋煤集团天溪煤制油分公司10万吨/年煤基MTG合成汽油工程项目投入运行。

2009年12月30日,丹化集团年产20万吨煤制乙二醇工程局部投入运行。2012年生产乙二醇10.11万吨。

2010年4月4日,河南煤化工集团的拥有世界首创、国内自主研发、具有国际领先水平的20万吨煤制乙二醇工程开工建设。

2010年5月31日,神华包头煤制烯烃项目建成,标志中国已全面建成世界首个、最大的煤制烯烃项目。

2011年3月29日,中国第一个煤间接液化工业示范项目——兖矿榆林110万吨/年煤间接液化制油项目正式开工建设。

2011年5月30日,华电集团投资建设的首个创新型煤化工项目——华电呼伦贝尔大型综合能源项目启动,2×600万吨/年褐煤热解多联产工程开工。

附2 国际背景

煤作为化学工业的原料加以利用并逐步形成工业体系,则是在近代工业革命之后。煤中有机质的基本结构单元是以芳香族稠环为核心,周围连有杂环及各种官能团的大分子。这种特定的分子结构使它在隔绝空气的条件下,通过热加工和催化加工能获得固体产品,如焦炭或半焦。同时,还可得到大量的煤气(包括合成气),以及具有经济价值的化学品和液体燃料(如烃类、醇类、氨、苯、甲苯、二甲苯、萘、酚、吡啶、蒽、菲、咔唑等)。因此,煤化工的发展包含着能源和化学品生产两个重要方面,两者相辅相成,促进煤炭综合利用技术的发展。

18世纪中叶由于工业革命的进展,英国对炼铁用焦炭的需要量大幅增加,炼焦炉应运而生。1763年发展了将煤用于炼焦的蜂窝式炼焦炉,它是由耐火砖砌成圆拱形的空室,顶部及侧壁分别开有煤料和空气进口。点火后,煤料分解放出的挥发性组分,与由侧门进入的空气在拱形室内燃烧,产生的热量由拱顶辐射到煤层提供干馏所需的热源,一般经过48~72小时,即可得到合格的焦炭。

18世纪末,煤用于生产民用煤气。1792年,苏格兰人W.默多克用铁甑干馏烟煤,并将所得煤气用于家庭照明。1812年,这种干馏煤气首先用于伦敦街道照明,随后世界一些主要城市也相继采用。1816年,美国巴尔的摩市建立了煤干馏工厂生产煤气。从此,铁甑干馏煤的工业就逐步得到发展。1840年,法国用焦炭制取发生炉煤气,用于炼铁。1875年,美国生产增热水煤气用作城市煤气。1850—1860年,法国及欧洲其他国家相继建立了炼焦厂。这时的炼焦炉已开始采用由耐火材料砌成的长方形双侧加热的干馏室。室的每端有封闭铁门,在推焦时可以开启,这种炉就是现代炼焦炉的雏形。焦炭虽是炼焦的主要目的产物,炼焦化学品的回收也引起人们的重视。19世纪70年代德国成功地建成了有化学品回收装置的焦炉,由煤焦油中提取了大量的芳烃,作为医药、农药、染料等工业的原料。

1. 煤气化

煤气化是指用煤炭作原料来生产工业燃料气、民用煤气和化工原料气,它是洁净高效利用煤炭的主要途径之一,能够避免煤直接燃烧的污染,也是煤转化技术的最主要方面。原料煤中所含的能量80%~83%以合成气的形式被回收,另外14%~16%以蒸气形式回收,气化后约96%以上的煤能源能够被利用。其基本原理就是在参与反应的气体环境中将煤转化为可燃气体、焦油和固体产物。

煤气化历史非常悠久,甚至早于发电。煤化工发展始于18世纪后半叶,用煤生产民用煤气;在欧洲当时用煤干馏方法生产的干馏煤气用于城市街道照明;1840年由焦炭制发生炉煤气来炼铁,1875年使用增热水煤气作为城市煤气。第二次世界大战时期,煤炭气化工业在德国得到迅速发展。1935—1945年期间德国共建立了9个合成油厂,总产量达57万吨。第二次世界大战后,煤炭气化工业因石油、天然气的迅速发展减慢了步伐,进入低迷时期,直到20世纪70年代成功开发合成气制甲醇技术,由于甲醇的广泛用途,才使煤炭气化工业又重新引起人们重视。

煤气化技术迅猛发展期始于20世纪70年代。早期的煤气化大都使用块煤和小粒煤为原料制合成气,如各种常压移动床气化炉、温克勒气化炉和K-T炉气化炉等气化方法,通称为第一代煤气化工艺。进入20世纪80年代后,煤气化技术取得了重大成果并进行了商业化运行。采用先进的气流床反应器,以干粉煤或水煤浆为原料,加压气化,如Texaco法、Shall法和液态排渣鲁奇炉气化等,通称为第二代煤气化工艺。

城市煤气是城市能源的重要组成部分。现代城市煤气泛指城市能源供应中的气体燃料,包括煤制气、油制气、天然气、液化石油气以及可供城市用的矿井气、化工尾气等。

我们通常所说的城市煤气始于18世纪末期,于19世纪初形成产业部门。在伦敦成立世界第一家煤气公司之后,英、美、法、德、俄等国在大城市相继建成了煤气照明公司。到1850年产业革命末,英国共有80家煤气企业,形成具有相当规模和影响的产业。此后在世界各地陆续得到发展。

早期的煤气是以煤干馏制气。煤的气化技术从19世纪中叶得到发展。传统的煤干馏设备有水平炉、连续式直立炉和焦炉,煤的完全气化设备有发生炉和水煤气炉。20世纪20年代,为了提高热能转化率,增大制气设备和单位产气量,扩大煤种和粒度的使用范围,以及简化净化过程等不同目的,出现了煤的多种气化工艺,后来得到进一步发展。1922年常压流化床粉煤气化的温克勒炉获德国专利,1926年投产。此后,前苏联在温克勒炉基础上,为进一步气化所带的煤粉,利用反应空间,增加二次风,便将排灰底部改为锥形。后来德国也作了增加二次风等方面的改进,提高反应温度和增加反应空间,减少飞灰中炭的损失,并称之高温温克勒斯炉,炉内压力由常压提高到0.9兆帕,生产能力约提高了3倍。1935年第一台固定床加压气化的鲁奇炉在德国Hirsch flede市投产。1940年奥地利建成了第一台焦化与气化相结合的两段炉。1952年,气流床气化粉煤的考贝斯-托切克炉投产。20世纪50年代,法国人杰奎研究锥形气化床时发现,在某些条件下灰在底部形成聚集的小球,使灰的重力超过底部入炉气流的托力,与煤分离排出。根据这一原理,设计了喷射床气流与沸腾床气流相结合的炉型。我国北京煤化所在20世纪60年代初,根据这一原理进行了ϕ200mm炉的试验,试验了营城、舒兰、京西等四个煤种。20世纪70年代初,美国煤气工艺研究院利用该原理,以氧-蒸汽为气化剂,对不同煤种进行了试验,提高炉内压力,开发出U-GAS气化炉。与此同时,西屋电器公司开发出流化床气化法——西屋法,它是利用喷射管式流化床结合低速流化分离灰渣与煤。该法与U-GAS法相当,各有所长。

2. 煤液化

煤液化指煤经化学加工转化为液体燃料(包括烃类及醇类燃料)的过程。煤的液化方法主要分为煤直接液化和煤间接液化两大类。

煤直接液化是根据煤与石油烃相比,组成中碳多氢少的特点,采用加氢的方法从煤直接制取液态烃。加氢反应通常在较高的压力和温度下,在有催化剂作用条件下进行。氢气则通常由煤或液化残煤的气化制取。各种直接液化方法的区别主要在于加氢深度与供氢方法的不同。历史上有名的方法为德国开发的柏吉斯法。

煤间接液化是先将煤气化以获得一氧化碳和氢（即合成气），然后在催化剂作用下合成为烃类或醇类燃料。由一氧化碳和氢可以合成各种产品，产品的构成主要取决于催化剂的选择性和相应的反应条件。煤间接液化过程为强放热反应。因此，各种间接液化方法的区别在于催化剂的选择性与反应热移除方式的不同。最早工业化的方法是德国开发的费托合成法。

煤液化技术主要是指煤炭通过化学加工转化为液态产品的技术，俗称煤变油，它包括直接液化技术和间接液化技术，可将煤转化为汽油、柴油、LPG 等产品。

煤炭液化已有百年科研基础。1913 年，德国人 F. Bergius 发现在 400～500℃，20 兆帕下，可以将高分子物质转化为低分子的液体燃料，之后世界各国逐渐发明了各种煤液化技术。1927 年从战略需要出发，德国在 Leuna 建立了世界上第一个煤炭直接液化厂，年产量达 10 万吨。1936—1943 年，德国又建成 11 套煤直接液化装置，到 1944 年生产能力达 423 万吨。同一时期，英国、意大利及我国也相继兴建了规模不等的煤或煤焦油加氢工厂。20 世纪 40 年代，德国曾建成 9 个煤炭间接液化(F-T)合成工厂。

第二次世界大战前夕及大战期间，煤化工取得了全面而迅速的发展。纳粹德国为了发动和维持战争，大规模开展由煤制取液体燃料的研究工作，加速发展液体燃料的工业生产。1923 年发明的由一氧化碳加氢合成液体燃料的费托合成法，1933 年开始工业生产，1938 年产量已达 59 万吨。1931 年，F.柏吉斯由于成功地将煤直接液化制取液体燃料，而获得诺贝尔化学奖金。这种由煤高压加氢液化制取液体燃料的方法，1939 年已达到 110 万吨的年生产能力。在此期间，德国还建立了大型的低温干馏工厂，以褐煤为主加入少量烟煤的压型煤砖作为原料，开发了克虏伯-鲁奇外热式干馏炉及鲁奇-斯皮尔盖斯内热式干馏炉。所得半焦用于造气，经费托合成制取液体燃料；低温干馏焦油经简单处理后作海军船用燃料，或经高压加氢制取汽油和柴油。1944 年低温干馏焦油年生产能力已达到 94.5 万吨。第二次世界大战末期，德国用加氢液化方法由煤及煤焦油年生产的液体燃料达 400 万吨，由煤生产液体燃料总量已达每年 480 万吨。与此同时，工业上还从煤焦油中提取各种芳烃及杂环有机产品，作为染料、炸药等的原料。此外，由煤直接化学加工制取磺化煤、腐植酸和褐煤蜡的小型工业，及以煤为原料制取碳化钙进而生产乙炔，从而以乙炔为原料的化学工业也获得发展。

1955—1982 年，南非在德国 F-T 合成技术的基础上，对工艺流程和催化剂作了改进，建成 3 个 F-T 合成油厂（SASOL-Ⅰ，SASOL-Ⅱ，SASOL-Ⅲ），主要生产汽油、柴油、乙烯、醇、醛等 130 多种产品，总产量达到 700 多万吨，其中油品占 60%，化工产品占 40%。20 世纪 70 年代，德、美、日、俄、荷兰等国都开展了煤炭液化新技术的研究，陆续完成了日处理 150～600 吨煤的大型工业性试验及工业化生产厂的设计工作。在工业先进国家，由于煤炭、设备、人工等价格因素，煤炭液化油的成本较高，所以美、德等国家没有进行商业化生产。南非煤炭资源丰富，煤价较低，加上人力成本也较便宜，从而使它的合成油具有相当的竞争力。近几十年来，美、德等国家积极开发高效益、低成本先进的煤炭液化工艺，以应对未来石油资源危机。在新型催化剂和联合工艺的开发上有较大进展，有的用 1 吨煤可以生产 4～5 桶油，有的操作压力可以降到 6～10 兆帕，生产成本有所下降。

3. 煤焦油化工

19 世纪 90 年代以前，有机合成工业的原料主要来自冶金工业炼焦时的副产品煤焦油。

煤焦油是煤在高温干馏和气化过程中副产的具有刺激性臭味、黑色或黑褐色、黏稠状液体产品，产率占炼焦干煤的 3%～4%，几乎完全是由芳香族化合物组成的复杂混合物，组分上万种，已从中分离并认定的单种化合物约 500 余种，约占煤焦油总量的 55%。

煤焦油中很多化合物是塑料、合成纤维、染料、合成橡胶、农药、医药、耐高温材料及国防工业的贵重原料，也有一部分多环芳烃化合物是石油加工业无法生产和替代的。我国的煤焦油主要用来加工生产轻油、酚油、萘油、甲基萘油、洗油、Ⅰ蒽油、Ⅱ蒽油及煤沥青，各馏分再经深加工后制取苯、萘、酚、蒽等多种芳烃类化工原料及中间体。少量煤焦油被用作筑路油、防腐剂及炭黑原料油、燃料油等。近年也有人利用合成树脂、合成橡胶对煤焦油进行改性，制造高档次防水涂料。占煤焦油 50%的煤沥青用途十分广泛，可用作电极黏结剂，制造碳素纤维等。

煤焦油混合物国内外普遍看好的是其深加工精制产品的应用。随着经济和技术的发展，不仅传统的煤焦油加工产品开发出了新的用途，而且应用新技术提取或进一步加工出的煤焦油馏分产品更具市场竞争力。因此，应用新技术、新工艺，从煤焦油中提取市场急需的各类贵重化工产品，不仅实现了资源综合利用，提高了产品附加值，而且经济效益、环境效益与社会效益明显，对煤焦油的精制加工极为重要。

煤焦油化学至今已有 100 多年的历史。1822 年在英国建立起世界上第一个煤焦油蒸馏工厂，直到 20 世纪 50 年代石油大发展时期以前的 100 多年间，芳烃化学原料、枕木防腐油、道路建筑用沥青、型煤黏结剂等原料只能从煤焦油中获得。19 世纪后半期，英国和德国相继开发了以从煤焦油中得到的芳烃为主要原料合成有机染料的工艺，由此奠定了现代有机化学工业的基础。近年来，每年世界煤焦油产量都在 2000 万吨以上，实际进行加工的煤焦油量只有 80%左右，从中可获得 500 多万吨各类化工产品。据统计，煤焦油中含有上万种有机化合物，目前可以鉴定出的仅有 500 余种，其中中性组分有 174 种(如苯、甲苯、二甲苯、萘、苊、蒽、芴和芘等)，酸性组分有 63 种（如酚、甲酚和二甲酚等），碱性组分有 113 种（如吡啶、吲哚、喹啉和异喹啉等），还含有其他稠环和含氧、含硫等杂环化合物，其中有些产品是不可能或者不能经济地从石油化工原料中取得。因此，煤焦油产品在世界化工原料需求中占有极其重要的地位（见下表）。

表　煤焦油产品占一些重要化工原料比重　　　　　　　　　　　单位：%

苯	萘	蒽	芘	苊	喹啉	咔唑	苯酚	其他酚类	炭黑	木材防腐剂	工业碳素制品
15	85	>96	>90	>90	100	100	3	40	25	75	-100

随着多环芳香族化合物在合成医药、农药、染料、涂料及工程塑料等领域的广泛应用，各国都在积极开发研究煤焦油深度加工和分离的新技术。近十几年来，德国和日本等许多发达国家已将煤焦油的分离和利用的重点由高含量组分转向低含量组分，以从中获取合成精细化学品所需的高附加值成分，并且成功地开发出一系列先进的煤焦油加工新工艺。德国是最早利用煤焦油的国家。世界闻名的一些工艺流程几乎都是德国斯蒂尔公司和考伯斯公司设计的，它们投入相当大的力量，积极开发与完善加工新技术，扩大产品品种，提高产品的质量等级。目前，吕特格公司（RutgersWerke AG）的焦油加工能力为 150 万吨/年，他们已能生产 500 多种芳烃产品，煤焦油的化工利用率接近 60%，位居世界之首。

日本的焦化工业发展较快，现有煤焦油加工能力已达 18 万吨/年。煤焦油加工工艺大多是考伯斯二次气化工艺的改进型。近十多年来，在住友金属化学、新日铁化学、神户制钢和川崎制铁等多家公司的共同努力下，日本的煤焦油加工业已形成了集中化、大型化和现代化的产业体系。日本十分重视煤焦油加工方面新技术的研究与开发，在煤焦油的精密分离和焦化产品的深度加工利用等方面取得了令人瞩目的成就。前苏联的煤焦油加工能力一直很强，单机年处理煤焦油的能力高达 60 万吨，采用的多是一次气化单或双塔流程，精制的焦油产品约有 90 种，其煤焦油分离效率仅次于德国。

近年来，煤焦油加工日趋集中化、现代化和合理化。煤焦油加工装置大机组生产能力已提高到 70 万吨/年，如日本的新日铁化学公司的户钿厂，德国卡斯特鲁普厂和杜伊斯堡厂的加工能力都达到 70 万吨/年。随着精细化工的发展，煤焦油的新分离工艺、产品深加工及应用在许多公司中取得较大的进展。

4. 电石及乙炔化工

电石学名碳化钙，分子式为 CaC_2，工业电石根据杂质含量不同呈棕黄色或黑色，碳化钙含量较高时呈紫色，密度 2.22 克/厘米^3（18℃），熔点 2300℃，有特殊臭气，在空气中能吸收水分，吸水后粉化失效。电石能导电，纯度越高导电越易。

电石遇水分解，生成乙炔和氢氧化钙，并放出热量。乙炔是重要的有机合成原料，可用于金属的焊接及切割，工业上用作合成聚氯乙烯（PVC）树脂、醋酸乙烯、石灰氮、1,4-丁二醇、医药、人造丝和电影胶片等的原料。电石还可在钢铁工业用作脱硫剂和还原剂等。

乙炔是重要的基本有机化工原料，以乙炔为原料可以合成一系列重要的有机化工产品和合成材料。我国的乙炔主要是由电石制取。以乙炔为原料生产的有机化工产品有氯乙烯、醋酸乙烯、氯丁二烯、乙醛、醋酸、三氯乙烯和乙炔炭黑等。

在 1839 年，美国费城大学化学教授黑尔就在偶然中用电弧加热石灰和氰化汞的混合物得到了电石，并发现这种物质遇水后会产生一种刺鼻气味的气体(乙炔)。1870 年，法国化学家贝特岁以乙炔为原料，通过热管反应首次得到了苯。1881 年，俄国化学家库切洛夫发现乙炔在稀硫酸溶液中可发生和水的加成反应得到乙醛，从而找到了现代合成乙酸的主要原料。接着，人们又从乙炔出发，成功地制得了乙醛、乙酸、氯乙烯、乙烯基乙烯、丙烯腈、四氯乙烷和丁二烯等一系列有机化工重要原料。于是关于乙炔（电石）的化学研究便发展起来。自 1892 年，美国化学家威尔森发明了以石灰和煤为原料在电炉中加热制取电石的方法。世界上第一座电石厂于 1895 年在美国建成。

美国是最早生产电石的国家，1895 年建成了世界上第 1 座容量为 300 千瓦的电炉，最初生产的电石只用于点灯，以后用于金属的切割与焊接。随着电力工业的发展，制造电石的成本逐步降低，从而使其逐渐成为有机合成工业的重要原料。1965 年美国的电石产量达到 100 万吨以上。在 20 世纪 70 年代已成熟运用空心电极和计算机过程控制技术，能保证电石炉以恒定功率运行，电石电耗为 3 034 千瓦时/吨，发气量也稳定在优质级。

日本电石工业创始于 1901 年，当时只有 1 座容量 50 千瓦的小型电炉。1908 年日本开始生产石灰氮，因而电石工业迅速发展。20 世纪 50 年代末日本开始使用密闭电炉，70 年代已研制成功机械出料机，使电石的出料实现机械操作。日本电石工业界还研究出空心电极的技术，使电石成本大幅度降低。80 年代初期电石电耗已降至 3050 千瓦时/吨以下。

德国也是电石生产技术较为发达国家，拥有世界最大的电石炉，容量为 75000 千瓦，日产电石 435 吨。伴生炉气为 1 万米^3/时，运用空心电极技术，可利用粉料占总炉料的 1/4 以上。可大幅降低电耗，电石电耗已降至 2940 千瓦时/吨，质量稳定，最大生产厂可年产电石 60 万吨以上。

虽然发达国家电石生产技术先进，但随着石油化工的发展，乙烯生产途径趋于多元化，电石乙炔系列产品由于相对较高的能耗和污染，逐步退居次要地位，所需的电石从发展中国家进口。

5. 煤基碳一化工

碳一化工的定义是：以分子中只含一个碳原子的化合物(如一氧化碳、甲醇等)为原料来合成化工产品的化学体系。自从 20 世纪 70 年代初从甲醇制醋酸实现了工

业化之后,碳一化工开始登上了化学工业的舞台。2000年以后,甲醇制烯烃实现工业生产,并在许多新的工艺过程中显示了它的生命力,可望在今后形成一个新的化学体系。

能源既是化学工业的燃料,又是它的原料。20世纪70年代以来,石油价格大幅上涨,迫使人们去寻找替代能源,而首先被考虑的是煤。煤气化和液化又重新引起人们的注意。煤炭制造一氧化碳、甲醇的技术成熟,成为碳一化工的先行者。

煤制甲醇——以煤为原料生产甲醇,即以煤炭、天然气、焦炉气三者为原料制备甲醇,且以煤炭为主,这种结构符合气资源不足,煤炭资源相对丰富的国情。经过专家学者的努力,我国在利用高硫、劣质煤生产甲醇的方面取得不错的进展。

1923年德国BASF公司首次用合成气（CO与H_2）在高温高压、锌铬催化剂下实现甲醇合成工业化,开启了煤制甲醇的工业化先河,此后煤制甲醇工艺不断完善。目前,煤制甲醇工艺基本成熟,正向大型化、高效化、无污染化等方向发展,尤其在低温低压催化剂（金属盐乙酸镍、钯、钴、钌、铼等）方面,已成为合成甲醇研究热点。

氢甲酰化反应是烯烃与一氧化碳和氢气在催化剂作用下,在烯烃双键上同时加上氢原子和甲酰基生成比原来烯烃多一个碳原子的两种异构醛的反应过程。由于工业中最终产品为醇,因此又常把醛加氢为醇的反应包括在羰基合成中。羰基合成是羰化(或羰基化)的一种,后者是指把CO引入另一个分子中的反应,如甲醇羰化生产醋酸。1930年,美国D.F.史密斯等首先发现乙烯和水煤气在钴催化剂作用下,可以得到醛和醇。这一发现促进了利用氢甲酰化反应生产洗涤剂用高碳醇（链长$C_{12}\sim C_{14}$）的开发研究。1938年,德国鲁尔化学公司O.勒伦获乙烯的氢甲酰化生成丙醛的专利,第二次世界大战中,在德国首先建成了利用羰基合成过程生产合成醇的工业装置,但未生产。1945年建成第一个羰基合成生产高级脂肪醛的1万吨规模装置,用来生产合成洗涤剂。1963年,美国壳牌公司用改进的钴催化剂由丙烯生产正丁醇和2-乙基己醇,其后又生产用于合成洗涤剂的高碳醇。1976年,美国联合碳化物公司又开发了用铑催化剂进行丙烯氢甲酰化的过程。

6. 煤制烯烃

乙烯、丙烯作为主要的化工原料,其产量的高低往往被视为一个国家石化工业发达程度的标志。传统的生产工艺是通过石脑油（石油轻馏分的泛称）裂解制取乙烯和炼厂催化裂化副产丙烯。其缺点是过分地依赖石油,特别是在石油资源日益匮乏的今天,其前景堪忧。

2010年中国乙烯产量达到1418万吨,超过日本跃居世界第二位,丙烯产量约1380万吨,约占世界总产量的16.8%。而中国2010年的原油消耗量为4.42亿吨,其中进口2.39亿吨,进口量同比2009年增长17.4%,占到全部原油消费的54.1%。由此可见,中国的石油资源越来越无法满足国内石化工业的发展。

国民经济的持续健康发展要求我国企业必须依托本国资源优势发展化工基础原料，煤制烯烃技术是以煤替代石油生产甲醇，进而再向乙烯、丙烯、聚烯烃等产业链下游方面发展。国际油价的节节攀升使煤制烯烃项目的经济性更具竞争力。采用煤制烯烃技术代替石油制烯烃技术，可以减少我国对石油资源的过度依赖，而且对推动贫油地区的工业发展及均衡合理利用我国资源都具有重要的意义。

煤制烯烃技术路线主要包括：MTO/MTP、DTO以及DMTO。其中最早开发的技术是MTO，始于20世纪80年代，随后逐渐发展出DTO与DMTO技术。国际上，美孚石油公司、环球石油公司、艾克森石油公司、巴斯夫公司、海德鲁公司等世界石化企业均投入大量人力、财力、物力研发MTO/MTP技术，并且已初步建成大型工业化装置。我国中科院大连物化所、中石化等单位也加大开发煤制氢工艺力度，在工艺技术和催化剂方面已取得具有国际竞争力成果。此外，新型煤化工研究热点还体现在一步法合成甲醚技术、煤化工制取醋酸、甲醛、碳酸二甲酯、乙醇技术等方面，尤其在煤化工联产系统和以煤气化为核心的多联产系统等领域，因其具有灵活多样的系统组合方式，已有很多科研单位和石油化工企业投入大量资源进行研究。

20世纪70年代，美国Mobil公司在研究甲醇使用ZSM-5催化剂转化为其他含氧化合物时，发现了甲醇制汽油(Methanol to Gasoline，MTG)反应。1979年，新西兰政府利用天然气建成了全球首套MTG装置，其能力为75万吨/年，1985年投入运行，后因经济原因停产。从MTG反应机理分析，低碳烯烃是MTG反应的中间产物，因而MTG工艺的开发成功促进了MTO工艺的开发。UOP公司和Norsk Hydro公司于1992年开始联合开发MTO工艺，并在挪威建设了小型工业演示装置，运行时间超过6个月，从而证明MTO工艺的技术可行性。此后，国际上的其它一些知名石化公司，如Mobil、BASF等都投入巨资进行技术开发。

甲醇制丙烯（MTP）工艺是德国鲁奇公司使用甲醇作为原料生产聚合物级丙烯的专利技术，该工艺同时可副产乙烯、LPG和汽油。

撰稿人：任相坤　崔永君　马玲朵　李珅珅　田亚俊
参加修订和补充人员：高聚忠　唐宏青　郑文华　高晋升　杜铭华
王辅臣　曹发海　刘殿华　李晓宇

第十八章 生物化学工业

第一节 概 述

以自然界生物质作为原料,利用生物技术(如发酵)和化工技术(如各种化工单元操作)进行加工处理,制造各类化学品,一般都可以纳入生物化工范畴。近年,生物技术高速发展,人们对可再生的生物质资源日益重视,生物化工的领域大大扩大。特别是现代生物技术——基因工程、细胞工程,尚处在农作物转基因研究、动物和人类的生命科学研究中,一时无法清晰地分类,更使得定义生物化工复杂化。鉴于生物化工所包括的范畴和分类还没有十分明确的定义,本章仅介绍以传统生物化工技术发酵为基础制造化学品如乙醇、有机酸、酶制剂等,以及作为当今热点的开发生物原料路线替代石油,生产聚合物和能源产品(燃料乙醇、生物柴油等)的发展情况。

事实上,人类利用发酵技术加工动植物制造食品,如主食类(面包、馒头、乳酪等)、调味品类(醋、酱油等)、酒类更为普遍。本书古代卷中已有记述,这里不再涉及。

一、发展阶段

发酵工业是指运用传统生物工艺以及生命活动产生的酶对动物、植物、微生物等进行加工处理,获得市场可流通商品的工业。它包括传统发酵(有时称酿造),如食品和酒类等的生产,也包括现代发酵工业,如乙醇、抗生素、有机酸、氨基酸、酶制剂等的生产。

传统生物化工产业主要指发酵工业。发酵工业的发展大致经过如下几个阶段。

1. 天然发酵阶段

从史前到 19 世纪,人类在不了解发酵本质之前,就利用自然发酵现象制成各种饮料酒和其他食品。主要产品有各种饮料酒、酱油、醋等,多是家庭式或作坊式手工业生产。

2. 纯培养技术的建立(第一个转折期)

1680 年,荷兰博物学家安东·列文虎(Anthry Van Leewen-hock)发明显微镜(放大倍数 270 倍),人类历史上第一次看到大量活的微生物。19 世纪中叶,法国科学家路易·巴斯德（Louis Pasteur）以著名的 Pasteur 实验证明发酵原理，指出发酵现象是微小生命体进行的化学反应。另外，1878 年丹麦的汉逊（Hansen）建立了啤酒酵母的纯粹培养方法，从而确立了单种微生物的分离和纯粹培养技术，使发酵技术从天然发酵转变为纯粹培养发酵，实现了第一个技术进步（也可称第一个转折期）。从此，人类开始了人为地控制微生物的发酵进程，从而使发酵的生产技术得到巨大的改良，提高了产品的稳定性。

"需求是发明之母"，发酵技术的进步始终和社会需求相关，社会需求的增加推动发酵技术的迅速发展。第一次世界大战中，德国需求大量用于制造炸药的硝化甘油，从而使甘油发酵工业化。第二次世界大战中日本为补充航空机燃料的不足，由藤弁三郎发明了用砂糖发酵制取正丁醇，再通过化学反应生成异辛烷的方法，并发展成工业化生产。

从 19 世纪末到 20 世纪 30 年代出现的发酵产品有乳酸、乙醇、甘油、面包酵母、丙酮、丁醇等厌氧产品和柠檬酸、淀粉酶、蛋白酶等好氧产品，均为表面培养。产品的生产过程较为简单，对生产设备的要求不高，规模不大。

3. 通气搅拌发酵技术的建立（第二个转折期）

1929 年英国弗莱明发现青霉素，其后在 1940 年，英国的弗洛里和钱恩两位博士精制分离出青霉素，并确认青霉素对伤口感染症比当时的磺胺药剂更具疗效，具有奇迹般的妙药作用。

1941 年，美英两国合作对青霉素进行进一步的研究和开发。青霉素发酵生产的成功，给人类医疗保健事业做出了巨大贡献，同时在发酵工业发展史上写下了崭新的一页，给发酵技术带来了以下两大功绩。

① 20 世纪 40 年代初，随着青霉素的发现，抗生素发酵工业逐渐兴起，开拓了以青霉素为先锋的庞大的抗生素发酵工业。

② 由于青霉素产生菌是需氧型的，微生物学家就在厌氧发酵技术的基础上，成功地引进了通气搅拌和一整套无菌技术，建立了深层通气发酵技术。它使需氧菌的发酵生产从此走上大规模工业生产之路，通气搅拌液体深层发酵技术是现代发酵工业的最主要生产方式。这是发酵技术进步的第二个转折期。这使有机酸、维生素、激素等都可以用发酵法大规模生产。

4. 代谢控制发酵技术（第三个转折期）

1950—1960 年，随着基础生物科学即生物化学、酶化学、微生物遗传学等的飞速发展，再加上新型分析方法和分离方法的发展，发酵工业也有两个显著进步。其一是采用微生物进行甾体化合物的转化技术，其二是以谷氨酸和赖氨酸发酵生产成功为契机的代谢控制发酵技术的出现。前者是以美国为中心，采用微生物的生化反应，对甾体化合物转换为肾上腺皮激素、性激素等技术进行非常广泛的研究，最后几个甾体化合物系列的激素均投入工业生产。后者是自 1956 年由日本木下祝郎发明谷氨酸发酵技术开始而逐渐发展的，至今已成为发酵生产的一种基本思路和主

要技术手法。此技术不仅已在一系列氨基酸以及核苷酸物质的发酵生产中得到广泛应用，而且在抗生系等次级代谢产物的发酵中也得到广泛应用。目前，代谢控制发酵技术已经用于核苷酸、有机酸和部分抗生素的生产中。据此考虑，代谢控制发酵技术为发酵技术发展的第三个转折期。

5. 开拓发酵原料时期

1960—1970 年这段时期是代谢控制发酵技术广泛应用的鼎盛期，几乎所有的氨基酸和核苷酸物质都可以采用发酵法生产。同时，由于世界未来粮食资源的缺乏，为满足未来粮食、饲料的需求，从而发现了石油微生物，进而开展发酵原料多样化的开发研究，出现了所谓发酵蛋白（单细胞蛋白）的研究和生产，为世界各国所重视。尽管以正烷烃为原料生产的蛋白安全性有待深入研究，但采用甲醇、醋酸、甲烷、氢气等原料也可以生产单细胞蛋白。发酵原料不仅能制造发酵蛋白，而且还可从这些原料发酵生产各种各样的发酵产品。可以说在发酵原料方面，发酵技术又有了大的飞跃。

二、发展概况

我国传统生物化工产业（主要是发酵工业）发展历史虽然悠久，但是到 20 世纪 80 年代，我国的发酵技术进步缓慢，处于落后水平。不少发酵过程还处于作坊式的操作，生产效率很低，劳动强度大，污染严重。近 30 年来，在国家政策的支持和引导下，经过科研机构和企业的共同努力，通过技术改造使我国发酵工业得到快速提升。主要技术突破有：应用现代先进的菌种选育技术得到高产菌种；发酵过程的代谢研究，培养基的优化技术；发酵过程的批式操作技术和计算机控制技术；先进的提取技术、结晶技术、膜分离技术、色谱技术的应用；新型发酵装置和提取介质、设备的应用。

经过多年发展，我国发酵工业已有很好的产业发展基础，例如乙醇工业、总溶剂（丙酮、丁醇）工业、有机酸工业、氨基酸工业、酶制剂工业等。发酵技术的突破带来了生产水平的大大提高，使我国许多发酵产品技术达到世界水平。我国已成为许多重要发酵工业产品的生产大国，如青霉素、柠檬酸、有机酸等，总体水平在世界上占有重要地位，产品行销世界各地。有机酸中，柠檬酸的产量居世界前列，约占总产量的 1/3，产品 70%～80%用于出口，工艺和技术都属世界先进水平；氨基酸中，赖氨酸和谷氨酸的生产工艺和产量在世界上都有很大优势；发酵法甘油生产受到重视，发酵及后提取工艺水平不断提高，可生产出用于医药、油漆等不同用途的甘油产品；微生物多糖类黄原胶生产在发酵设备、分离及成本等产业化方面也取得了突破性的工业化进展；发酵法制乙醇、丁二酸等产品的生产开发也日益成熟，已取得了众多工业化成果。我国现代发酵工业为生物化工发展奠定了雄厚的产业基础，涌现出一批快速发展的企业，呈现集聚化发展的趋势。

我国味精行业经过 30 多年发展，已经成为年产量占世界产量 70%左右的第一生产国。1988年国家颁布了谷氨酸钠国家标准，其个别指标优于国际水平。1994年以后，淀粉水解改为双酶法工艺，取得了环境和经济双重的效益。2001年全国有5家企业的味精产品品牌首批被国家质量监督检验总局授予"中国名牌"，这5家企业是河南莲花股份有限公司、沈阳红梅有限公司、广州双桥股份有限公司、山东菱花味精集团、江苏菊花集团。2004年中国名牌推进委员会再次组织评选，除上述5家企业产品品牌2次获"中国名牌"外，又增加山东齐鲁味精集团、江苏天香集团2家企业，味精行业共有7个"中国名牌"。

我国发酵有机酸工业自20世纪70年代进入了蓬勃发展的新时代，逐步形成了柠檬酸、醋酸、乳酸、苹果酸、衣康酸等品种较为齐全的工业体系。尤其是柠檬酸高速发展，产量和出口量跃居世界之首。近30年来，柠檬酸行业实现了快速稳步的发展，已经具有全球第一的规模和世界领先的技术水平。

我国酶制剂行业从20世纪80年代中期开始，谋求从国外引进技术，消化吸收；进而合资合作，使酶制剂工业尽快实现现代化。1994年年初世界最大的酶制剂企业丹麦的诺和诺德公司在中国投资，1998年无锡市酶制剂厂经过3年的洽谈与杰能科公司实行了强强联合，从此酶制剂工业对外开放形成了一个新格局。酶制剂的品种由20世纪60年代仅生产单一品种，到20世纪90年代已能生产几十个品种。我国发酵工业主要产品产量情况见表18-1。

表18-1 我国发酵工业主要产品产量情况

年 份	产量/万吨			
	谷氨酸钠	柠檬酸及其盐和酯	淀粉糖	酶制剂
1980	2.7	1.1	20.0	0.42
1985	7.9	3.7	26.0	2.5
1990	22.3	6.1	30.0	8.5
1995	52.4	15.4	40.0	22.0
2000	84.5	35.9	100.0	30.0
2005	153.0	63.0	420.0	48.0

第二节 工业乙醇

一、工业乙醇的应用

乙醇，分子式为C_2H_5OH，是一种无色透明、具有特殊气味的液体，易挥发，能与水以任意比例互溶。

乙醇的生产方法主要有发酵法和化学法，目前工业生产中主要采用发酵法。发酵法乙醇是指用玉米、甘蔗、小麦、薯类、糖蜜等原料经发酵蒸馏而制成的产品。乙醇的生产从人类历史有记载就开始了，在2000多年前人类就开始用酿造发酵法生产乙醇。古埃及人通过蔬菜自然发酵来制乙醇，中国人民从古代就掌握了蒸馏技术用以提高发酵液的乙醇浓度。

以乙醇为原料可加工生产100多种产品，其中的重要产品有60多种。利用乙醇制造化学品始于20世纪初，乙醇是当时重要的有机原料。特别是在第二次世界大战中，用乙醇生产烯烃制造合成橡胶，在有机化工中具有重要的历史地位。20世纪50年代以石油为原料制造有机化学品的兴起，使工业乙醇的地位下降到无足轻重的地步。近200多年的大规模开采，化石燃料储量日益减少，并且使用化石燃料对地球环境造成严重的污染。据有关预测，现在全球已探明的一次能源石油储量在今后50年内将消耗殆尽。

能源是人类社会发展之本，由于日益严重的能源危机和环境问题，再加上生物技术的高速发展等诸多因素，生物能源得到高度重视。发酵燃料乙醇作为可再生能源在巴西、美国已有30多年的开发应用实践，大规模应用替代石油汽油的技术已经成熟，但成本是目前的屏障。很多大的化工、石化和生物技术公司，以及大学、政府和研究单位等都斥资研究以淀粉为原料的第一代和以木质纤维素为原料的第二代乙醇的生产技术。乙醇工业的发展速度非常快，在过去的几年里，其市场几乎每年都以大于20%的速度增长。

工业乙醇主要应用在以下几个方面：

① 食用乙醇　在食品工业中，乙醇是配制各类白酒、果酒、葡萄酒、露酒、药酒和生产食用醋酸及食用香精的主要原料。

② 制造化学品　乙醇是许多化工产品不可缺少的基础原料和溶剂，是生产乙醛、乙酸、乙醚、聚乙烯、乙二醇、合成橡胶、氯仿、染料、油漆、树脂及农药等的重要原料之一。在医药工业和医疗事业中，乙醇用来配制、提取医药制剂和作为消毒剂。高浓度乙醇吸水性很强，是供细胞生物学实验和研究使用的优良固定剂和脱水剂；70%（体积分数）的乙醇是对微生物菌体蛋白作用最强的凝固变性剂，是常用的理想的消毒、防腐、灭菌试剂；乙醇与碘制成碘酊，是外伤、手术常用的抑制有害微生物繁殖的消毒剂。

③ 燃料乙醇　燃料乙醇是一种新能源，其优势在于发酵乙醇属于可再生能源。燃料乙醇是通过对乙醇进一步脱水（使其含量达99.6%以上）再加上适量变性剂而制成的。经适当加工，燃料乙醇可以制成乙醇汽油、乙醇柴油、乙醇润滑油等用途广泛的工业用品。

燃料乙醇是用农作物、林产品与城市废物加工生产而成的能源产品。它不仅是一种优良燃料，而且是一种优良的燃油品质改善剂，具有四个显著特点：一是可使汽油增加内氧，燃烧充分，达到节能和环保目的；二是可有效提高汽油的抗暴指数（辛烷值）；三是可经济有效地降低芳烃、烯烃的含量，降低炼油厂的改造费用；四是整个生产和消费过程可形成非常清洁的闭路循环过程，永恒再生，永不枯竭。试验结果表明，汽车不用任何改装，就可以使用加入 10%燃料乙醇的汽油。随着科学技术的不断发展，乙醇的应用范围已经越来越广，将来需求量最大的是燃料乙醇，其生产才是刚刚开始。

二、生产原料

生产乙醇的原料包括玉米、大麦、马铃薯、大米和小麦等，这种乙醇可以被叫做谷物乙醇，而以纤维素生物体原料生产的乙醇可以被叫做生物乙醇。谷物乙醇和生物乙醇都是通过生物化学过程来生产的，而化学乙醇是由化学合成途径来合成出来的。含糖的生物材料和可以转化为糖的原料都可以用来生产乙醇。例如，玉米含淀粉量高，易于转化为糖，所以玉米是乙醇发酵原料的首选。因为玉米可以循环种植和收割，是可再生资源，并且不容易耗尽。常用的或具有潜在能力的原料有以下几大类。

① 淀粉质原料（粮食原料）　包括：薯类原料，如甘薯、木薯和马铃薯等；谷物原料，如玉米、小麦、高粱、大米等。

② 糖质原料　最常用的是废糖蜜，其次是东欧用的甜菜、巴西用的甘蔗，具有潜在发展前途的是起源于美国的甜高粱。

③ 纤维质原料　纤维质原料种类非常繁多，目前用于乙醇生产或研究的有森林工业下脚料，木材工业下脚料，农作物秸秆，城市废纤维垃圾，甘蔗渣、废甜菜丝等工业下脚料等。

④ 其他原料　主要是指亚硫酸纸浆废液，各种野生植物，乳清等。野生植物虽然含有可发酵性物质，但从经济的角度来看，不具备真正成为乙醇工业化生产原料的条件，不是非常时期，不应用它作为原料。

目前我国对石油能源的依赖度已超过 50%，能源增长的幅度跟不上经济发展的速度。燃料乙醇可起到一定的缓解作用，但它存在与人畜争粮问题，所以现在大力提倡非粮燃料乙醇。在非粮原料中，木薯、红薯和甜高粱都是过渡性的替代原料，纤维素原料应是最终的选择。

乙醇作为发动机的燃料并不是一个新概念。早在 1890 年，以乙醇为动力的拖拉机发动机就设计出来了。第一次世界大战期间，德国对纤维素酸水解进行了系统的研究，研制发展出两种商业性酸水解工艺流程，即稀酸法（Scholler 法）和浓酸法（Rheinan 法）。后来，稀酸法水解流程经过改进后在前苏联和美国得到了应用。在第一次世界大战与第二次世界大战之间的一段时间内，欧洲开展了汽油代用品的生产和应用试验。乙醇汽油混合物成功地应用于 400 万辆机动车上，其在混合燃料中的比例最高达25%。据统计，1920—1930年间用过乙醇、汽油混合物的国家有阿根廷、澳大利亚、古巴、日本、新西兰、菲律宾、南非和瑞士等国。20世纪30年代美国出口乙醇以供应新西兰、菲律宾等国作汽车燃料。第二次世界大战期间，德国军队的大部分汽车都是用土豆乙醇为燃料。美国也在Nabraska建立了一个谷物乙醇厂，以满足战争对合成橡胶的需要。

第二次世界大战后，石油开发和石油加工工业飞速发展，以石油加工工业为基础的合成乙醇大量生产，其价格低于发酵法乙醇，因此大部分发酵乙醇厂都倒闭了。特别是纤维乙醇厂，只有在前苏联还继续在开工生产。20世纪50年代，木材稀酸水解在前苏联还得到了一定的发展。20世纪60年代，西方国家合成乙醇技术的发展、乙烯气相催化氢化工艺的出现，进一步增强了合成乙醇的竞争能力，致使西方发达国家合成乙醇产量占整个乙醇产量的80%以上，发酵乙醇生产萎缩。20世纪70年代接连发生了两次石油危机，在这种情况下，乙烯的价格也相应上涨，致使发酵乙醇的竞争能力增加，再加上各国政府为了避免石油的短缺，都大力提倡和资助开发新能源。其中乙醇作为一种可再生的生物能源，被认为是一种适合的能源。

20世纪80年代中后期，石油输出国组织为了刺激石油消费，减少替代品供应，保持销售份额，采取了降低油价，促使市场原油价常在每桶15～20美元，乙醇燃料的发展又被淡化了。1999年2月国际市场石油价格最低降到每桶10美元，为前20多年的最低，为此石油输出国组织又加强了对原油产量的调控。2000年油价再次猛升，10月每桶涨至38美元，各国又一次掀起了开发利用替代能源的新潮。

进入21世纪后，燃料乙醇成为各国研究开发热点。燃料乙醇目前是生物质能源发展最快、产业规模最大的产品，已成为世界各国竞相发展的重点产业。主要有三种模式，即巴西的甘蔗乙醇模式，美国的玉米乙醇模式和泰国的木薯乙醇模式，发酵法乙醇再次进入大发展时期。

三、我国工业乙醇发展历程

酿酒在我国已有悠久的历史，我国早在四千年以前就能利用微生物来酿酒，乙醇生产是在酿酒的基础上发展起来的，但距今已有一百多年的历史。

我国的乙醇工业始于1906年，虽然到1949年经历了约45年的演变和设备技术的发展，但全国乙醇总产量还不到1万吨。自1949年到2000年，我国的乙醇产量迅速增长到300万吨，跃居世界第三位。1949年后，历经50年的发展，初步形成了企业生产、工程设计、科学研究、人才培养、设备制造、综合利用、环境保护、标准制定、检验检测、成品运输、产品销售等一个完整的乙醇工业体系。在近几年国内乙醇行业突飞猛进的发展态势中，小规模的单体企业越来越少，生产规模在

10万吨/年以上的企业不断增多。

1. 1949年之前，我国乙醇工业发展艰难

1920年福建乙醇厂以甘蔗为原料开始了乙醇的制造。1922年山东乙醇厂在济南成立，主要以甜菜糖蜜为原料投入生产。1935年，由国民政府实业部与印尼侨商黄江泉、黄宗孝合资创办中国乙醇厂（后为上海溶剂厂），总投资为150万元，厂址在上海浦东白莲泾1号，占地150亩（10.1公顷）。该厂日产乙醇3万千克，为当时远东最大的乙醇厂，主要以甘蔗糖蜜和薯干为原料生产乙醇。1937年日军侵占上海，工厂被迫停产。1942年11月投资方与日方合作，先后改名为大陆乙醇厂、昭和乙醇厂。1945年抗战胜利后，工厂发还给原业主，为维持生计，次年业主利用中国乙醇厂开办建源码头。由于当时中华民国政府的限制，我国的乙醇工业基础极其薄弱，生产技术远远落后于其他国家，乙醇生产的设备大部分依靠进口，生产方式长期处于落后的手工操作状态，劳动强度高，劳动生产率低，产量很小，乙醇质量也差。四川、东北地区也有小规模乙醇厂进行生产，但民间多是用落后方法进行白酒蒸馏。

2. 1949年后，乙醇工业进入崭新的发展阶段。

1949年中华人民共和国成立后，我国政府对发展乙醇工业给予了高度的关注，乙醇生产技术进一步发展。1954年10月，重工业部化学工业管理局与中国乙醇厂实行公私合营，定名为公私合营上海溶剂厂。企业先后培养出大批专业化技术人员，在生产上大力推广新技术、新工艺、新设备，使乙醇产量激增、乙醇质量得以提高，乙醇工业有了较大的变化。我国华南、东北、华北等各地糖厂都建有乙醇车间投入生产，各省市的中小型乙醇工厂更是层出不穷，在山东济南、河南南阳、北京、上海等地的大型乙醇厂以薯干为原料生产乙醇的年产量都在万吨以上，有些工厂生产的部分优质乙醇远销国外。多年来，乙醇工业在许多专家、学者和工程技术人员的努力下取得了众多科技成果，黑龙江、吉林、山东、安徽、河南、广西等地乙醇制造业较为发达，是目前中国发酵法乙醇的主要产区。

在乙醇生产工艺技术上，以糖蜜为原料制造乙醇始于1957年，是吉林新中国制糖厂开创的先例，随之广东江门甘蔗化工厂、广西桂平糖厂、新疆八一糖厂等一批制糖厂建立了乙醇车间，全国各糖厂也逐渐实现了连续法生产。以淀粉质原料生产乙醇，主要是在桂平、沈阳、大连等地的工厂实现了连续法生产，其工艺也日趋完善，菌种也得到不断更新。

自1989年8月安徽特级乙醇厂从法国Speichim公司引进六塔差压蒸馏全套设备和技术并投产后，我国乙醇质量上了一个新台阶。1996年中粮生化能源（肇东）有限公司年产20万吨优质食用乙醇生产线的投产，标志着我国乙醇行业初步完成了引进和消化国外大型乙醇生产技术，因为其全部技术思想、设备制造以及工艺运行主要是由国内专业人才和设备制造企业独立完成的。

我国政府在 2000 年将燃料乙醇的开发生产和使用列入第十个五年规划，极大地推动了中国乙醇工业的发展。我国乙醇消费数量上的排序将变为燃料乙醇、调制蒸馏酒用食用乙醇和化工医药用乙醇，总产量有大幅度提高。2000 年我国政府燃料乙醇规划的实施，标志着我国乙醇产业上了一个大台阶，2003 年吉林（一期年产 30 万吨）大型燃料乙醇企业投产，2007 年成功改扩建为年产 40 万吨，说明我国乙醇生产能力已接近世界先进水平。

目前，我国的乙醇工厂正向连续化、自动化方向发展，在原料的利用上已达到国际先进水平。淀粉质原料生产乙醇，在蒸煮设备上实现了罐式、锅式、柱式等多形式的连续蒸煮方式，蒸煮糖化也均安装了真空冷却设备。液体曲发酵罐为空气带升式多喷嘴罐和高位罐等形式。蒸馏设备则采用三塔式，从泡罩塔代替浮阀塔，导向筛板塔、斜孔塔等其他新型设备也不断出现并日益完善。当前，蒸馏操作都已采用集中仪表控制。在综合利用上，很多厂把乙醇副产品二氧化碳制成液体二氧化碳或干冰，有的用以生产纯碱和小苏打。

（1）乙醇生产主要工艺

乙醇的生产方法可概括为两大类：化学合成法和发酵法。中国乙醇的生产以发酵法为主。

① 化学合成法　用化学方法将乙烯与水结合生成的乙醇称之为合成乙醇，以区别于用发酵法制取的乙醇。化学合成法又分为乙烯间接水合法和乙烯直接水合法。乙烯间接水合法具有效率高、乙烯单程转化率高、原料纯度要求不苛刻、反应温度及压力不高等优点，但此工艺过程产生大量稀硫酸，对设备造成严重腐蚀，限制了该工艺的发展。乙烯直接水合法的工艺流程合理，对设备腐蚀小，易形成大型化、现代化的规模生产，有逐渐代替间接水合法的趋势。此外，美国、日本、意大利等国家还开发了一种用一氧化碳、氢气（或甲硫醇）进行羟基合成制取乙醇的工艺方法。

② 发酵法　生物发酵法是以淀粉质、糖蜜或纤维素等为原料，通过微生物代谢产生乙醇，该方法生产出的乙醇杂质含量较低。微生物是这一过程的主导者，也就是说微生物的乙醇转化能力是乙醇生产工艺中菌种选择的主要标准。同时，工艺所提供的各种环境条件对微生物发酵的能力具有决定性的制约作用，只有提供最佳的工艺条件才能最大限度地发挥工艺菌种的生产潜力。乙醇发酵工艺基本上可分为间歇式发酵、半连续式发酵和连续式发酵。

（2）发酵法是我国乙醇生产的主要方法

我国长期是以发酵法生产乙醇，至今仍以发酵法为主。在我国 80% 的乙醇是利用淀粉质原料生产，10% 用废糖蜜生产，3.5% 是合成的，2% 用其他原料生产。由于我国甘薯产量丰富，20 世纪 80 年代以来，山东乙醇厂、河南南阳乙醇厂、上海乙醇厂等企业大部分以薯干为主要原料，而近年由于薯干价高，有些厂以玉米和高粱为原料,盛产甘蔗和甜菜的地方,则以甘蔗糖蜜或甜菜糖蜜为原料。有许多地方的乙醇工厂也因地制宜,用野生植物的淀粉质、亚硫酸盐纸浆废液和木材等作原料生产乙醇,并得到了一定的推广。

四、我国工业乙醇发展水平

目前,我国乙醇行业在发酵技术、蒸馏控制、糟液治理、综合利用水平方面都取得了长足进步,具备了整套大型装置的设计和制造能力。

近几年,我国乙醇行业平稳发展,产量逐年增加。2001年是230万吨,2002年是245万吨,2003年是285万吨,2004年达到305万吨。自2005年以来其发展速度更快,总产量仅次于巴西和美国,位列世界第三。2006年乙醇新扩建项目产能的大幅释放,导致国内乙醇产量快速上升,全国乙醇产量比2005年增长44.10%,总量突破540万吨。2007年全年乙醇商品量超过480万吨,加上燃料乙醇的产量,乙醇总量达630万吨以上。

2010年,全国发酵乙醇产量825.93千万升(以年销售收入500万元以上的企业计,不包括小企业和自产自用的乙醇量),比2009年全年产量745.57千万升增长10.78%。2010年中国部分地区发酵乙醇产量见表18-2。

表18-2 2010年中国部分地区发酵乙醇产量　　　　单位:万千升

地区	产量	地区	产量
天津	0.63	辽宁	0.81
河北	17.58	吉林	148.71
山西	5.21	黑龙江	81.89
内蒙古	121.99	江苏	95.01
湖北	7.08	浙江	0.02
湖南	1.19	安徽	67.95
广东	12.68	山东	48.82
广西	68.78	河南	85.22
海南	0.21	四川	35.89
贵州	0.03	云南	17.36
陕西	2.07	甘肃	1.48
宁夏	0.21	新疆	5.14
合计	237.63	合计	588.3

产量较大的企业情况见表18-3。

表 18-3　中国产量较大的发酵法乙醇企业情况　　单位：千万升

企 业 名 称	产　　量
梅河口市阜康乙醇有限责任公司	51.02
吉林省新天龙酒业有限公司	37.33
中粮生化能源（肇东）有限公司	21.1（除燃料乙醇）
潍坊英轩实业有限公司	18.79
江苏花厅酒业有限公司	17.46
大庆博润生物科技有限公司	12.4
承德避暑山庄企业集团有限责任公司	11.5
山西纪元玉米产业有限公司	11.1
吉林省东丰县华粮生化有限公司	9.6
安徽安特生物化学有限公司	8.88

近年我国生物燃料乙醇快速崛起。中国从 2001 年开始，先后在河南、黑龙江、吉林、安徽等 9 个省市开始试用车用乙醇汽油，采取地方立法的手段，在试点城市封闭运行。"十五"期间，国家已批准了包括吉林燃料乙醇有限责任公司、河南天冠燃料乙醇公司、安徽丰原生物化学股份有限公司和黑龙江华润乙醇有限公司 4 家燃料乙醇试点企业，这些试点企业均以消化陈化粮为主来生产燃料乙醇。燃料乙醇为当时农产品的出路提供了巨大的市场，但随着燃料乙醇行业生产规模的扩大加上其他粮食深加工业的迅速发展，近几年中国陈化粮已消耗殆尽，对新粮需求日益增加，改变了中国以往较宽松的局面，粮食供应开始日趋紧张，甚至关系到了国家的粮食安全问题。因此，近几年中国燃料乙醇行业新进入者很难拿到政府的生产审批，都以发展普通乙醇为主，等待时机进入燃料乙醇行业。

中国实行生物燃料乙醇"定点生产，定向流通，市场开发，公平竞争"的政策，生物燃料乙醇项目实行核准制，其建设必须经国家投资主管部门核准；在《外商投资产业目录》中规定燃料乙醇是限制类项目。受此政策影响，2010 年中国燃料乙醇生产企业为 5 家，据统计，2010 年全年燃料乙醇产量为 186.8 万吨，燃料乙醇企业产量见表 18-4。

表 18-4　2010 年中国燃料乙醇产量　　单位：万吨

企 业 名 称	产　　量
河南天冠企业集团有限公司	55.9
吉林燃料乙醇有限公司	48
安徽丰原生化股份有限公司	46.6
中粮生化能源（肇东）有限公司	20.3
广西中粮生物质能源有限公司	16
合　　计	186.6

以非粮作物为原料生产乙醇将成为重要发展方向。我国乙醇的生产主要原料为薯类，其次是玉米和糖蜜。从每亩地的产出，到乙醇厂的效益、环境保护和副产品回收，以及国家政策等因素，则用薯类非粮作物生产乙醇明显有利。发酵法乙醇中，由于薯类为原料生产乙醇具有良好的综合效益，它已经成为乙醇生产的主要原料之一。要实现从粮食为主的原料路线向非粮转变，重点开发利用不与人争粮，不与粮争地且经济性较好的薯类、甜高粱及纤维资源，形成非粮为主的原料结构，企业要依靠引进技术和自主创新，提高技术水平，降低能耗物耗，综合利用，能化并举，延长产业链。

第三节 酶 制 剂

一、产品概况

生物体生命活动的最重要特征是新陈代谢，一切生命活动都是由代谢的正常运转来维持的，而生物体代谢中的各种化学反应都是在各种酶的作用下进行的。酶是促进代谢反应的物质，如果没有酶就没有新陈代谢，也就没有生命现象。自然界中每一种生物物质的形成和消失都是在相应酶的作用下完成的。大自然界中最基本的碳循环和氮循环均是依靠酶反应来运行的。

酶是由活细胞产生的、催化特定生物化学反应的一种生物催化剂。它分布极其广泛，存在于动物、植物和微生物体内。酶的工业化制剂称为酶制剂，酶制剂是应用物理或化学方法，从生物（包括动物、植物、微生物）中提取的具有生物催化能力的物质，辅以其他成分，经加工后制成的仍具有催化活性的生物化学品，主要用于催化生产过程中的各种化学反应，具有催化效率高、高度专一性、作用条件温和、降低能耗、减少化学污染等特点。

（1）按产品分类

已实现工业化生产的酶制剂约有 20 多种，主要有糖化酶（淀粉酶）、蛋白酶、脂肪酶和纤维素酶等产品。

糖化酶主要用于化工及发酵行业，糖化酶中的淀粉酶是酶制剂中应用最广、产量最大的品种，居酶制剂产品的第一位，广泛用于纺织、酒业、有机酸、医药、饲料等行业。

蛋白酶主要用于洗涤剂、食品和医药生产，蛋白酶中的弹性蛋白酶是一种以分解不溶性弹性蛋白为特征的广谱蛋白水解酶，可水解蛋白质包括弹力纤维上的特殊蛋白弹力素和纤维素、血红蛋白，促进中性脂肪和脂蛋白的代谢，近年发展很快。

脂肪酶是最重要的生物催化剂之一，具有超常的能力来进行多种多样的化学选择性、区域选择性和对映选择性的转化，能催化酯合成、酯交换反应、酯聚合反应、肽合成以及酰胺合成等。脂肪酶以其来源广、催化功能多以及催化底物广泛的优势成为生物技术及有机合成方面应用最广泛的一类酶。

纤维素酶是近年新发展起来的一种重要的酶产品，是一种复合酶，主要由外切β-葡聚糖酶、内切β-葡聚糖酶和β-葡萄糖苷酶等组成，其在燃料、饲料、乙醇、纺织和食品等领域具有巨大的市场潜力。

（2）按应用分类

主要酶制剂产品有工业用酶和特种酶两种。

工业用酶包括：食品饮料用酶、洗涤用酶、乙醇生产用酶、饲料用酶等。

① 食品饮料用酶　主要有淀粉酶、糖化酶、蛋白酶、葡萄糖氧化酶和乳糖酶等。

② 洗涤用酶　主要有酸性蛋白酶、中性蛋白酶、碱性蛋白酶等。

③ 乙醇生产用酶　主要有纤维素酶、淀粉酶、糖化酶等。

④ 饲料用酶　主要有植酸酶、蛋白酶、淀粉酶、脂肪酶和饲用复合酶等。

特种酶主要包括：制药用酶、生物研究用酶、诊断用酶、生物催化剂等。

食品工业是用酶大户，目前已在烘焙、果蔬加工、奶制品、肉类加工和蛋白质水解等行业广泛应用。目前酶制剂品种还远远不能满足食品工业需要，酶制剂工业正不断推出新型酶制剂、复合酶制剂、高活力和高纯度特殊酶制剂来满足日益发展的食品工业需要。

二、我国酶制剂工业发展历程

我国酶制剂发展和应用可以分为下列几个阶段。

第一阶段：1956年上海乙醇厂用10000升发酵罐深层培养黑曲霉NRRL330生产糖化酶作为乙醇生产的糖化剂，这是我国第一个将抗生素发酵的深层培养技术引入我国的发酵行业，是乙醇工业的重大革新。1958年上海印染二厂在上海建成了3000升发酵罐生产枯草杆菌液体淀粉酶用于棉布退浆，实现了酶法退浆，填补了国内空白。1960年后成都生物所、轻工业部食品发酵研究所、华南工学院、江苏轻化厅科研所等就细菌淀粉酶、蛋白酶、霉菌糖化酶的生产和应用进行了广泛研究，极大地推动了我国酶制剂行业的发展。1965年，无锡酶制剂厂成立，这是我国第一家酶制剂厂，成为中国酶制剂工业发展的分水岭。1965年该厂生产的BF-7658淀粉酶首先用在淀粉加工和纺织退浆上。该厂培养了大批人才，成为我国第一代酶制剂科研和生产的专业人员，为不断发展的中国酶制剂事业做出了贡献。

第二阶段：1979年，利用黑曲UV-11糖化酶菌种进行糖化酶生产，首先在白酒、乙醇行业推广应用，提高了出酒率。

第三阶段：1990年，2709碱性蛋白酶在洗涤剂行业中应用，当时由于这种颗粒酶的出现，使加酶洗衣粉开始风行全国。

第四阶段：1992年，1.398中性蛋白酶，166中性蛋白酶在毛皮制革行业中推广应用，提高了产品质量和效率，减轻了劳动强度。

第五阶段：1995年，无锡酶制剂厂首先引进了耐高温α-淀粉酶和高转化率液体糖化酶，在国家科委的推动下，将完成的"新双酶法在淀粉质原料深加工工业中应用"科研成果在乙醇、味精、制糖等行业进行了推广，从此"双酶法"技术在全国迅速得以发展，在全国掀起了新双酶法的技术热潮，为淀粉质原料深加工行业的迅速崛起做出了新贡献。

第六阶段：1998年，国外酶制剂大公司纷纷到中国建厂和合资建厂，引进了国外先进设备、优良菌种、新型酶制剂，给中国酶制剂工业带来了机遇和挑战。这些企业带动了国内酶制剂工业的发展，使其进入了一个崭新阶段，应用技术不断提高。诺维信公司（NOVO公司）在天津建立工厂，一期工程投资1.5亿美元，已在1999年投产。诺维信公司酶制剂品种齐全，为中国有关行业做出了一定贡献。1998年6月，无锡市酶制剂厂经过3年的洽谈与杰能科公司实行了强强联合，成立无锡杰能科生物工程有限公司，将杰能科公司的新型复合酶源引进中国，从此酶制剂工业对外开放形成了一个新格局。2005年，杰能科公司正式成为丹尼斯克的全资子公司，继续拓展酶制剂的全球市场。

第七阶段：2006年，酶制剂进入了全新的发展阶段，向高档次、高活性、高质量、高水平方向发展，向专用酶制剂和特种复合酶制剂发展，向新型糖类、面粉加工、肉类、油脂、调味品、饲料、纺织、纸浆、环保等方面发展。

第八阶段：近年更多国外酶制剂进入中国市场，在市场竞争中促进了中国酶制剂质量的改进和提高。新型酶——高活性、高纯度、高质量复合酶将成为今后酶制剂的发展方向。新型酶制剂的出现，酶制剂应用技术的不断提高，将促进我国发酵行业及相关应用领域飞速发展。特别是企业普遍加大设备和技术改造力度，并开始引入技术创新基地建设和资本运营等保持高科技企业可持续发展的理念，从而使酶制剂行业的企业建设和发展有了明显飞跃。

三、我国酶制剂技术发展状况

1. 酶的生产方法不断发展

酶的生产可分为生物提取法、化学合成法和生物合成（转化）法三种。

（1）生物提取法

生物提取法是采用各种提取、分离、纯化技术，从动物、植物、器官、细胞或微生物细胞中将酶提取出来。酶的提取是指在一定的条件下，用适当的溶剂处理含酶原料，使酶充分溶解到溶剂中的过程。主要的提取方法有盐溶液提取、酸溶液提取、碱溶液提取和有机溶剂提取等。在提取酶时，首先应当根据酶的结构和性质，选择适当的溶剂。一般来说，亲水性的酶要采用水溶液提取，疏水性的酶或者被疏水性物质包裹的酶要采用有机溶剂提取；等电点偏碱性的酶应采用酸性溶液提取，等电点偏酸性的酶应采用碱性溶液提取。在提取过程中应控制好温度、pH、离子强度等各种提取条件，以提高提取率并防止酶的变性失活。

酶的分离纯化是采用各种生化分离技术，诸如离心分离、萃取分离、沉淀分离、电泳分离以及浓缩、结晶、干燥等，使酶与各种杂质分离，达到所需的纯度，以满足使用的要求。酶的分离纯化技术多种多样，选用的时候要认真考虑以下几个问题：目标酶分子特性及其物理性质；酶与杂质的主要性质差异；酶的使用目的与要求；技术实施的难易程度；分离成本的高低；是否会造成环境污染等。

提取法分离设备相对简单，操作也方便，但是必须首先获得含酶的动物、植物的组织活细胞，这就使该法受到生物资源、地理环境、气候条件等的影响；或者先培养微生物，获得微生物细胞后，再从细胞中提取所需的酶，使工艺路线变得较为复杂。

（2）化学合成法

化学合成法是20世纪60年代中期出现的新技术。1965年，我国人工合成牛胰岛素的成功，开创了蛋白质化学合成的先河。1969年，采用化学合成法得到含有124个氨基酸的核糖核酸酶。然而由于酶的化学合成要求单体达到很高的纯度，化学合成的成本高，而且只能合成那些已经弄清楚其化学结构的酶，这就使化学合成法受到限制，难以工业化生产。然而利用化学合成法进行酶的人工模拟和化学修饰，认识和阐明生物体的行为和规律，设计和合成既具有酶的催化特点又能克服酶的弱点的高效非酶催化剂已成为人们关注的热点，具有重要的理论意义和应用前景。

（3）生物合成法

生物合成法是20世纪50年代以来酶的主要生产方法。它是利用微生物、植物或动物细胞的生命活动来获得人们所需的酶的技术过程。生物合成法生产酶首先要经过筛选、诱变、细胞融合、基因重组等方法获得优良的产物工程菌；然后在生物反应器中进行细胞培养，通过细胞反应条件优化，再经过分离纯化得到人们所需的酶。

利用微生物细胞的生命活动获得所需酶的方法又称为发酵法。例如，利用枯草杆菌生产淀粉酶、蛋白酶，利用黑曲霉生产糖化酶、果胶酶，利用大肠杆菌生产谷氨酸脱羧酶、多核苷酸聚合酶等。其中固定化细胞、固定化酶技术已广泛应用于酶的生产。例如，利用固定化枯草杆菌细胞生产淀粉酶，利用固定化黑曲霉生产糖化酶、果胶酶等。固定化原生质体则适合于生产原来存在于细胞内的酶和其他胞内产物。例如，固定化枯草杆菌原生质体生产碱性磷酸酶，固定化黑曲霉原生质体生产葡萄糖氧化酶等。

20世纪70年代以来，兴起并发展了植物细胞培养技术和动物细胞培养技术，使酶的生产方法进一步发展。动、植物细胞培养产酶，首先需获得优良的动、植物细胞，然后利用动、植物细胞在人工控制条件的生物反应器中进行培养，经过细胞的生命活动合成酶，再经过分离纯化，得到所需的酶。例如，利用木瓜细胞培养生产木瓜蛋白酶、木瓜凝乳蛋白酶，利用人黑色素瘤细胞生产血纤维蛋白溶酶原激活剂等。生物合成法具有生产周期短，酶的产率高，不受生物资源、气候条件等影响的特点，但是对发酵设备和工艺条件的要求较高。

2. 生物合成法中发酵法是主要生产方法

酶制剂普遍采用微生物发酵生产，发酵法是工业化制备工业用酶的主要方法。微生物发酵法生产的工艺一般是：①菌株选育，筛选具有分泌所需要酶的微生物菌株；②发酵培养，通过培养基成分和培养条件的变化，可调整分泌酶的活性；③分离，酶的提取、分离与纯化等；④造粒，分离、纯化后的液体酶经过造粒，便成为可自由流动、无粉尘、使用安全、方便的固体颗粒酶。其中发酵和提取是最为关键的两步。目前，酶制剂大体可分为两种，即液体酶制剂和固体酶制剂。

液体酶制剂主要分三大步骤：絮凝工艺、板框过滤、超滤浓缩工艺。液体发酵生产酶制剂主要的优点是：操作劳动强度小，可自动化，可大规模生产。主要缺点是：生产投资规模大，生产成本高，产生废水易污染环境。

固体酶制剂是在发酵结束出曲后，经过后处理工艺得固体酶制剂。以固体发酵的方式来生产酶制剂也叫表层发酵。与液体深层发酵相比，固体发酵生产规模小、生产成本低、不会产生环境污染。其发酵的酶活力高，酶系全。其缺点是：生产工人劳动强度大，产量不易扩大。

随着酶制剂工业的发展，一些大规模生产微生物酶制剂的企业多倾向于生产液体酶，这样不仅可消除生产粉末状固体酶制剂对人体的呼吸系统造成的伤害及对环境的污染，同时还可充分发挥生产液体酶工艺过程简单、能耗低、酶得率高、机械化程度高等优点。

四、我国酶制剂工业水平

1. 产量逐年增长

我国酶制剂工业发展很快，酶制剂品种越来越多，应用技术也越来越精，经过市场的整合，目前初步形成了一个比较稳定的生产企业格局和市场格局，基本告别了无序竞争，进入了良性发展的轨道。从"六五"到"十五"我国酶制剂产量变化情况见表18-5。

表 18-5 中国酶制剂产量变化情况

五 年 计 划	年 份	酶制剂产量/万吨
"六五" 计划 1981—1985	1980	0.42
	1985	2.5
	年均增长率/%	42.9
"七五" 计划 1986—1990	1990	8.5
	年均增长率/%	27.7
"八五" 计划 1991—1995	1995	22.0
	年均增长率/%	20.9
"九五" 计划 1996—2000	2000	30.0
	年均增长率/%	6.4
"十五" 计划 2001—2005	2005	48.0
	年均增长率/%	9.8

2010年，全国共有酶制剂生产企业100余家，产量约73万吨，同2009年的69.6万吨相比提高了4.9%，国产酶制剂基本可满足国内市场需求（见表18-6）。随着近两年来燃料乙醇、淀粉糖产业的迅速崛起，中国市场对酶制剂的需求也在逐步提高。

表 18-6　2002—2010年中国酶制剂生产状况

年 份	产量/万吨
2002	35
2003	38
2004	42
2005	48
2006	53
2007	59
2008	61.5
2009	69.6
2010	73

2. 企业数量与规模不断扩大

2010年国内酶制剂生产企业百余家，下面将选取近几年发展较为迅速的三家酶制剂企业进行介绍。

湖南鸿鹰祥生物工程股份有限公司是在原湖南津市酶制剂厂的基础上经改制建立的股份制企业。1978年开始从事酶制剂生产，是我国较早的一批酶制剂生产企业之一。该公司现主导产品有"梅花"牌糖化酶、淀粉酶等不同型号的酶制剂。2010年该公司酶制剂总生产能力达到10万吨/年，年产值5.5亿元左右，是我国内资企业中出口量最大的企业。

武汉新华扬生物有限责任公司成立于2000年，是我国发展较快的酶制剂生产企业，拥有饲用酶制剂和工业酶制剂生产研发两个生产基地。2009年，新华扬投资扩建了其工业酶制剂生产基地，使其年产能扩大到3万吨。现在该公司主要产品涵盖了饲用酶制剂、纺织酶制剂及食品酶制剂这三个领域的10多个品种。2010年酶制剂总生产能力5.5万吨/年，是我国酶制剂领域主要生产商之一。

北京东华强盛生物技术有限公司（原北京市房山酶制剂总厂）始建于1976年，一直致力于以玉米为主的粮食深加工生产，主要产品有淀粉酶、碱性蛋白酶、糖化酶等总计15个剂型，主要应用于纺织业、酿酒业、制糖业以及洗涤业等。2010年该公司酶制剂总产能达到3万吨/年，年产值约为7000万元，是华北地区规模较大的酶制剂生产企业。

第四节 柠 檬 酸

一、产品概况

柠檬酸（citric acid）为白色、无臭的结晶性粉末，其化学名称为2-羟基丙烷-1,2,3-三羧酸，广泛存在于水果和蔬菜中，特别含于柑橘类水果中，因此又称枸橼酸。含有约10%结晶水的柠檬酸称结晶柠檬酸或含水柠檬酸，无结晶水的柠檬酸称无水柠檬酸，含水柠檬酸与无水柠檬酸的用途基本相同。柠檬酸无毒，水溶性好，酸味适度，易被吸收，且价格低廉。

柠檬酸广泛应用于食品、医药、化工、纺织等工业中，其中用量最大的是食品工业。

（1）食品工业

柠檬酸在食品工业中的应用越来越广泛，已成为食品工业应用最广泛的酸味剂，可普遍用于各种饮料、汽水、葡萄酒、糖果、点心、饼干、罐头及乳制品等食品的制造，占食品酸味剂用量的60%以上。柠檬酸盐类如柠檬酸钙可作为食品中需要添加钙离子的强化剂，柠檬酸酯类如柠檬酸三乙酯可作为食品工业的酸味剂和防腐剂。

（2）家用洗涤剂和清洗剂

在家用洗涤剂和清洗剂方面，柠檬酸钠盐产品可替代三聚磷酸钠作为无毒洗涤剂的助剂，可以迅速沉淀金属离子，防止污染物重新附着在织物上，还可使洗涤后的织物具有柠檬的香味。近年来，随着环境问题的日益凸显、水质的不断恶化以及现代社会生活习惯的变化，全社会对于化工产品的环保要求均有所提高。家用洗涤剂和清洗剂属于民生产品，具有量大、持续、稳定增长的消费特点，因此被寄予更

高的使用要求。当前含有柠檬酸盐类的洗涤剂行业正朝着低磷化、无磷化方向发展。同时,由于柠檬酸盐及酯类产品还具有很多其他性能,如提高表面活性剂的性能、是一种优良的螯合剂等等,因而提升了这一相关领域的研究热度,现国内外已经利用这类产品开发出多种专用洗涤剂。

(3)其他应用

在其他领域,柠檬酸及其盐酯类产品可在医药、化妆品、化工、建筑、电镀及印染等领域使用。例如,在医药方面,柠檬酸主要用作凝血剂、解酸药、矫味剂及配置各种药剂等。尽管柠檬酸在医药方面的用量较少,但却是一个快速增长的行业。在化工方面,柠檬酸及其盐酯类产品可用作有机中间体的原料;在建筑施工中,可做混凝土缓凝剂,提高工程抗拉、抗压、抗冻性能等。

二、我国柠檬酸工业发展历程

早在1942年中国就开始研究发酵法制取柠檬酸的工艺。1959年轻工业部发酵工业科学研究所完成了200升规模深层发酵制取柠檬酸实验,1965年进行了生产100吨甜菜糖蜜原料浅盘发酵制取柠檬酸的中试,并于1968年投入生产。自1966年起,天津市工业微生物研究所、上海市工业微生物研究所相继开展用黑曲霉进行薯干粉深层发酵柠檬酸的试验研究,并获得成功,从而确定了中国柠檬酸生产的这一主要工艺路线。

20世纪70年代,中国发酵有机酸工业进入了蓬勃发展的新时代,逐步形成了柠檬酸、醋酸、乳酸、苹果酸、衣康酸等品种较为齐全的工业体系。

由于中国柠檬酸的技术水平不低于国际水平,且成本低廉,所以柠檬酸工业一开始就跻身国际前列,逐渐成为一个以出口为主的外向型行业,受到了国家的支持和鼓励。柠檬酸行业的发展经历了很多波折,经常出现大起大落,行业在快速发展的同时也承受了巨大波动。由于发展过快,企业间无序竞争现象十分普遍,盲目过度投资严重。20世纪90年代初,全国有柠檬酸企业近百家,经过多年市场竞争和自然淘汰,到2002年年底,生产企业总数不到40家,许多企业都在竞争中被淘汰。

由于出口增长过快,柠檬酸行业一直受到以美国为首的国外反倾销的困扰。2000年美国对中国柠檬酸产品的反倾销起诉就给行业带来了巨大的震动,欧盟也一直酝酿着对中国产品进行起诉,欧美国家在对价格、数量等问题找不出更有利的证据时,环保问题就是一个更突出的问题。柠檬酸行业在生产过程中会产生大量的高浓度有机废水和硫酸钙废渣,所以柠檬酸行业环保治理任务很重。柠檬酸行业的环保治理问题,不仅仅是一个保护自然环境的问题,更是有效地应对国外反倾销的绿色壁垒,关系到行业生死存亡的大问题 2002年12月13日国家发布《禁止未达到排污标准的企业生产、出口柠檬酸产品》的公告,不仅使国外反倾销起诉失去了一个最基本的依据,给行业创造了一个良好的发展环境,而且整顿了行业的竞争秩序,促进了行业环保工作的进步,减少了对环境的污染。

随着生物技术的进步,中国柠檬酸工业有了突飞猛进的发展。凭借先进的工艺技术和丰富的原料资源,中国已跃身成为世界最大的柠檬酸供应国,平均年产量的80%左右均用于出口,属于出口型产品。

三、我国柠檬酸技术状况

目前国内外柠檬酸都是用发酵法制取,所用的发酵原料种类很多,广义上来说,任何含淀粉和可发酵的农产品、农产品加工品及其副产品,某些有机化合物以及石油中的某些成分都可以采用。目前柠檬酸工业生产中使用的原料主要包括:淀粉质原料、粗制糖类、制糖工业副产品以及含正烷烃较多的石油馏分等。

柠檬酸的生产工艺主要分为发酵工艺和提取工艺两个部分,其中每一步工艺过程都可以采用不同的方法来进行。

柠檬酸发酵是利用微生物在一定条件下的生命代谢活动而获得产品。其发酵过程是典型的有氧发酵,目前工业生产中发酵方法基本有3种,即表面发酵、固体发酵和深层发酵。

柠檬酸提取工艺有钙盐法、萃取法、离子交换法等。萃取法是利用溶剂将柠檬酸萃取出来,然后通过反萃得柠檬酸粗液。离子交换法是用阴离子交换树脂将柠檬酸从滤液中吸附下来再脱附,然后用阳离子交换树脂除去阳离子。钙盐法是指柠檬酸发酵液经加热处理后滤去残渣,再加入碳酸钙和石灰乳中和,形成柠檬酸钙沉淀,柠檬酸钙再经硫酸酸解生成柠檬酸。

传统的柠檬酸生产是以薯干为原料,经生物发酵工艺和钙盐法提取工艺制得。传统工艺存在环境污染严重、生产成本高、产品质量不高等问题。近年来,在生产新原料方面,研究出了以玉米粉、稻米等为原料的生产方法,使生产成本大大降低,废物排放减少。采用工业离子色谱法、母液净化处理、循环利用废糖液等技术对生产工艺进行了改进,降低了生产成本、能耗及污染物的排放,基本实现了清洁的生产工艺。

吸附法是近年提出的一种新型分离方法,它采用交换吸附能力大、抗污染能力强的树脂对发酵液中的柠檬酸进行吸附,然后再用廉价的洗脱剂(如水)将其洗脱下来实现柠檬酸的分离与提纯。

膜分离技术是高科技领域内的新兴技术,具有许多常规方法难以拥有的优点,应用范围十分广泛,受到业界特别的青睐,近年来已经用于柠檬酸发酵液中有机酸分离的研究。

四、我国柠檬酸工业水平

改革开放30年来,柠檬酸产量从1979年的5900吨增加到2007年的89万吨,年均增长率 19.6%；出口量从 1979 年的 2400 吨，增加到 2007 年的 70.8 万吨，年均增长率 22.5%；柠檬酸行业实现了快速稳步的发展，已经具有全球第一的规模和世界领先的技术水平。中国柠檬酸产量变化情况见表 18-7。

表 18-7 中国柠檬酸产量变化情况

五 年 计 划	年 份	柠檬酸及其盐和酯/万吨	增长率/%
"六五" 计划 1981—1985	1980	1.1	27.4
	1985	3.7	
"七五" 计划 1985—1990	1990	6.1	20.3
"八五" 计划 1991—1995	1995	15.4	20.3
"九五" 计划 1996—2000	2000	35.9	
"十五" 计划 2001—2005	2005	63.0	

2010 年中国柠檬酸总产能约为 134.6 万吨/年，同比增长 26.3%；产量为 105.8 万吨。2004—2010 年中国柠檬酸生产状况见表 18-8。

表 18-8 2004—2010 年中国柠檬酸生产状况

年 份	产能/（万吨/年）	产量/万吨
2004	78	55
2005	90	63
2006	100	72
2007	110	89
2008	128	89
2009	106.6	87
2010	134.6	105.8

全球柠檬酸的生产主要集中在中国，中国是全球柠檬酸第一大产销国。随着柠檬酸行业的发展，其生产工艺、技术水平、产品质量及生产企业规模等方面均有了飞速发展，生产集中度逐步提高，涌现出了一批具有国际竞争力的世界级柠檬酸供应商，如山东潍坊英轩实业有限公司、安徽丰原生化和日照鲁信金禾生化有限公司。

山东潍坊英轩实业有限公司始建于 1997 年 7 月，是以薯干、玉米等为原料生产柠檬酸系列产品及乙醇系列产品的合资企业。经过多年的发展，该公司规模不断扩大，经济实力显著增强。2010 年，该公司拥有资产 10 亿多元，员工 3000 多人，柠檬酸及其系列产品产能达到 30 万吨/年，产量约为 21.5 万吨，已成为全球最大的柠檬酸生产企业。

日照鲁信金禾集团股份有限公司下设日照鲁信金禾生化有限公司、日照金禾博源生化有限公司、日照金穗进出口有限公司,其中金禾生化主要生产柠檬酸及其系列产品。2010年该公司柠檬酸及其系列产品总生产能力为22万吨/年,总产量约为20万吨,是中国柠檬酸类产品的主要生产企业之一。

安徽丰原生物化学股份有限公司前身为蚌埠有机化工厂,成立于1979年,经过30多年的发展,该公司现拥有7家子公司,分别是丰原生化、泰格生物、丰原药业、丰原明胶、丰原食品、丰原医药科技和丰原化工装备。其中丰原生化以粮食深加工为主线主要生产柠檬酸及其系列产品和燃料乙醇。2010年,其柠檬酸产能为22万吨/年,产量约为18.5万吨,是中国主要柠檬酸供应商之一。

第五节 发酵法总溶剂

一、概况

总溶剂是指发酵法生产的丙酮、丁醇及副产的乙醇。总溶剂由细菌 *Clostridium acetobutylicum* 发酵所得,产品的比例是:正丁醇:丙酮:乙醇=6:3:1。

丙酮既是重要的溶剂又是重要的有机化工原料,可作为制造醋酸纤维素胶片薄膜、塑料和涂料的溶剂,又可用于生产甲基丙烯酸甲酯(MMA)、双酚A、醇醛缩合物等化工产品。

丁醇是一种重要的化工原料,主要用于制造邻苯二甲酸二丁酯和脂肪族二元酸丁酯类增塑剂,广泛用于各种塑料和橡胶制品的生产。丁醇还可用来生产丁醛、丁酸、丁胺和乙酸丁酯,它们可用作树脂、油漆、粘接剂的溶剂,也可用作油脂、药物和香料的萃取剂及醇酸树脂涂料的添加剂。

丁醇还可以作为优质燃料。发酵法生产的生物丁醇与生物乙醇同属于经生物加工工艺生产的醇类燃料,但生物丁醇较生物乙醇具有更多优越性。生物丁醇蒸气压低,与汽油混合时对杂质的宽容度大,使其适合在现有的燃料供应和分销系统中使用。与现有的生物燃料相比,生物丁醇还能够与汽油达到更高的混合比,而无需对车辆进行改造。随着能源替代战略的实施,丁醇用作燃料替代汽油成为世界各国研究的热点。

微生物发酵生产丙酮和丁醇最早由法国Pasteur于1861年报道。19世纪后期,许多研究者对此技术进行了比较深入的研究。20世纪初,由于天然橡胶的需求量日益增加引起价格猛增,英国Strange和Graham公司开始调查生产合成橡胶的可能性。基于此,Manchester大学的Perkin教授和其助手Weizmann(后来成为以色列第一任总统)研究橡胶前体的化学合成路线。1912—1914年间,Weizmann通过定向筛选获得一株能以淀粉为底物产生丙酮和丁醇的菌株,该菌株当时被称为

BY，后来被命名为 *Clostridium acetobutylicum*（Diirre，1998）。

总溶剂生产始于20世纪初，并在20世纪上半叶得到了很大的发展，成为仅次于乙醇发酵的第二大发酵产业。第一次世界大战的爆发加速了丙酮丁醇发酵的大规模产业化应用，因为丙酮可以作为硝酸纤维素的胶体溶剂以生产无烟火药。第二次世界大战时，丙酮的需求量更加大，使得丙酮丁醇发酵的产业化应用进一步发展扩大。由于当时糖蜜来源丰富而且价格相对低廉，发酵底物由玉米换成了糖蜜。第二次世界大战末期，在美国仍有2/3的丁醇和1/10的丙酮是用发酵法生产的。第二次世界大战结束后，由石油裂解产物生产有机溶剂的技术获得突破性进展，再加上糖蜜的价格有所回升，丙酮丁醇发酵业逐步衰退。原因主要有两方面：首先，石化工业发展迅猛，到20世纪50年代后期，发酵法与化学合成法之间的竞争已变得非常尖锐；其次，糖蜜开始大量用作家畜饲料，导致糖蜜价格上涨，发酵成本显著上升。20世纪50年代以后丙酮丁醇发酵逐渐淡出市场。在国外，南非的丙酮丁醇发酵工业持续时间较长，一是由于南非缺乏石油资源，二是因为当地糖蜜和煤炭资源丰富、价格便宜。尽管如此，南非的丙酮丁醇发酵工业在1982年也完全停止了生产。

随着原油价格的上涨和出于可持续发展的考虑，20世纪70年代后，世界各国又纷纷开始关注发酵法生产丙酮、丁醇，基于分子生物学的手段也逐渐应用到了产溶剂梭菌的研究之中，使得代谢工程改造产溶剂梭菌成为可能。

二、我国总溶剂发展历程

1949年以前我国没有发酵法生产丙酮、丁醇工业。从1954年年底开始，我国依靠自己的力量首先在上海市把原中国乙醇厂改建成上海溶剂厂，1956年建成国内第一套年产2000吨总溶剂（丙酮、丁醇、乙醇）的生产装置。上海溶剂厂1956年总溶剂产量1257吨，1965年实际产量12271.5吨，1990年生产能力27000吨，实际产量20897吨，居全国首位。上海溶剂厂是全民所有制大型企业，隶属于上海市化学工业局，1992年起组建进入上海太平洋化工（集团）公司。

1956年华北制药厂利用苏联的技术建造溶剂车间，1958年投产。1958年后，我国各省市也纷纷新建了很多发酵法生产丙酮、丁醇的工厂，基本上南方以上海溶剂厂为中心，北方以华北制药厂为中心，各厂经常通过行业协会进行技术交流并开展协作。

到20世纪80年代初，发酵法生产丙酮、丁醇的工厂达到50多家，绝大多数厂都是采用玉米和山芋干为原料，少数工厂也曾用过糖蜜、大米等其他含淀粉原料，产品质量都达到国际先进水平。另一方面，在英、美等西方发达国家已终止溶剂发酵生产后的相当长一段时间里，我国仍不断有不同规模的新溶剂发酵厂在内地产粮、煤的资源省份建成投产，全国的综合生产能力一度约达14万吨。

总溶剂生产是我国历史最悠久的发酵生产，在我国20世纪80年代及90年代初期曾在化学工业生产中发挥了重要的作用。1996年前后，发酵法生产的丁醇与化学合成法生产的丁醇价格处于同一水平。到 2000 年后，由于我国原油价格相对便宜，相反粮食价格成倍上涨，基于粮食价格调整以及环境治理成本过高等因素，导致合成法生产丙酮、丁醇的成本低于发酵法，加之后来国内几家引进的合成生产丙酮、丁醇装置相继投产，发酵总溶剂产品市场遭到了剧烈冲击，丙酮丁醇发酵法生产已无力与石油化工方法竞争，国内相关生产线陆续下马，仅有少数企业因特殊需求采用粮食发酵方法进行小规模生产。相反，随着我国石化工业的快速发展，引进国外先进技术相继建成了一批大中型乙烯生产装置，其中有的配套建设了羰基合成丁醇生产装置，如齐鲁石化公司、吉林化学工业公司以及大庆石油化工总厂等。国内利用化学合成法生产正丁醇的企业生产厂家有 20 多家，总生产能力约为 30 万吨/年，生产工艺主要采用羰基合成法。我国目前是以合成法为主生产丙酮和丁醇。

进入 21 世纪，随着世界经济的发展，对石油的需求迅速扩大，石油作为战略物资和不可再生的能源，其价格不断上涨，带动丙酮、丁醇价格上升，使生物发酵法生产丙丁总溶剂重新具有了市场竞争优势，其发展前景良好。世界上许多化学公司已经开始进行重大的战略转向，用生物资源替代石油资源，用生物技术路线取代化学技术路线进行生物燃料及化学品的生产。特别是发酵法生产丙酮丁醇是以再生资源替代不可再生的石油基原料制造，符合国家能源安全的长远战略考虑。

总溶剂生产是以发酵淀粉质原料为主，总溶剂产量为淀粉的 35%～37%，工艺普遍采用连续法蒸煮发酵与蒸馏工艺，原料以玉米为主，山芋干和木薯用量也很大，同时也选育或培养了一些改良菌种。

发酵法生产丁醇所用的菌种均是严格厌氧的丙酮-丁醇梭菌，表 18-9 给出了目前各主要菌种的最高发酵水平。

表 18-9 总溶剂菌种发酵水平比较

菌 种 名 称	菌种性质	发酵最高水平/(克/升)				菌种来源
		溶剂总量	丙酮	丁醇	乙醇	
Clostridium acetobutylicum (ATCC 824)	严格厌氧	16.89	5.59	9.98	1.31	ATCC
Clostridium aurantibutyricum (ATCC 17777)	严格厌氧	14.8①	3.8	8.9	1.5①	ATCC
Clostridium beijerinckii BA101	严格厌氧	33	9.9*	19.8*	3.3①	
Clostridium saccharoperbutyl-acetonicum Nl-4 (ATCC 13564)	严格厌氧	25.7	7.7①	15.4	2.6①	ATCC
Clostridium acetobutylicum AS1.70	严格厌氧	33.63	10.09	20.18	3.36	江苏省微生物研究所

① 为换算值，按丙酮∶丁醇∶乙醇=3∶6∶1 换算。

国内科研工作者关于丙酮丁醇发酵的研究主要集中在菌种筛选、物理化学方法诱变和发酵工艺优化方面。中国科学院微生物研究所的方心芳先生在国内最早开始丙酮丁醇发酵的研究，筛选分离得到具有较高溶剂合成能力的丙酮丁醇菌22株，并于1959年在《微生物学通讯》杂志上发表了第一篇关于我国丙酮丁醇发酵的研究论文。近几年，国内的科研院所以及一些发酵企业也积极开展生物丁醇的研究开发，生物丁醇项目列入了国家"973""863"计划以及中科院重点计划。中科院上海生命科学院经过"七五"国家科技攻关项目研究，从我国土样中自然分离、诱变、选育得到的高丁醇比例菌种，丁醇产率占70%，淀粉转化率为25%，总溶剂产生达20克/升，这些指数均高于传统工业菌种。该成果已取得中国专利（专利号：ZL95111733.5）。近年来，一些先进的工艺手段也相继应用于丙酮丁醇发酵，如气体剥离技术、多级连续发酵技术等。相信随着菌种的不断改良和工艺手段的提高，基于发酵的溶剂制备必将会取代基于石油产业的溶剂生产。

近年来，由于石油资源的日益紧缺和对环境质量要求的提高，发酵法生产丙酮、丁醇的技术将显示出多重优势。人们又开始考虑开发以粮食为原料生产总溶剂的新技术新工艺，专家建议通过协同攻关，进行传统工艺的改造，研究出一条新的技术上先进、经济上可行的发酵法总溶剂生产新工艺。

三、我国总溶剂工业水平

进入21世纪，随着世界经济的发展，对石油的需求迅速扩大，其价格不断上涨，带动丙酮、丁醇价格上升，使生物发酵法生产丙丁总溶剂重新具有了市场竞争优势。

近年来随着溶剂、橡胶、涂料等下游工业的发展，丙酮和丁醇的市场需求直线上升，具有广阔的开发前景。特别是我国丁醇产能严重不足，其价格一路上扬。目前我国40%的丁醇依赖进口，这种局面难以得到根本性转变。

我国政府也在政策和资金上大力支持生物丁醇的开发，也有多家企业启动生物丁醇项目。2007年开始，在吉林、内蒙古、广西、江苏等地相继新建或恢复了一些发酵丁醇工厂，新建装置规模一般都在年产3万～5万吨，恢复的老发酵厂规模仍为5000～10000吨。至2008年年底，已建成投产的10余家发酵工厂总溶剂生产能力达到35万吨（丁醇产能20万吨）。但由于石油价格的回落，2008年基本处于停产状态。中国总溶剂产能见表18-10。

表18-10　中国总溶剂企业及产能情况　　　　　单位：万吨/年

工　　厂	产　能	投产时间	计划规模	地　点
松原吉安生化有限公司	15	新建2007年投产	15	吉林
桂平金源乙醇实业有限公司	3	新建2007年投产	10	广西
吉林凯赛生物技术有限公司	3	新建2008年投产	30	吉林
江苏金茂源生物化工有限公司	3	新建2008年投产	15	江苏
连云港联化化学品有限公司	4	新建2008年投产	4	江苏
江苏联海生物科技有限公司	5	新建2008年投产	20	江苏

续表

工　厂	产　能	投产时间	计划规模	地　点
通辽中科天元淀粉化工有限公司	1	2007年恢复投产	2	内蒙古
吉林中海化工有限公司	0.5	2007年恢复投产	0.5	吉林
黑龙江昊城化工有限公司	0.5	2007年恢复投产	0.5	黑龙江
唐山冀东溶剂厂	0.5	2007年恢复投产	0.5	河北
冀中溶剂厂	0.3	2007年恢复投产	0.3	河北
内蒙古利牛生物化工有限公司	—	在建	3	内蒙古
安徽福瑞祥食品有限公司	—	在建	3	安徽
西北永新化工股份有限公司	—	设计中	10	甘肃
河南天冠集团有限公司	—	计划中	10	河南
华北制药华盈有限公司	—	计划中	1.5	河北

　　江苏金茂源生物化工有限公司以非粮作物木薯为原料发酵生产丁醇，一期工程年产3万吨的丁醇、丙酮装置2008年已试产成功，全部工程完成后将形成年产15万吨丁醇、丙酮的生产能力。目前，该公司正与中科院过程工程研究所、微生物研究所及高校进行非粮原料发酵生产丁醇领域的技术合作，除发酵生产主要产品丁醇、丙酮外，对拟发酵副产品氢和二氧化碳进行进一步分离和利用，而深加工后的糟液经厌氧发酵，全部可作无害化处理利用。

　　2008年国际金融危机，生物丁醇产业受到了严重的冲击。2008年上半年，生物丁醇产业还在一片红火之中，然而几个月后，在金融海啸冲击下，下游需求不断萎缩，丁醇的价格由16000元/吨（2008年6月—9月）跌至7000元/吨（2008年10月—12月），而此价格远远低于其生产成本，产品价格的急剧下滑导致中国丙酮丁醇发酵工厂纷纷减产或停产。在全球经济继续萎缩、油价继续低迷的背景下，生物丁醇产业的发展形势还处在艰难时期。

第六节　微生物法丙烯酰胺

一、产品概况

　　微生物法丙烯酰胺（AM）是以丙烯腈为原料，以生物酶作催化剂进行水合反应而得到丙烯酰胺产品。其优点是在常温下反应，无副反应带来的杂质和铜离子，单体不需要提纯即可直接聚合，聚合物分子量可以大大超过我国现有化工法生产的产品。

　　丙烯酰胺是一种重要的有机化工原料，其主要用途包括以下几个方面。

　　① 合成聚丙烯酰胺（即PAM）　PAM是一种线型聚合物，为水溶性高分子中

用途最广的品种之一,在石油开采、水处理、纺织印染、造纸、选矿、洗煤、医药、制糖化工等行业中均有应用,有"百业助剂""万能产品"之称。

② 合成 AM 衍生物及其聚合物　AM 可用于合成多种 AM 衍生物,这些衍生物的聚合物或共聚物具有许多优良性能,典型代表有 N-羟甲基丙烯酰胺、亚甲基双丙烯酰胺、双丙酮丙烯酰胺等。

③ 合成与其他单体形成的共聚物　如聚丙烯酰胺凝胶,它是由 AM 与 N,N-亚甲基双丙烯酰胺形成的聚合物,应用于生化领域和整形外科领域。

全球利用微生物法生产 AM 产量约 40 万吨/年。日东公司是日本最大的 AM 生产企业,目前国际市场基本上被其技术所垄断。近年来,Degussa、SNF 及三井化学等公司也开始采用生物技术生产 AM。Degussa 公司在俄罗斯拥有年产数千吨的生物法生产 AM 装置。SNF Floerger 公司于 1999 年引进日东公司技术建造了一座 2 万吨/年的 AM 工厂,2000 年该公司再次获得三菱丽阳公司的专利授权,建造 5 座新 AM 工厂,产能均为 2 万吨/年,其中 1 座在中国泰兴。三井化学公司也在韩国釜山合资建造了 0.5 万吨/年的生物法 AM 生产装置,2002 年开始投产。俄罗斯利用其开发的 *Rhodococcus*-SPM 8 菌种也已建成 2.4 万吨/年的生产装置。

二、国内发展历史

1. 总体发展历程

1993 年 4 月,上海农药研究所在"八五"攻关协作单位浙江桐庐农药厂(现桐庐汇丰生物化工有限公司)建立了国内第一套微生物法生产 AM 中试装置,实际产量 440 吨/年。1994 年 10 月又在江苏如皋化肥厂(现江苏如皋南天集团公司)建成了 1500 吨/年的试生产装置,生产运转正常后,又在江西农业大学化工厂(现江西南昌九农科化工有限公司)、河北万全油田化学剂有限公司、山东胜利油田长安实业集团,各建成了 1000~2000 吨/年的生产装置,均采用第一代工业化技术。"九五"攻关期间,上海农药研究所与北京恒聚油田化学品有限公司和山东胜利油田长安实业集团等合作开发了第二代生产工艺,并分别建成 2.5 万吨/年和 1 万吨/年的生产装置。而最近几年则采用了最新的生物法第三代生产工艺,引进 Suntar 公司世界领先的具有高抗污染和高强度等特点的 Ultra-flo 膜系统,先后在吉化集团环保实业公司和大庆油田东昊实业公司等新建了生产装置。

2. 技术发展历程

在工业生产中,AM 都由丙烯腈水合来制备,方法有三种。

① 硫酸催化水合法　1954 年由美国氰胺公司开发,是早期唯一生产 AM 的方法。该法是间歇操作,要消耗大量的酸和碱,故逐渐被淘汰。

② 铜系催化剂催化水合法　以铜系催化剂进行的催化反应,与硫酸法相比,其过程短、设备简易、腐蚀小。缺点是催化剂对空气敏感,底物和产物易发生聚合。

③ 微生物酶催化水合法 利用微生物产生的腈水合酶催化丙烯腈水合合成 AM。与铜催化法相比，微生物法省去了丙烯腈回收工段和铜分离工段。反应在常温、常压下进行，丙烯腈的转化率可达 99.9%，产品纯度高，十分有利于制造高分子量的水溶性聚合物，新建一个生物法工业装置的设备费用估计约为铜催化法的 1/3。

国内对该技术的研究开发长达 20 多年，先后发表相关论文 80 多篇，申请专利 10 多项，报道的新腈水合酶生产菌株超过 10 株。其中上海农药研究所（原化工部上海生物化学工程研究中心）选育出具有高酶活力的 *Nocardia* sp.86-163 菌株，并在国内首先实现大规模应用，使我国成为继日本、俄罗斯之后掌握工业化生物法生产 AM 技术的国家。

3. 产业发展历程

至今，国内利用生物法生产 AM 的企业达 10 家以上，总产能超过 20 万吨/年，年产量超过 15 万吨，年创产值超过 20 亿元人民币。国内主要微生物法生产 AM 企业及其产能见表 18-11。

表 18-11 国内主要微生物法生产 AM 企业及其产能 单位：万吨/年

企业名称	菌种及原始技术来源	产能
山东胜利油田长安实业集团	上海农药研究所	3.0
北京恒聚油田化学品有限公司	上海农药研究所	6.0
大庆油田东昊实业公司	上海农药研究所	1.8
河北万全油田化学剂有限公司	上海农药研究所	0.6
江苏如皋南天集团股份有限公司	上海农药研究所	0.6
吉化集团环保实业公司	上海农药研究所	1.0
辽河盘锦新建助剂化学品公司	上海农药研究所	0.5
焦作多生多生物化工有限公司	—	1.3
江西昌九农科化工有限公司	上海农药研究所	2.5
江西南昌两江化工有限公司	上海农药研究所	1.6
淄博张店东方化学股份有限公司		1.0
太原重工祁县聚合物有限公司		1.0
安徽天润化学工业股份有限公司		1.0

我国 PAM 主要应用于石油开采行业，2005 年国内 PAM 消费总量为 22.3 万吨，仅油田三次采油消费量就达 18 万吨。随着我国经济的发展，各行业对 PAM 及 AM 衍生产品的需求量将不断上升，2010 年我国 PAM 年需求量达到 40 万吨，未来 5 年国内 PAM 市场缺口将达 10 万吨以上。因此将需更多的 AM 单体，而目前国内 AM 总产量在 25 万吨/年左右。所以从市场需求方面来看我国 AM 行业依然有着一

定的开拓前景。

三、我国生物化工的成功典范

微生法丙烯酰胺生产技术是我国为数不多、拥有自主知识产权、在世界上处于领先地位的生物化工产品生产技术。

丙烯酰胺的生产历经三代工艺技术,最早的工艺过程叫硫酸法,是20世纪五六十年代技术,目前已完全淘汰。第二代工艺过程叫化学法,也称为铜催化法,是金属铜离子作催化剂使原料丙烯腈转化为丙烯酰胺,是20世纪八九十年代技术。目前我国总数近50家的丙烯酰胺生产企业中70%～80%仍然采用该法生产。而微生物法工艺技术是用生物菌种作催化剂将丙烯腈转化为丙烯酰胺,是当今世界上最先进的工艺技术,目前世界上仅有中国、日本、俄罗斯、法国等少数几个国家才有工业化生产装置。该方法具有产品纯度高、杂质少,尤其不含对下游产品极为有害的铜离子。丙烯腈转化为丙烯酰胺的转化率高,产品在常温、常压生产,生产成本低,没有废渣、废气,仅有少量的废水。

从20世纪80年代中期起,国内先后有化工部上海生物化学工程研究中心,中国科学院微生物研究所,上海交通大学和北京石油化工研究院等单位进行微生物生化法生产丙烯酰胺的研究。发展到20世纪90年代,我国生化法丙烯酰胺的生产,不论是在生产技术上还是在产品质量上都赶上了世界先进水平。

我国生化法丙烯酰胺生产技术研究连续被国家列入三个五年攻关计划,"七五"期间是小试攻关;"八五"期间是中试攻关;"九五"期间是产业化攻关。在"九五"期间国家将此项目列为重中之重攻关项目。

1986年,微生物催化法生产丙烯酰胺在"七五"期间被国家科委列为小试攻关项目。在我国泰山的土壤中筛选得到了一株高活性的丙烯腈水合酶的生产菌株,命名为 *Noccardia* sp.163,为微生物催化法生产丙烯酰胺的工业化研究开发奠定了基础。1991年被国家列为"年产50吨规模的微生物法生产丙烯酰胺中试""八五"攻关研究项目。经过三年多的研究攻关,微生物催化法生产丙烯酰胺的工艺在年产440吨的中试装置上获得成功。1996年国家计委和国家科委组织了年产10000吨规模的微生物法生产丙烯酰胺的"九五"攻关项目,项目由化工部上海生物化学工程研究中心、胜利油田长安实业公司、江苏南天集团如皋化肥厂、化工部广州聚丙烯酰胺工程技术中心、北京恒聚油田化学剂有限公司等单位共同承担。2000年12月通过技术鉴定与验收。经过攻关,我国微生物法丙烯酰胺生产技术取得很大成功,建成了万吨级工业化生产装置,技术水平跃进世界先进行列,引起世界相关行业的极大关注。该技术1997年获上海市科技进步一等奖,1998年获国家科技进步二等奖,2000年获国家"九五"重大科技成果奖。

生化法丙烯酰胺技术是完全依靠我国自行开发的技术,也是我国生物化工、精细化工及高分子化工领域的重大突破。目前我国该技术产业化生产装置的规模世界第一；产品质量（水溶液、三类油藏采油用驱油剂）世界第一；丙烯腈转化率及选择率世界第一。该成果是我国生物技术在化工生产应用中利用生物催化剂生产基本有机化工原料，实现万吨级工业化生产的成功范例。

第七节　丁二酸与聚丁二酸丁二醇酯

一、产品概况

丁二酸又称琥珀酸，分子式 $C_4H_6O_4$，分子量 118.09，性状为无色三斜晶体或单斜晶体。丁二酸是一种重要的 C_4 平台化合物，是很多重要的大宗化学品和专用化学品的基本原料。丁二酸作为医药中间体用于生产镇静剂、利尿剂，作为食品酸味剂用于酒、饲料、糖果等调味，还可用于染料、黏合剂、增塑剂等化工领域，更重要的是以丁二酸为平台化合物，还可生产聚丁二酸丁二醇酯（PBS）、四氢呋喃、1,4-丁二醇、己二酸、苹果酸等多种下游深加工产品。

当前，一般采用化学法生产丁二酸（丁烷→顺丁烯二酸酐→丁二酸）。传统的化学合成法因成本和环境污染等原因限制了丁二酸的广泛应用。

通过发酵法生产丁二酸，不仅可以取代较多基于苯的石化中间产品，从而显著减少多种苯基化学制品生产和消费过程中产生的污染，而且丁二酸发酵生产过程消耗CO_2，可减少 CO_2 减排压力，加之以丁二酸为原料能合成生物可降解的绿色塑料——PBS，因此，近年来微生物发酵法生产丁二酸已成为有机酸发酵研究的热门课题。目前发酵法生产丁二酸主要以分批发酵和补料分批发酵为主，也有一些连续发酵方法的研究。

聚丁二酸丁二醇酯（PBS）作为生物可降解塑料，性能优异，用途极为广泛，可用于包装、餐具、化妆品瓶及药品瓶、一次性医疗用品、农用薄膜、农药及化肥缓释材料、生物医用高分子材料等领域。其性能接近聚丙烯和丙烯腈-丁二烯-苯乙烯共聚物（ABS）塑料，与聚乳酸、聚羟基烷基酸酯等生物可降解塑料相比具备以下特点：①生产成本低廉；②较好的耐热性能，热变形温度接近 100℃，改性后使用温度可超过 100℃，克服了其他生物降解塑料不耐热的缺点；③具有其他可降解塑料无法比拟的加工性能，可在现有塑料加工通用设备上进行各类成型加工。

2007 年，全世界丁二酸的市场需求量超过 27.6 万吨。根据美国 Michigan 大学 MBI 研究所的估计，在未来几年内，仅考虑其作为四氢呋喃和 1,4-丁二醇的原料，丁二酸的总需求将达到 100 万吨，又由于丁二酸可用来合成可生物降解的 PBS，因此丁二酸的市场需求量将会显著增长。

美国能源部 ANL 国家实验室开发了发酵法生产丁二酸新技术，丁二酸发酵实验室水平最高可达 11%，2002 年在 Applied CarboChemcials Inc.（ACC 公司）进行了工业化生产。据报道，其丁二酸发酵水平高达 6%～7%，丁二酸单体的售价可降为 0.55 美元/千克。美国 ACC 公司发表的"用生物合成的丁二酸生产合成化学品"曾获得美国生物质应用发明奖。美国多种天然产品公司（DNP）与 Agro 工业开发公司的合资企业——BioAmber 公司正在法国 Pomacle 建设由生物质通过生物技术路线生产 5000 吨/年丁二酸的示范装置。荷兰 DSM 公司与法国的淀粉、衍生物及多羟基化合物生产商 Roquette 公司联手在法国 Lestrem 地区建设年产数百吨的丁二酸生产示范厂。日本三菱公司与味之素公司联合开发了发酵法生产丁二酸技术及可生物降解的 PBS 合成技术，中试规模为 3000 吨/年。

国外生物可降解 PBS 的研究自 20 世纪 90 年代始，目前已有小批量的商品化产品，如日本昭和高分子公司的 Bionolle 产品。

二、国内发展历程

目前，国内天津大学从牛瘤胃中筛选到拥有自主知识产权的产丁二酸厌氧微生物菌株，并采用基因工程和代谢工程技术解决了菌株丁二酸产量低、杂酸比例高的技术难题。

江南大学孙志浩教授发明了非粮食原料发酵法制丁二酸的专利技术，100 升中试水平的产酸率达 50～60 克/升，并在杭州鑫富制药建成发酵体积为 25 米^3 的生产装置，预计每吨产品的生产成本为 1 万元。

南京工业大学在发酵法生产丁二酸关键技术如菌株选育、厌氧发酵工程、有机酸分离纯化等方面取得了重大突破，现与常茂生物化学工程股份有限公司合作，进行了丁二酸 1000 升发酵规模的中试生产，并建设了 500 吨/年的生产线。其主要技术指标：丁二酸发酵浓度达到 70 克/升，质量收率达到 70%，提取收率达到 85%，产品纯度超过 99.8%，达到聚合级要求。

近年来已有不少使用丁二酸和丁二醇及各种添加组分来合成各种 PBS 共聚物的报道，相关产品已经商品化。清华大学化工系高分子研究所郭宝华教授采用酯化、后缩聚二步反应而成功开发了线性聚酯——PBS 的化学合成工艺。该生产工艺反应体系中的扩链反应在国际上尚无先例，且合成的产品可直接挤出成型，从而使得生产效率显著提高。随着生物可降解材料用途的扩展，生物可降解材料的分子结构与降解速度的关系成为生物可降解材料研究的重要课题，特别是 PBS 共聚物的主链构造、结晶度对其降解机理的影响，成为许多研究者的关注热点。

2007 年，中科院理化技术研究所工程塑料国家工程研究中心与扬州市邗江佳美高分子材料有限公司合资组建扬州市邗江格雷丝高分子材料有限公司，投资 5000 万元建成 2 万吨/年的 PBS 生产线，该生产线的规模居世界之首。但是目前还是采用石油基丁二酸和丁二醇单体。

浙江杭州鑫富药业有限公司采用中科院理化技术研究所技术进行 PBS 生产,目前拥有年产 2 万吨的生产能力。其产品相对分子质量达到 20 万,力学性能接近 PE、PP,热变形温度接近 100℃,完全能够满足日常用品的耐热和力学要求,而且具备优良的加工性能,可在通用加工设备上进行各类成型加工。

第八节 聚 乳 酸

一、产品概况

聚乳酸(polylactic acid,简称 PLA)又名聚丙交酯,是以玉米淀粉等可再生原料为主要原料,经发酵制得乳酸,再经化学聚合而制成的全新降解塑料。PLA 类产品不仅具有良好的物理性能,还具有良好的生物相容性和降解性能,可塑性好,易加工成型。PLA 在使用前或使用过程中,与同类普通塑料具有相当或相近的应用性能和卫生性能,而在完成其使用功能后,能在自然环境条件下较快地降解成为易于被环境消化的碎片或碎末,并随时间的推移进一步降解成二氧化碳和水,最终回归自然。聚乳酸还是一种低能耗产品,比以石油产品为原料生产的聚合物低 30%~50%的能耗。总之,聚乳酸的生产原料可以再生,其生产过程无污染,而且产品可以生物降解,实现在自然界中的循环。因此,研究开发生物降解塑料不但已成为塑料工业界、包装工业界的重要发展战略,而且成为全球瞩目的研究开发热点。

聚乳酸最早于 1932 年由 Du Pont 发明。1997 年,美国 Cargill 公司与陶氏化学公司合资成立公司——Cargill-Dow 聚合物公司,开发和生产聚乳酸,产品商品名为 NatureWorks,当时生产能力仅为 6000 吨/年。2001 年 11 月,该公司投资 3 亿美元,采用二步聚合技术,在美国内布拉斯加布莱尔市建成投产了一套 14 万吨/年装置,这是迄今为止世界上最大的聚乳酸生产装置。截至 2010 年年底,全世界生产聚乳酸的公司有近 20 家,主要集中在美国、德国、日本和中国。

二、国内发展历程

近年中国开始着手研发聚乳酸的生产工艺,研究重点是通过改进催化剂,提高聚乳酸的相对分子量,降低聚乳酸的生产成本。开展研究工作的主要有中科院长春应用化学研究所、中科院成都有机化学研究所、中科院上海有机化学研究所、武汉大学、浙江大学、复旦大学、天津大学、南开大学、东华大学、华南理工大学、华东理工大学、北京理工大学等。

目前,中国聚乳酸的生产及应用技术还处于起步阶段,建成的生产装置数量较少、规模较小,导致产品成本相对较高,且综合性能不稳定,与传统塑料相比竞争优势不明显。未来,随着聚乳酸生产及应用技术的日渐成熟以及聚乳酸生产企业新扩建项目的顺利竣工，国内聚乳酸产量也将大幅增长。中国聚乳酸主要生产企业见表 18-12。

表 18-12 中国聚乳酸主要生产企业

序号	公司名称	产能/(吨/年)	产量/吨	备注
1	浙江海正	5000	700	该公司1万吨/年聚乳酸正在扩建中，二期从2012年开始，计划扩到3万吨/年，2014年竣工
2	河南金丹	3000	0	2009年，该公司聚乳酸停车
3	湖北光华伟业	1000	150	新建聚乳酸1万吨/年的生产线，于2011年2月开始调试生产
4	江苏九鼎	1000	300	新建聚乳酸0.3万吨/年的生产线，目前正在调试
5	云南富集	2000	20	目前正在建设聚乳酸0.8万吨/年生产线
6	其他	1700	40	河南飘安300吨/年生产线停产
合计		13700		

第九节 发酵长链二元酸与尼龙工程塑料

一、产品概况

长链二元酸一般是指碳链上含有10个以上碳原子的脂肪族二元酸，其结构通式为 HOOC—$(CH_2)_n$—COOH（$n=9\sim16$），缩写形式为 $DC_{11}\sim DC_{18}$，是一类用途极其广泛的重要精细化工产品。长链二元酸是制造高级香料、高性能尼龙工程塑料、高档尼龙热熔胶、高温电解质、高级润滑油、高级油漆和涂料、耐寒性增塑剂、树脂、医药和农药的重要原料。其中尼龙市场是目前长链二元酸的主要应用领域。

长链二元酸的生产方法主要有植物油裂解法、化学合成法及发酵法等。目前国际上大规模应用化学法生产的长链二元酸是壬二酸、十二碳二元酸等。

近年来，微生物发酵正构烷烃生产长链二元酸成为绿色化学合成领域的研究热点，它具有原料来源丰富（石油中的副产物——正构烷烃）、反应专一性强、反应条件温和、工艺简单、成本低、环境污染少等优势。生物法可提供从 $C_9\sim C_{18}$ 甚至 C_{22} 的系列长链二元酸单体，这些新型特种长链二元酸单体具有优良的性能，完全可以与化学法生产的长链二元酸竞争，同时不同性质的系列特种长链二元酸单体将会衍生一系列具有不同性质的新型功能材料，将推动产品树和产业链的逐渐形成。

日本是实现小规模发酵生产长链二元酸的国家,日本矿业公司在20世纪80年代中期采用发酵法生产 DC_{13},年生产能力200吨。由于发酵法较化学法在长链二元酸合成的难易程度及经济性方面具有较大的优势,国外知名跨国公司如杜邦、汉高、通用等均投入了大量的人力物力进行发酵法生产长链二元酸的开发。

二、国内发展历程

中科院微生物研究所、抚顺石油化工研究院以及上海植生所等许多研发机构对发酵法生产长链二元酸进行了多年的开发。中科院微生物研究所1996—2000年,承担国家"九五"攻关任务,进行十二碳二元酸工业生产试验研究,攻关成果通过中科院主持召开的专家鉴定,并获国家发明奖、发明专利国家科技进步二等奖。1996—2000年,抚顺石油化工研究院承担了 DC_{13} 的工业生产试验和"九五"国家攻关任务,建立年产100吨二元酸的发酵装置。

我国是当今世界上长链二元酸发酵生产和出口大国。我国长链二元酸的发酵生产具备以下特点:品种多,产品涵盖 $C_{11} \sim C_{18}$ 多种二元酸;规模大,产酸水平高,成本低;单酸纯度高,颜色白,质量好,产品远销欧美和日本,受到杜邦等国际大公司的认可和赞誉。

1997年年底广通公司在淄博龙泉地区建成年产300吨二元酸的发酵工厂,1999年年底二期工程建成后年生产能力扩大到1000吨,成为国际上首家千吨级规模的长链二元酸生物发酵厂。

山东凯赛里能生物高科技有限公司于2003年建成年产7000吨系列二元酸生产线,2006年产量达到8000多吨;2007年年底完成二期工程建设后,生产能力又扩大20000吨/年。其发酵法生产的十二碳二元酸产品在各项指标上均可以和杜邦公司化学法生产的十二碳二元酸产品质量相媲美,有些指标甚至优于杜邦公司的产品,是国际上唯一发酵法生产十二碳二元酸达到国际尼龙生产厂家质量要求的企业。

第十节 生物塑料材料

一、产品概况

生物塑料材料是一种不依赖石油资源,而以可再生资源如淀粉、植物油和纤维素等为原料,通过生物技术转化为聚合物的高科技材料。其整个生产过程都是生物催化或是结合化学聚合,属绿色生产工艺。这种塑料制品使用后可以在自然环境中被微生物降解为水和二氧化碳。

获取生物塑料材料至少有三条途径:①研制新型改性化学塑料;②通过微生物

发酵途径生产生物可降解塑料制品;③动用现代生物技术建构转基因植物生产生物塑料材料制品。这3种来源不同的塑料制品与化学塑料相比,最大的不同点是废弃后能为生物降解,不造成环境污染。它们进入土壤中可成为肥料;进入水域可成为水生物的营养物;进入人体内无毒害,可被消化,完全纳入代谢循环系统。因此,这种生物塑料材料有广泛的应用潜力,前景广阔。

生物发酵生产塑料材料有着巨大的潜力,利用它开发各种塑料制品有其独特的优越性:①不受季节限制可进行大规模工业化生产;②发酵生产所需要的原料来源极广,价廉易得;③生产的塑料产品无毒无害,更有利于产品商品化、产业化;④研制的任何生物塑料制品与化学塑料最大的不同是废弃于自然界易被降解,不污染环境,有利于保护生态环境。同样,它在工业、农业、医药以及环保等各个行业中得到广泛应用。

二、我国生物塑料材料发展历程

1. 塑料地膜年代

20世纪60年代初,中国开始采用塑料棚膜于稻田育秧,1979年又正式从日本引进并开始使用塑料地膜于蔬菜,随后塑料农膜大面积推广应用,掀起了一场农业上的"白色革命",对中国的"米袋子"和"菜篮子"工程做出了贡献。但是不久塑料农膜,特别是塑料地膜的大面积应用就带来了问题。到1985年,中国塑料地膜的覆盖面积达到2400万亩(160.8万公顷),消费塑料6.8万吨,由于不注重捡拾、回收使用后的塑料地膜,地膜开始在农田中累积,影响到植物的生长和机耕作业,随风飞扬的塑料残膜不仅影响景观,还会造成牲畜误食导致死亡。

2. 光降解塑料

"白色革命"转化成了"白色污染"。为了解决这一问题,开始研发可降解塑料地膜,当时开发的主要品种是光降解塑料———类采用光敏剂添加于聚乙烯中的塑料。主要的研究和生产单位有:中科院上海有机化学研究所、上海塑料制品研究所、中科院长春应用化学研究所、天津轻工业学院、北京塑料研究所、营口石化研究所、大连塑料研究所、吉林塑料研究所、上海石化总厂塑料厂、上海解放塑料厂、天津塑料制品二厂、天津塑料研究所、天津益农可控降解塑料厂、新疆石河子塑料制品总厂、烟台塑料四厂、苏州塑料四厂等。

3. 淀粉基降解塑料

20世纪80年代中期至90年代初期,中国产业界对可降解塑料的研发逐渐集中到了淀粉添加型塑料方面,主要为聚烯烃类和聚苯乙烯中添加或共混淀粉的品种。这一类添加淀粉的塑料,其开发的主要推动力有以下几个方面。

① 当时铁路两旁从火车上倾倒下的一次性聚苯乙烯餐盒形成的所谓"小白龙"造成严重的景观污染,引起了社会极大的关注,迫使当时的铁道部为此专门成立了

一个小组，以解决这一消费后塑料带来的环境污染问题。

② 用于地膜的光降解塑料，其土埋部分因无法接受光照不能及时降解，为此有人在光降解塑料的基础上添加可以生物降解的淀粉，试图解决土埋部分塑料地膜的降解问题，这就是当时在中国颇为流行的"光/生物降解塑料"。

从20世纪90年代后期到21世纪初，由于这类生物降解塑料难于完全生物降解以及价格偏高等原因，市场始终未能有效打开，迫使许多生产企业先后停产。到目前为止，仅有少数几家淀粉填充型降解母料生产企业在维持订单生产。这期间有些生产淀粉添加型降解塑料的企业转产生产碳酸钙填充的所谓环境友好材料，部分产品出口日本用于供焚烧的垃圾袋，部分在国内用于生产各种餐盒和包装袋。

4. 全生物降解塑料

由于考虑到上述含有相当比例人工合成的通用聚烯烃和聚苯乙烯的塑料实际上难于生物降解，所以从20世纪80年代中期开始，中国的学术界已经开始转向全生物降解塑料的研发。为此国家自然科学基金委员会组织、资助了一些全生物降解塑料的基础性研究，如国家自然科学基金委员会资助中科院长春应用化学研究所、广州化学研究所和浙江大学的二氧化碳/环氧化合物共聚物项目，中科院成都有机化学研究所的聚乳酸项目，江西省科学院应用化学研究所的热塑性淀粉项目，中科院微生物研究所、中科院长春应用化学研究所和清华大学共同承担的聚羟基丁酸戊酸酯项目。另外还有天津市自然科学基金和国家教育部骨干教师基金资助天津大学的聚羟基丁酸酯（PHB）共混改性项目等。

20世纪90年代中期，在开展基础研究的同时，中国开始全生物降解塑料的产业化开发。科技部对生产聚羟基丁酸戊酸酯（PHBV）生物降解塑料的科研单位或企业给予了资金支持，中科院联合相关企业对二氧化碳/环氧化合物共聚合物的产业化进行了产业开发。一些民营企业也参与了聚羟基丁酸戊酸酯、聚乳酸的产业化开发。

5. 生物基聚合物

在生物基聚合物的研究方面，中国也已开展了多年的工作。所谓生物基聚合物是指由可再生资源（如淀粉、秸秆等）、二氧化碳、生物聚合物（核酸、聚酰胺、多糖、聚酯、聚异戊二烯类、多酚，以及它们的衍生物、混合物和复合物）等制得的聚合物。生物基聚合物与生物降解聚合物有区别，前者的设计出发点主要是基于可再生资源的可持续发展目的，而后者主要是考虑聚合物使用后的环境问题。

中国生物基聚合物先后开展的工作有淀粉、葡萄糖和多糖的接枝改性研究，壳聚糖的生物发酵合成，天然蜘蛛丝的结构及仿制研究，纤维素的可塑化研究，以及模塑纤维素、木质素的应用研究等。由农作物秸秆制得的植物纤维模塑产品和由热塑淀粉制得的模塑产品已经获得应用。

第十一节 沼气能源

一、沼气行业概况

沼气是有机物质在厌氧条件下,通过微生物发酵产生的以甲烷为主要成分的可燃性混合气体。在厌氧发酵装置中,底质与微生物密切接触,反应产生的气体主要有 CH_4、H_2S、NH_3 及 CO_2 等。沼气可以作为优质的农村生活能源,也可以很方便地通过小型发电设备转换成高品质的电能;沼液和沼渣可以应用于农业生产,尤其是沼渣可以加工生产高品质的生物有机肥,能够非常显著地提高土壤的肥力和改善土壤的理化性质。

在发达国家,沼气生产技术发展很快,在成套热电沼气工程技术、气-油联合发电机、大型实用型沼气发酵罐体、储料罐体、预处理和输配气及输配电系统等方面均取得较大进展。英国有 45 座大型沼气工程;瑞典在 2000 年前后建造了 5 座大型沼气发酵装置;丹麦在 2000 年前已建造了 19 座集中场和 18 座农场沼气装置;美国纽约斯塔藤垃圾处理站投资 2000 万美元,采用湿法处理垃圾,日产 2.6 万米^3 沼气用于发电。

二、沼气的生产方法

沼气作为一种方便、清洁的能源,是秸秆、粪便、生活污水等有机质在一定水分、温度和厌氧条件下,经微生物发酵产生的可燃性气体。由于其原料丰富、技术简单、造价低廉、环境友好的特点而受到国家的高度重视。沼气的推广应用不仅可以缓解能源压力,而且对增加农民收入、改善人居环境、保护林草植被、维持生态平衡具有重要意义。

以沼气发酵技术为核心形成的生物质废物高效生物转化和高值利用成套技术,将有机废弃物高效率地转化成可再生能源——沼气及有机肥料,能够实现生物质废物无害化处理和高值资源化循环利用,在治理有机废弃物(见图 18-1)的环境污染、开发可再生能源方面发挥着十分重要的作用。

目前,虽然我国沼气工程的发展形势很好,但受地域和温度的影响较大,产气率普遍不高,其发酵原料的应用受到一定的限制。在沼气工程的成套技术方面,我国已经可以根据各种不同养殖场粪便的差异,进行包括预处理、厌氧、沼气输配、制肥、消化液后处理的全部设计;在发酵工艺方面,生物厌氧发酵机理研究、不同粪便高效发酵工艺(如 UASB、USR、斜流隧道式厌氧滤床)、沼气产气率、COD 去除率已居国际领先水平;在配套设备方面,我国已成功研制了纯燃沼气发电机组、制罐、自动控制、脱硫脱水、固液分离等装置已形成系列化成熟产品。除此之外,根据我国的经济实力和具体国情，正大力发展以 USR 消化器和塞流式消化器为主的"能源生态型"的典型处理工艺。总体看来，我国的大中型沼气工程工艺技术已日趋成熟，但工程装备的整体水平远远低于国际先进水平。

图 18-1　中国有机废弃物堆积状况（畜禽粪便、餐厨垃圾、秸秆、生活垃圾等）

随着沼气产业的迅速发展，一批科研院所和大专院校逐步开展了沼气技术研究与开发工作，覆盖了户用沼气、大中型沼气工程咨询、研究、设计等各个领域。国家逐步制定了相应的法规、标准和管理制度，为沼气产业的更快发展打下了良好的工作基础。

三、厌氧发酵技术产沼气的发展过程

世界上第一个沼气发生器是由法国 L·穆拉于 1860 年将简易沉淀池改进而成的。1925 年在德国、1926 年在美国分别建造了备有加热设施及集气装置的消化池，这是现代大、中型沼气发生装置的原型。第二次世界大战后，沼气发酵技术曾在西欧一些国家得到发展，但由于廉价的石油大量涌入市场而受到影响。之后随着世界性能源危机的出现，沼气又重新引起人们重视。1955 年新的沼气发酵工艺流程——高速率厌氧消化工艺产生。它突破了传统的工艺流程，使单位池容积产气量（即产气率）在中温下由每天 1 米^3 容积产生 0.7～1.5 米^3 沼气，提高到 4～8 米^3 沼气，滞留时间由 15 天或更长的时间缩短到几天甚至几个小时。20 世纪 80 年代中后期，随着沼气生产使用技术的日趋完善，沼气生产发展较快。

我国虽然很早就发现了沼气，但是真正开始推广应用是在 20 世纪 20 年代后期。一位叫罗国瑞的人，在广东的潮梅地区建成了我国第一个有实际使用价值的混凝土

沼气池,并成立了"中国国瑞瓦斯总行"(当时称"沼气"为"瓦斯"),专门建造沼气池和生产沼气灯具等,推广沼气实用技术。到了20世纪30年代,我国许多地方都建造了这种类型的沼气池。

中国对沼气资源的研究起步较晚,20世纪60年代末到70年代初,我国出现了兴建沼气的热潮,全国建起了600多万个沼气池,基本上都是农村家用沼气池及少量大中型人、畜粪便沼气池。但由于技术水平的限制及发展速度过快,沼气池的设计和施工都很不规范、缺乏正确的技术管理,能有效使用的沼气池为数很少。经过20多年的探索,目前已经取得了较有成效的进展。据统计,2010年,沼气产量超过了130亿米^3,生物气使用者达到了1.5亿人。国家"十一五"开始将生物质资源高效培育技术和高效能源微生物的筛选列为重大科技专项"农林生物质工程"的重要课题。微生物发酵技术利用微生物分解废弃物中的有机物,是实现无害化、无污染化处理的技术方法。对微生物发酵技术方面的研究主要包括沼气工艺的改进、菌种的优化及中试规模的应用。

在中国已建成的沼气工程中,所采用的厌氧消化工艺主要有塞流式消化器(PFR)、升流式固体反应器(USR)、升流式厌氧污泥床(UASB)、污泥床滤气(UFB)、膨胀颗粒污泥床工艺(EGSB)等。近年来,在沼气发酵工程中较为成熟且应用最为广泛的工艺为UASB反应器,其次为EGSB反应器。目前,这两种反应器在国内已经较为广泛地应用并形成了规模。

近几年来,中国沼气事业迅速发展,大批科研院所开展了沼气技术研究与开发工作,包括发酵有机废物的选择与预处理技术、反应器规模的扩大、沼气提纯工艺、污水处理以及热电联产等后续工艺的研究应用。通过解决以上问题来提高甲烷产量与纯度,并且尽量做到零排放,如邓州等人发明了一种在甲烷集气单元和收集单元之间相互串联连接的脱硫、脱氮和干燥单元的甲烷提纯系统,有效地提高了甲烷的纯度。

目前,在广大农村地区,已建成规模化养殖场大中型沼气工程3800处,年产沼气约2.8亿米^3,生产有机液肥6840万吨。除了用畜禽类粪便作为原料外,也兴建了一批以工业有机废水为发酵原料的大中型沼气工程,最大的厌氧罐群总体积已超过1.1万米^3(江苏太仓酒精厂),日处理木薯干酒精废液1500米^3,日产沼气3万米^{3}以上。

随着环境保护压力的加大,沼气工程已经成为中国处理有机污水和畜禽粪便的重要选择,国家对沼气工程,尤其是处理畜禽粪便的沼气工程支持力度逐年加大。中国沼气工程主要包括生活污水净化沼气工程、畜禽养殖场沼气工程、养殖小区沼气工程以及联户沼气工程等。

"十五"期间,国家累计投资34亿元专项支持沼气建设,直接受益农户达374万户。截至2005年年底,全国农村户用沼气池已发展到1807万户,年产沼气总量约70亿米^3,折合标准煤约500万吨,可以替代1540万吨原煤;全国建成养殖场沼气工程 3556 处，年产沼气总量约 2.3 亿米^3，可替代标准煤约 17 万吨。

2010 年，我国沼气产量超过了 130 亿米^3，生物气使用者达到了 1.5 亿人。

四、中国沼气利用发展现状

据统计，中国每年约产生几十亿吨的固体有机废弃物，特别是在广大农村地区，秸秆焚烧、畜禽粪便污染物、生活垃圾等已成为严重威胁环境质量和安全的主要污染源。如果将这些有机废弃物资源转化为沼气，将产生巨大的经济效益。

以沼气发酵技术为核心形成的生物质废物高效生物转化和高值利用成套技术，将有机废弃物高效率地转化成可再生能源——沼气及有机肥料，能够实现生物质废物无害化处理和高值资源化循环利用，在治理有机废弃物的环境污染、开发可再生能源方面发挥着十分重要的作用。

因此，作为绿色能源的沼气，在国内具有广阔的发展空间。体现在以下几个方面。

① 可用于生产沼气的生物质资源产量大、分布广、可利用性强　图 18-2 是中国沼气工程原料来源示意图。目前，中国沼气原料进入了多元化时代，包括畜禽粪便、农作物秸秆、蔬菜废弃物、外来物种等都可以作为沼气发酵的原料。中国的沼气产业主要分布在东北三省、天津、河北、山东、河南等省市以及江南水稻产区。

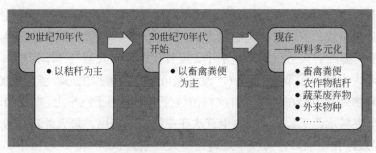

图 18-2　中国沼气工程原料来源

② 政策的支持　在中国颁布的有关法律法规中都对发展农村沼气作出明确规定。目前，全国已经形成了比较完善的从中央到地方的沼气管理推广服务体系，并且加强中央财政对沼气工程的投资力度。图 18-3 所示为近年来国家对沼气资源投资建设情况，从图中可以明显看出国家的重视程度，从而使得沼气工业在国内有较快的发展。

③ 沼气发电　沼气发电在发达国家已经受到广泛重视和积极推广。如美国的能源农场、德国的可再生能源促进法的颁布、日本的阳光工程、荷兰的绿色能源等。中国在"九五"、"十五"期间引用国外先进技术，沼气发电在国内已初具规模，研制出 20～500 千瓦纯燃沼气发电机组系列产品，气耗率 0.6～0.8 米^3/千瓦时（沼气

热值≥21兆焦/米^3），价格在300～500美元/千瓦时，其性价比有较大的优势。

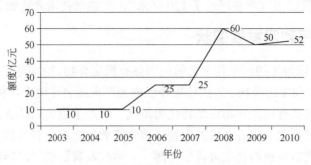

图18-3　国家投资沼气工程建设额度

④ 沼气燃料电池　沼气燃料电池是最新出现的一种清洁、高效、噪音低的发电装置。在欧美和日本，燃料电池发电已进入快速发展阶段，将成为21世纪继火电、水电、核电后的第4代发电方式。沼气经过烃裂解反应产生氢气含量高达77%的混合气，沼气燃料电池以氢为原料，将此混合气以电化学方式进行能量转换，实现的沼气发电比传统沼气发电效率更高，经济效益显著，具有广阔的发展潜力。在2001年至2005年期间，中国科学院广州能源研究所与日本能源研究所合作，开展了发酵沼气燃料电池系统的实用化研究。

⑤ 沼气作为车用燃料　沼气是一种环境友好、清洁和便宜的可燃性气体，主要可燃成分为甲烷，甲烷在空气中遇火就能燃烧，生产二氧化碳和水。经净化提纯后，可把沼气提纯到天然气的质量水平，可替代燃油和天然气作车用燃料，且使用提纯沼气可大大减少污染物的排放，改善城市空气质量和生态环境。2002年中国鞍山市废弃物处理中心在世界上首次将沼气变成燃料用于汽车上，鞍山市垃圾填埋气制取汽车燃料示范工程于2004年首次在中国投入使用，每天处理垃圾填埋气1万米^3，经过净化压缩后作为汽车燃料，每天产量为6000米^3，鞍山市200辆垃圾运输车首次应用这种新型绿色环保能源，随后将用于全市的公交车上。中国在车用沼气方面的研究才刚刚开始，但由于中国汽车迅速发展，燃油价格不断飙升，以及中国石油、天然气的短缺，以提纯沼气替代燃油和天然气作车用燃料将会具有十分广阔的发展前景。

⑥ 沼气发酵残留物的利用　沼气发酵残留物主要应用于肥料利用、饲料利用、生物农药、培养料液。沼液的营养成分很高，但因投料量和加水量的不同，其养分含量都会有所不同。可以直接将沼液作为有机肥灌溉到农田中，或者是把它作为叶面肥直接喷施均能达到很好的效果。还可以利用沼液来浸种，提高种子的出芽率和以后的生长能力，或者将沼液作为一种无毒、无残留的农药来防治农业病虫害。

第十二节 生 物 柴 油

一、生物柴油简介

生物柴油是清洁的可再生能源,它是以油菜籽和大豆等油料作物、油棕和黄连木等油料林木果实、工程微藻等油料水生植物以及动物油脂、废餐饮油等为原料制成的液体燃料,是优质的石油柴油代用品。

与石油柴油相比,生物柴油具有如下优良的性能。①具有优良的环保特性。环保特性主要表现在生物柴油中较低的硫含量,使得二氧化硫和硫化物的排放量低,比石油柴油减少约30%(有催化剂时为70%);生物柴油中不含对环境会造成污染的芳香族烷烃,因而废气对人体损害低于石油柴油。检测表明,与石油柴油相比,生物柴油可降低90%的空气毒性,降低94%的患癌率;由于生物柴油含氧量高,使其燃烧时排烟少,一氧化碳的排放与石油柴油相比减少约10%(有催化剂时为95%);生物柴油的生物降解性高。②具有较好的低温发动机启动性能。无商业添加剂时冷滤点达-20℃。

欧盟是全世界生物柴油工业发展最快的地区,2002年生产生物柴油106万吨,2003年为143万吨,2004年为193万吨,2005年则进一步提高到318万吨,2006年的生产能力为607万吨。其中,德国、法国和意大利是欧盟最主要的生物柴油生产国,仅德国在2005年的生物柴油产量就达到167万吨,超过欧盟总产量的一半。欧洲国家对生物柴油的生产企业进行免税政策,制定了生物柴油推广目标:努力实现生物燃料替代矿物燃料比为2010年5.57%,2020年20%。

美国从20世纪70年代开始便成立了专门的生物柴油研究机构。美国能源政策法规规定:2000年用非石油燃料代替10%的发动机燃料,到2010年达到30%。总统签署开发生物质能源法令,并采取免税政策。

日本于1995年开始研究用餐饮剩余煎炸油生产生物柴油;1999年建立了用259升/天煎炸油为原料生产生物柴油的工业化装置,从而降低了原料成本。日本利用废弃食用油生产生物柴油的能力已达到$40×10^4$吨/年。

二、国内生物柴油的发展状况

与国外相比,我国在发展生物柴油方面存在着相当大的差距,具体表现在发展时间短,起步较晚。我国在2000年之后才陆续建立一些民营生物柴油企业,其中万吨级企业有海南正和生物能源公司、四川古杉油脂化工公司、福建卓越新能源发展公司,他们都建成了1万~2万吨/年生产装置。除了上述三家企业外,近期,一些地方还建立了不少使用地沟油的"作坊式"小厂。

随着油价的飙升，近几年生物柴油在我国的发展速度很快（主要生产厂家见表18-13），国内规划建设的生物柴油厂有很多家，国外公司也开始进入，这些公司主要来自德国（如德国鲁奇化工股份有限公司）、英国（如英国阳光科技集团）、美国（如职美实业）、奥地利（如奥地利 BIOLUX 公司）、意大利等。中国大型石化公司、粮油公司对生物柴油也很重视，都已有计划。国内的生产原料主要为餐饮废油或榨油脚，产品质量难以保证，原料供应也不稳定；生产基本上采用传统的化学法，即油脂和甲醇在碱性催化剂作用下，经酯交换或醇解-酯化反应生成脂肪酸甲酯，存在低转化率、高能耗、高成本、环境污染等问题。

表 18-13 国内生物柴油主要生产厂家

企　业	设计年生产量	采用主要原料	产业化状况	采用的生产技术	已实际应用	知识产权情况
海南正和生物能源公司	1万吨	餐饮废油、榨油废渣等	已建成生产装置	化学法	不详	无
福建经贸委——卓越新能源发展公司	2万吨	地沟油、泔水油	已列入福建省重点技术新课题	化学法、微酸性催化剂技术	生物柴油已应用于重型卡车等	有，专利CN02115477.5
四川古杉油脂化工公司	1万吨	下脚泔水油	已具备产业化技术条件正在招商寻求合作	化学法	不详	有
湖南天源生物清洁能源有限公司	2万吨	木本植物油、油莎豆油、下脚料等	20万吨生产基地正在建设	物酶结合化学法	生物柴油已应用于公交车、工程车等	国家发明专利
河南星火生物能源有限公司	5万吨	废弃的动植物油脂	纳入国家"十一五"规划	无催化剂连续水解工艺、真空连续精馏工艺、甘油连续回收工艺、常压连续酯化工艺	车用柴油和锅炉用燃油	专利证书号为第74647号，国际专利主分类号为C10L1/8
上海绿铭环保科技股份有限公司	3万吨	地沟油、泔水油		工业化酶法		专利公布号为CN101927144A，并已于2010年12月29日公开

2002 年我国车用柴油消费量约 1800 万吨，预计到 2020 年车用柴油消费量将达 6100 万吨。若按质量分数 2%的比例加入到低硫、低芳清洁柴油中以改善其润滑性，届时生物柴油需求量就达 122 万吨/年。因此，开发具有自主知识产权的生产技术，建立生物柴油及副产甘油和精细化工产品的生物柴油和化工示范基地迫在眉睫。

我国生物柴油产业发展存在较大问题，成本过高，原料资源不足。美国、欧盟国家主要以大豆、菜籽为原料生产生物柴油，在原料价格、产品品质和生产技术等方面与我国相比具有较大优势；我国主要采用木本油料果实为原料，尚处于探索初期，成本较高。以建设年产生产柴油5万吨规模为例，在美国生物柴油生产的完全成本为3500～5000元/吨；在欧盟生物柴油的生产成本为4000～5000元/吨；而在我国生物柴油的生产成本为5800～7000元/吨。

与发达国家相比，我国生物柴油产业不仅起步较晚，发展进程也较为缓慢。2001年9月，由海南正和生物能源公司投资，在河北建立起我国第一家生物柴油工厂，标志着我国生物柴油产业的诞生。2002年8月，四川古杉油脂化学公司成功开发利用植物油下脚料在绵阳建立了生物柴油生产线。2003年，湖南天源生物清洁能源有限公司建立了生物柴油工业化生产的示范点。从2005年起我国生物柴油产业开始进入高峰期，各种研究项目快速增加，生产线飞速扩大，生产能力迅猛提升。2006年1月1日开始《中华人民共和国可再生能源法》正式实施，12月国家税务总局指出，以动植物油为原料生产的生物柴油不属于消费税征税范围，2008年被废止。2011年，生物柴油免征消费税政策又重新出台。截至2007年年底，我国生物柴油行业年产能达到300万吨。据不完全统计，现有产能1万吨及以上的生物柴油企业有26家，其中，产能小于5万吨的企业有13家，5万～10万吨之间的企业有7家，产能达到和超过10万吨的企业有6家。我国2010年生物柴油产能约300万吨，产量约20万吨，主要原料为餐饮废油、榨油。

石油企业重视生物柴油业务，积极稳妥介入。2008年7月，国家发改委正式批准了中石油、中石化、中海油三大公司以麻风树为原料的示范装置建设。2010年11月13日，中海油新能源公司在海南省东方市建设年产量为6万吨的国家级生物柴油项目投产。中石油和中石化积极跟踪生物柴油产业发展，并开展了前期研究工作，拟适时形成生成能力。

附1 大事记

1983年11月，国务院批准成立中国生物工程开发中心[（83）国函237号]。中国生物工程开发中心为国家科委直属局级事业单位。任务是研究、提出发展中国生物工程技术的方针、政策、规划和计划；组织科技攻关，提供技术服务；开展国际合作、培训人才等。

1984年7月，国家科委领导批准成立首届中国生物工程开发中心科学顾问委员会，委员由中外著名专家学者谈家桢、朱既明、侯云德、吴瑞、孔宪铎等共24人组成。

1986年10月，中共中央批准《中国高技术发展纲要（863计划）》启动实施，生物技术被列入863计划，成为中国高技术的重点领域之一。

1991年11月，中国-欧共体生物技术中心（CEBC）在北京正式成立。

2001年，国务院决定在吉林、安徽、河南等省建陈化粮乙醇厂。

2002年5月，中国化工学会生物化工专业委员会在杭州召开了第三届四次会议暨第十届全国生物化工学术会议。

2004年，中国化工学会生物化工专业委员会在北京召开《2004年生物催化分离会议》。

2005年，中国化工学会生物化工专业委员会在武夷山召开《2005年全国生物化工会议》。

2005年6月，《中华人民共和国可再生能源法》通过。

2005年7月，中国生物工程学会在天津召开第4次代表大会暨学术研讨会，陈竺、杨胜利院士等出席会议并作大会报告。

2005年8月，中国生物工程学会在中国科协2005年会（乌鲁木齐）上组织了生物技术与产业化论坛，杨胜利、甄永苏、沈岩院士等出席并作学术报告。

2005年9月，科技部联合国家发改委等8部门和联合国工发组织等6个国际组织举办、生物中心承办的首届国际生物经济高层论坛在北京举行。国务委员陈至立出席开幕式并讲话，4位诺贝尔奖获得者出席大会并做主旨发言，来自20多个国家和地区的3000多名代表参加会议。

2006年，中国化工学会生物化工专业委员会在汕头召开《工业生物技术在生物新材料（生态塑料）及环保领域应用的成果交流及其发展研讨会议》。

2006年，中国化工学会生物化工专业委员会在南京召开"2006年中国精细化工、生物化工技术交流会"。

2006年，中国化工学会生物化工专业委员会在苏州召开《生物基化学品（以工业生物技术制备化学品）技术成果交流与发展研讨会议》。

2006年4月，国家发改委在全国立项建设30个左右生物质能源高技术示范工程项目。

2006年8月，中国生物工程学会2006年学术年会暨全国生物反应器学术研讨会在吉林长春举行。

2006年11月，财政部、国家发改委、农业部、国家税务总局、国家林业局等五部委联合发布《关于发展生物能源和生物化工财税扶持政策的实施意见》。

2006年11月，国家发改委通过生物乙醇"十一五"发展规划及政策建议论证。

2007年，中国化工学会生物化工专业委员会在南京召开《工业生物技术研发及生产生物质能和生物基化学品技术交流与发展研讨会》。

2007年4月，中国生物工程学会工业及环境生物技术专业委员会联合化学工业出版社在西安共同举办了工业生物技术及分离纯化技术研讨会。

2007年6月，在国家发展和改革委员会等十几个部委的支持下，由中国生物工程学会等12个全国性学（协）会与河北省人民政府联合主办的第一届中国生物产业大会在石家庄隆重举行。

2007年，中国发布可再生能源发展中长期规划，确定了2010年和2020年的发展目标。

2007年，中国暂停批准新的以粮食作物为原料的生物乙醇项目，同时制定政策鼓励利用非粮原料生产生物燃料。

2008年7月，由中国化工学会生物化工专业委员会主办的"第二届工业生物技术研发、生产生物质能和生物基化学品技术交流与发展研讨会"在贵阳开幕。

2008年10月，第五届全国化学工程与生物化工年会在陕西西安召开。会议由中国化工学会化学工程、生物化工两专业委员会主办，西北大学承办，陕西省化工学会协办，国家自然科学基金委员会资助。会议主题为："化学工程/生物化工与能源及生态环境"。

2008年6月，由国家发改委等18个部委局支持，中国生物工程学会联合15个国家级生物协（学）会和湖南省人民政府共同主办的"第二届中国生物产业大会"在湖南长沙召开。

2008年7月，中国生物工程学会、化学工业出版社及中国科学院生命科学与生物技术局联合主办，《生物产业技术》编辑部承办，河南天冠企业集团有限公司协办的2008年生物产业技术研讨会在河南南阳成功召开。

2009年9月，中国化工学会生物化工专业委员会在苏州召开《全国生物化工学术、技术交流会》。

2009年6月，由国家发改委等部委局支持、中国生物工程学会等16个全国性学（协）会主办的"第三届中国生物产业大会"于6月中旬在长春举行。

2009年8月，由中国生物工程学会和化学工业出版社联合主办，《生物产业技术》编辑部承办的"工业生物技术与循环经济"为主题的学术研讨会在南京召开。

2010年6月，由中国生物工程学会联合17家全国性学（协）会及山东省政府共同主办的第四届中国生物产业大会在山东济南举行。

附2 国际背景

一、现代生物化学的形成

在古代人们虽然不可能有生物化学的概念，但在治疗疾病及饮食改进的过程中，必然接触到一些与生物化学有关的零散知识。这一点在我国古代本草医药学和西方的医药化学中都有所体现。18世纪末到19世纪初，由于近代化学已逐渐形成比较完整的体系，生命科学也发展为独立的学科，于是便开始了把生命问题与化学结合起来，用化学观点解释生理现象，形成现代生物化学。人们利用生物化学的知识，带动了生物化工的发展。生物化学的发展大体分为三个阶段：静态描述性（生理化学）阶段（20世纪30年代以前）；动态生物化学阶段（20世纪30—50年代）；分子生物学阶段（20世纪50年代以后）。

1. 天然碳水化合物化学

自有机化学形成伊始，化学家就对天然生物物质怀有浓厚的兴趣，特别是对生物有机体的营养和代谢产物尤其好奇。最早开始研究的天然生物产物是以糖为代表的碳水化合物。这类化合物广泛存在于自然界中，包括葡萄糖、果糖、蔗糖、麦芽糖、淀粉和纤维素等。很快发展成为有机化学的一个分支学科。

早在18世纪，拉瓦锡就分析了糖的化学组成，并确认其中氢、氧的比例与水相同。

1791—1808年，法国化学家普罗斯特通过对植物中甜味汁液的广泛研究，确定葡萄糖、果糖与蔗糖是相同物质（化学组成相同）。所以，自水的化学式被确定后，化学家就用 $C_m(H_2O)_n$ 作为糖类化合物的化学实验式，并将其命名为碳水化合物（carbohydrates）。1870年以前，化学家已经用光学法和化学法对糖类进行了研究。

1871年，德国化学家费蒂希测得糖中含有羟基。1886年，德同化学家克里安尼（H.Kilianli，1855—1945）通过实验发现，葡萄糖中含有羧基，将其水解再还原所有羧基后得到酸。

1884—1887年，德国化学家费歇尔注意到苯肼与许多糖类生成的最后苯肼衍生物都是黄色晶体，容易析出并有一定的熔点和各自的特殊形状，从外观上就可以鉴定出是从哪种糖衍生出来的。1891年，费歇尔确定了葡萄糖的五元环呋喃型结构。1894年，费歇尔已弄清了20多种糖的结构式。

1926年，英国化学家哈沃斯和赫斯特（E.L.Hirst，1898—1975）通过实验修正了费歇尔的五元环结构，提出吡喃型六元环结构。1929年，哈沃斯在其关于糖的经典著作《糖的结构》中首次提出"构象"这一术语，用来描述六元环的椅式和船式构型。

2. 从化学的观点研究动植物生理过程

18世纪末叶到19世纪初，许多著名的化学家如普里斯特利、舍勒、拉瓦锡等都研究过动物及人类呼吸与空气组成的关系。1778年，普里斯特利通过实验发现，在含有二氧化碳的水中生长的水生植物放出氧气。1779年，荷兰植物学家英根霍兹（J.Ingenhousz，1730—1799）提出，绿色植物在阳光作用下放出氧气。1782年，塞内比尔作为光合作用的早期研究者，证明植物在阳光作用下吸入二氧化碳。1845年，德国物理学家迈尔（J.R.Mayer，1814—1878）认为植物把太阳的能量贮藏起来，提出了能量与光合作用的关系。著名化学家李比希研究了关于农作物及施肥理论，提出了重要的植物营养规律的结论。

1827年，英国医生蒲劳脱（W.Prout，1785—1850）发现食物中含有糖、脂肪和蛋白质三种养料。1838年，荷兰鹿特丹医学校的马尔德（G.J.Mulder，1802—1880）首次采用蛋白质（protein）一词，来自希腊语 proteios，意思是"占主要的"。1842年，李比希出版了其名著《生物化学》，用化学理论阐述了动物生理和人体生理的问题。肯定了蛋白质对生命的意义比碳水化合物及脂肪酸等更为重要。1861年，俄国化学家布特列洛夫用多聚甲醛与石灰水第一次合成了属于糖类的物质。

早在1824年，蒲劳脱就指出胃酸是盐酸，但这一见解与当时流行的胃酸是乳酸的观点相左，没有立即被人们接受。1852年，两名德国生理学家比德（F.Bidder，1810—1892）和施密特（C.Schmidt，1822—1894）仔细分析后，证明胃酸确实是盐酸。

1836年，德国生理学家施旺（T.Schwann，1810—1882）用氯化汞处理胃腺提取物，证明了胃液中含有能分解食物的胃蛋白酶。1845年，米尔赫（L.Mialhe，1807—1886）从唾液中发现唾液淀粉酶。1876年，德国生理学家库恩（W.F.Knhne，1837—1900）分离出胰蛋白酶，证实了胰液能分解脂肪和蛋白质的结论。此后，他又和齐廷顿（R.H.Chittenden，1856—1943）获得蛋白质分解的大量中间产物，揭示了消化过程的一些本质。

3. 生物体中重要化学物质的发现

从化学的角度认识生物体中一些非常重要物质对进一步研究生命的本质是至关重要的。

（1）糖原的发现

1857年，法国生理学家伯纳德（C.Bernard，1813—1878）发现在哺乳动物的肝脏中存在一种淀粉样物质，他称之为糖原。他证明肝糖原由血糖（葡萄糖）合成，作为一种碳水化合物的储备贮存在那里，需要时则再分解为葡萄糖，为认识碳水化合物新陈代谢的作用奠定了基础。

从1910年起，英国生物化学家哈登（A.Harden，1865—1940）、德国生物化学家迈耶霍夫（O.F.Meyerhof，1884—1951）、艾姆登（G.Embden，1874—1923）、瓦尔堡（O.H.Warbury，1883—1970）和波兰生物化学家帕纳斯（J.K.Parnas，1884—1949）等经过近20年的努力，直到1935年才全部阐明了糖酵解产生乳酸乙醇的12个步骤，还发现酵母的生醇发酵与肌肉的乳酸生成这两个过程有很大的相似之处。这一发现不仅解答了糖经酵母作用转化为乙醇这一古老问题，更进一步促进了对整个新陈代谢的研究。

1929年，美国生物化学家科里（C.F.Cori，1896—1984）和科里夫人（G.T. R.Cori，1896—1957）在研究了大白鼠体内乳酸、葡萄糖和糖原之间的代谢关系后，得出结果表明肌糖原是血糖在肌肉中合成的，而血糖则来自肝糖原；肌肉收缩产生的乳酸进入血液后，转入肝脏，合成肝糖原，储备备用。

1967 年，阿根廷籍法国生物化学家勒洛伊尔（L F.LeIoir，1906—1987）及其同事发现了糖原合成的另一种机理：在一种特殊的酶和一种引物存在时，尿苷二磷酸葡萄糖（UDPG）会产生尿苷二磷酸（UDP），并将葡萄糖转移到增长的糖原链上。在三磷酸腺苷（ATP）存在时，尿苷二磷酸（UDP）转变为苷二磷酸（UTP）的同时反应将继续进行。这项成就使勒洛伊尔荣获 1970 年诺贝尔化学奖。

（2）对酶的认识

1833 年，法国化学家佩恩（A.Payen，1795—1871）从麦芽的萃取物中分离出一种具有加速淀粉转化为糖的物质，他称之为淀粉酶，这是第一个制备成功的浓缩酶。酶（enzymes）这一名词是 1878 年由德国化学家库恩从希腊文引进的，意思是"在酵母中"。当时对于这种物质性质的认识存在很大争议，以李比希为首的一派认为酵素只是一种化学物质，发酵与生命过程没有必然的关系；以巴斯德（L.Pasteur，1822—1895）为首的另一派则认为活酵母的细胞才是发酵的关键，即发酵与生命本身特性有关。于是，便将酵素分为在细胞内活动的"形成体"和在细胞外活动的"非形成体"两类。直到 1896 年，德国化学家布赫内通过无细胞酵母液的发酵实验证实了细胞间的发酵和生命不是不可分的，此前认为的两种酵素，即所谓的"形成体"与"非形成体"实质上是没有区别的，并称之为"酿酶"（zymes），它是有机体内某些化学反应的催化剂。1906 年，英国生物化学家哈登等证明"酿酶"至少是由两种不同的物质组成，一种具有热敏感性，另一种则具有热稳定性，他称之为辅酶。1910 年，瑞典生物化学家尤勒-切尔平（H.Euler-Chelpin，1873—1964）证辅酶的结构是二磷酸吡啶核苷酸（diphospho pyridine nucleotide，DPN）的结构。直到 1926 年，人们才证明酶是蛋白质。20 世纪 30 年代，美国生物化学家斯廷（W.Stein）、斯坦福德（M.Stanford）和安芬森（C.B.Anfinsen，1916—1995）等阐明了胰核糖核酸酶的结构和催化功能。研究结果表明，许多酶含有一定的化学基团（辅酶），它可以与酶的蛋白质部分（酶蛋白）分离。分离后，不论是辅酶还是酶蛋白都不显催化活性。通常讲，酶对它们所催化的反应是非常专一的，而且酶蛋白对酶作用的反应物的专一性和整个催化剂的催化性能是起主要作用的。酶作用的反应物通常称为底物。酶（E）与底物（S）结合成络合物 ES，ES 能以两种方式分解，即再生成 E 和 S 或生成 E 和产物 P。

（3）维生素的发现

1886 年，荷兰医生艾克曼（C.Eijkman，1858—1930）意外发现用糙米喂小鸡，小鸡就不会患像脚气病状的疾病，但他当时认为是米粒中的某种霉素被米壳里另外的某种成分抵消了。1906 年，英国生物学家霍普金斯（F.G.Hopkins，1861—1947）在一次讲演中提出：佝偻病和坏血病可能就是由于缺乏必不可少的痕量物质而引起的。1912 年，波兰裔美国生物化学家冯克（C.Funk,1884—1967）再次提出了霍普金斯曾提出的概念，认为脚气病、坏血病、佝偻病和糙皮病等疾病都是由于缺乏某些物质而引起的,这些物质在食物中需要有微小的含量。于是他将这类物质命名为"vitamine",意思是"生命一胺",因为当时他错误地推测所有这类物质均是胺。若干年后发现事实并非如此,于是便将最后一个字母"e"去掉,这个名词就变成了"vitamin",即现在的维生素。1915年,美国生物化学家麦科勒姆(E.V.Mecollum,1879—1967)证明鼠类食物至少需要"脂溶素 A"和"水溶素 B"。德拉孟特(J.C.Drammond,1891—1952)将这两种物质的命名与维生素联系起来,称为维生素 A 和维生素 B,将抗坏血病的物质称为维生素 C,抗佝偻病的物质称为维生素 D。1922年,麦科勒姆又发现了维生素 E。

(4)对腺体和激素的认识

1849年,依据已有的对动物体内腺体的粗浅认识,柏托尔德(A.A.Berthold,1803—1861)将公鸡的睾丸移植到阉鸡体内,证明可使阉鸡重新变成外表正常的公鸡,即可以防止性机能衰退。四十年后,布朗-赛卡德(C.E.Brown-Sequard,1817—1894)按照这一见解,将睾丸素注入各种动物体内,甚至包括他自己在内,发展了控制生理机能的实验。同时这也表明,在当时,已经认识到动物的某些器官能分泌对其体内某些部分产生巨大影响的物质。1895年,英国生理学家夏皮-谢弗(E.A.Sharpey-Sctlofer,1850—1935)从肾上腺中提取一种物质可以升高血压。1901年,日裔美国化学家高峰让古(Jokichi Takamine,1854—1922)也独立提取出肾上腺素,于是产生了近代的激素概念。1902年,英国生理学家贝利斯(W.M.Bayliss,1860—1924)和斯塔林(E.H.Starling,1866—1927)发现在胃酸的影响下,小肠壁分泌一种物质可刺激胰液分泌,他们称为"促胰液素"。1905年,W.B.哈迪提议使用"激素"(hormone)一词,源于希腊语,意思是"激起活动"。此后,美国生物化学家肯达尔(E.C.Kendall,1886—1972)于1916年析出了甲状腺素,加拿大生理学家班廷(F.G.Banting,1891—1941)和其学生贝斯特(C.H.Best,1899—1978)于1921年析出了胰岛素(insulin)。

1929年,德国化学家布特南特和美国生物化学家多伊西(E.A.Doisy,1893—1986)各自独立分离出结晶雌素酮。1931年,布特南特从15000升尿中分离出15毫克的结晶雄甾酮,并提出了其结构。此后,瑞士化学家卢齐卡(L.S.Ruzicka,1887—1976)用胆醇合成了雄甾酮并证实了布特南特提出的结构。他们还合成了睾丸素并确立了其结构。他二人因性激素的研究成果而荣获1939年诺贝尔化学奖。

法国-美国生物化学家吉尔敏(R.Guillemin,1924—)和波兰-美国生物化学家沙利(A.V.Schally,1926—)经过14年的研究,于1968—1969年提取分离并化学分析了丘脑分泌的神经激素。

(5)抗生素的发现

抗生素又称抗生素,主要是微生物代谢过程中产生的化学物质,具有抑制他种微生物生长及活动,甚至杀死他种微生物的性能。1888年,俄裔法国细菌学家梅

契尼可夫提出并论证了用微生物制品预防人类疾病的思想。他在研究霍乱弧菌在肠道感染的情况时，发现某些菌类有抑制霍乱弧菌的作用。

1929年，英国细菌学家弗莱明（A.Fleming，1888—1955）在研究葡萄球菌变异时，观察到在一只培养葡萄球菌的培养皿上长出了一种蓝色霉菌。在这种霉菌四周有一个没有细菌生长的晕圈。这显然表明这种霉菌能分泌出一种抑制和杀死细菌的物质，他建议用其治疗溃疡类的外部感染，并将之命名为青霉素（penicillin）。由于这种培养液不够稳定，当时没有得到广泛应用。

1936年，奥地利药物学家弗洛里（H.W.Florey，1896—1968）和德国化学家钱恩（E.B.Chain，1906—1979）开始在英国牛津大学重新研究青霉素。1940年，他们得到了粗制品，发现其对葡萄球菌、链球菌、肺炎双球菌、脑炎双球菌、淋病双球菌和螺旋体都有非常高的抑制活性。1941年，他们开始进行临床试验，结果非常成功。1942年，钱恩制成了一种纯净的化学药粉。不久，人们根据霍奇金（D.M.C.Hodgkin，1910—1994）的研究结果明确了其化学结构。青霉菌能产生几种青霉素，其中最常用的是青霉素G。

1957年，希汉（J.Sheehan）和亨纳利-洛干（K.R.Henery-Logan）经过9年的研究，合成了青霉素V。由于青霉素具有很广泛的医疗谱带，药效好，毒性小，因此自1944年投产以来，发展很快，在其大量使用的同时又发现了头孢菌素。

青霉素在化学医疗上的成功，其药效远远好于磺胺类药物，引起了人们对抗生素进一步研究的热情。此后，陆续有其他抗生素问世。

1942—1943年，美国药物学家瓦克斯曼（S.A.Waksmann，1888—1973）从链霉菌中析离出链霉素（streptomycin）。1945年5月12日，第一次在人类身上应用链霉素获得成功。1948年，美国化学家福尔克斯（K.A.Folkers）测定了其化学结构。链霉素适用于治疗革兰氏阴性菌所引起的传染病，对抗酸的菌类也有效，尤其对治疗结核病很有效，缺点是其毒性比青霉素大，并容易产生抗药性。

1947年，析离出氯霉素；1949年测定出其化学结构并实现了人工合成。由于氯霉素有2个手性碳原子，因此有4个旋光异构体，天然的是其中之一，而合成的含有其他异构体，所以合成氯霉素药效低于天然的，又称合霉素。氯霉素对病毒性传染病和立克次氏体疾病有效，毒性与链霉素相近。

1948年，杜格尔（B.M.Duggar，1872—1956）从金霉菌培养液中分离出金霉素；1950年，芬雷（A.C.Finlay）于皱裂链霉素中分离出土霉素，同时它们的母体四环素也是一种抗生素，均广泛应用于多种细菌性疾病的治疗。

二、生命组成成分及其结构的研究

如上所述，20世纪以前的生物化学主要是从生理和病理的角度进行研究，实际上是生理化学。进入20世纪后，生物化学逐渐从整体水平上的描述性发展到细胞和亚细胞水平。同时化学方法的进步和各种物理方法的应用，使确定生物体的化学成分、性质、结构及其合成成为生物化学不断取得进展的重要标志。

1. 关于氨基酸和蛋白质的组成与结构的研究

人类对蛋白质的接触由来已久，如蛋、奶、血液、豆浆等。由于动物机体内的蛋白质含量约为45%，是细胞或组织器官的基本构成材料，因此自然成为生物化学的首要研究对象。但真正从化学组成的角度来认识和研究这类物质始于18世纪。

1780年，法国化学家贝托甫注意到用硝酸处理鲜肉时会游离出氮，随后又认识到这类含氮物质存在于动物的各种体液中。其后，德国化学家孚克劳（A.F.de Fourcroy，1755—1809）又注意到这类物质也存在于植物性物质中。

1806年，法国化学家沃克兰从天门冬的浆汁中离析出天门冬氨酸的结晶，后来法国化学家佩卢兹确定其中含氮。

1810年，英国化学家武拉斯顿在尿结石中发现了胱氨酸，命名为"cystic oxide"，贝采单乌斯则将其命名为"cystine"（胱氨酸）。

1819年，法国化学家普罗斯特从干酪的发酵产物中析离出亮氨酸。次年，法国化学家布雷孔诺（H.Braconnot，1781—1855）从肌肉纤维和羊毛中也析离出这种物质，他还从明胶中取得了甘氨酸，但由于当时没有检出氮而将其误认为是一种糖，命名为"sucrede gelatine"。直到1846年，德国化学家霍尔斯（E.N.Horsford，1818—1893）才测定出它的化学组成，并发现它兼有酸和碱的性质，于是改称"glycocoll"。1858年，法国化学家卡奥尔斯确定了它的结构式。

1833年，荷兰化学家马尔德从明胶和鲜肉的碱水解产物中提取出了赖氨酸。

1846年，德国化学家李比希析离出酪氨酸。谷氨酸则是他的学生里陶逊（H.Ritthausen，1826—1912）于1866年得到的。

1875年，法国斯特拉斯堡（Strassburg）大学生理化学家荷普-舍于勒（F.Hoppe-Seyler，1825—1896）创办了《生理化学杂志》。他已掌握了足以制订蛋白质分类体系的关于蛋白质受热及与水、盐溶酸和碱的作用所发生的各种反应。

1917年，丹麦化学家索伦森通过对蛋白质溶液进行的一系列渗透压研究，得出某些蛋白质的分子量大于34000（目前公认的值大约为45000）。1925年，瑞典物理化学家斯维得伯格（T.Svedberg，1884—1971）发展了超速离心机，革新了确定生物大分子相对分子量的方法。他利用这一技术证明了血红蛋白的分子量在66000以上，而且相同的蛋白质分子有同样的分子量，从而进一步证明了蛋白质具有一定的大小和组成。

1926年，美国生物化学家萨姆纳（J.B.Sumner，1887—1955）成功地从刀豆中提取出脲酶（可以将尿素转化为二氧化碳和氨）的结晶体，证明这个结晶是蛋白质。1930年，美国生物化学家诺思罗普（J.H.Northrop，1891—1987）又得到胃蛋白酶和胰蛋白酶结晶,并发现它们也是蛋白质,从而结束了关于酶的化学性质的争论。1935年,另一位美国生物化学家斯坦利(W.Stanley,1904—1971)使菸草花叶病毒(TMV)结晶,并证明其是蛋白质及核酸聚集体而成为杆状结构。他们三人的工作完善了结晶蛋白质的技术,使获得蛋白质纯品成为可能,正是这一杰出成就使他们共同荣获1946年诺贝尔化学奖。

1932年,德国化学家伯格曼(M.Bergman,1886—1944)和泽尔瓦斯(L.Zervas)发展了用各种氨基酸随意合成人工多肽的技术,使合成大小和形态更接近于天然蛋白质的多肽成为可能。

20世纪40年代初,两位英国蛋白质化学家马丁和辛格将色谱技术应用于天然蛋白质水解产物的分离,使分离任一蛋白质所含的各种蛋白质并定量地加以分析成为可能。

1945年,英国化学家桑格(F.Sanger)发明了测定蛋白质分子中多肽链氨基酸顺序的化学实验方法,并着手研究最小的蛋白质分子之一胰岛素的结构。1948年,美国纽约洛克菲勒医学研究所生物化学家安芬森、穆尔(S.Moore,1913—1982)和斯坦(W.H.Stein,1911—1980)利用淀粉柱,1951年又利用离子交换树脂进行蛋白质的定量分离工作,进一步推进了蛋白质结构的研究。正是上述技术的改进,使得桑格领导的研究小组终于在1954年测出了牛胰岛素中全部氨基酸的顺序,即一级结构。桑格因此项研究成果而荣获1958年诺贝尔化学奖,安芬森等三人也因此而获得1972年诺贝尔化学奖。

20世纪30年代中期,美国著名化学家鲍林及其同事认为,蛋白质中氨基酸链由于氢键的作用,形成一种盘绕似弹簧的 α-螺旋折叠几何构型,即二级结构。这一概念为蛋白质的精确三维结构提供了第一个清晰的图像。40年代,鲍林等的研究已确认了蛋白质有三维立体结构。

1960年,英国分子生物学家肯德鲁首先测定出鲸肌红蛋白的精细空间结构;随后另一位英国分子生物学家佩鲁茨也成功地测定了更为复杂的马血红蛋白的精细空间结构。二人的卓越工作共同揭示了蛋白质分子中高度专一的结构特点,即三级结构:在组成蛋白质分子肽链的螺旋区与非螺旋区之间还存在三度空间的不同排布方式。这类排布方式主要是二硫键的作用,使得两条相互分立的肽键或同一条肽链中两个相邻的部分进一步连接在一起,各种不同的蛋白质分子都有各自不同的特殊结合方式。所有这些都为X射线衍射结果所证实。这一研究成果得到了科学界的高度赞誉,二人也因此荣获1962年诺贝尔化学奖。

1958年,我国科学工作者确定了人工合成胰岛素的方法,将其简化为先行分别组合二十一肽和三十肽。1965年9月17日,我国化学家邹承鲁、邢其毅和汪猷等领导的研究室经过7年的协同努力,获得了世界上首批人工方法合成的、结晶形状和生物活性与天然相同的结晶牛胰岛素。

2. 关于核酸组成及结构的研究

核酸是一种重要的生命物质，存在于动植物及微生物的细胞中。它作为细胞核的主要成分，是具有复杂结构的生物高分子化合物。核酸的发现比蛋白质晚 30 余年。

1869 年，瑞士巴塞尔（Basel）大学生物化学家米歇尔（J.F.Miescher，1844—1895）从化脓细胞中分离出一种含磷的酸性物质，他当时称之为"核素"，后来证实是核酸与蛋白质的复合体——核蛋白。此后，人们在各种动植物组织中可找到这类化合物，并通过分离出其中的蛋白质而得到核酸。

1885—1901 年，德国生理化学家柯塞尔（K.M.L.A.Kossel，1853—1927）领导的研究小组对核酸的化学组成进行了初步研究，他们从核酸的水解产物中发现了四种有机碱：腺嘌呤（A）、鸟嘌呤（G）、胞嘧啶（C）和胸腺嘧啶（T）。

1901—1924 年，柯塞尔的学生、美国生物化学家莱文（P.A.T.Levene，1869—1940）发现，从酵母抽提到的核酸中不仅含有上述有机碱，还含有磷酸和一种糖，这种糖是一种五碳糖，他称之为"核糖"。

1929 年，莱文从胸腺核酸中得到另一种核糖，其分子中失去了一个氧原子，他称之为"脱氧核糖"。次年，莱文把前一类核酸称为"核糖核酸"（RNA），后一类则称为"脱氧核糖核酸"（DNA），并继续对核酸的结构进行研究。他们先将核酸局部水解，得到一系列核苷酸，进而了解到核苷酸的基本结构是核糖具有与蛋白质中氨基酸相当的作用，即作为核酸中的各个单元既与有机碱结合，又以酯的形式与磷酸结合。也就是说，核酸是各种核苷酸组成的生物高分子。

1948—1952 年，奥地利-美国生物化学家查加夫（E.Chargaff，1905—2002）对核酸中四种碱基的含量进行了精确测定，证明在不同的 DNA 中，总的嘌呤和总的嘧啶在分子比值上是相等的，其中腺嘌呤与胸腺嘧啶的分子数目相等，即 A—T 相当；鸟嘌呤与胞嘧啶的分子数目相等，即 G C 相当；而不是四种碱基含量相等。这一发现对后来 DNA 双螺旋结构模型的建立具有决定性的价值。

1949—1954 年，英国生物化学家托德（A.Todd，1907—1997）先后合成了生物机体维持生命必需的三磷酸腺苷（ATP）、黄素腺嘌呤双核苷酸（FAD）及尿苷三磷酸等对了解基因极为重要的一类化合物。在这期间，他提出了 RNA 和 DNA 这两类核酸的骨架结构是 3′、5′-连接的线状多核苷酸的核酸结构通式。托德因这一杰出成就而荣获 1957 年诺贝尔化学奖。

1953 年 4 月 25 日，英国《自然》杂志刊登了美国化学家沃森和克里克利用 X 射线衍射方法测定的脱氧核糖核酸（DNA）双螺旋结构的分子模型。这成为天然产物研究的一件具有里程碑意义的成果，为开展核糖核酸的人工合成工作奠定了基础，极大地推动了分子生物学的发展。

3. 生命组成成分的合成

（1）氨基酸的合成

氨基酸的混合物能够在活细胞以外反应形成多肽，并不需要细胞质的复杂环境．而仅少数几种氨基酸的混合物就能得到大量不同的蛋白质结构，但合成特殊顺序的氨基酸却存在许多困难，于是多肽合成成为这一课题中的一项重要研究目标。

1953 年，美国生物化学家迪维尼奥（V.Du Vigneaud，1901—1978）以 8 个氨基酸合成一个激素。这一成果使他独享 1955 年诺贝尔化学奖。

1969 年，美国生物化学家梅里菲尔德（R.B.Merrifield，1921—2006）领导的研究小组在活细胞外，利用其发明的固相多肽合成法，从单个氨基酸合成了第一个酶——核糖核酸酶，这个酶分子包含 124 个氨基酸单位，需要进行 369 个化学反应，需在为此目的而设计的专门仪器上进行 11931 步连续操作。这一极具创造性的工作，不仅提供了一个合成蛋白质的新方法，更有意义的是一次思想上的突破，为如何从各方面寻找解决困难问题的途径提供了一个杰出的范例。梅里菲尔德正是因这一卓越成就而独获 1984 年诺贝尔化学奖。

1970 年，美国加利福尼亚大学生物化学家李卓浩（Choah Hao Li，1903—1987）领导小组应用梅里菲尔德的方法合成了含有 188 个氨基酸单位、分子量约为 21500 的人体生长激素（HGH），将蛋白质大分子的合成推向一个更高水平。

（2）核酸的合成

合成核苷酸的研究比合成蛋白质更困难，主要障碍是难以选定合适的保护基团。1956 年，美国生物化学家科姆伯格（A.Kornberg，1918—2007）合成一个 DNA 型的多核苷酸，并发现了一种能用来在试管中合成短 DNA 分子的酶，他命名为 DNA 聚合酶。只要给予三磷酸盐底物和 DNA 模板，这种酶能使核苷酸按照所希望的多核苷酸的次序排列。

1958 年，克里克根据作为模板的 RNA 同将氨基酸带到蛋白质肽链的合成之间还可能存在一个"受体"的推论，提出"中心法则"的概念，即 DNA 将信息传递给 RNA，RNA 通过中间体的"受体"用信息指导氨基酸进行蛋白质合成，这个过程一般情况下是不可逆的。不久，这个设想的"受体"就被发现，它是一种较小的易溶解的转移核糖核酸（tRNA）。每一个氨基酸都由一个专一的 tRNA 携带，在肽链上连接。这个 tRNA 含有同该氨基酸密码互补的反密码子。

1961 年，法国生物学家莫诺（J.I.Monod，1910—1976）和法国生物学家雅各布（F.Jacob，1920—　）证明 DNA 与蛋白质之间的中间体是一种称为信使 RNA 的多核苷酸（mRNA），它由酶促作用及碱基配对原则转录 DNA 所携带的遗传信息。

1970 年，美国生物化学家特明（H.M.Temin，1934—1994）和巴尔的摩

(D.Bahimore，1938— ）各自独立发现了逆转录酶，打破了中心法则的不可逆性，作为对中心法则的补充，使其更加完善。

1965年，美国化学家霍利（R.W.Holley，1922—1993）分析确定了酵母丙氨酸tRNA中所含的76个核苷酸序列。同年，美国微生物学家施皮格尔曼（S. Spiegelman，1914—1983）合成了一个RNA病毒的多核苷酸部分。与科恩伯格合成的产物不同，这个多核苷酸具有生物活性，当引入活细胞后，很快得到繁殖。1967年，科恩伯格等合成了更复杂、完全具有传染力的DNA型病毒。

自1958年起，美籍印度生物化学家柯拉那（H.G.Khorana，1922— ）领导的研究小组就开始了合成DNA的研究工作，他们创造了化学和酶促相结合的方法。20世纪60年代，他们已用这种方法合成了64种可能的DNA实体，并测试了它们的活性。1972年，他们成功合成了含有77个核苷酸DNA长链的酵母丙氨酸tRNA基因。1976年，他们又成功地合成了含有126个核苷酸的大肠杆菌酪氨酸tRNA前体基因。这是第一个具有生物活性的基因。它是一个连同前面含有59个核苷酸的启动子和后面含有21个核苷酸的终止子共有206个核苷酸的DNA长链。1981年，上海生物化学研究所等单位经过13年的不懈努力，在霍利工作的基础上，利用柯拉那的方法成功实现了酵母丙氨酸转移核糖核酸的人工合成，标志着我国在人工合成生物大分子研究方面跻身在世界先进行列。

4. 重组DNA与基因工程

基因重组现象早在著名生物学家摩尔根（T.H.Morgan，1866—1945）研究果蝇遗传时就发现了。重组DNA是20世纪70年代初，为适应基因的碱基序列分析和调节控制等基本研究的需要而建立起来的一种新的精细的生物技术，主要是利用分离出的各种限制性内切酶，将所要研究的DNA片段（外源DNA）在试管中同载体相结合成重组DNA分子，引入生物体，使其产生能表达引入DNA片段功能的新片段。

1968年，瑞士微生物学家阿尔伯（W.Arber，1929— ）在此前发现细菌细胞能够通过一种"限制酶"的存在来保护自己、抵御噬菌体攻击的基础上，证明了只分裂那些含有为噬菌体所特有的某种序列的核苷酸的限制性内切酶（restrictionenzume）的存在。

1970年，美国微生物学家史密斯（H.O.Smith，1931— ）成功地证明了阿尔伯用以解释限制性内切酶存在的假设，并从流感嗜血杆菌中提取出第一个限制性内切酶——HindⅡ。1971年，美国微生物学家内森斯（D.Nathans，1928—1999）证明引起肿瘤的SV_{40}病毒可劈成11个分离的特殊碎片。次年，他确定了这些碎片的顺序，推进了DNA重组技术的发展。到了1978年，已发现80多种限制性内切酶。美国生物化学家伯格（P.Berg，1926— ）在阿尔伯、史密斯和内森斯工作的基础上，研究在特定部位切割基因以及以不同的方式将其重新组合的方法，建立了

DNA 的重组技术。

DNA 重组技术的建立，向人们昭示着改造生物品种的诱人前景，于是一项人类前所未有的伟大壮举——基因工程便由此展开了。

三、正在兴起的现代生物化工产业

现代生物化学是当代的前沿科学，特别是涉及生命科学的领域还处在探索发现阶段。尽管对生物化学已经做了大量工作，但是形成工业生产仍只有很少的一部分，基本集中在传统的天然碳水化合物方面。

在 19~20 世纪以不可再生的化石资源为经济基础的近代工业文明取得了辉煌的成就。但进入 21 世纪，随着化石能源的严重匮乏、环境危机的日益加剧，社会经济发展和国家安全受到了前所未有的挑战。一方面，化石资源在地球上储量是有限的，正在逐步走向衰竭。面对这样的前景，首先是利用比较成熟的生物化工技术生产能源产品和化工产品。

美国的生物化工技术及产业的发展在世界上居领先地位。美国在 2000 年就通过了《生物质研发法案》。2002 年，美国能源部和农业部联合提出了《发展和推进生物质基产品和生物能源》报告及《生物质技术路线图》。2005 年 8 月 8 日，美国出台的《新能源法案》正式生效，2007 年 12 月 18 日，美国众议院通过了修改后的新能源法案。该法案大力鼓励生物燃料乙醇的发展，要求生物燃料使用量在 2020 年达到 360 亿加仑，即在未来 15 年内使用量要增加 5 倍多。并进一步要求，360 亿加仑乙醇中要有 210 亿加仑为纤维素乙醇。美国能源部于 2007 年 11 月发布"生物质多年项目计划"，发展具有成本竞争力的生物质技术。

2007 年 2 月，欧盟委员会提出战略性的《欧洲能源政策》，并于 2007 年 3 月欧洲高峰会议上由各成员国政府首脑签署生效。新能源政策主张"开源节流"，从可再生能源开发、提高能效和温室气体减排三个方面分别设定了雄心勃勃的目标：一是到 2020 年可再生能源占总能源消耗的 20%；二是到 2020 年欧洲温室气体相对 1999 年排放水平减排 20%；三是到 2020 年节约能源 20%；四是到 2020 年车用燃料中生物燃料比例最低达到 10%。英国政府设立"可再生燃料署"，负责管理英国的生物燃料事宜。2007 年 5 月，英国贸工部、交通部发布了《英国生物质战略》。

日本政府高度重视生物质产业发展，通过一步步加深认识，最终制定了国家层面的"日本生物质能源综合战略"。2002 年 12 月 27 日，日本政府内阁会议通过了 6 个相关省府——农林水产省、内阁府、文部科学省、经济产业省、国土交通省、环境省联合提出的"日本生物质能源综合战略"，构筑了日本综合性灵活利用生物质能源作为能源或产品，实现可持续性的资源循环利用型社会的蓝图。

巴西近 30 多年来投入了数十亿美元来开发和推广使用乙醇燃料，目前巴西是世界上生物乙醇生产量最大的国家。巴西是推动生物燃料业发展的先锋，其燃料乙醇和其他燃料相比，生产成本与价格均已具备一定的竞争优势，尤其是以甘蔗为原料生产乙醇是目前全球最廉价的方法，成为当前世界生物燃料业开发和利用的成功典范。

印度始终将生物技术产业作为21世纪新的经济增长点之一加以重视和扶持，出台了《印度生物技术长期计划》，成立了与科技部平级的生物技术部，这在全球是独一无二的。印度政府把生物柴油、生物燃料乙醇、生物燃料气和生物合成气等生物燃料的发展作为一项重要的国家发展战略，并制定了相关发展规划。

1. 现代生物化工技术广泛应用于改造传统产业

近年来采用先进的基因工程与代谢工程等现代生物化工技术，对传统产业如发酵工业进行技术改造得到飞速发展。基因工程通过培育出新的菌种替代和对现有工业菌种的改良，可从工艺上改进传统发酵工业的发酵水平，不断增加新产品数量、明显提高生产效率、大幅度降低生产成本。代谢工程可在细胞与分子水平上改造细胞过程，改造老生产菌种和工艺并生产出新的产品。目前许多传统的发酵工程产品如柠檬酸、青霉素等都已开始采用基因工程手段进行改造，大大地提高了产量。许多公司对发酵工艺进行了调整，从而降低了生产成本。如ADM在20世纪90年代初对其发酵装置进行改造，赖氨酸成本比原先降低了一半，日本协和发酵公司已成功地把生产谷氨酸的菌种改为生产色氨酸。

2. 生物催化与酶工程技术已成为生物化工的核心

生物催化是新一代生物化工的主体。功能菌株大规模筛选技术、生物催化剂定向改造技术、规模化工业生产的生物催化技术系统、清洁转化介质创制技术及工业化成套转化技术又是催化技术的主体。生物催化与化学加工过程相比，具有常温下的高反应速率、优异的化学选择性、区域选择性和立体选择性、温和的反应条件等特性，而且可以合成手性化合物及高分子。生物催化和生物转化正在促进化工、能源、材料等制造业产品的结构调整，成为人类实现可持续发展的重要步骤。世界经合组织指出，"生物催化技术是工业实现可持续发展的最有希望的技术"。

3. 生物质能源特别是纤维素资源转化技术开发已成为首要任务

世界各国一直在进行可替代石油的可再生资源的研究开发，其中生物质能源的开发是目前世界上研究最为广泛的领域，其研究成果层出不穷，产业化应用不断发展。特别是近年来纤维素资源的开发得到高度重视。纤维素乙醇生产技术是目前世界研究的热点，面临三大技术瓶颈：①缺乏高效的秸秆类植物生物质预处理技术；②纤维素降解为葡萄糖的酶成本高；③缺乏高转化率利用戊糖、已糖产乙醇的微生物菌种。

4. 采用生物法制备部分石化产品的生物基替代品成为重要选择

生物基化学品生产具有原料来源广泛、生产过程安全环保、产品质量好等优点，特别是利用生物技术可生产一些化学法无法生产或无法达到要求的产品。如传统化学法由丙烯腈合成的丙烯酰胺，转化率仅为 97%～98%，其聚合生成的聚丙烯酰胺分子量很难超过 1200 万。而采用生物法即采用丙烯腈水合酶催化合成，丙烯酰胺转化率达 99.99% 以上，比化学法成本低 10% 以上，其丙烯酰胺纯度高，聚合生成的聚丙烯酰胺分子量可达到 2000 万，可成功用于油田三次采油。

5. 生物高分子材料成为新材料发展的新方向

目前，全球化学法生产的高分子材料除了消耗大量石油资源外，还造成了严重的污染，随着石油资源短缺危机的加剧，生物高分子材料成为新世纪新材料发展的新方向。由于具有生物可降解性、原料来源广泛、质量好及环境污染少等优点而得到了蓬勃发展，并已成为生物化工的发展重点及发展方向。目前生物高分子材料生产成本还高于普通塑料，但随着石油资源紧缺和生态塑料技术的不断完善，其成本竞争力会越来越强。未来 10 年，具有特殊性能、功能和用途的生物高分子材料将发展成一个巨大的产业。

参 考 文 献

[1] 2007 工业生物技术发展报告［M］. 北京：科学出版社，2007.
[2] 2008 工业生物技术发展报告［M］. 北京：科学出版社，2008.
[3] 2009 工业生物技术发展报告［M］. 北京：科学出版社，2009.
[4] 2010 工业生物技术发展报告［M］. 北京：科学出版社，2010.
[5] 中国生物产业发展报告 2004［M］. 北京：化学工业出版社，2004.
[6] 中国生物产业发展报告 2007［M］. 北京：化学工业出版社，2007.
[7] 中国生物产业发展报告 2008［M］. 北京：化学工业出版社，2008.
[8] 中国生物产业发展报告 2010［M］. 北京：化学工业出版社，2010.
[9] 2007 全国发酵行业高峰论坛论文集［C］. 2007.
[10] 中国生物技术信息网. http://www.biotech.org.cn.
[11] 童海宝. 生物化工［M］. 北京：化学工业出版社，2001.
[12] 任凌波，等. 生物化工产品生产工艺技术及应用［M］. 北京：化学工业出版社，2001.
[13] 姜军平. 实用生物化工技术［M］. 西安：西安交通大学出版社，2000.
[14] 房存金. 我国生物化工发展的现状与展望中国科技信息［J］. 2005，13.
[15] 王昌林，等. 生物产业集聚发展方兴未艾//中国生物产业发展报告 2007［M］. 北京：化学工业出版社，2007.
[16] 中国生物产业发展战略研究课题组. 抓住机遇积极推进我国生物产业的发展［J］. 宏观经济研究，2004.
[17] 朱跃钊，卢定强，万红贵，等. 工业生物技术的研究、现状与发展趋势［J］. 化工学报，2004（55）.
[18] 孙志浩，柳志强. 酶的定向进化及其应用［J］. 生物加工过程，2005.
[19] 李寅，曹竹安. 微生物代谢工程：绘制细胞工厂的蓝图［J］. 化工学报，2004.

[20] 欧阳藩. 以人为本发展生物技术 [M] //曹恒武主编. 中国石油和化学工业市场与发展报告. 北京：科学出版社，2001.
[21] 欧阳藩. 冲击生物技术第三次浪潮 [J]. 生物加工过程，2003，(1).
[22] 欧阳藩. 初淡 21 世纪的中国化学与化工———孔之见 [J]. 现代化工，1995，(2).
[23] 欧阳藩. 生化过程工程的特点与前沿 [J]. 过程工程学报，2001，1 (3).
[24] 张无敌，宋洪川，韦小岿，等. 21 世纪发展生物质能前景广阔 [J]. 中国能源，2001，(5).
[25] 蒋剑春. 生物质能源应用研究现状与发展前景 [J]. 林业化学与工业，2002，22 (2).
[26] 汪大纲. 世界生物质能利用的状况和展望 [J]. 世界林业研究，1996.
[27] 李惠萍. 世界各国重视开发和利用生物质能 [J]. 能源技术，1997，(4).
[28] 于洁. 生物乙醇及其应用概况 [J]. 上海行业科技情报服务平台，2006.
[29] 杜风光，冯文生. 燃料乙醇发展现状和前景展望 [J]. 现代化工，2006，26 (1).
[30] 张晓阳. 国际燃料乙醇工业发展概况 [J]. 玉米科学，2003 (2).
[31] 王正友. 美国生物燃料乙醇生产近况 [J]. 粮油食品科技，2006，(1).
[32] 戎志梅. 生物化工新技术新产品开发指南 [M]. 北京：化学工业出版社，2002.
[33] 戎志梅. 新型生物化工产品投产提要 [M]. 沈阳：辽宁科技出版社，1996.
[34] 谢林，吕西军. 玉米酒精生产新技术 [M]. 北京：中国轻工业出版社，2000.
[35] 章克昌. 酒精与蒸馏酒工艺学 [M]. 北京：中国轻工业出版社，1995.
[36] 姚汝华. 酒精发酵工艺学 [M]. 广州：华南理工出版社，1999.
[37] 陈驹声. 传统和最新的酒精生产技术 [M]. 北京：化学工业出版社，1990.
[38] 马赞华. 酒精高效清洁生产新工艺 [M]. 北京：化学工业出版社，2003.
[39] 贾树彪，李盛贤，吴国峰. 新编酒精工艺学 [M]. 北京：化学工业出版社，2004.
[40] 路明. 巴西甘蔗作物的燃料酒精转化和对我国发展燃料酒精的启示 [J]. 作物杂志，2004.
[41] 徐芬芬，叶利民，王爱斌. 我国的淀粉、糖类和纤维植物资源及其用于乙醇发酵的探讨 [J]. 中国林副特产，2006 (3).
[42] 张发明. 浅谈酒精行业的节能途径 [J]. 工业计量，1997.
[43] 张敏，曹燕子，李志斌. 燃料乙醇研究概况及发展前景 [J]. 湖南科技学院学报，2007.
[44] 朱百鸣，陈奕，付桂明. 燃料酒精的发展进程及研究方向 [J]. 食品科技，2005.
[45] 廖兴华，夏延斌，周传云. 燃料酒精的发展现状和研究趋势 [J]. 酿酒，2007.
[46] 黄治玲. 燃料乙醇的生产与利用 [J]. 化工科技，2003.
[47] 刘希宋，孙承华，李果，等. 燃料酒精产业经营组织模式研究 [J]. 中国林业企业，2003.
[48] 黄宇彤，杜连祥. 美国的燃料酒精工业 [J]. 酿酒科技，2001.
[49] 孙东方，宋宝江，郭时杰. 我国酒精工业现状与发展对策 [J]. 酿酒，2004.
[50] 我国酒精行业概况 [J]. 广西蔗糖，2006，(2).
[51] 郭素荣，陆雍森. 酒精行业产业生态化的研究 [J]. 酿酒科技，2005.
[52] 傅其军. 国内外酒精行业发展近况 [J]. 广西轻工业，2005.
[53] 汪维云，朱金华，吴守一. 纤维素科学及纤维素酶的研究进展 [J]. 江苏理工大学学报，1998.
[54] 高寿清. 燃料酒精发展的国际情况与分析 [J]. 食品与发酵工业，2000.
[55] 张君，刘德华. 世界燃料酒精工业发展现状与展望 [J]. 酿酒科技，2004.
[56] 国家经贸委"燃料乙醇"团组赴美考察报告 [R]. 2000.
[57] 吉林燃料酒精项目考察组赴美国、巴西考察报告 [R]. 2001.

[58] 广西糖业考察团赴巴西、古巴、墨西哥和泰国进行糖业考察报告摘要 [R]. 2001.
[59] 高寿清. 燃料酒精发展的国际情况与分析 [J]. 食品与发酵工业, 2000.
[60] 泰国燃料酒精发展近况 [J]. 广西轻工业, 2004.
[61] 张君, 刘德华. 世界燃料酒精工业发展现状与展望 [J]. 酿酒科技, 2004.
[62] 国家发展计划委员会高技术产业发展司, 中国生物工程学会. 中国生物技术产业发展报告 [M]. 北京: 化学工业出版社, 2002.
[63] 高寿清. 燃料酒精发展的国际情况与分析 [J]. 酒精, 2001.
[64] 王传荣. 酒精生产技术 [M]. 北京: 科学出版社, 2007.
[65] 朱坚真等. 中国酒精生产与经营 [M]. 北京: 化学工业出版社, 2009.
[66] 陈洪章. 纤维素生物技术 [M]. 北京: 化学工业出版社, 2005.
[67] 曲音波. 纤维素乙醇产业化 [J]. 化学进展, 2007.
[68] 中国酿酒工业协会酒精分会二〇〇八年年会资料汇编 [G]. 2008.
[69] 周晓云. 酶技术 [M]. 北京: 石油工业出版社, 1995.
[70] 徐凤彩. 酶工程 [M]. 北京: 中国农业出版社, 2001.
[71] 陈石根, 周润琦. 酶学 [M]. 上海: 复旦大学出版社, 2001.
[72] 郭勇. 酶的生产与应用 [M]. 北京: 化学工业出版社, 2003.
[73] 胡学智. 国内外工业酶制剂发酵及下游工程概况 [J]. 四川制糖发酵, 1990.
[74] 郭勇. 酶工程 [M]. 北京: 科学出版社, 2005.
[75] 陈宁. 酶工程 [M]. 北京: 中国轻工业出版社, 2005.
[76] 罗贵民. 酶工程 [M]. 北京: 化学工业出版社, 2003.
[77] 袁勤生. 现代酶学 [M]. 第2版. 上海: 华东理工大学出版社, 2007.
[78] 陈建龙, 祁建城, 曹仪植. 固定化酶研究进展 [J]. 化学与生物工程, 2006.
[79] 张树政. 酶制剂工业（上、下册）[M]. 北京: 科学出版社, 1998.
[80] 邹显章. 酶的工业生产技术 [M]. 吉林: 吉林科学技术出版社, 1988.
[81] 孙君社, 等. 酶与酶工程及其应用 [M]. 北京: 化学工业出版社, 2006.
[82] 陈骈声. 酶制剂生产技术 [M]. 北京: 化学工业出版社, 1994.
[83] 梅乐和, 岑沛霖. 现代酶工程 [M]. 北京: 化学工业出版社, 2006.
[84] 孙俊良. 酶制剂生产技术 [M]. 北京: 科学出版社, 2004.
[85] 沃尔夫冈·埃拉. 工业酶——制备与应用 [M]. 北京: 化学工业出版社. 2006.
[86] 陈声, 胡学智. 酶制剂生产技术 [M]. 北京: 化学工业出版社, 1994.
[87] 郭杰炎, 蔡武城. 微生物酶 [M]. 北京: 科学出版社, 1986.
[88] 郭勇, 郑穗平. 酶学 [M]. 广州: 华南理工大学出版社, 2003.
[89] 郭勇. 酶工程原理与技术 [M]. 北京: 高等教育出版社, 2005.
[90] 江锡瑞. 酶制剂应用技术 [M]. 北京: 中国轻工业出版社, 1996.
[91] 李荣秀, 李平作. 酶工程制药 [M]. 北京: 化学工业出版社, 2004.
[92] 王璋. 食品酶学 [M]. 北京: 中国轻工业出版社, 1990.
[93] 熊振平等. 酶的分离纯化 [M]. 北京: 化学工业出版社, 1994.
[94] 许根俊. 酶的作用原理 [M]. 北京: 科学出版社, 1988.
[95] 严希康. 生化分离技术 [M]. 上海: 华东理工大学出版社, 1994.
[96] 程池. 中国酶制剂产业化的现状和发展前景 [C] //2002中国酶制剂生产与应用技术交流大会论文集.

[97] 胡学智. 酶制剂工业概况及其应用进展 [J]. 工业微生物, 2003.
[98] 国家发展和改革委员会高技术产业司, 中国生物工程学会编写. 中国生物技术产业发展报告 2005. 北京: 化学工业出版社, 2006.

撰稿人: 戎志梅（中国化工学会生物化工专业委员会委员, 教授级高工）
其他参与人: 苏海佳　陈必强　吕永琴　田平芳　张栩　黄和　徐虹
　　　　　　李霜　李莎　胡燚　郑裕国　金利群　陈国强　刘德华
　　　　　　蔡的　刘广　陈阳　王梦　陈文　张婷　李婵
　　　　　　王萌　刘春立　郑佳　张子健

第二编
化工相关行业

第十九章 化工矿产资源及开发利用

据有关专家统计，到 2000 年，我国 40 多种矿产中有十多种短缺，到 2020 年将有一半以上不敷所需。目前亟待宏观部门制定中长期发展规划，增强地质勘探工作后劲。

一、硫矿与硫资源

硫是基本化工原料之一，自然界以单质硫、硫化氢、金属硫化物及硫酸盐类等多种形式存在，并形成各类硫矿床。硫可与铁、钴、镍、铅、锌等元素结合成多金属硫化物，其中最主要的是硫铁矿，硫铁矿由黄铁矿、白铁矿、磁黄铁矿组成。中国硫矿资源种类齐全，有硫铁矿、自然硫、硫化氢以及硫酸盐（石膏、明矾石等）。其中以硫铁矿为主，硫铁矿中除单独硫铁矿外，常与有色、黑色、稀有、贵金属等许多金属矿伴生；另一部分常和铝土、煤炭、火山岩等燃料或非金属矿共存。硫矿床存在固、液、气三态，几乎涉及矿床学大部分领域。

全国 34 个省市（市、自治区）均有硫铁矿分布，据韩鹏等统计，硫铁矿矿床 441 个，其中大型 68 个、中型 165 个、小型 208 个。自然硫矿床 4 个，硫化氢矿床 2 个。有沉积变质型、沉积型、岩浆热液型、海相火山岩型、陆相火山岩型、自然硫型共 6 种矿床类型，17 种矿床式。

截至 2000 年年底，中国硫矿资源，主要是硫铁矿，已探明矿产地达 800 处，硫矿石量约 50 亿吨（品位达 35%以上的富矿 1.7 亿吨），在提炼硫黄和制取硫酸方面，无论是生产成本还是品质均不够理想，且环境污染严重。从长远着眼，亟需大而富的硫铁矿，更需能满足开发利用的自然硫和硫化氢。已知自然硫矿产地 10 处，矿石量虽有 3.2 亿吨，但主要矿目前尚不能开采。硫化氢已知产地数处，而高质量的目前也不能开发。这就为地质工作提出了新的更高的要求。为此，在已取得上述成果的基础上，须进一步开展成矿条件和规律的研究，进行较大比例尺的成矿预测，提供下一步找矿靶区。

韩鹏在徐志刚等（2009 年）全国Ⅱ级成矿省的基础上，划分全国硫矿Ⅲ级成矿区带 46 条，又在Ⅲ级成矿区带的基础上，划出硫矿矿集区 61 处。显示中国硫铁矿资源集中在东部，西部偏少。由于中国东、西部硫矿地质成果相差悬殊，从长远上看，硫铁矿地质找矿、科研都应向西部转移。开发西部，寻找新的硫铁矿基地，才能满足中国对硫矿资源的需求。

硫铁矿是我国主要硫资源。我国硫铁矿和伴生硫铁矿资源丰富并与有色金属副产硫精砂和冶炼烟气副产的硫酸组成我国硫资源主要来源。此外，2007年前，油气中回收硫黄的生产能力180万吨/年，四川和东北地区天然气矿将新增硫黄150万吨/年。煤化工中硫黄回收数量较低，约10万吨/年，自然硫基本没有开发。

国外硫资源开发经过硫铁矿、天然硫及回收硫三个时期。国外硫生产主要来自天然气和石油炼制中回收的硫黄，约占硫总产量的80%，加上回收硫，占硫黄总量的98%。

我国进入21世纪以来，大型磷复肥厂陆续建成。由于硫酸属强腐蚀性液体危险品，既不能大量储存，又不适合长距离运输；另外，我国硫铁矿的矿山建设也赶不上磷复肥发展。因此硫黄制酸剧增，进口高硫原油回收的硫黄成了重要硫来源。

目前，我国对进口硫资源依赖超过以往，已成为世界上最大的硫黄进口国。这种状况已经影响到硫资源的安全保障程度。

重视和加大对硫矿的地质调查和勘探力度，势在必行。回顾60年来，硫铁矿等勘探、钻孔深一般在500～600米。近年来，在1000米以下深度打到了矿。所以，深部找矿要引起重视。此外，硫化氢气体矿和低品位自然硫矿开发也要重视规划，我国未来一段时间内依赖进口硫黄也是可行的。

二、磷矿

因岩浆作用和变质作用形成的磷矿石主要由氟磷灰石、次要由羟磷灰石、氯磷灰石等矿物组成，可称磷灰石矿。而与沉积作用有关的磷矿石，多由非晶质或隐晶质的碳氟磷灰石和氟磷灰石组成，常称为磷块岩。

中国磷矿地质成矿时代与层位总计24个之多，具有工业价值的地层有35亿年前的阜平群，17亿年前的滹沱系，8亿～5亿年前的震旦、寒武系以及3亿年前的泥盆系（东野脉兴）。中国磷矿成矿时代主要是震旦纪（51%）、寒武纪（44%）、泥盆系（4.9%）。我国第一个五年计划建成江苏锦屏磷矿，1962年建成开阳、昆阳、襄阳、浏阳、绵阳及宜昌等磷矿。国家"八五"重点项目的贵州翁福、湖北大悟黄麦岭和荆襄大峪口三个大型矿肥基地也相继建成投产。20世纪80年代云南晋宁、海口、荆襄王集和河北矾山相继建成大型磷矿山。

截止到1994年年底，中国探明磷矿储量163.39亿吨，产地425处，分布于26个省、自治区，但储量高度集中在湖北、云南、贵州、湖南、四川五省。中国磷矿品级低，富矿少，难选矿多，坑采矿多，P_2O_5大于30%的1级品不到全国总量的7%。1994年，中国磷矿石含磷折成P_2O_5为30%的标矿产量约2476万吨，居世界第三位。

磷矿是一种重要的化工矿物原料，其中80%用在农业中作肥料和农药。此外，磷被广泛用于化工提取黄磷（白磷）、红磷、磷酸以及制造磷酸盐类和磷化物。它

广泛用于饲料、食品、水处理、合成洗涤剂、金属表面处理、建材、医药、颜料及塑料等行业中。目前，在国防军工、尖端技术及新材料中光电、荧光、功能材料及人工生物材料等领域也有进一步开发和应用。

磷矿石中常伴生碘、铀、稀土、锂、铍、钒、钛等重要元素，可综合开发利用。

三、硼矿

硼矿是重要的化工矿产之一，硼及其化合物的应用非常广泛。我国于一千多年前已经认识天然盐湖中产出的硼砂及其用途。

（一）硼矿地质

中国具有工业开采价值的硼矿床只有沉积变质型硼矿，主要分布吉林、辽宁两省，合计储量占全国的41%。经过40年开采，二台子硼矿已采完、闭坑，吉林高台沟硼矿也接近尾声，它们对中国硼工业做出了巨大贡献。现在仍有辽宁翁泉沟、杨木杆子等重要硼矿可供开采。对青海、西藏现代盐湖沉积型硼矿，1960年前后进行过上千人次的地质调查，其中1951—1957年，中国科学院、地质部和化工部，西藏地质局821队、632队等对西藏班戈湖，青海大、小柴旦湖硼矿开展了地质调查；公元1960—1961年中科院西藏综合考察队、藏北地质队对藏南广大盐湖区进行调查，发现了扎仑茶卡新型硼矿；1964年，郑绵平提交《西藏中部盐湖资源评价及开发利用的初步意见》及《西藏盐湖硼矿研究报告》，藏北地质队完成了《班戈湖、杜佳里湖初步勘探报告》和《西藏北部盐湖硼矿普查总结报告》；1959—1963年柴达木地质队提交了大、小柴旦湖硼矿初勘报告，郑绵平等认为大柴旦湖为一新型硼矿床，1989年郑绵平出版了《青藏高原盐湖》专著；谢先德、曲一华、钱自强等对大柴旦、雅沙图硼矿物进行研究，发现了章氏硼镁石、三方硼镁石、水炭硼石新矿物。青海、西藏硼矿资源合计占全国的49%，是我国待开发的硼矿资源。

此外，四川邓关井、宣汉川25号井的地下卤水硼矿和湖北江汉潜江凹陷地下含钾、硼卤水矿，已探明占全国硼储量的3.1%，是潜在综合开发钠、钾、硼、锂、溴、碘等重要化工原料资源地，值得重视。还有江苏六合冶山，湖南常宁七里坪、汤市，广西钟山、黄宝，广东连平为硅卡岩（旧称矽卡岩）型硼矿，占全国硼资源的4.9%，规模较小。

（二）硼矿资源展望

我国硼矿资源储量仅次于土耳其、美国、俄罗斯，排世界第四位。美国、俄罗斯及土耳其多为大型-超大型火山沉积型富硼矿，我国则多属中低品位的沉积变质型、现代盐湖型、地下卤水型及硅卡岩型等硼矿，B_2O_3含量低于12%的矿石约占全国储量的90%，可充分开采利用的硼镁石富矿只占全国总储量的8.54%。我国属可利用硼资源匮乏型国家，其中固体硼矿占65%，液体硼矿占35%。

截至 1994 年年底，中国探明硼储量（折算成 B_2O_3）5000.3 万吨，产地 59 处，分布于 14 个省（自治区），但 90%以上集中于辽宁、吉林、青海、西藏。1994 年，产硼矿石 156.84 万吨（折算成 B_2O_3 含量为 12%之标矿），硼砂产量 24 万吨，硼酸产量 2.46 万吨。重点硼矿山集中在辽宁、吉林、湖南 3 省。目前中国硼矿尚不敷需求，年进口硼制品一万余吨。

近几年，通过危机矿山深部找矿、地质大调查和商业性勘查，我国硼矿取得的进展如下：

① 辽宁营口后仙峪新发现深部硼矿 50 万吨资源量，刘敬党、肖荣阁等研究了辽东硼矿找矿方向、成矿类型和成矿模型；

② 四川圈定了油田水富钾、硼、锂、溴、碘的地下卤水型矿占全国总量的 3%左右；

③ 21 世纪初，在广东连平发现和勘探了硅卡岩型大型硼矿床一处。

邵世宁等（2010 年）研究认为：中国硼矿资源尚有较大潜力，在东北老矿区外围及深部找硼矿及综合利用青海、西藏盐湖及四川卤水硼矿潜力巨大。

四、钾盐矿

钾盐矿是指由可溶于水的含钾蒸发盐类矿物构成的地质矿体，属于钾盐固体矿床。我国缺少大型固体钾盐矿床，多属盐湖卤水、地下井卤水等含钾卤水矿。

含钾盐类矿物有二十余种，多为氯化物钾石盐和光卤石及硫酸盐无水钾镁矾、钾盐镁矾、杂卤石；其次是硫酸盐软钾镁矾、钾镁矾、钾芒硝。盐类矿物多数为含水的复盐矿物如光卤石、杂卤石等，无水的为无水钾镁矾等。钾石盐是经济价值最高的单盐类钾矿物。钾元素性质活跃，常呈化合物或吸附物状态出现于各类岩石中。

钾盐产品的 95%以上用于满足农业生产的需求，或单独制作钾肥，或与氮、磷混合制成复合肥。其次，钾盐在工业上应用范围很广，如用于清洁剂、玻璃工业、建筑材料、纺织和染料、化学药品、电视机显像管等。

世界钾盐矿资源相当丰富，据美国地质调查局统计，世界探明的钾盐储量 95 亿吨，估计全球各种钾资源储量约 2500 亿吨（折算成 K_2O 计）。按目前的生产水平，现有探明储量可供世界开采 240 年以上。但世界钾盐矿资源分布很不平衡，主要分布在北半球，目前已发现的 33 个世界级钾盐盆地和著名大型矿床大多在北纬 30°～60°之间，部分在南纬 25°～5°之间。按储量，加拿大排名第一，占世界 46.28%；俄罗斯排名第二，占 34.71%；白俄罗斯排名第三，占 7.89%；巴西排名第四，占 3.16%。上述四国合计储量占世界总储量的 92.04%。其余已知储量主要分布在中国、德国、美国、以色列、约旦、西班牙、泰国、老挝等国。

截止到 2010 年年底，我国共探明钾盐矿床 39 处，青海钾盐矿床数量最多，有

26处,新疆6处,西藏2处,甘肃1处,山东1处,四川2处,云南1处。其中,大型钾盐矿床6处,中型12处,分别占15%和31%,分布在青海、新疆、西藏、甘肃、山东、四川、云南七个省(自治区)。此外,内蒙古、江苏、安徽、湖北、陕西等省(自治区)也分布有钾盐矿点和矿化点,但未上表。

我国钾盐矿资源匮乏,且分布不平衡,目前探明钾盐资源储量仅占世界总储量的1.6%,96%以上资源储量集中分布于青海柴达木盆地和新疆罗布泊盐湖,其他省(自治区)资源储量极少。

(一)中国盐湖卤水钾矿床的发现

盐矿专家袁见齐先生于1946年就著文指出中国应注意找钾。1956年,国家组建了以柳大纲院士为队长、袁见齐院士和韩沉石为副队长的以找钾、硼为主要任务的中国科学院盐湖调查队,并在中国第一个"十二年科学发展规划"中加以明确和实施。

1. 察尔汗钾镁卤水盐矿

中国政府为了开发大西北和巩固西藏国防,于1954年修筑青藏和敦格公路时发现了察尔汗干盐滩。1955年青海柴达木盆地在修筑敦格公路通过察尔汗干盐滩时,工人食盐中发现有苦辣的矿物,送往在当地找石油的632地质队化验,确认盐中含钾元素,引起了中央地质、化工、化学等专家们的注意。1957年以柳大纲院士为队长、袁见齐院士和韩沉石为副队长的盐湖调查队奉命前去青海柴达木盆地考察,队员郑绵平、高仕杨在察尔汗军用机场附近卤坑中发现光卤石矿物,经考察证实察尔汗有成钾矿。从此,中国结束了无钾盐矿的历史。

察尔汗干盐滩及卤水湖,经过格尔木地质一队及阳立刚、杨谦、朱允铸等勘探研究,中国科学院盐湖所张彭熹院士、高仕扬院士及其团队陈克造、孙大鹏、郑喜玉、宋彭生、曹兆汉、陈敬清等研究员和中国地质科学院吴必豪等,以及中国地质大学曲一华、韩蔚田等众多地质、化工、盐田采矿、选矿专家潜心多年研究,查明为一个面积达5000千米^2,可供综合开发利用的特大型储量2.5亿吨的富锂钾镁盐卤水矿床,附含2亿吨低品位固体钾矿盐矿。2009年,中国地质科学院资源所刘成林、焦鹏程研究员等与青海盐湖集团联合科研攻关开发别勒滩低品位固体钾矿初有成效。

2. 罗布泊罗北凹地地下卤水钾矿

罗布泊及其周边地区大小钾盐矿和矿化点系由彭加木、郑绵平、蔡克勤、王弭力、刘成林、焦鹏程、李廷祺、胡东升及新疆地矿局区调一队和三队等的科学家和地质专家在长期探索实践中发现的。

1995年,钾矿仍属中国最紧缺矿种之一。中国地质科学院资源所钾盐专家王弭力研究员依据青海柴达木盆地找钾经验及科学预见,克服种种困难,立项申请获批与课题组成员刘成林、焦鹏程、陈永志、杨智琛、李廷祺等去罗布泊找钾。罗布泊在 1973 年完全干涸，卫星影像照片显示人耳轮廓形状，是进入老年期的干涸湖泊。近百年来中外科学家、探险家多次造访，因发现了古丝绸之路中的楼兰古代遗址而闻名。它有浙江省二分之一大的面积，是多风沙、缺淡水、无植被、无道路的"死亡之海"，冬季酷冷、夏季干热，人称亚洲大陆的"魔鬼"地区。中国科学院新疆分院著名科学家彭家木在一次综合科考中迷路神秘失踪，更显示了它的危险性。王弭力与她课题组成员不畏艰苦和危险，组织团队多年、8 次深入罗布泊地区，到达从未有人进去过的"罗北凹地"（由王弭力课题组命名）开展地质、水文、盐矿等找钾科研。他们突破钾盐矿传统三段式成钾理论的束缚，运用创新"碳酸盐-硫酸盐"二段式成储钾理论，经新疆地质三大队和水文二队勘探，成功找到储量 2.5 亿吨硫酸盐型特大型卤水钾矿。这是中国相隔四十年之久又找到的与青海察尔汗钾盐储量规模相当的特大型盐湖卤水钾盐矿床。该课题 2004 年荣获国家科技进步一等奖。

（二）中国钾盐与钾肥

钾盐矿的 95%用于制造钾肥。1949 年之前中国无钾盐矿，农民从草木灰中获取钾元素。1958 年察尔汗钾镁盐矿区建立了中国第一个钾肥厂，开始了钾肥生产。中国钾盐矿区也就是钾肥工业生产厂区，是重要的盐化工、化肥基地。1978 年，中国只有 2.3 万吨/年的氯化钾产能。

1970 年，中国开始进口钾盐和钾肥。中国南方种植水稻，各省开展了窑灰钾肥的生产和使用。中国农业缺钾提到议事日程。

1984 年，在青海西宁召开了全国盐类沉积学术会议，明确了"七五"国家计划中由地质部开展柴达木盆地西部和北部第三系和第四系新一轮全国钾盐普查。基本查明柴达木盆地钾资源成因，普查了昆特依、马海和大浪滩等大、中型盐湖钾矿，找到 D 级氯化钾储量 2.0 亿吨，实现中国钾盐储量翻一番目标。2010 年，中国地质科学院资源所郑绵平院士领导盐湖中心，在陕北海相地层中又有钾矿薄层新发现；刘成林、焦鹏程领导罗布泊科钾千米深井钻探，也发现储量可观深部卤水和含钾砂岩型钾矿 1.6 亿吨资源量。到 2010 年，中国钾盐储量氯化钾增加到约 10 亿吨，折合含氧化钾 6 亿吨左右，占世界已知储量 2%左右。

到 2005 年，氯化钾生产企业已发展到五十多家，其中察尔汗矿区有三十多家。2000—2003 年氯化钾产量年平均在 140 万吨左右。2005 年全国氯化钾年产量为 260 万吨。到 2010 年，氯化钾年产量达到 360 万吨。我国钾肥在奋力追赶世界选进水平，已能满足国内需求 40%以上。

2000 年以前，我国硫酸钾一直依赖进口。1992 年我国引进了曼哈姆法生产硫酸钾的装置，到 2005 年企业达 130 余家，但有规模效益的不足 10 家。2008 年年底，国投新疆罗布泊钾盐公司已建成年产 120 万吨硫酸钾生产能力，标志着我国硫酸钾产业达世界先进水平。

（三）重要化学钾盐矿山企业成就与展望

1958年青海建立了察尔汗钾肥厂，近60年来察尔汗盐湖已有三十余家氯化钾生产企业。除由察尔汗钾肥厂发展演变至今，成为最大的青海盐湖集团公司外，尚有格尔木瀚海集团、柴达木地矿化工总厂、青海格尔木金鑫钾肥有限公司、青海大柴旦清达钾肥有限公司、青海茫崖兴元钾肥有限责任公司和格尔木庆丰钾肥有限责任公司等地方企业。

1. 青海盐湖工业集团有限公司

青海盐湖工业集团有限公司是中国卤水钾矿生产氯化钾的代表企业，全国70%左右的氯化钾产自该公司。2010年氯化钾产能达200万吨/年。

在近60年的发展中，盐湖集团企业取得的重大成就：一是拥有自主知识产权的反浮选-冷结晶工艺开发成功，并在盐湖二期100万吨/年工程中成功应用；二是"盐桥"牌氯化钾申报中国名牌产品获批成功；三是国产水采船的研制成功。

盐湖集团近、中期发展思路是通过天然气化工和盐湖化工结合，建设具有地方资源优势、技术先进成熟、市场容量大、发展前景好、竞争能力强的大型企业。在"十一五"至"十二五"期间，青海盐湖工业集团将投资100亿元，启动"盐湖100万吨/年钾肥综合利用项目"。

2. 国投新疆罗布泊钾盐有限责任公司

国投新疆罗布泊钾盐有限责任公司是硫酸镁亚型含钾盐湖卤水制取硫酸钾工艺的代表，利用最短时间通过中试开发的技术路线合理，投资少，成本低，创造较好的经济效益，成果达国内外领先水平。2006年年产百万吨硫酸钾肥项目开工，2009年达标建成投产。

1995年发现了罗布泊罗北凹地大型卤水钾矿，由于发现人王弭力及课题组成员无偿将10年考察、开发研究的科研成果及时贡献给当地政府，大大缩短了该矿的开发周期。新疆2000年9月成立的钾盐开发项目几经重组，现由中国最大的投资控股公司——国家开发投资公司控股，其余股东分别为新疆维吾尔自治区地质矿产勘查开发局、新疆巴音国有资产经营有限责任公司、原化工部长沙设计研究院、新疆冠农果茸股份有限责任公司、农二司绿原国有资产经营有限责任公司。注册资本5.4亿元人民币，总资产6.9亿元人民币，注册在新疆库尔勒市。公司以开发罗布泊天然卤水资源制取硫酸钾、氯化钾为主业。2010年建成100公里^{2}的盐田，矿区总面积达1万公里^2。

国投罗钾的"罗布泊"牌硫酸钾成功研制销售，极大提高了中国钾盐（肥）自给率。国投罗钾公司总经理李浩博士展望，罗布泊今后将综合回收钠盐、镁盐及锂、硼、铯等元素，结合周边天然气、煤矿等资源开发，前景广阔。

此外，新疆雅泰钾肥公司、青海滨地钾肥公司、青海联宇钾肥公司分别在自有技术基础上利用硫酸镁亚型盐湖卤水资源生产出了合格的硫酸钾产品,中农兴元钾肥公司也将采用此类工艺生产硫酸钾。

3. 山西钾肥有限责任公司

山西钾肥有限责任公司是由山西南风化工集团和中国烟草总公司合资组建的硫酸钾生产企业,年产硫酸钾达 18 万吨。该公司生产工艺独特,采用程琴芳自主开发的"芒硝法"工艺,原料取自运城盐池中的天然芒硝,属国际先进、国内领先技术。该项成果在理论上探索出在 120℃介温的过饱和状态下,分步结晶析盐的工艺条件,实现了以天然芒硝为原料系统水盐平衡的突破;在技术上,开发出高效蒸发结晶器和实现全返混的连续反应装置,在多盐共存的体系中有效分离出副产品氯化钠,攻克了国际上复分解法无副产品的难题;在设计上实现了连续化、自动化、无"三废"排放的闭路循环新工艺,使钾的回收率超过 95%,氯化钾消耗接近理论水平,为世界芒硝法制取硫酸钾开辟了一条新途径。2003 年该项目获国家科技进步二等奖。

几千年来,山西运城盐湖以生产食盐为主,因盐池卤水性质改变不适宜再生产优质食盐,1973 年停止生产食盐,改以芒硝矿资源生产元明粉、硫化碱和硫酸钾为主。2003 年成功开发了芒硝法生产硫酸钾新工艺,使千年不衰的运城盐化工矿重放光彩。

钾盐是我国紧缺矿产之一。自 20 世纪 50 年代以来,一直被列为国家找矿和研究的重点。几十年来,通过几代新老地质工作者的努力,已勘探、开发利用了云南江城县勐野井钾盐矿床和青海察尔汗盐湖钾盐矿床及新疆罗布泊盐湖钾盐矿床。此外,在四川盆地三叠系,陕北盐盆地奥陶系,江汉盆地潜江凹陷、山东大汶口凹陷、云南兰坪-思茅盆地下第三系等发现了古代钾盐矿,目前尚未开发利用。

五、金红石矿

金红石化学成分为 TiO_2,主要用于制造钛白粉及提炼钛金属等。1949 年以来,我国金红石矿产地质勘查和研究从无到有,取得了较大成果:发现了一批中大、超大型矿床,为我国相关产业的建立和发展做出很大贡献;地质成矿理论初步形成体系,对找金红石矿有重要指导意义。金红石地质找矿初期往往以地表普查简单方式为主,随着工作的深入,则逐步转向以成矿理论为指导的科技找矿方式。

金红石成因类型有三大类:变质型、内生型与外生型。其中,变质型细分为正变质型、负变质型及蚀变型三种亚类;大型、超大型矿床一般属于这三类;东秦岭成矿带及太行-恒山成矿带是重要成矿带,金红石矿床在变质岩地区沿深大断裂分布;成矿时代主要有晚元古代末期、泥盆纪、中生代及第四纪,成矿主要与地壳二次板块活动影响有关。

主要矿产地有湖北枣阳大阜山榴闪岩型金红石矿床、山西代县碾子沟直闪岩型

金红石矿床、陕西平利凤凰尖负变质型金红石矿床、江苏东海榴辉岩型及现代风化型金红石矿床、河南方城柏树岗和河南西峡八庙角闪岩型金红石矿床、陕西镇坪洪石正变质型金红石矿床等近七十处。探明金红石矿储量八百余万吨,远景资源量近亿吨。

金红石矿主要用途是制取高档钛白粉。我国缺少易采选的金红石砂矿,多为难采选的变质成因金红石矿床,因此加强寻找金红石砂矿是当前主要地质找矿工作。

金红石制品主要有钛白粉、金属钛、钛合金及钛钢。金红石型钛白粉具有良好的化学稳定性,折射率较高,因此抗腐蚀力强、白度高、遮盖力强。钛合金强度高、密度小、抗腐蚀力强,具有生物相容性。钛钢具有强度高、硬度大的特性。

到 2000 年年底,我国已发现金红石矿床、矿化点 88 处,分布于 17 个省(市、自治区),以湖北、河南、陕西、江苏、山西及山东为主(此六省占总储量的 96%)。经过勘查的大约 50 处,探明储量大约 1530 万吨(折金红石 TiO_2)。其中,大型矿床 9 个,储量约 1400 万吨,占总储量的 91%;中型矿床 10 个,储量 84 万吨,占总储量的 5.4%。大型矿床中,岩矿型矿床 6 个,占总储量的 89% 左右;砂矿型矿床 3 个,占总储量的 11% 左右。选矿回收率较高的粗粒型矿床 1 个,仅占总储量的 6%。断续开发的仅有 9 处。

六、盐矿

食盐是人类生活必需品,不可一日或缺。它除了供人食用以保证生理需要外,还是重要的化工原料。特别是无机化工,离开了盐,犹如大厦倾倒了一角。据统计,盐在工业、农业、医药、国防等各方面的用途多达一万四千多种,已成为人类须臾难离的终身伴侣。对盐业史,本通史古代卷中有详述。

七、砷矿

(一) 古代砷矿的发现与应用

元素砷是无毒的,但经氧化后就成为剧毒物。As^{3+} 的毒性比 As^{5+} 大 60 倍。在氧化环境中,As^{3+} 易转变为 As^{5+},这就大大降低了总砷的毒性。自然界中较少见自然砷或是砷金属构物。砷黄铁矿(又名毒砂,FeAsS)及雄黄(AsS)和雌黄(As_2S_3)是自然界中常见的砷矿物。

我国商代青铜器中含有砷,多达 4%。若 As 多、Sn 少,叫砷白铜。东晋著名炼丹士和医学家葛洪公元 3 世纪就在《抱朴子》一书中记载了雄黄和雌黄烧之能得到砷的升华物和单晶砷的实验。公元 973 年,我国宋朝时期的《开宝本草》中已称 As_2O_3 为砒石,"砒"即由古代一种凶猛的动物"貔"简化而来。明朝李时珍的《本草纲目》对含砷矿物的药性已有了详细的叙述。我国古代药用雄黄用于解毒、杀虫和恶疮燥湿。中药配方中常有雄黄。著名六神丸中有雄黄，主治咽喉肿痛。雄黄不能煎熬汤药，不能用火煅烧，不能连服，以免中毒和积毒。腰黄是雄黄中质量最好的，尤其是飞腰黄。雌黄与雄黄功效相似，但是雌黄具毒性，更应慎用。

砷矿中雄黄和雌黄及毒砂主要是用于提取砷，是制造砷酸和砷的化合物。冶金中元素砷是冶炼砷合金的原料，化学工业中可作为化学试剂、气体脱硫、木材防腐、锅炉炉壁防垢及工业用的砷化工产品。对砷的利用已涉及到医药、农业、牧业、林业和其他工业部门。

（二）著名的湖南石门雄黄矿

雄黄异名为明雄黄、雄精、磺和腰黄等，俗称鸡冠石；雌黄异名昆仑黄。雌黄和雄黄在山岩中总是形影不离，犹如水中怡游的鸳鸯，所以人们戏称为"鸳鸯矿物"。雄黄呈橘红色，雌黄呈略带绿的柠檬黄色。雄黄长时间光照后会转变成雌黄。

两千多年前的中国古籍《山海经》中已记载了雄黄，我国民间传统的端午节有喝雄黄酒的习俗，并遍洒住宅，用以消毒。

湖南石门雄黄矿旧称界牌峪雄黄矿，位于湖南省石门县城西40千米的黄厂街。矿区跨石门县望羊桥乡和慈利县国太桥乡，是目前世界上最大的砷矿，无论是质还是量均为世界之冠。湖南石门雄黄矿储量48.77万吨，正品含硫化砷高达98%，一般块状含30%，储量之大，世界少有，早已名扬海内外。

据北魏地理学家郦道元的《水经注》记载："黄水出零阳县西，北连巫山，溪出雄黄，颇有神，采常以冬月祭祀。凿石深数丈，方得佳黄。"北魏时，慈利县称零阳县，石门县属武陵郡，证明那时湖南雄黄矿早已开采。

宋代以前雄黄用途不广，每开采一次要间隔几年、几十年。到宋朝，雄黄用途渐增，主要用于丧葬防蚂蚁、泡水遍洒住宅防虫蛀，以及冲酒饮用。直到16世纪，明朝崇祯年间，由于欧洲工业革命的影响，我国利用雄黄做印泥、蚊香和焰火等的手工业得到发展，雄黄的销量猛增，雄黄矿的开采量亦与日俱增。到了清朝中叶，雄黄成为出口产品，国外把雄黄用于皮革脱毛，做杀虫油漆刷在海船上，防止海介寄生。由此，湖南雄黄矿的开采再次得到较大的发展。

（三）资源与开采

1990年地矿部和化工部就砷矿资源对建设保证进度进行了论证。查明列入1988年储量表的砷矿产地共67处，保有储量277万吨。其中，有色金属矿伴生砷产地44处，储量226万吨，占总量的81.5%，且多与钨、锡等金属矿产密切伴生。单独砷矿区23处，其中毒砂矿14处，雄黄矿6处，雌黄矿3处，合计砷储量51.39万吨，占总量的18.5%。到1995年，全国已有19个省（自治区）84处矿区，探明砷储量达280万吨。我国砷矿只要做好有色金属伴生砷的综合利用，不仅可以保证需求，还可减少砷对环境的污染。

湖南石门雄黄矿年产矿石 0.3 万吨左右,已开采一千五百多年。已计划今后将减少产量,以保护石门这一特有资源。其他较大产地有湖南宜章瑶岗仙钨矿伴生砷矿,广西南丹大厂铜坑锡铅锌矿伴生砷矿及云南个旧老厂锡矿伴生砷矿等。砷多为综合利用产品,各地年产量仅在数百吨左右。最近又开发了广西宾阳大马山毒砂矿床。

今后可供设计开发砷矿床的有云南南华龙潭砷矿、大理市下关石磺厂、广东曲江县一六砷矿、云浮市茶洞坤矿、广西南丹拉么锌铜矿伴生砷矿、河池五圩水落多金属矿及湖南桂阳大顺窿含铜多金属矿。

八、明矾石矿与明矾

明矾石是含氢氧根(OH⁻)的复杂硫酸盐,化学式为 $KAl(SO_4)_2·12H_2O$ 或 $K_2SO_4·Al_2(SO_4)_3·24H_2O$,通常因钾含量高,称为钾明矾石,若以类质同象置换钾,钠含量高可形成钠明矾石。

明矾石矿是中外记载较早,应用历史最长的化工矿产之一。明矾石常呈细小菱面体或厚板状,集合体为致密块状、细粒状、土状或纤维状,色白常带浅灰、浅黄或浅红色调,不溶于冷水及盐酸,稍溶于硫酸,完全溶于强碱溶液中。我国明矾石矿资源丰富,居世界前列。

(一)开发史

相传早在公元前 11 世纪西周人在安徽庐江发现了明矾石。战国时代《山海经》中称明矾石为石涅,秦国人则称羽涅。一般认为,从唐朝中期(公元 705—838 年)在安徽庐江矾山开采矿石,炼制明矾,到宋代已形成一个矿业市镇——矾山镇。

我国古代明矾应用于医药、净水和染织等方面。在宋朝,明矾被官方列为专卖五品之一,即盐、茶、酒、香料和矾。到北宋,全国已有五大白矾产地。而今,山西晋州、汾州,河北磁州,陕西坊州矿区,因属煤系地层产次生成因矿床,规模小,质量差,不易开采,均已消失。唯有火山成因明矾石的安徽庐州矾矿千年不衰,开凿不止,已达 3100 年。

浙江省苍南县矾山镇,盛产明矾,素有"矾都"美名。明朝明矾业是矾山镇的传统产业,至今已达六百多年。浙江矾山为一山间盆地,属一旧火山口,明矾石矿因火山喷发而成,是一种陆相火山喷发沉积矿床。

(二)明矾产品

明矾学名硫酸钾铝或称钾明矾,简称矾,是一种明矾矿的传统化工产品。明矾的化学式为 $K_2SO_4·Al_2(SO_4)_3·24H_2O$。

明矾具有特殊的物理和化学性质,如无毒、易溶于水,其铝盐净水效果基于铝氢氧化物的凝聚作用等,而今被四十多个行业使用。

明矾在工业中用量最大，其中以造纸、制药、印染、制革和食品等应用为主。农牧业上也一直是畅销商品，用于浸种、肥田、焊接农具等；畜牧业中用于治疗口蹄疫、腹泻、眼疾及作饲料添加剂等；渔业中可用来腌制海蜇，使海蜇性脆并能防腐败等。

第一次和第二次世界大战期间，明矾石曾被美国、日本、苏联等国作为铝资源研究应用，同时副产硫酸钾肥。

第二次世界大战后，明矾石已成为一种有综合利用价值的钾、铝、硫、硅等多元素矿产资源，受到前苏联、美国、日本、墨西哥及中国等多个国家重视。

（三）明矾石矿业前景

明矾石矿因出明矾产品，曾为人类文明做出过较大的贡献。但 20 世纪中叶后，因其产品单一、加工工艺落后、污染环境等原因，始终处于不景气阶段。目前，人类已认识到明矾石矿是富钾、硫、硅多种可利用元素资源，今后必须改进加工工艺，综合开发利用明矾石矿的应用领域。

（四）资源状况

我国明矾石矿开发利用的历史悠久，但大规模地勘探开发利用还是在中华人民共和国成立后。

中华人民共和国成立后，浙江、安徽、福建、江苏等省地质局和化工部化工地质队等对各省的明矾石矿床做了大量普查勘探和地质研究工作。1990 年地质矿产部和化学工业部完成了《明矾石矿产资源对建设保证程度论证》报告，查明我国明矾石矿资源丰富，能满足国民经济建设的长时期需求。

至 1996 年，全国探明明矾石矿产地 36 处，累计探明明矾石矿物储量达 1.66 亿吨。其中，浙江矿物储量为全国之首，达 8992 万吨，安徽居第二，为 5866 万吨，福建第三，为 1671 万吨。此外，山东省有 110 万吨，江苏有 75 万吨，甘肃有一个小型矿山。

九、芒硝矿

芒硝矿床是指可以提取 Na_2SO_4 组分的一组矿床。其中，包括芒硝矿床、无水芒硝矿床、钙芒硝矿床、白钠镁矾矿床等。这类矿床的一个共同特点是含有硫酸钠成分，因此芒硝矿床又称硫酸钠矿床。芒硝主要用于纸浆、玻璃和洗涤剂工业，也是印染、油漆、橡胶、人造纤维、医药等的重要原料。

芒硝矿床的主要矿石矿物是钠、钾、镁、钙的硫酸盐，即芒硝、无水芒硝、钙芒硝、白钠镁矾、钾芒硝、碳酸芒硝等。

（一）矿床研究

芒硝矿床与人类生活密切相关。以芒硝为例，在我国，至少在唐宋之前就用于

医药,明代医学家李时珍著《本草纲目》中对芒硝就有详尽的记述。我国皮革业发达的张家口地区很早就知道用芒硝来鞣制皮革。

国外研究芒硝矿床较早的是美国人 Roger C. Wells。他于1923年著有《Sodium sulphate: It's sources and uses》一书。我国袁见齐院士于1940年研究了滇中地区与膏盐共生的硫酸钠矿床。中华人民共和国成立后,由于化工原料之急需,我国开展了对芒硝和钙芒硝矿床的大规模普查勘探地质工作。与此同时,地质科研工作也在深入进行。张彭熹、郑喜玉等研究了青海、西藏、新疆、内蒙古等省(自治区)的盐湖型芒硝矿床。郑绵平等研究了青藏盐湖的芒硝矿床。刘群等研究了中国东部陆相碎屑岩型石盐、钙芒硝矿床。魏东岩(1968年)对著名的山西运城盐湖类矿物进行了系统研究。20世纪80年代中期,魏东岩等相继在新疆巴里坤盐湖以及在中新生代陆相石盐、钙芒硝矿床中发现了大量卤水虾粪粒化石及菌藻类化石,于是提出了蒸发岩生物化学沉积的新观点。

随着芒硝矿床的不断发现和新的科学技术测试方法的引入,对芒硝矿床矿物学、岩石学和矿床学以及成矿理论的研究也在不断地深入进行着。

(二)硫酸钠资源量

截至1994年年底,中国已探明芒硝矿55处,钙芒硝矿58处,无水芒硝矿4处,合计117处。芒硝矿硫酸钠保有储量86.13亿吨,钙芒硝矿硫酸钠保有储量90.80亿吨,无水芒硝矿硫酸钠保有储量0.66亿吨,三矿合计硫酸钠总保有储量177.59亿吨。

全国保有储量的产地分布于14个省(自治区)。储量大于10亿吨的省(自治区)有青海、四川、湖南和内蒙古,产地58处,合计储量160.6亿吨,占全国总储量的90.4%。储量在10亿吨以上的超大型矿床在全国有4处,其中2处是芒硝矿床(青海大浪滩钾矿田芒硝矿、内蒙古达拉特旗芒硝矿),2处是钙芒硝矿床(青海互助县硝沟钙芒硝矿、四川新津县金华钙芒硝矿)。

我国现已发现但未上储量平衡表的还有云南安宁钙芒硝矿(约98亿吨)、新疆的芒硝矿(约1.5亿吨)、西藏的第四纪盐湖型芒硝矿(约数十亿吨),以及新发现的广西陶圩盆地钙芒硝矿等。可以预测,全国芒硝矿床的硫酸钠资源总量可达300亿吨。

据美国矿业局1990年统计,世界芒硝储量(硫酸钠量)为33.9亿吨,储量基础46.3亿吨。

从以上分析来看,我国硫酸钠资源储量居世界之冠。除中国外,世界硫酸钠储量较多的国家依次为:原苏联(约20亿吨)、美国(2亿吨)、西班牙(2亿吨)、墨西哥(1.8亿吨)、加拿大(1亿吨)。

十、天然碱矿

天然碱矿床是碱矿床的总称,它指能从其矿石矿物中提取碳酸钠(Na_2CO_3)、碳酸氢钠（NaHCO₃，又称重碳酸钠）组分的一类矿床。这类矿床包括天然碱矿床、泡碱矿床、重碳钠盐矿床等。因主要取用的是碳酸钠组分，故又称作碳酸钠矿床。

天然碱是制碱工业的重要原料，用以制取纯碱、烧碱、小苏打等，也是玻璃工业原料和冶金工业制取氧化铝（Al₂O₃）的辅助原料。在人造纤维、造纸、染料、塑料、肥皂、洗涤剂、无机化学制品、纺织、石油精炼、医药、农药以及橡胶翻新等方面亦有广泛应用。

（一）矿床研究

碱是主要的化工原料之一，也是人类生活的必需品。在早期，古埃及人运用天然产出的卤水和固体盐作为制造玻璃用的不纯苏打的来源。19世纪以前，人们主要是用草木灰经过淋滤来制取碱灰。在欧洲，18世纪人们洗衣服用的棕色碱汁是由烧煮海草溢出的热水制成的。这种碱汁含碳酸钠组分高达24%～30%。我国用碱的历史也很悠久，中国北方（指张家口以北）早在明清时就将"口碱"用于制作面食。

现代碱湖的开发利用，据有关资料记载，清光绪二十九年山西人李京客在白彦淖设大兴号作坊，生产锭子碱。

1915年日本人铃木达治徒步考察了我国吉林省大布苏湖，写有《满洲天然曹达》一书。1958年我国制碱专家刘嘉树深入内蒙古伊克昭盟碱湖调查，著有《我国天然碱概况》。

20世纪70年代之后，我国天然碱矿床的普查勘探和地质科研工作有了很大的发展。在这个时期勘探了内蒙古伊克昭盟和锡林郭勒盟地区的碱湖矿床，并在河南吴城、安棚地区发现了第三纪天然碱矿床。由于古碱矿床的发现，我国天然碱储量有了很大增长，但仍不能满足工业的需求。因此，天然碱地质找矿工作还需大力开展。

（二）资源及开发利用

在我国天然碱矿床中，第三纪古碱矿床占有绝大部分储量（0.526亿吨）；而第四纪碱湖中碱储量仅有0.044亿吨。

世界上天然碱碳酸钠矿储量最丰富的当数美国，有231亿吨，占世界总储量的96.6%。其次是博茨瓦纳，有碳酸钠矿储量3.6亿吨，土耳其1.9亿吨，墨西哥1.8亿吨。我国仅有0.57亿吨，仅占世界总储量的0.23%。世界总储量为239亿吨，储量基础394亿吨。

我国天然碱矿储量少，开发利用条件差，工业基础薄弱，在碱品生产中所占比例低，仅在局部地区起到市场调节作用。与此相反，我国合成碱工业及氯碱工业有了很大发展，不论产量和质量均居世界前列。

十一、天青石矿

天青石（celestite）是锶的无水硫酸盐矿物，化学式为 $SrSO_4$。理论化学组成是

SrO 56.42%、SO₃ 43.58%，常含少量 CaO 和 BaO。富含钡的称钡天青石，富含钙的称钙天青石。天青石晶体属正交晶系，呈板状或柱状，集合体成粒状、纤维状、结核状等。较纯的天青石呈浅蓝色，一般呈蓝灰色或无色透明，有玻璃光泽。解理平行[001]和[210]完全，平行[010]中等，硬度 3～3.5，性脆，相对密度 3.9～4.0。天青石外表与重晶石难以区别，可烧灼矿物细片以焰色反应来区分，其中锶的焰色反应为深红色。

（一）地质研究及开发应用研究

天青石是目前世界上主要的锶矿资源。自 1880 年英国开始工业规模开采以来，至今至少有十六个国家开采天青石矿。1968 年发现碳酸锶具有屏蔽 X 射线的功能可将其应用于显像管面板玻璃，由此导致锶矿产品需求剧增，推动了地质研究和开发研究工作。中国锶矿地质研究与开发工作起步较晚，20 世纪 70 年代前进行过断断续续的普查找矿工作。之后，四川合川锶矿（1972 年）、江苏南京锶矿（1974 年）开始开采天青石锶矿。20 世纪 70 年代中期全国性找矿、勘探工作逐步开展，地矿部、化工部陆续在江苏、四川、云南、青海等省发现并探明了一批大中型天青石锶矿产地，使我国进入了世界锶矿资源大国的行列。

我国进行锶矿地质研究工作始于 20 世纪 70 年代。1957 年，中科院地质研究所陈树珍等在中科院地质所侯德封教授指导下，在青海柴达木盆地进行石油地质研究中发现了茫崖山天青石矿床。徐兴国于 1984 年对我国天青石矿床的成因类型进行了研究。黎永才、刘振红（1990 年）对江苏苏南锶矿成矿作用、成矿规律和找矿方向进行了探讨。徐兴国、廖光宇（1994 年）、王吉平等（1997 年）研究了四川省东部地区锶矿成矿特征及找矿方向。李受超等（1994 年）完成了柴达木盆地西北部天青石成矿规律及成矿预测的研究工作。黄典豪等（1985 年）研究了碳酸岩脉型钼、铅、天青石矿床的地质特征及成矿机制。李俊（1990—1991 年）对蒸发岩建造天青石矿床进行了系统的研究。张兆鹏、施加辛（1992 年）在锶矿单种《矿产资源战略分析》报告中阐述了我国锶矿资源、地质勘查、开发应用成果。高延林等（1995 年）在《锶的利用与开发情报研究报告》中系统总结了我国锶矿地质与资源研究、加工利用技术、应用开发研究、锶产品市场现状，较全面地反映了我国锶矿地质研究及开发应用水平。

（二）资源及开发

中国天青石锶矿资源丰富，据统计 12 个省（自治区）有矿床（点）分布，目前已探明天青石矿产地 8 处，储量约为 2900 万吨。据高延林等（1995 年）资料分析，我国是世界锶资源大国，探明储量约占世界现有锶矿储量的 60%。

已探明的天青石锶矿床以大型、特大型单一锶矿为主，储量约占总储量的 87%。其中，以青海大风山矿床规模最大，约占全国储量的 60%。单一锶矿的矿石矿物以天青石为主，构成我国目前的主要工业锶源。矿石以中低品位居多，$SrSO_4$ 含量一般低于 60%，大多需要进行选矿富集。

我国天青石锶矿储量虽然丰富，但工业储量所占比例相对较少，矿区勘查程度较低，全国性、区域性锶矿地质研究工作水平落后于其他化工矿产。

天青石是锶矿主要矿物类型，也是主要锶矿产品。中国天青石矿销售产品一般含 $SrSO_4$ 65%～85%。通过开发和加工的锶产品约有 50 余种，大致分为锶矿产品、锶盐产品、锶氧化物、锶卤化物产品、锶金属及锶合金产品、含锶其他材料六大类。锶及其化合物等各类产品广泛应用于电子工业、磁性材料工业、陶瓷（电子陶瓷）釉料和特种玻璃工业、烟火材料工业、金属冶炼工业、防锈涂料（颜料）工业。制糖业中，氢氧化锶用于净化或从甜菜中分离糖蜜，过氧化锶可用于糖类漂白。医药工业中，氯化锶和六水氯化锶可用于生产药物牙膏，溴化锶用于生产镇静剂、抗惊厥药，乙酸锶用于生产肠内驱虫药，硫化锶可生产脱毛药。氧化锶是合成生产高温超导材料的重要原料。硫酸锶还能在造纸、制碱、塑料加工中起漂白、提纯及稳定性作用和黏结作用等。

十二、重晶石矿

重晶石是一种含金属钡的硫酸盐类矿物，化学式为 $BaSO_4$，其中 BaO 达 65.7%、SO_3 为 34.3%。常见有 Sr、Ca 的类质同象混入物，含锶 30% 的变种叫钡天青石。自然界含钡的矿物还有毒重石（$BaCO_3$）与硅钡石（$BaSi_2O_5$）。中国台湾省发现含 Pb 达 18% 的铅重晶石称为北投石。

重晶石、毒重石是制取钡和钡化物的重要工业矿物原料，它们具有相对密度大（4.2～4.7）、硬度低、性脆的特点。重晶石化学性稳定，不溶于水和盐酸，无磁性和毒性。毒重石可溶于盐酸和水。

重晶石在工业生产上的用途主要有三方面，即制取钡的化学品、重晶石粉和锌钡白。

含钡的化学品有硫酸钡、碳酸钡、硝酸钡、氯化钡、氧化钡等。它们主要用于白色颜料、橡胶填料、医药、制糖、陶瓷、光学玻璃、制革、军工等方面。

重晶石粉主要用作石油天然气钻井泥浆加重剂，可加固井壁、防止井喷。并可做纸张、油漆、橡胶等的填料。重晶石具有吸附 γ 辐射性能，用作混凝土骨料，以屏蔽核反应堆核辐射和用作科研、医院防 X 射线的建筑材料。

重晶石、毒重石可制作锌钡白及各种钡化合物，用于制造油漆和其他颜料，也可作高级橡胶制品、油布等填料。

此外，重晶石还用作提取金属钡，用作电视和其他真空管的吸气剂、黏结剂。钡与金属（铝、镁、铅、钙）制成合金，用于轴承制造。

（一）地质研究

1944年地质论评发表了胡伯素的《中国之重晶石》论文。1983年，根据《矿产资源战略分析》总要求，由汤继新、陈圣新撰写《重晶石》一书（内部出版）。该书着重记述了我国重晶石矿床、矿产资源特征以及生产和出口状况，并进行了预测分析和建议。在地质出版社1987年版《中国工业矿物和岩石》下册中，杨永德撰写的"重晶石"一章为资源勘查和矿床研究提供了参考材料。1990年由李文炎和余洪云撰写的《中国重晶石矿床》一书，应用地质新理论和新观点，系统总结了中国重晶石矿床地质，并按成矿区带研究了重晶石成矿规律，探讨了重晶石矿床成因，进行了成矿预测，对重晶石矿床的深入研究和开发具有指导意义。在1994年出版的专著《中国矿床》中，陈先沛、高计元、曹俊臣对中国重晶石矿床提出了应按成矿作用方式和矿体产状进行分类的新方法，内容翔实、观点鲜明。

（二）资源及开发利用

中华人民共和国成立后，由于国内外石油勘探和石油化工的发展，促进了重晶石矿的普查勘探地质工作。1978年重晶石矿探明储量为4549.1万吨，1995年探明重晶石矿床101处，储量猛增到37328万吨，新增约3.3亿吨，储量跃居世界首位；预测全国重晶石资源总量超过6亿吨。全国重晶石探明矿石储量超千万吨的省（自治区）有贵州、湖南、广西、甘肃、陕西、四川、山东、福建及湖北，合计储量占1995年全国探明总储量的92.28%。浙江、西藏重晶石储量均在700万吨左右。

1990年和1994年国家两次做"重晶石矿资源对2010—2020年国民经济建设保证程度"的论证，确认探明保有储量和可采储量可以保证国家建设需求。自1989年以来，重晶石地质勘探投入减少，1995年已无钻探工作量。

我国重晶石已开发产地约48处，主要国营矿山有福建永安，湖南衡南谭子山，广西扶绥、永福及贵州施秉等地。我国重晶石矿生产主要集中在南方。1975年中国重晶石矿产量38万吨，1980年增至152万吨。改革开放后，乡镇企业和民采小矿最多时达700多个，产量高达371万吨。国营矿山产量稳定在50万吨左右，占全国总产量的16.5%。1996年广西共生产重晶石矿173万吨，出口110万吨。

1990年至1992年，我国石油工业每年消耗重晶石矿80万吨，占总消费的35.3%；化工每年消费40万吨，约占17.5%；每年出口约106万吨，占47%。至1995年，出口增加到147.31万吨，主要销往美国、日本、荷兰、韩国、埃及和巴基斯坦等国。

据1996年美国矿业摘要，美国重晶石消费量90%用作石油及天然气钻井泥浆加重剂，其余用于生产涂料、橡胶、玻璃及化工等，每年消费160万~170万吨。

重晶石是价格较低的大宗矿产品，块矿每吨80元，粉矿每吨130元。因此，矿山的勘探和采掘要考虑减少矿石运输。我国应该加强西北、华北及东北地区的矿产普查。沿海及南方各省的矿山应加强出口基地建设，满足出口创汇的需要。

十三、萤石矿

萤石，又名氟石，是自然界常见的矿物。化学成分为 CaF_2（Ca 与 F 的质量之比为 51.33:48.67）；钙常被稀土元素钇和铈代替，（Y，Ce）与 Ca 的摩尔比为 1:6；当钇和铈代替钙的量较多时，称为钇萤石或铈萤石；此外，可含微量的铅、硅、镁及锶等元素和沥青质。晶体结构为等轴晶系，常呈立方体，少数为菱形十二面体或八面体，偶为四六面体及六八面体。纯净的萤石无色透明，但极少见；一般为鲜艳的黄、绿、蓝、紫、红、灰及黑色等，加热后失去原色，受 X 射线照射后可恢复原色；在阴极射线和紫外线照射下发紫色荧光，有时发红色荧光；有的在酒精灯上加热后发淡紫色磷光，太阳光照射后也可发磷光。

萤石是重要的化工矿产资源，广泛用于陶瓷、光学仪器、医药、电机、航空等领域。

（一）发现和研究

在抗日战争以前，我国萤石矿的开采已具相当规模，战时主要被日本帝国主义掠夺。我国萤石采矿业的真正发展是在中华人民共和国成立以后。截至 1995 年年底，勘探储量为 5848.7 万吨，占总矿物量的 51.6%；详查储量 4384.9 万吨，占矿物量的 38.8%；普查储量 1092.1 万吨，占矿物量的 9.6%。中国萤石找矿工作不断取得新进展，1995 年新增储量 17 万吨，1996 年化工部浙江地质勘查院在浙江省常山县新发现 1 处萤石矿床，据初步调查和研究，矿床规模有望达到大型，并且特征及成因与全国多数矿床不同。此矿床的发现为在华南地区寻找同类矿床提供了重要线索，具有重要的理论和实际指导意义。

中国萤石矿床的研究始于 20 世纪 60 年代初期，而运用多种现代学科手段的深入研究则始于 1984 年，众多学者对矿体的产状、分布规律、与岩体和地层及构造的关系，成矿介质、成矿温度、成矿时代及矿床类型等进行了研究。

（二）开发利用

世界萤石资源丰富，总储量约 2.10 亿吨，主要分布于中国、墨西哥、法国、前苏联、南非、蒙古及泰国。我国萤石矿储量居世界之冠。

截至 1995 年，中国累计探明储量 11325.7 万吨，保有储量 2265.0 万吨（矿物）。主要分布于东南沿海地区的浙江、福建及江西，其次分布是湖南、湖北、河南和内蒙古、吉林等地。此外，广东、陕西、河北、山西、安徽、四川、云南、新疆、江苏、北京及贵州等省（自治区、直辖市）也有分布。

截至 2000 年年底，全国发现并已探明储量的萤石矿床 231 个，其中正在开采的 123 个，停采、闭坑的 37 个。开采的成因类型包括热液型和热水沉积型。开采

的省份主要是浙江,其次有内蒙古、福建、云南、湖南、广西、广东、安徽、河北等地。在萤石生产中,国有单位约 160 家,产量占总量的 1/3,群采民办矿山占总量的 2/3。自 1986 年以来,我国萤石年产量一直居世界各国之首,有一半以上用于出口。

十四、化工灰岩矿

灰岩是一种以方解石为主(质量分数大于 50%)、白云石和黏土矿物等为次(质量分数小于 50%)的沉积岩。化工灰岩是指方解石含量高(质量分数不小于 90%)、杂质含量低、能够在化学工业领域中应用的成分较纯的灰岩。

化工灰岩的化学成分以 $CaCO_3$ 为主,在高温下分解为 CaO 和 CO_2,在常温下与酸反应放出 CO_2。化工灰岩主要用于电石、制碱、化肥、橡胶、牙膏、造纸、涂料、漂白剂、塑料、碳酸钙及有机化学品等领域。

(一)地质研究及开发

人类利用灰岩的历史十分悠久,原始社会时期人类使用的工具——石器有相当一部分就是用灰岩打造的。古埃及的金字塔建筑材料也是取材于灰岩。

我国最早利用灰岩的时代,可追溯到几千年前,那时的应用领域主要为建筑材料,如房屋的基石、石桥的原料及路面的铺石等;在工艺装饰品中,如制作匾牌、纪念碑、皇家陵园的石人、石马等;此外还用于烧制石灰等。明代诗人于谦有"千锤万击出深山,烈火焚烧只等闲。粉身碎骨浑不怕,要留清白在人间"的诗句,既形象地描写了烧制石灰的情景,也借机抒发自己的壮志情怀。到目前为止,化工灰岩的用量已十分可观,我国每年用量为 1000 万吨左右。

20 世纪 20 年代,葛利普(A.W.Gradau)等最早提出岩石分类并涉及石灰岩碎屑成因分类;20 世纪 60 年代,福克(R.L.Folk)、顿哈姆(R.J.Dunham)、莱顿和彭德克斯特(M.W.Leighton 和 C.Pendexter)等利用碎屑岩的观点创建了具有历史意义的碳酸盐岩分类方案;到 20 世纪 80 年代,刘宝珺(1980 年)、杨承运和 A.V.卡罗兹(1988 年)等对上述分类方案进行了完善。

中华人民共和国成立后,我国对灰岩进行了系统普查、勘探和研究工作。到 2000 年底,探明了一大批化工灰岩矿床,科研工作也达到国际先进水平。

(二)资源现状及开发利用

截至 2000 年年底,全国共勘查化工灰岩矿床 104 处,探明储量 55.09 亿吨。其中,制碱灰岩 32 处,电石灰岩 67 处,化肥灰岩 3 处。正在开采的 33 处,停采的 6 处,闲坑 1 处。保有储量,电石灰岩 23.51 亿吨,制碱灰岩 13.45 亿吨,化肥灰岩 0.40 亿吨。

化工灰岩矿床分布于 26 个省(自治区、直辖市),最多的为青海,较多的为河北、陕西、山东、云南、河南、北京、吉林、广西、浙江、江苏、山西及湖北,其次为内蒙古、辽宁、安徽、福建、江苏、湖南、四川、贵州、陕西、甘肃、宁夏、海南。

十五、蛇纹岩矿

蛇纹岩是富镁的硅酸盐岩石，是超基性岩受高温气体-液体的影响变质而成，主要组成矿物为叶蛇纹石、纤维蛇纹石等，含 MgO 最高可达 40%以上。蛇纹岩具有较强的耐热性。在化肥工业上，主要与磷块岩或磷灰石一起熔化烧制钙镁磷肥，还可作为提取镁化合物和泻利盐的原料。在冶金工业用来冶炼金属镁和作冶金助熔剂，亦可用作耐火材料。鲜艳半透明的蛇纹岩可作工艺品和建筑材料。

（一）地质及开发研究

蛇纹岩的地质研究工作及开发应用研究历史悠久。蛇纹石化是超基性岩体发育最广泛的蚀变现象，而且规模往往很大，其作用的结果是使超基岩变为蛇纹岩，一直是地学界研究的主要课题之一。因为一方面超基性岩体是许多重要矿产（如铬、镍、钴、钼、金刚石、石棉）的母岩，另一方面在大规模蛇纹石化作用过程中，大部分超基性岩都变成了蛇纹岩。因此，超基性岩及蛇纹石化作用和成因研究一直没有间断。例如蛇纹石化溶液来源问题及蛇纹岩矿物的研究等，都有很多的理论问世。20 世纪 60 年代为蛇纹石化研究的最高峰，其理论研究以岩浆学说最为流行。岩浆学说认为超基性岩的蛇纹石化是自变质作用，是岩浆期后热液对本身岩浆阶段所形成的岩石作用，而使岩石变为蛇纹岩；岩浆学说认为碳酸盐类岩石的蛇纹石化是其变质作用，即花岗质岩浆的热液对富镁质碳酸盐类的交代形成蛇纹岩。20 世纪 70 年代，兴起了初生的地幔流体学说，之后有深潜水说、海洋水说、深部循环水、大气降水、混合水或变成水说等，但各种观点均有一定的局限性。我国学者齐进英等结合国内外一些研究理论资料提出了超基性岩蛇纹石化的溶液来源是以某一种或两种来源为主，伴有次要作用来源的多来源的复成说。无论哪种观点，都是围绕着超基性岩的蛇纹石化成因问题展开的。近年来，我国学者对超基性岩蛇纹石化及蛇纹岩成矿作用都进行了研究，取得了一定的成果。

蛇纹岩在我国的开发利用历史悠久，最早是将其入药并作保健矿物而被利用。据资料记载，入药矿物到清朝末年就已达 400 余种，蛇纹石即是其中之一。蛇纹石作为宝石被开采已有久远的历史，我国的岫岩玉久负盛名。我国虽然对蛇纹岩的开发利用研究较早，但长期以来一直将其作为钙镁磷肥的原料和建筑材料及镁质耐火材料等而被利用，并局限在较低的水平上。直到 20 世纪 80 年代以后，我国对蛇纹岩的开发利用及其研究才有了较大进展：利用低铁蛇纹岩研制了镁质瓷；上海宝钢把东海县蛇纹岩矿作为冶炼熔剂原料基地；西安医科大学用蛇纹石制成中成药"氟宁片"；一些钢铁厂先后用蛇纹岩生产了蛇纹石砖和镁橄榄石砖；在开发岫岩玉、祁连玉等蛇纹石玉和蛇纹岩饰面石料的同时，也生产以蛇纹岩碎片为原料的人造大理石和水磨石板材。20世纪90年代以来，对于蛇纹岩的整体开发利用研究处在方兴未艾的阶段，除大力研究利用和推广蛇纹岩矿物质肥料外，还利用蛇纹岩制取轻质氧化镁和多孔氧化硅等。

（二）资源及开发

我国蛇纹岩矿产资源十分丰富，大多是超基性岩类型的蛇纹岩矿床，具有矿床多，规模大、分布广、地质条件好等特点。到1995年底，已在全国发现并探明储量的蛇纹岩矿区50余处，主要分布在河北、内蒙古、黑龙江、江苏、安徽、福建、江西、山东、河南、湖北、广东、广西、四川、云南、陕西、甘肃、青海、新疆等地，均有大型和中型矿床的分布，是主要的蛇纹岩矿床产地。已探明蛇纹岩矿石储量近120亿吨，主要集中于我国西部地区，仅西北地区就占总矿石储量的80%。

蛇纹岩是一种应用前景广阔的矿物岩石材料，国外在这方面研究不多，而我国对其开发利用及研究尚处于起步阶段。随着国民经济的发展，我国蛇纹岩资源的开发利用研究工作取得了很大进展，已有多种用途，主要有三个大的方面：一是利用蛇纹岩的光学效应，应用于建筑装饰材料和玉石原料等；二是利用蛇纹岩的耐高温性能，应用于耐火材料；三是利用蛇纹岩晶体化学特性，开发应用其化学和物理性能，用于生产化肥、镁质瓷、冶金熔剂原料、轻质氧化镁和多孔氧化硅、医药等，这类用途主要是利用蛇纹岩中的镁和硅组分，或利用它在一定条件下物相转变带来的物化性质的变化。目前，蛇纹岩在我国主要有以下几种用途。

（1）农用矿物肥料

对各种作物都表现了稳定增产的效果，它向农作物提供了不可缺少的镁、硅、镍、钒、铬、钴、铜等多种营养元素，具有长效肥的良好效果。因此，蛇纹岩作为矿物肥料用于农业，前景广阔。

（2）用于医药方面

20世纪70年代以来，我国已利用蛇纹石制成中成药"氟宁片"，治疗氟骨症，有效率达93%。蛇纹岩还是制造泻利盐的原料。

（3）做雕刻材料

蛇纹岩色泽艳丽，质地致密坚硬，温润光洁，可雕性好，因而可将蛇纹岩作为玉石工艺品原料。我国这类型的玉石种类已有十余种，著名产地有辽宁岫岩县、青海祁连山和云南、四川、广西、广东、新疆等地，如辽宁的岫岩玉、祁连山的蛇纹石玉（祁连玉或酒泉玉）已载誉国内外。

（4）作耐火材料

我国20世纪六七十年代开展这方面的试验研究。唐山钢铁厂用蛇纹岩制成蛇纹石焦炉砖，重庆、太原等地钢铁厂用蛇纹岩制成镁橄榄石砖，作为碱性耐火材料。用蛇纹岩配加矾土、黏土等原料，在1350℃的温度下，可合成出热膨胀系数小、抗热稳定性好的堇青石材料，广泛用作窑具材质。

（5）作镁质陶瓷原料

河北省邯郸陶瓷研究所用低铁蛇纹岩精矿生产镁质瓷，其制品色泽美观柔和，透明度较高，玉石感强。

（6）提取氧化镁和二氧化硅以及金属镁

蛇纹岩是重要的镁、硅资源，可从中制取轻质氧化镁和多孔氧化硅。轻质氧化镁纯度可达 97%，是氯丁橡胶的重要填料；多孔氧化硅 SiO_2 质量分数达 93%，可用作吸附材料。另外，含镁较高的蛇纹岩可以提炼金属镁。

（7）用于建筑装饰材料

蛇纹岩具有较好的光学效果，可将其用于生产建筑板材、地板材料及碎石和石米。

（8）提取钴、镍等元素

蛇纹岩中一般均伴生有镍、钴、铬等金属元素，从含有这些金属元素较高的蛇纹岩中可提炼钴和镍。在制取钙镁磷肥后的炉渣中，镍可以相对富集 10～15 倍，铂族元素也可相对富集。另外，在生产产品的同时也可提取镍和钴等，如用蛇纹岩提取氧化镁过程中的滤液，其镍和钴相对富集，可用脂肪族羧基酸（10%）和煤油的混合液进行萃取，回收率可达 80%。

（9）提取纤维状非晶硅

从蛇纹岩中提取的非晶硅与碳在高温下反应，可制成硅的晶须、晶粉和晶体。

目前，我国对蛇纹岩的开发利用及其研究，正处于起步阶段，有关单位正对蛇纹岩的应用领域、生产工艺及产品等进行深入研究。

十六、硅藻土矿

硅藻土是一种典型的含硅质生物沉积岩，其化学成分也以 SiO_2 成分为主，还含有 Al_2O_3、Fe_2O_3 和碱金属等杂质。非海相硅藻土中常伴有淡水海绵骨针、金藻内生孢子等孢子等生物遗骸，在海相硅藻土中常伴有硅鞭毛虫类、放射虫等硅质生物遗骸。除此之外，还经常有各类黏土矿物和碎屑矿物参与，硅藻土中的 SiO_2 与矿物和岩石中的 SiO_2 不同，通常称为硅藻质氧化硅，是生物成因的。硅藻土的正确英文单词是 diatomite 或 diatom earth。我国对硅藻土也有不同的称呼，如白泥、白土、山粉、硅藻土和观音土等。

（一）地质研究及开发

国外对硅藻土的研究始于 19 世纪。1870 年在美国密苏里州西南部发现硅藻土，1872 年开始开采利用，并成立了美国硅藻土公司。

我国对硅藻土的研究始于 20 世纪 30 年代。1935 年，杨钟健教授在山东临朐县进行地质工作时发现了硅藻土矿床，并进行了地质研究工作。20 世纪 50 年代

以来,特别是近些年来,硅藻土及其相关领域的地质研究和勘探工作都得到了很大进展。

我国与硅藻土有关的化石硅藻理论研究工作始于1962年,对化石硅藻的植物群组合面貌、沉积环境、岩相古地理、生态及结构构造等进行了系统的研究,在硅藻土资源的地质勘察、矿床评价等地质工作中起到了重要作用,并取得了较大成果。20世纪50年代以来,我国硅藻土的地质研究工作在地矿、化工、冶金等部门中一直不断,全国已在14个省(自治区)发现了大量的硅藻土资源,探明储量的矿区有34处。

我国硅藻土资源的开发与应用始于20世纪40年代,自1935年杨钟健先生发现山东临朐硅藻土之后,至20世纪50年代中期,一直处于生产原土及加工原土的初等水平。直到50年代后期,我国硫酸工业亟需解决催化剂载体来源短缺的问题,化工部门才开始国内硅藻土的试验工作,并成功地利用山东临朐县的硅藻土生产出第一代钒催化剂载体。20世纪60年代初期,同济大学采用浙江嵊县硅藻土研制成功了硅藻土助滤剂,1966年由当时的宁波市江北矿粉厂(现名为宁波市染料化工厂)与同济大学合作投入批量生产,开创了我国助滤剂国产化的新局面。20世纪80年代初,硅藻土及其产品需求量开始逐年上升,从而大大促进了我国硅藻土工业的发展。硅藻土的地质研究、开发利用及产品系列化也有了较大发展。

(二)资源及开发利用

中国硅藻土资源丰富,截至2000年年底,已有14个省(自治区)(吉林、黑龙江、河北、内蒙古、山东、山西、浙江、江西、福建、广东、海南、四川、云南、西藏)发现硅藻土矿床(点),但主要集中于东部和西南地区,资源量估计可达20亿吨,其中吉林省探明硅藻土储量达1.80亿吨,远景储量3亿吨,探明储量居全国之冠。根据有关资料统计,我国硅藻土按保有储量计算,吉林省的硅藻土占全国总量的55.06%,其次为云南储量占全国总量的20.12%,浙江为11.12%,河北为7.27%、四川约为3%,其他各省(自治区)依次为内蒙古、福建、山东、广东、海南和西藏。特大型、大型矿床主要分布在云南、广东、浙江、吉林、黑龙江、河北等省。

我国硅藻土资源的分布不但具有明显的区域性,而且在成矿年代上也有一定的差异性。

我国硅藻土1995年产量约为20万吨,主要以浙江和吉林为主。据1995年《Mineral commodity Summaries》统计,1995年世界硅藻土产量为150万吨,其中美国67万吨,法国25万吨,前苏联12万吨,丹麦9.5万吨,韩国7万吨,德国5万吨、墨西哥5万吨,西班牙4万吨,其他国家共16万吨。我国硅藻土产量约占世界总产量的14%左右,居世界第三位。据有关资料,到2000年,硅藻土年消耗量增到 30 万吨，按我国已探明储量计算，可满足需求至数百年。

硅藻土作为一种非金属矿产，利用已有百年历史。因其具有质轻、孔隙度大、吸附性强、热稳定性好、熔点高和抗腐蚀等优良的性能，而被广泛用作助滤剂、填充剂、催化剂载体、隔热保温材料、吸附剂以及漂白材料等。

我国硅藻土矿质量较好，易选、埋藏浅、覆盖层薄、产状平缓而矿层稳定，所以一般都以露天开采为主。通过精选，使硅藻土中的硅藻更加富集，从而提高硅藻土 SiO_2 含量，达到工业利用要求。

我国硅藻土的生产主要集中于云南腾冲、吉林长白及敦化、浙江嵊县、四川、河北等地，其他各硅藻土资源省（市、自治区）均有生产，但生产能力及规模较小。1995 年全国总生产能力达到 35 万吨/年。硅藻土经破碎、混合、磨碎和烘干后的产品，一般称硅藻土粉。经水选、酸处理等工艺提纯的精硅藻土称为精土。精选使用焙烧方法的硅藻土产品称焙烧级硅藻土。加熔剂焙烧的称为熔剂焙烧级硅藻土。用这些经选矿加工等工艺形成的产品有许多特性，用途广泛，其产品可达 500 多种。目前世界上多用于生产助滤剂、填料、保温隔热材料、化肥及药剂载体、工业吸附剂、炸药密度调节剂等。我国对硅藻土的用途近年来不断拓展，其主要用作助滤剂、填料、建材、吸附剂、涂料、保温隔热材料、硅藻土载体及钒催化剂载体等，并有部分出口。

我国 1965 年开始进口硅藻土产品。20 世纪 90 年代以来，硅藻土出口量不断增加，对外贸易量不断扩大，1995 年全国出口硅藻土粉约 13.43 万吨，主要出口日本、意大利、荷兰、法国、比利时、韩国、美国等，而进口硅藻土约 0.38 万吨，主要来自美国、日本、法国等国家。随着我国硅藻土工业的发展，其出口贸易将会不断扩大，进口量将逐年降低。

十七、膨润土矿

膨润土（bentonnite）又叫膨土岩或斑脱岩，系以蒙脱石类矿物为主的黏土岩。膨润土一词源于 1888 年，美国地质学家 W.C.Knight 在美国怀俄明州 "Fort Benton" 附近的白垩纪地层中首次发现了一种绿黄色、黏柔和吸水后膨胀的黏土，故命名为膨润土。后来，有些人把凡具有膨润土物理性质的黏土物质统称为膨润土。

20 世纪初期，一些地质学家认为"膨润土主要是由火山物质蚀变而成的结晶的黏土矿物所组成"，他们局限了膨润土为火山成因的观点。随着各个国家对膨润土的不断发现和研究，都不同程度地发现有很多膨润土与火山物质没有直接的成因联系。在 1972 年西班牙马德里举行的国际黏土会议（AIPEA）上，R.E.Grim 提出了膨润土的广泛定义，认为"膨润土是以蒙脱石类矿物为主要组分的岩石，不考虑成因和产地"。

（一）地质研究

膨润土的研究与应用始于20世纪20年代，发祥于美国。据资料表明，我国20世纪50年代初期才开始开采膨润土矿，而后补做地质工作。如黑山膨润土矿，1955年私人开采，1956年建立县办矿山，1959年才开始普查，这也是我国地质工作的首次介入。进入20世纪70年代，机械铸造业得到进一步发展，为提高铸件产品质量，需用膨润土铸造型砂黏结剂，膨润土需求量增加，因此涌现出一批膨润土矿山，开采业自此初步形成。在这期间，已有较多省份对已开采的膨润土矿区进行了矿床地质评价初步工作，探明数千万吨的储量，但基于对膨润土矿床地质研究程度不高、矿石工艺技术性能了解有限及对膨润土的矿物成分和岩石学研究较为肤浅等原因，地质找矿工作未能展开。

20世纪70年代后期是我国膨润土地质工作的开展时期。1977年对浙江临安平山膨润土进行了属型划分，要求对其开展系统普查勘探工作。1977年12月，杭州地质大队袁慰顺首次提出了膨润土在水介质的作用下具有自然改型现象，并撰文论述了平山钠基膨润土矿床地质特征、成因分类及其自然改型规律，为后来全国大范围发现钠基膨润土提供了依据。1979年，国家地质总局在临安召开了膨润土矿地质工作会议，此后开始在二十多个省（自治区、直辖市）展开了地质找矿工作。

进入20世纪80年代以来，我国掀起普查、勘探与应用膨润土的高潮，对成矿规律、矿床地质特征、开拓应用等方面展开了系统深入研究。至1995年年底，全国已探明有膨润土储量的省份达23个，探明膨润土矿区85个，累计探明储量24.8亿吨，发现矿床（点）300余处，显示出我国膨润土资源丰富、品种齐全的优势。随着膨润土工业的发展，应用行业、地质、科研等单位在膨润土的开发应用、地质普查找矿等方面的联系日趋广泛，膨润土专业协会也于1988年宣告成立。

（二）资源及开发利用

膨润土矿是我国的优势矿种之一，品种多、储量大、分布广。根据目前资料，已探明有膨润土储量的省份23个，储量超亿吨的省（自治区）有新疆、江苏、河北、湖北、山东、安徽、浙江及广西等。大、中型并超千万吨的矿床主要分布在辽宁、吉林、浙江、江西、河南、广西、新疆、陕西、甘肃等十余个省（自治区）。探明储量的矿区85处。全国膨润土资源量已超过80亿吨。近年来，膨润土储量有所增加，不断发现新矿区，如云南砚山、新疆吉木萨尔、河北迁西、山西石楼、陕西神府大柳塔等。据有关资料表明，我国的膨润土资源可充分满足国内近期和长期需求。说明这一矿种的潜在优势，为我国开拓市场，加快新产品的研究，提高新形势下的竞争力等奠定了资源基础。

膨润土是当今应用范围较广泛和经济价值较高的非金属矿产，有万能土之美称。膨润土的生产应用历史仅有70多年，是一年轻的工业。世界最早大规模开发和应用膨润土的国家是美国,并成为世界第一生产大国,所生产的钠基膨润土年产量约占世界产量的60%,产品大部分出口,其次是俄罗斯和中国。目前已有四十多个国家生产膨润土,年产量约900多万吨。虽然我国膨润土工业起步较晚,但随着机械、冶金、石油、化工、能源、食品等工业的迅速发展,其应用领域还在不断扩大,膨润土的生产能力快速提高,现已居世界前列。

由于膨润土具有吸水性、膨胀性、阳离子交换性、触变性、黏结性、吸附性、增稠性、润滑性、脱色性及稳定性等多种性能,在世界上已在二十多个领域和一百多个部门应用,其主要用在铸造、冶金、钻井工业、食品、石油、园艺、农业、畜牧业、化学工业、环境、建筑业、造纸业、纺织印染、陶瓷工业、医药、化妆、机械工业等领域,用途十分广泛。

据统计资料表明,目前世界膨润土消费中,铁矿球团占27.1%,铸造占23.8%,钻井泥浆占18.7%,吸附剂、吸收剂、杀虫剂等占17.4%,动物饲料占5.0%,建筑业占2.7%,其他占6.1%。我国膨润土主要供国内消费,年消费精矿量约一百多万吨,消费结构为:铸造占73.5%,钻井泥浆占7.0%,石油化工(包括脱色)占6.3%,铁矿球团占3.0%,轻工、建材、农药、印染等其他行业占8.2%,出口占2%。由此看出,我国膨润土在应用领域中还有很大的潜力。目前,全国许多单位积极开展对膨润土的开发应用研究,取得了一定的进展,例如用优质膨润土制成无碳复写纸用显色剂;在生产矿物凝胶的同时,又研制成印花浆料;完成膨润土深加工系列产品开发应用研究,形成12种产品系列,以及矿物饲料增效素等,都取得了很好的效益。

十八、伊利石黏土矿

伊利石黏土(illite clay)是以含伊利石矿物为特征的黏土,俗称陶土。伊利石是一种常见的黏土矿物,属于富钾的硅酸盐黏土矿物,因最早发现于美国的伊利诺伊州而得名,其化学式为 $K_{0\sim1}Al_2[(Al·Si)Si_3O_{10}](OH)_2$,其中水含量变化较大。

国外学者对伊利石矿物研究较多,同时对"伊利石"术语也有不同的认识。根据 R. E.格里姆的意见,"伊利石"这一名词包括了所有黏土中的云母类矿物。在他的云母族黏土矿物分类表中,水云母是指此族矿物的总称,而伊利石被包括于水云母之中。在 Frank-Kamonetsky 表中,伊利石专指二八面体型富铝水云母类的一个种属。近年来,有人将伊利石和水白云母两个名称同时使用,有人认为是同义词,也有人认为二者是不同的矿物。伊利石无论在晶体结构或化学成分都和云母类矿物相近似,但二者是有区别的。伊利石与白云母的主要区别是四面体中的硅铝比大于3:1,它与水云母的主要区别是不含层间水。伊利石矿物层间阳离子以钾离子为主,同时它的结构层和结构层之间往往缺乏吸附水分子或有机溶液而使结构层间的距离缺乏扩大的能力,即缺乏膨胀性,这一特点通常可以用于与云母类矿物区别。另外，伊利石的光学性质、热学性质及物理化学性质均和云母类矿物有些差别。

（一）开发利用及地质找矿

伊利石矿物发现于20世纪30年代，而伊利石矿床的勘察和开发利用约在20世纪70年代才开始。伊利石矿物颗粒细小，颗粒直径一般为0.1～0.3微米，呈黏土状，为单斜晶系，常呈鳞片状的块体。伊利石矿物自发现以来，不同的研究者对它的化学成分的测定和认识均有不同之处，并且在伊利石矿物的定名方面，还存在着不同认识。中国对伊利石的研究起步较晚，这方面的成果较少，自1988年后，才开始利用这一名称，而且我国发现的伊利石矿床较少，因此在开发应用方面也滞后于其他国家，只限于陶瓷的配料。进入20世纪80年代后，我国开始伊利石地质找矿工作，发现伊利石矿床（点）数十处，分布于我国的吉林、浙江、河南等省。在利用方面，伊利石不仅用于陶瓷行业，而且开始研究利用伊利石矿提取农业用钾钙肥、钾氮肥的可能性，但由于效益、资金和技术问题，一直处于研究实验阶段。直到1997年，才由原化工部系统研究完成一项新的工艺路线，利用低品位含钾伊利石制钾氮肥，经济效益可观，为我国利用伊利石矿生产农用钾肥以弥补我国钾肥的匮乏创出一条新路。

（二）开发利用

伊利石是近年来才得以开发利用的矿物。伊利石具有良好的吸附性、细腻性、易碎性和白度，在陶瓷、塑胶、造纸、化肥、冶金、农牧业及环境保护中有广泛的用途，是应用前景广阔的黏土矿物之一。因此，化工、建材、地质及冶金等部门对其较为重视，新矿产地不断被发现，资源量逐年增加，主要分布在浙江、吉林、河南及内蒙古等地。

我国伊利石的开发应用滞后于其他发达国家。20世纪80年代以前，我国仅限于用作生产釉面砖、马赛克、电瓷、卫生瓷的配料，也曾研究用伊利石提取农业用钾钙肥、钾氮肥的可能性。近年来，我国对伊利石的研究不断深入，对它的富钾、明亮、光滑、松散耐热性及良好的吸附性、细腻性、易碎性等性质有了深入的认识，对伊利石的开发利用有了一定的进展。例如，温州市工业科研所等单位以富钾伊利石黏土作原料生产钾氮肥；吉林省地球科学研究所对吉林产出的伊利石矿经进一步提纯后，粉末纯度大于98%、粒度小于2微米的为95%，符合造纸涂料的要求，经涂布试验，各项指标均达工业要求。近年来伊利石的开发利用不断发展，其应用前景广阔。目前，我国主要将伊利石用于如下几个方面。

① 陶瓷业　伊利石中含铝较高，能提高制品的强度，含K_2O高，可降低烧成温度。

② 工农业　伊利石与蛎壳灰配合，经烧制细磨可制得钾钙肥；用硫酸处理伊利石，可制取钾明矾、硫酸铝，明矾氨化后制得钾氮肥和钾氮混合肥。伊利石用氨

气处理可制得 KCl。另外，伊利石黏土可用来改良土壤。据化工报（1977 年 7 月 8 日第二版）报道，化工部门研究完成了用伊利石制钾氮肥的新工艺路线，并投入生产，使矿石利用率达到 100%，无"三废"，投产后，月处理矿石 500 吨，月产硫酸铝 600 吨，钾明矾 220 吨，活性硅粉 250 吨，生产钾氮肥 500 吨，产品年销售收入 1623.6 万元，每处理 1 吨矿石平均利税为 500 元，年创利税 250 余万元。

③ 造纸及化工行业　伊利石经提纯后可作造纸涂料，还可用塑料、橡胶、油漆、化妆品（粉饼、胭脂）等的填料。

④ 环境保护行业　伊利石可用来作放射性贮藏器中的缓冲剂，隧道和钻井的回填物及用作空气净化废气处理的材料。

⑤ 矿石出口　据资料表明，伊利石矿石主要出口日本，仅浙江温州地区 1984 年为 600 吨，尔后将逐年增加。

参 考 文 献

[1] 马伯英. 中国医学文化史 [M]. 上海：上海人民出版社，1997.
[2] 王嘉荫. 本草纲目的矿物史料 [M]. 北京：科学出版社，1957.
[3] 王仁湘. 饮食与中国文化 [M]. 北京：人民出版社，1999.
[4] 王培君，闫俊峰，东野脉兴等. 中国化工矿产地质概论 [M]. 涿州：化学矿产地质研究院，2001.
[5] 王弭力，焦鹏程，刘成林，陈永志. 新疆罗布泊盐湖钾盐资源、开发、利用、可持续发展地质学史论丛书 [M]. 北京：地质出版社，2009：91-113.
[6] 王吉平，商朋强，牛桂芝. 中国萤石矿主要矿集区及其资源潜力探讨 [J]. 化工矿产地质，2010，32(2)：87-94.
[7] 中国无机盐工业协会.钾盐(肥)行业分会,中华合作时报社,中国农资传媒.中国钾盐钾肥 50 年[M].北京：中国财政经济出版社，2011.
[8] 中国地质学会. 中国地质学学科史 [M]. 北京：中国科学技术出版社，2010.
[9] 尹希成. 全球问题与中国 [M]. 武汉：湖北教育出版社，1997.
[10] 付廷顺，李兆庆. 中国矿藏大发现[M]//李钟模，张富中. 天下第一雄矿——湖南石门雄黄矿传奇. 济南：山东画报出版社，2011：245-250.
[11] 冯国超译. 山海经 [M]. 北京：商务印书馆，2009.
[12] 柴继光. 运城盐池研究 [M]. 太原：山西人民出版社，1991.
[13] 朱训. 中国矿业史 [M] //王炳铨，王君. 中国现代化工矿业史. 北京：地质出版社，2010.
[14] 李知宴. 中国古代陶瓷 [M]. 北京：商务印书馆，1998.
[15] 李春阳，田升平，牛桂芝. 中国重晶石矿主要矿集区及其资源潜力探讨 [J]. 化工矿产地质，2010，32(2)：75-86.
[16] 苏庆谊. 科技发展简史 [M]. 北京：研究出版社，2010.
[17] 宋文生，宋启耀，杨同兴. 化学矿山工业 [M] //当代中国的化学工业（当代中国丛书）. 北京：中国社会科学出版社，1986.
[18] 陈美东. 简明中国科学技术史话 [M]. 北京：中国青年出版社，2009.

[19] 陈建宏. 矿产资源经济学 [M]. 长沙：中南大学出版社，2009.
[20] 谷树忠，成升魁. 中国资源报告——新时期中国资源安全透视 [M]. 北京：商务印书馆，2010.
[21] 邵世宁，熊先孝. 中国硼矿主要矿集区及其资源潜力探讨 [J]. 化工矿产地质，2010，32(2)：65-74.
[22] 林年丰. 医学环境地球化学 [M]. 长春：吉林科学技术出版社，1991.
[23] 庞天舒. 寻找消失的罗布泊——与楼兰同在 [M]. 北京：新华出版社，2007.
[24] 武弘麟. 北京文明的曙光 [M]. 北京：北京出版社，2000.
[25] 宣之强. 中国第四纪盐湖分区及找钾研究 [J]. 化工地质，1994，16(4)：217-226.
[26] 宣之强. 纪念中国发现钾盐 40 年 [J]. 化工矿产地质，1996，18(4)：314-316.
[27] 宣之强. 中国盐矿开发的历史回顾与前瞻 [J]. 化工矿产地质，1997，19(3)：201-206.
[28] 宣之强. 中国明矾石资源及其应用 [J]. 化工矿产地质，1998，20(4)：279-286.
[29] 宣之强. 中国砷矿资源概述 [J]. 化工矿产地质，1998，20(3)：205-210.
[30] 宣之强，王连第. 中国钾盐 50 年 [J]. 化工矿产地质，1999，21(3)：181-187.
[31] 宣之强. 中国盐湖钾盐 50 年回顾与展望 [J]. 盐湖研究，2000，8(1)：58-71.
[32] 宣之强，宣海斌. 论《本草》与化工矿产 [J]. 化工矿产地质，2002，24(4)：227-236.
[33] 宣之强. 中国含盐盆地成钾矿集区划分与找钾前景概述 纪念中国找钾 60 年[J]. 化工矿产地质，2009，31(1)：59-64.
[34] 宣之强. 中国钾盐矿勘探的机遇和挑战 [C] //北京：中国地质学会地质学史专业委员会第 22 界学术年会论文汇编．2010：83-89.
[35] 宣之强. 记中国第一个找钾 973 计划获批启动 [J]. 化工矿产地质，2010，32(4)：235.
[36] 宣之强. 中国察尔汗、罗布泊盐湖钾矿发现史揭秘 [C] //中国无机盐工业协会钾盐（肥）行业分会第六届年会会刊，上海，2011：131-134.
[37] 袁见齐. 西北盐矿概论 [M]. //袁见齐教授盐矿地质论文选集. 北京：学苑出版社，1989.
[38] 柴继光. 运城盐池研究 [M]. 太原：山西人民出版社，1991.
[39] 徐少康. 建国 50 年来我国金红石矿产地质勘查及研究历史的回顾 [J]. 化工矿产地质，1999，21(3)：188-192.
[40] 高仕扬. 青海盐湖锂盐开发与环境 [J]. 盐湖研究，2000，8(1)：18.
[41] 钱大都. 中国矿床发现史综合卷 [M]. 北京：地质出版社，2001.
[42] 韩鹏，牛桂芝. 中国硫矿主要矿集区及其资源潜力探讨 [J]. 化工矿产地质，2010，32(2)：95-104.
[43] 崔云昊. 中国近现代矿物学史（1640—1949 年）[M]. 北京：科学出版社，1995.
[44] 黄展岳. 考古纪原万物的来历 [M]. 成都：四川教育出版社，1998.
[45] 蔡克勤，杨长辛. 山西运城盐湖开发史及其代制盐技术成就 [J]. 化工地质，1993，15(4)：261-267.
[46] 葛全胜. 中国历朝气候变化 [M]. 北京：科学出版社，2011.
[47] 李钟模. 地球探秘 [M]. 北京：化学工业出版社，1993.
[48] 全国矿产储量委员会办公室. 矿产工业要求参考手册 [M]. 北京：地质出版社，1987.

撰稿人：宣之强
参与人：李钟模

第二十章 煤炭开发简史

能源是人类生产和生活的必需资源,是国民经济和社会发展的物质基础。在当今世界能源消费构成中,95%属于矿产资源。我国已经开发利用的能源矿产,按消费构成比例由多到少依次排列是煤、石油、天然气、铀矿、油页岩、地热。其中,煤蕴藏量和勘查储量均居世界第二位,原煤产量居世界之冠,石油原油产量居世界第五位。

中国聚煤作用较强的时期是早寒武世,石灰纪、二叠纪、晚三叠世,早、中侏罗世,早白垩世和第三纪。全国80%以上的煤资源集中在早、中侏罗世和晚石炭世-早二叠纪世含煤岩系中。

煤不仅是动力燃料,而且是钢铁冶金制焦的原料和化学工业原料。煤矸石和煤灰渣还是建筑材料的原料。1949年以来,中国煤炭工业得到迅速发展,为国民经济建设提供了主要能源。煤不但是中国工业动力的基础,也是中国的主要化工原料,又是农业生产和城镇人民生活的能源。大批新煤矿建成投产,大批煤炭工业基地的形成,带动了轻工业、重工业和相应的商业、服务行业的发展,从而形成了一座座新兴的现代化城市,如大同、平顶山、阳泉、峰峰、淮北、兖州、鸡西、鹤岗、乌达、铜川、六盘水等。

煤是有机化合物和各种矿物杂质的混合物。按成煤物质可分为腐植煤和腐泥煤。按照煤的煤化程度,可分为泥炭、褐煤、烟煤和无烟煤四大类。由于煤全身都是宝,被人们誉称"乌金",意即黑色的金子。但是,从古至今,一般人并没有把它当成金子,而是仅仅把它当成燃料,一把火焚之,只有化学家才对它万般珍惜,把煤中之宝提炼出来,使它身价倍增。李四光教授曾经说过:"像煤炭这种由大量丰富多彩的物质集中构成的原料,不管青红皂白,一概当做燃料烧掉,这是无可弥补的损失。"因此,大力开发煤化工,把煤中的有用元素提炼出来,为祖国的经济建设发挥光和热就显得十分重要。例如,煤中含有丰富的硫元素,如果不把它们提炼出来,一火焚之,不但浪费了资源,而且严重污染环境。现在我国洁净煤技术的开发与应用日趋成熟,煤炭地下气化技术、煤液化技术、循环流化床洁净煤技术、水煤浆气化技术、洁净煤联合循环发电技术、煤炭废弃物的综合利用等技术的研究均已取得丰硕的成果。我国洁净煤技术有的已达到或接近"绿色化学"新技术的要求。

目前,我国开发洁净煤技术主要应用于生产城市煤气、甲醇、重油、轻油、酚、硫等产品。煤的综合利用和开发领域宽广，还有许多研究课题等待科学家们进行深入的研究。

第一节 古代煤炭开发

我国煤炭开发利用的历史悠久，可追溯到战国末年。据有关资料记载，陕西省榆林地区的神府县（现神府煤田），是我国最早用煤作燃料的地方。历史上当地人民称煤为"黑石头"或"黑疙瘩"，在山沟、河边捡拾烧火用。历次煤田地质勘探资源表明：陕西省陕北考古队考古发现，在公元前259—前251年，陕北已用煤做燃料，并且有简易煤炭开采的出现。考古人员还发现，在陕西省榆林地区的神木县窟夜河上游，秦长城敖包梁段，城垣的夯层中夹有煤炭灰和未完全燃烧的煤渣；这段长城是战国末年秦武王至秦昭王（公元前309—前305年）时修筑，是迄今在中国境内发现的最早用煤作燃料的古代遗址，也是我国已发现的烧煤最早的记载。

我国北宋时期的科学家沈括在延安地区出任地方官时，曾经踏勘过陕北地区的石油和煤炭资源，并将北宋时期陕北地区居民用煤做燃料的情形写进诗中："二郎山下雪纷纷，旋卓穹庐学塞人。化尽素衣人未老，石烟多似洛阳尘。"

1984年10月14日，新华社发表一则《陕北有煤海，优质易开采》的消息，报道了榆林地区地下埋藏着千亿吨以上的优质煤炭资源（即神府煤田）。

神府煤田位于榆林地区北部，以神木县的店塔为中心，延伸到府谷、榆林县境内，总面积7890千米^2，是我国目前已探明的最大优质造气煤田，占全国探明储量的15%，相当于50个大同矿区，100个抚顺矿区，与俄罗斯的顿巴斯煤田和库兹巴斯煤田，德国的鲁尔煤田，美国的波德河煤田和阿巴拉契亚煤田，波兰的西里西亚煤田并称世界七大煤田。

我国古代劳动人民认识煤、利用煤、找煤的历史十分悠久，有文字记载的就可追溯到1700多年以前。煤炭古称"石涅""石墨"或"石炭"。涅和墨都是黑色的意思，且前边都冠以"石"字；炭和煤都有"火"字，都有燃烧之意。顾名思义，煤是"可以燃烧的黑色石头"。这是我国先民们认识煤的特征的科学开端。

随着生产的实践，先民们不断总结着各地煤矿的分布规律和层位。《山海经》记载有"女床之山，其阳多赤铜，其阴多石涅。"其《中山经》中有"岷山之首，曰女儿之山，其上多石涅，其木多杻檀，其木多菊荣。""又东一百五里，曰风雨之山，其上多白金，其下多石涅。"据考证，"女儿之山""女床之山"分布在今四川双流和什邡煤田内，其形成时代均属距今二亿年左右的晚三叠纪；"风雨之山"在今四川通江、南江、巴中一带，也都是产煤地区。在山东枣庄一带还留传有"前有红石岭，后有煤炭岩"的顺口溜，前人已总结出这一带找煤必须要发现紫红色岩石才有希望。这些经验已为枣庄煤田勘探所证实。山西省《寿阳县志》记载"山无草木，下有石炭极佳"。可见前人已总结出从植被的发育情况而找煤了。

至于徐州的煤，最早有记载的当数我国宋代的大文豪苏轼。宋元丰元年（公元1078年），苏轼任徐州太守时，于徐州西南找到了煤矿，并写了名诗《石炭行》以记其事。清同治《徐州府志》记载：煤炭"白土镇。宋苏轼为守，日取以冶铁，犀利非常。"又记载："萧炭山，宋苏轼于此访获石炭。"苏东坡发现的煤究竟在哪里？据分析是萧县孤山煤矿。孤山位于徐州市西南约20千米，从萧县县城东南行12千米即可到达，它位于萧县白土镇西北4千米。当地煤层中含白色黏土，是优质陶瓷原料，唐代即已开采以木材烧瓷。宋苏轼发现煤后，才改为用煤炭烧窑。

淮南八公山煤田发现也较早，据《怀远县志》记载，明嘉靖十八年（公元1539年）和明万历二十年（公元1592年），这里已经有人开采煤炭。从1894—1938年的四十多年，先后有地方乡民自采，官商联办开采，到官僚资本家开采。各种经济成分都曾参与这里开挖煤炭。一般日产二三百吨，最多日产千吨。1938年，日本人侵入这里，疯狂采掘，产量一度上升。日本战败撤出后，其日产量仍然保持在千吨左右。

第二节　近代煤炭开发

世界煤炭资源十分丰富，目前已探明全球可采煤储量6369亿吨，可供世界250年之需。我国煤蕴藏量和勘查储量（986亿吨）均居世界第二位，仅次于美国（1776亿吨）。

一、1949年前煤田地质调研简况

中华人民共和国成立前我国地质队伍人员较少，对我国煤田地质调查及研究仅在局部地区进行，但有一批老一辈著名地质专家，如谢家荣、王竹泉、潘钟祥、刘季辰、赵汝钧、丁文江、翁文浩、李春昱、计荣森、孙健初、黄汲清、虞和寅、李毓尧、王恒升、毕庆昌、边兆祥、燕树檀、颜轸、柴登榜等，为我国淮南、榆林地区的先期地质调研，做了许多开创性的工作，打下了坚实的理论基础，为今天的地质找矿指明了方向。

（一）淮南老矿区

淮南老矿位于淮河南岸的九龙岗-寿县-凤台之间，包括九龙岗、大通、孔集等近十个中小型井田，面积400千米^2。

这里的煤田地质调查与采煤活动是围绕已知的老矿区交叉进行的。1917年，北平中央地质调查所的刘季辰、赵汝钧来到淮南进行地质调查，在所撰写的矿产地质报告中，提到了淮南煤矿。1921年，德国矿业工程师凯伯尔罗曼斯来到淮南做地质调查，建议这里的采矿工程应采用"井筒间隔凿石门"的作业方式，以便"井

井连贯,巷巷见煤"。1922年10月,李捷来安徽北部进行地质调查后,认为淮南为一向斜构造,这个观点实际是后来大淮南盆地这个概念的雏形。1923年,中央地质调查所的王竹泉来淮南做地质调查,在所写的地质报告中,也提到了这里的地层情况和含煤岩系。1927年三四月间,先有虞和寅、刘季辰、赵汝钧、李春昱、计荣森、翁文浩、李毓尧、丁文江等来到淮南舜耕山一带进行地质调查,后有王竹泉、王恒升、孙健初、毕庆昌、边兆祥、黄汲清等到上窑进行地质勘查,他们编写的《苏北和江淮大地地层对比图》对后来的找煤具有重要参考价值。1931年3月刘季辰、计荣森又在舜耕山和上窑镇地区从事煤田地质勘探,撰写了《安徽怀远舜耕山及上窑镇煤田地质》报告。他们在报告中说:"舜耕山及上窑镇之二煤田,地层皆属于中国北部岩系,处于淮阳变动地带,以及呈倒置褶曲构造,倾角甚大,几近直立。舜耕山一带煤田开采及钻探的结果表明,煤层多至十层,而煤质亦佳,可谓安徽之一大煤田。"

1938年6月4日,日军侵占淮南老矿区。日本地质专家利用地震勘查和钻探等技术手段在此展开地质调查。在由德田贞一、山本谦吉罗主持编写的有关地质报告中,正式提出了"大淮南盆地"的名称概念。报告预测了盆地成煤前景,指出了进一步探寻煤层的重点地段。此后,又有一名日本地质专家岛仓已三郎发表了《淮南煤田洞山地区调查概要》一文,再次肯定了"大淮南煤田之向斜构造,益趋明显"的判断。

1945年淮南煤矿恢复了生产,当时只有大通煤矿一个矿,年产量仅为40万吨左右,远远不能满足南京、上海、杭州一带工业和民用的需求。淮南煤矿的上级领导单位——"淮南矿路股份有限公司"提出要扩大生产就需要寻找新的煤田,公司特邀请时任国民政府资源委员会测勘处谢家荣处长,到上海共商有关找煤事宜。谢家荣回到南京后仔细研究了淮南的地质资料及地质图,特别注意到八公山东北坡一带寒武纪、奥陶纪石灰岩地层的出露,和舜耕山地质情况有相似之处,很可能有煤系赋存。1946年6月21日,谢家荣带领助手燕树檀(地质专业)、颜轸(测量专业)到淮南实地勘察,公司派出地质工程师柴登榜配合工作。他们四人共乘一辆美式吉普车,由东向西沿着舜耕山、八公山北麓用追索法与穿越法相结合的方式进行踏勘,终于在八公山北坡前的朱家大洼小溪里发现了华北晚石炭世蜓科化石,判断这里地下就是太原组地层,找煤的希望已见端倪。9月30日谢家荣在山前东北方向的朱家大涯附近,圈定了钻孔位置,柴登榜负责指挥钻井队打第一口钻井。10月6日,在距地表19米的冲积层下,钻到厚度3.6米的煤层。10月底,又钻到了第二层煤,前后共探明厚、薄煤层共24层,累计煤层总厚38.9米,初步探明煤炭储量4亿吨。当年12月,淮南新煤田日产煤炭达200吨。根据勘探资料、谢家荣写出了《淮南新煤田及古淮南盆地地质矿产》一文,为人们认识淮南煤田全貌作出了科学的论断。文中,他推断了淮北煤田分布规律,并指出找矿的远景,这些都被中华人民共和国成立后大规模的地质勘探和采矿实践所证实。淮南八公山发现大煤田，谢家荣功不可没。

中华人民共和国成立后，在淮河两岸六县一市 3500 千米^2 范围内进行了地质勘探。1958 年又发现了潘集煤田，勘察结果表明，淮南矿区与潘集-谢家矿区的煤层在淮河以下原是连成一片的整体，淮南矿区仅是该大煤田南缘的一小部分而已。淮南煤田远景储量 444 亿吨，已探明储量 153 亿吨，约占全国储量的 19%、华东的 32%，煤成（层）气储量约 6000 亿米^3。2010 年，淮南煤矿成为我国年产亿吨煤的生产基地之一。喝水不忘掘井人，为缅怀开拓者和激励后来人，安徽省地质学会和淮南市政府决定在淮南市为谢家荣先生建立纪念塑像。

（二）神府煤田

神府煤田所在的陕西北部榆林地区，地下煤矿资源丰富，但长期以来无人问津，被称之为未开垦的处女地。直到 20 世纪 20 年代初期，老一辈著名地质专家王竹泉、潘钟祥等到陕北做地质调查，踏遍了延安、榆林各县主要的川、沟、梁、峁，搜集了大量地质资料，发表专著，确认了陕北地层构造属鄂尔多斯盆地构造，是我国华北产煤区的主要组成部分，给后来找煤奠定了理论基础。1930 年以后，很多国内外地质工作者在东胜地区做过多次地质调查。中华人民共和国成立后，由于这里地理位置偏远，交通闭塞、自然条件极差，尽管发现了很多露出来的煤矿苗，但一直没有引起外界的重视。

1958 年，煤炭部一八五队与郑州煤校的调查均肯定神府地下有煤。一八五队的《榆林地区煤田预测报告书》首次从理论上作出了陕北地下是煤海的正确预测。但之后的多次钻井勘探，大体结论是没有工业开采价值。

1980 年，当时的国家煤炭工业部把陕北的鄂尔多斯盆地作为全国三大找煤区之一，并要求在两三年之内有所突破。根据这一号召，陕西省煤田地质勘探公司提出了"西进（彬县）、北上（神府）"的口号。一八五队再次挺进神府地区勘探，1982 年 11 月 10 日，一八五队有关煤炭普查报告面世之后，国内主要新闻媒体作了大量报道，引起了国内外各方人士广泛关注。1982 年 12 月 26 日《陕西日报》头版头条新闻："榆林地区发现一个大煤田，储量达八百七十多亿吨，相当于渭北煤田探明储量的 14 倍。"紧接着《中国人民广播电台》《人民日报》《经济日报》《中国煤炭报》和各省（自治区、直辖市）地方报纸及其他新闻媒体也纷纷转载了这一重大新闻。

神府特大煤田是我国目前已探明的最大优质造气煤田，神木县已成为全国第一产煤大县。它的发现与 20 世纪 20 年代初期，我国老一辈著名地质家王竹泉、潘钟祥先生的调查是分不开的。王竹泉、潘钟祥先生与一八五地质队功不可没。

二、1949 年后煤炭开发

1949 年之前，我国煤炭工业十分薄弱。中华人民共和国成立以来，煤炭产业取得了长足发展，煤炭年产量持续增长，已由 1949 年的 0.32 亿吨提高到 2005 年的21.5亿吨。

（一）国民经济恢复时期及第一个五年计划时期

1949年中华人民共和国成立后，煤炭工业是在恢复改造新中国成立前遗留下来的煤矿的基础上逐步发展起来的。据不完全统计，各地人民政府共接收了约40个煤矿企业，200多处矿井和少数露天矿，其中大部分煤矿规模小、设备简陋、技术落后，加上长期战争的破坏，多数处于停产半停产状态，全国煤炭年产量仅3243万吨。

在1949年10月中华人民共和国成立之时，即成立了燃料工业部，负责管理煤炭、石油、电力工业。仅用了三年时间，至1952年年底，83%的国有煤矿完成了恢复生产工作，32处矿井进行了改造和扩建，全国煤炭生产能力增长到七千余万吨，原煤年产量达到6649万吨，比中华人民共和国成立之初翻了一番，其中长壁采煤法产量的比重达到72.47%。

在三年国民经济恢复的基础上，1953年开始第一个五年计划大规模经济建设。重点扩建了开滦、大同、阜新、鹤岗、阳泉、淮南、峰峰、萍乡、焦作、枣庄、新汶、鸡西、通化、辽源、贾汪等15个老矿区，同时开始了平顶山、包头、潞安、鹤壁、中梁山、兴隆、轩岗、汾西、山丹、石嘴山等10个新矿区的建设。其中，建设生产能力在100万吨/年以上，储量丰富、煤质优良的矿区达16个。到"一五"计划期末，煤炭工业共完成基础建设投资35.55亿元，开工建设新矿井194处，设计年生产能力7537万吨；恢复矿井38处，年生产能力1134万吨；改扩建矿井103处，净增年生产能力2536万吨；新建和恢复洗煤厂24处，年处理原煤能力2275万吨。同时，煤田地质队伍先后勘探了72个煤田，在基本探明多数老矿区地质全貌的同时，还发现了淮北的宿蒙、山东的肥城、济宁、滕县等一批储量丰富、开发条件好的新煤田。

1957年，全国原煤产量达到1.3亿吨，年增长率达到19.04%。

（二）"大跃进""文革"期间

从1958年"大跃进"开始到"文化大革命"结束，中国煤炭产业发展遭受挫折，为大调整时期。但煤炭工业战线广大职工仍然发挥了高度的社会主义积极性，在生产建设中进行了艰苦卓绝的努力并取得了巨大成就，为国民经济发展做出了积极贡献。

"大跃进"中，出现了一些不切实际的口号，行之有效的规章制度被废弃，基本建设程序被破坏。盲目推广水力采煤技术，致使许多矿井资源不清，工程不配套，煤矿生产能力受到严重破坏，产量下降。1961年，全国煤炭年产量由1960年的39721万吨，骤降至27762万吨。20世纪60年代初，中共中央决定对国民经济进行调整，提出"调整、巩固、充实、提高"的方针，煤炭工业部据此对煤炭工业进行第一次大调整。1961年上半年开始压缩基本建设规模，精简职工队伍，到1962年先后停建了矿井456处，设计年生产能力12137万吨；停建了洗煤厂、机修厂、化工厂等项目一百多个；对简易投产的矿井进行了填平补齐，完成了大量井巷工程和地面建筑与设备安装工程，使这些矿井实现了生产系统完整及生活设施配套，提高了综合生产能力。煤田地质勘探队伍也先后从40多个地区撤下来，用以加强生产矿井的补充勘探和重点建设矿区的勘探，其工作量约占1962年全国煤田地质勘探总工作量的1/3。生产矿井的调整虽然起步较晚，经历比较曲折，但到1964年年底，简易投产矿井的补套和老矿井的开拓延深工程及采掘关系已基本恢复了正常，开采煤量和准备煤量均有较大幅度的增加，矿井生产状况已明显好转。原煤炭工业部张霖之部长提出在全国煤炭系统全面推行质量标准化、全矿井正规循环作业、矿井合理集中生产，加强基层、基础、基本功的"三基"工作也取得了明显成效。同时，原煤炭工业部采取了试办"托拉斯"与政企合一的"特区"等改革措施，对煤炭企业管理体制改革进行了探索和尝试。到1965年，煤炭工业开始逐步走上正常生产轨道。1965年的煤炭年产量达到2.3亿吨，全国开工新建了淮北、邯郸、邢台、晋城等新矿区40个，建成投产了新矿井423处，设计年生产能力11831万吨；投产洗煤厂122处，年洗原煤能力5348万吨；发现了兖州、济宁、滕县、邢台、晋城、宿县、潘谢、红阳、沈北等一批重要煤田，对以后开发东部和东北地区煤炭资源、平衡华东地区煤炭供需起了重要作用。

　　1966年，我国开始执行发展国民经济的第三个五年计划。但是，从这一年开始的"文化大革命"导致了长达10年的动乱，还未从"大跃进"中完全恢复的煤炭工业又经历了一场浩劫，遗留了许多后患，造成了难以估计的损失。煤炭工业战线广大干部和职工怀着对社会主义祖国的无比热爱之情，顶住"文化大革命"的压力和"四人帮"的干扰，狠抓开拓延深工程，扶持与发展地方小煤矿，增加生产能力，完成了煤炭工业建设的三次大转移，为我国的经济建设做出了重要贡献。1965年煤炭基本建设在"备战、备荒、为人民"和"立足战争，争取时间建设战略后方"的思想指导下，大批施工队伍从华北、东北和沿海地区转移到内地，开始了煤炭工业建设队伍的第一次大转移，集中优势力量建设"大三线"。随后又进行了为"扭转北煤南运"建设江南煤矿的煤炭工业建设队伍的第二次大转移。鉴于"大三线"煤炭基地建设已打下一定基础，江南九省煤矿建设也已达到一定规模，而东北、华北、华东地区的煤炭投资比重下降，煤炭供需矛盾突出，煤炭产量不能满足国民经济发展的需求的情况，1973年，燃料化学工业部根据国家的要求又开始了煤炭工业建设队伍第三次大转移。先后从西南和江南调出六万多人的基建队伍，组建了淮南、淮北、兖州、邯郸4个煤炭建设指挥部（基建局）和特殊凿井、建筑安装2个专业公司；并将基建工程兵扩建为4个支队，分别担任铁法、平顶山、古交以及开滦、枣庄、霍林河等矿区的建设任务，以增强对东北、华北和华东地区的煤炭供应能力。

　　为实现"四个现代化"的目标，满足国民经济发展对煤炭的需求，1975年1

月国家重新组建了煤炭工业部。为扭转煤炭工业的被动局面，顶住了"四人帮"的压力，煤炭工业部召开了全国煤炭采掘队长会议，树立了煤炭战线的"十面红旗"。首次提出了建设一支"特别能战斗"的职工队伍的战略任务；作出了加快煤炭工业发展的决策，采取了充分发挥老矿潜力、扩大建设规模、重点建设十大矿区、缩短建设周期和积极发展地方小煤窑等措施；在广大煤炭工业职工的努力下，胜利实现了"四五""五五"煤炭产量平均每年增长3000万吨的目标。从1966年到1976年，全国煤炭产量增长了92.2%，达到48345万吨。

1976年秋，粉碎"四人帮"后，"文化大革命"中停产半停产的工厂企业相继恢复生产，对煤炭的需求也急剧增加。1977年7月，国务院要求煤炭工业部在国家计划的基础上再增产1000万吨。煤炭战线的广大职工积极响应国务院的号召，为恢复国民经济而努力工作，1977年底原煤产量达5.5亿吨，满足了国民经济发展对煤炭的需求。然而在增产活动中，由于"左"的思想影响，盲目追求高指标，导致了一些煤矿不顾客观条件搞产量翻番，重采轻掘、吃肥丢瘦、滥采乱挖、忽视安全，使尚未完全恢复的矿井失调问题更趋严重。

（三）改革开放时期

1978年12月，中共中央召开了十一届三中全会，中国进入了新的发展历史时期。煤炭工业部根据1979年4月中共中央提出的"调整、改革、整顿、提高"的方针，于1979年5月开始进行煤炭工业的第二次大调整。煤炭工业部采取"一面前进，一面调整"的方针，经过3年的努力，调整和整顿取得了显著效果：全国年产3万吨以上煤矿的在建规模由1981年的11947万吨扩大到1984年的18290万吨；采掘关系趋向正常，煤炭产量逐步增长，1985年达87228万吨；改善了安全生产条件，消除部分安全隐患，解决了57处矿井通风能力不足的问题，建立和健全了瓦斯抽放系统、防尘系统和灭火系统，装备了瓦斯遥测仪、瓦斯报警断电仪和计算机监测系统；完善了规章制度，恢复了正常生产秩序；20世纪80年代初设立了专门的环保机构和人员，煤矿环境污染得到重视，并进行了治理；修建了一批职工食堂、澡堂、托儿所、幼儿园，职工生活有了改善；解决了长期存在的井下职工与家属的分居问题，职工生产积极性得到提高。此外，通过调整和整顿，企业领导班子得到进一步加强，企业经营管理得到进一步改善，生产管理人员对煤炭生产规律的认识进一步深化，所有这些都为煤炭工业的健康发展打下了良好基础。

1984年6月煤炭工业部提出全国统配煤矿投入产出总承包方案，经国务院批准于1985年1月正式实施。

总承包实施以后，全国原煤产量稳定增长，从1986年的8.9亿吨增长到1990年的10.79亿吨，改变了多年煤炭供应紧张的局面；基本建设投资实际完成325亿元；1986—1990年开工建设新井272处，设计年生产能力10109万吨，投产256

处,年生产能力12617万吨,为煤炭产业的发展增加了后劲;煤矿用人逐步减少,全员效率由1985年的0.939吨/工提高到1990年的1.217吨/工;统配煤矿安全状况明显好转,各种事故减少,百万吨死亡率下降;环境保护工作得到加强,各种污染源得到有效控制;建成了潞安、晋城、邢台、兖州、大同等14个现代化矿务局和王庄、石圪节、漳村等107个现代化矿井;从1985年起步到1990年,多种经营已成为与生产、建设并驾齐驱的三大支柱之一,对提高煤炭产业经济社会效益和促进煤炭产业持续健康发展发挥了积极作用。

(四)煤炭进入市场及国有煤炭企业的改革与脱困

1992年10月,中国共产党第十四次全国代表大会召开,大会阐述了建设有中国特色的社会主义理论,明确提出了建立社会主义市场经济体制。但由于煤炭价格始终没有放开,煤炭行业进入市场经济体制相对较晚,1993年年底,国务院作出"三年放开煤价,三年抽回亏损补贴,把煤炭企业推向市场"的重大决策。煤炭工业长期以来在计划经济体制下运行,在向市场经济转轨的过程中,遇到了市场疲软、煤炭滞销、货款不能按时收回,生产大幅度下降等问题,使一些煤矿企业长期亏损,有的煤矿企业投产就亏损,主要靠国家每年给煤炭行业的10亿元财政补贴过日子。另外,1993年、1994年国家分别拨给煤炭工业20亿元的转产贴息贷款,1995年增加到30亿元。面对市场经济的严峻考验,煤炭工业部党组作出"走向市场,迎接挑战,实现煤炭工业重大历史性转变"的决策,确定了"以经济效益为中心,以扭亏增盈为目标"的指导思想。经过3年的努力,煤炭行业亏损额有所下降。1993—1995年,国有重点煤矿精简分流人员55.1万人,其中净减35万人,职工总数由366万人减少到331万人;原煤全员效率由1.33吨/工提高到1.78吨/工。在当时市场低迷,煤炭滞销,货款不能按时收回的情况下,要实现扭亏增盈十分艰难,一些煤炭企业采用减少安全投入、拖欠职工工资、生产和生活欠账等办法来实现扭亏增盈指标,产生了一些负面影响。

20世纪90年代中期,受到亚洲金融风暴的影响,为使我国高速发展的经济实现"软着陆",国家进行了大规模的产业结构调整,煤炭开始出现供大于求的现象,1997年以后进一步发展为严重供过于求。1997年9月召开的党的第十五次全国代表大会,明确提出国有企业的三年改革脱困目标,即在20世纪末大多数国有大中型亏损企业摆脱困境,经营状况明显改善。实现国有企业3年改革与脱困的目标,是煤炭行业重大而艰巨的任务。1998年初召开的九届全国人大一次会议,决定将煤炭工业部改组为国家煤炭工业局。1998年国务院第二次总理办公会议,针对煤炭行业的问题,确定了"下放、关井、监管"的三项重大改革举措,为煤炭行业的改革脱困指明了方向。

1999年,煤炭工业在党中央、国务院的正确领导下,关井压产、控制总量工作取得阶段性成果，煤炭产量大幅度减少，总量过剩势头得到遏制。截至1999年年底，全国已关闭非法和布局不合理小煤矿3.12万处（其中取缔非法矿井1.52万处，关闭矿井1.6万处），乡镇煤矿和矿办小井压减产量2.68亿吨。小煤矿个数由关井压产前的近7万处减少到3.98万处。全国煤炭产量10.44亿吨，比1998年减少1.98亿吨，比关井压产前的1997年减少2.8亿吨。实现了全年产量控制在11亿吨以内的目标。国有企业关闭破产工作取得实质性进展。实施关闭破产，减少了亏损源，促进了全行业减亏增盈，增强了竞争力。煤炭企业还积极争取债转股政策。实施债转股，减轻了煤炭企业债务负担，降低了企业资产负债率，改善了企业负债结构，为实现国有大中型煤炭企业扭亏脱困和建立现代企业制度创造了有利条件。煤炭工业在建大中型项目资本金也得到基本解决，使工程进度加快，降低了在建项目负债比例。按照中央关于政府部门与所办经济实体脱钩的要求，在北京的煤炭企业重组为中国煤炭工业进出口集团公司和中煤建设集团公司两大集团，移交中央直接管理。重组了中煤科技集团，煤炭科技体制改革取得了突破。

（五）煤炭工业新的发展时期

在国家积极财政政策的推动下，煤炭行业坚持抓好关井压产、控制总量、关闭破产、扭亏脱困、安全生产、扩大出口等重点工作，在经历1997—2000年三年多的特殊困难时期以后，2001—2002年煤炭工业经济形势开始回升，经济运行呈现恢复性好转的态势。

① 2001年全国原煤产量11.06亿吨，2002年原煤产量14.15亿吨，超过历史最高水平的1996年的产量。国有重点煤矿、国有地方煤矿和乡镇煤矿三大类煤矿原煤产量占全国原煤总产量的比重已经由1996年的39:16:45改变为51:19:30。

② 煤炭价格回升，库存下降，煤款拖欠减少，煤炭运量、销量、出口量开始回升。

③ 在结构调整方面也初见成效。2001年，全国各类小煤矿数量已由1997年的八万多减少到两万多，关闭的各类小煤矿占原有小煤矿总数的73%；在企业内部改革和经营机制方面，经过行业上下的努力，原94个国有重点煤炭企业，已有35个完成公司化改造，基本建立了现代企业制度。

2003年以后，随着全球经济的快速复苏以及我国工业化、城镇化进程的加快，煤炭产业发展加快，产销两旺。整个市场煤炭价格在回归价值的竞争中逐步攀升，电煤售价也有所提高，煤炭成本合理增加，各项经济技术指标均创造了历史最高水平，呈现出前所未有的繁荣景象，煤炭产业进入了一个新的发展时期。面向2020年，煤炭工业已站在了一个新的历史起点上。

"十五"期间，中央预算内投资和国债资金支持了一批国有煤矿的建设和改造，建成了一批具有世界先进水平的现代化煤矿，提高了煤炭工业的设计、施工、管理和装备水平。到 2005 年底，建成高产高效矿井 197 处，其中特级高产高效矿井 60 处、行业级高产高效矿井 102 处、省级高产高效矿井 35 处，2005 年共生产原煤 6.35 亿吨，占全国原煤生产总量的 28.99%。高产高效矿井改变了我国煤炭工业的形象，成为煤炭工业技术进步的排头兵，引领着中国煤炭工业的发展方向，为中国煤炭工业的发展积累了许多宝贵的经验，使煤炭工业由劳动密集型向资金技术密集型转变，同时也确定了我国煤炭工业在国际上的重要地位。

第三节　我国煤炭在聚煤时代和地理上的分布

中国聚煤作用较强的时期是早寒武世，早石炭世，晚石炭世-早二叠世，早二叠世，晚二叠世，晚三叠世，早、中侏罗世，早白垩世，第三纪。全国 80%以上的煤资源集中在早、中侏罗世和晚石炭世-早二叠世含煤岩系中。早寒武世煤主要分布在秦岭以南的许多省（自治区、直辖市），属海相菌藻类植物形成的石煤。早石炭世煤在中国南方主要分布于滇东、黔南-桂北、湘中、粤北等地，属海陆交互相和泻湖海湾沉积。在中国北方主要分布于甘肃河西走廊东北的固原、靖远、武威一带，亦属海陆交互相沉积。早石炭世煤层煤化程度高，92%为无烟煤，少量为贫煤、瘦煤。该期煤储量仅占全国的 0.3%。晚石炭世-早二叠世煤主要分布于长江以北的晋、冀、鲁、豫、皖、苏、陕、宁、内蒙古、辽、吉诸省（自治区）。在构造上属于中朝准地台范围，沉积类型大部分为地台区海陆交互相沉积，煤种繁多，以气煤、瘦煤、焦煤、贫煤、无烟煤为主。煤储量占全国的 28%。早二叠世晚期的童子岩组煤主要分布在福建、粤东、赣东、苏南、浙北诸省，构造上位于华南褶皱系的次级坳陷中，以无烟煤为主；在苏、浙、赣有少量烟煤，该期煤储量不足全国的 0.1%，但却是东南沿海的主要煤资源。晚二叠世煤主要分布在长江以南诸省，构造上分属江南隆起带、四川台地、华南褶皱系，以黔西、滇东、川南地区的含煤性为最好，多属地台区海陆交互相沉积，煤种自烟煤至无烟煤各阶段皆有发育。煤储量占全国的 4.8%。晚三叠世煤主要分布在滇中、川西、赣中、湘东粤北及陕北，多属内陆坳陷盆地沉积，煤种以烟煤、焦煤为主，煤储量占全国的 0.2%。早、中侏罗世煤，主要分布于新疆、陕西、内蒙古、山西、宁夏、甘肃、青海诸省（自治区），多属大型内陆坳陷盆地沉积，煤种大部分为弱黏煤、不黏煤，煤质多优良。煤藏量占全国的 63%。早白垩世煤主要分布于内蒙古、黑龙江、吉林三省（自治区），多属内陆断陷山间盆地沉积，仅黑龙江省东部为近海坳陷盆地沉积。煤种以硬褐煤为主，少数为烟煤，煤储量约占全国的 3%。第三纪煤主要分布在辽宁抚顺、山东黄县-潍坊、广西南宁和百色、滇东和滇西、黑龙江依兰-伊通、吉林敦化和延边及台湾。除台湾属海陆交互相沉积外，其余多属内陆小型山间盆地湖相沉积。煤种除台湾为低级别烟煤外，大多数皆为软褐煤，煤储量占全国的 0.6%。

中国煤资源深度在 1000 米以内的总储量约 3 万亿吨,其中经过勘查的资源量已逾 1 万亿吨。其主要特点是：无烟煤占 11.9%,褐煤占 12.8%,烟煤及其他煤占 75.3%,其中各种用途的煤种齐全。除肥、焦、瘦、贫煤种略少外,其余数量比皆相差不多；煤中灰、硫等有害组分普遍偏高。早、中侏罗世已勘查之不黏煤、弱黏煤属低灰低硫优质动力用煤。煤产地遍及全国 1300 余县,90%以上的煤集中在新疆、内蒙古、陕、晋、宁、鲁、豫、冀、黑、黔、苏、皖诸省（自治区）。其中,已勘查的资源将近 70%集中在晋、陕、内蒙古；已勘查的资源中,可供露天开采的储量仅占 7%,且多分布于内蒙古、新疆、晋、滇等省（自治区）。

中国煤产量 1995 年已达 12.9 亿吨。煤产地约 5000 处,其中乡镇集体矿山年产量占了 37%。中国已经能够设计和建设年产 300～500 万吨煤的大型矿井及千万吨级的露天煤矿,已有 400 万吨/年处理量的选煤厂。中国的采煤技术,特别是建筑物下、水下采煤技术及综合机械化采煤技术,已接近或达到世界先进水平。四十多年来,建成大同、开滦、平顶山等 16 个年产量超过或达到 1000 万吨的特大型企业,其产量占全国的 28%;建成平朔、铁法、抚顺、潞安、七台河等 12 个年产量 500～1000 万吨的大型企业,其原煤产量占全国的 13.8%。两者合计年产原煤 4.2 亿吨,占全国的 33%。地方和乡镇小矿产量则占全国的 67%。中国原煤年出口量逾 2000 万吨,成为世界第七大原煤出口国。

参考文献

[1] 李钟模. 我国洁净煤技术的开发与应用 [N]. 中国石油报, 2002-5-7.

[2] 付廷顺, 鲁成伟. 神府煤田——中国最大煤田发现记事 [J]. 中国矿藏大发现, 2011(6).

[3] 李钟模. 中国古代找煤杂谈 [N]. 徐州矿工报, 1992-8-28.

[4] 柏固山, 付坤. 古战场下埋黑金——淮南八公山发现煤田的故事 [J]. 中国矿藏大发现, 2011, (6).

[5] 卢业授, 郭敏, 钟自佳, 贾志红, 杜林华. 中国现代煤炭矿业史 [M] //朱训主编. 中国矿业史. 北京: 地质出版社, 2010.

撰稿人：李钟模（中国科普作家协会会员）

第二十一章 石油、天然气开发简史

第一节 古　代

一、发现石油的最早记载及"石油"命名

我国发现石油最早的记载，是东汉时期班固所著《汉书·地理志》。书中写道："高奴，有洧水，可燃。"这里所说的"高奴"，即现在陕北延安一带；"可燃"，是说水面上有一种能够燃烧的东西（石油）。足见石油的发现当在班固之前，距今已有两千多年历史。然而"石油"一词当时并没有出现。在北宋以前，古书上对"石油"的称谓有石漆、石脂水、石脑油、猛油、猛火油、雄油等。但其含意都是石头里的油。国外古称石油为"魔鬼的汗珠"、"普鲁米修士的血"、"发光的水"等，其含意尚不如我国古称确切。

历史上最早提出"石油"一词的，是北宋科学家沈括（公元1031—1095年），他在《梦溪笔谈》一书中指出"鄜延境内有石油"。"鄜延"即今陕西延安地区。经过实地考察研究，他进一步指出，"延川石液"后必盛行于世。这近乎神话般的科学预见，已被现实所证实。延长油矿于1907年打出第一口油井，现年产原油近40万吨。通过广大石油地质工作者的艰辛工作，现已探明，在陕西省、甘肃省、宁夏三角地带的大油气田储量有一千多亿立方米。

远在我国宋朝时期，沈括对石油的利用、储藏就做过进一步的研究。他指出石油"生于地中无穷，不若松木有时而竭。今齐鲁间，松林尽矣，渐至太行、京西、江南，松山太半皆童矣。"涉及能源问题，他已预见到森林资源有枯竭可能，将来势必为石油所取代。

如今，"石油"这个具有科学性的名字已为世界各国所尊用，甚至有些国家的人还把中国称之为"石油的祖国"。历经近千年后的今天，沈括关于石油的科学见解，仍未失去其光辉。

世界上到底是何国、何地区的人最先发现和利用石油的呢？这个问题至今还无法作出确切的回答。根据史料，美索不达米亚人用楔形文字写的藏书中，古埃及金字塔里用象形字写的书中，墨西哥阿支特克族在桦树皮上的绘画文字中，都曾有过关于石油的记载。

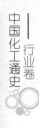

二、发现油气苗

埋藏在地层中的石油、天然气，在适当的地质条件下，沿着地层中的裂缝或孔隙，自动地跑到地面上来，就形成了油气苗。

在国外，如德国的维兹、法国的佩谢尔布龙、意大利的西西里岛、西班牙的加里西亚、罗马尼亚的普洛耶什蒂、日本的越后、阿根廷的特立尼达、印度尼西亚的苏门答腊、前苏联的巴库，古代都曾经发现过油气苗。

我国古代发现过油气苗的地方很多。根据王嘉荫、夏湘蓉、李仲均等所搜集的资料，现按发现时间的先后，摘要记述如下：

汉朝：在西河郡鸿门县（陕西神木县西南）、四川邛州（今四川邛崃、雅安一带）见天然气，高奴（陕西延安一带）见石油，山阳（河南修武县）煤矿中也见到了油气苗。

晋朝：在酒泉延寿县（甘肃玉门市）见"燃之极明"的"石漆"（石油之古称），范阳（河北定兴县）"地燃"，凉州姑臧（甘肃武威县）"池中有火"，都是油气苗在燃烧。

南北朝：在龟兹国（新疆库车县）"西北大山中，有如膏者（可能为原油或流体沥青）流出成川。"

唐朝：在新疆石漆河（新疆精河县）见油苗，云阳（陕西空县北）石燃，"夜则有光"，"投草木于其则焚"。

宋朝：在河府宝鼎县（山西荣河县）"濆泉有光，如烛焰四五炬，其声如雷"。

明朝：在四川有大量油气井，油井在嘉州（今乐山）、眉州（眉山）、青神（仁寿县青神镇）、井研、洪雅、犍为诸县，火井在邛州、蓬溪、富顺等地。在广东南雄、福建莆田、浙江诸暨、河北保定，也曾见到油气苗。

清朝：在台湾诸罗县（嘉义县）、凤山县（高雄县），以及广东韶州岑水场、陕西乾州（乾县），都有过油气苗的记载。

有些油气苗，不同朝代，不同作者的著作中，曾出现多次记载，本文只录最早出现的一次。

有人曾把众多的油气苗出现的地点，描绘在一张图上。图上密密麻麻地圈出许多油气苗发现，主要集中在西北地区，其次是西南地区，在东部地区较少。

三、石油利用

我们的祖先对石油的利用是以作燃料开始的。早在汉代，延安一带人民就把水上漂流的石油"接取用之"。由于石油燃烧时遇水不灭，因此，在凄风苦雨的夜间，骑着快马的"报人"（古代的邮递员）都用它做成火炬照明。

南宋爱国诗人陆游在他所著的《老学庵笔记》中写道："宋白石烛诗云：但喜

明如蜡,烛出延安,予在南郑数见之,其坚如石,照席极明,亦有泪如蜡,而烟浓……"这种出在延安用来照明的石烛,就是用石油加工而成的。

到了元代,以石蜡制烛已具相当规模,并出现灌烛工场。据《大元一统志》载:"石脂在富州东十五里采铜川有一石窟,其中出此。就窟可灌成烛,一枝敌(相当)蜡烛之三。"

明朝时,延安地区人们还用皮革盛装石油,煎制后用以点灯,可知当时已初步掌握了从石油中提炼灯油技术。

石油,在古代就被用于军事方面。北周宣政元年(公元578年),突厥围攻酒泉,当地军民利用土产石油作武器进行自卫。焚烧突厥兵的攻城工具,击退了他们的进攻,酒泉才得以解围。北宋初年,"西北边城防城库皆掘地作大池,纵横丈余,以蓄猛火油"。西北劳动人民掘地作大池,蓄猛火油的目的,乃是以石油作为一种作战武器,以防御西夏、辽、金等民族统治者的侵扰。

到北宋中期,火药工业兴起。当时三种重要的火药配方,包含浓油、沥青这些石油产品。以石油为主要原料制造的武器,也陆续出现。其中有一种叫"火罐"的武器,具有很大的杀伤力。

在古代,石油还被作为药物使用。我们祖先对于石油的药用性能,曾做过很多尝试和研究。早在南北朝(公元420—589年)时,石油就被作为药物用于治疗齿发脱落等病症。明代药物学家李时珍在《本草纲目》一书中,详细地总结了古代人民利用石油治病的经验,指出石油可以"主治小儿惊风,可与他药混合作丸散,涂疮癣虫癞,治铁箭入肉……"。

此外,沈括还发明利用油烟代替松烟制墨,民间还用它作为车辆、水碓轮轴的润滑剂。

四、最早油井

美国和前苏联曾经争论过谁是世界上第一口油井的开凿者。先是美国宣布:美国人狄立克于1895年5月在美国宾夕法尼亚州一个叫泰塔斯维尔的地方钻成一口深21.68米的油井,是世界上的第一口油井。前苏联的卡特仑柯则认为,世界上第一口油井是沙皇手下一个叫谢苗诺夫的矿务官员,于1848年在黑海沿岸的比比和埃巴德两地区边境上钻成的。由于他们对中国的石油钻井史缺乏研究,所以故步自封。如果他们知道中国早在公元1303年就有石油钻井的记载,又何必去争早几年、晚几年呢?而中国的第一口油井要比他们早好几百年!

我国历史上最早的油井,见于元朝时代。据《大元一统志》记载:"延长县南迎河有凿石油一井,其油可燃,兼治六畜疥癣,岁纳壹佰壹拾斤。又延川县西北八十里永平村有一井,岁纳四百斤入路之延丰库。"《大元一统志》成书于公元1303年,从这段史料可知,当时在延长、延川等地,已经开凿了油井,而且这些油井对政府有一定的纳税任务。

明朝曹学全所著《蜀中广记》中,有这样一段关于油井的记载:"国朝(指明朝)正德末年,嘉州开盐井,偶得油水,可以照夜,其光加倍,沃之以水,则焰弥甚;扑之以灰,则灭。作雄硫气,土人呼为雄黄油,亦曰硫黄油。近复开出数井,官司主之,此是石油,但出于井尔。""正德末年"即公元1521年,"嘉州"即今四川乐山一带。

此外,明朝何宇度在《益部淡资》一书中也曾写道:"油井在嘉州、眉州、青神、开研、洪雅、犍为诸县,居人皆用之燃灯,官长夜行,则以竹筒贮而燃之,一筒可行数里,价减常油之半,光明无异。"可见,在明代,油井已不限于嘉州一地,其他许多地方也都开凿了油井,并广泛应用了石油。

行文至此,不争自明,世界上第一口油井在中国。至于天然气井,我国在公元1765年已钻成井深为530米的老双盛井,1840年钻成的兴海井,井深达1001.42米。

五、开发最早气田

早在公元前250年左右,战国末年,秦孝文王派李冰为蜀守,李冰率领当地居民在今四川双流一带开凿盐井,钻井时可能遇到天然气。东汉时(公元1—146年),我国劳动人民在今四川邛州一带最先钻成了天然气井。据文献记载,有一口天然气井在公元147—263年间,至少延烧了一百多年。

提起天然气田,当数四川自贡地区的自流井气田最为著名,它历史悠久,知名度高,是中国最古老的气田,也是世界上开发最早的气田。它还是世界上开发最早的盐田(盐气共生);世界上第一口顿钻井源于此;世界上钻成第一口深度超千米的盐井(1840年,井深1001.42米)也在此。

据历史记载,宋末元初(公元1300年左右)自流井一带便开始大量用天然气煎盐。到了明代中叶(公元1500年左右)用天然气煎盐已很普遍。明代末年(公元1637年),宋应星完成了《天工开物》巨著,在书中记述了钻凿盐井和天然气井的技术,并有大量插图。到了清初已是"井厂开凿遍山"。据史料,乾隆时已有火井11口(火井即天然气井)。随着时代的进展,火井的深度亦不断增加:公元1765年钻成的老双盛井,深度为530米;1815年钻成的桂粘井,深度已达797.8米;1840年钻成了世界上第一口超千米的深井——兴海井(1001.42米)。这口井揭开了早三叠世嘉陵江期(距今两亿两千万年)气藏,日产天然气在20万米^{3}以上。

19世纪中期钻成旺产井多口。李榕在《自流井记》中写道:"火之极旺者曰海顺井可烧锅七百余口,水、火、油三者并出日磨子井,可烧锅四百余口,经二十年犹旺也;德成井火卤气熏人致死,可烧锅五百余口。"现查明磨子井位于构造顶部裂隙发育区,井深1200米。井喷后着火,火舌高达数十米,30千米外犹能见到大光，誉为"火井王"。

据统计，自流井地区天然气井在 1916 年已有 199 口，到了 1932 年增至 467 口，可见其天然气田的规模已相当宏大了。

19 世纪后期，自流井地区的钻井、采气技术已具相当水平。当时不仅能推算出天然气产量，而且也解决了输气问题。1875 年前后，福建籍技师林启公，利用当地盛产的竹子或圆木做材料，制成一种叫做"笕"的输气管道。有了笕，天然气才得以外输，进一步打开销路。当时自流井有这种管道 12 条，绵亘交错，穿山越洞，长达几十千米。专门从事管道建设的工人就有一万余人，整个大气田有 10 万人投入工作，天然气的年产量至少有 7200 万米^3。

自流井天然气气田的开采已有数百年的历史了，至今仍有气产出，可谓造福人类，宏泽子孙了。

六、最早钻探技术

无论是普查、勘探、开发石油、天然气、煤、石盐、钾盐、硫、磷等金属和非金属，都离不开钻探（钻井）技术。翻开全世界钻井史上最光辉的一页是中国的钻探技术。它有七个世界之最：

① 四川省自流井地区是世界上盐井钻探技术的发祥地　丹尼·尤金在《奖赏》一书中写到："早在公元 1500 年前，中国已经有了盐井的钻探。井深可达三千英尺（约 914.4 米）。"公元 1830 年前后，它已传入欧洲，并被广泛采用。而且推动了美国盐井的钻探。由此可知，世界上最早的钻井技术在中国。

② 1840 年，自流井地区钻成了世界上第一口深超千米的盐井（深 1001.42 米）。这口井命名为兴海井，揭开了早三叠世嘉陵江期（距今二亿二千万年）气藏，日产天然气在 20 万米^3 以上。

③ 自流井地区是世界上最早利用顿钻技术钻井的地区　早在东汉章帝时期，这里就已凿成"富世盐井"。宋朝庆历年间（公元 1041—1048 年），这里的人们就用"圜刃凿"钻成"卓筒井"，深达数十丈。"圜刃凿"即顿钻的最早形式。它比美洲鲁弗奈兄弟用同类方法凿成的井要早 750 多年。

④ 全球最早的天然气井在中国　东汉时，我国劳动人民在今四川邛州一带最先钻成了天然气井。据文献记载，有一口天然气井在公元 147—263 年间，至少烧续了一百多年。

⑤ 全球开发最早的气田在中国　据历史记载，宋末元初（公元 1300 年左右）自流井一带便开始大量用天然气煎盐。到了明代中叶（公元 1500 年左右）用天然气煎盐已很普遍。

⑥ 全球最早的油井在中国　早在公元 1303 年，在中国陕西延长县南迎河及延川县西北 80 里（404 米）永平村均钻成了油井。它比美国人狄立克于 1859 年 5 月

钻成的一口油井（深 21.68 米），前苏联在 1848 年在黑海沿岸的比比和埃巴德两地区边境上钻成的油井要早四百多年。

⑦ 全球开发最早的盐田是中国四川自流井盐田　自东汉开始开采井盐以来，这里已累计钻井一万三千多口，产盐七千多万吨，最高年产盐达 144 万吨。目前仍正常开采。

上述七个世界第一都与钻井有关，我国的钻井技术是从寻找和开发井盐开始的，在钻探盐井时发现了天然气。此后发展到寻找和开发石油、硫、磷、钾、煤等金属和非金属的钻井。

我国古代钻井技术的发展大致可分"大口浅井"、"小口深井"两个阶段。北宋以前开凿的多为大口浅井；北宋以后开凿的多为小口深井。

大口浅井是由人直接下入井底，用锹、镐等简单工具挖出来的，一般井口直径在 5 尺（1.65 米）左右，井的深度两三丈（1 丈=10 尺）不等。如果井的深度加大，井的口径也往往随之加大。

小口深井叫"卓筒井"，是用专门的深井机械开凿而成的。关于卓筒井的施工方法，在《东坡志林》（相传为北宋文学家苏轼或其门生所著）一书中，曾有这样的记载："自庆历（公元 1041—1048 年）、皇祐（公元 1049—1054 年）以来，蜀始用筒井，用圜刃凿如碗大，深者数十丈，以巨竹去节，牡牡相衔为井……凡筒井皆用机械。"这段文字，明朝学者曹学佺写的《蜀中广记》一书中，曾经引用。

《蜀中文记》还详细描述了卓筒井的钻凿过程。它大致可以分为选择井位、下石圈、凿大口、下小竹、凿小口等几道工序。钻井时，必须先选好井口位置，然后搭上木架，并装上一个特制的踩架，钻工在踩板上跳动，使踩板上下动作，踩板一端连井口的钻井工具，靠冲击的力量向下钻进。

我国古代钻凿的深井——卓筒井，是世界钻井史上的一项伟大创举，英国学者李约瑟在列举中国传入欧洲的 26 项重大发明中，就有一项是深井钻凿机械技术。他写道："中国卓筒井工艺革新，在 11 世纪就传入西方，直到公元 1900 年前，世界上所有的深井，基本上都是采用中国人创造的方法打成的"。

第二节　近　代
（中华人民共和国成立前）

一、我国最早开发的油田及石油工业

关于我国最早开发的油田究竟是哪一个？根据各自掌握的资料有不同的认识，有人认为是陕西的延长油田，也有人认为是甘肃玉门油田。据资料，延长油田钻出第一口近代化油井是 1907 年，玉门油田钻出第一口油井是 1939 年，而台湾用新式钻机在台湾苗栗出磺坑油田钻出的第一口油井是1878年，故台湾苗栗出磺坑油田才是我国最早开发的近代化油田。

早在二百多年前编的《台湾府志》中，就有许多石油和天然气的记载。1861年，有名叫邱苟的人，在出磺坑一带有油苗出露的地方，挖了个深度约3米的采油坑，每天可采集原油6千克左右。他将这种原油点燃手提马灯，同时还卖给附近的居民，作为点灯和医药之用。此事引起官府的注意，清光绪二年（公元1876年）闽浙总督文煜、福建巡抚丁日昌上奏朝廷，建议将台湾石油收归官办，仿照西洋新法，开采这里的石油。清朝政府觉得是有利可图的事，同意了他们的建议。台湾当局于是便从美国聘来了技师简时和洛克，同时买来了钻井用的一些设备，开始在出磺坑钻凿油井。第一口油井在钻至380英尺（115.8米）时遇水和油，便装置油管，用泵抽油，每日可取油15担（750千克），但不到一年就告枯竭；第二口井在钻探过程中，发生了钻具脱落事故。简时等花了三个星期时间，也未能排除故障，不久他们就回去了。

光绪十年（公元1885年），台湾由福建省的一个府改为一个行省，直属清廷管理。首任台湾巡抚刘铭传又积极主张开发台湾的石油。他上奏朝廷，陈述开发台湾石油之利。1887年奏准再次开发，并在苗栗设立矿油局，委派林朝栋前去主持。矿油局经营了4年，一共钻了5口井，最深的井深度达到120米，但仅有一口井产油，而且产量不高。由于经济拮据，使得刚刚恢复的台湾石油事业，又处于岌岌可危的境地。

甲午战争之后，从1895年到1945年，日本人占领台湾足足有50年。在此期间，为了掠夺台湾的石油资源，他们曾进行过三次大规模的地质调查，每次调查后，都有油田地质报告及地质图出版。同时钻了很多井，最深的达3583米。他们下的本钱很大，成效并不显著。1904—1945年，全台湾开采的石油总共仅18.5万吨，天然气仅10.4亿米^3。石油的主要产地是出磺坑、锦水、竹东、牛山竹头崎、六重溪、冻子脚等，都以产气为主。

1945年日本投降后，台湾由国民党政府接管，从那时起，他们先后曾用多种手段进行勘探。从20世纪40年代后期至50年代，由于经费困难，所钻的井一般都很浅，收效不大。到了1959年，台湾油矿勘探处决心加大井的深度，他们把日本人所钻的一口深度为3583米的油井——锦水38井加深钻探，到1959年11月1日钻至4063米深度时，终于获得了大量油气。以后在宝山、出磺坑等地加大钻井深度至4000米以上，结果都见到了大量油气，使1959年成了台湾油气勘探的转折点。

20世纪60年代，由于受到锦水38井深部勘探成功的鼓舞，勘探规模进一步扩大，勘探范围逐渐由山麓向平原推移，由本岛向台湾海峡发展，探井深度也由2000～3000米增至4000～5000米，最深的达到5500米，结果又发现了一些新油田。它们是：铁砧山、崎顶、宝山、青山湖、白沙屯、永和山、新营、八掌溪等油田。这些油田探明以后，都很快投入开发，对台湾经济发展做出了贡献。

台湾的海上石油勘探始于1969年，至1979年终于在新竹外海发现了长康油田。这个油田于1987年10月31日正式投产，现在生产井30口。

台湾的石油工业在近几十年中虽然有很大的发展，但油气产量却远远满足不了本岛的需要，每年约有90%的原油需要进口，进口的原油主要来自中东。

二、大陆最早开发的油田——延长油田

延长油田位于陕北延水下游，延长县城附近，远在两千多年以前就以"高奴有洧水可燃"而闻名。汉唐以来的许多史书中，都有关于这个油田的记载；而用近代方法开采延长的油田，则是一百多年前的事。

1895年，有一个德国人到这里进行调查。1903年，陕西大荔县的士绅于彦彪，勾结德国人汉纳根和德商世昌银行，订立合同，准备开采，但没有成功。1905年，陕西巡抚升允向清廷奏请试办延长油矿获准，遂设立延长石油官厂，并聘请日本技师阿部正治郎到延长进行调查，经取样送汉口化验，证明油质"胜于东洋，能抵美产"。于是，又请来技师佐藤弥市郎和几名日本工人，还买了一些日本的机器，用顿钻进行钻进，并于1907年7月钻出了第一口油井——延1井，这是中国大陆上第一口近代化的油井（见图21-1）。这口井至今仍在出油，并且在那里树碑立传，挂有"大陆第一口油井"的匾牌。

图21-1 中国大陆第一口油井

延1井在延长县西门外（今桥西小学院内），井位是由佐藤弥市郎勘定的。据田步蟾记载，此井"由是年3月安置橹台机器，4月25日开始掘凿，月终掘深23尺；5月终掘深73尺；6月石岩层厚，掘深57尺，7月13日，井中油气沸腾，是日午后三时钻头坠落，18日取出，改用8英寸（20.3厘米）钢钻头，18日至月底掘深73尺。计自4月25日开工，至7月底共深226尺。8月1日休工，次日早，

从唧筒吸水，取浮面石油，二百余斤；午间吸水，后又采油数十斤；三次吸水，也如之。每日可得油三四百斤。是为第一井工程成功之始，亦即石油厂成功之滥觞也。"

延1井出油后，又钻进十多米，至81米深处完井。初日产量1吨至1.5吨，10年后日产量仍在1吨以上。延1井出了油，当地就用小铜釜试验加工，每日可得灯油12.5千克。送去西安检验，烟微光白，可与进口煤油媲美。同年10月，炼油房竣工投产，装油14箱（约计344千克）运西安销售，一时内外传播，交相称赞。后人有诗赞曰：

陕北高原响钻机，地层深处探精微。
自从一井成功后，滚滚油龙到处飞。

以后，逐渐减少，至1934年枯竭停产。总计产原油2550吨。1978年又加深至118米，经压裂，不但重新出油，日产量还增加到2吨以上。

三、《中美合办油矿条约》签订前后

延1井出油之后，于1910年又钻了延2井，1911年又钻了延3井。延长油田出油了，喜讯很快传遍了全国，并且传到了国外。美国石油公司闻讯后，觉得是一个能够赚大钱的机会，于是便在1914年2月采取威胁利诱的手段，强迫北洋政府签订了一个不平等条约——《中美合办油矿条约》。这个条约规定，美孚石油公司派人到陕西延长等处进行勘探，勘探完毕后即由中美两国组织公司合资经营。公司股份，美孚占55%，中国占45%，此45%中有37.5%由美孚公司赠予中国，作为给予特许权的代价；其余7.5%由中国政府于公司成立之日起，两年内照原价购买；如过期不买，即作为美孚公司的股本。条约还规定："未得美国政府和美孚同意，中国政府不得将中国境内产油场所给予其他外国人办理。"

这个条约签订以后，遭到陕西人民强烈反对，联合河北、山东、河南、湖北、江西五省向北洋政府提出抗议。北洋政府不顾人民反对，仍然成立了以熊希龄为督办的"筹办全国煤油矿事宜处"，并在延长成立"中美油矿事务所"，负责美孚在华勘查和开采石油的接应工作。

根据中美合办油矿条约，美国美孚公司在当年就派出以地质师马栋臣（原名真拉普）、王国栋（原名富勒）为首的勘查队来华。他们分成两队，从北京经山西进入陕北，在一百多平方千米的范围内，进行了地质勘探；还用从美国运来的顿钻，在延长、肤施、潼关西北等地钻凿了6口井，井的深度最大达1076米。井中虽曾见到油层，但都不丰富。王国栋等对这个地区油藏所下的结论是："不可能有大量的石油聚集"，所打的井"没有一口井的产量可以认为是有工业价值的"。从此，一些外国专家认为在中国开发石油是没有多大希望的，中国只适合作为一个倾销洋油的市场，所谓"中国贫油"的论调也就从此传开了。北洋政府所设立的"筹办全国油矿事宜处""中美油矿事务所"等机构，也因"陕西凿井无效，……以节省縻费"

而于 1917 年 6 月奉命裁撤。

四、不迷信洋权威，陕北打出了自喷井

美孚公司的地质家在陕北做了一阵子调查，宣布陕北储存石油不多的结论以后，外国人对在这里找油的兴趣也就不大了。然而我国的地质学家对这些洋权威的结论并不相信，从 20 世纪 20 年代到 40 年代初，不断地有人前往调查研究，结果不但打出了油井，而且打出了自喷井。

我国地质专家去陕北做石油地质调查，最早的是中央地质调查所派去的王竹泉和潘钟祥。从 1923 年到 1933 年的 10 年中，他们曾几次到陕北，对这个地区油田地层、构造、油层及油页岩等进行详细的调查，并有许多重要的发现，还纠正了前人的某些错误论断。

1934 年 7 月，由孙越崎任处长的陕北油矿勘探处成立，他们在陕北共打了 7 口井。这些井的井位，一般都是根据王竹泉、潘钟祥所提供的地质资料确定的，其中 4 口在延长，3 口在永坪，井深多在 100 米左右，半数以上的井有油，有的井日产量曾达 1500 千克。

1935 年 4 月，刘志丹率领中国工农红军解放了延长、永坪。不久，中央红军结束了史无前例的二万五千里长征，胜利到达陕北，从此揭开了油田史上新的一页。

陕北油田回到人民手中，石油勘探工作也和其他工作一样，是在党的统一领导下进行的。当时延长石油厂的厂长陈振夏，是边区著名的劳动模范，毛主席曾给他题过"埋头苦干"四个字。

1940 年，国民党封锁解放区，解放区所需的煤、石油、铁及其他一些战时急需的物资，来源都被断绝。为了生产自救，发展边区的石油工业，军工局乃派地质学家汪鹏去延长做石油地质勘查工作。汪鹏生于 1911 年，又名汪家宝，安徽怀宁人。1937 年毕业于清华大学地学系地质组，1938 年到延安，1940 年任中共中央军委军工局工程师。他到延长之后，先通过调查访问，了解二十多口老井的情况，然后再深入野外进行实地勘查，终于在七里村一带找到了一个新的储油构造。他们在那里先后打了 5 口井，其中有 2 口是自喷井，而且喷势很旺，使陕北油田的产量一下子增加了好几倍。它使当时军委三局的电台用油，八路军后方兵站的运输用油及党中央、边区政府各机关、学校、部队、团体的照明用油，得到了充分的供应。

五、中苏合办独山子油矿

新疆地域辽阔，巍峨的天山横贯其间。在它的北面是准噶尔盆地，在它的南面是塔里木盆地。从地质上说，都是有利于含油的地区。在这两个盆地的边缘地带，古代就曾发现过油苗。到了 20 世纪初，在乌苏、绥来、塔城、乌鲁木齐、库车、温宿、喀什、莎车等地有油泉出露的地方，都曾用土法开采过。其中用新的设备进

行过钻采的,仅独山子一处。

1936年至1942年,中苏合办独山子油矿,是我国石油史上值得一提的事。当时日本帝国主义者发动侵略战争,党中央先后指派邓发、陈潭秋、毛泽民等到新疆工作,和盛世才建立了统一战线关系。为加紧经济建设,决定和苏联合作开办独山子油矿。油矿的行政事务工作和生活供应,由我方负责主持;生产和技术工作,由苏方派来的总工程师负责,生产所需要的各种机器设备和技术人员,也由苏方提供。

独山子在地质上为一东西不对称的穹隆状背斜构造,长约4000米,宽约2500米,大部分为页岩、砂岩、砾岩。钻探工作从1936年9月开始,1937年1月14日第一口井出油,油势很旺,最初日产10吨左右,很快降至1~2吨。到1942年底油矿共钻成油井33口,每月平均产油700余吨。炼油厂设备除由安集海迁来的一套釜式蒸馏装置外,新建成日处理170吨的常压蒸馏装置,共有职工七百多人,最高日产水平达110吨。抗战期间,汽油来源困难,"一滴汽油一滴血"。独山子油矿在当时的重要性可想而知。

1942年,盛世才由所谓的"亲苏亲共",一变而为反苏反共。

1943年4月,苏联方面决定停办独山子油矿,并将人员及机器设备撤走,无法撤走的井下设备及部分房屋建筑折价170万美元,于1944年2月由国民政府资源委员会购买,交甘肃油矿局接管。从此独山子油矿就每况愈下,处于奄奄一息状态。据统计,这个油矿从开始开发到1949年9月解放,共生产原油11497吨。

六、玉门油矿最早的3口井喷油简况

玉门油矿开始所用的两台钻机都是顿钻。顿钻钻进的速度很慢,例如一号井的井深仅88.81米,用了98天;6号井的井深207.42米,用了339天。资源委员会便想办法从湘潭煤矿、萍乡煤矿调来旋转钻机,以加快钻进的速度。

从湘潭煤矿调来的钻机,1940年8月运至玉门,用它加深石油河西岸的4号井,于11月2日正式开钻,1941年4月21日夜间3时,当钻至439米深时,突然钻遇高压油层,即L层,原油、天然气夹带着砂石,以高达84大气压(8.5兆帕)的井下压力,猛烈向外喷发,响声犹如雷鸣。井喷半小时后,发生了天然气爆炸,一声巨响,火光大起,熊熊烈焰,人不能近。职工们奋力抢救,向井口投掷浸水的毛毡和沙土,旨在堵塞井口。因油气太大,始终没有堵住,直烧了一天一夜,才因井壁坍塌,油气受阻而熄灭。烈火烧坏了大部分机器,钻机也报废了,造成了很大损失。

同年10月22日,8号井发生一次井喷,比4号井更加猛烈。8号井位于油田顶部。1940年9月,当萍乡煤矿的钻机运到矿区后,便装在8号井口。这口井在人工挖掘59.92米后,于1941年2月1日开钻。10月22日,当钻至449米井深时发生井喷。井喷发生后,油气四射,直冲空中,呼啸之声,宛如汽笛长鸣,声闻数千米,油气随风飘荡。至27日凌晨,因井壁坍塌,喷势方才减弱。以后时喷时停,

最多的一天喷油 2500 余吨。一年后装上了采油树,才投入正常生产。

1942 年 1 月 20 日,10 号井也发生了强烈井喷。

20 世纪 40 年代初,我国的石油钻井队伍还年轻,对于井喷这类突如其来的事故,还缺乏应对和处理的经验,同时也没有相应的设备。既不会使用重泥浆,防喷器和高压井口装置也没有。事后,油田当局便采取措施,一方面增添防喷器、采油树等设备,一方面聘用外国有经验的钻井技术人员来华,同时还先后派董蔚丹、靳锡庚等钻井技术人员出国去学习。

井喷,是一件坏事,也是一件好事。井喷对油田起了一定的破坏作用,但当代技术是完全可以防治的。不过由此却可以证明当地确实蕴藏着丰富的石油。当年国民政府之所以改甘肃油矿筹备处为甘肃油矿局,增加投资,扩大经营范围,正是由于这里发生了几次井喷。

七、翁文波是我国石油物探事业的奠基人

我国的石油物探事业始于 20 世纪 40 年代初期。在它的创建和发展过程中,翁文波起了很大的作用,他无愧为中国石油物探事业的奠基人。

翁文波(1912—1994 年),浙江鄞县人,1934 年毕业于清华大学物理系,1936 年去英国留学,1939 年以自己制造的重力探矿仪在伦敦大学皇家学院获得博士学位。此时第二次世界大战已经爆发,他辗转返回祖国,一路上千辛万苦,随身衣物全部丢光,只有这台重力探矿仪完好无损。

回国以后,他在中央大学物理系一边教书,一边利用实验室中的一些废旧零件,拼拼凑凑,试制各种物探仪器。四川油矿勘探处所钻的石油沟 1 号井完钻以后,他曾专程前往,进行试验性电阻测井和自然电位测井。这是我国有史以来第一次地球物理测井。

1940 年 5 月,翁文波又带着中央大学助教赵仁寿,到了当时我国最大的玉门油矿,利用自制的物探仪器在油井中进行了一系列试验工作,并写出报告。这份报告后来被国民政府资源委员会主任委员翁文灏看到了,并写了批语,认为这些资料"均与探矿工程具有关系"。指示油矿当局"应妥加参考,期宏实效"。

1941 年 1 月,翁文波又在石油河、甘油泉、石油沟等地进行物探工作。在这次勘探中,他们使用的罗盘磁力仪、电测仪是自己制造或改装的。他们还采取电极展开法、单极法等方法,绘制出一系列图件,效果都比较好。

1945 年,甘肃油矿局已拥有重力仪、磁力仪各两部,其中一部重力仪系美国哈爱米特研究公司所制造,一部磁力仪为德国阿斯加尼亚公司所制造。这年 10 月,甘肃油矿局地质室组成了我国第一个野外重力、磁力测量队,翁文波兼任队长,队员有丛范滋、李德生(现任院士)等二十余人。

这个测量队沿着河西走廊,东起张掖、高台、酒泉,西至玉门、安西、敦煌广

大地区内，进行比例尺为 10 万分之一的重、磁力普查勘探，在沙漠、戈壁、草原覆盖区发现许多重、磁力高异常。

1946 年 6 月，中国石油公司在上海成立。翁文波被任命为该公司勘探室主任。在他的领导下，地球物理实验室成立了，还先后成立了几个重力队、电测队，为建国后石油物探事业的发展，奠定了基础。

八、玉门油矿早期的石油地质调查

玉门油矿，是旧中国最大的油矿，位于甘肃祁连山下，嘉峪关外。

玉门的石油，在许多古籍中都曾有过记载。清朝末年，洋务派打着"振兴实业"的旗号，大声嚷嚷要开采这里的石油，然而他们信守的原则是"利不百，不变法；功不十，不易器"。他们认为玉门等油田"地处穷荒大陆，运机与售均不便，大利之兴非其时也"，因而长期不予开采。

那时，在石油河边的峭壁上和甘油泉一带，每逢夏季，有的地方就从地缝里冒出石油来。这里的居民便在有石油处挖个浅坑，油流入浅坑之后，再用勺舀出来，运到酒泉等地销售。

最早前往玉门一带做石油地质调查的是地质学家谢家荣。1921 年，他随翁文灏到甘肃调查地震，归途经过玉门，就顺便调查了这里石油地质的情况，事后写有《甘肃玉门油矿报告》刊登在 1922 年出版的《湖南实业杂志》第 54 号上。报告中说：玉门石油泉附近地质构造确为一背斜层，地层中属于疏松砂岩，厚者达数米，足能蕴蓄油量；在疏松质砂岩上下，夹在致密质红色页岩，足以阻止油液渗透。从而第一次肯定玉门的石油有开采价值。

1928 年，地质学家张人鉴受甘肃省政府的派遣，也到玉门调查这个地区的石油地质。事后也写了报告，刊登在《开发西北》第 1 卷第 5 期上。报告中对油苗露头、地层地质都做了初步分析。另外，张人鉴还亲自用蒸馏法化验了土法采出的石油样品。通过化验，证明油质甚好，颇有开采价值。于是他又写了一份采炼玉门石油的意见书，建议"用人力或动力钻探机，深至数百米或数千米，考察地层中各种岩层厚薄，探得油源所在之处，即可确定矿量多寡"。"矿量确定后，再设法开凿油井，并建筑冶炼石油厂"。对于办矿所需的款项，张人鉴的计划是由新疆、陕西、青海、宁夏各省合办，或由中央政府投资。他还说："借款办矿，各国已有先例，与外人合办矿业，条件合乎不丧权辱国，也未尝不可。"他的意见，在今天看来，也仍有可取之处。

九、黄汲清、杨钟健等调查新疆石油地质

对于新疆的石油地质，历史上曾有许多人去那里做过调查。其中影响最大的是 20 世纪 40 年代初黄汲清、杨钟健等人的一次调查。

黄汲清（1904—1995年），四川仁寿人，1928年毕业于北京大学地质系，1935年在瑞士浓霞台大学获得博士学位。1937年接替翁文灏担任中央地质调查所所长。鉴于石油对国民经济的重大意义，他很注意对石油地质的调查和研究。这次率队去新疆调查，于1942年11月出发，参加者有中央地质调查所的杨钟健、程裕淇、周宗浚，甘肃油矿局的卞美年、翁文波。他们先在独山子开展工作，当时正值严冬，天气很冷，外出都着皮衣皮裤，穿厚毡袜皮靴，戴两副手套。工作中周主要负责地形测量，程裕淇、卞美年主要进行地层、构造等地质问题的研究；杨钟健着重搜寻化石；翁文波则利用自己设计的一台小型电磁仪，做地球物理调查。独山子的全部调查工作从12月3日开始，到12月31日结束，于1943年1月8日返回乌鲁木齐。接着黄汲清又带领杨钟健、程裕淇、周宗浚出发去南疆，调查库车铜厂油田和温宿托克拉克油田。调查结果认为：作为油田来说，地质条件最好的是乌苏独山子油田。库车油田背斜层并未合口，含油层倾角过大，非但不适于大量含油，且于钻探工程也颇不利；温宿托克拉克油田储油构造太小，背斜层两翼倾角太陡，且无适当合口，因此这两个油田的经济价值都不太大。

1943年5月，黄汲清等结束了新疆的石油地质调查工作，回到重庆。随后，黄汲清执笔撰写《新疆油田地质调查报告》。报告中提出了两个重要论点：一是"陆相生油论"，就是陆相地层也可以形成有工业开采的生油层，确认陆相侏罗纪地层是新疆的重要生油层之一；另一个是"多期多层含油论"，就是大型含油盆地一般总具有好几个不同时代的含油地层，这是"多旋回成矿论"的雏形。这两个见解在中华人民共和国成立后石油地质普查勘探工作中，经实践检验证明是正确的。

十、玉门油田的开拓者孙健初

提到玉门油田，人们就会想起玉门油田的开拓者孙健初先生。如今孙先生离开我们已经半个世纪了，但他都一直活在石油工作者的心中。

孙健初（1897—1952年），字子乾，河南濮阳人。1927年毕业于山西大学采矿系，后入中央地质调查所。他曾到大江南北、长城内外的许多地方进行地质勘查。在地质勘查这片广阔的领域里，为了获得地质的新发现，他不辞劳苦，不畏艰险，长年出入荒山僻野。在自传中，他曾写道："……尤其对荒凉之西北，调查无人愿去。我自动前往，毫无顾虑。虽当时反动军阀随地造反，被扣留不予调查，但我没有因此而减低我的生平志愿。"

20世纪30年代，为了调查石油，孙健初曾三探玉门。第一次去玉门探查，是1935年，同去的有测量人员周宗浚等。他们到了酒泉，正准备向玉门进发，遭到酒泉驻军马步芳的阻拦，以"地方不靖"为借口，不让前往，结果只能在玉门外围做些调查。

第二次去玉门探查是1937年6月。这次他参加中国煤油探矿公司筹备处组成的西北地质矿产试探队,这个队的队长是史悠明,成员除孙健初外,还有美国的地质专家韦勒博士和工程师萨顿。他们调查的地域比较广,到达玉门调查的时间是9月23日。根据调查结果,孙健初认为玉门地质情况非常好。但想了解到更详细的地质图是不可能的。终因"限于时间,未及详察,仅获其梗概而东返"。归途中,他给国民政府资源委员会的领导人翁文灏写信,请领导注意玉门的石油矿。

第三次去玉门探查是1938年底。这时抗日战争爆发已一年多,"洋油"来源几乎断绝,国民政府势迫无奈,才在资源委员会之下设置了甘肃油矿筹备处,派孙健初再一次前往玉门做石油地质调查。

孙健初接受任务后,于11月3日到达兰州,稍做准备,就偕同刚从美国考察回来的严爽和测量技术员靳锡庚等,骑着骆驼,冒着风雪向玉门进发。他们在那里紧张地做了半年的野外调查,便绘制出各种图件,同时还根据地质条件,部署了几口井的井位,经过钻探,都出了油,有的还很旺,玉门油田就这样宣告诞生了,孙健初功不可没。

十一、在四川盆地找油找气的先行者

四川,四面环山,是一个大盆地。盆地中物产丰富,素有"天府之国"之称。很早以前,人们就已开发利用这里的天然气。地质学家们根据这里的地理、地质条件,认为很有利于油气田的形成,因而20世纪初,就有人在这里找油找气。

1915年,美国人劳德伯克到四川调查地质时,曾对犍为、乐山及自贡等地的石油和天然气进行专门研究;1929年中央地质调查所赵亚曾、黄汲清去西南调查,其中赵亚曾曾对四川自流井地质构造加以研究;1931年中央地质调查所又派谭锡畴、李春昱调查川康地质,这一次他们除达县、巴县外,对其他各油区都做了比较详细的调查。他们所著的报告《四川石油概论》,被认为是早期研究四川石油地质的权威著作。在这个报告中,作者将四川分为富顺乐山、资中仁寿等8个区,并认为四川有6个含油层,上起白垩纪的自流井层,下至三叠纪的嘉陵江层,而主要的含油层为三叠纪石灰岩。

1935年,潘钟祥也去四川进行了石油天然气地质调查,并拟定了钻探地点。四川巴县石油沟的气井,就是他和常隆庆定的井位。

为了勘察四川的石油,1936年,国民政府成立了四川油矿勘探处,同时从德国进口两台钻机,先后在几个构造上进行钻探。

1937年抗日战争爆发后,沿海地区为日寇所占,"洋油"进口困难,重庆成了国民党政府的陪都。在四川找油,成了大家十分关切的问题。当时任中央地质调查所所长的黄汲清,就时常带领岳希新、赵家骧、陈秉范、何春荪、朱夏、曾鼎乾等青年地质学者,在四川境内进行油气地质考察,位于隆昌圣灯山构造的第一口气井的井位,就是由黄汲清和陈秉范确定的。

以谢家荣为首的国民政府资源委员会矿产测勘处，20世纪40年代也在四川做了许多油气地质勘查工作。谢家荣对于四川油气地质的见解，主要表达在《四川赤盆地及其中所含油气盐卤矿床》、《再论四川赤盆地中油气矿床》等论文中。

1948年，在谢家荣的主持下，曾专门开过一次四川石油地质座谈会。会上多数人认为：从各方面研究表明，四川并没有不能产油的征象；而当时所以未能得到满意的结果，主要在于钻探不够普遍，钻探地点不太合适，钻井时没有分层经验等方面的原因。

十二、坚信陆相地层也能生油的地质学家——潘钟祥

在20世纪初，"中国贫油"的论调广泛流传。当时许多外国地质专家到中国调查之后，对在中国找油的前途都是极其悲观的。他们的理论根据可以概括为一点，即中国境内大部分是陆相地层，而他们认为：有工业开采价值的油田，只有在海相地层中才能形成，在陆相地层是不能形成有工业开采价值的油田的。

"海相"和"陆相"是地质学中两个专业名词。所谓"海相"，是指在海洋中沉积的物质，如石灰岩、白云岩等；所谓"陆相"，是指陆地上沉积的物质，包括冲积、坡积、洪积、残积、湖相沉积、冰川沉积、沙漠沉积等，如砂岩、砾岩等。地质学家潘钟祥，早在20世纪40年代初，就冲破唯海相地层生油的观点，针锋相对地提出了"陆相生油说"。

潘钟祥（1906—1983年），河南汲县人。1931年毕业于北京大学地质系，之后在中央地质调查所工作。1932—1934年，曾四次去陕北调查石油及油页岩；1935年，又去四川做石油天然气地质调查。1940年，他去美国留学，先后在堪萨斯大学和明尼苏达大学学习石油地质。当时老师在课堂上讲的以及石油地质教科书上写的，都说只有海相地层才能生油。潘钟祥回想他在国内勘查过的几个油田，不论是陕北上三叠统及侏罗系石油，还是四川自流井层石油，都是在陆相地层中，而且又不可能是从下面海相地层中运移上来的。于是他便发表了一篇题为《中国陕北中生代、四川白垩纪陆相生油》的论文，大胆地提出了"陆相生油说"，向传统的唯海相生油说挑战。

在潘钟祥提出"陆相生油说"以后，黄汲清等通过1942年在新疆的考察，也提出了在陆相地层中可以找到具有经济价值的油田的论点。此外，提出过同类意见的，还有谢家荣、翁文波、尹赞勋、王尚文、高振西、侯德封、田在艺等地质学家。而翁文灏，早在1934年写的《中国石油地质问题》一文中，就对"陆相地层果绝无生油希望耶"提出质疑。

近些年来，我国找到的许多新油田，包括大庆那样的大油田，以及胜利、大港、辽河、华北、南阳等油田，都是在陆相地层中找到的，足见打碎"陆相地层不能生油"、"陆相地层不能形成有工业开采价值的油田"这个紧箍咒，对发展我国的石油

724

工业，有着何等重大的意义。

十三、孙越崎对甘肃油矿局的贡献

甘肃油矿局成立时，担任总经理的是孙越崎先生。

孙越崎于 1893 年出生于浙江绍兴，原名"毓麒"，中学时代改为同音的"越崎"，立志要使祖国越过崎岖而达康庄。他 1921 从北京大学采矿系毕业后，一度从事煤矿技术工作。1929 年留学美国，回国后任陕北油矿勘探处处长，同时兼任河南中福煤矿总工程师。抗战以后，他到了重庆，主要还是经营煤矿。自从担任甘肃油矿局的总经理后，他把油矿局的总管理机构设在重庆，油矿所在地玉门，下设矿场和煤厂，分别委派严爽和金开英负责，他自己则两头跑，冬春在重庆，夏秋在玉门。

玉门位于祁连山北麓的戈壁滩上，海拔 2400 米，气候不好，生活条件很差，一般人都不愿意去，去了也不安心，总想尽快离开那里。油矿刚开办时，技术人员很缺，除少数是从其他单位调来的以外，大部分是刚从西北工学院、西南联大、重庆大学毕业招考进来的，他们爱国热情很高，也不怕艰苦。但长期生活在荒凉的戈壁滩上，婚姻问题不好解决，也难免产生苦闷。孙越崎为了安定他们的情绪，便公开登报，在重庆招收一些中学毕业的女学生，到油矿去工作。每次招聘，孙越崎都亲自主持，一一谈话。这些女青年到了玉门以后，在矿上担任小学教师、托儿所保育员、医院护士等，都很快找对象结婚成家，技术人员们结婚安家以后，工作也就安心了。

对矿区环境美化和职工文化生活，孙越崎也很注意。戈壁滩上的土壤，含沙子太多，不能烧砖瓦。矿区盖房，开始全是"干打垒"；后来从 15 千米外运来黏土，与当地沙土混合烧制砖瓦，并从 180 千米以外的祁连山运来木料，这才盖起了一幢幢漂亮的房子。他还提倡绿化环境，在矿区栽了几百棵杨树。京剧、秦腔剧团也常到矿里来演出。仅二三年，这里的面貌就发生了巨大的变化。当年孙越崎曾写过这样一首诗：

关外荒漠远接天，出关入道泪不干。
移沙运土植杨树，引得春风到油田。

玉门油矿的产量，1942 年为 4.6 万吨，1943 年为 6.8 万吨，每年炼制的汽油达 0.5 万～1 万吨，对支援抗日战争和发展后方工业起了一定的作用。

十四、谢家荣坚信中国必有石油

中华人民共和国成立前，在中国做地质调查工作的，不少人都认为"中国贫油"。当时外国人这么说，中国人也这么信。但也有的人不轻信，不盲从，谢家荣就是其中之一。

谢家荣（1898—1966年），字季骅，上海市人。1916年毕业于农商部地质研究所，后入地质调查所工作，不久去美国威斯康星大学深造，1920年获硕士学位，回国后仍在地质调查所工作，并先后被北京大学、清华大学、中央大学、中山大学等校聘为地质学教授。从1940年起，应国民政府资源委员会之聘，担任矿产测勘处处长10年。他重理论研究，也重实际勘查，一生勤奋，做的工作很多，对地质学、特别是矿床地质学做出了很大的贡献。他的著作有400多种，其中专论石油的，也有二十余种。

谢家荣先生很重视对石油地质的调查和研究，玉门、陕北、四川、台湾等有石油的地方，他都去考察过。1949年建国前夕，他参加东北参观团去东北访问，归来以后写了《东北矿产概况》一文，文中指出："日本人在锦州和札查诺尔两区对石油钻探虽然没有成功，却是很有理由的。我们将来还应该继续做，并且要扩大范围彻底钻探。"他还说："将来的勘测工作，要特别注意北满……中生代煤田的特征和沥青的产生，可能有发现石油的希望。"以后中央安排力量在北满找油，并于20世纪50年代末发现了大庆油田，谢家荣的建议，当起到了一定的作用。

早在20世纪30年代，谢家荣就发表了《石油》（1930年）、《中国之石油》（1935年）、《中国石油之储量》（1937年）等论著。他曾估计我国石油为18亿吨，这只是从当时的勘测情况出发进行的推测。他曾这样写道："详计中国石油储量，今尚非其时，一因调查未精，二则许多油田都未开发，必要材料俱不完备也。"当年谢家荣所估算的中国石油储量，实际上仅包括延长、延川及四川、玉门、新疆等几处。这样估算所得的储量，自然不可能精确反映我国石油资料的全貌。

谢家荣对昔日流传的"油在西北"之说一直持不同看法。1948年10月，他在中国地理学会年会上宣读的《江南探油论》一文中写道："中国这片广大复杂的土地，大量石油的蕴藏，自是意中之事。……我的比较乐观的看法是中国必有油，而且不一定限于西北。"

十五、中国石油公司的创建人——翁文灏

在中国早期的石油工业发展史上，翁文灏是一个有影响的人物。1946年6月1日成立的中国石油公司就是他一手创建的。

翁文灏（1889—1971），字咏霓，浙江鄞县人。早年留学比利时，1912年在比利时鲁文大学取得地质学博士学位以后就回到祖国和章鸿钊、丁文江一起，在农商部地质研究所做地质人才的培养工作。1916年地质研究所停办后，便转入地质调查所，先担任矿产股股长，后又接替丁文江担任所长职务，直到抗日战争开始，才离开地质调查所，到国民政府里去当官。

翁文灏对石油工业的发展，一直非常关心。他认为，一个国家如果没油矿，是难以立国的。抗日战争胜利以后，百废待兴，百业待举。这时他辞去了一切职务，下决心要求成立一个机构，把全国的石油事业统一管起来。经过一段时间的准备，作为国民政府资源委员会下属机构之一的中国石油公司，终于在上海宣告成立。

中国石油公司总公司设在上海江西中路131号，公司的最高决策机构是董事会，由翁文灏、吴兆洪、许本纯、孙越崎、孙拯、王守竟、霍树宝等7人组成，董事长翁文灏。公司的总经理也由翁文灏兼任，下面有协理4人：张兹恺、金开英、严爽、郭可诠。由于翁文灏不能经常在公司上班，日常工作实际上都由张兹恺代为处理。到1948年5月，翁文灏就任国民政府行政院院长之后，总经理之职才改由张兹恺担任。协理也有过变动，如邹明就是后来补上去的。

中国石油公司总公司下设矿务、炼务、业务、财务、总务等部门。章程中规定，公司的任务是担负"本国境内石油及有关矿类的勘探、开发及经营，提炼石油、利用油页岩或天然煤气及人造石油厂之设立，石油产品及有关制品之远销。"它既搞勘探，又搞开发；既搞天然石油，又搞人造石油；既产原油，又炼成品油。它拥有储油站、加油站以及汽车、油罐车、油轮等原油的运输工具。当时我国最大的石油单位甘肃油矿局，改组为它下面的一个分公司——甘青分公司；东北炼油厂、高雄炼油厂、嘉火溶剂厂以及四川、台湾的油矿勘探处，上海、南京、汉口、广州、青岛、天津、兰州、重庆等8大营所，均纳入此组织之中。

十六、开发东北的人造石油

石油，有天然石油和人造石油之分。从井里开采出来的，是天然石油；人造石油则是从油页岩或煤里面提炼出来的油。在我国，油页岩的分布很广，储量也很丰富，东北抚顺、桦甸、汪清等地都是油页岩的著名产地。

"九一八"事变以后，日本占领了整个东北。基于发动侵略战争的需要，他们曾千方百计地在东北境内寻找油田。而结果却很不理想，后来便改变主意，开始采掘抚顺等地的油页岩，炼制人造石油。

抚顺，是我国煤炭的重要产地，也是我国油页岩的重要产地。油页岩多分布在浑河南岸，东西延长15.2千米，南北宽约2.4千米，油页岩层厚50~300米不等，平均含油率为5.5%。它的储量很大，当年"满铁"的董事赤羽曾说过："仅抚顺的页岩油，可供给日本每年600万桶，至300年而不竭。"油页岩覆盖于煤层之上，埋藏深度不大的煤矿进行露天开采时，必须先把油页岩挖掉。因此，这里的油页岩就不必专门组织人力进行采掘，而完全可以利用露天采煤时剥离下来的副产品，所以成本很低。

在抚顺，日本人先后建立的人造石油工厂——"碳矿制油所"共有4所，都有一定的规模。产品有汽油、煤油、生油、柴油、硫铵、石蜡等。从1930年开始生产，到日本投降前一年，平均年产油20万吨，1942年为产量最高的一年，达25.76万吨。1943年是中华人民共和国成立前我国石油产量最高的一年，这年全国共产油32.1万吨，其中25.55万吨是东北所产的人造石油，可见当时东北人造石油在整个石油生产中的重要地位。

东北沦陷期间，日本帝国主义者所建的利用油页岩提炼石油的人造石油工厂，除了抚顺，还在吉林桦甸建厂；另外，锦州、锦西、四平等地也建有人造石油工厂，不过其原料并非油页岩而是煤。日本侵略者不惜巨额投资建厂，原计划建成年产页岩油100万吨的产能，对我国石油资源进行更大规模的掠夺，只是由于中国抗战胜利，没有来得及付诸实施。

1945年8月，日本投降后，抚顺被国民政府接收。此后三年，几个油厂基本上都处于瘫痪状态。到1948年11月中华人民共和国成立以后，人造石油工业才获得新生。

十七、旧中国最大的石油勘查机构

在旧中国时期，石油的产量不多，从事石油勘查的机构，也寥寥可数。设在兰州市左公东路的中国石油公司甘青分公司勘探处，总共有技术人员和技工54人，却已经是全国最大的一个石油勘查机构了。

中国石油公司甘青分公司勘探处，是1946年7月在原甘肃油矿局地质室的基础上组建而成的，处长由原地质室主任孙健初担任。整个勘探处的机构设置和人员如下。

地质室：孟昭彝、王继光、王尚文、杜博民、司徒愈旺、张维亚、田在艺、张家环、杨义、梁建式、张傅淦、李延浚、苗祥庆、王鉴之、刘国恩、张宗祜、潘景林。

地球物理室：翁文波（兼）、吴永春。

测绘室：周宗浚、孙泽芹、高清雯、赵怀三、王得喜、李天宝。

图书室：王之耀。

此外，还有人事、文书、庶务、会计、保管等若干人。

甘青分公司勘探处成立不久，孙健初就派出两个地质调查队，分别由孟昭彝、司徒愈旺带领，在老君庙庙西青草湾，青海民和药水沟享堂，文殊山之西大红圈，玉门以东、酒泉以西、合黎山以南、祁连山以北广大地区开展工作。为了寻找更多的储油构造，1947年孙健初又把处里的地质人员分为酒泉、玉门队、皋兰、河口队、陇东队、青海队等几个分队，在更大范围内开展石油地质调查。同时还派周宗浚、吴永春等人参加国民政府经济部组织的柴达木调查队，并在扎合发现了"油沙山"油田。

甘青分公司勘探处的工作人员，当年在我国河西一带从事野外石油勘查"荒山走马，几历寒暑""风沙雨雪、不辞劳瘁"。他们人员少，经费紧，设备差，想开展工作，困难重重。地球物理勘探和微生物勘探，都是有名无实，实际上只能做些地面地质工作。许多需要钻探的地方，都因限于财力物力，未能尽量开钻。著名地质学家李春昱，面对着当时国内的情况，曾不无感慨地写道："今日号曰建国时期，其用于建设经费者，曾几许文？国人倡言开发西北，而从事西北工作者，才有几人？反观金陵沪上，人烟栉比，声色歌舞，成不夜之国，琳琅满目，盖舶来之品，其裨益于国家建设开发者，又安在哉？"

十八、金开英与中国早期炼油工业

1936年10月，中央地质调查所沁园燃料研究室在北平宣告成立。这个研究室何以冠以"沁园"两个字？原来开办这个研究室所用的一座新建的钢筋水泥楼房，还有一部分购置仪器设备的款，是由一个名叫金肇基的人捐助的。"沁园"是金肇基父亲金竹庭的别号，以"沁园"为名，寓有纪念之意。

金肇基，浙江湖州人。他开明爱国，积极支持侄儿金开英从事石油炼制工作。金开英早年在清华大学学习经济，后留学美国，并改学化工。沁园燃料研究室成立以后，他便从美国回来，参加这个研究室的工作。

沁园燃料研究室的主要任务，是研究煤、石油、油页岩等燃料矿产的化学性质，以便更好地利用和改造。金开英学的是化工，在这里正有用武之地。当时和他在一起工作的，有熊尚元、肖之谦、宾果等人。他们曾从事烟煤、油页岩的低温干馏、酒精代替汽油及用植物油制取石油产品的研究。

抗日战争开始以后，"洋油"进口困难，而四川、湖南、贵州一带所产的桐油等植物油，出口的路子被截断。在这种情况下，政府当局乃任命金开英为植物油料厂厂长，采取就地取材的办法，以内地所产的桐油、菜油等作原料，从中炼取汽油。在当时汽油来源十分困难的情况下，植物油料厂的产品对缓和汽油紧张局面，起了相当的作用，有力地支援了抗日战争。

1939年，玉门油矿投入开发。为了炼制这个油矿所产的原油，筹建炼油厂的任务又落到了金开英的身上。开始时，炼油厂所用的设备是自己做的一个分馏塔。所说的大锅，是把两个盛油的大桶剖开、敲平，然后焊在一起做成的；炼油厂的产量，开始每天大约有一吨多，到1945年抗日战争胜利前夕，每天产量也不过2吨。汽油中硫黄的含量很少，不经过处理就可以使用。

抗日战争胜利后，金开英被派去台湾、东北接收当地的炼油厂；1946年6月中国石油公司成立后，又任公司协理，主管炼油并兼材料处处长；1948年去台湾。他一生从事炼油事业，对中国炼油业、特别是早期所做的努力，是很值得称道的。

第三节 当 代
(中华人民共和国成立后)

一、中国石油工业的黎明

经过无数革命先烈的浴血奋战，中国人民终于推翻了三座大山。1949年10月1日，北京天安门前升起了第一面五星红旗，伟大的中华人民共和国从此宣告诞生。随着社会制度的变革，中国石油工业的局面也发生了根本的变化：黑暗渐渐地消失了，迎来的是万道霞光的黎明。

旧中国为我们提供的石油工业基础是极其薄弱的，在中华人民共和国成立前夕，我国陆上只有玉门（见图21-2）、独山子、延长三个油田和四川石油沟、圣灯山两个气田，3个勘探处，8个地质队，18名石油地质技术干部，大小钻机7台。石油生产单位只有玉门、延长2个，实际采油井加起来才33口，年产天然石油7万吨，人造石油5万吨。石油地质储量由于调查工作做得很少，只有粗略的估计数字，20亿桶（约合3亿吨）。按采收率33%计，可采储量仅1亿吨，它们几乎全都在西北。炼油工业更是可怜，仅在玉门、大连、抚顺等地有几个小炼油厂。这些炼油厂不仅规模很小，而且工艺落后，设备陈旧，产品质量低劣。生产油品只有12种，其中汽油、煤油、柴油、润滑油仅有3.5万吨，不足国内需要量的10%。

图21-2 玉门老君庙油田

【说明】1939年8月11日，祁连山下玉门老君庙1号井获得工业油流。从此，揭开了中国现代石油工业的第一页。作为中国石油工业的摇篮，玉门油田为中国石油工业的崛起做出了历史性的突出贡献。

新中国成立了，要发展石油工业，需要资金、需要设备，还得有技术力量。但是在当时，所有这些方面都很困难。

党和政府对发展石油工业十分重视。1949年新中国成立时，中央人民政府就设立燃料工业部，专管煤炭、电气和石油等工业的恢复和发展工作。1950年4月13日至24日，燃料工业部在北京召开了第一次石油工作会议，会议通过了恢复时期我国石油工业的基本方针，即"在三年内恢复已有的基础，发挥现有设备效能，提高产量，有步骤、有重点地进行勘探与建设工作，以适应国防、交通、工业与民用的需要。"会议决定以大力开发西北的石油资源，尽快恢复东北人造石油工业为重点。

为了加强石油工业的领导，中央决定从1950年7月1日起，在燃料工业部下正式成立石油管理总局，随后又相继成立了西北石油管理局和东北石油管理局，使这些地区石油工业得以顺利的发展。

二、中央领导与李四光关于我国石油资源的对话

李四光（1889—1971年）是我国著名的地质学家。他字仲揆，湖北黄冈人，早年留学日本，学习造船机械；1913年去英国，入伯明翰大学学习地质；1920年回国，任北京大学地质系教授，1928年改任中央研究院地质研究所所长。建国以后，他一直担任地质部部长。

从20世纪20年代初期开始，李四光就在祖国辽阔的土地上进行地质调查工作。无论岭南塞北、江河上下，都留下了他艰辛的足迹。他勇于探新，早在1932年，就根据他所创建的地质力学理论，预测华北平原地下埋藏着"有经济价值的沉积物"。这种"有经济价值的沉积物"是什么呢？有人认为就是石油。

中华人民共和国成立以后，李四光冲破重重阻挠，从英国回来，参加祖国的社会主义建设工作。当时，石油成了摆在新中国面前的尖锐问题。是靠天然石油呢，还是靠人造石油？到底是走哪一条路，中央领导都十分关切。

1953年年底，毛泽东主席和周恩来总理特地把李四光请到中南海，征询他对我国石油资源的看法。毛主席对李四光说到，要进行建设，石油是不可缺少的。天上飞的，地下跑的，没有石油都转不动。李四光在分析了中国油气形成的基本地质构造条件后，对中国天然石油资源的前景，做了肯定的回答。他认为在我国广阔的领域内，天然石油资源的蕴藏量是相当丰富的，关键是要抓紧做地质勘探工作。

1954年2月，李四光又应燃料工业部石油管理总局之请，做了一次题为《从大地构造看中国石油勘探的远景》的报告。在这个报告中，明确指出中国石油勘探远景最大的地区有三个："一是青、康、滇、缅大地槽；二是阿拉善-陕北盆地；三是东北平原-华北平原。"并且指出应该首先把"柴达木盆地、黑河盆地、四川盆地、伊陕台地、阿宁台地、华北平原、东北平原，作为寻找石油的对象。"

中央领导同志赞成李四光的意见，后来周总理在一个报告中还提到过这件事。周总理说："石油在我们的工业中是最薄弱的一个环节……首先是勘探情况不明。

地质部长很乐观,对我们说,地下蕴藏量很大,很有希望。我们很拥护他的意见。现在需要去做工作……"

三、解放军是石油队伍的重要组成部分

新中国成立以来,我国的石油工业在不断地发展,石油职工的队伍,也在不断地成长壮大。1949年,我国石油的年产量是12万吨,当时全国石油职工是1.1万人,其中技术干部仅700人。现在我国已成了世界第4个产油大国,石油职工的人数也已经超过100万。1984年,胡耀邦给石油单位题词:一部艰难创业史,百万覆地翻天人。

提起石油队伍的成长,首先离不开解放军。

玉门油矿,是我国解放前最大的油矿。1949年国民党军队节节败退,想破坏这个油矿。由于工人积极组织护矿,解放军西征野战军第三军的一个装甲团急速进军西北,使油矿安全地回到人民手中。当时到玉门接管的军事总代表康世恩,原来就在西北野战军中任职,彭德怀派他去玉门时,曾亲切地对他说:"你以前在清华大学学过地质,现在派你到这个油矿去工作,你要把它保护好、建设好。"随后,焦力人、张俊、杨拯民也都先后离开西北野战军,转到石油部门工作。

解放军大批转到石油部门来,是1952年的事。这年2月,中央决定将中国人民解放军第19军57师改编为石油工程第一师。在师长张复振、政委张文彬率领下,近8000名官兵集体转业到石油战线。毛主席在命令中说:"我批准中国人民解放军第19军第57师转为中国人民解放军石油工程第一师的改编计划,将光荣的社会经济建设任务赋予你们。你们过去曾是久经锻炼的有高度组织性纪律性的战斗队,我相信你们将在生产建设的战线上,成为有熟练技术的建设突击人。"

石油师转业以后,很快组成了一团钻井、二团基建、三团运输的各种教导团和干部演习参观团、文化学习团,陆续开赴陕北、玉门、青海、四川等有油气的地区。他们虚心向老工人、老技术人员学习,经过一段时间的努力,很快掌握了石油专业技能。在这以后,如1960年大庆会战的时候,1970年江汉石油会战的时候,以及每年从部队复员转业的,都有大批解放军参加到石油队伍中来。他们和广大石油职工一起,转战祖国南北,哪里有石油,哪里就有他们。许多同志还担任了重要职务,成为各条战线上的骨干。政委张文彬后来任石油工业部副部长。

四、石油工业部成立

1953年,我国开始了第一个五年计划。国民经济的发展,对石油工业提出了迫切要求。根据新的形势,石油管理总局决定撤销西北、东北两个石油管理局,各地石油企业直接由总局管理。同时决定在石油总局下面,于西安成立地质局、钻探局,于北京成立设计局,基本上形成了由燃料工业部石油管理总局直接统一领导全

国石油工业的格局。新的管理体制推动了石油工业的发展。甘肃、新疆、四川、陕北、青海等地的石油勘探、开发、加工工作都得到了加强，技术水平有了提高，形成了地质勘探、石油钻井、工业生产、运输、科研设计等一支8万人的职工队伍。石油工业成为独立部门的条件日益成熟。

1955年7月，第一届全国人民代表大会第二次会议决定，撤销燃料工业部，成立石油工业部。部机关设地质勘探、油田开发、物资装备等13个司，下属单位有3个勘探局、10个炼油厂、4个机械厂、两个工程公司，拥有12个地震队、55个重磁力队、120个钻井队，有油气田10个，原油年产量96.6万吨。石油工业部成立以后，石油工业高度集中统一、兼容国家政府职能与企业经济职能为一体的管理体制，就全面形成。这种高度集中的管理体制，对集中力量保证石油工业重点建设，起了积极作用。20世纪50年代后期我国石油行业所以能够实现战略东移，20世纪60年代所以能先后组织大庆、大港、胜利，以及20世纪70年代的辽河、江汉、冀中等许多次大规模的石油会战，使石油产量有了大幅度的增长，正是体制优越性的体现。

石油工业部在20世纪70年代以后，机构曾几经调整。1970年曾和煤炭工业部、化工部合并，成立燃料化学工业部；1975年把煤炭分出，改名为石油化学工业部；到1978年才把化工分出，重建石油工业部，统一管理全国石油天然气的勘探、开发、油气生产和加工。部长人选，先后由李聚奎（1955—1958年）、余秋里（1958—1971年）、康世恩（1971—1978年，1981—1982年）、宋振明（1978—1980年）、唐克（1982—1985年）、王涛（1985—1988年）担任。

改革开放以后，为了适应新的形势，结束政企合一的历史，先后成立中国海洋石油总公司（1980年）、中国石油化工总公司（1983年）、中国石油天然气总公司（1988年），开始了新的历程。

五、地质部普委的石油普查

对于祖国天然石油资源的普查，石油部门是义不容辞的，投入了很大的力量。从1953—1959年，用于天然石油普查的资金，在石油工业建设总资金中的比重达71%。与此同时，还有一些部门，如地质部，在天然石油资源的普查方面，也付出了很大的劳动，这是人所共知的事实。

1954年，地质部成立全国矿产普查委员会，简称"普委"。这个机构原来负责各种矿产的综合普查，为了加强石油地质普查，从1955年起便专门从事石油天然气普查。

普委的主任委员由地质部长李四光兼任。委员有十余人，由副部长、司局长兼职。常务委员有3人：刘毅兼副主任委员，主管行政；谢家荣、黄汲清共同负责技术业务，办公室主任为李奔。下设地质、绘图、资料、计划、财务等科室（组）。

吕华任地质科长,工程师有王日伦、王晓青、关佐蜀、郭宗山等人,地质技术室有苏云山、张瑞翔、翁世劼、任继舜等约 20 人。办公室地址设在北京西郊百万庄,借用职工宿舍约七八间房子供办公之用。

普委接受了在全国范围内开展石油普查的任务后,曾先后召开过两次全国石油普查会议。召开的时间第一次是 1955 年 1 月,第二次是 1956 年 2 月。在第一次会议上,决定组织新疆(631 队)、青海(632 队)、鄂尔多斯(633 队)、四川(519 队)和华北(226 队)等 5 个石油普查大队,分别领导 24 个地质队、6 个浅钻队、17 个地球物理队、1 个地球化学队以及地形测量队和经纬度测量队,总共约有 3200 余人,其中技术人员将近 800 人。会后不久,根据黄汲清等的建议,又给东北地质局发了松辽平原踏勘任务书,开始在松辽平原上开展找油工作。在第二次会议上,总结了 1955 年石油普查地质工作中的经验教训,决定进一步扩大油气普查的规模和范围,组成 14 个石油普查大队,包括 90 个地质队、24 个地球物理队、29 个浅钻队。除继续在 1955 年工作过的地区外,加强松辽平原的普查,组建松辽石油普查队(157 队),还组建了贵州(548 队)、苏南(327 队)、内蒙古二连(204 队)、塔里木中部及西南部(753 队)、西藏黑河(632 队)、广西百色盆地和海南岛(487 队)的油气普查工作。

1956 年 9 月,地质部决定将普委改组为石油地质局,普委工作遂告一段落。

六、大庆油田的发现

20 世纪 50 年代,尽管我国的石油工业有了很大的发展,石油的年产量从 1949 年的 12 万吨提高到 1959 年的 375 万吨,增长了 31 倍多,但还是远远不能满足国民经济发展的需要。为了寻找更多的石油,中央决定撒开大网,把一部分石油勘查力量从西部向东部转移,开始在东北、华北地区进行石油地质勘查。

东北的石油,早在 20 世纪 30 年代,日本侵略者就曾经做过一些调查。他们钻过一千多米深的探井,还用物探方法进行过探测,但一无所得。他们的结论是:东北的天然石油资源,在现在来说没有什么希望,将来希望也不会很大。日本投降后,地质学家阮维周、谢家荣都曾经著文,认为东北地区有找到石油的可能性。

1955 年 8 月,地质部东北地质局派出了以韩景行为首的石油踏勘小组。在盆地东部边缘进行了路线地质踏勘。随后,石油部西安地质调查处也派出人员,对松辽平原及其周围的地质情况进行调查和研究。他们都认为:松辽平原是含油远景极有希望的地区,其中特别是松花江地区。

1958 年 4 月,地质部松辽石油普查大队在吉林省前郭旗附近,首次钻到含油砂岩,直接证明松辽平原有石油。同年 6 月,这个普查队又在公主岭西北杨大城子附近钻到含油砂岩,岩心取出后有原油渗出,进一步说明在这个地区找到油田的希望很大。

1958 年秋,地质部和石油部一起在长春讨论松基 3 井的井位。经过反复研究,到 1959 年春节，才决定把这口井打在黑龙江省肇州县大同镇西北高台子以西 100 米处，松基 3 井于 1959 年 5 月开钻，打到 1100 多米以后，见到良好的油气显示，发现比较好的油砂。8 月，石油部领导康世恩决定停钻试油。经过很多努力，到 9 月 26 日，终于喷出油流。这是在松辽地区获得有工业价值油流的第一口探井，也就是大庆油田的发现井。

松基 3 井喷油以后，为了查明油田的面积和储量，便又部署了一批探井，甩开队伍，在长达 100 千米的范围内进行钻探，结果又有好多口井喷出了原油。

松辽平原出油，正当全国人民喜迎建国十周年大庆之际，于是便以"大庆"作为这个油田的名字（见图 21-3）。

图 21-3　大庆油田

【说明】1959 年 9 月 26 日，松辽盆地松基 3 井喷出工业油流，由此发现了大庆油田。这一重大发现，翻开了中国石油开发史上具有历史转折意义的一页，开始我国石油工业的跨越式发展。2009 年（大庆油田发现 50 周年）大庆油田原油产量稳定在 4000 万吨。

七、海底石油勘查与开发

陆地上有石油，海底也有石油，且还非常丰富。海底石油，并不是均匀分布的，它主要储存在大陆架内。所谓大陆架，就是海岸向外延伸的部分。它的坡度比较平缓，水深一般不超过 200 米，宽度从几千米到 1000 千米不等。我国大陆的海岸线长约 1.8 万千米，可想而知，大陆架的面积是相当大的。

我国海底石油的调查，始于 20 世纪 60 年代。地质部和石油部于 1960 年和 1965 年，先后成立了以寻找海洋石油为目的的专业队伍，开始在我国海上进行石油普查和勘探。1966 年以前，这个项目主要集中在渤海湾，在取得了一些经验以后，再逐步扩大范围，在整个中国海域内进行，所用的调查方法主要是航磁、地震和重力等地球物理勘查，同时也进行了钻探。从 1966 年 12 月第一口海上石油探井——海

1 井开钻以来，已先后在海上打了几百口井，其中很多井都见到了油气显示，喷出了工业油气流，并发现了 6 个油气盆地，展示了我国海洋石油资源的广阔前景。

我国海底现已发现的 6 个油气盆地是渤海盆地（面积 8 万千米^2）、南黄海盆地（面积 10 万平方公里）、东海盆地（面积 46 万千米^2）、珠江口盆地（面积 15 万千米^2）、北部湾盆地（面积 16 万千米^2）和莺歌海盆地（面积 6 万千米^2）。其中渤海的水比较浅，投入勘探和开发也比较早，至今已找到 11 个油田或含油构造，其中有的已投入开发，如"渤中 34-2"油田，原油产自下古生界的碳酸盐岩古潜山中，单井日产原油达 1600 吨，天然气 19 万米^3。北部湾盆地的深度也不大，这里的"涠 10-3"油田，是我国和法国道达尔石油公司合作开采的，所打的 4 口井均获高产，有 2 口井日产量在 2000 吨以上。6 个盆地中，面积最大的是东海盆地，它相当于松辽盆地和华北盆地面积的总和，专家们认为，这是含油气最有远景的一个盆地。

勘探和开发海底的石油，技术比较复杂，设备和安全精度要求高，需要资金多，风险大。石油部门根据中央对外开放政策，吸取外国资金、技术和经验，同外国石油公司合作勘探和开发我国海底石油。如今，这项工程已经逐渐打开局面。

八、中华人民共和国成立 60 年来石油工业发展进程与成就

旧中国的石油工业极其薄弱，中华人民共和国成立前夕，全国只有两个地质调查队，几十个地质勘探人员和 8 台破烂不堪的钻机，90%以上的国土面积没进行过石油地质调查。从 1878 年在台湾钻成第一口油井算起，到 1948 年的 70 年间，仅勘探开发了台湾、延长、独山子、四川、玉门等几个小型油气田，总共生产原油 67.71 万吨。

中华人民共和国成立后，在中国共产党的英明领导下，我国的石油工业得到了飞速发展，从依靠"洋油"过日子，发展成为石油大国；从只有数百人的职工队伍，发展成一千多万职工的石油大军。

回顾新中国石油工业的勘探开发，大致分为如下四个阶段：

第一阶段，1950—1956 年，是石油工业的起步阶段。勘探的重点仍在西北地区，主要是在陕甘宁、四川、酒泉、柴达木、吐鲁番、塔里木以及民和、潮水等大小几十个盆地内。原因是这些盆地中都有油气苗或其他油气显示；有的已有少数油气田；地层露头好，构造较明显，并且有一定的地质普查基础。

这一阶段发现了新疆的克拉玛依和甘肃酒泉的石油、鸭儿峡油田；柴达木盆地的冷湖油田，油沙山、马海油气田；陕甘宁盆地的永坪等油田。此外在吐鲁番、库车、民和等盆地也发现了一些油气田。在当时技术条件还相当落后的情况下，取得了令人鼓舞的成果。短短的 7 年努力，1966 年的原油产量已达 116 万吨，差不多是中华人民共和国成立前的 10 倍。

第二阶段，1957—1963 年，是勘探地区东移的阶段，取得了举世瞩目的重大成果，1959 年发现了世界级的大油田——大庆油田，彻底改变了我国石油工业落

后的面貌。1963年全国年产石油产量648万吨,大庆油田就占有相当部分。在这一年召开的第二届全国人民代表大会第四次会议上,周恩来总理庄严宣告:"我国石油基本自给,中国人民使用'洋油'的时代一去不复返了。"

第三阶段,1964—1970年,是扩大找油领域,进一步取得勘探新成果的阶段。主要勘探地区在我国东部的渤海湾一带,先后发现了胜利、大港、辽河、华北、南阳五个大油区。在此期间,湖北、江苏、安徽、广西也发现了中小型油田,使我国原油产量又登上了一个新的台阶。1973年在原油基本自给的基础上已开始出口原油和成品油。1978年全国原油产量首次突破了1亿吨大关,在世界上排列第6位。

第四阶段,20世纪70年代后期至今,是走向海洋、转战西部的新阶段,也是我国石油技术取得重大进步和发展的一个阶段。在此阶段,东部地区仍在继续发展,在河南发现了中原油田。在渤海、南海、东海的水域上以及新疆南部的塔里木盆地(图21-4)、东部的吐鲁番-哈密盆地都找到了新的大油田,最近在世界屋脊藏北伦坡拉地区也发现了工业油藏。

图21-4 中石油石油勘探队进入塔克拉玛干沙漠

【说明】1989年4月1日,塔里木石油勘探开发指挥部成立,标志着我国油气资源西部开发大会战正式拉开序幕。

我国的天然气资源十分丰富,勘探潜力很大。不仅像四川的老气区和鄂尔多斯盆地的老气区有新的发展,而且在海上也发现了相当规模的气田。南海珠江口海上气田投产后将向香港和海南输气。

目前,我国不仅陆地有气田,海上也有气田;不仅有与石油形成有关的天然气,还有与煤形成有关的天然气。现全国的输气管道长达7000千米,输油管道长度已逾1.6万千米,遍布全国,称得起是国民经济的"地下大动脉"。

中华人民共和国成立60年来,我国的石油工业取得了举世瞩目的成果,不仅在中、新生代陆相地层中找到了油气藏,而且在古老的海相地层中也找到了油气藏;不仅在背斜、断层等构造找到了油藏,而且在古潜山、地层超覆、古隆起、古三角洲、古河道也找到了多种类型的油气藏;不仅在平原上找到了油气藏,而且在世界屋脊青藏高原上也找到了油气藏;不仅在陆地上找到了油气藏,在海上也找到了丰富的油气藏。目前已在我国二十几个省、自治区、直辖市找到了油气藏。我国的石油工业,在世界排名已跃居第四。

附 大 事 记

公元前250年左右,战国末年,秦孝文王派李冰为蜀守,李冰率领当地居民,在今四川双流一带开凿盐井,钻井时可能遇到天然气。

267年,西晋初,张华写成《博物记》。书中记载了甘肃酒泉发现石油及四川邛州天然气井的情况。

280年,西晋时,彝族人梅泽在四川自流井一带钻成第一口盐井。

589年,隋朝时,在四川邛州火井(天然气井)发现处设立了火井县。

787年,北周时,酒泉居民用石油点火焚烧为攻具,击退了外来民族的进攻。

1300年左右,宋末元初,四川西部一带开始大量用天然气煎盐。

1303年,元朝时期,据《大元一统志》记载:陕北"延长县南迎河有凿石油一井,其油可燃,兼治六畜疥癣,岁纳壹佰壹拾斤。又延川县西北八十里永平村有一井,岁纳四百斤入路之延丰库。"《大元一统志》成书于公元1303年,从这段史料可知,当时在陕北延长、延川等地,已经开凿了油井,而且这些油井对政府有一定的纳税任务,是世界上最早的油井。

1500年左右,明代中叶,用天然气煎盐已很普遍。

1521年,明代中叶,四川嘉州已有了出产石油的"油井"。明朝曹学全所著《蜀中广记》中,有这样一段关于油井的记载:"国朝(指明朝)正德末年,嘉州开盐井,偶得油水,可以照夜,其光加倍,沃之以水,则焰弥甚;扑之以灰,则灭。作雄硫气,土人呼为雄黄油,亦曰硫黄油。近复开出数井,官司主之,此是石油,但出于井尔。""正德末年"即公元1521年,"嘉州"即今四川乐山一带。

1548年,明代中叶,著名医药学家李时珍开始编著《本草纲目》。这一伟大的科学著作于公元1596年出版,作者在书中记述了石油的产地、产状和在医药上的用途。

1611年,《蜀中广记》的作者曹学全路过四川犍为,曾亲自见过从油井中采出的石油。

1637年,明代末年,宋应星完成了《天工开物》一书。作者在书中记述了钻凿盐井和天然气井的技术,并有大量插图。

1840年,在四川自流井构造磨子井钻成了世界上第一口超千米的深井——兴海井(1001.42米)。这口井揭开了早三叠纪嘉陵江期气藏,日产天然气在20万米^{3}以上。

1860年,台湾出磺坑居民用土法挖掘一口3米深的坑,每日收集6公升原油。

1878年,清政府从美国雇来技师,在台湾西部的苗栗出磺坑钻成一口油井。深度为133.8米,大约在90米的深处见到了油流,每天可采原油750千克。

1895年，甲午战争中国战败，清政府将台湾割让给日本。日本从1901年起开始掠夺台湾石油资源。

1896年，清末，中国人钟毓灵与法国人勾结，准备开采四川巴县油矿。

1899年，成立华法公司。

1903年，陕西大荔县人于彦彪与德国人勾结，准备开采陕北石油，未成。

1907年，清政府雇用日本技师在陕北延长钻成第一口油井，至今仍在出油。

1914年，中美合办石油条约签订。同年美国美孚公司在延长一带钻井。

1935年，红军到达陕北，延长油矿解放。

1937—1938年，四川巴县，甘肃玉门及新疆独山子油、气矿的地质勘查工作开始。

1937年，四川巴县石油沟1号开钻，1939年完成，喷出天然气，并利用天然气作燃料行驶汽车。

1938年，新疆独山子构造钻探出油。

1939年，甘肃老君庙构造钻探出油。

1943年，四川圣灯山构造钻探出气。

1949年9月25日，玉门油矿解放；10月，新疆解放；11~12月，四川全省解放。

1950年3月27日，中苏两国签订在新疆合办石油公司的协定。同年9月下旬，中苏石油公司在新疆乌鲁木齐成立。

1950年，重庆市内第一次行驶用高压压缩天然气作燃料的汽车。

1951年，从1951年开始，我国各地区石油勘探工作相继展开。同年，用天然气制造炭黑的工厂在四川隆昌建成。

1953年10月，北京石油学院（现石油大学）成立。

1954年底，中苏石油公司结束合办，移交我国政府管理。

1955年7月，原中华人民共和国燃料工业部撤销，成立中华人民共和国石油工业部。

1955年10月，新疆克拉玛依第一口探井出油。1956年5月11日，石油工业部负责人宣布，新疆克拉玛依地区已经钻探证实为中国的一个大油田。

1956年5月，一口深达3200多米的探井在玉门钻成。

1956年5月，柴达木冷湖某构造一口探井出油。

1956年6月，第一口深达1700多米的斜向井在玉门钻成。

1956年11月，第一对双筒井在玉门钻成。

1956年12月，四川黄瓜山构造证实为有工业价值的气田，并有较多凝析气油产出。

1956年，克拉玛依油田的发现是中华人民共和国成立后石油勘探史上的第一个突破。20世纪50年代中后期石油勘探战略东移。

1957年1月，四川东溪构造钻成一口高压大产量气井。

1957年2月，四川高木顶构造钻成第一口有工业价值的气井。

1957年4月,四川圣灯山构造二叠系阳新石灰岩证实有工业价值的天然气,并完成第一口井。

1957年7月,四川黄瓜山构造一口探井在测试中出油。

1957年12月,鄂尔多斯地台天池、马家滩等构造在钻探中发现油气。

1958年3月,四川龙女等、南充、蓬莱镇等构造喷油。

1958年3月,石油工业部在南充召开现场会议,讨论今后石油勘探方针。

1958年3月,四川罗渡溪构造钻探中见油。

1958年4月,四川石龙峡、邓井关等构造钻探中喷气。

1958年5月,四川广史构造钻探中发现油气。

1958年5月,四川杨高寺构造喷气。

1958年7月,四川古佛山构造探井中出油。

1958年7月,新疆乌尔禾探区探井出油。

1958年7月,石油工业部召开玉门现场会议,推动了石油工业技术革命运动。

1958年10月,石油部石油科学研究院(现中石化石油化工科学研究院)成立。

1958年9月,兰州炼油厂第一期工程建成投产。这是中华人民共和国第一个加工能力为100万吨的大型炼油厂。

1958年9月26日,东北松辽盆地的松基3井喷油,揭开了发现大庆油田的序幕。

1960年2月,中共中央批准石油工业部开展大庆石油大会战。经历了三年多的艰苦奋斗,1963年我国最大的油田——大庆油田结束了试验性开发,开始进入全面开发建设阶段,一举扭转了我国石油工业长期落后的局面。

1963年12月3日,周恩来在第二届全国人民代表大会上庄严宣告:"我国石油基本自给,中国人民使用'洋油'的时代,已经一去不复返了。"

1964年初,毛泽东同志向全国工交战线发出"工业学大庆"的号召。

1962年,兰州化学工业公司年产5000吨的炼厂气裂解、分离装置建成投产,在国内第一次以石油气为原料生产出乙烯。

1967年,我国海上石油工业开始起步。6月14日在渤海用自制的钢平台,打成了海上第一口井,喜喷油流。

1972年,石油勘探开发科学研究院成立。

1976年,大庆原油年产量突破5000万吨。

1978年,全国原油年产量突破1亿吨,进入世界产油大国行列。

撰稿人:李钟模(中国科普作家协会会员)

第二十二章 石油炼制工业

第一节 早期炼油工业

"石油"一词的出现始于北宋沈括著的《梦溪笔谈》:"鄜延境内有石油,旧说高奴县出脂水即此也"至北宋神宗时期(公元1068—1085年),中央军器监属下的作坊中就有加工原油的"猛火油作"和使用猛火油的器械"猛火油柜"。可见此时石油已用于军事。以后石油资源长期未得到开发,石油炼制也就无进展。直至20世纪初,我国才先后在陕北、新疆和甘肃玉门着手油田开发和炼油的生产建设。

1. 陕北延长

光绪三十一年(1905年),清政府批准在延长县试办延长油矿,聘请外国技师和购置顿钻等设备,开发油田并建炼油房,安装每次可加工3.6吨原油的卧式蒸馏釜1座于1907年投产,每月可生产煤油一百余箱,每箱30千克,销往西安等地。随后,由于资金和油田开采诸多困难,时开时停,直至1932年收归国家所有,年炼原油达到100吨左右,生产操作仍很落后。1935年延长解放,由边区政府管理,为支援前线做出重要贡献。到1949年,拥有7台蒸馏釜,年加工原油628吨,产汽油176吨,达到历史最高水平。

2. 新疆独山子

1909年证实了独山子优质原油资源后,新疆商务总局用30万两白银向俄国购买钻机及炼油釜等设备,炼油部分设在乌鲁木齐工艺厂,直到1917年学习了延长炼油经验之后才达到正常生产。由于原油运距远,费用高,新疆地方政府将炼油设施于1934年迁到距独山子60千米的安集海,一年后与苏联派来人员共同把厂迁至独山子,定名为独山子炼油厂。1940年从苏联引进5万吨/年管式炉常压蒸馏等在当时较为先进的设备和仪表。1943年苏联因与新疆关系破裂,拆走了设备并由中方偿还170万美元。随后,独山子油矿及炼油厂交由甘肃油矿局接管,1944年恢复生产,每月加工原油150吨,产汽油60吨、煤油10吨。到1949年解放时共加工原油1万多吨,生产汽、煤、柴油六千多吨。

3. 甘肃玉门

1937年在前人多次调查的基础上,地质家孙建初等人在玉门石油沟等多处发现油苗和地层露头。当时正值抗战时期，进口石油中断，遂立即着手开发油田，同时建设炼油厂，经过几次扩建和迁址，并从美国购进日加工能力 230 吨的达布斯热裂化设备器材，于 1947 年建成投产日炼原油 250 吨的蒸馏-裂化装置，成为我国现代炼油工业的开端。随后，又新建了蒸馏设备和润滑油、石蜡等生产装置，为以后炼油工业发展培养了人才和奠定了良好基础。

4. 日本侵华期间建设的炼油厂

在东北，日伪政府在大连和锦西建设了两座炼油厂，在大连于 1934 年开始筹建，设计年加工原油 15 万吨，先后建成蒸馏、热裂化、冷榨脱蜡、酸碱洗涤等装置，后因太平洋战争海外原油中断而停产；在辽宁锦西于 1941 年开始建设常压蒸馏、热裂化、油品精制等装置以及煤低温干馏、发电厂等，设计年加工原油 15 万吨，试炼第一批印尼原油后，原油中断而停产，日本投降后于 1946 年曾短时间恢复生产。在台湾，1942 年日本海军开始在台湾高雄建炼油厂，目的是加工印尼原油，至投降时未建成，中国政府接收后继续建设，至 1949 年该厂年加工能力为 70 万吨左右。此外，台湾还有一个年加工原油 4000 吨的苗栗炼油厂。

5. 日本侵华期间建设的人造石油厂

日本利用我国东北丰富的油页岩和煤炭资源，于 1930 年在抚顺建设页岩干馏厂，从美国引进蒸馏-裂化装置并随后建设釜式焦化、合成润滑油、石蜡等加工页岩油装置，炼油能力达 30 万吨/年。与此同时，在锦州建设煤炼油厂，由德国成套引进费托法常压合成煤炼油设备，包括造气、脱硫、合成、常压蒸馏、催化剂还原等，年产合成油 3 万吨。日本投降时基本建成，未投产。

第二节　天然石油与人造油并举时期

1949 年，建国伊始，百废待兴。炼油工业十分薄弱，原油加工能力总共只有 17 万吨/年（未包括台湾省，下同），当年实际加工不足 12 万吨，品种和数量远远不能满足国内需要，90%以上依赖进口。为此，一方面大力勘探找油、新建和恢复已有炼油设备，另一方面积极建设资源有保证的人造油工业，以适应社会需要。

1. 原有炼油厂恢复与扩建

西北地区有玉门、独山子、延长等 3 个炼厂，随着西北原油产量逐步上升，炼油能力随之扩大，到 1959 年 3 个炼厂分别达到 50 万吨/年、90 万吨/年和 1 万吨/年，炼油技术和自动化程度均不高。这三个厂当年实际加工原油 124 万吨。东北地区有大连和锦西炼油厂，加工进口苏联原油。大连厂（曾称石油七厂）是当时支援抗美援朝及供应国内润滑油油品的主力，积极努力配套建设，到 1959 年达到 90 万吨/年，生产多种燃料和润滑油品。锦西炼油厂（曾称石油五厂）到 1959 年加工能力约为 30 万吨/年。由于进口原油不足，这两个厂当年实际加工原油 69 万吨。

2. 原有人造油恢复与扩建

以抚顺页岩油为重点，1952 年开始恢复生产，为国防和民用提供汽油、柴油、石蜡以及军用润滑油、脂；随后，进行了多项页岩干馏和人造油炼制改扩建项目，到 1959 年页岩油年产量达 72 万吨（日伪统治东北时期高峰年产量只有 25 万吨），炼制出九十余种民用和军用油品，成为我国石油供应的主力。在炼油技术上掌握了高压加氢、中压加氢精制和加氢催化剂制作以及轻质油回收、延迟焦化等装置设计和生产技术。在发展页岩油的同时，积极发展煤炼油项目，把锦州（曾称石油六厂）未建成的德国引进合成油设备在缺少资料的情况下，集中近百名新老技术人员参与进行科研、设计、设备检验及施工安装，特别是催化剂制作一无资料二无设备，经过一年多时间反复试验摸索，自主研发出合成催化剂，产油率达到世界先进水平，并建设了制备催化剂的工业化装置，保证了煤炼油厂于 1951 年投产成功。到 1959 年，合成油生产能力提高到 4.7 万吨/年，同时生产出硝化级甲苯，供国防需要。

3. 新建大型炼油项目和人造油基地

我国新建第一座大型现代化炼油厂——兰州炼油厂是国家 156 项苏联援建项目之一。1953 年选址，由苏联设计和供应成套设备，设计以玉门原油为原料，包括 100 万吨/年常减压蒸馏、热裂化、移动床催化裂化、丙烷脱沥青、酮苯脱蜡、酚精制、氧化沥青、气体分馏等 16 套炼油装置及公用工程和辅助设施，主要产品有航空汽油、车用汽油、航空煤油、轻柴油、燃料油、润滑油、石蜡、沥青等。兰州炼油厂 1956 年动工兴建，1958 年竣工投产，使我国炼油工业技术、装备、产品质量水平上了新台阶，使我国比较系统地掌握了炼油工程设计、施工和生产管理的技术规程、标准和管理程序，尽管苏联所提供的炼油技术还不算是世界一流的，苏联的标准规范也并不都适合于我国，但从整体上为我国以后炼油工业大发展积累了宝贵经验。在"一五"期间，国内石油资源问题日益突出，在寻找天然石油的同时，积极发展人造油工业。广东茂名是自行开发建设的大型页岩油生产基地，由于露天开采页岩矿区规模巨大，曾委托苏联设计，因方案欠妥，改由国内完成；在页岩干馏炉型设计上有所创新，页岩油炼制也均由国内自行完成。1963 年因大庆油田出现，将在建的茂名人造油项目转向以天然石油炼制为主体，加工海运至湛江登陆的进口原油。在此期间，还有三个小型炼厂的建设。上海炼油厂在原有的储油库设施基础上于 1954 年建成了 15 万吨/年常减压蒸馏、热裂化等装置，随后将规模扩大到 50 万吨/年，并增加了釜式焦化等装置。由于该厂位于上海重镇，具有良好水运条件，逐步发展成特大型炼油化工基地。此外，在西北地区还建设了 30 万吨/年的克拉玛依炼厂和 20 万吨/年的青海冷湖炼厂。

在 1949—1959 年这 11 年当中,尽管我国炼油工业面临石油资源缺乏、技术被封锁等诸多困难,加上基础薄弱、起点也低,仍然取得了不小成果:石油产品自给率从 1949 年的不足 10%,提高到 1959 年的 40%,在炼油技术上对于在大型生产装置上进行原油初加工、二次加工,润滑油以及相关催化剂、添加剂的生产建设开始有了系统的技术体系和运用,并有所创新,为我国炼油工业迈入现代化炼油工业领域打下基础。

第三节 大发展时期

大庆油田是国际一流的特大型油田,从 1959 年大庆油田开发到 1978 年我国原油产量突破 1 亿吨,是我国炼油工业得以全面大发展的时期(见表 22-1)。

表 22-1 1959—1978 年中国炼油工业主要指标

项 目	1959 年	1960 年	1970 年	1975 年	1978 年
原油加工能力/(万吨/年)	579	1432	4402	6764	9291
原油加工量/万吨	396	1083	2769	5087	7069
汽、煤、柴、润产品总量/万吨	230	617	1362	2483	3352
石油产品品种/个	309	494	577	636	656
石油产品自给率/%	40	100	100	100	100
石油产品出口量/万吨	0	17	48	222	242

在这 19 年间,人所共知,我国经历了 3 年"自然灾害"和 10 年动乱,各行各业受到严重干扰破坏,而石油人迎难而上取得了世人瞩目的伟大业绩,炼油工业在工艺技术、生产规模、产品开发、能源保障上取得了一系列突破和发展。1960 年从大庆原油第一列油槽车送到炼油厂开始,炼油工艺技术上曾经面临一连串需要解决的挑战。

1. 原料性质、加工规模的不适应

大庆原油凝点高、轻馏分少、直馏汽油辛烷值低,与过去沿海几个炼厂加工进口的苏联原油有很大不同,用原有的炼油装置不仅能力不足,也无法炼制出合格产品。为此,采取了一系列改造措施,首先解决了大庆油的初加工问题。因为大庆油田产量迅猛增加,原有炼厂能力远远不能适应,靠新建炼厂时间上来不及,资金、器材订货也是难题,为此,在抓紧新建大庆、南京炼油厂的同时,改造扩建上海、大连和锦西炼厂,并将一批加工人造油的抚顺、茂名、锦州等厂改扩建为天然油炼厂。与此同时,对从苏联引进的常减压蒸馏工艺进行了多项改造,针对大庆原油特性,采用了新型塔盘,调整了冷换设备,优化了蒸馏工艺,强化了减压效率等措施,从而把原来以兰州炼油厂为蓝本的 100 万吨/年加工能力的常减压蒸馏装置设计提高到 250 万吨/年，应用到老厂扩建和新建的炼油厂，成倍地扩大了炼油规模，初步缓解了大庆原油加工能力不足问题（如图 22-1 所示）。

图 22-1　热裂解炼油装置（大庆）1960 年 9 月生产出 56 号汽油

2. 二次加工能力和产品质量的不适应

1960 年后，苏联停止向我国出口石油产品，特别是军用油品，不仅在数量上，在品种质量上都造成我国极大压力，必须在二次加工技术上有重大突破才行。在探索、吸收某些国外炼油先进技术的同时，依靠自己的技术力量，在兄弟行业共同协作下，尽快掌握了流化催化裂化、催化重整、延迟焦化、尿素脱蜡以及必要的催化剂和添加剂等 5 个方面的工艺和技术装备。

催化裂化是炼油二次加工核心工艺之一，是当今世界重点发展的工艺技术。较之原先的热裂化，轻油收率高，所产汽油稳定性好、辛烷值高，裂化气烯烃含量高，是宝贵的化工原料。虽然引进了苏联的移动床催化裂化，由于规模小，生产能力只有 20 万吨/年，而设备庞大复杂，原料选择范围窄，不适于加工重质馏分油，与国际快速发展的以多产汽油、柴油为主要手段的流化催化裂化相比，有较大差距。因此决定选用流化催化裂化工艺作为发展二次加工的重点。流化催化裂化是一项技术密集的新工艺，包括床层反应流化技术、微球催化剂制造、装置参数设计、关键设备和仪表制造等多方面内容。为此，首先集中了一批得力的青年技术骨干和从国外应邀回国的专业人才群策群力，从科研小试、中试取得数据，制定设计方案到自主完成设计图纸，从新型设备仪表研发，跑遍全国制造厂协调分解试制，把这些结构复杂、材质特殊、精密灵敏、首次制造的设备仪表全部制造成功。以其中的双动滑阀为例，这是用来控制整个装置反应压力的关键设备，由二千多个零部件组成，对滑阀的灵敏度、准确度及稳定性要求非常高，而且滑阀的工作介质是含催化剂的高速气流，对阀体部件的表面硬度和抗磨性能要求很高。首先组织小组突破难点完成设计图纸,然后分别由上海、兰州两家制造厂同时组织多个机械厂分工协作试制,终于取得了圆满成果。这方面事例很多,如146套、1355台新型自动控制仪表、大功率透平、主风机、增压机,以及再生器的旋风分离器、衬里用特种龟甲网等都是经过反复探索试制完成的。大型流化催化裂化装置的建成投产在我国炼油工业史上具有划时代的重要意义。1965年第一套60万吨/年流化催化裂化工业装置顺利投产(如图22-2所示),随后又建设了十余套60万吨/年和120万吨/年此类装置,对提高汽油、柴油产量,提升经济效益发挥了重要作用。当时有句流行语:"催化一响,黄金万两"。1974年采用分子筛催化剂的提升管催化裂化装置在玉门炼油厂改装试运行成功,并在镇海、武汉、燕山、乌鲁木齐、独山子等炼厂迅速推广建设,进一步提高了汽油、柴油收率,降低了焦炭生成率,生产运行更加通畅,标志着我国拥有自主知识产权的催化裂化技术发展又进入了新的时期。

图22-2　1965年5月第一套流化催化裂化工业装置在抚顺石油二厂建成投产

催化重整也是炼油工艺中重要的二次加工方法之一,是制取高辛烷值汽油组分和轻质芳烃的重要手段。它以石脑油为原料,在催化剂的作用下进行脱氢和环化,将原料中的正构烷烃和环烷烃转化为芳烃(苯、甲苯、二甲苯及重芳烃)。既可作为高辛烷值车用汽油和航空汽油组分,又可将其轻质芳烃分离出来,作为合成纤维、合成橡胶、合成塑料的原料,还可生产多种牌号溶剂油。副产的廉价氢气可供炼油厂加氢装置使用。特别是我国汽油标准从20世纪50年代辛烷值规定为56号提高到后来的90号以上,而大庆直馏汽油馏分连56号都达不到,必须要用高标号组分来调和,并且当时急需苯类产品,因此,催化重整在解决我国炼油生产问题中具有重要地位。1963年先在抚顺石油三厂建成了小型工业化铂重整和铂催化剂制作装置,取得成功。到1978年,先后在各炼厂建成了12套规模为10万~15万吨/年的催化重整装置。同时,又自主开发了双金属和多金属催化重整技术,研制了径向反应器、立式换热器、联合烟道加热炉以及微量分析和在线分析等新型仪表仪器,于

1977年在大连建成投产具有国际先进水平的多金属催化重整装置。但装置规模偏小，工艺方法属于固定床半再生重整。以后，逐步扩大装置规模，向连续再生式重整发展。

延迟焦化是二次加工中将渣油转化为轻质油的热加工工艺，代替过去操作环境恶劣、轻质油收率低的釜式焦化，也是当时提出的"吃光榨净"，利用有限资源最大限度多产轻质油品的总目标所要求的。在1957年曾经建设的延迟焦化试验装置基础上，于1963年自主设计施工的30万吨/年延迟焦化装置在抚顺建成投产，一年后又在大庆建成了60万吨/年的延迟焦化装置，不仅生产了一定数量的汽油和柴油，也为催化裂化提供了更多原料，所产石油焦也是冶金等工业不可缺少的重要产品。到1978年，延迟焦化总生产能力接近500万吨/年。

其他新工艺技术包括：针对大庆原油含蜡高的特点，开发了尿素脱蜡和分子筛脱蜡新工艺；为发展深度加工和提高产品质量，发展加氢裂化和加氢精制技术；为提高汽油辛烷值，开发异丁烷和丁烯烷基化的工艺技术；开发了沥青连续氧化技术代替间歇式氧化釜生产方式；并以自力更生精神陆续开发多种炼油催化剂和油品添加剂，为炼油工业得以顺利发展和石油产品能够立足国内做出了重要贡献。开发的催化剂主要有：催化裂化用的硅铝小球和硅铝微球催化剂以及随着提升管催化裂化发展所用的稀土Y型分子筛催化剂，催化重整用的铂催化剂和铂铼双金属及铂铼铝铈多金属催化剂，加氢裂化和加氢精制用的品种繁多的重金属催化剂，以及磷酸叠合催化剂等。开发的油品添加剂品种繁多、作用甚大，包括：润滑油品添加剂用来改善润滑油的黏度指数和黏温性能、降低凝点、抑制氧化、减轻机械磨损等性能，燃料油品添加剂用以解决抗烧蚀、抗氧化、抗静电、防冰、改进柴油流动性等。

3. 军用油品要立足国内

要求迅速改变依赖进口的油品主要有：航空汽油、航空煤油、航空润滑油以及研制"两弹一星"和高寒地域所需油料。1962年共安排了194种军用油和新型材料的生产、试制任务，并开发了特种合成润滑油脂；经过3年时间的努力，到1965年结束了我国依靠进口石油产品的历史，实现了以军用油品为主，立足国内的宏伟目标。

4. 迅速扩大炼油能力和改善炼厂布局

根据大庆、胜利等油田产量大幅度增长和市场需求快速增加，在1960—1978年间，全国原油一次加工能力新增加8700万吨/年，二次加工装置方面，新建催化裂化装置29套、催化重整12套、延迟焦化10套、加氢精制12套/年、氧化沥青15套以及润滑油等。同时也改善了炼厂布局，由东北、西北扩展到我国主要消费地区东南沿海和中部城市。新厂建设：1960—1971年，以石油部为主，地方配合建设了茂名、大庆、南京、齐鲁、燕山、荆门、长岭等7座大型炼油厂，1971—1978年在原油产量平均年增长800万吨的新形势下，又新建了天津、武汉、安庆、镇海、广州、乌鲁木齐、吉林、鞍山、九江、石家庄、洛阳等11座大型炼油厂。这些炼厂是以地方为主负责投资和管理，石油部技术上帮助，组织选择厂址、提供设计和成套设备，派工作组现场指导。在装置设计标准化前提下，石油部储备一批关键设备、仪表及特殊器材，及时拨发到现场缩短了订货时间，并帮助培训生产操作工人和从老厂调配技术骨干。在当时天灾人祸多发和资金、物资极端困难的情况下，一座座新建大型炼厂拔地而起并快速建成投产，确实是相当罕见的。此外，在此期间还建设了河北沧州、黑龙江林源和哈尔滨、吉林前郭、济南、辽宁盘锦等6座年加工百万吨原油的中型炼油厂。经过大批新厂建设，炼油厂基本上覆盖了我国消费比较集中的中东部地区，从而改善了我国炼油企业的布局，使得原油基本上可通过管道和水运到厂，成品更可以就近供应，有利于促进地区经济发展和起到能源供应的保障作用。

第四节 经济全球化带动了炼油工业新发展

1978年以来改革开放推动了我国经济快速发展，同时我国也开始融入经济全球化的运行。我国炼油工业拉开与世界接轨的序幕，首先是进口原油数量逐年上升，直到超过了国产原油量，而国产原油价格很快向国际油价靠拢；世界上清洁环境的呼声高涨，节能减排任务压力加大，油品质量要求日趋苛刻；化工行业对用石油做原料的依赖度日益增加，炼油-化工走向一体化的热潮已经形成；炼油行业肩负着原油价格飙升、原油品质变差、产品质量标准不断拔高、化工原料需求迫切、市场竞争日趋激烈等一系列重担，必须对生产作业、经营管理、技术创新、队伍建设等进行全方位的改革整顿，为求生存谋发展而提高企业竞争力。1979年以后，我国原油产量增长不快，2000年产量为1.6亿吨，年均增长量仅300万吨，因此炼油能力并不需要大量增加，根据这一实际情况，发展炼油工业重点转向提高原油加工深度和发展石油化工等方面。

（一）发展炼油与石油化工的联合

首先是上海市提出"组织联合可以大幅度提高经济效益"的报告，经中央批准，将原来分别由石油、化工、纺织、电力等部门领导的上海炼油厂、高桥化工厂、高桥热电厂、上海第二化纤厂和合成洗涤剂厂等组成一个大型联合企业。随后，南京、抚顺、锦州也相继组成石油化工联合企业。从而合理利用有限资源，优化生产工艺，统筹安排人力、财力、物力，促进了各企业生产潜力的充分发挥，推动了经济效益的稳定增长。1983年中国石油化工总公司成立，从体制上进一步加以联合，为石油化学工业发展开创新路。

（二）以提高综合效益为目的进行炼油技术改造

在我国从计划经济体制向市场经济转化过程中，炼油企业要转向以获取经济效益为基本经营思想而进行大刀阔斧的技术改造,对环境效益、社会效益也同时提到议事日程。

1. 催化裂化工艺及其催化剂制备技术的创新

包括采用烧焦罐高效再生技术,开发两段再生技术,推广应用一氧化碳助燃剂,开创适合国情的渣油催化裂化技术以及相适应的多种催化剂、助燃剂、辛烷值助剂等。

2. 催化重整工艺和催化剂制备技术的创新

包括增加原料来源的宽馏分重整和预脱砷,开发双金属重整和多金属重整工艺,降低反应压力和提高转化率;开发径向反应器等新型设备,废催化剂中的贵重金属回收等。

3. 重油加工技术

我国原油大多较重,对如何利用大量重油生产优质产品以提高经济效益进行重点突破,首先是减压蒸馏采用高真空抽空器提高蜡油拔出率,发展渣油丙烷脱沥青工艺增加催化裂化原料,发展减黏裂化工艺技术直接生产达到出口标准的船用燃料油等。

4. 加氢裂化和加氢精制技术发展

茂名和齐鲁两厂从国外引进加氢裂化技术和主要设备,与此同时国内自行开发的加氢裂化生产装置在抚顺建成投产,并相继开发了多种加氢裂化催化剂应用在各加氢裂化装置上。由于焦化汽油、柴油产量大增,以及加工进口含硫原油的需要,迅速发展了加氢精制技术和相应催化剂制备技术,取代了原有的电化学精制工艺,提高油品质量的同时也保护了环境。

5. 炼厂气的综合利用

包括利用炼厂气的 C_3、C_4 馏分采用烷基化、叠合、甲基叔丁基醚等生产工艺制取高辛烷值汽油组分,增加高标号汽油产量;利用炼厂气中的烯烃资源生产聚丙烯、环氧丙烷等石化产品和甲乙基酮、甲基异丁基酮、仲丁醇等炼厂用的新溶剂。

6. 油品的升级换代提高质量

普遍应用加氢精制提高汽油、柴油质量和档次,开发金属钝化剂、防冰剂、流动改进剂等燃料油品添加剂;缩小润滑油品质与国外差距,生产中高档内燃机油、高档液压油、各种负荷车用齿轮油以及多种润滑油添加剂;在合成油与润滑脂、石蜡、沥青、石油焦等产品方面研发了多种新品种,以适应军工、机械、冶金、轻工等部门需要。

7. 节能与环保

重点研发生产装置换热流程最佳化、加热炉改造和催化裂化再生烟气能量回收等节能新技术;认真治理"三废"污染和推进"三废"再资源化。

第五节 现状与发展趋势

一、炼油能力继续快速增长，向大型化、炼化一体化推进，炼油布局有所调整、优化

至2010年年底我国原油一次加工能力达到5.04亿吨/年，次于美国，居世界第二。中石化、中石油分别成为世界第三和第五大炼油公司；中石油、中石化和中海油三大公司61座炼厂平均规模650万吨/年；已拥有20座千万吨级炼油基地，并配套建设了乙烯及其他化工项目，形成炼化一体化企业（见表22-2）。

表22-2 我国20座千万吨级炼油基地

项 目	生产单位	一次加工能力/（万吨/年）
中石油	大连石化	2050
	抚顺石化	1150
	兰州石化	1000
	广西石化	1000
	独山子石化	1000
	大连西太	1000
	吉体石化	1000
	辽阳石化	1000
中石化	镇海炼化	2300
	上海石化	1400
	茂名石化	1350
	广州石化	1320
	金陵石化	1300
	天津石化	1250
	福建炼化	1200
	高桥石化	1130
	燕山石化	1100
	青岛炼油	1000
	齐鲁石化	1000
中海油	惠州炼油	1200
总计		24700

其中2010年建成的项目有以下四个。

① 广西（钦州）石化新建千万吨炼油项目　投资 152 亿元，包括 1000 万吨/年常减压蒸馏、350 万吨/年重油催化裂化、220 万吨/年连续重整、220 万吨/年加氢裂化等装置。于 2010 年 9 月建成投产，从而大大缓解了西南地区成品油短缺局面。年收入 500 亿元，上缴利税 100 亿元。

② 吉林石化千万吨炼油扩建项目　投资 25 亿元，包括新建 600 万吨/年常减压蒸馏、140 万吨/年催化裂化、60 万吨/年气体分馏、160 万吨/年柴油加氢、120 万吨/年汽油加氢、2 万吨/年硫黄回收等装置。于 2010 年 10 月全面投产，实现汽油、柴油质量升级，增产乙烯原料，提升企业竞争力。

③ 新疆塔河石化加工重质油项目　由于塔河油田原油密度大，黏度高，硫及金属含量高，通过在当地加工成轻质油品，才能使油田得以有效开采。塔河石化通过常压蒸馏、延迟焦化、汽油和柴油加氢精制等工艺手段，将原油最大限度转化为轻质油品，确保塔河油田快速上产，并充分利用厂址靠近原油、天然气产地，满足市场油品需要，推动西部地区经济的发展。投资 35 亿元，2010 年 9 月建成投产。

④ 乌鲁木齐石化百万吨芳烃项目　包括 100 万吨/年连续重整、100 万吨/年加氢裂化和世界级规模的 100 万吨/年对二甲苯芳烃联合装置等，产品 50% 供应本地区。于 2010 年 12 月顺利投产。

此外，2010 年在建的还有四川 1000 万吨/年炼油和 80 万吨/年乙烯炼化一体化等项目。

1. 中国炼油能力分企业构成

中石油炼油能力近期增长较快，2005—2010 年，中石油的原油一次加工能力由 1.19 亿吨/年增长到 1.54 亿吨/年，净增 0.35 亿吨/年；2010 年 1000 万吨/年钦州炼厂、庆阳石化 270 万吨/年新装置和吉林石化千万吨级改扩建装置投产；此外，1000 万吨/年昆明炼厂和中俄天津合资炼厂已动工建设。截至 2010 年底，中石油炼厂共 26 家，平均规模 592 万吨/年，其中 1000 万吨/年以上的有 8 家，500 万吨/年以上的有 9 家，大连石化规模超过了 2000 万吨/年。此外，2009 年中石油沥青供应量已居国内市场首位。

中石化炼油能力同样增长很快，其中 2010 年新疆塔河石化 350 万吨/年重质原油改质项目建成投产，使得该炼厂原油加工能力达 500 万吨/年。2005—2010 年，中石化原油一次加工能力由 1.64 亿吨/年增长到 2.37 亿吨/年，净增 0.73 亿吨/年。截至 2010 年年底，中石化炼厂共有 35 家，平均规模 670 万吨/年，其中 1000 万吨/年以上的有 11 家，500 万吨/年以上的有 10 家，镇海炼化规模超过了 2000 万吨/年。如图 22-3 所示为中石化天津石化千万吨炼油装置。

中海油炼油业务从无到有，发展迅速，一方面陆续收购了一些地方炼厂，另一方面 2009 年 5 月中海油 1200 万吨/年的惠州炼厂投产，标志着中海油正式大规模进军炼油业。另外，中海油利用绥中 36-1 等重质原油资源，相继经营中海宁波大榭石化、中海湛江燃料油、中海四川沥青、海南中海油气等沥青厂,其重交沥青的国内市场份额已超过20%。

中国化工集团通过收购地方炼厂不断扩大炼油业务,截至2010年年底已拥有8家炼厂,合计一次加工能力达到1860万吨/年。陕西延长集团现拥有延安、永坪和榆林三座炼厂合计一次加工能力为1500万吨/年。2010年1月中国兵器华锦石化500万吨/年炼油装置正式投产。

图 22-3 中石化天津石化千万吨炼油装置

截至2010年年底,全国地方炼厂(简称地炼)共有93家(包括已被中国化工收购的地炼),总炼油能力达8800万吨/年,主要分布在山东(37家)、广东(17家)等地。"十一五"期间山东地炼有很大发展,2010年山东地炼合计原油加工能力近6000万吨/年;广东地炼合计原油加工能力约1300万吨/年。这些地炼的主要产品包括汽油、柴油、润滑油、溶剂油、燃料油、沥青、乙烯、丙烯、芳烃、液化石油气、MTBE等。地方炼厂的装置开工较为灵活,与市场的需求结合紧密,对国内成品油市场的供应起到了一定的补充作用。2010年排名前十大地炼(不包括延长集团)的一次加工能力达到3970万吨/年,占全国地炼的38%(见表22-3);但排在十大地炼之后的大部分炼厂的实际加工能力都不足100万吨/年。

表 22-3 2010年我国前十大地方炼厂

排名	地方炼厂	地理位置	所属集团	一次加工能力/(万吨/年)	占全国地炼能力比重/%
1	昌邑石化	山东潍坊	中国化工	800	7.66
2	华锦石化	辽宁盘锦	中国兵器集团	500	4.78
3	利津石化	山东东营	地方炼厂	500	4.78
4	弘润石化	山东潍坊	地方炼厂	370	3.54
5	宝塔石化	甘肃银川	地方炼厂	350	3.35
6	正和集团	山东东营	中国化工	300	2.87
7	东明石化	山东青岛	地方炼厂	300	2.87
8	青岛安邦	山东东营	中国化工	300	2.87
9	滨阳燃化	山东滨州	中国化工	300	2.87
10	华星石化	山东东营	地方炼厂	250	2.39
	合计			3970	37.99

2. 中国炼油能力分地区构成

由于我国炼油工业在增加产能建设的同时注重调整结构、合理布局、优化配置资源和市场,"十一五"期间我国炼油能力的区域分布构成有了较明显的调整和可喜的变化。2010年与2005年相比,原先炼油产能过剩需外运的东北地区的产能所占比例从25.95%降至20.26%,减少了5.69个百分点;原先炼油产能不足,需大量调入,且为消费大区的华南地区的炼油能力从11.82%迅速升至17.33%,增加了5.51个百分点;能力有所过剩的华东地区所占比例有所下降,减少了2.17个百分点,消费量较低的西北地区在新建扩建大炼厂项目的基础上仍实现了所占比例的下降;随着中部地区发展振兴规划的推进,华北及华中地区所占比例有一定提高,分别增加了2.65和0.12个百分点。炼油产能薄弱的西南地区没有新增产能,但"十二五"期间将会有四川石化、昆明炼厂等大炼厂建成投产,产能所占比例将会提升。

二、大型化、基地化、炼化一体化建设不断推进,集约化程度提高

近年来,我国炼厂规模不断扩大,除中石化、中石油已分别成为世界第三和第五大炼油公司外,其旗下的一些炼厂规模也已跻身世界级规模之列。2007年年底中国石化镇海炼化以2000万吨/年的炼油能力(目前已达2300万吨/年)和2008年中国石油大连石化改扩建后炼油能力达到2050万吨/年先后跻身于炼油能力超过2000万吨/年的世界级炼厂行列。目前,中国石化旗下的茂名石化已开始进行改扩建,其炼油能力将由1350万吨/年扩大至2550万吨/年,也将进入世界级大炼厂行列。中石油、中石化炼厂平均规模分别达到592万吨/年和670万吨/年,已与同时期世界662座炼油厂平均规模666万吨/年基本看齐。目前,中石油已形成大连、抚顺、兰州等炼油生产基地,中石化也已初步形成了环渤海湾、长江三角洲和珠江三角洲三大炼厂集群。我国20个千万吨级炼油基地的原油一次加工能力占全国总加工能力的近50%,另有一批千万吨级炼油基地正在加紧建设或筹划中。值得指出的是,我国这20座千万吨级炼油基地陆续建设了乙烯等化工项目,炼化一体化建设的推进,有效发挥了一体化炼化产业的协同效应和产业集群的带动辐射效应。目前国家提出有关合资项目炼油装置经济规模的意见是:鼓励年产100万吨及以上规模乙烯项目(中方相对控股),限制外商投资建设1000万吨/年以下常减压蒸馏、150万吨/年催化裂化、100万吨/年以下连续重整(含芳烃抽提)及50万吨/年以下加氢裂化的生产装置。

三、炼油装置结构不断调整,深加工、精加工、适应能力不断提高

随着原料的劣质化和国内市场对油品质量要求的不断提高,近几年中国炼油装置构成一直在不断调整,深加工、精加工能力在不断提高。作为中国炼油业传统工艺的催化裂化能力所占原油加工能力的比例在不断下滑,从2000年的36.13%降至

2008年的32.54%和2009年的30.91%。而加氢精制能力在不断提高,其所占原油加工能力的比例已从2000年的15.55%上升到2008年的28.42%和2009年的31.19%,但与世界平均51.9%的比例相比,还存在较大差距。同时,作为深加工能力之一的延迟焦化能力增长迅速,其占一次加工能力的比例从2000年的7.71%猛增至2009年的13.99%。中石化计划今后3年每年投资1100亿元用于炼油板块的升级改造,重点是调整布局、实施油品质量升级扩建,满足环保需要及地区成品油需求。

"十一五"期间我国炼油工业节能减排工作进一步推进。我国石化企业通过优化炼油结构、优化装置操作、研发新型催化剂与助剂等多种有效途径与措施取得了良好成效,与"十五"末期相比,中石油炼化业务呈现"一增三降"良好态势,在原油加工量、化工商品量分别增长12.5%、38.5%的情况下,炼油吨油能耗率降低13.5%、水耗率降低30.5%;化工商品吨产品能耗率下降19.2%、水耗率降低23.6%;COD排放下降17.5%、石油类排放下降38.1%。炼化板块累计节能307.45万吨标煤,节水1.44亿吨,提前1年实现中国石油"十一五"节能减排目标。同期,中石化整体节能减排指标逐年改善,2009年万元产值综合能耗0.77吨标煤,降低15.4%,外排废水COD量下降16.3%,二氧化硫排放量下降31%,实现节能量1327万吨标煤,提前完成"十一五"节能减排目标。中国石化所属炼化企业95%的火炬已经熄灭,每年可减少二氧化碳排放400万吨以上。

四、在前一时期触底反弹的基础上中国炼油业全年呈现出高开高走的趋势

2010年全年国内炼油装置基本保持高负荷运行,全国原油日加工量从1月的108.8万吨/日增至6月的高点117.83万吨/日。七八月炼厂检修较多,产量环比虽有所下降,但同比仍增长。9月份由于广西钦州石化正式进入商业运行、新疆塔河石化350万吨/年重质原油改质项目建成投产等因素产量上升明显,10月产量环比继续上升,原油日加工量达到了119.5万吨/日,但同期由于国内柴油资源需求的大幅上升,柴油出现了资源偏紧甚至供不应求的局面。四季度成品油供应能力充足,需求继续增长。2010年1—11月全国累计加工原油3.84亿吨,同比增长12.9%,全年原油加工量4.2亿吨,成品油产量2.52亿吨,较2009年分别增长12.3%和10.5%。

中石油2010年1—11月累计加工原油1.21亿吨,成品油产量7773万吨,平均开工负荷率达92.8%,其中9月钦州炼厂投产、10月庆阳石化改扩建装置投产为中石油增加90万吨/月的原油加工量。中石化同期累计加工原油1.88亿吨,成品油产量1.12亿吨,平均开工负荷率达89%,9月份塔河石化新装置的投产也增加了中

石化的原油加工量。9月开始的国内柴油资源偏紧现象也使得两大集团在10月份后明显提高了炼厂开工负荷。2010年1—11月全国累计汽油、煤油、柴油总产量为2.29亿吨，同比增长10.8%。其中，汽油产量6961.3万吨，同比增长6.3%；柴油产量1.44亿吨，同比增长12.4%；煤油产量1580万吨，同比增长17.9%。

五、油品质量升级换代

2010年1月1日起，广东、福建、河南、江苏、浙江、河北、湖北、天津和山东青岛等9个省市地方率先强制推广使用国Ⅲ标准汽油，2010年7月1日起在全国范围内推广国Ⅲ标准汽油。2010年8月1日起，广州市为迎接亚运会，继北京2008年实行京Ⅳ标准、上海2009年实行沪Ⅳ标准后，全面推广使用国Ⅳ汽油标准（国Ⅳ汽油、柴油的硫含量分别相当于国Ⅲ汽油、柴油的1/3和1/7），京沪穗三地领先一步进入国Ⅳ标准汽油时代。山东省自2010年10月1日起要求严格执行车用汽油国Ⅲ标准，禁止生产销售达不到国Ⅲ标准的车用汽油。但国Ⅲ柴油标准仍没有在全国完全执行，仅少数地区实行了国Ⅲ柴油排放标准。目前北京、上海、广州已相继升级为国Ⅳ柴油排放标准，北京在2012年后执行相当于欧Ⅴ的汽油、柴油标准。

生产清洁油品是我国炼油工业发展的重点。受环保法规要求和汽车行业对燃料质量要求趋严的推动，近年来我国油品质量升级步伐明显加快。21世纪以来，我国油品质量升级用不到10年的时间走过了欧美国家二三十年走过的道路。继2000年中国实现汽油无铅化之后，2003年在全国范围内执行了新的汽油、柴油国家标准，将汽油硫质量分数从0.2%降到0.08%，柴油硫质量分数从0.5%降到0.2%，对汽油中苯、烯烃和芳烃等杂质质量分数首次提出了限制要求。之后，又经过短短的两年时间，从2005年7月1日起，我国汽油硫含量进一步降至0.05%，"十一五"期间继续油品升级，到2010年7月1日汽油硫含量进一步降至0.015%。

尽管我国油品质量升级步伐很快，但主要油品质量与发达国家相比仍有一定差距。发达国家汽油硫质量分数规格要求达到$50\times10^{-6}\sim150\times10^{-6}$，烯烃体积分数25%~30%，芳烃体积分数25%~45%，苯体积分数小于1.0%。而目前中国的汽油质量与之相比仍有一定差距，仍需进一步提高。

中国柴油组分构成不尽合理，催化裂化柴油占30%，且多半未经加氢精制，产品颜色深、稳定性差，十六烷值最低的为40，硫质量分数在0.2%~0.5%，芳烃体积分数在30%以上。而目前美国要求车用柴油硫质量分数小于15×10^{-6}，芳烃实际体积分数低于22%，苯体积分数低于0.8%。欧盟规定柴油十六烷值大于48；欧Ⅳ车用柴油硫质量分数要求为不超过50×10^{-6}，欧Ⅴ车用柴油硫含量要求为不超过10×10^{-6}，此种超低硫柴油的使用将极大减少空气污染。我国2011年开始执行的柴油国

Ⅲ标准要求在国Ⅱ标准基础上再降低硫含量30%，提高十六烷值2个点，并限制稠环芳烃的质量分数，最大值为11%；国Ⅳ标准则要求在国Ⅲ标准上进一步降低86%的硫。由此可见，我国目前在推动柴油质量升级方面正在加大力度、加快步伐。

六、替代燃料的发展正在稳步推进

"十一五"以来，国际油价波动较大，促使替代燃料在包括我国在内的全球快速发展。我国电动汽车已经起步发展，生物燃料和煤制油替代燃料产量逐年提升。神华集团100万吨/年直接液化煤制油示范项目已于2010年1月正式投产，目前有计划进入煤制油领域的企业还有内蒙古伊泰集团、山东永州煤矿集团和山西潞安集团等。截至2008年年底，20个天然气汽车重点推广城市CNG汽车已达30万辆，全国近50万辆，约占汽车保有量的1%。2009年燃料乙醇产量171万吨。甲醇用于汽油调合生产甲醇汽油现已开始启动，2009年汽车燃料领域消费甲醇约300万吨。2009年11月1日和12月1日，"车用燃料甲醇"和"车用甲醇汽油"两个国家标准分别正式实施，甲醇汽油在克服一些技术、经济问题后正在浙江、山西、陕西等一些地区着手推广和使用。中海油2010年11月在海南省首次启动了其所产车用生物柴油的封闭销售和投用。

七、全国炼油投资大幅增长，大型炼油装置建设继续推进

2009年全国炼油行业总投资为1119亿元，同比降低9.3%。与此相反，2009年中石油和中石化两大公司炼油和销售板块资本支出为712亿元，同比大幅增长54.1%，扭转了2008年出现的多年来的首次负增长。其中，两大公司的炼油业务投资368亿元，同比大幅增长35.4%；营销及分销板块投资345亿元，同比猛增80.7%。2009年的炼油投资主要用于扩大原油加工能力、油品质量升级、原油适应性改造等；营销与分销投资主要是用于完善成品油管网、成品油油库，新建、收购和改造加油站，进一步完善成品油销售网络等。

2010年中石油和中石化两大公司对炼油行业投资823亿元，比2009年增长15.6%，但仍低于2007年的投资水平。其中，炼油板块投资487亿元，比2009年增长32.5%，主要用于大型炼油项目以及油品质量升级等；营销及分销板块投资195亿元，同比小幅增长2.3%，主要用于加油（气）站建设和收购、成品油管道建设、完善成品油销售网络。

2005年以来，独山子石化、广州石化、青岛炼油、福建炼化、大连石化、惠州炼化、天津石化、广西石化和吉林石化等多个千万吨级炼油项目相继开工建设并建成。2005—2009年，中石油炼油项目共投资709亿元，分年投资为70亿、120亿、160亿、146亿和213亿元；同期中石化炼油项目共投资850亿元，分年投资为150亿、190亿、230亿、125亿和155亿元，中海油惠州炼厂三年累计投资也达200亿元。

总体来看，中国炼油工业现已进入一个由大走强的历史发展新时期。未来中国炼油工业将努力转变发展方式，通过调整结构、合理布局、优化配置资源和市场、促进科技创新、推进炼化一体化和基地化建设，在继续增大规模实力的同时，持续提升盈利能力和国际竞争力，保持行业的平稳较快发展，真正实现由炼油大国向炼油强国的转变。2011年年底，我国炼油总产能达到5.29亿吨/年，同比增长4.86%。到2015年年底，若在建、拟建和规划的炼化项目按期建成，中国的炼油能力将达到约6.95亿吨/年。届时，炼厂的规模化程度、炼化一体化程度、产业集中度及集约化程度都将进一步提高，油品质量也将进一步提升。

附1 大 事 记

1907年，延长石油官矿局成立并建成炼油房，炼出灯用煤油14箱销往西安，可视为中国炼油工业之始。

1909年，新疆商务总局从俄国购买钻机和炼油设备，开始在乌鲁木齐工艺厂炼油。

1914年，日本侵略者在台湾苗栗建设第一座小炼油厂，3台间歇式蒸馏釜总容量21米^3。

1928年，日本侵略者建设抚顺碳矿西制油厂，以露天采煤剥离的油母页岩干馏制取人造石油，规模为日处理4000吨油页岩，并加工成汽油、柴油等石油产品。

1934年，新疆地方政府成立安集海炼油厂，炼制独山子原油，次年因亏损停产。

1935年，陕北解放，成立延长石油厂，为军民提供汽油、煤油等油品。

* 日本侵略者与伪满洲政府联合投资建设大连制油所，建成蒸馏、洗涤装置，加工进口原油。

1936年，新疆独山子炼油厂成立，由新疆地方政府与苏联合作，从事钻采和炼制工作。

* 日本侵略者在四平建设四平油化厂，煤低温干馏及高压加氢等加工装置生产航空汽油，到1945年日本投降时基本建成未投产。

1937年，日本侵略者在锦州开始建设合成燃料厂，费托法常压合成，以煤为原料，引进德国成套设备。

1938年，重庆开始建设以植物油制取汽油、柴油、润滑油等的重庆动力油料厂。

1939年，建设玉门炼油厂，安装一台260升的卧式蒸馏釜，炼制玉门原油。

* 日本侵略者在抚顺建设油页岩东制油厂；并在吉林建设人造石油厂，进行煤低温干馏。

1941年，甘肃油矿局成立，下设炼油厂。建成6组连续蒸馏釜，日炼原油200吨。

* 日本侵略者在辽宁锦西建设锦西制油所，加工进口原油。

1942年，日本侵略者在台湾高雄开始建设第六燃料厂。

1943年，新疆与苏联合办的独山子炼油厂停办，苏方将大部分设备拆走。

1944年，甘肃油矿局接管独山子油矿及炼油厂，改名乌苏油矿，部分恢复采油和炼油生产。

1945年，日本投降，东北抚顺、锦西、锦州、四平等厂由中国接管。

1946年，台湾高雄第六燃料厂由中国接管后改名高雄炼油厂；大连制油所由中国与苏联合营。

1949年，甘肃玉门油矿由康世恩为军事总代表接管并继续生产。上海原中国石油公司由华东军事委员会派徐今强为军代表接管，并以高桥油库为基地筹建上海炼油厂。

* 成立燃料工业部；抚顺石油一厂恢复生产，当年产油5万吨，锦州石油六厂恢复建设；当年中国炼油总能力17万吨/年（未包括台湾，下同），实际加工11.6万吨。

1950年，上海炼油厂340吨/日的常减压装置建成投产；燃料工业部成立石油总局。

1951年，大连制油所结束中苏合营，改名大连石油厂，由我国独立经营；抚顺石油三厂恢复生产，为石油一厂页岩油加氢；新疆独山子炼油厂恢复生产。

1952年，成立东北石油管理局，将所属东北各厂更名：石油一、二、三、四厂（抚顺），五厂（锦西），六厂（锦州），七厂（大连），八厂（四平），九厂（吉林桦甸），十厂（吉林）。石油一厂全部恢复生产，年产页岩油22.6万吨。

1953年，开始筹建苏联援助156项的兰州炼油厂；成立北京石油学院，石油设计局；撤销东北石油局，东北各厂划归石油总局领导。

1954年，玉门原油开始东运到大连和上海加工；上海炼油厂扩建到15万吨/年；石油二厂第一、二、三部页岩干馏炉恢复生产；成立东北第一建筑安装公司，后改名抚顺炼厂建设公司。

* 新疆中苏石油公司苏方股份全部移交中国。

1955年，石油工业部成立，李聚奎任部长；大连石油七厂润滑油装置建成投产，产出锭子油、车用机油、透平油等油品；锦西石油五厂低温干馏炉第一、二部炉投产。

1956年，石油部成立设计管理局，有北京设计院、广州设计院（后并入抚顺设计院）和抚顺设计院。开始筹建广东茂名页岩油公司。

1957年，我国"一五"计划结束，全国原油加工能力由1952年的99万吨/年增加到1957年的245万吨/年；原油加工量由1952年的53.5万吨增加到1957年的173.6万吨。

1958年，余秋里任石油工业部部长，成立石油部石油科学研究院；兰州炼油厂一期工程建成投产，年加工能力100万吨/年；茂名页岩油工程开始施工；西安石油学院和四川石油学院相继成立。

1959 年，30 万吨/年新疆克拉玛依炼油厂、20 万吨/年青海冷湖炼油厂相继建成投产；独山子、上海、石油七厂先后完成扩建工程，加工能力分别达到 50 万～90 万吨/年。

1960 年，30 万吨/年南充炼油厂建成投产；首列装运大庆原油的铁路槽车从萨尔图车站驶出。

1961 年，在大连石油七厂组织大庆原油加工会战，取得加工技术经验向全国推广；茂名页岩油厂建成投产；东北石油学院成立（后改名为大庆石油学院）。

1962 年，召开炼油科研会议决定集中科研、设计、生产、机械制造、施工等主要技术力量独立自主开发炼油新技术，包括催化裂化、催化重整、延迟焦化、尿素脱蜡及相关催化剂和添加剂生产等，后来这五项技术被誉为"五朵金花"；大连石油七厂和兰州炼油厂分别生产出航空煤油、航空汽油、航空润滑油并经试飞成功，正式投产，解决了国家急需油品供应问题。

1963 年，石油部提出"三年过关、五年立足于国内"的奋斗目标。大庆炼油厂一期建成投产，规模 100 万吨/年；第一套 30 万吨/年延迟焦化装置在抚顺石油二厂投产成功；621 厂成功生产出国家急需的新型润滑材料。

1964 年，全国原油加工能力突破 1000 万吨/年，当年实际加工原油 1141 万吨。催化裂化所用硅铝小球催化剂生产装置在兰州炼油厂建成投产。流化催化裂化关键设备之一单动和双动滑阀在兰炼机械厂试制成功。

1965 年，第一套 60 万吨/年流化催化裂化装置在抚顺石油二厂建成并一次投产成功。锦西石油五厂建成异丙醇尿素脱蜡装置；第一代片状单金属铂催化剂在抚顺石油三厂工业生产；第一套流化催化裂化所用的硅铝微球催化剂在兰州炼油厂投产；山东胜利油田至齐鲁炼油厂原油管道开通，此为我国东部第一条输油管道。

* 南京炼油厂建成投产，规模 100 万吨/年；抚顺石油二厂常减压蒸馏装置由 100 万吨/年改造为 250 万吨/年，并迅速推广。

* 全年四大类产品汽油、煤油、柴油、润滑油总量 623 万吨，我国石油产品自给率达到 100%。

1966 年，我国自行设计施工的 10 万吨/年催化重整装置在大庆炼油厂建成投产；同时，从意大利成套引进的 10 万吨/年催化重整装置也在石油二厂投产。以炼厂气为原料年产 1000 吨顺丁橡胶工业试验装置在石油六厂投产成功。

1967 年，我国自行设计建设的 250 万吨年大型常减压蒸馏-催化裂化-延迟焦化联合装置在胜利炼油厂（现齐鲁石化）建成投产；石油六厂人造油全部停产。

1969 年，东方红炼油厂（现燕山石化）建成投产，规模为 250 万吨/年。第一套分子筛脱蜡装置在南京炼油厂建成投产。全国四大类产品总产量突破 1000 万吨/年。

1970 年，石油、化工、煤炭三部合并成立燃料化学工业部。大庆炼油厂年加工能力扩建到 480 万吨/年，并建成合成氨、尿素、丙烯腈化纤等化工装置，开始向炼油-化工一体化发展。

1971年，荆门、长岭一期项目分别建成投产。大庆至抚顺原油管道建成。全国原油年加工能力突破5000万吨/年，产量达到5024万吨/年。

1973年，鞍山、林源炼油厂投产。铁岭至秦皇岛、克拉玛依至乌鲁木齐原油管道建成。

1974年，玉门炼油厂将床层催化裂化装置改建成为我国第一套提升管催化裂化装置，并使用分子筛催化剂。石油六厂建成年产6000吨顺丁橡胶装置。大庆至铁岭原油管道复线建成。

1975年，撤销燃化部，成立石油化学工业部。秦皇岛至北京、铁岭至大连原油管道建成，至此大庆原油通过管输和港口及铁路转运为13个省（直辖市）28家炼油化工厂供油，进入以管输为主新阶段。胜利油田至黄岛原油下海外输管道建成。天津炼油厂建成。

1976年，我国第一套多金属重整装置在石油七厂建成投产，采用压降小的径向反应器等新设备，获国家科技进步二等奖。安庆石化总厂一期建成，生产规模250万吨/年。唐山大地震造成管道破坏严重，紧急抢修两个月恢复通油。

1977年，250万吨/年武汉石化厂建成投产。

1978年，石油化学工业部分为石油部和化工部。规模均为250万吨/年的镇海炼油厂、广州石化厂、乌鲁木齐石化厂建成投产。山东临邑至江苏仪征原油管道（鲁宁线）及仪征油港建成，胜利原油从此经管道及水运到沿江炼厂。

1979年，250万吨/年吉林化学公司炼油厂经工程整改建成投产，250万吨/年辽阳化纤炼油厂投产。

1980年，250万吨/年九江炼油厂建成。湛江至茂名原油管道建成。

1981年，上海高桥石化公司、南京金陵石化公司成立。北京设计院设计的石油七厂多金属重整项目获国家优秀设计银质奖。

1982年，中国海洋石油总公司成立。抚顺石油工业公司成立。茂名引进的80万吨/年加氢裂化装置建成。

1983年，中国石油化工总公司成立。大连石化公司、天津石化公司成立。250万吨/年石家庄炼油厂建成。

1984年，全国原油加工能力突破1亿吨，名列世界第7位。

1987年，抚顺石油一厂页岩干馏正式停产。

1988年，石油工业部撤销，成立中国石油天然气总公司。湖南巴陵石化公司成立。

1989年，山东黄岛油库雷击感应爆炸起火，老罐区全部烧毁。

1990年，青海油田至格尔木原油管道建成（海拔约3400米）。

1992年，为缓解内蒙古油料紧张，100万吨/年呼和浩特炼油厂建成投产。

1993年，由中国石化总公司与中国化工进出口总公司合资的中国国际石油化工联合公司开业。

1994年，扬子石化公司与德国巴斯夫公司合资成立扬子巴斯夫系统有限公司。

1995年，抚顺至营口成品油管道投产。

1996年，克拉玛依至乌鲁木齐成品油管道建成。

1997年，新疆轮南至鄯善原油管道建成，解决了南疆原油管输外运问题。北京、天津、山东、江苏、浙江、广东、湖南、湖北等18个省（直辖市）石油公司划入石化总公司。

2000年，中国石油天然气总公司在苏丹建成产能1000万吨/年油田、1506千米输油管道和250万吨/年炼油厂。

2001年，中国海洋石油总公司在纽约和香港两地挂牌上市。齐鲁石化新建60万吨/年连续重整装置、140万吨/年加氢裂化装置建成，具备年加工600万吨高含硫原油加工能力。

2002年，上海石化建成千万吨原油加工和百万吨乙烯生产的世界级炼油化工一体化基地。

2003年，兰州石化建成原油加工能力1000万吨/年炼油基地。

2004年，从新疆塔里木至上海西气东输天然气管道向沪、浙、苏、皖、豫四省一市全线投入商业运行。四川忠县至武汉输气管道"一干两支"投入商业运行。

2006年，中国石化总公司对海南炼油化工有限公司以注资方式增资完成后，持有海南炼油化工公司75%股份权益。

2007年，镇海炼化建成2015万吨/年装置，跻身于世界21家2000万吨/年大型炼厂行列。燕山石化1000万吨/年扩建工程建成投产。

2008年，大连石化改扩建工程全面投产，炼油能力2050万吨/年，居国内首位。亚洲最大的大连石化220万吨/年连续重整装置一次投产成功。1000万吨/年青岛炼油厂新建工程投产。

2009年，中海油单系列1200万吨/年惠州炼油厂新建工程投产；独山子1000万吨/年项目投产。

2010年，中石油广西钦州石化新建千万吨炼油项目和吉林千万吨扩建项目建成投产。中石化新疆塔河石化350万吨/年加工重质油项目建成投产。

附2 国际背景

1. 发展初期

据《俄罗斯石油技术史》记述，早在1748年和1754年，沙俄政府矿务总局和金银化验局先后对采自乌赫特河和索卡河的原油进行过实验室的分析和化验。用曲颈烧瓶做了原油蒸馏试验，取得了馏出物。俄国的第一座炼油厂是杜比宁和他的两个兄弟于1823年建立的，位于北高加索。这座炼油厂有一座铁制的蒸馏釜，可以一次注入40小桶（估计200立升）格罗兹尼所产原油。它架设在砖砌的炉子上，釜上有一个大铜盖，一根铜管从釜里穿过铜盖伸出来，进入盛水的木桶，使馏出物得到冷却，然后流入容器。40小桶原油蒸馏后，得到16小桶白色石油产品，釜里留下约20桶残余油，有4小桶蒸发掉。由于销路不畅没有发展起来。巴库地区的第一座炼油厂1838年建在巴拉汉尼，是在巴库石油局局长沃斯科鲍伊尼克领导下建设的。他们从1834年起就对巴拉汉尼轻质原油和重质原油分别进行过蒸馏试验。巴拉汉尼的重质原油经过蒸馏，其馏出物可以卖好价钱，其剩余物可以按重质油出售。到1869年，巴库已经有23家炼油厂。最大的一家是诺沃西里佐夫1868年建在科钦海峡岸边的，设备是英国制造的，在美国人康斯坦特指导下安装和建设的。这家炼油厂有10座铁质蒸馏釜，容积可装入16吨原油。冷凝器的管子直径178毫米。原油用泵抽入2具高位储罐，然后靠重力流向各个蒸馏釜。馏出的馏分油按不同比重分别装入不同的容器。馏分油要通过净化器，用5%的硫酸和1%的苛性钠处理。净化器用一台40马力的蒸汽机驱动，是首座较为完整的炼油厂。此外，英国的第一座炼油厂是D.雍格于1848年建的。法国的第一座炼油厂是A.G.基尔恩于1854年在科尔马克城附近建的，加工佩谢尔布龙油田的原油，炼制过程中采用了过热蒸汽，产品也用硫酸处理。这些原油蒸馏工艺都是间歇式的生产，往蒸馏釜里注入原油，加热，油蒸气出来，冷凝，把留在釜内的残余油清理出去后，才可以蒸馏第2釜。生产效率低，成本高。首先实现原油连续蒸馏的是阿塞拜疆巴库的诺贝尔兄弟石油公司，是在19世纪80年代初。据《俄罗斯石油技术史》称，诺贝尔公司采用的是大化学家门捷列夫的发明，是他提出了连续蒸馏装置的结构。

美国在1850年前后建立最早的原油分馏装置是B.西利曼所制造的美国第一只蒸馏釜，直径1.1米，高1.42米，容量0.8米^3。釜内盛塔兰屯原油，釜下烧煤炭。釜里产生的油蒸汽通过小管子进入盛水的桶，冷凝为浅黄色的煤油，在匹兹堡开始出售灯用煤油，称为"碳油（Carbon oil）"。1859年，宾夕法尼亚州发现油田，原油生产迅速扩大。W.巴恩斯代尔和W.A.艾博特在该油田附近建造了美国第一座炼油厂，1860年11月开工兴建，1861年1月点火投产，资本15000美元。1864年，美国的总炼油能力大约为6000桶/日（约30万吨/年）；美国标准石油公司直到19世纪90年代才开始采用连续蒸馏。

原油蒸馏最初目的是为了生产灯用煤油，所采用的常压蒸馏是石油炼制过程最基本的工艺。直到现在，常压蒸馏仍然是所有炼油厂的第一道加工工序。炼油厂的常压蒸馏能力就是这座炼油厂的加工能力。

关于油品精制和润滑油生产技术的起步分述如下。

① 煤油脱硫　1885年，美国印第安纳州发现了利马油田。利马的原油叫"酸油"，含硫比较多。用它炼制出来的煤油，点灯时发出一种像臭鸡蛋那样的臭味，因此不受欢迎。石油大王洛克菲勒独具慧眼，大量低价买进利马原油，请来德国的

化学家赫尔曼·弗拉希，让他解决脱硫问题，并且为他在惠廷炼油厂建立了实验室——这是世界上第一家石油技术研究机构。弗拉希在他自己的安大略小炼油厂遇到过同样问题，他弄清楚了臭味来自原油中的硫化氢，发明了一种用氧化铜作为催化剂的脱硫工艺。用15吨氧化铜处理了5000桶（约682吨）煤油。标准石油公司在惠廷炼油厂建立了脱硫装置，使利马的"酸油"变成了"甜油"。洛克菲勒因此赚了一大笔钱。

② 早期的润滑油生产　产业革命后，蒸汽机和许多其他机械得到越来越广泛的应用，对润滑的需求迅速增加。早期使用的是植物油。1855年，美国耶鲁大学的西利曼教授倡议"润滑革命"，用矿物油取代植物油。他指出，当时使用的动物油和植物油都有缺点，而重的"岩石油"组分在使用中不会腐败发臭，不会变酸，而且有应对寒冷气候的良好性能。海勒姆·埃弗雷斯应用1866年获得专利权的一项技术搞减压蒸馏。本来是希望利用减压蒸馏获取更多煤油，但经过多次试验，没有能够提高煤油的收率，而是意外地发现，减压蒸馏下的重质渣油可以作为良好的马车润滑油，于是他们建立起商业性的马车油生产装置。他们的公司叫做真空石油公司，是美孚石油公司的前身。

差不多在同一时期，俄国在科契的一家炼油厂于1870年最早生产出润滑油，它生产的"机械润滑油"，应用于顿河上的蒸汽轮船、铁路的车辆以及附近的各家工厂。1876年，俄国根据化学家门捷列夫的提议，建造了一座重质油大规模炼制的工厂。石油润滑油开始在各个应用领域取代动植物油脂。随后，发明了燃烧重质油的喷嘴（燃烧器），重质油开始用作锅炉燃料，并逐渐成了各工业部门以至铁路和水运部门不可缺少的燃料。特别是将这种液体燃料用于军事以后，石油的重质馏分用途有所扩大。

③ 脱蜡　各种机械的广泛应用，特别是汽车的大发展，对润滑油的质量提出了越来越高的要求。而提高润滑油质量的关键是脱除油料中的蜡。最早的石油脱蜡手段是压榨式压滤机，它出现在1880年，可以生产出黄色的蜡和煤油、喷灯油。1905年出现了"发汗"器，在圆盘里放一层铁丝网，网底下放水，把熔化了的含油石蜡倒入盘中。让它冷却凝固后，放掉盘底的水，然后升高周围的温度，让石蜡"发汗"，"汗"油流入盘底排出来，这种软蜡油可以作为裂化的原料。"发汗"后再升高温度，石蜡全部熔化、流出，这就是高熔点石蜡。这种工艺是间歇生产的，在第二次世界大战之前广泛应用，后来被溶剂脱蜡法取代。

2. 二次加工的出现

19世纪80年代初，煤油灯因电灯的发明而相形见绌，并逐渐被淘汰。特别当19世纪末叶，汽车发动机和柴油发动机相继问世以后，汽油很快取代灯用煤油的地位。由于汽车工业的突飞猛进，以及第一次世界大战的刺激，汽油需要量激增，仅从蒸馏（即一次加工）中得到的汽油已远不能满足需要，人们进行了把大分子烃类裂化成小分子烃类的试验。1913年W.M.伯顿液相裂化工艺首先实现了工业化，在一定的压力和温度下进行石油重质馏分的热裂解，获得了更多的汽油。1930年美国建成延迟焦化装置，对减压渣油进行焦化，生产轻质油品和石油焦。自20世纪20年代初，达布斯热裂化等一系列装置先后投产起，炼油技术就开始从一次加工发展到二次加工。

1925年后，二次加工技术得到发展和实际应用，管式炉、泡罩塔、汽提塔等设备的采用，促进了炼油技术向二次加工的发展。

1930年，汽油在全世界油品需要量中所占的体积百分比已从1920年的26.1%上升到42.0%，其中裂化汽油已从0.5%激增到17.7%，而同期煤油的比例却从12.7%骤降到5.3%。此外，这一时期炼油工业的另一重要进展是润滑油生产技术日臻成熟，为了分馏出黏温性能好的润滑油料和获得更多的轻质油品，发展了减压蒸馏。为了脱除润滑油料中的蜡和其他杂质，开发了离心脱蜡、丙烷脱沥青等工艺。与此同时，润滑油添加剂的使用，大大改善了润滑油的质量，延长了使用寿命。因此，润滑油在全世界油品需要量中所占体积分数从1930年的3.7%下降到1940年的2.8%，与原油加工量并不是成比例地增加。

3. 全面发展时期

20世纪40年代是欧美炼油工业由热加工转向催化加工的时期。转变的原因是为了提高汽油产量和质量，以满足第二次世界大战的需要。因为热裂化汽油中含有大量烯烃和二烯烃，在贮存过程中容易生成胶质，因此，单纯的热加工工艺不利于轻质油品质量保证和进一步提高收率。作为二次加工划时代技术创新的催化裂化工艺，最早是在1936年，由E.J.胡德利发明了用活性白土作催化剂的固定床催化裂化工艺，它是将催化剂预先放在反应器内，进料预热至400℃左右进入反应器反应，反应时间只有10多分钟，催化剂表面活性因积炭而下降，停止进料，进行空气燃烧再生，这样反复在同一反应器中进行。为了在反应时吸热及再生时放热，在反应器中装有盘管，用熔盐作热载体。为了连续生产的需要，实行几个反应器组成一组轮流进行反应和再生，它的工业化是炼油工业发展中的一项重大突破。随后，为了解决连续生产问题，于20世纪40年代初，相继出现了流化床催化裂化装置（1942年）和移动床催化裂化装置（1943年），都是将反应与再生分别在两个设备中进行，预热的原料油和催化剂同时进入反应器。流化床催化裂化是在反应器和再生器中呈流化状态，温度分布均匀，而且催化剂循环量大，携带热量多，从而简化了设备，因此在发展中居于优势地位。该工艺所采用的反应、再生烧焦以及粉末物料输送等技术促进了工程设计技术的发展，并广泛应用到炼油工业及其他工业过程。催化剂的性能对催化裂化工艺过程非常重要，开始是用活性白土，后来改用硅酸铝，近30年大量采用活性高、选择性好的分子筛催化剂，并因此而发展了提升管反应器，缩短了反应时间，使得流化床催化裂化的优越性得到进一步发挥。

催化重整工艺差不多与催化裂化出现在同一时期，1931年出现了"热重整"或称"热改质"，以直馏汽油为原料。在约550℃和30大气压（30兆帕）或更高的高温高压下，使原料裂化和脱氢生成芳烃以提高辛烷值，但效果欠佳。1940年建成了第一套氧化铝/氧化钼催化剂的催化重整工业装置，以及随后又以氧化铬/氧化钼为催化剂，称"铬重整"或"临氢重整"，虽较热重整有较大进步，并在二战期间有所发展，但缺点是催化剂活性低，反应几个小时即需再生，反应周期太短，不适于工业生产，二战后停止发展。到20世纪50年代出现了以贵金属铂为催化剂的固定床铂重整工业装置，在较缓和的条件下得到高辛烷值汽油，催化剂积炭较慢，可连续生产半年到一年不用再生。到1968年开始出现铂铼双金属重整以及多金属重整，进一步提高催化剂的稳定性，降低反应压力和长期维持良好的活性，提高重整汽油的辛烷值，而且汽油、芳烃和副产氢气的产率也有所增加。在发展固定床催化重整的同时，美国环球油公司（UOP）和法国石油研究院（IFP）开发了连续再生式重整，装置规模得以扩大，但投资大、设备多、操作控制比较复杂，因此在装置规模达到40万吨/年以上时，采用连续重整。

延迟焦化工艺是以重油、渣油为原料，进行深度热加工，获取轻质油品和焦炭。延迟焦化与热裂化相似，不同之处是在加热炉加热过程中暂时不发生裂化反应，延迟到进入焦炭塔再进行裂化反应，产生轻质油和生成焦炭，然后停止进油和出焦。既保证了长周期运行，又获得质量好的焦炭。第一套延迟焦化装置于1930年投产，几十年来发展很快，基本上代替了釜式焦化。

加氢裂化与加氢精制　加氢技术最早起源于20世纪20年代德国的煤和煤焦油加氢技术，第二次世界大战以后，随着对轻质油数量及质量的要求增加和提高，重质馏分油的加氢裂化技术得到了迅速发展。1959年美国雪佛隆公司、环球油品公司和联合油公司先后开发了加氢裂化技术。近30年来劣质原油逐步增多，产品品质及环保要求日益提高，化工原料需求增加以及重整装置副产大量廉价氢气等因素促使加氢裂化和加氢精制技术在世界范围内得到了迅速发展。特别是加氢精制具有产品收率高、油品质量好、可在中低压进行、温度条件缓和、氢耗量不高等有利条件，成为炼油厂各种油品广泛采用的精制手段。

20世纪30年代炼厂气加工开始工业化，至40年代叠合装置和烷基化装置套数也有所增加，还出现了异构化装置。20世纪50年代也是世界石油化工的重要发展时期。战后，催化裂化和催化重整装置的大量建设，以及石油、天然气的广泛利用，为石油化工提供了含有大量烯烃的炼厂气和苯、甲苯、二甲苯等苯类原料，促进了石油化学工业的全面发展。

20世纪60年代初期，全世界原油年加工能力已达到10亿吨，催化裂化能力约占原油加工能力的21.45%，催化重整能力约占9.9%，加氢精制能力约占10.6%。这一时期可以说是炼油工艺技术发展的鼎盛时期，其后虽然炼油工艺上不断有所改进创新，但在二次加工的工业装置类型上没有新的重大突破。

1973年中东战争开始后，随之而来的两次石油价格上涨给炼油工业带来了冲击，迫使一些石油公司停建新炼油厂，并关闭一部分炼油厂，而致力于增加二次加工能力，以便充分利用原油，提高石油产品的产率。因此，全世界的原油加工总能力上升速度明显减慢，并从1982年起出现了逐年下降的情况。另一方面，催化裂化、催化重整、延迟焦化等加工能力却继续增加。这使得炼油工业的装置结构发生了变化，加工深度增加。

面对全球原油日益变重变差，密度和含硫量增加，环保要求日益严格的新形势，炼油厂装置构成趋转向加工重质、含硫原油，进行深度加工、提高轻质油收率，同时采用清洁生产工艺生产清洁燃料，并且炼油化工开始走向一体化。

4. 目前状况与发展趋势

（1）炼油能力缓慢增长，产业重心正在东移

截至2010年底世界总加工能力为44.1亿吨/年。增长主要来自亚太地区，因此世界炼油重心由过去的北美、西欧东移到亚太地区，2010年亚太炼油能力占世界总能力达到28%，而北美和西欧分别下降至24.2%和16.6%。亚太地区炼油能力增加主要来自中国和印度。到2010年世界共有炼厂662座，近年来炼厂总数呈下降趋势，1999年世界炼厂共有755座，各国采取关停并转一批规模小和效益差的炼厂，因此世界炼厂平均规模从1999年的539万吨/年增至2010年的666万吨/年。总的来看，世界炼油格局重点继续向亚太转移，后金融危机时代，美欧以及日本石油需求可能已达到了高峰点，其炼油业将以调整重组为主，并有更多炼厂关闭或出售；除日本外的亚太和其他地区，随着中国、印度和中东地区油品需求提升，炼油能力将继续扩大，将成为世界炼油业增长的热点和亮点。

（2）大型化、基地化、炼化一体化、产业集群化成为炼油行业主要发展模式

2010年世界炼油产业继续处于相对集中的态势，世界前25家大石油公司拥有的炼油能力占全世界60%，例如，埃克森美孚拥有2.9亿吨/年能力，壳牌公司有2.3亿吨/年能力；全世界有21座炼厂规模在2000万吨/年以上，包括世界规模最大的委内瑞拉炼厂4700万吨/年，韩国蔚山炼厂4080万吨/年以及印度、新加坡等最大炼厂规模也超过3000万吨/年。同时，为了优化资源配置和储运条件、综合和有效利用油化物料和公用设施、提高炼厂经济效益和竞争力，各地区炼化一体化、基地化、产业集群化的建设明显加强，仅美国墨西哥湾沿岸地区的炼油能力占全美国能力45%左右，乙烯产能占全美国95%；其他如日本东京湾炼油能力占全日本近40%，乙烯占55%等，使经济效益和投资回报率明显提高。

（3）原油重质化、劣质化和环保要求清洁化促使炼油深加工、精加工能力提高

近年来，炼油工艺技术没有重大突破。不过随着原油品质变差、轻重原油价差

拉大以及因环保标准不断提高，油品规格更加苛刻，世界清洁燃料总趋势是：汽油低硫、低芳烃、低苯；柴油低硫、低芳烃、高十六烷值。各国制定标准大都以降低硫含量为重点，在 2010—2015 年间北美、西欧、日本汽油硫含量要降至 50×10^{-6}，甚至更低，其他国家大都也要降至 100×10^{-6}。柴油与汽油一样，也是以降低含硫量为重点，目前德国已要求低于 10×10^{-6}，美国要求不大于 15×10^{-6}。为此，以降低产品含硫量为主要目的的加氢精制处理能力和重油深度加工的加氢裂化能力增长迅速。2010 年世界总加工能力 44.1 亿吨/年当中，加氢精制及处理总能力达 24.1 亿吨/年，与炼厂一次加工能力之比为 51.5%；加氢裂化总能力达 2.9 亿吨/年，与炼厂一次加工能力之比达到 6.1%；而作为重油轻质化的催化裂化能力近几年增速放缓，为 7.3 亿吨/年，这是因为一方面它对于高硫原油无能为力，同时催化裂化的烯烃产率较高，也受到当今环保要求的限制。此外，延迟焦化对原料的适应性较强，不但可以加工各种直馏渣油、裂解焦油，还可加工沥青以及催化油浆等，其装置投资较低，并且经过加氢精制的焦化石脑油，是理想的裂解制乙烯的原料，其性能不亚于直馏石脑油，乙烯单程转化率可达 28.8%，因此延迟焦化可以作为炼油-化工一体化的一种手段。不过延迟焦化的焦炭产量约 30%，随着含硫及高硫原油加工量的日益增加，高硫焦的利用可能成为制约延迟焦化进一步发展的关键。催化重整为 5.7 亿吨/年，增幅不大，但每年约生产催化重整汽油 3.5 亿吨，仍占全球汽油总量的三分之一以上。这是由于对汽油中芳烃含量限制较宽松，因汽油辛烷值主要来自富含芳烃的重整汽油。不过，汽油中芳烃含量高，一是在汽车尾气中会含有较多致癌的芳烃，危害健康，二是芳烃的燃烧温度高，生成氮氧化物随尾气排除，所以限制汽油中芳烃含量是必然趋势。世界润滑油生产能力不但没有增加，需求量逐渐减少，主要是机械性能不断改进，润滑油产品更新换代加快，润滑性能和使用寿命有了很大提高，延长了使用周期。

参 考 文 献

[1] 中国炼油工业 [M]. 北京：石油工业出版社，1989.
[2] 中国炼油技术 [M]. 第2版. 北京：中国石化出版社，2001.
[3] 当代石油和石化工业技术普及读本 [M]. 北京：中国石化出版社，2000.
[4] 王承勇. 中国石油石化工程建设年鉴 [M]. 北京：中国石化出版社，2012.
[5] 中国石油天然气集团公司年鉴（历年）[J].
[6] 中国石油石化集团公司年鉴（历年）[J].
[7] 侯芙生. 炼油工程师手册 [M]. 北京：石油工业出版社，1995.
[8] 中国炼油技术新进展 [M]. 北京：中国石化出版社，1998.
[9] 中国石油化工集团公司编. 辉煌历程——中国石化改革发展之路 [M]. 北京：中国石化出版社，2009.
[10] 走向21世纪的中国石化工业 [M]. 北京：中国石化出版社，1999.

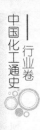

[11] 中国海洋石油总公司志 [M]. 北京：改革出版社，1999.
[12] 当代中国石油工业 [M]. 北京：当代中国出版社，2008.
[13] 石油炼制工程 [M]. 北京：石油工业出版社，1988.
[14] 黄时进. 新中国石油工业发展史 [M]. 上海：华东理工大学出版社，2013.
[15] 石油科普系列丛书——走进石油（1~10）[M]. 北京：石油工业出版社，2006.
[16] 张建芳，山红红，涂永善. 炼油工艺基础知识 [M]. 北京：中国石化出版社，2009.
[17] 石油及石油化工产品标准汇编 [M]. 北京：中国标准出版社，1998.
[18] 陈俊武，李春年，陈香生. 石油替代综论 [M]. 北京：中国石化出版社，2009.
[19] 刘天齐. 石油化工环境保护手册 [M]. 北京：中国石化出版社，1990.

撰稿人：李维英（中国海洋石油总公司原副总工程师）

第二十三章 橡胶加工工业

橡胶是人们熟知的一种材料。橡胶工业就是以橡胶为基本原料,加入配合剂和骨架材料,经物理和化学加工,制成各种橡胶制品的工业。其中还包括旧轮胎翻修和废橡胶再生等。

橡胶制品种类繁多,主要分为轮胎、力车胎、胶鞋、胶管、胶带、橡胶制品(橡胶杂品)和乳胶制品等几大类。广泛应用于交通运输、工业、农业、基本建设和其他经济部门,既有重要的生产资料,也有人民生活的必需品,在国防工业上,橡胶制品也有着很重要的用途。随着科学技术发展,橡胶制品的应用范围还在不断扩大。

第一节 1949年之前

① 早期橡胶工业就是天然橡胶加工产业。1904年云南开始试种天然橡胶。盈江县土司刁印生在新加坡购买了橡胶树苗8000株,种植在该县新城凤凰山上。1906年广东华侨何麟书由马来西亚带回橡胶苗木4000株,种植在海南岛乐会琼安垦植公司胶园。两地橡胶树苗经数年精心培育,皆已成活长大,到1914年已能小量出胶。天然橡胶在国内试种成功,提高了国人办橡胶事业的信心,鼓舞了华人自办橡胶厂的热情。

② 我国最早一家橡胶厂于1915年出现在广州,称为"广东兄弟创制树胶公司",又简称"中国第一家"。该公司由邓凤墀与陈玉坡两人创办。最初生产橡胶牙托,不久即发展到生产橡胶鞋底。

③ 旅日华侨余芝卿1928年在上海创办大中华橡胶厂。先是生产双钱牌胶鞋,后来又开始生产汽车轮胎。1937年大中华橡胶厂已成为国内资本最多、规模最大的橡胶厂。1930年正泰橡胶厂成立,生产回力牌胶鞋,由于注重产品质量,加之式样新颖,回力胶鞋畅销全国各地。

大中华和正泰(图23-1)两个橡胶厂发迹,吸引了民间资本相继开办橡胶厂,从上海、广州扩展到天津、山东、辽宁。1931年各地橡胶厂发展到70个,1936年达到96个。这时上海的胶鞋产量达到三千多万双,其中大中华橡胶厂为870万双。

④ 日本入侵中国使橡胶工业遭受巨大灾难。上海31个橡胶厂毁于日军炮火的

资产即近总额的四分之一。为了求生存,上海部分橡胶厂向内地搬迁,辗转几年,途中损失惨重。1938年上海能开工的只有6个橡胶厂,约7000名工人失业。

图 23-1　上海正泰橡胶厂轮胎硫化车间工人劳动场景（1940年）

⑤ 爱国华侨陈嘉庚组织南洋华侨集资成立中国南洋股份有限公司。1940年这个公司在重庆、昆明、贵阳分别开办橡胶厂,总称中南橡胶厂,经营翻修轮胎业务,其中重庆厂还生产胶鞋,从此西南地区也有了橡胶企业。

⑥ 抗日战争胜利后私营橡胶企业重整旗鼓。橡胶厂由107个很快增加到496个。但好景不长,随着时局动荡,经济萧条,各小橡胶厂纷纷倒闭。1948年大中华和正泰两个橡胶厂的生产下降40%。由于通货恶性膨胀,金圆券贬值,私营橡胶企业处于风雨飘摇之中。

⑦ 日本在我国建立的橡胶厂。在20世纪20年代初,日本就在上海、大连等地先后建了5个橡胶厂,后来又在青岛、天津、辽宁等地建了8个橡胶厂。这些厂生产的胶鞋和其他产品在中国倾销,打击民族工业。20世纪30年代,日本帝国主义侵占东北、华北以后,继续建了一些橡胶厂,供侵略战争用。到1944年,日本在东北地区已建有橡胶厂30个。

⑧ 国民党政府利用美国提供的战时援助,1944年在贵阳和重庆建了两个翻胎厂。1945年抗日战争胜利以后,国民党政府接收了各地日伪橡胶厂。接收以后,有的厂被标价拍卖,有的发还原主,剩下19个橡胶厂大部分处于停产半停产状态。有些厂的设备器材全部或部分被盗卖。至中华人民共和国成立前夕,各厂残存设备仅剩三分之一。

⑨ 旧中国的橡胶工业带有半殖民地的特点。一是产品质量很差,品种不全。例如汽车轮胎只能生产10.00-20以下的10个规格。胶鞋品种少,穿用寿命很短。二是技术落后,设备陈旧,工厂规模很小。主要设备炼胶机有90%是直径在14英寸（35.6厘米）以下的小型机具,且大多是国外过时的旧货。1948年全国有507个橡胶厂,只有炼胶机1000台,平均每厂不到两台;职工2.4万人,平均每厂40人,一半以上工厂是手工作坊。三是原材料绝大部分依赖进口。1906年既有南洋

归国华侨在海南岛种植橡胶树，但直到中华人民共和国成立前夕，种植面积仅有 3 万亩（约 2000 公顷），生胶产量约 300 吨，只能满足需要的 2%，橡胶辅料和助剂全靠进口。四是工厂集中在上海、青岛、天津、沈阳和广州五大城市。

⑩ 解放区从 1945 年开始建立橡胶厂。抗日战争胜利以后，东北人民解放军接管日本满洲护模工业株式会社，成立东北军区军需部辽宁橡胶厂，生产胶鞋。将安东（后改丹东）的三和、永昌两个橡胶公司组建成安东胶皮工厂，1948 年全厂职工有 1148 人，日产胶鞋 1 万双。在哈尔滨自造设备新建了国光、强华、惠利 3 个橡胶厂，生产胶鞋。此外，东北地区还有建业、政新等 7 个公营橡胶厂，小量生产胶鞋和橡胶杂品。1948 年东北地区解放以后，解放军接管了国民党各系统在东北的橡胶厂，并进行了改组。同年 11 月，东北工业部企业管理局成立东北橡胶公司，管辖东北地区橡胶企业，并立即组织抢修厂房、设备，筹措资金、原料，招聘专业人才，使大多数工厂在三个月内恢复生产。以轮胎、胶鞋、雨衣、橡胶艇等产品支援了解放军南下，为全中国解放事业做出了贡献。

第二节　工业体系的建立和成长

① 中华人民共和国的建立，给橡胶工业带来新的生机。人民政府将接收的橡胶厂改为国营企业后，立即发动群众，组织恢复生产，并且实行民主改革。1950 年 3 月，毛泽东主席、周恩来总理视察了沈阳国营第一橡胶厂。在中央领导同志的亲切关怀下，东北的 9 个橡胶厂中，有 8 个不到一年就全部恢复了生产。接着青岛、天津、上海、广州的国营和私营橡胶厂也在短时间内恢复了生产。

② 解放初期，帝国主义对我国实行经济封锁，进口生胶十分困难。为保证橡胶工业的发展，国家对天然橡胶短缺问题十分重视，1951 年 8 月中央人民政府政务院第 100 次会议通过了《关于培植橡胶树的决定》，要求以最快速度在广东、广西、云南、福建、四川五省区种植巴西橡胶树和印度橡胶树 770 万亩（约 51.6 万公顷）。据此，人民解放军有两个师转业，在海南岛扩大种植天然橡胶，其他各地也组织专业队伍，开始考察试验，进行布点开发，一场大规模橡胶种植战在北纬 17 度线以南地区全面展开。经过橡胶农垦战线广大员工十几年不懈努力，于 1960 年开始生产天然橡胶。

③ 从 1950 年 10 月我国人民奋起抗美援朝，东北工业部决定将沈阳国营第一、第二橡胶厂和辽阳国营第九橡胶厂全部迁到牡丹江，合并为国营第一橡胶厂（图 23-2）；将沈阳国营第六橡胶厂迁到哈尔滨；将安东国营第八橡胶厂迁到长春。从而使东北地区南部 50%橡胶厂、75%生产能力转到东北地区北部，使东北地区橡胶工业基地来了个大转移。

图 23-2　工人手工雕刻轮胎模具（1950—1960 年）

东北各橡胶厂的职工发扬了高度的爱国主义和国际主义精神，同仇敌忾，全力投入了搬迁工作，第一、第二、第九橡胶厂的一万多吨设备、器材，在一个星期之内全部拆卸完毕，三千一百多名职工和家属，连同设备器材，一个月里全部抵达牡丹江市桦林镇施工现场。从开始搬迁到投入生产只用了 100 天。

④ 在抗美援朝中，橡胶工业发挥了重要作用。有的厂接受了试制飞机轮胎任务，从生产自行车轮胎转产飞机轮胎；有的厂接受了试制航空用橡胶制品任务，从生产一般橡胶杂品转产航空用品，这些工厂都在转产当年就把产品送到了前线。与此同时，有几个胶鞋厂也转为轮胎厂。通过搬迁、转产和专业改组，国营橡胶企业生产实力大大增强，国防用橡胶产品也开始生产。上海和天津等地的私营橡胶厂大量接受了军需订货任务，上百家工厂赶制军用胶鞋、雨衣和各种医疗卫生橡胶制品。1952 年 9 月朱德总司令视察国营第一橡胶厂，题词勉励职工"努力工作，提高质量，减低成本，争取超额完成任务"。

⑤ 轻工业部于 1952 年成立橡胶工业管理局，统一管理全国橡胶工业。从 1953 年到 1956 年橡胶局将各地的国营橡胶厂调整为 12 个厂，连同在太原、广州新建的两个厂，重新排列了 14 个厂的厂名顺序。各厂所在地和主要产品如表 23-1。同时抚顺炭黑厂和沈阳橡胶机械厂也划归橡胶局领导。并成立了橡胶工业设计院、沈阳橡胶工业学校、天津橡胶工业研究所。1956 年橡胶局划归化学工业部领导。

表 23-1　橡胶工业管理局所属橡胶企业情况

厂　　名	所　在　地	主　要　产　品
国营第一橡胶厂	黑龙江牡丹江	轮　　胎
国营第二橡胶厂	山东青岛	轮　　胎
国营第三橡胶厂	辽宁沈阳	轮　　胎
国营第四橡胶厂	辽宁沈阳	橡胶杂品

续表

厂　名	所　在　地	主要产品
国营第五橡胶厂	辽宁沈阳	橡胶杂品
国营第六橡胶厂	山东青岛	胶带胶管
国营第七橡胶厂	辽宁沈阳	轮　胎
国营第八橡胶厂	吉林长春	胶　鞋
国营第九橡胶厂	山东青岛	胶　鞋
国营第十橡胶厂	山西太原	橡胶杂品
国营第十一橡胶厂	广东广州	乳胶制品
国营第十二橡胶厂	山东威海	胶　鞋
国营第十三橡胶厂	辽宁辽阳	胶带胶管（后转产医药器械）
国营第十四橡胶厂	上　海	胶　鞋

⑥ 1953年开始执行第一个五年计划，按照专业化原则对老厂进行系统改造。在苏联专家帮助下，以新型设备和先进工艺流程，继续完成了两个橡胶厂两个独立车间的改建，使之专门生产航空及兵器用轮胎和橡胶杂品（图23-3）。同时，为了给长春第一汽车制造厂配套，用两年时间完成了对第一、第二橡胶厂的扩建，生产能力都从年产20万条轮胎提高到60万条。为适应工业建

图23-3　轮胎成型人工操作（1950—1970年）

设需要，1953年第四橡胶厂改为工业制品厂，专门生产橡胶配件、胶辊和橡胶衬里；1956年第六橡胶厂改建为胶带胶管厂，专门生产输送带、传动带和各种胶管；第八橡胶厂对工艺流程进行了改造，胶鞋生产能力达到年产800万双，成为当时国营橡胶企业中最大的胶鞋厂。1955年在广州建成了我国第一个乳胶制品厂（第十一橡胶厂），年产气球百万只、医用手套百万副和避孕套上千万个。根据橡胶局总工程师林文彪关于发展优质再生胶和硬质炭黑建议，在辽宁抚顺和四川隆昌建了两个槽法炭黑厂。

⑦ 经过五年努力，全国橡胶工业总产值增长1.5倍，生胶消耗量增长1.3倍，主要产品产量有成倍到几倍增长。五年内试制出6000个新的品种规格，总数达一万多种。其中重要的新产品有：载重25吨自卸汽车用的大型工程轮胎、飞机轮胎和油箱、火炮防弹轮胎、解放牌汽车轮胎及橡胶配件等。全国消费的轮胎中，进口轮胎所占比例，1952年为37%（15.9万条），1957年下降到0.1%（1100条），而且还出口2.3万条。产品质量大幅度提高，轮胎行驶里程平均达到4万千米以上，比

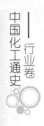

第一个五年计划初期增长了一倍。

第三节 生产的扩大与发展

① 橡胶局 1958 年 5 月在上海召开全国橡胶工业技术工作会议，制定了橡胶工业技术发展纲要 32 条，促进了橡胶工业科研设计工作的发展。天津橡胶工业研究所采取科研、生产、使用单位相结合的办法，试制出 16 种规格的轮胎、橡胶空气弹簧、钻机离合器橡胶气囊等新产品。这一年全国橡胶工业共试制了 107 种新产品，其中三分之一投入试产。北京橡胶设计院提出了橡胶厂定型通用设计，可缩短工艺和土建设计周期。为促进科研和设计工作结合，1958 年天津橡胶工业研究所与北京橡胶设计院合并，成立北京橡胶工业研究设计院。

② 1958 年 2 月，邓小平总书记到四川专程视察了为橡胶工业急需炭黑做出了重大贡献的隆昌气矿。他对炭黑职工的生产劳动状况十分关心，并指出，你们走自己的道路，生产和国外同样的产品，不怕辛苦，这种精神很好，但要不断地努力改进工艺，改善生产条件。

③ 改善生产力布局。1958 年在全国工业体制改革中，橡胶企业都下放给各地方管理，化工部撤销了橡胶局。各地以一些老厂为基础，兴办了很多新的橡胶厂。上海橡胶工业为支援内地建设，1956 年即开始组织一些橡胶厂分批向内地搬迁。金刚、义生、南洋等 13 个橡胶厂先后迁到了长沙、南昌、黄石等 11 城市。全国橡胶工业生产力布局从沿海和东北地区逐步向内地发展。

④ 为贯彻国民经济"调整、巩固、充实、提高"的八字方针，根据橡胶工业存在的问题，1960 年化学工业部决定成立橡胶司，作为加强橡胶工业管理的职能部门。同时，鉴于生胶进口困难，原料供应紧张，提出了"以质量求数量，以节约求增产"的方针，将骨干企业从地方收回，由化学工业部直接管理，进行了整顿，对于各地新办的大量小厂，根据不同情况进行了调整。经过两年努力，1962 年基本上控制了橡胶工业盲目发展的现象，初步扭转了产品质量下降趋势。根据市场需要，扩大了生活用橡胶制品比例。1962 年与 1961 年相比，轮胎增长 5%，运输带下降 54%，胶管下降 60%，自行车胎增长 15%，胶鞋增长 25%。

⑤ 组建中国橡胶工业公司，生产全面发展。1964 年根据国家主席刘少奇关于用经济办法管理经济和办社会主义托拉斯的指示，橡胶工业被指定为全国工业托拉斯试点单位之一。1965 年 5 月中国橡胶工业公司成立，林源任总经理。橡胶托拉斯对全国橡胶工业实行统一经营管理，是一个独立的国家计划单位和统一核算单位。在试办期间，共收了 124 个橡胶企事业单位，占全国 257 个橡胶企事业单位的 48%，职工 7.56 万人，占全国橡胶工业 12.6 万职工的 60%。工业总产值 17.9 亿元，占全国橡胶工业总产值 23 亿元的 77.8%。公司下设 5 个分公司、3 个总厂，还有 7

个科研设计院所。

⑥ 在组建中国橡胶工业公司期间,对所属地区企业按产销就近结合和减少同一城市重复生产原则,进行了企业间产品调整,实行专业化生产。调整后上海分公司由 42 个厂调整为 33 个厂,广州分公司由 16 个厂调整为 9 个厂,天津分公司(图 23-4)由 22 个厂调整为 18 个厂。实行专业化生产的工厂数由 77% 上升到 91%,综合生产能力提高了 13%,劳动生产率提高了 20%。"文化大革命"开始后,中国橡胶工业公司在极其困难的条件下,坚持了两年,1968 年被撤销。上海、天津、广州、重庆等地的分公司成为地方的橡胶工业公司或局。

图 23-4 天津自行车厂车胎硫化车间
(20 世纪 70 年代)

⑦ 按照原来的规划,1968 年到 1972 年,继续在内地建设了一批工厂。共计有:为洛阳拖拉机厂配套的年产 10 万条轮胎的洛阳轮胎厂;为第二汽车厂配套的年产 100 万条轮胎的东风轮胎厂,年产 5000 吨橡胶杂品的宜昌中南橡胶厂,一个钢丝厂,一个炭黑厂;还有年加工能力 5000 吨的益阳橡胶机械厂。这样,在豫西、鄂西、湘西地区都有了橡胶厂点。在这个时期,不少地区还进行了本省、市橡胶厂的建设。由于当时受"左"的思想影响,不少厂在建设中投资不足、设备不配套及设计施工存在缺陷等原因,有的工程留有尾巴,未能及时建成投产,有的厂址选择不当,给生产遗留了一些问题,因此不得不做适当补救。

⑧ 在这期间,上海大中华橡胶厂(图 23-5)的钢丝子午线轮胎、青岛橡胶二厂的纤维子午线轮胎和桦林橡胶厂的活胎面轮胎,从 1962 年开始,经过长达十几年的不懈努力,都已基本试验成功。并且建立中试车间,开始了小批量的试验性生产。中国最早的一批子午线轮胎于 1975 年问世。工程机械用的超大型工程轮胎,在上海正泰橡胶厂、河南轮胎厂和贵州轮胎厂相继试制成功并投入生产。在全国支援下,为东风轮胎厂子午线轮胎安排的 31 项新设备,经各设计部门和机械厂的努力,都大部分制造出来。在胶带生产方面,我国第一台 3.25 米宽大平

图 23-5 1963 年周恩来总理陪同缅甸奈温总理参观上海大中华橡胶厂

板硫化机,经过十余年攻关,于 1975 年组装成功,并能生产 3 米宽的运输带。在胶管方面,由沈阳第四橡胶厂和西北橡胶厂分别实现了高压钢丝编织胶管无芯和软芯连续化生产。沈阳胶管厂为港口建设试制成功了大型橡胶护舷,为我国填补了空白。

第四节　进入新的发展时期

1978 年 12 月以后,国家开始实施改革开放政策,工作重点转移到社会主义现代化建设上来。橡胶工业随着这一伟大战略转移,出现了生产建设蓬勃发展的新局面。

① 拨乱反正,打好产品质量翻身仗。由于十年动乱的干扰破坏,橡胶工业 1976 年与 1966 年相比,虽然工厂由 605 个增加到 870 个,生胶消耗量由 16.9 万吨增加到 34.9 万吨,产值增加了 112%,但利润却仅增加 65%,百元产值利润从 20 元下降到 15.6 元。产品质量下降更为突出,1972 年比 1966 年汽车轮胎行驶里程由 10 万千米下降到 7 万千米。针对上述情况,化学工业部于 1978 年决定恢复橡胶司,以加强对橡胶工业管理。橡胶司恢复后,确定以产品质量为突破口,大打质量翻身仗,组织力量制订"工艺技术若干规定"等技术文件,推行全面质量管理,认真开展优质产品评选,通过一系列工作,橡胶产品质量全面回升并有新的提高。1979 年试验点上的轮胎平均行驶里程达到 10.67 万千米,一次翻新率达到 84%。

② 橡胶工业的质量目标 1982 年又转到产品升级换代上来,十几年不能正式投产的子午线轮胎,产量由 1980 年的 3 万条猛增到 1983 年的 30 万条。轮胎规格也由两三种增加到十余种。胶鞋方面发展了美观舒适、耐穿实用的橡塑鞋。尼龙骨架自行车胎,钢丝和化纤输送带等新品种都先后投产。用丁基橡胶制造的汽车内胎,使用寿命比原来延长 1 倍,气密性提高 5 倍,产量已占汽车内胎的一半以上。从 1979 年到 1983 年上海大中华橡胶厂的 9.00-20 轮胎、天津大中华橡胶厂的乒乓球运动鞋、天津橡胶工业研究所的乒乓球拍反胶粒胶片 3 个厂牌产品获得国家质量金质奖;透明避孕套、坡跟胶鞋、尼龙自行车胎等 29 个厂牌产品获得国家质量银质奖。

③ 根据中央关于"调整、改革、整顿、提高"的方针,1981 年橡胶工业开始全面整顿。确定对质量低,消耗大,经济效益差的企业实行关、停、并、转。在轮胎行业,把生产厂点由 163 个压缩到 58 个,并将其中轮胎产值占全国一半,利润占 70%以上的 16 个较大企业列为重点,使其生产逐步向合理化、大型化方向发展。在力车胎行业 108 个厂点中,确定重点发展 25 家规模大、效益好的厂。对全国 220 多家胶鞋厂,要求开发新工艺,发展新品种,高中低档产品一起上,更多地打入国

际市场。

④ 中国橡胶工业协会于1985年成立,下设轮胎、力车胎、管带、胶鞋、乳胶、工业制品、再生胶、炭黑、特种制品、机头模具等10个专业分会。协会广泛开展各项经济活动,根据国家法令和有关方针政策,对会员单位进行联络、指导、咨询、服务,并受政府委托对会员单位进行统筹、协调、监督,起到政府与企业间的桥梁和纽带作用。

⑤ 参加国际橡胶技术会议委员会。经过邹辛(时任中国橡胶学会副理事长)等人多方努力,终于在1984年于莫斯科召开的IR-CC会议上得到全体一致通过,我国第一次在国际橡胶组织中成为12个成员国之一。通过开展国际技术交流,提高了我国橡胶工业水平,并同国外技术专家建立了密切联系,及时掌握世界各种技术经济动态。

⑥ 橡胶工业产品出口在20世纪80年代出现全面发展的局面,品种不断增多,数量不断扩大,出口基地由沿海一带扩大到内陆广大地区。橡胶工业产品出口大体经历了1952—1960年主要对苏联、东欧国家和地区出口;1961—1971年对第三世界发展中国家和地区出口;1972—1978年扩大到对比较发达国家和地区出口;1979—1989年发展到对全球一百余个国家和地区出口。出口额占橡胶工业总产值10%。胶鞋出口量1980年为2820万双,1989年达到14300万双。轮胎出口10年来有了长足发展,由20世纪70年代末期40余万条发展到1989年的207万条,出口到70多个国家和地区。

⑦ 随着改革开放的深入发展,20世纪80年代橡胶工业迎来了引进橡胶成套设备技术高潮。轮胎方面,1979年上海正泰橡胶厂引进德国70万条轿车子午胎成套二手设备技术,一举成功投入批量生产,并在1985年产品成系列获得国家金质奖。1984年和1985年桦林橡胶厂和辽宁朝阳长征轮胎厂又分别从意大利和英国引进了年产10万条和15万条的载重子午胎生产线。到1992年,又有华南橡胶轮胎公司(50万条)、青岛橡胶二厂(30万条)、北京轮胎厂(30万条)、上海大中华橡胶厂(30万条)、重庆轮胎厂(15万条)、东风轮胎厂(30万条)、沈阳第三橡胶厂(4万条)等共有9个国有轮胎企业引进子午胎设备技术,生产总规模达到215万条。相应配套,湖北钢丝厂等4家钢丝厂引进了钢丝帘线成套生产线;天津、青岛、上海等引进了万吨以上炭黑成套生产设备;银川、北京、广州、上海等地又引进了全套翻胎设备。

⑧ 非轮胎橡胶制品方面,青岛第六橡胶厂、枣庄橡胶厂、宜昌中南橡胶厂、沈阳胶管厂、沈阳第四橡胶厂、阜新橡胶总厂、无锡橡胶厂、洛阳橡胶制品厂、北京橡胶二厂、泰州橡胶总厂等十余家引进的高强度输送带、阻燃输送带、风扇带、高压胶管、树脂管等带管生产线总数达到15条之多。全国各地橡胶制品厂引进密封条生产线13条,胶鞋厂引进冷粘鞋生产线、搪塑鞋生产线等达50多条。此外,

还引进了大型密炼机、压延机和压出机等单机共有40多台。1986—1989年三年时间，橡胶工业共从国外引进202项技术，资金达3.5亿美元。

⑨ 橡胶工业1992年全面转入市场经济。上海胶带总厂率先组建为上海胶带股份有限公司，股票上市。接着上海轮胎橡胶（集团）公司也改制为股份制，扩大生产规模，并向海内外发行股票。以后青岛乳胶厂、山东成山橡胶集团公司、贵州轮胎厂、河南轮胎厂、桦林轮胎厂等数十家大中型橡胶企业也都开始实行股份制。胶鞋厂从青岛、上海、温州等地开始，也出现了一批集团或公司，总数达21家。青岛双星集团由于最早摆脱老的体制束缚，积极采取市场经济模式，经营管理企业，在短短十余年间，一跃成为胶鞋行业国有企业改革开放的佼佼者，并进入世界最大的胶鞋生产厂家系列，年产胶鞋5000万双，出口一直保持在3000万美元以上。

⑩ 从20世纪90年代开始，橡胶工业"三资"企业由小到大、由少到多，发展十分迅速。在1992年之前，"三资"企业主要是一些小的胶鞋厂和工业制品厂。1982年在南通出现了最早的一家橡胶合资企业——力王胶鞋有限公司。从1985年起"三资"企业进入到轮胎行业，第一家是天津橡胶工业公司与加拿大及香港三方合资经营的国际联合轮胎橡胶公司，专门生产大型工程轮胎。1988年广州橡胶工业公司与香港合资新建华南橡胶轮胎公司。1989年台湾正新在厦门独资开办了年产3000万条，国内最大的自行车胎厂，以后又扩产摩托车胎和农机轮胎。从1992年到1997年的五年间，仅轮胎企业外方控股的即达21家，中方控股的有5家。先是香港中策投资公司2年内收合了太原、杭州、大连、银川、重庆等地5家轮胎厂，组成中国轮胎（香港）控股公司。接着新加坡、印尼的佳通投资公司收合了安徽轮胎厂并进而独资开办福建莆田佳通轮胎公司。马来西亚百特公司与东风轮胎厂合资成立东风金狮轮胎股份公司。而后中国南方工业（加拿大）集团、香港珠江轮胎控股公司在桂林轮胎厂和广州轮胎厂各自组建了"三资"轮胎公司。台湾正新、建大、泰丰和南港等轮胎企业，继厦门正新橡胶公司之后，在昆山、南昌、张家港等地办起了一批独资轮胎厂。

⑪ 从1994年开始，世界轮胎十强进军中国大陆，建立起桥头堡。美国固特异与大连橡胶总厂、法国米其林与沈阳轮胎总厂、日本普利司通会同三井物产与沈阳第三橡胶厂、韩国锦湖与南京轮胎厂和天津橡胶工业公司、韩国轮胎与江苏靖江轮胎厂等建立了合资轮胎厂。这些合资企业全是外方控股，全部生产子午线轮胎。这样，全国子午线轮胎的生产量到1997年迅速达到1365万条，占到轮胎总量的19.5%，1998年轮胎子午化比例达到23.1%。

⑫ 在市场经济的环境中，各地小轮胎企业大量涌现。到1995年全国第三次工业普查时，全国轮胎企业数量达到363家。其中300家小轮胎厂以国家控制发展的斜交轮胎到处冲击市场，使国有轮胎企业处境更加困难，生产下滑，企业亏损。为控制小轮胎厂盲目发展，化工部决定发放轮胎生产许可证。国家技术监督

局下达国家质量管理体系标准,建立轮胎等产品和质量认证制度,以规范轮胎生产和市场。

⑬ 随着市场经济发展日益成熟,化工部作为政府管理工业企业的职能部门,继续转变职能,不再设专业司局,橡胶司随之撤销。1993年化工部在生产协调司内设立橡胶处,统管全国橡胶工业宏观发展规划。分流人员成立了中联橡胶总公司,从事橡胶生产经营活动,继续为橡胶行业服务。1997年,中联橡胶总公司将北京、沈阳、桂林、株洲的研究院所归入,再加上兼并的橡胶企业,组成集团公司,总共有8个紧密层,81家参股公司,并成为中国橡胶工业协会的挂靠单位。

⑭ 改革开放二十多年来,橡胶工业由全民和集体所有制的单一经济,走向了国有独资、国有控股、集团股份制、股份合作制、中外合资、外方独资以及国有民营、私营、个体等多种国有和非公有制形式的经济发展道路。在国有轮胎企业中,山东三角集团和成山集团异军突起,20年前不过是威海橡胶厂的一个车间和默默无闻只生产小拖拉机胎的荣成橡胶厂,由于市场意识强,经营机制活,企业管理严,每年以40%~50%的神奇速度攀升。而今,两厂已经成为橡胶行业名列前茅、生机勃勃的大厂,轮胎产能都达到1000万条/年以上。我国最大的轮胎企业——上海轮胎橡胶集团公司,一直站在改革开放前列。大中华与正泰两厂的强强联合,向国内外发行股票,建立最早一家轮胎股份集团公司,在橡胶行业中树立了光辉的民族形象。20世纪90年代后期,为保住国内市场,寻求海外发展的新途径,以新建的轿车子午胎厂与法国米其林合资,成立上海米其林回力轮胎有限公司,轿车轮胎年产量扩大到800万条,由外方控股,此举引起业内巨大震动(见图23-6)。

⑮ 在国有橡胶企业全面改革的过程中,民营和私营橡胶企业乘机而起,而且越办越大,形成气候。继20世纪80年代后期,福建莆田

图23-6 轮胎自动成型机(2000年)

形成我国第一个鞋城之后,在广东中山、浙江温州又形成新的鞋城,晋江、泉州一带还出现了一大批以鞋业为主的制鞋乡镇,产品销往全国各地。近几年来浙江荣光集团公司异军突起,扶摇直上,1998年胶鞋生产达到6442万双,超过国有胶鞋最大企业双星,一跃而居胶鞋行业首位。天津万达集团公司以乡镇企业起家,1997年自行车胎产量2400万条,成为全国最大的自行车胎生产厂家之一。橡胶工业开始进入多元化发展、同世界经济接轨新时代。

第五节　新世纪橡胶工业

① 进入 21 世纪的头 10 年是中国橡胶工业历史上发展最快的时期。从 19 世纪下半叶橡胶工业诞生算起,到 20 世纪末,一百多年来美国一直是世界橡胶消费大国。进入 21 世纪后,这种局面被中国橡胶工业高速发展所改变。2002 年中国橡胶消费量达到 306 万吨,超过了美国,居世界首位。2010 年中国橡胶消费量达到 645 万吨,占世界橡胶消费量的四分之一,是美国的两倍半。从 2000 年到 2010 年的 10 年中,中国橡胶消费量从 253 万吨猛增到 645 万吨,增长 150%,平均年增长 10% 以上。轮胎(见图 23-7)是橡胶工业中最重要产品,其橡胶消费量占到全部橡胶消费量的 65%。2005 年中国轮胎产量达到 25000 万条,也超过了美国,位居世界第一。2010 年中国轮胎产量达到 44300 万条,比 2000 年增长 294%,平均每年增产轮胎 3300 万条。轮胎子午化率

图 23-7　汽车轮胎厂硫化车间(2000 年)

2000 年是 32.5%,2010 年已达到 80.9%,基本上达到美国、日本的子午化水平。胶鞋、自行车胎、摩托车胎等产量在 20 世纪就已经居世界领先地位。

② 中国橡胶工业高速发展得益于中国汽车产销量的飞快增长。进入 21 世纪以来,中国汽车工业突飞猛进,2003 年中国汽车产量为 444.4 万辆,超过了法国,仅次于美国、日本、德国,位居世界第 4 位;2006 年中国汽车产量达到 728 万辆,超过了德国,跃居世界第 3 位;2008 年达到 935 万辆,超过了美国,仅次于日本;2009 年达到 1382.7 万辆,超过了日本,居世界首位;2010 年中国汽车产量高达 1826.5 万辆,创造了世界汽车工业有史以来最高年产纪录。这个数量几乎高出排名世界第二的日本汽车产量的一倍,占 2010 年世界汽车总产量的 23.5%,中国已经成为名副其实的世界汽车工业大国。2010 年中国汽车保有量已经达到 9000 万辆,其他机动车保有量有 12000 万辆,摩托车有 10000 万辆。由于新车配套及旧车替换均需要大量轮胎及相关汽车橡胶配件,因而带动了橡胶需求增长,这也是新世纪以来中国橡胶工业高速发展,并成为世界橡胶工业大国的原因。

③ 地域性橡胶产业集群异军突起是进入 21 世纪以来中国橡胶工业发展的一个新特点。河北景县、浙江宁海、广州周边、沈阳周边等地区胶管生产销售经过十几年发展,已成气候,胶管产业已经成为地方支柱产业,在全国也占到相当份额。为推动地域性胶管产业发展,2007 年中国橡胶工业协会经过多年培育,命名河北

景县为"中国（景州）橡塑管业基地"。该县的胶管生产企业有180多家，年生产能力4000万米，产值达到50多亿元。浙江三门和天台地区的V带生产企业多达200余家，生产能力达5.5亿米，占到全国25%以上，形成了各具特色和有发展潜力的地方橡胶产品生产、营销、出口的集中地。2006年经中国橡胶工业协会组织专家考察和评议，分别授予浙江天台县"中国（天台）胶带工业城"和三门县"中国（三门）胶带工业城"称号。2007年浙江宁海被授予"中国（宁海）汽车用橡胶零部件产业基地"，该县汽车用橡胶零部件企业已有126家，从业人员近万人，年产值26亿元。此外，2004年中国橡胶工业协会命名河北省衡水"中国（衡水）工程橡胶产业制造基地"，浙江瑞安"中国（瑞安）胶鞋名城"，瑞安有胶鞋企业316家，年产值70亿元，出口额25亿元。通过这些活动将进一步培育地域性橡胶产业健康发展，走出仿制阶段，向自主创新方向发展。

④ 2001年中国加入世贸组织（WTO）后，为橡胶产品更多地进入国际市场提供了前提与可能。经过多年努力，轮胎、胶鞋、自行车胎、医用橡胶产品（医用手套、避孕套）等橡胶产品都已经成为世界最大的出口市场。2010年轮胎出口量为1.97亿条，出口额为93.8亿美元，比2000年分别增长6.9倍和11.7倍。2010年我国鞋类产品出口量是78.68亿双，出口额为206.4亿美元，比2000年分别增长1.8倍和4.6倍。现在汽车轮胎和胶鞋已成为我国外贸的重要出口商品。2010年世界经济开始走出金融危机阴影，国际市场需求明显回升，加之我国橡胶企业积极开拓新兴市场，预示着未来中国橡胶制品出口形势会更好。但是，随着我国橡胶产品出口迅速发展，也出现了一些新的问题，这就是贸易摩擦增多，特别是轮胎、炭黑等产品遭遇个别国家反倾销调查和特别保护措施的阻拦。

⑤ 党和国家领导人关注轮胎特保案。2009年4月20日美国钢铁工人联合会向美国国际贸易委员会提出对我输美消费轮胎实行配额限制的特别保障措施指控，经过5个月政府磋商、法律抗辩、业界游说的艰难过程，但最终奥巴马政府迫于国内政治压力，不顾事实和我方的强烈反对，于9月11日批准轮胎特保决定。对从中国进口的小轿车和轻型卡车轮胎实施征收为期3年的惩罚性关税，依次为35%、30%、25%。虽然此决定比前期建议的55%、45%、35%有所降低，但对我国出口美国的轮胎造成严重影响。

同年9月22日国家主席胡锦涛在纽约会见美国总统奥巴马时表示，美方对中国输美轮胎采取特保措施不符合两国利益，类似事情不应该再次发生。为应对输美轮胎特保案，中国橡胶工业协会及涉案企业联名向温家宝总理写了3封信，报告情况，寻求政府支持。对此，温家宝总理都作了重要批示。在我国，党和国家最高领导人直接过问一个轮胎产品案件，史无前例。

在应对输美轮胎特保案的5个月时间里，中国橡胶工业协会组织和动员了一切力量，采取一系列措施，配合商务部全力组织涉案企业开展工作，商讨应对措施；

参加与美国贸易代表办公室助理代表的磋商会；3次派员赴美国，参加有关谈判、磋商、听证、游说以及聘请美国公关公司进行游说等，并致信奥巴马，致信美国橡胶制造商协会等有关组织；建议政府尽快提出反制措施等。

⑥ 异戊橡胶实现产业化。异戊橡胶（IR）即顺式1,4-聚异戊二烯橡胶，因分子结构与天然橡胶（NR）相同，故俗称合成天然橡胶。IR可代替NR广泛应用于轮胎、胶带、胶管、胶鞋等橡胶制品中，是合成橡胶中综合性能最好的胶种之一。通用合成橡胶有7大品种，其他6个品种我国在20世纪都已经工业化生产，唯有异戊橡胶没有实现产业化，国内所需IR完全依赖进口。2010年4月国内第一套异戊橡胶工业化装置1.5万吨/年项目在茂名鲁华化工有限公司顺利投产，紧接着青岛伊科思新材料股份有限公司3万吨/年装置也于2010年10月投产，从而标志着我国通用合成橡胶已经全部实现产业化。目前，还有多套异戊橡胶生产装置在建设中，预计2015年我国异戊橡胶年生产能力将达27.5万吨。由于我国汽车工业发展迅速，轮胎生产对天然橡胶需求量很大，2010年我国天然橡胶消费量为300万吨，其中80%要靠进口，因此，异戊橡胶的生产对缓解天然橡胶的需求有重要意义。

⑦ 由中国橡胶工业协会与国际橡胶研究组织共同主办的世界橡胶高峰论坛于2010年3月16—18日在山东青岛成功举办。中国现在是世界最大的橡胶消费市场，天然橡胶的80%、合成橡胶的40%要靠进口。因此，这次高峰论坛受到全球天然橡胶生产国及合成橡胶业界的关注，来自泰国、马来西亚、越南、印度、斯里兰卡、新加坡、尼日利亚、喀麦隆、菲律宾、科特迪瓦等天然橡胶生产国都组团参加，美国、日本、德国、英国等国家的主要合成橡胶生产企业也都出席了会议。参加会议的代表近千人，其中国外代表有200多人。这是国际橡胶研究组织成立66年来首次将年会放在中国举办，全球橡胶界精英齐聚中国，世界瞩目，盛况空前。论坛报告对涉及轮胎及非轮胎工业发展、材料与产品进展、原油及原料情况、橡胶新来源、天然橡胶生产及气候变化、世界橡胶工业展望等6大主题进行了广泛交流，分析探讨了促进橡胶工业可持续发展之路。中国橡胶工业协会范仁德会长和国际橡胶研究组织秘书长埃文斯博士分别作了重要报告。

⑧ 中国橡胶工业协会提出关于世界橡胶工业强国战略措施。中国现在虽已成为世界橡胶消费大国，但还不是强国。中国橡胶企业多而小，生产技术水平普遍不高，科技创新能力较弱，橡胶产品给人总体印象属二流或三流水平。在高端橡胶生产技术及产品质量方面，与国外相比差距更大，在高中档轿车上，国内轮胎企业品牌能与汽车生产原厂配套不多。米其林、普利司通、固特异其产品成为世界名牌，为众多消费者接受，中国轮胎至今未有挤进世界前10名，要培育和发展中国名牌及世界名牌还有大量工作要做。

针对上述情况，中国橡胶工业协会提出了在"十二五"期间建设世界橡胶工业强国的战略措施。其主要内容有：新材料发展战略，在国内继续扩大天然橡胶种植面积的同时,"走出去"到境外发展天然橡胶种植,推动杜仲橡胶产业化,扩大应用热塑性弹性体及树脂材料,开发应用新型骨架材料等;此外还有多元化市场战略、低碳经济战略、循环经济战略、橡胶名牌产品战略、兼并重组战略、现代企业管理战略、现代营销模式战略、技术创新战略、人才战略等具体内容。

第六节 到2010年现况

据国家统计局统计资料,2010年全国规模以上的橡胶制品企业有4872家,其中轮胎制造企业447家,力车胎企业109家,轮胎翻新企业88家,非轮胎橡胶制品企业1053家,汽车橡胶零部件企业1072家,日用及医用橡胶制品企业306家,胶鞋企业737家,再生胶生产企业240家。2010年规模以上的橡胶制品企业从业人员99.4万人,其中轮胎企业28.6万人,非轮胎制造企业13.2万人,汽车橡胶零部件企业14.5万人,胶鞋企业21.9万人。

截止到2010年,我国橡胶工业经济指标、橡胶消费量、主要产品产量、进出口情况详见表23-2~表23-11。

表23-2 2005—2009年橡胶工业独立核算工业企业主要经济指标

工业总产值(现价)/亿元	2005年	2006年	2007年	2008年	2009年
橡胶制品业	2202.4	2731.8	3456.7	4107.2	4767.8
轮胎制造业	1025.6	1282.1	1644.9	2026.7	2306
力车胎制造业	50	72.1	70.3	78	92.2
橡胶板管带制造业	184.9	303.7	391.2	484.5	606.1
橡胶零件制造业	150.9	244.4	313.4	402.9	457.5
再生橡胶制造业	24.7	68.2	97.2	137.6	152.7
橡胶靴鞋制造业	295.8	399.2	484.3	418.6	471.1
日用橡胶制造业	107.1	161.2	176.7	191.1	232.2
其他橡胶制造业	104.5	187.5	260.4	343.8	422.6
橡胶制品翻修业	9.1	13	17.8	23.6	39.1
轮胎翻修业	9	13	17.8	23.6	39.1
橡胶工业专用设备制造业	50	76.6	104.7	123.5	132.3
产品销售收入/亿元	2005年	2006年	2007年	2008年	2009年
橡胶制品业	2113.3	2668.3	3490.3	4149.8	4642
轮胎制造业	967.4	1235.2	1614.4	2042.3	2262.4
力车胎制造业	50.5	78.1	67.5	71	86.5
橡胶板管带制造业	236.3	298.9	380.9	498.1	583.5
橡胶零件制造业	179.2	238.6	305	373.6	436

续表

产品销售收入/亿元	2005年	2006年	2007年	2008年	2009年
再生橡胶制造业	44.9	71.5	99.1	136.7	147.3
橡胶靴鞋制造业	358.8	388.7	469.2	439.3	465.9
日用橡胶制造业	130	158.8	160.4	196.7	225.8
其他橡胶制造业	133.5	185.4	267.6	365.6	396.3
橡胶制品翻修业	12.1	12.7	16	26.2	37.9
轮胎翻修业	12.1	12.7	16	26.2	37.9
橡胶工业专用设备制造业	51.8	67.9	93.9	119.3	12.8
利润总额/亿元	**2005年**	**2006年**	**2007年**	**2008年**	**2009年**
橡胶制品业	103.57	114.63	177.9	180.47	322.1
轮胎制造业	48.04	37.74	69.61	49.09	157.69
力车胎制造业	1.08	2.18	2.08	2.67	5.26
橡胶板管带制造业	12.55	17.59	26.58	35.52	45.61
橡胶零件制造业	11.77	16.42	20.53	26.02	32.71
再生橡胶制造业	1.72	3.04	5.31	8.81	11.8
橡胶靴鞋制造业	12.12	15.29	23.84	24.19	25.96
日用橡胶制造业	5.9	9.01	11.29	11.67	15.34
其他橡胶制造业	9.38	12.38	17.49	20.43	25.39
橡胶制品翻修业	0.98	0.95	1.14	2.04	2.32
轮胎翻修业	0.98	0.95	1.14	2.04	2.32
橡胶工业专用设备制造业	3.39	3.59	5.78	10.45	8.14
企业单位数/个	**2005年**	**2006年**	**2007年**	**2008年**	**2009年**
橡胶制品业	3034	3353	3622	3909	4720
轮胎制造业	302	344	373	398	431
力车胎制造业	71	87	84	90	112
橡胶板管带制造业	640	720	773	818	1009
橡胶零件制造业	651	725	795	872	1025
再生橡胶制造业	126	150	178	209	232
橡胶靴鞋制造业	612	611	617	622	711
日用橡胶制造业	231	224	239	247	303
其他橡胶制造业	368	452	520	598	814
橡胶制品翻修业	33	40	43	55	83
轮胎翻修业	33	40	43	55	83
橡胶工业专用设备制造业	138	156	171	177	207
全部从业人员平均人数/人	**2005年**	**2006年**	**2007年**	**2008年**	**2009年**
橡胶制品业	787021	821374	875062	972851	979660

续表

全部从业人员平均人数/人	2005年	2006年	2007年	2008年	2009年
轮胎制造业	195751	215215	236796	276310	289511
力车胎制造业	22017	27437	22436	22428	26232
橡胶板管带制造业	102266	111699	114376	125516	126188
橡胶零件制造业	110864	120762	134133	138693	138421
再生橡胶制造业	12584	15126	20044	21530	23880
橡胶靴鞋制造业	231613	215408	215701	228148	214244
日用橡胶制造业	53272	48595	49158	56232	57353
其他橡胶制造业	54893	63361	78859	98140	96809
橡胶制品翻修业	3761	3771	3559	5854	7022
轮胎翻修业	3761	3771	3559	5854	7022
橡胶工业专用设备制造业	21385	22793	23925	26811	24132

表23-3　2005—2010年橡胶工业总产值、工业增加值和销售收入统计

单位：亿元

项　目	2005年	2006年	2007年	2008年	2009年	2010年
全国工业总产值（现价）	249625	315630	404489	496248	546320	707772
化学工业总产值（现价）	33762	42601	53221	65842	66267	88797
橡胶行业（现价）	2047	2732	3456	4107	4774	6105
全国工业增加值	8733	12130	13584	129112	134625	160030
化学工业增加值	3970	5646	7826	10729	—	—
橡胶行业	545	706	692	635	—	—
全国工业产品销售产值	—	—	—	—	530660	693109
化学工业销售产值	33063	42028	28552	3605	65135	87293
橡胶行业销售产值	2113	2698	2533	2700	4569	6004

表23-4　2005—2010年橡胶工业主要产品产量

产品名称	2005年	2006年	2007年	2008年	2009年	2010年
轮胎总产量/万条	31820	43319	33000	35000	38000	44000
子午胎	14262	17860	23000	26300	29800	37000
全钢	2800	3800	5000	5700	7200	8700
半钢	11462	14300	18000	20600	22600	28300
斜交胎	17558	25459	10000	8700	8200	7000
摩托车外胎/万条	8500	10000	12000	13200	13720	14800

续表

产品名称	2005年	2006年	2007年	2008年	2009年	2010年
手推车外胎/万条	1124	2800	3000	3200	2000	1800
自行车外胎/万条	—	50000	52000	50800	50000	71200
力车胎内胎/万条	—	57000	63100	70000	63000	81600
手推车	—	3000	3000	3200	3000	1500
自行车	—	54000	60100	66800	60000	60100
输送带/万米^2	13702	15357	17000	24490	27429	33700
普通V带/万米	86600	91623	99000	138889	158333	172500
橡胶胶管/万米	37827	51181	55000	88889	89778	107500
胶鞋/万双	127475	159089	216000	207410	203677	222000
再生胶/万吨	145	170	195	245	250	270
钢丝帘子布/吨	459442	533934	724700	695400	981800	1204208
帘子布/吨	348166	268498	347300	349000	332600	385380
炭黑/万吨	174	185	230	245	283	337
橡胶助剂/万吨	29.8	38.9	47	51.7	66	76
促进剂	17.6	18.9	22.8	24.8	25.8	25
防老剂	9.5	12	14.7	19.5	22.8	28
合成橡胶/万吨	133.3	146	163	164.4	181.7	216.9
天然橡胶/万吨	51	54	59	56	64	68.7

表 23-5 中国橡胶消费量

年份	天然胶/万吨	合成胶/万吨	合计/万吨	年增长/%
2001	121	158	279	10.3
2002	131	165	306	9.6
2003	144	166	310	1.3
2004	160	180	340	9.7
2005	190	210	400	17.6
2006	210	240	450	12.5
2007	235	270	505	12.2
2008	253	297	550	8.9
2009	270	318	588	6.9
2010	300	345	645	9.7

表 23-6 中国和世界主要国家橡胶消费量比较　　　　单位：万吨

年份	世界总量	中国	美国	日本	印度	巴西	德国	泰国	俄罗斯	韩国	法国
2000	1816	253	338	189	80.9	54.6	88.2	38.6	57.4	71.4	79

续表

年份	世界总量	中国	美国	日本	印度	巴西	德国	泰国	俄罗斯	韩国	法国
2001	1738	279	281	181	80.2	55	85.9	39.3	61.1	70.5	74.6
2002	1842	306	300	185	87	58.3	85.9	40.8	57.1	71	70
2003	1935	310	300	189	92	60.8	87.3	46.2	65.1	68.4	71.1
2004	2059	340	305	196	96.8	71.5	86.7	48.4	62.6	70	65
2005	2109	400	316	201	102	70.7	89.4	50.5	60.2	71.4	58.5
2006	2236	450	300	204	108	71.9	88.6	54	61.2	72.7	53
2007	2347	505	291	205	114	82.2	85.2	59.2	63.8	72.4	53.6
2008	2292	550	238	202	118	84.1	80.5	59.3	57.2	68.7	51.6
2009	2157	588	213	147	123	72.8	68.4	65.2	55.3	60.8	34.5
2010	2486	645	266	174	135	91	85.5	81.7	74.6	71.4	44.1

资料来源：中国数据源于中国橡胶工业年鉴（2010—2011年）；国外数据为国际橡胶研究组织（IRSG）统计资料（2011年）。

表 23-7　2010 年我国橡胶制品出口情况

产品名称			同比增长	
	数量	金额/亿美元	数量	金额/亿美元
外胎	36967.7 万条	103.9	22.3 万条	35.2
内胎	39341.8 万条	4.5	9.3 万条	20.9
胶带	17.9 万吨	5.3	51 万吨	57.6
胶管	12.7 万吨	4.9	57.5 万吨	70.2
手套	83.7 千万双	4	-76.7 千万双	23.5
胶鞋类	447.6 千万双	187.6	18.9 千万双	26.7
防水鞋靴	8.1 万双	4.6	41.9 万双	54.3
滑雪、防护鞋	252.6 万双	116.5	15.3 万双	25.7
运动、网球、篮球鞋	186.9 万双	66.5	23.2 万双	26.9
其他橡胶制品	73.1 万吨	120.5	22.1 万双	38

表 23-8　2010 年我国橡胶制品进口情况

产品名称			同比增长	
	数量	金额/万美元	数量	金额/万美元
外胎	1035.5 万条	60042	36.8 万条	38.9
内胎	204.4 万条	218	50.1 万条	40.2
胶带	1.61 万吨	28222	-12.1 万吨	40.2
胶管	4.47 万吨	56445	63.1 万吨	54.4
手套	1.4 千万双	5227	-98.6 千万双	46.5

续表

产品名称	数量	金额/万美元	同比增长	
			数量	金额/万美元
胶鞋类	2.51千万双	66325	15.4千万双	33
防水鞋靴	0.01千万双	143	−7.2千万双	−5.1
滑雪、防护鞋	1.7千万双	50812	20.6千万双	35.4
运动、网球、篮球鞋	0.8千万双	15370	5.9千万双	26.2
其他橡胶制品	119.6万吨	555665	1.7万吨	54.2

表23-9　2010年我国轮胎出口情况

产品名称	数量/千条	金额/亿美元	同比增长	
			数量/千条	金额/亿美元
机动小客车用轮胎	137610.7	40.9	19.8	26.6
客车或货车用轮胎	49308.4	50.5	29.3	43.6
航空器轮胎	8.8	—	−1.9	12.9
摩托车轮胎	19721.8	1.3	46.9	63.3
自行车轮胎	113629.6	2	35.4	35.1
农业或林业用轮胎	13085.8	2.2	68.7	57.3
未列名的轮胎	10242.1	2.8	−33.8	33.1

表23-10　2010年我国轮胎出口国家与地区

国家与地区	出口量/万条	占比/%	出口额/亿美元	贸易额占比/%	国家与地区	出口量/万条	占比/%	出口额/亿美元	贸易额占比/%
美国	6771	18	23.3	22.4	俄罗斯	582.8	1.6	2.4	2.3
阿联酋	834	2.3	5.2	5	德国	1152.8	3.1	2.3	2.2
英国	1419.6	3.8	4.2	4.1	巴西	1683.1	4.6	2.2	2.1
澳大利亚	781.3	2.1	4	3.8	比利时	668.1	1.8	1.7	1.7
荷兰	981.9	2.7	2.8	2.7	伊朗	615.8	1.7	1.6	1.6
墨西哥	1616	4.4	2.8	2.7	南非	306.7	0.8	1.6	1.5
沙特	466.8	1.3	2.7	2.6	智利	469	1.3	1.5	1.5
加拿大	620.9	1.7	2.5	2.4	巴基斯坦	257.6	0.7	1.5	1.4
印度	468.5	1.3	2.5	2.4	意大利	832.5	2.3	1.4	1.4
尼日利亚	1354.5	3.7	2.4	2.3	哥伦比亚	851	2.3	1.3	1.3

表 23-11 2010 年我国胶鞋出口国家与地区

国家与地区	出口量/万双	占比/%	出口额/亿美元	贸易额占比/%	国家与地区	出口量/万双	占比/%	出口额/亿美元	贸易额占比/%
美国	121920	27.2	81.5	43.5	澳大利亚	6885	1.5	3.2	1.7
俄罗斯	11696	2.6	11	5.9	韩国	5213	1.2	3	1.6
日本	26781	6	10.3	5.5	西班牙	8372	1.9	3	1.6
香港	11459	2.6	7.8	4.2	巴拿马	15002	3.4	2.8	1.5
英国	16904	3.8	6.9	3.7	意大利	5178	1.2	2.5	1.3
德国	13587	3	6.6	3.5	马来西亚	9597	2.1	2.1	1.1
加拿大	6783	1.5	4.3	2.3	智利	5077	1.1	2	1.1
荷兰	6551	1.5	3.9	2.1	南非	7441	1.7	1.9	1
法国	10329	2.3	3.8	2	阿联酋	7931	1.8	1.8	0.9
比利时	5116	1.1	3.6	1.9	乌克兰	4631	1	1.4	0.8

资料来源：表 24-2～表 24-11 非特别说明，均来源于《中国橡胶工业年鉴》（2010—2011 年）。

附 1 大 事 记

1884 年，胶鞋开始从上海口岸输入，当年进口量为 5265 双。

1915 年，我国第一家橡胶工厂广东兄弟创制树胶在广州设立。

1919 年，中华制造橡胶公司在上海设立，生产力车胎和鞋底。

1928 年，大中华橡胶厂在上海开办，生产胶鞋。

1935 年，国产第一条汽车轮胎在上海大中华橡胶厂诞生。

1940 年，爱国华侨陈嘉庚为支援抗战，筹资在重庆设立中南橡胶厂，生产翻胎、力车胎和胶鞋。

1950 年，毛主席、周总理视察沈阳橡胶一厂。

1951 年，中央人民政府第一百次政务会议通过《关于培植橡胶树的决定》，海南岛开始大规模种植天然橡胶树。

1951 年，牡丹江国营第一橡胶厂开始生产汽车轮胎。

1952 年，中央轻工部成立橡胶工业管理局。

1958 年，邓小平到四川隆昌气矿视察炭黑生产，鼓励职工要不断改进工艺，改善生产条件。

1959 年，兰州化工公司丁苯橡胶投产。

1959 年，化工部成立橡胶司，主管全国的橡胶制品及合成橡胶生产技术工作。

1963 年，周总理视察上海大中华橡胶厂，并指出老厂需要改革的地方很多，要努力，不要自满。

1964年，国务院批准成立中国橡胶工业公司（托拉斯）。

1969年，为第二汽车厂配套的东风轮胎厂在湖北省十堰市开始建设。

1975年，上海大中华橡胶厂、青岛第二橡胶厂和桦林橡胶厂的子午线轮胎开始试生产。

1982年，我国轮胎产品转向升级换代，全面推广尼龙轮胎和丁基内胎。

1982年，中国科学院化学所研究员严瑞芳在世界首次将合成杜仲胶制成弹性体，并获德国专利。

1982年，中国最早一家合资企业南通力王胶鞋有限公司成立。

1985年，中国橡胶工业协会成立。

1985年，天津橡胶工业公司与加拿大、香港合资的我国第一家轮胎企业国际联合轮胎橡胶公司成立。

1987年，油-油路线新工艺炭黑（N339）生产技术开发研究获国家科技进步二等奖（化工部炭黑工业研究设计所）。

1987年，子午线无内胎轿车轮胎消化吸收提高获国家科技进步三等奖（上海正泰橡胶厂）。

1989年，台湾正新在厦门独资开办国内最大的自行车胎厂（年产3000万条）。

1990年，上海大中华和正泰两厂正式合并，组成全国最大的上海轮胎橡胶集团公司。

1990年，尼龙轮胎优质轻量化技术获1990年度国家科技进步二等奖（北京橡胶工业研究院、大中华、正泰、青岛橡胶二厂、东风轮胎厂）。

1990年，塑胶运动地面获国家科技进步三等奖（保定合成橡胶厂）。

1991年，湖南益阳橡胶机械厂GK-270N密炼机获化工部科技进步二等奖。

1992年，国际橡胶会议（IRC-92）在北京国际会议中心举办。

1993年，化工部橡胶司撤销，分流人员成立中联橡胶总公司，从事橡胶生产经营活动。

1994年，大连固特异轮胎公司成立，年产乘用子午胎125万条。

1995年，中国汽车工业总公司与中国化工信息中心共同组织编写的《中国汽车工业用化工材料现状与发展预测》获化工部优秀信息成果一等奖。

1995年，米其林沈阳轮胎公司成立，年产乘用子午胎140万条。

1995年，法国哈金森公司与东风实业公司合资企业东森汽车橡胶制品有限公司成立。

1997年，南京化工厂防老剂4020连续合成工艺获化工部科技进步二等奖。

1997年，天津汽车公司与日本东海、三井物产合资企业东海橡塑（天津）有限公司成立。

1998年，日本阪东化学独资企业阪东机带（天津）有限公司成立。

1998年，化工部曙光橡胶研究设计院研制的波音737-300型飞机轮胎获国家石油和化学工业局科技进步二等奖。

1999年，普利司通（天津）轮胎公司成立，年产乘用子午胎500万条。

1999年，北京橡胶工业研究设计院、荣成橡胶厂共同开发30万套子午线轮胎生产技术获国家科技进步二等奖。

1999年，天津炭黑厂炭黑湿法造粒技术获国家科技进步二等奖。

2000年，青岛化工学院和北京橡胶工业研究设计院共同开发的高反式-1,4-异戊二烯的合成与应用研究获国家发明二等奖。

2000年，上海轮胎橡胶集团将所属载重轮胎厂、乘用轮胎厂、上海钢丝厂及轮胎研究所以3.2亿美元价格出售给上海米其林双钱回力轮胎有限公司。

2002年，美国《橡胶塑料新闻》杂志公布2002年全球轮胎75强中，中国有19家企业入围，其中大陆14家，台湾5家。

2002年，中国橡胶消耗量达到306万吨，超过美国，居世界第一位。

2004年，中共中央总书记、国家主席胡锦涛视察江苏韩泰轮胎有限公司。

2004年，在国家技术监督检验检疫总局主持下，经中国名推委（中国名牌推进战略委员会）认真评选，中国10家轮胎民族品牌晋升为中国十大名牌。

2005年，中国轮胎产量达到25000万条，超过美国，居世界第一位。

2005年，北京化工大学开发的千吨级热塑性弹性体动态硫化制备技术获中国石油和化学工业协会科技发明一等奖。

2006年，中共中央总书记、国家主席胡锦涛到厦门正新海燕轮胎有限公司视察。

2006年，北京化工大学、燕山石化公司橡胶厂共同开发的3万吨/年丁基橡胶生产技术获国家科技发明二等奖。

2007年，中国橡胶工业协会推出六大乘用子午胎品牌，分别是：广州华南橡胶轮胎公司"万力"牌、三角集团公司"三角"牌、杭州中策橡胶公司"好运"牌、山东玲珑橡胶公司"玲珑"牌、北京首创轮胎公司"BCT"牌、四川海大橡胶公司"海大"牌。

2008年，我国首条航空子午胎成功通过国家标准规定的各项动态和静态试验，达到装机要求，中国航空子午胎实现零的突破。

2008年，天津赛象科技股份有限公司研发出有完全自主知识产权的全钢巨型工程子午胎一次法成型机，填补了国内空白。

2009年，中国汽车产销量分别达到1379.5万辆和1364万辆，超过美国及日本，居世界首位。

2009年，党和国家领导人关注轮胎特保案。国家主席胡锦涛9月22日在纽约会见美国总统奥巴马时表示，美方对中国输美轮胎采取特保措施不符合两国利益，类似事情不应该再次发生。

2010年，9月16日有"中国橡胶工业黄埔"美誉的青岛科技大学迎来建校60周年，该校是国内最早开设橡胶专业的学校。

2010年，中国橡胶工业协会继2008年之后，又荣获中国石油和化学工业协会系统2009，年度先进集体荣誉称号，受到表彰。

2010年，国家工信部正式发布《轮胎产业政策》，指导轮胎产业健康可持续发展。

2010年，中国汽车产量达到1826.5万辆，创造世界汽车工业有史以来最高年产纪录。

附2 国际背景

天然橡胶（natural rubber）远在哥伦布发现美洲（1492年）以前，中美洲和南美洲的当地居民即开始了应用。最早到美洲的欧洲探险家看到当地居民用从某些树木树皮割取得的胶乳经干燥处理而制成的玩具球、鞋子、瓶子等。这些树的学名为巴西橡胶树。

1736年法国科学院派往南美洲测定子午线的C.H.Condamine从秘鲁把几卷橡胶运回法国科学院，并报道了有关橡胶树的产地、采集胶乳的方法和橡胶在当地利用情况的传闻资料，使欧洲人开始认识天然橡胶，并进一步研究它的利用价值。

在这个时期中，人们开始更广泛研究橡胶的用途，如制造胶管、人造革和胶鞋等。但是，这些产品凡遇到高温和经太阳曝晒后就变软和发黏，在低温时又变硬和脆裂，制品不能经久耐用。1839年橡胶"硫化"方法的出现，使天然橡胶从此进入了实用阶段，各种橡胶产品随之出现，橡胶工业由此诞生。

纵观世界橡胶工业发展史，从1839年发明硫化方法算起，至今有170多年的历史。

1. 建立与进步（19世纪）

（1）硫化技术发明

1839年美国人固特异（C. Goodyear）在多年研究橡胶热黏冷硬而不得要领的偶然机会，突然发现硫黄可以使橡胶固化，使之在较广的温度范围内仍然保持橡胶的固有弹性，因而迅即使橡胶进入了工业实用阶段，并将这一发明称为"硫化"。从此以后，原来橡胶制品的缺点得到了根本解决，胶鞋、胶带、力车胎、汽车轮胎等新的橡胶制品一个接着一个面世。

硫化的发明使天然橡胶才真正被确定具有特殊的使用价值，成为一种极其重要的工业原料。在硫化方法发明以前，世界橡胶消耗量1827年只有3吨，1839年也不过388吨。而到1880年突增到1万吨，到1900年剧增到4.5万吨。从应用范围来看，天然橡胶不仅在人民生活和工业生产方面日益扩展，在军事上也得到广泛应用。人们进一步认识到橡胶已同钢铁、石油、煤炭一样，是一种不可少的资源，而橡胶由于受到产地限制，进而被列为世界性的重要战略物资。

（2）东南亚成功种植天然橡胶

出产天然橡胶的橡胶树原来都是野生的，其所产橡胶皆从巴西的巴拉港输出，故称巴拉橡胶。由于橡胶消费量剧增，造成巴西地区的野生橡胶树滥采滥割，即将面临资源枯竭危险。1876年英国探险家威克姆（H.Wickham）从南美走私运出7万粒橡胶种子，在英国皇家植物园试种首获成功。紧接着又在锡兰岛（现斯里兰卡）、马来亚、印尼和新加坡等南洋群岛种植均获成功，这样巴西野生橡胶树便在远东落了户。

经过20多年的努力，人工种植天然橡胶终于从1905年开始在马来亚（今马来西亚）橡胶园正式采集橡胶，1900年世界天然橡胶产量为4.5万吨，1920年猛增到37万吨，到1937年突破百万吨。天然橡胶在东南亚地区种植成功，奠定了橡胶工业发展的原料基础。

从20世纪70年代开始，天然橡胶由传统烟片胶、绉片胶发展成工艺先进的标准胶，使质量更趋稳定，同时又因子午线轮胎的发展，对天然橡胶需求量大幅度增加。1988年世界天然橡胶产量达到500万吨，2010年达到940万吨。现在世界上有40多个国家和地区种植橡胶，其中以印尼、泰国、马来西亚、越南和中国植胶面积较大且产量较高。我国2010年天然橡胶产量65万吨，居世界产胶国第5位。

（3）充气轮胎发明

在人类历史上，车轮的发明促进了交通运输的发展和社会繁荣。橡胶的应用对车轮性能有了明显改进，原来木芯加铁箍的轮子，改用木芯加橡胶箍，性能好了很多。这种实芯轮胎是用木芯外加贴一层硫化橡胶箍制成的，于1869年用在了自行车上。

1888年英国人邓录普（J.B.Dunlop）发明了充气轮胎，并取得了专利。由于这种轮胎采用了钢丝圈和轮辋，使充气轮胎从用于自行车发展到了汽车。1893年法国汽车开始用充气轮胎，随后美国的汽车也装用了充气轮胎。汽车装用充气轮胎，这是橡胶工业获得飞快发展的里程碑。从此，世界橡胶需求量有了较快的发展。百年来世界汽车产量与橡胶消费量情况见下表。

年 份	汽车产量/万辆	橡胶消费量/万吨
1900	1	5
1910	21	10
1920	238	29.7
1930	413	71
1940	494	111
1050	1057	230
1960	1638	394

续表

年　份	汽车产量/万辆	橡胶消费量/万吨
1970	2962	856
1980	3870	1244
1990	4865	1387
2000	5837	1816
2010	7760	2485

从表中可以看出，1910年世界汽车产量为21.5万辆，橡胶消费量为10万吨，一个世纪后的2010年世界汽车产量已经达到7760万辆，橡胶消费量已达到2486万吨，其中65%是用于汽车轮胎。1950年世界汽车轮胎产量是12200亿条，2000年已增长到115500亿条。

充气轮胎出现后，对原材料尤其是骨架材料提出了越来越高要求。开始是采用帆布制造轮胎，这不仅在成型工艺上比较困难，而且轮胎质量很差，特别容易脱层。1900年首次采用棉帘布代替帆布作骨架材料，使轮胎质量有巨大改进，这对轮胎工业来说是一次巨大变革。

如果说德国人发明了汽车，则美国人发展了汽车。自1900年以来，美国汽车产量一直位居世界第一（个别年份除外），直到1980年才被日本赶上。美国1910年汽车产量18万辆，1920年就达到222万辆。橡胶消耗量也由6.2万吨上升到22万吨，已为当年英国的9倍，成为世界最大的橡胶消费国和橡胶制品生产国，这种局面直到2002年由于中国橡胶工业的飞速发展而改变。

2. 成长与发展（20世纪）

（1）炭黑补强作用

1920年英国轮胎公司将炭黑用到以帘子布为骨架材料的汽车轮胎上，将其染成黑色，以区别于其他帆布为骨架材料的汽车轮胎时，却意外发现混有炭黑的橡胶，其强度与韧性明显增大，这样一个偶然机会发现了炭黑对橡胶的补强作用，从而使炭黑在橡胶中用量突增。紧接着美国古得里奇公司在有机硫化促进剂发明者恩斯雷格的指导下，导入了这种技术，开始生产含有炭黑的橡胶轮胎。

实践证明，在天然橡胶中，炭黑能使其耐久性（磨耗减量）提高8~10倍。在合成橡胶中，能使拉伸强度增加10~50倍。所以说，如果没有硫黄和促进剂就没有橡胶工业的话，那么没有炭黑就可以说没有现代橡胶工业。因为在现代橡胶配方中，通常要加入40~80份炭黑（生胶为100份），有的会超过橡胶数量，而且橡胶补强性能主要靠炭黑来实现，现代汽车轮胎离不开炭黑的补强作用。

现今纳米材料被誉为"21世纪最有发展前途的材料"，因而各国都投巨资研发。现在回头看，对橡胶工业界而言，说纳米材料可谓"故事新编"，因为炭黑作为纳米粉体（粒径在11~500纳米），早在100年前就已经在橡胶工业中应用了。

（2）合成橡胶及合成材料应用

合成橡胶泛指以化学方法合成的橡胶，在它发展初期主要是为了补充天然橡胶的不足，两次世界大战对刺激合成橡胶的需求起了极大作用。在合成橡胶发展进程中，首先迈出重要一步的是在20世纪30年代，乳液聚合的研究成果开始应用于工业生产，氯丁橡胶（CR）、丁苯橡胶（SBR）和丁腈橡胶（NBR）先后在美国和德国投产，揭开了合成橡胶生产史的第一页。随后，阳离子聚合技术和齐格勒-纳塔（Ziegler-Natta）配位型催化剂的开发又极大地扩大了合成橡胶领域，促使丁基橡胶（IIR）、聚异戊二烯橡胶（IR）、聚丁二烯橡胶（BR）及乙丙橡胶（EPDM）在20世纪四五十年代实现了工业化。自20世纪60年代以来，基于离子活性聚合理论的大分子设计技术，各种热塑性弹性体及结构性能进一步优化的合成橡胶新品种又有了飞速发展。与天然橡胶相比，合成橡胶的最大优点是其性能可随分子结构的调整，而赋予多样化，因而合成橡胶无论在轮胎还是非轮胎制品中应用更为广泛，在国民经济中其覆盖的应用领域已远远超过天然橡胶。

橡胶工业中合成橡胶的使用是从20世纪40年代开始的。1962年世界合成橡胶用量超过了天然橡胶，从此橡胶工业原料路线进入到合成橡胶与天然橡胶并用，以合成橡胶为主时期。20世纪末则进入到多种弹性体并用、橡胶与树脂并用新时期。2000年世界合成橡胶使用比例已经达到60%，天然橡胶为40%。除橡胶外，橡胶工业的许多制品中，还大量使用热塑弹性体及改性PVC、PE等合成树脂代替橡胶，这些材料的用量每年也已超过200万吨。

20世纪中期，随着石油化工的发展，合成材料特别是合成纤维材料蓬勃发展，轮胎及各种制品的骨架材料从用棉纤维改用尼龙、聚酯、维纶、芳纶等，这极大地提高了轮胎、自行车胎、胶带胶管等橡胶产品的使用性能和耐久性，为橡胶产品升级换代创造了条件。

（3）子午线轮胎推广

子午线轮胎与斜交轮胎相比，其优点是：耐磨性可以提高50%～100%，滚动阻力降低30%，可以节油10%～12%，适合高速下行驶，缓冲性能好，乘坐舒适性提高。这种轮胎，法国米其林公司于1948年投入生产，在20世纪60年代以前，子午线轮胎的使用仅限于西欧。

20世纪70年代石油危机后，节油效果显著的子午线轮胎在世界范围内获得推广，特别是美国、日本这两个世界最大的轮胎生产国加速发展子午线轮胎以后，使子午线轮胎成为世界轮胎发展的主流。到1980年，子午线轮胎产量已占到世界轮胎总产量的54%。1990年国外轿车胎已完全子午化，载重胎也已达到60%。在推行子午胎的同时实现无内胎化，由于省去内胎，使整个车轮重量减小，进一步节省汽车燃料，且轮胎使用温度降低。目前轿车轮胎基本上是无内胎子午线轮胎，载重胎也在向无内胎方向发展。西欧载重无内胎为100%，美国90%以上，日本在60%

以上。子午线轮胎的发展不仅为汽车工业的节能和高速行驶做出了贡献，也对各国经济发展，特别是节约能源、改善环境起了重要作用。

在非轮胎橡胶制品方面，主要是通过特种橡胶及新型弹性体材料的使用，提高了产品使用性能，满足了轻量化和节约能耗的要求。胶管、胶带已有30%是用树脂改性橡胶或改性树脂制造的，胶鞋则有三分之二是部分或全部采用类橡胶物。原料结构的改变，不仅实现了传统产品的升级换代，也为橡胶工业注入了新的活力，增强了橡胶制品在市场上的竞争能力。

（4）高新技术发展

从20世纪90年代开始，世界橡胶工业在全球新技术革命的影响下，正迎来一场新的技术变革，米其林等世界轮胎巨头已陆续开发出与传统大相径庭的轮胎工艺新技术。这些技术大多具有方法独特，带有强烈性的革命特征，被业内人士通称为"全新概念技术"。目前公之于世的轮胎创新技术有米其林的C3M技术；固特异的IMPACT技术；普利司通的BIRD技术；大陆公司的MMP技术；倍耐力的MIRS技术；横滨/东洋不二精工的轮胎新工艺等。

以米其林的C3M技术为例，据称与传统的轮胎生产方法比较，可节省基本建设投资50%；操作人员减少50%～90%；占地面积减少50%～90%；原材料损耗减少90%。C3M技术有5项创新内容：①连续低温混炼；②直接挤出橡胶部件；③成型鼓上编织或缠绕骨架层；④预硫化环状胎面；⑤轮胎电热硫化，这都是C3M技术的精髓所在。

目前世界最大的几家轮胎公司对轮胎新技术的研发非常积极，不惜投入巨资，并都报道已有试验性生产装置与产品生产。这些轮胎生产技术完全不同于现有生产工艺，一旦推广应用将是橡胶工业继充气轮胎发明、子午线轮胎推广之后的又一次影响深远的技术革命。

（5）开发新的天然橡胶资源

为了扩大天然橡胶资源，前苏联于1929年成立橡胶植物托拉斯，在中亚地区开垦17万英亩农场，广泛地对蒲公英等橡胶植物进行种植和加工提炼工作，并在战时生产出一批可供工业用的橡胶原料；美国也曾进行过银胶菊的研究与开发，但由于技术经济原因，后来均放弃了对这些天然橡胶植物的研发工作，而转向合成橡胶。但随着石油及合成橡胶价格暴涨，目前欧美以及加拿大等国家又均开始了对蒲公英橡胶草的种植与研究，并取得成果。美国杜邦公司获得了橡胶草顺式异戊烯基转移的同源克隆专利，加拿大角科技公司的橡胶草绿色干么法正逐步商业化。美国俄亥俄州立大学农业研究与发展中心正在建立中试规模的橡胶草加工厂，预计几年内该厂可生产20万吨橡胶，2015年达到60万吨。蒲公英橡胶草不仅是一种适宜在我国北方大面积种植的当年产胶植物，而且容易繁殖，含胶量占根干质量的20%以上，生长期每年可增加10%的橡胶含量，产胶为顺式聚异戊二烯，相对分子量与传统巴西橡胶相近，提炼方法相对简单，因此具有非常好的发展前景。

近年来我国在杜仲胶的研究方面也取得良好成果。20世纪30年代起，世界各国一直想将杜仲胶制成弹性体，为天然橡胶寻找战略后备资源。为此，前苏联在西伯利亚地区大面积种植杜仲树，并进行杜仲胶开发。中华人民共和国成立后，接受苏联专家建议，我国有关部门着手开发杜仲胶，但是，国际国内多次尝试将杜仲胶制成弹性体均未果。

1982年中国科学院化学所研究员严瑞芳在西德做访问学者期间，在世界上首次将合成杜仲胶制成弹性体，并取得专利。回国后又继续带领中国科学院化学所杜仲胶组深入开展杜仲胶研究，并取得阶段性重要成果：利用杜仲胶橡塑二重性，优异共混性和独特集成性，研究开发出杜仲胶制造的抗振防噪工程制品及绿色轮胎等产品。这些成果显示，杜仲胶可能成为合成橡胶与天然橡胶重要改性材料和补充资源。随着担忧石油资源日益枯竭，寻找替代石化产品的生物质资源课题已经纳入各国政府的重要议事日程，而中国独有的以杜仲胶新材料开发为代表的杜仲资源综合利用为解决这一难题开辟了新途径。

参 考 文 献

[1] 当代中国的化学工业 [M]. 北京：中国社会科学出版社，1986.
[2] 于清溪. 橡胶工业发展史略 [M]. 天津：百花文艺出版社，1992.
[3] 橡胶及橡胶制品 [M] //化工产品手册. 北京：化学工业出版社，1999.
[4] 化学工业部科学技术情报研究所. 国外橡胶制品技术与市场预测 [M]. 1982.
[5] 中国橡胶工业协会. 中国橡胶工业发展战略研究 [M]. 2005.
[6] 中国橡胶工业协会. 第十一届全国橡胶工业信息发布会论文集 [C]. 2010.
[7] 郑正仁，等. 汽车轮胎制造与测试 [M]. 北京：化学工业出版社，1987.
[8] 橡胶工业手册：第九分册 [M]. 北京：燃料化学工业出版社，1973.

撰稿人：刘世平（中国橡胶工业协会技术经济委员会专家组原成员）

第二十四章 塑料加工工业

塑料制品工业是一个新兴行业。世界上塑料的产生和发展总共不过百余年的历史。

20世纪初，我国上海开始有了塑料制品的生产。当时，德商礼和洋行将赛璐珞片及其制品输入我国，人们称它为"洋翡翠"；一些手工业作坊将赛璐珞片制成装饰品出售，这是我国塑料制品工业的萌芽时期。1920年，由顾兆帧投资开设"胜德赛珍厂"，生产人造象牙筷子、图章、烟嘴等赛璐珞制品。1924—1929年，在上海先后有健华、国光、永红、中兴等赛璐珞片材厂及制品加工厂投产，生产装饰用品及皂盒、牙刷、三角尺等。与此同时，在广州、汉口、重庆等市也有了赛璐珞工厂。

1930年，许赒吾在上海开设大同电木粉厂。同年，黄宪斋创办了上海胶木制品厂，生产安全牌电器开关，产品不仅行销国内，还远销印尼、印度、墨西哥等地。1937年，上海市有一家英国洋行用进口原料和设备生产聚氯乙烯表带、裤带等产品。1942年，在天津市创办了华丰电木厂。抗日战争期间，重庆市的电木制品生产有了较快的发展，主要产品是灯头、开关、插头与插座等电工器材配件，同时生产纽扣、瓶盖等产品。其中规模较大的是七星胶木工业公司，既生产电木粉，也进行电木加工。当时，由于化工原料短缺，进口供应困难，徐僡利用五倍子等研制五倍子塑料，陈怀九用桐油或生漆研制电木粉，陈文瑛研制稻壳糠醛电木粉，分别取得了一定的成果。此外，还有人利用废胶片或土产紫胶等制成"代电木粉"，用来压制瓶盖等产品。1947年，上海胜德化工厂从美国进口注塑机，开始了聚苯乙烯小商品的生产。1948年，上海五金机械厂制成我国第一批挤出机，供聚氯乙烯废旧料回收加工之用。

中华人民共和国成立以前，我国的塑料制品生产大多集中于上海、广州、重庆等沿海和沿江城市，绝大部分是手工业作坊式生产，主要原料依赖于进口，产品品种较少，应用范围有限。中华人民共和国成立前夕，上海市共有胶木厂84家，从业人员一千余人；生产塑料小商品企业二三十家，多数是三四人一户的个体手工业作坊，主要产品为电器零件、纽扣、文具、皂盒、发梳、表带、裤带等。1949年10月，广州市共有塑料制品厂约20家，从业人员约500人，主要生产赛璐珞眼镜架及电木制品。

第一节 塑料制品工业的发展

中华人民共和国成立后,塑料制品工业有了很大的发展。1949—1983 年,我国塑料工业的发展大体上经历了下列四个阶段。

第一阶段:1950—1956 年。这是新中国塑料制品工业从恢复、调整走向有计划地发展的时期。

初期,我国塑料制品原料供应不足,生产发展受到很大的限制。当时,重庆大学副教授徐僖继续研究五倍子塑料,获得成功。政府十分重视这一成果,拨款建立重庆倍酸塑料厂(现重庆合成化学厂的前身)。该厂于 1953 年建成投产,生产五倍子糠醛塑料制品,成为我国第一个倍酸塑料厂。

1955 年 7 月,国家有关部门进行了全国塑料工业调查。调查结果表明,当时全国塑料制品企业共有 743 家(其中酚醛塑料制品为 595 家,占 80%),职工总数为 6514 人(其中技术人员 586 人,占职工总数的 9%)。这个行业的主要特点是:①私营企业比重大,工厂规模小,设备简陋,技术水平低,尤其是酚醛塑料制品的生产,大多为手工操作;②塑料品种不多,主要生产热固性酚醛塑料,热塑性的塑料全部依赖进口,部分制品使用回收料;③地区分布极不平衡,主要集中于上海、广州两市,其中上海市的塑料制品占全国产量的 60%;④经营管理落后,产品销售主要靠国家加工订货。

1956 年上半年,在全国私营工商业社会主义改造的高潮中,各地私营资本主义塑料制品厂先后实行了公私合营。在一些塑料工业比较集中的重点城市,成立了专业公司,加强了统一管理。1956 年 7 月,上海市成立了日用塑料制品工业公司。与此同时,天津、广州、武汉三市的塑料制品生产分别由轻工业公司和化学工业公司管理。

1956 年 9 月,国家有关部门在天津市联合召开第一次全国塑料工业专业会议。会上介绍了塑料工业的国际水平及我国塑料工业现状,安排了 1957 年生产计划,讨论了第二个五年计划期间的规划设想。规划提出了今后两三年内要发展的主要塑料品种,研究了聚氯乙烯制品的方向,并作出了禁止在食具生产中使用酚醛塑料的规定。会议期间还举办 T4 型展览会,展出了国产塑料制品及国外样品约 300 件,这是我国塑料制品工业的第一次展览。这次会议对我国塑料工业的发展,起了积极的推动作用,使我国塑料制品工业开始走上了有计划发展的轨道。

第二阶段:1958—1965 年。这是塑料制品工业逐步走向全面规划、统一管理的新时期。

1958 年,国产聚氯乙烯正式投入生产。此后,随着聚氯乙烯制品加工技术的开发,聚氯乙烯制品品种日益增多,我国塑料制品工业开始有了较大的发展。据

1962年统计，全国塑料制品行业共有284家工厂，职工人数增加到4.5万人，总产量达到4.8万吨。当时，在塑料制品中，以聚氯乙烯为原料的产品有了较快的发展，聚氯乙烯制品所占比例逐步提高，使塑料工业进入了一个以聚氯乙烯原料为主的阶段。由于国产聚氯乙烯产量增大，各省、自治区、直辖市对发展塑料制品生产积极性很高，特别是一些手工业合作社（组、厂）纷纷转产塑料制品，出现了盲目发展的现象。

1963年11月，轻工业部召开了全国塑料制品专业会议。会议要求会同商业部和全国手工业合作总社积极贯彻党的"调整、巩固、充实、提高"八字方针，切实加强行业管理。会议总结了塑料制品工业的生产建设成绩和经验，提出了进一步对塑料制品工业实行调整的工作方针和建议，作出了如下决定：①塑料制品工业应面向农村，城市兼顾，努力增加花色、品种，提高产品质量，降低生产成本，生产多种多样的经济、耐用、美观的塑料制品，为工农业生产和城乡人民生活服务；②聚氯乙烯软、硬质制品并举，积极扩大硬质聚氯乙烯制品品种和应用范围，逐步提高硬质聚氯乙烯制品的比例，在日用塑料制品中，以塑料鞋、塑料鞋底、薄膜、人造革为主，同时积极发展泡沫塑料、日用家具、小商品与工艺美术品的生产；③根据不同的原料、不同的工艺设备和不同的用途，结合地区供销条件，组织专业化生产，积极组织地区间、企业间的分工协作，减少企业间不必要的产品重复；④统一规划，加强领导，有计划、有重点地发展塑料工业。此后，在党的"调整、巩固、充实、提高"八字方针指引下，各省、自治区、直辖市先后对塑料制品工业进行了调整，并且根据各自的情况，进一步加强了行业管理。

1965年3月，第二轻工业部成立。同年4月，国务院正式批转了有关部门提出的关于划分塑料行业分工管理范围的报告。报告规定，除军工部门用的塑料制品由化学工业部管理外，全部塑料制品由第二轻工业部归口管理，全面负责行业的规划、计划、生产、建设、科研和援外业务。据此，第二轻工业部召开了全国塑料制品专业会议，贯彻执行塑料制品行业实行归口管理的决定。部分省、自治区、直辖市也根据归口管理的意见调整了企业的领导关系，加强了对行业的统一领导，先后成立了16个专业公司和总厂，组织了专业化协作生产，为塑料制品工业的进一步发展打下了良好的基础。据1965年底统计，全国塑料制品企业已发展到725家，职工9.6万人，总产量13万吨，总产值12亿元，综合生产能力30万吨。主要品种有压延薄膜、吹塑薄膜、板材、管材、单丝、人造革、塑料鞋及鞋底、泡沫塑料等13大类，塑料制品已应用于工业、农业、交通、建筑等部门。

第三阶段：1966—1975年。这一阶段，塑料制品工业在一度受到破坏后迅速恢复和发展了生产，并且扩大了产品的应用范围。

1966年5月"文化大革命"开始后，塑料制品工业生产受到严重的影响。1968年，全国塑料制品总产量为17.1万吨，低于1966年17.6万吨的水平。1970年，第一、第二轻工业部与纺织工业部合并为轻工业部。同年，经国务院批准，将军用塑料制品由化学工业部划归轻工业部管理。自此，全国塑料制品即统归轻工业部归口管理。1970年，塑料制品总产量达到32.8万吨，较1965年的13万吨增长1.5倍，年平均递增率为20.3%。1971—1975年中，塑料制品工业获得了持续发展。1975年全国塑料制品总产量达到60.7万吨,较1970年增长85%,年平均递增率为13.1%。

在这一阶段，特别是1970年以后，我国石油化学工业有了迅速的发展，为塑料制品工业的发展提供了丰富的原料。由于聚乙烯、聚丙烯的大量生产，农用薄膜、包装材料都得到迅速发展，进一步扩大了塑料的应用范围。同时，塑料制品工业开始由聚氯乙烯制品为主进入以聚氯乙烯和聚烯烃（聚乙烯、聚丙烯）两大类原料为主的新阶段。

第四阶段：1976—1983年。在这一时期，我国塑料制品工业的技术改造扩大了规模、加快了步伐，使产品品种迅速增加，质量显著提高，促进了生产的发展。1980年，我国塑料制品总产量突破100万吨大关，达到了114.4万吨的新水平，比1975年增长了88.5%，年平均递增13.5%。与此同时，塑料制品的应用范围继续扩大。1978年，农用薄膜产量达到19.6万吨，占同年塑料制品总产量的21%，较1975年增长了1倍。塑料包装材料的发展也比较快。1980年，共生产各种编织袋、打包带、周转箱、瓦楞箱、捆扎绳、中空容器和包装薄膜等约20万吨，约占同年塑料制品总量的17%。1981年后，塑料制品工业在实现技术进步和扩大应用范围的条件下，进一步加快了发展的势头。1983年全国塑料制品总产量达到191.2万吨，比1980年增长了67.1%，年平均递增18.7%。

综上所述，我国塑料制品产量从1952年的2000吨，提高到1983年的191.2万吨，增长了955倍。塑料制品工业的迅速发展，不仅丰富了人民的生活，也为工农业生产和国防建设提供了大量塑料材料和配套产品，在国民经济中发挥了重要的作用。

第二节　基本建设和技术改造

一、基本建设和技术改造的成就

1950—1983年的34年中，塑料制品工业的基本建设和技术改造工作有了很大的发展。据轻工业部统计，列入国家预算的投资总额为14.7亿元，新建和改建、扩建了一批塑料制品工厂和生产聚氯乙烯树脂、增塑剂、溶剂及其他助剂的工厂，使塑料制品及塑料原料的生产能力迅速增长。

在第二个五年计划期间，塑料制品工业基本建设的重点是发展聚氯乙烯的加工能力。在这段时期，为了配合国产聚氯乙烯树脂的大规模投产，上海化工厂和上海塑料制品一厂，先后从联邦德国引进了四辊压延机和人造革生产装置，开始生产聚氯乙烯压延薄膜和布基人造革。1960年，吉林塑料厂开始建设，这是我国塑料制品工业自己设计和制造设备的第一个列入国家计划的基本建设项目。此后，为改变塑料工业布局，又先后在北京、辽宁阜新、福建三明、江西九江、山东济宁、广东佛山与韶关、安徽合肥等地兴建了一批聚氯乙烯压延薄膜厂，迅速扩大了聚氯乙烯薄膜的生产能力。1983年，全国压延薄膜生产能力已经达到50万吨/年以上。

1965年以后，为了发展聚氯乙烯板材的生产，先后在甘肃兰州、贵州遵义、辽宁营口等地建设了一批板材生产厂，除生产层压板外，还发展了挤出板材工艺。1983年，全国各种板材生产能力已达10万吨/年以上。

1975年以后，为了适应化肥包装的需要，加强了以聚乙烯为原料的重包装薄膜袋的生产。根据国家计划委员会的统一安排，总共投资5200万元，建设13家重包装薄膜袋厂，每个厂年生产能力为0.35万吨，年总生产能力为4.5万吨。在13家重包装薄膜袋厂中，有8家由轻工业部系统安排建设，这些厂分布在北京、广州、南京、成都、哈尔滨和辽宁盘山、河北沧县、山东淄博等地。这一批工厂的建设和投产，及时满足了化肥生产的包装需要，促进了化肥工业的发展。

1960年以后，我国还积极开发了泡沫塑料的生产。1965—1983年的19年中，先后在上海、北京、天津以及山西阳泉、辽宁大连等地建设了泡沫塑料生产基地，生产聚氨酯及聚苯乙烯等泡沫塑料制品。生产总能力已达到年产5万吨。

1975年以后，随着我国塑料原料生产的发展，国家决定对一批塑料制品工厂进行技术改造。1975—1978年的4年期间，国家集中投资5000万元，对石家庄东风塑料厂、秦皇岛塑料厂、辽源塑料四厂、淮南塑料一厂、三明塑料厂、运城塑料厂、南阳塑料厂、开封塑料厂、保定塑料厂、重庆塑料一厂、云南省塑料厂、贵阳塑料一厂、陕西兴平塑料厂等20多家农膜、管材生产厂，以及生产渔丝、渔具为主的天津塑料五厂、宁波塑料厂、普陀塑料厂等进行技术改造，总计增加生产能力5万吨/年，比新建厂节省了一半投资。1960年以后，为了发展少数民族地区塑料制品的生产，由天津支援新疆建设乌鲁木齐塑料厂，由上海支援青海建设青海塑料厂。1970年以后，还由北京支援西藏建设拉萨塑料厂。此外，青海湟源塑料厂、甘肃兰州西固塑料厂、广西南宁塑料厂等在20世纪70年代中期也先后进行扩建和改造，对于改变塑料制品工业的地区布局起到了积极的作用。1978—1984年的7年间，国家拨款1亿元，制定和实施了170多项技术改造项目，着重发展了"以塑代木"、塑料包装材料及日用塑料制品的生产。在20世纪60年代和70年代中期，由于农用塑料薄膜需要量迅速增加，聚氯乙烯供应不足的矛盾日趋突出。为此，在国家计划委员会的统一安排下，由中央和地方先后拨出了3亿元投资，在邯郸、张家口、牡丹江、镇江、南通、南昌、宜昌等地先后新建了30多家小型聚氯乙烯原料生产厂，总生产能力为10万吨/年。与此同时，还在衡阳、江门、汕头、武汉、石家庄等地建设了十多家增塑剂和溶剂厂。这些工厂的建设对于弥补塑料原料和助剂不足起到了一定的作用。但是，由于多数工厂的生产规模过小，建设周期较长，技术基础较差，在投资效益上很不合算。

二、先进技术和设备的引进

塑料制品工业的技术和设备引进是从 20 世纪 50 年代末期开始的。当时，引进的重点放在开发聚氯乙烯制品上。从 20 世纪 50 年代末到 60 年代中期，先后从联邦德国和日本引进四辊压延设备，建设了以聚氯乙烯薄膜为主的工厂，迅速扩大了聚氯乙烯在日用生活品、农用薄膜、化肥包装等方面的应用。还从德意志民主共和国、波兰引进油压机及小型注塑机，发展压制和注塑制品。1965 年后，从日本、英国和瑞士引进了挤板、吹膜、层压、挤管等生产设备，进一步扩大了聚氯乙烯在工业方面的应用。1970 年后，技术引进的重点转入加工聚烯烃制品，扩大塑料在包装和工业生产配套方面的应用。1974 年，浙江杭州新丰塑料厂、广东汕头塑料二厂首批引进了日本编织袋造丝设备，配合国产织机，建设塑料编织袋工厂。1976—1979 年间，又先后从德意志民主共和国购进大批塑料注射机和聚氨酯浇铸机，扩大了我国周转箱、电视机外壳等注射制品以及硬质、半硬质聚氨酯泡沫塑料的生产。

1979 年以后，在中央对内搞活经济、对外实行开放方针指导下，塑料制品工业加快了技术引进的规模和步伐。轻工业部和地方轻工业部门采取多种多样的方式，引进了生产各种塑料制品的工艺和设备，主要包括下列几方面：

① 在农业用地膜和薄膜方面，从日本、意大利和联邦德国等引进设备 300 多台（套），其中一部分设备由国内及时组织消化吸收，迅速扩大了生产能力，以适应农业和包装方面的需要。

② 在人造革方面，上海、北京、广州、徐州等地引进成套压延法聚氯乙烯人造革生产设备，武汉、佛山、石家庄等地引进了成套的离型纸法生产设备。引进设备总能力在 1×10^8 米^2/年以上，为增加人造革的花色、品种创造了技术条件。

③ 在复合包装用膜及包装用袋方面，引进了双向拉伸聚丙烯、聚酯膜的生产设备，复合薄膜、印刷及制袋设备以及吹薄膜-印刷-制袋设备，较快地提高了我国包装膜的生产技术水平，不仅使包装膜在国内得到普及，也改善了出口产品的包装。

④ 在聚氯乙烯膜、片、板生产方面，杭州、上海、常州、南通、阜新、天津、武汉、泸州、淄博、深圳等地引进了日本、联邦德国、意大利、美国的四辊压延机，设计能力约 100 万吨/年，扩大了我国聚氯乙烯薄膜、硬片、壁纸、装饰膜等产品的生产，为有关部门提供了多种新型的配套材料。

⑤ 在塑料异型材、管材生产方面，先后从奥地利、联邦德国、意大利等引进一百多台（套）生产设备，主要用于生产建筑业用塑料上下水管和塑料窗、塑料门等，总生产能力约 10 万吨/年。

⑥ 在塑料编织袋方面，全国引进将近 100 条生产线，生产能力接近 10 万吨/年，使塑料编织袋成为塑料行业新发展的大宗产品。

⑦ 在泡沫塑料生产方面，上海、天津、北京、广西柳州、河南洛阳等地从挪威、美国、联邦德国等引进了聚氨酯泡沫连续发泡设备，一部分厂还引进硬泡生产设备，总生产能力超过 5 万吨/年。

⑧ 在塑料铺地材料方面，无锡铺地材料厂引进美国栽绒地毯生产设备，使该厂的产量、质量大幅度提高，成本大大降低，开创了我国塑料地毯生产的新局面。

1982 年 9 月，轻工业部在常州市召开了塑料行业设备引进工作会议，总结和交流了有关省、自治区、直辖市开展设备引进工作的经验，互通信息，协调了设备引进的规划和步调，进一步推动了这项工作的开展。

三、烟台合成革厂的建设

烟台合成革厂是我国塑料制品工业用引进技术装备建设的一个最大项目，是国家"六五"期间重点建设项目之一，总投资达 4.6 亿元。主体工程的生产装置从日本引进，配套设施和公用工程由国内设计和施工。

烟台合成革厂的主要产品为合成革。这种合成革的组织结构类似天然革，具有天然革外观的某些特点，还有一定的透湿和透气性，适宜制作鞋类、服装等。二苯基甲烷二异氰酸酯和聚酯多元醇是生产合成革的主要原料，也是生产聚氨酯泡沫塑料、聚氨酯弹性体、聚氨酯弹性纤维、聚氨酯优质涂料的主要原料。它们在家具制作、汽车制造、房屋建筑、冷藏保温和服装生产方面有着广泛的用途。这家工厂的建设，为我国发展聚氨酯塑料制品开拓了广阔的前景。该厂自 1980 年 4 月破土动工兴建，1983 年 5 月基本建成，1984 年 11 月由国家组织验收，1985 年 1 月 1 日正式交付生产。

四、科学研究和技术交流

（一）科学研究工作的进展

塑料制品工业的科学研究工作主要是从 20 世纪 60 年代发展起来的。1960 年以后，上海、天津、北京和辽宁的大连等地的轻工业部门先后筹建了专业的塑料研究所（室）。1963 年 7 月，在国家科学技术委员会的组织下，轻工业部制订了日用塑料制品工业 1963—1972 年科学技术发展规划（草案）。规划提出 10 年内塑料制品工业的科学技术发展方针是：充分利用国产塑料原料代替或节约农副产品原料及金属材料，扩大塑料在制鞋、服装、包装材料、生活用品和其他方面的应用范围，合理采用新工艺、新设备，逐步提高产品质量，提高劳动生产率，争取在 10 年内改变塑料制品行业的落后面貌。为此，规划确定的科学研究任务主要包括塑料鞋、人造革、聚氨酯泡沫塑料、塑料包装薄膜及包装材料、渔业用塑料、塑料助剂、塑料模具、加工工艺和测试方法等。规划还确定以上海轻工业研究所塑料室、轻工业部皮革研究所和北京宣武塑料厂、上海塑料制品一厂、二厂、三厂、六厂以及大连塑料二厂等为一些重点科研项目的主要承担单位，广泛开展对塑料制品加工和应用的科学研究。

1966年，经国家科学技术委员会批准，由第二轻工业部在重庆筹建塑料工业科学研究所。总投资为280万元，人员编制300人。这一项目在"文化大革命"中被迫停办。在十年内乱中，一些省和直辖市的塑料研究机构也被迫停办或者与工厂合并。1976年10月粉碎"四人帮"后，许多塑料研究机构得到了恢复和加强。1978年，塑料制品行业共有省（自治区）、直辖市和省辖市级研究机构20多个，职工1796人，其中技术人员667人。当年，轻工业部决定在北京重建全国塑料科学研究机构。根据中国政府与联合国工业发展计划署的协议，以轻工业部筹建的塑料研究机构为基础，由该署援助我国建立塑料加工应用中心。中心的第一期工程从1980年12月开始，为期一年半，由该署资助45万美元。该项协议已于1982年执行完毕。1983年，经国家科学技术委员会批准，在北京建立塑料加工与应用研究所，已投入建设。

20多年来，许多塑料研究所（组）与有关单位、企业通力合作，在开发塑料制品、扩大应用范围、提高产品质量等方面，付出了艰辛的劳动，做出了应有的贡献。

20世纪50年代中期，先后开展了聚氯乙烯日用小商品、吹塑薄膜、人造革和电缆料等产品的研究。20世纪60年代初期，以塑料原料代替天然橡胶、破布、黄麻、皮革等原料，研制聚氯乙烯鞋底、拖鞋、凉鞋、泡沫人造革等制品。其中由轻工业部皮革研究所等单位承担的塑料微孔鞋底的试制及制鞋工艺的研究项目，通过了国家鉴定。在此期间，还研究、推广了聚氯乙烯农业育秧薄膜、聚氯乙烯单丝、聚氯乙烯板材、管材和聚氨酯泡沫料等产品。在20世纪70年代中期，着重研制了聚乙烯重包装袋、聚乙烯农用薄膜及包装薄膜、聚乙烯管材、塑料编织袋以及各种复合包装膜、打包带等包装材料。与此同时，还开展了"以塑代木"的研究，试制和生产了周转箱、瓦楞箱等新产品。20世纪80年代，随着塑料原料产量的增加，塑料制品的新工艺、新设备、新产品有了进一步的发展。

1980年，轻工业部召开了第一次轻工科技成果授奖大会。在各省、自治区、直辖市上报的1978—1980年的125项塑料科技成果中，有67项获得轻工业部科技成果奖，其中二等奖5项，三等奖14项，四等奖48项。1981年5月，轻工业部在北京举行了全国塑料制品第一次展销会，共展出制品2193种，其中新产品531种。展销期间，接待观众50万人次。这次塑料展销会，既是我国塑料制品工业生产成就的一次大检阅，也是对塑料制品工业科研工作的一次总结。

1983年，轻工业部再次组织了对1980年以来的科技成果的评选工作。在各省、自治区、直辖市上报的193项塑料科技成果中，有75项获得轻工业部科技成果奖，其中二等奖4项，三等奖18项，四等奖53项。

在塑料制品的研究与开发中，广大科技工作者做出了积极的贡献。特别是上海塑料制品二厂的寿金发工程师，长期坚持生产与科研相结合的方针，在塑料制品的研究与开发中做出了突出的贡献。1955年，他研制出聚氯乙烯表带、裤带、软管、发绳等塑料小商品，被评为上海市劳动模范。1957年，他研制聚氯乙烯吹塑薄膜，并用这种薄膜加工成吹气枕头等制品，使日用塑料生产增添了新产品。为抢救大面积烧伤的钢铁工人邱财康的生命，他专门设计制作了充气床垫。1958年，他研制成功聚氯乙烯电缆料，为国家节约30万元资金。1959年，他被评为上海市先进生产者，光荣加入了中国共产党，并出席了全国"群英会"。1959年以后，他又试制成聚乙烯吹塑薄膜和聚苯乙烯吹塑薄膜等包装和绝缘材料。此后，他为国防工业和感光材料工业试制铝塑、纸塑等复合封存包装材料，为发展通信电缆生产研制了聚乙烯黑色护套电缆料。1978年，他再次当选为上海市劳动模范。1983年9月，他在退休之后还积极协助无锡县电缆厂的建设，使该厂投资比预算节约近10万元，受到无锡县荡口乡人民政府嘉奖。

（二）标准化和质量鉴定、评比工作

塑料制品标准化工作是从1961年开始的。1961年，化学工业部颁布了塑料检验方法暂行标准22项和软聚氯乙烯压延薄膜、硬聚氯乙烯管材、硬聚氯乙烯板材、电缆工业用软聚氯乙烯塑料和聚氯乙烯管、带等5种聚氯乙烯制品暂行部标准。1963年，聚氯乙烯塑料鞋及鞋底大量生产，轻工业部及时制订和颁布了聚氯乙烯塑料鞋底和鞋的部分标准。1964年，经轻工业部和化学工业部两个部协议，在塑料标准化工作上进行了分工，由轻工业部负责塑料制品的标准化工作，化学工业部负责基础标准及合成树脂的标准化工作。截至1983年，塑料制品已有国家标准和部标准43个，其中聚氯乙烯制品21个，包括聚氯乙烯鞋底及拖鞋、电缆料、板材、管材、管件、薄膜、印花膜、人造革等；聚乙烯制品8个，包括聚乙烯管材、薄膜、单丝、重包装袋、吹塑桶、地面覆盖膜、瓦楞箱等；聚丙烯制品4个，即薄膜、编织袋、捆扎绳、管材；聚苯乙烯制品2个，即泡沫板、泡沫包装材料；聚氨酯制品1个，即软质聚氨酯泡沫塑料。

1978年，根据国家标准总局的安排，我国参加了国际标准化组织138技术委员会。1980年1月，我国翻译、出版了该委员会制定的有关塑料管材、管件、阀门的标准草案和标准。1980年9月，根据国家标准总局的要求，成立了全国塑料标准化技术委员会，负责进行本专业的全国标准化工作。1983年7月，该委员会派出小组参加了138技术委员会在西班牙马德里召开的塑料上、下水管标准会议。1983年8月，化学工业部、轻工业部和城乡建设环境保护部协商，并经过国家经济委员会和国家标准总局同意，除了全国塑料标准化技术委员会以外，又新成立了全国塑料制品标准化委员会和全国纤维增强塑料标准化技术委员会，分别受化学工业部、轻工业部和城乡建设环境保护部建筑材料工业局领导。

为了切实贯彻执行产品标准，促进产品质量的提高，轻工业部门还开展了对塑料制品的质量评比工作。1979年以来，在国家经济委员会的统一领导和各级轻工业部门的具体组织下，塑料制品工业开展了每年一次的产品质量评比活动。在1979—1983年的5年里，先后有白鸽牌微孔拖鞋、金杯牌注塑泡沫凉鞋、建设牌针织布基涂饰泡沫革、菱花牌印花膜、水晶牌唱片基、三环牌硬管、双色牌板材、灯塔牌聚氯乙烯绝缘级电缆料、新芽牌地面覆盖膜等17种产品获得国家银质奖。另外，还有钻石牌1~5升聚乙烯中空容器、盾牌聚乙烯桶等17个品种获得全国优质包装产品奖。

（三）技术交流和科技情报工作

塑料制品工业的技术交流和科技情报工作是在20世纪60年代初期开展起来的。1963年11月，轻工业部召开的全国塑料制品工业会议，强调了开展行业技术交流工作的重要性。会后，根据与会代表的建议，轻工业部作出了关于组织与开展全国塑料制品行业技术协作及交流活动的决定。按大区分成华东组、华北西北组、中南西南组、东北组，负责组织各大区的技术交流活动。在这次会议上，还决定开展塑料科技情报工作。轻工业部编辑的《轻工业科学技术通讯》出版了日用化学工业专刊，着重刊载国内外塑料制品工业的科技动态，这是我国塑料制品工业最早的科技情报期刊。1964年，为了进一步搞好农用薄膜的生产，提高产品质量，有关部门组织了全国农用薄膜技术交流活动。1965年，轻工业部日用化工局塑料处编译、出版《塑料工艺译文选》，结合我国实际情况，有选择地介绍国外塑料加工工艺的先进技术经验和新的成就。"文化大革命"开始后，《塑料工艺译文选》的编印工作被迫停顿。20世纪70年代初期，轻工业部责成上海轻工业研究所成立塑料技术情报中心，广泛收集国内外资料，编辑、出版《轻工塑料》，起到了交流经验、互通信息的作用。但是，由于地方管理体制的变化，轻工塑料技术情报中心不久即告解体，《轻工塑料》也因之停刊。1976年10月，粉碎"四人帮"后，塑料制品行业的情报交流工作得到了恢复和发展。1980年，轻工业部塑料工业局在编印内部资料《塑料工业标准化简讯》及《塑料工业科技简讯》的基础上，公开出版了《塑料工业简讯》，加强了全国塑料制品行业科技交流工作。1981年9月，轻工业部在北京召开了全国塑料制品工业技术情报工作座谈会。根据会议统计，当时全国共有塑料制品科技情报室（组、站）30个，情报工作人员224人，其中技术人员91人，翻译47人，出版定期刊物17种、不定期刊物及专题资料68种。

塑料制品行业的对外技术交流是从1958年开展起来的。当年，日本聚氯乙烯树脂专家古谷正之来华进行技术访问，对我国聚氯乙烯加工及应用起了一定的引发作用。此后，通过接待国外技术交流访华团、参观团和国外来华举办工业展览会等方式，我国塑料工业界开始了与日本、西欧诸国及美国塑料工业界的广泛接触，引进了一些新工艺、新技术、新产品。1975年，联邦德国在北京举办工业展览会，展出了塑料原料、塑料制品及塑料专用机械设备仪器，并进行了新工艺、新技术、新产品的技术交流，促进了我国对聚烯烃制品的开发及应用。1979年以后，塑料制品工业对外技术交流活动更加频繁，贸易往来也日益增多，相继在北京、上海、天津、广州、福州、南京、沈阳、武汉、大连等城市举办一国或多国的塑料工业展览会。通过展览会，一方面洽谈进口业务，引进先进技术；另一方面进行专题技术讨论，使我国科技人员开阔了视野，对发展我国包装塑料、建筑塑料、装饰用塑料、农业及工程塑料等收到了良好的效果。与此同时，我国塑料行业先后派出了许多技术或技术贸易小组访问了德意志民主共和国、匈牙利、罗马尼亚、朝鲜、日本、英国、意大利、法国、联邦德国、荷兰、奥地利、加拿大、西班牙、美国等。1980年以来，还先后派出17人（次）参加联合国工业发展组织在奥地利主办的塑料工艺与模具讲习班，并选送5名技术人员去联邦德国及美国的塑料工厂或研究单位进修。我国还派出6人（次）考察农用塑料及塑料科研工作，并请3名国外塑料专家来华讲课。1983年8月，我国派出了有13名代表参加的，由中国国际贸易促进会组织的赴欧洲共同体国家参观、访问的塑料工业代表团。上述活动，加强了我国塑料工业界与国际同行的联系，学习与借鉴了国际先进技术，促进了我国塑料制品的科技进步。

我国塑料制品工业在积极学习和借鉴国际先进技术的同时，也积极开展了对第三世界国家的技术经济援助。1963年，我国为朝鲜民主主义人民共和国培训生产塑料鞋底及鞋的技术人员。1965年11月，我国接受越南实习生来我国上海进行技术培训。1974年8月，我国援建的阿尔巴尼亚都拉斯塑料厂正式投产。

（四）学术团体活动

中国塑料工程学会是群众性的研讨塑料科学技术的学术团体，是有关工业部门的技术咨询和参谋部。在一部分省、自治区、直辖市还成立了中国塑料工程学会的分会。

1979年11月，在河北省保定市举行了中国塑料工程学会成立大会和第一届技术讨论年会。与会代表约200人，交流论文133篇。会议期间，代表们就塑料制品工业的科研、教学，企业的技术改造以及聚丙烯制品的开发与应用等专题进行了座谈。会后编辑、出版了《中国塑料工程学会成立大会文集》。

1981年5月，在北京市举行了中国包装技术协会塑料制品包装委员会成立大会和技术交流会，与会代表92人，交流论文21篇，会后汇编成册，出版了《塑料包装通讯》第一期。

1983 年 4 月，中国塑料工程学会和中国包装技术协会塑料制品包装委员会在成都市联合召开第二届年会。与会代表 190 多人，交流论文 79 篇，会后出版了《年会论文集》。

1983 年 9 月，中国塑料工程学会氟塑料工程委员会在北京成立，并进行了技术讨论。大会交流论文 20 多篇，会后编辑、出版了《含氟塑料专辑》。

五、品种的开发与应用范围的扩大

现在，随着塑料制品产量的增加，我国塑料制品的应用领域已经扩大到农业生产、工业配套、建筑装饰和产品包装等各个方面，生活日用制品所占的比例已下降到 30%左右。

（一）日用塑料制品的发展

我国塑料制品工业的发展是从日用塑料制品起步的。1958 年 4 月在全国轻工业展览会上，日用塑料制品的展出占了重要地位。当时展出的日用聚氯乙烯制品只有薄膜、雨衣、皂盒、表带、裤带等少数品种，规格、花色也比较少。塑料制品只是初步进入人们的生活领域。1960 年以后，随着聚氯乙烯原料生产的大发展，塑料鞋、鞋底、印花薄膜、床单、票夹、吹气玩具、人造革制品先后投入市场，日用塑料制品进入了大量和广泛发展的新时期。1983 年，全国的日用塑料制品总产量已经增加到 61 万吨，花色、品种越来越多，对丰富人民生活、活跃轻工市场发挥了重要作用。在我国的日用塑料制品中，已经发展了许多大类制品，形成了具有我国特色的日用塑料制品门类。

塑料鞋与鞋底是日用塑料制品中的最大宗产品。1983 年，全国塑料鞋产量是 7.2 亿双，合 23 万吨塑料，占塑料制品总量的 12%。用塑料制作的鞋和鞋底，在我国鞋类生产中已占重要位置。塑料鞋底已基本上取代了布鞋底。以各种纺织面料与塑料鞋底配合的价廉物美的布面塑料底鞋，已基本上取代了由千家万户自己纳鞋底的布鞋。这对解放妇女劳动力，解决 10 亿人口的穿鞋问题，是重要的贡献。目前，我国塑料鞋的产量和销量在全世界占首位。福州塑料二厂和华侨塑料厂生产的白鸽牌微孔塑料拖鞋，不仅在国内享有盛誉，而且远销东南亚、中东、非洲及美洲市场，成了我国塑料制品中出口批量最大的产品。

人造革是我国日用塑料制品中第二个大的品种。近 30 年来，人造革及其制品发展极其迅速。1983 年，全国人造革总产量合 8.8 万吨塑料，占当年塑料制品总产量的 4.6%。按使用面积计算，已经超过了天然皮革的总产量。目前，在箱包、手套、手提袋、沙发面等领域，人造革制品已经基本上代替了天然革，适应了广大人民的生活需要。

在日用塑料制品中,薄膜制品和泡沫塑料制品的品种、花色不断增多。塑料玩具、餐具、茶具、文具、教具和各种各样的盆、桶、盘、碟类产品,五颜六色,琳琅满目。这些塑料制品不仅深入到上亿户家庭,也广泛供给机关、学校、部队、企业、港口、码头以及农村基层组织,已成为广大人民生活中不可或缺的东西。

(二)农用塑料制品的推广

在我国塑料薄膜生产中,农用塑料薄膜占了一半以上。1983年,我国塑料薄膜总产量59.6万吨,其中农用薄膜30万吨。1983年,我国农用薄膜在产量和用量上都居世界第一位,对促进我国农业生产的发展起到了重要的作用。

我国农用薄膜首先是在广东省沿江农村社队推广使用的。1961年前后,这些社队先后采用进口的聚乙烯薄膜用于水稻育秧,为提前栽插创造了条件,取得了增产1~3成的效果,引起了农业部门的重视。为此,农业部总结了这一经验,希望轻工业企业及时生产和提供所需的育秧薄膜。1964年8月,轻工业部召开了全国农用薄膜生产技术交流会,总结了搞好农用薄膜生产、提高农用薄膜质量的经验,并制定了农用薄膜试行技术标准。1965年,轻工业部会同农业部进一步扩大了农用薄膜的使用面积和使用范围。首先在全国十多个重点省、直辖市的部分地区推广,使用薄膜的作物由水稻扩大到红薯、玉米等粮食作物,以及棉花、烟叶、甘蔗、药材等经济作物,大都获得了显著的增产效果,进一步引起了各级政府有关部门的重视和支持。1965年,经财政部批准,对农用薄膜定期免征工商统一税,并实行全国农用薄膜统一降价,有的地区还实行了财政补贴。如福建省当时生产每吨聚氯乙烯薄膜,工厂出厂价为3400元,销售价定为2000元,财政补贴1400元。上述政策措施大大促进了农用薄膜的大面积扩大使用。

周恩来总理对农用薄膜的生产和发展甚为关注。1971年,在全国农业机械化会议期间,周恩来总理亲自确定农用薄膜是实现农业机械化重大措施之一。1979年9月28日,党的十一届四中全会通过的《中共中央关于加快农业发展若干问题的决定》中明确指出,要"迅速增加农用塑料的生产,特别是农用薄膜"。党中央的上述决策促进了农用薄膜生产迅速而又持续地向前发展。当年,全国农业薄膜总用量已达到19.5万吨。后来,在农用薄膜中,塑料地面覆盖薄膜(俗称地膜)的发展尤其迅速。1983年,全国地面覆盖薄膜产量达到九万多吨。与此同时,除努力增加农用薄膜产量、提高农用薄膜质量外,还发展了许多新品种,如宽幅膜、耐低温防老化膜、有色膜、多层膜等,以适应广大农村不同地区不同作物的需要。

农用喷雾器、农机配件、农用沼气管和农村饮水用管等塑料制品,也都获得了发展。塑料渔网和渔具已经在渔业生产中广泛应用。塑料渔网成功地代替了棉、麻网,改变了我国渔民数千年"三天打鱼,两天晒网"的传统作业方式,深受渔民的欢迎。

（三）包装材料的开发

第二次世界大战以后，以石油化工为基础的聚乙烯、聚丙烯等合成树脂的生产得到了迅速的发展。聚乙烯、聚丙烯制品的开发带来了包装材料的革命，使许多传统的包装材料如纸、玻璃、布、麻、金属制品、木材等部分地被塑料所代替，促进了商品包装和转运的现代化。1983年，我国用于包装的塑料已经超过40万吨，约占当年塑料制品总产量的21%。

在我国，塑料用作包装材料，始于20世纪60年代中期，20世纪90年代中期得到了大发展。1975年，由于高压聚乙烯的大批量生产以及进口大型尿素化肥装置的投产，促进了聚乙烯重包装袋的发展，1980年生产量超过4万吨。但是，由于我国的装运工具落后，中转环节多，使聚乙烯化肥重包装袋破损率高达30%，严重影响了这种包装袋的推广使用。为此，国家经济委员会要求化学工业部、轻工业部、铁道部、交通部和全国供销合作总社等单位共同组织专门的研究小组进行调查研究，国内一部分化肥厂逐步推广使用塑料编织袋包装化肥，扩大了塑料编织袋的应用领域。此后，塑料编织袋还扩大应用到农药、糖、盐、矿粉、水泥、饲料、谷物等产品的包装，使塑料编织袋的生产量逐年上升。1983年，全国塑料编织袋产量已达8亿条以上，超过了我国黄麻袋的产量，取得了显著的社会经济效益。

随着我国对外贸易的扩大，出口商品的包装要求越来越高。为了改进粮油食品和轻工产品的出口包装，我国从20世纪70年代中期开始试制和生产复合包装膜及袋。经过10年的努力，各种复合包装材料已经大量生产和使用。

为了扩大硬质聚氯乙烯制品的用途，积极发展塑料包装材料的生产，轻工业部于1981年12月在山东泰安市召开了全国聚氯乙烯硬制品生产会议。会议确定全国将发展硬质聚氯乙烯透明片的生产，改善国内市场产品包装。近年来，由于玻璃制品短缺，加上某些农药禁止使用易碎的玻璃瓶装，从而促进了塑料瓶、桶、罐生产的迅速发展，形成一大类新的包装材料。

（四）"以塑代木"产品的发展

我国木材资源短缺，"以塑代木"的发展较快。目前作为"以塑代木"的主要品种有：塑料周转箱、瓦楞箱、楼梯扶手、电线槽板、地板条、地板块、门窗及家具等。

我国塑料用于建筑用门窗始于20世纪60年代。1965年，天津市建筑科学研究所与天津现代塑料厂（即现在的天津第十四塑料厂）配合研制塑料门窗成功。在1965年和1969年两年，共计生产塑料门4000樘，在天津、北京、山西等地民用建筑和地下工程中应用。经过12~15年的实际使用检验，用户反映良好。1979年，重庆塑料科学研究所与重庆塑料十二厂合作，研制成高填充的聚氯乙烯异型材，可用作客车地板和建筑用楼板、门框、门板、窗框等，目前已大量生产。重庆市已普

遍采用这种材料代替木板条作车内地板,使用寿命比木地板提高1倍。北京塑料七厂生产的楼梯扶手,成功地代替了松木扶手,仅在北京市建筑工程中应用,每年即可代替松木1200米^3,还节约了油漆,简化了安装工序。

"以塑代木"工作已经引起了有关部门的重视。建筑用的塑料管材和型材发展尤其迅速。有的省、自治区、直辖市兴建的以塑料型材为主要产品的工厂,每年能生产数百万套塑料门或窗。与此同时,国家科学技术委员会正组织有关部门协作攻关,以便将塑料门窗纳入建筑设计规范,为扩大应用塑料门窗创造更好的条件。

(本章摘自"中国塑料工业年鉴2001",作者雷在忠等人)

第二十五章 军事化工工业

军事化工产品随着时代和科学技术的发展，所涵盖的产品范围逐步扩大。在晚清和民国时期，主要是以火药为代表的兵器化工品；在革命根据地和解放战争时期，则主要是以兵器化工的发展脉络为主；至中华人民共和国成立后，国防尖端科学技术的研究开发、新武器的研制、武器装备的更新换代、军队装备的现代化开始需要许多化工新材料，这些新材料称之为国防化工新材料，这个时期的军事化工也称为国防化工。国防化工的产品已经涵盖到化学推进剂、重水、特种橡胶制品、特种塑料制品、特种涂料、特种合成纤维、特种感光材料等专用化工新材料领域。随着时代和经济的发展，这些专用化工产品在工业和民用领域的应用日趋广泛。到 21 世纪初期，这些国防化工材料已经大部分在工业和民用领域得到了应用。

火炸药是军事化工的起源和核心。火药一词由"火"和"药"组成，它是由硝酸钾、硫黄和炭或其他可燃物所构成的混合物，能着火或爆炸而不依赖外界的氧。它的成分配比从古到今变化不大，一般配比为：硝酸钾 75%，炭 15%，硫黄 10%。火炸药的诞生已有千余年的历史，但直到 19 世纪末叶，还只有黑火药一个品种。黑火药为中国古代四大发明之一，它开创了自供氧物系，是高功率化学能运用的先驱，并把武器由冷兵器发展为热兵器。由于黑火药具有易被火焰、火花点燃，燃烧时又产生许多灼热的固体颗粒，且易于点燃其他火药的特点，在军事上广泛用作火药装药的点火药和传火药；在引信中用作延期药、扩焰药和时间药盘；还可用于照明弹、信号弹、燃烧弹和烟幕弹的抛射装药。

炸药自出世以来就在战争中充当了重要角色，从我国古代的霹雳炮到近、现代的枪弹、炮弹、炸弹和导弹，都离不开炸药。现代炸药工业的形成是从 19 世纪后半叶开始的。一百多年来，炸药成为现代武器、工业和交通建设乃至太空运载工具所必须依靠的一种能源，它与电能、原子能具有同等重大的意义，对于推动社会前进起着非常重要的作用。

火炸药工业作为武器的核心，发展到现代主要包括黑火药、"黄色炸药"（"苦味酸"或"三硝基苯酚"）、"TNT"（三硝基甲苯）、硝化甘油、"火药棉"（纤维素三硝酸酯）、硝铵（硝酸铵）等炸药。火炸药工业的发展是与其他化学工业的发展密切相关的。生产火炸药的原料有硝酸、硫酸、发烟硫酸、甘油、乙二醇、二乙二醇、甲苯、乌洛托品、季戊四醇、硝酸铵、醋酸、醋酐、酒精、丙酮、苯、二苯胺、

各种硝酸盐等,另外,还需要各种聚合物产品以及化学助剂等。这些无一不是来自化学工业的各个部门。

火炸药工业是巩固国防和发展国民经济的重要工业部门之一。在军事方面,火炸药工业是兵器工业的重要组成部分,火炸药是兵器的能源,炮弹、导弹、航弹、鱼雷、水雷、地雷、火工品以及爆破药包等都要装填火炸药。火炸药也广泛应用于矿石、煤炭、石油和天然气的开采,开山筑路,拦河筑坝,疏浚河道,地质探矿,爆炸加工,控制爆破等方面,以及卫星发射等航天事业领域。

第一节 近代军事化工(1861—1949年)

一、晚清时期

经历过两次鸦片战争和太平天国运动的清政府,尝到了西方列强"坚舰利炮"的苦头和用"洋枪洋炮"镇压农民起义军的甜头。以奕䜣为首的一批实力派官员曾国藩、李鸿章、左宗棠等人主张"变法自强","师夷智以造炮制船",用以"靖内患","御外侮",掀起了一场以开办近代军事工业和引进西方近代科技为中心的"洋务运动"。从维护封建统治出发,在19世纪60年代他们就开始了近代化的军事制度的改革。1864年李鸿章多次向总理各国事务衙门提出建议:"惟鸿章所深虑者,外国利器强兵百倍中国",他希望"必须尽裁疲弱,厚给粮饷,废弃弓箭,专精火器",开始设厂制造兵船,发展水师,使清朝军队踏上近代化之路。

1865年,江南制造局在上海创设,规模之大,设备之新,不仅全国第一,也是当时远东最大的兵工厂,能制造轮船、枪炮,特别是单设有火药分厂,可自制火药、强水棉花、水雷等,1867—1894年就生产各种火药1851.31吨。1874年我国第一座铅室法硫酸装置在该厂投产成功,开创了我国近代化工之先河。随后金陵制造局、天津机器局、广州机器局、山东机器局、湖北枪炮局次第创设。火药等军用化工生产都是其主项之一。详见表25-1。

表25-1 1900年以前清政府经营的重要军火工业

局厂名称	所在地	设立年	创办人	简 况
安庆军械所	安庆	1861	曾国藩	规模很小,以手工制造为主。生产子弹、火药、炸炮等,造过一艘小汽轮船
江南制造局	上海	1865	曾国藩 李鸿章	清政府所办规模最大的军用工业。造轮船、枪炮、水雷、子弹、火药与机器。有炼钢厂
金陵制造局	南京	1865	李鸿章	比江南制造局小,比各省机器制造局大些,造枪、炮、子弹、火药

814

续表

局厂名称	所在地	设立年	创办人	简况
天津机器局	天津	1867	崇厚 李鸿章	规模仅次于江南制造局。造枪、炮、子弹、火药、水雷。有炼钢厂
广州机器局	广州	1874	瑞麟 刘坤一	初办时规模较小，主要造小轮船。后来逐渐扩充，包括自英商购买的黄浦船坞。1885年后能造子弹、火药、水雷
山东机器局	济南	1875	丁宝桢	中型规模。造枪、子弹、火药
湖北枪炮局	汉阳	1890	张之洞	规模颇大。1895年正式开工。造枪、炮、子弹、火药。机器较其他各局先进

二、民国时期

长达38年的民国时期，灾难深重的中国人民经历了北洋军阀混战、三次国内革命战争和一次抗日战争。在战火连绵的岁月中，为军事服务的火药工业显得特别突出和重要。

从1927年"八一"南昌起义开始，中国共产党领导的人民军队在革命战争中建立了生产武器弹药的工业，将科学技术与根据地的物质条件相结合，从修理枪械和打制大刀、长矛开始，在根据地人民的大力支持下建所办厂，大量生产手榴弹、地雷、枪弹、炮弹、火药、炸药，以及少量的步枪、机枪、火炮等现代兵器，有力地支援了革命战争，并为建立新中国的兵器工业创造了一定条件。

（一）土地革命战争（1927年8月至1937年6月）

1927年国民党反动派背叛革命，致使国共合作的第一次大革命遭到失败。在革命的紧要关头，中共"八七"会议决定实行土地革命和武装起义，以革命的武装反对国民党反动派的反革命武装。各地工农武装和中国工农红军为了武装工农群众和红军战士，纷纷组建兵器生产组织。初期的兵器生产组织规模很小，设备极其简陋，只能制作大刀、长矛、土枪、土炮。据不完全统计，从1927年至1930年初，各地先后建立的兵器生产组织约40个，累计有兵工工人约1500人。随着革命根据地的巩固与发展，一些兵器生产组织逐渐扩大，建立了兵工厂，开始生产地雷、手榴弹，修理枪械，复装子弹。据统计，至1934年各根据地先后建立的兵工厂（所）约有80个，兵工工人累计达一万余人，是支持红军作战的一支重要力量。

（二）抗日战争（1937年7月至1945年8月）

1. 日本侵华时期建立的相关企业

抗日战争时期（1931—1945年），日本帝国主义在侵华期间，在东北和华北所办的企业最多，较大的企业有下面几个。

（1）满洲化学工业株式会社（简称满洲化学）

建于大连甘井子，1933年创立，1935年投产。生产合成氨、硫酸、硝酸、硫酸铵、硝酸铵等化工产品，合成氨能力为年产5万吨，硫酸铵为年产18万吨。主要原料煤来自抚顺和本溪，硫铁矿和粗硫矿由日本运来。产品硫酸铵和硝酸铵运往日本，硝酸为侵华战争所需，生产一再扩大。

（2）满洲曹达株式会社（简称满洲曹达）

建于大连甘井子，1936年开办，1937年9月投产。生产能力年产纯碱3.6万吨，1938年增加到7.2万吨。1940年，增加苛化烧碱生产，能力为年产3000吨。

（3）南满铁道株式会社化学工厂

建在沈阳，利用东北原盐制造烧碱。副产的氯气用于生产汽缸油和盐酸，盐酸供味之素工厂用。

（4）满洲矿山公司葫芦岛硫酸厂

利用杨家杖子铅锌矿冶炼副产的二氧化硫生产硫酸。1945年投产后不久，日本帝国主义就投降了。

除以上四大企业之外，日本投资建设的橡胶厂，在东北有30家，主要是东洋轮胎公司和太阳、亚细亚橡胶公司；在青岛有青岛橡皮工厂；在天津、上海也有30多家工厂。日本投资建设的染料厂，主要有大连大和染料株式会社、天津维新染料株式会社和青岛维新染料株式会社。

侵华战争开始不久，日本帝国主义筹划在吉林建设一个规模较大的有机合成工业基地。1942年开始建设，建成了两座小电石炉、一座炼焦炉，大部分工程未建成。

2. 国民党政府的军事化工企业

国民党政府仅有为数不多的化学兵工厂、硫酸厂、烧碱厂、纯碱厂、酒精厂、炼油厂和其他化工厂，产品在基本化工原料中所占的比重不大。

抗日战争期间，河南巩县兵工厂迁到四川泸州，改为二十三兵工厂，生产硫酸、烧碱、无烟火药、毒气产品等，是当时最大的化学兵工厂。国民党政府还办了江西硫酸厂、昆明化工材料厂，产量都很小。国民政府资源委员会1947年在南京筹办的中央化工厂，到1949年中华人民共和国成立时只建成厂房一幢。抗日战争胜利后，国民党政府还接收日军侵华时留下的化工企业，厂房、设备、器材遭到严重的盗卖和破坏，生产大部分停顿。

3. 敌后兵器生产

1937年7月7日，日本侵略军发动全面侵华战争，八路军和新四军开赴抗日前线浴血奋战。革命队伍迅速扩大，急需补充武器弹药，中共中央、中央军委决定自力更生发展兵器工业，自制武器弹药武装抗日军民。各部队遵照党中央指示，在敌后千方百计建立兵工厂生产武器。为了加强对敌后兵器生产的领导，1938年3月中央军委成立了军事工业局，1939年6月八路军总部成立了军事工业部，1941

年2月新四军成立了军工部。1941年4月23日、11月7日中央军委连续发出指示，提出"兵工建设应以弹药为主、枪械为辅"的方针，兵器生产有了进一步发展。据不完全统计，1945年初，各抗日根据地拥有兵工厂130个，职工近2万人。在8年抗战中，各地兵工厂除了完成大量修械任务外，仅各战区直属兵工厂生产的手榴弹近450万枚，地雷20万个，子弹780万发，长短枪1.1万支，枪榴筒、掷弹筒6300具，各种口径迫击炮900余门，为八路军、新四军坚持敌后抗日游击战争，建立巩固革命根据地，夺取抗日战争的最后胜利做出了重要贡献。

（三）解放战争（1945年8月至1949年9月）

抗日战争胜利后，国民党反动派发动内战，向解放区大举进犯，解放区军民奋起抵抗，揭开了解放战争的序幕。随着战争规模的扩大，对武器弹药的需求剧增，各解放区大力发展兵工生产。1945年9月，长江以南的兵工厂以及新四军其他兵工厂遵照中共中央"向北发展，向南防御"的战略部署，集中在苏北地区成立了华中军区军工部，从主要为战争服务转向着重为根据地经济建设和人民生活需要服务。同时华北、东北地区组建了一批新的兵工生产基地，以防事态突变。1946年6月国民党反动派发动了对解放区的全面进攻，中央军委要求各解放区全面恢复兵工生产、支援全国作战。各地兵工部门的兵器生产有了很大发展。1947年夏秋之交，中国人民解放军从战略防御转入战略反攻。在战略决战前夕，中共中央工作委员会于1947年末和1948年末先后召开兵工会议，制定兵工建设方针，部署兵工生产任务，为大决战作物质准备。各地兵工部门在"一切为了前线"，"后方多流汗，前方少流血"的战斗口号下，开展了多种形式的生产竞赛，军工产品的品种、数量、质量都有提高。三年解放战争中，兵工部门共生产各种枪弹6640万发，炮弹1260万发，手榴弹2330万枚，无烟药135万斤，炸药805万斤，有力地支援了解放战争。详见表25-2～表25-5。1949年，大规模战争即将结束，各地兵工部门遵照中央军委指示，对兵工企业进行全面调整，中华人民共和国成立前夕，各解放区的160个企业调整为33个，职工由10万人压缩到6.7万人，并从山区和边缘地区陆续向城市转移，与接管的国民党政府兵工厂重新组合，组建现代兵器工业（见表25-2～表25-5）。

表25-2 1937—1949年主要弹药产量统计

地区	子弹/发	地雷/个	手榴弹/枚	枪榴弹/发	50毫米掷弹/发	炮弹/发	无烟药/千克	炸药/千克
西北	2902496	20870	268884	124761	341616	157807	12709.5	87994.5
华北	10446118	56303	15342726	35070	1428488	3784700	208305.5	3288508
华东	14941702	138668	4742537	492010	1356213	2243904	61523.3	402884
东北	45905927	3896	4995799	—	289869	3363994	412332	—
合计	74196243	219737	27769946	651841	3416186	9550405	694870.3	3779386.5

注：所列数据来自《革命根据地兵工史料》丛书，兵器工业总公司编审办公室编印，内部发行。

表 25-3 抗日战争时期主要弹药产量统计

地区	子弹/发	手榴弹/枚	地雷/个	枪榴弹/发	50毫米掷弹/发	炮弹/发	无烟药/斤	炸药/斤
陕甘宁	2460000	360611	—		20000	—	2400	—
晋绥	2500	282909	12691		129651	—		
晋察冀	674997	688157	5050	25000	—	2975	—	3500
晋冀鲁豫	3345544	1234152	46933	10070	200570	66214	510.3	77515
山东	231418	248685	19612		3992	2659	226.3	509.5
新四军	1081000	1660000	108180	284900	23050	212773	—	
合计	7795459	4474514	192466	319970	377263	284621	7729.3	11761

注：所列晋察冀地区的产量仅包括1942年5月以前和冀热辽军区1944年7月至1945年8月的产量；山东地区的产量仅为胶东军区1944年的产量；晋冀鲁豫地区的产量包括冀鲁豫军区的产量。

表 25-4 解放战争时期主要弹药产量统计

地区	子弹/发	手榴弹/枚	地雷/个	枪榴弹/发	50毫米掷弹/发	炮弹/发	无烟药/千克	炸药/千克
西北	439996	2045364	8179	124761	191965	157807	10309.5	87994.5
华北	6425577	13420417	4320	—	1227918	3715511	203202.5	3277256.5
华东	13629284	2833852	10876	207110	1329171	2028472	61297	402374.5
东北	45905927	4995799	3896		289869	3363994	412332	
合计	66400784	23295432	27271	331871	3038923	9265784	687141	3767625.5

注：表中所列华北地区的产量缺晋察冀解放区1946年的产量。

表 25-5 1949年各解放区兵工厂分类统计

类别	华北	东北	华东	西北	中原	合计
迫击炮弹厂	11	21	11	7		50
山野榴弹厂	3	7				10
炮弹配件厂	10	1	1			12
炸药火药厂	7	4	7	1		19
甘油酒精厂	5					5
手榴弹厂	6	1	5		2	14
子弹雷管厂	1	4	4	1		10
机步枪厂	3	1	1			5
小炮厂	1		1			2
野炮厂	1					1
修械厂		3	1	2	2	8

续表

类别	华北	东北	华东	西北	中原	合计
炼铁厂	1				1	2
机器厂	2	4	5			11
磁窑厂	1					1
发电厂	2					2
炼钢厂		2				2
皮具厂			1		1	2
火柴电木粉石油厂			1	2		3
汽车修理厂					1	1
总计	54	49	37	14	6	160

我党领导的军事化工可从 1931 年 10 月工农红军在江西创建第一个兵工厂算起。1938 年在中共六届六中全会上毛泽东指出:"每个游击战根据地都必须尽量设法建立小的兵工厂,办到自制弹药、步枪、手榴弹等的程度,使游击战争无军火缺乏之虞。"抗日战争期间,仅晋察冀军区就建有三个化工厂,可生产硫酸、硝酸、脱脂棉、硝化棉、硝化甘油、炸药等。抗日战争胜利前夕,各根据地拥有百人以上,设备 10 台以上,有固定厂房的兵工厂已有 50 余座。

在解放战争中,各解放区的兵工厂生产了大量弹药,有力地支援了解放战争。到 1949 年初,各解放区兵工厂已达 94 个,职工 9.8 万人。据不完全统计,1948 年生产的弹药品种及产量可详见表 25-6。

表 25-6 1948 年各解放区生产的弹药品种及产量统计

产品	晋冀鲁豫解放区	晋察冀第三管理处	晋绥解放区	东北解放区	合计
手榴弹/万枚	305.9	139.4	100	163.5	708.8
爆破筒/万节				2.1	2.1
枪弹/万发	230.8	109.1	15	824.1	1179
50 掷弹筒弹/万发	48.4		8	20.6	77
60 迫击炮弹/万发	19.8			41.3	61.1
82 迫击炮弹/万发	80.1	轻 14.8 重 1.3	7	50.6	轻 14.8 重 1.3 137.7
82 迫击炮榴弹/万发	0.26				0.26
75 山炮弹/万发	6.5		0.43	11.7	18.63
120 迫击炮弹/万发	2.1	0.92	0.5		3.52

注:摘自《中国近代化学工业史》第 36 页表 1-3。

1949年6月,东北军工厂厂长会议召开。会后,全国各地兵工厂连同接收的国民政府兵工厂一起进行了调整,重新组成了72个兵工厂,其中弹药厂33个,为新中国的弹药工业奠定了基础。

(四)几个重要兵工厂

1. 金陵兵工厂

金陵兵工厂前身是1865年李鸿章创办的金陵制造局,几经更名,1929年称金陵兵工厂。1931年李承干任厂长,经过几年严格治理,颓风敛迹,面貌一新。到抗日战争前夕,已成为全国兵工业中成绩卓著的名厂。1937年7月7日卢沟桥事变,11月12日上海沦陷,南京危急。根据南京政府兵工署的命令,仅用16天时间就把全厂5000多吨设备器材抢运出厂,于1938年2月迁至重庆,是全国兵工企业中搬迁最快的一个,奉令改称第21兵工厂,内设重机枪、轻机枪、步枪、迫击炮、重迫击炮、炮弹、工具、机器、动力、药厂等11个分厂(场)。日本投降前,全厂拥有机器3500部,人数高达14349人,武器弹药产量比战前显著增加。日本投降后,蒋介石在一次军事会议上特别提到:对兵工厂尤其是第21兵工厂的全体员工们,应予传令嘉奖。

2. 沈阳兵工厂

1922年春,张作霖在奉天军械厂的基础上扩充为"东三省兵工厂",一般称"沈阳兵工厂"。1928年达到扩建高峰,拥有设备机器8000余部,工人2万多人,厂区面积达2.5平方千米,是当时全国最大的综合性兵工厂。1922—1926年沈阳兵工厂弹药部分产品品种和产量见表25-7。

表25-7 沈阳兵工厂部分产品品种和月产量

品 种	名 称	数 量	备 注
炮弹类	13式及克式7.3厘米山野炮钢性铣榴弹 15厘米榴弹炮钢性铣榴弹及破甲弹 3.7厘米平射炮钢质榴弹 克式7.3厘米钢质榴弹 10.5厘米炮钢性铣榴弹 10厘米榴弹炮钢质榴弹 7.7厘米山野炮钢质榴弹		于1923年冬开始制造,1924年出品。初制钢性铣榴弹,后改钢质榴弹。因同时制造种类很多,且以口径与工作难易不同,故每月产量颇难决定。自制造钢质榴弹后,因力求增加产量,对于钢性铣榴弹则日渐减少
枪弹类	6.5毫米枪弹 7.9毫米枪弹	9000000~ 15000000粒	最初每月9000000粒后增至15000000粒
火药类	无烟火药 安全炸药(T.N.T.) 黄色炸药	2~20吨 12~120吨 3~30吨	1922—1931年最初每月2吨以后增至20吨 1926—1931年最初每月产12吨,以后增至120吨 1926—1931年最初每月3吨,以后增至30吨

续表

品　种	名　称	数　量	备　注
酸类	硫酸	100～300吨	为1926—1931年每月产量
	硝酸	100～250吨	
依脱	依脱	30～50吨	为1926—1931年每月产量

1931年日寇发动"九一八"事变，占领沈阳兵工厂，成了侵略军的野战兵器厂。1946年3月，国民党政府接管了沈阳兵工厂。

3. 巩县兵工厂

巩县兵工厂为20世纪20年代中国四大兵工厂（沈阳、上海、汉阳、巩县）之一。最早为袁世凯于1915年所建。袁世凯死后，段祺瑞、冯国璋、吴佩孚、冯玉祥都曾控制过一段时间。1930年蒋冯战争后，冯玉祥被迫离开巩县，之后由蒋介石控制，隶属南京政府国防部。1936年2月，在石河道新建的瓦斯厂、防毒面具厂相继投产，名为"巩县兵工分厂"，也称"新厂"。产品包括催泪弹、氯化苯、烧碱等14个品种，是当时全国最大的化学兵工厂。

1937年"七七"事变后，巩县兵工厂9月奉国防部令实施搬迁。该厂迁至四川泸州，后改名为23兵工厂，生产硫酸、烧碱、无烟火药、毒气产品等，是当时内地最大的化学兵工厂，为抗日战争提供了大量弹药和化学武器。

4. 山西军火工业

洋务运动后期，山西巡抚胡聘之曾参观过张之洞所办汉阳兵工厂，回晋后就办山西兵工厂，命名为山西机器局。民国建立，阎锡山主晋，1914年改机器局为修械所。1920年3月合并修械所和铜元局为山西军人工艺实习厂，使山西军火工业进入发展阶段。1921年兴建炸药厂。后又陆续建立新型重炮厂、炮弹厂、机关枪厂、无烟药厂等，使晋军成为颇具实力的地方军队。1923年前后，阎锡山派人前往欧洲考察火药工业，发现欧洲各国多用肥田粉改制炸药，效力与黄色炸药相当。太原斌中学校化学教师张恺毛遂自荐，试验成功，成为声名远扬的"恺氏炸药"。

（五）各根据地边区在艰难中发展军事化工

抗日战争和解放战争时期，在中国共产党的领导下，各个革命根据地为适应战争需要，在极端困难的条件下，创办了一些化工企业，对中国人民的解放事业做出了重大贡献，并且积累了经验，培养了大批干部。比较巩固的陕甘宁、晋察冀、晋冀鲁豫、晋绥和胶东等革命根据地都有化工企业，生产硫酸、硝酸、盐酸、纯碱、烧碱、酒精、乙醚、甘油等化工原料，以及雷汞、雷银、硝化甘油、硝化棉、无烟火药、二硝基萘、炸药等军用产品。

党中央所在地陕甘宁边区，地瘠民贫，军事上和经济上都受到国民党政府及其军队的严密封锁，工业品和日用品供应都很困难。边区军民贯彻"自力更生，发展生产"的方针，组织了医药、军用炸药、弹药和一些日用化工产品的生产。1939年，军区卫生部创办了卫生材料厂，也称延安八路军制药厂。到1944年，建立了一批小规模的化工厂，如制药厂、肥皂厂、皮革厂、火柴厂、玻璃仪器厂、造纸厂等，同时还建立了硫酸厂，以后又生产了硝酸、盐酸，试制成功了酒精、乙醚、硝化棉、无烟火药，并有小量生产。

在晋察冀边区，1938年军区卫生部办起了卫生材料厂，也称伯华制药厂。1939年成立了统一的军事工业领导机构——晋察冀军事工业部，还设立了化学科。1940年，用陶瓷大缸土法试制硫酸成功，在唐县大安沟建了一个硫酸厂。1941年先后试制成功浓硝酸、乙醚、二硝基萘、硝化棉、无烟火药等，为制造各种枪弹开辟了原料来源。1943年试制成功甘油和硝化甘油，进一步提高了手榴弹、地雷、炮弹所用炸药的爆破效能。雷银的大批量生产解决了缺乏水银的难题。到了解放战争时期，军事化学工业的生产条件有了改善，建立了半机械化的生产设备，各种产品的产量也都成倍或数十倍地增长。1945年在张家口建起了新华制药厂。

在晋冀鲁豫边区，1938年建立了军区制药厂，也称光华制药厂。1941年建立了硫酸厂，以后又生产了硝酸、盐酸、雷汞、酒精、乙醚、硝化棉、无烟火药等产品。硫酸厂分成太岳、太南和百步交三个化工厂，又增加了脱脂棉、硝基萘和硝铵的生产。1944年在黎城源泉建立化工厂，生产硫酸、硝酸、双基无烟药、硝基萘、雷汞等。1947年在山西长治建立炸药总厂，主要生产硝铵甘油混合炸药，还建立了隘峪山化工厂、晋城化工厂和内旺化工厂，主要生产火工产品。

在晋绥地区，1942年初，晋绥军区后勤部将当地肥皂厂改建为化工厂，工厂迁建在陕西省吴堡县万户峪，生产肥皂和皮革两种产品。1945年后勤部组建军工部，化工厂迁陕西省佳县境内，扩建为军工部第四厂，生产有了较大发展，除继续生产肥皂和皮革外，还生产硫酸、硝酸、盐酸、甘油、硝化甘油、硝化棉、硝基萘、炸药、发射药以及雷管、雷汞、电池、黄磷、玻璃、陶瓷等产品，并总装各种弹药。1947年，该厂搬到黄河以东山西省离石县境内，设总厂和几个分厂，总装十多万发各种炮弹、几十万发枪弹和手榴弹，对抗日战争和解放战争做出了重大贡献。

在胶东地区，抗战初期就有军工厂生产手榴弹，以后逐渐发展到能生产硫酸、硝酸、盐酸、甘油、硝化甘油、硝化棉等18种产品，用以制造手榴弹、枪榴弹、迫击炮弹以及炸药等，并以路布兰法生产纯碱，苛化法生产烧碱，还生产木焦油、硫黄以及钙皂裂解制汽油等。1943年成立了军区制药组，并逐步发展成为山东新华制药厂，生产黄碘、酒精、葡萄糖等。随着解放战争的进展，从1946年至中华人民共和国成立前夕，胶东与鲁中、鲁南连成一片，集中一批技术人员和老工人，研究试制成功了一些急需的军事化工产品。他们所生产的弹药，在孟良崮战役和解放兖州、济南等地的战役中都起了很大的作用。

1947年，解放战争急需大量军火，当时大连已经解放，由苏军驻守。大连的工业基础较好,有进行军工生产的条件。在中共旅大市委的领导下,各解放区派到旅大市的人员,组成建新工业公司,建立军火生产基地。大连化学厂是建新公司的一个工厂,其前身是日本的满洲化学工业株式会社。为了支援解放战争,在极端困难的条件下,建新公司在大连化学厂组织了硝酸、硫酸、乙醚、二苯胺和硝化棉、硝化甘油及无烟火药的生产,不仅为本公司生产山炮弹提供了发射药,还供应了各解放区生产迫击炮弹和子弹所需的发射药,有力地支援了解放战争。

1949年6月,解放战争即将取得全国胜利,中央军委发布了《关于今后兵工生产的决定》,预计战争结束后弹药消耗大大减少,因此对以后武器弹药生产进行了调整,根据生产必要地保留和提高质量。《决定》规定了经常生产的弹药(子弹、六零迫击炮弹、八二迫击炮弹、一二〇迫击炮弹、各种后膛炮弹、火炮、手榴弹、信号弹)等的生产数量,并将各种弹药统一了生产标准、规格,进行正规化管理。《决定》中保留了东北制炮与修炮厂、东北制枪厂、东北火箭炮弹厂、华北太原制炮厂等枪炮厂,进行订制生产。随着战争的逐步结束,兵工生产逐步缩减,到1949年10月,全国各种军火工厂已经由原来的160个缩编合并到33个,兵工职工也进行了缩编和转业。

第二节　中华人民共和国国防化工(1949—2010年)

一、全面恢复化工生产,为国防化工奠定基础

中华人民共和国成立以后,国家没收了官僚资本化工企业,使之成为全民所有制的社会主义企业。同时,立即着手医治战争创伤,开始了艰巨的恢复工作。由于东北解放较早东北的化工企业先期恢复生产,接着华北、华东、中南、西北、西南等地的化工企业也相继恢复生产。到1952年,化学工业的主要产品产量都已经恢复到或者超过了中华人民共和国成立前最高的年产水平。

在长期革命战争中,人民军队所需用的硫酸、硝酸、硝盐以及其他化工原料,大部分由军工部门自己生产。中华人民共和国成立以后,我国建立了化学工业行政管理部门重工业部化工局,军事工业所需的化工原料和军用化工产品由化工部门负责生产和供应,抗美援朝期间有了较快的发展。

为了保卫国家安全,防御外来侵略,打破帝国主义的核讹诈和核垄断,20世纪50年代中期我国决定自己制造原子弹、导弹和新型飞机,需要许多新型化工原材料。这些化工原材料必须独立自主、自力更生地进行科研和生产,及时供应和配套。国防化工就是在这样的历史条件下建立和发展起来的。1958年,化学工业部和有关省、市化工厅局以及化工企业、研究院(所)成立了专门为国防工业服务的

机构，时任化工部副部长的李苏主管国防化工工作。1960年，国防化工的科研计划开始纳入国家科委制订的新型材料科技发展计划。在国家有关部委的指导下，由化工系统的科研、生产单位与中国科学院、高等院校和有关工业部门共同协作，完成国防化工产品的试制和生产任务。1984年4月8日，我国的试验通讯卫星发射成功，化学工业提供了上百种化工原料和材料。

长足发展的化学工业为国防工业和尖端技术提供了化工原料和新型材料，为原子弹、氢弹、导弹、人造地球卫星、新型飞机、军舰、潜艇、电子装备和各种常规武器的研制配套，提供了上万个品种和规格的国防化工产品，为国防现代化做出了贡献。其中，爆炸原子弹、氢弹以及发射人造地球卫星所需要的稳定性同位素、推进剂、强氧化剂、密封材料、特种涂料、高性能复合材料等，主要由化学工业研制成功并配套供应。

二、自力更生，艰苦创建国防化工

中华人民共和国建立后，国防化工战线的广大职工在化学工业基础薄弱和帝国主义封锁禁运的极端困难情况下，开始了国防化工的创业。国防化工事业是从为制造"两弹"进行协作配套服务而开始建立的。我国从仿制前苏联制造的导弹开始，于1964年6月发射成功我国自己设计制造的中、近程导弹，标志着我国已突破了导弹技术。同年10月，我国第一颗原子弹爆炸成功，又突破了原子弹技术。此后，我国独立自主地发展了一系列导弹、卫星、运载火箭、氢弹等航天工业、核工业的新技术，飞机、舰艇、兵器以及电子等国防工业也迅速进行新技术、新产品的开发研制。国防化工事业在为国防尖端科技和武器装备的协作配套服务中，不断地发展壮大起来。

（一）为核工业配套

原子能反应堆、原子弹、氢弹的制造，以及铀矿的开发等方面需用的化工产品约有数百种，都属于为核工业配套的化工产品。

重水是原子反应堆的优良减速剂和冷却剂，也是氢弹的一种重要原料。重水是从水中提取出来的，它在水中的含量只有七千分之一，分离和浓缩技术十分复杂，生产难度很大，世界上只有少数几个国家能生产，对技术都很保密。20世纪60年代初，我国曾派遣一个代表团去国外探索购买重水技术的可能性，但外商不卖，也不让参观重水工厂。为了发展我国的重水生产，在国家科委和化学工业部组织下，全国30多个科研、设计单位通力合作，开展了科学研究与技术攻关。他们对各种生产重水的方法进行了试验、比较、选择。为了尽早拿出产品，首先采用比较成熟的工艺建设了一个小型工厂，于1965年投产，重水的质量达到了要求。同时，又抓紧新工艺的研究，为建设技术先进的大厂做准备。设计人员直接参加试验、施工和试车。机械工业部和冶金工业部对一些专用设备的制造和材料选用,做了大量的试验和试制工作,加快了建设进度。1970年建成了现代化的重水生产工厂,采用的工艺技术达到当时的世界先进水平。

铀矿的开采、分离和提炼,需要多种化工原材料。例如,用于放射性尘埃过滤与防护的过氯乙烯超细纤维,要求纤度在5微米以下,毛毡表面积要大,阻力要小,过滤效率要高。这种产品原来全靠进口,后来国外停止供应。面对国防工业的迫切需要,只能立足国内,作为一项紧急任务进行研制。有关单位从原料试制到纺成纤维,攻克了一道一道的技术难关,首先掌握了生产过氯乙烯超细纤维的技术,产品质量满足了使用部门的要求,过滤效率最高可达到5个"9"。接着,又开发成功了一些新的超细纤维品种,更好地满足了核工业及其他工业的需要。此外,核工业需要的其他化工产品,如提取铀的各种萃取剂,离子交换树脂,设备检漏和保护用的纯氦,反应堆热工实验用的特种绝热涂覆材料,耐辐照材料等,也都在这一时期相继开发成功,投入了工业生产和应用,有的并已用于国民经济建设。

(二)为航天工业配套

导弹、火箭和人造地球卫星需要各种化学推进剂和大量化工产品。化学推进剂是发射动力之源,有液体和固体两大类,由燃料和氧化剂组成,都有易燃易爆的特性。燃烧能量愈高,危险性愈大,技术难度愈大。20世纪50年代,我国开始试制液体推进剂偏二甲肼和四氧化二氮。四氧化二氮由硝酸装置提供。偏二甲肼的试制采取了两种不同的工艺路线,为了早出产品,先采用了一种工艺比较成熟的方法于1965年建立了工业化的生产装置;另一种工艺比较先进的路线,经过多年试制,取得了成功,于1968年建成了第一个工厂,其产品成本只有前一种方法的1/3。

航天技术所用的液体推进剂中,比冲最高、燃烧能量最大的是液氢。液氢在常压下的液化温度为-253℃,与绝对零度只相差20℃。因此,生产液氢必须掌握一系列的深冷技术,需要特种装备。我国从20世纪60年代开始研究液氢的生产技术和装备,经过多年努力,先后攻克了原料气的纯化、深度冷冻、正仲氢的转化、产品质量的检测以及液氢的贮存和运输等许多技术难关,还研制成功了具有高效率、长寿命、易于再生的正仲氢转化的催化剂。20世纪70年代建成了液氢的工业生产装置。

固体推进剂具有装载体积小、使用方便、机动性大等优点。它的试制成功,使我国导弹、火箭技术进入了一个新的阶段。1982年,火箭水下的发射成功,彰显了我国固体推进剂生产与使用的技术水平。各种高能推进剂的研制成功和投入生产,保证了航天工业的需要。

为航天工业配套的其他化工产品由于质量要求十分严格,生产技术也都比较复杂。例如,卫星用的各种感光材料,要求能在几百千米的高空遥感地面上的景物;用于液氢与四氧化二氮的密封材料,要求能耐超低温和强腐蚀;卫星返回地面穿过大气层时要受到强烈的摩擦和产生巨大的热量,需要各种防护材料和烧蚀材料。这些化工产品都及时研制出来,满足了航天工业的要求。

(三)为航空工业配套

为航空工业配套的很多化工产品,都要求具有优良的质量或特殊性能,以保证飞行和起落安全,因而生产技术要求高、难度大。例如,飞机座舱用的有机玻璃和安全玻璃夹层材料、航空密封材料、飞机油泵薄膜、飞机轮胎、特种高压软管、飞机油箱和各种橡胶制品等,经过广大职工的艰辛努力,才满足了航空工业发展的要求。

用作飞机风挡座舱罩和舷窗的有机玻璃,对光学性能有特殊要求,要求耐温,抗冲击,有的还要具有防弹性能。1954年,我国完成了甲基丙烯酸甲酯单体的制备和聚合成型工艺的研究,1955年建立了工业性生产装置。为满足航空工业对有机玻璃的要求,有关单位继续进行了大量的试验研究,并在多年的生产实践中不断总结改进,产品质量和成品合格率逐步提高。20世纪50年代,生产了耐温稍高的2号航空有机玻璃;20世纪60年代,试制生产了抗老化耐温等级较高的3号玻璃;20世纪70年代,为配合高空高速新型飞机的制造,又试制成功了具有强度高、耐温更高的4号玻璃。同时,开始试制定向拉伸航空有机玻璃(见图25-1)。

安全玻璃由有机玻璃与无机玻璃复合制成,需要一种夹层材料,即有机高分子的透明薄膜。初期试制的这种薄膜,质量长期达不到要求,只能在地面车辆中使用。1965年,化工部组织了攻关会战,针对

图25-1 军用化工产品的研发

薄膜厚度、清洁度、收缩率、平整度以及包装技术等主要问题,在控制聚合度、调整配方以及改进成型方法等方面进行了大量的试验研究,1967年达到了"上天"的标准。

20世纪50年代初,为保证抗美援朝需要,我国建设了几家工厂,开始生产飞机轮胎、薄壁油箱和特种高压软管等橡胶制品。不久,又建立了专业性的研究机构。这些单位针对航空工业对轮胎与橡胶制品不断提出的新要求,进行了大量工作。生产的飞机轮胎已发展到高速、高载荷的先进水平。高压软管、薄壁油箱也达到了高

标准要求。各种橡胶制品不仅能满足航空工业的需要，而且发展到能为海军、通信兵、工程兵、装甲兵、炮兵等军兵种服务，品种规格已基本配套，达几千种。在这些特种橡胶制品的开发工作中，工程师赵国钧、宗庚辰、宋秉锐、张隐西等辛勤努力，做出了重要贡献。

（四）其他通用化工产品的应用

国防工业还需要大量的通用化工产品，例如硫酸、硝酸、纯碱、烧碱、各种有机和无机化工产品，以及具有某些独特性能的新型通用化工产品如有机氟、有机硅、特种涂料、特种橡胶、特种纤维等。从事国防化工的职工和其他化工的职工密切配合，对其中一些新品种的研制、生产、加工、应用进行了许多工作，加快了这些新产品的发展，及时满足了国防工业和国民经济发展的需要。

聚四氟乙烯是有机氟类的重要通用化工品种之一，具有耐高温、低温、强酸等独特的性能和优异的高频绝缘性能，被称为"塑料王"。20世纪50年代中，我国有关单位已开展了科研试制工作。20世纪60年代加强了科研力量，较快攻克了氟化氢制备、四氟乙烯单体合成、悬浮法与分散法聚合、成型加工等一系列技术难关。1964年建成了第一个聚四氟乙烯生产车间，生产出合格产品。至20世纪70年代，聚四氟乙烯的年产量已超过千吨，各种制品300余种，陆续用于化工、机械、电子等工业部门。在国防工业中，及时在强腐蚀介质的设备衬里、密封填料、耐高温的电气绝缘材料等方面得到了广泛应用。

聚三氟氯乙烯是有机氟类的又一重要品种，在工程师袁垒堂、陈柯珍等的努力下，研制、生产及应用工作进展较快，也及时满足了国防工业和国民经济发展的需要。

有机硅即硅氧烷的聚合物，它的领域宽广，品种很多，主要有硅橡胶、硅油、硅树脂等几大类。它具有耐高温、耐老化和优良的电绝缘性能，用途十分广泛。我国有机硅工业起步于20世纪50年代初。20世纪60年代有多套小型装置投入了生产。20世纪70年代采用了流态化床和高效能的分离技术，并进一步掌握了甲基、乙基及苯基单体的生产技术，为制备品种繁多的聚合物创造了条件。现在，我国有机硅工业已初具规模，陆续用于化工、轻工、纺织、冶金、电器、医疗等各方面，在国防工业中已广泛用作密封材料、电子器件灌封材料、高真空扩散泵油、特种涂料等。

特种橡胶，包括具有某些独特性能的多种合成橡胶。20世纪50年代以来，我国先后研制成功了聚硫橡胶、氯醇橡胶、硅橡胶、氟橡胶、氯磺化聚乙烯、氯化聚乙烯、乙丙橡胶、聚氨酯橡胶、丁苯吡胶乳等胶种，并生产了这些胶种的各式各样的加工制品，供给国防工业。

特种纤维，包括多种具有某些独特性能的合成纤维，如超细纤维、碳纤维、聚四氟乙烯纤维及芳纶纤维等，已分别在国防工业和有关的工业部门应用或试用。

特种涂料系指具有耐高温、低温、辐射或强腐蚀等某些独特性能的涂料，品种繁多，应用广泛。根据各部门的需要，先后研制生产了许多品种，其中已用于航空、航天、常规武器、电子装备、舰艇与核工业等方面的品种，就有三百二十多种。不少品种在国防工业中发挥了重要作用。例如船舶防污漆用于舰艇，对提高舰艇的作战性能起了重要作用。原来，一般舰艇下海不到一年，舰底每平方米就会附着海生物四十多千克，使航速降低1/3以上。涂用防污漆后，在有效期内就能防止海生物附着，保持航速。20世纪60年代后，我国先后试制了多种船舶防污漆，已经在东海、南海、渤海三个海域进行长期试验，有效防污期从一年半逐步提高到三年，以后又提高到五年，主要性能达到了世界水平。

三、军民结合，继续前进

国防化工和民用化工在许多方面就有着密切的联系。1978年以后，有关部门总结了历史的经验，明确提出以军民结合作为国防化工今后长期发展的战略方针。在这一方针指引下，国防化工战线的广大职工在有关方面的支持下，加强了为国民经济各部门服务，进一步促进了国防化工和有关工业的发展。

（一）扩大产品应用

以前，对不少军民通用化工产品的发展，较多注意军工需要，较少考虑民用，因而生产规模较小，品种牌号较少，经济效益较差。20世纪80年代，有关单位大力开展这些产品的推广应用工作，扩大民用。1981年，国家科委、国家经委和化学工业部共同组织了以有机硅和有机氟为主的化工产品全国技术交流会。之后，化学工业部和一些省市及部门还合作建立了推广应用的网络，举办各种类型的展览会，有关科研生产单位也积极做好应用研究和技术服务，有力地推动了许多通用化工产品的扩大应用，收到了良好效果。不少化工厂采用有机硅和有机氟作防腐和密封材料，解决了跑、冒、滴、漏问题。有机硅产品应用于纺织工业，改善了许多纺织品的质量，增加了花色品种。制革工业使用有机硅滑爽剂，提高了皮革的防水性能，解决了皮革制品发霉变质问题。

原来用于飞机的有机硅橡胶密封圈，用于炼铁高炉炉顶的密封，提高了炉压，降低了焦比。首钢一座高炉采用这种密封圈后，产量提高了25%。苯甲基硅油用作电容器的浸渍油，使电容量平均提高3～5倍。有机硅制成的医用材料，已成功地用于某些病人的抢救、人体器官的修复和整容等方面。

这些通用化工产品扩大民用以后，加工应用技术和产品品种进一步发展，需要数量迅速增加。为适应这一发展形势的需要，近几年来对一些量大面广的品种进一步开展了新工艺技术的研究和工程技术的开发，加快了较大生产装置的建设。例如有机硅单体的生产装置已从过去的百吨级扩大到千吨级，已完成了万吨级规模建设。对有机氟也进行了一系列的技术开发工作，已建设千吨级聚四氟乙烯的生产装置。对有机玻璃已着手采用从丙烯腈副产氢氰酸所得丙酮氰醇制备单体的方法，建立万吨级的生产装置，逐步淘汰以氰化钠为原料的方法。这批装置建成投产后，可形成若干个具有一定规模的生产基地。有关系列产品将进一步增加品种，提高产量，降低成本，增加生命力，更好地满足军需民用。

（二）国防化工新技术向民用转移

三十多年来，国防化工陆续开发出不少有较高水平的新技术、新工艺，可以用于民品生产。通过军工技术向民用转移，在民品生产中解决了许多技术关键问题，提高了企业的生产技术水平。例如，为重水精馏而开发的波纹填料技术，现已广泛应用于化工生产，提高了精馏效果，甚至促进了某些生产工艺的革新，带来了很大的经济效益。军用飞机轮胎的制造技术用于民航飞机轮胎的生产，使许多大型民航飞机的轮胎已能立足国内供应。采煤工业大量应用的液压支架也已采用为军工配套的密封技术和材料，密封件的供应也已立足国内。把从天然气中提氢的技术用于回收天然气制合成氨的尾气中的氢气，开发出了一条综合利用的制氢新工艺路线。

从1978年到1984年，国防化工战线共取得了约900项科技成果，其中绝大部分可以用于民用化工的老厂技术改造以及为引进装置技术配套。军工技术向民用转移的工作，正在继续扩大范围，取得更大效果。国防化工的科技水平也因此而得到不断提高。

20世纪80年代之后，随着改革开放和经济的飞速发展，国防化工的发展和改革也突飞猛进，并且更加注重军民应用的结合。中共中央总书记胡锦涛在十七大报告中指出，中国"必须建立和完善军民结合、寓军于民的武器装备科研生产体系、军队人才培养体系和军队保障体系，坚持勤俭建军，走出一条中国特色军民融合式发展路子。"此时，先进能源技术、纳米技术、核能量、新材料、航空和宇航装置、计算机辅助制造和设计以及信息技术等，已经开始将国防化工的发展带入到全新的科技发展时代。

第三节 重 水

一、核反应中重要一员

同位素的定义：质子数相同，中子数（或质量数）不同的原子（核素）互称为同位素，因为它们在元素周期表中的位置相同。

氢元素有三种同位素，即氕、氘（重氢）和氚（超重氢）。它们与氧结合，就生成水、重水和超重水。重水又称氘化水，化学式为D_2O。重水和普通蒸馏水一样是无色透明的，没有任何味道，不能燃烧，也不会爆炸。但是，纯净重水的凝结温度要比普通水高 3.8℃，沸点是 101.4℃，密度 1.1 克/厘米^3（室温），比普通水重 10%，所以被称为重水。1931 年美国 H.C.尤里和 F.G.布里克维德在液氢中发现氘，1933 年美国 G.N.路易斯和 R.T.麦克唐南利用减容电解法得到 0.5 毫升重水，纯度为 65.7%，再经电解得 0.1 克接近纯的重水。1934 年，挪威利用廉价的水力发电，建立了世界上第一座重水生产工厂。

重水在尖端科技中有十分重要的用途，主要用作核反应堆的慢化剂和冷却剂，用量可达上百吨。重水分解产生的氘是热核燃料，重水还可做示踪物质。原子能发电站的心脏是原子反应堆，为了控制原子反应堆中核裂变反应的正常进行，需要用重水做中子的减速剂。电解重水可以得到重氢，重氢是制氢弹的原料，我国于 1967 年 6 月 17 日成功地爆炸了第一颗氢弹。更重要的是重氢进行核聚变反应时，可放出巨大的能量，而且不会污染环境。有人计算推测，如果将海水中的重氢都用于热核反应发电，其总能量相当于全部海水都变成了石油。

二、研发过程

重水在天然水中的含量只有七千分之一，要制取高浓度重水，难度很大。国外一般都是将普通水先提浓到百分之一以上的低浓度重水，这步骤称为初浓，然后再精馏制得中浓度重水。为了提高提浓效率、节省投资，国外先后开发了多种解决初浓重水的工艺，如水电解交换法、硫化氢-水双温交换法、液氢精馏法等，都是根据取得初浓重水的不同工艺而命名的。

国外对重水产品和制造技术长期对我国严密封锁。我国根据自己的具体情况，自力更生开发出了几种工艺，及时满足了国内的需要。1959 年，化工部安排了技术较成熟、易于制得产品的水电解交换法制重水的中间试验。随后又安排了技术先进、生产成本低而我国尚未掌握的硫化氢-水双温交换法制重水的试验，以及既可制重水又可生产液氢的液氢精馏法试验。

1961 年 9 月，国家科委副主任刘西尧和化工部副部长李苏主持召开重水会议，经有关专家讨论：一致认为应首先用水电解交换法建设一套小规模生产装置，尽早制出产品，满足军工急需，但此法不作为发展方向；应将硫化氢-水双温交换法作为主攻方向，抓紧研制，为建设大厂创造条件；液氢精馏法既能产重水，又能产液氢，也应继续研究。会议决定成立重水攻关领导小组，由化工部一局局长吴振刚任组长，国家科委一局局长章敬三任副组长，按三种生产方法设三个专业组，组织科研单位、设计单位、生产工厂、大专院校共三十多个单位分工协作，共同攻关。这次会议对我国重水生产技术的发展方向统一了认识，并组织了全国力量进行攻关，对我国重水工业的发展起了很重要的作用。

20 世纪 60 年代中期，中国科学院研究成功氨精馏法制重水的技术，成为我国采用的第四种生产重水的方法。

(一) 水电解交换法

1955年，重工业部化工局安排沈阳化工某所开展了水电解交换法制重水的试验，对生产工艺和电解槽的结构进行研究。1959年，核工业提出急需重水，化工部决定由沈阳某院到大连某厂利用该厂的水电解槽进行电解交换法制重水的中间试验。1961年3月中试装置建成试车，但系统泄漏严重，只能停止试车。1963年4月经过多方努力改造后再次试车打通了工艺流程，年底得到质量分数为99.8%的重水，并取得了建工业生产厂所需要的数据和经验。1963年底，通过了国家级技术鉴定。1959年化工部还同时安排了上海某院利用该院已有的水电解槽进行电解交换法制重水的中间试验，中试装置试验成功后，于1964年5月产出了合格重水，同年通过了国家鉴定。1965年后转入生产，为国家提供了一定数量的急需重水。

1963年4月，为了加快核工业的发展，有关部委组团出国考察，试图引进重水成套装置或关键技术或进口重水产品，结果却毫无所获，因而国家下定决心自己开发建设重水工厂。1963年8月中央专委批准了化工部"关于自行开发重水生产技术，自力更生建设重水工厂"的报告。用电解交换法先建一套重水生产装置，以满足国家进行氢弹研制的急需，同时也同意化工部抓紧进行硫化氢-水双温交换法的技术开发，尽快建设一套规模大的重水装置。第一个重水工程建在吉林，在设计中选择了独特的工艺，使重水质量分数由0.0145%浓缩到3%，再富集到80%，最后制得99.8%的重水产品。设计从1963年8月开始，装置于1964年5月正式破土动工，1965年8月进行化工投料，于1965年11月16日产出合格产品。全部工程建设周期只用了22个月，提前一年半完成了设计建设任务，满足了我国于1967年6月17日爆炸成功的第一颗氢弹所需的氘化锂-6生产线投产的需要。

(二) 硫化氢-水双温交换法

1959年中国科学院某研究所首先开展了硫化氢-水双温交换法的探索试验，证明了用此方法可以提浓重水。1961年在吉林进行了扩大试验，1963年已获得必要的工艺数据。1963年8月，中央专委决定建设大型的硫化氢-水双温交换法制重水的工厂。吉林中试装置于1965年初建成，开始试车，第一阶段以工艺过程为主，第二阶段以工程性研究为主，1965年9月进行了中试成果的国家级鉴定，获得了很高的评价。

大厂预设计和中间试验是交叉进行的。大厂的工程设计是在中试的第一阶段（工艺过程研究为主）告一段落时进行的，到中试鉴定后进行复查和局部修改。双温交换工段的施工于1965年破土动工，由于"文化大革命"的拖延，1968年11月开始试车，进展缓慢。1969年11月开始化工投料，经过多次事故和险情，终于试车成功，于1970年6月生产出重水产品，并逐步转入正常生产。

1966年下半年,国家又批准建设第二个大厂。这个大厂的设计是在第一个大厂试车时开始的。以后又根据第一个大厂工程总结,做了复查和少量修改。双温交换塔采用国产特殊研制的碳钢设备,各种设备都尽量立足国内。吸取了中间试验和第一个大厂的试车和生产经验教训,进行了补充的工艺研究。此时国内试制的设备阀门等经过改进也已过了技术关,与第一个大厂相比,技术上有了很大的进步,投资也大为节省。因受"文化大革命"的影响,这个工程于1967年筹建,1975年才建成。1976年初开始联动试车,化工投料后,同年11月24日即产出合格产品,仅用3个多月的时间,达到了国际先进水平。

硫化氢-水双温交换法制重水工业化技术1978年获第一次全国科学大会奖,第六化工设计院重水工程设计组获第一次全国科学大会先进集体奖。两个大厂在以后的生产中又不断改进工艺,产品质量优良,均先后获得国家产品质量银质奖和金质奖。1985年第二个大厂的硫化氢-水双温交换法制重水工程设计荣获国家科技进步一等奖。

(三)液氢精馏法

1958年化工部在安排重水研制项目时,考虑到液氢精馏法制重水既可以制重水,也可以制液氢,是一举两得的好办法,因此就安排有深冷工作经验的大连某厂承担液氢精馏法制重水的任务。1960年9月,对军工科原设计的液氢精馏制浓重氢燃烧成重水的工艺流程进行修改、补充。同年11月结束初步设计,国家计委将大连化工厂液氢法中试工程列入1960年新型材料基建计划。

1961年9月,国家科委和化工部在上海召开重水会议。决定将液氢法研制工作作为重水攻关组的第三专业组,由大连某公司任组长单位组织攻关。1962年化工部补充下达了液氢精馏法制重水的中试设计任务书。以液氢法作为制低浓重水阶段,只做低浓阶段的中试设计,加快了中试装置建设进度,为集中精力重点突破主要技术关键问题赢得了更多的时间,也为以后实现工业化生产提供了一条捷径。1963年元旦试制冷源生产装置——氢液化器生产出合格的液氢。1964年6月2日液氢法中试装置建成试车,试车比较顺利,6月下旬即获得质量分数为4.5%的半重水(HDO)。1965年,经过多位专家研究和论证,认为虽然产品中间试验是成功的,用合成氨原料气制纯氢的工艺尚未完全过关,表现在吸附剂在使用过程中易于粉碎堵塞装置系统方面,因而经常被迫停车,因此尚不能用于建厂,而低温精馏得到重氢制重水部分的技术已成熟,可以用于建厂设计。

1965年末,化工部二局考虑到吉林已有的一套电解交换法制重水装置有很多的水电解槽,副产的氢气可以用来建一套液氢精馏法制重水的装置。有了这套装置,可以先在工业规模上获得氢气液化、精馏等深冷技术,以及有关低温设备、材料、工艺等一系列问题的经验,为建设第二个工程做好技术准备。化工部领导批准了这个建议，1966年5月完成了施工图，1969年10月至1970年3月试车，4月24日即产出了合格重水产品。这是我国第一套液氢精馏法制重水装置正式投入生产。

第二套液氢精馏法制重水装置的建设选择在以油品为原料制合成氨的厂内，这是因为其原料气中含氢量非常高，可以大大减轻净化过程的负荷。根据光明化工研究所吸附模拟试验的成果，由第六化工设计院负责设计，1966年7月完成设计图。由于受到"文化大革命"的影响，工程到1970年才建成，1972年8月开始试车，10月打通流程，产出了合格产品，标志着我国已完全掌握了采用部分冷凝及低温绝热吸附净化合成氨原料气以液氢精馏法生产重水和液氢的工艺技术和成套设备。

（四）氨精馏法

20世纪60年代中期，中国科学院某研究所袁权等研究成功氨精馏法制重水工艺，并在中间试验取得成功。国家科委安排化工部建设工业性生产的实验厂。

液氨精馏法是利用含氘氨和不含氘氨沸点的差别，在二级级联的高效填料塔内进行精馏取得富氘氨，然后将富氘氨与水交换制得中浓度的重水，再经过精馏制得高浓度重水。这种方法建厂规模可大可小，又可全部用碳钢，采用热泵流程和多管高效精馏塔，投资和能耗均不算太高。由化工第六设计院设计第一个工业性生产实验厂，1966年10月开始建设，时值"文化大革命"高潮，工程进度一拖再拖，建成后试车工作进展缓慢。1971年初核工业部计划需要大量重水，为满足当时备战的要求，决定采用此法分散建设几套生产装置，于是加快了第一套装置的技术过关，第一批新建设的装置均先后建成投产。

液氨精馏法制重水完全是我国自己开发的一种新工艺，没有任何国外资料可供参考，中国科学院某研究所为此做出了巨大贡献。清华大学在20世纪60年代初也进行过氨水交换的研究。

从1955年开始到1971年，在国家科委的组织领导下，在中国科学院、高等院校的大力协同下，通过化工系统职工的努力，我国依靠自力更生、自主开发的四种重水生产工艺全部实现了工业化，技术水平先进。第一机械工业部从1963年到1979年这16年间，共安排过79台电解槽、55台塔器、16台硫化氢气体压缩机、24台氨透平压缩机以及液氢液氨精馏设备总计475项9554台套专用产品。冶金工业部安排冶炼特种钢材，为重水设备的制造给予了强有力的支持，他们都为我国重水的开发和实现工业化做出了非常重要的贡献。

第四节　推进剂

推进剂（rocket propellant），又称推进药，是有规律地燃烧释放出能量，产生气体，推送火箭和导弹的火药。要求它具有下列特性：① 比冲量高；② 密度大；

③ 燃烧产物的气体（或蒸气）分子量小，离解度小，无毒、无烟、无腐蚀性，不含凝聚态物质；④ 火焰温度不应过高，以免烧蚀喷管；⑤ 应有较宽的温度适应范围；⑥ 点火容易，燃烧稳定，燃速可调范围大；⑦ 物理化学稳定性良好，能长期贮存；⑧ 机械感度小，生产、加工、运输、使用中安全可靠；⑨ 经济成本低、原料来源丰富；⑩ 若为固体推进剂，还应有良好的力学性质，有较大的抗拉强度和延伸率。常用的推进剂主要有固体和液体两种，少量固液混合体也在试用。

一、国际背景

（一）固体推进剂

19 世纪前，黑火药是世界上唯一的火箭用推进剂。1888—1889 年发明的双基火药在第二次世界大战前主要用作火炮发射药。1930 年后，英、德两国将此类双基火药挤压成管状，用作战术火箭的推进剂。1944 年美国创制双基推进剂铸装成型法，将双基推进剂用于中程导弹。1940 年创制第一代沥青、过氯酸钾复合推进剂，为固体推进剂的发展提供了新的途径。1947 年研制出第二代聚硫橡胶、过氯酸铵、铝粉复合推进剂。20 世纪 50 年代，又相继创用高分子胶黏剂聚氯乙烯、聚氨酯、聚丁二烯-丙烯酸、聚丁二烯-丙烯酸-丙烯腈、端羧基聚丁二烯和 1962 年创用端羟基聚丁二烯，制成固体推进剂，比 20 世纪 40 年代的复合推进剂的性能有所提高，至今仍被广泛应用。

固体推进剂按其组成可分双基推进剂、复合推进剂、复合双基推进剂。固体推进剂的理论比冲为 2157～2942 牛·秒/千克，密度为 1.6～2.05 克/厘米^3；适用的温度范围为-60～150℃；工作压力下限为 0.1～3 兆帕。

（二）双基推进剂

即双基火药，是由高分子炸药和爆炸性溶剂如硝化棉和硝化甘油两类爆炸基剂，再混入少量附加物溶解塑化而制成的，既用于发射药，也用于推进剂。1930 年，英国和德国曾用于制造管状火箭推进剂。1935 年，苏联曾用二硝基苯代替一部分硝化甘油制成火箭推进剂。

双基推进剂的理论比冲量为 2157～2300 牛·秒/千克，密度为 1.6 克/厘米^3，工作压力下限为 2～4 兆帕。

（三）复合推进剂

又称复合火药，由充分粉碎的无机氧化剂如过氯酸铵、硝酸铵等，和被用作燃料的高分子胶黏剂均匀包覆，并加少量附加物而组成聚集态为异相的固体推进剂，是一种燃料加氧化剂类型的火药。多采用铸装法制成各种内孔形状，直径可大到几米，主要用于中、远程导弹。复合推进剂中的附加物有增塑剂、防老剂、润滑剂、燃速调节剂等。

复合推进剂的理论比冲量可达 2942 牛·秒/千克，使用温度范围为-60～150℃，工作压力下限为 0.1 兆帕，密度可达 2.05 克/厘米^3，较双基推进剂价格低，还可利用氧化剂的粒度大小以调节燃速。缺点是燃气有腐蚀性烟雾，难于挤压成型，所以不适用于枪炮和战术火箭。

（四）复合双基推进剂

介于双基和复合中间类型的火药。又称复合双基火药、复合改性双基推进剂或改性双基推进剂。利用双基火药胶包覆固体粒子如固体炸药、固体氧化剂、金属粉等组成推进剂主体，并含有少量附加物如催化剂、安定剂等，形成聚集态为异相的固体推进剂。它可用于军事和空间的火箭发动机。

由于双基推进剂的能量较低，且用挤压法难以制造大型药柱，因而人们探索改进途径。1944 年美国解决了双基推进剂的铸装方法，20 世纪 50 年代又在浇铸双基推进剂基础上加入无机氧化剂，如过氯酸铵和金属燃料（铝粉）等，从而制出了复合双基推进剂。中国也于 1958 年制造了复合双基推进剂。复合双基推进剂的主要组分是硝化棉、硝化甘油、过氯酸铵和铝粉等。

复合双基推进剂的理论比冲量可达 2600 牛·秒/千克，密度可达 1.8 克/厘米^3，其他性质介于双基和复合推进剂之间。

复合双基推进剂的制造工艺可分为两步。第一步先把原料制成复合双基浇铸药粒（粒径 1 毫米）；第二步再把浇铸药粒制成大型柱体推进剂。浇铸药粒的制造又分挤压法和悬浮法两种，与上法相对应的成型柱体的方法为铸粒法和配浆法。由于配浆法优点较多，当前实际中多采用此法。它的成型原理和双基推进剂用的配浆浇铸法是一样的，只是在配制浇铸液浆时，把氧化剂过氯酸铵或猛炸药如黑索今、金属燃料（如铝粉）等，与药粒一起混拌均匀，再与配制的溶剂液混合，拌匀配成浇铸液浆进行浇铸，即成为产品药柱。

（五）液体推进剂

1898 年俄国人 K.Э.齐奥尔科夫斯基最先提出液体推进剂用于航空的理论。1926 年，R.H.戈达德发射第一个液体火箭，使用液氧和煤油二元推进剂。20 世纪 40 年代，德国研制了有名的 V-2 火箭，使用液氧和酒精二元推进剂。20 世纪 50 年代，苏联发射第一个人造地球卫星，仍使用液氧和煤油。20 世纪 60 年代，美国制定了阿波罗计划，成功地将人送上月球。这些大推力火箭有些使用液氧、液氢、四氧化二氮和混肼等。20 世纪 70 年代后，苏、美两国继续使用液体推进剂发射各种类型的空间飞行器，装备远射程大弹头的战略导弹，并把单元推进剂用于空间姿态控制和鱼雷等。

液体推进剂大体可分为单元和二元两类。单元推进剂可以是一种液体物质，也可以是一种互相溶解的多成分液体混合物，常用的有硝酸酯化合物等。二元推进剂包括液体氧化剂和液体可燃物，它们在燃烧前分开贮备。常用的氧化剂有硝酸、双氧水、四氧化二氮、液氧；可燃物有偏二甲肼、一甲肼、混肼、煤油、液氢等。燃烧时将两种液体分别注入火箭发动机的燃烧室中。

与固体推进剂相比，液体推进剂的能量高，实际比冲量在低温已达4440牛·秒/千克。发动机可重复使用，成本低廉，性能容易调节，精度高。缺点是设备复杂。因此，世界各国近地轨道卫星、通信卫星、侦察卫星、星际探测器和星际飞船等大推力运载火箭，都以使用液体推进剂为主，在战术火箭和导弹中则几乎不使用。近年来的研究指出，氟氧化合物单元推进剂，以及氟-氢、氟-氨二元推进剂有发展前途。

（六）固-液推进剂

20世纪30年代，德国人首先提出固-液混合型发动机的概念。20世纪50年代开始研制固-液推进剂，实际应用的不多。固-液推进剂有固体氧化剂如六硝基乙烷、硝酸铵、过氯酸铵共熔物，液体燃料如煤油、二甲基苯胺、三乙胺等，液体氧化剂如发烟硝酸、双氧水等，固体燃料如聚丁烯、聚甲基丙烯酸甲酯加铝粉等。在固-液推进剂中，过氯酸铵加铍和液氧有发展前途。

二、发展历程

我国在突破导弹技术之后，开始独立研制中程以上的系列导弹、人造卫星和运载火箭，开展了大量的预先研制、设计和试制及小批量生产工作见图25-2，因此又向化工部门不断提出许多新的材料要求，如可贮存的液体燃料及氧化剂、固体燃料和氧化剂、高比冲的液氢燃料等。

图25-2　各种火箭推进剂的研制

（一）偏二甲肼——可贮存液体推进剂燃料

1. 锌粉还原法制偏二甲肼

20世纪60年代前期，中国科学院某化学研究所成功研究出锌粉还原法制偏二甲肼技术。1963年转到吉林某研究院投入中间试验。1964年提供出少量产品。经国防部五院试用后，决定在研制的新型导弹中使用，并要求化工部立即建立生产车间，生产供应这种燃料。吉林某设计院和建设工程公司承担了设计和施工，一年内建成车间，1965年7月1日生产出产品，1967年5月用于发射我国自行设计制造的第一枚中程导弹获得成功。

2. 氯胺法制偏二甲肼

锌粉还原法制偏二甲肼技术比较成熟，早期用此法能够及时满足国防工业的急需。但是，此法在生产过程中会产生有毒的中间体，且生产成本较高。在进行锌粉还原法偏二甲肼中间试验的同时，沈阳和北京的研究院分别开展了加氢还原法和氯胺法制偏二甲肼的研究。两种方法均取得了成功。经过比较，氯胺法比加氢还原法更为优越，成本也低。后来，将氯胺法用于建厂生产。

第六化工建设公司于1965年开始建设液相氯胺法工厂，期间经过"文化大革命"的波折，1967年底经修改后建成试车，化工投料一次开车成功。于1968年1月14日生产出了合格产品，并转入正常生产。从此，成本仅为锌粉还原法三分之一的氯胺法制得的偏二甲肼，成为长期生产和供应航天工业及部队使用的液体燃料，主要用于我国中程以上导弹的运载火箭及发射卫星的长征系列运载火箭。

（二）无水肼

无水肼的工艺流程是首先将烧碱溶液氯化成次氯酸钠，然后氨化成水合肼，经蒸发得到含水40%左右的水合肼送往精馏工段提纯。1964年太原某设计研究院承接了由上海小试成功的无水肼的中试任务。化工建设公司于1965年初开始进行施工，1966年该工程被列为国家级的重点中试项目，1966年一季度基建完成，二季度开始化工试车，打通了流程。

无水肼本身很不稳定，在1966年发生过爆炸事件，因此不宜用作火箭燃料，而改用于运载火箭的飞行姿态控制上，用量较小，后来中试工作停止。最后由青海某研究所继续进行研制，经过多次研究，改进了工艺设备及生产控制条件，终于成功地生产出无水肼。

（三）地空导弹用液体推进剂燃料

20世纪60年代初，为配合国内仿苏地空导弹的研制，化工系统承担了导弹所用燃料的试制工作。沈阳化工研究院张尔慈、胡长诚等研制成功氨基二甲苯；上海化工研究院金经真、郑贤华等研制成功三乙胺；沈阳化工研究院周励、胡长诚研制成功氨基二甲苯和三乙胺混合器，混合制得"混胺-02"燃料。沈阳东北制药总厂金树鑫等研制成功硝酸异丙酯单元推动剂，用于地空导弹。

混胺-02产品于1964年获国家科委科技进步二等奖,1965年由化工部与国防科委共同鉴定投入生产,氧化剂用的是红色发烟硝酸。

(四)可贮存液体推进剂氧化剂

此类氧化剂有浓硝酸、红烟硝酸、四氧化二氮等,由直硝法工艺生产浓硝酸的工厂采取必要的改造措施后可生产供应。

(五)液体聚硫橡胶——固体推进剂燃料

液体聚硫橡胶是固体化学推进剂的燃料,20世纪50年代由国防部五院和中国科学院某应用化学研究所共同开展研究,化工部锦西某研究院进行试制。1959年提供出了第一批试制品交国防部五院试用,经过双方多次的反复试制及应用试验,终于试制出合格产品。1965年8月,七机部四院选定了聚硫橡胶固体复合推进剂的配方,用于300毫米固体火箭发动机,历尽艰辛,终于获得成功。1965年底又用于研制1400毫米的发动机,于1966年12月又获得成功,为研制固体燃料导弹打下了基础。

1970年4月24日,聚硫橡胶固体复合推进剂用于长征1号运载火箭的第三级火箭上,发射成功我国第一颗人造卫星"东方红"。

(六)液体丁羧橡胶——固体推进剂燃料

1963年,兰州某研究院承担了液体丁羧橡胶作为推进剂的燃料和胶黏剂任务,首先在实验室和模拟装置上进行无规羧基聚丁二烯液体橡胶的合成试验,并于1964年建成中间试验装置,采用乳液聚合工艺,向七机部四院提供了样品。之后中国科学院某应用化学研究所开始研制性能更好的端羧基聚丁二烯。在此基础上,兰州某研究院于1965—1966年进行了工业化的补充条件试验,为建立中试装置提供了技术依据,采用自由基乳液聚合体系提供样品作应用研究。

1978年生产装置在兰州某研究院建成,经过有关单位数年的联合技术攻关,产品质量稳定提高,批次合格率达到85%以上。1982年用于水下发射潜地导弹取得成功,同年通过部级鉴定,获得国家科技进步奖。20世纪80年代兰州某研究院对端羧基聚丁二烯橡胶又进行了改进,为军工和民用的开发做出了贡献。

(七)固体推进剂氧化剂

主要品种为高氯酸铵,制造工艺不很复杂,但设备要求较高,设备中使用了不少白金与不锈钢材料。高氯酸铵由有关工厂生产提供。

(八)液氢

液氢是当代已使用的高能液体燃料中燃烧能量最大、比冲最高的一种。1961年国防部门提出研制液氢的要求。此前化工部已就将液氢列入液氢法制重水的研究统一做了安排,并于1960年纳入了国家计划。

1975年,石化部将吉林的一套液氢精馏法制重水的装置,采用某化工研究所研究成功的技术改为生产液氢。化工部所建的第二套液氢精馏法制重水装置于1978

年也改成生产液氢。1984年4月8日，我国第一颗试验通信卫星发射成功。发射卫星的长征3号运载火箭的第三级火箭的氢氧发动机所用的液氢和以后我国多次发射的通信卫星和国外星，都是用我国自己开发成功所建成的装置提供的液氢。

第五节 放射化学和核化学

1902年12月，经过居里夫妇锲而不舍的努力，利用化学分离和放射性测量技术提炼出0.1克可称量的放射性元素镭，放射化学从那时候起诞生了，至今已经走过了超过百年的历程。放射化学诞生后不久，人们就将放射性元素镭放出的射线用于治疗疾病。今天放射化学以及放射性同位素已经在医学、工业、农业、地质、环保等各种领域获得了广泛的应用。放射化学和核化学密不可分，然而其研究对象大体上还是有所分工。放射化学主要研究放射性元素和核素的制备、分离、纯化、分析及其应用；核反应化学则主要是用放射化学和核物理的方法研究核的性质及核反应的机理。

我国放射化学和核工业的发展，首先是军事工业，随后是核电的发展。

我国的原子能事业和放射化学学科大发展是在中华人民共和国成立之后。1955年在第一届全国人民代表大会上，通过了成立中华人民共和国第三机械工业部的法令，实际上表明中国人要自己研制原子弹。从那时候开始，我国的放射化学进入了高扩张期。物理研究所的放射化学研究人员增加到42人，引进了一些放射性核素开始推广其应用。与此同时，国家挑选了一批优秀人才赴苏联有关单位学习放射化学和放射化工专业，由苏联援建的重水反应堆和回旋加速器也在加紧建设。1958年，中国科学院原子能研究所正式组建，同年建成了由苏联援建的研究用重水反应堆和回旋加速器，1958年8月首次生产出 ^{24}Na、^{32}P、^{60}Co 等30种放射性核素，为全国开展放射性核素的应用准备了良好条件。

20世纪50年代末到60年代初，中国核科学技术发展迅速。第二机械工业部（更名为核工业部，后为核工业总公司）和其他部门都相应地建立了与核科学技术有关的研究所。其中，北京铀矿选冶研究所、北京铀矿地质研究所、中国计量科学研究院、冶金工业部有色金属研究总院、中国医学科学院、中国农业科学院原子能研究所等单位都开展了放射化学及放射性核素的分析及其应用工作。与此同时，从原子能研究所调出了一批科研人员建设两个新的核科学研究所。一个是中国科学院某原子核研究所，该所以研究核技术应用为主；另一个是中国科学院某近代物理研究所，该所以研究中、低能核物理为主。

1960年，为了发展中国的核科学研究，一批其他方面的专家转而从事放射化学、化工方面的工作，其中有姜圣阶、曹本熹、吴征铠、汪德熙、陈国珍、王金堂等。此外，中国科学院的有关研究所也应国家紧急需要开展了大量的有关核化学和放射化学的研究，并做出了显著贡献。

1964年10月14日中国原子弹首次爆炸试验成功，1967年6月17日又爆炸成功了一枚氢弹。这两次震惊世界的成就是全国各方面力量大力协作完成的。其中，中国的核化学与放射化学工作者也做出了自己的贡献。

"十年动乱"，核化学和放射化学遭到了很大摧残。许多大专院校的放射化学专业被迫停止招生，一些研究单位的放射化学研究工作被迫放慢、停止或遭彻底破坏。

1978年以后，各方面的工作逐步走上正轨。中国各地区都有从事核化学与放射化学工作的研究机构，许多高等学校设有这方面的专业。1979年4月，在中国化学会工作会议期间，成立了中国化学会核化学与放射化学专业委员会，由杨承宗任主任，吴征铠、汪德熙任副主任，并制定了《放射化学学科规划（草案）》，创办了《核化学与放射化学》、《核技术》等刊物。

特别要说明的是，中国放射化学家、核化学家、核化工专家为"两弹"的研制成功做出了卓越的贡献，这是因为在核工业中要生产供铀同位素分离用的六氟化铀；在反应堆中实现铀238转化为钚239的核反应过程；对辐照过的反应堆元件进行化学处理，分离提纯钚；将铀和钚的化合物冶炼成金属并加工制造成原子弹和氢弹的核装药部件；生产氢弹用的热核材料金属锂、氚和氚化锂。这些涉及化工、冶金、核物理、放射化学、辐射化学、反应堆工程、热工水力学、材料学、精密机械加工、自动控制、远距离操作技术、超微量分析技术、辐射防护、临界安全、特种建筑技术等众多学科和技术领域。当时中国在以上学科和技术领域基础薄弱，有些甚至还是空白，而国际上对核工业生产各个环节的技术又严加保密，正是在这种情况下，中国的放射化学家、核化学家和核化工专家起了开拓者的作用。

放射化学在杨承宗、郭挺章领导下开展了以下工作：① 天然放射性元素的提取、纯化、分析、测定工作；② 铀化学及从矿石中提取铀的研究工作；③ 重水的制备和测定的研究；④ 反应堆用石墨制备工艺的研究；⑤ 光谱分析；⑥ 质谱仪的试制；⑦ 用放射化学方法，测定 $^{235}U/^{238}U$ 含量比等工作；⑧ 辐射化学的研究工作。同时培养了林念芸、朱润生、朱培基、王方定、关景素、苏峙鑫、邓佐卿、林漳基、孙懋怡等一批科技骨干。此外，为了达到核纯的要求，某应用化学研究所袁秀顺等进行了大量的铀分析化学研究，有机化学研究所袁承业合成了直接吸附分离铀的树脂和特种萃取剂。

为了核燃料的取得，1961年前后，原子能所在二机部设计院、某原子能联合企业的协助下，建成了六氟化铀简法生产装置，为某铀浓缩工厂提供了急需的六氟化铀原料，并为六氟化铀生产厂攻克技术难关、培训技术人员。同时研究所组织以吴征铠、王承书、钱皋韵为首的负责铀同位素分离研究组和金星南领导的计算数学小组，协同负责铀同位素分离理论、实验和试制等研究工作，获得了气体扩散法的理论和实践经验。在钱三强的领导下，以钱皋韵为首的科技攻关小组，组织科学院（包括原子能所）和冶金部研究单位联合试制成功扩散分离膜，并开始批量生产，使我国成为继美、苏、法以后第四个解决了扩散分离膜难题的国家。

在热核燃料方面，原子能所进行了一系列工作：研究所将刘允斌和轻同位素小组成员调到二机部包头核燃料元件厂，为该厂锂同位素生产线做出了贡献。金星南等研究并掌握了锂同位素分离法的理论，解决了该厂锂同位素分离塔级联理论和计算问题。在肖伦指导下，孙懋怡等开展制备、提取、浓缩氚和关键设备生产的研究，为我国氚工厂的设计与生产提供了工艺和技术。

这些工作为我国第一颗原子弹和氢弹所需要的核材料作了及时的科学支援，也为中国核燃料的发展奠定了基础。

为了取得第二种核燃料——钚，1964年前，原子能研究所和二机部核工程研究设计院等单位，对前苏联的沉淀法工艺进行消化吸收与改进。清华大学汪家鼎完成了萃取法实验室小试，原子能科学研究院联合清华大学完成了中试。1964年二机部组织以汪德熙为首的专家小组进行调查后，决定进行萃取法提取钚的研究。原子能研究所、清华大学、二机部核工程研究设计院、酒泉原子能联合企业后处理厂、中科院化学所和长春应用化学研究所联合攻关，成功地设计了萃取流程，按新流程设计的工厂建成投产后，主工艺由三循环改为二循环，经济效益有了明显提高，同时提高了钚的产量和纯度。

在贝时璋、梁超、李德平等领导下，有效地组织了核安全防护工作。另外，在肖伦领导下，开展了较大规模的放射性同位素的制备工作。此外，在全氟润滑油、全氟密封圈，硼10同位素分离，高能炸药等方面都做出了二机部需要的成果。

在和平利用原子能方面，在20世纪80年代中国原子能科学研究院同位素研究所，开发了以锝99药物为首的放射性药物，年产值达数千万元以上。中科院"八五"重点项目"重（轻）离子合成新核素及其衰变性质、核结构和生成机理研究"1997年在兰州通过验收。该项目负责人近代物理研究所罗亦孝汇报了项目实施5年来所取得的丰硕成果：在重质量区合成了6种重丰中子新核素（铂202、汞208、铪185、钍237、镁239、铒175）和一种超铀缺中子新核素锔-235（其中，铂202由上海原子核所合成），不但实现了我国在新核素合成中零的突破，而且使我国在重质量丰中子区处于国际先进地位；首次建立了铒153、镱157、钫209和铈130等重要核素较完整的衰变纲图，在核衰变性质研究中取得突破性进展；在质量数约为130和质量数约为190区高自旋态核结构谱学研究中，取得了一批具有国际水平的重要研究成果，对核结构理论的发展具有重要意义；在生成新核素反应机制研究中也取得了一系列重要进展；建立了一批先进的实验设备，研究成功了我国第一条中能放射性次级束流线，为今后进一步发展提供了良好实验条件。

第六节 专用化工新材料

随着国防工业的发展，需要化工部配套生产一批具有独特性能的新型材料，如有机硅、有机氟、特种工程塑料、特种胶卷、特种涂料、特种橡胶、特种纤维等。这些产品不是被国外封锁，就是被少数几个公司垄断，从20世纪60年代到今天，几十年都不转让技术。从"六五"计划一直到"九五"计划期间，二十多年来，国家投入大量的人力、时间进行开发，加快了这些新型材料工业产品的发展，及时满足了国防工业和国民经济发展的需要，不仅填补了国内空白，还带动了相关行业的发展。

为航空工业配套的很多化工产品，都要求具有良好的质量或特殊性能的新型材料，以保证飞行和起落安全，因而生产技术要求高、难度大。例如，飞机座舱用的有机玻璃和安全玻璃夹层材料、航空密封材料、飞机油泵薄膜、飞机轮胎、特种高压软管、飞机油箱和各种橡胶制品等。经过化工、机械等行业广大职工的艰苦努力，研究、试制、生产，才满足了航空工业的要求。如用作飞机挡风座舱和舷窗的有机玻璃，对光学性能有特殊要求，而且要求耐温、抗冲击，有的还要具备防弹功能。1954年，我国完成了甲基丙烯酸甲酯单体的制备和聚合成型工艺的研究，1955年建立了工业化生产装置，"六五"期间，化工第六设计院与锦西等地的有关科研单位共同开发异丁醛制甲基丙烯酸甲酯（MMA：有机玻璃单体），获得化工部"六五"国家科技攻关奖。

20世纪60年代，由于军工需要开始搞了无水氟化氢（AHF）的设计，但工业化的规模只有100吨/年，20世纪70年代我国为罗马尼亚援建的氟化工项目也才千吨级。20世纪80年代以来，随着我国化学工业的全面发展，空调制冷行业的迅速兴起，化工部第六设计院采用自己开发的技术为国内十几个厂家完成了3000吨/年无水氟化氢等氟制冷剂及1000吨/年四氟乙烯单体、聚四氟乙烯（PTFE）的设计。后来，通过济南、衢州氟化工项目的引进及消化吸收，氟制冷剂现在已经做到万吨级规模。四氟乙烯单体、聚四氟乙烯（PTFE）的设计规模达到5000吨/年，还开发了氟产品的残液焚烧技术，这些都已成为化工部第六设计院的专有技术。"九五"以来，在此基础上又建成了梅兰等几套大型装置，完成了衢州氟化厂的改扩建，现在又开发了全氟丙烯、氟里昂代用品HCFC 134及氟化铝等新的氟产品设计。其中聚四氟乙烯（PTFE）是具有耐高温、低温、强酸等独特性能和优异的高绝缘性能的特种塑料，称为"塑料之王"。20世纪50年代我国开始科研，20世纪60年代加强力量进行攻关，攻克了氟化氢制备、四氟乙烯单体合成、悬浮法与分散法聚合、成型加工等一系列技术难题。1964年建成第一个PTFE车间，生产出合格产品，到现在年产量已过万吨，各种制品几百种，广泛用于化工、机械、电子等工业部门。在国防工业中，在强腐蚀介质的设备衬里、密封填料、耐高温的电气绝缘材料等方面得到了广泛应用。化工部第六设计院年产3000吨/年的无水氟化氢装置于1996年获国家科技进步一等奖，千吨级四氟乙烯装置获1993年国家科技进步一等奖，后来又为某军工单位设计了聚三氟氯乙烯装置，也获得了成功。

有机硅是硅氧烷聚合物，它的应用领域宽广，品种成千上万，主要有硅油、硅橡胶、硅树脂、硅偶联剂等四大类。它具有耐高温、耐老化和优良的电绝缘性能，广泛用于国民经济各个领域，如化工、轻工、纺织、冶金、电器、医疗等各个领域。在国防工业中，它广泛用于密封材料、电子器件灌封材料、高真空扩散泵油、特殊涂料等。我国的有机硅工业起步于 20 世纪 50 年代初，开始在沈阳化工研究所，后转到北京化工研究院，后来又转到晨光化工研究院，主要是开发军工上需要的一些特殊性能的材料。20 世纪 70 年代，上海、吉林、济南、杭州等地有几个用搅拌床生产的百吨级小厂，20 世纪 80 年代后期，在晨光、上海、北二化、吉化、星火等厂出现了直径 600～700 毫米的沸腾床反应技术，有了千吨级甲基氯硅烷单体生产装置及少量硅油、硅橡胶、硅树脂等几个普通的有机硅品种。由于发达国家的技术垄断，我国三十多年无法引进技术，有机硅工业发展缓慢。"八五"期间，国家下达了建立万吨级有机硅工业试验装置的任务，先后完成了 5000 吨/年、10000 吨/年有机硅装置的工程设计。在开发过程中，设计研究人员做了大量工作，在改进流化床反应器结构、合成反应催化剂及主要技术经济指标等技术方面有了很大的进步，使万吨级工业试验装置于 1991 年顺利建成开车，获得了"八五"国家科技攻关奖。"九五"以来，有机硅工业在我国有了突飞猛进的发展。化工部第六设计院先后设计建成了 2 万吨/年、5 万吨/年装置，流化床反应器直径最大已能设计直径 2600 毫米，单台反应器生产能力可达到 5 万吨/年，单体分离技术、自动控制水平、各项技术指标均接近和达到了世界先进水平。

PBT（对苯二甲酸丁二醇酯）、PPO（聚苯醚）、CPE（氯化聚乙烯）、CPP（氯化聚丙烯）、CPVC（氯化聚氯乙烯）、PC（聚碳酸酯）、POM（聚甲醛）等都是具有特殊性能的工程塑料，国外不转让技术，多年来国内只有依赖进口产品。目前除了 PC 和 POM 正在引进国外技术外，其余产品在"八五"期间主要依靠自己的力量开发出成果，都已在国内设计建设了第一套工业化装置，填补了国内空白，生产规模也从千吨级发展到万吨级。

胶片、磁带、薄膜这些产品的开发，我国开始于 20 世纪六七十年代，最初也是军工需要。随着国民经济的发展，几十年来这些行业都已成为具有相当规模的大产业。

特种橡胶包括具有某些特殊性能的多种合成橡胶。20 世纪 50 年代以来，我国先后研制成功聚硫橡胶、氯醇橡胶、硅橡胶、氟橡胶，并生产出各种各样加工制品，供给国防工业。在特种纤维方面，如超细纤维、碳纤维、聚四氟乙烯纤维及芳纶、腈纶、尼龙-6、尼龙-66 等品种，这些产品也有不少用于国防工业。

特种涂料系指具有耐高温、低温、辐射或强腐蚀等某些独特性能的涂料，品种繁多，应用广泛，已用于航空、航天、常规武器、电子装备、舰艇与核工业等方面的品种就有几百种，不少品种已在国防工业中发挥了重要作用。

回顾国防化工 50 年的发展历程，我国经历了从无到有、从小到大；从小试、中试到工业化，建设大型工厂；从落后单一工艺到多种方法研制，最终瞄准世界先进水平开发成功生产国防化工产品的新技术、新工艺；从重水、液氢、偏二甲肼等国防化工尖端产品，到有机硅、有机氟、特种工程塑料、橡胶、涂料、感光材料、磁记录材料等许多国防化工和国民经济领域需要的新材料，填补了国内的空白；从引进不到技术到自力更生开发成功，产品出口创汇，进而向国外转让技术；从艰辛

年代起步到当代成功的历程。50年来，从事国防化工的设计人员与科研、施工、生产等部门一起为发展我国的国防化工事业，为我国的"两弹一星"事业，为我国的国防建设，做出了巨大的贡献，谱写了辉煌的历史。

附 国际背景

1. 黑火药的传入与延续

13世纪，中国人发明的火药传入欧洲，英国的宗教家R.培根把获得的火药配方在欧洲第一次公之于世。1340年，在奥格斯堡建立了欧洲最早的黑火药工厂。15世纪末，西方出现了大型火炮，战争中普遍使用黑火药作为发射药。16世纪，在墨西哥建立第一个美洲黑火药工厂，此后黑火药配方基本上稳定在KNO_3 75%、C 12.5%～15%、S 10～12%范围内。17世纪，开始用黑火药装填炮弹和用于矿山爆破硬煤。16世纪末把黑火药制成粒状，1860年后又制成多孔粒状和六棱体，进一步改善了它的弹道性能。直到19世纪末，黑火药时期持续约千年之久。

2. 近代火炸药

火炸药属于大功率化学能源合成的范畴，其应用广及军事武器装备和工业生产建设。

黑火药垄断的突破 1825年，英国R.D.克莱顿从煤焦油中分离出苯、甲苯、萘等，为炸药的发展提供了主要的原料基础；酸碱工业的建立，为合成火炸药提供了硝化手段；1834—1842年形成的硝化反应理论，在火炸药生产上得到广泛应用。这些条件伴随着工业革命的发展，终于促成了19世纪后半期黑火药独占局面的结束。1846年，德国化学家C.F.舍恩拜因、意大利化学家A.索布雷罗用浓硝酸和浓硫酸的混合酸分别制得硝化棉（见硝酸纤维素）、硝化甘油，这是火炸药工业得以发展的一个突破点。接踵而起的是一系列硝化棉系无烟火药和其他新炸药的产生。例如：1863年德国化学家J.维尔布兰德发明梯恩梯；1862年瑞典化学家A.B.诺贝尔开设了第一个硝化甘油工厂，并且他以后还有不少发明（包括1866—1867年以硅藻土吸收硝化甘油做成了代那迈特，1867年采用雷汞制成了雷管，1875年申请了爆胶专利，以后又制成一系列各种活性的代那迈特，1888年用低氮量硝化棉和硝化甘油创造了巴力斯太型双基火药等）；1867年瑞典发明家C.J.奥尔森和J.H.诺宾申请了硝酸铵（1654年创制）的矿用炸药专利；1877年L.朱斯林发明硝基胍（第一次世界大战时用作爆破炸药，第二次世界大战时又用它制造了三基火药）；同年K.H.默滕斯发明特屈尔；1882年P.赫普制出了1,3,5-三硝基苯；1884年法国P.维埃耶用硝化棉和酒精乙醚溶剂首先创制了单基火药，被用来代替黑火药而成为发射药。1885年，法国科学家E.蒂尔潘用雷管起爆了苦味酸，从而发现后者的爆轰性质，使其列入猛炸药，并于1885—1888年开始用以装填炮弹、手榴弹，取代了黑火药。至此，黑火药不再作为发射药和弹体炸药，而只用于点火、传火、烟火和工程爆破等。1889年英国化学家F.A.阿贝耳用硝化甘油、丙酮胶化高氮量硝化棉创制了柯达型双基火药。1891年B.托伦斯创制了季戊四醇，1894年制成太安，第一次世界大战中广泛用于雷管、导爆索、传爆药柱及装填炮弹。

第一次世界大战前后　为满足战争的需要，火炸药的制造摆脱了旧的作坊式生产而成为间歇式的工业生产，产品品种增多，产量有了大幅度提高；1900年接触法制造发烟硫酸成功，为工业生产火炸药所需的硝-硫混酸提供了原料；使1891年C.豪泽曼研究的三段硝化法，有可能在1901年将梯恩梯的生产加以改进，1901—1906年逐渐完善了硝化甘油的间歇法生产工艺，使之达到工业化的程度。1902年德国人首先用梯恩梯取代苦味酸以装填炮弹，成为第一次世界大战中最主要的炸药。1906年鉴定出特屈尔为猛炸药，可作传爆药用。1920年，G.C.赫尔茨则定出黑索今为优良的高能炸药。此外，在第一次世界大战期间，也出现了很多代用炸药作为梯恩梯的补充，用于装填炸弹、迫击炮弹和手榴弹等。

第二次世界大战前后　根据第一次世界大战的经验，军用装备装甲进一步加强和弹药的消耗量进一步增大，火炸药生产也向高能、优质、资源广方面发展，尤其是生产工艺的变革和混合炸药的开发更是这一时期突出的特点。1927年硝化甘油建成了连续化生产线。1935年世界上最大的代那迈特炸药工厂在南非建立。1937年德国人为了消除大口径火炮使用单基、双基火药引起的身管烧蚀、炮口焰、炮尾焰，曾创制了含硝基胍和硝化二乙二醇的三基火药。1940年美国开创了一类复合火药，为大型导弹的发展和航天事业起到了推动作用。1941年用醋酐法生产黑索今时，发现其中存在奥克托今，后者的爆炸威力比黑索今更大。1944年美国解决了双基火药大型化的铸装问题，使双基火药适用于导弹。1945年中国成立了双基火药厂。1947年美国制出了聚硫橡胶、高氯酸铵、铝粉复合火药。20世纪50年代，又相继制出了聚氯乙烯、聚氨酯、聚丁二烯类为可燃剂而以高氯酸铵为氧化剂的一系列复合火药；在浇铸双基火药的基础上，加入了高氯酸铵和铝粉等，又创造了复合双基火药类型，使它具有复合和双基两种火药的优点。同期，中国也发展了这一类火药。在美国还出现了一系列新型混合炸药，除军用黏结炸药外，还有工业用铵油炸药，浆状炸药等。这一时期的火炸药生产已采用了自动、遥控的大规模连续化生产方式。

3. 新型火炸药开发

20世纪60年代美国曾制成耐热炸药（例如塔柯特和六硝基芪等）、工业用乳化炸药，并成功地爆轰了燃料-空气炸药。

火炸药的生产发展并不是均衡的（见下表）。对于军用火炸药，在战争时期因弹药大量消耗，产量是巨大的；而在和平时期为了保持一定的贮备，也维持一定数量的生产，但生产的潜力却是不断地增长，以应付战时的需要。工业炸药的生产随着建设事业的发展，产量逐年扩大，并且随着爆破工作的各种特殊要求，各种不同性能的新品种也不断涌现。生产形式有两种：一种为矿山附属生产车间和工厂实行

自产自用；另一种为专门建立的生产厂，生产工业炸药商品进行销售。有些国家则由大的化学工业公司经营和销售，如美国的艾里科化学品公司和杜邦公司、瑞典的诺贝尔硝基炸药公司和日本油脂公司等。

表　世界主要工业国各时期火炸药的年产量　　　　单位：千吨

国别	第一次世界大战前	第一次世界大战期间		第二次世界大战期间		20世纪70年代初生产潜力	
	火炸药	火药	炸药	火药	炸药	火炸药	弹药
美国	9.0	150.0	90.0	437.5	1140.0	3700.0	25900.0
英国	1.8	90.0	210.0	112.0	288.0		
德国	90.0	180.0	360.0	258.0	495.0		
法国	12.6	111.0	264.0	—	—		
苏联				166.0	243.0	2500.0	17500.0
日本				25.0	430.0	200.0	14000.0

参 考 文 献

[1] 王箴. 化工辞典 [M]. 第4版北京：化学工业出版社，2000.
[2] 中国大百科全书. 化工 [M]. 北京：中国大百科全书出版社，1987.
[3] 陈歆文. 中国近代化学工业史 [M]. 北京：化学工业出版社，2006.
[4] 当代中国的化学工业 [M]. 北京：中国社会科学出版社，1986.
[5] 《大沽化工厂志》编委会. 大沽化工厂志（1939-1987）[M]. 天津：天津人民出版社，1989.
[6] 中国石油和化学工业协会. 国防化工事业的创建历程（内部资料）. 2007.
[7] 中国氯碱工业协会. 氯碱行业拓宽应用领域消化过剩产能政策研究 [C]. 2011.
[8] 中国氯碱工业协会，中国氯碱网. 中国氯碱工业八十年 [C]. 2009.
[9] 中国氯碱工业协会，化工部氯碱工业技术情报中心站. 建国四十周年氯碱技术报告会文集 [C]. 1989.
[10] 化学工业部科学技术情报研究所. 氯碱工业手册（内部资料）. 1978.
[11] 氯碱工艺学 [M]. 北京：化学工业出版社，1990.
[12] 寻富求强的洋务运动 [M] //赵禄祥. 资政要鉴：第二卷. 北京：北京出版社，2001：912-932.
[13] 周嘉华，赵匡华. 中国化学史 [M]. 南京：广西教育出版社，2003.
[14] J.R.柏延顿著. 化学简史 [M]. 桂林：广西师范大学出版社，2003.
[15] 吴守玉，高兴华. 化学史图册 [M]. 北京：高等教育出版社，1993.
[16] 郭保章. 世界化学史 [M]. 南京：广西教育出版社，1992.
[17] 亨利·M·莱斯特. 化学的历史背景 [M]. 北京：商务印书馆，1982.
[18] ［澳］冯兆基. 军事近代化与中国革命. [M]. 上海：上海人民出版社，1994.

编撰人：宫艳玲（《中国化工信息》周刊主编）

审稿人：林久忠（原化工部军工办副主任）

第二十六章 特种合成纤维

特种合成纤维按性能和功能可划分为六大类,即耐强腐蚀性纤维、耐高温纤维、抗燃纤维、高强度高模量纤维、功能纤维和智能纤维。第一类耐强腐蚀性纤维主要是指含氟类纤维,以聚四氟乙烯为代表,连王水都不能腐蚀它,极限氧指数(LOI)为 95,是有机纤维中最高的,主要应用于腐蚀性气液体的过滤材料、电池隔膜、心脏瓣膜等。第二类耐高温纤维是一些芳族和杂环类的耐热聚合物纤维,其代表性品种是聚间苯二甲酰间苯二胺纤维,在 160℃连续加热 1000 小时,强度保持率为 65%;同时兼有电绝缘、耐辐射、难燃、耐腐蚀等性能;此外还有聚苯硫醚、聚酰亚胺、聚噁二唑、聚砜酰胺、聚酰胺酰亚胺和聚醚酰亚胺等纤维,主要用于高温腐蚀性气液体的滤材、电绝缘材料、工作服、消防服、军服、蜂窝结构材料等。第三类抗燃纤维是一些具有三向交联结构、金属螯合、梯形结构或某些芳杂环类的纤维,其代表性品种有酚醛交联纤维,呈金黄色,在瞬间可耐 2450℃高温,在火焰中不燃烧、不释放出有害气体、只是表面炭化成黑色;另一种是聚丙烯腈预氧化纤维,呈黑色,LOI 值为 55~60,在火焰中不燃,但耐磨性不足,一般与耐高温纤维混合使用;此外还有嘧胺(三聚氰胺-甲醛交联)纤维,呈白色。这些纤维主要用于消防战斗服、高温炉前工作服、特种军服、飞机、高铁和地铁等的椅套和内装饰织物等。第四类高强度高模量纤维是最重要同时应用领域最广的芳族和杂环类有机纤维和无机纤维,有机类的代表品种为聚对苯二甲酰对苯二胺纤维及其共聚纤维,成黄色至浅棕色,高温分解点在 500℃以上,强度和模量极高;另一种是超高分子量聚乙烯纤维,呈白色,密度只有 0.79 克/厘米^3,比强度和比模量极高,但耐热性不足,软化点只有 120℃左右;此外还有聚苯并双噁唑纤维和芳纶Ⅲ等。这些纤维都具有高抗冲击吸收能、高耐磨性和高耐热性,因此适用于防弹背心、头盔、防弹板、轮胎帘子布、矿山等传送带、汽车件同步带、飞机、船舶和高铁机头的流线形抛物面的复合材料、刹车片、高强轻量的绳、带、降落伞材、火箭和导弹的发动机壳体、光缆的补强材料和体育用品等上百种用途。第五类顾名思义是些具有特殊功能的纤维,包括具有微滤、超滤、纳滤、反渗透、透析及混合气体分离功能的中空纤维膜,分别用于废水、溶液、气体的分离、提纯、回收有价值的物质、海水淡化、苦咸水处理、人工肾、人工肝、人工脾、人工肺、人造血管、支架、导尿管等;还有光导纤维、活性碳纤维、离子交换纤维、导电纤维、超吸附纤维、吸水纤维、水溶性纤维、生物自降解纤维、远红外保温纤维、抗菌消臭纤维、光催化纤维、酸度(pH)

调节纤维、冷感纤维、湿度调节纤维、止血纤维、磁性纤维、吸铯纤维、吸醛纤维、吸油纤维、荧光纤维、发光纤维、纳米纤维等。第六类智能纤维是近几年才出现具有传感或感应等智能的纤维，逐步应用于医学、服装、体育用品、仪器设备等。

这些特种合成纤维若按每类的不同聚合物的种类来统计，品种已有近300种，它是支撑战略性新兴产业的基础新材料，对诸多产业的更新换代和产业升级及国防工业的现代化和尖端科学的发展，具有十分重要的战略意义。

第一节 特种合成纤维的总体发展历程

我国的特种合成纤维早期基本上是仿制国外的产品，最早研制特种纤维的单位是北京化工研究所的第八研究室（纤维室），1962年化工部决定将该室分离出来成立中国第一家合成纤维研究所——化工部北京合成纤维研究所，其后纺织部在上海也成立了上海合成纤维研究所。1958年我国从东德引进聚己内酰胺（尼龙6）纤维的中试生产线，产能为300吨/年，建成我国首家北京合成纤维实验厂，1960年初归属化工部系统，与北京合成纤维研究所相配套。当时北京合成纤维研究所第五研究室研发两种涉及军工的特种纤维，一种是聚间苯二甲酰苯二胺（PMIA）纤维，采用低温溶液缩聚和湿法纺丝工艺路线；而同期上海合成纤维研究所"红蕾小组"也研发同样的品种，但选用界面缩聚和干法纺丝工艺路线，形成南北的竞争格局。另一种是过氯乙烯超细纤维，采用高压静电纺丝工艺，产品可用于过滤气溶胶、辐射性粉尘和微生物，随后该技术在北京合成纤维实验厂五车间投产，并应用于越南战场作为防毒面具的高效滤材，20世纪70年代根据备战需要将全套生产设备转移至遵义化工厂。

"文化大革命"开始头几年，全国的科研几乎都处于停顿状态，直到1970年才逐步恢复。但北京和上海的PMIA纤维研发工作并没有恢复，而由西安绝缘材料厂继续进行小型中试试验，但由于缺乏资金且研发产品性能达不到国外绝缘低的水平，三年后便下马了。20世纪70年代中期我国为了打破国外的封锁，掀起了研发特种纤维的热潮，大连合成纤维研究所研发了聚噁二唑纤维，并在金州氯酸钾厂投入中试，但因当时无足够的市场不久便下马了。1971年美国著名高分子教授马克应邀来华讲座，首次介绍了杜邦公司的"超纤B"已投入中试，引发了国内多家科研院所相继开发聚对苯二甲酰对苯二胺（PPTA）纤维的热潮，中科院化学所和上海合成纤维研究所同时开展该纤维的研究，上海合成树脂研究所开展聚对苯二甲酰胺（PBA）纤维的研究。此后，清华大学工程化学系、岳阳石化总厂研究院和上海纺织大学都相继开展PPTA纤维的研究，除上海纺织大学采用间歇缩聚外，其余均选用连续缩聚工艺。在聚丙烯腈基碳纤维（PAN-CF）研制方面，虽然我国长春应用化学研究所早在1961年已开始研究，但到1975年才列为国家重点课题，上海合成纤维研究所、吉林碳素厂、上海碳素厂、广州建筑陶瓷厂、辽源耐酸器材厂等都开展了小试和小型中试的研制。这期间上海纺织科学研究院研制了酚醛纤维和聚砜中空纤维超滤膜，天津纺织工学院研制聚砜中空纤维超滤膜，随后发展聚丙烯腈、二醋酸纤维素、间位芳酰胺及聚偏氟乙烯等中空纤维膜，而大连化学物理研究所开展聚砜复合中空纤维膜及气体分离装置的研究，最后投入产业化。20 世纪 80 年代初国家重视特种纤维的信息工作，国家科委召开全国特种合成纤维情报工作会议，在会议纪要中委托化工部特种合成纤维情报中心站负责全国的信息交流和咨询服务。为此自 1986—1992 年间中心站配合国家的重点攻关课题，每两年各召开碳纤维、对位芳酰胺纤维和中空纤维分离膜的学术讨论会，促进了信息和技术交流。这个时期 PPTA 纤维列入国家重点科技攻关项目，沥青基碳纤维和中空纤维膜也出现研发热潮，各有十多家单位参与。20 世纪 90 年代，高性能纤维包括 PAN-CF、PPTA 纤维、超高分子量聚乙烯（UHMWPE）纤维、聚苯并双噁唑（PBO）纤维、杂环类芳酰胺纤维（芳纶Ⅲ）、沥青基碳纤维、碳化硅纤维、氮化硼纤维及其复合材料列为国家科技攻关课题。到 21 世纪，许多著名专家和院士多次向国家最高领导呼吁要重视 PAN-CF 的攻关和产业化，引起了国家领导人的高度重视，科技部成立了"863"碳纤维专项，从此推进了该产业的快速发展。到"十二五"国家提出重点发展七大战略性新型产业，在新材料中把 PAN-CF、PPTA 和 UHMWPE 三大高性能纤维及其应用列为重点支持的特种纤维，聚酰亚胺、聚噁二唑、玄武岩等纤维都列入国家发改委的国债项目，并实现了产业化，从事中空纤维分离膜元件的厂家有近百家。到 2014 年我国特种纤维的品种已较为齐全，有力地推动了高新技术、高新产品的发展。

第二节　聚丙烯腈基碳纤维

　　我国聚丙烯腈基碳纤维（PAN-CF）的研究始于 1962 年，由中科院长春应化所和沈阳金属所领头，但在文革中受到冲击，直到 20 世纪 70 年代初才有多家单位恢复研发，1974 年七机部召开了全国碳纤维会议，翌年在张爱萍主任支持下，又作了全国部署，参会单位包括中科院山西燃化所、上海合成纤维研究所、吉林化工研究院、吉林碳素厂、上海碳素厂、广州建筑陶瓷厂、辽源耐酸器材厂等，形成历史上著名的"7511"会议，从此拉开了我国 PAN-CF 大会战的序幕，1982 年起国家科委、国防科委和国防工业办公室先后召开了四次全国性的会议，1985 年后由化工部特种合成纤维情报中心站每两年召开一次全国碳纤维学术交流会，推进碳纤维的科技攻关。1980 年初联合国开发计划署（UNDP）向发展中国家进行经济援助，其中包括碳纤维项目。为了争取该项目，1982 年化工部在北京化工学院成立碳纤维研究组，并接待 UNDP 和联合国工发组织（UNIDO）委派的专家调研组，最后同意由化工学院和北京航空材料研究所各承担碳纤维及复合材料项目，经费各50万美元，其中60%用于考察、培训和聘请外国专家，40%用于购买仪器设备。1980年5月该项目正式被批准。所需总经费为250万美元，由三机部分摊120万美元，化工部分摊30万美元。与此同时，1985年12月20日吉林化学工业公司与英国RK公司签署了引进250吨/年PAN预氧化纤维生产线和100吨/年PAN-CF生产线的引进协议，但1989年6月至1990年1月三次试车结果表明预氧化纤维基本达标，而碳纤维部分却未能达标。经北京化工大学和吉化公司对碳化设备进行全面改造，也未能达到日本T300（强度3.0吉帕）的水平，因此宣布报废。到1991年国家科委将碳纤维等列入"八五"高性能纤维重点攻关项目，成立跨八个部委的联合攻关组，由中科院化学所副所长吴人洁任组长、全国特种合成纤维信息中心主任罗益锋任副组长，作了全国的科研部署，但因科技经费不足，虽取得了多项成果鉴定，但没有突破产业化技术。当时有人作了对比，韩国一家碳纤维复合材料公司在1991—1995年间的科技投入为3000万美元，而我国同期投入高性能纤维及其复合材料的科研经费才3000万元人民币，足见差距之大。

2000年初，两院院士师昌绪和国家自然科学基金会李克健司长十分关切我国碳纤维的发展，组织罗益锋、赵家祥、蔡华苏在《材料导报》杂志上撰写分析文章。2011年1月师昌绪写了"关于加速开发高性能碳纤维的请示报告"，罗益锋也写了关于碳纤维对我国国民经济诸多领域和国防的现代化与产业升级至关重要的信函，一并由时任全国人大代表的罗益锋在九届全国人大三次会议期间，通过全国人大秘书局呈送江泽民总书记，"江办"将报告批转到国家计委、科技部、总装备部和国防科工委，产生了较大影响。科技部于2001年10月投入1亿元成立国家"863"碳纤维专项，由中科院化学所副所长徐坚任组长、北京化工大学徐樑华任副组长，由中科院化学所、北京化工大学、山东大学、中科院山西煤化所和吉林碳素厂承担国家攻关任务。同时科技部高新技术司副司长石定环、材料处处长马燕和"863"计划新材料领域首席科学家石力开等人支持成立"聚丙烯腈基碳纤维发展对策研究" 中国碳纤维技术和产业发展战略研究组，指导"863"碳纤维的科技攻关。由师先生任组长、李克健和罗益锋任副组长，李克健等人负责全国PAN-CF的市场调研，罗益锋独自通过手工检索和委托国家知识产权局查找自1980—2004年的国外原丝、碳纤维、助剂、设备等的专利，共查到687篇涉及6国文种的专利，由罗益锋逐篇详细摘译成中文，供"863"碳纤维专家组参阅，以防止侵权并可在前人基础上加以创新和发展，获得了专家组的高度好评。从此，我国的PAN-CF研发进入了蓬勃发展期。在"十五"和"十一五"期间，国家自然科学基金的"973"基础研究、国家发展与改革委员会的高新技术产业化示范工程项目、国债项目及国防科工局及总装备部，都把PAN-CF及其复合材料等列为重点科技攻关和产业化项目。

2012年哈尔滨工业大学杜善义院士、中南大学黄伯云院士等，再次向国家主席胡锦涛呼吁国家应重视碳纤维的产业化，再次引起了中央领导的高度重视，国家发展与改革委员会、工业和信息化部等在"十二五"计划的指南中把PAN原丝、PAN-CF及其复合材料列为重点支持的课题，部分地方政府也把碳纤维及其复合材料的建设项目作为政绩工程，给予政策和土地、电费等方面的优惠，从而促进了我国碳纤维产业的发展。然而，由于全国出现了"碳纤维热"，到2013年已建成的碳纤维生产线约有30家，产能从20～5000吨/年不等，形成"小而散"的局面。为此，工信部在指南中鼓励开展业内的联合、兼并和重组，以期打造3～5家有国际竞争力的企业，并实现从原丝、碳纤维、织物、预浸料至各种复合材料制品的一体化生产模式。从此，自2013年起，宁波新顺化纤公司准备变卖全套PAN-CF生产线，浙江精工集团收购了衢州巨鑫碳纤维有限公司，而北京方大集团收购了吉林碳纤维股份有限公司引进的500吨/年PAN-CF生产企业。

　　至2014年6月，我国已建成的千吨级碳纤维企业约有5家，其中江苏恒神材料有限公司的产能达到5000吨/年，连云港中复神鹰碳纤维有限公司约为3000吨/年，威海纤维材料有限公司3000吨/年，蓝星集团蓝星纤维有限公司3100吨/年（按24K计），抚顺精密碳材料有限公司到2014年年底将形成2000吨/年的总产能。目前全国总产能约为22500吨/年。

　　在PAN-CF的品种方面，相当于东丽T300（强度3.5～3.8吉帕，模量230～240吉帕）、T400（强度4.2～4.4吉帕）和T700（强度4.9～5.0吉帕）已基本上实现了产业化，T800（强度5.5～5.6吉帕、模量290吉帕）到2014年底可望在100吨/年生产线上实现产业化。这些PAN-CF已广泛应用于国防军工、建筑补强、压力容器、高压输电线张力芯材、体育用品、机械和电子部件、汽车和飞机部件、风力发电叶片等。由于国外公司打压，致使同类产品的进口价低于国产的生产成本，造成大部分厂家严重亏损。我国2013年的PAN-CF进口量约为1.2万吨。

第三节　聚对苯二甲酰对苯二胺纤维

　　1971年美国纽约工业大学马克教授应邀来华讲学，其中重点介绍了美国杜邦公司最新开发的"纤维-B"，认为它是首次采用刚性聚合物的液晶溶液纺出高强度、高模量的纤维，被称作"万能的纤维"，但其材质保密。我国高分子业界根据杜邦发表的专利，猜测其有两种可能的分子结构，即聚对苯二甲酰对苯二胺（PPTA）和聚对苯二甲酰胺（PBA），为此中科院化学研究所和上海市合成纤维研究所于1972年开始开展PPTA的缩聚与纺丝研究，随后上海市合成树脂研究所开展PBA的缩聚与纺丝研究，接着中国纺织大学开展PPTA间歇缩聚和纺丝研究，岳阳石化总厂开展PPTA双螺杆连续聚合与纺丝的研究。清华大学工程化学系和北京合成纤维实验厂也参与了研发。

1973年杜邦公司的纤维-B和PRO-49实现了230吨/年的产业化,后者为前者的热处理产品。随后将两者更名为正式的商标"Kevlar"和"Kevlar 49",并公开了其聚合物为PPTA,且采用六甲基磷酰胺(HMPA)作为缩聚溶剂,浓硫酸作为纺丝溶剂,而荷兰AKZO Nobel公司也实现了聚对苯二甲酰对苯二胺纤维(PPTAF,芳纶Ⅱ)的产业化,采用N-甲基吡咯烷酮(NMP)作为缩聚溶剂,固体浓硫酸作为纺丝溶剂进行干喷-湿纺。由于HMPA为致癌物质,杜邦也改用NMP,双方为此打了多年的官司。

1980年上半年我国首次向南太平洋发射了第一枚洲际导弹,虽命中率高,但被业内称作"傻大黑粗",而且用固定的发射井,不适应现代战争的需求。为此为了研制第二代洲际导弹的材料,实现轻量化、机动化和远程化,国家科委组织"中国耐高温高分子材料代表团"于1980年下半年赴美考察并参加国际学术会议,参加人员为中科院化学所宝京生副研究员、化工部特种合成纤维情报中心站罗益锋工程师、上海市合成纤维研究所副所长于荣华和岳阳石化总厂研究院曹正祥工程师,由国家科委新材料处处长廖玉群带队。回国后这些人员成为PPTA纤维科技攻关的主力军。从1986年起受国家科委委托,化工部特种合成纤维情报中心站每两年召开一次全国芳纶学术讨论会,开展信息和技术交流。1988年国家科委和国防科工委决定成立跨8个部委的"全国芳纶攻关专家组",由清华大学化工系副主任周其庠任组长,化工部特种合成纤维情报中心站副站长罗益锋任副组长,组织江西师范大学开展光氯化法制对苯二甲酰氯研发,清华大学和中科院化学所开展缩聚和纺丝的基础研究,岳阳石化总厂研究院开展双螺杆连续缩聚制高黏度PPTA及纺丝研究。上海市合成纤维研究所开展连续缩聚和纺丝的研究,而中国纺织大学承担间歇缩聚制PPTA和纺丝的研究,并安排一系列应用研究课题,包括航天部43所开展火箭发动机壳体研究,508所开展降落伞绳带研究,西安交通大学开展PPTAF增强铝的研究,化工部橡胶研究院承担PPTAF轮胎帘子布、胶带、胶管研究,电子工业部14所开展波导管研究等。

在20世纪90年代的"八五"计划期间,国家科委成立"全国高性能纤维与复合材料攻关专家组",由中科院化学所副所长吴人洁任跨9个部委的联合攻关组组长,罗益锋任副组长,其中PPTA纤维的研发单位作了新的调整,由化工部晨光化工研究院和南通新材料厂共同承担双螺杆的连续聚合及溶剂回收任务,所制得的树脂交由上海市合成纤维研究所纺成纤维,并继续安排应用研究课题。在"九五"期间上述研发工作因故中止,只有含杂环的芳酰胺共聚纤维(芳纶Ⅲ)继续由晨光化工研究院和新会彩艳股份有限公司承担。

直到"十一五"期间,国家再次重视PPTAF的研发,因此有几家单位建设不同规模的生产厂。到"十二五"期间,碳纤维、PPTA及其共聚纤维,超高分子量聚乙烯纤维（UHMWPE），皆被列入战略型新型产业的新材料项目中，予以重点支持，特别是其下游制品。为此在国家政策和资金支持下，有七家企业先后建成了不同规模的生产装置，其中产能达到 1000 吨/年的企业有晨光化工研究院有限公司、烟台泰和新材料有限公司和苏州兆达特种纤维科技有限公司，600 吨/年的有邯郸硅谷化工有限公司，300 吨/年的有中国石化仪征化纤股份有限公司、中国神马集团股份有限公司和上海依极科技有限公司，后者在数年前已被杜邦公司收购。此外，大连理工大学从事四元共聚芳酰胺纤维的研究。该纤维是我国与国外差距最大的高性能纤维，因杜邦和帝人的总产能各达到了 3.3 万吨/年，其中杜邦还计划扩大至 4 万吨/年。在产品品种上，杜邦有十多个品种，帝人有十多种表面处理产品，而我国只有普通型、高模量型和浆粕。

在芳纶Ⅲ方面，我国现有 4 家生产厂，其中四川辉腾科技有限公司的产能为 300 吨/年，而晨光化工研究院有限公司、新会彩艳股份有限公司和航天科工集团四院 46 所的产能各为 50 吨/年。为此中国已成为继俄罗斯之后拥有该纤维的国家，但产品品种和综合性能尚不及俄罗斯。该纤维主要应用于军工方面。

第四节　超高分子量聚乙烯纤维

我国是在 20 世纪 90 年代初开始研发该纤维，中国纺织大学采用煤油作溶剂进行 UHMWPE 的凝胶纺丝，由中国石化总公司投入研发资金，并取得发明专利，中国纺织科学研究院采用十氢化萘作为溶剂进行凝胶纺丝。由于当时后者的技术相对较成熟，国家科委"全国高性能纤维专家组"决定将后者列入国家"八五"科技攻关课题。1992 年根据国家科委的指示，凡列入国家重点科技攻关的课题，不能在工艺技术路线上侵权，为此专家组对所有课题进行了排查，其中中国纺织科学研究院的 UHMWPEF 课题，因选用与荷兰 DSM 公司同样的溶剂路线，经与国家知识产权局有关专家探讨，认为尽管该课题组虽然在拉伸设备等方面有独自的创新点，但总体上还是构成侵权，为此经与国家科委新材料处有关主管领导汇报后，决定中止该课题。

20 世纪 90 年代中期，中国纺织大学的超高分子量乙烯纤维（UHMWPEF）课题通过了技术鉴定，但中国石化公司不想让其下属企业投入中试和实现产业化，为此在该公司有关主管人员的同意下，中国纺织大学将专利有偿转让给三家企业，即宁波大成化纤股份有限公司无锡华燕和湖南中泰公司，但中试并不顺利，其中宁波大成经历近三年仍达不到合同要求在一年内建成 30 吨/年的中试装置、纤维强度达到 30 克/分特（26.4 厘牛顿/分特）的指标，而当时强度只有 13 克/分特（11.44 厘牛顿/分特），而无锡华燕被迫中止研发。1998 年宁波大成公司董事长陈成泗得知全国特种合成纤维信息中心（原化工部特种合成纤维情报中心站）主任、北京化工集团经济技术信息研究所副所长罗益锋在嘉善评审国家计委的大丝束 PAN-CF 的引进项目，亲自派车到嘉善将他接到企业，希望诊断出是什么原因造成不能连续纺丝且断续纺出的少量纤维直径很粗、强度低、煤油味很浓。经初步诊断认为煤油并非 UHMWPE 的良溶剂，在小试勉强可纺，但产业化很困难，国外也试验过煤油，但筛选后被排除掉。此外设备也有不少问题，特别是卷绕机因纺速低而时转时停，这是不允许的。为此在陈成泗的授权下，罗益锋在一周内提出了改造方案，采用了与荷兰 DSM 和美国 Honeywell 不同的溶剂体系，并提供了从头到尾的全套工艺方案与供参考的工艺参数，结果只用了十天左右便实现了连续化生产，强度达到了 32 克/分特（28.16 厘牛顿/分特），为此于 1999 年下半年由宁波市科委组织以上海市两位中国工程院院士为首的专家组进行技术鉴定，经两天随机抽样，并当场与 DSM 公司的产品进行对比测试，结果国产产品的性能指标超过国外产品，从而通过了技术鉴定，成为我国第一家用国产原料、国产技术和设备实现产业化的企业，并取得了发明专利，填补了我国的空白产品。此后在下游防弹背心的研发过程中，罗益锋继续提供有关的参考资料。目前宁波大成新材料有限公司的防弹背心、防弹板、防弹装甲等，已出口 50 多个国家和地区。

1999 年后中国纺织大学在该新溶剂路线的基础上作了某些方面的改进，并向全国推广。进入 21 世纪后，中国纺织科学研究院研发了采用四氢化萘为溶剂的干法纺丝新工艺，并通过了技术鉴定，此后与中石化南化集团研究院合作进行中试研发，最后转让给仪征化纤股份有限公司投产。东华大学（原中国纺织大学）则研发出在 UHMWPE 的纺丝溶液中添加入碳纳米管（CNT），纺出了浅灰色的新品种，在耐热性、抗蠕变性方面有所改进，取得了国家发明专利，并将技术转让给杭州东南化纤有限公司投产，且列入国家发展和改革委员会的高技术产业化示范工程项目。

在"十一五"期间，宁波大成新材料公司、湖南中泰特种设备有限公司、北京同益中特种纤维技术开发有限公司和山东爱地高分子材料有限公司等的 UHMWPEF 扩产项目，均先后列入国家发展和改革委员会的高技术产业化示范工程或国债支持项目，其中山东爱地因发明了采用高密度聚乙烯与 UHMWPE 混纺而制得高性能的 UHMWPEF，列入了国家科技部的"863"科技攻关项目，但随后该公司因被 DSM 所兼并而退出。2010 年宁波大成新材料股份有限公司、燕山石化公司助剂二厂、中科院化学所、中科院宁波材料所、东华大学、北京化工大学和宁波大学共同组成了"超高分子质量聚乙烯纤维产业创新技术联盟"通过国家科技部政策法规司的审批。

目前我国已有 30 多家企业建有 150～3000 吨/年产能的生产线，但有竞争实力的只有宁波大成新材料、湖南中泰特种设备、仪征化纤、上海斯瑞聚合物科技和北京同益中特种纤维等少数公司。在全套设备生产企业方面，主要有江苏神泰科技发展有限公司和邵阳纺织机械有限公司。总之，该纤维和玄武岩纤维是我国已基本具有国际竞争力的高性能纤维。

参 考 文 献

[1] 全国特种合成纤维信息中心.以高科技纤维崛起为神圣使命——记全国特种合成纤维信息中心 40 周年征程与成就 [J]. 高科技纤维与应用，2012,37（1）：1-7.

[2] 李克健.总结过去，了解现在，展望未来——记中国碳纤维研究 40 年. 2003 年 5 月，P1-134.

撰稿人：罗益锋（全国特种合成纤维信息中心主任）

第二十七章 其他化工相关行业

在古代的化工行业中，随着社会经济、文化的发展，一些利用化学反应的生产技术其内涵发生了变化。有的因生产、生活的需求而变大、变丰富逐渐独立成一个部门。例如陶瓷生产演进为硅酸盐行业，又如以钢铁生产为核心的黑色冶金丰满成庞大的冶金行业。随着科学技术的进步，这种变化是多数的。有的行业很可能因科学技术的进步而被取代变小，甚至于被淘汰。例如像铜刀铁剑长矛之类冷兵器的生产，在古代曾是国防军工的生产主项，而在当代却萎缩变成小手工业和玩具的一部分。本章所叙的这些行业在古代曾是化工产业的主体行业，而在当代已不列在化学工业部门，但为了知识的连续性，对这些行业在当代的演进状况作一个简单的交代。

第一节 硅酸盐行业

陶瓷不仅作为日常的生活用品，而且也作为一种艺术品而受世人瞩目。中国古代的陶瓷及其生产技术，特别是其所涵容的文化信息，都已成为华夏文明的重要组成部分。瓷器（china）在英文上与中国（China）同义就是一个最好的说明。到了近代，通过对陶瓷的科学研究，不仅了解到陶瓷的化学组成，而且也逐步深入地认识到陶瓷性能与其化学结构及生产工艺的因果关系。在这种认知的前提下，也就是说在日益发展的陶瓷科学指导下，传统的陶瓷工业有了很大的变化。

变化的第一点是人们扩大了科学的视野，认识到陶瓷仅是含有二氧化硅酸性氧化物的硅酸盐材料的一类。陶瓷之外，人们熟悉的玻璃、砖瓦、耐火材料、水泥也都属于硅酸盐材料。20世纪30年代以来研制的新型陶瓷，有的并不含二氧化硅，例如从陶瓷研究中发展起来的半导体材料，又如高纯度的单晶材料，就不含二氧化硅，所以硅酸盐材料并不涵盖非金属材料，而仅是其中之部分。在近代，许多非金属材料得以研究和开发。

第二点变化是以陶瓷、玻璃为起点，在科研手段和方法日新月异的支持下，人们对陶瓷、玻璃本身有了深入的研究和开发，随着产品的多元化和多样化，社会应用的范围得到极大的扩展。随着科学的研究，人们逐渐认识了许多天然硅酸盐岩石和其他矿物原料，并合理地使用它们，烧制出各种各样的陶瓷、玻璃产品，具有不会生锈、不怕腐蚀、坚硬、耐一定高温等性质，陶瓷还具有美丽的釉色，玻璃则是五彩缤纷，光洁透亮。这些特性使它们不仅成为不可或缺的日用品和珍贵的工艺品，还在许多生产部门大展其独特的用途。例如，三酸二碱的基础化学工业就需要不怕腐蚀、耐高温的陶瓷玻璃设备。电力工业需要绝缘器材，不导电的陶瓷即成为较理想的材料。且不说照明采光需要大量玻璃，建筑必备大量平板玻璃、卫生瓷具、釉面瓷砖等，就连许多科学研究必需陶瓷玻璃的仪器，几乎多数高新科技项目的研究和实施都需要某种特殊的陶瓷或玻璃。诸如此类，陶瓷、玻璃在人们改善和提高生活质量上发挥着崭新的重要作用。

一、先进陶瓷的发展

先进陶瓷是相对传统陶瓷而言，可以说是陶瓷发展的第二个台阶。进入20世纪以来，随着科学技术的发展，出现了一系列不同于硅酸盐化合物的陶瓷材料，如氧化物、碳化物、氮化物、硼化物、硅化物、硫化物或其他无机非金属材料制成的陶瓷材料，这些材料被称为"先进陶瓷"。先进陶瓷在化学组成、显微结构、性能、使用效能等方面都不同于传统陶瓷，又称为精细陶瓷或特种陶瓷。

20世纪之初，科学家通过分析传统陶瓷的主要原料黏土、长石、石英，了解到其主要成分有三种：低熔点的碱金属和碱土金属氧化物、高熔点的氧化物（主要是氧化铝）和硅酸盐基体二氧化硅。在试验中发现，氧化铝含量增加时，陶瓷的烧成温度就要提高。陶与瓷的区别一个重要因素就是瓷土中氧化铝含量较陶土高，故其烧成温度也高，烧结程度也好。当氧化铝的质量分数超过99.5%时，烧成温度可达1900℃以上。这一发现促使人们决定试用纯氧化铝作原料来烧制新的陶瓷。1924年德国科学家就用纯氧化铝做成试片，在2000℃下烧得一块洁白如玉、硬度仅次于金刚石的氧化铝陶瓷。这种被德国人称为"烧结刚玉"的新型陶瓷，不仅具有极好的耐腐蚀能力和电绝缘性能，而且其耐高温的切削能力胜于硬质合金刀具，制成的刀具能切削铸铁和某些合金钢。

从1906年起，英国科学家研究了加热对黏土结构的影响。他们先采用X射线衍射法分析石英，随后又运用晶体化学和固体物理的新成果及光学显微镜、电子显微镜等手段研究陶瓷的内部结构，发现陶瓷的性能取决于其组织结构。陶瓷是一种多晶体，由无数细小的单晶聚集而构成，晶体之间可以由大量的玻璃态物质黏合起来。晶体的种类、大小和形状，气孔的尺寸和多少，玻璃的数量和分布及杂质的情况都会影响陶瓷的性能。对这些因素的深入研究明显地推动着新型陶瓷的研制。

传统陶瓷受原料等因素影响，烧结过程中难以避免出现不正常的晶体，加上氮气不易排出，使陶瓷坯体存在无数微气孔，从而产生很强的光散射，所以传统陶瓷是不透明的。1957年美国通用电气公司工程师根据陶瓷烧结机理，选择纯度达99.99%，颗粒直径平均为0.3微米的氧化铝细粉作原料，搀和不足3%的氧化镁，在通氢气的高温电炉里烧制，获得了半透明的氧化铝陶瓷。这种陶瓷的研制成功，直接促进了电光源的重要进展。在20世纪30年代，已发现钠蒸气放电效率很高，但是由于放电时会产生千度以上高温,加上腐蚀性很强,当时最好的石英玻璃和含硼抗钠玻璃都无法忍受这种条件,而半透明的氧化铝陶瓷解决了这一困难。因此1960年就研制出亮度高、寿命长、清晰度好,能透过浓雾的高压钠灯。认知和经验告诉人们,只要把内部气孔和杂质尽可能地排除干净,陶瓷也可以与玻璃一样透明。具体的途径是把组成陶瓷的单晶,在排除掉那些影响透明的过渡金属氧化物后,形成有高度对称性的结构,使光线通过时不产生反射或折射,这样就能生产出许多玻璃无法比拟的透明陶瓷。现代的许多尖端技术就需要这种透明陶瓷。例如红外线制导导弹的整流罩、防止核爆炸闪光盲害的眼镜、超音速飞机的风挡、高级轿车的防弹窗等。

总括而言,促成传统陶瓷向先进陶瓷发展的因素主要有:① 高纯、超细的人工合成化合物替代了天然矿物原料;② 粉料制备、成型、烧成等工艺技术的进步;③ 显微结构分析技术的发展,能更精确地了解陶瓷材料的组成、显微结构和性能之间的内在规律,从而可科学地进行剪裁和设计;④ 对陶瓷性能的研究和开发拓展了其应用范围。此外,相关学科的发展对陶瓷技术的推动和新创立的无损评价技术对陶瓷质量的预测都参与了先进陶瓷的发展。

在上述的陶瓷技术发展的环境中,科学家们又先后研制出:

① 用途广泛的结构陶瓷。它们具有在高温下的较高强度和硬度、蠕变小、抗氧化、耐磨损、耐烧蚀等特性。包括氧化铝陶瓷、氧化锆陶瓷、氮化硅陶瓷、莫来石陶瓷、碳化硅陶瓷、硼化物陶瓷等。

② 几乎涉及所有工程领域和高技术领域的功能陶瓷。它们是指具有电、磁、光、声、热等直接效应和耦合效应的一大类陶瓷材料。包括半导体陶瓷、绝缘陶瓷、导电陶瓷、超导陶瓷、磁性陶瓷、透明陶瓷、压电陶瓷、铁电陶瓷等。

③ 具有较好的生物相容性和化学稳定性的生物陶瓷。

上述的新型陶瓷,无论从原料、成品显微结构中体现的晶粒、晶界、气孔、缺陷等(尤其是晶粒)在尺度上大都处于微米级的水平,因此又称为微米先进陶瓷,是先进陶瓷发展的第一个平台。从20世纪90年代起,由于纳米陶瓷制备技术的研制成功,开发和生产纳米陶瓷、多相复合陶瓷成为陶瓷发展的新方向。

中国虽然率先发明了瓷器,并在17世纪以前陶瓷技术处于世界领先地位,但是由于是靠手工操作,程序繁多,又多凭经验,致使其生产发展缓慢。直到20世纪40年代才开始对原料开采、粉碎、练泥、成型等工序实行机械化改造。20世纪50年代,轻工部组织一批专家对中国的历史名瓷,特别是景德镇的名瓷进行研究。经过近30年的努力,终于恢复和发展这些历史名瓷的生产,并创新出许多优秀的色瓷和彩瓷。这些进步也只能是提高生产能力和降低成本,减轻工人劳动强度,传承和发展富于中国文化涵养的传统陶瓷。先进陶瓷的研制则主要集中在那些专业陶瓷的研究机构中进行,在20世纪80年代以后,中国科学家也在这个领域取得许多瞩目的成绩。例如在"863"高技术研究发展计划中，就把先进陶瓷列作"新材料技术"的一个重要组成部分。事实上，这些先进陶瓷的研究成果已在中国诸如宇航上天、蛟龙下海及许多生活、技术领域发挥了重要作用。

二、玻璃

玻璃真正为普通人民所享用始于19世纪后期，此前的几千年，玻璃制品主要为奢侈品，价格昂贵。19世纪后期开始，建筑技术的巨大变化、电力工业的蓬勃发展及新兴交通工具的涌现，需要大量的窗玻璃、透明耐热的灯玻璃、透亮挡风的板玻璃等，这些需求促使玻璃成为一种工业材料而得到迅速发展。在熔炉、熔炼技术改革的同时，平板玻璃的生产由1908年的平拉法，改进为有槽垂直上引法（1910年），又发展为无槽垂直上引法（1928年），直到浮法生产工艺（1959年）。浮法省略了磨光、抛光工序，提高产量，降低成本，得到迅速推广。依靠工人吹制玻璃瓶，产量有限，1927年研制出每分钟生产900个瓶子的制瓶机，完全改善了玻璃瓶、电灯泡等制品的生产状况。

化学的进步使人类了解了玻璃的化学组成和烧成的机理，因此能从原料到配方来把握玻璃的质量和品种。制造玻璃的主要原料是硅砂、纯碱及石灰石，原料的来源和纯度都直接影响玻璃的质量。通过水洗、酸洗等多种方法可以除去硅砂中所混杂的铁、铬、钛等有害杂质。加上化学工业不仅提供了大量的纯碱，而且还提供许多人工合成的纯净原料，为玻璃的大量生产和新品种的研制创造了条件。在玻璃的质量得到提高的同时，选择优质硅砂研制光学玻璃、晶质玻璃、特种玻璃，运用中等硅砂制造平板玻璃，次砂生产有色玻璃。许多具有独特的物理性能的特种玻璃活跃在生产、科研以及军事的众多领域，发挥了重要作用。例如制作电子管、显微镜、显像管、变色玻璃以及玻璃纤维、光导纤维等。

中国古代和古希腊的玻璃制造都是各自发展起来的。由于中国古代的陶瓷技术有较高的生产水平，相形之下同为硅酸盐材料的玻璃因为多种原因而被忽视，没有进行大规模的生产，发展比较缓慢。自宋至明清，中国的玻璃制造在继承传统技术和受外来技术影响下，形成了一些相对集中的玻璃产地，也只生产某些玻璃器皿和鼻烟壶等。1904年清廷官员在博山设立玻璃公司，在德国技师指导下生产过平板玻璃。与此同时，日本人也在上海开设了规模很小的玻璃厂，主要产品是吹制的煤油灯罩。1931年，上海建立了晶华玻璃厂生产玻璃瓶罐。直到20世纪50年代以后，上海才逐步发展形成较完备的玻璃工业，生产瓶罐玻璃、器皿玻璃、平板玻璃、光学玻璃、石英玻璃、玻璃纤维及某些高新技术所需的特种玻璃。除上海外，在20世纪初，由比利时人提供技术在秦皇岛创办了耀华平板玻璃厂，该厂当时采用的是有槽垂直引上法的技术。后来又在大连、沈阳建立类似的平板玻璃厂。在1959年英国的皮尔金顿兄弟开发了浮法生产平板玻璃技术后，20世纪70年代中国在洛阳玻璃厂自行探索浮法工艺获得成功。20世纪80年代中期，又从英、美等国引进浮法玻璃生产技术，使中国生产的平板玻璃不仅满足了国内市场，还能部分出口到世界各地。

1953年中国科学院长春光机所（原中国科学仪器馆）试制成功中国第一炉光学玻璃，结束了光学玻璃完全依靠进口的局面。此后，又制备了硼冕、火石、钡冕等多种光学玻璃，为中国的光学玻璃产业的兴起奠定了基础。20世纪80年代，北京、成都等地玻璃厂相继引进连熔生产线，从而使中国的光学玻璃工业向现代化迈进了一大步。此外，包括激光玻璃、微晶玻璃、生物玻璃在内的特种玻璃也开始由专业的研究单位逐步推向生产，以满足高新技术发展的需求。

传统的无机非金属材料是工业和基本建设所必需的基础材料，除上述陶瓷、玻璃外，还有水泥、耐火材料、无机涂层等，它们在20世纪都有很大发展，扩展了性能和用途，成为新技术和新产业的物质基础。

第二节　冶　金　行　业

20世纪以前，常用的金属材料是铁和钢，此外还有铜、锡、铅、金、银等有色金属。铁主要是铁、锻铁，钢则为低碳钢、中碳钢和高碳钢及少量锰钢之类合金钢。随着科学技术的发展，有关金属和合金的知识日益丰富。冶炼技术的提高，不仅使金属材料的产量有了显著增长，而且也能炼出更多品种的金属和合金。20世纪以来，元素周期表中大多数金属都可以从矿石中提炼分离出来，单独使用或配制成合金，显著地增加了金属材料的品种。这些新的金属材料既是重要的结构材料，又是关键的功能材料，在诸如原子能工业、宇航工业等高新技术集中的部门都是不可缺少的。

一、钢铁产业

19世纪中叶以后，酸性转炉、平炉、碱性转炉相继发明和推广，使大规模地生产钢材得以实现，钢材成为工业革命的重要支柱，开创了材料工业的钢铁时代。20世纪上半叶，在西方的主要资本主义国家，建立了以高炉炼铁、平炉炼钢为主，转炉炼钢和电炉炼特种钢的冶金体系。

就在世界冶金技术和冶金行业发生巨大变化的同时，中国冶金工业也经历了由手工业生产到机器工业生产，由传统技术到近代冶金技术的转变过程。1840年鸦片战争以后，西方的船坚炮利给国人留下了深刻的印象，清政府决定发展近代军事工业，制枪炮、造战舰，大量输入西方国家生产的钢铁。1867年进口钢11万担（约8250吨），1885年达120万担（约9万吨），1891年增加到173万担（约13万吨）。进口钢材占据中国市场势必影响国内钢铁企业的生存，出路只有一条，那就是改造传统钢铁企业，引进近代钢铁生产技术。1871年，福州船政局所属铁厂采用新的钢铁加工技术：安装吊车，铸造大型汽缸；购置3吨汽锤，锻造大车轴；建立轧钢厂，轧制15毫米以下的造船钢板和6~120毫米的圆钢方铁。1886年，贵州巡抚潘蔚创办青谿铁厂，从英国订购熟铁炉18座，1吨贝塞麦炉2座，轧板机1架，轧条机13架。1888年安装完毕，由于缺乏资金，又不善经营，无人精通技术，1893年就被迫停办。1890年由曾国藩、李鸿章等人创办的江南机器制造总局建成中国第一座3吨炼钢平炉，随后又建成一座15吨炼钢平炉。同年湖广总督张之洞兴建了湖北汉阳铁厂和大冶铁矿，这是中国第一座近代钢铁联合企业。总之，清政府的洋务运动开启了中国近代钢铁工业。

1894年建成的汉阳铁厂有日产生铁100吨左右的高炉2座、8吨酸性转炉2座、10吨平炉1座，还有铁货厂、熟铁厂、机器厂、铸铁厂、打铁厂、钢轨厂及自备电厂、轮船、码头等。初始由于资金不足，经营不善，焦炭无着，产品质量低劣。1896年只好改官办为官督商办，招股200万两白银。1898年兴建萍乡煤矿，1902年拆转炉建平炉，产品质量有了较大提高。此时期，张之洞还从德国购买了采矿设备，建设了拥有30多千米长的轻便铁路的大冶铁矿——中国第一个用近代技术开采的露天铁矿。该矿年产铁矿石4万吨，1896—1934年共采铁矿石1200万吨。萍乡煤矿清代以前曾是土法采煤，自1898年设萍乡矿务局后，年生产能力达90万吨。1908年，汉阳铁厂、大冶铁矿、萍乡煤矿联合组成汉冶萍煤铁厂矿公司，改由商办，并新建了高炉、平炉，扩大了生产，在第一次世界大战期间一度兴旺发达、战后钢铁价格暴跌，汉冶萍靠借贷维持，从此衰落。

在20世纪20年代前后，本溪、鞍山、上海、阳泉和石景山等地的钢铁厂也先后起步，致使1920年的全国铁产量达43万吨，钢产量6.8万吨。这些企业大都是引进近代冶金技术，既有官办，又有商办，还有中外合办。1931年"九一八"事变后，日本帝国主义开始侵华战争。1937年"七七"事变后，侵华战争扩大到华北、华中、华东等广大地区，部分钢铁厂内迁至四川、云南。钢铁生产受到很大影响，1938—1945年，国民党统治区共生产生铁41.3万吨，钢4.5万吨。共产党领导的敌后根据地则主要采用传统的冶金技术——土高炉和坩埚炼铁——生产部分的武器弹药。被日本占领并控制的鞍山钢铁厂，在1937年前后为了日本战争的需求也有一些投入和扩展。总之，刚刚起步的近代钢铁企业处于那样特殊的环境，发展慢，产量低，只能是在低水平下运作。

从20世纪50年代开始，钢铁冶炼技术又迎来了一系列的重要改革。其一是冶金学家通过对冶炼过程中高炉内部热反应的研究分析，认为必须确立热平衡和物料平衡的技术，得出"筛选非常重要"的结论。即铁矿石的预处理是高炉冶铁的重要因素，从而提高了铁的产量和质量。其二是冶金学家指出，炼钢中吹进去的加了热的空气，有79%是炼钢中无用的氮气，倘若使用高浓度的氧气取代空气，炼钢的效率必然大为改观。在人们完成了制氧设备的改革,成本低廉的氧气可以大量提供后,氧气斜吹转炉炼钢、卧式转炉双管吹氧炼钢等多种新型的炼钢法相继出现。其中纯氧顶吹炼钢法投资少于平炉的40%～50%,效率高出3～5倍,此法得到很快推广。1968年前联邦德国马克希米利安冶金公司又成功地将托马斯转炉改造成氧气底吹转炉,此项技术比氧气顶吹转炉更优越,不仅提高钢水的收得率,缩短了熔炼时间,减少了建设费用,而且还可以用来改造氧气顶吹转炉、平炉。该技术被迅速推广,已成为炼钢技术的主流。

  电炉炼钢曾被电力较丰富的美国、意大利某些企业采用过,但是由于耗电大,成本高,一般只用于个别的特种钢的生产。直到20世纪60年代,供能、电路、耐火材料及电极的改革,降低了电炉钢的成本,电炉炼钢才有了较大发展。20世纪70年代末,电炉钢的产量才过1亿吨,仅占世界钢产量的18%。

  从20世纪60年代起,伴随冶金技术的不断创新发展,钢铁企业的组织管理也在跟进改革,朝着集中化、联合化、专业化方向发展。集中化就是指提高一个企业的生产能力,方法是冶金设备的大型化。原先最适宜的规模很少超过年产钢三四百万吨,现则出现不少年产钢800万～1000万吨的企业,高炉容积至少增加一倍半。规模宏大的设备可以降低成本,便于采用新工艺,利于现代化管理。联合化即是组成以钢铁生产为中心的联合企业,把焦化-炼铁-炼钢-轧钢-辅助维修车间组织起来,以节约能源,减少耗费。日本、美国、俄罗斯等国在20世纪80年代就采取这种联合化举措,在钢材生产中占据了80%以上。专业化则表现在按产品分类来组织生产。此外,冶金技术的连续化和高速度也表现突出。就以20世纪60年代发展起来的连续铸钢为例,它与普通的铸锭法比较,可省掉钢锭模和初轧机,金属收得率提高12%～15%,生产成本降低10%。与连续铸钢一样,速轧机的被采用不仅使产率、效能有了明显提高,而且也增加了薄板带钢的比重。在连续化、高速度的生产中采用计算机进行自动化控制日愈普及。

  1949年,中华人民共和国成立,政府十分重视以钢铁为中心的冶金工业的建设,经过三年恢复,苏联的援建及全国支援鞍钢,仿照苏联的钢铁技术和建设经验,钢铁技术和生产一度有了较大发展。1958年在经济发展中提出"以钢为纲,赶美超英"的大跃进口号,随之发动了史无前例的全民大炼钢铁的群众运动。这种违背科学发展规律的建设举措,显然是不可能取得预期的效果,相反造成了人力、物资的巨大浪费,还破坏了自然环境,造成恶劣的社会影响。1978年,经济上改革开放政策的推行,人们看到了包括冶金技术在内的许多关键技术与世界科技的差距,大胆地引进,积极地学习,在短短的20年中,中国冶金业发生了巨大变化。采矿技术、选矿技术、炼铁技术、炼钢技术、轧钢技术都取得了长足的进步。1982年产钢3712万吨,跃居世界钢产量第四位。1989年产钢6159万吨,踏上了6000万吨的台阶。

在产量跃居世界前列，技术紧跟世界先进水平的前提下，中国钢铁技术发展还有以下特点：

① 重视资源的综合利用，建立独特的钢铁技术体系。以共生钛和钒的磁铁矿为原料的攀钢建设，以多金属共生矿（共有114种矿物、71种元素，特别是丰富的稀土金属）为对象的包钢建设中就有范例。

② 引进、消化、吸收国外先进技术，加速发展现代化钢铁工业。上海宝山钢铁总厂（简称宝钢）的建设和发展就是一个典型。宝钢的总体规划设计是委托日本新日铁进行的，一期工程的主体设备除无缝钢管从联邦德国引进并合作制造外，其他基本上是从日本全盘引进。二期工程的冷轧机组由联邦德国引进，联邦德国的热轧机组和日本的连续铸锭为合作研究、制造，高炉、烧结、焦炉系统的设备基本上立足于国内，生产技术水平基本达到20世纪70年代末的世界先进水平。

③ 抓紧企业的挖潜、改造、配套，不断提高生产技术水平。截至1989年，全国已有重点钢铁企业27家，包括鞍钢、武钢、首钢、本钢、包钢、太钢、马钢、攀钢、唐钢、宣钢、湘钢、重钢、酒钢、舞钢、水钢等15家钢铁企业。这些企业通过挖潜改造，提高其生产能力。例如运用氧气顶底复合吹炼技术改造转炉，从鞍钢开始，到1987年已完成对9个钢厂的19座转炉的改造，复吹炼钢达560万吨。

在现代的金属材料中，仅有钢铁是不行的，因为现代工业生产中，无论是飞机、大炮、火车、舰船、火箭、飞船，还是铁路桥梁、石油钻探、农业机械、仪器仪表，对用材都有自己的特殊要求。合金材料、有色金属，特别是金属功能材料的研制和生产都是不容忽视的。在19世纪末，合金钢的研制成为冶金学家的主要课题，继1882年研制出含锰约12%的锰钢之后，1896年研制出镍钢，2000年研制出硅钢。锰钢具有优良的抗磨损和抗震性能，用于制造碎石机和铁轨的道叉，含锰高达80%的高锰钢则是舰艇和坦克装甲板的好材料。具有低膨胀系数的镍钢是制造卷尺和钟摆的良材。硅钢有很高的磁导率，是制造各种电机和变压器的必需材料。1912年用一定比例的镍和铬制成的不锈钢更是用途广泛的合金材料。1920年研制出的膨胀系数更小的镍钴合金钢，对提高武器的性能有重要作用。1921年研制出含镍达71%~80%的透磁钢，很快成为电力工业的优良材料。总之，许多有特殊性能的合金钢不断出现，使合金钢的研制、生产成为冶金技术发展的重要内容。在这样的背景下，中国科学家不甘落后，为满足国家对合金钢的需求做出了不懈的努力，也先后在合金结构钢、轴承钢、模具钢、高速工具钢、不锈钢等合金钢和硅质合金、锰质合金、铬质合金等铁合金等研制中取得成绩，同时还研制出软磁合金、永磁合金、弹性合金、膨胀合金、电阻合金、热双金属等金属功能材料。总之，在钢铁工业迅速发展的同时，既要注意产量，也要强调开发新的材料品种，以适应现代化经济和科技发展的需求。

二、有色金属工业

在有色金属工业方面,19世纪末自清政府鼓励商民投资办矿、发展有色金属生产后,在洋务运动中也陆续引进和采用一些近代技术。例如1874年云南东川铜矿恢复生产,采用传统的鼓风炉炼铜,平均年产含铜达85%～90%的粗铜812.5吨。1911年四川彭县、1912年云南会泽建成冶炼厂,采用新式的反射炉精炼出含铜99.5%的精铜。1938年后在四川、云南又建成电解铜厂,使精铜产量在1940年曾达到1240吨。又例铅锌业,湖南水口是近代开采规模最大的铅锌矿。1904年采用新法开采,1909年建成新式选矿厂,1930年在长沙建成新式炼铅厂,直接炼得含铅99.99%的纯铅。这些新技术随后在有关矿区被推广。此外,在近代化学科学的指导下,20世纪初在江西、湖南、广东等地区陆续发现并开采钨矿和锑矿,采用新法冶炼。采金、炼金和采汞、炼汞也因采用了新技术而有所发展。

20世纪以后,元素周期表中大多数金属都可以从矿石中提炼或分离出来,单独地使用它们或配制成合金显著地增加了金属材料品种。由于这些新材料都各自具有独特的性能,使它们在发展新技术中占据重要的地位,这些新材料既是重要的结构材料,又是关键的功能材料,在原子能工业和宇航工业中都是不可缺少的。1949年以来,中国的有色金属冶炼技术在传承传统技术的前提下,曾引进苏联的装备、工艺进行一番改造,为某些项目的发展奠定了技术基础。经过近10年的努力在1966年建成了铜、铅、镍、钼、锡和稀有金属的冶炼与加工基地。进入20世纪80年代后,在改革开放政策的支持下,系统、广泛地引进国外的先进技术,仅在1989年有色金属的产量就比10年前翻了一番。由于加强了对我国矿产资源特点的研究,采用"联合攻关"发展适用技术,从而使有色冶金技术获得了显著的进展和效益,特别是对于我国稀有、稀土金属的开采冶炼技术,有些已达到了世界先进水平。具体来讲,氧化铝和电解铝生产技术,在学习、使用外国生产工艺时,注意结合本国实际,加以创造性发展,形成具有中国特色的技术。到1988年基本形成电解铝110万吨/年的生产能力,实际年产铝71万吨。铜、铅、锌、镍、钴、锡、锑、汞等冶炼技术和行业的发展大致也是这样。金、银的冶炼从20世纪70年代中期起,在对传统火法冶炼技术进行改造的同时,探索和应用新的工艺取得了很大进步。对铂族金属(铂、钯、铑、铱、锇、钌)的冶炼技术始于1964年对甘肃金川共生矿资源的开发和综合利用。经过二十多年的探索试验,工艺水平达到了国际水平,并具有中国特色。总之,在20世纪80年代后,在引进国外先进技术和设备及采用新工艺后,扩大了品种,提高了效益,使有色金属材料的生产和加工技术上了一个新台阶,行业发展呈现出兴旺的新局面。

第三节 造 纸 业

自造纸术发明后,直到 18 世纪末,中国的造纸业长期处于手工作坊的小生产状态。原料主要是麻头破布、树皮草秸、竹子等,生产工具简单,生产周期长,年产量不过几百吨,勉强维系着文书、绘画之用。在产业革命中,欧洲于 1799 年发明了造纸机,造纸生产也迈入机械化生产的发展阶段。随后相应的制浆技术和设备(亚硫酸盐法制浆、硫酸盐法制浆、磨石磨木法制浆及压力蒸煮器、筛浆机、漂白机等)发明并应用,使木材逐渐成为主要的造纸原料(1925 年世界造纸原料中,木材已占 65%)。木材作为原料使造纸原料更为充盈,当硫酸盐法成为主要的制浆技术后,其蒸煮废液的化学品与热能回收及纸浆的多级漂白技术日臻完善,为降低生产成本,提高产品质量,增加产品品种,扩大企业生产规模奠定了基础。在 20 世纪 30 年代就出现年产达 10 万吨以上的造纸企业。随着生产设备日趋大型化与连续化,自 20 世纪 70 年代开始木材占所用纤维原料的 93%以上。造纸机也日趋高速化,最高抄造速度可达 1000 米/分。化学机械法制浆技术日愈成熟,不仅能大量节约纤维原料,还使新型化学漂白剂和化学助剂及电子控制技术得到广泛应用。

中国的机器造纸工业起步较晚,发展较慢,直到 1881 年才有外商兴建的上海华章造纸厂,1884 年投产。第一个民族资本的造纸厂——广州造纸厂于 1882 年兴建,1890 年投产。经五十多年的努力,虽然又增加了几个机制造纸厂,但是到 1936 年我国机制纸及纸板年产量只有 8.9 万吨。这时期,我国纸张市场基本为洋纸所垄断。据统计,1933-1936 年平均每年进口纸张高达 30.6 万吨,占全国纸张消费量的 70%以上。在余下的纸张消费中,手工纸的数量占有很大比重,约达 80%。手工纸的主要产地分布在浙江、江西、安徽、福建、湖南等省。例如安徽泾县的宣纸、浙江富阳的竹纸、浙江开化的皮纸是传统的优良书画纸,深受欢迎,仍在市场上占据一席之地。

1949 年以后,社会进入和平发展时期,各类纸厂都恢复了正常的生产,纸和纸板产量很快由 1949 年的 10.8 万吨提高到 1952 年的 37.2 万吨。自 1953 年起的第一个五年计划中,建设大中型造纸企业 23 个。但在 1958 年之后的"大跃进"3 年中,产量上去了,质量却下降了。后经过政策的调整,1965 年机制纸及纸板的产量达到了 173 万吨。从 20 世纪 60 年代起到 1982 年又兴建了一些制浆造纸企业,全国达到了 130 个。在抓紧新建、扩建企业的同时,对一些条件比较好的企业进行了技术改造。生产规模扩大了,技术水平也有了不同程度的提高。这些企业几乎承担着全部新闻纸和商品纸浆的生产任务及 1/3 厚凸版印刷纸、48%的纸袋纸以及重要技术用纸的供求。这些新建的企业中,部分引进了国外的先进设备,与国内生产设备相结合取得较好的经济效益。到 1982 年底,全国共有制浆用蒸煮器 4049 台,总容积 8.3 万米^3，连续蒸煮器和间歇蒸煮器并存；磨木机 109 台，还有一套先进的热磨木片磨木浆的设备。全国共有各种造纸机 4445 台，其中反网多烘缸造纸机 438 台，在这类造纸机中，日产纸量在 50 吨以上的造纸机有 21 台，其中日产纸量 100 吨以上的有 7 台。在 1982 年，中国机制纸及纸板产量已居世界第 8 位，但是人均消费纸张仅 6 千克，比世界人均消费量 39 千克仍有明显差距。到 1988 年，中国机制纸及纸板年产量已达 1264.5 万吨，列世界第 4 位，但是人均消费纸量指标仍较落后。

纤维原料是制浆造纸的物质基础。纤维原料的种类、数量和质量，不仅关系到造纸工业的产品品种、质量和发展速度，而且对企业的规模、采用的工艺路线、技术装备及污染治理、经济效益有着决定性影响。据此，中国在确定原料结构上经历了一个实践与认识的漫长过程，走出了一条有中国特色的道路。从 20 世纪 20 年代起，利用木材作原料逐渐成为世界制浆造纸的主流，木材纤维在原料结构中由早期的 10% 提高到 90% 以上。中国传统的造纸原料是竹、草木植物纤维及树皮，只是在引进近代木浆造纸的机器设备后，才开始木浆纸的生产。机制木浆纸时间不长，规模不大，面对这一历史现实，在 1950 年 11 月的有关会议上，政府认为："造纸工业的原料，从长远来看，应以木浆为主，草浆为辅。但由于大规模的木浆厂短期内尚不可能大量建设，中国木材蕴藏量亦不如理想的丰富，而竹、苇、草纤维则拥有庞大的产量，因此，如何有效地利用竹、草木植物纤维，建设必要的制浆设备，是解决现阶段造纸工业原料问题的重要途径，必须予以充分注意。"根据这一方针，中国在新建、扩建一批以木材为原料的制浆造纸厂的同时，也建设一批以草类为原料的制浆造纸厂。这就形成了中国造纸业发展的两条腿。

由于多数草类纤维原料资源分散，难以集中，只能办一些规模比较小的制浆造纸厂，它们只能生产一般印刷书写纸和包装纸板，产品品种有很大局限，许多高档印刷用纸还需用木浆纸。因此，从 1953 年开始，我国就进口木浆和纸、纸板。到 20 世纪 80 年代初，每年进口木浆约 59 万吨，纸和纸板约 62 万吨。造纸工业的小型企业，大多是在 1958 年以后发展起来的。当时，大搞"小、土、群"，小型造纸厂在全国遍地开花。在"大跃进"的 3 年中，小型造纸厂数以千计。这些小企业技术水平低，产品质量差，经济效益低。经 1962 年后的调整、整顿，只保留了 500 个。后来有些地方政府舍不得这一能增大经济产值的项目，又陆续恢复、重建一些小型造纸厂。到 1982 年年底，这类小型造纸厂达到了 1510 个。小型造纸厂虽然利用了地方上的分散资金和分散的草类纤维原料，解决了地方用纸不足的问题，满足了当地对一般纸张的需求；但是大多数小型造纸厂，特别是那些制浆、造纸综合性的小企业，由于不能回收化工产品，不能回收和充分利用能源，技术不过关，企业素质差，经济效益低，特别是对资源的浪费，对环境的污染，都成为突出的问题。在 20 世纪末的后 20 年，国家对这些造纸小企业实行了区别对待，逐个处理的办法。

条件不好的,坚决采取"关、停、并、转"的方针;对那些条件比较好的,逐步加以改造,使之达到技术经济比较合理的生产规模。

以木材为原料的制浆造纸技术及相关设备是在近代科学原理指导下逐渐成长起来的。当引进国外先进技术设备时,很自然地就要学习、消化相随的技术及其依据的科学原理,从而培养出一批熟悉近代造纸科学的技术人员。这些技术人员通过对引进的国外先进技术设备进行分析、研究、消化,也相应地提高了中国造纸工业的技术水平。无论是以木材为原料,还是以包括芦苇、甘蔗渣在内的草类纤维为原料造纸,其制浆造纸的科学原理是相通的,但是具体的设备和技术操作会有不同,因此中国的技术人员在引进一些实用的又是关键的国外先进技术装备的同时,还特别重视总结与推广国内先进技术经验。中国造纸的技术水平就是在这种学习环境中不断创新而逐步提高的。

造纸工业是用水量和排水量较大的化工企业,废水对环境污染比较严重,特别是制浆废水危害更大。治理污染、保护环境一直是造纸企业不容忽视的大事。根据不同性质的废水,采取不同的治理措施。

① 大力增加碱回收生产能力。对于硫酸盐法和碱法制浆厂的制浆黑液,用化学方法回收其中的碱,既减少材料消耗,又减轻对环境的污染,还能回收部分热能。仅1982年造纸企业就回收碱达22万吨。

② 积极增加亚硫酸镁法制浆废液的综合利用的生产能力。无论是酸法木浆厂,还是酸法苇浆厂,其制浆废液浓缩后都能加工成为机械工业、冶金工业、耐火材料等部门所需的黏合剂。当然也可以直接从废液中回收硫酸镁等化工原料或综合利用加工生产酒精等。

③ 积极增加亚硫酸铵法制浆生产能力。提出这一方法是因为发现采用亚硫酸铵法生产草浆,其制浆废液可以直接灌溉农田,还能使部分农作物产生增产效果。但是此法在制浆过程中对设备腐蚀比较严重。

④ 增加白水回收能力,降低造纸用水,减少污水排放。一般情况下每吨纸(包括制浆)要用水400~500吨。假若采用封闭循环用水的措施,清水用量大为减少,既节约用水,又减少污水排放,从而减轻对环境的污染。随着对环境保护工作的加强,造纸行业的污染问题正在得到积极的治理。

在造纸业的发展中,历来把增加品种、提高质量放在重要的位置。在古代,纸张主要用作书写、绘画、包装及装饰等。到了近代,随着新兴产业部门的出现,纸张作为一种日用生活材料,其功能得到明显的扩展。除了是印刷、包装、信息记录等部门的必备材料外,国民经济各部门都需要它,而且在使用中还对纸张提出了自己的要求。纸张产品已达到四百多种,仅印刷用纸就有:凹版印刷纸、凸版印刷纸、胶版印刷纸、钞票纸、邮票纸、新闻纸、涂料印刷纸、画报纸、字典纸、特种地图纸、海图纸等;书写用纸有:书写纸、描图纸、制图纸、拷贝纸、木炭素描纸等;

技术性用纸有：电容器纸、电缆纸、超高压电缆纸、电话纸、浸渍绝缘纸、缠卷绝缘纸、半导体纸、无线电传真纸；机械工业用的钢纸、衬垫纸；通信部门用的打孔电报纸；矿山开采用的导火线纸、炸药卷纸；纺织工业用的提花纸版、纱管纸、毛纺专用纸板；建筑部门用的印花塑料壁纸、石膏纸板；农业用的育苗纸、蚕种纸；医疗卫生部门用的可溶性药用纸、心电图纸、脑电图纸、齿科咬合纸、癌细胞过滤纸；食品工业用的羊皮纸等。此外，生活用纸、包装用纸及各种加工纸更是名目繁多，不胜枚举。由此可见，造纸工业已成为一个重要的材料生产部门，纸的消费水平也标志着一个国家文化、科技、经济的发展水平。

第四节　日　用　化　工

上述的陶瓷、玻璃生产和造纸业今都划归轻工业部门，这种划分并没有严格的科学内涵，只是便于管理。传统工业中的颜料、染料、油漆生产至今仍划属化工产业。在日常生活中，像牙膏、肥皂、化妆品（口红、护肤品等）及蚊香、空气清香剂之类化学产品的生产都属于日用化工，它们的生产有时也与香料、洗涤剂等划属轻工业部门管理。不管在行业管理上如何划分，它们都是以化学产品为原料，如碳酸镁、滑石粉、薄荷粉、香料、甘油、硬脂酸等，再经过物理或化学加工而制成，其主要生产操作大多是化学过程，故设一节来介绍。

一、香料

香料生产规模虽小，但是一直颇受注目。古代的传统香料主要来自动植物某些呈香物质的简单加工。到了近代，通过科学家，主要是化学家的研究，人们不仅了解到这些呈香物质的化学属性，而且还掌握了分离提取它们的更多方法。香料生产的发展不止是产量大了，质量提高了，而且品种也有明显的扩充。

在国际上香料形成工业生产而迅速发展时，中国香料生产则处于明显落后的状况。直到20世纪上半叶，花露水这类最普通的香料在市场占主要地位的大多仍是舶来品。民族工业在上海、江苏、广东、广西等地仅有个别的用简陋设备加工生产薄荷油、薄荷脑、茴香油、肉桂油等十几种天然香料的小厂。1954年，香料、香精生产开始纳入国家计划，并组织专家将用国产原料生产的香料统一配方和标准，中国的香料工业开始有了蓬勃的发展。由仅有43家小企业，700多人起步，通过工艺改革和设备更新扩大了生产规模，发展成近代技术水平的香料企业。1957年，香料香精的总产量达到4100吨，比1952年增长5.5倍。原先香料厂有40个集中在上海，到了1958年，在福建的福州、漳州、浦城，浙江的杭州、金华、黄岩，江苏的南京，广西的桂林，四川的成都，云南的昆明相继建立以生产天然香料为主的工厂。在天津、辽宁的沈阳则组织科技人才新建、扩建合成香料工厂。尽管"大跃进"的三年，香料工业走过一段弯路，但是到了1965年，天然香料的品种发展到80种以上，合成香料也达到了150多种。国内需要的主要香料、香精，特别是生产香皂、化妆品需用的，已经可以基本自给；原先依靠进口的香根油、岩兰草油、藿香油、香叶油、柏木油等天然香料和香兰素、香豆素、人造檀香、人造麝香等合成香料也研制成功。

1966—1976年的文化大革命再次使香料工业的发展进入低谷。香料、香精被诬为资产阶级享用的东西，而被迫停产或转产。一些初步建立起来的香料基地也遭到严重破坏。1978年后，端正了对香料的科学认识，香料工业再次获得了飞速的发展。不仅使更多的香料、香精在改善、提高食品、香皂、化妆品等加香产品的色、香、味上起了积极作用，而且一些城市把种植香料作物与绿化城市相结合，在美化环境中产生很好的效果。例如广西桂林，路旁成荫的桂花树散发出的桂花飘香带给人们一种非常愉悦的感觉。到1983年香料、香精的产量达到了26371吨，创造了较好的经济效益，还能大量出口创汇。

在不到50年的时间里，中国香料工业从零散的手工作坊逐渐发展成分布合理、资源丰富、综合开发的近代化工业生产。由于普遍采用了浸提、蒸馏、榨磨、分馏、结晶、干燥、加氢等新技术和新设备，具有了进一步发展的技术基础。原先主要依靠进口香料来配制，现在不仅有雄厚的天然香料的生产基地，还能大量地生产合成香料。特别是我国有着得天独厚的天然香料资源，现在得到全面开发。据调查，我国已发现有63个科349种有用的香料植物，其中有38个科110种已被开发利用。例如薄荷、茴香、八角、肉桂、小花茉莉、玫瑰、月季、桂花、黄樟、桉树、白兰、柑橘、柠檬、香橼等都是人们较熟悉的。在化学研究和化工技术迅速发展的支持下，利用丰富的天然资源，合成香料的生产也取得很大进展。例如合成香兰素、香豆素、苯乙醇、硝基麝香、人造檀香、氯化苄系列产品的生产。这些香料的生产和使用不仅在提高人们的生活质量上发挥出日愈明显的作用，同时在改善环境和陶冶情操等诸多方面有着特殊的功效。

二、化妆品

中国古代的化妆品，常有"南香粉，北胭脂"之说。在少数几个城市有前店后场的小作坊进行生产。近代化妆品工业始于20世纪初期，主要集中在外商比较活跃的香港和上海。光绪三十年（1904年），以生产化妆品为主项的广生行以18万银元为资金在香港创立，其后逐步在内地设置分行。它除了生产"双妹"牌花露水外，还生产牙粉、牙膏、扑粉、香粉、雪花膏及肥皂，产品畅销几十年。1912年民族资本家方液仙创办中国化学工业社，决心自制化妆品应市，先后生产化妆品（雪花膏、生发油、香粉等）、蚊香、调味品（味精等）、肥皂及某些保健品等五类产品，以"三星牌"冠名。因资金微薄，在与潮涌而来的洋货抗争中，几经挫折，在五四运动中提倡国货声浪支持下，总算维持下来了，并在此后有了一定发展，成为中国实业界颇为成功的又一例。1915年,留美华侨在旧金山创办以经营化妆品为主的亚香公司。该公司在1918年迁至上海,其有完善的设备和较先进的技艺,生产某些高档化妆品。此外香港的百家利化妆品制造厂、上海永和实业公司及上海家庭工业社等规模不大的化妆品企业也有一定知名度。

由于资金不大,规模较小,许多新式药房都兼制化妆品,甚至连一些百货公司也自制某些化妆品。生产化妆品的药房以上海大陆药房为首例,继后的是中法药房和五洲大药房。自制化妆品的百货公司则以先施公司为先行。这种以护牙护肤、洁净服饰、美容美发为主要目的化工产品,只要寻找到合适的原料和掌握了科学的配方,生产设备并不复杂,生产技术也较简单,故能获得较快的推广和发展。有社会的需求,就有发展的空间。因而到20世纪30年代,这种生产化妆品的小作坊和小工厂已星棋罗布地在全国大、中城市开花绽放。生产的化妆品也逐渐由牙粉牙膏、肥皂香皂、雪花膏发油、花露水、扑粉等扩展到护肤美容、香水香粉、胭脂唇膏等众多品种,还有蚊香、木虱药等杀虫药剂。

化妆品的生产在此后虽然在不断地得到发展,但是在20世纪70年代以前,中国的化妆品多数产品仍停留在植物油脂和动物油脂的简单加工水平。在国际上自18世纪到19世纪一些国家完成工业革命后,在迅速发展的近代科学支持下,化妆品的生产采用了许多新原料、新设备、新技术而开始了长足的发展。所谓的新原料、新设备、新技术主要来自化学工业,特别是石油化工。因为从动植物中提炼某些护肤品、化妆品不如从矿物油(主要是石油)中通过合成技术来得方便,来自化工的原料相对简单,价格低廉,成本就较低。在化妆品的生产技术中,油和水的乳化技术极为关键,在表面化学和胶体化学及乳化理论的指导下,引进了电介质表面活性技术,很好地选择了适用的乳化剂。这就是化工技术在化妆品生产中的地位和作用。

20世纪70年代,18名日本妇女因使用化妆品而罹患上严重的黑皮症,她们把多家日本名牌化妆品公司告上了法庭。这件事轰动了国际美容界,那些来自矿物油的化妆品可能含有某些致癌成分或有害物质,这一发现促进了化妆品、护肤品的新变革。皮肤专家发现,在护肤品中添加从天然原料中萃取分离出来的某些成分对肌肤具有很好的滋润养护作用。由此在化妆品、护肤品中一方面减少那些无用的化学成分,另一方面开始增加了能够找到并分离提炼的,从陆地到海洋、从植物到动物的各种适用的天然原料或成分。例如从皂角、果酸、木瓜等天然原料中萃取的有益成分,从动物皮肉,甚至内脏提取的胶原蛋白或甾类激素。这种添加天然成分的化妆品、护肤品,使人们追求美白、去斑、去皱、去粉刺的功效成为可能。实际上,这种介于化妆品与药品之间的疗效性化妆品已成为新型化妆品的标志。

在现代生物技术(发酵技术、细胞技术、酶技术、基因技术)的支撑下,制造和利用与人体自身结构相仿的、并具有高亲和力的生物物质成分,将它们科学地复配进化妆品,从而开创了新型的仿生化妆品。这种化妆品含有如神经酰胺的生物工程制剂，或如脱氧核糖核酸的基因工程制剂或表皮生长因子的新型制剂，它们可以补充、修复或调整细胞因子，以达到抗衰老、修复受损皮肤的功效，甚至还通过丰胸、瘦身等功效使某种程度上恢复青春成为可能。随着人体基因的破译，那些与皮肤和衰老相关的基因被认知，化妆品必将借助这一新的平台更上一层楼。

三、洗涤用品

可能因为洗澡、洗衣服比涂脂抹粉更重要，洗涤用品必将有更大的消费市场，因此从20世纪初开始，洗涤用品逐渐从化妆品中独立出来。与化妆品一样，生产肥皂、香皂的民族资本企业，面对的是大量涌进的"洋碱"、"洋胰"，竞争是很激烈的。虽然技术是引进的，原料和工人却是本土的，企业创建之初，艰难是可以想象的。1903年宋则久在天津创立造胰公司，1907年董辅卿在上海建立裕茂皂厂，这是我国民族资本最早开办的两个肥皂厂。1909年德商在上海设立固本肥皂厂，1924年英商利华兄弟肥皂公司在上海设立分公司，这是外商在我国建立的两家最早的肥皂工厂。生活的需求，广阔的市场，以肥皂为中心的洗涤用品生产相继在南京、杭州、武汉、广州、重庆、沈阳等大中城市发展起来，建立小型的肥皂厂或手工肥皂作坊不需大量资金，原料的来路也较充裕，技术难度不高，因而发展较快。到1949年，全国的肥皂年产量已达到3万吨左右。

到了1959年，全国的肥皂年产量虽然已达到41.5万吨，但与有着数亿人口的市场需求相比，还是供不应求。特别是肥皂的生产依赖天然油脂为原料，当人们食物欠缺时，肥皂的供应和粮油一样开始了限额定量供应。面对天然油脂供应不足的矛盾，政府组织了科研力量，加强了合成脂肪酸和合成洗涤剂的研制。当时科学发展的认知水平已能清楚地剖析肥皂去污的科学原理，因此合成洗涤剂的研制有良好的基础，特别是当时许多先进的国家已在生产并使用合成的洗涤用品。有此借鉴，1959年我国已开始生产合成洗涤剂，当年的产量仅有0.57万吨。初始，合成洗涤剂的质量不高，去污能力较差，产品并不受欢迎，人们用它是因为无票买不到肥皂。到了1979年后，合成洗涤剂的生产着重抓质量、抓品种，不仅大幅度降低了成本，提高了经济效益，而且使合成洗涤剂在使用比重上逐渐超过了肥皂。总之到了20世纪80年代以后，我国的洗涤用品完全摆脱了单纯依靠肥皂的落后面貌，形成了以肥皂、合成洗涤剂生产为主，包括合成脂肪酸、烷基苯、三聚磷酸钠等专用原材料以及荧光增白剂、对甲苯磺酸钠、羧甲基纤维素、精芒硝等辅助材料生产的比较完整的洗涤用品工业体系。

合成洗涤剂是利用石油化工原料生产的新型洗涤用品。较之肥皂，它在使用时具有溶解性好、耐硬水、去污力强和使用方便等优点，故具有很好的发展前景。我国自1979年后，不仅发展快，更多地还表现在品种逐渐增加，应用范围在扩大，这对于人们生活质量的提高也是很重要的。在洗涤科学原理指导下，研制出针对不同污染物而设计了不同配方的洗涤剂，例如复配洗衣粉、加酶洗衣粉、含氧漂白洗衣粉、杀菌洗衣粉、加色洗衣粉、加香洗衣粉及浓缩洗衣粉等，新品种的不断产出，意味着它的使用功能和使用范围在扩展。与此同时，相应的液体洗涤剂也呈现在市场，在使用上它比洗衣粉更为方便，特别在洗衣机进入家庭成为家庭的基本配置后，液体洗涤剂大受欢迎。

洗衣去污仅是洗涤用品的一种用途，过去洗头发、洗澡、洗手都用肥皂，尽管肥皂的品种有了很大发展，但是那些新型的，有较好独到功能的洗发液、洗手液、香浴液更受眷顾。就以洗发液来说，有消除头屑的、有滋养头发的、有防治白发的、还有祛除头虱的，总之这种兼有多种功能的液体肥皂香波成为市场的宠儿。洗涤用品除了人身服饰的洁净功能外，还在环境居室的美化清洁上发挥着日益显著的作用。现在的洗涤用品有专门用于清洁玻璃的，有专门清洗厨房油污的，有专门清除厕所污渍的，还有专门为木制地板除尘上蜡的，总之，专用功能的洗涤用品给生活带来了很大的便利。人们能从日常生活的点滴变化，感受到科学的发展和化工技术的进步。

第五节　食用化工

一、机械化制盐

盐税历来都是政府财政收入的一根支柱，被视为一块"肥肉"。在清末和北洋军阀统治时期，政府借款还债常以盐税作为担保，从而使帝国主义者控制了中国的盐务。无论在北京的盐务稽核总所，还是各产、销区的稽核处都设有洋人"会办"，名义上是协助征收盐税，实际上一切盐务事项，未经洋人签字认可，就不能执行。盐税的收入首先用于偿付债款和赔款本息，剩下的才以"盐余"的名义交给中国当局。在这样的管理体制下，生产技术的改造和生产规模的扩大难有人问津，海盐、井盐、池盐生产的状况大多与明清时期相差不多。

致力于发展科学和实业，实现救国自强意向的爱国企业家范旭东，在1913年赴欧洲考察盐务之中，看到了欧洲工业先进国家不仅加工粗盐为精盐，而且还以盐为原料进行多项化工生产。受此启发，范旭东回国后立即于1914年，在天津塘沽创办了中国第一个精盐厂——久大精盐公司；1917年筹建中国第一个纯碱厂——永利制碱公司；1934年又建成中国第一个硫酸铔厂。以盐为本，培育出碱、酸两只翅膀，艰难地起飞，开启中国近代基础化工的通途。范旭东创办的民族制盐制碱企业实际上是开创了食盐的精加工，对于食盐的质量提高和饮食卫生都是极为重要的，同时也是将制盐工艺纳入科学生产的起步。特别是让制盐成为一个基础化工部门更是具有深远的意义。

20世纪50年代开始，我国制盐业生产的技术开始长足的进步。首先，对盐业生产加强了领导，贯彻了老场（厂）挖潜改造和重点新建扩建相结合的方针，在自力更生为主的前提下，有选择地引进一些国外先进技术设备。在海盐生产中，有计划地对盐田因地制宜进行技术改造。按"三化"（工艺科学化、结构合理化、生产机械化）要求，实行"四集中"（扬水、制卤、结晶、储存）。改造大致分为3种类型：一是将旧式零散的滩田，逐步改造成为比较集中的盐田；二是对较为规整的盐田，利用原有基础适当集中；三是以结晶区的合理安排为重点，对滩田结构进行较大的调整。到1982年年底，全国各海盐区已调整改造的盐田面积约8万公顷，占应改造面积的四分之一左右。到2000年，在市场经济的促进下，这一调整改造工作基本完成。

所谓"工艺科学化"是指工艺操作应遵从科学原理。例如，根据实践的经验，总结和推广了"新、深、长"的海盐结晶工艺。即使用新卤、甩掉老卤，适当加深结晶池灌卤深度，延长结晶时间，取代了过去的"老、浅、短"的操作法。这一新的操作法符合食盐结晶从卤水中较快结晶的科学原理，既保证了质量，又提高了产量。又例如，盐场的保养推广"常年修滩、四季保养、闲时大修、忙时小修"的科学方法。所谓"结构合理化"是指在盐田设计上，使其结构比较合理，即使盐田在收、运、洗、堆工序上能连续作业：产盐一次落地，长期结晶，塑苫抗雨，机械下池，盐上收盐，管道输送。所谓"生产机械化"是指原先的许多手工劳作逐渐由机械所取代。首先是实现电力扬水而淘汰了手推车。推广电力绳索牵引的扒盐机，提高工效。在引进法国收盐机的基础上，研制出一套联合收盐机组和堆坨机、压池机等专用机械。还建成了水力管道输盐。这些机械化生产线取代了繁重的体力劳动，提高了工效。在四川、云南、湖北、湖南等地的井盐生产经过长期的努力，从钻探凿井到采卤熬盐也逐步得到了科学的改造。首先凿井已普遍地采用旋钻和大型涡轮机等先进设备，钻井深度和质量都有提高。采卤方面也改变了过去依靠畜力、高架、竹筒、铁管的落后状况。对地下天然卤水，采用了气举法、抽卤机，1981年又从美国引进大型潜卤泵，产卤较气举法又提高两成。对于地下岩盐矿床，采用了包括单井对流法、水力压裂法和油垫法在内的钻井水溶技术。这些水采新技术的运用不仅节省了矿山建设费用，而且提高了卤水质量和产量。

在20世纪50年代，井盐卤水的熬制逐步由大型平锅熬盐替代了过去的圆锅生产。从20世纪60年代起又试验真空制盐技术，逐渐发展出真空蒸馏、离心机脱水、沸腾床干燥、皮带机输送、机械包装、局部自动或半自动控制的生产线，使真空制盐技术得到推广。

湖盐的产出，在古代仅局限于山西运城的解池等几个地区。宋代以后，海盐、井盐生产技术的突破，产量大增，致使湖盐在食盐市场所占的份额越来越少。20世纪以来，特别是20世纪60年代以后，由于基础化工对盐类的需求显著增强，湖盐的开采和利用再次得到重视。湖盐资源在中国的西北地区十分丰富，青海湖的盐类资源就远胜于山西的解池，内蒙古、新疆的盐湖也有广泛分布。例如1965年始建的内蒙古兰泰盐场，湖盐矿床的有效采区达37000米^2，盐场采取了机械化连续作业方法和部分原盐除钙的生产工艺，从采盐机采盐到水力管道输送集坨都是比较先进的技术和设备。按直接生产工人计算，年劳动生产率达 2000 吨。

粗制的海盐，卤水熬制的井盐，特别是硫酸钠型的岩盐和湖盐都存在一个资源综合开发的问题。例如，硫酸盐型的岩盐一般每升盐卤含硫酸钠（芒硝）20～30克，它的存在不仅影响盐质，还会腐蚀设备，因此做好卤水提硝是保证盐质的关键所在。冷冻提硝后母盐制盐工艺、兑卤降温、回溶芒硝的提硝工艺、热法提硝、盐硝联产的工艺及四川黑卤除硫工艺等新技术被推广应用，对于资源的综合利用极为重要。总之，在科学技术飞速发展的当代，中国的盐业的面貌已是焕然一新。

二、制糖业的新面貌

作为甜食的调味品有很多种，例如蜂蜜、饴糖、蔗糖、甜菜糖及人工制取的葡萄糖、果糖、木醇糖等等。其中蜂蜜可能是继水果之后人类较早采集的甜味品。中国先民虽然自汉代以后开始养蜂采蜜，但是直到明清，蜂蜜产量的80%以上仍采自野山蜜，可见养蜂采蜜受多种条件的限制发展缓慢。当代在生物科学的指导下，养蜂技术有了很大提高，但是蜂蜜的产量在糖品中依然占极少的份额。饴糖是用谷物发芽后加工而成的，是古代最普及的甜品之一。饴糖虽然可以用谷物大量生产，但是一则它争口粮，二则它不适于作调味品，从而影响了它的使用和发展。饴糖常用于瓜果、关东糖之类糖品生产。而从甘蔗中榨取的蔗糖和从甜菜中熬制的甜菜糖逐渐成为生活中主要的甜食调味品。

自唐代之后，蔗糖生产逐渐成为中国糖业的主体。直到 1949 年，用传统工艺（木榨蔗汁再熬制成块糖）生产的糖，称其为土糖，其产量有 17 万吨，占食糖总产量的 85%。而用机械化生产的近代糖厂经过 50 年的变迁只剩下六家。广东顺德、东莞、汕头三家生产蔗糖，黑龙江的哈尔滨、阿城、范家屯三家生产甜菜糖，其中正常开工的只有顺德、东莞、阿城三家，年产机械糖 3 万吨。

在 20 世纪 50 年代，世界主要产糖国家不仅是机械化制糖，而且糖厂规模已向大型和高效方向发展。中国落后的差距是很明显的。为此政府将恢复和发展制糖业列入轻工业发展的重点项目之一。在摸清资源条件的前提下，积极引进新技术。当时先后从波兰、民主德国、捷克斯洛伐克等国引进各具特点的 7 套设备，在甘蔗和甜菜产区恢复和新建机械化糖厂。

尽管经历了三年经济困难时期和十年文化大革命的动乱年代，人们吃糖必须凭票供应，但是整个制糖业还是在发展的。

在糖产量中，机械糖的比例愈来愈高，从 1953 年的 15%发展到 1983 年的 95%。相比之下，土糖产量明显减少，1983 年也仅有 20 万吨。到 2005 年，原先在云南、广西尚存的家庭土糖作坊也已基本消失。这一数据恰好说明中国的制糖业已基本实现了近代的机械化生产。产业的进步实质上是科技进步的结果，近 50 年制糖业的技术改造主要集中在：① 原料甘蔗、甜菜，燃料煤和产品糖的搬运实现了机械搬运传送的方式，替代了原先繁重的人力运送；② 用先进的连续生产装置替代了效能低、能耗大的间歇式的落后装置；③ 用能耗低的设备更换能耗高的设备。

具体来说，从20世纪60年代起，在推行原料甘蔗从产地到厂区运输机械化的同时，糖厂内逐步建立了吊车卸蔗台、过磅台和运蔗带，从根本上改变了用人力推车输送的落后方式。从20世纪70年代起又实现了成品糖自动过磅、机械缝包，成品入库、出库全部采用机械运送，把工人从沉重的体力劳动中解脱出来，还提高了工效，改善了环境。在生产工艺改造中，从20世纪60年代起，在清净工段，用连续管道中和器取代了间歇式、蔗汁停留时间长的旧的硫熏塔和中和箱。在过滤工段，用真空吸滤机代替了板框压滤机。在蒸发、煮糖工段，用喷射冷凝器替代了耗电多的真空泵。在分蜜工段，引进德国的连续离心机并仿制成功，用它来更新旧式的上悬式离心机。蔗厂的关键设备是甘蔗压榨机，从20世纪70年代后期开始学习消化国外先进技术，改板框过滤机为密闭式压滤机，提高了糖汁过滤效能。试验提高压榨机的线速获得成功，榨蔗能力提高了20%～50%。从20世纪80年代起，又引进新的效能高的压榨机组，日处理原料能力扩大为4000～6000吨，并把现有的三辊压榨机改造成四辊、五辊压榨机，加装高位糟，使压榨机能力又提高了一倍。

在甜菜制糖的生产中，虽然装卸输送机械化起步较晚，但是它有国外较成熟的技术和经验。在引进、消化、仿制、改造中，20世纪80年代起陆续实现了运输机械化和甜菜制糖的清净、过滤、蒸发、煮糖等主要工段的技术改造。例如，改板框过滤机为密闭式压滤机。又例如，采用和推广三砂连续分蜜机和强制循环结晶罐，把间断助晶改为连续助晶，推广使用立式助晶机。再例如，甜菜浸出器是提高生产能力的关键设备，1966年从波兰引进两台连续浸出器替代原先的间歇式浸出罐，1982年又研制出日处理3000吨的连续浸出器。为了加快我国甜菜制糖的技术改造进程，在20世纪80年代又先后从丹麦、比利时引进包括甜菜切丝、浸出、清净、过滤、煮糖等主要工序的成套技术关键设备和自控装置。实践证明这些装置效率高，消耗小，耗能低，经济效益显著，成为进一步改造制糖技术的借鉴。

在化学家的眼中，糖料的综合利用大有作为。榨尽了蔗汁的蔗渣可以制浆造纸，可以制人造纤维和人造板。蔗渣还可作为酵母饲料。甜菜的废丝同样可以作为饲料，5千克废丝的营养价值相当于0.5千克燕麦。特别是糖蜜的利用更有讲究，无论是甘蔗制糖还是甜食制糖都会产生3%～5%的糖蜜。糖蜜的存在会影响糖分的结晶，所以它必须除去。原先，甘蔗糖蜜既可以用来生产酒精或白酒，还能直接用作糖果加工辅料。20世纪60年代，国际上出现了从酵母中提取药用价值极高的核苷酸产品。据此，中国的个别糖厂在运用糖蜜生产酵母的基础上，从酵母中提取核糖核酸获得成功，随后设车间投产。生产的核糖核酸又能进一步制成三磷酸腺苷、聚肌胞等药品，糖蜜的身价倍增。此外，甘蔗糖蜜还能生产柠檬酸、赖氨酸和活性干酵母。

甜菜糖蜜除曾用来生产少量丁醇、丙酮等化学试剂外，主要用于酒精生产。20 世纪 70 年代后，其产品又增加了柠檬酸和味精。总之，糖蜜的综合利用已达 80% 以上，用其生产发酵食品和蛋白饲料是糖蜜综合利用的发展方向。

三、内涵深邃的发酵产业

以酒、醋、酱为核心的传统酿造业发展到近代，其内涵有了深刻的变化。酒依然是人们生活中调剂情感和活跃气氛的常见饮品，由于人们的生活需求和政府对酒税的期待，酿酒业在中国一直得到关注和发展，尽管很长一段时间没有解决好酿酒原料与人争口粮的矛盾，但是酿酒业的发展规模和产量都在迅猛发展。到 20 世纪末，中国蒸馏酒（白酒）和啤酒的产量都已进入世界的前列。作为中国古代酒业的主项，属于发酵原汁酒的黄酒的生产在近 50 年，由于税率不合理等因素，发展相对缓慢。醋、酱的产业因为是居家必备之调味品，其发展水平和产量基本上由市场的供需来决定。

就生产技术而言，各类酒的状况很不一样。白酒的生产技术基本上是继承传统工艺，除了规模变大，像运粮、倒醅、兑酒装瓶等工序推行了半机械化之外，其技术的关键要素还必须遵从先辈们留下的经验和规范。啤酒的生产技术由于是外来的，生产的机械化、自动化程度一直较高，现在一些生产工序已采用电脑或仪表控制。黄酒生产则是在遵从发酵科学原理的前提下，逐步将传统的手工操作改造为机械化或半机械化的生产流程。葡萄酒、果酒的生产有成熟的国外先进技术可作借鉴，无论是合资或独资，技术水平在世界也是一流的，山东烟台张裕葡萄酿酒公司就是一个典范。制醋、做酱的生产也和中国的白酒生产一样，在技术上主要是传承古代的酿造技艺，因为中国古代至今的制醋、做酱技术一直位于世界前列，还具有明显的中国特色。

相对于其他传统的化工产业，中国酿造业的主项：酒、醋、酱，在工艺技术上似乎进展不快，但是酿造业的内涵在近代却有巨大的变化。自 1837 年德国科学家施莱登（M.J.Schleidie, 1804—1881 年）和施旺（T.Schwann, 1810—1882 年）提出细胞学说，随后科学家在高级显微镜下，看见了活跃在发面团中的酵母细胞，证明发酵是酵母细胞繁殖的结果。1857 年法国科学家巴斯德（L.Pastuer, 1822—1895 年）在研究葡萄酒在陈酿中变酸的课题中，进而发现酵母细胞有很多种，有的促使发酵，变糖为乙醇，也有的会让酒变酸（巴斯德所指的酵母细胞实际上是指包括酵母菌和醋酸菌在内的多种霉菌）。他明确指出发酵过程是一个与微生物活动相关联的过程，从而揭示了酿酒的机理。在科学家的共同努力下，微生物学这门新学科开始建立，人们加强了用新的知识来开拓包括食品、医药在内的许多课题研究。此后西方学者才注意到中国独特的酿酒方法。1892 年法国学者卡尔麦特（L.C.A. Calmette, 1863—1873 年）研究了传教士从中国带回来的神奇的中国酒曲，从中分离出毛霉、米曲霉一类微生物，并初步揭示了中国酒曲的独特酿造功能。1898 年他又将这一发现申请了应用毛霉于酒精生产的专利。现在盛行于欧洲各国的淀粉发酵法生产酒精就是应用这一专利的成果。

酵母酿酒的过程（目前通称为生醇发酵）实际上是糖在酵母体内新陈代谢产生乙醇的过程。在上述糖变乙醇的过程中，厌氧微生物起了关键作用。巴斯德的工作只是取得了阶段性的成果，对于生醇发酵的机理，在科学界引起激烈的争论。巴斯德等生物学家认为，必须有"活体"微生物存在，发酵才能实现。以德国化学家李比希（J. Libeig, 1803—1873年）为首的一些化学家则认为，发酵是个化学过程，不一定依赖活体。谁是谁非只能通过进一步深入研究才能判断。1897年德国化学家布希纳（E. Bucher, 1860—1917年）通过精心设计的实验，从酵母细胞中提取到能使糖发酵成乙醇的"酿酶"，终于使这场争论有了答案。自此人们才知道动物的唾液、胃液、胰腺液中都存在能水解淀粉的淀粉酶，能水解蛋白质的蛋白酶，能水解脂肪的脂肪酶，这些酶统称为细胞外酶。中国传统的酿酒工艺实际上是借助于霉菌、酵母菌分泌的酶来促使谷物淀粉（多糖物质）的糖化、酒化，从而完成发酵过程。布希纳通过实验证明细胞内存在酶，他用酵母细胞内榨出来的酶完成酒化，说明只要有酿酶就能完成发酵，无需活体存在。发酵是个系统的酶催化的反应过程，酿酶的发现不仅揭开了生物新陈代谢研究的新篇章，同时也建立了酶化学这个学科分支，这对酿造、制糖、食品工业具有重要的意义。

继巴斯德等创立微生物学之后，科学家对致病微生物（病菌）展开了细致的研究，发现并提出了细菌致病的理论：某些细菌侵入人体，会吞噬人体细胞，当人体细胞无能力抵御时，细胞就会迅速繁殖，使人体某些正常的功能受到干扰，人体就出现某些病症，即生病了。这个理论在很大程度上改变了内科学的面貌。这个理论的实质是揭示了微生物世界普遍存在的一种抗极现象，即一些微生物会攫取另一些微生物。正是依照这一思路，1928年英国科学家弗莱明（A. Fleming, 1881—1955年）在实验中观察到青霉菌能杀灭葡萄球菌（致病菌），从而发明了具有杀菌能力的青霉素（青霉菌的代谢物），随后科学家又开发出链霉素、氯霉素、土霉素、四环素等一系列抗生素，开创医学上化学治疗的新局面。从20世纪30年代起，微生物学的研究从酒精发酵和医药生产扩展到许多领域。例如，可以使土壤增肥的根瘤菌；可以帮助石油脱蜡的细菌，从而继酶工程之后又创立了细菌工程。工程微生物的研究也成为微生物学研究的重要内容。以发酵工程为铺垫的，由发酵工程、酶工程、细菌工程、基因工程等科学群体构成的现代生物技术已成为21世纪的科技前沿。在这样的科技视野下，发酵产业已不局限于酒、醋、酱之类的生产，其内涵有了崭新的诠释。在传统的酒、醋、酱继续生产，保证人们的生活供给之外，味精、氨基酸、酵母、柠檬酸、酶制剂、果葡糖浆等许多发酵制品的生产都成立了相应的生产部门。微生物工业在丰富人们的健康生活中发挥了日愈显著的作用。

撰稿人：周嘉华（中国科学院自然科学史研究所研究员，中国科学技术史学会原秘书长）

后记

《中国化工通史》（以下简称《通史》）是一部记录中国化学工业发展历程的大型史书。由中国化工博物馆组织，在中国化工集团公司的支持下，邀请从事化工专业工作的资深专家编著而成。《通史》记述了中华民族的先人们，对化工知识从被动感知到主动实践，应用在社会生产和生活中的情况；记述了近代中国化学工业初创时期的曲折发展和艰难维系的状况；重点记述了当代中国化学工业在落后的基础上，奋发图强不断进步，追赶世界先进水平的历程。

历史是最好的教科书。在筹建中国化工博物馆的过程中，许多专家认为，应该利用博物馆的功能，研究和编写化工历史，发挥以史为鉴的作用。博物馆通过收集行业的文物和史料，研究行业的发展历程，整理成不同形式的材料传播。行业的历史成就可以提高公众对行业的认知度；温故知新让从事本行业的人提高自信、自强、自尊；历史经验和教训可以启迪智慧，更好地筹划发展；先人的奋斗精神将激励后人继续创新前行。

2011年5月4日，沈渭、周嘉华、刘承彦、叶铁林、陈歆文、刘国杰、李钟模、李爱青、蔡强等人联名倡议编写中国化工通史。倡议得到中国化工集团公司任建新总经理的重视，立即表示支持，并责成有关部门给予编写工作创造条件。

在中国化工集团公司的支持下，中国化工博物馆组织来自不同方面的专家组成编写组，同时邀请化工界权威人士作为编写工作顾问。编写组研究讨论了通史编写大纲及编写工作，并勾画了图书的内容范围和章节编排。除编写组的专家执笔外，编写组还邀请胡笑形、李维英、任子臣、任相坤等20余位同志分别担任有关章节的执笔，并请执笔同志组织更多的同志参加编写工作。

2011年年底，参加工作的同志分别开始搜集材料，调查研究，追根溯源，汇集化工的历史发展过程相关信息、文献和资料。花了近一年时间，编写组搜集了大量图书资料，同时整理出文字材料一千多万字。由于受客观条件的限制，编写工作也存在相当的难度，短时间内难以完成全部计划。2013年4月初，在编写组向中国化工集团公司汇报工作会上，公司领导指示，抓紧时间、集中精力、分别突破。编写组根据指示精神调整了计划，首先完成《通史》的主体部分（古代卷和行业卷），其他内容以后再不断跟进。执笔编写和汇总编辑的同志克服了种种困难，于2013年6月完成通史主体部分各个章节的初稿。在初步形成的大框架下，又对主体部分各章初稿进行了补充修改，然后各章汇总编辑，于2013年12月完成主体部分文稿。

2014年6月底，完成两卷的编审工作。

编写《通史》的任务时间紧张，条件不完全具备。目前，中国化工博物馆正处创建时期，一时很难聚集大批各方面的化工行业老同志或专家学者来动笔写这部书。另一方面，因受条件限制，无法对许多原始资料充分地调查、采访、考证、研究。因此，使用不当或理解偏差在所难免，内容不全与遗漏之处肯定屡现，为此希望同行学者和广大读者谅解。当前，编写这部化工史书，除为行业保留史料外，同时也为博物馆本身的业务建设和今后扩建提供相关的历史材料。本书作为博物馆研究化工历史的起步，希望起到抛砖引玉的作用，中国化工博物馆欢迎对本书的内容进行修订或补充，具体意见请直接与我们联系（联系人：刘承彦；办公电话：010-64444068，手机：13661320601；电子信箱：chemmuseum@163.com）。书中不足之处在以后的版本中将会不断修订完善。

中国化工博物馆为保存化工历史，着力收集、整理、保护这一重要行业的珍贵历史轨迹，力争把被许多人淡忘或被淹没的史料汇集成册，记录下化工历史篇章，组织编著本书是其中工作之一。在编著中，为了准确可靠和客观求实，本书使用了部分书籍、档案、资料的文字或照片，在此向原作者表示感谢。在文中由于疏漏没有提到的原作者，编写组表示歉意，并对其所做的贡献表示感谢。

《通史》编写过程中设立了顾问组和编写组。

顾问组
任建新（中国化工集团公司总经理）
陈　蔚（原化工部政策研究室副主任、《化工部大事记》编辑）
于学泗（原兵器工业总公司兵工史办公室主任）
谭天伟（中国工程院院士、北京化工大学校长）
陈歆文（中国化工史专家）
赵匡华（北京大学教授、中国化学史专家）

编写组
组长：沈渭、周嘉华、刘承彦
成员：余一、李钟模、刘国杰、蔡强、叶铁林、李爱青、朱益强
先后参与《通史》编写和审阅的同志有（排名不分先后）：王文善，孔祥琳，刘淑兰，修学峰，齐焉，王海帆，叶由忠，陆惠珍，李连成，王洁，马慧斌，宋海燕，胡笑形，王律先，樊森，汤大友，杨渊德，刘杰，齐祥昭，鲁文辉，刘丹，史献平，何新源，林凤章，项志峰，阮加春，周天佐，章杰，张水鹤，李振奎，杨泉明，卢建平，张合义，吴惊雷，霍建增，罗钰言，张文谭，陈克伦，傅钦宪，王海欧，彭渤，严军，栾敏红，吕建平，杨红英，丁其标，卢沪萍，梦文，张燕深，田利明，邱健亭，刘长河，林治华，戴伟强，周春隆，黄澄华，杨晓勇，季刚，岳润

栋，曹先军，周远建，季诚建，方江南，潘敏琪，王跃林，尹超，廖俊，蔡朋发，陈世龙，来国桥，缪明松，张成杰，何永富，王勇武，傅积赍，章基凯，谢择民，郭平，陈建军，张利萍，刘振海，杜燕青，陈其阳，蒋建雄，李美江，吴利民，粟小理，岳润栋，金健，张建宏，葛方明，严根山，李嘉，江建安，郑继德，李训生，李世江，徐平先，郑立新，赵纯，陈庆云，刘洪殊，曾本忠，陈鸿昌，舒兴稻，于修远，牛学坤，张建军，王建中，李国新，陈维平，吴四清，杨春华，吴海锋，毛树标，刘守贵，房瑾，杨中文，任子臣，杨元一，任相坤，崔永君，马玲朵，李珅珅，田亚俊，高聚忠，唐宏青，郑文华，高晋升，杜铭华，王辅臣，曹发海，刘殿华，李晓宇，戎志梅，苏海佳，陈必强，吕永琴，田平芳，张栩，黄和，徐虹，李霜，李莎，胡燚，郑裕国，金利群，陈国强，刘德华，蔡的，刘广，陈阳，王梦，陈文，张婷，李婵，王萌，刘春立，郑佳，张子健，宣之强，李维英，刘世平，雷在忠，宫艳玲，林久忠，史丽珊，王丽影，钱鸿元，蔡建新，赵正宏，刘静波，贺永德，殷曰勤，齐文宣，张国莉，高敏，李文峰，李忠实，尚影，张永春，杨习理，张萍，常龙飞，张晓红，刘安宁，刘安强，刘益生，徐玫，饶华英，向饶丽，魏力，朱宝华，刘用华，张松涛，白国宝，赵彦伟，王有成，刘燕飞，王晖，路元丽，张月丽，罗益锋，孙伯庆，李树国，张瑞和，徐宇，刘宇，余占海，王丽，王勇忠，李晓红。

　　《通史》的编写工作是在中国化工集团公司的支持和领导下进行的。此外，还得到中国化工情报信息协会、中国化工信息中心、中国化工报社、化学工业出版社、各省、自治区、直辖市化工行业协会（或相关单位）等提供的帮助。主要合作单位有：中国化工学会；北京化工大学；中国科学院自然科学史研究所等。中国化工博物馆向各支持和合作单位致谢。

　　中国化工集团公司任建新总经理和部门负责人以及先后分管中国化工博物馆的领导，对《通史》的编写工作的支持，使得这项工作顺利进行。在此，向任建新、傅向升、任建明、周方、傅旭、李彩萍、揭玉斌、周传荣、刘雅雯、王海珠、王红霞、司瑛等同志表示感谢。

　　在编著过程中还得到许多同志的帮助。中国化工博物馆一并感谢（排名不分先后）：黄鸿宁，吴金城，王子镐，王宗杰，戚彪，邵祖光 李树钧，万邦蒸，石澤翰，郝长江，俸培宗，朱曾惠，潘德润，袁钮，凌秋明，武四海，吴明玉，魏然，居滋善，尹仪民，顾宗勤，白颐，郑兴国，张豪禹，施用晞，何帆，盛琨田，蔡惠林，郑友竹，徐立欣，王根荣，张殿奎，庄世诚，唐振华，李秀清，吴可军，王彦益，曹占高，李丹，武雪梅，张荣，刘东升，李玲，荣世立，胡平，朱必华，陈玉，李颖江，赵红雁，李小明，李治泉，安静，董桂兰，于旅燕，黄书侃，王凤歧，何清明，安学琴，李汾，李纪索，卢灵翠，李家生，王雪丽，郭湘玲，徐星，樊利民，林莉，张立萍，程长进，刘兰英，刘志增，王丽娟，张通，李毅敏，刘凌云，吴新颖，翁小兵，王玉英，闫淑萍，其其格，曾敏，薛桂芬，杨谷涌，花永康，夏华林；叶蓓蓉，张福田，张骥红，李海静，刘丽，汤建伟，曾正荣，黄尚顺，王宁之，张炯，杨昀，孙振凤，韩安稳，朱明道，竺玉书，王抚华，陈志希，梁少晖，王红，刘梅玲，杨本灵，米亦色，黄勇，房根祥，郑承献，张柏春，王扬宗，鲁大龙，张俊明，张景臣，刘西灵，李钟华，李林俊，牛未默，杨德琴，魏小卉，李林蓓，申为中，李清河，刘皓南，丁海德，吴昌权，汪佩瑶，陆险峰，王武，杜淑敏，陈世滨，程冰，焦虹，杨卫兰，王春奎，陈克明，王芳。

附：中国化工集团公司总经理任建新给《中国化工通史》编写组的信。

编著者
2014 年 6 月

附：中国化工集团公司总经理任建新给《中国化工通史》编写组的信

中国化工集团公司

沈渭同志并《中国化工通史》编写组：

　　非常高兴看到你们编写完成的《中国化工通史》古代卷、行业卷样书，在此谨向您及全体参与编写工作的同志们表示诚挚的问候和热烈的祝贺！

　　《中国化工通史》编写工作是一项浩繁艰巨的工程，这项工作启动以来，由编写组的各位老专家领衔，200多名同志积极参与，大家以高度的热情、严谨的态度、顽强的作风，克服重重困难，根据按照集团公司的部署，统一架构、分步实施、集中精力、分别突破，在较短的时间完成了《通史》古代卷和行业卷的编写工作。这是《通史》编写工作中的重大进展，标志着《通史》编写工作取得了显著的阶段性成果。感谢各位老专家、老同志和全体编写人员付出辛勤的工作！

　　《通史》古代卷和行业卷的完成，对其他卷目的编写将起到很好示范作用，对推动整个《通史》编写工作，完善我国化工史的研究，促进行业发展具有非常重要的意义。古代卷和行业卷可以印制出版，也希望编写组和广大编写人员再接再厉，为全面完成《中国化工通史》编写工作继续努力，为中国化工行业发展做出新的更大贡献！

二〇一四年九月十八日

中国化工通史